D1728684

[Wissen für die Praxis]

Portofreie Lieferung

Bereits jetzt die neue Ausgabe bestellen

Ihre Vorteile im Abonnement:

- ■ Sie erhalten die aktuelle Ausgabe automatisch.
- ■ Sie sind stets über die gesetzlichen Neuerungen informiert.
- ■ Sie zahlen kein Porto mehr.

www.WALHALLA.de
WALHALLA@WALHALLA.de

☐ **Ja**, ich bestelle
TVöD-Jahrbuch Bund

im Abonnement; erscheint ca. 1–2-mal jährlich
(jederzeit schriftlich kündbar).

Absender: ☐ privat ☐ dienstlich

Name, Vorname   Kundennummer

Institution

Straße

PLZ, Ort

Telefon *   E-Mail *

X
Datum, Unterschrift   * freiwillige Angabe

Hinweis:
Die Preise verstehen sich inkl. der gesetzlichen Mehrwertsteuer. Bestellen Sie ohne
Risiko, Sie haben 14 Tage Widerrufsrecht.
Unsere AGB finden Sie unter
www.WALHALLA.de/agb
Ihre Adressdaten werden zur Auftragsbe-
arbeitung elektronisch gespeichert und
vertraulich behandelt.

☐ Ich bin damit einverstanden, dass die
WALHALLA Verlagsgruppe
(WALHALLA Fachverlag, Behördenverlag
Jüngling-gbb und Deichmann+Fuchs
Verlag GmbH & Co. KG) meine Kontakt-
daten für Werbezwecke nutzt und mich
(Gewünschtes bitte ankreuzen):

☐ per E-Mail und/oder ☐ per Post
über deren Produkte, Angebote und
Veranstaltungen informiert.
Diese Einwilligung kann ich jederzeit mit
Wirkung für die Zukunft widerrufen, per
E-Mail an Kundenservice@WALHALLA.de
oder telefonisch bzw. schriftlich.

Datum, Unterschrift

WALHALLA Fachverlag
Haus an der Eisernen Brücke
93042 Regensburg
Tel.: 0941 5684-0
Fax: 0941 5684-111

Jörg Effertz

TVöD

Jahrbuch Bund

2017

Kommentierte Textsammlung
TVöD mit Besonderem Teil Verwaltung
und Entgeltordnung

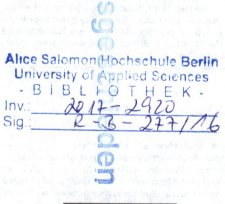

WALHALLA

Bibliografische Information der Deutschen Nationalbibliothek

Die Deutsche Nationalbibliothek verzeichnet diese Publikation in der Deutschen National-
bibliografie; detaillierte bibliografische Daten sind im Internet über http://dnb.dnb.de
abrufbar.

Zitiervorschlag:

Jörg Effertz, TVöD Jahrbuch Bund 2017
Walhalla Fachverlag, Regensburg 2017

Hinweis: Unsere Werke sind stets bemüht, Sie nach bestem Wissen zu informieren.
Alle Angaben in diesem Buch sind sorgfältig zusammengetragen und geprüft.
Durch Neuerungen in der Gesetzgebung, Rechtsprechung sowie durch den Zeitablauf
ergeben sich zwangsläufig Änderungen. Bitte haben Sie deshalb Verständnis dafür,
dass wir für die Vollständigkeit und Richtigkeit des Inhalts keine Haftung übernehmen.
Bearbeitungsstand: 15. November 2016

Stand: 15. November 2016

Produktion: Walhalla Fachverlag, 93042 Regensburg
Umschlaggestaltung: grubergrafik, Augsburg
Printed in Germany
ISBN 978-3-8029-7930-9

PEP-CPI-0616-1717-O

Das aktuelle Tarifrecht des Bundes 2017

Dieses Jahrbuch erscheint rechtzeitig vor Beginn der zweiten Phase des Tarifabschlusses der letzten Lohnrunde, die weitere Erhöhungen der Entgelte mit sich bringt. Die Umsetzung des Tarifabschlusses in Tarifverträge ist mittlerweile von den Tarifpartnern vollzogen; das Jahrbuch enthält die aktualisierten Texte.

Die wichtigsten Änderungen zum 1. Februar 2017 sind:

Erhöhung der Entgelte

Die Tabellenentgelte sowie die Entgelte der Praktikanten werden um 2,35 % erhöht.

Auszubildende

Die Ausbildungsentgelte erhöhen sich um 30 Euro. Die Übernahmegarantie (bei betrieblichem Bedarf) für Auszubildende, nach der die geprüften Auszubildenden zunächst für mindestens 12 Monate nach erfolgreichem Abschluss der Ausbildung und danach bei entsprechender Bewährung unbefristet weiterbeschäftigt werden sollen, gilt nun noch bis zum 28. Februar 2018.

Die „**TVöD Trends 2017**" vermitteln einen schnellen Überblick über die jüngsten Entwicklungen und die aktuelle Rechtsprechung.

Sachgrundlose Befristung und Vorbeschäftigung

In einem ausführlichen Sonderbeitrag werden die Besonderheiten und Grenzen einer sachgrundlosen Befristung in den Fällen erläutert, in denen es bereits eine Vorbeschäftigung bei demselben Arbeitgeber gab. Das Bundesarbeitsgericht hat sich mit dem Thema mehrfach auseinandergesetzt und die Vorschrift des § 14 Abs. 2 Satz 2 des Teilzeit- und Befristungsgesetzes ausgelegt.

Zusätzlich hilfreich sind die ergänzend abgedruckten **gesetzlichen Regelungen**, etwa das Arbeitszeit- und das Teilzeit- und Befristungsgesetz: sie erleichtern das Arbeiten mit dem von den Tarifpartnern bewusst schlank gehaltenen Tarifrecht, das in Teilbereichen auf eigene Regelungen verzichtet und gesetzliche Bestimmungen zur Anwendung bringt.

Kompakt und handlich enthält das Jahrbuch 2017 die folgenden Tarifvorschriften:

- TVöD (Allgemeiner Teil und Besonderer Teil Verwaltung) mit fachlicher Kommentierung sowie dem aktuellen Zahlen- und Tabellenwerk 2017.
- TVÜ-Bund (Tarifvertrag zur Überleitung der Beschäftigten des Bundes in den TVöD und zur Regelung des Übergangsrechts) mit Hinweisen zur praktischen Umsetzung der Vorschriften.
- Tarifvertrag über die Entgeltordnung des Bundes (TV EntgO Bund) mit ausführlichen Erläuterungen zu den Hintergründen und zur Überleitung der Beschäftigten.
- Tarifvertrag für Auszubildende des öffentlichen Dienstes (TVAöD).
- Tarifvertrag für Praktikanten des öffentlichen Dienstes (TVPöD).
- Tarifvertrag für Kraftfahrerinnen und Kraftfahrer des öffentlichen Dienstes (KraftfahrerTV Bund).

Darüber hinaus beinhaltet das Jahrbuch 2017 auch die von der Tarifreform unberührt gebliebenen Tarifverträge über die Altersteilzeitarbeit und die betriebliche Altersversorgung (Zusatzversorgung) in der aktuellen Fassung; auch nach dem In-Kraft-Treten des TVöD bilden sie die Rechtsgrundlage für tarifvertragliche Leistungen.

Mit Ihrem TVöD Jahrbuch 2017 wünschen wir Ihnen zuverlässiges und erfolgreiches Arbeiten.

Bearbeiter und Verlag

Schnellübersicht

Aktuelle Schwerpunkte

I Tarifverträge für den öffentlichen Dienst

Tarifvertragstexte mit Kommentierung

II Auszubildende

III Vergütung, Zulagen

IV Eingruppierung

V Alters- und Hinterbliebenenversorgung, Altersteilzeit

TVöD Trends 2017

Von Jörg Effertz

Durch wichtige Entscheidungen der Gerichte und ergänzende neue Tarifverträge hat der TVöD für den Bereich der Beschäftigten des Bundes und der Kommunen zahlreiche Änderungen erfahren. Die aktuellen Trends für das Jahr 2017 und ihre Auswirkungen für die Beschäftigten werden im Folgenden hervorgehoben. Die Änderungen im Tarifrecht orientieren sich am Aufbau des TVöD und sind den einzelnen Vorschriften zugeordnet. Es folgen neue Vereinbarungen aus Tarifverträgen. Alle dargestellten Themen sowie weitere Punkte sind in die Erläuterungen der Vorschriften eingearbeitet, auf die jeweiligen Fundstellen wird hingewiesen.

Zum Anspruch auf tabakrauchfreien Arbeitsplatz (§ 3 TVÖD)

Nach § 5 Abs. 1 Satz 1 ArbStättV hat der Arbeitgeber die erforderlichen Maßnahmen zu treffen, damit die nicht rauchenden Beschäftigten wirksam vor den Gesundheitsgefahren durch Tabakrauch geschützt werden. Die ArbStättV geht damit davon aus, dass Passivrauchen die Gesundheit gefährdet. Bei Arbeitsstätten mit Publikumsverkehr hat der Arbeitgeber nach § 5 Abs. 2 ArbStättV nur insoweit Schutzmaßnahmen zu treffen, als die Natur des Betriebs und die Art der Beschäftigung es zulassen.

Ein Croupier arbeitet in einem Spielcasino in Hessen. Er hat hierzu im Durchschnitt wöchentlich zwei Dienste (jeweils sechs bis zehn Stunden) in einem abgetrennten Raucherraum zu arbeiten. Nur dort und im Barbereich ist den Gästen das Rauchen gestattet. Der Raucherraum ist mit einer Klimaanlage sowie einer Be- und Entlüftungsanlage ausgestattet. Der Croupier verlangt von dem Bundesland, ihm ausschließlich einen tabakrauchfreien Arbeitsplatz zur Verfügung zu stellen.

Die Klage des Croupiers hatte keinen Erfolg (BAG, Urt. v. 10. 5. 2016 – 9 AZR 347/15). Zwar hat der Arbeitnehmer nach § 5 Abs. 1 Satz 1 ArbStättV grundsätzlich Anspruch auf einen tabakrauchfreien Arbeitsplatz. Für das Spielcasino gilt jedoch eine Ausnahmeregelung (§ 2 Abs. 5 Nr. 5 HessNRSG), die das Rauchen in Spielbanken ermöglicht. Sie muss deshalb Schutzmaßnahmen nur insoweit treffen, als die Natur ihres Betriebs und die Art der Beschäftigung dies zulassen. § 5 Abs. 2 ArbStättV verpflichtet sie allerdings, die Gesundheitsgefährdung zu minimieren. Diese Verpflichtung hat sie mit der baulichen Trennung des Raucherraums, seiner Be- und Entlüftung sowie der zeitlichen Begrenzung der Tätigkeit des Croupiers im Raucherraum erfüllt.

Gesetzlicher Mindestlohn für Bereitschaftszeiten (§§ 8, 15 TVöD)

Ein Rettungsassistent war im Rahmen einer Vier-Tage-Woche in Zwölfstundenschichten durchschnittlich 48 Stunden wöchentlich beschäftigt. Es fielen regelmäßig Bereitschaftszeiten an. Das Bruttomonatsgehalt des Angestellten belief sich auf 2.680,31 EUR nebst Zulagen.

Der Rettungsassistent hat vor Gericht geltend gemacht, die Arbeitgeberin vergüte Bereitschaftszeit nicht mit dem gesetzlichen Mindestlohn. Durch das Inkrafttreten des Mindestlohngesetzes sei die arbeitsvertraglich einbezogene tarifliche Vergütungsregelung unwirksam geworden. Deshalb stehe ihm die übliche Vergütung von 15,81 EUR brutto je Arbeitsstunde zu. Das Arbeits- und das Landesarbeitsgericht gaben dem Angestellten nicht Recht.

Das BAG hat die Revision des Angestellten in seinem Urteil vom 29. Juni 2016 – 5 AZR 716/15 – ebenfalls zurückgewiesen. Dem Rettungsassistenten steht für seine im Januar und Februar 2015 geleisteten Bereitschaftszeiten keine weitere Vergütung zu. Zwar ist Bereitschaftszeit mit dem gesetzlichen Mindestlohn zu vergüten, der Anspruch hierauf ist aber erfüllt. Bei maximal 228 Arbeitsstunden, die der Angestellte mit Vollarbeit und Bereitschaftszeiten in einem Monat tatsächlich leisten kann, erreicht die gezahlte Monatsvergütung den gesetzlichen Mindestlohn (228 Stunden zu 8,50 EUR = 1.938,00 EUR brutto monatlich) nicht nur, sondern übersteigt ihn. Ein Anspruch auf weitere Vergütung nach § 612 Abs. 2 BGB besteht nicht. Die arbeitsvertraglich einbezogene tarifliche Vergütungsregelung ist nicht wegen des Inkrafttretens des Mindestlohngesetzes unwirksam geworden.

Arbeitszeiten zur Betreuung von Kindern oder pflegebedürftigen Angehörigen (§ 11 TVöD)

Eine examinierte Altenpflegerin arbeitet zunächst Vollzeit in einem Drei-Schicht-Betrieb. Eine Reduzierung ihrer Arbeitszeit nach der Geburt ihres Kindes auf 30 Stunden verweigerte der Arbeitgeber zunächst, wurde dann aber gerichtlich verurteilt, die Arbeitszeit zu verringern. Die Pflegerin verlangte danach die reduzierte Arbeitszeit so zu verteilen, dass sie außerhalb von Samstagen, Sonntagen und Feiertagen ausschließlich in der Zeit von 8:00 Uhr bis 15:00 Uhr (außerhalb der Schichteinteilung) arbeiten würde.

Das BAG hat ihre Klage abgewiesen (Urteil vom 16. Dezember 2014 – 9 AZR 915/13). § 11 TVöD gewährt zwar einen Anspruch auf Teilzeitbeschäftigung. Hieraus resultiert jedoch kein Anspruch des Beschäftigten auf eine Änderung des Arbeitsvertrages bezüglich der Lage der Arbeitszeit. Die Ausgestaltung der verringerten Arbeitszeit bleibt Teil des Direktionsrechts des Arbeitgebers.

Stufenzuordnung bei einer Höhergruppierung im Anschluss an eine vorübergehende Übertragung der höherwertigen Tätigkeit (§ 16 TVöD)

Nach § 17 Abs. 4 TVöD beginnt bei einer Höhergruppierung die Stufenlaufzeit in der höheren Entgeltgruppe erst mit dem Tag der Höhergruppierung. Die vorher zurückgelegten Zeiten werden, so das BAG mit Urteil vom 3. Juli 2014 – 6 AZR 1067/12, auf diese Stufenlaufzeit auch dann nicht angerechnet, wenn vor der Höhergruppierung dieselbe Tätigkeit vorübergehend verrichtet und deshalb mit einer persönlichen Zulage gemäß § 14 TVöD vergütet wurde. Die Zulage findet auch keine Berücksichtigung bei der Stufenzuordnung nach § 17 Abs. 4 TVöD. Diese knüpft ausdrücklich nur an das bisherige Tabellenentgelt im Sinne des § 15 TVöD und nicht an die bisherige Gesamtvergütung an.

Ein Beschäftigter war seit dem 1. Januar 2005 als Arbeitsvermittler tätig. Zum 1. Oktober 2005 wurde er für seine Tätigkeit in die Entgeltgruppe 8 übergeleitet. Da die Tätigkeit eines Arbeitsvermittlers der Entgeltgruppe 9 zuzuordnen ist, erhielt er eine Zulage nach § 14 Abs. 3 TVöD. Ab dem 1. Januar 2011 wurde ihm die Tätigkeit eines Arbeitsvermittlers dauerhaft übertragen und Vergütung nach Entgeltgruppe 9 Stufe 3 geleistet. Der Beschäftigte, der Kläger, will ab diesem Zeitpunkt nach Stufe 4 der Entgeltgruppe 9 vergütet werden. Bei der Stufenlaufzeit müsse seine Tätigkeit als Arbeitsvermittler ab 2005 mit der Einstufung in die Stufe 4 berücksichtigt werden. Dem folgt das BAG nicht. Die von dem Beschäftigten in Anspruch genommene Regelung in § 17 Abs. 3 TVöD, wonach Zeiten der vorübergehenden Übertragung einer höherwertigen Tätigkeit den Zeiten einer ununterbrochenen Tätigkeit im Sinne des § 16 Abs. 3

TVöD gleichstehen, betrifft nur die Stufenlaufzeit in der niedrigeren Entgeltgruppe.

Stufenzuordnung nach Herabgruppierung bei individueller Endstufe (§ 17 TVöD)

Eine Beschäftigte war als Lehrerin und ständige Vertreterin des Schulleiters beschäftigt. Sie war in die Vergütungsgruppe Ib BAT-O eingruppiert. Nach der Überleitung ergab sich eine Eingruppierung in die Entgeltgruppe 14 TVöD. Da das Vergleichsentgelt die höchste Entgeltstufe überstieg, wurde sie einer individuellen Endstufe zugeordnet. Aufgrund eines Rückgangs der Schülerzahlen wurde die Lehrerin ab dem 1. Juli 2010 in die Entgeltgruppe 13 TVöD herabgruppiert und der regulären Endstufe 5 zugeordnet. Sie meinte, anhand einer fiktiven Überleitung müsse entsprechend § 6 Abs. 2 Satz 3 TVÜ-VKA eine neue individuelle Endstufe errechnet werden, welche für ihre Vergütung maßgeblich sei. Dem folgte das BAG in seinem Urteil vom 3. Juli 2014 – 6 AZR 753/12 nicht.

Bei vor dem 1. Oktober 2007 erfolgten Herabgruppierungen wurde die Stufenzuordnung durch § 6 Abs. 2 Satz 3 TVÜ-VKA geregelt. Für spätere Herabgruppierungen gilt § 17 Abs. 4 TVöD. Nach dieser Bestimmung ist die oder der Beschäftigte auch im Fall der Herabgruppierung aus einer individuellen Endstufe höchstens der Endstufe der niedrigeren Entgeltgruppe zuzuordnen.

Sollten die Tarifvertragsparteien bewusst keine Regelung zur Abmilderung des Verlustes einer individuellen Endstufe getroffen haben, würde dies nicht gegen Art. 3 Abs. 1 GG verstoßen. Sollte § 17 Abs. 4 TVöD hingegen bezüglich der Berücksichtigung einer individuellen Endstufe eine unbewusste Regelungslücke enthalten, könnte diese nicht durch die analoge Anwendung des § 6 Abs. 2 Satz 3 TVÜ-VKA geschlossen werden. Eine tarifliche Regelung wäre vielmehr wegen mehrerer Möglichkeiten der Lückenschließung den Tarifvertragsparteien vorbehalten.

Verminderung der Jahressonderzahlung (§ 20 TVöD)

Eine Beschäftigte war durch Arbeitsunfähigkeit infolge Krankheit ohne Unterbrechung vom 26. Juli 2011 bis zum Ende des Arbeitsverhältnisses am 2. Januar 2013 an der Arbeitsleistung verhindert. Im Anschluss an die Entgeltfortzahlung im Krankheitsfall erhielt sie bis zum 23. April 2012 einen Krankengeldzuschuss. Ihr Resturlaub aus dem Jahr 2011 wurde nach Beendigung des Arbeitsverhältnisses zusammen mit dem Jahresurlaub für das Jahr 2012 abgegolten.

Der Arbeitgeber verminderte die Sonderzahlung für das Kalenderjahr 2012 unter Berufung auf § 20 Abs. 4 Satz 1 TVöD um acht Zwölftel, weil die Klägerin in den acht Monaten von Mai bis Dezember 2012 weder Anspruch auf Entgelt noch auf Fortzahlung des Entgelts nach § 21 TVöD gehabt habe.

Die Beschäftigte dagegen war der Ansicht, ihr stehe die unverminderte Jahressonderzahlung 2012 und damit ein weiterer – rechnerisch unstreitiger – Betrag von 1.337 Euro brutto zu. Da eine Verminderung der Jahressonderzahlung nur für Kalendermonate in Betracht komme, in denen an keinem Tag Anspruch auf Entgelt(fortzahlung) bestanden habe, stehe ihr auch die anteilige Sonderzahlung für die Monate Mai bis Dezember 2012 zu, denn in dieser Zeit habe sie monatlich für jeweils 2,5 Arbeitstage einen Anspruch auf Entgeltfortzahlung im Urlaubsfall erworben.

Das Bundesarbeitsgericht hat einen Nachzahlungsanspruch der Beschäftigten in seinem Urteil vom 11. November 2015 – 10 AZR 645/14 verneint. Sie habe zwar gemäß § 20 Abs. 1 TVöD dem Grunde nach Anspruch auf eine Jahressonderzahlung für das Jahr 2012, weil sie am 1. Dezember 2012 in einem Arbeitsverhältnis stand. Der Anspruch in Höhe von 80 % der Bemessungsgrundlage vermindert sich jedoch nach § 20 Abs. 4 TVöD um acht Zwölftel, weil die Klägerin in acht der zwölf maßgeblichen Monate keinen Anspruch auf Entgelt oder Entgeltfortzahlung hatte.

Entgeltfortzahlung bei rückfälligem Alkoholiker (§ 22 TVöD)

Auch bei einem alkoholabhängigen Arbeitnehmer fehlt es nach Auffassung des BAG (Urteil vom 18. März 2015 – 10 AZR 99/14) suchtbedingt auch im Fall eines Rückfalls nach einer Therapie regelmäßig an einem solchen, die Entgeltfortzahlung ausschließendem Verschulden. Wird ein Arbeitnehmer infolge seiner Alkoholabhängigkeit arbeitsunfähig krank, könne nach dem derzeitigen Stand der medizinischen Erkenntnisse nicht von einem Verschulden im Sinne des Entgeltfortzahlungsrechts ausgegangen werden. Die Entstehung der Alkoholsucht sei vielmehr multikausal, wobei sich die unterschiedlichen Ursachen wechselseitig bedingen würden. Dies gelte im Grundsatz auch bei einem Rückfall nach einer durchgeführten Therapie. Im Hinblick auf eine Abstinenzrate von 40 bis 50 % je nach Studie und

Art der Behandlung könne nach einer durchgeführten Rehabilitationsmaßnahme jedoch ein Verschulden des Arbeitnehmers an einem Rückfall nicht generell ausgeschlossen werden.

Der Arbeitgeber könne deshalb in diesem Fall das fehlende Verschulden (und damit seine Pflicht zur Entgeltfortzahlung) bestreiten. Das Arbeitsgericht habe dann ein medizinisches Sachverständigengutachten zu der Frage einzuholen, ob der Arbeitnehmer den Rückfall schuldhaft i. S. d. § 3 Abs. 1 EFZG herbeigeführt habe. Ließe sich dies nicht eindeutig feststellen, weil ein Ursachenbündel hierfür vorliegt, gehe dies zulasten des Arbeitgebers. Das im Urteilsfall eingeholte sozialmedizinische Gutachten hatte ein Verschulden des Arbeitnehmers unter Hinweis auf die langjährige und chronische Alkoholabhängigkeit und den daraus folgenden „Suchtdruck" ausgeschlossen.

Entgeltfortzahlung und Krankheitskontrolle durch Detektiv (§ 22 TVöD)

Der in der Vergangenheit teilweise anzutreffenden Praxis (insbesondere privater Arbeitgeber), Arbeitnehmer im Falle des Verdachts einer vorgetäuschten Krankheit durch einen Detektiv überwachen zu lassen, hat das BAG mit Urteil vom 19. Februar 2015 – 8 AZR 1007/13 enge Grenzen gesetzt. Nach Auffassung des Gerichts handelt ein Arbeitgeber, der wegen des Verdachts einer vorgetäuschten Arbeitsunfähigkeit einem Detektiv die Überwachung eines Arbeitnehmers überträgt, rechtswidrig, wenn sein Verdacht nicht auf konkreten Tatsachen beruht. Für dabei heimlich hergestellte Abbildungen gilt dasselbe. Eine solche rechtswidrige Verletzung des allgemeinen Persönlichkeitsrechts kann nach Meinung des BAG einen Geldentschädigungsanspruch („Schmerzensgeld") begründen.

Entgeltfortzahlung während ambulanter Kur (§ 22 TVöD)

Vom 4. bis zum 24. Oktober 2013 unterzog sich eine Köchin einer von der AOK Niedersachsen bezuschussten ambulanten Kur auf der Insel Langeoog. Im dortigen Kur- und Wellnesscenter erhielt sie nach ihrem Vorbringen insgesamt 30 Anwendungen, nämlich je sechs Meerwasserwarmbäder, Bewegungsbäder, Massagen, Schlickpackungen und Lymphdrainagen. Außerdem sollte sie täglich in der Brandungszone inhalieren. Das Land Niedersachsen weigerte sich im Vorfeld, die Angestellte für die Dauer der Kur unter Fortzahlung ihrer Vergütung freizustellen. Daraufhin beantragte sie Urlaub, der ihr bewilligt wurde. Mit ihrer Klage hat sie geltend gemacht, der genommene Urlaub dürfe nicht auf den Urlaubsanspruch angerechnet werden. Die Köchin hat vor dem Arbeits- und Landesarbeitsgericht verloren.

Die Revision der Arbeitnehmerin ist erfolglos geblieben (BAG, Urt. v. 25. 5. 2016 – 5 AZR 298/15). Besteht – wie im Streitfall – keine Arbeitsunfähigkeit infolge Krankheit, dürfen Maßnahmen der medizinischen Vorsorge oder Rehabilitation nach § 10 Bundesurlaubsgesetz nicht auf den Urlaub angerechnet werden, wenn ein Anspruch auf Fortzahlung des Arbeitsentgelts nach den gesetzlichen Vorschriften über die Entgeltfortzahlung im Krankheitsfall besteht. Ein solcher Anspruch setzt bei gesetzlich Versicherten nach § 9 Abs. 1 Satz 1 EFZG voraus, dass die vom Träger der Sozialversicherung oder einem sonstigen Sozialleistungsträger bewilligte ambulante Vorsorgekur in einer Einrichtung der medizinischen Vorsorge oder Rehabilitation durchgeführt wird. Das sind nur Einrichtungen, die den Anforderungen des § 107 Abs. 2 SGB V genügen.

Gesetzlicher Urlaubsanspruch nach unbezahltem Sonderurlaub (§ 26 TVöD)

Eine Krankenschwester war bei einer Klinik seit August 2002 beschäftigt. Vom 1. Januar 2011 bis zur Beendigung des Arbeitsverhältnisses mit Ablauf des 30. September 2011 hatte sie unbezahlten Sonderurlaub und verlangte danach erfolglos von der Beklagten die Abgeltung von 15 Urlaubstagen aus dem Jahr 2011. Das Arbeitsgericht hat die Klage abgewiesen, das Landesarbeitsgericht hat ihr stattgegeben.

Die Revision der beklagten Klinik hatte vor dem Bundesarbeitsgericht keinen Erfolg (Urteil vom 6. Mai 2014 – 9 AZR 678/12). Der vereinbarte Sonderurlaub stand dem Entstehen des gesetzlichen Urlaubsanspruchs zu Beginn des Kalenderjahres 2011 nicht entgegen. Er berechtigte die Klinik nicht zur Kürzung des gesetzlichen Urlaubs.

Nach § 1 BUrlG hat jeder Arbeitnehmer in jedem Kalenderjahr Anspruch auf bezahlten Erholungsurlaub. Diese Vorschrift ist nach § 13 Abs. 1 Satz 1 und Satz 3 BUrlG unabdingbar. Die Entstehung des gesetzlichen Urlaubsanspruchs erfordert nur den rechtlichen Bestand des Arbeitsverhältnisses und die einmalige Erfüllung der Wartezeit. Das BUrlG bindet den Urlaubsanspruch damit weder an die Erfüllung der Hauptpflichten aus dem Arbeitsverhältnis noch ordnet es die Kürzung des Urlaubsanspruchs für den Fall des Ruhens des Arbeitsverhältnisses an. Allerdings sehen spezialgesetzliche Regelungen für den Arbeitgeber die Möglichkeit der Kürzung des Urlaubs bei Elternzeit (§ 17 Abs. 1 Satz 1 BEEG) oder Wehrdienst (§ 4 Abs. 1 Satz 1 ArbPlSchG) vor. Eine Kürzungsregelung beim Ruhen des Arbeitsverhältnisses während einer Pflegezeit (§§ 3, 4 PflegeZG) findet sich dagegen nicht. Kommt es zum Ruhen des Arbeitsverhältnisses aufgrund einer Vereinbarung der Arbeitsvertragsparteien, hindert dies grundsätzlich weder das Entstehen des gesetzlichen Urlaubsanspruchs noch ist der Arbeitgeber zur Kürzung des gesetzlichen Urlaubs berechtigt.

Urlaub (§ 26 TVöD)

Zwei Grundsatzentscheidungen des EuGH setzen sich mit der Frage auseinander, welche Auswirkungen Änderungen des Arbeitszeitumfangs auf Urlaubsansprüche haben.

Bereits die erste Entscheidung vom 22. April 2010 – Rs C-486/08 („Tirol") – enthielt die Aussage, dass ein während einer Vollzeitarbeit erworbener Urlaubsanspruch unter bestimmten Voraussetzungen während einer späteren Teilzeitphase nicht reduziert oder mit einem geringeren Entgelt erfüllt werden darf. Die Feststellungen des EuGH betrafen das aus Sicht des deutschen Urlaubsrechts eher exotische Tiroler Vertragsbedienstetengesetz, das einen Urlaubsanspruch in Dienststunden gewährt und nicht in Tagen, wie das deutsche Recht.

Der EuGH hat mit seiner Entscheidung vom 13. Juni 2013 – Rs C-415/12 (Brandes) – auf Veranlassung eines Vorlagebeschlusses des Arbeitsgerichtes Nienburg (beklagt ist das Land Niedersachsen) die Aussagen seines Tirol-Beschlusses für das deutsche Urlaubsrecht im Kern bestätigt und ausgeführt, dass eine zeitanteilige Kürzung des Urlaubs wegen Teilzeitbeschäftigung nicht in Betracht kommt, wenn der Urlaub

(1.) in einer Zeit der Vollzeitbeschäftigung erworben wurde, und

(2.) der Arbeitnehmer tatsächlich nicht die Möglichkeit hatte, diesen Anspruch auszuüben.

Das BAG hat sich der Auffassung des EuGH in seinem Urteil vom 10. Februar 2015 – 9 AZR 53/14 (F) – inzwischen angeschlossen. Das „Nienburger Verfahren" wurde ohne weitere Entscheidung des BAG beendet.

Vererbbarkeit des Urlaubsabgeltungsanspruchs (§ 26 TVöD)

Ein Mitarbeiter im öffentlichen Dienst erkrankte 2008 schwer. Er war seitdem arbeitsunfähig und als schwerbehinderter Mensch anerkannt. Nach seinem Tod 2013 verlangten die Erben die Zahlung von 2.200 EUR als für die Abgeltung von 14 Urlaubstagen. Der Dienstherr lehnte das ab. Die Klage der Erben hatte Erfolg.

Das BAG hat in seinem Urteil vom 22. September 2015 – 9 AZR 170/14 einen Zahlungsanspruch der Erben bejaht. Ist ein Arbeitnehmer aus gesundheitlichen Gründen an seiner Arbeitsleistung gehindert, gehen seine gesetzlichen Urlaubsansprüche mit Ablauf des 31. März des zweiten auf das Urlaubsjahr folgenden Jahres unter. Der Verfall tritt nicht bereits vor diesem Zeitpunkt tageweise ein. Der entstandene Urlaubsabgeltungsanspruch ist vererbbar, das hat auch der EuGH in seinem Urteil vom 12. Juni 2014 – C-118/13 – bejaht.

Bezahlte Freistellung zur Pflege erkrankter Kinder (§ 29 TVöD)

Ein im Geltungsbereich des Tarifvertrags für den öffentlichen Dienst der Kommunen (TVöD) nicht gesetzlich krankenversicherter Beschäftigter hat nach § 29 Abs. 1 Satz 1 lit. e bb i. V. m. Satz 2 TVöD Anspruch, bis zu vier Arbeitstage unter Fortzahlung des Entgelts von der Arbeit für die Pflege erkrankter Kinder freigestellt zu werden. Nach einer aktuellen Entscheidung des BAG (Urteil vom 5. August 2014 – 9 AZR 878/12) gilt das, wenn ein Kind unter zwölf Jahren schwer erkrankt, eine andere Person zur Pflege oder Betreuung nicht sofort zur Verfügung steht und die Notwendigkeit der Anwesenheit des Beschäftigten zur vorläufigen Pflege ärztlich bescheinigt wird. Erkrankt ein anderes Kind des Beschäftigten schwer und sind die übrigen tariflichen Voraussetzungen erfüllt, steht dem Beschäftigten eine weitere bezahlte Freistellung von der Arbeit zu, wenn die in § 29 Abs. 1 Satz 3 TVöD festgesetzte Freistellungsobergrenze von insgesamt fünf Arbeitstagen im Kalenderjahr nicht überschritten wird.

Eine Behörde in Sachsen hatte zuvor für den fünften Tag nur Freistellung ohne Gehaltsfortzahlung gewährt. Das hatten die Arbeitsgerichte in den Vorinstanzen zunächst als richtig bestätigt. Dabei legten sie das Verhältnis der beiden Freistellungsregelungen in § 29 TVöD so aus, dass Beschäftigte entweder Anspruch auf vier Tage Freistellung für Kinder unter zwölf Jahren oder fünf Tage für ältere Kinder haben. Mit der ersten Freistellung habe der Arbeitgeber seine Pflicht erfüllt. Das BAG folgt dem nicht. Bei schwerer Erkrankung eines anderen Kindes unter zwölf Jahren ist ausschließlich die in § 29 Abs. 1 Satz 3 TVöD festgesetzte Freistellungsobergrenze von insgesamt fünf Arbeitstagen im Kalenderjahr maßgebend. Deshalb steht der Mutter noch die Vergütung für den fünften Freistellungstag zu.

Befristungskette auf arbeits- und beamtenrechtlicher Grundlage im Hochschulbereich (§ 30 TVöD)

Die Befristung eines Arbeitsvertrags kann trotz Vorliegens eines Sachgrunds für die Befristung aufgrund der besonderen Umstände des Einzelfalls nach den Grundsätzen des institutionellen Rechtsmissbrauchs unwirksam sein. Dies gilt grundsätzlich auch für Befristungen im Hochschulbereich, die auf den Sachgrund der Drittmittelfinanzierung nach § 2 Abs. 2 WissZeitVG gestützt werden, so das Bundesarbeitsgericht. Für das Vorliegen eines Rechtsmissbrauchs können insbesondere eine sehr lange Gesamtdauer des Beschäftigungsverhältnisses und/oder eine außergewöhnlich hohe Anzahl von aufeinander folgenden befristeten Arbeitsverträgen mit demselben Arbeitgeber sprechen. Gegen eine missbräuchliche Ausnutzung der Befristungsmöglichkeit nach § 2 Abs. 2 WissZeitVG sprechen hingegen Beschäftigungszeiten im Hochschulbereich, die der wissenschaftlichen Qualifikation des Mitarbeiters dienen, unabhängig davon, ob diesen Arbeits- oder Beamtenverhältnisse auf Zeit zugrunde liegen.

Eine Angestellte war vom 1. September 1989 bis zum 31. Oktober 2011 durchgehend an der Universität Leipzig beschäftigt, zunächst bis Februar 1996 auf der Grundlage von vier befristeten Arbeitsverträgen, die auch dem Abschluss der Promotion und dem Erwerb der Habilitation dienten. Anschließend war die Mitarbeiterin in dem Zeitraum vom 1. März 1996 bis zum 24. April 2007 als wissenschaftliche Assistentin im Rahmen eines Beamtenverhältnisses auf Zeit tätig. Danach schlossen sich für die Zeit vom 25. April 2007 bis zum 31. Oktober 2011 zwei auf den Sachgrund der Drittmittelfinanzierung gestützte befristete Arbeitsverträge an. Die Angestellte hat gegen die Wirksamkeit der Befristung zum 31. Oktober 2011 geklagt. Das Arbeitsgericht hat die Klage abgewiesen. Vor dem Landesarbeitsgericht hat die Arbeitnehmerin gewonnen.

Die Revision des Arbeitgebers hatte vor dem BAG Erfolg (Urt. v. 8. 6. 2016 – 7 AZR 259/14). Entgegen der Ansicht des Landesarbeitsgerichts war die letzte Befristung nicht rechtsmissbräuchlich, da ein erheblicher Zeitraum der befristeten Beschäftigung der wissenschaftlichen Qualifizierung der Angestellten diente. Der Senat konnte den Rechtsstreit allerdings nicht abschließend entscheiden, da aufgrund der bislang getroffenen Feststellungen nicht beurteilt werden kann, ob die Befristung durch den Sachgrund der Drittmittelfinanzierung oder durch einen anderen Sachgrund gerechtfertigt ist. Die Sache wurde deshalb zur weiteren Sachaufklärung an das Landesarbeitsgericht zurückverwiesen.

Ruhen des Arbeitsverhältnisses bei teilweiser Erwerbsminderungsrente auf Zeit (§ 33 TVöD)

Eine Schulhausmeisterin war zuletzt in Teilzeit bei einer Stadt in Baden-Württemberg mit einer täglichen Arbeitszeit von 4,7 Stunden gegen ein durchschnittliches monatliches Bruttoentgelt von 1.600,00 EUR tätig. Ihr wurde im Juni 2013 eine Rente wegen teilweiser Erwerbsminderung von 364,24 EUR monatlich bewilligt, die bis zum 30. Juni 2015 befristet war. Die Hausmeisterin stellte innerhalb der Frist des § 33 Abs. 3 TVöD keinen schriftlichen Antrag auf Weiterbeschäftigung. Mit ihrer Klage begehrt sie die Feststellung, dass das Arbeitsverhältnis in der Zeit vom 1. Juli 2013 bis 30. Juni 2015 nicht geruht habe.

Ihre Klage hatte beim BAG – wie schon in den Vorinstanzen – keinen Erfolg (Urt. v. 17. 3. 2016 – 6 AZR 221/15). Die Beschäftigte hat keinen fristgerechten Antrag nach § 33 Abs. 3 TVöD gestellt. Eine Weiterbeschäftigung als schwerbehinderter Mensch bzw. nach § 241 Abs. 2 BGB, die das Ruhen des Arbeitsverhältnisses beendet hätte, hat sie nicht verlangt.

Nach § 33 TVöD ruht das Arbeitsverhältnis ab dem Monat nach Zustellung des Rentenbescheids, wenn dem Beschäftigten Rente wegen Erwerbsminderung auf Zeit bewilligt wird. Dabei kommt es nicht auf die Höhe der Rente an. Liegt nur eine teilweise Erwerbsminderung vor, d. h. ist der Beschäftigte unter den üblichen Bedingungen des allgemeinen Arbeitsmarkts noch in der Lage, zwischen drei und sechs Stunden täglich erwerbstätig zu sein, kann der Beschäftigte nach § 33 Abs. 3 TVöD zur Vermeidung des Ruhens des Arbeitsverhältnisses seine Weiterbeschäftigung beantragen. Dies muss schriftlich und innerhalb von zwei Wochen nach Zugang des Rentenbescheids erfolgen. Der Arbeitgeber kann den Antrag ablehnen, wenn dringende betriebliche Gründe der Weiterbeschäftigung entgegenstehen. § 33 TVöD kann aber die gesetzlich garantierten Rechte schwerbehinderter Menschen nicht verkürzen. Dieser Personenkreis kann darum unabhängig von der in § 33 TVöD angeordneten Form und Frist gemäß § 81 Abs. 4, Abs. 5 Satz 3 SGB IX eine behinderungsgerechte Beschäftigung verlangen. Darüber hinaus kann jeder Beschäftigte auch während des Ruhens des Arbeitsverhältnisses nach § 241 Abs. 2 BGB vom Arbeitgeber die Prüfung der Möglichkeit der Beschäftigung unter Berücksichtigung seines verbliebenen Leistungsvermögens verlangen. Damit schränkt § 33 TVöD die Möglichkeit des Beschäftigten, der eine Rente wegen teilweiser Erwerbsminderung bezieht, durch die Fortsetzung des aktiven Arbeitsverhältnisses sein Einkommen zu sichern, nicht so stark ein, dass die durch Art. 12 Abs. 1 GG gewährleistete Berufsfreiheit verletzt ist.

Beendigung ohne Kündigung (§ 33 TVöD)

Bei Bewilligung einer teilweisen Erwerbsminderungsrente kann das Arbeitsverhältnis ohne Kündigung nach § 33 Abs. 3 TVöD enden, wenn der Arbeitnehmer nicht Weiterbeschäftigung innerhalb von zwei Wochen nach Zugang des Rentenbescheides beantragt. Einer angestellten Lehrerin wurde ein Rentenbescheid am 27. Dezember zugestellt. Den am 16. Januar gestellten Weiterbeschäftigungsantrag sah das Land als verspätet an.

Das BAG hat in seinem Urteil vom 23. 7. 2014 – 7 AZR 771/12 die Regelung des § 33 Abs. 3 TV-L zwar als im Kern verfassungskonform bestätigt. Die Zwei-Wochen-Frist beginne aber entgegen dem Wortlaut der Vorschrift erst mit der Beendigungsmitteilung durch den Arbeitgeber. Die (hier fehlende) Beendigungsmitteilung des Arbeitgebers ist demnach unabdingbar.

Alkohol am Arbeitsplatz (§ 34 TVöD)

Kündigungen richten sich nach den Grundsätzen über die personenbedingte Kündigung. Dies hat das BAG mit seinem Urteil vom 22. Dezember 2014 – 2 AZR 32/11 bestätigt. Die fristlose Kündigung ist nach Entscheidung des Gerichts weder aus Verhaltens- noch aus persönlichen Gründen gerechtfertigt. Sie ist auch nicht als krankheitsbedingte Kündigung wirksam.

Gestaffelte Kündigungsfrist keine Diskriminierung (§ 34 TVöD)

Ein Arbeitgeber kündigte einer 28-jährigen Mitarbeiterin mit einer Frist von mindestens vier Wochen zum Ende eines Kalendermonats, hier Januar 2012. Die Mitarbeiterin zieht die prinzipielle Wirksamkeit dieser Kündigung nicht in Zweifel. Sie ist jedoch der Auffassung, die Staffelung der Kündigungsfristen unter Berücksichtigung der Betriebszugehörigkeit begünstige ältere Arbeitnehmer, weil langjährig beschäftigte Arbeitnehmer naturgemäß älter seien. Jüngere Arbeitnehmer wie sie würden dagegen benachteiligt. Darin liege eine von der Richtlinie 2000/78/EG des Rates vom 27. November 2000 zur Festlegung eines allgemeinen Rahmens für die Verwirklichung der Gleichbehandlung in Beschäftigung und Beruf (RL 2000/78/EG) untersagte mittelbare Diskriminierung wegen des Alters. Dies habe zur Folge, dass die in § 622 Abs. 2 Satz 1 Nr. 7 BGB vorgesehene längst mögliche Kündigungsfrist von sieben Monaten zum Ende eines Kalendermonats für alle Arbeitnehmer unabhängig von der tatsächlichen Dauer der Betriebszugehörigkeit gelten müsse. Darum habe das Arbeitsverhältnis erst mit dem 31. Juli 2012 geendet.

Das BAG hat die Klage – wie schon die Vorinstanzen – abgewiesen. Nach Betriebszugehörigkeit gestaffelte Kündigungsfristen verletzen nach der zur vergleichbaren Vorschrift des § 622 Abs. 2 Satz 1 BGB ergangenen Entscheidung des BAG vom 18. September 2014 – 6 AZR 636/13 – das Verbot der mittelbaren Altersdiskriminierung des Allgemeinen Gleichbehandlungsgesetzes nicht. Zwar führe die Differenzierung der Kündigungsfrist nach der Dauer der Betriebszugehörigkeit zu einer mittelbaren Benachteiligung jüngerer Arbeitnehmer. Die Verlängerung der Kündigungsfristen durch § 622 Abs. 2 Satz 1 BGB verfolge jedoch das rechtmäßige Ziel, länger beschäftigten und damit betriebstreuen, typischerweise älteren Arbeitnehmern durch längere Kündigungsfristen einen verbesserten Kündigungsschutz zu gewähren. Zur Erreichung dieses Ziels sei die Verlängerung auch in ihrer konkreten Staffelung angemessen und erforderlich. Darum liege keine mittelbare Diskriminierung wegen des Alters vor.

Besserstellung bei fiktivem Aufstieg (§ 8 TVÜ-Bund/VKA)

Ein Beschäftigter wäre im Rahmen eines Bewährungsaufstiegs nach dem BAT zum 19. Juli 2006 in die Vergütungsgruppe IVa BAT höhergruppiert worden. Der Arbeitgeber leistete deshalb ab diesem Zeitpunkt einen Höhergruppierungsgewinn nach § 8 Abs. 2 Satz 1 TVÜ-Bund. Der Mitarbeiter erhielt nunmehr eine Vergütung nach einer individuellen Zwischenstufe zwischen den Stufen 4 und 5 der Entgeltgruppe 10 TVöD. Zum 1. Oktober 2007 stieg er gemäß § 6 Abs. 1 Satz 2 TVÜ-Bund in die Endstufe 5 der Entgeltgruppe 10 TVöD auf.

Da ein Kollege einen höheren Höhergruppierungsgewinn erhielt, klagte der Beschäftigte auf Gleichstellung durch monatliche Zahlungen von rund 430 EUR nach § 8 Abs. 3 Satz 2 TVÜ-Bund. Ein Kollege, welcher erst seit dem 1. Januar 2005 als Gruppenleiter fungiere und bei Fortgeltung des BAT zum 1. Januar 2008 höhergruppiert worden wäre, erhalte einen solchen Höhergruppierungsgewinn. Dies verstoße gegen Art. 3 Abs. 1 GG. Er übe dieselbe Tätigkeit wie dieser Kollege aus.

Das BAG wies seine Klage ab (Urteil vom 16. Oktober 2014 – 6 AZR 661/12). Dass es in Einzelfällen zu einer Besserstellung dieser vom „fiktiven Aufstieg" profitierenden Beschäftigten gegenüber denjenigen Beschäftigten kommen kann, die den Bewährungsaufstieg nach BAT/BAT-O bereits vor dem 1. Oktober 2007 vollzogen haben, ist nach den Ausführungen des BAG unerheblich.

Altersdiskriminierung bei Einkommenssicherung nach § 6 TV UmBw

Die Anrechnung von Einkommenserhöhungen auf die Einkommenssicherungszulage nach § 6 des Tarifvertrags über sozialverträgliche Begleitmaßnahmen im Zusammenhang mit der Umgestaltung der Bundeswehr vom 18. Juli 2001 (TV UmBw) führt zu einer unmittelbaren Benachteiligung jüngerer gegenüber älteren Beschäftigten, soweit bei einer Beschäftigungszeit von weniger als 25 Jahren nach der Vollendung des 55. Lebensjahres differenziert wird. Ein legitimes Ziel i. S. d. § 10 AGG, das eine derartige Benachteiligung rechtfertigen könnte, ist nicht ersichtlich (BAG, Urt. v. 18. 2. 2016 – 6 AZR 700/14).

Die am 3. August 1968 geborene Bundeswehrangestellte ist seit dem 1. September 1988 in der Bundeswehrverwaltung beschäftigt. Seit dem 1. Juli 2007 hat sie einen Anspruch auf Einkommenssicherung nach § 6 TV UmBw. Die demnach gewährte persönliche Zulage nimmt an allgemeinen Entgelterhöhungen teil. Sie verringert sich jedoch nach Maßgabe des § 6 Abs. 3 Satz 2 Buchst. a) TV UmBw bei Beschäftigten, die eine Beschäftigungszeit von 15 Jahren zurückgelegt und noch nicht das 55. Lebensjahr vollendet haben, um ein Drittel des Erhöhungsbetrages. Demgegenüber unterbleibt nach § 6 Abs. 3 Satz 4 Buchst. a) TV UmBw bei Vollendung des 55. Lebensjahrs eine solche Verringerung. Die Angestellte sieht darin eine unzulässige Benachteiligung jüngerer Arbeitnehmer mit einer Beschäftigungszeit von 15 Jahren. Sie verlangt daher für die Zeit bis zum 28. Februar 2012 mit einer Leistungsklage auf Zahlung von Differenzvergütung eine Gleichstellung mit den begünstigten Beschäftigten. Bezüglich der Folgezeit bis zum 31. August 2013 begehrt sie die Feststellung einer entsprechenden Verpflichtung des Dienstherrn.

Die Mitarbeiterin hat durch die Vorinstanzen überwiegend Recht bekommen. Die Leistungsklage ist entgegen der Auffassung des Landesarbeitsgerichts wegen Versäumung der tariflichen Ausschlussfrist nach Ansicht des Bundesarbeitsgerichts unbegründet. Die Bundeswehrangestellte hat jedoch einen Anspruch auf die beantragte Feststellung. Zwar sind die einschlägigen Tarifregelungen gemäß § 7 Abs. 2 AGG nur insoweit unwirksam, als sie nach der Vollendung des 55. Lebensjahres differenzieren. Die in Abhängigkeit von der Beschäftigungsdauer angeordnete Verringerung behält als in sich geschlossene und sinnvolle Regelung ihre Wirksamkeit. Damit wäre im Fall der Angestellten eine Verringerung der Zulage um ein Drittel des Erhöhungsbetrages berechtigt gewesen. Für die allein streitgegenständliche Vergangenheit kann die Angestellte aber zur Beseitigung der Diskriminierung eine sog. Anpassung nach oben verlangen, da den Begünstigten die unverringert gezahlte Zulage nachträglich nicht mehr entzogen werden kann.

Die Vorbeschäftigung bei der sachgrundlosen Befristung von Arbeitsverhältnissen – wichtige Klarstellungen durch das Bundesarbeitsgericht

Von Jörg Effertz

I. Vorbemerkung

Als am 1. Januar 2001 das Gesetz über Teilzeitarbeit und befristete Arbeitsverträge (Teilzeit- und Befristungsgesetz – TzBfG) als Artikel 1 des Gesetzes über Teilzeitarbeit und befristete Arbeitsverträge und zur Änderung und Aufhebung arbeitsrechtlicher Bestimmungen vom 21. Dezember 2000 (BGBl. I S. 1966) in Kraft trat und u. a. das Recht der befristeten Arbeitsverträge neu regelte, stellte es die personalbearbeitenden Stellen – wie viele neue Gesetze – vor Auslegungsfragen. Insbesondere die Tragweite des § 14 Abs. 2 Satz 2 TzBfG, wonach eine sachgrundlose Befristung eines Arbeitsverhältnisses ausgeschlossen ist, wenn mit demselben Arbeitgeber bereits zuvor ein befristetes oder unbefristetes Arbeitsverhältnis bestanden hat, war unklar. Die nachstehende Betrachtung setzt sich mit dieser Fragestellung auseinander und stellt sowohl das Problem als auch die dazu ergangene Rechtsprechung des Bundesarbeitsgerichts (BAG) dar.

II. Welche Vorbeschäftigung verhindert eine sachgrundlose Befristung?

1. Die Vorschrift

Wie unter I dargestellt, hat der Gesetzgeber in § 14 Abs. 2 TzBfG (bis zur Dauer von zwei Jahren) zwar auch ohne Sachgrund eine Befristung des Arbeitsverhältnisses zugelassen. Dies gilt aber gemäß § 14 Abs. 2 Satz 2 TzBfG nur, wenn mit demselben Arbeitgeber nicht bereits zuvor ein befristetes oder unbefristetes Arbeitsverhältnis bestanden hat. Die Vorschrift hat folgenden Wortlaut:

„(2) Die kalendermäßige Befristung eines Arbeitsvertrages ohne Vorliegen eines sachlichen Grundes ist bis zur Dauer von zwei Jahren zulässig; bis zu dieser Gesamtdauer von zwei Jahren ist auch die höchstens dreimalige Verlängerung eines kalendermäßig befristeten Arbeitsvertrages zulässig. Eine Befristung nach Satz 1 ist nicht

zulässig, wenn mit demselben Arbeitgeber bereits zuvor ein befriste-
tes oder unbefristetes Arbeitsverhältnis bestanden hat . . ."

Die Formulierung des Satzes 2 der Vorschrift legte insbesondere im
Vergleich zur vorangegangenen Regelung im Beschäftigungsför-
derungsgesetz 1985 (s. unter 2.) die Frage nahe, ob tatsächlich (ohne
jegliche zeitliche Begrenzung) alle Vorbeschäftigungen bei demselben Arbeitgeber einer sachgrundlosen Befristung entgegenstehen.
Das Risiko, ohne Kenntnis einer Jahr(zehnt)e zurückliegenden Vorbeschäftigung eine (letztlich u. U. unwirksame) sachgrundlose Befristung zu vereinbaren, erschien gerade bei den großen Arbeitgebern des öffentlichen Dienstes mit ihren vielen Dienststellen groß.
So würde es in der Regel beispielsweise nicht feststellbar sein, dass ein
„in reiferen Jahren" in einer Landesbehörde eingestellter Beschäftigter vor vielen Jahren schon einmal bei einer anderen Dienststelle des
Landes einen kurzfristigen Aushilfsjob als Student ausgeübt hatte.

2. Änderung im Vergleich zur vorangegangenen Regelung

Die zum 1. Januar 2001 zeitgleich mit dem Inkrafttreten des TzBfG
aufgehobene (s. Artikel 3 des Gesetzes über Teilzeitarbeit und
befristete Arbeitsverträge und zur Änderung und Aufhebung arbeitsrechtlicher Bestimmungen vom 21. Dezember 2000 – BGBl. I S. 1966)
Regelung des Gesetzes über arbeitsrechtliche Vorschriften zur Be-
schäftigungsförderung (Artikel 1 des Beschäftigungsförderungsgesetzes 1985 vom 26. April 1985 – BGBl. I S. 710) war bedeutend weniger
streng formuliert. Der maßgebende § 1 des Gesetzes hatte – soweit
hier von Bedeutung – folgenden Wortlaut:

„(1) Die Befristung eines Arbeitsvertrages ist bis zur Dauer von zwei
Jahren zulässig. Bis zur Gesamtdauer von zwei Jahren ist auch die
höchstens dreimalige Verlängerung eines befristeten Arbeitsvertra-
ges zulässig.

....

(3) Die Befristung . . . ist nicht zulässig, wenn zu einem vorhergehen-
den unbefristeten oder zu einem vorhergehenden befristeten Ar-
beitsvertrag . . . mit demselben Arbeitgeber ein enger Zusammen-
hang besteht. Ein solcher enger Zusammenhang ist insbesondere
anzunehmen, wenn zwischen den Arbeitsverträgen ein Zeitraum von
weniger als vier Monaten liegt."

....

Einer – im Regelfall – überschaubaren Viermonatsgrenze bei der Vorbeschäftigung im Sinne des Beschäftigungsförderungsgesetzes stand nun nach Inkrafttreten des TzBfG ein „lebenslanges Anschlussverbot" und das hohe Risiko der Unkenntnis einer evtl. Vorbeschäftigung gegenüber. Oftmals war die sachgrundlose Beschäftigung deshalb nicht die erste Wahl, was nicht immer zu einer unbefristeten Einstellung führte, sondern – wenn es keine Sachgründe für die Befristung gab – auch ein Einstellungshindernis darstellen konnte.

3. Rechtsprechung des BAG

3.1 BAG vom 6. November 2003 – 2 AZR 690/02

Das BAG hat zunächst (Urteil vom 6. November 2003 – 2 AZR 690/02) die Auffassung vertreten, das Anschlussverbot des § 14 Abs. 2 Satz 2 TzBfG enthalte keine zeitliche Begrenzung; auf den zeitlichen Abstand zwischen dem früheren Arbeitsverhältnis und dem ohne Sachgrund befristeten Arbeitsverhältnis komme es damit grundsätzlich nicht an (Rn. 25). In dem Urteilsfall ging es um ein sachgrundlos befristetes Arbeitsverhältnis vom 20. Juni 2001 bis 15. September 2001. Da der Kläger bereits zuvor (nämlich vom 4. April 2000 bis zum 30. Juni 2000) bei der Beklagten beschäftigt gewesen war, hat das BAG die Befristung für unzulässig gehalten und war von einem unbefristeten Arbeitsverhältnis ausgegangen.

3.2 BAG vom 6. April 2011 – 7 AZR 716/09

Von der eher pauschalen Aussage seines Urteils vom 6. November 2003 (s. o.) ist das BAG in seinem Urteil vom 6. April 2011 – 7 AZR 716/09 – abgewichen. In dem Urteil ging es um eine Lehrerin, die einen sachgrundlos befristeten Arbeitsvertrag für die Zeit vom 1. August 2006 bis zum 31. Juli 2008 hatte und zuvor (mit unterschiedlicher Arbeitszeit als studentische Hilfskraft vom 1. November 1999 bis zum 31. Januar 2000) bei dem beklagten Freistaat beschäftigt war. Nach der nun konkretisierten Auffassung des BAG liegt eine „Zuvor-Beschäftigung" im Sinne des § 14 Abs. 2 Satz 2 TzBfG nicht vor, wenn ein früheres Arbeitsverhältnis mehr als drei Jahre zurückliegt. Das ergibt nach der Begründung des BAG die an ihrem Sinn und Zweck orientierte, verfassungskonforme Auslegung der gesetzlichen Regelung. Diese solle zum einen Arbeitgebern ermöglichen, auf schwankende Auftragslagen und wechselnde Marktbedingungen durch befristete Einstellungen zu reagieren, und für Arbeitnehmer eine Brücke zur Dauerbeschäftigung schaffen. Zum andern sollen durch das Verbot der „Zuvor-Beschäftigung" Befristungsketten und der Missbrauch befristeter Arbeitsverträge verhindert werden. Das Verbot könne allerdings auch zu einem Einstellungshindernis werden. Seine Anwendung ist daher nach Meinung des BAG nur insoweit gerechtfertigt, als dies zur Verhinderung von Befristungsketten erforderlich ist. Das sei bei lange Zeit zurückliegenden früheren Beschäftigungen typischerweise nicht mehr der Fall. Hier rechtfertige der Gesetzeszweck die Beschränkung der Vertragsfreiheit der Arbeitsvertragsparteien und die damit verbundene Einschränkung der Berufswahlfreiheit des Arbeitnehmers nicht. Die Gefahr missbräuchlicher Befristungsketten bestehe regelmäßig nicht mehr, wenn zwischen dem Ende des früheren Arbeitsverhältnisses und dem sachgrundlos befristeten neuen Arbeitsvertrag mehr als drei Jahre liegen. Dieser Zeitraum entspreche auch der gesetzgeberischen Wertung, die in der regelmäßigen zivilrechtlichen Verjährungsfrist zum Ausdruck komme.

Im Einzelnen führt das BAG (zitiert nach Juris) dazu Folgendes aus:

„Nach § 14 Abs. 2 Satz 1 TzBfG ist die Befristung eines Arbeitsvertrags ohne Vorliegen eines sachlichen Grundes bis zur Dauer von zwei Jahren zulässig. Das gilt nach § 14 Abs. 2 Satz 2 TzBfG nicht, wenn mit demselben Arbeitgeber bereits zuvor ein befristetes oder unbefristetes Arbeitsverhältnis bestanden hat. Eine Vorbeschäftigung i. S. v. § 14 Abs. 2 Satz 2 TzBfG ist nicht gegeben, wenn das frühere Arbeitsverhältnis mehr als drei Jahre zurückliegt. Das ergibt die Auslegung der Vorschrift." (Rn. 13)

....

„Nach erneuter Prüfung hält der Senat an dem zeitlich völlig uneingeschränkten Verständnis (des Urteils vom 6. November 2003 – Anm. des Verfassers) des Verbots der Vorbeschäftigung nach § 14 Abs. 2 Satz 2 TzBfG nicht fest. Unter Berücksichtigung aller Auslegungskriterien ist ein Verständnis der Vorschrift in dem Sinne geboten, dass das Zuvorbeschäftigungsverbot zeitlich eingeschränkt ist. Der Wortlaut und die Gesetzessystematik zwingen zu keiner bestimmten Auslegung. Die Gesetzesgeschichte deutet eher auf ein zeitlich unbeschränktes Verbot der Zuvorbeschäftigung. Dagegen sprechen der Normzweck, Gründe der Praktikabilität und Rechtssicherheit sowie insbesondere verfassungsrechtliche Erwägungen für eine zeitliche Beschränkung des Verbots." (Rn. 16)

....

„Gegen ein Verständnis des § 14 Abs. 2 Satz 2 TzBfG im Sinne eines zeitlich völlig unbeschränkten Verbots spricht der Zweck der Regelung. Dieser besteht darin, zu verhindern, dass die in § 14 Abs. 2 Satz 1 TzBfG vorgesehene Möglichkeit der sachgrundlosen Befristung zu „Befristungsketten" missbraucht wird. Zur Verwirklichung dieses Zwecks bedarf es keines lebenslangen Anschlussverbots. Ein solches wäre vielmehr nach dem Normzweck überschießend." (Rn. 20)

....

„Hiernach ist eine Auslegung des Verbots der Vorbeschäftigung in § 14 Abs. 2 Satz 2 TzBfG als in zeitlicher Hinsicht eingeschränkt geboten. Ein uneingeschränktes Anschlussverbot birgt strukturell die Gefahr, als arbeitsrechtliches Einstellungshindernis die durch Art. 12 Abs. 1 GG geschützte Berufsfreiheit des Arbeitnehmers unverhältnismäßig zu begrenzen. Der Arbeitnehmer wäre auch bei einer lang zurückliegenden Vorbeschäftigung gehindert, mit einem einstellungsbereiten Arbeitgeber einen sachgrundlos befristeten Arbeitsvertrag zu schließen. Dies würde der in Art. 12 Abs. 1 GG zum Ausdruck kommenden objektiven Wertentscheidung nicht hinreichend gerecht." (Rn. 29)

....

„Die hiernach gebotene Auslegung des § 14 Abs. 2 Satz 2 TzBfG in einem zeiteinschränkenden Sinn erfordert eine im Wege der Rechtsfortbildung vorzunehmende Konkretisierung. Eine solche ist, soweit der Gesetzgeber die erforderliche Konkretisierung unterlassen hat, bisweilen unumgänglich und in der Rechtsprechung nicht selten (vgl. etwa zur Konkretisierung des Lohnwuchers BAG 22. April 2009 – 5 AZR 436/08 – Rn. 13 ff., BAGE 130, 338; zur Frage, von welchem Umfang an eine Arbeitszeiterhöhung eine mitbestimmungspflichtige Einstellung i. S. v. § 99 Abs. 1 BetrVG darstellt, BAG 9. Dezember 2008 – 1 ABR 74/07 – Rn. 19, BAGE 128, 351). Der Senat hat sich dabei insbesondere aus Gründen der Rechtssicherheit statt der ebenso in Betracht kommenden Anknüpfung an die Art und Dauer der Vorbeschäftigung für eine zeitliche Grenze entschieden, nach deren Überschreitung eine Vorbeschäftigung im Sinne des § 14 Abs. 2 Satz 2 TzBfG nicht mehr anzunehmen ist. Für die genaue Festlegung des zeitlichen Abstands zwischen dem Ende des vorangegangenen und dem Beginn des sachgrundlos befristeten Arbeitsverhältnisses war in erster Linie der Zweck des § 14 Abs. 2 Satz 2 TzBfG, „Befristungsketten" und den Missbrauch aufeinanderfolgender be-

fristeter Arbeitsverträge zu verhindern, maßgeblich. Ein Zeitraum von drei Jahren erscheint geeignet, erforderlich und angemessen, der Missbrauchsverhinderung Rechnung zu tragen. Eine schutzzwecküberschießende, die Berufsfreiheit unverhältnismäßig beschränkende Folge wird damit vermieden. Die Zeitspanne entspricht außerdem der gesetzgeberischen Wertung, die in der Dauer der regelmäßigen zivilrechtlichen Verjährungsfrist nach § 195 BGB zum Ausdruck kommt. Diese dient dem Interesse der Rechtssicherheit und dem Vertrauen eines – etwaigen – Schuldners darauf, aus einem länger zurückliegenden Lebenssachverhalt nicht mehr in Anspruch genommen zu werden. Hierzu weist die erforderliche zeitliche Beschränkung des Verbots der Vorbeschäftigung in § 14 Abs. 2 Satz 2 TzBfG wertungsmäßig Parallelen auf. Auch hier ist es sachgerecht, die Beteiligten nicht mehr mit Schwierigkeiten zu belasten, die mit der Aufklärung eines lange Zeit zurückliegenden abgeschlossenen Lebenssachverhalts verbunden sind. Die Grenze von drei Jahren erscheint gleichfalls unter dem Gesichtspunkt des Vertrauensschutzes angemessen. Das Vertrauen der Arbeitsvertragsparteien darauf, dass einem Arbeitsvertrag, dessen Ende mehr als drei Jahre zurückliegt und der demzufolge regelmäßig für den Abschluss des neuen Vertrags keine wesentliche praktische Bedeutung mehr hat, keine Folgen mehr für die Gestaltung des neuen Vertrags zukommen, erscheint jedenfalls bei typisierender Betrachtung schützenswert." (Rn. 39)

3.3 BAG vom 21. September 2011 – 7 AZR 375/10

In dem Verfahren ging es um einen Arbeitnehmer, der in der Zeit vom 1. April 2008 bis zum 31. März 2009 sachgrundlos als Elektriker eingestellt wurde. In der Zeit vom 1. August 1969 bis 23. Januar 1973 absolvierte er ein Ausbildungsverhältnis bei einer Firma, die die Rechtsvorgängerin der Beklagten gewesen sein soll.

Das BAG hat es dahingestellt sein lassen, ob die Behauptung, die ausbildende Firma sei Rechtsvorgängerin der Beklagten gewesen, zutreffend ist. Es hat die Klage auf unbefristete Beschäftigung mit der Begründung abgelehnt, dass erstens ein Berufsausbildungsverhältnis kein Arbeitsverhältnis i. S. d. Vorbeschäftigungsverbots für eine sachgrundlose Befristung in § 14 Abs. 2 Satz 2 TzBfG sei und hat zweitens die im Urteil vom 6. April 2011 (s. 3.2) vertretene Auffassung bekräftigt, wonach ein zeitlich eingeschränktes Verständnis der Vorschrift des § 14 Abs. 2 Satz 2 TzBfG geboten sei.

Im Einzelnen begründet das BAG (zitiert nach Juris) seine Auffassung wie folgt:

„Die Vorinstanzen haben zutreffend erkannt, dass ein früheres Berufsausbildungsverhältnis dem Vorbeschäftigungsverbot des § 14 Abs. 2 Satz 2 TzBfG nicht unterfällt. Ein Berufsausbildungsverhältnis ist kein Arbeitsverhältnis im Sinne dieser Norm . . . Das ergibt die Auslegung des § 14 Abs. 2 Satz 2 TzBfG nach Wortlaut sowie Sinn und Zweck. Der Zusammenhang der Bestimmung mit § 14 Abs. 1 Satz 2 Nr. 2 TzBfG steht dem nicht entgegen. Das Auslegungsergebnis wird von der Gesetzesbegründung gestützt." (Rn. 14)

„Nach dem Wortlaut des § 14 Abs. 2 Satz 2 TzBfG ist die sachgrundlose Befristung nach § 14 Abs. 2 Satz 1 TzBfG nicht zulässig, wenn mit demselben Arbeitgeber bereits zuvor ein befristetes oder unbefristetes Arbeitsverhältnis bestanden hat. Durch Berufsausbildungsvertrag begründete Berufsausbildungsverhältnisse und durch Arbeitsvertrag begründete Arbeitsverhältnisse sind nicht generell gleichzusetzen . . . § 10 Abs. 2 BBiG bestimmt vielmehr, dass auf den Berufsausbildungsvertrag, soweit sich aus seinem Wesen und Zweck und aus dem Berufsbildungsgesetz nichts anderes ergibt, die für den Arbeitsvertrag geltenden Rechtsvorschriften und Rechtsgrundsätze anzuwenden sind. Wäre das Berufsausbildungsverhältnis ein Arbeitsverhältnis, wäre diese Regelung überflüssig . . . Ohne besondere gesetzliche Regelung sind Berufsausbildungsverhältnisse keine Arbeitsverhältnisse. Die Anwendung der für den Arbeitsvertrag geltenden Rechtsvorschriften beruht auf § 10 Abs. 2 BBiG . . ." (Rn. 15)

„Es kommt deshalb für die Frage, ob ein Berufsausbildungsverhältnis mit einem Arbeitsverhältnis gleichzusetzen ist, auf den jeweiligen Gesetzeszweck an. Die für den Arbeitsvertrag geltenden Rechtsvorschriften und Rechtsgrundsätze sind auf den Berufsausbildungsvertrag und das durch ihn begründete Berufsausbildungsverhältnis nicht ohne Weiteres anzuwenden, sondern nur, soweit sich aus dem Wesen und Zweck des Berufsausbildungsvertrags sowie aus dem Berufsbildungsgesetz nichts anderes ergibt . . . Der Gesetzeszweck des Vorbeschäftigungsverbots in § 14 Abs. 2 Satz 2 TzBfG erfordert nicht, Berufsausbildungsverhältnisse mit Arbeitsverhältnissen im Sinne dieser Vorschrift gleichzusetzen." (Rn. 16)

„Der Zweck des Vorbeschäftigungsverbots in § 14 Abs. 2 Satz 2 TzBfG besteht darin zu verhindern, dass die in § 14 Abs. 2 Satz 1 TzBfG eröffnete Möglichkeit der sachgrundlosen Befristung zu sog. Befris-

tungsketten oder Kettenverträgen missbraucht werden kann, nicht aber darin, befristete Arbeitsverträge oder sachgrundlos befristete Arbeitsverträge zu verhindern ... Der Zweck des Vorbeschäftigungsverbots in § 14 Abs. 2 Satz 2 TzBfG steht in Einklang mit dem Ziel der Richtlinie 1999/70/EG des Rates vom 28. Juni 1999 zu der EGB-UNICE-CEEP-Rahmenvereinbarung über befristete Arbeitsverträge (Rahmenvereinbarung, ABl. EG L 175 vom 10. Juli 1999 S. 43), die mit dem Teilzeit- und Befristungsgesetz umgesetzt werden sollte (vgl. BT-Drucks. 14/4374 S. 1). Die Rahmenvereinbarung verlangt nicht, dass bereits der erste oder einzige befristete Arbeitsvertrag aus sachlichen Gründen gerechtfertigt sein muss ... Ziel der Rahmenvereinbarung ist es vielmehr, den Missbrauch von aufeinanderfolgenden befristeten Arbeitsverträgen zu verhindern ..." (Rn. 17)

„Dieser Zweck erfordert es nicht, Berufsausbildungsverhältnisse in das Vorbeschäftigungsverbot einzubeziehen. Die nur befristete Übernahme in ein Arbeitsverhältnis im Anschluss an die Berufsausbildung begründet wegen des Ausbildungszwecks des Berufsausbildungsverhältnisses keine Gefahr einer „Kettenbefristung", sondern trägt dazu bei, den früheren Auszubildenden – wenn auch nur zeitweilig – in den allgemeinen Arbeitsmarkt einzugliedern und ggf. eine sog. Beschäftigungsbrücke in ein unbefristetes Arbeitsverhältnis zu schaffen ..." (Rn. 18)

....

„Ein zeitlich eingeschränktes Verständnis des § 14 Abs. 2 Satz 2 TzBfG ist auch wegen des Grundsatzes der möglichst verfassungskonformen Auslegung geboten. Ein zeitlich völlig unbeschränktes Vorbeschäftigungsverbot wäre mit Art. 12 Abs. 1 GG unvereinbar. Dadurch würde die Freiheit der Berufswahl und der Berufsausübung in unverhältnismäßiger Weise eingeschränkt ..." (Rn. 31)

3.4 BAG vom 24. Februar 2016 – 7 AZR 712/13

In dem Verfahren ging es um eine Ärztin, die in der Zeit vom 1. Februar 1999 bis zum 31. März 1999 befristet als Arbeitnehmerin, vom 1. April 1999 bis zum 31. März 2009 als Beamtin auf Zeit und vom 1. April 2009 bis zum 30. März 2011 sachgrundlos befristet als Arbeitnehmerin beschäftigt war. Mit ihrer Klage hat sich die Klägerin gegen die Befristung ihres Arbeitsvertrags gewandt. Sie hat die Auffassung vertreten, der sachgrundlosen Befristung stehe das Vorbeschäftigungsverbot des § 14 Abs. 2 Satz 2 TzBfG entgegen. Das BAG hat die Klage letztlich zurückgewiesen und die Auffassung vertreten, eine der sachgrundlosen Befristung entgegenstehende Vorbeschäftigung i. S. v. § 14 Abs. 2 Satz 2 TzBfG sei in dem Beamtenverhältnis der Klägerin nicht zu sehen. Ein Beamtenverhältnis stelle kein Arbeitsverhältnis i. S. v. § 14 Abs. 2 Satz 2 TzBfG dar. Beamte seien keine Arbeitnehmer im Sinne des allgemeinen Arbeitnehmerbegriffs und stünden demnach nicht in einem Arbeitsverhältnis. Sie würden nicht aufgrund eines privatrechtlichen Vertrags, sondern aufgrund eines durch Verwaltungsakt begründeten öffentlich-rechtlichen Dienstverhältnisses tätig. Die Vorgaben des Unionsrechts würden kein anderes Verständnis gebieten (Rn. 29 und 30).

3.5 BAG vom 24. August 2016 – 7 AZR 342/14

Die Klägerin war bei der Beklagten zunächst als Heimarbeiterin im Sinne des § 2 Abs. 1 des Heimarbeitsgesetzes und danach als sachgrundlos befristete Arbeitnehmerin tätig. Ihre Klage auf Feststellung eines unbefristeten Arbeitsverhältnisses war letztlich erfolglos. Mit den Vorinstanzen hat das BAG die Auffassung vertreten, ein Heimarbeitsverhältnis auf der Grundlage des Heimarbeitsgesetzes sei kein (als Zuvorbeschäftigung schädliches) Arbeitsverhältnis im Sinne des § 14 Abs. 2 Satz 2 TzBfG. Achtung: Der Rechtsstreit bezog sich auf Heimarbeitsverhältnisse im Sinne des Heimarbeitsgesetzes – die landläufig ebenfalls als „Heimarbeit" bezeichnete Arbeit von zu Hause statt von der Dienststelle aus fällt nicht darunter. Dies ist ein normales Arbeitsverhältnis.

III. Fazit

Durch die im Ergebnis praxisorientierte Auslegung durch das BAG ist die Regelung des § 14 Abs. 2 Satz 2 TzBfG weitgehend „entschärft" worden. Die Personalstellen stehen nicht mehr vor der kaum lösbaren Aufgabe, alle Vorbeschäftigungen der letzten Jahr(zehnt)e prüfen zu müssen, um die Möglichkeit einer sachgrundlosen Befristung neu eingestellter Beschäftigter abschätzen zu können. Besonders lebensältere Beschäftigte mit in der Vergangenheit häufiger zu verzeichnenden Arbeitgeberwechseln müssen nicht mehr mit besonderen Einstellungshemmnissen rechnen.

Die Rechtsprechung des BAG ist aber nicht unumstritten. So hat das Landesarbeitsgericht Baden-Württemberg in seinem Urteil vom 21. Februar 2014 – 7 Sa 64/13 – abweichend von der Rechtsprechung des BAG die Auffassung vertreten, das Vorbeschäftigungsverbot sei zeitlich uneingeschränkt. Das Urteil ist nicht rechtskräftig; das Revisionsverfahren ist unter dem Aktenzeichen 7 AZR 196/14 beim BAG anhängig. Auch das Arbeitsgericht Braunschweig geht von einem zeitlich unbegrenzten Vorbeschäftigungsverbot aus und hat die Rechtsfrage, ob § 14 Abs. 2 Satz 2 TzBfG mit Art. 12 Abs. 1 (Freiheit der Berufswahl), Art. 2 Abs. 1 (Recht auf freie Entfaltung der Persönlichkeit), Art. 3 Abs. 1 (Gleichheitssatz) GG vereinbar ist, dem Bundesverfassungsgericht vorgelegt (Beschluss vom 3. April 2014 – 5 Ca 463/13). Die weitere Entwicklung der Rechtsprechung darf mit Spannung betrachtet werden.

I   Tarifverträge für den öffentlichen Dienst

Tarifvertragstexte mit Kommentierung

I

Tarifvertrag für den öffentlichen Dienst (TVöD)

Vom 13. September 2005 (GMBl. 2006 S. 460)

Zuletzt geändert durch
Änderungstarifvertrag Nr. 12
zum Tarifvertrag für den öffentlichen Dienst (TVöD)
vom 29. April 2016

Inhaltsverzeichnis

A. Allgemeiner Teil

Abschnitt III
Eingruppierung, Entgelt und sonstige Leistungen

Abschnitt IV
Urlaub und Arbeitsbefreiung

I

Abschnitt V
Befristung und Beendigung des Arbeitsverhältnisses

Abschnitt VI
Übergangs- und Schlussvorschriften

Anlagen
Anlage A
(Bund)

A.
Allgemeiner Teil

Abschnitt I
Allgemeine Vorschriften

§ 1 Geltungsbereich

(1) Dieser Tarifvertrag gilt für Arbeitnehmerinnen und Arbeitnehmer – nachfolgend Beschäftigte genannt –, die in einem Arbeitsverhältnis zum Bund oder zu einem Arbeitgeber stehen, der Mitglied eines Mitgliedverbandes der Vereinigung der kommunalen Arbeitgeberverbände (VKA) ist.

(2) Dieser Tarifvertrag gilt nicht für

a) Beschäftigte als leitende Angestellte im Sinne des § 5 Abs. 3 BetrVG, wenn ihre Arbeitsbedingungen einzelvertraglich besonders vereinbart sind, sowie Chefärztinnen/Chefärzte,

b) Beschäftigte, die ein über das Tabellenentgelt der Entgeltgruppe 15 hinausgehendes regelmäßiges Entgelt erhalten,

> Niederschriftserklärung zu § 1 Abs. 2 Buchst. b:
> Bei der Bestimmung des regelmäßigen Entgelts werden Leistungsentgelt, Zulagen und Zuschläge nicht berücksichtigt.

c) bei deutschen Dienststellen im Ausland eingestellte Ortskräfte,

d) Arbeitnehmerinnen/Arbeitnehmer, für die der TV-V oder der TV-WW/NW gilt, sowie für Arbeitnehmerinnen/Arbeitnehmer, die in rechtlich selbstständigen, dem Betriebsverfassungsgesetz unterliegenden und dem fachlichen Geltungsbereich des TV-V oder des TV-WW/NW zuzuordnenden Betrieben mit in der Regel mehr als 20 zum Betriebsrat wahlberechtigten Arbeitnehmerinnen/Arbeitnehmern beschäftigt sind und Tätigkeiten auszuüben haben, welche dem fachlichen Geltungsbereich des TV-V oder des TV-WW/NW zuzuordnen sind,

> Protokollerklärung zu Absatz 2 Buchst. d:
> [1]Im Bereich des Kommunalen Arbeitgeberverbandes Nordrhein-Westfalen (KAV NW) sind auch die rechtlich selbstständigen Betriebe oder sondergesetzlichen Verbände, die kraft Gesetzes dem Landespersonalvertretungsgesetz des Landes Nordrhein-Westfalen unterliegen, von der Geltung des TVöD ausgenommen, wenn die Voraussetzungen des § 1 Abs. 2 Buchst. d im Übrigen gegeben sind. [2]§ 1 Abs. 3 bleibt unberührt.

e) Arbeitnehmerinnen/Arbeitnehmer, für die ein TV-N gilt, sowie für Arbeitnehmerinnen/Arbeitnehmer in rechtlich selbstständigen Nahverkehrsbetrieben, die in der Regel mehr als 50 zum Betriebs- oder Personalrat wahlberechtigte Arbeitnehmerinnen/Arbeitnehmer beschäftigen,

f) Beschäftigte, für die der TV-Fleischuntersuchung gilt,

g) Beschäftigte, für die ein Tarifvertrag für Waldarbeiter tarifrechtlich oder einzelarbeitsvertraglich zur Anwendung kommt, sowie die Waldarbeiter im Bereich des Kommunalen Arbeitgeberverbandes Bayern,

h) Auszubildende, Schülerinnen/Schüler in der Gesundheits- und Krankenpflege, Gesundheits- und Kinderkrankenpflege, Entbindungspflege und Altenpflege, sowie Volontärinnen/Volontäre und Praktikantinnen/Praktikanten,

i) Beschäftigte, für die Eingliederungszuschüsse nach den §§ 217 ff. SGB III gewährt werden,

k) Beschäftigte, die Arbeiten nach den §§ 260 ff. SGB III verrichten,

l) Leiharbeitnehmerinnen/Leiharbeitnehmer von Personal-Service-Agenturen, sofern deren Rechtsverhältnisse durch Tarifvertrag geregelt sind,

m) geringfügig Beschäftigte im Sinne von § 8 Abs. 1 Nr. 2 SGB IV,

n) künstlerisches Theaterpersonal, Orchestermusikerinnen/Orchestermusiker sowie technisches Leitungspersonal und technisches Theaterpersonal nach Maßgabe der nachfolgenden Protokollerklärungen,

Protokollerklärungen zu Absatz 2 Buchst. n:

1. [1]Technisches Leitungspersonal umfasst technische Direktorinnen/Direktoren, Leiterinnen/Leiter der Ausstattungswerkstätten, des Beleuchtungswesens, der Bühnenplastikerwerkstatt, des Kostümwesens/der Kostümabteilung, des Malsaals, der Tontechnik sowie Chefmaskenbildnerinnen/ Chefmaskenbildner. [2]Für die benannten Funktionen kann in den Theatern je künstlerischer Sparte jeweils nur eine Beschäftigte/ein Beschäftigter bestellt werden.

2. Unter den TVöD fallen Bühnenarbeiterinnen/Bühnenarbeiter sowie Kosmetikerinnen/Kosmetiker, Rüstmeisterinnen/Rüstmeister, Schlosserinnen/ Schlosser, Schneiderinnen/Schneider, Schuhmacherinnen/Schuhmacher, Tapeziererinnen/Tapezierer, Tischlerinnen/Tischler einschließlich jeweils der Meisterinnen/Meister in diesen Berufen, Orchesterwartinnen/Orchesterwarte, technische Zeichnerinnen/Zeichner und Waffenmeisterinnen/Waffenmeister.

3. In der Regel unter den TVöD fallen Beleuchterinnen/Beleuchter, Beleuchtungsmeisterinnen/Beleuchtungsmeister, Bühnenmeisterinnen/Bühnenmeister, Garderobieren/Garderobiers bzw. Ankleiderinnen/Ankleider, Gewandmeisterinnen/Gewandmeister, Requisitenmeisterinnen/Requisitenmeister, Requisiteurinnen/Requisiteure, Seitenmeisterinnen/Seitenmeister, Tonmeisterinnen/Tonmeister, Tontechnikerinnen/Tontechniker und Veranstaltungstechnikerinnen/Veranstaltungstechniker.

4. In der Regel nicht unter den TVöD fallen Inspektorinnen/Inspektoren, Kostümmalerinnen/Kostümmaler, Maskenbildnerinnen/Maskenbildner, Oberinspektorinnen/Oberinspektoren, Theatermalerinnen/Theatermaler und Theaterplastikerinnen/Theaterplastiker.

o) Seelsorgerinnen/Seelsorger bei der Bundespolizei,

p) Beschäftigte als Hauswarte und/oder Liegenschaftswarte bei der Bundesanstalt für Immobilienaufgaben, die aufgrund eines Geschäftsbesorgungsvertrages tätig sind,

q) Beschäftigte im Bereich der VKA, die ausschließlich in Erwerbszwecken dienenden landwirtschaftlichen Verwaltungen und Betrieben, Weinbaubetrieben, Gartenbau- und Obstbaubetrieben und deren Nebenbetrieben tätig sind; dies gilt nicht für Beschäftigte in Gärtnereien, gemeindlichen Anlagen und Parks sowie in anlagenmäßig oder parkartig bewirtschafteten Gemeindewäldern,

r) Beschäftigte in Bergbaubetrieben, Brauereien, Formsteinwerken, Gaststätten, Hotels, Porzellanmanufakturen, Salinen, Steinbrüchen, Steinbruchbetrieben und Ziegeleien,

s) Hochschullehrerinnen/Hochschullehrer, wissenschaftliche und studentische Hilfskräfte und Lehrbeauftragte an Hochschulen, Akademien und wissenschaftlichen Forschungsinstituten sowie künstlerische Lehrkräfte an Kunsthochschulen, Musikhochschulen und Fachhochschulen für Musik,

Protokollerklärung zu Absatz 2 Buchst. s:
Ausgenommen sind auch wissenschaftliche Assistentinnen/Assistenten, Verwalterinnen/Verwalter von Stellen wissenschaftlicher Assistentinnen/Assistenten und Lektorinnen/Lektoren, soweit und solange entsprechende Arbeitsverhältnisse am 1. Oktober 2005 bestehen oder innerhalb der Umsetzungsfrist des § 72 Abs. 1 Satz 7 HRG begründet werden (gilt auch für Forschungseinrichtungen); dies gilt auch für nachfolgende Verlängerungen solcher Arbeitsverhältnisse.

Niederschriftserklärung zu § 1 Abs. 2 Buchst. s:
Die Tarifvertragsparteien gehen davon aus, dass studentische Hilfskräfte Beschäftigte sind, zu deren Aufgabe es gehört, das hauptberufliche wissenschaftliche Personal in Forschung und Lehre sowie bei außeruniversitären Forschungseinrichtungen zu unterstützen.

t) Beschäftigte des Bundeseisenbahnvermögens.

(3) [1]Durch landesbezirklichen Tarifvertrag ist es in begründeten Einzelfällen möglich, Betriebe, die dem fachlichen Geltungsbereich des TV-V oder des TV-WW/NW entsprechen, teilweise oder ganz in den Geltungsbereich des TVöD einzubeziehen. [2]Durch landesbezirklichen Tarifvertrag ist es in begründeten Einzelfällen (z. B. für Bereiche außerhalb des Kerngeschäfts) möglich, Betriebsteile, die dem Geltungsbereich eines TV-N entsprechen, in den Geltungsbereich

a) des TV-V einzubeziehen, wenn für diesen Betriebsteil ein TV-N anwendbar ist und der Betriebsteil in der Regel nicht mehr als 50 zum Betriebs- oder Personalrat wahlberechtigte Arbeitnehmerinnen/Arbeitnehmer beschäftigt, oder

b) des TVöD einzubeziehen.

Erläuterungen

§ 1 TVöD trifft Regelungen zum Geltungsbereich des TVöD und zu den Ausnahmen vom Geltungsbereich. Diese Themenbereiche waren im BAT in den §§ 1, 1a und 3 geregelt.

Auf die abweichenden Sonderregelungen in § 41 des Besonderen Teils Krankenhäuser wird hingewiesen.

Unmittelbarer Geltungsbereich (Abs. 1)

Der TVöD gilt zunächst für die Arbeitnehmer und Arbeitnehmerinnen (im TVöD nachfolgend „Beschäftigte") des Bundes und der Arbeitgeber, die Mitglied eines Mitgliedverbandes der Vereinigung der kommunalen Arbeitgeberverbände (VKA) sind.

Der TVöD gilt nicht im Bereich der Länder; dort löste mit Wirkung vom 1. November 2006 der Tarifvertrag für den öffentlichen Dienst der Länder (TV-L) den BAT ab.

Für die vom Marburger Bund vertretenen Ärzte wurde ein eigenständiger Tarifvertrag vereinbart – TV-Ärzte/VKA.

Entgegen den bisherigen, nach Angestellten (BAT) und Arbeitern (MTArb, BMT-G) differenzierenden Manteltarifverträgen des öffentlichen Dienstes gibt der TVöD diese Unterscheidung auf und gilt einheitlich für Arbeiter und Angestellte.

Ebenfalls aufgegeben wurde die Trennung in Tarifverträge für das Gebiet der alten Bundesrepublik („Tarifgebiet West") und das Beitrittsgebiet („Tarifgebiet Ost"). Der TVöD enthält aber in einigen Bereichen unterschiedliche Regelungen für das Tarifgebiet West und Ost.

Unter den Begriff „Bund" fällt nur der unmittelbare Bundesdienst, nicht aber vom Bund beherrschte Einrichtungen, Zuwendungsempfänger, etc. Bei den kommunalen Arbeitgebern reicht zwar nach dem Wortlaut die Mitgliedschaft in einem entsprechenden Arbeitgeberverband aus; eine sogenannte Gastmitgliedschaft, die die Einhaltung der satzungsgemäßen Pflichten (eines Vollmitgliedes) nicht verlangt, wird aber nicht genügen.

Nach allgemeinen tarifrechtlichen Grundsätzen werden vom Geltungsbereich nur diejenigen Beschäftigten erfasst, die entweder einer der am TVöD unmittelbar beteiligten Gewerkschaften angehören, oder die Mitglied einer sonstigen Gewerkschaft sind, die (künftig) durch einen Anschlusstarifvertrag in den Geltungsbereich des TVöD einbezogen wird. Der TVöD ist nicht allgemeinverbindlich im Sinne des § 5 des Tarifvertragsgesetzes. Für die tarifgebundenen Beschäftigten sind die Normen des TVöD Mindestbedingungen, die nicht zu Ungunsten der Beschäftigten abgedungen werden dürfen (siehe § 4 Abs. 3 Tarifvertragsgesetz). Übertarifliche Zahlungen sind tarifrechtlich ohne weiteres möglich, werden aber durch die haushaltsrechtlichen Vorschriften der öffentlichen Arbeitgeber meist untersagt bzw. streng reglementiert.

Mit den nicht tarifgebundenen Beschäftigten vereinbaren die Arbeitgeber des öffentlichen Dienstes in der Regel im Arbeitsvertrag die Anwendung des TVöD auf das Arbeitsverhältnis. Die Vorschriften des TVöD finden dann nicht kraft normativer Wirkung des Tarifvertrages, sondern kraft (arbeits-)vertraglicher Vereinbarung Anwendung. Auf diese Weise werden im öffentlichen Dienst einerseits einheitliche Arbeitsbedingungen erreicht und wird andererseits dem Umstand Rechnung getragen, dass eine mögliche Gewerkschaftsmitgliedschaft seitens des Arbeitgebers nicht erfragt werden darf.

Ausnahmen vom persönlichen Geltungsbereich (Abs. 2)

Absatz 2 enthält in seinen Buchstaben a bis t eine Reihe von Beschäftigtengruppen, die von der Geltung des TVöD ausgenommen sind. Es ist denkbar, dass Beschäftigte von mehreren Ausnahmetatbeständen gleichzeitig erfasst werden. Im Einzelnen handelt es sich um die folgenden Ausschlussgründe:

Buchstabe a)

Hiernach unterliegen leitende Angestellte nicht den Regelungen des TVöD, wenn ihre Arbeitsbedingungen besonders vereinbart sind. Ferner sind Chefärzte vom TVöD ausgenommen.

Die „besondere Vereinbarung" kann beispielsweise die Vereinbarung beamtenrechtlicher Versorgung oder eine Umsatz- oder Ergebnisbeteiligung sein.

Für die nähere Bestimmung, was „leitende Angestellte" sind, wird auf die Regelung des § 5 Abs. 3 Betriebsverfassungsgesetz Bezug genommen. Diese Vorschrift hat folgenden Wortlaut:

§ 5 Abs. 3 und 4 Betriebsverfassungsgesetz

(3) Dieses Gesetz findet, soweit in ihm nicht ausdrücklich etwas anderes bestimmt ist, keine Anwendung auf leitende Angestellte. Leitender Angestellter ist, wer nach Arbeitsvertrag und Stellung im Unternehmen oder im Betrieb

I

1. zur selbständigen Einstellung und Entlassung von im Betrieb oder in der Betriebsabteilung beschäftigten Arbeitnehmern berechtigt ist oder

2. Generalvollmacht oder Prokura hat und die Prokura auch im Verhältnis zum Arbeitgeber nicht unbedeutend ist oder

3. regelmäßig sonstige Aufgaben wahrnimmt, die für den Bestand und die Entwicklung des Unternehmens oder eines Betriebs von Bedeutung sind und deren Erfüllung besondere Erfahrungen und Kenntnisse voraussetzt, wenn er dabei entweder die Entscheidungen im Wesentlichen frei von Weisungen trifft oder sie maßgeblich beeinflusst; dies kann auch bei Vorgaben insbesondere aufgrund von Rechtsvorschriften, Plänen oder Richtlinien sowie bei Zusammenarbeit mit anderen leitenden Angestellten gegeben sein.

Für die in Absatz 1 Satz 3 genannten Beamten und Soldaten gelten die Sätze 1 und 2 entsprechend.

(4) Leitender Angestellter nach Absatz 3 Nr. 3 ist im Zweifel, wer

1. aus Anlass der letzten Wahl des Betriebsrats, des Sprecherausschusses oder von Aufsichtsratsmitgliedern der Arbeitnehmer oder durch rechtskräftige gerichtliche Entscheidung den leitenden Angestellten zugeordnet worden ist oder

2. einer Leitungsebene angehört, auf der in dem Unternehmen überwiegend leitende Angestellte vertreten sind, oder

3. ein regelmäßiges Jahresarbeitsentgelt erhält, das für leitende Angestellte in dem Unternehmen üblich ist, oder,

4. falls bei der Anwendung der Nummer 3 noch Zweifel bleiben, ein regelmäßiges Jahresarbeitsentgelt erhält, das das Dreifache der Bezugsgröße nach § 18 des Vierten Buches Sozialgesetzbuch überschreitet.

Chefärzte im Sinne dieser Vorschrift sind die ärztlichen Direktoren der Krankenhäuser und die Chefärzte der Abteilungen (z. B. Chirurgie, Urologie) und Kliniken (z. B. Chirurgische Klinik, Kinderklinik).

Buchstabe b)

Nach dieser Vorschrift sind alle Beschäftigten, die ein über die höchste Entgeltgruppe des TVöD hinaus gehendes Entgelt erhalten, von der Geltung des TVöD ausgenommen. Dabei spielt es keine Rolle, ob die Vergütung frei oder in Anlehnung beispielsweise an B- oder C-Besoldungsgruppen vereinbart ist.

Während in einer ergänzenden Protokollnotiz zu der entsprechenden Vorschrift des BAT (§ 3 Buchst. h) definiert war, dass unter der höchsten Vergütung die Monatsvergütung i. S. d. § 26 BAT (also nur Grundvergütung und Ortszuschlag) zu verstehen war, enthält die Formulierung des TVöD keinerlei Einschränkungen. Die Tarifpartner haben aber in einer Niederschriftserklärung verdeutlicht, dass zur Bestimmung des regelmäßigen Entgelts Leistungsentgelt, Zulagen und Zuschläge nicht berücksichtigt werden. Ab dem 1. Oktober 2005 kann auch das Niveau der ehemaligen Vergütungsgruppe I BAT nur außertariflich erreicht werden (siehe § 17 Abs. 2 zweiter Spiegelstrich TVÜ-Bund[1]) bzw. TVÜ-VKA). Die entsprechenden Beschäftigten unterliegen nicht dem TVöD. Diejenigen Beschäftigten, die aus der Vergütungsgruppe I BAT in den TVöD übergeleitet worden sind, unterliegen weiterhin dem TVöD; für sie wurde die Entgeltgruppe 15 Ü geschaffen (siehe § 19 Abs. 2 TVÜ-Bund bzw. TVÜ-VKA).

Gemäß § 41 des Besonderen Teils Krankenhäuser fallen bestimmte Ärzte nicht unter die Vorschrift des § 1 Abs. 2 Buchst. b; sie unterliegen somit grundsätzlich dem Geltungsbereich des TVöD.

Buchstabe c)

Nach dieser Vorschrift sind die bei deutschen Dienststellen im Ausland eingestellten Ortskräfte von der Geltung des TVöD ausgenommen – und zwar unabhängig von ihrer Staatsangehörigkeit. Für diesen Personenkreis gilt der „Tarifvertrag zur Regelung der Arbeitsbedingungen der bei Auslandsvertretungen der Bundesrepublik Deutschland beschäftigten deutschen nicht entsandten Beschäftigten vom 1. November 2006".

Zur Situation der unter den TVöD fallenden Beschäftigten des Bundes, die zu Auslandsdienststellen des Bundes entsandt sind → I.1.1 Abschnitt VIII § 45 des Besonderen Teils Verwaltung.[2]

Buchstabe d)

Diese Vorschrift nimmt die unter den Geltungsbereich spezieller, kommunaler Tarifverträge – nämlich des TV-V (Tarifvertrag Versorgungsbetriebe) bzw. TV-WW/NW (Tarifvertrag für die Arbeitnehmer/innen der Wasserwirtschaft in Nordrhein-Westfalen) – fallenden Beschäftigten von der Geltung des TVöD aus.

---

[1] abgedruckt unter **I.2**

[2] abgedruckt unter **I.1.1**

Ebenfalls ausgenommen sind die Beschäftigten von rechtlich selbstständigen, dem Betriebsverfassungsgesetz unterliegenden Betrieben
mit in der Regel mehr als 20 zum Betriebsrat wahlberechtigten
Arbeitnehmern, wenn diese Beschäftigten Tätigkeiten ausüben, die
unter den fachlichen Geltungsbereich der unter Ziffer 1 genannten
Tarifverträge fallen.

Buchstabe e)

Nach dieser Vorschrift ausgenommen sind die unter einen TV-N
(Tarifvertrag Nahverkehr) fallenden Beschäftigten.

Ebenfalls ausgenommen sind die Beschäftigten von rechtlich selbstständigen (also nicht mehr unmittelbar zum öffentlichen Dienst
zählenden) Nahverkehrsbetrieben, wenn dort in der Regel mehr
als 50 zum Betriebs- oder Personalrat wahlberechtigte Arbeitnehmer
beschäftigt sind.

Buchstabe f)

Diese Vorschrift nimmt diejenigen Beschäftigten vom Geltungsbereich des TVöD aus, die bei Schlachtungen im Inland in der
Schlachttier-, Fleisch- und Trichinenuntersuchung sowie in der Hygie-
neüberwachung in Schlacht-, Zerlege-, Be- oder Verarbeitungsbetrie-
ben oder in Kühlhäusern tätig sind und unter die speziellen Regelungen des TV-Fleischuntersuchung fallen.

Buchstabe g)

Nach dieser Vorschrift ausgenommen sind Waldarbeiter. Für sie
gelten die eigenständigen Regelungen z. B. des TV-Wald-Bund.

Buchstabe h)

Ausgenommen vom Geltungsbereich des TVöD sind nach dieser Vorschrift die Auszubildenden, Schülerinnen/Schüler in der Gesundheits-
und Krankenpflege, Gesundheits- und Kinderkrankenpflege, Entbindungspflege und Altenpflege sowie Praktikanten. Für diesen Personenkreis haben die Tarifpartner eigenständige tarifvertragliche
Regelungen vereinbart. Im Einzelnen handelt es sich dabei um die
folgenden Tarifverträge:

- Tarifvertrag für Auszubildende des öffentlichen Dienstes (TVAöD) sowie die diesen ergänzenden Besonderen Teile Pflege und BBiG vom 13. September 2005[1]).
- Tarifvertrag für Praktikantinnen/Praktikanten des öffentlichen Dienstes (TVPöD)[2]). Für nicht unter den Geltungsbereich des TV Prakt fallende Praktikanten ergeben sich Regelungen aus den Praktikanten-Richtlinien des Bundes[3]), der Tarifgemeinschaft deutscher Länder und der Vereinigung der kommunalen Arbeitgeberverbände.

Ebenfalls nicht unter den TVöD fallen Volontäre. Dies sind – in Anlehnung an § 82a HGB – nach Definition des Bundesarbeitsgerichtes (siehe Urteil vom 27. 10. 1960 – 5 AZR 427/59 – AP Nr. 21 zu § 611 BGB Ärzte, Gehaltsansprüche) Personen, die – ohne als Auszubildender aufgenommen zu sein – zum Zwecke ihrer Ausbildung ohne ein echtes Entgelt beschäftigt werden.

Buchstabe i) und k)

Nach dem Wortlaut dieser Vorschriften sind Beschäftigte vom Geltungsbereich des TVöD ausdrücklich ausgenommen, deren Beschäftigung von der Bundesagentur für Arbeit gefördert wird – sei es im Wege von Eingliederungszuschüssen nach §§ 217 ff. SGB III (Buchst. i) oder als Arbeitsbeschaffungsmaßnahme (ABM) i. S. d. § 260 ff. SGB III (Buchst. k).

Der Wortlaut der Tarifvorschrift berücksichtigt noch nicht die inzwischen erfolgten Änderungen der Sozialgesetzlichen Ausgangssituation. So wurden z. B. durch das Gesetz zur Verbesserung der Eingliederungschancen am Arbeitsmarkt vom 20. Dezember 2011 (BGBl. I S. 2854) die Förderinstrumente des SGB III und SGB II zum 1. April 2012 neu geordnet, teilweise zusammengefasst (z. B. Eingliederungszuschüsse) oder aufgehoben (z. B. ABM, Eingliederungsgutscheine).

Nach Auffassung des Verfassers sind die jeweiligen von Nachfolgeregelungen der §§ 217 ff. bzw. 260 ff. SGB III erfassten Beschäftigten ebenfalls von der Geltung des TVöD ausgenommen. Zu nennen sind dazu als derzeit geltende Förderinstrumente insbesondere § 88 ff. SGB III (Eingliederungszuschüsse; ggf. i. V. m. § 16 Abs. 1 SGB II) sowie

---

[1]) abgedruckt unter **II.1**, **II.1.1** und **II.1.2**

[2]) abgedruckt unter **II.1.3**

[3]) abgedruckt unter **II.1.3a**

§ 16d (Arbeitsgelegenheiten)und 16e (Förderung von Arbeitsverhältnissen) SGB II.

Nach gefestigter Rechtsprechung des BAG zu der vergleichbaren Vorschrift des § 3 Buchst. d) BAT verstößt die Herausnahme dieses Personenkreises aus dem BAT und die Vereinbarung einer hinter dem Tariflohn zurückbleibenden Vergütung nicht gegen den Gleichbehandlungsgrundsatz (siehe Urteil vom 18. 6. 1997 – 5 AZR 259/96; AP Nr. 2 zu § 3d BAT). Die öffentlichen Arbeitgeber haben demzufolge mit ABM-Kräften bereits in der Vergangenheit in der Regel eine abgesenkte Vergütung vereinbart (die entsprechenden Arbeitsvertragsmuster der Tarifgemeinschaft deutscher Länder sahen z. B. eine Vergütung in Höhe von 80 % der tarifvertraglichen Vergütung vor).

Durch Artikel 1 des Dritten Gesetzes für moderne Dienstleistungen am Arbeitsmarkt vom 23. Dezember 2003 (BGBl. I S. 2848) ist die Förderung von Arbeitsbeschaffungsmaßnahmen unter Zusammenlegung des bisherigen unterschiedlichen Förderungsrechts für Arbeitsbeschaffungs- und für Strukturanpassungsmaßnahmen durch Änderung der § 260 ff. SGB III neu geregelt worden. Die bisherige prozentuale Förderung ist dabei auf eine pauschalierte, nach Qualifikationsstufen gestaffelte Förderung umgestellt worden. Die Höhe des Zuschusses bemisst sich gemäß § 264 Abs. 2 SGB III n. F. nach der Art der Tätigkeit des geförderten Arbeitnehmers in der Maßnahme und beträgt monatlich – abhängig von dem in der Regel für die auszuübende Arbeit erforderlichen Qualifikationsniveau – 900 bis 1300 Euro.

Die Agentur für Arbeit kann den pauschalierten Zuschuss zum Ausgleich regionaler und in der Tätigkeit liegender Besonderheiten um bis zu 10 % erhöhen. Der Zuschuss wird höchstens bis zur Höhe des monatlich ausgezahlten Arbeitsentgelts gezahlt. Er ist bei Arbeitnehmern, die bei Beginn der Maßnahme das 25. Lebensjahr noch nicht vollendet haben, so zu bemessen, dass die Aufnahme einer Ausbildung nicht behindert wird. Im Regelfall dürfte arbeitsrechtlich nicht zu beanstanden sein, wenn den einer Arbeitsbeschaffungsmaßnahme zugewiesenen Arbeitnehmern nur der Zuschuss gemäß § 264 SGB III n. F. als Vergütung bzw. Lohn gewährt wird. Denn nach dem Urteil des BAG vom 23. 5. 2001 – 5 AZR 527/99; n. v. – kann bei einem Entgelt jedenfalls oberhalb eines Richtwertes von zwei Dritteln des verkehrsüblichen Entgelts nicht von einer gemäß §§ 134, 138 BGB nichtigen Entgeltvereinbarung wegen Lohnwuchers gesprochen werden, wobei zur Ermittlung des verkehrsüblichen Entgelts nicht nur auf den Vergleich mit den tariflichen Entgelten im öffentlichen Dienst abzustellen, sondern von dem allgemeinen Lohnniveau im Wirtschaftsgebiet auszugehen ist. In die Ermittlung der ortsüblichen Vergütung für vergleichbare Tätigkeiten ist demnach das von anderen Arbeitgebern in der betreffenden Region außerhalb des öffentlichen Dienstes für vergleichbare Tätigkeiten gezahlte Arbeitsentgelt einzubeziehen.

Bei der Beschäftigung von ABM-Kräften wird sich regelmäßig die Frage stellen, ob der Arbeitsvertrag befristet werden kann. Dazu hat das BAG mit Urteil vom 4. 6. 2003 – 7 AZR 489/02; AP Nr. 245 zu § 620 BGB Befristeter Arbeitsvertrag – entschieden, dass die Gewährung eines Eingliederungszuschusses für ältere Arbeitnehmer nach § 218 Abs. 1 Nr. 3 SGB III a. F. **allein** nicht die Befristung des Arbeitsvertrages mit dem geförderten Arbeitnehmer rechtfertigt. Diese Bestimmung sei – anders als die Förderung durch Lohnkostenzuschüsse für ältere Arbeitnehmer nach der Vorgängerregelung in § 97 AFG – keine Maßnahme der Arbeitsbeschaffung, sondern diene dem Ausgleich von Minderleistungen. Alleine die Abhängigkeit von Zuschüssen und Fördermitteln stelle keinen Sachgrund für die Befristung von Arbeitsverträgen dar. Die Unsicherheit der finanziellen Entwicklung sei ein typisches Unternehmerrisiko, das nicht auf die Arbeitnehmer abgewälzt werden könne. Die Möglichkeit der Befristung wegen eines anderen Sachgrundes (z. B. wegen Aufgaben von begrenzter Dauer, Vertretung, . . .) bleibt aber ebenso unbenommen, wie – wenn die Voraussetzungen erfüllt sind – die Möglichkeit der sachgrundlosen Befristung i. S. v. § 14 Abs. 2 und 3 des Teilzeit- und Befristungsgesetzes. Hingegen hat das BAG mit Urteil vom 19. 1. 2005 – 7 AZR 250/04 – entschieden, dass die Förderung und Zuweisung eines Arbeitnehmers seitens der Arbeitsverwaltung i. S. v. § 260 ff. SGB III nicht nur die kalendermäßige Befristung des Arbeitsvertrages bis zum Ende der bei Vertragsschluss bereits bewilligten Förderung, sondern auch eine Zweckbefristung für die Gesamtdauer der längstens dreijährigen Förderung einschließlich etwaiger bei Vertragsschluss noch ungewisser Verlängerungen durch die Arbeitsverwaltung rechtfertigt.

Buchstabe l)

Nach dem Wortlaut dieser Vorschrift gilt der TVöD nicht für Leiharbeitnehmer von Personal-Service-Agenturen, soweit deren Rechtsverhältnisse durch Tarifverträge geregelt sind.

Da Leiharbeitnehmer – sofern es sich um eine rechtmäßige Arbeitnehmerüberlassung handelt – ohnehin kein Arbeitsverhältnis zu dem ausleihenden, sondern nur zu dem verleihenden Unternehmen begründen, dürfte diese Vorschrift ins Leere laufen.

Buchstabe m)

Diese Vorschrift nimmt geringfügig beschäftigte Arbeitnehmer i. S. v. § 8 Abs. 1 Nr. 2 SGB IV (das sind sogenannte kurzfristige Beschäftigungsverhältnisse) vom Geltungsbereich des TVöD aus. Die sozialversicherungsrechtliche Vorschrift hat folgenden Wortlaut:

§ 8 SGB IV Geringfügige Beschäftigung und geringfügige selbständige Tätigkeit

(1) Eine geringfügige Beschäftigung liegt vor, wenn

1. das Arbeitsentgelt aus dieser Beschäftigung regelmäßig im Monat 450 Euro nicht übersteigt,
2. die Beschäftigung innerhalb eines Kalenderjahres auf längstens zwei Monate oder 50 Arbeitstage nach ihrer Eigenart begrenzt zu sein pflegt oder im Voraus vertraglich begrenzt ist, es sei denn, dass die Beschäftigung berufsmäßig ausgeübt wird und ihr Entgelt 450 Euro im Monat übersteigt.

(2) [1]Bei der Anwendung des Absatzes 1 sind mehrere geringfügige Beschäftigungen nach Nummer 1 oder Nummer 2 sowie geringfügige Beschäftigungen nach Nummer 1 mit Ausnahme einer geringfügigen Beschäftigung nach Nummer 1 und nicht geringfügige Beschäftigungen zusammenzurechnen. [2]Eine geringfügige Beschäftigung liegt nicht mehr vor, sobald die Voraussetzungen des Absatzes 1 entfallen. [3]Wird beim Zusammenrechnen nach Satz 1 festgestellt, dass die Voraussetzungen einer geringfügigen Beschäftigung nicht mehr vorliegen, tritt die Versicherungspflicht erst mit dem Tag ein, an dem die Entscheidung über die Versicherungspflicht nach § 37 des Zehnten Buches durch die Einzugsstelle nach § 28i Satz 5 oder einen anderen Träger der Rentenversicherung bekannt gegeben wird. [4]Dies gilt nicht, wenn der Arbeitgeber vorsätzlich oder grob fahrlässig versäumt hat, den Sachverhalt für die versicherungsrechtliche Beurteilung der Beschäftigung aufzuklären.

(3) [1]Die Absätze 1 und 2 gelten entsprechend, soweit anstelle einer Beschäftigung eine selbständige Tätigkeit ausgeübt wird. [2]Dies gilt nicht für das Recht der Arbeitsförderung.

(Für die Jahre 2015 bis 2018 wurde die Kurzfristigkeitsgrenze auf drei Monate bzw. 70 Kalendertage ausgeweitet – s. Art. 9 Nr. 3 des Tarifautonomiestärkungsgesetzes vom 11. August 2014 (BGBl. I S. 1348)).

Geringfügige Beschäftigungen nach Nr. 1 der Vorschrift („450-Euro-Jobs") sind nicht von der Geltung des TVöD ausgenommen.

§ 1 Abs. 3 des jeweiligen Überleitungs-Tarifvertrages (TVÜ-Bund, TVÜ-VKA)[1] enthält eine Übergangsregelung, nach der für geringfügig Beschäftigte i. S. v. § 8 Abs. 1 Nr. 2 SGB IV, die am 30. September 2005 unter den Geltungsbereich der Manteltarifverträge des öffentlichen Dienstes fallen, die bisher jeweils einschlägigen tarifvertraglichen Regelungen für die Dauer ihres ununterbrochen fortbestehenden Arbeitsverhältnisses weiterhin Anwendung finden. Im Hinblick auf die geringe Höchstdauer der kurzfristigen Beschäftigungsverhältnisse dürften die Auswirkungen der Übergangsvorschriften eher gering sein.

Buchstabe n)

Nach dieser Vorschrift sind Orchestermusiker und das überwiegend künstlerische Theaterpersonal von der Geltung des TVöD ausgenommen worden. Für diesen Personenkreis existieren spezielle Tarifverträge (z. B. der „Normalvertrag Bühne" oder der „Tarifvertrag für Musiker in Kulturorchestern"). Das nicht überwiegend künstlerisch tätige Theaterpersonal unterliegt dem TVöD. Durch den 8. Änderungstarifvertrag zum TVöD vom 26. Februar 2013 wurde die Abgrenzung zwischen künstlerischem (nicht vom TVöD erfassten) Theaterpersonal und nicht-künstlerischem (vom TVöD erfassten) Theaterpersonal neu gefasst. Betroffen von der neu definierten Abgrenzung ist insbesondere das technische Theaterpersonal und das technische Leitungspersonal. Zu der Vorschrift des Buchstaben n haben die Tarifpartner nun insgesamt vier Protokollerklärungen vereinbart. In Protokollerklärung Nr. 1 haben sie definiert, was sie unter „technischem Leitungspersonal" verstehen. In den weiteren Protokollerklärungen haben sie dann festgelegt bzw. aufgezählt, welche technischen Berufe unter den TVöD fallen (Protokollerklärung Nr. 2), „in der Regel" unter den TVöD fallen (Protokollerklärung Nr. 3) bzw. „in der Regel" nicht unter den TVöD fallen (Protokollerklärung Nr. 4). Die Änderungen des 8. Änderungstarifvertrages sind am 1. Juni 2013 in Kraft getreten und gelten im Ergebnis nur für neue Arbeitsverhältnisse. Für über den 1. Juni 2013 ununterbrochen fortbeste-

---

[1]   abgedruckt unter I.2

hende Arbeitsverhältnisse gilt das alte Recht fort (siehe § 38a Abs. 3 TVöD VKA).

Buchstabe o)

Diese Regelung nimmt Seelsorger bei der Bundespolizei vom Geltungsbereich des TVöD aus. Die Arbeitsbedingungen für diese Beschäftigten werden auf der Grundlage entsprechender Vereinbarungen zwischen dem Bund und den Kirchen vertraglich geregelt.

Buchstabe p)

Diese Vorschrift betrifft ausschließlich die Hauswarte und Liegenschaftswarte bei der Bundesanstalt für Immobilienaufgaben und nimmt diesen Personenkreis von der Geltung des TVöD aus.

Buchstabe q)

Nach dieser Vorschrift sind Arbeitnehmer im Bereich der Vereinigung der kommunalen Arbeitgeberverbände, die ausschließlich in Erwerbszwecken dienenden landwirtschaftlichen Verwaltungen und Betrieben, Weinbaubetrieben, Gartenbau- und Obstbaubetrieben und deren Nebenbetrieben beschäftigt sind, von der Geltung des TVöD ausgenommen worden.

Hingegen unterliegen Arbeitnehmer in Gärtnereien, gemeindlichen Anlagen und Parks sowie in anlagenmäßig und parkartig bewirtschafteten Gemeindewäldern den Regelungen des TVöD.

Buchstabe r)

Diese Vorschrift betrifft die Arbeitnehmer in Bergbaubetrieben, Brauereien, Formsteinwerken, Gaststätten, Hotels, Porzellanmanufakturen, Salinen, Steinbrüchen, Steinbruchbetrieben und Ziegeleien und nimmt diese Beschäftigten von der Geltung des TVöD aus.

Arbeitnehmer in Kantinen sind – wie zuvor schon in § 3 Buchst. a BAT – nicht erwähnt und unterliegen somit den Regelungen des TVöD.

Buchstabe s)

Nach dieser Vorschrift sind Hochschullehrer, wissenschaftliche und studentische Hilfskräfte und Lehrbeauftragte an Hochschulen, Akademien und wissenschaftlichen Forschungsinstituten sowie künstlerische Lehrkräfte an Kunst- und Musikhochschulen und an Fachhochschulen für Musik von der Geltung des TVöD ausgenommen.

Die Aufzählung ist abschließend. Für am 1. Oktober 2005 vorhandene Beschäftigte wird sie jedoch insoweit durch eine Protokollerklärung ergänzt, als dass auch wissenschaftliche Assistenten, Verwalter von Stellen wissenschaftlicher Assistenten und Lektoren vom TVöD weiter ausgenommen bleiben.

Wer zu den aufgezählten Beschäftigtengruppen zählt, bestimmt sich nach den jeweils einschlägigen Hochschulgesetzen.

In einer Niederschriftserklärung haben die Tarifpartner dokumentiert, dass sie davon ausgehen, dass studentische Hilfskräfte Beschäftigte sind, zu deren Aufgabe es gehört, das hauptberufliche wissenschaftliche Personal in Forschung und Lehre sowie bei außeruniversitären Forschungseinrichtungen zu unterstützen.

Buchstabe t)

Hier ist klargestellt, dass Beschäftigte des Bundeseisenbahnvermögens nicht unter den Geltungsbereich des TVöD fallen.

Freiwilliger Geltungsbereich (Abs. 3)

Absatz 3 Satz 1 eröffnet die Möglichkeit, Betriebe, die dem fachlichen Geltungsbereich des TV-V oder des TV-WW/NW entsprechen (und nach Absatz 2 Buchst. d nicht dem TVöD unterliegen), durch landesbezirklichen Tarifvertrag in den Geltungsbereich des TVöD einzubeziehen.

Absatz 3 Satz 2 ermöglicht es, durch landesbezirklichen Tarifvertrag Betriebsteile, die dem Geltungsbereich eines TV-N entsprechen (und nach Absatz 2 Buchst. e nicht dem TVöD unterliegen) in den Geltungsbereich des TVöD oder des TV-V einzubeziehen. Die Einbeziehung in den TV-V setzt aber voraus, dass in diesem Betriebsteil in der Regel nicht mehr als 50 zum Betriebs- oder Personalrat wahlberechtigte Arbeitnehmer beschäftigt sind.

§ 2   Arbeitsvertrag, Nebenabreden, Probezeit

(1) Der Arbeitsvertrag wird schriftlich abgeschlossen.

(2) [1]Mehrere Arbeitsverhältnisse zu demselben Arbeitgeber dürfen nur begründet werden, wenn die jeweils übertragenen Tätigkeiten nicht in einem unmittelbaren Sachzusammenhang stehen. [2]Andernfalls gelten sie als ein Arbeitsverhältnis.

(3) [1]Nebenabreden sind nur wirksam, wenn sie schriftlich vereinbart werden. [2]Sie können gesondert gekündigt werden, soweit dies einzelvertraglich vereinbart ist.

(4) [1]Die ersten sechs Monate der Beschäftigung gelten als Probezeit, soweit nicht eine kürzere Zeit vereinbart ist. [2]Bei Übernahme von Auszubildenden im unmittelbaren Anschluss an das Ausbildungsverhältnis in ein Arbeitsverhältnis entfällt die Probezeit.

Erläuterungen

§ 2 TVöD trifft Regelungen über den Arbeitsvertrag, über Nebenabreden zum Arbeitsvertrag und zur Probezeit. Diese Themenbereiche waren im BAT in den §§ 4 und 5 geregelt.

Auf die abweichenden Sonderregelungen in § 55 (VKA) des Besonderen Teils Verwaltung wird hingewiesen.

Arbeitsvertrag (Abs. 1)

Auch das Arbeitsverhältnis zwischen dem Arbeitgeber des öffentlichen Dienstes und seinen Arbeitnehmern ist ein ausschließlich privatrechtliches Arbeitsverhältnis, für das die Regeln des Zivilrechtes (insbesondere § 611 BGB – Dienstvertrag) gelten.

Die in Absatz 1 getroffene Bestimmung, dass der Arbeitsvertrag schriftlich geschlossen wird, trägt dem Interesse der eindeutigen Vereinbarung der für das Arbeitsverhältnis maßgebenden Bedingungen und ihres Nachweises (z. B. bei Streitigkeiten vor den Arbeitsgerichten) Rechnung. Das Schriftformerfordernis umfasst auch spätere Änderungen des Arbeitsvertrages.

Gemäß § 12 Abs. 3 TVöD Bund/VKA ist die Vergütungsgruppe des Beschäftigten im Arbeitsvertrag anzugeben.

Neben dem Schriftformerfordernis des Absatzes 1 sind die Dokumentationspflichten des Nachweisgesetzes[1] zu beachten. Danach ist der Arbeitgeber verpflichtet, spätestens einen Monat nach dem vereinbarten Beginn des Arbeitsverhältnisses die wesentlichen Vertrags-

---

[1]   abgedruckt als **Anhang 1**

bedingungen – sofern sie sich nicht bereits aus dem schriftlichen Arbeitsvertrag[1]) ergeben – in eine Niederschrift[2]) aufzunehmen.

Nach § 2 Abs. 1 Satz 2 Nr. 4 NachwG ist in die Niederschrift der Arbeitsort oder, falls der Arbeitnehmer nicht nur an einem bestimmten Arbeitsort tätig sein soll, ein Hinweis darauf aufzunehmen, dass der Angestellte an verschiedenen Orten beschäftigt werden kann. Als Arbeitsort ist in der Regel die politische Gemeinde anzugeben, in der die Beschäftigungsdienststelle ihren Sitz hat. Wird der Beschäftigte an einem anderen Ort als dem Sitz der Beschäftigungsdienststelle eingesetzt (z. B. in einer Außenstelle, an einem von mehreren Betriebshöfen), ist dieser Ort als Arbeitsort anzugeben. Wenn der Beschäftigte an verschiedenen Orten beschäftigt werden soll, ist in der Niederschrift darauf hinzuweisen.

Nach § 2 Abs. 1 Satz 2 Nr. 5 NachwG ist in der Niederschrift auch eine kurze Charakterisierung oder Beschreibung der von dem Beschäftigten zu leistenden Tätigkeit aufzunehmen. Nach der Gesetzesbegründung erfordert diese Kennzeichnung der von dem Beschäftigten zu erbringenden Tätigkeit keine detaillierten Ausführungen. Es reicht z. B. eine Umschreibung der zu leistenden Tätigkeit oder die Angabe eines der Tätigkeit entsprechenden charakteristischen Berufsbildes aus (z. B. „Angestellter im allgemeinen Verwaltungsdienst", „Technischer Angestellter", „Angestellter im Sparkassendienst").

Die oben dargestellten gesetzlichen Verpflichtungen muss der Arbeitgeber nicht nur bei neu eingestellten Arbeitnehmern erfüllen, sondern auf deren Verlangen auch bei Arbeitnehmern, deren Arbeitsverhältnis bereits bei Inkrafttreten des NachwG bestanden hat (siehe § 4 NachwG).

Die Niederschrift wird kein Bestandteil des Arbeitsvertrages; sie ist allein vom Arbeitgeber zu unterzeichnen (§ 2 Abs. 1 Satz 1 NachwG).

Dem Beschäftigten ist ein Exemplar der Niederschrift auszuhändigen (§ 2 Abs. 1 Satz 1 NachwG).

Eine Niederschrift ist nicht erforderlich bei Beschäftigten, die nur zur vorübergehenden Aushilfe von höchstens einem Monat eingestellt werden (§ 1 NachwG).

Bei der Einstellung von Beschäftigten und bei einer Vielzahl von Vertragsänderungen sind die Mitwirkungsrechte der Personalvertre-

---

[1]) Arbeitsvertragsmuster **3** und **8**, abgedruckt als **Anhänge**
[2]) Muster, abgedruckt als **Anhang 2**

tungen zu beachten, die sich aus den folgenden Vorschriften ergeben:

Personalvertretungsgesetze

– Bund: Bundespersonalvertretungsgesetz i. d. F. der Bekanntmachung vom 15. 3. 1974 (BGBl. I S. 693)

– Baden-Württemberg: Landespersonalvertretungsgesetz i. d. F. der Bekanntmachung vom 1. 2. 1996 (GBl. S. 205)

– Bayern: Bayerisches Personalvertretungsgesetz i. d. F. der Bekanntmachung vom 11. 11. 1986 (GVBl. S. 349)

– Berlin: Personalvertretungsgesetz i. d. F. der Bekanntmachung vom 14. 7. 1994 (GVBl. S. 337)

– Brandenburg: Landespersonalvertretungsgesetz vom 15. 9. 1993 (GVBl. S. 358)

– Bremen: Bremisches Personalvertretungsgesetz vom 5. 3. 1974 (Brem. GBl. S. 131)

– Hamburg: Hamburgisches Personalvertretungsgesetz vom 8. 7. 2014 (HmbGVBl. S. 299)

– Hessen: Hessisches Personalvertretungsgesetz i. d. F. der Bekanntmachung vom 31. 8. 2007 (GVBl. S. 586)

– Mecklenburg-Vorpommern: Personalvertretungsgesetz vom 24. 2. 1993 (GVOBl. M-V S. 125)

– Niedersachsen: Niedersächsisches Personalvertretungsgesetz in der Fassung vom 22. 1. 2007 (NdS. GVBl. S. 11)

– Nordrhein-Westfalen: Landespersonalvertretungsgesetz vom 3. 12. 1974 (GV. NRW. S. 1514)

– Rheinland-Pfalz: Personalvertretungsgesetz i. d. F. der Bekanntmachung vom 24. 11. 2000 (GVBl. S. 530)

– Saarland: Saarländisches Personalvertretungsgesetz i. d. F. der Bekanntmachung vom 2. 3. 1989 (Amtsbl. S. 413)

– Sachsen: Sächsisches Personalvertretungsgesetz i. d. F. der Bekanntmachung vom 25. 6. 1999 (SächsGVBl. S. 430)

– Sachsen-Anhalt: Landespersonalvertretungsgesetz Sachsen-Anhalt i. d. F. der Bekanntmachung vom 16. 3. 2004 (GVBl. S. 205)

– Schleswig-Holstein: Mitbestimmungsgesetz Schleswig-Holstein vom 11. 12. 1990 (GVOBl. Schl.-H. S. 577)

– Thüringen: Thüringer Personalvertretungsgesetz i. d. F. der Bekanntmachung vom 13. 1. 2012 (GVBl. S. 1)

Auch aus den Gleichstellungsgesetzen des Bundes und der Länder können sich Mitwirkungsrechte (der Frauenbeauftragten) ergeben.

Gleichstellungsgesetze

- Bund: Bundesgleichstellungsgesetz vom 24. 4. 2015 (BGBl. I S. 642)
- Baden-Württemberg: Gesetz zur Verwirklichung der Chancengleichheit von Frauen und Männern im öffentlichen Dienst des Landes Baden-Württemberg vom 11. 10. 2005 (GBl. S. 650)
- Bayern: Bayerisches Gleichstellungsgesetz vom 24. 5. 1996 (GVBl. S. 186)
- Berlin: Landesgleichstellungsgesetz i. d. F. der Bekanntmachung vom 6. 9. 2002 (GVBl. S. 280)
- Brandenburg: Landesgleichstellungsgesetz vom 4. 7. 1994 (GVBl. S. 254)
- Bremen: Landesgleichstellungsgesetz vom 20. 11. 1990 (GBl. S. 433)
- Hamburg: Gleichstellungsgesetz vom 2. 12. 2014 (GVBl. S. 495)
- Hessen: Hessisches Gleichberechtigungsgesetz i. d. F. der Bekanntmachung vom 31. 8. 2007 (GVBl. I S. 586)
- Mecklenburg-Vorpommern: Gleichstellungsgesetz i. d. F. der Bekanntmachung vom 11. 7. 2016 (GVOBl. M-V S. 550)
- Niedersachsen: Niedersächsisches Gleichberechtigungsgesetz vom 9. 10. 2010 (NdS. GVBl. S. 558)
- Nordrhein-Westfalen: Landesgleichstellungsgesetz vom 9. 11. 1999 (GV. NRW. S. 590)
- Rheinland-Pfalz: Landesgleichstellungsgesetz vom 11. 7. 1995 (GVBl. S. 209)
- Saarland: Landesgleichstellungsgesetz vom 24. 4. 1996 (Amtsbl. S. 623)
- Sachsen: Sächsisches Frauenförderungsgesetz vom 31. 3. 1994 (SächsGVBl. S. 684)
- Sachsen-Anhalt: Frauenfördergesetz vom 27. 5. 1997 (GVBl. LSA S. 516)
- Schleswig-Holstein: Gleichstellungsgesetz vom 13. 12. 1994 (GVOBl. Schl.-H. S. 562)
- Thüringen: Thüringer Gleichstellungsgesetz vom 3. 11. 1998 (GVBl. S. 309).

Einheitlicher Arbeitsvertrag (Abs. 2)

Wie bislang § 4 Abs. 1 Unterabs. 2 BAT schränkt § 2 Abs. 2 TVöD die Begründung mehrerer Arbeitsverhältnisse zu demselben Arbeitgeber ein. Sie sind nur dann zulässig, wenn sie in keinem unmittelbaren

I

Sachzusammenhang miteinander stehen (z. B. bei Tätigkeit in zwei unterschiedlichen Dienststellen). Besteht ein unmittelbarer Sachzusammenhang, gelten die Beschäftigungen als **ein** Arbeitsverhältnis; die Eingruppierung ist auf der Grundlage der gesamten Tätigkeit zu bestimmen.

Wenn der Ausnahmetatbestand aber zu bejahen und somit von **mehreren** Arbeitsverhältnissen auszugehen ist, sind die Arbeitsverhältnisse mit allen Konsequenzen getrennt zu beurteilen und abzurechnen. Dies hat in der Regel in erster Linie Auswirkung auf die Eingruppierung, weil die Tätigkeiten separat zu beurteilen sind und dann auch Tätigkeiten eine Bedeutung erlangen können, die bei einer Gesamtbewertung keinen eingruppierungsrelevanten Umfang erreichen. Weitere Auswirkungen ergeben sich bei der Beurteilung von Stichtagen (z. B. bei der Jahressonderzahlung, bei Einmalzahlungen etc.). Auch hier kann – z. B. wenn eine der Tätigkeiten nicht ganzjährig bestand – eine getrennte Beurteilung zu anderen Ergebnissen führen wie eine Gesamtbetrachtung. Zwar sind abweichend von dem Grundsatz der isolierten Betrachtung aus arbeitszeitrechtlicher Sicht die Arbeits-/Einsatzzeiten beider Arbeitsverhältnisse bei der Prüfung der gesetzlichen Arbeitszeitgrenzen zusammenzurechnen (§ 2 Abs. 1 Satz 1 zweiter Halbsatz der Arbeitszeitgesetzes). Dies ist aber eine reine Frage des möglichen Höchsteinsatzes, der auch mit dritten Arbeitgebern abzustimmen wäre. Die Bezahlung der tatsächlichen Einsatzzeiten ist von der arbeitszeitrechtlichen Frage des rechtlich möglichen Einsatzes zu trennen. Sie ist für beide Tätigkeiten getrennt nach den Regeln des TVöD zu prüfen – und zwar ohne Querblick auf das zweite Arbeitsverhältnis. Da es sich bei den getrennten Arbeitsverhältnissen jeweils um eine Teilzeitbeschäftigung handelt, stellt die dort über das vertraglich vereinbarte Arbeitszeitmaß hinaus erbrachte Arbeitsleistung bis zum Erreichen der Regelarbeitszeit eines vergleichbar Vollbeschäftigten lediglich Mehrarbeit im Sinne des § 7 Abs. 6 TVöD dar und ist mit der individuellen Stundenvergütung zu entlohnen (§ 8 Abs. 2 TVöD). Erst wenn innerhalb des jeweiligen Arbeitsverhältnisses die Vollzeitgrenze überschritten werden sollte, können Überstunden im Sinne des § 7 Abs. 7 TVöD anfallen, die dann entsprechend zu vergüten wären und einen Anspruch auf Zeitzuschläge auslösten (§ 8 Abs. 1 TVöD).

Nebenabreden (Abs. 3)

Satz 1 der Vorschrift bestimmt, dass Nebenabreden nur wirksam sind, wenn sie schriftlich vereinbart worden sind. Fehlt die Schriftform, sind sie gemäß § 125 Satz 2 BGB nichtig.

Typische Gegenstände einer Nebenabrede sind beispielsweise

– die Vereinbarung, Ausbildungskosten zurückzuzahlen, wenn das Beschäftigungsverhältnis nach Abschluss der Ausbildung nicht eine bestimmte Zeit fortgesetzt wird,

– die Verkürzung der Probezeit,

– die Genehmigung bestimmter Nebentätigkeiten,

– die Möglichkeit der ordentlichen Kündigung bei befristeten Arbeitsverhältnissen.

Weitere Abmachungen jedweder Art sind möglich, soweit sie nicht gegen zwingende gesetzliche oder tarifvertragliche Vorschriften verstoßen. Der Vereinbarung einer geringeren als der tarifvertraglich vorgesehenen Vergütung stünde z. B. das Tarifvertragsgesetz (§ 4 Abs. 4) entgegen.

In Satz 2 der Vorschrift ist festgelegt, dass Nebenabreden nur dann gesondert gekündigt werden können, wenn dies einzelvertraglich vereinbart ist. Fehlt diese ausdrückliche Festlegung im Arbeitsvertrag, können sich die Vertragspartner – ebenso wie vom übrigen Inhalt des Arbeitsvertrages – nur einvernehmlich durch einen Änderungsvertrag oder einseitig durch eine Änderungskündigung lösen. Für diese Kündigung gelten dann die Regeln und Fristen, die für die Kündigung des gesamten Arbeitsvertrages maßgebend sind. Wenn zwar die Kündigungsmöglichkeit des Arbeitsvertrages ausdrücklich vereinbart worden ist, jedoch keine Festlegung einer besonderen Kündigungsfrist (z. B. 14 Tage) erfolgt ist, sind die allgemeinen Kündigungsfristen des TVöD zu beachten.

Probezeit (Abs. 4)

Nach Satz 1 der Vorschrift gelten die ersten sechs Monate der Beschäftigung als Probezeit, ohne dass es einer besonderen Vereinbarung dazu bedarf. Durch eine Nebenabrede zum Arbeitsvertrag (→ Erläuterungen zu Absatz 2) kann aber eine kürzere Probezeit vereinbart werden.

Nach Satz 2 entfällt die Probezeit, wenn Auszubildende im unmittelbaren Anschluss an das Ausbildungsverhältnis in ein Arbeitsverhältnis übernommen werden. Dabei wird davon auszugehen sein, dass es sich um ein Rechtsverhältnis zu demselben Arbeitgeber handeln muss.

Die in § 5 BAT vereinbarte Verlängerung der Probezeit um eine zehn Arbeitstage übersteigende Unterbrechungszeit ist in § 2 Abs. 4 nicht mehr enthalten. Auf die Probezeit werden jedoch aufgrund gesetzlicher Bestimmungen nicht angerechnet

- Zeiten der Teilnahme an einer Eignungsübung (§ 8 Satz 3 der VO zum Eignungsübungsgesetz)
- Wehrdienstzeiten als Soldat auf Zeit und Zeiten einer Fachausbildung (§ 8 Abs. 5 des Soldatenversorgungsgesetzes).

Die rechtliche Bedeutung einer Probezeit darf nicht überschätzt werden. Auch während der Probezeit unterliegt das Beschäftigungsverhältnis uneingeschränkt den Vorschriften des TVöD. Die Probezeit ist daher z. B. Beschäftigungszeit i. S. v. § 34 Abs. 3. Die Probezeit zählt außerdem als Wartezeit im urlaubsrechtlichen Sinn (siehe § 4 BUrlG i. V. m. § 26 TVöD) und ist bei der Sechsmonatsfrist des § 1 Abs. 1 des Kündigungsschutzgesetzes zu berücksichtigen. Auch steuerlich, sozialversicherungsrechtlich und im Sinne der Zusatzversorgung gelten keine Besonderheiten.

Das Arbeitsverhältnis ist auch während der Probezeit unbefristet. Stellt der Arbeitgeber während der Probezeit fest, dass der Beschäftigte für die Tätigkeit nicht geeignet ist, muss er das Arbeitsverhältnis kündigen.

Die Kündigungsfrist nach § 34 beträgt unabhängig von der Probezeit nach § 2 Abs. 4 zwei Wochen zum Monatsschluss, das Kündigungsschutzgesetz gilt während der ersten sechs Monate nicht.

Die Möglichkeit, ein befristetes Arbeitsverhältnis zur Erprobung zu schließen, bleibt unberührt. Die Befristung zur Erprobung ist in § 14 Abs. 1 Satz 2 Nr. 5 TzBfG[1]) ausdrücklich als Sachgrund genannt.

---

[1]) abgedruckt als Anhang 1 in **§ 30 TVöD**

Gesetz über den Nachweis
der für ein Arbeitsverhältnis geltenden
wesentlichen Bedingungen
(Nachweisgesetz – NachwG)

Vom 20. Juli 1995 (BGBl. I S. 946)

Zuletzt geändert durch
Tarifautonomiestärkungsgesetz
vom 11. August 2014 (BGBl. I S. 1348)

§ 1   Anwendungsbereich

Dieses Gesetz gilt für alle Arbeitnehmer, es sei denn, daß sie nur zur vorübergehenden Aushilfe von höchstens einem Monat eingestellt werden. Praktikanten, die gemäß § 22 Absatz 1 des Mindestlohngesetzes als Arbeitnehmer gelten, sind Arbeitnehmer im Sinne dieses Gesetzes.

§ 2   Nachweispflicht

(1) Der Arbeitgeber hat spätestens einen Monat nach dem vereinbarten Beginn des Arbeitsverhältnisses die wesentlichen Vertragsbedingungen schriftlich niederzulegen, die Niederschrift zu unterzeichnen und dem Arbeitnehmer auszuhändigen. In die Niederschrift sind mindestens aufzunehmen:

1. der Name und die Anschrift der Vertragsparteien,
2. der Zeitpunkt des Beginns des Arbeitsverhältnisses,
3. bei befristeten Arbeitsverhältnissen: die vorhersehbare Dauer des Arbeitsverhältnisses,
4. der Arbeitsort oder, falls der Arbeitnehmer nicht nur an einem bestimmten Arbeitsort tätig sein soll, ein Hinweis darauf, daß der Arbeitnehmer an verschiedenen Orten beschäftigt werden kann,
5. eine kurze Charakterisierung oder Beschreibung der vom Arbeitnehmer zu leistenden Tätigkeit,
6. die Zusammensetzung und die Höhe des Arbeitsentgelts einschließlich der Zuschläge, der Zulagen, Prämien und Sonderzahlungen sowie anderer Bestandteile des Arbeitsentgelts und deren Fälligkeit,

7. die vereinbarte Arbeitszeit,

8. die Dauer des jährlichen Erholungsurlaubs,

9. die Fristen für die Kündigung des Arbeitsverhältnisses,

10. ein in allgemeiner Form gehaltener Hinweis auf die Tarifverträge, Betriebs- oder Dienstvereinbarungen, die auf das Arbeitsverhältnis anzuwenden sind.

Der Nachweis der wesentlichen Vertragsbedingungen in elektronischer Form ist ausgeschlossen.

(1a) Wer einen Praktikanten einstellt, hat unverzüglich nach Abschluss des Praktikumsvertrages, spätestens vor Aufnahme der Praktikantentätigkeit, die wesentlichen Vertragsbedingungen schriftlich niederzulegen, die Niederschrift zu unterzeichnen und dem Praktikanten auszuhändigen. In die Niederschrift sind mindestens aufzunehmen:

1. der Name und die Anschrift der Vertragsparteien,

2. die mit dem Praktikum verfolgten Lern- und Ausbildungsziele,

3. Beginn und Dauer des Praktikums,

4. Dauer der regelmäßigen täglichen Praktikumszeit,

5. Zahlung und Höhe der Vergütung,

6. Dauer des Urlaubs,

7. ein in allgemeiner Form gehaltener Hinweis auf die Tarifverträge, Betriebs- oder Dienstvereinbarungen, die auf das Praktikumsverhältnis anzuwenden sind.

Absatz 1 Satz 3 gilt entsprechend.

(2) Hat der Arbeitnehmer seine Arbeitsleistung länger als einen Monat außerhalb der Bundesrepublik Deutschland zu erbringen, so muß die Niederschrift dem Arbeitnehmer vor seiner Abreise ausgehändigt werden und folgende zusätzliche Angaben enthalten:

1. die Dauer der im Ausland auszuübenden Tätigkeit,

2. die Währung, in der das Arbeitsentgelt ausgezahlt wird,

3. ein zusätzliches mit dem Auslandsaufenthalt verbundenes Arbeitsentgelt und damit verbundene zusätzliche Sachleistungen,

4. die vereinbarten Bedingungen für die Rückkehr des Arbeitnehmers.

(3) Die Angaben nach Absatz 1 Satz 2 Nr. 6 bis 9 und Absatz 2 Nr. 2 und 3 können ersetzt werden durch einen Hinweis auf die einschlägigen Tarifverträge, Betriebs- oder Dienstvereinbarungen und ähnlichen Regelungen, die für das Arbeitsverhältnis gelten. Ist in den

Fällen des Absatzes 1 Satz 2 Nr. 8 und 9 die jeweilige gesetzliche Regelung maßgebend, so kann hierauf verwiesen werden.

(4) Wenn dem Arbeitnehmer ein schriftlicher Arbeitsvertrag ausgehändigt worden ist, entfällt die Verpflichtung nach den Absätzen 1 und 2, soweit der Vertrag die in den Absätzen 1 bis 3 geforderten Angaben enthält.

§ 3 Änderung der Angaben

Eine Änderung der wesentlichen Vertragsbedingungen ist dem Arbeitnehmer spätestens einen Monat nach der Änderung schriftlich mitzuteilen. Satz 1 gilt nicht bei einer Änderung der gesetzlichen Vorschriften, Tarifverträge, Betriebs- oder Dienstvereinbarungen und ähnlichen Regelungen, die für das Arbeitsverhältnis gelten.

§ 4 Übergangsvorschrift

Hat das Arbeitsverhältnis bereits bei Inkrafttreten dieses Gesetzes bestanden, so ist dem Arbeitnehmer auf sein Verlangen innerhalb von zwei Monaten eine Niederschrift im Sinne des § 2 auszuhändigen. Soweit eine früher ausgestellte Niederschrift oder ein schriftlicher Arbeitsvertrag die nach diesem Gesetz erforderlichen Angaben enthält, entfällt diese Verpflichtung.

§ 5 Unabdingbarkeit

Von den Vorschriften dieses Gesetzes kann nicht zuungunsten des Arbeitnehmers abgewichen werden.

Anhang 2

Niederschrift nach dem Nachweisgesetz[1]

Nach dem Gesetz über den Nachweis der für ein Arbeitsverhältnis geltenden wesentlichen Bedingungen (Artikel 1 des Gesetzes zur Anpassung arbeitsrechtlicher Bestimmungen an das EG-Recht vom 20. Juli 1995 – BGBl. I S. 946) wird neben dem mit

Frau/Herrn ....

geboren am: ....

wohnhaft: ....

geschlossenen Arbeitsvertrag vom ....

Folgendes niedergelegt:

1. Die Beschäftigung erfolgt

☐ in .... (Arbeitsort)

☐ an verschiedenen Orten[2]

   Die tariflichen Vorschriften über die Versetzung, Abordnung, Zuweisung und Personalgestellung bleiben unberührt.

2. Frau/Herrn

   wird als ....[3] beschäftigt.

   Die Übertragung anderer Tätigkeiten bleibt vorbehalten.

....

(Ort, Datum)   (Arbeitgeber)

---

[1] Die Niederschrift ist **nicht** erforderlich bei Beschäftigten, die nur zur vorübergehenden Aushilfe von höchstens einem Monat eingestellt werden (§ 1 NachwG).

[2] Diese Alternative kommt in Betracht, wenn die/der Beschäftigte nicht nur an einem Ort beschäftigt werden soll.

[3] Hier ist die Bezeichnung der zu leistenden Tätigkeit aufzunehmen, z. B. „Beschäftigter im allgemeinen Verwaltungsdienst".

**Arbeitsvertragsmuster für Beschäftigte,
für die der TVöD gilt und die auf unbestimmte Zeit
eingestellt werden**

Zwischen

der Bundesrepublik Deutschland

vertreten durch .... (Arbeitgeber)

und

Frau/Herrn ....

wohnhaft in ....

geboren am: .... (Beschäftigte/r)

wird – vorbehaltlich – folgender

Arbeitsvertrag

geschlossen:

§ 1

Frau/Herr ....

wird ab ....

auf unbestimmte Zeit

☐ als Vollbeschäftigte eingestellt.

☐ als Teilzeitbeschäftigte/er mit .... v. H. der durchschnittlichen regelmäßigen wöchentlichen Arbeitszeit eines entsprechenden Vollbeschäftigten eingestellt. Die/Der Teilzeitbeschäftigte ist im Rahmen begründeter dienstlicher Notwendigkeiten zur Leistung von Bereitschaftsdienst, Rufbereitschaft, Überstunden und Mehrarbeit verpflichtet.

§ 2

Das Arbeitsverhältnis bestimmt sich nach dem Tarifvertrag für den öffentlichen Dienst (TVöD), den besonderen Regelungen für die Verwaltung (TVöD – Besonderer Teil Verwaltung), dem Tarifvertrag zur Überleitung der Beschäftigten des Bundes in den TVöD und zur Regelung des Übergangsrechts (TVÜ-Bund) und den diese ergänzenden, ändernden oder ersetzenden Tarifverträgen in der für den Bereich des Bundes jeweils geltenden Fassung.

Auf das Arbeitsverhältnis finden die Regelungen für das Tarifgebiet
☐ Ost ☐ West Anwendung.

§ 3

Die Probezeit nach § 2 Abs. 4 TVöD beträgt sechs Monate.

§ 4

Die/Der Beschäftigte ist in die Entgeltgruppe ..... TVöD eingruppiert.

Der Arbeitgeber ist berechtigt, der/dem Beschäftigten aus dienstlichen Gründen eine andere Tätigkeit im Rahmen der Entgeltgruppe zuzuweisen.

§ 5

(1) Es wird folgende Nebenabrede vereinbart:

☐

(2) Die Nebenabrede kann mit einer Frist

☐ von zwei Wochen zum Monatsschluss

☐ von .... zum ....

schriftlich gekündigt werden.

(3) Die Vereinbarung von Nebenabreden bedarf der Schriftform (§ 2 Abs. 3 Satz 1 TVöD).

....

(Ort, Datum)

....

(Arbeitgeber)   (Beschäftigte/r)

Arbeitsvertragsmuster für Beschäftigte,
für die der TVöD gilt und die befristet eingestellt werden

Zwischen

der Bundesrepublik Deutschland

vertreten .... (Arbeitgeber)
durch

und

Frau/Herr ....
wohnhaft in ....
geboren am: .... (Beschäftigte/r)
wird – vorbehaltlich – folgender

Arbeitsvertrag

geschlossen:

§ 1

Frau/Herr ....
wird ab ....

☐ als Vollbeschäftigte/er eingestellt.

☐ als Teilzeitbeschäftigte/er mit .... v. H. der durchschnittlichen regelmäßigen wöchentlichen Arbeitszeit eines entsprechenden Vollbeschäftigten befristet eingestellt. Die/Der Teilzeitbeschäftigte ist im Rahmen begründeter dienstlicher Notwendigkeiten zur Leistung von Bereitschaftsdienst, Rufbereitschaft, Überstunden und Mehrarbeit verpflichtet.

Das Arbeitsverhältnis ist befristet

☐ bis zum

☐ bis zum Erreichen folgenden Zweckes „ ...."; längstens bis zum ....

☐ für die Dauer eines Beschäftigungsverbotes nach dem Mutterschutzgesetz/der Elternzeit/der Arbeitsfreistellung zur Betreuung eines Kindes von ....; längstens bis zum ....

§ 2

Das Arbeitsverhältnis bestimmt sich nach dem Tarifvertrag für den öffentlichen Dienst (TVöD), den besonderen Regelungen für die Verwaltung (TVöD – Besonderer Teil Verwaltung), dem Tarifvertrag zur Überleitung der Beschäftigten des Bundes in den TVöD und zur Regelung des Übergangsrechts (TVÜ-Bund) und den diese ergänzenden, ändernden oder ersetzenden Tarifverträgen in der für den Bereich des Bundes jeweils geltenden Fassung.

Auf das Arbeitsverhältnis finden die Regelungen für das Tarifgebiet ☐ Ost ☐ West Anwendung.

☐ Auf das Arbeitsverhältnis findet § 21 Abs. 1 bis 5 BEEG Anwendung.

§ 3

(1) ☐ Die Probezeit beträgt sechs Monate.
    ☐ Die Probezeit beträgt sechs Wochen.
(2) ☐ Für die Kündigung des gemäß § 30 Abs. 1 Satz 1 TVöD befristeten Arbeitsverhältnisses gilt § 34 Abs. 1 TVöD.
    ☐ Für die Kündigung des gemäß § 30 Abs. 1 Satz 2 TVöD befristeten Arbeitsverhältnisses gilt § 30 Abs. 4 und 5 TVöD.

§ 4

Die/Der Beschäftigte ist in die Entgeltgruppe ..... TVöD eingruppiert.

Der Arbeitgeber ist berechtigt, der/dem Beschäftigten aus dienstlichen Gründen eine andere Tätigkeit im Rahmen der Entgeltgruppe zuzuweisen.

§ 5

(1) Es wird folgende Nebenabrede vereinbart:

☐
(2) Die Nebenabrede kann mit einer Frist
☐ von zwei Wochen zum Monatsschluss
☐ von .... zum ....
schriftlich gekündigt werden.

(3) Die Vereinbarung von Nebenabreden bedarf der Schriftform (§ 2 Abs. 3 Satz 1 TVöD).

....
(Ort, Datum)

....
(Arbeitgeber)   (Beschäftigte/r)

I

**Arbeitsvertragsmuster für Beschäftigte,
die im Anschluss an das Berufsausbildungsverhältnis
befristet nach § 16a Satz 1 TVAöD – Allgemeiner Teil –
eingestellt werden**

Zwischen

der Bundesrepublik Deutschland

vertreten durch .... (Arbeitgeber)

und

Frau/Herr ....

wohnhaft in ....

geboren am: .... (Beschäftigte/r)

wird – vorbehaltlich – folgender

Arbeitsvertrag

geschlossen:

§ 1

Frau/Herr ....

wird ab ....

☐ als Vollbeschäftigte/er befristet bis zum .... eingestellt.

☐ als Teilzeitbeschäftigte/er mit .... v. H. der durchschnittlichen regelmäßigen wöchentlichen Arbeitszeit eines entsprechenden Vollbeschäftigten befristet bis zum .... eingestellt. Die/Der Teilzeitbeschäftigte ist im Rahmen begründeter dienstlicher Notwendigkeiten zur Leistung von Bereitschaftsdienst, Rufbereitschaft, Überstunden und Mehrarbeit verpflichtet.

Die Befristung erfolgt aufgrund von § 16a Satz 1 TVAöD – Allgemeiner Teil –.

§ 2

Das Arbeitsverhältnis bestimmt sich nach dem Tarifvertrag für den öffentlichen Dienst (TVöD), den besonderen Regelungen für die Verwaltung (TVöD – Besonderer Teil Verwaltung), dem Tarifvertrag zur Überleitung der Beschäftigten des Bundes in den TVöD und zur Regelung des Übergangsrechts (TVÜ-Bund) und den diese ergänzenden, ändernden oder ersetzenden Tarifverträgen in der für den Bereich des Bundes jeweils geltenden Fassung.

Auf das Arbeitsverhältnis finden die Regelungen für das Tarifgebiet ☐ Ost ☐ West Anwendung.

§ 3

(1) Die Probezeit entfällt.

(2) ☐   Für die Kündigung des gemäß § 30 Abs. 1 Satz 1 TVöD befristeten Arbeitsverhältnisses gilt § 34 Abs. 1 TVöD.

☐   Für die Kündigung des gemäß § 30 Abs. 1 Satz 2 TVöD befristeten Arbeitsverhältnisses gilt § 30 Abs. 4 und 5 TVöD.

§ 4

Die/Der Beschäftigte ist in die Entgeltgruppe ..... TVöD eingruppiert.

Der Arbeitgeber ist berechtigt, der/dem Beschäftigten aus dienstlichen Gründen eine andere Tätigkeit im Rahmen der Entgeltgruppe zuzuweisen.

§ 5

(1) Es wird folgende Nebenabrede vereinbart:

(2) Die Nebenabrede kann mit einer Frist

☐ von zwei Wochen zum Monatsschluss

☐ von .... zum ....

schriftlich gekündigt werden.

(3) Die Vereinbarung von Nebenabreden bedarf der Schriftform (§ 2 Abs. 3 Satz 1 TVöD).

....

(Ort, Datum)

....

(Arbeitgeber)   (Beschäftigte/r)

Anhang 6

Änderungsvertrag für Beschäftigte, für die der TVöD gilt

Zwischen

der Bundesrepublik Deutschland

vertreten durch .... (Arbeitgeber)

und

Frau/Herr ....

wohnhaft in ....

geboren am: .... (Beschäftigte/r)

wird in Abänderung des Arbeitsvertrages vom ....

☐ in der Fassung des Änderungsvertrages vom .... folgender

Änderungsvertrag

geschlossen:

§ 1

(1) ☐ § 1 wird durch folgende Vereinbarung ersetzt:

Frau/Herr ....

wird ab ....

☐ als Vollbeschäftigte/er weiterbeschäftigt.

☐ als Teilzeitbeschäftigte/er mit .... v. H. der durchschnittlichen regelmäßigen wöchentlichen Arbeitszeit eines entsprechenden Vollbeschäftigten weiterbeschäftigt. Die/Der Teilzeitbeschäftigte ist im Rahmen begründeter dienstlicher Notwendigkeiten zur Leistung von Bereitschaftsdienst, Rufbereitschaft, Überstunden und Mehrarbeit verpflichtet.

☐ als Teilzeitbeschäftigte/er mit .... v. H. der durchschnittlichen regelmäßigen wöchentlichen Arbeitszeit eines entsprechenden Vollbeschäftigten bis zum weiterbeschäftigt. Die/Der Teilzeitbeschäftigte ist im Rahmen begründeter dienstlicher Notwendigkeiten zur Leistung von Bereitschaftsdienst, Rufbereitschaft, Überstunden und Mehrarbeit verpflichtet. Nach Ablauf der Frist gilt wieder die Arbeitszeit des Arbeitsvertrages vom

☐ unter Hinausschieben des in § 33 Abs. 1 Buchst. a aufgeführten Beendigungszeitpunktes (Ablauf des Monats, in dem das gesetzlich festgelegte Alter zum Erreichen der Regelaltersgrenze vollendet wird) unter Beibehaltung des bisherigen Arbeitszeitumfangs (.....) befristet bis zum .... weiterbeschäftigt.

☐ auf der Grundlage des Tarifvertrages zur Regelung flexibler Arbeitszeiten für ältere Beschäftigte vom 27. Februar 2010 (im Folgenden „Tarifvertrag") in der jeweils geltenden Fassung im FALTER-Arbeitszeitmodell nach folgenden Maßgaben weiterbeschäftigt.

Das Arbeitsverhältnis endet abweichend von § 33 Abs. 1 Buchst. a TVöD am .... Unabhängig davon endet das Arbeitsverhältnis, ohne dass es einer Kündigung bedarf, bei Inanspruchnahme einer mehr als hälftigen Teilrente oder einer Vollrente (§ 14 Abs. 2 des Tarifvertrages).

Die durchschnittliche wöchentliche Arbeitszeit während des FALTER-Arbeitszeitmodells beträgt

    ☐ .... Stunden (Hälfte der regelmäßigen wöchentlichen Arbeitszeit gem. § 13 Abs. 3 Satz 1 des Tarifvertrages)

    ☐ .... Stunden (weniger als die Hälfte der regelmäßigen wöchentlichen Arbeitszeit gem. § 13 Abs. 3 Satz 2 des Tarifvertrages) im Blockmodell.

☐ auf der Grundlage des Altersteilzeitgesetzes vom 23. Juli 1996 (BGBl. I S. 1078) sowie des Tarifvertrages zur Regelung flexibler Arbeitszeiten für ältere Beschäftigte vom 27. Februar 2010 (im Folgenden „Tarifvertrag") in der jeweils geltenden Fassung nach Maßgabe der folgenden Vereinbarung ab .... in einem Altersteilzeitarbeitsverhältnis weiterbeschäftigt.

Das Arbeitsverhältnis endet unbeschadet der vorzeitigen Beendigungstatbestände des § 8 Abs. 2 des Tarifvertrages am ....

Die durchschnittliche wöchentliche Arbeitszeit während des Altersteilzeitarbeitsverhältnisses beträgt .... Stunden (Hälfte der bisherigen wöchentlichen Arbeitszeit gem. § 6 Abs. 2 des Tarifvertrages). Sie wird geleistet

    ☐ im Blockmodell

       (Arbeitsphase vom .... bis .... und ....

       Freistellungsphase vom .... bis ....)

    ☐ im Teilzeitmodell.

(2) § 2 wird wie folgt ersetzt:

„Das Arbeitsverhältnis bestimmt sich nach dem Tarifvertrag für den öffentlichen Dienst (TVöD), den besonderen Regelungen für die Verwaltung (TVöD – Besonderer Teil Verwaltung), dem Tarifvertrag zur Überleitung der Beschäftigten des Bundes in den TVöD und zur Regelung des Übergangsrechts (TVÜ-Bund) und den diese ergänzenden, ändernden oder ersetzenden Tarifverträgen in der für den Bereich des Bundes jeweils geltenden Fassung.

Auf das Arbeitsverhältnis finden die Regelungen für das Tarifgebiet ☐ Ost ☐ West Anwendung."

(3) ☐ § 4 des Arbeitsvertrages wird wie folgt ersetzt:

„Die Beschäftigte ist in die Entgeltgruppe .... TVöD eingruppiert.

Der Arbeitgeber ist berechtigt, der/dem Beschäftigten aus dienstlichen Gründen eine andere Tätigkeit im Rahmen der Entgeltgruppe zuzuweisen."

(4) ☐ In § 5 des Arbeitsvertrages wird

☐ die vereinbarte Nebenabrede um folgende Nebenabrede ergänzt:

☐ die vereinbarte Nebenabrede durch folgende Nebenabrede ersetzt:

☐ folgende Nebenabrede vereinbart:

    „(1)

    (2)   Die Nebenabrede kann mit einer Frist

          ☐ von zwei Wochen zum Monatsschluss

          ☐ von .... zum .... schriftlich gekündigt werden.

    (3)   Die Vereinbarung von Nebenabreden bedarf der Schriftform (§ 2 Abs. 3 Satz 1 TVöD)."

(5) ☐ § 6 des Arbeitsvertrages wird aufgehoben.

☐ § 5 des Arbeitsvertrages wird um folgenden Absatz 3 ergänzt:
„Die Vereinbarung von Nebenabreden bedarf der Schriftform (§ 2 Abs. 3 Satz 1 TVöD)."

§ 2

Dieser Änderungsvertrag tritt ☐ am/☐ mit Wirkung vom .... in Kraft.

....
(Ort, Datum)

....
(Arbeitgeber)   (Beschäftigte/r)

Hinweise zum Änderungsvertrag im Falle der Fortführung des Arbeitsverhältnisses als FALTER-Arbeitszeitmodell

Zu den Auswirkungen der Vertragsänderung hat der Arbeitgeber dem Beschäftigten nahe gelegt, sich vor Vertragsabschluss wegen der sozialversicherungsrechtlichen Auswirkungen sowie wegen der Auswirkungen in der betrieblichen Altersversorgung mit den jeweils zuständigen Stellen in Verbindung zu setzen:

– Sozialversicherung:	Rentenversicherungträger, Krankenkassen.
– Betriebliche Altersversorgung:	Versorgungsanstalt des Bundes und der Länder (VBL) oder sonstige zuständige Zusatzversorgungseinrichtung.

Wegen der Besonderheiten bei der Inanspruchnahme einer abschlagsfreien Rente mit 63 verweise ich auf das Rundschreiben vom 30. Juni 2014 – D 5 – 31005/24#3, D 5 – 31007/1#10 –.

Hinweise zum Änderungsvertrag im Falle der Vereinbarung eines Altersteilzeitarbeitsverhältnisses

Zu den Auswirkungen der Vertragsänderung hat der Arbeitgeber dem Beschäftigten nahe gelegt, sich vor Vertragsabschluss wegen der sozialversicherungs- und steuerrechtlichen Auswirkungen sowie wegen der Auswirkungen in der betrieblichen Altersversorgung mit den jeweils zuständigen Stellen in Verbindung zu setzen:

– Sozialversicherung:	Rentenversicherungträger, Krankenkassen.
– Steuer:	Finanzämter.
– Betriebliche Altersversorgung:	Versorgungsanstalt des Bundes und der Länder (VBL) oder sonstige zuständige Zusatzversorgungseinrichtung.

Zur Befristungsabrede:

Mit dem Abschluss des vorliegenden Änderungsvertrags über die Vereinbarung eines Altersteilzeitarbeitsverhältnisses nach dem Tarifvertrag zur Regelung flexibler Arbeitszeiten für ältere Beschäftigte vom 27. Februar 2010 (im Folgenden „Tarifvertrag") wird das bestehende Arbeitsverhältnis als Teilzeitarbeitsverhältnis fortgeführt und zugleich eine Befristungsabrede getroffen.

Die Altersteilzeit soll den gleitenden Übergang vom Erwerbsleben in die Altersrente ermöglichen (vgl. § 2 Tarifvertrag i. V. m. § 1 Abs. 1 Altersteilzeitgesetz). Aus diesem Grund ist das Altersteilzeitarbeitsverhältnis so zu gestalten, dass es bis an den Rentenbezugszeitraum heranreicht. Die Laufzeit für das Altersteilzeitarbeitsverhältnis kann längstens bis zum Erreichen des frühestmöglichen Bezugszeitpunkts für eine (beliebige) ungekürzte Altersrente (d. h. ohne Inkaufnahme von Abschlägen, hierunter fällt auch die abschlagsfreie Rente mit 63) vereinbart werden. Der entsprechende Beendigungszeitpunkt des Altersteilzeitarbeitsverhältnisses ist bereits bei der Vereinbarung von Altersteilzeit festzulegen (siehe § 1 Abs. 2 des Änderungsvertrags). **Das Altersteilzeitarbeitsverhältnis endet spätestens** mit Ablauf dieser vereinbarten **Zeitbefristung**. Siehe hierzu auch das Rundschreiben vom 30. Juni 2014 – D 5 – 31005/24#3, 31007/1#10 –.

Darüber hinaus sind die vorzeitigen Beendigungstatbestände nach § 8 Abs. 2 Tarifvertrag zu beachten. Diese tarifliche Regelung knüpft ausdrücklich an die jeweiligen Rententatbestände des Sechsten Buches Sozialgesetzbuch (SGB VI) an. Dadurch ist die Beendigung des Altersteilzeitarbeitsverhältnisses nicht vom Fortbestand der zum Zeitpunkt des Vertragsabschlusses geltenden bzw. individuell maßgebenden rentenrechtlichen Voraussetzungen abhängig. Sofern sich später tatsächliche oder rechtliche Änderungen gegenüber dem in der Altersteilzeitvereinbarung festgelegten Beendigungszeitpunkt ergeben, endet das Altersteilzeitarbeitsverhältnis danach automatisch zu dem Zeitpunkt, in dem die/der Altersteilzeitbeschäftigte

– die frühestmögliche ungekürzte Altersrente (d. h. ohne Inkaufnahme von Rentenabschlägen) beanspruchen kann (§ 8 Abs. 2 Buchst. a Tarifvertrag)

    oder

– eine Altersrente – gleich ob mit oder ohne Rentenabschläge – tatsächlich bezieht (§ 8 Abs. 2 Buchst. b Tarifvertrag).

Unter den vorgenannten Voraussetzungen tritt also eine vorzeitige Beendigung des Altersteilzeitarbeitsverhältnisses ein, d. h. noch vor Ablauf des in § 1 Abs. 2 des Änderungsvertrags genannten Beendigungszeitpunkts. Tritt bei Beschäftigten bei Vereinbarung einer Altersteilzeit im Blockmodell nachträglich eine Schwerbehinderung ein, gelten hinsichtlich der vorzeitigen Beendigung der Altersteilzeit Besonderheiten. Hierzu verweise ich auf das Rundschreiben vom 3. Juni 2014 – D 5 – 31005/24#3 –.

**Arbeitsvertragsmuster für Auszubildende
nach dem Tarifvertrag
für Auszubildende des öffentlichen Dienstes (TVAöD)
– Besonderer Teil Pflege –**

Zwischen

der Bundesrepublik Deutschland

vertreten durch ....   (Ausbildende/r)

und

Frau/Herr   ....

wohnhaft in   ....

geboren am: ....   (Auszubildende/r)

wird unter Zustimmung ihres/seines gesetzlichen Vertreters,

Frau/Herr   ....

wohnhaft in   ....

– vorbehaltlich – folgender

**Ausbildungsvertrag
nach dem TVAöD – Besonderer Teil Pflege –**

geschlossen:

§ 1 Art, sachliche und zeitliche Gliederung sowie Ziel der Ausbildung

(1) Die/Der Auszubildende wird in dem staatlich anerkannten oder als staatlich anerkannt geltenden Ausbildungsberuf eines .... ausgebildet.

(2) Die maßgebliche Ausbildungs- und Prüfungsordnung sowie Art, sachliche und zeitliche Gliederung der Ausbildung ergeben sich aus dem anliegenden Ausbildungsplan.

§ 2 Beginn und Dauer der Ausbildung, Probezeit

(1) Die Ausbildung beginnt am .... und endet am ....

(2) Die ersten sechs Monate der Ausbildung sind Probezeit.

§ 3 Grundsätzliches über das Rechtsverhältnis

(1) Das Ausbildungsverhältnis bestimmt sich nach dem Berufsbildungsgesetz (BBiG) vom 23. März 2005 in seiner jeweiligen Fassung sowie nach den Vorschriften der Tarifverträge für Auszubildende des öffentlichen Dienstes (TVAöD) – Allgemeiner Teil und Besonderer Teil Pflege –, beide vom 13. September 2005, sowie den diese ergänzenden, ändernden oder ersetzenden Tarifverträgen in der für den Bereich des Bundes jeweils geltenden Fassung.

(2) Für das Ausbildungsverhältnis gelten ferner die Schulordnung und die Hausordnung in der jeweiligen Fassung.

(3) Daneben gelten die einschlägigen Betriebs- bzw. Dienstvereinbarungen.

§ 4 Ausbildungsmaßnahmen außerhalb der Ausbildungsstätte

Die/Der Auszubildende ist verpflichtet, die Teile der Ausbildung, die in einer anderen Einrichtung außerhalb der Ausbildungsstätte durchgeführt werden, in dieser Einrichtung abzuleisten.

§ 5 Dauer der regelmäßigen täglichen Ausbildungszeit

Die regelmäßige durchschnittliche wöchentliche Ausbildungszeit und die tägliche Ausbildungszeit richten sich nach den für die Beschäftigten des Ausbildenden maßgebenden Vorschriften über die Arbeitszeit. Sie beträgt zurzeit .... Stunden wöchentlich. § 8 Jugendarbeitsschutzgesetz (JArbSchG) bleibt unberührt.

§ 6 Zahlung und Höhe der Ausbildungsvergütung

(1) Die/Der Auszubildende erhält ein monatliches Ausbildungsentgelt gemäß § 8 Abs. 1 TVAöD – Besonderer Teil Pflege –.

Es beträgt zurzeit

im ersten Ausbildungsjahr	.... Euro,
im zweiten Ausbildungsjahr	.... Euro,
im dritten Ausbildungsjahr	.... Euro.

Das monatliche Ausbildungsentgelt ist zu demselben Zeitpunkt fällig wie das den Beschäftigten des Ausbildenden gezahlte Entgelt. Es ist spätestens am letzten Ausbildungstag des Monats (Zahltag) für den laufenden Kalendermonat auf ein von dem Auszubildenden benanntes Konto innerhalb eines Mitgliedstaats der Europäischen Union zu zahlen.

(2) Bei Beendigung des Ausbildungsverhältnisses aufgrund erfolgreich abgeschlossener Abschlussprüfung bzw. staatlicher Prüfung erhält die Auszubildende eine Abschlussprämie als Einmalzahlung in Höhe von 400 Euro. Die Abschlussprämie ist kein zusatzversorgungspflichtiges Entgelt. Sie ist nach Bestehen der Abschlussprüfung bzw. der staatlichen Prüfung fällig.

(3) Absatz 2 gilt nicht, wenn die/der Auszubildende seine Ausbildung nach erfolgloser Prüfung aufgrund einer Wiederholungsprüfung abschließt.

§ 7 Dauer des Erholungsurlaubs

Die/Der Auszubildende erhält Erholungsurlaub nach § 9 TVAöD – Besonderer Teil Pflege –. Hiernach beträgt der Erholungsurlaub zurzeit.

vom .... bis 31. Dezember .... Ausbildungstage,

vom 1. Januar ...... bis 31. Dezember .... Ausbildungstage,

vom 1. Januar ...... bis 31. Dezember .... Ausbildungstage,

vom 1. Januar ...... bis .... Ausbildungstage.

§ 8 Voraussetzungen, unter denen der Ausbildungsvertrag gekündigt werden kann

Der Ausbildungsvertrag kann nach Maßgabe des § 3 Abs. 2 TVAöD – Besonderer Teil Pflege – und des § 16 Abs. 4 TVAöD – Allgemeiner Teil – gekündigt werden. Diese Tarifregelungen haben zurzeit folgenden Wortlaut:

§ 3 Abs. 2:
Während der Probezeit kann das Ausbildungsverhältnis von beiden Seiten jederzeit ohne Einhalten einer Kündigungsfrist gekündigt werden.

§ 16 Abs. 4:
Nach der Probezeit (§ 3) kann das Ausbildungsverhältnis unbeschadet der gesetzlichen Kündigungsgründe nur gekündigt werden

a) aus einem sonstigen wichtigen Grund ohne Einhalten einer Kündigungsfrist,

b) von Auszubildenden mit einer Kündigungsfrist von vier Wochen.

Die Kündigung muss schriftlich und in den Fällen des § 16 Abs. 4 TVAöD – Allgemeiner Teil – unter Angabe der Kündigungsgründe erfolgen. Im Übrigen gilt § 22 BBiG.

§ 9 Nebenabreden

(1) Es wird folgende Nebenabrede vereinbart:

☐

(2) Die Nebenabrede kann mit einer Frist

☐ von zwei Wochen zum Monatsschluss

☐ von .... zum ....

schriftlich gekündigt werden.

(3) Die Vereinbarung von Nebenabreden bedarf der Schriftform (§ 2 Abs. 2 Satz 1 TVAöD – Allgemeiner Teil).

....

(Ort, Datum)

                                                Die gesetzlichen Vertreter
                                                der/des Auszubildenden:
                                                (falls ein Elternteil verstorben
                                                ist, bitte vermerken)

....

(Ausbildende/r)   (Vater)

                                                ....

                                                (Mutter)

....

(Auszubildende/r)   (Vormund)

**Arbeitsvertragsmuster für Auszubildende
nach dem Tarifvertrag für Auszubildende des öffentlichen Dienstes
(TVAöD) – Besonderer Teil BBiG –**

Zwischen

der Bundesrepublik Deutschland

vertreten durch .... (Ausbildende/r)

und

Frau/Herr ....

wohnhaft in ....

geboren am: .... (Auszubildende/r)

wird unter Zustimmung ihres/seines gesetzlichen Vertreters,

Frau/Herr ....

wohnhaft in ....

– vorbehaltlich – folgender

**Ausbildungsvertrag
nach dem TVAöD – Besonderer Teil BBiG –**

geschlossen:

§ 1 Art, sachliche und zeitliche Gliederung sowie Ziel der Ausbildung

(1) Die/Der Auszubildende wird in dem staatlich anerkannten oder als staatlich anerkannt geltenden Ausbildungsberuf eines .... ausgebildet.

(2) Die maßgebliche Ausbildungs- und Prüfungsordnung sowie Art, sachliche und zeitliche Gliederung der Ausbildung ergeben sich aus dem anliegenden Ausbildungsplan.

§ 2 Beginn und Dauer der Ausbildung, Probezeit

(1) Die Ausbildung beginnt am .... und endet am ....

(2) Die ersten drei Monate der Ausbildung sind Probezeit. Wird die Ausbildung während der Probezeit um mehr als einen Monat unterbrochen, verlängert sich die Probezeit um den Zeitraum der Unterbrechung.

§ 3 Grundsätzliches über das Rechtsverhältnis

(1) Das Ausbildungsverhältnis bestimmt sich nach dem Berufsbildungsgesetz (BBiG) vom 23. März 2005 in seiner jeweiligen Fassung sowie nach den Vorschriften der Tarifverträge für Auszubildende des öffentlichen Dienstes (TVAöD) – Allgemeiner Teil und Besonderer Teil BBiG –, beide vom 13. September 2005, sowie den diese ergänzenden, ändernden oder ersetzenden Tarifverträgen in der für den Bereich des Bundes jeweils geltenden Fassung.

(2) Ferner gelten die einschlägigen Betriebs- bzw. Dienstvereinbarungen.

§ 4 Ausbildungsmaßnahmen außerhalb der Ausbildungsstätte

Die/DerAuszubildende ist verpflichtet, an anderen Ausbildungsmaßnahmen außerhalb der Ausbildungsstätte teilzunehmen, für die er vom Ausbildenden freigestellt ist, z. B. an ....

§ 5 Dauer der regelmäßigen täglichen Ausbildungszeit

Die regelmäßige durchschnittliche wöchentliche Ausbildungszeit und die tägliche Ausbildungszeit richten sich nach den für die Beschäftigten des Ausbildenden maßgebenden Vorschriften über die Arbeitszeit. Die tägliche Ausbildungszeit beträgt zurzeit .... Stunden. § 8 Jugendarbeitsschutzgesetz (JArbSchG) bleibt unberührt.

§ 6 Zahlung und Höhe der Ausbildungsvergütung

(1) Die/Der Auszubildende erhält ein monatliches Ausbildungsentgelt gemäß § 8 Abs. 1 TVAöD – Besonderer Teil BBiG –. Es beträgt zurzeit

im ersten Ausbildungsjahr	.... Euro,
im zweiten Ausbildungsjahr	.... Euro,
im dritten Ausbildungsjahr	.... Euro,
im vierten Ausbildungsjahr	.... Euro.

Das monatliche Ausbildungsentgelt ist zu demselben Zeitpunkt fällig wie das den Beschäftigten des Ausbildenden gezahlte Entgelt. Es ist spätestens am letzten Ausbildungstag des Monats (Zahltag) für den laufenden Kalendermonat auf ein von dem Auszubildenden benanntes Konto innerhalb eines Mitgliedstaats der Europäischen Union zu zahlen.

(2) Bei Beendigung des Ausbildungsverhältnisses aufgrund erfolgreich abgeschlossener Abschlussprüfung bzw. staatlicher Prüfung erhält die/der Auszubildende eine Abschlussprämie als Einmalzahlung

in Höhe von 400 Euro. Die Abschlussprämie ist kein zusatzversorgungspflichtiges Entgelt. Sie ist nach Bestehen der Abschlussprüfung bzw. der staatlichen Prüfung fällig.

(3) Absatz 2 gilt nicht, wenn die/der Auszubildende seine Ausbildung nach erfolgloser Prüfung aufgrund einer Wiederholungsprüfung abschließt.

§ 7 Dauer des Erholungsurlaubs

Die/Der Auszubildende erhält Erholungsurlaub nach § 9 TVöD – Besonderer Teil BBiG –. Hiernach beträgt der Erholungsurlaub zurzeit

vom .... bis 31. Dezember .... Ausbildungstage,

vom 1. Januar ...... bis 31. Dezember .... Ausbildungstage,

vom 1. Januar ...... bis 31. Dezember .... Ausbildungstage,

vom 1. Januar ...... bis .... Ausbildungstage,

vom 1. Januar ...... bis .... Ausbildungstage.

§ 8 Voraussetzungen, unter denen der Ausbildungsvertrag gekündigt werden kann

Der Ausbildungsvertrag kann nach Maßgabe des § 3 Abs. 2 TVöD – Besonderer Teil BBiG – und des § 16 Abs. 4 TVöD – Allgemeiner Teil – gekündigt werden. Diese Tarifregelungen haben zurzeit folgenden Wortlaut:

§ 3 Abs. 2:
Während der Probezeit kann das Ausbildungsverhältnis von beiden Seiten jederzeit ohne Einhalten einer Kündigungsfrist gekündigt werden.

§ 16 Abs. 4:
Nach der Probezeit (§ 3) kann das Ausbildungsverhältnis unbeschadet der gesetzlichen Kündigungsgründe nur gekündigt werden

a) aus einem sonstigen wichtigen Grund ohne Einhalten einer Kündigungsfrist,

b) von Auszubildenden mit einer Kündigungsfrist von vier Wochen.

Die Kündigung muss schriftlich und in den Fällen des § 16 Abs. 4 TVöD – Allgemeiner Teil – unter Angabe der Kündigungsgründe erfolgen. Im Übrigen gilt § 22 BBiG.

§ 9 Nebenabreden

(1) Es wird folgende Nebenabrede vereinbart:

☐

(2) Die Nebenabrede kann mit einer Frist

☐ von zwei Wochen zum Monatsschluss

☐ von .... zum ....

schriftlich gekündigt werden.

(3) Die Vereinbarung von Nebenabreden bedarf der Schriftform (§ 2 Abs. 2 Satz 1 TVAöD – Allgemeiner Teil).

....

(Ort, Datum)

Die gesetzlichen Vertreter
der/des Auszubildenden:
(falls ein Elternteil verstorben
ist, bitte vermerken)

....

(Ausbildende/r)

....

(Vater)

....

(Mutter)

....

(Auszubildende/r)

....

(Vormund)

Niederschrift über die förmliche Verpflichtung nicht beamteter Personen

Verhandelt

.... Ort, den .... (Datum)

Vor dem Unterzeichneten erschien heute zum Zwecke der Verpflichtung nach § 1 des Gesetzes über die förmliche Verpflichtung nichtbeamteter Personen vom 2. März 1974 (BGBl. I S. 547)

Herr

Der Erschienene wurde auf die gewissenhafte Erfüllung seiner Obliegenheiten verpflichtet. Ihm wurde der Inhalt der folgenden Strafvorschriften des Strafgesetzbuches bekannt gegeben:

§ 133 Abs. 3	Verwahrungsbruch,
§ 201 Abs. 3	Verletzung der Vertraulichkeit des Wortes,
§ 203 Abs. 2, 4, 5	Verletzung von Privatgeheimnissen,
§ 204	Verwertung fremder Geheimnisse,
§§ 331, 332	Vorteilsnahme und Bestechlichkeit,
§ 353b	Verletzung des Dienstgeheimnisses und einer besonderen Geheimhaltungspflicht,
§ 358	Nebenfolgen,
§ 97b Abs. 2 i. V. m. §§ 94 bis 97	Verrat in irriger Annahme eines illegalen Geheimnisses,
§ 120 Abs. 2	Gefangenenbefreiung,
§ 355	Verletzung des Steuergeheimnisses.

Der Erschienene wurde darauf hingewiesen, dass die vorgenannten Strafvorschriften auf Grund der Verpflichtung für ihn anzuwenden sind.

Er erklärt, nunmehr von dem Inhalt der genannten Bestimmungen unterrichtet zu sein. Er unterzeichnet dieses Protokoll nach Vorlesung zum Zeichen der Genehmigung und bestätigt gleichzeitig den Empfang einer Abschrift der Niederschrift und der oben genannten Vorschriften.

v. u. g.

....

Unterschrift des Verpflichtenden   Unterschrift des Verpflichteten

Anhang 10

I

Merkblatt
für Beschäftigte bei Beendigung des Arbeitsverhältnisses

Im Zusammenhang mit der Beendigung des Arbeitsverhältnisses wird auf Folgendes hingewiesen:

Beschäftigte sind verpflichtet, bereits bei einem bestehenden Arbeitsverhältnis frühzeitig vor dessen Beendigung eigenverantwortlich nach einer weiteren Beschäftigung zu suchen (§ 2 Abs. 5 Nr. 2 SGB III).

Weiterhin sind Beschäftigte verpflichtet, sich spätestens drei Monate vor der Beendigung des Arbeitsverhältnisses persönlich bei der Bundesagentur für Arbeit arbeitsuchend zu melden. Liegen zwischen der Kenntnis des Beendigungszeitpunktes und der Beendigung des Arbeitsverhältnisses weniger als drei Monate, hat die Meldung innerhalb von drei Tagen nach Kenntnis des Beendigungszeitpunktes zu erfolgen. Die Pflicht zur Meldung besteht unabhängig davon, ob der Fortbestand des Arbeitsverhältnisses gerichtlich geltend gemacht oder vom Arbeitgeber in Aussicht gestellt wird (§ 38 Abs. 1 SGB III).

Eine verspätete Meldung bei der Bundesagentur für Arbeit zieht eine Sperrzeit für den Anspruch auf Arbeitslosengeld von einer Woche nach sich (§ 159 Abs. 1 Nr. 7 SGB III).

Kenntnis genommen am

....

(Unterschrift Beschäftigter)

§ 3 Allgemeine Arbeitsbedingungen

(1) Die Beschäftigten haben über Angelegenheiten, deren Geheimhaltung durch gesetzliche Vorschriften vorgesehen oder vom Arbeitgeber angeordnet ist, Verschwiegenheit zu wahren; dies gilt auch über die Beendigung des Arbeitsverhältnisses hinaus.

(2) [1]Die Beschäftigten dürfen von Dritten Belohnungen, Geschenke, Provisionen oder sonstige Vergünstigungen in Bezug auf ihre Tätigkeit nicht annehmen. [2]Ausnahmen sind nur mit Zustimmung des Arbeitgebers möglich. [3]Werden den Beschäftigten derartige Vergünstigungen angeboten, haben sie dies dem Arbeitgeber unverzüglich anzuzeigen.

(3) [1]Nebentätigkeiten gegen Entgelt haben die Beschäftigten ihrem Arbeitgeber rechtzeitig vorher schriftlich anzuzeigen. [2]Der Arbeitgeber kann die Nebentätigkeit untersagen oder mit Auflagen versehen, wenn diese geeignet ist, die Erfüllung der arbeitsvertraglichen Pflichten der Beschäftigten oder berechtigte Interessen des Arbeitgebers zu beeinträchtigen. [3]Für Nebentätigkeiten bei demselben Arbeitgeber oder im übrigen öffentlichen Dienst (§ 34 Abs. 3 Satz 3 und 4) kann eine Ablieferungspflicht zur Auflage gemacht werden; für die Beschäftigten des Bundes sind dabei die für die Beamtinnen und Beamten des Bundes geltenden Bestimmungen maßgeblich.

(4) [1]Der Arbeitgeber ist bei begründeter Veranlassung berechtigt, die/den Beschäftigte/n zu verpflichten, durch ärztliche Bescheinigung nachzuweisen, dass sie/er zur Leistung der arbeitsvertraglich geschuldeten Tätigkeit in der Lage ist. [2]Bei der beauftragten Ärztin/dem beauftragten Arzt kann es sich um eine Betriebsärztin/einen Betriebsarzt handeln, soweit sich die Betriebsparteien nicht auf eine andere Ärztin/einen anderen Arzt geeinigt haben. [3]Die Kosten dieser Untersuchung trägt der Arbeitgeber.

(5) [1]Die Beschäftigten haben ein Recht auf Einsicht in ihre vollständigen Personalakten. [2]Sie können das Recht auf Einsicht auch durch eine/n hierzu schriftlich Bevollmächtigte/n ausüben lassen. [3]Sie können Auszüge oder Kopien aus ihren Personalakten erhalten.

(6) Die Schadenshaftung der Beschäftigten, die in einem Arbeitsverhältnis zu einem Arbeitgeber stehen, der Mitglied eines Mitgliedverbandes der VKA ist, ist bei dienstlich oder betrieblich veranlassten Tätigkeiten auf Vorsatz und grobe Fahrlässigkeit beschränkt.

(7) Für die Schadenshaftung der Beschäftigten des Bundes finden die Bestimmungen, die für die Beamtinnen und Beamten des Bundes gelten, entsprechende Anwendung.

Erläuterungen

§ 3 TVöD regelt die Bereiche Schweigepflicht (Absatz 1), Belohnungen/Geschenke (Absatz 2), Nebentätigkeiten (Absatz 3), ärztliche Untersuchung (Absatz 4) und Personalakten (Absatz 5). Diese Themenbereiche waren im BAT in den §§ 7 (ärztliche Untersuchung), 9 (Schweigepflicht), 10 (Belohnungen/Geschenke), 11 (Nebentätigkeit) und 13 (Personalakten) geregelt.

Auf die abweichenden Sonderregelungen in § 43 des Besonderen Teils Pflege- und Betreuungseinrichtungen bzw. § 42 des Besonderen Teils Krankenhäuser (Nebentätigkeit) wird hingewiesen.

Schweigepflicht (Abs. 1)

Nach dieser Vorschrift ist der Beschäftigte verpflichtet, über die Angelegenheiten, deren Geheimhaltung entweder durch Gesetz oder durch Anordnung des Arbeitgebers vorgeschrieben ist, Verschwiegenheit zu wahren.

Die Palette der in Betracht kommenden gesetzlichen Vorschriften ist vor dem Hintergrund der Bandbreite der Betätigungsfelder des öffentlichen Dienstes und der dabei anzutreffenden Berufsbilder sehr groß. Nachfolgend ist daher nur eine Auswahl der wichtigsten Gesetzesvorschriften aufgezählt. Dazu zählen

– die Datenschutzgesetze des Bundes und der Länder,

– die Abgabenordnung (§ 30: Steuergeheimnis),

– die Sozialgesetze (§ 35 SGB I: Sozialgeheimnis; §§ 130, 155 SGB IX: für Beschäftigte der Integrationsämter etc.),

– § 9 des Bundesarchivgesetzes für die Beschäftigten, die mit der Bearbeitung der Bundesstatistiken beschäftigt werden,

– das Strafgesetzbuch (§§ 93 bis 101a: Landesverrat und Gefährdung der äußeren Sicherheit, § 203: Verletzung der Schweigepflicht, § 353b: Verletzung eines Dienstgeheimnisses, § 353c: unbefugte Weitergabe geheimer Gegenstände oder Nachrichten).

Es ist ausdrücklich bestimmt, dass die Verschwiegenheitspflicht auch über die Beendigung des Arbeitsverhältnisses hinaus fortbesteht.

Ein Verstoß gegen die Pflicht zur Verschwiegenheit stellt eine erhebliche Beeinträchtigung für das Arbeitsverhältnis dar und berechtigt den Arbeitgeber zur ordentlichen oder – je nach Schwere des Einzelfalles – sogar zur fristlosen Kündigung. Dazu hat das BAG im Urteil vom 18. 6. 1970 – 2 AZR 369/69; AP Nr. 82 zu § 1 KSchG – festgestellt, dass der Angestellte des öffentlichen Dienstes keine Kündigung zu befürchten braucht, wenn er von seinem Petitionsrecht (Art. 17 GG) Gebrauch macht und dabei auf gewisse Missstände in seinem Amt aufmerksam macht. Mit seinem Urteil vom 3. 7. 2003 – 2 AZR 235/02; AP Nr. 45 zu § 1 KSchG 1969 Verhaltensbedingte

Kündigung – hat sich das BAG ausführlich mit der Frage auseinander gesetzt, ob ein Arbeitnehmer wegen einer von ihm veranlassten Strafanzeige gegen seinen Vorgesetzten (sog. „whistleblower") verhaltensbedingt gekündigt werden kann. Dies hat das BAG, das das Verfahren zur weiteren Entscheidung an die Vorinstanz zurückgewiesen hatte, für den Fall bejaht, dass der Arbeitnehmer in einer Strafanzeige gegen seinen Arbeitgeber oder dessen Repräsentanten wissentlich oder leichtfertig falsche Angaben gemacht hat. Auch die vorherige innerbetriebliche Meldung und Klärung des zur Anzeige gebrachten Missstandes sei dem Arbeitnehmer in gewissen Fällen zuzumuten.

Unabhängig von der im Einzelfall zu prüfenden Kündigungsmöglichkeit besteht bei Gesetzesverstößen (z. B. gegen die unter 2. genannten gesetzlichen Vorschriften) die Möglichkeit der strafrechtlichen Verfolgung.

Soweit die Pflicht zur Verschwiegenheit besteht, bedarf der Beschäftigte für die Aussage vor Gericht der vorherigen Genehmigung durch den Arbeitgeber (§ 376 ZPO, § 54 StPO, § 46 Abs. 2 ArbGG).

Belohnungen/Geschenke (Abs. 2)

Nach dieser Vorschrift ist es den Beschäftigten untersagt, von Dritten Belohnungen, Geschenke, Provisionen oder sonstige Vergünstigungen ohne Zustimmung des Arbeitgebers anzunehmen. Sie haben entsprechende Angebote unverzüglich ihrem Arbeitgeber anzuzeigen.

Auch wenn die Vorschrift praktisch unverändert aus dem BAT übernommen worden ist, so ist sie vor dem Hintergrund der in der Öffentlichkeit, aber auch innerhalb des öffentlichen Dienstes gesteigerten Sensibilität gegenüber der Korruption sicher deutlich enger auszulegen als bei Inkrafttreten des BAT. Die beispielsweise in der damaligen Zeit dem Vernehmen nach nicht unübliche, von den Amtsleitungen gebilligte oder zumindest stillschweigend tolerierte Praxis manches ortsansässigen Steuerberaters, in der Vorweihnachtszeit kleinere Präsente (meist in Flaschenform) in den Finanzämtern abzugeben, wird heute in einem anderen Licht zu beurteilen sein.

Ein Verstoß gegen das Verbot, Geschenke und dergleichen anzunehmen, stellt einen Grund für eine ordentliche oder – je nach Schwere des Einzelfalles – sogar zur fristlosen Kündigung dar. Der Beschäftigte macht sich unter Umständen schadensersatzpflichtig und muss die erlangten Vorteile herausgeben.

Daneben besteht die Möglichkeit der strafrechtlichen Verfolgung (wegen Bestechlichkeit bzw. Vorteilsannahme – §§ 331 bzw. 332 StGB).

Das Verbot der Annahme von Geschenken etc. gilt formal nur für den Zeitraum des Bestehens des Arbeitsverhältnisses; eine Nachwirkensklausel wie etwa bei der Verschwiegenheit (s. o.) ist nicht ausdrücklich vereinbart. Unter das Verbot fiele in diesem Fall – wenn und soweit nachweisbar – allenfalls das Sich-Versprechen-Lassen von Vorteilen.

Nebentätigkeiten (Abs. 3)

Während im Bereich des BAT bislang hinsichtlich der Nebentätigkeit von Angestellten die für die Beamten des Arbeitgebers geltenden Vorschriften (z. B. die Bundesnebentätigkeitsverordnung) sinngemäß Anwendung fanden, enthält der TVöD eigenständige, im Wesentlichen an das bislang für Arbeiter geltende Recht (siehe § 13 MTArb) angelehnte Bestimmungen. Es bestanden schnell Zweifel, ob diese Regelungen den Bedürfnissen der Praxis gerecht werden; denn gerade im Bereich der Angestellten höherer Vergütungsgruppen enthielt das beamtenrechtliche Nebentätigkeitsrecht viele sinnvolle Bestimmungen, die mit Inkrafttreten des TVöD fortgefallen sind (z. B. Limitierung der Höhe bestimmter Nebeneinkünfte; Abführungspflichten). Dieser Kritik haben die Tarifpartner im Zuge des 2. Änderungstarifvertrages vom 31. März 2008 Rechnung getragen und mit Wirkung vom 1. Juli 2008 Satz 3 der Vorschrift eingefügt. Zu den Folgen s. u.

Nach Satz 1 der Vorschrift hat der Beschäftigte Nebentätigkeiten gegen Entgelt seinem Arbeitgeber vorher – also vor deren Aufnahme – schriftlich anzuzeigen. Dabei ist der Begriff des Entgeltes weit zu fassen und schließt auch geldwerte Vorteile, aber nicht den Ersatz von Auslagen ein. Unentgeltliche Nebentätigkeiten (z. B. Ehrenämter) sind daher anzeigefrei.

Satz 2 der Vorschrift zählt abschließend auf, in welchen Fällen der Arbeitgeber berechtigt ist, die Nebentätigkeit zu untersagen oder mit Auflagen zu versehen. Dies ist der Fall, wenn die Nebentätigkeiten geeignet sind, entweder die Erfüllung der arbeitsvertraglichen Pflichten oder berechtigte Interessen des Arbeitgebers zu beeinträchtigen.

Dabei reicht es aus, dass die Nebentätigkeit lediglich von ihrer Art her „geeignet" sein muss, Beeinträchtigungen hervorzurufen. Eine tatsächliche Beeinträchtigung im konkreten Einzelfall ist nicht Voraussetzung für das Verbot durch den Arbeitgeber.

Von einer (ein Verbot rechtfertigenden) Beeinträchtigung der Erfüllung arbeitsvertraglicher Pflichten wird man davon ausgehen können, wenn die Tätigkeit zu einer zeitlichen oder physischen Überbeanspruchung des Beschäftigten führt. Bei Teilzeitbeschäftigten scheidet eine zeitliche Überbeanspruchung so lange aus, wie Haupt- und Nebenbeschäftigung das Maß der regelmäßigen Arbeitszeit eines Vollbeschäftigten nicht überschreiten.

Ein zur Untersagung der Nebentätigkeit führender Interessenkonflikt ist bei Überschneidung von dienstlichen und nebenberuflichen Tätigkeiten anzunehmen (z. B. wenn ein im Bauamt für die Bewilligung von Bauvoranfragen etc. zuständiger Beschäftigter nebenbei für ein Architekturbüro arbeitet und Bauvoranfragen etc. erstellt). Entsprechendes gilt nach dem Urteil des BAG vom 28. 2. 2002 – 6 AZR 357/01 – wenn die Tätigkeit in der öffentlichen Wahrnehmung zu Irritationen führen kann (im Urteilsfall war ein Krankenpfleger in der Nebentätigkeit als Leichenbestatter tätig).

Der Arbeitgeber kann seine Zustimmung auch von Auflagen abhängig machen (z. B. einer zeitlichen Obergrenze).

Der Verstoß gegen die Pflicht, Nebentätigkeiten anzuzeigen, und die Ausübung untersagter Nebentätigkeiten können arbeitsrechtliche Sanktionen (je nach Schwere des Einzelfalles von der Abmahnung bis zur fristlosen Kündigung) nach sich ziehen.

Satz 3 ist mit Wirkung vom 1. Juli 2008 angefügt worden. Die neue Regelung ermöglicht es, die im BAT automatisch durch Inbezugnahme des Nebentätigkeitsrechts für Beamte geltenden Abführungspflichten bei Nebentätigkeiten beim selben Arbeitgeber oder im öffentlichen Dienst (im Sinne der Vorschrift des § 34 Abs. 3 Satz 3 und 4) zur Auflage zu machen und einzelvertraglich zu vereinbaren. Bei den Beschäftigten des Bundes soll dies durch Inbezugnahme der für die Bundesbeamten geltenden Vorschriften des Nebentätigkeitsrechts geschehen. Bei Beschäftigten der Kommunen sind die Regeln im Arbeitsvertrag zu benennen; es dürften auch hier keine Bedenken bestehen, wenn insoweit das Nebentätigkeitsrecht des Bundes (oder ggf. eines Landes) einzelvertraglich in Bezug genommen wird.

Ärztliche Untersuchungen (Abs. 4)

Die Vorschrift des Absatzes 4 regelt – im Vergleich zur bisher maßgebenden Vorschrift (§ 7 BAT) in verkürzter Form – das Recht des Arbeitgebers, den Arbeitnehmer „...bei begründeter Veranlassung... zu verpflichten, durch ärztliche Bescheinigung nachzuweisen, ob er zur Leistung der arbeitsvertraglich geschuldeten Arbeit in der Lage ist".

Was unter einem „begründeten Anlass" zu verstehen ist, ist nicht festgelegt. Darunter werden aber – auch wenn eine in § 7 Abs. 1 BAT entsprechende Bestimmung fehlt – die Einstellungsuntersuchung vor Beginn des Beschäftigungsverhältnisses und eine Untersuchung bei Zweifeln an einer behaupteten Arbeitsfähigkeit bzw. behaupteten Arbeitsunfähigkeit gehören. Die Weigerung des Arbeitnehmers, bei gegebener Veranlassung auf Wunsch des Arbeitgebers an einer ärztlichen Untersuchung zur Feststellung der Arbeits(un)fähigkeit mitzuwirken, kann je nach den Umständen des Einzelfalles geeignet sein, eine Kündigung zu rechtfertigen (s. BAG vom 27. September 2012 – 2 AZR 811/11).

Bestehende gesetzliche Regelungen zur ärztlichen Untersuchung von Arbeitnehmern bleiben durch die Tarifvorschrift unberührt. Dabei kommen insbesondere die folgenden Gesetze in Betracht:

– das Arbeitssicherheitsgesetz
– die Biostoffverordnung
– das Jugendarbeitsschutzgesetz
– die Gefahrstoffverordnung
– die Röntgenverordnung
– die Strahlenschutzverordnung
– die Unfallverhütungsvorschriften und
– die Bildschirmarbeitsverordnung[1])

Satz 3 der Vorschrift bestimmt, dass der Arbeitgeber die Kosten der ärztlichen Untersuchung zu tragen hat.

Der mit der Untersuchung zu beauftragende Arzt ist von den Parteien gemeinsam festzulegen; er ist – wenn eine Einigung erfolgt – letztlich beliebig. Die Einschaltung des Betriebsarztes, die in Satz 2 vorgeschlagen wird, ist nicht verbindlich, sondern zeigt nur eine der denkbaren Möglichkeiten auf.

---

[1])   abgedruckt in **Anhang 1**

Personalakten (Abs. 5)

Die Bestimmung entspricht im Wesentlichen der Regelung in § 13 Abs. 1 BAT.

Die Vorschrift enthält keine Bestimmung darüber, ob, in welcher Weise und in welchem Umfang Personalakten für den Beschäftigten geführt werden. § 3 Abs. 5 TVöD setzt das Vorhandensein von Personalakten voraus.

Satz 1 begründet das Recht zur Einsichtnahme in die vollständigen Personalakten, schließt also die Einsichtnahme in Bei-, Hilfs- oder Nebenakten ein. Ein besonderer Anlass muss für den Wunsch der Einsichtnahme nicht genannt werden; der Beschäftigte hat jederzeit ein Recht auf Akteneinsicht.

Der Arbeitnehmer hat auch nach Beendigung des Arbeitsverhältnisses ein berechtigtes Interesse daran, den Inhalt seiner fortgeführten Personalakte auf ihren Wahrheitsgehalt zu überprüfen. Das Recht auf Einsichtnahme in die Personalakte erlischt daher nicht mit dem Ende des Beschäftigungsverhältnisses (so auch BAG, Urteil vom 16. November 2010 – 9 AZR 573/09).

Nach Satz 2 kann der Beschäftigte das Recht der Akteneinsicht auch durch einen von ihm dazu schriftlich Bevollmächtigten ausüben lassen. Besondere Anforderungen an eine etwaige Qualifikation (z. B. Rechtsanwalt) oder Funktion (z. B. Personalratsmitglied) stellt die Vorschrift nicht. Es kommt also jede bevollmächtigte Person in Betracht. Entgegen der Regelung in § 13 Abs. 1 Satz 4 BAT wird dem Arbeitgeber keine besondere Berechtigung eingeräumt, einen Bevollmächtigten aus dienstlichen oder betrieblichen Gründen zurückzuweisen.

Nach Satz 3 können die Beschäftigten Auszüge oder Kopien aus ihren Personalakten erhalten. In der Praxis dürften Ablichtungen das geeignete Mittel sein. Satz 3 enthält keine Regelung über die Tragung der dadurch entstehenden Kosten. Sie gehen, da die Kopie im Interesse und für den Beschäftigten gefertigt wird, zu Lasten des Beschäftigten, wenn und soweit der Arbeitgeber nicht von der Geltendmachung der Kosten absieht.

Schadenshaftung (Abs. 6 bzw. 7)

Die Absätze 6 und 7 sind im Zuge des 2. Änderungstarifvertrages vom 31. März 2008 mit Wirkung vom 1. Juli 2008 angefügt worden.

Sie treffen – getrennt nach Kommunen (Absatz 6) und Bund (Absatz 7) – Regelungen dazu, ob und in welchem Umfang die Beschäftigten im Schadensfall haften und grenzen das gesetzliche Haftungsrisiko ein.

Für die Beschäftigten der Kommunen ist dies in Absatz 6 durch die Beschränkung der Haftung auf Fälle des Vorsatzes und der groben Fahrlässigkeit geschehen. Die Wirkung dieser Vorschrift ist nicht zu unterschätzen. Sie begrenzt die Haftung der Beschäftigten der Kommunen auf Fälle des Vorsatzes und der groben Fahrlässigkeit. Somit haften die Beschäftigten im Falle normaler Fahrlässigkeit, für den nach der Rechtsprechung des Großen Senats des Bundesarbeitsgerichts – Beschluss vom 27. September 1994 – GS 1/89 (A) – eine Aufteilung des Schadens zwischen Arbeitgeber und Arbeitnehmer vorzunehmen wäre, nicht. Fälle leichter Fahrlässigkeit würden nach dieser BAG-Rechtsprechung ohnehin zu Lasten des Arbeitgebers gehen.

Für die Beschäftigten des Bundes ist in Absatz 7 vereinbart, dass für sie die für Bundesbeamte geltenden Bestimmungen zur Schadenshaftung Anwendung finden. Die Regelung entspricht im Ergebnis § 14 BAT und stellt eine Angleichung an die vergleichbare Regelung in § 3 Abs. 7 TV-L dar.

Verordnung über Sicherheit und Gesundheitsschutz bei der Arbeit an Bildschirmgeräten (Bildschirmarbeitsverordnung – BildscharbV)

Vom 4. Dezember 1996 (BGBl. I S. 1841)

Zuletzt geändert durch
Zehnte Zuständigkeitsanpassungsverordnung
vom 31. August 2015 (BGBl. I S. 1474)

§ 1 Anwendungsbereich

(1) Diese Verordnung gilt für die Arbeit an Bildschirmgeräten.

(2) Diese Verordnung gilt nicht für die Arbeit an

1. Bedienerplätzen von Maschinen oder an Fahrerplätzen von Fahrzeugen mit Bildschirmgeräten,
2. Bildschirmgeräten an Bord von Verkehrsmitteln,
3. Datenverarbeitungsanlagen, die hauptsächlich zur Benutzung durch die Öffentlichkeit bestimmt sind,
4. Bildschirmgeräten für den ortsveränderlichen Gebrauch, sofern sie nicht regelmäßig an einem Arbeitsplatz eingesetzt werden,
5. Rechenmaschinen, Registrierkassen oder anderen Arbeitsmitteln mit einer kleinen Daten- oder Meßwertanzeigevorrichtung, die zur unmittelbaren Benutzung des Arbeitsmittels erforderlich ist, sowie
6. Schreibmaschinen klassischer Bauart mit einem Display.

(3) Die Verordnung gilt nicht in Betrieben, die dem Bundesberggesetz unterliegen.

(4) Das Bundeskanzleramt, das Bundesministerium des Innern, das Bundesministerium für Verkehr und digitale Infrastruktur, das Bundesministerium der Verteidigung oder das Bundesministerium der Finanzen können, soweit sie hierfür jeweils zuständig sind, im Einvernehmen mit dem Bundesministerium für Arbeit und Soziales und, soweit nicht das Bundesministerium des Innern selbst zuständig ist, im Einvernehmen mit dem Bundesministerium des Innern bestimmen, daß für bestimmte Tätigkeiten im öffentlichen Dienst des Bundes, insbesondere bei der Bundeswehr, der Polizei, den Zivil- und Katastrophenschutzdiensten, dem Zoll oder den Nachrichtendiensten, Vorschriften dieser Verordnung ganz oder zum Teil nicht anzuwen-

den sind, soweit öffentliche Belange dies zwingend erfordern, insbesondere zur Aufrechterhaltung oder Wiederherstellung der öffentlichen Sicherheit. In diesem Fall ist gleichzeitig festzulegen, wie die Sicherheit und der Gesundheitsschutz der Beschäftigten nach dieser Verordnung auf andere Weise gewährleistet werden.

§ 2 Begriffsbestimmungen

(1) Bildschirmgerät im Sinne dieser Verordnung ist ein Bildschirm zur Darstellung alphanumerischer Zeichen oder zur Grafikdarstellung, ungeachtet des Darstellungsverfahrens.

(2) Bildschirmarbeitsplatz im Sinne dieser Verordnung ist ein Arbeitsplatz mit einem Bildschirmgerät, der ausgestattet sein kann mit

1. Einrichtungen zur Erfassung von Daten,
2. Software, die den Beschäftigten bei der Ausführung ihrer Arbeitsaufgaben zur Verfügung steht,
3. Zusatzgeräten und Elementen, die zum Betreiben oder Benutzen des Bildschirmgeräts gehören, oder
4. sonstigen Arbeitsmitteln,

sowie die unmittelbare Arbeitsumgebung.

(3) Beschäftigte im Sinne dieser Verordnung sind Beschäftigte, die gewöhnlich bei einem nicht unwesentlichen Teil ihrer normalen Arbeit ein Bildschirmgerät benutzen.

§ 3 Beurteilung der Arbeitsbedingungen

Bei der Beurteilung der Arbeitsbedingungen nach § 5 des Arbeitsschutzgesetzes hat der Arbeitgeber bei Bildschirmarbeitsplätzen die Sicherheits- und Gesundheitsbedingungen insbesondere hinsichtlich einer möglichen Gefährdung des Sehvermögens sowie körperlicher Probleme und psychischer Belastungen zu ermitteln und zu beurteilen.

§ 4 Anforderungen an die Gestaltung

(1) Der Arbeitgeber hat geeignete Maßnahmen zu treffen, damit die Bildschirmarbeitsplätze den Anforderungen des Anhangs und sonstiger Rechtsvorschriften entsprechen.

(2) Bei Bildschirmarbeitsplätzen, die bis zum 20. Dezember 1996 in Betrieb sind, hat der Arbeitgeber die geeigneten Maßnahmen nach Absatz 1 dann zu treffen,

1. wenn diese Arbeitsplätze wesentlich geändert werden oder
2. wenn die Beurteilung der Arbeitsbedingungen nach § 3 ergibt, daß durch die Arbeit an diesen Arbeitsplätzen Leben oder Gesundheit der Beschäftigten gefährdet ist,

spätestens jedoch bis zum 31. Dezember 1999.

(3) Von den Anforderungen des Anhangs darf abgewichen werden, wenn

1. die spezifischen Erfordernisse des Bildschirmarbeitsplatzes oder Merkmale der Tätigkeit diesen Anforderungen entgegenstehen oder
2. der Bildschirmarbeitsplatz entsprechend den jeweiligen Fähigkeiten der daran tätigen Behinderten unter Berücksichtigung von Art und Schwere der Behinderung gestaltet wird

und dabei Sicherheit und Gesundheitsschutz auf andere Weise gewährleistet sind.

§ 5 Täglicher Arbeitsablauf

Der Arbeitgeber hat die Tätigkeit der Beschäftigten, so zu organisieren, daß die tägliche Arbeit an Bildschirmgeräten regelmäßig durch andere Tätigkeiten oder durch Pausen unterbrochen wird, die jeweils die Belastung durch die Arbeit am Bildschirmgerät verringern.

§ 6 Untersuchung der Augen und des Sehvermögens

Für die Untersuchung der Augen und des Sehvermögens einschließlich des Zurverfügungstellens von speziellen Sehhilfen gilt die Verordnung zur arbeitsmedizinischen Vorsorge vom 18. Dezember 2008 (BGBl. I S. 2768), die im Anhang Teil 4 einen Anlass für Angebotsuntersuchungen enthält, in der jeweils geltenden Fassung.

Anhang über an Bildschirmarbeitsplätze zu stellende Anforderungen

I **Bildschirmgerät und Tastatur**

1. Die auf dem Bildschirm dargestellten Zeichen müssen scharf, deutlich und ausreichend groß sein sowie einen angemessenen Zeichen- und Zeilenabstand haben.

2. Das auf dem Bildschirm dargestellte Bild muß stabil und frei von Flimmern sein; es darf keine Verzerrungen aufweisen.

3. Die Helligkeit der Bildschirmanzeige und der Kontrast zwischen Zeichen und Zeichenuntergrund auf dem Bildschirm müssen einfach einstellbar sein und den Verhältnissen der Arbeitsumgebung angepaßt werden können.

4. Der Bildschirm muß frei von störenden Reflexionen und Blendungen sein.

5. Das Bildschirmgerät muß frei und leicht drehbar und neigbar sein.

6. Die Tastatur muß vom Bildschirmgerät getrennt und neigbar sein, damit die Benutzer eine ergonomisch günstige Arbeitshaltung einnehmen können.

7. Die Tastatur und die sonstigen Eingabemittel müssen auf der Arbeitsfläche variabel angeordnet werden können. Die Arbeitsfläche vor der Tastatur muß ein Auflegen der Hände ermöglichen.

8. Die Tastatur muß eine reflexionsarme Oberfläche haben.

9. Form und Anschlag der Tasten müssen eine ergonomische Bedienung der Tastatur ermöglichen. Die Beschriftung der Tasten muß sich vom Untergrund deutlich abheben und bei normaler Arbeitshaltung lesbar sein.

Sonstige Arbeitsmittel

10. Der Arbeitstisch beziehungsweise die Arbeitsfläche muß eine ausreichend große und reflexionsarme Oberfläche besitzen und eine flexible Anordnung des Bildschirmgeräts, der Tastatur, des Schriftguts und der sonstigen Arbeitsmittel ermöglichen. Ausreichender Raum für eine ergonomisch günstige Arbeitshaltung muß vorhanden sein. Ein separater Ständer für das Bildschirmgerät kann verwendet werden.

11. Der Arbeitsstuhl muß ergonomisch gestaltet und standsicher sein.

12. Der Vorlagenhalter muß stabil und verstellbar sein sowie so angeordnet werden können, daß unbequeme Kopf- und Augenbewegungen soweit wie möglich eingeschränkt werden.

13. Eine Fußstütze ist auf Wunsch zur Verfügung zu stellen, wenn eine ergonomisch günstige Arbeitshaltung ohne Fußstütze nicht erreicht werden kann.

Arbeitsumgebung

14. Am Bildschirmarbeitsplatz muß ausreichender Raum für wechselnde Arbeitshaltungen und -bewegungen vorhanden sein.

15. Die Beleuchtung muß der Art der Sehaufgabe entsprechen und an das Sehvermögen der Benutzer angepaßt sein; dabei ist ein angemessener Kontrast zwischen Bildschirm und Arbeitsumgebung zu gewährleisten. Durch die Gestaltung des Bildschirmarbeitsplatzes sowie Auslegung und Anordnung der Beleuchtung sind störende Blendwirkungen, Reflexionen oder Spiegelungen auf dem Bildschirm und den sonstigen Arbeitsmitteln zu vermeiden.

16. Bildschirmarbeitsplätze sind so einzurichten, daß leuchtende oder beleuchtete Flächen keine Blendung verursachen und Reflexionen auf dem Bildschirm soweit wie möglich vermieden werden. Die Fenster müssen mit einer geeigneten verstellbaren Lichtschutzvorrichtung ausgestattet sein, durch die sich die Stärke des Tageslichteinfalls auf den Bildschirmarbeitsplatz vermindern läßt.

17. Bei der Gestaltung des Bildschirmarbeitsplatzes ist dem Lärm, der durch die zum Bildschirmarbeitsplatz gehörenden Arbeitsmittel verursacht wird, Rechnung zu tragen, insbesondere um eine Beeinträchtigung der Konzentration und der Sprachverständlichkeit zu vermeiden.

18. Die Arbeitsmittel dürfen nicht zu einer erhöhten Wärmebelastung am Bildschirmarbeitsplatz führen, die unzuträglich ist. Es ist für eine ausreichende Luftfeuchtigkeit zu sorgen.

19. Die Strahlung muß – mit Ausnahme des sichtbaren Teils des elektromagnetischen Spektrums – so niedrig gehalten werden, daß sie für Sicherheit und Gesundheit der Benutzer des Bildschirmgerätes unerheblich ist.

Zusammenwirken Mensch – Arbeitsmittel

20. Die Grundsätze der Ergonomie sind insbesondere auf die Verarbeitung von Informationen durch den Menschen anzuwenden.

21. Bei Entwicklung, Auswahl, Erwerb und Änderung von Software sowie bei der Gestaltung der Tätigkeit an Bildschirmgeräten hat

der Arbeitgeber den folgenden Grundsätzen insbesondere im Hinblick auf die Benutzerfreundlichkeit Rechnung zu tragen:

21.1 Die Software muß an die auszuführende Aufgabe angepaßt sein.

21.2 Die Systeme müssen den Benutzern Angaben über die jeweiligen Dialogabläufe unmittelbar oder auf Verlangen machen.

21.3 Die Systeme müssen den Benutzern die Beeinflussung der jeweiligen Dialogabläufe ermöglichen sowie eventuelle Fehler bei der Handhabung beschreiben und deren Beseitigung mit begrenztem Arbeitsaufwand erlauben.

21.4 Die Software muß entsprechend den Kenntnissen und Erfahrungen der Benutzer im Hinblick auf die auszuführende Aufgabe angepaßt werden können.

22. Ohne Wissen der Benutzer darf keine Vorrichtung zur qualitativen oder quantitativen Kontrolle verwendet werden.

§ 4   Versetzung, Abordnung, Zuweisung, Personalgestellung

(1) [1]Beschäftigte können aus dienstlichen oder betrieblichen Gründen versetzt oder abgeordnet werden. [2]Sollen Beschäftigte an eine Dienststelle oder einen Betrieb außerhalb des bisherigen Arbeitsortes versetzt oder voraussichtlich länger als drei Monate abgeordnet werden, so sind sie vorher zu hören.

Protokollerklärungen zu Absatz 1:

1. Abordnung ist die Zuweisung einer vorübergehenden Beschäftigung bei einer anderen Dienststelle oder einem anderen Betrieb desselben oder eines anderen Arbeitgebers unter Fortsetzung des bestehenden Arbeitsverhältnisses.

2. Versetzung ist die Zuweisung einer auf Dauer bestimmten Beschäftigung bei einer anderen Dienststelle oder einem anderen Betrieb desselben Arbeitgebers unter Fortsetzung des bestehenden Arbeitsverhältnisses.

Niederschriftserklärung zu § 4 Abs. 1:

Der Begriff „Arbeitsort" ist ein generalisierter Oberbegriff; die Bedeutung unterscheidet sich nicht von dem bisherigen Begriff „Dienstort".

(2) [1]Beschäftigten kann im dienstlichen/betrieblichen oder öffentlichen Interesse mit ihrer Zustimmung vorübergehend eine mindestens gleich vergütete Tätigkeit bei einem Dritten zugewiesen werden. [2]Die Zustimmung kann nur aus wichtigem Grund verweigert werden. [3]Die Rechtsstellung der Beschäftigten bleibt unberührt. [4]Bezüge aus der Verwendung nach Satz 1 werden auf das Entgelt angerechnet.

Protokollerklärung zu Absatz 2:

Zuweisung ist – unter Fortsetzung des bestehenden Arbeitsverhältnisses – die vorübergehende Beschäftigung bei einem Dritten im In- und Ausland, bei dem der Allgemeine Teil des TVöD nicht zur Anwendung kommt.

(3) [1]Werden Aufgaben der Beschäftigten zu einem Dritten verlagert, ist auf Verlangen des Arbeitgebers bei weiter bestehendem Arbeitsverhältnis die arbeitsvertraglich geschuldete Arbeitsleistung bei dem Dritten zu erbringen (Personalgestellung). [2]§ 613a BGB sowie gesetzliche Kündigungsrechte bleiben unberührt.

Protokollerklärung zu Absatz 3:

[1]Personalgestellung ist – unter Fortsetzung des bestehenden Arbeitsverhältnisses – die auf Dauer angelegte Beschäftigung bei einem Dritten. [2]Die Modalitäten der Personalgestellung werden zwischen dem Arbeitgeber und dem Dritten vertraglich geregelt.

Erläuterungen

§ 4 TVöD regelt die Bereiche Versetzung und Abordnung (Absatz 1), Zuweisung (Absatz 2) und Personalgestellung (Absatz 3). Diese Themenbereiche waren bislang weitgehend in § 12 BAT geregelt.

Auf die abweichenden Sonderregelungen in § 45 (Bund) des Besonderen Teils Verwaltung[1]) wird hingewiesen.

Die Vorschrift des § 4 konkretisiert bzw. erweitert die sich schon aus dem allgemeinen Direktionsrecht des Arbeitgebers ergebenden Möglichkeiten des flexiblen Personaleinsatzes. Dabei handelt es sich um einseitige Maßnahmen des Arbeitgebers, von denen er stets nur nach pflichtgemäßem Ermessen – also nicht willkürlich – Gebrauch machen darf. Das in Absatz 1 und 2 der tariflichen Regelung verlangte Erfordernis dienstlicher oder betrieblicher Gründe für die Umsetzung ist zu beachten. Es dürfte bei Umorganisationen aber ebenso zu bejahen sein wie bei kurzfristiger Umsetzung Beschäftigter als Ersatz für Personalausfälle.

Das Arbeitsverhältnis zwischen den Vertragspartnern besteht fort; Rechtsverhältnisse bestehen somit auch im Fall der Zuweisung und der Personalgestellung nur zwischen dem Arbeitnehmer und dem „alten" Arbeitgeber.

Auch in den Fällen, in denen eine Abordnung oder Versetzung grundsätzlich möglich ist, sind Grenzen zu beachten. So kann zwar der Arbeitgeber im Rahmen und in den Grenzen der Tarifvorschrift den Einsatzort des Beschäftigten einseitig verändern. Die übrigen Arbeitsbedingungen – insbesondere die Vergütung – bleiben dadurch aber unberührt und können nur durch eine einvernehmliche Änderung des Arbeitsvertrages oder im Rahmen einer Änderungskündigung modifiziert werden. Der Einsatz auf einem geringer bewerteten Einsatzplatz ist selbst dann ausgeschlossen, wenn der Arbeitgeber die bisherige Vergütung fortzahlt (siehe BAG-Urteile vom 8. 10. 1962 – 2 AZR 550/61 – und vom 14. 7. 1965 – 4 AZR 347/63 – AP Nr. 18 bzw. Nr. 19 zu § 611 BGB Direktionsrecht).

Bei Abordnung und Versetzung sind nach dem Bundespersonalvertretungsgesetz bzw. den Personalvertretungsgesetzen der Länder Mitbestimmungsrechte der Personalvertretung zu beachten. Eine Liste der in Frage kommenden Gesetze ist bei den Erläuterungen zu § 2 Abs. 1 abgedruckt. Entsprechendes gilt im Geltungsbereich des Betriebsverfassungsgesetzes.

---

[1])   abgedruckt unter I.1.1

Versetzung, Abordnung (Abs. 1)

Die Vorschrift des Absatzes 1, in der die Möglichkeiten der Abordnung und Versetzung bestimmt sind, entspricht der Regelung des § 12 Abs. 1 BAT. Beschäftigte können demnach aus dienstlichen oder betrieblichen Gründen versetzt oder abgeordnet werden (Satz 1). Sollen sie an eine Dienststelle oder einen Betrieb außerhalb ihres bisherigen Arbeitsortes versetzt oder für voraussichtlich mehr als drei Monate abgeordnet werden, sind sie vorher zu hören (Satz 2).

In zwei Protokollerklärungen zu Absatz 1 haben die Tarifpartner – im Gegensatz zur Regelung des § 12 BAT, die auf eine eigene Begriffsbestimmung verzichtete – definiert, was sie unter den Begriffen „Abordnung" bzw. „Versetzung" verstehen. Abordnung ist demnach (siehe Protokollerklärung Nr. 1) die vorübergehende, Versetzung (siehe Protokollerklärung Nr. 2) die auf Dauer angelegte Beschäftigung bei einer anderen Dienststelle oder einem anderen Betrieb desselben Arbeitgebers. In beiden Fällen besteht das Arbeitsverhältnis fort.

Die Versetzung zu einem anderen Arbeitgeber ist somit nicht möglich, und zwar auch dann nicht, wenn der Beschäftigte einer solchen Maßnahme zustimmen würde. Wenn kein Fall des Absatzes 2 oder 3 vorliegt, muss das bisherige Arbeitsverhältnis in solchen Fällen beendet und mit dem neuen Arbeitgeber ein neues Arbeitsverhältnis begründet werden.

Nicht unter den Begriff der Abordnung bzw. Versetzung fällt der Wechsel des Arbeitsplatzes innerhalb derselben Dienststelle oder desselben Betriebs; hierbei handelt es sich um eine Umsetzung, die nach den Regeln des allgemeinen Direktionsrechtes zu beurteilen ist.

Der Beschäftigte ist in den Fällen des Satzes 2 (s. o.) vor der Abordnung bzw. Versetzung zu hören. Ihm ist somit die Gelegenheit zu geben, sich zu der beabsichtigten Maßnahme zu äußern, damit seine Interessen bei der Ermessensentscheidung des Arbeitgebers hinreichend berücksichtigt werden können. Eine Zustimmung des Beschäftigten ist aber nicht erforderlich.

In einer Niederschriftserklärung zu § 4 Abs. 1 haben die Tarifpartner klargestellt, dass der in Absatz 1 der Vorschrift verwendete Begriff des „Arbeitsortes" ein Oberbegriff sein soll, dessen Bedeutung sich nicht von dem bislang verwendeten Begriff des „Dienstortes" unterscheidet.

Zuweisung (Abs. 2)

In Absatz 2 ist das Verfahren der Zuweisung geregelt. Dem Beschäftigten kann demnach im dienstlichen/betrieblichen oder im öffentlichen Interesse vorübergehend eine Tätigkeit bei einem Dritten zugewiesen werden, die Tätigkeit muss mindestens gleich vergütet werden und die Zuweisung bedarf der Zustimmung des Beschäftigten (Satz 1). Er darf sie aber nur aus wichtigem Grund verweigern (Satz 2). Die Rechtsstellung des Beschäftigten bleibt – ebenso wie das Arbeitsverhältnis – unberührt (Satz 3). In Satz 4 ist vereinbart, dass die (von dem Dritten gezahlten) Bezüge auf das Entgelt (aus dem fortbestehenden Arbeitsverhältnis) angerechnet werden. Im Ergebnis führt diese Formulierung dazu, dass der Beschäftigte mindestens sein bisheriges Entgelt erhält und darüber hinausgehende Zahlungen behalten darf. Wäre gewollt gewesen, dass der Beschäftigte nur sein bisheriges Vergütungsniveau behält, hätten die Tarifpartner an Stelle des Begriffes „anrechnen" den Begriff „abführen" verwenden müssen.

In einer Protokollerklärung zu Absatz 2 ist bestimmt, was unter dem Begriff der „Zuweisung" zu verstehen ist. Zuweisung ist demnach die vorübergehende Beschäftigung bei einem Dritten im In- oder Ausland, bei dem der allgemeine Teil des TVöD nicht zur Anwendung kommt. Eine Zuweisung von der Verwaltung einer Kommune zur Verwaltung einer anderen Kommune oder zum Bund ist daher nicht vom Begriff der Zuweisung erfasst. Wie bei der Abordnung und Versetzung besteht das Arbeitsverhältnis fort.

Personalgestellung (Abs. 3)

Absatz 3 regelt den (Sonder-)Fall der Personalgestellung und bestimmt, dass Beschäftigte auf Verlangen des Arbeitgebers bei einer Verlagerung von Aufgaben auf Dritte ihre vertraglich geschuldete Arbeitsleistung bei diesem Dritten erbringen müssen (Satz 1). Satz 2 der Vorschrift stellt klar, dass § 613a BGB und gesetzliche Kündigungsrechte unberührt bleiben.

§ 613a BGB Rechte und Pflichten bei Betriebsübergang

(1) Geht ein Betrieb oder ein Betriebsteil durch Rechtsgeschäft auf einen anderen Inhaber über, so tritt dieser in die Rechte und Pflichten aus den im Zeitpunkt des Übergangs bestehenden Arbeitsverhältnissen ein. Sind diese Rechte und Pflichten durch Rechtsnormen eines Tarifvertrags oder durch eine Betriebsvereinbarung geregelt, so werden sie Inhalt des

I

Arbeitsverhältnisses zwischen dem neuen Inhaber und dem Arbeitnehmer und dürfen nicht vor Ablauf eines Jahres nach dem Zeitpunkt des Übergangs zum Nachteil des Arbeitnehmers geändert werden. Satz 2 gilt nicht, wenn die Rechte und Pflichten bei dem neuen Inhaber durch Rechtsnormen eines anderen Tarifvertrags oder durch eine andere Betriebsvereinbarung geregelt werden. Vor Ablauf der Frist nach Satz 2 können die Rechte und Pflichten geändert werden, wenn der Tarifvertrag oder die Betriebsvereinbarung nicht mehr gilt oder bei fehlender beiderseitiger Tarifgebundenheit im Geltungsbereich eines anderen Tarifvertrags dessen Anwendung zwischen dem neuen Inhaber und dem Arbeitnehmer vereinbart wird.

(2) Der bisherige Arbeitgeber haftet neben dem neuen Inhaber für Verpflichtungen nach Absatz 1, soweit sie vor dem Zeitpunkt des Übergangs entstanden sind und vor Ablauf von einem Jahr nach diesem Zeitpunkt fällig werden, als Gesamtschuldner. Werden solche Verpflichtungen nach dem Zeitpunkt des Übergangs fällig, so haftet der bisherige Arbeitgeber für sie jedoch nur in dem Umfang der dem im Zeitpunkt des Übergangs abgelaufenen Teil ihres Bemessungszeitraums entspricht.

(3) Absatz 2 gilt nicht, wenn eine juristische Person oder eine Personenhandelsgesellschaft durch Umwandlung erlischt.

(4) Die Kündigung des Arbeitsverhältnisses eines Arbeitnehmers durch den bisherigen Arbeitgeber oder durch den neuen Inhaber wegen des Übergangs eines Betriebs oder eines Betriebsteils ist unwirksam. Das Recht zur Kündigung des Arbeitsverhältnisses aus anderen Gründen bleibt unberührt.

(5) Der bisherige Arbeitgeber oder der neue Inhaber hat die von einem Übergang betroffenen Arbeitnehmer vor dem Übergang in Textform zu unterrichten über:

1. den Zeitpunkt oder den geplanten Zeitpunkt des Übergangs,
2. den Grund für den Übergang,
3. die rechtlichen, wirtschaftlichen und sozialen Folgen des Übergangs für die Arbeitnehmer und
4. die hinsichtlich der Arbeitnehmer in Aussicht genommenen Maßnahmen.

(6) Der Arbeitnehmer kann dem Übergang des Arbeitsverhältnisses innerhalb eines Monats nach Zugang der Unterrichtung nach Absatz 5 schriftlich widersprechen. Der Widerspruch kann gegenüber dem bisherigen Arbeitgeber oder dem neuen Inhaber erklärt werden.

In einer Protokollerklärung haben die Tarifpartner den Begriff der Personalgestellung als die auf Dauer angelegte Beschäftigung bei

I

einem Dritten definiert. Das Arbeitsverhältnis zum bisherigen Arbeitgeber besteht auch im Fall der Personalgestellung zu den bisherigen Bedingungen fort. Die Einzelheiten der Personalgestellung werden „auf Arbeitgeberebene" zwischen dem ausleihenden alten Arbeitgeber und dem Dritten vereinbart.

Die tarifvertraglich mögliche Personalgestellung stößt unter Umständen rechtlich an die inzwischen recht engen Grenzen des Arbeitnehmerüberlassungsgesetz (AÜG). Die Änderungen durch das „Erste Gesetz zur Änderung des Arbeitnehmerüberlassungsgesetzes – Verhinderung von Missbrauch der Arbeitnehmerüberlassung" vom 28. April 2011 (BGBl. I S. 642) sowie durch Artikel 1 des Gesetzes zur Änderung des Arbeitnehmerüberlassungsgesetzes und des Schwarzarbeitbekämpfungsgesetzes vom 20. Juli 2011 (BGBl. I S. 1506) schränken die Möglichkeiten einer Personalüberlassung nämlich deutlich ein.

Bis dahin war eine Arbeitnehmerüberlassung erlaubnisfrei, soweit sie nicht gewerbsmäßig war. Künftig ist eine Arbeitnehmerüberlassung, soweit keine der Ausnahmen des § 1 Abs. 3 AÜG vorliegt, nur noch dann erlaubnisfrei, wenn sie nicht im Rahmen der wirtschaftlichen Tätigkeit des Arbeitgebers erfolgt, wobei der Begriff der wirtschaftlichen Tätigkeit weit auszulegen sein wird. Es ist zu empfehlen, im Einzelfall frühzeitig zu prüfen, ob und inwieweit die beabsichtigte Personalmaßnahme durch das AÜG berührt wird.

Die denkbaren Anwendungsfälle der Tarifvorschrift sind im Wesentlichen in drei Fallgruppen zu suchen.

Da § 613a BGB in Absatz 1 vorsieht, dass das Arbeitsverhältnis bei einem rechtsgeschäftlichen (also vertraglichen) Übergang eines Betriebs/Betriebsteils ebenfalls auf den Erwerber übergeht, bleibt in diesem Fall kein Raum für eine Personalgestellung. Dies wird auch in Satz 2 des § 4 Abs. 3 deutlich, wonach die Vorschrift des § 613a BGB unberührt bleibt. Bei grundsätzlich zu bejahender Anwendbarkeit des § 613a BGB können nur die Fälle von § 4 Abs. 3 TVöD erfasst werden, in denen der Beschäftigte nach § 613a Abs. 6 BGB dem Übergang seines Arbeitsverhältnisses widersprochen hat und deshalb beim alten Arbeitgeber verbleibt. Daneben sind Fälle des Aufgabenübergangs auf Dritte denkbar, die nicht von § 613a BGB erfasst werden, weil der Übergang eines Betriebs/Betriebsteils auf Dritte nicht vertraglich, sondern gesetzlich geregelt ist, oder weil der Aufgabenübergang auf Dritte nicht mit dem Übergang eines Betriebs/Betriebsteils einhergeht.

Wenn – wie oben dargestellt – die Voraussetzungen gegeben sind, dass zwar Aufgaben auf Dritte übergehen, der mit den Aufgaben betraute Beschäftigte aber beim alten Arbeitgeber bleibt, kann der alte Arbeitgeber den Beschäftigten an den Dritten ausleihen und die Einzelheiten dazu mit dem anderen Arbeitgeber vertraglich regeln.

Neben organisatorischen und finanziellen Fragen wird die Frage sein, inwieweit das Direktionsrecht auf den Dritten übertragen wird.

Der „Entleiher" kann nur insoweit ein Direktionsrecht ausüben, als nicht in die unverändert bestehenden Vertragsbeziehungen zwischen Arbeitnehmer und Arbeitgeber eingegriffen wird. Arbeitsvertragliche Beziehungen bestehen nämlich weiterhin nur zwischen dem Arbeitgeber und dem Arbeitnehmer, nicht jedoch zwischen dem Dritten und dem Arbeitnehmer. Diese Rechtsbeziehungen werden durch die Personalgestellung im Sinne des § 4 Abs. 3 TVöD nicht berührt – im Gegenteil: der Fortbestand des Arbeitsverhältnisses zum ursprünglichen Arbeitgeber wird von den Tarifpartnern in der Protokollerklärung zu § 4 Abs. 3 ausdrücklich bekräftigt. Es entspricht allgemeinen arbeits- und zivilrechtlichen Grundsätzen, ist aber an sich auch eine Selbstverständlichkeit, dass die Berechtigung zu in den Arbeitsvertrag eingreifenden Maßnahmen nicht auf den Dritten übertragen werden kann. Diese bleiben wo es sich um einseitige Maßnahmen wie z. B. Kündigungen, Abmahnungen etc handelt – dem Arbeitgeber vorbehalten bzw. sind als zweiseitige Maßnahmen (Vertragsänderungen jeder Art; z. B. Änderungen der Wochenarbeitszeit) nur zwischen Arbeitgeber und Arbeitnehmer wirksam möglich. So hätte z. B. eine vom „Entleiher" ausgesprochene Abmahnung vor Gericht keinen Bestand, weil sie ein Arbeitsverhältnis mit ihm voraussetzte. Der „Entleiher" müsste in diesem Fall den Arbeitgeber rechtzeitig und umfassend von einem abmahnungswürdigen Verhalten des entliehenen Arbeitnehmers in Kenntnis setzen, damit dieser dann die Abmahnung aussprechen könnte.

Soweit die vertraglichen Beziehungen zwischen Arbeitnehmer und Arbeitgeber nicht betroffen sind, kann der die Arbeitskraft des Beschäftigten entgegen nehmende Dritte das Direktionsrecht ausüben und z. B. im Rahmen der allgemeinen gesetzlichen und tarifvertraglichen Grenzen Zeit und Ort der Arbeit bestimmen, fachliche Weisungen erteilen, Dienstreisen anordnen und Erholungsurlaub, Arbeitsbefreiung erteilen.

Übertragbar ist somit im Ergebnis lediglich die „Regie des Tagesgeschäftes", die nun durch den „Entleiher" bestimmt werden kann; insoweit kann er das Direktionsrecht übernehmen.

Die Möglichkeit, dem im eigenen Betrieb u. U. wegen des Fortfalls seines Aufgabenbereiches nicht mehr benötigten Beschäftigten bei Vorliegen aller übrigen Anforderungen an eine Kündigung betriebsbedingt zu kündigen, bleibt dem Arbeitgeber – wie in Satz 2 der Vorschrift verdeutlicht – unbenommen.

Hinweis auf ein wichtiges BVerfG-Urteil zu Personalüberleitung im öffentlichen Dienst

Die Anwendung der Regelungen des § 613a BGB im Bereich des öffentlichen Dienstes ist ebenso wenig unproblematisch wie die nicht selten gewählte Variante der Personalüberleitung durch Gesetz oder Verordnung. Das zeigt zuletzt die Entscheidung des Bundesverfassungsgerichts (BVerfG) vom 25. Januar 2011 – 1 BvR 1741/09. Das BVerfG hat in dieser Entscheidung den gesetzlich geregelten Personalübergang im Rahmen der Privatisierung der Hessener Universitätskliniken gerügt. Dies geschah vor allen Dingen mit Blick auf die Identität von Gesetzgeber und Arbeitgeber (jeweils Land Hessen), die dazu führt, dass der Arbeitgeber sich wegen seiner gleichzeitigen Funktion als Gesetzgeber Vorteile verschaffen kann. Das BVerfG hat darin einen Eingriff in die grundgesetzlich (Art. 12 Abs. 1 GG) geschützte Freiheit der Berufswahl, zu der auch die Freiheit der Wahl des Vertragspartners gehört, gesehen.

Da das Urteil auf die besondere „Privatisierungsgeschichte" der Hessener Universitätskliniken bezogen ist, sind Zweifel an seiner uneingeschränkten Anwendbarkeit in anderen Privatisierungsfällen angebracht. Das Urteil sollte bei anstehenden Privatisierungen gleichwohl mit Blick auf mögliche Parallelen geprüft werden, da zumindest die Hürden dafür höher geworden sind.

§ 5 Qualifizierung

(1) [1]Ein hohes Qualifikationsniveau und lebenslanges Lernen liegen im gemeinsamen Interesse von Beschäftigten und Arbeitgebern. [2]Qualifizierung dient der Steigerung von Effektivität und Effizienz des öffentlichen Dienstes, der Nachwuchsförderung und der Steigerung von beschäftigungsbezogenen Kompetenzen. [3]Die Tarifvertragsparteien verstehen Qualifizierung auch als Teil der Personalentwicklung.

(2) [1]Vor diesem Hintergrund stellt Qualifizierung nach diesem Tarifvertrag ein Angebot dar, aus dem für die Beschäftigten kein individueller Anspruch außer nach Absatz 4 abgeleitet, aber das durch freiwillige Betriebsvereinbarung wahrgenommen und näher ausgestaltet werden kann. [2]Entsprechendes gilt für Dienstvereinbarungen im Rahmen der personalvertretungsrechtlichen Möglichkeiten. [3]Weitergehende Mitbestimmungsrechte werden dadurch nicht berührt.

(3) [1]Qualifizierungsmaßnahmen sind

a) die Fortentwicklung der fachlichen, methodischen und sozialen Kompetenzen für die übertragenen Tätigkeiten (Erhaltungsqualifizierung),

b) der Erwerb zusätzlicher Qualifikationen (Fort- und Weiterbildung),

c) die Qualifizierung zur Arbeitsplatzsicherung (Qualifizierung für eine andere Tätigkeit; Umschulung) und

d) die Einarbeitung bei oder nach längerer Abwesenheit (Wiedereinstiegsqualifizierung).

[2]Die Teilnahme an einer Qualifizierungsmaßnahme wird dokumentiert und den Beschäftigten schriftlich bestätigt.

(4) [1]Beschäftigte haben – auch in den Fällen des Absatzes 3 Satz 1 Buchst. d – Anspruch auf ein regelmäßiges Gespräch mit der jeweiligen Führungskraft, in dem festgestellt wird, ob und welcher Qualifizierungsbedarf besteht. [2]Dieses Gespräch kann auch als Gruppengespräch geführt werden. [3]Wird nichts anderes geregelt, ist das Gespräch jährlich zu führen.

(5) [1]Die Kosten einer vom Arbeitgeber veranlassten Qualifizierungsmaßnahme – einschließlich Reisekosten – werden, soweit sie nicht von Dritten übernommen werden, grundsätzlich vom Arbeitgeber getragen. [2]Ein möglicher Eigenbetrag wird durch eine Qualifizierungsvereinbarung geregelt. [3]Die Betriebsparteien sind gehalten, die Grundsätze einer fairen Kostenverteilung unter Berücksichtigung des betrieblichen und individuellen Nutzens zu regeln. [4]Ein Eigenbeitrag der Beschäftigten kann in Geld und/oder Zeit erfolgen.

(6) Zeiten von vereinbarten Qualifizierungsmaßnahmen gelten als Arbeitszeit.

(7) Gesetzliche Förderungsmöglichkeiten können in die Qualifizierungsplanung einbezogen werden.

(8) Für Beschäftigte mit individuellen Arbeitszeiten sollen Qualifizierungsmaßnahmen so angeboten werden, dass ihnen eine gleichberechtigte Teilnahme ermöglicht wird.

Erläuterungen

In § 5 TVöD haben die Tarifvertragsparteien im Wesentlichen den besonderen Wert, den Qualifizierungsmaßnahmen nach ihrer Auffassung haben, dokumentiert, die verschiedenen Arten von entsprechenden Maßnahmen aufgeführt und Öffnungsklauseln für weitergehende Betriebs- oder Dienstvereinbarungen vereinbart. Abgesehen von dem Anspruch auf regelmäßige Mitarbeitergespräche zum Thema Qualifizierungsbedarf können die Beschäftigten aber keine Ansprüche – insbesondere keinen Anspruch auf individuelle Qualifizierung – ableiten. Eine vergleichbare Vorschrift enthielt der BAT nicht, gleichwohl waren Qualifizierungsmaßnahmen natürlich auch in der Vergangenheit möglich und üblich. Die Zukunft wird zeigen, ob die Vorschrift des § 5 in Bezug auf Qualifikation Änderungen in der alltäglichen Praxis bewirken kann.

Auf die abweichenden Sonderregelungen in § 44 des Besonderen Teils Pflege- und Betreuungseinrichtungen bzw. § 43 des Besonderen Teils Krankenhäuser wird hingewiesen.

„Präambel" (Abs. 1)

Absatz 1 enthält keine konkrete Regelung, sondern beschreibt – fast im Stil einer Präambel – das gemeinsame Interesse von Arbeitgebern und Beschäftigten an einem hohen Qualifikationsniveau und den hohen Nutzen der Qualifizierung.

Rechtscharakter der Vorschrift (Abs. 2)

In Absatz 2 beschreiben die Tarifpartner, dass Qualifizierung als Angebot zu verstehen ist, ohne dass die Beschäftigten daraus einen individuellen Anspruch auf Qualifizierung herleiten können. Die Vorschrift lässt Raum, das Angebot durch freiwillige Betriebsvereinbarungen näher zu konkretisieren.

Definition der Qualifizierungsmaßnahmen (Abs. 3)

Satz 1 der Vorschrift enthält eine Aufzählung der unterschiedlichen Arten von Qualifizierungsmaßnahmen, nämlich die Erhaltungsqualifizierung (Buchst. a), die Fort- und Weiterbildung (Buchst. b), die Umschulung bzw. Qualifizierung für eine andere Tätigkeit (Buchst. c) und die Wiedereinstiegsqualifizierung (Buchst. d). Die Grenzen zwischen diesen Gruppen dürften teilweise fließend sein.

In Satz 2 ist bestimmt, dass die Teilnahme an Qualifizierungsmaßnahmen zu dokumentieren und den Beschäftigten schriftlich zu
bestätigen ist.

Regelmäßiges Gespräch (Abs. 4)

Die Regelung des Absatzes 4 räumt den Beschäftigten einen Anspruch
auf regelmäßige Mitarbeitergespräche mit der jeweiligen Führungskraft zum Thema Qualifizierungsbedarf ein. Es soll – wenn keine
anderen Vereinbarungen getroffen werden – jährlich erfolgen und
darf auch in der Form eines Gruppengespräches stattfinden.

Kosten/Eigenbeitrag (Abs. 5)

Nach Satz 1 der Vorschrift sollen die Kosten einer Qualifizierungsmaßnahme grundsätzlich vom Arbeitgeber getragen werden, soweit
es nicht einen Dritten als Kostenträger gibt. Dies gilt auch für
eventuelle Reisekosten.

Die Sätze 2 bis 4 höhlen diesen Grundsatz insoweit aus, als dass dort
auch ein Eigenbetrag des Beschäftigten – sei es in Form von Geld oder
in Form von „geopferter" Zeit – zugelassen wird. Dies ist durch eine
Qualifizierungsvereinbarung zu regeln, wobei Satz 3 einen Appell an
die Betriebsparteien enthält, eine faire Kostenverteilung unter Abwägung des beiderseitigen Nutzens vorzunehmen.

Die Vorschrift enthält keine – z. B. der Nr. 7 der SR 2a zum BAT
entsprechende – Regelung, wonach der Beschäftigte bei auf Veranlassung und im Interesse des Arbeitgebers durchgeführten Weiterbildungsmaßnahmen die entstandenen Kosten bzw. Teile davon
zurückzahlen muss, wenn er sein Arbeitsverhältnis kurz darauf
beendet. Es dürften aber keine Bedenken bestehen, solche Regelungen in Qualifizierungsvereinbarungen oder individuell zu vereinbaren; dabei sind natürlich die von der gefestigten Rechtsprechung
des BAG zur Zulässigkeit und zu den Grenzen von Rückzahlungsver-
einbarungen aufgestellten Grundsätze zu beachten (siehe z. B. Urteil
vom 6. 11. 1996 – 5 AZR 498/95, NZA 1997, S. 663).

Qualifizierungsmaßnahmen als Arbeitszeit (Abs. 6)

In Absatz 6 ist bestimmt, dass die Zeiten einer vereinbarten Qualifizierungsmaßnahme als Arbeitszeit gelten. Dies steht nicht im Widerspruch zur in Absatz 5 beschriebenen Möglichkeit, dass der Beschäftigte einen Eigenbeitrag in Zeit leisten kann; denn der Verzicht auf

(die Bezahlung von) Zeit setzt ja gerade voraus, dass diese eingesetzte Zeit grundsätzlich als Arbeitszeit zählt und zu vergüten ist.

Gesetzliche Regelungen (Abs. 7)

Nach dieser Vorschrift können gesetzliche Förderungsmöglichkeiten in die Qualifizierungsplanung einbezogen werden. Die Ansprüche des Beschäftigten, die sich u. a. aus den Weiterbildungs- bzw. Bildungsfreistellungsgesetzen einiger Länder (→ Erläuterungen zu § 29), aus dem Personalvertretungsrecht und anderen gesetzlichen Vorschriften ergeben können, bleiben von der Regelung des § 5 TVöD ohnehin unberührt.

Beschäftigte mit individuellen Arbeitszeiten (Abs. 8)

Die Regelung des Absatzes 8 legt – wohl in erster Linie den Arbeitgebern – nahe, Beschäftigte mit individuellen Arbeitszeiten in die Qualifizierungsmaßnahmen einzubeziehen und ihnen eine gleichberechtigte Teilnahme zu ermöglichen. Im Hinblick auf die Bandbreite der im öffentlichen Dienst möglichen und praktizierten Teilzeitvarianten (Beschäftigung nur an bestimmten Wochentagen, Wechsel zwischen Vormittags- und Nachmittagstätigkeit, Arbeitsplatzteilung, rotierende Systeme etc.) wird die Umsetzung dieser Vorschrift eine Herausforderung an die Praxis sein.

Abschnitt II
Arbeitszeit

§ 6 Regelmäßige Arbeitszeit

(1) [1]Die regelmäßige Arbeitszeit beträgt ausschließlich der Pausen für

a) die Beschäftigten des Bundes durchschnittlich 39 Stunden wöchentlich,

b) die Beschäftigten der Mitglieder eines Mitgliedverbandes der VKA im Tarifgebiet West durchschnittlich 39 Stunden wöchentlich, im Tarifgebiet Ost durchschnittlich 40 Stunden wöchentlich.

[2]Bei Wechselschichtarbeit werden die gesetzlich vorgeschriebenen Pausen in die Arbeitszeit eingerechnet. [3]Die regelmäßige Arbeitszeit kann auf fünf Tage, aus notwendigen betrieblichen/dienstlichen Gründen auch auf sechs Tage verteilt werden.

(2) [1]Für die Berechnung des Durchschnitts der regelmäßigen wöchentlichen Arbeitszeit ist ein Zeitraum von bis zu einem Jahr zugrunde zu legen. [2]Abweichend von Satz 1 kann bei Beschäftigten, die ständig Wechselschicht- oder Schichtarbeit zu leisten haben, ein längerer Zeitraum zugrunde gelegt werden.

(3) [1]Soweit es die betrieblichen/dienstlichen Verhältnisse zulassen, wird die/der Beschäftigte am 24. Dezember und am 31. Dezember unter Fortzahlung des Entgelts nach § 21 von der Arbeit freigestellt. [2]Kann die Freistellung nach Satz 1 aus betrieblichen/dienstlichen Gründen nicht erfolgen, ist entsprechender Freizeitausgleich innerhalb von drei Monaten zu gewähren. [3]Die regelmäßige Arbeitszeit vermindert sich für jeden gesetzlichen Feiertag, sowie für den 24. Dezember und 31. Dezember, sofern sie auf einen Werktag fallen, um die dienstplanmäßig ausgefallenen Stunden.

Protokollerklärung zu Absatz 3 Satz 3:
Die Verminderung der regelmäßigen Arbeitszeit betrifft die Beschäftigten, die wegen des Dienstplans am Feiertag frei haben und deshalb ohne diese Regelung nacharbeiten müssten.

(4) Aus dringenden betrieblichen/dienstlichen Gründen kann auf der Grundlage einer Betriebs-/Dienstvereinbarung im Rahmen des § 7 Abs. 1, 2 und des § 12 ArbZG von den Vorschriften des Arbeitszeitgesetzes abgewichen werden.

Protokollerklärung zu Absatz 4:
In vollkontinuierlichen Schichtbetrieben kann an Sonn- und Feiertagen die tägliche Arbeitszeit auf bis zu zwölf Stunden verlängert werden, wenn dadurch zusätzliche freie Schichten an Sonn- und Feiertagen erreicht werden.

(5) Die Beschäftigten sind im Rahmen begründeter betrieblicher/dienstlicher Notwendigkeiten zur Leistung von Sonntags-, Feiertags-, Nacht-, Wechselschicht-, Schichtarbeit sowie – bei Teilzeitbeschäftigung aufgrund arbeitsvertraglicher Regelung oder mit ihrer Zustimmung – zu Bereitschaftsdienst, Rufbereitschaft, Überstunden und Mehrarbeit verpflichtet.

I

(6) ¹Durch Betriebs-/Dienstvereinbarung kann ein wöchentlicher Arbeitszeit-korridor von bis zu 45 Stunden eingerichtet werden. ²Die innerhalb eines Arbeitszeitkorridors geleisteten zusätzlichen Arbeitsstunden werden im Rahmen des nach Absatz 2 Satz 1 festgelegten Zeitraums ausgeglichen.

(7) ¹Durch Betriebs-/Dienstvereinbarung kann in der Zeit von 6 bis 20 Uhr eine tägliche Rahmenzeit von bis zu zwölf Stunden eingeführt werden. ²Die innerhalb der täglichen Rahmenzeit geleisteten zusätzlichen Arbeitsstunden werden im Rahmen des nach Absatz 2 Satz 1 festgelegten Zeitraums ausgeglichen.

(8) Die Absätze 6 und 7 gelten nur alternativ und nicht bei Wechselschicht- und Schichtarbeit.

(9) Für einen Betrieb/eine Verwaltung, in dem/der ein Personalvertretungs-gesetz Anwendung findet, kann eine Regelung nach den Absätzen 4, 6 und 7 in einem landesbezirklichen Tarifvertrag – für den Bund in einem Tarifvertrag auf Bundesebene – getroffen werden, wenn eine Dienstvereinbarung nicht ein-vernehmlich zustande kommt und der Arbeitgeber ein Letztentscheidungs-recht hat.

Protokollerklärung zu § 6:
Gleitzeitregelungen sind unter Wahrung der jeweils geltenden Mitbestimmungs-rechte unabhängig von den Vorgaben zu Arbeitszeitkorridor und Rahmenzeit (Absätze 6 und 7) möglich. Sie dürfen keine Regelungen nach Absatz 4 enthalten.

Erläuterungen

§ 6 TVöD trifft Regelungen zur regelmäßigen Arbeitszeit. Der Regelungsinhalt gehört zu den Kernbereichen des TVöD, um ihn haben die Tarifpartner in den Verhandlungen zum TVöD heftig gerungen. Letztlich war nur eine hinsichtlich der regelmäßigen wöchentlichen Arbeitszeit unterschiedliche Lösung für den Bund einerseits und die Kommunen andererseits kompromissfähig.

Die regelmäßige Arbeitszeit war bislang in § 15 BAT geregelt.

Auf die abweichenden Sonderregelungen in nahezu allen Bereichen der Abschnitte VIII (Bund) bzw. VIII (VKA) des § 42 (Saisonaler Ausgleich) des Besonderen Teils Verwaltung¹) und in den Besonderen Teilen Pflege- und Betreuungseinrichtungen bzw. Krankenhäuser wird hingewiesen.

---

¹)   abgedruckt unter I.1.1

Regelmäßige wöchentliche Arbeitszeit (Abs. 1)

Die regelmäßige wöchentliche Arbeitszeit beträgt im Bereich des Bundes mit In-Kraft-Treten des TVöD einheitlich für das Tarifgebiet West und das Tarifgebiet Ost 39 Stunden (Absatz 1 Satz 1 Buchst. a).

Im Bereich der Kommunen betrug die regelmäßige wöchentliche Arbeitszeit bei Inkrafttreten des TVöD zunächst unverändert im Tarifgebiet West 38,5 Stunden und im Tarifgebiet Ost 40 Stunden. Es bestand aber die Möglichkeit, sie durch landesbezirkliche Regelungen auch im Tarifgebiet West auf bis zu 40 Stunden zu verlängern (Absatz 1 Satz 1 Buchstabe b alte Fassung). Zur Durchsetzung entsprechender Vorstellungen wurde den Mitgliedsverbänden der VKA in § 39 Abs. 3 a. F. die Möglichkeit eingeräumt, die Arbeitszeitregelung auf landesbezirklicher Ebene mit einer Frist von einem Monat zum Monatsende zu kündigen.

Von der Verlängerungsmöglichkeit war in den Ländern Baden-Württemberg, Hessen und Niedersachsen Gebrauch gemacht worden.

Im Zuge des Änderungstarifvertrages Nr. 2 vom 31. März 2008 wurde die Vorschrift des Absatzes 1 Satz 1 Buchstabe b neu gefasst und die Arbeitszeit in den Kommunen des Tarifgebietes West mit Wirkung vom 1. Juli 2008 auf 39 Stunden erhöht. Die Option, die Arbeitszeit auf landesbezirklicher Ebene zu verlängern, wurde ebenso gestrichen wie das Sonderkündigungsrecht in § 39 Abs. 3. § 38a (VKA) enthielt Übergangsvorschriften zur Einführung der geänderten Arbeitszeit und Bestimmungen zur Fortgeltung bzw. Aufhebung der landesbezirklichen Regelungen, die aber – inzwischen bedeutungslos – im Zuge des Änderungstarifvertrages Nr. 7 vom 31. März 2012 wieder gestrichen worden sind.

Im Bereich des Tarifgebietes Ost bleibt es für die Beschäftigten der Kommunen unverändert bei einer Arbeitszeit von 40 Stunden.

Pausen zählen nach Absatz 1 Satz 1 grundsätzlich nicht zur regelmäßigen Arbeitszeit; nach Satz 2 werden aber bei Wechselschichtarbeit (→ § 7 Abs. 1) die gesetzlich vorgeschriebenen Pausen in die Arbeitszeit eingerechnet.

Als Ruhepause können dabei nur Zeiten der völligen Freistellung von der Arbeit gelten. Zeiten der Ruf- oder Arbeitsbereitschaft sind keine Pausenzeit (siehe BAG-Urteil vom 27. 2. 1992 – 6 AZR 478/90, AP Nr. 5 zu § 3 AZO Kr.).

Die Mindestdauer der Pausen ist gesetzlich geregelt. Gemäß § 4 des Arbeitszeitgesetzes[1]) muss die Arbeit durch im Voraus festgelegte Ruhepausen von mindestens 30 (bei einer täglichen Arbeitszeit von mehr als sechs Stunden) bzw. 45 Minuten (bei einer Arbeitszeit von mehr als neun Stunden) unterbrochen werden. Die Ruhepausen dürfen in mehrere Zeitabschnitte von jeweils mindestens 15 Minuten aufgeteilt werden.

Bei jugendlichen Beschäftigten ist § 11 Abs. 1 des Jugendarbeitsschutzgesetzes zu beachten. Nach dieser Vorschrift sind Jugendlichen Ruhepausen von 30 (bei einer täglichen Arbeitszeit von mehr als viereinhalb Stunden) bzw. 60 Minuten (bei einer Arbeitszeit von mehr als sechs Stunden) zu gewähren.

Neben weiteren gesetzlichen Vorschriften (z. B. für Kraftfahrer oder für stillende Mütter) sind tarifliche Bestimmungen über Pausenregelungen (z. B. in den Tarifverträgen über die Arbeitsbedingungen an Bildschirmarbeitsplätzen) zu beachten.

Die regelmäßige Arbeitszeit ist grundsätzlich auf fünf, sie kann aus notwendigen betrieblichen/dienstlichen Gründen auch auf sechs Tage verteilt werden (Absatz 1 Satz 3).

Der TVöD enthält – anders als z. B. § 15 Abs. 7 BAT, wonach die Arbeitszeit an der Arbeitsstelle beginnt und endet – keine Regelung über Beginn und Ende der Arbeitszeit. Streitigkeiten über die Berücksichtigung von Wegezeiten innerhalb des Betriebes sowie um Umkleidezeiten waren damit vorprogrammiert. In seinem Urteil vom 19. September 2012 – 5 AZR 678/11 – hat das BAG zur vergleichbaren Vorschrift des § 6 TV-L entschieden, dass das Umkleiden für die Arbeit dann zur Arbeitszeit gehört, wenn der Arbeitgeber das Tragen einer bestimmten Kleidung vorschreibt und das Umkleiden im Betrieb erfolgen muss. In diesem Fall gehören nach Auffassung des BAG auch die innerbetrieblichen Wege von einer vom Arbeitsplatz getrennten Umkleidestelle zum Arbeitsplatz zur Arbeitszeit.

Durchschnitt der regelmäßigen wöchentlichen Arbeitszeit (Abs. 2)

Nach Absatz 2 Satz 1 ist für die Berechnung der regelmäßigen wöchentlichen Arbeitszeit ein Zeitraum von bis zu einem Jahr zugrunde zu legen. Die Regelung ist erheblich flexibler als der im BAT geltende Ausgleichszeitraum, der durch die Kündigung des § 15

---

[1]) abgedruckt als **Anhang 1**

Abs. 1 Satz 2 BAT seit dem 1. März 1998 26 Wochen beträgt. Der Jahreszeitraum des TVöD ermöglicht eine flexiblere Arbeitszeitgestaltung und hilft, jahreszeitliche Belastungsspitzen abzufangen. Nach Satz 2 der Vorschrift kann in den Fällen ständiger (Wechsel-)Schichtarbeit ein „längerer" von den Tarifpartnern nicht nach oben begrenzter Zeitraum zugrunde gelegt werden.

Heiligabend, Silvester, Feiertage (Abs. 3)

Nach Satz 1 der Vorschrift wird der Beschäftigte am Heiligabend und an Silvester unter Fortzahlung des Entgelts von der Arbeit freigestellt, wenn die betrieblichen/dienstlichen Verhältnisse dies zulassen. Wenn die Freistellung aus betrieblichen/dienstlichen Gründen nicht erfolgen kann, ist innerhalb von drei Monaten ein Freizeitausgleich zu gewähren (Satz 2). Auch nach Ablauf der Dreimonatsfrist wandelt sich der Freizeitanspruch nicht in einen Bezahlungsanspruch um, sondern bleibt weiter als Freizeitanspruch bestehen. Unabhängig von dem Anspruch auf Freizeitausgleich wird für die Arbeit am 24. und 31. 12. nach 6 Uhr ein Zuschlag in Höhe von 35 % (§ 8 Absatz 1 Satz 2 Buchst. e) gezahlt.

Nach Satz 3 der Vorschrift vermindert sich die regelmäßige Arbeitszeit für jeden gesetzlichen Feiertag und für den 24. und 31. 12., sofern diese Tage auf einen Werktag fallen, um die dienstplanmäßig ausgefallenen Stunden. Dies gilt nach der Protokollerklärung zu Absatz 3 Satz 3 aber nur für die Beschäftigten, die wegen des Dienstplanes an dem Feiertag ohnehin frei haben und deshalb ohne die Regelung des Satzes 3 die ausgefallene Zeit nacharbeiten müssten (so auch das BAG in seinem Urteil vom 8. Dezember 2010 – 5 AZR 667/09). Beschäftigte, bei denen die Arbeitszeit wegen des Feiertages ausfällt (die also an sich an dem Tag hätten arbeiten müssen), brauchen die Zeit nicht nacharbeiten und haben Anspruch auf Entgeltfortzahlung gemäß § 2 Abs. 1 des Entgeltfortzahlungsgesetzes. Beschäftigte, die an einem Feiertag arbeiten, erhalten neben ihrem Entgelt einen Feiertagszuschlag in Höhe von 35 % bzw. 135 % (mit/ohne Freizeitausgleich) (§ 8 Abs. 1 Satz 2 Buchst. d).

Die gesetzlichen Feiertage ergeben sich aus den folgenden Ländergesetzen:

– Baden-Württemberg: Gesetz über die Sonntage und Feiertage in der Fassung vom 8. 5. 1995 (GBl. S. 450), zuletzt geändert durch Gesetz vom 1. 12. 2015 (GBl. S. 1034),

I

- Bayern: Gesetz über den Schutz der Sonn- und Feiertage (Feier-tagsgesetz – FTG) vom 21. 5. 1980 (GVBl. S. 215), zuletzt geändert durch das Gesetz vom 12. 4. 2016 (GVBl. S. 50),

- Berlin: Gesetz über die Sonn- und Feiertage vom 28. 10. 1954 (GVBl. S. 615), zuletzt geändert durch das Gesetz vom 14. 10. 2015 (GVBl. S. 378),

- Brandenburg: Gesetz über die Sonn- und Feiertage (Feiertags-gesetz – FTG) vom 21. 3. 1991 (GVBl. S. 44), zuletzt geändert durch Gesetz vom 30. 4. 2015 (GVBl. I Nr. 13),

- Bremen: Gesetz über die Sonn- und Feiertage vom 12. 11. 1954 (GBl. S. 115), zuletzt geändert durch Gesetz vom 19. 3. 2013 (GBl. S. 89),

- Hamburg: Gesetz über Sonntage, Feiertage, Gedenktage und Trauertage (Feiertagsgesetz) vom 16. 10. 1953 (GVOBl. S. 289), zuletzt geändert durch Gesetz vom 19. 6. 2013 (GVOBl. S. 304),

- Hessen: Hessisches Feiertagsgesetz (HFeiertagsG) i. d. F. der Be-kanntmachung 29. 12. 1971 (GVBl. I S. 344), zuletzt geändert durch Gesetz vom 16. 10. 2013 (GVBl. I S. 566),

- Mecklenburg-Vorpommern: Gesetz über Sonn- und Feiertage (Fei-ertagsgesetz Mecklenburg-Vorpommern – FTG-MV) i. d. F. der Bekanntmachung vom 8. 3. 2002 (GVOBl. M-V S. 145), geändert durch Gesetz vom 20. 7. 2004 (GVOBl. M-V S. 390),

- Niedersachsen: Niedersächsisches Gesetz über die Feiertage i. d. F. der Bekanntmachung vom 7. 3. 1995 (Nds. GVBl. S. 50), zuletzt geändert durch Gesetz vom 5. 6. 2013 (Nds. GVBl. S. 131),

- Nordrhein-Westfalen: Gesetz über Sonn- und Feiertage (Feiertags-gesetz NRW) i. d. F. der Bekanntmachung vom 23. April 1989 (GV. NRW. 1989 S. 222), zuletzt geändert durch Gesetz vom 20. Dezember 1994 (GV. NRW. S. 1114),

- Rheinland-Pfalz: Landesgesetz über den Schutz der Sonn- und Feiertage (Feiertagsgesetz – LFtG –) vom 15. 7. 1970 (GVBl. S. 225), zuletzt geändert durch Gesetz vom 27. 10. 2009 (GVBl. S. 358),

- Saarland: Gesetz Nr. 1040 über die Sonn- und Feiertage (Feiertags-gesetz – SFG) vom 18. 2. 1976 (ABl. S. 213), zuletzt geändert durch Gesetz vom 13. 10. 2015 (ABl. S. 790),

- Sachsen: Gesetz über Sonn- und Feiertage im Freistaat Sachsen (SächsSFG) vom 10. 11. 1992 (GVBl. S. 536), zuletzt geändert durch Gesetz vom 30. 1. 2013 (GVBl. S. 2),

- Sachsen-Anhalt: Gesetz über die Sonn- und Feiertage (FeiertG LSA) i. d. F. der Bekanntmachung vom 25. 8. 2004 (GVBl. S. 538),

- Schleswig-Holstein: Gesetz über Sonn- und Feiertage i. d. F. vom 28. 6. 2004 (GVOBl. S. 213), zuletzt geändert durch Gesetz vom 15. 2. 2016 (GVOBl. S. 80),

- Thüringen: Thüringer Feier- und Gedenktagsgesetz (ThürFtG) vom 21. 12. 1994 (GVBl. S. 1221), zuletzt geändert durch Gesetz vom 29. 4. 2016 (GVBl. S. 169).

Für alle Länder gilt außerdem Artikel 2 Abs. 2 des Einigungsvertrages vom 31. August 1990 (BGBl. II S. 885), der den 3. Oktober (Tag der Deutschen Einheit) als Feiertag bestimmt.

Arbeitszeitgesetz, abweichende Regelungen (Abs. 4 und 9)

Das Arbeitszeitgesetz[1] enthält in seinen §§ 7 und 12 verschiedene Öffnungsklauseln für von den gesetzlichen Vorschriften abweichende tarifvertragliche Regelungen (hinsichtlich der Höchstarbeitszeit und Sonn- und Feiertagsarbeit). Die Vorschrift des Absatzes 4 schöpft die gesetzlich vorgesehene Möglichkeit aus, dass die abweichenden Regelungen durch einen Tarifvertrag einer Betriebs-/Dienstvereinbarung überlassen – also „nach unten" delegiert – werden kann. Für die Abweichung von den gesetzlichen Bestimmungen müssen dringende betriebliche/dienstliche Gründe vorliegen.

Absatz 9 sieht für den Fall, dass eine solche Betriebs-/Dienstvereinbarung nicht „einvernehmlich" (→ dazu § 38 Abs. 3) zustande kommt, eine Regelung durch landesbezirklichen Tarifvertrag (Kommunen) bzw. Tarifvertrag auf Bundesebene (Bund) vor. Dies gilt aber nur in den Betrieben/Verwaltungen, in denen ein Personalvertretungsgesetz Anwendung findet, und ist darauf beschränkt, dass der Arbeitgeber ein Letztentscheidungsrecht hat.

Nach der Protokollerklärung zu Absatz 4 ist die Möglichkeit gegeben, in vollkontinuierlichen Schichtbetrieben die tägliche Arbeitszeit an Sonn- und Feiertagen auf bis zu zwölf Stunden zu verlängern, wenn dadurch zusätzliche freie Schichten an Sonn- und Feiertagen erreicht werden.

---

[1] abgedruckt als **Anhang 1**

Verpflichtung zu Sonderformen der Arbeit (Abs. 5)

Nach dieser Vorschrift, mit der die sich aus dem allgemeinen Direktionsrecht des Arbeitgebers ergebenden Rechte bzw. Pflichten konkretisiert werden, ist der Beschäftigte verpflichtet, verschiedene Sonderformen der Arbeit im Rahmen begründeter betrieblicher/dienstlicher Notwendigkeiten auszuüben. Für Teilzeitbeschäftigte ergibt sich die Verpflichtung zu Bereitschaftsdienst, Rufbereitschaft, Überstunden und Mehrarbeit nach dem Willen der Tarifpartner nur, wenn dies im Arbeitsvertrag vereinbart ist oder die Betroffenen zustimmen. Wegen der Definition der besonderen Arbeitsformen siehe §§ 7 und 9.

Arbeitszeitkorridor (Abs. 6, 8 und 9)

Für Verwaltungen und Verwaltungsteile, die nicht in Schicht oder Wechselschicht arbeiten, kann nach Absatz 6 ein Arbeitszeitkorridor eingerichtet werden. Dieser ermöglicht die Anordnung von bis zu 45 Arbeitsstunden pro Woche, ohne dass dafür ein Überstundenzuschlag gezahlt werden müsste. Andere anfallende Zeitzuschläge, z. B. für Nachtarbeit, müssen bezahlt werden. Die durchschnittliche Wochenarbeitszeit muss im einjährigen Ausgleichszeitraum erreicht werden (→ auch zu Absatz 2). Können die angeordneten Mehrstunden bis zum Ablauf des Ausgleichszeitraums nicht ausgeglichen werden, sind sie mit 100 % des individuellen Entgelts abzugelten zzgl. etwaiger Zeitzuschläge.

Die Einführung des Arbeitszeitkorridors setzt eine entsprechende Dienst- bzw. Betriebsvereinbarung und die Einrichtung eines Arbeitszeitkontos (→ § 10 Abs. 1 Satz 3) voraus. Die Regelung des Absatzes 9 (→ Erläuterungen zu Absatz 4) ist zu beachten.

Rahmenzeit (Abs. 7, 8 und 9)

Für Verwaltungen und Verwaltungsteile, die nicht in Schicht oder Wechselschicht arbeiten, kann eine bis zu zwölfstündige Rahmenzeit zwischen 6 und 20 Uhr eingerichtet werden. Innerhalb dieser Rahmenzeit bleibt eine angeordnete Mehrarbeit zuschlagsfrei. Andere anfallende Zeitzuschläge, z. B. für Samstagsarbeit, müssen bezahlt werden. Die durchschnittliche Wochenarbeitszeit muss im einjährigen Ausgleichszeitraum erreicht werden (→ auch zu Absatz 2). Können die angeordneten Mehrstunden bis zum Ablauf des Ausgleichszeitraums nicht ausgeglichen werden, sind sie mit 100 % des individuellen Entgelts abzugelten zzgl. etwaiger Zeitzuschläge.

Auch die Einführung der Rahmenzeit setzt eine entsprechende Dienst- bzw. Betriebsvereinbarung und die Einrichtung eines Arbeitszeitkontos voraus (s. o.). Arbeitszeitkorridor und Rahmenzeit können nur alternativ, nicht nebeneinander vereinbart werden.

Die Regelung des Absatzes 9 (→ Erläuterungen zu Absatz 4) ist zu beachten.

Gleitzeit (Protokollerklärung)

Gleitzeitregelungen (bestehende und neu vereinbarte) sind unabhängig von den Vorgaben zu Arbeitszeitkorridor, Arbeitszeitkonto und Rahmenzeit unter Wahrung der jeweiligen Mitbestimmungsrechte der Personalvertretung möglich. Sie dürfen aber keine die gesetzlichen Vorschriften abdingende Regelungen (→ Absatz 4) enthalten.

Anhang zu § 6 (VKA)

Gewerkschaften und kommunale Arbeitgeber haben im Zuge des Änderungstarifvertrages Nr. 2 vom 31. März 2008 mit Wirkung vom 1. Juli 2008 den Anhang zu § 6 vereinbart.

Die Regelungen gelten nur für die Cheffahrer im Bereich der Kommunen. Die Tarifpartner haben die Öffnungsklauseln des Arbeitszeitgesetzes genutzt und im Interesse eines möglichst flexiblen Einsatzes der Cheffahrer vom Arbeitszeitgesetz abweichende Arbeitszeiten vereinbart. Die besonderen Arbeitszeiten bedürfen zu ihrer Wirksamkeit im Einzelfall noch einer Zustimmung des jeweiligen Beschäftigten (so genannte „Opt-out"-Erklärung), zu der er nicht gezwungen werden kann.

Für den Bereich des Bundes sind vergleichbare Regelungen im Kraftfahrer-TV[1] vereinbart worden.

---

[1] abgedruckt unter **I.3**

I

Anhang 1

Arbeitszeitgesetz
(ArbZG)
Vom 6. Juni 1994 (BGBl. I S. 1170)

Zuletzt geändert durch
Sechstes Gesetz zur Änderung des Vierten Buches Sozialgesetzbuch
und anderer Gesetze
(6. SGB IV-Änderungsgesetz – 6. SGB IV-ÄndG)
vom 11. November 2016 (BGBl. I S. 2500)

Erster Abschnitt
Allgemeine Vorschriften

§ 1 Zweck des Gesetzes

Zweck des Gesetzes ist es,

1. die Sicherheit und den Gesundheitsschutz der Arbeitnehmer in der Bundesrepublik Deutschland und in der ausschließlichen Wirtschaftszone bei der Arbeitszeitgestaltung zu gewährleisten und die Rahmenbedingungen für flexible Arbeitszeiten zu verbessern sowie

2. den Sonntag und die staatlich anerkannten Feiertage als Tage der Arbeitsruhe und der seelischen Erhebung der Arbeitnehmer zu schützen.

§ 2 Begriffsbestimmungen

(1) Arbeitszeit im Sinne dieses Gesetzes ist die Zeit vom Beginn bis zum Ende der Arbeit ohne die Ruhepausen; Arbeitszeiten bei mehreren Arbeitgebern sind zusammenzurechnen. Im Bergbau unter Tage zählen die Ruhepausen zur Arbeitszeit.

(2) Arbeitnehmer im Sinne dieses Gesetzes sind Arbeiter und Angestellte sowie die zu ihrer Berufsbildung Beschäftigten.

(3) Nachtzeit im Sinne dieses Gesetzes ist die Zeit von 23 bis 6 Uhr, in Bäckereien und Konditoreien die Zeit von 22 bis 5 Uhr.

(4) Nachtarbeit im Sinne dieses Gesetzes ist jede Arbeit, die mehr als zwei Stunden der Nachtzeit umfaßt.

(5) Nachtarbeitnehmer im Sinne dieses Gesetzes sind Arbeitnehmer, die

1. auf Grund ihrer Arbeitszeitgestaltung normalerweise Nachtarbeit in Wechselschicht zu leisten haben oder
2. Nachtarbeit an mindestens 48 Tagen im Kalenderjahr leisten.

I

Zweiter Abschnitt
Werktägliche Arbeitszeit und arbeitsfreie Zeiten

§ 3 Arbeitszeit der Arbeitnehmer

Die werktägliche Arbeitszeit der Arbeitnehmer darf acht Stunden nicht überschreiten. Sie kann auf bis zu zehn Stunden nur verlängert werden, wenn innerhalb von sechs Kalendermonaten oder innerhalb von 24 Wochen im Durchschnitt acht Stunden werktäglich nicht überschritten werden.

§ 4 Ruhepausen

Die Arbeit ist durch im voraus feststehende Ruhepausen von mindestens 30 Minuten bei einer Arbeitszeit von mehr als sechs bis zu neun Stunden und 45 Minuten bei einer Arbeitszeit von mehr als neun Stunden insgesamt zu unterbrechen. Die Ruhepausen nach Satz 1 können in Zeitabschnitte von jeweils mindestens 15 Minuten aufgeteilt werden. Länger als sechs Stunden hintereinander dürfen Arbeitnehmer nicht ohne Ruhepause beschäftigt werden.

§ 5 Ruhezeit

(1) Die Arbeitnehmer müssen nach Beendigung der täglichen Arbeitszeit eine ununterbrochene Ruhezeit von mindestens elf Stunden haben.

(2) Die Dauer der Ruhezeit des Absatzes 1 kann in Krankenhäusern und anderen Einrichtungen zur Behandlung, Pflege und Betreuung von Personen, in Gaststätten und anderen Einrichtungen zur Bewirtung und Beherbergung, in Verkehrsbetrieben, beim Rundfunk sowie in der Landwirtschaft und in der Tierhaltung um bis zu eine Stunde verkürzt werden, wenn jede Verkürzung der Ruhezeit innerhalb eines Kalendermonats oder innerhalb von vier Wochen durch Verlängerung einer anderen Ruhezeit auf mindestens zwölf Stunden ausgeglichen wird.

(3) Abweichend von Absatz 1 können in Krankenhäusern und anderen Einrichtungen zur Behandlung, Pflege und Betreuung von Personen Kürzungen der Ruhezeit durch Inanspruchnahme während der

Rufbereitschaft, die nicht mehr als die Hälfte der Ruhezeit betragen, zu anderen Zeiten ausgeglichen werden.

§ 6 Nacht- und Schichtarbeit

(1) Die Arbeitszeit der Nacht- und Schichtarbeitnehmer ist nach den gesicherten arbeitswissenschaftlichen Erkenntnissen über die menschengerechte Gestaltung der Arbeit festzulegen.

(2) Die werktägliche Arbeitszeit der Nachtarbeitnehmer darf acht Stunden nicht überschreiten. Sie kann auf bis zu zehn Stunden nur verlängert werden, wenn abweichend von § 3 innerhalb von einem Kalendermonat oder innerhalb von vier Wochen im Durchschnitt acht Stunden werktäglich nicht überschritten werden. Für Zeiträume, in denen Nachtarbeitnehmer im Sinne des § 2 Abs. 5 Nr. 2 nicht zur Nachtarbeit herangezogen werden, findet § 3 Satz 2 Anwendung.

(3) Nachtarbeitnehmer sind berechtigt, sich vor Beginn der Beschäftigung und danach in regelmäßigen Zeitabständen von nicht weniger als drei Jahren arbeitsmedizinisch untersuchen zu lassen. Nach Vollendung des 50. Lebensjahres steht Nachtarbeitnehmern dieses Recht in Zeitabständen von einem Jahr zu. Die Kosten der Untersuchungen hat der Arbeitgeber zu tragen, sofern er die Untersuchungen den Nachtarbeitnehmern nicht kostenlos durch einen Betriebsarzt oder einen überbetrieblichen Dienst von Betriebsärzten anbietet.

(4) Der Arbeitgeber hat den Nachtarbeitnehmer auf dessen Verlangen auf einen für ihn geeigneten Tagesarbeitsplatz umzusetzen, wenn

a) nach arbeitsmedizinischer Feststellung die weitere Verrichtung von Nachtarbeit den Arbeitnehmer in seiner Gesundheit gefährdet oder

b) im Haushalt des Arbeitnehmers ein Kind unter zwölf Jahren lebt, das nicht von einer anderen im Haushalt lebenden Person betreut werden kann, oder

c) der Arbeitnehmer einen schwerpflegebedürftigen Angehörigen zu versorgen hat, der nicht von einem anderen im Haushalt lebenden Angehörigen versorgt werden kann,

sofern dem nicht dringende betriebliche Erfordernisse entgegenstehen. Stehen der Umsetzung des Nachtarbeitnehmers auf einen für ihn geeigneten Tagesarbeitsplatz nach Auffassung des Arbeitgebers dringende betriebliche Erfordernisse entgegen, so ist der Betriebs-

oder Personalrat zu hören. Der Betriebs- oder Personalrat kann dem Arbeitgeber Vorschläge für eine Umsetzung unterbreiten.

(5) Soweit keine tarifvertraglichen Ausgleichsregelungen bestehen, hat der Arbeitgeber dem Nachtarbeitnehmer für die während der Nachtzeit geleisteten Arbeitsstunden eine angemessene Zahl bezahlter freier Tage oder einen angemessenen Zuschlag auf das ihm hierfür zustehende Bruttoarbeitsentgelt zu gewähren.

(6) Es ist sicherzustellen, daß Nachtarbeitnehmer den gleichen Zugang zur betrieblichen Weiterbildung und zu aufstiegsfördernden Maßnahmen haben wie die übrigen Arbeitnehmer.

§ 7 Abweichende Regelungen

(1) In einem Tarifvertrag oder auf Grund eines Tarifvertrags in einer Betriebs- oder Dienstvereinbarung kann zugelassen werden,

1. abweichend von § 3
   a) die Arbeitszeit über zehn Stunden werktäglich zu verlängern, wenn in die Arbeitszeit regelmäßig und in erheblichem Umfang Arbeitsbereitschaft oder Bereitschaftsdienst fällt,
   b) einen anderen Ausgleichszeitraum festzulegen,
2. abweichend von § 4 Satz 2 die Gesamtdauer der Ruhepausen in Schichtbetrieben und Verkehrsbetrieben auf Kurzpausen von angemessener Dauer aufzuteilen,
3. abweichend von § 5 Abs. 1 die Ruhezeit um bis zu zwei Stunden zu kürzen, wenn die Art der Arbeit dies erfordert und die Kürzung der Ruhezeit innerhalb eines festzulegenden Ausgleichszeitraums ausgeglichen wird,
4. abweichend von § 6 Abs. 2
   a) die Arbeitszeit über zehn Stunden werktäglich hinaus zu verlängern, wenn in die Arbeitszeit regelmäßig und in erheblichem Umfang Arbeitsbereitschaft oder Bereitschaftsdienst fällt,
   b) einen anderen Ausgleichszeitraum festzulegen,
5. den Beginn des siebenstündigen Nachtzeitraums des § 2 Abs. 3 auf die Zeit zwischen 22 und 24 Uhr festzulegen.

(2) Sofern der Gesundheitsschutz der Arbeitnehmer durch einen entsprechenden Zeitausgleich gewährleistet wird, kann in einem Tarifvertrag oder auf Grund eines Tarifvertrags in einer Betriebs- oder Dienstvereinbarung ferner zugelassen werden,

1. abweichend von § 5 Abs. 1 die Ruhezeiten bei Rufbereitschaft den Besonderheiten dieses Dienstes anzupassen, insbesondere Kürzungen der Ruhezeit infolge von Inanspruchnahmen während dieses Dienstes zu anderen Zeiten auszugleichen,

2. die Regelungen der §§ 3, 5 Abs. 1 und § 6 Abs. 2 in der Landwirtschaft der Bestellungs- und Erntezeit sowie den Witterungseinflüssen anzupassen,

3. die Regelungen der §§ 3, 4, 5 Abs. 1 und § 6 Abs. 2 bei der Behandlung, Pflege und Betreuung von Personen der Eigenart dieser Tätigkeit und dem Wohl dieser Personen entsprechend anzupassen,

4. die Regelungen der §§ 3, 4, 5 Abs. 1 und § 6 Abs. 2 bei Verwaltungen und Betrieben des Bundes, der Länder, der Gemeinden und sonstigen Körperschaften, Anstalten und Stiftungen des öffentlichen Rechts sowie bei anderen Arbeitgebern, die der Tarifbindung eines für den öffentlichen Dienst geltenden oder eines im wesentlichen inhaltsgleichen Tarifvertrags unterliegen, der Eigenart der Tätigkeit bei diesen Stellen anzupassen.

(2a) In einem Tarifvertrag oder auf Grund eines Tarifvertrags in einer Betriebs- oder Dienstvereinbarung kann abweichend von den §§ 3, 5 Abs. 1 und § 6 Abs. 2 auch zugelassen werden, die werktägliche Arbeitszeit auch ohne Ausgleich über acht Stunden zu verlängern, wenn in die Arbeitszeit regelmäßig und in erheblichem Umfang Arbeitsbereitschaft oder Bereitschaftsdienst fällt und durch besondere Regelungen sichergestellt wird, dass die Gesundheit der Arbeitnehmer nicht gefährdet wird.

(3) Im Geltungsbereich eines Tarifvertrags nach Absatz 1, 2 oder 2a können abweichende tarifvertragliche Regelungen im Betrieb eines nicht tarifgebundenen Arbeitgebers durch Betriebs- oder Dienstvereinbarung oder, wenn ein Betriebs- oder Personalrat nicht besteht, durch schriftliche Vereinbarung zwischen dem Arbeitgeber und dem Arbeitnehmer übernommen werden. Können auf Grund eines solchen Tarifvertrags abweichende Regelungen in einer Betriebs- oder Dienstvereinbarung getroffen werden, kann auch in Betrieben eines nicht tarifgebundenen Arbeitgebers davon Gebrauch gemacht werden. Eine nach Absatz 2 Nr. 4 getroffene abweichende tarifvertragliche Regelung hat zwischen nicht tarifgebundenen Arbeitgebern und Arbeitnehmern Geltung, wenn zwischen ihnen die Anwendung der für den öffentlichen Dienst geltenden tarifvertraglichen Bestim-

mungen vereinbart ist und die Arbeitgeber die Kosten des Betriebs überwiegend mit Zuwendungen im Sinne des Haushaltsrechts decken.

(4) Die Kirchen und die öffentlich-rechtlichen Religionsgesellschaften können die in Absatz 1, 2 oder 2a genannten Abweichungen in ihren Regelungen vorsehen.

(5) In einem Bereich, in dem Regelungen durch Tarifvertrag üblicherweise nicht getroffen werden, können Ausnahmen im Rahmen des Absatzes 1, 2 oder 2a durch die Aufsichtsbehörde bewilligt werden, wenn dies aus betrieblichen Gründen erforderlich ist und die Gesundheit der Arbeitnehmer nicht gefährdet wird.

(6) Die Bundesregierung kann durch Rechtsverordnung mit Zustimmung des Bundesrates Ausnahmen im Rahmen des Absatzes 1 oder 2 zulassen, sofern dies aus betrieblichen Gründen erforderlich ist und die Gesundheit der Arbeitnehmer nicht gefährdet wird.

(7) Auf Grund einer Regelung nach Absatz 2a oder den Absätzen 3 bis 5 jeweils in Verbindung mit Absatz 2a darf die Arbeitszeit nur verlängert werden, wenn der Arbeitnehmer schriftlich eingewilligt hat. Der Arbeitnehmer kann die Einwilligung mit einer Frist von sechs Monaten schriftlich widerrufen. Der Arbeitgeber darf einen Arbeitnehmer nicht benachteiligen, wenn dieser die Einwilligung zur Verlängerung der Arbeitszeit nicht erklärt oder die Einwilligung widerrufen hat.

(8) Werden Regelungen nach Absatz 1 Nr. 1 und 4, Absatz 2 Nr. 2 bis 4 oder solche Regelungen auf Grund der Absätze 3 und 4 zugelassen, darf die Arbeitszeit 48 Stunden wöchentlich im Durchschnitt von zwölf Kalendermonaten nicht überschreiten. Erfolgt die Zulassung auf Grund des Absatzes 5, darf die Arbeitszeit 48 Stunden wöchentlich im Durchschnitt von sechs Kalendermonaten oder 24 Wochen nicht überschreiten.

(9) Wird die werktägliche Arbeitszeit über zwölf Stunden hinaus verlängert, muss im unmittelbaren Anschluss an die Beendigung der Arbeitszeit eine Ruhezeit von mindestens elf Stunden gewährt werden.

§ 8 Gefährliche Arbeiten

Die Bundesregierung kann durch Rechtsverordnung mit Zustimmung des Bundesrates für einzelne Beschäftigungsbereiche, für bestimmte Arbeiten oder für bestimmte Arbeitnehmergruppen, bei denen besondere Gefahren für die Gesundheit der Arbeitnehmer zu erwarten sind, die Arbeitszeit über § 3 hinaus beschränken, die Ruhepausen und Ruhezeiten über die §§ 4 und 5 hinaus ausdehnen, die Regelungen zum Schutz der Nacht- und Schichtarbeitnehmer in § 6 erweitern und die Abweichungsmöglichkeiten nach § 7 beschränken, soweit dies zum Schutz der Gesundheit der Arbeitnehmer erforderlich ist. Satz 1 gilt nicht für Beschäftigungsbereiche und Arbeiten in Betrieben, die der Bergaufsicht unterliegen.

Dritter Abschnitt
Sonn- und Feiertagsruhe

§ 9   Sonn- und Feiertagsruhe

(1) Arbeitnehmer dürfen an Sonn- und gesetzlichen Feiertagen von 0 bis 24 Uhr nicht beschäftigt werden.

(2) In mehrschichtigen Betrieben mit regelmäßiger Tag- und Nachtschicht kann Beginn oder Ende der Sonn- und Feiertagsruhe um bis zu sechs Stunden vor- oder zurückverlegt werden, wenn für die auf den Beginn der Ruhezeit folgenden 24 Stunden der Betrieb ruht.

(3) Für Kraftfahrer und Beifahrer kann der Beginn der 24stündigen Sonn- und Feiertagsruhe um bis zu zwei Stunden vorverlegt werden.

§ 10   Sonn- und Feiertagsbeschäftigung

(1) Sofern die Arbeiten nicht an Werktagen vorgenommen werden können, dürfen Arbeitnehmer an Sonn- und Feiertagen abweichend von § 9 beschäftigt werden

1. in Not- und Rettungsdiensten sowie bei der Feuerwehr,

2. zur Aufrechterhaltung der öffentlichen Sicherheit und Ordnung sowie der Funktionsfähigkeit von Gerichten und Behörden und für Zwecke der Verteidigung,

3. in Krankenhäusern und anderen Einrichtungen zur Behandlung, Pflege und Betreuung von Personen,

4. in Gaststätten und anderen Einrichtungen zur Bewirtung und Beherbergung sowie im Haushalt,

5. bei Musikaufführungen, Theatervorstellungen, Filmvorführungen, Schaustellungen, Darbietungen und anderen ähnlichen Veranstaltungen,

6. bei nichtgewerblichen Aktionen und Veranstaltungen der Kirchen, Religionsgesellschaften, Verbände, Vereine, Parteien und anderer ähnlicher Vereinigungen,

7. beim Sport und in Freizeit-, Erholungs- und Vergnügungseinrichtungen, beim Fremdenverkehr sowie in Museen und wissenschaftlichen Präsenzbibliotheken,

8. beim Rundfunk, bei der Tages- und Sportpresse, bei Nachrichtenagenturen sowie bei den der Tagesaktualität dienenden Tätigkeiten für andere Presseerzeugnisse einschließlich des Austragens, bei der Herstellung von Satz, Filmen und Druckformen für tagesaktuelle Nachrichten und Bilder, bei tagesaktuellen Aufnahmen auf Ton- und Bildträger sowie beim Transport und Kommissionieren von Presseerzeugnissen, deren Ersterscheinungstag am Montag oder am Tag nach einem Feiertag liegt,

9. bei Messen, Ausstellungen und Märkten im Sinne des Titels IV der Gewerbeordnung sowie bei Volksfesten,

10. in Verkehrsbetrieben sowie beim Transport und Kommissionieren von leichtverderblichen Waren im Sinne des § 30 Abs. 3 Nr. 2 der Straßenverkehrsordnung,

11. in den Energie- und Wasserversorgungsbetrieben sowie in Abfall- und Abwasserentsorgungsbetrieben,

12. in der Landwirtschaft und in der Tierhaltung sowie in Einrichtungen zur Behandlung und Pflege von Tieren,

13. im Bewachungsgewerbe und bei der Bewachung von Betriebsanlagen,

14. bei der Reinigung und Instandhaltung von Betriebseinrichtungen, soweit hierdurch der regelmäßige Fortgang des eigenen oder eines fremden Betriebs bedingt ist, bei der Vorbereitung der Wiederaufnahme des vollen werktägigen Betriebs sowie bei der Aufrechterhaltung der Funktionsfähigkeit von Datennetzen und Rechnersystemen,

15. zur Verhütung des Verderbens von Naturerzeugnissen oder Rohstoffen oder des Mißlingens von Arbeitsergebnissen sowie bei kontinuierlich durchzuführenden Forschungsarbeiten,

16. zur Vermeidung einer Zerstörung oder erheblichen Beschädigung der Produktionseinrichtungen.

(2) Abweichend von § 9 dürfen Arbeitnehmer an Sonn- und Feiertagen mit den Produktionsarbeiten beschäftigt werden, wenn die infolge der Unterbrechung der Produktion nach Absatz 1 Nr. 14 zulässigen Arbeiten den Einsatz von mehr Arbeitnehmern als bei durchgehender Produktion erfordern.

(3) Abweichend von § 9 dürfen Arbeitnehmer an Sonn- und Feiertagen in Bäckereien und Konditoreien für bis zu drei Stunden mit der Herstellung und dem Austragen oder Ausfahren von Konditorwaren und an diesem Tag zum Verkauf kommenden Bäckerwaren beschäftigt werden.

(4) Sofern die Arbeiten nicht an Werktagen vorgenommen werden können, dürfen Arbeitnehmer zur Durchführung des Eil- und Großbetragszahlungsverkehrs und des Geld-, Devisen-, Wertpapier- und Derivatehandels abweichend von § 9 Abs. 1 an den auf einen Werktag fallenden Feiertagen beschäftigt werden, die nicht in allen Mitgliedstaaten der Europäischen Union Feiertage sind.

§ 11 Ausgleich für Sonn- und Feiertagsbeschäftigung

(1) Mindestens 15 Sonntage im Jahr müssen beschäftigungsfrei bleiben.

(2) Für die Beschäftigung an Sonn- und Feiertagen gelten die §§ 3 bis 8 entsprechend, jedoch dürfen durch die Arbeitszeit an Sonn- und Feiertagen die in den §§ 3, 6 Abs. 2, §§ 7 und 21a Abs. 4 bestimmten Höchstarbeitszeiten und Ausgleichszeiträume nicht überschritten werden.

(3) Werden Arbeitnehmer an einem Sonntag beschäftigt, müssen sie einen Ersatzruhetag haben, der innerhalb eines den Beschäftigungstag einschließenden Zeitraums von zwei Wochen zu gewähren ist. Werden Arbeitnehmer an einem auf einen Werktag fallenden Feiertag beschäftigt, müssen sie einen Ersatzruhetag haben, der innerhalb eines den Beschäftigungstag einschließenden Zeitraums von acht Wochen zu gewähren ist.

(4) Die Sonn- oder Feiertagsruhe des § 9 oder der Ersatzruhetag des Absatzes 3 ist den Arbeitnehmern unmittelbar in Verbindung mit einer Ruhezeit nach § 5 zu gewähren, soweit dem technische oder arbeitsorganisatorische Gründe nicht entgegenstehen.

§ 12 Abweichende Regelungen

In einem Tarifvertrag oder auf Grund eines Tarifvertrags in einer Betriebs- oder Dienstvereinbarung kann zugelassen werden,

1. abweichend von § 11 Abs. 1 die Anzahl der beschäftigungsfreien Sonntage in den Einrichtungen des § 10 Abs. 1 Nr. 2, 3, 4 und 10 auf mindestens zehn Sonntage, im Rundfunk, in Theaterbetrieben, Orchestern sowie bei Schaustellungen auf mindestens acht Sonn-

tage, in Filmtheatern und in der Tierhaltung auf mindestens sechs Sonntage im Jahr zu verringern,

2. abweichend von § 11 Abs. 3 den Wegfall von Ersatzruhetagen für auf Werktage fallende Feiertage zu vereinbaren oder Arbeitnehmer innerhalb eines festzulegenden Ausgleichszeitraums beschäftigungsfrei zu stellen,

3. abweichend von § 11 Abs. 1 bis 3 in der Seeschiffahrt die den Arbeitnehmern nach diesen Vorschriften zustehenden freien Tage zusammenhängend zu geben,

4. abweichend von § 11 Abs. 2 die Arbeitszeit in vollkontinuierlichen Schichtbetrieben an Sonn- und Feiertagen auf bis zu zwölf Stunden zu verlängern, wenn dadurch zusätzliche freie Schichten an Sonn- und Feiertagen erreicht werden.

§ 7 Abs. 3 bis 6 findet Anwendung.

§ 13 Ermächtigung, Anordnung, Bewilligung

(1) Die Bundesregierung kann durch Rechtsverordnung mit Zustimmung des Bundesrates zur Vermeidung erheblicher Schäden unter Berücksichtigung des Schutzes der Arbeitnehmer und der Sonn- und Feiertagsruhe

1. die Bereiche mit Sonn- und Feiertagsbeschäftigung nach § 10 sowie die dort zugelassenen Arbeiten näher bestimmen,

2. über die Ausnahmen nach § 10 hinaus weitere Ausnahmen abweichend von § 9

   a) für Betriebe, in denen die Beschäftigung von Arbeitnehmern an Sonn- oder Feiertagen zur Befriedigung täglicher oder an diesen Tagen besonders hervortretender Bedürfnisse der Bevölkerung erforderlich ist,

   b) für Betriebe, in denen Arbeiten vorkommen, deren Unterbrechung oder Aufschub

      aa) nach dem Stand der Technik ihrer Art nach nicht oder nur mit erheblichen Schwierigkeiten möglich ist,

      bb) besondere Gefahren für Leben oder Gesundheit der Arbeitnehmer zur Folge hätte,

      cc) zu erheblichen Belastungen der Umwelt oder der Energie- oder Wasserversorgung führen würde,

c) aus Gründen des Gemeinwohls, insbesondere auch zur Sicherung der Beschäftigung,

zulassen und die zum Schutz der Arbeitnehmer und der Sonn- und Feiertagsruhe notwendigen Bedingungen bestimmen.

(2) Soweit die Bundesregierung von der Ermächtigung des Absatzes 1 Nr. 2 Buchstabe a keinen Gebrauch gemacht hat, können die Landesregierungen durch Rechtsverordnung entsprechende Bestimmungen erlassen. Die Landesregierungen können diese Ermächtigung durch Rechtsverordnung auf oberste Landesbehörden übertragen.

(3) Die Aufsichtsbehörde kann

1. feststellen, ob eine Beschäftigung nach § 10 zulässig ist,

2. abweichend von § 9 bewilligen, Arbeitnehmer zu beschäftigen

a) im Handelsgewerbe an bis zu zehn Sonn- und Feiertagen im Jahr, an denen besondere Verhältnisse einen erweiterten Geschäftsverkehr erforderlich machen,

b) an bis zu fünf Sonn- und Feiertagen im Jahr, wenn besondere Verhältnisse zur Verhütung eines unverhältnismäßigen Schadens dies erfordern,

c) an einem Sonntag im Jahr zur Durchführung einer gesetzlich vorgeschriebenen Inventur,

und Anordnungen über die Beschäftigungszeit unter Berücksichtigung der für den öffentlichen Gottesdienst bestimmten Zeit treffen.

(4) Die Aufsichtsbehörde soll abweichend von § 9 bewilligen, daß Arbeitnehmer an Sonn- und Feiertagen mit Arbeiten beschäftigt werden, die aus chemischen, biologischen, technischen oder physikalischen Gründen einen ununterbrochenen Fortgang auch an Sonn- und Feiertagen erfordern.

(5) Die Aufsichtsbehörde hat abweichend von § 9 die Beschäftigung von Arbeitnehmern an Sonn- und Feiertagen zu bewilligen, wenn bei einer weitgehenden Ausnutzung der gesetzlich zulässigen wöchentlichen Betriebszeiten und bei längeren Betriebszeiten im Ausland die Konkurrenzfähigkeit unzumutbar beeinträchtigt ist und durch die Genehmigung von Sonn- und Feiertagsarbeit die Beschäftigung gesichert werden kann.

Vierter Abschnitt
Ausnahmen in besonderen Fällen

§ 14 Außergewöhnliche Fälle

(1) Von den §§ 3 bis 5, 6 Abs. 2, §§ 7, 9 bis 11 darf abgewichen werden bei vorübergehenden Arbeiten in Notfällen und in außergewöhnlichen Fällen, die unabhängig vom Willen der Betroffenen eintreten und deren Folgen nicht auf andere Weise zu beseitigen sind, besonders wenn Rohstoffe oder Lebensmittel zu verderben oder Arbeitsergebnisse zu mißlingen drohen.

(2) Von den §§ 3 bis 5, 6 Abs. 2, §§ 7, 11 Abs. 1 bis 3 und § 12 darf ferner abgewichen werden,

1. wenn eine verhältnismäßig geringe Zahl von Arbeitnehmern vorübergehend mit Arbeiten beschäftigt wird, deren Nichterledigung das Ergebnis der Arbeiten gefährden oder einen unverhältnismäßigen Schaden zur Folge haben würden,

2. bei Forschung und Lehre, bei unaufschiebbaren Vor- und Abschlußarbeiten sowie bei unaufschiebbaren Arbeiten zur Behandlung, Pflege und Betreuung von Personen oder zur Behandlung und Pflege von Tieren an einzelnen Tagen,

wenn dem Arbeitgeber andere Vorkehrungen nicht zugemutet werden können.

(3) Wird von den Befugnissen nach Absatz 1 oder 2 Gebrauch gemacht, darf die Arbeitszeit 48 Stunden wöchentlich im Durchschnitt von sechs Kalendermonaten oder 24 Wochen nicht überschreiten.

§ 15 Bewilligung, Ermächtigung

(1) Die Aufsichtsbehörde kann

1. eine von den §§ 3, 6 Abs. 2 und § 11 Abs. 2 abweichende längere tägliche Arbeitszeit bewilligen
   a) für kontinuierliche Schichtbetriebe zur Erreichung zusätzlicher Freischichten,
   b) für Bau- und Montagestellen,

2. eine von den §§ 3, 6 Abs. 2 und § 11 Abs. 2 abweichende längere tägliche Arbeitszeit für Saison- und Kampagnebetriebe für die Zeit der Saison oder Kampagne bewilligen, wenn die Verlängerung der Arbeitszeit über acht Stunden werktäglich durch eine entspre-

chende Verkürzung der Arbeitszeit zu anderen Zeiten ausgeglichen wird,

3. eine von den §§ 5 und 11 Abs. 2 abweichende Dauer und Lage der Ruhezeit bei Arbeitsbereitschaft, Bereitschaftsdienst und Rufbereitschaft den Besonderheiten dieser Inanspruchnahmen im öffentlichen Dienst entsprechend bewilligen,

4. eine von den §§ 5 und 11 Abs. 2 abweichende Ruhezeit zur Herbeiführung eines regelmäßigen wöchentlichen Schichtwechsels zweimal innerhalb eines Zeitraums von drei Wochen bewilligen.

(2) Die Aufsichtsbehörde kann über die in diesem Gesetz vorgesehenen Ausnahmen hinaus weitergehende Ausnahmen zulassen, soweit sie im öffentlichen Interesse dringend nötig werden.

(2a) Die Bundesregierung kann durch Rechtsverordnung mit Zustimmung des Bundesrates

1. Ausnahmen von den §§ 3, 4, 5 und 6 Absatz 2 sowie von den §§ 9 und 11 für Arbeitnehmer, die besondere Tätigkeiten zur Errichtung, zur Änderung oder zum Betrieb von Bauwerken, künstlichen Inseln oder sonstigen Anlagen auf See (Offshore-Tätigkeiten) durchführen, zulassen und

2. die zum Schutz der in Nummer 1 genannten Arbeitnehmer sowie der Sonn- und Feiertagsruhe notwendigen Bedingungen bestimmen.

(3) Das Bundesministerium der Verteidigung kann in seinem Geschäftsbereich durch Rechtsverordnung mit Zustimmung des Bundesministeriums für Arbeit und Soziales aus zwingenden Gründen der Verteidigung Arbeitnehmer verpflichten, über die in diesem Gesetz und in den auf Grund dieses Gesetzes erlassenen Rechtsverordnungen und Tarifverträgen festgelegten Arbeitszeitgrenzen und -beschränkungen hinaus Arbeit zu leisten.

(3a) Das Bundesministerium der Verteidigung kann in seinem Geschäftsbereich durch Rechtsverordnung im Einvernehmen mit dem Bundesministerium für Arbeit und Soziales für besondere Tätigkeiten der Arbeitnehmer bei den Streitkräften Abweichungen von in diesem Gesetz sowie von in den auf Grund dieses Gesetzes erlassenen Rechtsverordnungen bestimmten Arbeitszeitgrenzen und -beschränkungen zulassen, soweit die Abweichungen aus zwingenden Gründen erforderlich sind und die größtmögliche Sicherheit und der bestmögliche Gesundheitsschutz der Arbeitnehmer gewährleistet werden.

(4) Werden Ausnahmen nach Absatz 1 oder 2 zugelassen, darf die Arbeitszeit 48 Stunden wöchentlich im Durchschnitt von sechs Kalendermonaten oder 24 Wochen nicht überschreiten.

Fünfter Abschnitt
Durchführung des Gesetzes

§ 16 Aushang und Arbeitszeitnachweise

(1) Der Arbeitgeber ist verpflichtet, einen Abdruck dieses Gesetzes, der auf Grund dieses Gesetzes erlassenen, für den Betrieb geltenden Rechtsverordnungen und der für den Betrieb geltenden Tarifverträge und Betriebs- oder Dienstvereinbarungen im Sinne des § 7 Abs. 1 bis 3, §§ 12 und 21a Abs. 6 an geeigneter Stelle im Betrieb zur Einsichtnahme auszulegen oder auszuhängen.

(2) Der Arbeitgeber ist verpflichtet, die über die werktägliche Arbeitszeit des § 3 Satz 1 hinausgehende Arbeitszeit der Arbeitnehmer aufzuzeichnen und ein Verzeichnis der Arbeitnehmer zu führen, die in eine Verlängerung der Arbeitszeit gemäß § 7 Abs. 7 eingewilligt haben. Die Nachweise sind mindestens zwei Jahre aufzubewahren.

§ 17 Aufsichtsbehörde

(1) Die Einhaltung dieses Gesetzes und der auf Grund dieses Gesetzes erlassenen Rechtsverordnungen wird von den nach Landesrecht zuständigen Behörden (Aufsichtsbehörden) überwacht.

(2) Die Aufsichtsbehörde kann die erforderlichen Maßnahmen anordnen, die der Arbeitgeber zur Erfüllung der sich aus diesem Gesetz und den auf Grund dieses Gesetzes erlassenen Rechtsverordnungen ergebenden Pflichten zu treffen hat.

(3) Für den öffentlichen Dienst des Bundes sowie für die bundesunmittelbaren Körperschaften, Anstalten und Stiftungen des öffentlichen Rechts werden die Aufgaben und Befugnisse der Aufsichtsbehörde vom zuständigen Bundesministerium oder den von ihm bestimmten Stellen wahrgenommen; das gleiche gilt für die Befugnisse nach § 15 Abs. 1 und 2.

(4) Die Aufsichtsbehörde kann vom Arbeitgeber die für die Durchführung dieses Gesetzes und der auf Grund dieses Gesetzes erlassenen Rechtsverordnungen erforderlichen Auskünfte verlangen. Sie kann ferner vom Arbeitgeber verlangen, die Arbeitszeitnachweise und Tarifverträge oder Betriebs- oder Dienstvereinbarungen im Sinne

des § 7 Abs. 1 bis 3, §§ 12 und 21a Abs. 6 vorzulegen oder zur Einsicht einzusenden.

(5) Die Beauftragten der Aufsichtsbehörde sind berechtigt, die Arbeitsstätten während der Betriebs- und Arbeitszeit zu betreten und zu besichtigen; außerhalb dieser Zeit oder wenn sich die Arbeitsstätten in einer Wohnung befinden, dürfen sie ohne Einverständnis des Inhabers nur zur Verhütung von dringenden Gefahren für die öffentliche Sicherheit und Ordnung betreten und besichtigt werden. Der Arbeitgeber hat das Betreten und Besichtigen der Arbeitsstätten zu gestatten. Das Grundrecht der Unverletzlichkeit der Wohnung (Artikel 13 des Grundgesetzes) wird insoweit eingeschränkt.

(6) Der zur Auskunft Verpflichtete kann die Auskunft auf solche Fragen verweigern, deren Beantwortung ihn selbst oder einen der in § 383 Abs. 1 Nr. 1 bis 3 der Zivilprozeßordnung bezeichneten Angehörigen der Gefahr strafgerichtlicher Verfolgung oder eines Verfahrens nach dem Gesetz über Ordnungswidrigkeiten aussetzen würde.

Sechster Abschnitt
Sonderregelungen

§ 18 Nichtanwendung des Gesetzes

(1) Dieses Gesetz ist nicht anzuwenden auf

1. leitende Angestellte im Sinne des § 5 Abs. 3 des Betriebsverfassungsgesetzes sowie Chefärzte,
2. Leiter von öffentlichen Dienststellen und deren Vertreter sowie Arbeitnehmer im öffentlichen Dienst, die zu selbständigen Entscheidungen in Personalangelegenheiten befugt sind,
3. Arbeitnehmer, die in häuslicher Gemeinschaft mit den ihnen anvertrauten Personen zusammenleben und sie eigenverantwortlich erziehen, pflegen oder betreuen,
4. den liturgischen Bereich der Kirchen und der Religionsgemeinschaften.

(2) Für die Beschäftigung von Personen unter 18 Jahren gilt anstelle dieses Gesetzes das Jugendarbeitsschutzgesetz.

(3) Für die Beschäftigung von Arbeitnehmern als Besatzungsmitglieder auf Kauffahrteischiffen im Sinne des § 3 des Seemannsgesetzes gilt anstelle dieses Gesetzes das Seemannsgesetz.

§ 19   Beschäftigung im öffentlichen Dienst

Bei der Wahrnehmung hoheitlicher Aufgaben im öffentlichen Dienst können, soweit keine tarifvertragliche Regelung besteht, durch die zuständige Dienstbehörde die für Beamte geltenden Bestimmungen über die Arbeitszeit auf die Arbeitnehmer übertragen werden; insoweit finden die §§ 3 bis 13 keine Anwendung.

§ 20   Beschäftigung in der Luftfahrt

Für die Beschäftigung von Arbeitnehmern als Besatzungsmitglieder von Luftfahrzeugen gelten anstelle der Vorschriften dieses Gesetzes über Arbeits- und Ruhezeiten die Vorschriften über Flug-, Flugdienst- und Ruhezeiten der Zweiten Durchführungsverordnung zur Betriebsordnung für Luftfahrtgerät in der jeweils geltenden Fassung.

§ 21   Beschäftigung in der Binnenschiffahrt

(1) Die Bundesregierung kann durch Rechtsverordnung mit Zustimmung des Bundesrates, auch zur Umsetzung zwischenstaatlicher Vereinbarungen oder Rechtsakten der Europäischen Union, abweichend von den Vorschriften dieses Gesetzes die Bedingungen für die Arbeitszeitgestaltung von Arbeitnehmern, die als Mitglied der Besatzung oder des Bordpersonals an Bord eines Fahrzeugs in der Binnenschifffahrt beschäftigt sind, regeln, soweit dies erforderlich ist, um den besonderen Bedingungen an Bord von Binnenschiffen Rechnung zu tragen. Insbesondere können in diesen Rechtsverordnungen die notwendigen Bedingungen für die Sicherheit und den Gesundheitsschutz im Sinne des § 1, einschließlich gesundheitlicher Untersuchungen hinsichtlich der Auswirkungen der Arbeitszeitbedingungen auf einem Schiff in der Binnenschifffahrt, sowie die notwendigen Bedingungen für den Schutz der Sonn- und Feiertagsruhe bestimmt werden. In Rechtsverordnungen nach Satz 1 kann ferner bestimmt werden, dass von den Vorschriften der Rechtsverordnung durch Tarifvertrag abgewichen werden kann.

(2) Soweit die Bundesregierung von der Ermächtigung des Absatzes 1 keinen Gebrauch macht, gelten die Vorschriften dieses Gesetzes für das Fahrpersonal auf Binnenschiffen, es sei denn, binnenschifffahrtsrechtliche Vorschriften über Ruhezeiten stehen dem entgegen. Bei Anwendung des Satzes 1 kann durch Tarifvertrag von den Vorschriften dieses Gesetzes abgewichen werden, um der Eigenart der Binnenschifffahrt Rechnung zu tragen.

§ 21a Beschäftigung im Straßentransport

(1) Für die Beschäftigung von Arbeitnehmern als Fahrer oder Beifahrer bei Straßenverkehrstätigkeiten im Sinne der Verordnung (EG) Nr. 561/2006 des Europäischen Parlaments und des Rates vom 15. März 2006 zur Harmonisierung bestimmter Sozialvorschriften im Straßenverkehr und zur Änderung der Verordnungen (EWG) Nr. 3821/85 und (EG) Nr. 2135/98 des Rates sowie zur Aufhebung der Verordnung (EWG) Nr. 3820/85 des Rates (ABl. EG Nr. L 102 S. 1) oder des Europäischen Übereinkommens über die Arbeit des im internationalen Straßenverkehr beschäftigten Fahrpersonals (AETR) vom 1. Juli 1970 (BGBl. II 1974 S. 1473) in ihren jeweiligen Fassungen gelten die Vorschriften dieses Gesetzes, soweit nicht die folgenden Absätze abweichende Regelungen enthalten. Die Vorschriften der Verordnung (EG) Nr. 561/2006 und des AETR bleiben unberührt.

(2) Eine Woche im Sinne dieser Vorschriften ist der Zeitraum von Montag 0 Uhr bis Sonntag 24 Uhr.

(3) Abweichend von § 2 Abs. 1 ist keine Arbeitszeit:

1. die Zeit, während derer sich ein Arbeitnehmer am Arbeitsplatz bereithalten muss, um seine Tätigkeit aufzunehmen,

2. die Zeit, während derer sich ein Arbeitnehmer bereithalten muss, um seine Tätigkeit auf Anweisung aufnehmen zu können, ohne sich an seinem Arbeitsplatz aufhalten zu müssen,

3. für Arbeitnehmer, die sich beim Fahren abwechseln, die während der Fahrt neben dem Fahrer oder in einer Schlafkabine verbrachte Zeit.

Für die Zeiten nach Satz 1 Nr. 1 und 2 gilt dies nur, wenn der Zeitraum und dessen voraussichtliche Dauer im Voraus, spätestens unmittelbar vor Beginn des betreffenden Zeitraums bekannt ist. Die in Satz 1 genannten Zeiten sind keine Ruhezeiten. Die in Satz 1 Nr. 1 und 2 genannten Zeiten sind keine Ruhepausen.

(4) Die Arbeitszeit darf 48 Stunden wöchentlich nicht überschreiten. Sie kann auf bis zu 60 Stunden verlängert werden, wenn innerhalb von vier Kalendermonaten oder 16 Wochen im Durchschnitt 48 Stunden wöchentlich nicht überschritten werden.

(5) Die Ruhezeiten bestimmen sich nach den Vorschriften der Europäischen Gemeinschaften für Kraftfahrer und Beifahrer sowie nach dem AETR. Dies gilt auch für Auszubildende und Praktikanten.

(6) In einem Tarifvertrag oder auf Grund eines Tarifvertrags in einer Betriebs- oder Dienstvereinbarung kann zugelassen werden,

1. nähere Einzelheiten zu den in Absatz 3 Satz 1 Nr. 1, 2 und Satz 2 genannten Voraussetzungen zu regeln,

2. abweichend von Absatz 4 sowie den §§ 3 und 6 Abs. 2 die Arbeitszeit festzulegen, wenn objektive, technische oder arbeitszeitorganisatorische Gründe vorliegen. Dabei darf die Arbeitszeit 48 Stunden wöchentlich im Durchschnitt von sechs Kalendermonaten nicht überschreiten.

§ 7 Abs. 1 Nr. 2 und Abs. 2a gilt nicht. § 7 Abs. 3 gilt entsprechend.

(7) Der Arbeitgeber ist verpflichtet, die Arbeitszeit der Arbeitnehmer aufzuzeichnen. Die Aufzeichnungen sind mindestens zwei Jahre aufzubewahren. Der Arbeitgeber hat dem Arbeitnehmer auf Verlangen eine Kopie der Aufzeichnungen seiner Arbeitszeit auszuhändigen.

(8) Zur Berechnung der Arbeitszeit fordert der Arbeitgeber den Arbeitnehmer schriftlich auf, ihm eine Aufstellung der bei einem anderen Arbeitgeber geleisteten Arbeitszeit vorzulegen. Der Arbeitnehmer legt diese Angaben schriftlich vor.

Siebter Abschnitt
Straf- und Bußgeldvorschriften

§ 22 Bußgeldvorschriften

(1) Ordnungswidrig handelt, wer als Arbeitgeber vorsätzlich oder fahrlässig

1. entgegen §§ 3, 6 Abs. 2 oder § 21a Abs. 4, jeweils auch in Verbindung mit § 11 Abs. 2, einen Arbeitnehmer über die Grenzen der Arbeitszeit hinaus beschäftigt,

2. entgegen § 4 Ruhepausen nicht, nicht mit der vorgeschriebenen Mindestdauer oder nicht rechtzeitig gewährt,

3. entgegen § 5 Abs. 1 die Mindestruhezeit nicht gewährt oder entgegen § 5 Abs. 2 die Verkürzung der Ruhezeit durch Verlängerung einer anderen Ruhezeit nicht oder nicht rechtzeitig ausgleicht,

4. einer Rechtsverordnung nach § 8 Satz 1, § 13 Abs. 1 oder 2, § 15 Abs. 2a Nr. 2, § 21 Abs. 1 oder § 24 zuwiderhandelt, soweit sie für einen bestimmten Tatbestand auf diese Bußgeldvorschrift verweist,

5. entgegen § 9 Abs. 1 einen Arbeitnehmer an Sonn- oder Feiertagen beschäftigt,

6. entgegen § 11 Abs. 1 einen Arbeitnehmer an allen Sonntagen beschäftigt oder entgegen § 11 Abs. 3 einen Ersatzruhetag nicht oder nicht rechtzeitig gewährt,

7. einer vollziehbaren Anordnung nach § 13 Abs. 3 Nr. 2 zuwiderhandelt,

8. entgegen § 16 Abs. 1 die dort bezeichnete Auslage oder den dort bezeichneten Aushang nicht vornimmt,

9. entgegen § 16 Abs. 2 oder § 21a Abs. 7 Aufzeichnungen nicht oder nicht richtig erstellt oder nicht für die vorgeschriebene Dauer aufbewahrt oder

10. entgegen § 17 Abs. 4 eine Auskunft nicht, nicht richtig oder nicht vollständig erteilt, Unterlagen nicht oder nicht vollständig vorlegt oder nicht einsendet oder entgegen § 17 Abs. 5 Satz 2 eine Maßnahme nicht gestattet.

(2) Die Ordnungswidrigkeit kann in den Fällen des Absatzes 1 Nr. 1 bis 7, 9 und 10 mit einer Geldbuße bis zu fünfzehntausend Euro, in den Fällen des Absatzes 1 Nr. 8 mit einer Geldbuße bis zu zweitausendfünfhundert Euro geahndet werden.

§ 23 Strafvorschriften

(1) Wer eine der in § 22 Abs. 1 Nr. 1 bis 3, 5 bis 7 bezeichneten Handlungen

1. vorsätzlich begeht und dadurch Gesundheit oder Arbeitskraft eines Arbeitnehmers gefährdet oder

2. beharrlich wiederholt,

wird mit Freiheitsstrafe bis zu einem Jahr oder mit Geldstrafe bestraft.

(2) Wer in den Fällen des Absatzes 1 Nr. 1 die Gefahr fahrlässig verursacht, wird mit Freiheitsstrafe bis zu sechs Monaten oder mit Geldstrafe bis zu 180 Tagessätzen bestraft.

I

Achter Abschnitt
Schlußvorschriften

§ 24   Umsetzung von zwischenstaatlichen Vereinbarungen und Rechtsakten der EG

Die Bundesregierung kann mit Zustimmung des Bundesrates zur Erfüllung von Verpflichtungen aus zwischenstaatlichen Vereinbarungen oder zur Umsetzung von Rechtsakten des Rates oder der Kommission der Europäischen Gemeinschaften, die Sachbereiche dieses Gesetzes betreffen, Rechtsverordnungen nach diesem Gesetz erlassen.

§ 25   Übergangsregelung für Tarifverträge

Enthält ein am 1. Januar 2004 bestehender oder nachwirkender Tarifvertrag abweichende Regelungen nach § 7 Abs. 1 oder 2 oder § 12 Satz 1, die den in diesen Vorschriften festgelegten Höchstrahmen überschreiten, bleiben diese tarifvertraglichen Bestimmungen bis zum 31. Dezember 2006 unberührt. Tarifverträgen nach Satz 1 stehen durch Tarifvertrag zugelassene Betriebsvereinbarungen sowie Regelungen nach § 7 Abs. 4 gleich.

§ 7 Sonderformen der Arbeit

(1) [1]Wechselschichtarbeit ist die Arbeit nach einem Schichtplan, der einen regelmäßigen Wechsel der täglichen Arbeitszeit in Wechselschichten vorsieht, bei denen Beschäftigte durchschnittlich längstens nach Ablauf eines Monats erneut zur Nachtschicht herangezogen werden. [2]Wechselschichten sind wechselnde Arbeitsschichten, in denen ununterbrochen bei Tag und Nacht, werktags, sonntags und feiertags gearbeitet wird. [3]Nachtschichten sind Arbeitsschichten, die mindestens zwei Stunden Nachtarbeit umfassen.

(2) Schichtarbeit ist die Arbeit nach einem Schichtplan, der einen regelmäßigen Wechsel des Beginns der täglichen Arbeitszeit um mindestens zwei Stunden in Zeitabschnitten von längstens einem Monat vorsieht, und die innerhalb einer Zeitspanne von mindestens 13 Stunden geleistet wird.

(3) Bereitschaftsdienst leisten Beschäftigte, die sich auf Anordnung des Arbeitgebers außerhalb der regelmäßigen Arbeitszeit an einer vom Arbeitgeber bestimmten Stelle aufhalten, um im Bedarfsfall die Arbeit aufzunehmen.

(4) [1]Rufbereitschaft leisten Beschäftigte, die sich auf Anordnung des Arbeitgebers außerhalb der regelmäßigen Arbeitszeit an einer dem Arbeitgeber anzuzeigenden Stelle aufhalten, um auf Abruf die Arbeit aufzunehmen. [2]Rufbereitschaft wird nicht dadurch ausgeschlossen, dass Beschäftigte vom Arbeitgeber mit einem Mobiltelefon oder einem vergleichbaren technischen Hilfsmittel ausgestattet sind.

(5) Nachtarbeit ist die Arbeit zwischen 21 Uhr und 6 Uhr.

(6) Mehrarbeit sind die Arbeitsstunden, die Teilzeitbeschäftigte über die vereinbarte regelmäßige Arbeitszeit hinaus bis zur regelmäßigen wöchentlichen Arbeitszeit von Vollbeschäftigten (§ 6 Abs. 1 Satz 1) leisten.

(7) Überstunden sind die auf Anordnung des Arbeitgebers geleisteten Arbeitsstunden, die über die im Rahmen der regelmäßigen Arbeitszeit von Vollbeschäftigten (§ 6 Abs. 1 Satz 1) für die Woche dienstplanmäßig bzw. betriebsüblich festgesetzten Arbeitsstunden hinausgehen und nicht bis zum Ende der folgenden Kalenderwoche ausgeglichen werden.

(8) Abweichend von Absatz 7 sind nur die Arbeitsstunden Überstunden, die

a) im Falle der Festlegung eines Arbeitszeitkorridors nach § 6 Abs. 6 über 45 Stunden oder über die vereinbarte Obergrenze hinaus,

b) im Falle der Einführung einer täglichen Rahmenzeit nach § 6 Abs. 7 außerhalb der Rahmenzeit,

c) im Falle von Wechselschicht- oder Schichtarbeit über die im Schichtplan festgelegten täglichen Arbeitsstunden einschließlich der im Schichtplan vorgesehenen Arbeitsstunden, die bezogen auf die regelmäßige wöchentliche Arbeitszeit im Schichtplanturnus nicht ausgeglichen werden,

angeordnet worden sind.

Erläuterungen

§ 7 TVöD definiert die Begriffe für Sonderformen der Arbeit und korrespondiert mit § 8 TVöD, in dem der (finanzielle) Ausgleich für diese besonderen Formen der Arbeit bestimmt ist, und hinsichtlich des Zusatzurlaubs für (Wechsel-)Schichtarbeit mit § 27 TVöD. Die Begriffsbestimmungen waren bislang in den §§ 15 (Absätze 6a, 6b und 8) und in § 17 BAT enthalten; der Zusatzurlaub ergab sich aus § 48a BAT.

Anders als im Geltungsbereich des BAT trifft die Vorschrift des TVöD lediglich Begriffsbestimmungen, enthält aber keine Verpflichtung des Arbeitnehmers, bestimmte Sonderformen der Arbeit (z. B. Rufbereitschaft, Bereitschaftsdienst oder Überstunden) auszuüben. Diese Verpflichtung ergibt sich jedoch aus § 6 Abs. 5 TVöD. Unabhängig davon besteht die Möglichkeit, Sonderformen der Arbeit anzuordnen, bereits auf der Grundlage des allgemeinen Direktionsrechtes des Arbeitgebers.

Auf die abweichenden Sonderregelungen in §§ 46 und 48 (Bund) bzw. §§ 46, 47 und 48 (VKA) des Besonderen Teils Verwaltung[1]), die abweichenden Sonderregelungen in §§ 45, 46 des Besonderen Teils Pflege- und Betreuungseinrichtungen, der §§ 44 ff. des Besonderen Teils Krankenhäuser sowie die Regelung des § 43 (Überstunden) des Besonderen Teils Verwaltung[1]) wird hingewiesen.

Wechselschicht/Nachtschicht (Abs. 1)

Die in Satz 1 und Satz 2 der Vorschrift getroffene Definition der Begriffe Wechselschichtarbeit und Wechselschicht entspricht der bisherigen Begriffsbestimmung in § 15 Abs. 8 BAT. Wechselschichtarbeit liegt vor, wenn die Arbeit nach einem Schichtplan ausgeführt wird, der den regelmäßigen Wechsel des Beginns der regelmäßigen Arbeitszeit vorsieht und den Beschäftigten durchschnittlich spätestens nach Ablauf eines Monats erneut zur Nachtschicht heranzieht. Die gelegentliche Heranziehung zur Nachtschicht reicht somit zur Annahme von Wechselschichtarbeit nicht aus. Wechselschichten setzen den ununterbrochenen Betrieb bei Tag und Nacht sowie an Sonn- und Feiertagen (also einen „Rund-um-die-Uhr-Betrieb") voraus.

Satz 3 bestimmt, dass Nachtschicht (im Sinne des Satzes 1) die Arbeitsschichten sind, die mindestens zwei Stunden Nachtarbeit

---

[1]) abgedruckt unter **I.1.1**

umfassen. Der Begriff der Nachtarbeit ist in Absatz 5 der Vorschrift definiert; darunter ist die Arbeit zwischen 21 Uhr und 6 Uhr zu verstehen.

In seinem Urteil vom 24. März 2010 – 10 AZR 58/09 – hat sich das BAG mit der Frage befasst, welche Auswirkungen Urlaub oder Krankheit auf den Anspruch auf Wechselschichtzulage nach den Regelungen des TVöD haben. In dem entschiedenen Fall hatte der Kläger von Mitte August bis Mitte September Erholungsurlaub. Er hat deswegen erst nach mehr als einem Monat wieder in Nachtschichten gearbeitet. Ohne urlaubsbedingte Freistellung wäre er spätestens nach Ablauf eines Monats erneut zu mindestens zwei Nachtschichten herangezogen worden. Die Arbeitgeberin hatte dem Kläger für den Monat September nur die Zulage für ständige Schichtarbeit, nicht aber die für ständige Wechselschichtarbeit gezahlt. Das BAG hat – anders als die Vorinstanzen – der Klage stattgegeben. Fällt eine tariflich für den Zulagenanspruch geforderte Schicht nur deshalb aus, weil der Beschäftigte wegen der Gewährung von Erholungsurlaub oder aus anderen in § 21 TVöD genannten Gründen (z. B. Arbeitsunfähigkeit während des Entgeltfortzahlungszeitraums) von der Verpflichtung zur Erbringung der Arbeitsleistung frei ist, so steht dies nach Auffassung des BAG dem Anspruch auf die Zulage für ständige Wechselschichtarbeit nicht entgegen. Entscheidend ist, ob der Beschäftigte ohne die Arbeitsbefreiung die geforderten Schichten geleistet hätte.

Schichtarbeit (Abs. 2)

Die Definition der Schichtarbeit lehnt sich an die bisherigen Regelungen des § 15 Abs. 8 bzw. § 33a Abs. 2 Unterabs. 1 Buchst. b Doppelbuchst. bb BAT an. Die Voraussetzungen für das Vorliegen von Schichtarbeit im tariflichen Sinne entsprechen weitgehend denen der Wechselschichtarbeit, bleiben aber insgesamt hinter den dort geforderten Mindestbedingungen zurück. Schichtarbeit liegt vor, wenn die Arbeit nach einem Schichtplan ausgeführt wird, der den regelmäßigen Wechsel des Beginns der regelmäßigen Arbeitszeit vorsieht. Individuell wechselnde Arbeitszeiten des Arbeitnehmers sind nicht ausreichend (siehe BAG-Urteil vom 23. Juni 2010 – 10 AZR 548/09). Weitere Voraussetzung für das Vorliegen von Schichtarbeit im Sinne des TVöD ist, dass

– der Wechsel des Beginns der täglichen Arbeitszeit in Zeitabschnitten von höchstens einem Monat erfolgt (der Wechsel von sechs

I

Wochen Frühschicht mit sechs Wochen Spätschicht ist folglich keine Schichtarbeit),

– die Schichten um mindestens zwei Stunden zueinander verschoben sind (der Wechsel zwischen einer um 7 Uhr beginnenden Frühschicht und einer um 8 Uhr beginnenden Spätschicht führt also auch nicht zu Schichtarbeit),

– und dass die Arbeit innerhalb einer Zeitspanne von mindestens 13 Stunden, bezogen auf den Beginn der frühesten und das Ende der spätesten Schicht geleistet wird (bei einer üblichen Frühschicht von 6 bis 16 Uhr und einer regelmäßigen Spätschicht von 9 bis 18 Uhr liegt somit keine Schichtarbeit vor). Die 13 Stundenfrist muss dabei nach den BAG-Urteilen vom 21. Oktober 2009 – 10 AZR 70/09 und 10 AZR 807/08 – nicht am selben Wochentag erreicht werden. Nach Auffassung des BAG ist es ausreichend, wenn die Mindestzeitspanne von 13 Stunden zwischen dem Beginn der frühesten und dem Ende der spätesten Schicht des jeweils zu beurteilenden Monats erreicht wird.

Bereitschaftsdienst (Abs. 3)

Die Vorschrift definiert – wie § 15 Abs. 6a BAT – Bereitschaftsdienst als die Zeit, in der sich der Arbeitnehmer auf Weisung des Arbeitgebers außerhalb der regelmäßigen Arbeitszeit an einer vom Arbeitgeber bestimmten Stelle (in der Regel dürfte dies die Arbeitsstelle sein) aufhält, um im Bedarfsfall die Arbeit aufzunehmen. Die in § 15 Abs. 6a BAT enthaltene Einschränkung, dass der Arbeitgeber Bereitschaftsdienst nur anordnen darf, wenn zwar zu erwarten ist, dass Arbeit anfällt, die Zeit ohne Arbeit aber erfahrungsgemäß überwiegt, ist nicht in den TVöD übernommen worden.

Eine Regelung des Begriffes der Bereitschaftszeiten (im Sinne der Arbeitsbereitschaft in den bisherigen Arbeitertarifverträgen) bzw. der Voraussetzungen und Folgen haben die Tarifpartner in § 9 getroffen.

Wegen der Auswirkungen der gesetzlichen Arbeitszeitregelungen → Erläuterungen zu § 9.

Rufbereitschaft (Abs. 4)

Satz 1 der Vorschrift definiert – wie § 15 Abs. 6b BAT – Rufbereitschaft als die Zeit, in der sich der Arbeitnehmer auf Anordnung des Arbeitgebers außerhalb der regelmäßigen Arbeitszeit an einer dem Arbeitgeber anzuzeigenden (nicht vom Arbeitgeber bestimmten; in der Regel dürfte dies die Wohnung sein) Stelle aufhält, um auf Abruf die Arbeit aufzunehmen. Die in § 15 Abs. 6b BAT enthaltene Einschränkung, dass der Arbeitgeber Rufbereitschaft nur anordnen darf, wenn erfahrungsgemäß nur in Ausnahmefällen Arbeit anfällt, ist nicht in den TVöD übernommen worden.

In Satz 2 der Vorschrift ist – abweichend von der bislang dazu im Schrifttum vertretenen Meinung – ausdrücklich bestimmt, dass die Ausstattung des Arbeitnehmers mit einem Mobiltelefon oder einem vergleichbaren technischen Hilfsmittel Rufbereitschaft nicht ausschließt.

Zeiten der Rufbereitschaft sind auch unter Zugrundelegung der EUGH-Rechtsprechung zum gesetzlichen Arbeitszeitrecht (→ § 9 Erläuterungen) keine Arbeitszeit; lediglich die Zeiten der tatsächlichen Inanspruchnahme während der Rufbereitschaft stellen Arbeitszeit im arbeitszeitrechtlichen Sinne dar.

Nachtarbeit (Abs. 5)

Nachtarbeit ist nach dieser Definition die Zeit zwischen 21 Uhr und 6 Uhr. Die Festlegung der Tarifpartner weicht damit von der bisherigen Regelung in § 15 Abs. 8 BAT (20 Uhr bis 6 Uhr) und der Definition des § 2 Abs. 3 des Arbeitszeitgesetzes (23 Uhr bis 6 Uhr) ab.

Mehrarbeit (Abs. 6)

Mit der Regelung in Absatz 6 greifen die Tarifpartner den bisher (teilweise) in § 34 Abs. 1 Unterabs. 1 Satz 2 BAT geregelten Sachverhalt auf, dass Teilzeitbeschäftigte über das mit ihnen individuell vereinbarte Arbeitspensum hinaus zusätzliche Arbeit leisten. Diese Mehrarbeit führt – so lange nicht die Regelarbeitszeit eines vollbeschäftigten Arbeitnehmers erreicht bzw. überschritten wird – nicht zu mit Zuschlägen vergütenden Überstunden, sondern zu lediglich mit der anteiligen Vergütung zu bezahlender Mehrarbeit (→ § 8 Abs. 2). Erst beim Überschreiten der Regelarbeitszeit eines Vollbeschäftigten entstehen auch bei teilzeitbeschäftigten Arbeitnehmern Überstunden.

Beispiele:

- Individuelle vertragliche Arbeitszeit 30 Stunden, tatsächliche Arbeitszeit 35 Stunden: Die fünf überplanmäßigen Stunden sind mit der anteiligen Vergütung zu entlohnen.

- Individuelle vertragliche Arbeitszeit 30 Stunden, tatsächliche Arbeitszeit 40 Stunden: Auf der Grundlage der Regelarbeitszeit für Arbeitnehmer des Bundes (39 Stunden) sind 9 Stunden mit der anteiligen Vergütung und eine Stunde mit der Überstundenvergütung zu entlohnen.

Die Rechtmäßigkeit dieser Verfahrensweise ist höchstrichterlich bestätigt worden (siehe BAG-Urteil vom 25. 7. 1996 – 6 AZR 138/94, AP Nr. 6 zu § 35 BAT). Sie hält auch einer kritischen Betrachtung im Hinblick auf das nach dem Teilzeit- und Befristungsgesetz (TzBfG) zu beachtenden Nachteilsverbot Teilzeitbeschäftigter und vergleichbare europarechtliche Grenzen stand; denn auch Vollbeschäftigte erhalten Überstundenzuschläge erst, wenn die durchschnittliche regelmäßige wöchentliche Arbeitszeit überschritten ist. Vor dem Hintergrund des Nachteilsverbotes kann den Betroffenen die anteilige Zahlung von in Monatsbeträgen festgelegten Zulagen/Zuschlägen, die auch ein Vollbeschäftigter erhält und die bei dem Teilzeitbeschäftigten zuvor gemäß § 24 TVöD auf den Umfang der vertraglichen Teilzeit reduziert worden sind, nach Auffassung des Verfassers jedoch nicht verweigert werden.

Beispiel:

Die Wechselschichtzulage, die auf ein angenommenes vertragliches Arbeitszeitvolumen von 50 % reduziert wurde, ist – wenn der Betroffene Mehrarbeit leistet und damit auf 75 % der Arbeitszeit kommt – ebenfalls auf 75 % aufzustocken.

Zuschläge für z. B. Feiertags- oder Nachtarbeit und andere unständige Bezügebestandteile werden ohnehin „spitz" nach der geleisteten Arbeit berechnet und sind deshalb auch für Mehrarbeitsstunden zu zahlen.

Überstunden (Abs. 7)

Die Definition der Überstunden entspricht weitgehend der bisherigen Regelung in § 17 Abs. 1 BAT. Sie ist aber im Hinblick auf die neu aufgenommene, spezielle Vorschrift für Mehrarbeit Teilzeitbeschäftigter (→ Absatz 6) auf Vollbeschäftigte beschränkt. Ferner gelten Mehrarbeitszeiten nur dann als Überstunden im tariflichen Sinne, wenn sie nicht bis zum Ende der folgenden Kalenderwoche ausgeglichen werden. Im Ergebnis ist der Ausgleichszeitraum im Vergleich zum BAT damit von maximal einer auf maximal zwei Wochen angehoben worden.

Überstunden sind nach der Tarifvorschrift die auf Anordnung des Arbeitgebers geleisteten, über den Rahmen der für die Woche dienstplanmäßig bzw. betriebsüblich festgesetzten Arbeitszeit hinausgehenden Arbeitsstunden. Es gilt die wöchentliche Überstundenberechnung; somit führen Überschreitungen der täglichen dienstplanmäßigen bzw. betriebsüblichen Arbeitszeit, die innerhalb derselben Woche ausgeglichen werden, nicht zu Überstunden. Weitere Voraussetzung ist, dass kein Ausgleich bis zum Ende der folgenden (also der zweiten) Woche erfolgt (s. o.).

Entgegen der bisherigen Regelung in § 17 BAT enthält die Vorschrift des TVöD keine Bestimmungen, ob und ggf. mit welchen Einschränkungen Überstunden angeordnet werden können. Es ist somit nach den allgemeinen Grundsätzen des Direktionsrechts zu verfahren.

Überstunden in besonderen Fällen (Abs. 8)

Bei dieser Bestimmung handelt es sich um eine Ausnahmeregelung zu Absatz 7. Abweichend von den dort vereinbarten Grundsätzen sollen Überstunden in bestimmten Fällen unter anderen Voraussetzungen – insbesondere in Bezug auf Ausgleichszeiträume – entstehen.

Nach Satz 1 Buchst. a entstehen Überstunden im Falle der Festlegung eines wöchentlichen Arbeitszeitkorridors (→ § 6 Abs. 6) erst bei Überschreiten der in diesem Zusammenhang durch Betriebs-/Dienstvereinbarung festgelegten Obergrenze des Zeitkorridors (max. 45 Stunden).

Nach Satz 1 Buchst. b können im Fall der Einführung einer täglichen Rahmenzeit (→ § 6 Abs. 7) Überstunden erst bei Überschreiten des durch Dienst- oder Betriebsvereinbarung festgelegten Rahmens entstehen.

Nach Satz 1 Buchst. c entstehen im Fall der Wechselschicht/Schicht-arbeit Überstunden nur dann, wenn erstens die im Schichtplan festgelegten täglichen Arbeitsstunden überschritten werden und diese zweitens – bezogen auf die wöchentliche Arbeitszeit – nicht im Schichtplanturnus ausgeglichen werden können.

§ 8 Ausgleich für Sonderformen der Arbeit

(1) [1]Der/Die Beschäftigte erhält neben dem Entgelt für die tatsächliche Arbeitsleistung Zeitzuschläge. [2]Die Zeitzuschläge betragen – auch bei Teilzeitbeschäftigten – je Stunde

a) für Überstunden

in den Entgeltgruppen 1 bis 9 (Bund) bzw. Entgeltgruppen 1 bis 9b (VKA)   30 v. H.,

in den Entgeltgruppen 10 bis 15 (Bund) bzw. Entgeltgruppen 9c bis 15 (VKA)   15 v. H.,

b) für Nachtarbeit   20 v. H.,

c) für Sonntagsarbeit   25 v. H.,

d) bei Feiertagsarbeit

    – ohne Freizeitausgleich   135 v. H.,

    – mit Freizeitausgleich   35 v. H.,

e) für Arbeit am 24. Dezember und am 31. Dezember jeweils ab 6 Uhr   35 v. H.,

f) für Arbeit an Samstagen von 13 bis 21 Uhr, soweit diese nicht im Rahmen von Wechselschicht- oder Schichtarbeit anfällt   20 v. H.

des auf eine Stunde entfallenden Anteils des Tabellenentgelts der Stufe 3 der jeweiligen Entgeltgruppe. [3]Beim Zusammentreffen von Zeitzuschlägen nach Satz 2 Buchstabe c bis f wird nur der höchste Zeitzuschlag gezahlt. [4]Auf Wunsch der/des Beschäftigten können, soweit ein Arbeitszeitkonto (§ 10) eingerichtet ist und die betrieblichen/dienstlichen Verhältnisse es zulassen, die nach Satz 2 zu zahlenden Zeitzuschläge entsprechend dem jeweiligen Vomhundertsatz einer Stunde in Zeit umgewandelt und ausgeglichen werden. [5]Dies gilt entsprechend für Überstunden als solche.

Protokollerklärung zu Absatz 1 Satz 1:
Bei Überstunden richtet sich das Entgelt für die tatsächliche Arbeitsleistung nach der jeweiligen Entgeltgruppe und der individuellen Stufe, höchstens jedoch nach der Stufe 4.

Protokollerklärung zu Absatz 1 Satz 2 Buchst. d:
[1]Der Freizeitausgleich muss im Dienstplan besonders ausgewiesen und bezeichnet werden. [2]Falls kein Freizeitausgleich gewährt wird, werden als Entgelt einschließlich des Zeitzuschlags und des auf den Feiertag entfallenden Tabellenentgelts höchstens 235 v. H. gezahlt.

(2) Für Arbeitsstunden, die keine Überstunden sind und die aus betrieblichen/dienstlichen Gründen nicht innerhalb des nach § 6 Abs. 2 Satz 1 oder 2 festgelegten Zeitraums mit Freizeit ausgeglichen werden, erhält die/der Beschäftigte je Stunde 100 v. H. des auf eine Stunde entfallenden Anteils des Tabellenentgelts der jeweiligen Entgeltgruppe und Stufe.

Protokollerklärung zu Absatz 2:

Mit dem Begriff „Arbeitsstunden" sind nicht die Stunden gemeint, die im Rahmen von Gleitzeitregelungen im Sinne der Protokollerklärung zu § 6 anfallen, es sei denn, sie sind angeordnet worden.

(3) [1]Für die Rufbereitschaft wird eine tägliche Pauschale je Entgeltgruppe bezahlt. [2]Sie beträgt für die Tage Montag bis Freitag das Zweifache, für Samstag, Sonntag sowie für Feiertage das Vierfache des tariflichen Stundenentgelts nach Maßgabe der Entgelttabelle. [3]Maßgebend für die Bemessung der Pauschale nach Satz 2 ist der Tag, an dem die Rufbereitschaft beginnt. [4]Für die Arbeitsleistung innerhalb der Rufbereitschaft außerhalb des Aufenthaltsortes im Sinne des § 7 Abs. 4 wird die Zeit jeder einzelnen Inanspruchnahme einschließlich der hierfür erforderlichen Wegezeiten jeweils auf eine volle Stunde gerundet und mit dem Entgelt für Überstunden sowie mit etwaigen Zeitzuschlägen nach Absatz 1 bezahlt. [5]Wird die Arbeitsleistung innerhalb der Rufbereitschaft am Aufenthaltsort im Sinne des § 7 Abs. 4 telefonisch (z. B. in Form einer Auskunft) oder mittels technischer Einrichtungen erbracht, wird abweichend von Satz 4 die Summe dieser Arbeitsleistungen auf die nächste volle Stunde gerundet und mit dem Entgelt für Überstunden sowie mit etwaigen Zeitzuschlägen nach Absatz 1 bezahlt. [6]Absatz 1 Satz 4 gilt entsprechend, soweit die Buchung auf das Arbeitszeitkonto nach § 10 Abs. 3 Satz 2 zulässig ist. [7]Satz 1 gilt nicht im Falle einer stundenweisen Rufbereitschaft. [8]Eine Rufbereitschaft im Sinne von Satz 7 liegt bei einer ununterbrochenen Rufbereitschaft von weniger als zwölf Stunden vor. [9]In diesem Fall wird abweichend von den Sätzen 2 und 3 für jede Stunde der Rufbereitschaft 12,5 v. H. des tariflichen Stundenentgelts nach Maßgabe der Entgelttabelle gezahlt.

Protokollerklärung zu Absatz 3:

Zur Ermittlung der Tage einer Rufbereitschaft, für die eine Pauschale gezahlt wird, ist auf den Tag des Beginns der Rufbereitschaft abzustellen.

Niederschriftserklärung zu § 8 Abs. 3:

Zur Erläuterung von § 8 Abs. 3 und der dazugehörigen Protokollerklärung sind sich die Tarifvertragsparteien über folgendes Beispiel einig: „Beginnt eine Wochenendrufbereitschaft am Freitag um 15 Uhr und endet am Montag um 7 Uhr, so erhalten Beschäftigte folgende Pauschalen: Zwei Stunden für Freitag, je vier Stunden für Samstag und Sonntag, keine Pauschale für Montag. Sie erhalten somit zehn Stundenentgelte."

(4) [1]Das Entgelt für Bereitschaftsdienst wird landesbezirklich – für den Bund in einem Tarifvertrag auf Bundesebene – geregelt. [2]Bis zum In-Kraft-Treten einer Regelung nach Satz 1 gelten die in dem jeweiligen Betrieb/der jeweiligen Verwaltung/Dienststelle am 30. September 2005 jeweils geltenden Bestimmungen fort.

(5) [1]Beschäftigte, die ständig Wechselschichtarbeit leisten, erhalten eine Wechselschichtzulage von 105 Euro monatlich. [2]Beschäftigte, die nicht ständig

Wechselschichtarbeit leisten, erhalten eine Wechselschichtzulage von 0,63 Euro pro Stunde.

(6) [1]Beschäftigte, die ständig Schichtarbeit leisten, erhalten eine Schichtzulage von 40 Euro monatlich. [2]Beschäftigte, die nicht ständig Schichtarbeit leisten, erhalten eine Schichtzulage von 0,24 Euro pro Stunde.

Erläuterungen

§ 8 TVöD regelt den finanziellen Ausgleich für Sonderformen der Arbeit und ergänzt insoweit die in § 7 und 9 TVöD getroffene Definition der einzelnen Arten besonderer Arbeitsformen. Dieser Themenbereich war bislang in den §§ 33a (Wechselschicht- und Schichtzulagen) und 35 BAT (Zeitzuschläge, Überstundenvergütung) geregelt. Die Möglichkeit der Pauschalierung von Zeitzuschlägen entsprechend § 35 Abs. 4 BAT findet sich nun in § 24 (Berechnung und Auszahlung des Entgelts) Abs. 6 TVöD.

Auf die abweichenden Sonderregelungen in vielen Bereichen des Besonderen Teils Verwaltung[1]) (z. B. §§ 45, 46 und 47 des Abschnitts VIII Bund, auf die §§ 45, 46 und 48 bis 50 des Besonderen Teils Krankenhäuser sowie die Regelung des § 43 (Überstunden) des Besonderen Teils Verwaltung wird hingewiesen.

Wegen der Umschlüsselung der besonderen Entgeltgruppen der Beschäftigten des Sozial- und Erziehungsdienstes in die für die Höhe der Überstundenzuschläge nach § 8 Abs. 1 Satz 2 Buchst. a) maßgebenden Entgeltgruppen siehe § 1 Abs. 3 der Anlage zu Abschnitt VIII Sonderregelungen/VKA § 56 BT-V bzw. § 52 Abs. 3 BT-B.

Zeitzuschläge (Abs. 1)

In dieser Vorschrift sind die Zeitzuschläge festgelegt, die neben dem Entgelt für die Arbeitsleistung zu zahlen sind.

Die Zuschläge betragen

- für Überstunden (→ § 7 Abs. 7 und 8) 30 v. H. in den Entgeltgruppen 1 bis 9 (Bund) bzw. 1 bis 9b (VKA) und 15 v. H. in den Entgeltgruppen 10 bis 15 (Bund) bzw. 9c bis 15 (VKA). Wegen der Ausnahmen für bestimmte Beschäftigte der obersten Bundesbehörden → § 43 Abs. 2 des Besonderen Teils Verwaltung wird hingewiesen,
- für Nachtarbeit (→ § 7 Abs. 5) 20 v. H.,

---

[1]) abgedruckt unter I.1.1

– für Sonntagsarbeit 25 v. H. Sonntagsarbeit ist die Zeit an einem Sonntag in der Zeit zwischen 0 Uhr und 24 Uhr,

– für Feiertagsarbeit ohne Freizeitausgleich 135 v. H., mit Freizeitausgleich 35 v. H. Nach Maßgabe der Protokollerklärung hierzu muss der Freizeitausgleich im Dienstplan besonders ausgewiesen und bezeichnet werden. Falls kein Freizeitausgleich gewährt wird, werden als Ausgleich für Feiertagsentgelt und Zeitzuschlag höchstens 235 v. H. gezahlt. Feiertage i. S. dieser Vorschrift sind die gesetzlichen Feiertage (→ dazu Erläuterungen zu § 6 Abs. 3). Der Oster- und Pfingstsonntag sind nach den meisten Feiertagsgesetzen keine **gesetzlichen**, sondern **kirchliche** Feiertage. Für diese Tage ist somit abweichend vom alten Recht des BAT/BMT-G nur der Sonntagszuschlag des § 8 Absatz 1 Satz 2 Buchstabe c TVöD und nicht der höhere Feiertagszuschlag nach Buchstabe d der Vorschrift zu zahlen. Dies hat das Bundesarbeitsgericht mit Urteil vom 17. März 2010 – 5 AZR 317/09 – für den Ostersonntag und mit Urteil vom 17. August 2011 – 10 AZR 347/10 für den Oster- und Pfingstsonntag inzwischen ausdrücklich bestätigt. Diese Tage werden im neuen Tarifrecht im Ergebnis wie alle anderen Sonntage behandelt. Nur wenn sie (wie z. B. im brandenburgischen Feiertagsgesetz) ausdrücklich zu gesetzlichen Feiertagen erhoben werden, kommen Feiertagszuschläge in Betracht. In gleicher Weise ist auch die frühere Sonderstellung für Ostersamstag und Pfingstsamstag entfallen,

– für Arbeit am Heiligabend und an Silvester jeweils ab 6 Uhr 35 v. H. Besondere Zuschläge für an diesen Tagen in der Zeit vor 6 Uhr anfallende Arbeit sind nicht vorgesehen,

– für Arbeit an Samstagen in der Zeit von 13 Uhr bis 21 Uhr 20 v. H. Außerhalb dieses Zeitrahmens liegende Arbeitszeiten bleiben zuschlagsfrei. Ebenfalls ausgeschlossen sind Zuschläge, wenn die Samstagsarbeit im Rahmen von Wechselschicht- oder Schichtarbeit (→ § 7 Abs. 1 und 2) anfällt.

Bemessungsgrundlage ist gemäß Satz 2 der Vorschrift das Stundenentgelt der Stufe 3 der jeweiligen Entgeltgruppe (→ Entgelttabelle zum TVöD)[1], und zwar auch dann, wenn der Beschäftigte tatsächlich nach einer anderen Stufe vergütet wird. Wegen der abweichenden Regelungen für die im Zuge der Entgeltordnung des Bundes in die

---

[1] abgedruckt unter **I.1**

Entgeltgruppe 9a übergeleiteten Beschäftigten s. § 27 Abs. 3 Satz 5 TVÜ-Bund. Die tatsächliche Arbeitsleistung wird bei Überstunden nach der individuellen Stufe der jeweiligen Entgeltgruppe, höchstens aber nach Stufe 4, vergütet (Protokollerklärung zu Absatz 1 Satz 1). Wegen der abweichenden Regelungen für die im Zuge der Entgeltordnung des Bundes in die Entgeltgruppe 9a übergeleiteten Beschäftigten s. § 27 Abs. 3 Satz 5 TVÜ-Bund. Die Tarifpartner haben keine ausdrückliche Regelung dazu getroffen, ob Zeitzuschläge auch für Stundenbruchteile zu zahlen sind. Der Wortlaut der Tarifvorschrift, wonach die Zeitzuschläge „je Stunde" (→ § 8 Abs. 1 Satz 2) gezahlt werden, ist nicht eindeutig. Er lässt sowohl die Auslegung zu, dass Zeitzuschläge auch für Bruchteile von Stunden abzugelten sind, als auch die Auffassung, dass Zeitzuschläge nur für volle Stunden zustehen. Bei der vergleichbaren Vorschrift des § 35 Abs. 1 BAT hat sich zwar in der Literatur und in der Praxis die Meinung durchgesetzt, Zuschläge seien auch zeitanteilig für Stundenbruchteile zu gewähren. Zur Regelung des § 10 des Tarifvertrages Versorgungsbetriebe, der unmittelbares Vorbild für die Vorschrift des TVöD war, finden sich aber auch Meinungsäußerungen, nach denen die Zeitzuschläge nur für volle Stunden zu zahlen sind. Der Bund hat sich in ersten Hinweisen zur Anwendung des TVöD für eine zeitanteilige Gewährung der Zuschläge entschlossen. Es bleibt abzuwarten, ob sich die Kommunen dieser Auslegung anschließen oder Zeitzuschläge nur für volle Stunden gewähren.

Beim Zusammentreffen der Zeitzuschläge nach den Buchstaben c bis f (also für Sonntags- und Feiertagsarbeit sowie für Arbeit an Samstagen bzw. Heiligabend und Silvester) wird gemäß Satz 3 jeweils nur der höchste Zeitzuschlag gezahlt. Folglich wird für Arbeit an auf einen Sonntag fallenden Feiertagen der höhere Feiertagszuschlag gezahlt, der geringere Sonntagszuschlag geht unter. Zuschläge für Überstunden (Buchst. a) und Nachtarbeit (Buchst. b) hingegen können nebeneinander und auch neben den Zuschlägen nach den Buchstaben c und f gezahlt werden.

Nach den Sätzen 4 und 5 der Vorschrift können auf Wunsch des Arbeitnehmers die entsprechend dem jeweiligen Vomhundertsatz (also 6 Minuten für 10 v. H. Zuschlag) in Arbeitszeit umgerechneten Zuschläge (Satz 4) und die Überstunden als solche (Satz 5) einem Arbeitszeitkonto gutgeschrieben werden, wenn die betrieblichen/ dienstlichen Verhältnisse dies zulassen. Voraussetzung dafür ist, dass ein Arbeitszeitkonto (→ § 10) durch Betriebs-/Dienstvereinbarung eingerichtet worden ist und dass der betroffene Arbeitnehmer unter diese Regelung fällt.

Bestimmte Zuschläge können steuerfrei gezahlt werden. Die Steuerfreiheit der Zuschläge für Sonntags-, Feiertags- und Nachtarbeit ist durch das Steuerreformgesetz 1990 mit Wirkung ab 1. 1. 1990 neu geregelt und ist durch das Steueränderungsgesetz 2003 geändert worden. § 3b des Einkommensteuergesetzes in der aktuellen Fassung lautet wie folgt:

§ 3b EStG Steuerfreiheit von Zuschlägen für Sonntags-, Feiertags- oder Nachtarbeit

(1) Steuerfrei sind Zuschläge, die für tatsächlich geleistete Sonntags-, Feiertags- oder Nachtarbeit neben dem Grundlohn gezahlt werden, soweit sie

1. für Nachtarbeit 25 Prozent,
2. vorbehaltlich der Nummern 3 und 4 für Sonntagsarbeit 50 Prozent,
3. vorbehaltlich der Nummer 4 für Arbeit am 31. Dezember ab 14 Uhr und an den gesetzlichen Feiertagen 125 Prozent,
4. für Arbeit am 24. Dezember ab 14 Uhr, am 25. und 26. Dezember sowie am 1. Mai 150 Prozent

des Grundlohns nicht übersteigen.

(2) [1]Grundlohn ist der laufende Arbeitslohn, der dem Arbeitnehmer bei der für ihn maßgebenden regelmäßigen Arbeitszeit für den jeweiligen Lohnzahlungszeitraum zusteht; er ist in einen Stundenlohn umzurechnen und mit höchstens 50 Euro anzusetzen. [2]Nachtarbeit ist die Arbeit in der Zeit von 20 Uhr bis 6 Uhr. [3]Sonntagsarbeit und Feiertagsarbeit ist die Arbeit in der Zeit von 0 Uhr bis 24 Uhr des jeweiligen Tages. [4]Die gesetzlichen Feiertage werden durch die am Ort der Arbeitsstätte geltenden Vorschriften bestimmt.

(3) Wenn die Nachtarbeit vor 0 Uhr aufgenommen wird, gilt abweichend von den Absätzen 1 und 2 Folgendes:

1. Für Nachtarbeit in der Zeit von 0 Uhr bis 4 Uhr erhöht sich der Zuschlagssatz auf 40 Prozent,
2. als Sonntagsarbeit und Feiertagsarbeit gilt auch die Arbeit in der Zeit von 0 Uhr bis 4 Uhr des auf den Sonntag oder Feiertag folgenden Tages.

Mehrarbeitsvergütung (Abs. 2)

Für nicht durch Freizeit ausgeglichene (Mehr-)Arbeitsstunden, die keine Überstunden im tariflichen Sinne darstellen, erhält der Beschäftigte je Stunde 100 v. H. des auf seine Entgeltgruppe und -stufe entfallenden Stundenentgelts. Die in Absatz 1 vereinbarte Pauschalierung auf das Stundenentgelt der Stufe 3 findet nicht statt. Einziger erkennbarer Anwendungsfall sind die Mehrarbeitsstunden Teilzeitbeschäftigter (→ § 7 Abs. 6 und die dortigen Erläuterungen).

Durch Protokollerklärung ist klargestellt, dass im Rahmen von Gleitzeitregelungen anfallende Stundenguthaben nicht unter die auszugleichende Mehrarbeit fallen. Diese Zeitguthaben sind unter Beachtung der Gleitzeitvereinbarung nur durch Freizeit auszugleichen.

Vergütung der Rufbereitschaft (Abs. 3)

In Absatz 3 haben die Tarifpartner geregelt, wie die Rufbereitschaft (Sätze 1 bis 3) bzw. die tatsächliche Arbeitsleistung innerhalb der Rufbereitschaft (Satz 4) zu vergüten sind. Die Sätze 7 bis 9 treffen besondere Regelungen für die Fälle stundenweiser Rufbereitschaft. Die Definition des Begriffes der Rufbereitschaft ergibt sich aus § 7 Abs. 4.

Das Entgelt für die Rufbereitschaft ist – unabhängig von der tatsächlich anfallenden, gesondert zu vergütenden Arbeitsleistung – als Tagespauschale mit einem Vielfachen des Stundenentgelts der Entgelttabelle zum TVöD bestimmt worden. Für die Tage Montag bis Freitag beträgt das Entgelt für die Rufbereitschaft das Zweifache, für Samstage, Sonn- und Feiertage das Vierfache des maßgebenden Stundenentgelts. Für die Bemessung der Pauschale (also die Frage, ob das Zwei- oder Vierfache des Stundenentgelts zu zahlen ist) ist der Tag des Beginns der Rufbereitschaft maßgebend. In einer Niederschriftserklärung haben die Tarifpartner mit einem Beispiel verdeutlicht, wie die Stundenpauschale zu berechnen ist. Bei einer Wochenendrufbereitschaft von Freitag 15 Uhr bis Montag 7 Uhr erhält der Beschäftigte demnach folgende Stundenpauschalen: für Freitag zwei Stunden, für Samstag und Sonntag je vier Stunden, für Montag keine Pauschale; ergibt zehn Stundenpauschalen für die Rufbereitschaft (zzgl. ggf. ein Entgelt für die tatsächlich angefallene Arbeitsleistung).

In den Fällen stundenweiser Rufbereitschaft (diese liegt nach Satz 8 bei einer ununterbrochenen Rufbereitschaft von weniger als zwölf Stunden vor) wird nach Satz 9 an Stelle der Tagespauschale ein Stundensatz von 12,5 v. H. des tariflichen Stundenentgeltes gezahlt. Dies gilt nach dem Urteil des BAG vom 5. Februar 2009 – 6 AZR 114/08 – auch, wenn der Arbeitgeber an einem Kalendertag oder binnen 24 Stunden an zwei aufeinanderfolgenden Kalendertagen mehrere jeweils weniger als zwölf Stunden andauernde Rufbereitschaften anordnet, zwischen denen der Arbeitnehmer frei hat oder die normale Arbeitsleistung zu erbringen hat. Auch diese Rufbereitschaften sind stundenweise mit 12,5 % des tariflichen Stundenentgelts je angeordnete Stunde zu vergüten. Die Voraussetzungen für den Anspruch auf die tägliche Pauschale werden nach Auffassung des BAG nicht erfüllt. Die Regelung enthält keine Rundungsvorschrift; Stundenbruchteile sind daher nicht zu vergüten.

Die tatsächliche Arbeitszeit während der Rufbereitschaft sowie die damit verbundenen Wegezeiten sind mit dem Entgelt für Überstunden sowie etwaiger Zeitzuschläge (z. B. für Sonntagsarbeit) zu vergüten und zwar neben dem Entgelt für die Rufbereitschaft, das auch während der tatsächlichen Inanspruchnahme zusteht. In seinem zur vergleichbaren Vorschrift des § 11 Abs. 3 Satz 4 TV-Ärzte/VKA ergangenen Urteil vom 20. August 2014 – 10 AZR 937/13 – hat das BAG ausdrücklich klargestellt, dass auch die Wegezeiten Zeitzuschläge auslösen können. Bei Einsätzen außerhalb des Aufenthaltsortes im Sinne des § 7 Abs. 4 ist gemäß § 8 Abs. 5 Satz 4 die Zeit jeder Inanspruchnahme einschließlich der erforderlichen Wegezeiten auf volle Stunden aufzurunden.

> **Beispiel:**
>
> Während der Rufbereitschaft fallen drei Einsätze von jeweils (einschließlich Wegezeit) 45 Minuten an. Die Einsätze sind für die Vergütung einzeln auf drei mal eine Stunde – somit auf insgesamt drei Stunden aufzurunden.

Wenn die Arbeitsleistung ohne Verlassen des Aufenthaltsortes (z. B. telefonisch) erbracht wird, wird die Arbeitsleistung nach § 8 Abs. 5 Satz 5 erst am Ende der Rufbereitschaft auf die nächste volle Stunde aufgerundet.

> **Beispiel:**
>
> Wie Beispiel oben, aber Einsatz jeweils nur per Telefon ohne Verlassen des Aufenthaltsortes. Die Einsätze von insgesamt 135 Minuten (2 Stunden und 15 Minuten), sind für die Vergütung zunächst zu addieren und erst am Ende der Rufbereitschaft auf drei Stunden aufzurunden.

Die Zeitzuschläge während der Inanspruchnahme aus der Rufbereitschaft sind nach Auffassung des BAG (Urteil vom 24. September 2008 – 6 AZR 259/08) „Spitz" für die tatsächliche Arbeitsleistung zu zahlen; eine Rundung kommt nicht in Betracht.

In Satz 6 der Vorschrift haben die Tarifpartner bestimmt, dass Absatz 1 Satz 4 entsprechend gilt, so dass bei Vorhandensein eines auf der Grundlage von Bezirks-/Dienstvereinbarungen eingerichteten Arbeitszeitkontos die Rufbereitschaft und die tatsächliche Arbeitszeit auch in Form einer Zeitgutschrift abgegolten werden kann, soweit dies nach der jeweiligen Bezirks-/Dienstvereinbarung möglich ist.

Vergütung des Bereitschaftsdienstes (Abs. 4)

Hinsichtlich der Bereitschaftsdienstvergütung (zur Definition des Bereitschaftsdienstes → § 7 Abs. 3 und § 9) trifft der TVöD keine eigenständige Regelung, sondern überlässt dies landesbezirklichen Tarifverträgen (Kommunen) bzw. einem entsprechenden Tarifvertrag für den Bund. Bis zum In-Kraft-Treten entsprechender – noch auszuhandelnder – Tarifverträge soll es nach dem Willen der Tarifpartner bei den am 30. September 2005 in der jeweiligen Verwaltung bzw. dem jeweiligen Betrieb geltenden Regelungen bleiben. Dies sind in der Regel die Vorschriften des § 15 Abs. 6a BAT und der Sonderregelungen (z. B. in den SR 2a, 2b und 2c) dazu.

Wechselschichtzulage/Schichtzulage (Abs. 5 und 6)

In Absatz 5 bzw. 6 ist geregelt, dass der Arbeitnehmer, der ständig Wechselschichtarbeit/Schichtarbeit leistet, eine monatliche Zulage von 105 Euro (Wechselschichtarbeit/Abs. 5) bzw. 40 Euro (Schichtarbeit/Abs. 6) erhält. Das BAG hat mit Urteilen vom 24. September 2008 – 10 AZR 634/07 – und 25. September 2013 – 10 AZR 4/12 – die Kürzung der Wechselschicht- und Schichtzulagen bei Teilzeitbeschäftigten auf deren Arbeitszeitanteil als rechtmäßig beurteilt und damit die Auffassung der öffentlichen Arbeitgeber bestätigt. In der Kürzung liegt nach Auffassung des BAG keine Diskriminierung von Teilzeitbeschäftigten. Wegen der Definition der Begriffe Wechselschichtarbeit/Schichtarbeit → § 7 Abs. 1 bzw. 2.

Wer nicht ständig Wechselschichtarbeit/Schichtarbeit leistet, erhält eine Schichtzulage von 0,63 Euro (Wechselschichtarbeit) bzw. 0,24 Euro (Schichtarbeit) pro Stunde.

Was unter „ständiger" Wechselschichtarbeit/Schichtarbeit zu verstehen ist, ist in der Tarifvorschrift nicht näher definiert worden. Nach dem allgemeinen Sprachgebrauch wird man davon ausgehen können, dass „ständig" nicht im Sinne von „ausschließlich" zu verstehen ist, dass aber eine lediglich gelegentliche Heranziehung zur (Wechsel-) Schichtarbeit – beispielsweise im Rahmen der Vertretung – nicht ausreicht, um entsprechende Ansprüche zu begründen. Die Ausübung arbeitszeitlich wechselnder (Wechsel-)Schichtarbeit muss zum normalen Dienstablauf des Arbeitnehmers gehören – s. dazu auch BAG vom 13. Juni 2012 – 10 AZR 351/11.

§ 9   Bereitschaftszeiten

(1) [1]Bereitschaftszeiten sind die Zeiten, in denen sich die/der Beschäftigte am Arbeitsplatz oder einer anderen vom Arbeitgeber bestimmten Stelle zur Verfügung halten muss, um im Bedarfsfall die Arbeit selbständig, ggf. auch auf Anordnung, aufzunehmen und in denen die Zeiten ohne Arbeitsleistung überwiegen. [2]Für Beschäftigte, in deren Tätigkeit regelmäßig und in nicht unerheblichem Umfang Bereitschaftszeiten fallen, gelten folgende Regelungen:

a) Bereitschaftszeiten werden zur Hälfte als tarifliche Arbeitszeit gewertet (faktorisiert).

b) Sie werden innerhalb von Beginn und Ende der regelmäßigen täglichen Arbeitszeit nicht gesondert ausgewiesen.

c) Die Summe aus den faktorisierten Bereitschaftszeiten und der Vollarbeitszeit darf die Arbeitszeit nach § 6 Abs. 1 nicht überschreiten.

d) Die Summe aus Vollarbeits- und Bereitschaftszeiten darf durchschnittlich 48 Stunden wöchentlich nicht überschreiten.

[3]Ferner ist Voraussetzung, dass eine nicht nur vorübergehend angelegte Organisationsmaßnahme besteht, bei der regelmäßig und in nicht unerheblichem Umfang Bereitschaftszeiten anfallen.

(2) [1]Im Bereich der VKA bedarf die Anwendung des Absatzes 1 im Geltungsbereich eines Personalvertretungsgesetzes einer einvernehmlichen Dienstvereinbarung. [2]§ 6 Abs. 9 gilt entsprechend. [3]Im Geltungsbereich des Betriebsverfassungsgesetzes unterliegt die Anwendung dieser Vorschrift der Mitbestimmung im Sinne des § 87 Abs. 1 Nr. 2 BetrVG.

(3) Im Bereich des Bundes gilt Absatz 1 für Beschäftigte im Sinne des Satzes 2, wenn betrieblich Beginn und Ende der täglichen Arbeitszeit unter Einschluss der Bereitschaftszeiten für diese Beschäftigtengruppen festgelegt werden.

Protokollerklärung zu § 9:
Diese Regelung gilt nicht für Wechselschicht- und Schichtarbeit.

Erläuterungen

In § 9 TVöD haben die Tarifvertragsparteien den Begriff der Bereitschaftszeiten definiert und Regeln für diese besondere Form der Arbeitszeitgestaltung bestimmt. Sie folgen damit den Regelungen zur „Arbeitsbereitschaft", die bislang in erster Linie im bisherigen Recht der Arbeiter (z. B. § 18 MTArb) zu finden waren. Die Rechtsprechung zu den bisherigen Vorschriften zur Arbeitsbereitschaft hat diese besondere Form der Arbeit treffend als „Zeit wacher Achtsamkeit im Zustand der Entspannung" bezeichnet.

Auf die abweichenden Sonderregelungen in §§ 45, 46 des Besonderen Teils Krankenhäuser wird hingewiesen.

Begriffsbestimmung; Bewertung (Abs. 1)

Nach der Definition in Satz 1 der Vorschrift sind Bereitschaftszeiten Zeiten, in denen der Beschäftigte sich bereithalten muss, um im Bedarfsfall die Arbeit aufzunehmen. Den Aufenthaltsort bestimmt der Arbeitgeber; es kann der Arbeitsplatz oder ein anderer Ort sein. Grundvoraussetzung für die Annahme von Bereitschaftszeiten ist, dass die Zeiten ohne Arbeitsleistung überwiegen.

Für Beschäftigte, in deren Tätigkeit regelmäßig und in nicht unerheblichem Umfang Bereitschaftszeiten fallen, und die in entsprechenden organisierten Bereichen arbeiten, gelten die Regelungen des Satzes 2 Buchst. a bis d. Demnach werden Bereitschaftszeiten

- abweichend von den Vorschriften des Arbeitszeitgesetzes zur Hälfte als Arbeitszeit gewertet (Buchst. a),
- innerhalb der regelmäßigen Arbeitszeit nicht gesondert ausgewiesen (Buchst. b),
- zusammen mit der Vollarbeitszeit auf die Regelarbeitszeit des § 6 Abs. 1 begrenzt (Buchst. c; dabei ist die Summe aus der Vollarbeitszeit und der faktorisierten, d. h. halbierten Bereitschaftszeit maßgebend),
- zusammen mit der Vollarbeitszeit auf 48 Wochenstunden begrenzt (Buchst. d); dabei ist die Summe aus Vollarbeitszeit und tatsächlichen Bereitschaftszeiten nicht halbiert, sondern 1 : 1 zu bilden.

Maßgaben im Bereich der VKA (Abs. 2)

Die Vorschrift des Absatzes 2 schränkt die Anwendung des Absatzes 1 im Bereich der Kommunen ein.

Die Anwendung setzt im Geltungsbereich eines Personalvertretungsgesetzes[1] eine „einvernehmliche" Dienstvereinbarung voraus. Was darunter zu verstehen ist, haben die Tarifpartner in § 38 Abs. 3 definiert. § 6 Abs. 9 gilt entsprechend, somit kann die Dienstvereinbarung auch durch einen landesbezirklichen Tarifvertrag ersetzt werden.

---

[1]   Liste der Personalvertretungsgesetze abgedruckt bei der **Erläuterung zu § 2 Abs. 1 TVöD**

Im Bereich des Betriebsverfassungsgesetzes unterliegt die Anwendung des Absatzes 1 der Mitbestimmung.

Maßgaben im Bereich des Bundes (Abs. 3)

Im Bereich des Bundes setzt die Anwendung des Absatzes 1 lediglich die betriebliche Festlegung des Beginns und des Endes der täglichen Arbeitszeit unter Einschluss der Bereitschaftszeiten voraus.

Protokollerklärung

In einer Protokollerklärung haben die Tarifpartner vereinbart, dass die Regelungen des § 9 über Bereitschaftszeiten nicht für Wechselschicht- und Schichtarbeit gelten.

Sonderregelungen

In einem **Anhang zu § 9** haben die Tarifpartner spezielle Regelungen zu den Bereitschaftszeiten von Hausmeistern (Abschnitt A) und von Beschäftigten im Rettungsdienst und in Leitstellen getroffen (Abschnitt B). Die §§ 22 TVÜ-Bund[1]) bzw. 24 TVÜ-VKA bestimmen, dass die Nr. 3 (regelmäßige Arbeitszeit) der Sonderregelungen SR 2r des BAT und entsprechende Regelungen fortgelten. Sie sind jedoch an die Bestimmungen des Anhangs anzupassen.

Daneben enthalten die Besonderen Teile Krankenhäuser (BT-K) und Pflege- und Betreuungseinrichtungen (BT-B) des TVöD für die Beschäftigten seines Geltungsbereichs spezielle Regelungen des Bereitschaftsdienstes etc.

---

[1]) abgedruckt unter **I.2**

A.　Bereitschaftszeiten Hausmeisterinnen/Hausmeister

[1]Für Hausmeisterinnen/Hausmeister, in deren Tätigkeit regelmäßig und in nicht unerheblichem Umfang Bereitschaftszeiten fallen, gelten folgende besondere Regelungen zu § 6 Abs. 1 Satz 1 TVöD:

[2]Die Summe aus den faktorisierten Bereitschaftszeiten und der Vollarbeitszeit darf die Arbeitszeit nach § 6 Abs. 1 nicht überschreiten. [3]Die Summe aus Vollarbeits- und Bereitschaftszeiten darf durchschnittlich 48 Stunden wöchentlich nicht überschreiten. [4]Bereitschaftszeiten sind die Zeiten, in denen sich die Hausmeisterin/der Hausmeister am Arbeitsplatz oder einer anderen vom Arbeitgeber bestimmten Stelle zur Verfügung halten muss, um im Bedarfsfall die Arbeit selbständig, ggf. auch auf Anordnung, aufzunehmen und in denen die Zeiten ohne Arbeitsleistung überwiegen. [5]Bereitschaftszeiten werden zur Hälfte als Arbeitszeit gewertet (faktorisiert). [6]Bereitschaftszeiten werden innerhalb von Beginn und Ende der regelmäßigen täglichen Arbeitszeit nicht gesondert ausgewiesen.

B.　Bereitschaftszeiten im Rettungsdienst und in Leitstellen

(1) [1]Für Beschäftigte im Rettungsdienst und in den Leitstellen, in deren Tätigkeit regelmäßig und in nicht unerheblichem Umfang Bereitschaftszeiten fallen, gelten folgende besondere Regelungen zu § 6 Abs. 1 Satz 1 TVöD: [2]Die Summe aus den faktorisierten Bereitschaftszeiten und der Vollarbeitszeit darf die Arbeitszeit nach § 6 Abs. 1 nicht überschreiten. [3]Die Summe aus Vollarbeits- und Bereitschaftszeiten darf durchschnittlich 48 Stunden wöchentlich nicht überschreiten. [4]Bereitschaftszeiten sind die Zeiten, in denen sich die/der Beschäftigte am Arbeitsplatz oder einer anderen vom Arbeitgeber bestimmten Stelle zur Verfügung halten muss, um im Bedarfsfall die Arbeit selbständig, ggf. auch auf Anordnung, aufzunehmen und in denen die Zeiten ohne Arbeitsleistung überwiegen. [5]Bereitschaftszeiten werden zur Hälfte als tarifliche Arbeitszeit gewertet (faktorisiert). [6]Bereitschaftszeiten werden innerhalb von Beginn und Ende der regelmäßigen täglichen Arbeitszeit nicht gesondert ausgewiesen.

(2) Die zulässige tägliche Höchstarbeitszeit beträgt zwölf Stunden zuzüglich der gesetzlichen Pausen.

(3) Die allgemeinen Regelungen des TVöD zur Arbeitszeit bleiben im Übrigen unberührt.

(4) Für Beschäftigte, die unter die Sonderregelungen für den kommunalen feuerwehrtechnischen Dienst fallen, gilt § 46 Nr. 2 Abs. 1 BT-V (VKA) auch soweit sie in Leitstellen tätig sind.

I

§ 10 Arbeitszeitkonto

(1) [1]Durch Betriebs-/Dienstvereinbarung kann ein Arbeitszeitkonto eingerichtet werden. [2]Für einen Betrieb/eine Verwaltung, in dem/der ein Personalvertretungsgesetz Anwendung findet, kann eine Regelung nach Satz 1 auch in einem landesbezirklichen Tarifvertrag – für den Bund in einem Tarifvertrag auf Bundesebene – getroffen werden, wenn eine Dienstvereinbarung nicht einvernehmlich zustande kommt und der Arbeitgeber ein Letztentscheidungsrecht hat. [3]Soweit ein Arbeitszeitkorridor (§ 6 Abs. 6) oder eine Rahmenzeit (§ 6 Abs. 7) vereinbart wird, ist ein Arbeitszeitkonto einzurichten.

(2) [1]In der Betriebs-/Dienstvereinbarung wird festgelegt, ob das Arbeitszeitkonto im ganzen Betrieb/in der ganzen Verwaltung oder Teilen davon eingerichtet wird. [2]Alle Beschäftigten der Betriebs-/Verwaltungsteile, für die ein Arbeitszeitkonto eingerichtet wird, werden von den Regelungen des Arbeitszeitkontos erfasst.

(3) [1]Auf das Arbeitszeitkonto können Zeiten, die bei Anwendung des nach § 6 Abs. 2 festgelegten Zeitraums als Zeitguthaben oder als Zeitschuld bestehen bleiben, nicht durch Freizeit ausgeglichene Zeiten nach § 8 Abs. 1 Satz 5 und Abs. 2 sowie in Zeit umgewandelte Zuschläge nach § 8 Abs. 1 Satz 4 gebucht werden. [2]Weitere Kontingente (z. B. Rufbereitschafts-/Bereitschaftsdienstentgelte) können durch Betriebs-/Dienstvereinbarung freigegeben werden. [3]Die/ Der Beschäftigte entscheidet für einen in der Betriebs-/Dienstvereinbarung festgelegten Zeitraum, welche der in Satz 1 genannten Zeiten auf das Arbeitszeitkonto gebucht werden.

(4) Im Falle einer unverzüglich angezeigten und durch ärztliches Attest nachgewiesenen Arbeitsunfähigkeit während eines Zeitausgleichs vom Arbeitszeitkonto (Zeiten nach Absatz 3 Satz 1 und 2) tritt eine Minderung des Zeitguthabens nicht ein.

Niederschriftserklärung zu § 10 Abs. 4:
Durch diese Regelung werden aus dem Urlaubsrecht entlehnte Ansprüche nicht begründet.

(5) In der Betriebs-/Dienstvereinbarung sind insbesondere folgende Regelungen zu treffen:

a) Die höchstmögliche Zeitschuld (bis zu 40 Stunden) und das höchstzulässige Zeitguthaben (bis zu einem Vielfachen von 40 Stunden), die innerhalb eines bestimmten Zeitraums anfallen dürfen;

b) nach dem Umfang des beantragten Freizeitausgleichs gestaffelte Fristen für das Abbuchen von Zeitguthaben oder für den Abbau von Zeitschulden durch die/den Beschäftigten;

c) die Berechtigung, das Abbuchen von Zeitguthaben zu bestimmten Zeiten (z. B. an so genannten Brückentagen) vorzusehen;

d) die Folgen, wenn der Arbeitgeber einen bereits genehmigten Freizeitausgleich kurzfristig widerruft.

I

(6) [1]Der Arbeitgeber kann mit der/dem Beschäftigten die Einrichtung eines Langzeitkontos vereinbaren. [2]In diesem Fall ist der Betriebs-/Personalrat zu beteiligen und – bei Insolvenzfähigkeit des Arbeitgebers – eine Regelung zur Insolvenzsicherung zu treffen.

Erläuterungen

§ 10 TVöD trifft erstmalig Regelungen zur Einrichtung und zum Inhalt eines Arbeitszeitkontos. Der BAT enthielt bislang keine vergleichbare Regelung.

Auf die abweichenden Sonderregelungen in § 48 (Bund) des Besonderen Teils Verwaltung[1]) wird hingewiesen.

Arbeitszeitkonten sind wichtige Hilfsmittel, um die Arbeitszeit flexibler zu gestalten. Während in der Privatwirtschaft schon seit geraumer Zeit die unterschiedlichsten Modelle von Arbeitszeitkonten existieren, enthielten der BAT und die übrigen Manteltarifverträge des öffentlichen Dienstes keine Regelungen zur Einrichtung und Führung von Arbeitszeitkonten.

Die in der Privatwirtschaft anzutreffenden Modelle eines Arbeitszeitkontos lassen sich im Wesentlichen zwei verschiedenen Hauptarten zuordnen, nämlich dem Kurzzeitkonto und dem Langzeitkonto.

Das Kurzzeitkonto lässt sich als eine Art „Girokonto" definieren, auf dem kurzfristige Bewegungen (hier: von Zeitbuchungen) abgewickelt werden. Hauptziel ist es dabei, einerseits Ausgleichsmöglichkeiten für Beschäftigungsschwankungen innerhalb eines bestimmten Zeitrahmens (häufig ein Jahr) zu schaffen, andererseits den Beschäftigten zu ermöglichen, innerhalb näher bestimmter Grenzen die individuelle Arbeitszeitgestaltung selbst zu bestimmen und so beispielsweise auch erwirtschaftete Zeitguthaben in zusätzliche freie Stunden/Tage umzusetzen.

Das Langzeitkonto lässt sich – um bei den Begrifflichkeiten des Bankwesens, die eine bildhafte Darstellung ermöglichen, zu bleiben – als eine Art „Sparbuch" oder „Sparplan" charakterisieren. Hierbei geht es um den langfristigen Aufbau von Arbeitszeitguthaben, die dann einen zeitweiligen (Sabbatjahr, Langzeiturlaub) Ausstieg aus dem Berufsleben, oder – wenn sie ans Ende der Berufszeit gelegt werden – faktisch einen vorzeitigen Ausstieg aus dem Berufsleben ermöglichen.

---

[1]) abgedruckt unter I.1.1

Einrichtung des Arbeitszeitkontos (Abs. 1)

Hierbei handelt es sich grundsätzlich um eine **Kann**-Vorschrift, die die Einrichtung eines Arbeitszeitkontos durch Betriebs-/Dienstvereinbarung zulässt (Satz 1). Soweit in Betrieben/Verwaltungen ein Arbeitszeitkorridor (§ 6 Abs. 6) oder eine Rahmenzeit (§ 6 Abs. 7) vereinbart ist, **muss** ein Arbeitszeitkonto eingerichtet werden (Satz 3).

Satz 2 sieht – wie § 6 Abs. 9 für den Fall, dass eine solche Betriebs-/Dienstvereinbarung nicht einvernehmlich zustande kommt – eine Regelung durch landesbezirklichen Tarifvertrag (Kommunen) bzw. Tarifvertrag auf Bundesebene (Bund) vor. Dies gilt aber nur in den Betrieben/Verwaltungen, in denen ein Personalvertretungsgesetz Anwendung findet und ist auf die Situation beschränkt, dass der Arbeitgeber ein Letztentscheidungsrecht hat.

Was unter einer „einvernehmlichen" Dienstvereinbarung zu verstehen ist, haben die Tarifpartner in § 38 Abs. 3 definiert.

Geltungsbereich des Arbeitszeitkontos (Abs. 2)

Die Betriebsparteien legen in der Betriebs-/Dienstvereinbarung fest, ob das Arbeitszeitkonto im gesamten Betrieb/der gesamten Verwaltung, oder nur in Teilen davon eingerichtet wird (Satz 1). Der exakten Abgrenzung wird dabei in der Praxis große Bedeutung zukommen; denn nach Satz 2 der Vorschrift gilt das Arbeitszeitkonto für alle Beschäftigten in diesen festgelegten Bereichen.

In das Arbeitszeitkonto einfließende Zeiten (Abs. 3)

In Satz 1 der Vorschrift ist bestimmt, welche Zeiten zur Auffüllung des Arbeitszeitkontos zur Verfügung stehen. Hierbei handelt es sich um

– das nach der Durchschnittsberechnung der regelmäßigen Arbeitszeit innerhalb des festgelegten Ausgleichszeitraums (§ 6 Abs. 2) verbleibende Zeitguthaben (ggf. auch Zeitschuld),
– nicht bereits durch Freizeit ausgeglichene Überstunden (§ 8 Abs. 1 Satz 5),
– nicht bereits durch Freizeit ausgeglichene Mehrarbeit (§ 8 Abs. 2),
– auf Wunsch des Arbeitnehmers in Zeit umgerechnete Zeitzuschläge (§ 8 Abs. 1 Satz 4).

Die Freigabe weiterer Zeiten, die (ggf. nach Umrechnung von Geld in Zeit) in das Arbeitszeitkonto einfließen können, kann gemäß Satz 2 nur durch Betriebs- oder Dienstvereinbarung – also eine kollektive

Regelung – und nicht etwa auf Wunsch einzelner Arbeitnehmer erfolgen. Die in der Vorschrift genannten Beispiele (Entgelt für Bereitschaftsdienste/Rufbereitschaft) sind nicht abschließend.

Buchungen ohne eine vorherige konkrete Vereinbarung dürften mit Blick auf das BAG-Urteil vom 21. März 2012 – 5 AZR 676/11 ausgeschlossen sein. In diesem Verfahren hatte das BAG Minusbuchungen des Arbeitgebers im Zusammenhang mit einer tariflich geänderten Gewährung von Erholungszeiten abgelehnt.

Die Entscheidung darüber, welche der zulässigen Zeiten letzten Endes auf dem Arbeitszeitkonto gebucht werden, liegt gemäß Satz 3 der Vorschrift beim Arbeitnehmer. Im Interesse der Planungssicherheit und Praktikabilität muss dazu die Betriebs-/Dienstvereinbarung eine Bestimmung enthalten, für welchen Zeitraum der Arbeitnehmer an seine Entscheidung gebunden sein soll. Eine unterschiedliche Handhabung „von Fall zu Fall" wird dadurch ausgeschlossen.

Folgen einer Erkrankung (Abs. 4)

Absatz 4 regelt den Fall, dass eine beantragte/genehmigte Inanspruchnahme von Zeitguthaben an einer Erkrankung des Beschäftigten scheitert. Sofern der Beschäftigte seine Arbeitsunfähigkeit unverzüglich anzeigt und durch ein ärztliches Attest nachweist, tritt eine Minderung des Zeitguthabens nicht ein.

Mit der Niederschriftserklärung zu § 10 Abs. 4 TVöD haben die Tarifpartner klargestellt, dass mit dieser dem Urlaubsrecht entlehnten Regelung (wie Erkrankung während des Erholungsurlaubs) keine weitergehenden Ansprüche aus dem Urlaubsrecht wie z. B. Abgeltung, Übertragung und dergleichen begründet werden können.

In der Betriebs- oder Dienstvereinbarung zu regelnde Kernpunkte (Abs. 5)

Die Vorschrift gibt Rahmenbedingungen vor, die bei Betriebs-/Dienstvereinbarungen zu beachten sind.

– Nach Buchstabe a) muss die Betriebs-/Dienstvereinbarung Regelungen über die höchstmögliche Zeitschuld (bis zu 40 Stunden) und das höchstzulässige Zeitguthaben (bis zu einem Vielfachen von 40 Stunden) innerhalb eines bestimmten Zeitraumes enthalten,

– gemäß Buchstabe b) muss die Betriebs-/Dienstvereinbarung Fristen für das Abbuchen von Zeitguthaben vorsehen, die nach dem Umfang des beantragten Freizeitausgleiches zu staffeln sind.

Dabei versteht es sich von selbst, dass die „Vorlaufzeit" bei Inanspruchnahme einiger freier Stunden bedeutend geringer sein kann, als bei längerfristigen Abwesenheiten aufgrund eines Freizeitausgleichs. Die nähere Ausgestaltung wird den Betriebsparteien vor Ort überlassen. Buchstabe b) legt den Betriebspartnern auch auf, die Fristen für den Abbau von Zeitschulden zu bestimmen,

– Buchstabe c) enthält die in Betriebs-/Dienstvereinbarungen zu konkretisierende Berechtigung des Arbeitgebers, zu bestimmten Zeiten (z. B. an Brückentagen) das Abbuchen von Zeitguthaben vorzusehen,

– in Buchstabe d) wird den Betriebspartnern auferlegt, in der Betriebs-/Dienstvereinbarung auch Regelungen über die Folgen eines Widerrufs bereits genehmigter Freizeitausgleiche durch den Arbeitgeber zu regeln. Hier wäre denkbar, dass der Arbeitgeber einen „Strafzuschlag" entrichten muss und somit die auf seine Veranlassung nicht abgerufenen Zeiten nicht nur im Verhältnis 1 : 1, sondern mit einem höheren Wert dem Konto weiterhin gutschreibt.

Langzeitkonto (Abs. 6)

Während es sich bei dem Arbeitszeitkonto auf der Grundlage des § 10 im Regelfall um ein Kurzzeitkonto handelt, schafft Absatz 6 die Möglichkeit, auch ein Langzeitkonto einzurichten. Entgegen den üblichen Grundsätzen setzt dies keine Betriebs-/Dienstvereinbarung, sondern – unter Beteiligung des Betriebs-/Personalrates – eine individuelle Vereinbarung zwischen Arbeitgeber und Arbeitnehmer voraus. Rahmenbedingungen dafür werden tarifvertraglich nicht vorgegeben. Lediglich für den Fall, dass der Arbeitgeber insolvenzfähig ist, schreibt Satz 2 der Vorschrift eine Regelung zur Insolvenzsicherung vor. Diese Verpflichtung (und weitere Details zur sozialversicherungsrechtlichen Abwicklung von Langzeitkonten) ergeben sich inzwischen bereits aus den §§ 7 bis 7g des SGB IV i. d. F. des Gesetzes zur Verbesserung der Rahmenbedingungen für die Absicherung flexibler Arbeitsbedingungen – „FlexiG II" vom 21. Dezember 2008 (BGBl. I S. 2940).

Gleitzeitregelungen (Protokollnotiz zu Abschnitt II)

Nach der Protokollnotiz zu Abschnitt II bleiben bei In-Kraft-Treten des TVöD bestehende Gleitzeitregelungen unberührt, brauchen also insbesondere nicht an die Vorgaben des Absatzes 5 angepasst zu werden.

§ 11 Teilzeitbeschäftigung

(1) [1]Mit Beschäftigten soll auf Antrag eine geringere als die vertraglich festgelegte Arbeitszeit vereinbart werden, wenn sie

a) mindestens ein Kind unter 18 Jahren oder

b) einen nach ärztlichem Gutachten pflegebedürftigen sonstigen Angehörigen

tatsächlich betreuen oder pflegen und dringende dienstliche bzw. betriebliche Belange nicht entgegenstehen. [2]Die Teilzeitbeschäftigung nach Satz 1 ist auf Antrag auf bis zu fünf Jahre zu befristen. [3]Sie kann verlängert werden; der Antrag ist spätestens sechs Monate vor Ablauf der vereinbarten Teilzeitbeschäftigung zu stellen. [4]Bei der Gestaltung der Arbeitszeit hat der Arbeitgeber im Rahmen der dienstlichen bzw. betrieblichen Möglichkeiten der besonderen persönlichen Situation der/des Beschäftigten nach Satz 1 Rechnung zu tragen.

(2) Beschäftigte, die in anderen als den in Absatz 1 genannten Fällen eine Teilzeitbeschäftigung vereinbaren wollen, können von ihrem Arbeitgeber verlangen, dass er mit ihnen die Möglichkeit einer Teilzeitbeschäftigung mit dem Ziel erörtert, zu einer entsprechenden Vereinbarung zu gelangen.

(3) Ist mit früher Vollbeschäftigten auf ihren Wunsch eine nicht befristete Teilzeitbeschäftigung vereinbart worden, sollen sie bei späterer Besetzung eines Vollzeitarbeitsplatzes bei gleicher Eignung im Rahmen der dienstlichen bzw. betrieblichen Möglichkeiten bevorzugt berücksichtigt werden.

Protokollerklärung zu Abschnitt II:
Bei In-Kraft-Treten dieses Tarifvertrages bestehende Gleitzeitregelungen bleiben unberührt.

Erläuterungen

§ 11 TVöD trifft Regelungen zum Anspruch auf Teilzeitbeschäftigung. Die Vorschrift entspricht – von redaktionellen Änderungen abgesehen – § 15b BAT.

Die Regelung des § 11 TVöD stellt nicht die alleinige Grundlage für einen Anspruch auf Teilzeitbeschäftigung dar. Neben den in den Gleichstellungs- bzw. Frauenfördergesetzen des Bundes und der Länder (→ dazu Erläuterung Nr. 6 zu § 2 Abs. 1) enthaltenen Regeln zur Förderung der Teilzeitbeschäftigung, den Teilzeitanspruch nach § 3 des Pflegezeitgesetzes[1]), sowie den besonderen Teilzeitmöglichkeiten des Familienpflegezeitgesetzes[2]) ist insbesondere das Teilzeit-

---

[1]) abgedruckt als Anhang 1 in § 29 TVöD

[2]) abgedruckt als Anhang 1 in § 11 TVöD

und Befristungsgesetz (TzBfG)[1]) zu beachten. Es enthält in § 8 Abs. 1 einen allgemeinen Anspruch auf Teilzeitarbeit, der über die tariflichen Ansprüche hinausgeht. Da – von wenigen Ausnahmen abgesehen – von den Regelungen des TzBfG weder durch Tarif- noch durch Arbeitsvertrag zuungunsten der Beschäftigten abgewichen werden darf (→ § 22 TzBfG), wird häufig auch dann ein Anspruch auf Reduzierung der Arbeitszeit zu bejahen sein, wenn die Voraussetzungen des § 11 TVöD nicht vorliegen. Nach dem so genannten Günstigkeitsprinzip finden die Tarifvorschriften uneingeschränkt Anwendung, wenn sie günstiger als die Gesetzesnorm sind. Dies ist insbesondere während der ersten neun Monate des Arbeitsverhältnisses der Fall; denn das TzBfG verlangt im Gegensatz zur tariflichen Anspruchsgrundlage eine Wartezeit von sechs Monaten und eine nach Ablauf der Wartezeit beginnende Frist von drei Monaten zur Geltendmachung des Anspruches.

Teilzeitbeschäftigung aus familiären Gründen (Abs. 1)

Nach Satz 1 der Vorschrift soll mit Beschäftigten, die mindestens ein Kind unter 18 Jahren (Buchst. a) oder einen nach ärztlichem Gutachten pflegebedürftigen sonstigen Angehörigen (Buchst. b) tatsächlich betreuen oder pflegen, eine geringere als die vertraglich festgelegte Arbeitszeit vereinbart werden. Zwar handelt es sich um eine „Soll-Vorschrift", die vom Wortlaut keinen unbedingten, sondern einen „weichen" Rechtsanspruch schafft. Gleichwohl kann bei Soll-Bestimmungen generell das Begehren nicht nach dem beliebigen Ermessen des Arbeitgebers, sondern nur bei Vorliegen wichtiger Gründe abgelehnt werden. Hinzu kommt bei § 11 TVöD, dass die Vorschrift selbst aufführt, dass (nur) **dringende** dienstliche bzw. betriebliche Belange der Bewilligung entgegenstehen können. Daran sind sehr strenge Maßstäbe anzulegen. Eine Ablehnung wird in der Praxis allenfalls in sehr kleinen Verwaltungen/ Betrieben möglich sein können, wenn dort der Beschäftigte für eine begrenzte Übergangszeit unverzichtbar ist. In der Regel ist jeder Arbeitsausfall (hier: durch die Reduzierung der Arbeitszeit) durch organisatorische Maßnahmen aufzufangen.

Die Tarifvorschrift gilt – entgegen § 15b BAT – nicht nur für vollbeschäftigte, sondern auch für ohnehin nichtvollbeschäftigte Arbeit-

---

[1]) abgedruckt als Anhang 1 in **§ 30 TVöD**

nehmer, die folglich einen Anspruch auf weitere Reduzierung ihrer individuellen Arbeitszeit haben. Damit haben die Tarifpartner die Konsequenzen aus der Rechtsprechung des BAG gezogen, das in seinem Urteil vom 18. 3. 2003 – 9 AZR 126/02, AP Nr. 3 zu § 8 TzBfG – in dem Ausschluss Teilzeitbeschäftigter eine rechtlich unwirksame Benachteiligung Teilzeitbeschäftigter gesehen hat.

Die Tarifpartner haben auf eine eigene Festlegung, was unter den Begriffen „Kind", „Angehöriger" und „pflegebedürftig" zu verstehen ist, verzichtet. Insoweit muss auf allgemein gültige Definitionen zurückgegriffen werden.

Zur Frage, wer als **Kind** im Sinne des Absatzes 1 Satz 1 Buchst. a anzusehen ist, kann auf die kindergeldrechtlichen Begriffsbestimmungen (§ 63 i. V. m. § 32 Abs. 1 Einkommensteuergesetz, § 2 Abs. 1 Bundeskindergeldgesetz) zurückgegriffen werden. Diese Vorschriften haben folgenden Wortlaut:

§ 63 EStG Kinder

(1) [1]Als Kinder werden berücksichtigt

1. Kinder im Sinne des § 32 Absatz 1,
2. vom Berechtigten in seinen Haushalt aufgenommene Kinder seines Ehegatten,
3. vom Berechtigten in seinen Haushalt aufgenommene Enkel.

[2]§ 32 Absatz 3 bis 5 gilt entsprechend. [3]Voraussetzung für die Berücksichtigung ist die Identifizierung des Kindes durch die an dieses Kind vergebene Identifikationsnummer (§ 139b der Abgabenordnung). [4]Ist das Kind nicht nach einem Steuergesetz steuerpflichtig (§ 139a Absatz 2 der Abgabenordnung), ist es in anderer geeigneter Weise zu identifizieren. [5]Die nachträgliche Identifizierung oder nachträgliche Vergabe der Identifikationsnummer wirkt auf Monate zurück, in denen die Voraussetzungen der Sätze 1 bis 4 vorliegen. [6]Kinder, die weder einen Wohnsitz noch ihren gewöhnlichen Aufenthalt im Inland, in einem Mitgliedstaat der Europäischen Union oder in einem Staat, auf den das Abkommen über den Europäischen Wirtschaftsraum Anwendung findet, haben, werden nicht berücksichtigt, es sei denn, sie leben im Haushalt eines Berechtigten im Sinne des § 62 Absatz 1 Satz 1 Nummer 2 Buchstabe a. [7]Kinder im Sinne von § 2 Absatz 4 Satz 2 des Bundeskindergeldgesetzes werden nicht berücksichtigt.

(2) Die Bundesregierung wird ermächtigt, durch Rechtsverordnung, die nicht der Zustimmung des Bundesrates bedarf, zu bestimmen, dass einem Berechtigten, der im Inland erwerbstätig ist oder sonst seine hauptsächlichen Einkünfte erzielt, für seine in Absatz 1 Satz 3 erster Halbsatz bezeichneten Kinder Kindergeld ganz oder teilweise zu leisten

ist, soweit dies mit Rücksicht auf die durchschnittlichen Lebenshaltungskosten für Kinder in deren Wohnsitzstaat und auf die dort gewährten dem Kindergeld vergleichbaren Leistungen geboten ist.

§ 32 EStG Kinder, Freibeträge für Kinder

(1) Kinder sind

1. im ersten Grad mit dem Steuerpflichtigen verwandte Kinder,

2. Pflegekinder (Personen, mit denen der Steuerpflichtige durch ein familienähnliches, auf längere Dauer berechnetes Band verbunden ist, sofern er sie nicht zu Erwerbszwecken in seinen Haushalt aufgenommen hat und das Obhuts- und Pflegeverhältnis zu den Eltern nicht mehr besteht).

. . .

§ 2 BKGG Kinder

(1) Als Kinder werden auch berücksichtigt

1. vom Berechtigten in seinen Haushalt aufgenommene Kinder seines Ehegatten oder Lebenspartners,

2. Pflegekinder (Personen, mit denen der Berechtigte durch ein familienähnliches, auf Dauer berechnetes Band verbunden ist, sofern er sie nicht zu Erwerbszwecken in seinen Haushalt aufgenommen hat und das Obhuts- und Pflegeverhältnis zu den Eltern nicht mehr besteht),

3. vom Berechtigten in seinen Haushalt aufgenommene Enkel.

. . .

Es ist aber nicht Voraussetzung, dass der Angestellte auch das Kindergeld erhält.

Bezüglich des in Absatz 1 Satz 1 Buchst. b verwendeten Begriffs **„Angehörigen"** kann die Legaldefinition § 20 Abs. 5 Verwaltungsverfahrensgesetzes herangezogen werden. Diese Vorschrift hat folgenden Wortlaut:

§ 20 VwVfG Ausgeschlossene Personen

. . .

(5) Angehörige im Sinne des Absatzes 1 Nr. 2 und 4 sind:

1. der Verlobte, auch im Sinne des Lebenspartnerschaftsgesetzes,

2. der Ehegatte,

2a. der Lebenspartner,

3. Verwandte und Verschwägerte gerader Linie,

4. Geschwister,

5. Kinder der Geschwister,

6. Ehegatten der Geschwister und Geschwister der Ehegatten,

6a. Lebenspartner der Geschwister und Geschwister der Lebenspartner,

7. Geschwister der Eltern,

8. Personen, die durch ein auf längere Dauer angelegtes Pflegeverhältnis mit häuslicher Gemeinschaft wie Eltern und Kind miteinander verbunden sind (Pflegeeltern und Pflegekinder).

Angehörige sind die in Satz 1 aufgeführten Personen auch dann, wenn

1. in den Fällen der Nummern 2, 3 und 6 die die Beziehung begründende Ehe nicht mehr besteht;

1a. in den Fällen der Nummern 2a, 3 und 6a die die Beziehung begründende Lebenspartnerschaft nicht mehr besteht;

2. in den Fällen der Nummern 3 bis 7 die Verwandtschaft oder Schwägerschaft durch Annahme als Kind erloschen ist;

3. im Falle der Nummer 8 die häusliche Gemeinschaft nicht mehr besteht, sofern die Personen weiterhin wie Eltern und Kind miteinander verbunden sind.

Partner einer eingetragenen Lebenspartnerschaft gelten gem. § 11 Abs. 1 Lebenspartnerschaftsgesetz als Familienangehöriger des anderen Lebenspartners.

„Pflegebedürftigkeit" ist anzunehmen, wenn die betroffene Person infolge ihrer körperlichen, seelischen und/oder geistigen Behinderung zu den Verrichtungen des täglichen Lebens aus eigener Kraft nicht imstande ist, so dass für ihre Pflege die Arbeitskraft einer anderen Person in Anspruch genommen werden muss. Vergleiche auch § 14 SGB XI:

§ 14 SGB XI Begriff der Pflegebedürftigkeit

(1) Pflegebedürftig im Sinne dieses Buches sind Personen, die wegen einer körperlichen, geistigen oder seelischen Krankheit oder Behinderung für die gewöhnlichen und regelmäßig wiederkehrenden Verrichtungen im Ablauf des täglichen Lebens auf Dauer, voraussichtlich für mindestens sechs Monate, in erheblichem oder höherem Maße (§ 15) der Hilfe bedürfen.

(2) Krankheiten oder Behinderungen im Sinne des Absatzes 1 sind:

1. Verluste, Lähmungen oder andere Funktionsstörungen am Stütz- und Bewegungsapparat,

2. Funktionsstörungen der inneren Organe oder der Sinnesorgane,

3. Störungen des Zentralnervensystems wie Antriebs-, Gedächtnis- oder Orientierungsstörungen sowie endogene Psychosen, Neurosen oder geistige Behinderungen.

(3) Die Hilfe im Sinne des Absatzes 1 besteht in der Unterstützung, in der teilweisen oder vollständigen Übernahme der Verrichtungen im Ablauf des täglichen Lebens oder in Beaufsichtigung oder Anleitung mit dem Ziel der eigenständigen Übernahme dieser Verrichtungen.

(4) Gewöhnliche und regelmäßig wiederkehrende Verrichtungen im Sinne des Absatzes 1 sind:

1. im Bereich der Körperpflege das Waschen, Duschen, Baden, die Zahnpflege, das Kämmen, Rasieren, die Darm- oder Blasenentleerung,

2. im Bereich der Ernährung das mundgerechte Zubereiten oder die Aufnahme der Nahrung,

3. im Bereich der Mobilität das selbständige Aufstehen und Zu-Bett-Gehen, An- und Auskleiden, Gehen, Stehen, Treppensteigen oder das Verlassen und Wiederaufsuchen der Wohnung,

4. im Bereich der hauswirtschaftlichen Versorgung das Einkaufen, Kochen, Reinigen der Wohnung, Spülen, Wechseln und Waschen der Wäsche und Kleidung oder das Beheizen.

Das Vorliegen der Voraussetzungen ist vom Angestellten durch ein ärztliches Gutachten nachzuweisen; ein amtsärztliches Gutachten ist in der Regel nicht erforderlich.

Die im Falle des Absatzes 1 Satz 1 Buchst. a bzw. b geforderte **tatsächliche Betreuung oder Pflege** erfordert nicht, dass die Betreuung oder Pflege durch den Angestellten zwingend geboten ist, d. h. keine andere Person hierfür zur Verfügung steht.

Die Teilzeitbeschäftigung ist auf Antrag des Beschäftigten auf bis zu fünf Jahre zu befristen. Wird kein entsprechender Antrag gestellt, ist die Teilzeitbeschäftigung unbefristet. Bei rechtzeitiger Antragstellung (spätestens sechs Monate vor Ablauf der Befristung) kann die Teilzeitbeschäftigung über den ursprünglichen Zeitpunkt hinaus verlängert werden. Die Verlängerung ist vom Zeitrahmen beliebig, sie unterliegt – anders als die erstmalige Befristung – keinen zeitlichen Begrenzungen, solange die Anspruchsvoraussetzungen (z. B. an das Höchstalter des betreuten Kindes) noch vorliegen.

Fallen nach der Bewilligung der Teilzeitbeschäftigung die Voraussetzungen des Absatzes 1 Satz 1 Buchst. a oder b weg, z. B. weil das Kind den Haushalt verlassen hat oder der Pflegebedürftige verstorben ist, bleibt die vereinbarte Ermäßigung der Arbeitszeit bestehen. Dies gilt auch, wenn es sich um eine zeitlich befristete Verkürzung der wöchentlichen Arbeitszeit gehandelt hat (z. B. für die Dauer von fünf Jahren). Die Voraussetzungen müssen lediglich zum Zeitpunkt der Vereinbarung nach Absatz 1 vorgelegen haben. Auf Wunsch der Beschäftigten sollte in solchen Fällen jedoch geprüft werden, ob im Rahmen der jeweiligen dienstlichen oder betrieblichen Möglichkeiten eine Änderung der Vereinbarung erfolgen kann.

Satz 4 legt dar, dass der Arbeitgeber bei der Gestaltung der Arbeitszeit den Belangen der Kinder oder sonstige pflegebedürftige betreuenden/pflegenden Beschäftigten im Rahmen der dienstlichen/betrieblichen Möglichkeiten Rechnung tragen soll. Hieraus resultiert jedoch kein Anspruch des Beschäftigten auf eine Änderung des Arbeitsvertrages bezüglich der Lage der Arbeitszeit. Die Ausgestaltung der verringerten Arbeitszeit bleibt Teil des Direktionsrechts des Arbeitgebers (s. BAG vom 16. Dezember 2014 – 9 AZR 915/13).

Teilzeitbeschäftigung aus anderen Gründen (Abs. 2)

Die Regelung in Absatz 2 eröffnet die Möglichkeit einer Teilzeitbeschäftigung auch aus anderen als familiären Gründen. Der Beschäftigte kann – falls dies notwendig sein sollte – von seinem Arbeitgeber verlangen, dass er mit ihm die Möglichkeit einer Teilzeitbeschäftigung mit dem Ziel erörtert, zu einer entsprechenden Vereinbarung zu gelangen. In jedem Einzelfall ist das persönliche Interesse des Angestellten an der Vereinbarung einer Teilzeitbeschäftigung mit den dienstlichen Belangen abzuwägen. Personalwirtschaftliche und organisatorische Gesichtspunkte sind zu berücksichtigen; die Berufung auf organisatorische Schwierigkeiten kann für sich allein jedoch nicht als Grund angesehen werden, den Antrag eines Angestellten auf Teilzeitbeschäftigung abzulehnen.

Rückkehr zur Vollbeschäftigung (Abs. 3)

Absatz 3 enthält eine Bemühensklausel, wonach der Arbeitgeber auf der Grundlage des § 11 Abs. 1 oder 2 TVöD teilzeitbeschäftigte Beschäftigte im Rahmen der dienstlichen bzw. betrieblichen Möglichkeiten bei der Besetzung eines Vollzeitarbeitsplatzes bevorzugt berücksichtigen soll. Nach der Regelung soll der teilzeitbeschäftigte Angestellte bei der Besetzung eines Vollzeitarbeitsplatzes bevorzugt berücksichtigt werden, wenn er für den zu besetzenden Arbeitsplatz die gleiche Eignung wie ein anderer Bewerber hat.

Mit Urteil vom 13. 11. 2001 – 9 AZR 442/00, AP Nr. 1 zu § 15b BAT – hat das BAG zur inhaltsgleichen Vorschrift des § 15b Abs. 3 BAT entschieden, dass eine Angestellte, deren Arbeitszeit wegen der Betreuung ihres Kindes antragsgemäß und ohne zeitliche Begrenzung auf die Hälfte der regelmäßigen tariflichen Wochenarbeitszeit verkürzt worden war, später nicht einseitig die Erhöhung ihrer Arbeitszeit verlangen kann – und zwar auch dann nicht, wenn der Arbeitgeber die Angestellte vor der Verringerung der Arbeitszeit nicht auf die Möglichkeit hingewiesen hatte, die Herabsetzung der Arbeitszeit zeitlich zu befristen.

Auswirkungen einer Teilzeitbeschäftigung

Nachfolgend sind die Auswirkungen einer Arbeitszeitreduzierung auf das Arbeitsverhältnis bzw. Leistungsansprüche dargestellt.

Beschäftigungszeit: Zeiten der Teilzeitbeschäftigung zählen uneingeschränkt zur Beschäftigungszeit i. S. d. § 34 Abs. 3.

Entgelt: Der teilzeitbeschäftigte Beschäftigte erhält den Teil des Entgelts, der dem Maß der mit ihm vereinbarten Arbeitszeit entspricht (→ § 24 Abs. 2).

Jubiläumsgeld: Der nicht vollbeschäftigte Beschäftigte erhält das Jubiläumsgeld in voller Höhe (→ § 23 Abs. 2 Satz 2). Zeiten einer Teilzeitbeschäftigung werden im vollen Umfang bei der Festsetzung der dem Jubiläumsgeld zugrunde liegenden Beschäftigungszeit berücksichtigt.

Jahressonderzahlung: Ist die regelmäßige Arbeitszeit in mindestens einem der Monate Juli, August und September herabgesetzt, ergibt sich über die Ermäßigung des für die Jahressonderzahlung maßgeblichen Durchschnittsentgelts eine Verringerung des Grundbetrages der jährlichen Zuwendung (→ § 24 Abs. 2 i. V. m. § 20 Abs. 2).

Vermögenswirksame Leistungen: Nicht Vollbeschäftigte erhalten von der vermögenswirksamen Leistung für Vollbeschäftigte den Teil, der dem Maß der mit ihnen vereinbarten regelmäßigen wöchentlichen Arbeitszeit entspricht (→ § 23 Abs. 1 Satz 2 i. V. m. § 24 Abs. 2).

Zusatzversorgung: Seit der Neuregelung des Rechts der Zusatzversorgung durch den Tarifvertrag Altersversorgung (ATV/ATV-K)[1] sind teilzeitbeschäftigte Arbeitnehmer nicht mehr von der Pflicht zur Versicherung bei der VBL ausgenommen.

---

[1]   abgedruckt unter **V.1**

Eine Minderung der Zusatzrente im Vergleich zur Zusatzversorgung eines Vollbeschäftigten ergibt sich in Folge des im Vergleich zur Vollbeschäftigung geringeren Entgelts und der entsprechend niedrigeren Einzahlungen bei der VBL.

Gesetz über die Familienpflegezeit
(Familienpflegezeitgesetz – FPfZG)

Vom 6. Dezember 2011 (BGBl. I S. 2564)

Zuletzt geändert durch
Gesetz zur besseren Vereinbarkeit von Familie, Pflege und Beruf
vom 23. Dezember 2014 (BGBl. I S. 2462)

§ 1 Ziel des Gesetzes

Durch die Einführung der Familienpflegezeit werden die Möglichkeiten zur Vereinbarkeit von Beruf und familiärer Pflege verbessert.

§ 2 Familienpflegezeit

(1) Beschäftigte sind von der Arbeitsleistung für längstens 24 Monate (Höchstdauer) teilweise freizustellen, wenn sie einen pflegebedürftigen nahen Angehörigen in häuslicher Umgebung pflegen (Familienpflegezeit). Während der Familienpflegezeit muss die verringerte Arbeitszeit wöchentlich mindestens 15 Stunden betragen. Bei unterschiedlichen wöchentlichen Arbeitszeiten oder einer unterschiedlichen Verteilung der wöchentlichen Arbeitszeit darf die wöchentliche Arbeitszeit im Durchschnitt eines Zeitraums von bis zu einem Jahr 15 Stunden nicht unterschreiten (Mindestarbeitszeit). Der Anspruch nach Satz 1 besteht nicht gegenüber Arbeitgebern mit in der Regel 25 oder weniger Beschäftigten ausschließlich der zu ihrer Berufsbildung Beschäftigten.

(2) Pflegezeit und Familienpflegezeit dürfen gemeinsam 24 Monate je pflegebedürftigem nahen Angehörigen nicht überschreiten (Gesamtdauer).

(3) Die §§ 5 bis 8 des Pflegezeitgesetzes gelten entsprechend.

(4) Die Familienpflegezeit wird auf Berufsbildungszeiten nicht angerechnet.

(5) Beschäftigte sind von der Arbeitsleistung für längstens 24 Monate (Höchstdauer) teilweise freizustellen, wenn sie einen minderjährigen pflegebedürftigen nahen Angehörigen in häuslicher oder außerhäuslicher Umgebung betreuen. Die Inanspruchnahme dieser Freistellung ist jederzeit im Wechsel mit der Freistellung nach Absatz 1 im Rahmen der Gesamtdauer nach Absatz 2 möglich. Absatz 1 Satz 2 bis 4 und die

Absätze 2 bis 4 gelten entsprechend. Beschäftigte können diesen Anspruch wahlweise statt des Anspruchs auf Familienpflegezeit nach Absatz 1 geltend machen.

§ 2a Inanspruchnahme der Familienpflegezeit

(1) Wer Familienpflegezeit nach § 2 beanspruchen will, muss dies dem Arbeitgeber spätestens acht Wochen vor dem gewünschten Beginn schriftlich ankündigen und gleichzeitig erklären, für welchen Zeitraum und in welchem Umfang innerhalb der Gesamtdauer nach § 2 Absatz 2 die Freistellung von der Arbeitsleistung in Anspruch genommen werden soll. Dabei ist auch die gewünschte Verteilung der Arbeitszeit anzugeben. Enthält die Ankündigung keine eindeutige Festlegung, ob die oder der Beschäftigte Pflegezeit nach § 3 des Pflegezeitgesetzes oder Familienpflegezeit in Anspruch nehmen will, und liegen die Voraussetzungen beider Freistellungsansprüche vor, gilt die Erklärung als Ankündigung von Pflegezeit. Wird die Familienpflegezeit nach einer Freistellung nach § 3 Absatz 1 oder Absatz 5 des Pflegezeitgesetzes zur Pflege oder Betreuung desselben pflegebedürftigen Angehörigen in Anspruch genommen, muss sich die Familienpflegezeit unmittelbar an die Freistellung nach § 3 Absatz 1 oder Absatz 5 des Pflegezeitgesetzes anschließen. In diesem Fall soll die oder der Beschäftigte möglichst frühzeitig erklären, ob sie oder er Familienpflegezeit in Anspruch nehmen wird; abweichend von Satz 1 muss die Ankündigung spätestens drei Monate vor Beginn der Familienpflegezeit erfolgen. Wird eine Freistellung nach § 3 Absatz 1 oder Absatz 5 des Pflegezeitgesetzes nach einer Familienpflegezeit in Anspruch genommen, ist die Freistellung nach § 3 Absatz 1 oder Absatz 5 des Pflegezeitgesetzes in unmittelbarem Anschluss an die Familienpflegezeit zu beanspruchen und dem Arbeitgeber spätestens acht Wochen vor Beginn der Freistellung nach § 3 Absatz 1 oder Absatz 5 des Pflegezeitgesetzes schriftlich anzukündigen.

(2) Arbeitgeber und Beschäftigte haben über die Verringerung und Verteilung der Arbeitszeit eine schriftliche Vereinbarung zu treffen. Hierbei hat der Arbeitgeber den Wünschen der Beschäftigten zu entsprechen, es sei denn, dass dringende betriebliche Gründe entgegenstehen.

(3) Für einen kürzeren Zeitraum in Anspruch genommene Familienpflegezeit kann bis zur Gesamtdauer nach § 2 Absatz 2 verlängert werden, wenn der Arbeitgeber zustimmt. Eine Verlängerung bis zur Gesamtdauer kann verlangt werden, wenn ein vorgesehener Wechsel

I

in der Person der oder des Pflegenden aus einem wichtigen Grund nicht erfolgen kann.

(4) Die Beschäftigten haben die Pflegebedürftigkeit der oder des nahen Angehörigen durch Vorlage einer Bescheinigung der Pflegekasse oder des Medizinischen Dienstes der Krankenversicherung nachzuweisen. Bei in der privaten Pflege-Pflichtversicherung versicherten Pflegebedürftigen ist ein entsprechender Nachweis zu erbringen.

(5) Ist die oder der nahe Angehörige nicht mehr pflegebedürftig oder die häusliche Pflege der oder des nahen Angehörigen unmöglich oder unzumutbar, endet die Familienpflegezeit vier Wochen nach Eintritt der veränderten Umstände. Der Arbeitgeber ist hierüber unverzüglich zu unterrichten. Im Übrigen kann die Familienpflegezeit nur vorzeitig beendet werden, wenn der Arbeitgeber zustimmt.

(6) Die Absätze 1 bis 5 gelten entsprechend für die Freistellung von der Arbeitsleistung nach § 2 Absatz 5.

§ 3 Förderung der pflegebedingten Freistellung von der Arbeitsleistung

(1) Für die Dauer der Freistellungen nach § 2 dieses Gesetzes oder nach § 3 des Pflegezeitgesetzes gewährt das Bundesamt für Familie und zivilgesellschaftliche Aufgaben Beschäftigten auf Antrag ein in monatlichen Raten zu zahlendes zinsloses Darlehen nach Maßgabe der Absätze 2 bis 5. Der Anspruch gilt auch für alle Vereinbarungen über Freistellungen von der Arbeitsleistung, die die Voraussetzungen von § 2 Absatz 1 Satz 1 bis 3 dieses Gesetzes oder des § 3 Absatz 1 Satz 1, Absatz 5 Satz 1 oder Absatz 6 Satz 1 des Pflegezeitgesetzes erfüllen.

(2) Die monatlichen Darlehensraten werden in Höhe der Hälfte der Differenz zwischen den pauschalierten monatlichen Nettoentgelten vor und während der Freistellung nach Absatz 1 gewährt.

(3) Das pauschalierte monatliche Nettoentgelt vor der Freistellung nach Absatz 1 ist das nach der im jeweiligen Kalenderjahr geltenden Verordnung über die pauschalierten Nettoentgelte für das Kurzarbeitergeld maßgebliche Entgelt, bezogen auf das auf den nächsten durch zwanzig teilbaren Eurobetrag gerundete regelmäßige durchschnittliche monatliche Bruttoarbeitsentgelt ausschließlich der Sachbezüge der letzten zwölf Kalendermonate vor Beginn der Freistellung. Das pauschalierte monatliche Nettoentgelt während der Frei-

stellung ist das nach der im jeweiligen Kalenderjahr geltenden Verordnung über die pauschalierten Nettoentgelte für das Kurzarbeitergeld maßgebliche Entgelt, bezogen auf das auf den nächsten durch zwanzig teilbaren Eurobetrag gerundete Produkt aus der vereinbarten durchschnittlichen monatlichen Stundenzahl während der Freistellung und dem durchschnittlichen Entgelt je Arbeitsstunde. Durchschnittliches Entgelt je Arbeitsstunde ist das Verhältnis des regelmäßigen gesamten Bruttoarbeitsentgelts ausschließlich der Sachbezüge der letzten zwölf Kalendermonate vor Beginn der Freistellung zur arbeitsvertraglichen Gesamtstundenzahl der letzten zwölf Kalendermonate vor Beginn der Freistellung. Bei einem weniger als zwölf Monate vor Beginn der Freistellung bestehenden Beschäftigungsverhältnis verkürzt sich der der Berechnung zugrunde zu legende Zeitraum entsprechend. Für die Berechnung des durchschnittlichen Entgelts je Arbeitsstunde bleiben Mutterschutzfristen, kurzzeitige Arbeitsverhinderungen nach § 2 des Pflegezeitgesetzes und Freistellungen nach § 3 des Pflegezeitgesetzes sowie die Einbringung von Arbeitsentgelt in und die Entnahme von Arbeitsentgelt aus Wertguthaben nach § 7b des Vierten Buches Sozialgesetzbuch außer Betracht.

(4) In den Fällen der Freistellung nach § 3 des Pflegezeitgesetzes ist die monatliche Darlehensrate auf den Betrag begrenzt, der bei einer durchschnittlichen Arbeitszeit während der Familienpflegezeit von 15 Wochenstunden zu gewähren ist.

(5) Abweichend von Absatz 2 können Beschäftigte auch einen geringeren Darlehensbetrag in Anspruch nehmen, wobei die monatliche Darlehensrate mindestens 50 Euro betragen muss.

(6) Das Darlehen ist in der in Absatz 2 genannten Höhe, in den Fällen der Pflegezeit in der in Absatz 4 genannten Höhe, vorrangig vor dem Bezug von bedürftigkeitsabhängigen Sozialleistungen in Anspruch zu nehmen und von den Beschäftigten zu beantragen; Absatz 5 ist insoweit nicht anzuwenden. Bei der Berechnung von Sozialleistungen nach Satz 1 sind die Zuflüsse aus dem Darlehen als Einkommen zu berücksichtigen.

§ 4 Mitwirkungspflicht des Arbeitgebers

Der Arbeitgeber hat dem Bundesamt für Familie und zivilgesellschaftliche Aufgaben für bei ihm Beschäftigte den Arbeitsumfang sowie das Arbeitsentgelt vor der Freistellung nach § 3 Absatz 1 zu bescheinigen, soweit dies zum Nachweis des Einkommens aus Erwerbstätigkeit oder der wöchentlichen Arbeitszeit der die Förderung beantragenden Beschäftigten erforderlich ist. Für die in Heimarbeit Beschäftigten und die ihnen Gleichgestellten tritt an die Stelle des Arbeitgebers der Auftraggeber oder Zwischenmeister.

§ 5 Ende der Förderfähigkeit

(1) Die Förderfähigkeit endet mit dem Ende der Freistellung nach § 3 Absatz 1. Die Förderfähigkeit endet auch dann, wenn die oder der Beschäftigte während der Freistellung nach § 2 den Mindestumfang der wöchentlichen Arbeitszeit aufgrund gesetzlicher oder kollektivvertraglicher Bestimmungen oder aufgrund von Bestimmungen, die in Arbeitsrechtsregelungen der Kirchen enthalten sind, unterschreitet. Die Unterschreitung der Mindestarbeitszeit aufgrund von Kurzarbeit oder eines Beschäftigungsverbotes lässt die Förderfähigkeit unberührt.

(2) Die Darlehensnehmerin oder der Darlehensnehmer hat dem Bundesamt für Familie und zivilgesellschaftliche Aufgaben unverzüglich jede Änderung in den Verhältnissen, die für den Anspruch nach § 3 Absatz 1 erheblich sind, mitzuteilen, insbesondere die Beendigung der häuslichen Pflege der oder des nahen Angehörigen, die Beendigung der Betreuung nach § 2 Absatz 5 dieses Gesetzes oder § 3 Absatz 5 des Pflegezeitgesetzes, die Beendigung der Freistellung nach § 3 Absatz 6 des Pflegezeitgesetzes, die vorzeitige Beendigung der Freistellung nach § 3 Absatz 1 sowie die Unterschreitung des Mindestumfangs der wöchentlichen Arbeitszeit während der Freistellung nach § 2 aus anderen als den in Absatz 1 Satz 2 genannten Gründen.

§ 6 Rückzahlung des Darlehens

(1) Im Anschluss an die Freistellung nach § 3 Absatz 1 ist die Darlehensnehmerin oder der Darlehensnehmer verpflichtet, das Darlehen innerhalb von 48 Monaten nach Beginn der Freistellung nach § 3 Absatz 1 zurückzuzahlen. Die Rückzahlung erfolgt in möglichst gleichbleibenden monatlichen Raten in Höhe des im Bescheid nach § 9 festgesetzten monatlichen Betrags jeweils spätestens zum letzten Bankarbeitstag des laufenden Monats. Für die Rückzahlung gelten alle nach § 3 an die Darlehensnehmerin oder den Darlehensnehmer geleisteten Darlehensbeträge als ein Darlehen.

(2) Die Rückzahlung beginnt in dem Monat, der auf das Ende der Förderung der Freistellung nach § 3 Absatz 1 folgt. Das Bundesamt für

Familie und zivilgesellschaftliche Aufgaben kann auf Antrag der Darlehensnehmerin oder des Darlehensnehmers den Beginn der Rückzahlung auf einen späteren Zeitpunkt, spätestens jedoch auf den 25. Monat nach Beginn der Förderung festsetzen, wenn die übrigen Voraussetzungen für den Anspruch nach den §§ 2 und 3 weiterhin vorliegen. Befindet sich die Darlehensnehmerin oder der Darlehensnehmer während des Rückzahlungszeitraums in einer Freistellung nach § 3 Absatz 1, setzt das Bundesamt für Familie und zivilgesellschaftliche Aufgaben auf Antrag der oder des Beschäftigten die monatlichen Rückzahlungsraten bis zur Beendigung der Freistellung von der Arbeitsleistung aus. Der Rückzahlungszeitraum verlängert sich um den Zeitraum der Aussetzung.

§ 7 Härtefallregelung

(1) Zur Vermeidung einer besonderen Härte stundet das Bundesamt für Familie und zivilgesellschaftliche Aufgaben der Darlehensnehmerin oder dem Darlehensnehmer auf Antrag die Rückzahlung des Darlehens, ohne dass hierfür Zinsen anfallen. Als besondere Härte gelten insbesondere der Bezug von Entgeltersatzleistungen nach dem Dritten und dem Fünften Buch Sozialgesetzbuch, Leistungen zur Sicherung des Lebensunterhalts nach dem Zweiten Buch Sozialgesetzbuch und Leistungen nach dem Dritten und Vierten Kapitel des Zwölften Buches Sozialgesetzbuch oder eine mehr als 180 Tage ununterbrochene Arbeitsunfähigkeit. Eine besondere Härte liegt auch vor, wenn sich die Darlehensnehmerin oder der Darlehensnehmer wegen unverschuldeter finanzieller Belastungen vorübergehend in ernsthaften Zahlungsschwierigkeiten befindet oder zu erwarten ist, dass sie oder er durch die Rückzahlung des Darlehens in der vorgesehenen Form in solche Schwierigkeiten gerät.

(2) Für den über die Gesamtdauer der Freistellungen nach § 2 dieses Gesetzes oder nach § 3 Absatz 1 oder 5 des Pflegezeitgesetzes hinausgehenden Zeitraum, in dem die Pflegebedürftigkeit desselben nahen Angehörigen fortbesteht, die Pflege durch die oder den Beschäftigten in häuslicher Umgebung andauert und die Freistellung von der Arbeitsleistung fortgeführt wird, sind auf Antrag die fälligen Rückzahlungsraten zu einem Viertel zu erlassen (Teildarlehenserlass) und die restliche Darlehensschuld für diesen Zeitraum bis zur Beendigung der häuslichen Pflege auf Antrag zu stunden, ohne dass hierfür Zinsen anfallen, sofern eine besondere Härte im Sinne von Absatz 1 Satz 3 vorliegt.

(3) Die Darlehensschuld erlischt, soweit sie noch nicht fällig ist, wenn die Darlehensnehmerin oder der Darlehensnehmer

1. Leistungen nach dem Dritten und Vierten Kapitel des Zwölften Buches Sozialgesetzbuch oder Leistungen zur Sicherung des Lebensunterhalts nach dem Zweiten Buch Sozialgesetzbuch ununterbrochen seit mindestens zwei Jahren nach dem Ende der Freistellung bezieht oder

2. verstirbt.

(4) Der Abschluss von Vergleichen sowie die Stundung, Niederschlagung und der Erlass von Ansprüchen richten sich, sofern in diesem Gesetz nicht abweichende Regelungen getroffen werden, nach den §§ 58 und 59 der Bundeshaushaltsordnung.

§ 8 Antrag auf Förderung

(1) Das Bundesamt für Familie und zivilgesellschaftliche Aufgaben entscheidet auf schriftlichen Antrag über das Darlehen nach § 3 und dessen Rückzahlung nach § 6.

(2) Der Antrag wirkt vom Zeitpunkt des Vorliegens der Anspruchsvoraussetzungen, wenn er innerhalb von drei Monaten nach deren Vorliegen gestellt wird, andernfalls wirkt er vom Beginn des Monats der Antragstellung.

(3) Der Antrag muss enthalten:

1. Name und Anschrift der oder des das Darlehen beantragenden Beschäftigten,

2. Name, Anschrift und Angehörigenstatus der gepflegten Person,

3. Bescheinigung über die Pflegebedürftigkeit oder im Fall des § 3 Absatz 6 des Pflegezeitgesetzes das dort genannte ärztliche Zeugnis über die Erkrankung des oder der nahen Angehörigen,

4. Dauer der Freistellung nach § 3 Absatz 1 sowie Mitteilung, ob zuvor eine Freistellung nach § 3 Absatz 1 in Anspruch genommen wurde, sowie

5. Höhe, Dauer und Angabe der Zeitabschnitte des beantragten Darlehens.

(4) Dem Antrag sind beizufügen:

1. Entgeltbescheinigungen mit Angabe der arbeitsvertraglichen Wochenstunden der letzten zwölf Monate vor Beginn der Freistellung nach § 3 Absatz 1,

2. in den Fällen der vollständigen Freistellung nach § 3 des Pflege-zeitgesetzes eine Bescheinigung des Arbeitgebers über die Frei-stellung und in den Fällen der teilweisen Freistellung die hierüber getroffene schriftliche Vereinbarung zwischen dem Arbeitgeber und der oder dem Beschäftigten.

§ 9 Darlehensbescheid und Zahlweise

(1) In dem Bescheid nach § 8 Absatz 1 sind anzugeben:

1. Höhe des Darlehens,
2. Höhe der monatlichen Darlehensraten sowie Dauer der Leistung der Darlehensraten,
3. Höhe und Dauer der Rückzahlungsraten und
4. Fälligkeit der ersten Rückzahlungsrate.

Wurde dem Antragsteller für eine vor dem Antrag liegende Frei-stellung nach § 3 Absatz 1 ein Darlehen gewährt, sind für die Ermittlung der Beträge nach Satz 1 Nummer 3 und 4 das zurück-liegende und das aktuell gewährte Darlehen wie ein Darlehen zu behandeln. Der das erste Darlehen betreffende Bescheid nach Satz 1 wird hinsichtlich Höhe, Dauer und Fälligkeit der Rückzahlungsraten geändert.

(2) Die Höhe der Darlehensraten wird zu Beginn der Leistungsgewäh-rung in monatlichen Festbeträgen für die gesamte Förderdauer fest-gelegt.

(3) Die Darlehensraten werden unbar zu Beginn jeweils für den Kalendermonat ausgezahlt, in dem die Anspruchsvoraussetzungen vorliegen. Monatliche Förderungsbeträge, die nicht volle Euro er-geben, sind bei Restbeträgen bis zu 0,49 Euro abzurunden und von 0,50 Euro an aufzurunden.

§ 10 Antrag und Nachweis in weiteren Fällen

(1) Das Bundesamt für Familie und zivilgesellschaftliche Aufgaben entscheidet auch in den Fällen des § 7 auf schriftlichen Antrag, der Name und Anschrift der Darlehensnehmerin oder des Darlehens-nehmers enthalten muss.

(2) Die Voraussetzungen des § 7 sind nachzuweisen

1. in den Fällen des Absatzes 1 durch Glaubhaftmachung der dort genannten Voraussetzungen, insbesondere durch Darlegung der persönlichen wirtschaftlichen Verhältnisse oder bei Arbeits-

unfähigkeit durch Vorlage einer Arbeitsunfähigkeitsbescheinigung der Darlehensnehmerin oder des Darlehensnehmers,

2. in den Fällen des Absatzes 2 durch Vorlage einer Bescheinigung über die fortbestehende Pflegebedürftigkeit der oder des nahen Angehörigen und die Fortdauer der Freistellung von der Arbeitsleistung sowie Glaubhaftmachung der dort genannten Voraussetzungen, insbesondere durch Darlegung der persönlichen wirtschaftlichen Verhältnisse,

3. in den Fällen des Absatzes 3 durch Vorlage der entsprechenden Leistungsbescheide der Darlehensnehmerin oder des Darlehensnehmers oder durch Vorlage einer Sterbeurkunde durch die Rechtsnachfolger.

(3) Anträge auf Teildarlehenserlass nach § 7 Absatz 2 sind bis spätestens 48 Monate nach Beginn der Freistellungen nach § 2 dieses Gesetzes oder nach § 3 Absatz 1 oder 5 des Pflegezeitgesetzes zu stellen.

§ 11 Allgemeine Verwaltungsvorschriften

Zur Durchführung des Verfahrens nach den §§ 8 und 10 kann das Bundesministerium für Familie, Senioren, Frauen und Jugend allgemeine Verwaltungsvorschriften erlassen.

§ 12 Bußgeldvorschriften

(1) Ordnungswidrig handelt, wer vorsätzlich oder fahrlässig

1. entgegen § 4 Satz 1 eine dort genannte Bescheinigung nicht, nicht richtig, nicht vollständig oder nicht rechtzeitig erstellt,

2. entgegen § 5 Absatz 2 eine Mitteilung nicht, nicht richtig, nicht vollständig oder nicht rechtzeitig macht oder

3. entgegen § 8 Absatz 3 Nummer 4 eine Mitteilung nicht, nicht richtig, nicht vollständig oder nicht rechtzeitig macht.

(2) Verwaltungsbehörde im Sinne des § 36 Absatz 1 Nummer 1 des Gesetzes über Ordnungswidrigkeiten ist das Bundesamt für Familie und zivilgesellschaftliche Aufgaben.

(3) Die Ordnungswidrigkeit kann in den Fällen des Absatzes 1 Nummer 1 mit einer Geldbuße bis zu fünftausend Euro und in den Fällen des Absatzes 1 Nummer 2 mit einer Geldbuße bis zu tausend Euro geahndet werden.

(4) Die Geldbußen fließen in die Kasse des Bundesamtes für Familie und zivilgesellschaftliche Aufgaben. Diese trägt abweichend von § 105 Absatz 2 des Gesetzes über Ordnungswidrigkeiten die notwendigen Auslagen. Sie ist auch ersatzpflichtig im Sinne des § 110 Absatz 4 des Gesetzes über Ordnungswidrigkeiten.

§ 13 Aufbringung der Mittel

Die für die Ausführung dieses Gesetzes erforderlichen Mittel trägt der Bund.

§ 14 Beirat

(1) Das Bundesministerium für Familie, Senioren, Frauen und Jugend setzt einen unabhängigen Beirat für die Vereinbarkeit von Pflege und Beruf ein.

(2) Der Beirat befasst sich mit Fragen zur Vereinbarkeit von Pflege und Beruf, er begleitet die Umsetzung der einschlägigen gesetzlichen Regelungen und berät über deren Auswirkungen. Das Bundesministerium für Familie, Senioren, Frauen und Jugend kann dem Beirat Themenstellungen zur Beratung vorgeben.

(3) Der Beirat legt dem Bundesministerium für Familie, Senioren, Frauen und Jugend alle vier Jahre, erstmals zum 1. Juni 2019, einen Bericht vor und kann hierin Handlungsempfehlungen aussprechen.

(4) Der Beirat besteht aus einundzwanzig Mitgliedern, die vom Bundesministerium für Familie, Senioren, Frauen und Jugend im Einvernehmen mit dem Bundesministerium für Arbeit und Soziales und dem Bundesministerium für Gesundheit berufen werden. Stellvertretung ist zulässig. Die oder der Vorsitzende und die oder der stellvertretende Vorsitzende werden vom Bundesministerium für Familie, Senioren, Frauen und Jugend ernannt. Der Beirat setzt sich zusammen aus sechs Vertreterinnen oder Vertretern von fachlich betroffenen Interessenverbänden, je zwei Vertreterinnen oder Vertretern der Gewerkschaften, der Arbeitgeber, der Wohlfahrtsverbände und der Seniorenorganisationen sowie aus je einer Vertreterin oder einem Vertreter der sozialen und der privaten Pflege-Pflichtversicherung. Des Weiteren gehören dem Beirat zwei Wissenschaftlerinnen oder Wissenschaftler mit Schwerpunkt in der Forschung der Vereinbarkeit von Pflege und Beruf sowie je eine Vertreterin oder ein Vertreter der Konferenz der Ministerinnen und Minister, Senatorinnen und Senatoren für Jugend und Familie, der Konferenz der

Ministerinnen und Minister, Senatorinnen und Senatoren für Arbeit und Soziales sowie der kommunalen Spitzenverbände an. Die Besetzung des Beirats muss geschlechterparitätisch erfolgen.

(5) Die Amtszeit der Mitglieder des Beirats und ihrer Stellvertreterinnen oder Stellvertreter beträgt fünf Jahre und kann einmalig um fünf Jahre verlängert werden. Scheidet ein Mitglied oder dessen Stellvertreterin oder Stellvertreter vorzeitig aus, wird für den Rest der Amtszeit eine Nachfolgerin oder ein Nachfolger berufen.

(6) Die Mitglieder des Beirats sind ehrenamtlich tätig. Sie haben Anspruch auf Erstattung ihrer notwendigen Auslagen.

(7) Der Beirat arbeitet auf der Grundlage einer durch das Bundesministerium für Familie, Senioren, Frauen und Jugend zu erlassenden Geschäftsordnung.

§ 15 Übergangsvorschrift

Die Vorschriften des Familienpflegezeitgesetzes in der Fassung vom 6. Dezember 2011 gelten in den Fällen fort, in denen die Voraussetzungen für die Gewährung eines Darlehens nach § 3 Absatz 1 in Verbindung mit § 12 Absatz 1 Satz 1 bis einschließlich 31. Dezember 2014 vorlagen.

Abschnitt III
Eingruppierung, Entgelt und sonstige Leistungen

§ 12 (Bund)   Eingruppierung

(1) [1]Die Eingruppierung der/des Beschäftigten richtet sich nach dem Tarifvertrag über die Entgeltordnung des Bundes (TV EntgO Bund). [2]Die/Der Beschäftigte erhält Entgelt nach der Entgeltgruppe, in der sie/er eingruppiert ist.

(2) [1]Die/Der Beschäftigte ist in der Entgeltgruppe eingruppiert, deren Tätigkeitsmerkmalen die gesamte von ihr/ihm nicht nur vorübergehend auszuübende Tätigkeit entspricht. [2]Die gesamte auszuübende Tätigkeit entspricht den Tätigkeitsmerkmalen einer Entgeltgruppe, wenn zeitlich mindestens zur Hälfte Arbeitsvorgänge anfallen, die für sich genommen die Anforderungen eines Tätigkeitsmerkmals oder mehrerer Tätigkeitsmerkmale dieser Entgeltgruppe erfüllen. [3]Kann die Erfüllung einer Anforderung in der Regel erst bei der Betrachtung mehrerer Arbeitsvorgänge festgestellt werden (z. B. vielseitige Fachkenntnisse), sind diese Arbeitsvorgänge für die Feststellung, ob diese Anforderung erfüllt ist, insoweit zusammen zu beurteilen. [4]Werden in einem Tätigkeitsmerkmal mehrere Anforderungen gestellt, gilt das in Satz 2 bestimmte Maß, ebenfalls bezogen auf die gesamte auszuübende Tätigkeit, für jede Anforderung. [5]Ist in einem Tätigkeitsmerkmal ein von Satz 2 oder 4 abweichendes zeitliches Maß bestimmt, gilt dieses. [6]Ist in einem Tätigkeitsmerkmal als Anforderung eine Voraussetzung in der Person der/des Beschäftigten bestimmt, muss auch diese Anforderung erfüllt sein.

Protokollerklärungen zu Absatz 2:

1. [1]Arbeitsvorgänge sind Arbeitsleistungen (einschließlich Zusammenhangsarbeiten), die, bezogen auf den Aufgabenkreis der/des Beschäftigten, zu einem bei natürlicher Betrachtung abgrenzbaren Arbeitsergebnis führen (z. B. unterschriftsreife Bearbeitung eines Aktenvorgangs, eines Widerspruchs oder eines Antrags, Betreuung bzw. Pflege einer Person oder Personengruppe, Fertigung einer Bauzeichnung, Erstellung eines EKG, Durchführung einer Unterhaltungs- bzw. Instandsetzungsarbeit). [2]Jeder einzelne Arbeitsvorgang ist als solcher zu bewerten und darf dabei hinsichtlich der Anforderungen zeitlich nicht aufgespalten werden.

2. Eine Anforderung im Sinne der Sätze 2 und 3 ist auch das in einem Tätigkeitsmerkmal geforderte Herausheben der Tätigkeit aus einer niedrigeren Entgeltgruppe.

(3) Die Entgeltgruppe der/des Beschäftigten ist im Arbeitsvertrag anzugeben.

Erläuterungen

Bei den §§ 12, 13 TVöD (Bund) handelt es sich um die zentralen Eingruppierungsvorschriften des TVöD, die für den Bund mit Wirkung vom 1. Januar 2014 durch den Änderungs-Tarifvertrag Nr. 9 zum TVöD eingefügt worden sind. In Verbindung mit der Entgeltordnung für die Beschäftigten des Bundes (abgedruckt unter **IV**) bestimmen sie die Grundsätze der Eingruppierung der Beschäftigten des Bundes. Eine ausführliche Darstellung dazu finden Sie im Schwerpunktbeitrag „Die neue Entgeltordnung für die Arbeitnehmer des Bundes" (unter Leitziffer **IV.01**).

§ 13 (Bund)   Eingruppierung in besonderen Fällen

(1) [1]Ist der/dem Beschäftigten eine andere, höherwertige Tätigkeit nicht übertragen worden, hat sich aber die ihr/ihm übertragene Tätigkeit (§ 12 Abs. 2 Satz 1) nicht nur vorübergehend derart geändert, dass sie den Tätigkeitsmerkmalen einer höheren als ihrer/seiner bisherigen Entgeltgruppe entspricht (§ 12 Abs. 2 Sätze 2 bis 6), und hat die/der Beschäftigte die höherwertige Tätigkeit ununterbrochen sechs Monate lang ausgeübt, ist sie/er mit Beginn des darauffolgenden Kalendermonats in der höheren Entgeltgruppe eingruppiert. [2]Für die zurückliegenden sechs Kalendermonate gilt § 14 sinngemäß.

(2) [1]Ist die Zeit der Ausübung der höherwertigen Tätigkeit durch Urlaub, Arbeitsbefreiung, Arbeitsunfähigkeit, Kur- oder Heilverfahren oder Vorbereitung auf eine Fachprüfung für die Dauer von insgesamt nicht mehr als sechs Wochen unterbrochen worden, wird die Unterbrechungszeit in die Frist von sechs Monaten eingerechnet. [2]Bei einer längeren Unterbrechung oder bei einer Unterbrechung aus anderen Gründen beginnt die Frist nach der Beendigung der Unterbrechung von neuem.

(3) Wird der/dem Beschäftigten vor Ablauf der sechs Monate wieder eine Tätigkeit zugewiesen, die den Tätigkeitsmerkmalen ihrer/seiner bisherigen Entgeltgruppe entspricht, gilt § 14 sinngemäß.

Erläuterungen

Bei den §§ 12, 13 TVöD (Bund) handelt es sich um die zentralen Eingruppierungsvorschriften des TVöD, die für den Bund mit Wirkung vom 1. Januar 2014 durch den Änderungs-Tarifvertrag Nr. 9 zum TVöD eingefügt worden sind. In Verbindung mit der Entgeltordnung für die Beschäftigten des Bundes (abgedruckt unter **IV**) bestimmen sie die Eingruppierung der Beschäftigten des Bundes. Eine ausführliche Darstellung dazu finden Sie im Schwerpunktbeitrag „Die neue Entgeltordnung für die Arbeitnehmer des Bundes" (unter Leitziffer **IV.01**).

§ 14   Vorübergehende Übertragung einer höherwertigen Tätigkeit

(1) Wird der/dem Beschäftigten vorübergehend eine andere Tätigkeit übertragen, die den Tätigkeitsmerkmalen einer höheren als ihrer/seiner Eingruppierung entspricht, und hat sie/er diese mindestens einen Monat ausgeübt, erhält sie/er für die Dauer der Ausübung eine persönliche Zulage rückwirkend ab dem ersten Tag der Übertragung der Tätigkeit.

Niederschriftserklärung zu § 14 Abs. 1:

1. Ob die vorübergehend übertragene höherwertige Tätigkeit einer höheren Entgeltgruppe entspricht, bestimmt sich im Bereich der VKA für nach einem gemäß § 2 Abs. 2 TVÜ-VKA weitergeltenden Lohngruppenverzeichnis eingruppierte Beschäftigte nach der Anlage 3 zum TVÜ-VKA.

2. Die Tarifvertragsparteien stellen klar, dass die vertretungsweise Übertragung einer höherwertigen Tätigkeit ein Unterfall der vorübergehenden Übertragung einer höherwertigen Tätigkeit ist.

(2) Durch landesbezirklichen Tarifvertrag – für den Bund durch einen Tarifvertrag auf Bundesebene – wird im Rahmen eines Kataloges, der die hierfür in Frage kommenden Tätigkeiten aufführt, bestimmt, dass die Voraussetzung für die Zahlung einer persönlichen Zulage bereits erfüllt ist, wenn die vorübergehend übertragene Tätigkeit mindestens drei Arbeitstage angedauert hat und die/der Beschäftigte ab dem ersten Tag der Vertretung in Anspruch genommen worden ist.

(3) [1]Die persönliche Zulage bemisst sich für Beschäftigte, die in eine der Entgeltgruppen 9 bis 14 (Bund) bzw. Entgeltgruppen 9a bis 14 (VKA) eingruppiert sind, aus dem Unterschiedsbetrag zu dem Tabellenentgelt, das sich für die/den Beschäftigten bei dauerhafter Übertragung nach § 17 Abs. 4 Satz 1 bis 3 im Bereich der VKA und nach § 17 Abs. 5 Satz 1 für Beschäftigte des Bundes ergeben hätte. [2]Für Beschäftigte, die in eine der Entgeltgruppen 1 bis 8 eingruppiert sind, beträgt die Zulage 4,5 v. H. des individuellen Tabellenentgelts der/des Beschäftigten.

Erläuterungen

§ 14 bestimmt, dass ein Beschäftigter, der vorübergehend im Vergleich zu seiner arbeitsvertraglich bestimmten Tätigkeit höherwertige Aufgaben erledigt, für die Dauer der anspruchsvolleren Tätigkeit eine Zulage erhält. In einer Niederschriftserklärung ist klargestellt, dass die vertretungsweise Übertragung höherwertiger Tätigkeiten eine „vorübergehende" Übertragung im tarifvertraglichen Sinne ist. Dieser Sachverhalt war früher in § 24 BAT geregelt.

Auf die abweichenden Sonderregelungen in § 45 (Bund) des Besonderen Teils Verwaltung[1]) wird hingewiesen.

---

[1])   abgedruckt unter I.1.1

Die Vorschrift des § 14 korrespondiert mit den Regelungen zur Eingruppierung – bis zum In-Kraft-Treten eines neuen Eingruppierungssystems also mit den Eingruppierungsvorschriften des BAT bzw. des MTArb/BMT-G. § 14 trifft Regelungen für die Fälle, in denen der Beschäftigte auf Veranlassung des Arbeitgebers vorübergehend eine höherwertige Tätigkeit ausübt.

Die Interessenlage von Arbeitgeber und Beschäftigten dürfte in der Regel so sein, dass der Beschäftigte natürlich an einer dauerhaft höheren Eingruppierung interessiert ist, während der Arbeitgeber im Interesse eines flexiblen Personaleinsatzes eher eine vorübergehende, ohne besondere (Änderungs-)Kündigung rückgängig zu machende Maßnahme bevorzugt.

Wegen der unterschiedlichen Interessenlage sind Meinungsverschiedenheiten und gerichtliche Auseinandersetzungen über die Zulässigkeit einer nur vorübergehenden Übertragung und Zahlung einer Zulage (in Konkurrenz zur stabilen Höhergruppierung) vorprogrammiert. Das BAG hat sich folglich in langjähriger Rechtsprechung zu der im Kern vergleichbaren Regelung des § 24 BAT mit dieser Frage auseinandergesetzt und über lange Zeit zunächst die Auffassung vertreten, die vorübergehende – an Stelle einer dauerhaften – Übertragung einer höherwertigen Tätigkeit bedürfe – ähnlich wie im Fall befristeter Arbeitsverhältnisse – eines Sachgrundes. Diese Linie hat das BAG in seinem Urt. vom 17. 4. 2002 – 4 AZR – 174/01, AP Nr. 23 zu § 24 BAT – verlassen, weil nach seiner (neuen) Auffassung an die Voraussetzungen einer vorübergehenden Übertragung höherwertiger Tätigkeiten im Rahmen des dem Arbeitgeber nach § 315 BGB grundsätzlich zustehenden Direktionsrechts nicht die gleichen strengen Maßstäbe anzulegen sind wie in den Fällen befristeter Arbeitsverhältnisse, wo es im Ergebnis um die Frage der Umgehung des gesetzlichen Kündigungsschutzes gehe. Nach der jetzigen Rechtsmeinung des BAG (z. B. Urteil vom 4. 7. 2012 – 4 AZR 759/10 – und vom 27. 1. 2016 – 4 AZR 468/14) muss im Wege einer sogenannten „doppelten Billigkeitsprüfung" erstens geprüft werden, ob die eigentliche Übertragung der höherwertigen Tätigkeit billigem Ermessen entspricht, und zweitens, ob es auch billigem Ermessen entspricht, die Tätigkeit nur vorübergehend (und nicht auf Dauer) zu übertragen.

An die zweite Stufe der Ermessensprüfung – also an die Beurteilung der Frage, ob es gerechtfertigt ist, die Tätigkeit nicht auf Dauer sondern nur vorübergehend zu übertragen – werden in den Fällen längerfristiger oder aufeinander folgender vorübergehender Übertragungen strenge Maßstäbe anzulegen sein. Eine generelle Höchstdauer für den Begriff der „vorübergehenden" Übertragung gibt es aber weder in der Tarifvorschrift, noch lässt sie sich aus der langjährigen arbeitsrechtlichen Rechtsprechung dazu entnehmen.

Bei der Billigkeitsprüfung handelt es sich stets um eine Einzelfallprüfung, bei der der Arbeitgeber als Ausübender des Direktionsrechtes die Beweislast dafür zu tragen hat, dass sowohl die Übertragung der Tätigkeit als auch deren vorübergehender Charakter billigem Ermessen entspricht. Trotz der unentbehrlichen Einzelfallprüfung kann in den folgenden typischen Beispielsfällen jedoch von einer in der Regel zulässigerweise nur vorübergehenden Übertragung höherwertiger Tätigkeiten ausgegangen werden:

– Erprobung: Eine vorübergehende Übertragung zur Erprobung des Beschäftigten ist zulässig; allein der Begriff der Erprobung beinhaltet jedoch, dass hier enge zeitliche Grenzen gesetzt sind.

– Übertragung von Führungspositionen auf Probe oder auf Zeit: Es wird davon auszugehen sein, dass die in der Natur der Tätigkeit liegende Instabilität ausreicht, um an Stelle einer dauerhaften Höhergruppierung die Zahlung einer Zulage für die Zeit der Führungstätigkeit zu rechtfertigen (→ § 31 Abs. 3 und § 32 Abs. 3).

– Organisationsentscheidungen, wie beispielsweise die Entscheidung, die Stelle nur vorübergehend mit dem Beschäftigten zu besetzen, um nach Ablauf einiger Zeit (nach Abschluss der Laufbahnprüfung) dort einen Beamtenanwärter oder einen besser qualifizierten Beschäftigten einzusetzen. Entsprechendes gilt während des Laufs einer Stellenausschreibung oder für die Zeit im Vorfeld einer geplanten Neuorganisation der Arbeitsbereiche.

Ebenfalls schon unter den Begriff der vorübergehenden Tätigkeit lassen sich Vertretungssituationen fassen. Gleichwohl sind sie in der Tarifnorm bzw. der Niederschriftserklärung dazu besonders erwähnt. Bei der Vertretung ist zu beachten, dass es sich bei der Vertretungstätigkeit um eine „andere" als die eigentlich vom Beschäftigten auszuübende Tätigkeit handeln muss. Es kommt also nicht nur auf den reinen Zeitfaktor („mindestens ein Monat"), sondern auch auf die rechtlichen und organisatorischen Rahmenbedingungen an. Nach gefestigter Rechtsprechung des BAG zu der zumindest im Kern vergleichbaren Vorschrift des § 24 BAT werden Abwesenheitsvertretungen (z. B. wegen Urlaub oder Krankheit), die einem Beschäftigten auf Dauer (z. B. durch Geschäftsverteilungsplan) übertragen wurden, zum Inhalt des Arbeitsvertrages und sind in die tarifliche Bewertung seiner Tätigkeit einzubeziehen. Ob sie sich dort im Hinblick auf die relativ geringe Quantität tatsächlich auswirken, spielt keine Rolle. Sie können in diesem Fall keine Zulage mehr auslösen (siehe z. B. BAG, Urt. vom 5. 9. 1973 – 4 AZR 549/72; vom 29. 9. 1982 – 4 AZR 1161/79 und vom 24. 3. 1993 – 10 AZR 416/91). Diese Linie hat das BAG mit Urteil vom 16. April 2015 – 6 AZR 242/14 – inzwischen für den Bereich des TVöD/TV-L bestätigt.

Sollte der Sachverhalt hingegen so sein, dass einem nicht geschäftsplanmäßig damit betrauten Beschäftigten eine höherwertige Tätigkeit für eine mehr als einmonatige Urlaubsvertretung förmlich übertragen wird, so kann in diesem (Ausnahme-)Fall sicher eine Zulage in Betracht kommen.

Vergleichbar ist die Situation bei der Tätigkeit des sogenannten ständigen Vertreters, bei dem die Vertretungstätigkeit Gegenstand seiner arbeitsvertraglichen Beschäftigung ist und sich in der Regel schon in der Eingruppierung niedergeschlagen hat (zumindest wenn ein eingruppierungsrelevanter Umfang erreicht wird bzw. ein Eingruppierungsmerkmal für ständige Vertreter vorgesehen ist). Die von dem Arbeitgeberkreis der BAT-Kommission in seiner Sitzung vom 8. Oktober 1996 zu § 24 BAT vertretene Auffassung, dass auch in den Fällen der ständigen Vertretung keine Bedenken gegen eine Zulage für diese Tätigkeit bestehen, wenn es sich um eine langfristige Vertretung handelt (z. B. bei Vertretung während der Elternzeit) wird im Lichte der Entscheidung des BAG vom 21. 10. 1998 – 10 AZR 224/98, ZTR 1999 S. 177 – kritisch zu beurteilen sein. Jedenfalls ist bei der Zahlung einer Zulage an ständige Vertreter ein strenger Maßstab anzulegen.

Die persönliche Zulage fällt weg, wenn die höherwertige Tätigkeit endet. Einer Änderungskündigung bedarf es nicht.

Voraussetzungen zur Gewährung einer Zulage (Abs. 1)

Wenn die oben erläuterten Billigkeitsprüfungen zu dem Ergebnis kommen, dass die befristete Übertragung einer höherwertigen Tätigkeit rechtlich möglich ist, stellt sich die Frage, ob die höherwertige Tätigkeit, die ja – wegen des vorübergehenden Charakters – nicht zu einer Höhergruppierung führt, eine Zulage nach sich zieht. Dies ist nach der Niederschriftserklärung zu Absatz 1 in ihrer ab dem 1. Januar 2017 geltenden Fassung für bestimmte Arbeiter des kommunalen Bereichs weiterhin nach altem Recht – nämlich dem weitergeltenden Lohngruppenverzeichnis i. V. m. Anlage 3 zum TVÜ-VKA – zu prüfen. Es muss also für einen Vergleich der vertraglichen mit der ausgeübten Tätigkeit eine detaillierte Bewertung der vorübergehenden Tätigkeit erfolgen. Der Beschäftigte muss alle Voraussetzungen der höheren Entgeltgruppe (also auch die persönlichen Qualifikationsmerkmale) erfüllen. Die bloße Ausübung der Tätigkeit genügt nicht, es sei denn, das in Frage kommende Eingruppierungsmerkmal ist auch offen für die sogenannten „sonstigen Beschäftigten".

Der in der Praxis häufig auftretende Fall, dass ein Beschäftigter der „kleinen Entgeltgruppe 9" (verlängerte Stufenlaufzeit, gesperrte Endstufe) vorübergehend Tätigkeiten ausübt, die bei dauerhafter Übertragung zur Eingruppierung in die reguläre Entgeltgruppe 9 führten, löst keine Zulage aus. Zwar handelt es sich um eine höherwertige Tätigkeit, sie führt aber nicht zu einer höheren Eingruppierung, so dass die Voraussetzungen des Absatzes 1 Satz 1 nicht erfüllt sind.

Die höherwertige Tätigkeit muss mindestens einen Monat lang ausgeübt worden sein. Ist diese Voraussetzung erfüllt, wird die Zulage rückwirkend ab Beginn der höherwertigen Tätigkeit gezahlt. Höherwertige Tätigkeiten von weniger als einem Monat Dauer werden, wenn es keine landesbezirkliche Vereinbarung bzw. einen entsprechenden Tarifvertrag des Bundes im Sinne des Absatzes 2 gibt, nicht honoriert.

Öffnungsklausel für landesbezirkliche Tarifverträge (Abs. 2)

Absatz 2 enthält eine Öffnungsklausel, nach der für von den Tarifpartnern genau zu bestimmende Tätigkeiten nach näherer Maßgabe eines landesbezirklichen Tarifvertrages (Kommunen) bzw. Bundestarifvertrag (Bund) an die Stelle der Monatsfrist des Absatzes 1 eine Frist von drei Arbeitstagen treten kann.

Die Niederschriftserklärung zu § 18 des TVÜ-Bund bzw. TVÜ-VKA enthält den Auftrag an die Tarifpartner, durch einen spätestens zum 1. Juli 2007 in Kraft tretenden Tarifvertrag zu bestimmen, in welchen zu katalogisierenden Tätigkeiten eine Zulage bereits nach einer Frist von drei Tagen (statt einem Monat) gezahlt wird.

Es bleibt abzuwarten, ob und in welcher Form die Tarifpartner von dieser Öffnungsklausel Gebrauch machen werden.

Höhe der Zulage (Abs. 3)

Wenn die oben beschriebenen Voraussetzungen erfüllt sind, erhält der Beschäftigte der Entgeltgruppen 9 bis 14 (Bund) bzw. 9a bis 14 (VKA) eine Zulage in Höhe des Unterschiedsbetrages zwischen seinem jetzigen Tabellenentgelt und dem Tabellenentgelt, das dem Beschäftigten zustehen würde, wenn ihm die vorübergehende Tätigkeit auf Dauer übertragen worden wäre. Das Verfahren, wie das Tabellenentgelt bei Höhergruppierungen ermittelt wird, ist in § 17 Abs. 4 Satz 1 bis 3 (VKA) bzw. § 17 Abs. 5 Satz 1 (Bund) geregelt. § 17 Abs. 4 Satz 3 wurde erst im Zuge des 6. Änderungs-Tarifvertrages zum TVöD vom 8. Dezember 2010 ausdrücklich einbezogen. Die Tarifpartner stellen damit redaktionell klar, dass bei einer Höhergruppierung über mehr als eine Entgeltgruppe das besondere Verfahren des § 17 Abs. 2 Satz 3 zur Anwendung gelangen soll. Dies war bei Einführung des Satzes 3 mit dem Änderungs-Tarifvertrag Nr. 2 vom 31. März 2008 augenscheinlich versäumt worden.

Beschäftigte der Entgeltgruppen 1 bis 8 erhalten als Zulage für die vorübergehend oder vertretungsweise ausgeübte höherwertige Tätigkeit 4,5 v. H. ihres individuellen Tabellenentgelts.

Wegen der Umschlüsselung der besonderen Entgeltgruppen der Beschäftigten des Sozial- und Erziehungsdienstes sowie in der Krankenpflege in die für die Berechnung der Zulage maßgebenden Entgeltgruppen siehe § 1 Abs. 3 der Anlage zu Abschnitt VIII Sonderregelungen/VKA § 56 BT-V bzw. § 51a Abs. 1 und § 52 Abs. 3 BT-B sowie § 52 Abs. 1 BT-K.

Aus der Bestimmung des § 24 Abs. 3 i. V. m. Abs. 5 ergibt sich, dass die Zulage, wenn sie nur für Teile eines Monates zusteht, taggenau anteilig gewährt wird.

Die Zulage ist Entgelt im sozialversicherungsrechtlichen Sinn, sie ist steuerpflichtig. Für die Zulage sind daher auch Umlagen an die VBL zu entrichten.

Übergangsregelungen

Die §§ 10 bzw. 18 der Überleitungstarifverträge[1]) enthalten Übergangsregelungen für Beschäftigte, die im Zeitpunkt der Überleitung in den TVöD bereits eine Zulage für höherwertige Tätigkeiten

---

[1])   abgedruckt unter I.2

bekamen und die entsprechende Tätigkeit fortführen (§ 10), bzw. übergeleitete Beschäftigte, denen zwischen dem Überleitungsstichtag (30. September 2005) und dem 30. September 2007 erstmals eine höherwertige Tätigkeit übertragen wird (§ 18).

§ 15   Tabellenentgelt

(1) [1]Die/Der Beschäftigte erhält monatlich ein Tabellenentgelt. [2]Die Höhe bestimmt sich nach der Entgeltgruppe, in die sie/er eingruppiert ist, und nach der für sie/ihn geltenden Stufe.

(2) [1]Alle Beschäftigten des Bundes erhalten Entgelt nach Anlage A (Bund). [2]Die Beschäftigten der Mitglieder eines Mitgliedverbandes der VKA erhalten Entgelt nach der Anlage A (VKA).

(3) [1]Im Rahmen von landesbezirklichen bzw. für den Bund in bundesweiten tarifvertraglichen Regelungen können für an- und ungelernte Tätigkeiten in von Outsourcing und/oder Privatisierung bedrohten Bereichen in den Entgeltgruppen 1 bis 4 Abweichungen von der Entgelttabelle bis zu einer dort vereinbarten Untergrenze vorgenommen werden. [2]Die Untergrenze muss im Rahmen der Spannbreite des Entgelts der Entgeltgruppe 1 liegen. [3]Die Umsetzung erfolgt durch Anwendungsvereinbarung, für den Bund durch Bundestarifvertrag.

Erläuterungen

§ 15 TVöD bestimmt das sogenannte Tabellenentgelt als Grundlage der Leistungen an den Beschäftigten. Die Entgelttabellen – getrennt für Bund und Kommunen – sind Bestandteil des TVöD. Sie sind ohne Einhaltung einer Frist, jedoch frühestens zum 28. Februar 2018[1]), gesondert kündbar (§ 39 Abs. 4 Buchst. c).

Die vor In-Kraft-Treten des TVöD übliche Verfahrensweise, die Vergütung in eigenständigen Vergütungstarifverträgen zu regeln, wurde aufgegeben.

Auf die abweichenden Sonderregelungen in §§ 45 und 46 (Bund) des Besonderen Teils Verwaltung[2]) wird hingewiesen.

Begriffsbestimmung (Abs. 1)

Die Höhe des Tabellenentgelts bestimmt sich nach der für den Beschäftigten maßgebenden Entgeltgruppe und seiner individuellen Entgeltstufe und kann dann aus der jeweiligen Tabelle der Anlage A bzw. Anlage B abgelesen werden. Vorläufig sind zur Ermittlung der Entgeltgruppe und -stufe die Vorschriften der Überleitungs-Tarifverträge zu beachten.

---

[1]   § 39 Abs. 4 Buchst. c

[2]   abgedruckt unter I.1.1

Bemessungssätze Ost (frühere Protokollerklärungen zu Abs. 1)

In den Protokollerklärungen zu § 15 Absatz 1 war bestimmt, wie hoch der Bemessungssatz für Entgelte an Beschäftigte im Tarifgebiet Ost war. Wegen der Abgrenzung der Tarifgebiete West und Ost → § 38 Abs. 1.

Für den Bereich des Bundes ist bzw. war die Protokollerklärung Nr. 1 maßgebend. Bei Inkrafttreten des TVöD sah sie einen Bemessungssatz von 92,5 v. H. vor. Im Zuge der Entgeltrunde 2008 bzw. des darauf zurückgehenden Änderungstarifvertrages Nr. 2 vom 31. März 2008 wurde der Bemessungssatz für die Beschäftigten des Bundes auf 100 v. H. angehoben; für die Beschäftigten in den Entgeltgruppen 1 bis 9 trat die Angleichung an die West-Beträge am 1. Januar 2008, für die übrigen Beschäftigten am 1. April 2008 in Kraft. Die Protokollerklärung Nr. 1 ist daher zum 1. April 2008 gegenstandslos geworden und durch den Änderungstarifvertrag Nr. 2 aufgehoben worden.

Für die Beschäftigten der Kommunen betrug der Bemessungssatz bei Inkrafttreten des TVöD am 1. Oktober 2005 zunächst 94 v. H.; er erhöhte sich zum 1. Juli 2006 auf 95,5 v. H. und am 1. Juli 2007 auf 97 v. H. Durch den Änderungstarifvertrag Nr. 2 wurde er für die Beschäftigten der Entgeltgruppen 1 bis 9 zum 1. Januar 2008 auf 100 v. H. angehoben. Für die Beschäftigten der Entgeltgruppen 10 und höher blieb es zunächst bei dem Satz von 97 v. H.; eine Anpassung an das West-Niveau erfolgte für diese Beschäftigten erst zum 1. Januar 2010. Die Protokollerklärung Nr. 2 ist daher zum 1. Januar 2010 aufgehoben worden.

Nach der ebenfalls zum 1. Januar 2010 aufgehobenen Protokollerklärung Nr. 3 erhielten Beschäftigte im Tarifgebiet Ost – abweichend von den Grundsätzen der Protokollerklärungen Nr. 1 und 2 – bei vermögenswirksamen Leistungen (→ § 23 Abs. 1) und beim Jubiläumsgeld (→ § 23 Abs. 2) die vollen Beträge.

Benennung der maßgebenden Tabellen (Abs. 2)

Absatz 2 verweist auf die Entgelttabellen, die als Anlage A – getrennt nach Bund und Kommunen – bezeichnet und im Anschluss an den TVöD abgedruckt sind. Die Werte der Entgeltgruppen 2Ü und 15Ü finden sich in § 19 des jeweiligen Überleitungstarifvertrages (TVÜ-Bund[1]), TVÜ-VKA).

---

[1]   abgedruckt unter I.2

Öffnungsklausel (Abs. 3)

Absatz 3 enthält eine Öffnungsklausel, die es in von Outsourcing (Auslagerung auf andere Dienstleister) und/oder Privatisierung bedrohten Bereichen ermöglicht, durch landesbezirkliche (Kommunen) bzw. durch bundesweite (Bund) tarifvertragliche Regelungen von der Entgelttabelle (nach unten) abweichende Entgelte für un- oder angelernte Tätigkeiten zu vereinbaren. Untergrenze dafür ist die Spannbreite der Entgeltgruppe 1. Es bleibt abzuwarten, ob und in welchem Umfang die Tarifpartner von dieser Öffnungsmöglichkeit Gebrauch machen werden.

Wegen der Umschlüsselung der besonderen Entgeltgruppen der Beschäftigten des Sozial- und Erziehungsdienstes in die für abweichende Vereinbarungen in Frage kommenden Entgeltgruppen siehe § 1 Abs. 3 der Anlage zu Abschnitt VIII Sonderregelungen/VKA § 56 BT-V bzw. § 52 Abs. 3 BT-B.

§ 16 (Bund)   Stufen der Entgelttabelle

(1) Die Entgeltgruppen 2 bis 15 umfassen sechs Stufen.

(2) [1]Bei Einstellung werden die Beschäftigten der Stufe 1 zugeordnet, sofern keine einschlägige Berufserfahrung vorliegt. [2]Verfügt die/der Beschäftigte über eine einschlägige Berufserfahrung von mindestens einem Jahr, erfolgt die Einstellung in die Stufe 2; verfügt sie/er über eine einschlägige Berufserfahrung von mindestens drei Jahren, erfolgt bei Einstellung in der Regel eine Zuordnung zur Stufe 3. [3]Unabhängig davon kann der Arbeitgeber bei Neueinstellungen zur Deckung des Personalbedarfs Zeiten einer vorherigen beruflichen Tätigkeit ganz oder teilweise für die Stufenzuordnung berücksichtigen, wenn diese Tätigkeit für die vorgesehene Tätigkeit förderlich ist. [4]Bei Einstellung im unmittelbaren Anschluss an ein Arbeitsverhältnis zum Bund werden die Beschäftigten mit einschlägiger Berufserfahrung der im vorhergehenden Arbeitsverhältnis erworbenen Stufe zugeordnet und die im vorhergehenden Arbeitsverhältnis erreichte Stufenlaufzeit wird fortgeführt.

Protokollerklärung zu Absatz 2:

1. Einschlägige Berufserfahrung ist eine berufliche Erfahrung in der übertragenen oder einer auf die Aufgabe bezogen entsprechenden Tätigkeit.
2. Ein Berufspraktikum nach dem Tarifvertrag für Praktikantinnen / Praktikanten des öffentlichen Dienstes (TVPöD) vom 27. Oktober 2009 gilt grundsätzlich als Erwerb einschlägiger Berufserfahrung.

(3) Bei Einstellung von Beschäftigten in unmittelbarem Anschluss an ein Arbeitsverhältnis im öffentlichen Dienst (§ 34 Abs. 3 Satz 3 und 4) oder zu einem Arbeitgeber, der einen dem TVöD vergleichbaren Tarifvertrag anwendet, kann die in dem vorhergehenden Arbeitsverhältnis erworbene Stufe bei der Stufenzuordnung ganz oder teilweise berücksichtigt werden; Absatz 2 Satz 3 bleibt unberührt.

Niederschriftserklärung zu § 16 (Bund) Abs. 3:
Die Tarifvertragsparteien sind sich darüber einig, dass die erworbene Stufe im Sinne des § 16 (Bund) Abs. 3 auch eine individuelle Endstufe im Sinne des § 6 Abs. 3 Satz 1, § 7 Abs. 2 1. Alternative oder § 8 Abs. 3 Satz 2 TVÜ-Bund oder eine individuelle Zwischenstufe im Sinne des § 7 Abs. 3 Satz 1 oder § 8 Abs. 3 Satz 2 TVÜ-Bund sein kann.

(4) Die Beschäftigten erreichen die jeweils nächste Stufe – von Stufe 3 an in Abhängigkeit von ihrer Leistung gemäß § 17 Abs. 2 – nach folgenden Zeiten einer ununterbrochenen Tätigkeit innerhalb derselben Entgeltgruppe bei ihrem Arbeitgeber (Stufenlaufzeit):

- Stufe 2 nach einem Jahr in Stufe 1,
- Stufe 3 nach zwei Jahren in Stufe 2,
- Stufe 4 nach drei Jahren in Stufe 3
- Stufe 5 nach vier Jahren in Stufe 4 und
- Stufe 6 nach fünf Jahren in Stufe 5.

(5) [1]Die Entgeltgruppe 1 umfasst fünf Stufen. [2]Einstellungen erfolgen zwingend in der Stufe 2 (Eingangsstufe). [3]Die jeweils nächste Stufe wird nach vier Jahren in der vorangegangenen Stufe erreicht; § 17 Abs. 2 bleibt unberührt.

(6) [1]Zur Deckung des Personalbedarfs oder zur Bindung von qualifizierten Fachkräften kann Beschäftigten abweichend von der tarifvertraglichen Einstufung ein bis zu zwei Stufen höheres Entgelt ganz oder teilweise vorweg gewährt werden. [2]Beschäftigte mit einem Entgelt der Endstufe können bis zu 20 v. H. der Stufe 2 zusätzlich erhalten. [3]Beide Zulagen können befristet werden. [4]Sie sind auch als befristete Zulagen widerruflich und gelten als Tabellenentgelt gemäß § 15.

Erläuterungen

§ 16 TVöD regelt – in zwei getrennten Vorschriften für den Bund bzw. die Kommunen – die Grundsätze der Zuweisung zu den Entgeltstufen bei Einstellung und den späteren Aufstieg in den Stufen.

Die Zuweisung der (Lebens-)Altersstufen war – soweit das Entgeltsystem des BAT überhaupt mit dem des TVöD vergleichbar ist – zuvor in § 27 BAT geregelt.

Hinweis auf Übergangsregelungen

Bei den Beschäftigten, die zum 1. Oktober 2005 aus dem Geltungsbereich eines der bisherigen Tarifverträge (BAT, MTArb, BMT-G und die entsprechenden Tarifverträge des Tarifgebietes Ost) in den TVöD übergeleitet worden sind, waren bei der Stufenzuweisung die besonderen Vorschriften der Überleitungs-Tarifverträge zu beachten.

Verkürzt dargestellt erfolgte die Überleitung der ehemaligen Angestellten in der Regel in der Weise, dass sie betragsgenau in eine individuelle Zwischenstufe ihrer neuen Entgeltgruppe übergeleitet wurden und von dort zum 1. Oktober 2007 in die nächst höhere Stufe aufstiegen. Wegen Einzelheiten → § 6 der Überleitungs-Tarifverträge[1]).

Arbeiter wurden in der Regel der Stufe zugeordnet, die sie erreicht hätten, wenn der TVöD bereits seit Beginn ihrer Beschäftigungszeit für sie gegolten hätte. Wegen Einzelheiten → § 7 der Überleitungs-Tarifverträge.

---

[1]) abgedruckt unter **I.2**

Stufen der Entgeltgruppen (Abs. 1)

Nach dieser Vorschrift umfassen die Entgeltgruppen 2 bis 15 jeweils sechs Stufen. Die heutige Fassung geht zurück auf die Tarifrunde 2016 und wurde im Zuge des 11. Änderungstarifvertrages zum TVöD vom 29. April 2016 mit Wirkung vom 1. März 2016 vereinbart. Bis dahin umfassten die Entgeltgruppen 2 bis 8 jeweils sechs und die Entgeltgruppen 9 bis 15 jeweils fünf Stufen.

Bis zum Inkrafttreten der Entgeltordnung (1. Januar 2014) war ein Anhang zu § 16 vereinbart. Darin hatten die Tarifpartner für eine Reihe von bestimmten Tätigkeiten andere Stufen zur Endstufe bestimmt (z. B. „kleine Entgeltgruppe 9" mit Stufe 4 als Endstufe). Dieser Anhang wurde – ebenso wie der in § 16 Abs. 1 Satz 2 a. F. enthaltene Hinweis darauf – im Zuge des 9. Änderungstarifvertrages aufgehoben.

Stufenzuordnung bei Einstellung (Abs. 2)

Die heutige Fassung geht zurück auf die Tarifrunde 2016 und wurde im Zuge des 11. Änderungstarifvertrages zum TVöD vom 29. April 2016 mit Wirkung vom 1. März 2016 vereinbart. Bis dahin gab es getrennte Regelungen der Stufenzuordnung für Beschäftigte der Entgeltgruppen 9 bis 15 einerseits und der Entgeltgruppen 2 bis 8 andererseits. Die Beschäftigten werden bei ihrer Einstellung grundsätzlich der Entgeltgruppe 1 zugeordnet (Satz 1). Wenn sie über eine einschlägige Berufserfahrung von mindestens einem Jahr verfügen (unabhängig davon, wo sie erworben worden ist), erfolgt die Einstufung in Stufe 2; bei entsprechender Berufserfahrung von mindestens drei Jahren werden sie der Stufe 3 zugeordnet (Satz 2). In einer Protokollerklärung zu Absatz 2 haben die Tarifpartner bestimmt, dass eine „einschlägige" Berufserfahrung eine berufliche Erfahrung in der übertragenen Tätigkeit oder einer auf die Aufgabe bezogen entsprechenden Tätigkeit ist (Protokollerklärung Nr. 1). In einer weiteren Protokollerklärung haben sie ergänzend festgelegt, dass auch ein Berufspraktikum nach dem TVPöD als Erwerb einschlägiger Berufserfahrung gilt (Protokollerklärung Nr. 2).

Satz 3 enthält eine im Kern mit § 27 Abschn. C BAT vergleichbare Regelung, nach der der Arbeitgeber zur Deckung des Personalbedarfs förderliche Zeiten beruflicher Tätigkeit ganz oder teilweise bei der Stufenzuordnung berücksichtigen kann. Ein Rechtsanspruch darauf besteht nicht; der Arbeitgeber ist im Rahmen der Ausübung pflichtgemäßen Ermessens frei zu entscheiden, ob und inwieweit er von dieser Regelung Gebrauch macht.

Die Regelung in Satz 4 gilt nur in den Fällen, in denen die Einstellung in unmittelbarem Anschluss an ein vorangegangenes Arbeitsverhältnis zum Bund erfolgt. Liegen diese Voraussetzungen vor, werden im Ergebnis die im vorangegangenen Arbeitsverhältnis erreichte Stufe sowie die bereits absolvierte Stufenlaufzeit „nahtlos" fortgesetzt.

Wechsel innerhalb des öffentlichen Dienstes (Abs. 3)

Die Vorschrift des Absatzes ist mit dem Änderungstarifvertrag Nr. 2 vom 31. März 2008 mit Wirkung vom 1. Januar 2008 eingefügt und durch den 11. Änderungstarifvertrag vom 29. April 2016 ohne inhaltliche Änderungen nach Abs. 3 verschoben worden. Die Tarifpartner haben mit dieser Regelung auf die Erfahrungen der Praxis reagiert, die gezeigt hatten, dass das bisher geltende Prinzip der Stufenzuordnung den gewünschten Wechsel zwischen Arbeitgebern des öffentlichen Dienstes häufig hemmt, weil Vorzeiten nicht bzw. nicht vollständig berücksichtigt werden konnten bzw. weil sich selbst unter Berücksichtigung von Vorzeiten die im Zuge der Überleitung in den TVöD „mitgebrachte" Entgeltstufe nicht erreichen ließ.

Die Regelung im neuen Absatz 3 ermöglicht es dem Arbeitgeber, den im unmittelbaren Anschluss an ein Arbeitsverhältnis zu einem anderen Arbeitgeber des öffentlichen Dienstes eingestellten Beschäftigten weiterhin der Stufe zuzuordnen, die er dort bereits erlangt hatte. In einer ergänzenden Niederschriftserklärung haben die Tarifpartner festgehalten, dass sie auch eine individuelle Zwischen- oder Endstufe als Stufe im Sinne dieser Vorschrift ansehen. Wenn die Voraussetzungen des Absatzes 3 dem Grunde nach vorliegen, ist auch eine teilweise Berücksichtigung der beim vorangehenden Arbeitgeber erlangten Stufe denkbar.

Beispiel: ————————————————————

Eine Dienststelle des Bundes stellt einen Beschäftigten im unmittelbaren Anschluss an ein Beschäftigungsverhältnis im Landesdienst ein. Die Vorzeiten führen nach Maßgabe des Absatzes 2 zur Zuordnung zu Stufe 2, der Beschäftigte war beim Land in der gleichen Entgeltgruppe der Stufe 4 zugeordnet. Die aufnehmende Dienststelle kann den Beschäftigten entweder der

> Stufe 2 (nach Absatz 2) oder aber nach Absatz 3 entweder der
> Stufe 3 oder 4 zuzuordnen.

Als Arbeitgeber des öffentlichen Dienstes sind die unter die Regelung des § 34 Absatz 3 Sätze 3 und 4 fallenden Arbeitgeber anzusehen – also im Wesentlichen Bund, Kommunen und Länder. Die Regelung des Absatzes 3 bezieht aber zusätzlich auch solche Arbeitgeber ein, die einem dem TVöD vergleichbaren Tarifvertrag anwenden. Dies sind beispielsweise Einrichtungen, die den TVöD durch Haustarifverträge in Bezug nehmen. Nach Auffassung des Verfassers dürften keine Bedenken bestehen, Einrichtungen dazu zu rechnen, die den TV-L anzuwenden; denn auch dieser Tarifvertrag ist mit dem TVöD in seiner Grundsystematik und vor allen Dingen den Regelungen zur Stufenzuordnung vergleichbar.

Die Regelung ist zusätzlich zu der Vorschrift des Absatzes 2 Satz 3 aufgenommen worden, nachdem der – das Vorliegen entsprechender förderlicher Zeiten vorausgesetzt – zur Deckung des Personalbedarfs schon bisher eine höhere Stufenzuordnung möglich war. Durch den Schlusshalbsatz, dass „Absatz 2 Satz 3 unberührt (bleibt)" haben die Tarifpartner verdeutlicht, dass die Anrechnung förderlicher Zeiten über die Vorschrift des Absatzes 3 hinaus erfolgen kann.

Beispiel:

Grundbeispiel wie oben. Sofern es zur Deckung des Personalbedarfs erforderlich ist und der Beschäftigte über förderliche Zeiten verfügt, kann auch eine darüber noch hinausgehende Zuordnung nach Maßgabe des Absatzes 2 Satz 3 in Betracht kommen (also bis zur Endstufe). Dies ist insbesondere dann denkbar, wenn der bisherige Arbeitgeber entsprechende Zeiten nicht berücksichtigt hatte.

Die Tarifpartner haben Absatz 3 als „Kann-Vorschrift" ausgestaltet und ihre Anwendung in das Ermessen des Arbeitgebers gestellt. Sie ermöglicht es dem Arbeitgeber also, flexibel (und bedarfsgerecht) von ihr Gebrauch zu machen. Nach der Rechtsprechung des Bundesverwaltungsgerichts zur Mitbestimmung bei der Stufenzuordnung (Urteil bzw. Beschluss vom 27. August 2008 – 6 P 11.07 bzw. 6 P 3.08) wird jedoch ein Mitbestimmungsrecht der Personalvertretung zu bejahen sein.

Stufenaufstieg (Abs. 4)

In dieser Vorschrift sind die Fristen für den Stufenaufstieg geregelt, wobei ab dem Aufstieg von Stufe 3 nach Stufe 4 auch leistungsbezogene Verkürzungen/Verlängerungen der Fristen möglich sind (→ § 17 Abs. 2). Die Zeiten sind bei demselben Arbeitgeber zu absolvieren; sie dürfen – abgesehen von den Ausnahmen des § 17 Abs. 3 – nicht unterbrochen sein.

Entgeltgruppe 1 (Abs. 5)

Absatz 5 enthält nur die Entgeltgruppe 1 betreffende Regelungen. Nach Satz 1 hat diese Entgeltgruppe fünf Stufen; Einstellungen erfolgen zwingend in Stufe 2 (Satz 2). Die folgenden Stufen werden grundsätzlich nach vier Jahren erreicht, wobei auch hier Verkürzungen/Verlängerungen der Fristen auf der Grundlage des § 17 Abs. 2 möglich sind.

Vorweggewährung von Stufen (Abs. 6)

Die Regelung des Absatzes 5 entspricht im Kern der Vorschrift des § 27 Abschn. C BAT und ermöglicht es dem Arbeitgeber, zur Deckung des Personalbedarfs oder zur Bindung qualifizierter Fachkräfte eine Zulage im Volumen von max. zwei Stufen (bei Beschäftigten der vorletzten Stufe max. einer Stufe) zu gewähren (Satz 1) bzw. bei Beschäftigten der Endstufe einen Steigerungsbetrag (20 v. H. der Stufe 2 der individuellen Entgeltgruppe zusätzlich zum tariflich zustehenden Entgelt zu zahlen (Satz 2). Ob ein möglicher Anwendungsfall des Satzes 1 oder des Satzes 2 vorliegt, hängt davon ab, ob der Beschäftigte bereits die für ihn maßgebende Endstufe erreicht hat. Die Regelung geht weiter als die Vorschrift des Absatzes 2 Satz 3, die das Vorhandensein „förderlicher Vorzeiten" voraussetzt. Auf die Anwendung des Absatzes 6 hat der Beschäftigte keinen Rechtsanspruch, es ist in das Ermessen des Arbeitgebers gestellt, die Möglichkeiten des Absatzes 6 zu nutzen.

Beide Zulagen (sowohl die Zulage von max. zwei Stufen nach Satz 1 als auch die Zulage von max. 20 v. H. nach Satz 2) sind widerruflich; sie können zudem befristet werden. Die Zulagen gelten als Tabellenentgelt, sie sind somit beispielsweise bei Urlaub bzw. Krankheit fortzuzahlen.

§ 17 Allgemeine Regelungen zu den Stufen

(1) Die Beschäftigten erhalten vom Beginn des Monats an, in dem die nächste Stufe erreicht wird, das Tabellenentgelt nach der neuen Stufe.

(2) [1]Bei Leistungen der/des Beschäftigten, die erheblich über dem Durchschnitt liegen, kann die erforderliche Zeit für das Erreichen der Stufen 4 bis 6 jeweils verkürzt werden. [2]Bei Leistungen, die erheblich unter dem Durchschnitt liegen, kann die erforderliche Zeit für das Erreichen der Stufen 4 bis 6 jeweils verlängert werden. [3]Bei einer Verlängerung der Stufenlaufzeit hat der Arbeitgeber jährlich zu prüfen, ob die Voraussetzungen für die Verlängerung noch vorliegen. [4]Für die Beratung von schriftlich begründeten Beschwerden von Beschäftigten gegen eine Verlängerung nach Satz 2 bzw. 3 ist eine betriebliche Kommission zuständig. [5]Die Mitglieder der betrieblichen Kommission werden je zur Hälfte vom Arbeitgeber und vom Betriebs-/Personalrat benannt; sie müssen dem Betrieb/der Dienststelle angehören. [6]Der Arbeitgeber entscheidet auf Vorschlag der Kommission darüber, ob und in welchem Umfang der Beschwerde abgeholfen werden soll.

Protokollerklärung zu Absatz 2:
[1]Die Instrumente der materiellen Leistungsanreize (§ 18) und der leistungsbezogene Stufenaufstieg bestehen unabhängig voneinander und dienen unterschiedlichen Zielen. [2]Leistungsbezogene Stufenaufstiege unterstützen insbesondere die Anliegen der Personalentwicklung.

Protokollerklärung zu Absatz 2 Satz 2:
Bei Leistungsminderungen, die auf einem anerkannten Arbeitsunfall oder einer Berufskrankheit gemäß §§ 8 und 9 SGB VII beruhen, ist diese Ursache in geeigneter Weise zu berücksichtigen.

Protokollerklärung zu Absatz 2 Satz 6:
Die Mitwirkung der Kommission erfasst nicht die Entscheidung über die leistungsbezogene Stufenzuordnung.

(3) [1]Den Zeiten einer ununterbrochenen Tätigkeit im Sinne des § 16 (Bund) Abs. 4 und des § 16 (VKA) Abs. 3 Satz 1 stehen gleich:

a) Schutzfristen nach dem Mutterschutzgesetz,

b) Zeiten einer Arbeitsunfähigkeit nach § 22 bis zu 39 Wochen,

c) Zeiten eines bezahlten Urlaubs,

d) Zeiten eines Sonderurlaubs, bei denen der Arbeitgeber vor dem Antritt schriftlich ein dienstliches bzw. betriebliches Interesse anerkannt hat,

e) Zeiten einer sonstigen Unterbrechung von weniger als einem Monat im Kalenderjahr,

f) Zeiten der vorübergehenden Übertragung einer höherwertigen Tätigkeit.

[2]Zeiten der Unterbrechung bis zu einer Dauer von jeweils drei Jahren, die nicht von Satz 1 erfasst werden, und Elternzeit bis zu jeweils fünf Jahren sind unschädlich, werden aber nicht auf die Stufenlaufzeit angerechnet. [3]Bei einer Unterbrechung von mehr als drei Jahren, bei Elternzeit von mehr als fünf

Jahren, erfolgt eine Zuordnung zu der Stufe, die der vor der Unterbrechung erreichten Stufe vorangeht, jedoch nicht niedriger als bei einer Neueinstellung; die Stufenlaufzeit beginnt mit dem Tag der Arbeitsaufnahme. [4]Zeiten, in denen Beschäftigte mit einer kürzeren als der regelmäßigen wöchentlichen Arbeitszeit eines entsprechenden Vollbeschäftigten beschäftigt waren, werden voll angerechnet.

(4)[1] [1]Bei Eingruppierung in eine höhere Entgeltgruppe werden die Beschäftigten im Bereich der VKA derjenigen Stufe zugeordnet, in der sie mindestens ihr bisheriges Tabellenentgelt erhalten, mindestens jedoch der Stufe 2. [2]Beträgt der Unterschiedsbetrag zwischen dem derzeitigen Tabellenentgelt und dem Tabellenentgelt nach Satz 1

– in den Entgeltgruppen 1 bis 8
  vom 1. Februar 2017 an weniger als 58,98 Euro,
– in den Entgeltgruppen 9a bis 15
  vom 1. Februar 2017 an weniger als 94,39 Euro,

so erhält die/der Beschäftigte während der betreffenden Stufenlaufzeit anstelle des Unterschiedsbetrages den vorgenannten jeweils zustehenden Garantiebetrag. [3]Wird die/der Beschäftigte nicht in die nächsthöhere, sondern in eine darüber liegende Entgeltgruppe höhergruppiert, ist das Tabellenentgelt für jede dazwischen liegende Entgeltgruppe nach Satz 1 zu berechnen; Satz 2 gilt mit der Maßgabe, dass auf das derzeitige Tabellenentgelt und das Tabellenentgelt der Entgeltgruppe abzustellen ist, in die die/der Beschäftigte höhergruppiert wird. [4]Die Stufenlaufzeit in der höheren Entgeltgruppe beginnt mit dem Tag der Höhergruppierung. [5]Bei einer Eingruppierung in eine niedrigere Entgeltgruppe ist die/der Beschäftigte der in der höheren Entgeltgruppe erreichten Stufe zuzuordnen. [6]Die/Der Beschäftigte erhält vom Beginn des Monats an, in dem die Veränderung wirksam wird, das entsprechende Tabellenentgelt aus der in Satz 1 oder Satz 5 festgelegten Stufe der betreffenden Entgeltgruppe, ggf. einschließlich des Garantiebetrags.

Protokollerklärung zu Absatz 4 Satz 2[2]:
Die Garantiebeträge nehmen an allgemeinen Entgeltanpassungen teil.

(4)[3] [1]Bei Eingruppierung in eine höhere Entgeltgruppe aus den Entgeltgruppen 2 bis 14 der Anlage A (VKA) werden die Beschäftigten im Bereich der VKA der gleichen Stufe zugeordnet, die sie in der niedrigeren Entgeltgruppe erreicht haben, mindestens jedoch der Stufe 2. [2]Die Stufenlaufzeit in der höheren Entgeltgruppe beginnt mit dem Tag der Höhergruppierung. [3]Bei Höhergruppierungen aus einer der Stufen 2 bis 4 der Entgeltgruppe 9a in die Entgeltgruppe 9b wird abweichend von Satz 2 die in der jeweiligen Stufe der

---

[1]   In der bis zum 28. 2. 2017 geltenden Fassung.
[2]   Die Protokollerklärung entfällt ab dem 1. 3. 2017.
[3]   In der ab dem 1. 3. 2017 geltenden Fassung.

Entgeltgruppe 9a zurückgelegte Stufenlaufzeit auf die Stufenlaufzeit in der Entgeltgruppe 9b angerechnet. [4]Bei einer Eingruppierung in eine niedrigere Entgeltgruppe ist die/der Beschäftigte der in der höheren Entgeltgruppe erreichten Stufe zuzuordnen. [5]Die/Der Beschäftigte erhält vom Beginn des Monats an, in dem die Veränderung wirksam wird, das entsprechende Tabellenentgelt aus der in Satz 1 oder Satz 4 festgelegten Stufe der betreffenden Entgeltgruppe.

Niederschriftserklärung zu § 17 Absatz 4 Satz 3:
[1]Bei einer Höhergruppierung aus der Entgeltgruppe 9a Stufen 2 bis 4 in die Entgeltgruppe 9b beginnt abweichend vom ansonsten gültigen Grundsatz in der Entgeltgruppe 9b die Stufenlaufzeit nicht neu. [2]Die Anrechnung der in diesen Stufen in der Entgeltgruppe 9a zurückgelegten Stufenlaufzeiten auf die jeweils maßgebliche Stufenlaufzeit in der Entgeltgruppe 9b ist allein dem Umstand geschuldet, dass im Rahmen der Entgeltordnung (VKA) zum TVöD die bisherige Entgeltgruppe 9 in die Entgeltgruppen 9a und 9b aufgeteilt wurde und hierbei das Tabellenentgelt in der Stufe 2 der Entgeltgruppe 9b nur geringfügig über dem Tabellenentgelt der Entgeltgruppe 9a Stufe 2 liegt und die Tabellenentgelte der Stufen 3 und 4 in den Entgeltgruppen 9a und 9b identisch sind. [3]Die Mitnahme der Stufenlaufzeit in diesen Fällen vermeidet Eingriffe in der Erwerbsbiografie der Beschäftigten bis zum Erreichen der Stufe 5 in der Entgeltgruppe 9b.

(4a)[1]) [1]Bei Eingruppierung in eine höhere Entgeltgruppe aus der Entgeltgruppe 1 werden die Beschäftigten im Bereich der VKA derjenigen Stufe zugeordnet, in der sie mindestens ihr bisheriges Tabellenentgelt erhalten, mindestens jedoch der Stufe 2. [2]Wird die/der Beschäftigte nicht in die nächsthöhere, sondern in eine darüber liegende Entgeltgruppe höhergruppiert, ist das Tabellenentgelt für jede dazwischen liegende Entgeltgruppe nach Satz 1 zu berechnen. [3]Die Stufenlaufzeit in der höheren Entgeltgruppe beginnt mit dem Tag der Höhergruppierung. [4]Die/Der Beschäftigte erhält vom Beginn des Monats an, in dem die Veränderung wirksam wird, das entsprechende Tabellenentgelt aus der in Satz 1 festgelegten Stufe der betreffenden Entgeltgruppe.

(5) [1]Bei Eingruppierung in eine höhere Entgeltgruppe werden die Beschäftigten des Bundes der gleichen Stufe zugeordnet, die sie in der niedrigeren Entgeltgruppe erreicht haben, mindestens jedoch der Stufe 2. [2]Die Stufenlaufzeit in der höheren Entgeltgruppe beginnt mit dem Tag der Höhergruppierung. [3]Bei einer Eingruppierung in eine niedrigere Entgeltgruppe ist die/der Beschäftigte der in der höheren Entgeltgruppe erreichten Stufe zuzuordnen; die in der bisherigen Stufe zurückgelegte Stufenlaufzeit wird auf die Stufenlaufzeit in der niedrigeren Entgeltgruppe angerechnet. [4]Die/Der Beschäftigte erhält das entsprechende Tabellenentgelt vom Beginn des Monats an, in dem die Veränderung wirksam wird.

---

[1])   In der ab dem 1. 3. 2017 geltenden Fassung.

Erläuterungen

In § 17 TVöD haben die Tarifvertragsparteien allgemeine Regeln für den Stufenaufstieg (Absätze 1 und 2), die Berücksichtigung bestimmter Zeiten bei der Stufenzuordnung (Absatz 3) und das Verfahren bei Höher-/Herabgruppierungen (Absatz 4) geregelt. Die Vorschrift gilt – anders als die für Bund und Kommunen teilweise abweichende Regelung der Stufenzuordnung im jeweiligen § 16 – sowohl im Bereich des Bundes als auch der Kommunen. Die Vorschrift des § 17 setzt den Kerngedanken der Tarifreform um und regelt den Stufenaufstieg erstmalig nicht nur zeit-, sondern auch leistungsabhängig. Sie stellt damit hohe Anforderungen an die Praxis, da zukünftig nicht nur die Beamten, sondern auch die Tarifbeschäftigten einer Leistungsbeurteilung unterzogen werden müssen und betriebliche Kommissionen zur Beratung über Beschwerden gegen (wegen unterdurchschnittlicher Leistung) verzögerte Stufenaufstiege einzurichten sind.

Übergangsrecht

Bei der Stufenzuweisung und beim Stufenaufstieg der von den bisherigen Vorschriften in den TVöD übergeleiteten Beschäftigten sind die besonderen Regelungen der §§ 6 und 7 der Überleitungs-Tarifverträge[1]) zu beachten. Demnach erfolgt bei ehemaligen Angestellten – unabhängig davon, in welche individuelle Zwischenstufe sie betragsgenau übergeleitet worden sind – der erste Stufenaufstieg grundsätzlich zum 1. Oktober 2007 (§ 6 TVÜ-Bund, § 6 TVÜ-VKA). Bei ehemaligen Arbeitern erfolgt der Stufenaufstieg zwar nach näherer Maßgabe des § 7 TVÜ-Bund bzw. § 7 TVÜ-VKA grundsätzlich bereits nach den Regeln des TVöD, die Arbeiter werden aber so gestellt, als habe der TVöD bereits zu Beginn ihrer Beschäftigungszeit Anwendung gefunden.

Grundsatz (Abs. 1)

In Absatz 1 ist der Grundsatz festgelegt, dass das entsprechende Tabellenentgelt bereits von dem Beginn des Monats an gezahlt wird, in dem die neue Stufe erreicht wird. Dies gilt für alle Stufenveränderungen – also sowohl für die zeit- als auch für die leistungsabhängigen.

---

[1]) abgedruckt unter **I.2**

Leistungsabhängiger Stufenaufstieg (Abs. 2)

Mit dieser Vorschrift haben die Tarifpartner erstmals eine Leistungskomponente beim Stufenaufstieg eingeführt. Sie gilt für den Aufstieg in die Stufen 4 bis 6; die Stufen 2 und 3 werden weiterhin nach Zeitablauf erreicht.

In einer Protokollerklärung zu Absatz 2 haben die Tarifvertragsparteien klargestellt, dass der leistungsbezogene Stufenaufstieg unabhängig von den materiellen Leistungsanreizen des § 18 zu sehen ist.

Nach den Sätzen 1 bzw. 2 und 3 der Vorschrift kann die notwendige Zeit für das Erreichen der Stufen 4 bis 6 (also für das Aufrücken aus den Stufen 3 bis 5) bei überdurchschnittlicher Leistung verkürzt (Satz 1) und bei unterdurchschnittlicher Leistung verlängert (Satz 2) werden. Im Fall der Verlängerung ist nach Satz 3 jährlich zu prüfen, ob die Voraussetzungen für die Verlängerung (also die Leistungsschwäche) weiterhin gegeben sind.

Bei Leistungsminderungen, die infolge eines Berufsunfalls oder einer Berufskrankheit auftreten, soll die Ursache in geeigneter Weise berücksichtigt werden. Es ist augenscheinlich der Wille der Tarifpartner, dass in diesen Fällen keine oder deutlich mildere Konsequenzen aus der – unverschuldeten – Leistungsminderung gezogen werden (Protokollerklärung zu Absatz 2 Satz 2).

Grenzen der Verkürzung oder Verlängerung enthält die Vorschrift über den leistungsbezogenen Stufenaufstieg nicht; es sind somit leistungsstarke „Überflieger", die nur ganz kurz auf den nächsten Stufenaufstieg warten müssen, ebenso möglich, wie leistungsschwächere Beschäftigte, die über eine bestimmte Entgeltstufe nicht mehr hinauskommen.

Bei der Nutzung der Vorschrift des § 17 Abs. 2 TVöD darf nicht außer Acht gelassen werden, dass es sich zwar um eine weitgehend in das Ermessen des Arbeitgebers gestellte „Kann-Vorschrift" handelt, die keine unmittelbaren Ansprüche der Beschäftigten beinhaltet. Wie bei allen Ermessensvorschriften darf der Arbeitgeber aber auch bei der Anwendung des § 17 Abs. 2 TVöD nicht willkürlich („nach Gutsherrenart") verfahren. Es muss also nachvollziehbar sein, warum ein bestimmter Beschäftigter durch einen verkürzten Stufenaufstieg belohnt wird und warum andere (u. U. vergleichbare) Beschäftigte nicht bedacht werden. Neben einer Transparenz im Umgang mit der Vorschrift wird dazu ein regelmäßiges Beurteilungsverfahren der Be-

schäftigten notwendig sein, um die Auswahlkriterien und die Arbeit-
geberentscheidung (ggf. auch vor den Arbeitsgerichten) in über-
prüfbarer Weise darlegen zu können.

Die Sätze 4 bis 6 regeln den Umgang mit schriftlich begründeten
Beschwerden gegen eine Verlängerung der Stufenlaufzeit gemäß
Satz 2 bzw. die Bestätigung der Verlängerung im Rahmen der
jährlichen Prüfung im Sinne des Satzes 3. Für die Beratung über die
Beschwerden ist eine betriebliche Kommission einzurichten, deren
Mitglieder je zur Hälfte vom Arbeitgeber und vom Betriebs-/Personal-
rat benannt werden. Die in die Kommission entsandten Mitglieder
müssen der Dienststelle angehören – es reicht also nicht, wenn sie
lediglich bei dem gleichen Arbeitgeber beschäftigt sind. Die Kommission kann dem Arbeitgeber zwar Lösungsvorschläge darüber unterbreiten, ob und in welchem Umfang der Beschwerde abgeholfen
werden sollte. Die Entscheidung darüber obliegt aber allein dem
Arbeitgeber (Satz 6). In einer Protokollerklärung zu Absatz 2 Satz 6 ist
ausdrücklich vereinbart worden, dass die Kommission nicht über die
leistungsbezogene Stufenzuordnung entscheidet; es handelt sich um
eine reine Beschwerdekommission. In der Niederschriftserklärung
Nr. 2 zu § 18 (VKA) Abs. 7 haben die Verhandlungsführer der
kommunalen Arbeitgeber und die Gewerkschaften erklärt, dass die
nach § 17 Abs. 2 und nach § 18 Abs. 7 gebildeten Kommissionen
identisch sind.

Nach dem Wortlaut des § 6 Abs. 1 Satz 3 der Überleitungstarifverträge („Der **weitere** Stufenaufstieg richtet sich nach den Regelungen des TVöD.") kam die Anwendung der Vorschrift für in eine
individuelle Zwischenstufe übergeleitete Beschäftigte vor dem 1. 10.
2007 nicht in Betracht.

Berücksichtigungsfähige Zeiten/Unterbrechungen (Abs. 3)

Nach § 16 (Bund) Abs. 4 bzw. § 16 (VKA) Abs. 3 Satz 1 müssen
Tätigkeitszeiten ununterbrochen zurückgelegt worden sein, um bei
den (Regel-)Zeiten für Stufenaufstiege berücksichtigt zu werden. § 17
Abs. 3 enthält für eine Reihe von Fällen von diesem Grundsatz
abweichende Regelungen.

In den Buchstaben a) bis f) des Satzes 1 ist abschließend aufgezählt,
welche Unterbrechungszeiten die Tarifpartner als unschädlich ansehen. In den in diesem Katalog erwähnten Fällen werden auch die
Unterbrechungszeiten (z. B. wegen Mutterschutz, Krankheit, bezahl-

tem Urlaub) mit der „ununterbrochenen Tätigkeit" gleichgestellt. Sie zählen also bei den Zeiten des Stufenaufstiegs in vollem Umfang mit.

Entsprechendes muss nach Auffassung des Verfassers auch für Zeiten des Grundwehr- und Zivildienstes gelten. Auch diese Zeiten unterbrechen die Stufenlaufzeit nicht und können auf die Stufenlaufzeit angerechnet werden. Eine andere Verfahrensweise wäre kaum mit dem Rechtsgedanken des § 6 Abs. 1 bzw. Abs. 4 des Arbeitsplatzschutzgesetzes – ggf. i. V. m. § 78 des Zivildienstgesetzes – in Einklang zu bringen.

Für von der Aufzählung des Satzes 1 nicht erfasste Unterbrechungszeiten bestimmt Satz 2 der Vorschrift, dass sie bis zur Dauer von drei bzw. bei Elternzeit bis zur Dauer von fünf Jahren unschädlich sind. Die davor liegenden Zeiten bleiben folglich als Stufenlaufzeit erhalten; die Unterbrechung selbst zählt aber nicht dazu. Dies hat das Bundesarbeitsgericht mit Urteil vom 27. 1. 2011 – 6 AZR 526/09 – für die Unterbrechung durch Elternzeit ausdrücklich bestätigt. Die Hemmung der Stufenlaufzeit bis zu einer Dauer von jeweils fünf Jahren durch die Inanspruchnahme von Elternzeit ist nach Auffassung des BAG mit dem Recht der Europäischen Union und dem Grundgesetz vereinbar und führt insbesondere nicht zu einer Geschlechtsdiskriminierung. Während der Elternzeit ruhe das Arbeitsverhältnis unter Suspendierung der wechselseitigen Hauptpflichten. In dieser Zeit werde keine Berufserfahrung gewonnen. Der Stufenaufstieg im Entgeltsystem des TVöD solle aber gerade die durch größere Erfahrung eintretende Verbesserung der Arbeitsleistung honorieren. Der TVöD stelle damit auf ein objektives Kriterium ab, das keinen Bezug zu einer Diskriminierung aufgrund des Geschlechts hat.

Unterbrechungszeiten von mehr als drei bzw. fünf Jahren führen bei der Wiederaufnahme der Arbeit dazu, dass der Beschäftigte der Stufe unterhalb der vor der Unterbrechung erreichten Stufe zugeordnet wird. Dabei darf das Ergebnis jedoch nicht geringer sein als bei einer Neueinstellung. Die Stufenlaufzeit beginnt mit dem Wiederaufnahmetag der Arbeit erneut zu laufen (Satz 3).

In Satz 4 haben die Tarifpartner klargestellt, dass die Zeiten einer Teilzeitbeschäftigung voll berücksichtigt werden. Mit dieser Vorschrift tragen die Tarifpartner dem Diskriminierungsverbot des § 4 Abs. 1 des Teilzeit- und Befristungsgesetzes Rechnung.

**Höhergruppierungen, Herabgruppierungen VKA
(Abs. 4 in der bis zum 28. Februar 2017 geltenden Fassung)**

Absatz 4 gilt ab 1. März 2014 nur noch im Bereich der VKA und regelt die Stufenzuordnung bei Veränderungen der Entgeltgruppe.

Im Falle der Höhergruppierung wird der Beschäftigte der Stufe zugeordnet, deren Tabellenentgelt mindestens dem bisherigen Tabellenentgelt des Angestellten entspricht (Satz 1), mindestens aber der Stufe 2. Ein Beschäftigter der Stufe 1 rückt im Falle der Höhergruppierung somit unmittelbar in die Stufe 2 der höheren Entgeltgruppe auf. Für bestimmte Höhergruppierungen im Tarifgebiet Ost ab dem 1. Januar 2008 (→ § 38a Abs. 7) garantiert Satz 2 der Vorschrift dem Beschäftigten einen „Mindest-Beförderungsgewinn" ab 1. Januar 2008 von 30 Euro (Entgeltgruppen 1 bis 8) bzw. 60 Euro (Entgeltgruppen 9 bis 15; dabei wird auch der Aufstieg von Entgeltgruppe 8 nach 9 bereits diesen höheren Garantiebetrag auslösen). Wegen der Umschlüsselung der besonderen Entgeltgruppen der Beschäftigten des Sozial- und Erziehungsdienstes in die für die Höhe des Garantiebetrages maßgebende Entgeltgruppe siehe § 1 Abs. 3 der Anlage zu Abschnitt VIII Sonderregelungen/VKA § 56 BT-V[1]) bzw. § 52 Abs. 3 BT-B[2]). Unterschreitet der Unterschiedsbetrag zwischen dem derzeitigen und dem künftigen Tabellenentgelt diese Grenzen, so erhält der Beschäftigte neben seinem bisherigen Entgelt anstelle des Unterschiedsbetrages den Garantiebetrag. Nach der Protokollerklärung zu Absatz 2 Satz 2 nehmen die Garantiebeträge an den allgemeinen Entgeltanpassungen teil.

Aufgrund der Lohnrunde 2008 ergaben sich im Bereich des Bundes die folgenden Garantiebeträge:

Geltungsbereich	bis 31.12.2007	ab 1.1.2008	ab 1.4.2008
West	25 € (bis EG 8) 50 € (ab EG 9)	30 € (bis EG 8) 60 € (ab EG 9)	
Ost		30 € (bis EG 8) 60 € (EG 9) 58,20 € (ab EG 10 97 %)	30 € (bis EG 8) 60 € (ab EG 9) (alle Beträge wie West)

---

[1]   abgedruckt unter **I.1.1**

[2]   abgedruckt unter **I.1.5**

Im Bereich VKA galten folgende Garantiebeträge:

Geltungsbereich	bis 31.12.2007	ab 1.1.2008
West	25 € (bis EG 8)	30 € (bis EG 8)
	50 € (ab EG 9)	60 € (ab EG 9)
Ost	23,13 € (bis EG 8)	30 € (bis EG 8)
	46,25 € (ab EG 9)	60 € (EG 9)
		55,50 € (ab EG 10 92,5 %)

Eine weitere Erhöhung zum 1. Januar 2009 ist im Rahmen der Tarifrunde 2008 nicht vereinbart worden; die beiden Erhöhungsschritte (zum 1. Januar 2008 bzw. 1. Januar 2009) sind beim Garantiebetrag in einem Erhöhungsschritt zum 1. Januar 2008 zusammengefasst worden.

Im Zuge der Lohnrunde 2010 wurden die Garantiebeträge mit Wirkung vom 1. Januar 2010 auf 50 € (bis EG 8) bzw. 80 € (ab EG 9) erhöht. Diese Beträge gelten einheitlich für Bund und Kommunen und in den Tarifgebieten West und Ost. Durch einen mit dem Änderungstarifvertrag Nr. 6 vom 8. Dezember 2010 angefügten und im Zuge des Änderungstarifvertrages Nr. 7 vom 31. März 2012 wieder entfernten Halbsatz der Protokollerklärung zu § 17 Abs. 4 Satz 2 wurde klargestellt, dass eine weitere Erhöhung zum 1. Januar bzw. 1. August 2011 (das sind die Schritte 2 und 3 der Tariferhöhungen der Lohnrunde 2010) nicht erfolgt.

Aufgrund der Lohnrunde 2012 erhöhte sich der Betrag von 50 € zum 1. März 2012 auf 51,75 €, zum 1. Januar 2013 auf 52,47 € und zum 1. August 2013 auf 53,20 €. Der Betrag von 80 € stieg zum 1. März 2012 auf 82,80 €, zum 1. Januar 2013 auf 83,96 € und zum 1. August 2013 auf 85,14 €.

Wegen der im Zuge der Tarifrunde 2014 vereinbarten Änderungen erhöhten sich die Garantiebeträge zum 1. März 2014 auf 54,96 bzw. 87,95 Euro und zum 1. März 2015 auf 56,28 bzw. 90,06 Euro. Im Rahmen der Tarifrunde 2016 sowie der Einführung der Entgeltordnung wurde eine letztmalige Erhöhung ab dem 1. März 2016 auf 57,63 Euro bzw. 92,22 Euro und ab dem 1. Februar 2017 auf 58,98 Euro bzw. 94,39 Euro vereinbart. Im Zusammenhang mit der Einführung der Entgeltordnung für die Beschäftigten der Kommunen wird zum 1. März 2017 eine stufengleiche Höhergruppierung eingeführt. Garantiebeträge sind dann nicht mehr notwendig.

Nach Satz 3 der Vorschrift wird ein Aufstieg über zwei oder mehr Entgeltgruppen in mehrere Einzelschritte unterteilt; dies führt für die Beschäftigten zu günstigeren Ergebnissen. Der Garantiebetrag wird jedoch nach Satz 3 zweiter Halbsatz ggf. nur einmal – nämlich am Schluss beim Vergleich zwischen der ursprünglichen Ausgangsentgeltgruppe und der neuen Zielentgeltgruppe – gewährt. Nach der Protokollerklärung zu Absatz 4 gilt Satz 3 bis zum Inkrafttreten einer neuen Entgeltordnung nicht für den Aufstieg ehemaliger Angestellter von Entgeltgruppe 3 nach 5 sowie 6 nach 8. Damit tragen die Tarifpartner dem Umstand Rechnung, dass es die Entgeltgruppen 4 bzw. 7 für ehemalige Angestellte nicht gibt und nach bisherigem Recht die neue Tätigkeit u. U. nur um eine Vergütungsgruppe höher bewertet war (z. B. war die Vergütungsgruppe VIb BAT nur eine Vergütungsgruppe niedriger als Vc BAT; die entsprechenden Entgeltgruppen 6 und 8 liegen aber zwei Gruppen auseinander).

Die Stufenlaufzeit in der höheren Entgeltgruppe beginnt gemäß Satz 4 mit dem Tag der Höhergruppierung. Dies gilt nach Auffassung des BAG (Urteil vom 3. Juli 2014 – 6 AZR 1067/12) dann, wenn dieselbe Tätigkeit bereits vorübergehend ausgeübt und mit einer persönlichen Zulage gemäß § 14 TVöD vergütet wurde.

Im Falle einer Herabgruppierung wird die in der bisherigen Entgeltgruppe erreichte Stufe in der niedrigeren Entgeltgruppe behalten (Satz 5) – und zwar in Ermangelung einer gegenteiligen Regelung unter Mitnahme der in der höheren Entgeltgruppe bereits zurückgelegten Stufenlaufzeit. Herabgruppierungen ab dem 1. Oktober 2007 bewirken bei Beschäftigten, die sich in einer individuellen Endstufe ihrer Entgeltgruppe befanden, in der neuen Entgeltgruppe eine Zuordnung zur jeweiligen Endstufe. Die besondere Berechnung nach § 6 Abs. 2 Satz 3 TVÜ ist auf Herabgruppierungen vor dem 1. Oktober 2007 begrenzt. Dies hat das BAG mit Urteil vom 3. Juli 2014 – 6 AZR 753/12 – bestätigt.

Für den Bereich des Bundes hat sich das BMI im Einvernehmen mit dem BMF in seinem RdSchr. v. 22. Juli 2010 mit der folgenden übertariflichen Regelung einverstanden erklärt: „Bei Herabgruppierung im Einvernehmen mit dem Beschäftigten aus einer individuellen Endstufe wird übertariflich eine persönliche, abbaubare Besitzstandszulage in Höhe der Differenz zwischen der individuellen Endstufe der bisherigen Entgeltgruppe und der regulären Endstufe der neuen niedrigeren Entgeltgruppe gewährt. Sie vermindert sich bei jeder

I

allgemeinen Entgelterhöhung um ein Drittel des Erhöhungsbetrages. Entgelterhöhungen durch Eingruppierung in eine höhere Entgeltgruppe werden in vollem Umfang auf die persönliche Zulage angerechnet. Der Anspruch auf die persönliche Besitzstandszulage entfällt, wenn die Übernahme einer höherwertigen Tätigkeit ohne triftigen Grund abgelehnt wird."

Die Veränderungen werden nach Satz 6 jeweils bereits zum Monatsanfang wirksam. Dies gilt auch in den Fällen, in denen die Veränderungen erst im Laufe oder zum Ende eines Monats eintreten.

Höhergruppierungen, Herabgruppierungen im Bereich der Kommunen ab dem 1. März 2017 (Abs. 4 und 4a)

Die Vorschrift wurde im Zusammenhang mit der Einführung der Entgeltordnung für die Beschäftigten der Kommunen im Zuge des 12. Änderungstarifvertrages zum TVöD vereinbart. Sie betrifft nur die Beschäftigten der Kommunen, die ab dem 1. März 2017 höher- oder herabgruppiert werden. Für die Beschäftigten der Kommunen, die vor dem 1. März 2017 höher- oder herabgruppiert wurden, gelten die in § 17 Abs. 4 vereinbarten Regelungen; für die Beschäftigten des Bundes gilt Absatz 5. **Achtung**: Die Regelungen der Absätze 4 und 4a gelten ebenfalls **nicht** für die Beschäftigten der Kommunen, die im Zusammenhang mit der Einführung der neuen Entgeltordnung von ihrem Antragsrecht auf Höhergruppierung Gebrauch machen. Für diese Höhergruppierungen gelten weiterhin die Vorschriften des § 17 Abs. 4 in den bis zum 28. Februar 2017 geltenden Fassungen (siehe § 29b Abs. 2 TVÜ-VKA).

Abweichend von den früheren, bis zum 28. Februar 2017 geltenden Regelungen des Absatzes 4 haben die Tarifpartner in der Neufassung des Absatzes 4 vereinbart, dass Höhergruppierungen stufengleich erfolgen. Die betroffenen Beschäftigten können bei Höhergruppierungen also nicht mehr in den Stufen zurückfallen. Neben diesem Grundsatz enthält Satz 1 der Vorschrift weiterhin die in Absatz 4 Satz 1 a. F. enthaltene Vereinbarung, dass bei Höhergruppierungen mindestens die Stufe 2 erreicht wird. Diese Regelung betrifft letztlich nur den (eher seltenen) Fall, dass Beschäftigte im ersten Jahr ihrer Tätigkeit aus Stufe 1 heraus höhergruppiert werden. Bei der Höhergruppierung beginnt die Stufenlaufzeit in der höheren Entgeltgruppe mit dem Tag der Höhergruppierung neu zu laufen (Satz 2 a. a. O.). Eine Ausnahme gilt für Satz 3 a. a. O. nur für Höhergruppierungen aus einer der Stufen 2 bis 4 der Entgeltgruppe 9a in die Entgeltgrup-

pe 9b; in diesen Fällen wird die in der Entgeltgruppe 9a zurückgelegte Stufenlaufzeit auf die Stufenlaufzeit in der Entgeltgruppe 9b
angerechnet. Zum Hintergrund dieser Sonderregelung siehe die in
der Niederschriftserklärung dazu festgelegten Erklärungen bzw.
Beweggründe der Tarifpartner. Herabgruppierungen erfolgen nach
Satz 4 a. a. O. stufengleich. Satz 5 der Vorschrift greift den bisherigen,
auch in Absatz 4 verankerten Grundsatz auf, dass das geänderte
Tabellenentgelt auch bei einer erst im Laufe des Monats eintretenden
Höher- oder Herabgruppierung bereits ab dem Monatsbeginn gezahlt wird.

Absatz 4a regelt den Sonderfall der Höhergruppierung aus der
Entgeltgruppe 1. Die Zuweisung erfolgt in diesem Fall in die Entgeltgruppe, die das bisherige Tabellenentgelt sichert, mindestens aber
zur Stufe 2. Bei Höhergruppierungen über mehr als eine Entgeltgruppe ist Schritt für Schritt von Entgeltgruppe zu Entgeltgruppe vorzugehen.

**Höhergruppierungen, Herabgruppierungen im Bereich des Bundes
ab 1. März 2014 (Abs. 5)**

Die Vorschrift wurde im Zusammenhang mit der Einführung der
Entgeltordnung für die Beschäftigten des Bundes im Zuge des
9. Änderungstarifvertrages zum TVöD vereinbart. Sie betrifft nur die
Beschäftigten des Bundes, die ab 1. März 2014 höher- oder herabgruppiert werden. Für die Beschäftigten des Bundes, die vor dem
1. März 2014 höher- oder herabgruppiert wurden, sowie für die
Beschäftigten der Kommunen gelten die in § 17 Abs. 4 vereinbarten
Regelungen. **Achtung:** Die Regelungen des Absatzes 5 gelten ebenfalls nicht für die Beschäftigten des Bundes, die im Zusammenhang
mit der Einführung der neuen Entgeltordnung von ihrem Antragsrecht auf Höhergruppierung Gebrauch machen. Für diese Höhergruppierungen gelten weiterhin die Vorschriften des § 17 Abs. 4 (siehe
§ 26 Abs. 2 TVÜ-Bund).

Abweichend von den Regelungen des Absatzes 4 haben die Tarifpartner in Absatz 5 vereinbart, dass Höhergruppierungen stufengleich erfolgen. Die betroffenen Beschäftigten können bei Höhergruppierungen also nicht mehr in den Stufen zurückfallen. Neben
diesem Grundsatz enthält Satz 1 der Vorschrift die auch in Absatz 4
Satz 1 enthaltene Vereinbarung, dass bei Höhergruppierungen mindestens die Stufe 2 erreicht wird. Diese Regelung betrifft letztlich nur
den (eher seltenen) Fall, dass Beschäftigte im ersten Jahr ihrer Tätig-

keit aus Stufe 1 heraus höhergruppiert werden. Herabgruppierungen erfolgen nach Satz 3 a. a. O. stufengleich, dabei ist die in der höheren Entgeltgruppe absolvierte Stufenlaufzeit in der niedrigeren Entgeltgruppe voll anzurechnen. Bei der Höhergruppierung beginnt die Stufenlaufzeit in der höheren Entgeltgruppe jedoch mit dem Tag der Höhergruppierung neu zu laufen (Satz 2 a. a. O.). Satz 4 der Vorschrift greift den bisherigen, auch in Absatz 4 verankerten Grundsatz auf, dass das geänderte Tabellenentgelt auch bei einer erst im Laufe des Monats eintretenden Höher- oder Herabgruppierung bereits ab dem Monatsbeginn gezahlt wird.

§ 18 (Bund) Leistungsentgelt

(1) Das Leistungsentgelt ist eine variable und leistungsorientierte Bezahlung, die zusätzlich zum Tabellenentgelt gezahlt werden kann.

(2) [1]Für das Leistungsentgelt kann ein Gesamtvolumen von bis zu 1 v. H. der ständigen Monatsentgelte des Vorjahres aller unter den Geltungsbereich des TVöD fallenden Beschäftigten der jeweiligen Dienststelle zur Verfügung gestellt werden. [2]Die Umsetzung richtet sich nach dem Tarifvertrag über das Leistungsentgelt für die Beschäftigten des Bundes.

Protokollerklärung zu Absatz 2 Satz 1:

Ständige Monatsentgelte sind insbesondere das Tabellenentgelt (ohne Sozialversicherungsbeiträge des Arbeitgebers und dessen Kosten für die betriebliche Altersvorsorge), die in Monatsbeträgen festgelegten Zulagen einschließlich Besitzstandszulagen sowie Entgelt im Krankheitsfall (§ 22) und bei Urlaub, soweit diese Entgelte in dem betreffenden Kalenderjahr ausgezahlt worden sind; nicht einbezogen sind dagegen insbesondere Abfindungen, Aufwandsentschädigungen, Auslandsdienstbezüge einschließlich Kaufkraftausgleiche und Auslandsverwendungszuschläge, Einmalzahlungen, Jahressonderzahlungen, Leistungsentgelte, Strukturausgleiche, unständige Entgeltbestandteile und Entgelte der außertariflichen Beschäftigten.

(3) Die ausgezahlten Leistungsentgelte sind zusatzversorgungspflichtiges Entgelt.

Protokollerklärungen zu § 18 (Bund):

1. [1]Eine Nichterfüllung der Voraussetzungen für die Gewährung eines Leistungsentgelts darf für sich genommen keine arbeitsrechtlichen Maßnahmen auslösen. [2]Umgekehrt sind arbeitsrechtliche Maßnahmen nicht durch Teilnahme an einer Zielvereinbarung bzw. durch Gewährung eines Leistungsentgelts ausgeschlossen.

2. [1]Leistungsgeminderte dürfen nicht grundsätzlich aus Leistungsentgelten ausgenommen werden. [2]Ihre jeweiligen Leistungsminderungen sollen angemessen berücksichtigt werden.

Erläuterungen

Die Regelung des § 18 TVöD (Bund) wurde im Zusammenhang mit der Einführung der Entgeltordnung im Zuge des 9. Änderungstarifvertrages zum TVöD mit Wirkung vom 1. Januar 2014 insoweit grundlegend geändert (und faktisch entwertet), als dass die bislang obligatorische Regelung („muss") in eine Option des Arbeitgebers („Kann-Regelung") umgewandelt worden ist. Für das Ausschüttungs-Volumen des Jahres 2013 siehe die in § 38a Abs. 2 TVöD (Bund) vereinbarten Übergangsregelungen.

Da – abgesehen von der Umwandlung in eine Kann-Regelung – die übrigen Bestimmungen weitgehend unverändert geblieben sind, wurde die bisherige Kommentierung im Werk belassen. Sie kann in den Fällen, in denen der Arbeitgeber künftig von der Option der Leistungsbezahlung Gebrauch macht, auch zukünftig herangezogen werden. Einzelheiten der (nun optionalen) Leistungsbezahlung regelt weiterhin der unberührt gebliebene Leistungs-TV Bund[1]). Das BMI hat aus Anlass der Reform des § 18 TVöD seine Durchführungshinweise zur Leistungsbezahlung aktualisiert.

---

[1])   abgedruckt unter III.1

§ 18 (Bund)   Leistungsentgelt

(1) [1]Ab dem 1. Januar 2007 wird ein Leistungsentgelt eingeführt. [2]Das Leistungsentgelt ist eine variable und leistungsorientierte Bezahlung zusätzlich zum Tabellenentgelt.

(2) [1]Ausgehend von einer vereinbarten Zielgröße von 8 v. H. entspricht bis zu einer Vereinbarung eines höheren Vomhundertsatzes das für das Leistungsentgelt zur Verfügung stehende Gesamtvolumen 1 v. H. der ständigen Monatsentgelte des Vorjahres aller unter den Geltungsbereich des TVöD fallenden Beschäftigten des jeweiligen Arbeitgebers. [2]Das für das Leistungsentgelt zur Verfügung stehende Gesamtvolumen ist zweckentsprechend zu verwenden; es besteht die Verpflichtung zu jährlicher Auszahlung der Leistungsentgelte.

Protokollerklärung zu Absatz 2 Satz 1:

Ständige Monatsentgelte sind insbesondere das Tabellenentgelt (ohne Sozialversicherungsbeiträge des Arbeitgebers und dessen Kosten für die betriebliche Altersvorsorge), die in Monatsbeträgen festgelegten Zulagen einschließlich Besitzstandszulagen sowie Entgelt im Krankheitsfall (§ 22) und bei Urlaub, soweit diese Entgelte in dem betreffenden Kalenderjahr ausgezahlt worden sind; nicht einbezogen sind dagegen insbesondere Abfindungen, Aufwandsentschädigungen, Auslandsdienstbezüge einschließlich Kaufkraftausgleiche und Auslandsverwendungszuschläge, Einmalzahlungen, Jahressonderzahlungen, Leistungsentgelte, Strukturausgleiche, unständige Entgeltbestandteile und Entgelte der außertariflichen Beschäftigten.

Niederschriftserklärung zu § 18 (Bund) Abs. 2:

Das als Zielgröße zu erreichende Gesamtvolumen von 8 v. H. wird wie folgt finanziert

– Anteil aus auslaufenden Besitzständen in pauschalierter Form,

– im Rahmen zukünftiger Tarifrunden.

Die Tarifvertragsparteien führen erstmals Mitte 2008 Gespräche über den Anteil aus auslaufenden Besitzständen und über eine mögliche Berücksichtigung von Effizienzgewinnen.

(3) Nähere Regelungen werden in einem Bundestarifvertrag vereinbart.

Protokollerklärungen zu Absatz 3:

1. [1]Die Tarifvertragsparteien sind sich darüber einig, dass die zeitgerechte Einführung des Leistungsentgelts sinnvoll, notwendig und deshalb beiderseits gewollt ist. [2]Kommt bis zum 30. September 2007 kein Bundestarifvertrag zu Stande, erhalten die Beschäftigten mit dem Tabellenentgelt des Monats Dezember 2008 6 v. H. des für den Monat September jeweils zustehenden Tabellenentgelts. [3]Das Leistungsentgelt erhöht sich im Folgejahr um den Restbetrag des Gesamtvolumens. [4]Solange in den Folgejahren keine Einigung nach Absatz 3 zu Stande kommt, gelten die Sätze 2 und 3 entsprechend. [5]Für das Jahr 2007 erhalten die Beschäftigten mit dem Tabellenentgelt des Monats Dezember 2007 12 v. H. des für den Monat Sepember 2007 jeweils zustehenden Tabellenentgelts ausgezahlt, insgesamt jedoch nicht mehr als das Gesamt-

volumen gemäß § 18 Abs. 2 Satz 1, wenn bis zum 31. Juli 2007 keine Einigung nach Absatz 3 zustande gekommen ist.

2. Die Tarifvertragsparteien bekennen sich zur weiteren Stärkung der Leistungsorientierung im öffentlichen Dienst.

(4) Die ausgezahlten Leistungsentgelte sind zusatzversorgungspflichtiges Entgelt.

Niederschriftserklärung zu § 18 (Bund) Abs. 4:

Die Tarifvertragsparteien wirken darauf hin, dass der ATV sowie die Satzung der VBL bis spätestens 31. Dezember 2006 entsprechend angepasst werden.

Protokollerklärungen zu § 18 (Bund):

1. [1]Eine Nichterfüllung der Voraussetzungen für die Gewährung eines Leistungsentgelts darf für sich genommen keine arbeitsrechtlichen Maßnahmen auslösen. [2]Umgekehrt sind arbeitsrechtliche Maßnahmen nicht durch Teilnahme an einer Zielvereinbarung bzw. durch Gewährung eines Leistungsentgelts ausgeschlossen.

2. [1]Leistungsgeminderte dürfen nicht grundsätzlich aus Leistungsentgelten ausgenommen werden. [2]Ihre jeweiligen Leistungsminderungen sollen angemessen berücksichtigt werden.

Niederschriftserklärung zu § 18 (Bund):

Die Tarifvertragsparteien gehen davon aus, dass Leistungsentgelte Bezüge im Sinne des § 4 TV ATZ sind.

Erläuterungen

§ 18 TVöD regelt – in zwei getrennten Vorschriften für den Bund bzw. die Kommunen – die Grundsätze der zum 1. Januar 2007 vorgesehenen Einführung eines Leistungsentgelts. Die Vorschrift des § 18 setzt damit den Kerngedanken der Tarifreform um, die Einführung leistungsbezogener Zahlungen. § 18 enthält noch keine konkreten Regelungen für Zahlungen an die Beschäftigten, sondern legt insbesondere den Berechnungsrahmen für das ausschüttungsfähige Gesamtvolumen fest. Nähere Regelungen für den Bund sind im Tarifvertrag über das Leistungsentgelt für die Beschäftigten des Bundes (LeistungsTV Bund)[1]) festgelegt.

Einführung des Leistungsentgelts (Abs. 1)

In dieser Vorschrift haben die Tarifpartner die Einführung eines Leistungsentgelts ab dem 1. Januar 2007 vereinbart und dabei klar-

---

[1]) abgedruckt unter III.1

gestellt, dass das Leistungsentgelt als variable und leistungsbezogene Bezahlung zusätzlich zum Tabellenentgelt erfolgt. Eine Festlegung auf bestimmte denkbare Formen eines Leistungsentgelts (z. B. Zulage, Leistungs- oder Erfolgsprämie) ist nicht erfolgt.

Volumen des Leistungsentgelts (Abs. 2)

In Absatz 2 Satz 1 ist festgelegt, dass das Gesamtvolumen der für das Leistungsentgelt zur Verfügung zu stellenden Mittel zunächst 1 v. H. der ständigen Monatsentgelte des Vorjahres aller unter den TVöD fallenden Beschäftigten des jeweiligen Arbeitgebers ist. Angestrebt wird zu einem späteren, nicht näher bestimmten Zeitpunkt ein Gesamtvolumen von 8 v. H.

In einer Protokollerklärung zu Absatz 2 Satz 1 haben die Tarifpartner detailliert geregelt, welche Bestandteile des Entgelts in das „Ständige Monatsentgelt" einfließen bzw. nicht einfließen.

Die Regelung in Absatz 2 Satz 1 verpflichtet die jeweiligen Arbeitgeber, das zur Verfügung stehende Gesamtvolumen nur zweckentsprechend zu verwenden und die Leistungsentgelte jährlich auszuzahlen. Die entsprechenden Gelder dürfen daher nicht zur Haushaltssanierung verwendet werden.

In einer Niederschriftserklärung zu Absatz 2 haben die Tarifpartner dargelegt, dass die Aufstockung der leistungsbezogenen Entgelte von 1. v. H. auf die Zielgröße von 8 v. H. durch Verwendung von Mitteln, die durch auslaufende Besitzstände (z. B. für Kinderanteile im Ortszuschlag) frei werden und im Rahmen zukünftiger Lohnrunden finanziert werden soll.

Leistungstarifvertrag (Abs. 3)

Nach Absatz 3 bleiben nähere Regelungen zur Zahlung von Leistungsentgelten dem Leistungs-TV-Bund[1]) vorbehalten. Damit sind die in der Protokollerklärung Nr. 1 beschriebenen Mechanismen („Ausschüttung an alle") weitgehend außer Kraft gesetzt (→ aber § 16 des Leistungs-TV-Bund).

In zwei Protokollerklärungen zu Absatz 3 hatten die Tarifpartner festgelegt, wie zu verfahren ist, wenn der Tarifvertrag des Absatzes 3 nicht rechtzeitig vereinbart werden kann.

---

[1]) abgedruckt unter **III.1**

Protokollerklärung Nr. 1 sah dazu vor, dass die Beschäftigten mit dem Monatsentgelt für Dezember 2008 zusätzlich 6 v. H. des Tabellenentgelts für September 2008 als Leistungsentgelt erhalten, wenn der Tarifvertrag bis zum 30. September 2007 nicht vereinbart werden konnte. Restbeträge des Gesamtvolumens (6. v. H. eines Monatstabellenentgelts sind weniger als 1 v. H. des aufs Jahr bezogenen ständigen Monatsentgelts) sind in das Folgejahr zu übertragen und erhöhen das dann zur Verfügung stehende Gesamtvolumen.

Im Jahr 2007 hätten die Beschäftigten mit dem Monatstabellenentgelt des Monats Dezember zusätzlich 12 v. H. des Tabellenentgelts für September 2007 als Leistungsentgelt erhalten, wenn der Bundestarifvertrag nicht bis zum 31. Juli 2007 zustande gekommen wäre. Zur vergleichbaren Regelung in der kommunalen Fassung des § 18 TVöD (dort Protokollerklärung Nr. 1 zu § 18 Abs. 4) hat das BAG mit dem Urteil vom 23. September 2010 – 6 AZR 338/09 – entschieden, dass der Anspruch auf das undifferenzierte Leistungsentgelt nicht vom tatsächlichen Bestehen eines Entgeltanspruchs oder eines Entgeltersatzanspruchs (z. B. wg. Krankheit) abhängt. Eine derartige Stichtagsregelung stünde nach Auffassung des Gerichts in keinerlei Beziehung zum Zweck der Zahlung des undifferenzierten Leistungsentgelts, würde sich damit nicht am gegebenen Sachverhalt orientieren und würde deshalb den allgemeinen Gleichheitssatz des Art. 3 Abs. 1 des Grundgesetzes verletzen.

Protokollerklärung Nr. 2 a. F. enthielt die Absprache der Tarifvertragsparteien, in der Lohnrunde 2008 die Umsetzung des § 18 zu analysieren und sowohl die Höchstgrenzen der Übertragung nicht ausgeschütteter Gesamtvolumina ins Folgejahr als auch deren Verzinsung zu regeln. Die Protokollerklärung ist durch den Änderungstarifvertrag Nr. 2 vom 31. März 2008 geändert worden und enthält nun ein allgemeines Bekenntnis zur weiteren Stärkung der Leistungsorientierung.

Zusatzversorgung (Abs. 4)

In Absatz 4 ist ausdrücklich vereinbart worden, dass die Leistungsentgelte zusatzversorgungspflichtiges Entgelt darstellen. In einer Niederschriftserklärung dazu haben sich die Tarifpartner verpflichtet, auf eine entsprechende Änderung des Tarifvertrages Altersversorgung (ATV)[1]) und der Satzung der Versorgungsanstalt des Bundes und der Länder (VBL) spätestens bis zum 31. Dezember 2006 hinzuwirken.

Zu den Protokollerklärungen zu § 18

Neben den oben dargestellten Protokollerklärungen zu Absatz 2 Satz 1 und zu Absatz 3 haben die Tarifpartner zwei weitere Protokollerklärungen zu § 18 vereinbart.

In der Protokollerklärung Nr. 1 ist klargestellt, dass die Gewährung bzw. Nichtgewährung von Leistungsentgelten allein weder arbeitsrechtliche Maßnahmen verhindern noch auslösen kann. Die Feststellung, dass ein Beschäftigter die Voraussetzungen für ein Leistungsentgelt nicht erfüllt, rechtfertigt somit für sich allein betrachtet keine Abmahnung wegen Schlechtleistung (Satz 1). Umgekehrt schließt die Gewährung eines Leistungsentgelts arbeitsrechtliche Maßnahmen nicht aus (Satz 2).

Protokollerklärung Nr. 2 legt fest, dass leistungsgeminderte Beschäftigte nicht generell von Leistungsentgelten ausgeschlossen werden dürfen. Ihre Leistungsminderung ist angemessen zu berücksichtigen, d. h. auch ihr Bemühen und ihr Einsatz werden zu würdigen sein.

Weitere Niederschriftserklärung zu § 18

Neben den oben erwähnten Niederschriftserklärungen zu den Absätzen 2 und 4 wurde in einer weiteren Niederschriftserklärung dokumentiert, dass die Tarifpartner davon ausgehen, dass die Leistungsbezüge Entgelte im Sinne des § 4 (Bezüge) des Tarifvertrages zur Regelung der Altersteilzeitarbeit sind – sie also ggf. auch aufgestockt werden.

---

[1]   abgedruckt unter **V.1**

§ 19 Erschwerniszuschläge

(1) [1]Erschwerniszuschläge werden für Arbeiten gezahlt, die außergewöhnliche Erschwernisse beinhalten. [2]Dies gilt nicht für Erschwernisse, die mit dem der Eingruppierung zugrunde liegenden Berufs- oder Tätigkeitsbild verbunden sind.

(2) Außergewöhnliche Erschwernisse im Sinne des Absatzes 1 ergeben sich grundsätzlich nur bei Arbeiten

a) mit besonderer Gefährdung,

b) mit extremer nicht klimabedingter Hitzeeinwirkung,

c) mit besonders starker Schmutz- oder Staubbelastung,

d) mit besonders starker Strahlenexposition oder

e) unter sonstigen vergleichbar erschwerten Umständen.

(3) Zuschläge nach Absatz 1 werden nicht gewährt, soweit der außergewöhnlichen Erschwernis durch geeignete Vorkehrungen, insbesondere zum Arbeitsschutz, ausreichend Rechnung getragen wird.

(4) [1]Die Zuschläge betragen in der Regel 5 bis 15 v. H. – in besonderen Fällen auch abweichend – des auf eine Stunde entfallenden Anteils des monatlichen Tabellenentgelts der Stufe 2 der Entgeltgruppe 2. [2]Teilzeitbeschäftigte erhalten Erschwerniszuschläge, die nach Stunden bemessen werden, in voller Höhe; sofern sie pauschaliert gezahlt werden, gilt dagegen § 24 Abs. 2.

(5) [1]Die zuschlagspflichtigen Arbeiten und die Höhe der Zuschläge werden im Bereich der VKA landesbezirklich – für den Bund durch einen Tarifvertrag auf Bundesebene – vereinbart. [2]Für den Bund gelten bis zum In-Kraft-Treten eines entsprechenden Tarifvertrages die bisherigen tarifvertraglichen Regelungen des Bundes fort.

Niederschriftserklärung zu § 19 Abs. 5 Satz 2:

[1]Zwischen den Tarifvertragsparteien besteht Einigkeit, dass im Bereich des Bundes für die Ermittlung des für die Erhöhung der Zuschläge gemäß § 5 LohnzuschlagsTV i. V. m. Nrn. 21, 22 und 23 der Anlage 1 Teil B TVÜ-Bund maßgeblichen Vomhundertsatzes in Höhe von 12 v. H. ab 1. März 2016 2,4 v. H. und ab 1. Februar 2017 weitere 2,35 v. H. anzurechnen sind. [2]Ab 1. Februar 2017 beträgt die Summe der für eine Erhöhung der Zuschläge gemäß § 5 LohnzuschlagsTV zu berücksichtigenden Vomhundertsätze 9,15 v. H.

Erläuterungen

§ 19 TVöD legt die Rahmenbedingungen für die Bezahlung von Erschwerniszuschlägen fest. Einzelheiten dazu bleiben ausfüllenden Tarifverträgen überlassen. Der Themenbereich war bislang in § 33

Abs. 1 Buchst. c) BAT, § 23 BMT-G und § 29 MTArb sowie in den diese Vorschriften ergänzenden Tarifverträgen (Tarifvertrag über die Gewährung von Zulagen gemäß § 33 Abs. 1 Buchst. c) BAT vom 11. Januar 1962[1]), Tarifvertrag über die Lohnzuschläge gemäß § 29 MTL vom 9. Oktober 1963 und die bezirklichen Tarifverträge zu § 23 Abs. 3 BMT-G) geregelt. Diese Tarifverträge gelten übergangsweise fort (Absatz 5 Satz 2).

Das BAG hat mit Urteil vom 21. April 2010 – 10 AZR 303/09 – entschieden, dass ein Anspruch auf die sogenannte Baustellenzulage (§ 33 Abs. 2 BAT) mit In-Kraft-Treten des TV-L nicht mehr besteht. Da die Vorschriften des TVöD in diesem Punkt denen des TV-L entsprechen, besteht auch für unter den TVöD fallende Beschäftigte kein tarifvertraglicher Anspruch auf Zahlung der Baustellenzulage. Übertarifliche Regelungen (z. B. des Bundes) bleiben davon allerdings unberührt.

Auf die abweichenden Sonderregelungen in §§ 46 und 47 (Bund) und 46 (VKA) des Besonderen Teils Verwaltung wird hingewiesen.

Grundsätze für Erschwerniszuschläge (Abs. 1)

Die Vorschrift legt fest, dass grundsätzlich Erschwerniszuschläge für Arbeiten mit besonderen Erschwernissen zu zahlen sind. Ausgenommen davon sind aber nach Satz 2 solche Erschwernisse, die mit dem Berufs- oder Tätigkeitsbild verbunden sind und daher schon in die Eingruppierung eingeflossen sind.

Außergewöhnliche Erschwernisse (Abs. 2)

In den Buchstaben a) bis e) ist abschließend aufgezählt, bei welchen Arbeiten „außergewöhnliche Erschwernisse" vorliegen, die einen Anspruch auf Erschwerniszuschläge begründen können.

Ausschluss der Erschwerniszuschläge durch besondere Vorkehrungen (Abs. 3)

Absatz 3 schließt die Zahlung von Erschwerniszuschlägen in den Fällen aus, in denen den Erschwernissen durch besondere Vorkehrungen – insbesondere hinsichtlich des Arbeitsschutzes – Rechnung getragen wird.

---

[1]   abgedruckt unter **III.2**

Betragsmäßiger Rahmen der Erschwerniszuschläge, Tarifvertrag (Abs. 4 und 5)

Absatz 4 gibt den Tarifpartnern den Rahmen für Erschwerniszuschläge vor. Diese sollen in der Regel – je nach Grad der Erschwernis – zwischen 5 und 15 v. H. des auf eine Stunde entfallenden Anteils des monatlichen Tabellenentgelts der Stufe 2 der Entgeltgruppe 2 betragen. In besonderen Fällen kann davon (nach oben oder unten) abgewichen werden. Der im Zuge des Änderungstarifvertrages Nr. 2 vom 31. März 2008 mit Wirkung vom 1. Juli 2008 eingefügte Satz 2 bewirkt im Ergebnis, dass Teilzeitbeschäftigte – bezogen auf die einzelne Arbeitsstunde – die gleichen Erschwerniszuschläge erhalten wie Vollbeschäftigte. Damit tragen die Tarifpartner den Erfordernissen des Teilzeit- und Befristungsgesetzes[1]) Rechnung, dessen § 4 Absatz 1 eine Diskriminierung Teilzeitbeschäftigter verbietet.

Absatz 5 bestimmt, dass die zuschlagpflichtigen Arbeiten und die Höhe der Zuschläge durch landesbezirkliche Tarifverträge (für die Kommunen) bzw. durch einen Bundestarifvertrag (für den Bund) festzulegen sind. Entsprechende Tarifverträge sind bislang noch nicht vereinbart worden. Übergangsweise gelten somit die bisherigen Tarifverträge fort. Rechtsgrundlage dafür ist § 19 Abs. 5 Satz 2 TVöD, für die Kommunen § 23 TVÜ-VKA (s. u.). Für den Bereich des Bundes sind in einer Niederschriftserklärung die Auswirkungen der Entgelterhöhungen im Zuge der Tarifrunde 2016 festgehalten worden.

Übergangsrecht gemäß § 23 TVÜ-VKA

Die Vorschrift des § 23 des Tarifvertrages zur Überleitung der Beschäftigten der kommunalen Arbeitgeber in den TVöD und zur Regelung des Übergangsrechts (TVÜ-VKA) bestimmt, dass die bislang im Bereich der Kommunen einschlägigen tarifvertraglichen Vorschriften über Erschwerniszuschläge (s. o.) bis zur (Neu-)Regelung durch einen landesbezirklichen Tarifvertrag fortgelten. Sofern die entsprechenden Verhandlungen nicht bis zum 31. Dezember 2007 abgeschlossen sein sollten, gelten bei Weitergeltung der landesbezirklichen Regelungen im Übrigen die Grenzen und Bemessungsgrundlagen des § 19 Abs. 4 TVöD.

Für den Bund ergibt sich die übergangsweise Weitergeltung des bisherigen Rechts aus § 19 Abs. 5 Satz 2.

---

[1])   abgedruckt als Anhang 1 unter I.1 § 30

§ 20 (Bund)   Jahressonderzahlung

(1) Beschäftigte, die am 1. Dezember im Arbeitsverhältnis stehen, haben Anspruch auf eine Jahressonderzahlung.

(2) Die Jahressonderzahlung beträgt bei Beschäftigten

in den Entgelt- gruppen West	im Tarif- gebiet	im Tarifgebiet Ost				
		im Kalenderjahr				
		2016	2017	2018	2019	ab 2020
1 bis 8	90 v. H.	72 v. H.	76,5 v. H.	81 v. H.	85,5 v. H.	90 v. H.
9a bis 12	80 v. H.	64 v. H.	68 v. H.	72 v. H.	76 v. H.	80 v. H.
13 bis 15	60 v. H.	48 v. H.	51 v. H.	54 v. H.	57 v. H.	60 v. H.

der Bemessungsgrundlage nach Absatz 3.

Niederschriftserklärung zu § 20 (Bund) Abs. 2 und § 20 (VKA) Abs. 2 Satz 1:
Die Tarifvertragsparteien stimmen überein, dass die Beschäftigten der Entgelt-gruppe 2Ü zu den Entgeltgruppen 1 bis 8 und die Beschäftigten der Entgeltgrup-pe 15Ü zu den Entgeltgruppen 13 bis 15 gehören.

(3) [1]Bemessungsgrundlage im Sinne des Absatzes 2 ist das monatliche Entgelt, das der/dem Beschäftigten in den Kalendermonaten Juli, August und Septem-ber durchschnittlich gezahlt wird; unberücksichtigt bleiben hierbei das zusätz-lich für Überstunden und Mehrarbeit gezahlte Entgelt (mit Ausnahme der im Dienstplan vorgesehenen Überstunden und Mehrarbeit), Leistungszulagen, Leistungs- und Erfolgsprämien. [2]Der Bemessungssatz bestimmt sich nach der Entgeltgruppe am 1. September. [3]Bei Beschäftigten, deren Arbeitsverhältnis nach dem 30. September begonnen hat, tritt an die Stelle des Bemessungs-zeitraums der erste volle Kalendermonat des Arbeitsverhältnisses. [4]In den Fällen, in denen im Kalenderjahr der Geburt des Kindes während des Bemes-sungszeitraums eine elterngeldunschädliche Teilzeitbeschäftigung ausgeübt wird, bemisst sich die Jahressonderzahlung nach dem Beschäftigungsumfang am Tag vor dem Beginn der Elternzeit.

Protokollerklärung zu Absatz 3:
[1]Bei der Berechnung des durchschnittlich gezahlten monatlichen Entgelts werden die gezahlten Entgelte der drei Monate addiert und durch drei geteilt; dies gilt auch bei einer Änderung des Beschäftigungsumfangs. [2]Ist im Bemessungszeitraum nicht für alle Kalendertage Entgelt gezahlt worden, werden die gezahlten Entgelte der drei Monate addiert, durch die Zahl der Kalendertage mit Entgelt geteilt und sodann mit 30,67 multipliziert. [3]Zeiträume, für die Krankengeld-zuschuss gezahlt worden ist, bleiben hierbei unberücksichtigt. [4]Besteht während des Bemessungszeitraums an weniger als 30 Kalendertagen Anspruch auf Entgelt, ist der letzte Kalendermonat, in dem für alle Kalendertage Anspruch auf Entgelt bestand, maßgeblich.

(4) ¹Der Anspruch nach den Absätzen 1 bis 3 vermindert sich um ein Zwölftel für jeden Kalendermonat, in dem Beschäftigte keinen Anspruch auf Entgelt oder Fortzahlung des Entgelts nach § 21 haben. ²Die Verminderung unterbleibt für Kalendermonate,

1. für die Beschäftigte kein Tabellenentgelt erhalten haben wegen
   a) Ableistung von Grundwehrdienst oder Zivildienst, wenn sie diesen vor dem 1. Dezember beendet und die Beschäftigung unverzüglich wieder aufgenommen haben,
   b) Beschäftigungsverboten nach § 3 Abs. 2 und § 6 Abs. 1 MuSchG,
   c) Inanspruchnahme der Elternzeit nach dem Bundeselterngeld- und Elternzeitgesetz bis zum Ende des Kalenderjahres, in dem das Kind geboren ist, wenn am Tag vor Antritt der Elternzeit Entgeltanspruch bestanden hat;
2. in denen Beschäftigten Krankengeldzuschuss gezahlt wurde oder nur wegen der Höhe des zustehenden Krankengelds ein Krankengeldzuschuss nicht gezahlt worden ist.

Niederschriftserklärung zu § 20 (Bund) Abs. 4 Satz 2 Nr. 1 Buchst. c und § 20 (VKA) Abs. 4 Satz 2 Nr. 1 Buchst. c:
Dem Entgeltanspruch steht der Anspruch auf Zuschuss zum Mutterschaftsgeld gleich.

(5) ¹Die Jahressonderzahlung wird mit dem Tabellenentgelt für November ausgezahlt. ²Ein Teilbetrag der Jahressonderzahlung kann zu einem früheren Zeitpunkt ausgezahlt werden.

(6) ¹Beschäftigte, die bis zum 31. März 2005 Altersteilzeitarbeit vereinbart haben, erhalten die Jahressonderzahlung auch dann, wenn das Arbeitsverhältnis wegen Rentenbezugs vor dem 1. Dezember endet. ²In diesem Falle treten an die Stelle des Bemessungszeitraums gemäß Absatz 2 die letzten drei Kalendermonate vor Beendigung des Arbeitsverhältnisses.

Erläuterungen

Im Geltungsbereich des TVöD ist das bisherige Urlaubsgeld und die bisherige Zuwendung (Weihnachtsgeld) in einer Sonderzahlung zusammengefasst worden. Während die Anspruchsgrundlagen und Verfahrensgrundsätze bislang in eigenständigen Tarifverträgen (z. B. Tarifvertrag über ein Urlaubsgeld für Angestellte vom 16. März 1977 und Tarifvertrag eine Zuwendung für Angestellte vom 12. Oktober 1973) geregelt waren, ist die Vorschrift über eine Sonderzahlung nun in den TVöD einbezogen worden. Im Zuge des 11. Änderungstarifvertrages vom 29. April 2016 wurden wegen der in der Tarifrunde 2016 vereinbarten abweichenden Prozentsätze der Jahressonderzahlung eigenständige Regelungen für den Bund bzw. die Kommunen eingeführt.

Auf die besondere Regelung in § 44 des Besonderen Teils Sparkassen wird hingewiesen.

Übergangsrecht

Die Regelungen des § 20 gelten erst ab dem Kalenderjahr 2007. Für die Jahre 2005 und 2006 enthält der jeweilige § 20 der Überleitungstarifverträge[1] eigene Regelungen. Auf die Darstellung dieses mittlerweile nicht mehr bedeutsamen Übergangsrechts wird an dieser Stelle verzichtet.

Anspruchsvoraussetzung (Abs. 1)

Im Gegensatz zu den bisherigen Regelungen der Zuwendungstarifverträge verzichtet der TVöD auf weitreichende Anspruchsvoraussetzungen und verlangt nur, dass der Beschäftigte am 1. Dezember in einem Arbeitsverhältnis steht. Eine Mindestzeit der Beschäftigung wird nicht vorausgesetzt. Eine Beurlaubung ohne Bezüge im Dezember ist ebenso unschädlich wie das Ausscheiden aus dem Arbeitsverhältnis zu Beginn des Folgejahres. Mit Urteil vom 12. Dezember 2012 – 10 AZR 718/11 – hat das BAG festgestellt, dass die Regelung, wonach der Anspruch auf eine Sonderzahlung vom Bestand des Arbeitsverhältnisses am 1. Dezember des Jahres abhängt, nicht altersdiskriminierend ist. In dem Urteilsfall hatte ein Beschäftigter, der am 31. Oktober aufgrund Einreichens des gesetzlichen Rentenalters aus dem Arbeitsverhältnis ausgeschieden war, sich gegen die Nichtzahlung der Jahressonderzahlung gewandt.

Höhe der Sonderzahlung (Abs. 2 und 3)

Die Zuwendung und das Urlaubsgeld wurden ab dem Jahr 2007 in einer dynamischen Jahressonderzahlung zusammengefasst. Sie bemisst sich im Tarifgebiet West nach folgenden gestaffelten Prozentsätzen:

- 90 % für die Entgeltgruppen 1 bis 8
- 80 % für die Entgeltgruppen 9 bis 12
- 60 % für die Entgeltgruppen 13 bis 15

---

[1] abgedruckt unter **I.2**

Maßgebend ist die Entgeltgruppe am 1. September (bzw. dem ersten Beschäftigungsmonat, wenn das Arbeitsverhältnis später begonnen hat).

Im Tarifgebiet Ost beträgt die Jahressonderzahlung 75 % der Vomhundertsätze im Tarifgebiet West (also 67,5 %, 60 %, 45 %). Im Zuge der Tarifrunde 2016 wurde die schrittweise Angleichung an das Niveau des Tarifgebietes West vereinbart.

Bemessungsgrundlage ist grundsätzlich das in den Monaten Juli, August und September gezahlte monatliche Entgelt, jedoch ohne das Entgelt für nicht dienstplanmäßige Überstunden, nicht dienstplanmäßige Mehrarbeit, Leistungszulagen/-prämien und Ertrags- und Erfolgsprämien. Absatz 3 Satz 3 und die Protokollerklärung zu Absatz 3 treffen Sonderregelungen für den Fall, dass das Arbeitsverhältnis erst nach dem 30. September begonnen hat (dann wird der erste volle Beschäftigungsmonat als Bemessungsgrundlage herangezogen) bzw. für den Fall, dass nicht für alle Kalendertage des Bemessungszeitraumes Entgelt gezahlt wird (dann wird grundsätzlich „spitz" nach Tagen gerechnet bzw. hochgerechnet). Nach Absatz 3 Satz 4 bemisst sich die Sonderzahlung in den Fällen, in denen eine elterngeldunschädliche Teilzeitbeschäftigung (i. S. d. § 15 Abs. 4 BEEG) ausgeübt wird, abweichend von dem Beschäftigungsumfang im Bemessungsmonat nach dem Beschäftigungsumfang am Tage vor dem Beginn der Elternzeit. Dies gilt aber nur für das Kalenderjahr der Geburt des Kindes; im Folgejahr gelten dann die allgemeinen Grundsätze zur Bemessung der Jahressonderzahlung.

In einer Niederschriftserklärung zu Absatz 2 Satz 1 haben die Tarifpartner festgelegt, dass die Beschäftigten der Entgeltgruppe 2 Ü zu den Beschäftigten der Entgeltgruppen 1 bis 8 gehören (und folglich eine 90%ige Sonderzahlung erhalten) und die Beschäftigten der Entgeltgruppe 15 Ü zu den Beschäftigten der Entgeltgruppe 13 bis 15 gehören (und somit eine 60%ige Sonderzahlung erhalten).

Zwölftelung (Abs. 4)

Nach dem in Satz 1 der Vorschrift aufgestellten Grundsatz vermindert sich die Jahressonderzahlung um ein Zwölftel für jeden Kalendermonat, in dem der Beschäftigte keinen Anspruch auf Entgelt, Urlaubsentgelt oder Entgeltfortzahlung hat. Die Kürzung kommt dabei nur in Betracht, wenn für den vollen Monat kein Entgelt o. Ä. gezahlt wird; erhält der Beschäftigte auch nur für einen Tag Entgelt, muss die Kürzung unterbleiben.

Satz 2 der Vorschrift enthält eine abschließende Aufzählung von Ausnahmen, in denen eine Kürzung der Sonderzahlung unterbleibt, obwohl der Beschäftigte kein Entgelt erhalten hat.

Dies sind zunächst die Fälle, in denen die Entgeltzahlung wegen Grundwehr- oder Zivildienst (Voraussetzung ist aber, dass der Beschäftigte am 1. Dezember die Beschäftigung wieder ausübt), Beschäftigungsverboten nach dem Mutterschutzgesetz (sechs Wochen vor und grundsätzlich acht Wochen nach der Entbindung) und Inanspruchnahme von Elternzeit nach dem BEEG (aber nur in dem Geburtsjahr des Kindes und nur, wenn vor Antritt der Elternzeit Entgeltanspruch oder Anspruch auf Zuschuss zum Mutterschaftsgeld bestand) unterblieben ist.

Ferner unterbleibt die Kürzung, wenn den Beschäftigten Krankengeldzuschuss gezahlt oder nur wegen der Höhe des Krankengeldes kein Krankengeldzuschuss gezahlt wurde.

In seiner Entscheidung vom 11. Juli 2012 – 10 AZR 488/11 – hat das BAG (bezogen auf die in diesem Punkt identische Vorschrift des § 20 TV-L) klargestellt, dass die Jahressonderzahlung um je ein Zwölftel für jeden Monat zu kürzen ist, in dem der Beschäftigte nicht bei dem Arbeitgeber beschäftigt war, zu dem am 1. Dezember ein Arbeitsverhältnis bestand. Beschäftigungszeiten bei anderen Arbeitgebern ändern nach Auffassung des BAG an der Anspruchskürzung nach § 20 Abs. 4 TV-L auch dann nichts, wenn es sich um Arbeitgeber des öffentlichen Dienstes handelt. (Im Urteilsfall ging es um einen unterjährigen Wechsel von einem zu einem anderen „TV-L-Arbeitgeber"; die Jahressonderzahlung wurde nur auf der Grundlage des Arbeitsverhältnisses mit dem letzten Arbeitgeber zuerkannt.) Zur Abgrenzung davon hat das BAG in seinem Urteil vom 12. Dezember 2012 – 10 AZR 922/11 – entschieden, dass für die Höhe des Anspruchs auf eine Jahressonderzahlung alle Arbeitsverhältnisse zu berücksichtigen sind, die im Kalenderjahr mit demselben Arbeitgeber bestanden haben – unabhängig davon, ob sie sich nahtlos aneinandergereiht haben oder unterbrochen waren. Eine Kürzung (Zwölftelung) kann in diesen Fällen somit nur für Monate erfolgen, in denen keinerlei Entgelt gezahlt wurde.

Fälligkeit der Zahlung (Abs. 5)

Die Sonderzahlung ist – wie bisher die Zuwendung – mit dem Entgelt für den Monat November zu zahlen (Satz 1). Ein Teilbetrag der Sonderzahlung kann nach Satz 2 der Vorschrift zu einem früheren Zeitpunkt ausgezahlt werden. Einzelheiten zu dieser Vorschusszahlung haben die Tarifpartner nicht vereinbart.

Besonderheit bei Altersteilzeitarbeit (Abs. 6)

Die Regelungen des TVöD zur Jahressonderzahlung sehen – im Gegensatz zur Vorschrift des § 1 Abs. 2 der bisherigen Zuwendungstarifverträge – keine Teilzahlung bei unterjährigem Ausscheiden aus dem Beschäftigungsverhältnis beispielsweise wegen Erreichens der Altersgrenze, Erwerbsunfähigkeit oder im Anschluss an Altersteilzeitarbeit vor.

(Nur) für den Fall der Altersteilzeitarbeit enthält Absatz 6 eine Besitzstandsregelung. Demnach erhalten Beschäftigte, die bis zum 31. März 2005 ein Altersteilzeitarbeitsverhältnis vereinbart haben, die Jahressonderzahlung auch dann, wenn sie vor dem 1. Dezember (also dem anspruchsbegründenden Zeitpunkt) wegen Rentenbezuges aus dem Arbeitsverhältnis ausscheiden. Bemessungsgrundlage für die Sonderzahlung sind dann die letzten drei Kalendermonate vor Beendigung des Arbeitsverhältnisses.

§ 21   Bemessungsgrundlage für die Entgeltfortzahlung

[1]In den Fällen der Entgeltfortzahlung nach § 6 Abs. 3 Satz 1, § 22 Abs. 1, § 26, § 27 und § 29 werden das Tabellenentgelt sowie die sonstigen in Monatsbeträgen festgelegten Entgeltbestandteile weitergezahlt. [2]Die nicht in Monatsbeträgen festgelegten Entgeltbestandteile werden als Durchschnitt auf Basis der dem maßgebenden Ereignis für die Entgeltfortzahlung vorhergehenden letzten drei vollen Kalendermonate (Berechnungszeitraum) gezahlt. [3]Ausgenommen hiervon sind das zusätzlich für Überstunden und Mehrarbeit gezahlte Entgelt (mit Ausnahme der im Dienstplan vorgesehenen Überstunden und Mehrarbeit), Leistungsentgelte, Jahressonderzahlungen sowie besondere Zahlungen nach § 23 Abs. 2 und 3.

Protokollerklärungen zu den Sätzen 2 und 3:

1. [1]Volle Kalendermonate im Sinne der Durchschnittsberechnung nach Satz 2 sind Kalendermonate, in denen an allen Kalendertagen das Arbeitsverhältnis bestanden hat. [2]Hat das Arbeitsverhältnis weniger als drei Kalendermonate bestanden, sind die vollen Kalendermonate, in denen das Arbeitsverhältnis bestanden hat, zugrunde zu legen. [3]Bei Änderungen der individuellen Arbeitszeit werden die nach der Arbeitszeitänderung liegenden vollen Kalendermonate zugrunde gelegt.

2. [1]Der Tagesdurchschnitt nach Satz 2 beträgt bei einer durchschnittlichen Verteilung der regelmäßigen wöchentlichen Arbeitszeit auf fünf Tage 1/65 aus der Summe der zu berücksichtigenden Entgeltbestandteile, die für den Berechnungszeitraum zugestanden haben. [2]Maßgebend ist die Verteilung der Arbeitszeit zu Beginn des Berechnungszeitraums. [3]Bei einer abweichenden Verteilung der Arbeitszeit ist der Tagesdurchschnitt entsprechend Satz 1 und 2 zu ermitteln. [4]Sofern während des Berechnungszeitraums bereits Fortzahlungstatbestände vorlagen, bleiben die in diesem Zusammenhang auf Basis der Tagesdurchschnitte zustehenden Beträge bei der Ermittlung des Durchschnitts nach Satz 2 unberücksichtigt.

3. Tritt die Fortzahlung des Entgelts nach einer allgemeinen Entgeltanpassung ein, ist die/der Beschäftigte so zu stellen, als sei die Entgeltanpassung bereits mit Beginn des Berechnungszeitraums eingetreten.

Erläuterungen

In § 21 TVöD haben die Tarifvertragsparteien die Höhe der Entgeltfortzahlung geregelt. Die Rechtsgrundlage für eine Entgeltfortzahlung ergibt sich nicht aus § 21, sondern aus verschiedenen, in der Tarifvorschrift näher benannten Vorschriften des TVöD.

Im Bereich des BAT wurde bislang als Entgeltfortzahlung weitgehend die in § 47 Abs. 2 BAT näher bestimmte Urlaubsvergütung gewährt.

Durchführung der Entgeltfortzahlung

Die Tarifvorschrift regelt nicht den Anspruch auf Entgeltfortzahlung, sondern bestimmt in den abschließend aufgezählten Fällen dessen Höhe. Rechtsgrundlage für eine Entgeltfortzahlung i. S. d. § 21 sind die Vorschriften des § 6 Abs. 3 Satz 1 (Lohnfortzahlung wegen Freistellung am 24. und 31. Dezember), § 22 Abs. 1 (Lohnfortzahlung im Krankheitsfall), § 26 (Lohnfortzahlung bei Erholungsurlaub), § 27 Lohnfortzahlung bei Zusatzurlaub) und § 29 (Lohnfortzahlung bei Arbeitsbefreiung).

In den in Satz 1 der Vorschrift abschließend genannten Fällen werden als Entgeltfortzahlung das Tabellenentgelt und die in Monatsbeträgen festgelegten Entgeltbestandteile weitergezahlt. In Monatsbeträgen werden beispielsweise die Zulage nach § 14 (vorübergehende Ausübung einer höherwertigen Tätigkeit) und Zulagen nach den Überleitungs-Tarifverträgen (Besitzstandszulagen, Strukturausgleiche) gezahlt. Für nicht in Monatsbeträgen festgelegte Entgeltbestandteile sieht Satz 2 der Vorschrift eine Durchschnittsberechnung auf der Grundlage der letzten drei Monate vor. Die Auszahlung des Tagesdurchschnitts erfolgt gemäß der Fälligkeitsregelung in § 24 Abs. 1 Satz 3 TVöD erst am Zahltag des zweiten Monats, der auf ihre Entstehung folgt. Zu den nicht in Monatsbeträgen festgelegten Entgeltbestandteilen zählen insbesondere die in § 8 (Ausgleich für Sonderformen der Arbeit) genannten Stundenzuschläge und -pauschalen. Ausdrücklich ausgenommen von der Durchschnittsberechnung und somit von der Berücksichtigung im Rahmen der Entgeltfortzahlung sind nach Satz 3 das Überstundenentgelt (mit Ausnahme des Entgelts für im Dienstplan vorgesehene Überstunden und Mehrarbeit, das in die Berechnungsgrundlage einfließt), Leistungsentgelte (§ 18), Jahressonderzahlungen (§ 20) und die besonderen Zahlungen nach § 23 Abs. 2 und 3 (Jubiläumsgeld und Sterbegeld).

Ergänzende Vereinbarungen zur Durchschnittsberechnung

Die Tarifpartner haben in drei Protokollerklärungen ergänzende Vereinbarungen zur Durchschnittsberechnung für nicht in Monatsbeträgen festgelegte Entgeltbestandteile vereinbart.

Die Protokollerklärung Nr. 1 befasst sich mit der Frage, welche Monate in bestimmten Sonderfällen bei der Durchschnittsberechnung zugrunde zu legen sind. Satz 2 der Tarifvorschrift bestimmt, dass der Entgeltdurchschnitt der letzten drei vollen Kalendermonate zu er-

mitteln ist. Nach Satz 1 der Protokollerklärung sind „volle" Kalendermonate solche Monate, in denen das Arbeitsverhältnis an allen
Kalendertagen bestanden hat. Satz 2 der Protokollerklärung legt fest,
dass in den Fällen, in denen das Arbeitsverhältnis weniger als drei
Kalendermonate bestanden hat, nur die vollen Kalendermonate
zugrunde zu legen sind. Satz 3 löst den Fall der Veränderung der
individuellen Arbeitszeit während des Berechnungszeitraums und
bestimmt, dass dann nur die nach der Änderung der Arbeitszeit
liegenden vollen Kalendermonate maßgebend sind.

Protokollerklärung Nr. 2 regelt die Berechnung des Tagesdurchschnitts der nicht in Monatsbeträgen festgelegten Entgeltbestandteile. Dieser beträgt nach Satz 1 der Protokollerklärung $1/65$ der im
dreimonatigen Berechnungszeitraum zu berücksichtigenden Entgeltbestandteile. Der Divisor 65 berücksichtigt dabei die durchschnittliche
Anzahl der Arbeitstage in drei Monaten – bezogen auf eine Fünftage-
Woche. Er ist bei einer abweichenden Verteilung der Arbeitszeit (z. B.
auf vier oder sechs Tage in der Woche) anzupassen (Satz 3). Entsprechendes wird gelten müssen, wenn nicht drei, sondern weniger
Monate der Durchschnittsberechnung zugrunde liegen. Maßgebend
bei der Verteilung der Arbeitszeit sind die Verhältnisse zu Beginn des
Berechnungszeitraums (Satz 2). Satz 4 stellt sicher, dass nicht der
„Durchschnitt vom Durchschnitt" ermittelt wird und nimmt während
des Berechnungszeitraumes vorliegende Fortzahlungstatbestände
von der Durchschnittsberechnung aus. Konsequenterweise werden in
diesem Fall auch die entsprechenden Tage unberücksichtigt bleiben
und der Nenner entsprechend angepasst werden müssen.

Protokollerklärung Nr. 3 stellt sicher, dass vor einer Entgeltfortzahlung eingetretene allgemeine Entgeltanpassungen (z. B. aufgrund
von Lohnrunden) bei der Fortzahlung des Entgelts in vollem Umfang
berücksichtigt werden.

§ 22 Entgelt im Krankheitsfall

(1) [1]Werden Beschäftigte durch Arbeitsunfähigkeit infolge Krankheit an der Arbeitsleistung verhindert, ohne dass sie ein Verschulden trifft, erhalten sie bis zur Dauer von sechs Wochen das Entgelt nach § 21. [2]Bei erneuter Arbeitsunfähigkeit infolge derselben Krankheit sowie bei Beendigung des Arbeitsverhältnisses gelten die gesetzlichen Bestimmungen. [3]Als unverschuldete Arbeitsunfähigkeit im Sinne der Sätze 1 und 2 gilt auch die Arbeitsverhinderung in Folge einer Maßnahme der medizinischen Vorsorge und Rehabilitation im Sinne von § 9 EFZG.

Protokollerklärung zu Absatz 1 Satz 1:
Ein Verschulden liegt nur dann vor, wenn die Arbeitsunfähigkeit vorsätzlich oder grob fahrlässig herbeigeführt wurde.

(2) [1]Nach Ablauf des Zeitraums gemäß Absatz 1 erhalten die Beschäftigten für die Zeit, für die ihnen Krankengeld oder entsprechende gesetzliche Leistungen gezahlt werden, einen Krankengeldzuschuss in Höhe des Unterschiedsbetrags zwischen den tatsächlichen Barleistungen des Sozialleistungsträgers und dem Nettoentgelt. [2]Nettoentgelt ist das um die gesetzlichen Abzüge verminderte Entgelt im Sinne des § 21 (mit Ausnahme der Leistungen nach § 23 Abs. 1); bei freiwillig in der gesetzlichen Krankenversicherung versicherten Beschäftigten ist dabei deren Gesamtkranken- und Pflegeversicherungsbeitrag abzüglich Arbeitgeberzuschuss zu berücksichtigen. [3]Für Beschäftigte, die nicht der Versicherungspflicht in der gesetzlichen Krankenversicherung unterliegen und bei einem privaten Krankenversicherungsunternehmen versichert sind, ist bei der Berechnung des Krankengeldzuschusses der Krankengeldhöchstsatz, der bei Pflichtversicherung in der gesetzlichen Krankenversicherung zustünde, zugrunde zu legen. [4]Bei Teilzeitbeschäftigten ist das nach Satz 3 bestimmte fiktive Krankengeld entsprechend § 24 Abs. 2 zeitanteilig umzurechnen.

(3) [1]Der Krankengeldzuschuss wird bei einer Beschäftigungszeit (§ 34 Abs. 3)

> von mehr als einem Jahr längstens bis zum Ende der 13. Woche und
> von mehr als drei Jahren längstens bis zum Ende der 39. Woche

seit dem Beginn der Arbeitsunfähigkeit infolge derselben Krankheit gezahlt. [2]Maßgeblich für die Berechnung der Fristen nach Satz 1 ist die Beschäftigungszeit, die im Laufe der krankheitsbedingten Arbeitsunfähigkeit vollendet wird.

(4) [1]Entgelt im Krankheitsfall wird nicht über das Ende des Arbeitsverhältnisses hinaus gezahlt; § 8 EFZG bleibt unberührt. [2]Krankengeldzuschuss wird zudem nicht über den Zeitpunkt hinaus gezahlt, von dem an Beschäftigte eine Rente oder eine vergleichbare Leistung auf Grund eigener Versicherung aus der gesetzlichen Rentenversicherung, aus einer zusätzlichen Alters- und Hinterbliebenenversorgung oder aus einer sonstigen Versorgungseinrichtung erhalten, die nicht allein aus Mitteln der Beschäftigten finanziert ist. [3]Innerhalb eines Kalenderjahres kann das Entgelt im Krankheitsfall nach Absatz 1 und 2 insgesamt längstens bis zum Ende der in Absatz 3 Satz 1 genannten Fristen bezogen werden; bei jeder neuen Arbeitsunfähigkeit besteht jedoch mindes-

tens der sich aus Absatz 1 ergebende Anspruch. [4]Überzahlter Krankengeldzuschuss und sonstige Überzahlungen gelten als Vorschuss auf die in demselben Zeitraum zustehenden Leistungen nach Satz 2; die Ansprüche der Beschäftigten gehen insoweit auf den Arbeitgeber über. [5]Der Arbeitgeber kann von der Rückforderung des Teils des überzahlten Betrags, der nicht durch die für den Zeitraum der Überzahlung zustehenden Bezüge im Sinne des Satzes 2 ausgeglichen worden ist, absehen, es sei denn, die/der Beschäftigte hat dem Arbeitgeber die Zustellung des Rentenbescheids schuldhaft verspätet mitgeteilt.

Erläuterungen

In § 22 TVöD haben die Tarifvertragsparteien die Entgeltfortzahlung im Krankheitsfall geregelt. Dabei haben sie in vielen Bereichen auf eigenständige Regelungen verzichtet – insoweit gelten die Vorschriften des Entgeltfortzahlungsgesetzes (EFZG)[1]. Der Tatbestand der Entgeltfortzahlung im Krankheitsfall war bislang in § 37 (Krankenbezüge) und § 71 BAT (Übergangsregelung für die Zahlung von Krankenbezügen) geregelt. Die Vorschriften der §§ 37a (Anzeige- und Nachweispflichten) und 38 (Forderungsübergang bei Dritthaftung) enthielten Regelungen zu Randfragen der Entgeltfortzahlung, die sich nun nach den gesetzlichen Vorschriften des EFZG bestimmen.

Auf die Sonderregelungen für bestimmte Bereiche in § 45 des Besonderen Teils Verwaltung (BT-V)[2] wird hingewiesen.

Übergangsrecht

Vor einer Betrachtung der aktuellen Vorschrift des § 22 TVöD ist zunächst auf die Übergangsregelungen des jeweiligen § 13 der Überleitungstarifverträge des Bundes bzw. der Kommunen (TVÜ-Bund bzw. TVÜ-VKA)[3] hinzuweisen.

Diese Übergangsvorschriften enthalten besondere Regelungen für die zum Zeitpunkt der Überleitung in den TVöD (30. September 2005) von § 71 BAT erfassten Beschäftigten und gelten nur für danach ohne Unterbrechung fortgesetzte Arbeitsverhältnisse. Schon § 71 BAT war eine Übergangsvorschrift, die nur für die Angestellten galt, die sich bereits vor dem 1. Juli 1994 in einem Arbeitsverhältnis befunden hatten, das seitdem ununterbrochen fortbestanden hat. Sie ist im

---

[1] abgedruckt als **Anhang 1**

[2] abgedruckt unter **I.1.1**

[3] abgedruckt unter **I.2**

I

Rahmen der Systemumstellung der Entgeltfortzahlung im Krankheitsfall mit dem 69. Änderungs-Tarifvertrag zum BAT vom 25. April 1994 vereinbart worden und bewirkte, dass der davon erfasste Personenkreis auch nach dem In-Kraft-Treten der Änderungen am 1. Juli 1994 nicht wie die übrigen Angestellten im Krankheitsfall eine sechswöchige Entgeltfortzahlung und anschließend (nur noch) einen Zuschuss zum Krankengeld der Krankenkassen, sondern weiterhin eine Lohnfortzahlung von bis zu sechs Monaten Dauer erhielt. So gesehen handelt es sich nun bei der Vorschrift des § 13 TVÜ um eine Übergangsvorschrift für bereits von einer älteren Übergangsvorschrift geschützte Beschäftigte.

Die jetzige Vorschrift führt zum einen zwar dazu, dass die ursprünglich von § 71 BAT erfassten Beschäftigten im Falle einer Krankheit nun – wie zuvor die übrigen, nicht von § 71 BAT erfassten Angestellten und die übrigen, unter den TVöD fallenden Beschäftigten – auch nur noch sechs Wochen Entgeltfortzahlung bekommen und anschließend einen Krankengeldzuschuss erhalten. Dieser ist aber nach der Regelung des § 13 Abs. 1 TVÜ insoweit höher als der Krankengeldzuschuss nach § 22 TVöD, als dass in diesen Fällen die Differenz zwischen dem **Netto**krankengeld (das ist das um Beiträge des Beschäftigten zur Renten- und Arbeitslosenversicherung bereinigte „Bruttokrankengeld", das von den Tarifpartnern in Anlehnung an die gesetzlichen Vorschriften mit „tatsächliche Barleistung des Sozialversicherungsträgers" bezeichnet wird) und dem Nettoentgelt ausgeglichen wird. Der Beschäftigte erhält somit im Ergebnis weitgehend sein bisheriges Nettoentgelt weiter; die einzige Einbuße besteht für ihn darin, dass bei der Berechnung des „Nettoentgelts" nur die gesetzlichen, nicht aber tarifvertragliche Abzüge (z. B. Arbeitnehmerbeitrag zur VBL) berücksichtigt werden. Nach den Vorschriften des TVöD würde (nur) die Differenz zwischen den „tatsächlichen Barleistungen" (= **Brutto**krankengeld) und dem Nettoentgelt ausgeglichen – der Beschäftigte bliebe also zusätzlich durch seine Beitragsanteile zur Renten- und Arbeitslosenversicherung belastet.

In § 13 Abs. 2 Satz 1 TVÜ ist über die oben dargestellte Besitzstandsregelung hinaus geregelt, dass diejenigen unter § 71 BAT fallenden Beschäftigten, die zum Zeitpunkt der Überleitung arbeitsunfähig erkrankt sind (und deshalb bereits Entgeltfortzahlung erhalten), für die Dauer dieser Krankheit auch nach In-Kraft-Treten des TVöD bis zu insgesamt höchstens 26 Wochen Entgeltfortzahlung erhalten. Faktisch gilt insoweit also das alte Recht weiter. Sollten die Betroffenen nach dem 1. Oktober 2005 wegen derselben Krankheit erneut arbeitsunfähig werden, gilt § 22 TVöD (in Verbindung mit § 13 Abs. 1 TVÜ). In diesem Fall wird gemäß § 13 Abs. 2 Satz 2 TVÜ der Entgeltfortzahlungszeitraum nach Absatz 2 Satz 1 auf die Fristen der Entgeltfortzahlung bzw. des Krankengeldzuschusses des § 22 TVöD angerechnet.

Entgeltfortzahlung (Abs. 1)

Grundsätze

Satz 1 der Vorschrift trifft eine dem EFZG entsprechende Regelung zur Entgeltfortzahlung im Krankheitsfall und wiederholt die gesetzlichen Bestimmungen. Der Spielraum der Tarifpartner ist in diesem Bereich sehr gering; denn die Vorschriften des EFZG sind – abgesehen von der Höhe der Entgeltfortzahlung – nicht abdingbar. Günstigere, über die Mindestanforderungen des EFZG hinausgehende tarifvertragliche Regelungen sind natürlich zulässig, so dass die Tarifpartner in § 22 von einer der Vorschrift des § 3 Abs. 3 EFZG (dort ist ein mindestens vierwöchiger Bestand des Arbeitsverhältnisses als Anspruchsvoraussetzung für die Entgeltfortzahlung im Krankheitsfall festgelegt) entsprechenden Wartezeit absehen konnten.

Grundvoraussetzung für die sechswöchige Entgeltfortzahlung ist sowohl nach § 3 Abs. 1 EFZG als auch nach § 22 Abs. 1 Satz 1 die unverschuldete Arbeitsunfähigkeit infolge Krankheit.

Der Begriff der Krankheit ist weder durch den Gesetzgeber im Rahmen des EFZG noch durch die Tarifpartner näher bestimmt worden. Nach dem allgemeinen und dem medizinischen Sprachgebrauch wird man davon ausgehen können, dass „Krankheit" jeder regelwidrige körperliche oder geistige Zustand ist – unabhängig von den Ursachen, die dazu geführt haben. Krankheit allein reicht als Auslöser des Entgeltfortzahlungsanspruchs aber nicht aus, sie muss grundsätzlich auch zur Arbeitsunfähigkeit führen. Arbeitsunfähigkeit ist auch dann gegeben, wenn die geschuldete Arbeitsleistung nicht voll, sondern nur zum Teil erbracht werden kann. Maßnahmen einer medizinischen Vorsorge oder Rehabilitation sind gemäß § 9 EFZG bzw. § 22 Abs. 1 Satz 3 als unverschuldete Arbeitsunfähigkeit im Sinne des Entgeltfortzahlungsrechtes anzusehen. Nach § 3 Abs. 2 EFZG gilt Entsprechendes für die nicht rechtswidrige Sterilisation und den nicht rechtswidrigen Schwangerschaftsabbruch. Besondere Beachtung verdient in diesem Zusammenhang die mit dem Gesetz zur Änderung des Transplantationsgesetzes vom 21. Juli 2012 (BGBl. I S. 1601) in das

Entgeltfortzahlungsgesetz eingefügte Vorschrift des § 3a EFZG. Absatz 1 dieser neuen Vorschrift verschafft dem Organspender gegenüber seinem Arbeitgeber einen Anspruch auf Entgeltfortzahlung. Absatz 2 regelt die Refinanzierungsansprüche des Arbeitgebers gegenüber der Krankenkasse bzw. dem Beihilfeträger des Organempfängers. Durch Artikel 7 des GKV-Versorgungsstärkungsgesetzes vom 16. Juli 2015 (BGBl. I S. 1211) ist die Regelung in § 3a EFZG mit Wirkung vom 23. Juli 2015 um den Anspruch auf Entgeltfortzahlung bei Spende von Blut zur Separation von Blutstammzellen und anderen Blutbestandteilen erweitert worden. Dadurch haben auch diejenigen Beschäftigten einen Anspruch auf Entgeltfortzahlung durch den Arbeitgeber für die Zeit der Abreitunfähigkeit bis zur Dauer von sechs Wochen, die durch Arbeitsunfähigkeit infolge einer Blutspende zur Separation von Blutstammzellen oder anderen Blutbestandteilen im Sinne von § 9 des Transfusionsgesetzes an ihrer Arbeitsleistung verhindert sind. Entsprechend sind die Refinanzierungsmöglichkeiten des Arbeitgebers erweitert worden (§ 3a Abs. 2 EFZG).

Auch der Begriff der Arbeitsunfähigkeit ist in der Tarifvorschrift und im EFZG nicht näher definiert. Hilfen zur Begriffsbestimmung liefern aber die „Richtlinien des Gemeinsamen Bundesausschusses (der Ärzte und Krankenkassen) über die Beurteilung der Arbeitsunfähigkeit und die Maßnahmen zur stufenweisen Wiedereingliederung (Arbeitsunfähigkeits-Richtlinien) nach § 92 Abs. 1 Satz 2 Nr. 7 SGB V".

Wiederholungserkrankungen

In diesem Fall gelten gemäß Satz 2 der Vorschrift die gesetzlichen Bestimmungen. Sie ergeben sich aus § 3 Abs. 1 Satz 2 EFZG. Dabei ist zunächst der Grundsatz zu beachten, dass für jede Krankheit grundsätzlich nur einmal ein sechswöchiger Entgeltfortzahlungsanspruch besteht. Wird der Beschäftigte wegen derselben Krankheit erneut arbeitsunfähig, so kann er zwar ggf. noch nicht ausgeschöpfte Zeiten des Sechswochenzeitraums in Anspruch nehmen; ein erneuter Anspruch entsteht jedoch grundsätzlich nicht. Etwas anderes gilt gemäß § 3 Abs. 1 Satz 2 Ziffer 1 bzw. 2 nur, wenn der Beschäftigte vor Beginn der Wiederholungserkrankung sechs Monate nicht infolge dieser Krankheit arbeitsunfähig war, oder seit dem Beginn der ersten Arbeitsunfähigkeit wegen dieser Krankheit eine Frist von zwölf Monaten abgelaufen ist.

Beispiel

Der Beschäftigte ist an Rheuma erkrankt und fällt deshalb ab dem 15. März für die Dauer von vier Wochen aus. Ende September des gleichen Jahres fällt er für weitere drei Wochen wegen der gleichen Krankheit aus. Da das halbe Jahr (siehe § 3 Abs. 1 Satz 2 Nr. 1 EFZG) seit Ende der ersten Erkrankung noch nicht abgelaufen ist und somit kein erneuter Anspruch entstanden ist, hat er nur noch Anspruch auf zwei Wochen Entgeltfortzahlung; für die übrige Zeit hat er nur Anspruch auf Krankengeldzuschuss. Ende März des Folgejahres schließt sich die dritte Erkrankung wegen der gleichen Ursache an. Obwohl seit dem Ende der letzten Arbeitsunfähigkeit keine sechs Monate vergangen sind, entsteht nach § 3 Abs. 1 Satz 2 Nr. 2 EFZG ein neuer sechswöchiger Anspruch auf Entgeltfortzahlung, weil seit dem Beginn der ersten Arbeitsunfähigkeit (15. März des Vorjahres) mehr als zwölf Monate vergangen sind.

Beendigung des Arbeitsverhältnisses während der Arbeitsunfähigkeit

Auch in diesem Fall gelten gemäß Satz 2 der Vorschrift die gesetzlichen Bestimmungen. Sie ergeben sich aus § 8 EFZG.

Das EFZG unterscheidet zwei Fallgruppen. Zum einen sind es die Fälle, dass der Arbeitgeber das Arbeitsverhältnis während der Arbeitsunfähigkeit krankheitsbedingt kündigt oder sich so verhält (z. B. durch Zahlungsverweigerung), dass der Arbeitnehmer das Arbeitsverhältnis fristlos kündigt. Zum anderen handelt es sich um jene Fallgestaltungen, dass das Arbeitsverhältnis während der Arbeitsunfähigkeit durch Kündigung aus anderen Gründen oder ohne dass es einer Kündigung bedarf (z. B. Fristablauf bei befristeten Arbeitsverträgen) endet. In der ersten Fallgruppe ist der Arbeitgeber verpflichtet, die Entgeltfortzahlung auch über das Ende der (durch diese Vorschrift nicht berührten) Kündigung hinaus zu zahlen, höchstens natürlich bis zum Ende der Sechswochenfrist. Die zweite Fallgruppe führt zum Erlöschen des Entgeltfortzahlungsanspruchs zum Zeitpunkt der Beendigung des Arbeitsverhältnisses.

Aus Anlass der Krankheit auf Veranlassung des Arbeitgebers geschlossene Auflösungsverträge sind nach Auffassung des BAG (Urteil

I

vom 20. 8. 1980 – 5 AZR 227/79 – AP Nr. 14 zu § 6 LohnFG) der ersten Fallgruppe zuzuordnen, führen also nicht zum Erlöschen des Entgeltfortzahlungsanspruchs.

Verschulden

Nur eine „unverschuldete" Arbeitsunfähigkeit löst den Anspruch auf Entgeltfortzahlung aus. Die Tarifpartner haben jedoch – wie zuvor in § 37 BAT – in einer Protokollerklärung zu Absatz 1 Satz 1 vereinbart, dass ein den Anspruch zunichte machendes „Verschulden" i. S. des Absatzes 1 Satz 1 nur vorliegt, wenn der Beschäftigte die Arbeitsunfähigkeit durch Vorsatz oder grobe Fahrlässigkeit herbeigeführt hat. Dies ist nach der Rechtsprechung zu den bisherigen Entgeltfortzahlungsregeln, die weiterhin herangezogen werden kann, jedoch nur in Ausnahmefällen zu vermuten und jeweils im Einzelfall zu prüfen. So kann beispielsweise davon ausgegangen werden, dass selbst ein Selbstmordversuch in der Regel nicht schuldhaft ist (weil der Betroffene krankheitsbedingt in seiner Willensbildung eingeschränkt und daher „schuldunfähig" ist) – siehe BAG vom 28. 2. 1979 – 5 AZR 611/77 – AP Nr. 44 zu § 1 LohnFG. Auch bei einem alkoholabhängigen Arbeitnehmer fehlt es nach Auffassung des BAG in seinem Urteil vom 18. März 2015 – 10 AZR 99/14 suchtbedingt auch im Fall eines Rückfalls nach einer Therapie regelmäßig an einem solchen, die Entgeltfortzahlung ausschließendem Verschulden. Wird ein Arbeitnehmer infolge seiner Alkoholabhängigkeit arbeitsunfähig krank, könne nach dem derzeitigen Stand der medizinischen Erkenntnisse nicht von einem Verschulden im Sinne des Entgeltfortzahlungsrechts ausgegangen werden. Die Entstehung der Alkoholsucht sei vielmehr multikausal, wobei sich die unterschiedlichen Ursachen wechselseitig bedingen würden. Dies gelte im Grundsatz auch bei einem Rückfall nach einer durchgeführten Therapie. Im Hinblick auf eine Abstinenzrate von 40 bis 50 % je nach Studie und Art der Behandlung könne nach einer durchgeführten Rehabilitationsmaßnahme jedoch ein Verschulden des Arbeitnehmers an einem Rückfall nicht generell ausgeschlossen werden. Der Arbeitgeber könne deshalb in diesem Fall das fehlende Verschulden (und damit seine Pflicht zur Entgeltfortzahlung) bestreiten. Das Arbeitsgericht habe dann ein medizinisches Sachverständigengutachten zu der Frage einzuholen, ob der Arbeitnehmer den Rückfall schuldhaft i. S. d. § 3 Abs. 1 EFZG herbeigeführt habe. Ließe sich dies nicht eindeutig feststellen, weil ein Ursachenbündel hierfür vorliegt, gehe dies zulasten des Arbeitgebers. Das im Urteilsfall eingeholte sozialmedizinische Gutachten hatte ein Verschulden des Arbeitnehmers unter Hinweis auf die langjährige und chronische Alkoholabhängigkeit und den daraus folgenden „Suchtdruck" ausgeschlossen.

Hingegen können die vermeidbaren Unfallfolgen, die infolge der Verletzung der Anschnallpflicht entstanden sind, ebenso als selbst verschuldet angesehen werden (BAG vom 7. 10. 1981 – 5 AZR 1113/79 – AP Nr. 46 zu § 1 LohnFG) wie die Verletzungen infolge eines Unfalls wegen grober Verstöße gegen die Verkehrsregeln (BAG vom 23. 11. 1971 – 1 AZR 388/70 – AP Nr. 8 zu § 1 LohnFG).

Krankengeldzuschuss (Abs. 2)

Im Anschluss an die sechswöchige Entgeltfortzahlung nach Absatz 1 der Vorschrift erhalten die Beschäftigten für die Zeit, für die ihnen Krankengeld oder entsprechende gesetzliche Leistungen zustehen, einen Krankengeldzuschuss (Satz 1). Wegen der Höchstdauer siehe aber Absatz 3. „Entsprechende gesetzliche Leistungen" im Sinne des Satzes 1 sind das Übergangsgeld nach § 20 SGB VI bei stationären Rehabilitationsmaßnahmen und entsprechende Zahlungen von Unfallversicherungsträgern oder nach dem Bundesversorgungsgesetz.

Beschäftigte, die nicht in der gesetzlichen Krankenversicherung, sondern privat versichert sind, werden nach Satz 3 mit den Empfängern von Krankengeld gleichgestellt. Bei ihnen ist für die Berechnung des Krankengeldzuschusses der Krankengeldhöchstsatz, der bei unterstellter Pflichtversicherung in der gesetzlichen Krankenversicherung zustünde, zugrunde zu legen. Der Betrag ist nach Satz 4 der Vorschrift bei Teilzeitbeschäftigten zeitanteilig umzurechnen.

Die Höhe des Krankengeldzuschusses bestimmt sich, soweit nicht die Übergangsvorschrift des § 13 Abs. 1 TVÜ zu beachten ist, nach Satz 1 in Verbindung mit Satz 2 der Vorschrift. Die Berechnung des Krankengeldzuschusses nach den Grundsätzen des TVöD einerseits und dem Übergangsrecht andererseits ist oben im Zusammenhang mit der Erläuterung des Übergangsrechts dargestellt. Ergänzend ist auf die Berechnung des Nettoentgelts bei freiwillig in der gesetzlichen Krankenversicherung versicherten Beschäftigten hinzuweisen. Bei diesen Beschäftigten ist nach Absatz 2 Satz 2 zweiter Halbsatz anstelle der (bei ihnen nicht anfallenden) gesetzlichen Abzüge für Kranken- und Pflegeversicherung der gesamte Kranken- und Pflegeversicherungsbeitrag abzüglich des entsprechenden Arbeitgeberzuschusses als „gesetzlicher Abzug" zu berücksichtigen.

Der Krankengeldzuschuss ist nach § 2 Abs. 2 Nr. 5 LStDV steuerpflichtiger Arbeitslohn. Soweit die Summe von Krankengeld und Krankengeldzuschuss nicht das Nettoarbeitsentgelt überschreitet (was ein absoluter Ausnahmefall sein dürfte), gehört der Krankengeldzuschuss nicht zum sozialversicherungsrechtlichen Entgelt (§ 49 Abs. 1 Nr. 1 SGB V, § 162 SGB VI und § 342 SGB III). Gemäß § 15 Abs. 2 ATV/ATV-K[1]) in Verbindung mit Anlage 3 Satz 1 Nr. 8 zum ATV/ATV-K gehört er nicht zum zusatzversorgungspflichtigen Entgelt.

Dauer des Krankengeldzuschusses (Abs. 3)

Die Regelung des Absatzes 3 begrenzt die Dauer der Bezugsfristen des Krankengeldzuschusses in Abhängigkeit von der Beschäftigungszeit (→ dazu § 34 Abs. 3). Bei einer Beschäftigungszeit von mehr als einem Jahr wird der Krankengeldzuschuss längstens bis zum Ende der 13. Woche, bei einer Beschäftigungszeit von mehr als drei Jahren längstens bis zum Ende der 39. Woche seit Beginn der Arbeitsunfähigkeit infolge derselben Krankheit gezahlt. Bei einer Beschäftigungszeit bis zu einem Jahr besteht somit kein Anspruch auf Krankengeldzuschuss. Maßgebend ist nach Satz 2 der Vorschrift die im Laufe der Arbeitsunfähigkeit vollendete Beschäftigungszeit.

Zu beachten ist bei der Berechnung der Bezugsdauer des Krankengeldzuschusses, dass sich die Frist von Beginn der Arbeitsunfähigkeit berechnet, so dass der Zeitraum der sechswöchigen Entgeltfortzahlung nach Absatz 1 mitgezählt wird. Der Zeitraum, für den ein Krankengeldzuschuss gezahlt wird, beträgt somit höchstens 7 bzw. 33 Wochen.

Wegen der Begrenzung der Gesamtdauer der Krankenbezüge siehe Absatz 4 Satz 3 und die Erläuterungen dazu.

Da auch die Bezugsfristen des Krankengeldzuschusses krankheitsbezogen sind, gelten hier ebenfalls die Grundsätze für Wiederholungserkrankungen (s. o.). Dem Beschäftigten steht der Krankengeldzuschuss deshalb bei einer Wiederholungserkrankung nur einmal für höchstens 39 Wochen zu. Auch der Anspruch auf Krankengeldzuschuss lebt wieder auf, wenn die Entgeltfortzahlungsfrist erneut beginnt.

---

[1])   abgedruckt unter **V.1**

Krankengeld und -zuschuss bei Beendigung des Arbeitsverhältnisses (Abs. 4)

Nach Satz 1 der Vorschrift wird das Entgelt im Krankheitsfall (unter diesen Oberbegriff fallen sowohl die Entgeltfortzahlung als auch der Krankengeldzuschuss) nicht über das Ende des Arbeitsverhältnisses hinaus gezahlt. Zwar bleibt nach dem zweiten Halbsatz des Satzes 1 „§ 8 EFZG unberührt". Diese gesetzliche Vorschrift betrifft aber nur die reine Entgeltfortzahlung, nicht jedoch den Krankengeldzuschuss. Während somit ein Anspruch auf Entgeltfortzahlung unter den Voraussetzungen des § 8 EFZG auch nach dem Ende des Arbeitsverhältnisses besteht (→ dazu Erläuterungen Nr. 3 zu Absatz 1), erlischt der Anspruch auf Krankengeldzuschuss ausnahmslos mit dem Ende des Arbeitsverhältnisses.

Satz 2 der Vorschrift bestimmt darüber hinaus, dass der Krankengeldzuschuss nicht über den Zeitpunkt hinaus gezahlt wird, von dem an der Beschäftigte Anspruch auf eine Rente aus der gesetzlichen Rentenversicherung, aus der zusätzlichen Alters- und Hinterbliebenenversorgung oder aus einer sonstigen Versorgungseinrichtung (z. B. berufsständische Versorgungseinrichtung der Ärzte oder Apotheker) erhält, zu der auch der Arbeitgeber Beiträge erbracht hat.

Der im Zuge des Änderungstarifvertrages Nr. 2 vom 31. März 2008 mit Wirkung vom 1. Juli 2008 eingefügte Satz 3 des Absatzes 4 begrenzt die Bezugsfristen für das Entgelt im Krankheitsfall (also sowohl für die Entgeltfortzahlung als auch für den Krankengeldzuschuss) auf 13 bzw. 39 Wochen innerhalb eines Kalenderjahres. Bei jeder neuen Erkrankung besteht jedoch mindestens Anspruch auf die sechswöchige Entgeltfortzahlung nach Absatz 1.

Nach Satz 4 gelten die über den Rentenbeginn hinaus gezahlten Krankengeldzuschüsse oder sonstigen Zahlungen als Vorschuss auf die entsprechende Rente; die Rentenansprüche des Beschäftigten gehen insoweit auf den Arbeitgeber über (Satz 4 zweiter Halbsatz). Klassischer Anwendungsfall ist die (in der Regel rückwirkende) Gewährung von Erwerbsunfähigkeitsrenten. In diesem Fall entfällt rückwirkend der Anspruch auf Krankengeldzuschuss; bereits geleistete Zahlungen sind mit den für den gleichen Zeitraum zustehenden Rentenansprüchen (die auf den Arbeitgeber übergehen) zu verrechnen.

Kommt es dabei zu Überzahlungen (weil der Rentenanspruch hinter den für denselben Zeitraum geleisteten Zahlungen des Arbeitgebers zurückbleibt), so kann der Arbeitgeber nach Satz 5 von der Rückforderung des nicht gedeckten Betrages absehen. Voraussetzung für den Verzicht ist aber, dass der Beschäftigte nicht die Zustellung des Rentenbescheides schuldhaft verspätet mitgeteilt (und dadurch selbst die Ursache für die Überzahlung gesetzt) hat. Die Regelung des Satzes 5 entspricht der Vorschrift des § 37 Abs. 7 Unterabs. 3 BAT. Die Zukunft wird zeigen, ob die öffentlichen Arbeitgeber von der Verzichtsmöglichkeit weiterhin Gebrauch machen und auf die Rückforderung verzichten bzw. sie begrenzen (bislang wurde der Rückforderungsbetrag häufig auf ein Monatsentgelt begrenzt).

Nachweispflichten

Die Tarifpartner haben auf eine eigenständige Regelung – wie z. B. § 37a BAT – verzichtet. Die Nachweispflichten (für eine Krankheit/Arbeitsunfähigkeit) ergeben sich stattdessen aus § 5 EZFG. Wesentliche materielle Änderungen zum bisherigen Rechtszustand ergeben sich dadurch nicht; denn § 37a BAT entsprach im Kern der gesetzlichen Regelung. Der in der Vergangenheit teilweise anzutreffenden Praxis (insbesondere privater Arbeitgeber), Arbeitnehmer im Falle des Verdachts einer vorgetäuschten Krankheit durch einen Detektiv überwachen zu lassen, hat das BAG mit Urteil vom 19. Februar 2015 – 8 AZR 1007/13 enge Grenzen gesetzt. Nach Auffassung des Gerichts handelt ein Arbeitgeber, der wegen des Verdachts einer vorgetäuschten Arbeitsunfähigkeit einem Detektiv die Überwachung eines Arbeitnehmers überträgt, rechtswidrig, wenn sein Verdacht nicht auf konkreten Tatsachen beruht. Für dabei heimlich hergestellte Abbildungen gilt dasselbe. Eine solche rechtswidrige Verletzung des allgemeinen Persönlichkeitsrechts kann nach Meinung des BAG einen Geldentschädigungsanspruch („Schmerzensgeld") begründen.

Forderungsübergang bei Dritthaftung

Ebenfalls verzichtet haben die Tarifpartner auf eine § 38 BAT entsprechende Vorschrift zum Forderungsübergang bei Dritthaftung. Eine entsprechende Schutzvorschrift für die Beschäftigten (darum handelte es sich, weil der Arbeitgeber hinsichtlich der Lohnfortzahlung zunächst in Vorlage ging, auf diese Weise den Lebensunterhalt des Beschäftigten sicherstellte und sich das Geld erst anschließend von dem zum Schadenersatz Verpflichteten erstatten ließ) ist im Hinblick auf die entsprechenden Regelungen der §§ 6 und 7 EFZG weitgehend entbehrlich. Materielle Änderungen zum bisherigen

Recht ergeben sich aber in Bezug auf den Forderungsübergang beim Krankengeldzuschuss, der von der gesetzlichen Vorschrift nicht erfasst wird. Soweit gewollt (zweckmäßig wäre es), muss der Arbeitgeber den Forderungsübergang mit dem Beschäftigten einzelvertraglich vereinbaren.

Gesetz über die Zahlung des Arbeitsentgelts an Feiertagen und im Krankheitsfall (Entgeltfortzahlungsgesetz)

Vom 26. Mai 1994 (BGBl. I S. 1014)

Zuletzt geändert durch
GKV-Versorgungsstärkungsgesetz
vom 16. Juli 2015 (BGBl. I S. 1211)

§ 1 Anwendungsbereich

(1) Dieses Gesetz regelt die Zahlung des Arbeitsentgelts an gesetzlichen Feiertagen und die Fortzahlung des Arbeitsentgelts im Krankheitsfall an Arbeitnehmer sowie die wirtschaftliche Sicherung im Bereich der Heimarbeit für gesetzliche Feiertage und im Krankheitsfall.

(2) Arbeitnehmer im Sinne dieses Gesetzes sind Arbeiter und Angestellte sowie die zu ihrer Berufsbildung Beschäftigten.

§ 2 Entgeltzahlung an Feiertagen

(1) Für Arbeitszeit, die infolge eines gesetzlichen Feiertages ausfällt, hat der Arbeitgeber dem Arbeitnehmer das Arbeitsentgelt zu zahlen, das er ohne den Arbeitsausfall erhalten hätte.

(2) Die Arbeitszeit, die an einem gesetzlichen Feiertag gleichzeitig infolge von Kurzarbeit ausfällt und für die an anderen Tagen als an gesetzlichen Feiertagen Kurzarbeitergeld geleistet wird, gilt als infolge eines gesetzlichen Feiertages nach Absatz 1 ausgefallen.

(3) Arbeitnehmer, die am letzten Arbeitstag vor oder am ersten Arbeitstag nach Feiertagen unentschuldigt der Arbeit fernbleiben, haben keinen Anspruch auf Bezahlung für diese Feiertage.

§ 3 Anspruch auf Entgeltfortzahlung im Krankheitsfall

(1) Wird ein Arbeitnehmer durch Arbeitsunfähigkeit infolge Krankheit an seiner Arbeitsleistung verhindert, ohne daß ihn ein Verschulden trifft, so hat er Anspruch auf Entgeltfortzahlung im Krankheitsfall durch den Arbeitgeber für die Zeit der Arbeitsunfähigkeit bis zur Dauer von sechs Wochen. Wird der Arbeitnehmer infolge derselben Krankheit erneut arbeitsunfähig, so verliert er wegen der

erneuten Arbeitsunfähigkeit den Anspruch nach Satz 1 für einen weiteren Zeitraum von höchstens sechs Wochen nicht, wenn

1. er vor der erneuten Arbeitsunfähigkeit mindestens sechs Monate nicht infolge derselben Krankheit arbeitsunfähig war oder

2. seit Beginn der ersten Arbeitsunfähigkeit infolge derselben Krankheit eine Frist von zwölf Monaten abgelaufen ist.

(2) Als unverschuldete Arbeitsunfähigkeit im Sinne des Absatzes 1 gilt auch eine Arbeitsverhinderung, die infolge einer nicht rechtswidrigen Sterilisation oder eines nicht rechtswidrigen Abbruchs der Schwangerschaft eintritt. Dasselbe gilt für einen Abbruch der Schwangerschaft, wenn die Schwangerschaft innerhalb von zwölf Wochen nach der Empfängnis durch einen Arzt abgebrochen wird, die schwangere Frau den Abbruch verlangt und dem Arzt durch eine Bescheinigung nachgewiesen hat, daß sie sich mindestens drei Tage vor dem Eingriff von einer anerkannten Beratungsstelle hat beraten lassen.

(3) Der Anspruch nach Absatz 1 entsteht nach vierwöchiger ununterbrochener Dauer des Arbeitsverhältnisses.

§ 3a Anspruch auf Entgeltfortzahlung bei Spende von Organen, Geweben oder Blut zur Separation von Blutstammzellen oder anderen Blutbestandteilen

(1) Ist ein Arbeitnehmer durch Arbeitsunfähigkeit infolge der Spende von Organen oder Geweben, die nach den §§ 8 und 8a des Transplantationsgesetzes erfolgt, oder einer Blutspende zur Separation von Blutstammzellen oder anderen Blutbestandteilen im Sinne von § 9 des Transfusionsgesetzes an seiner Arbeitsleistung verhindert, hat er Anspruch auf Entgeltfortzahlung durch den Arbeitgeber für die Zeit der Arbeitsunfähigkeit bis zur Dauer von sechs Wochen. § 3 Absatz 1 Satz 2 gilt entsprechend.

(2) Dem Arbeitgeber sind von der gesetzlichen Krankenkasse des Empfängers von Organen, Geweben oder Blut zur Separation von Blutstammzellen oder anderen Blutbestandteilen das an den Arbeitnehmer nach Absatz 1 fortgezahlte Arbeitsentgelt sowie die hierauf entfallenden vom Arbeitgeber zu tragenden Beiträge zur Sozialversicherung und zur betrieblichen Alters- und Hinterbliebenenversorgung auf Antrag zu erstatten. Ist der Empfänger von Organen, Geweben oder Blut zur Separation von Blutstammzellen oder anderen Blutbestandteilen gemäß § 193 Absatz 3 des Versicherungsvertragsgesetzes bei einem privaten Krankenversicherungsunternehmen

versichert, erstattet dieses dem Arbeitgeber auf Antrag die Kosten nach Satz 1 in Höhe des tariflichen Erstattungssatzes. Ist der Empfänger von Organen, Geweben oder Blut zur Separation von Blutstammzellen oder anderen Blutbestandteilen bei einem Beihilfeträger des Bundes beihilfeberechtigt oder berücksichtigungsfähiger Angehöriger, erstattet der zuständige Beihilfeträger dem Arbeitgeber auf Antrag die Kosten nach Satz 1 zum jeweiligen Bemessungssatz des Empfängers von Organen, Geweben oder Blut zur Separation von Blutstammzellen oder anderen Blutbestandteilen; dies gilt entsprechend für sonstige öffentlich-rechtliche Träger von Kosten in Krankheitsfällen auf Bundesebene. Unterliegt der Empfänger von Organen, Geweben oder Blut zur Separation von Blutstammzellen oder anderen Blutbestandteilen der Heilfürsorge im Bereich des Bundes oder der truppenärztlichen Versorgung, erstatten die zuständigen Träger auf Antrag die Kosten nach Satz 1. Mehrere Erstattungspflichtige haben die Kosten nach Satz 1 anteilig zu tragen. Der Arbeitnehmer hat dem Arbeitgeber unverzüglich die zur Geltendmachung des Erstattungsanspruches erforderlichen Angaben zu machen.

§ 4 Höhe des fortzuzahlenden Arbeitsentgelts

(1) Für den in § 3 Abs. 1 oder in § 3a Absatz 1 bezeichneten Zeitraum ist dem Arbeitnehmer das ihm bei der für ihn maßgebenden regelmäßigen Arbeitszeit zustehende Arbeitsentgelt fortzuzahlen.

(1a) Zum Arbeitsentgelt nach Absatz 1 gehören nicht das zusätzlich für Überstunden gezahlte Arbeitsentgelt und Leistungen für Aufwendungen des Arbeitnehmers, soweit der Anspruch auf sie im Falle der Arbeitsfähigkeit davon abhängig ist, daß dem Arbeitnehmer entsprechende Aufwendungen tatsächlich entstanden sind, und dem Arbeitnehmer solche Aufwendungen während der Arbeitsunfähigkeit nicht entstehen. Erhält der Arbeitnehmer eine auf das Ergebnis der Arbeit abgestellte Vergütung, so ist der von dem Arbeitnehmer in der für ihn maßgebenden regelmäßigen Arbeitszeit erzielbare Durchschnittsverdienst der Berechnung zugrunde zu legen.

(2) Ist der Arbeitgeber für Arbeitszeit, die gleichzeitig infolge eines gesetzlichen Feiertages ausgefallen ist, zur Fortzahlung des Arbeitsentgelts nach § 3 oder nach § 3a Absatz 1 verpflichtet, bemißt sich die Höhe des fortzuzahlenden Arbeitsentgelts für diesen Feiertag nach § 2.

(3) Wird in dem Betrieb verkürzt gearbeitet und würde deshalb das Arbeitsentgelt des Arbeitnehmers im Falle seiner Arbeitsfähigkeit gemindert, so ist die verkürzte Arbeitszeit für ihre Dauer als die für den Arbeitnehmer maßgebende regelmäßige Arbeitszeit im Sinne des Absatzes 1 anzusehen. Dies gilt nicht im Falle des § 2 Abs. 2.

(4) Durch Tarifvertrag kann eine von den Absätzen 1, 1a und 3 abweichende Bemessungsgrundlage des fortzuzahlenden Arbeitsentgelts festgelegt werden. Im Geltungsbereich eines solchen Tarifvertrages kann zwischen nichttarifgebundenen Arbeitgebern und Arbeitnehmern die Anwendung der tarifvertraglichen Regelung über die Fortzahlung des Arbeitsentgelts im Krankheitsfalle vereinbart werden.

§ 4a Kürzung von Sondervergütungen

Eine Vereinbarung über die Kürzung von Leistungen, die der Arbeitgeber zusätzlich zum laufenden Arbeitsentgelt erbringt (Sondervergütungen), ist auch für Zeiten der Arbeitsunfähigkeit infolge Krankheit zulässig. Die Kürzung darf für jeden Tag der Arbeitsunfähigkeit infolge Krankheit ein Viertel des Arbeitsentgelts, das im Jahresdurchschnitt auf einen Arbeitstag entfällt, nicht überschreiten.

§ 5 Anzeige- und Nachweispflichten

(1) Der Arbeitnehmer ist verpflichtet, dem Arbeitgeber die Arbeitsunfähigkeit und deren voraussichtliche Dauer unverzüglich mitzuteilen. Dauert die Arbeitsunfähigkeit länger als drei Kalendertage, hat der Arbeitnehmer eine ärztliche Bescheinigung über das Bestehen der Arbeitsunfähigkeit sowie deren voraussichtliche Dauer spätestens an dem darauffolgenden Arbeitstag vorzulegen. Der Arbeitgeber ist berechtigt, die Vorlage der ärztlichen Bescheinigung früher zu verlangen. Dauert die Arbeitsunfähigkeit länger als in der Bescheinigung angegeben, ist der Arbeitnehmer verpflichtet, eine neue ärztliche Bescheinigung vorzulegen. Ist der Arbeitnehmer Mitglied einer gesetzlichen Krankenkasse, muß die ärztliche Bescheinigung einen Vermerk des behandelnden Arztes darüber enthalten, daß der Krankenkasse unverzüglich eine Bescheinigung über die Arbeitsunfähigkeit mit Angaben über den Befund und die voraussichtliche Dauer der Arbeitsunfähigkeit übersandt wird.

(2) Hält sich der Arbeitnehmer bei Beginn der Arbeitsunfähigkeit im Ausland auf, so ist er verpflichtet, dem Arbeitgeber die Arbeitsunfä-

higkeit, deren voraussichtliche Dauer und die Adresse am Aufenthaltsort in der schnellstmöglichen Art der Übermittlung mitzuteilen. Die durch die Mitteilung entstehenden Kosten hat der Arbeitgeber zu tragen. Darüber hinaus ist der Arbeitnehmer, wenn er Mitglied einer gesetzlichen Krankenkasse ist, verpflichtet, auch dieser die Arbeitsunfähigkeit und deren voraussichtliche Dauer unverzüglich anzuzeigen. Dauert die Arbeitsunfähigkeit länger als angezeigt, so ist der Arbeitnehmer verpflichtet, der gesetzlichen Krankenkasse die voraussichtliche Fortdauer der Arbeitsunfähigkeit mitzuteilen. Die gesetzlichen Krankenkassen können festlegen, daß der Arbeitnehmer Anzeige- und Mitteilungspflichten nach den Sätzen 3 und 4 auch gegenüber einem ausländischen Sozialversicherungsträger erfüllen kann. Absatz 1 Satz 5 gilt nicht. Kehrt ein arbeitsunfähig erkrankter Arbeitnehmer in das Inland zurück, so ist er verpflichtet, dem Arbeitgeber und der Krankenkasse seine Rückkehr unverzüglich anzuzeigen.

§ 6 Forderungsübergang bei Dritthaftung

(1) Kann der Arbeitnehmer auf Grund gesetzlicher Vorschriften von einem Dritten Schadensersatz wegen des Verdienstausfalls beanspruchen, der ihm durch die Arbeitsunfähigkeit entstanden ist, so geht dieser Anspruch insoweit auf den Arbeitgeber über, als dieser dem Arbeitnehmer nach diesem Gesetz Arbeitsentgelt fortgezahlt und darauf entfallende vom Arbeitgeber zu tragende Beiträge zur Bundesagentur für Arbeit, Arbeitgeberanteile an Beiträgen zur Sozialversicherung und zur Pflegeversicherung sowie zu Einrichtungen der zusätzlichen Alters- und Hinterbliebenenversorgung abgeführt hat.

(2) Der Arbeitnehmer hat dem Arbeitgeber unverzüglich die zur Geltendmachung des Schadensersatzanspruchs erforderlichen Angaben zu machen.

(3) Der Forderungsübergang nach Absatz 1 kann nicht zum Nachteil des Arbeitnehmers geltend gemacht werden.

§ 7 Leistungsverweigerungsrecht des Arbeitgebers

(1) Der Arbeitgeber ist berechtigt, die Fortzahlung des Arbeitsentgelts zu verweigern,

1. solange der Arbeitnehmer die von ihm nach § 5 Abs. 1 vorzulegende ärztliche Bescheinigung nicht vorlegt oder den ihm nach § 5 Abs. 2 obliegenden Verpflichtungen nicht nachkommt;

2. wenn der Arbeitnehmer den Übergang eines Schadensersatzanspruchs gegen einen Dritten auf den Arbeitgeber (§ 6) verhindert.

(2) Absatz 1 gilt nicht, wenn der Arbeitnehmer die Verletzung dieser ihm obliegenden Verpflichtungen nicht zu vertreten hat.

§ 8 Beendigung des Arbeitsverhältnisses

(1) Der Anspruch auf Fortzahlung des Arbeitsentgelts wird nicht dadurch berührt, daß der Arbeitgeber das Arbeitsverhältnis aus Anlaß der Arbeitsunfähigkeit kündigt. Das gleiche gilt, wenn der Arbeitnehmer das Arbeitsverhältnis aus einem vom Arbeitgeber zu vertretenden Grunde kündigt, der den Arbeitnehmer zur Kündigung aus wichtigem Grund ohne Einhaltung einer Kündigungsfrist berechtigt.

(2) Endet das Arbeitsverhältnis vor Ablauf der in § 3 Abs. 1 oder in § 3a Absatz 1 bezeichneten Zeit nach dem Beginn der Arbeitsunfähigkeit, ohne daß es einer Kündigung bedarf, oder infolge einer Kündigung aus anderen als den in Absatz 1 bezeichneten Gründen, so endet der Anspruch mit dem Ende des Arbeitsverhältnisses.

§ 9 Maßnahmen der medizinischen Vorsorge und Rehabilitation

(1) Die Vorschriften der §§ 3 bis 4a und 6 bis 8 gelten entsprechend für die Arbeitsverhinderung infolge einer Maßnahme der medizinischen Vorsorge oder Rehabilitation, die ein Träger der gesetzlichen Renten-, Kranken- oder Unfallversicherung, eine Verwaltungsbehörde der Kriegsopferversorgung oder ein sonstiger Sozialleistungsträger bewilligt hat und die in einer Einrichtung der medizinischen Vorsorge oder Rehabilitation durchgeführt wird. Ist der Arbeitnehmer nicht Mitglied einer gesetzlichen Krankenkasse oder nicht in der gesetzlichen Rentenversicherung versichert, gelten die §§ 3 bis 4a und 6 bis 8 entsprechend, wenn eine Maßnahme der medizinischen Vorsorge oder Rehabilitation ärztlich verordnet worden ist und in einer Einrichtung der medizinischen Vorsorge oder Rehabilitation oder einer vergleichbaren Einrichtung durchgeführt wird.

(2) Der Arbeitnehmer ist verpflichtet, dem Arbeitgeber den Zeitpunkt des Antritts der Maßnahme, die voraussichtliche Dauer und die Verlängerung der Maßnahme im Sinne des Absatzes 1 unverzüglich mitzuteilen und ihm

a) eine Bescheinigung über die Bewilligung der Maßnahme durch einen Sozialleistungsträger nach Absatz 1 Satz 1 oder

b) eine ärztliche Bescheinigung über die Erforderlichkeit der Maßnahme im Sinne des Absatzes 1 Satz 2

unverzüglich vorzulegen.

§ 10 Wirtschaftliche Sicherung für den Krankheitsfall im Bereich der Heimarbeit

(1) In Heimarbeit Beschäftigte (§ 1 Abs. 1 des Heimarbeitsgesetzes) und ihnen nach § 1 Abs. 2 Buchstabe a bis c des Heimarbeitsgesetzes Gleichgestellte haben gegen ihren Auftraggeber oder, falls sie von einem Zwischenmeister beschäftigt werden, gegen diesen Anspruch auf Zahlung eines Zuschlags zum Arbeitsentgelt. Der Zuschlag beträgt

1. für Heimarbeiter, für Hausgewerbetreibende ohne fremde Hilfskräfte und die nach § 1 Abs. 2 Buchstabe a des Heimarbeitsgesetzes Gleichgestellten 3,4 vom Hundert,

2. für Hausgewerbetreibende mit nicht mehr als zwei fremden Hilfskräften und die nach § 1 Abs. 2 Buchstabe b und c des Heimarbeitsgesetzes Gleichgestellten 6,4 vom Hundert

des Arbeitsentgelts vor Abzug der Steuern, des Beitrags zur Bundesagentur für Arbeit und der Sozialversicherungsbeiträge ohne Unkostenzuschlag und ohne die für den Lohnausfall an gesetzlichen Feiertagen, den Urlaub und den Arbeitsausfall infolge Krankheit zu
leistenden Zahlungen. Der Zuschlag für die unter Nummer 2 aufgeführten Personen dient zugleich zur Sicherung der Ansprüche der
von ihnen Beschäftigten.

(2) Zwischenmeister, die den in Heimarbeit Beschäftigten nach § 1
Abs. 2 Buchstabe d des Heimarbeitsgesetzes gleichgestellt sind, haben
gegen ihren Auftraggeber Anspruch auf Vergütung der von ihnen
nach Absatz 1 nachweislich zu zahlenden Zuschläge.

(3) Die nach den Absätzen 1 und 2 in Betracht kommenden Zuschläge
sind gesondert in den Entgeltbeleg einzutragen.

(4) Für Heimarbeiter (§ 1 Abs. 1 Buchstabe a des Heimarbeitsgesetzes)
kann durch Tarifvertrag bestimmt werden, daß sie statt der in
Absatz 1 Satz 2 Nr. 1 bezeichneten Leistungen die den Arbeitnehmern
im Falle ihrer Arbeitsunfähigkeit nach diesem Gesetz zustehenden
Leistungen erhalten. Bei der Bemessung des Anspruchs auf Arbeitsentgelt bleibt der Unkostenzuschlag außer Betracht.

(5) Auf die in den Absätzen 1 und 2 vorgesehenen Zuschläge sind die
§§ 23 bis 25, 27 und 28 des Heimarbeitsgesetzes, auf die in Absatz 1

dem Zwischenmeister gegenüber vorgesehenen Zuschläge außerdem § 21 Abs. 2 des Heimarbeitsgesetzes entsprechend anzuwenden. Auf die Ansprüche der fremden Hilfskräfte der in Absatz 1 unter Nummer 2 genannten Personen auf Entgeltfortzahlung im Krankheitsfall ist § 26 des Heimarbeitsgesetzes entsprechend anzuwenden.

§ 11 Feiertagsbezahlung der in Heimarbeit Beschäftigten

(1) Die in Heimarbeit Beschäftigten (§ 1 Abs. 1 des Heimarbeitsgesetzes) haben gegen den Auftraggeber oder Zwischenmeister Anspruch auf Feiertagsbezahlung nach Maßgabe der Absätze 2 bis 5. Den gleichen Anspruch haben die in § 1 Abs. 2 Buchstabe a bis d des Heimarbeitsgesetzes bezeichneten Personen, wenn sie hinsichtlich der Feiertagsbezahlung gleichgestellt werden; die Vorschriften des § 1 Abs. 3 Satz 3 und Abs. 4 und 5 des Heimarbeitsgesetzes finden Anwendung. Eine Gleichstellung, die sich auf die Entgeltregelung erstreckt, gilt auch für die Feiertagsbezahlung, wenn diese nicht ausdrücklich von der Gleichstellung ausgenommen ist.

(2) Das Feiertagsgeld beträgt für jeden Feiertag im Sinne des § 2 Abs. 1 0,72 vom Hundert des in einem Zeitraum von sechs Monaten ausgezahlten reinen Arbeitsentgelts ohne Unkostenzuschläge. Bei der Berechnung des Feiertagsgeldes ist für die Feiertage, die in den Zeitraum von 1. Mai bis 31. Oktober fallen, der vorhergehende Zeitraum vom 1. November bis 30. April und für die Feiertage, die in den Zeitraum vom 1. November bis 30. April fallen, der vorhergehende Zeitraum vom 1. Mai bis 31. Oktober zugrunde zu legen. Der Anspruch auf Feiertagsgeld ist unabhängig davon, ob im laufenden Halbjahreszeitraum noch eine Beschäftigung in Heimarbeit für den Auftraggeber stattfindet.

(3) Das Feiertagsgeld ist jeweils bei der Entgeltzahlung vor dem Feiertag zu zahlen. Ist die Beschäftigung vor dem Feiertag unterbrochen worden, so ist das Feiertagsgeld spätestens drei Tage vor dem Feiertag auszuzahlen. Besteht bei der Einstellung der Ausgabe von Heimarbeit zwischen den Beteiligten Einvernehmen, das Heimarbeitsverhältnis nicht wieder fortzusetzen, so ist dem Berechtigten bei der letzten Entgeltzahlung das Feiertagsgeld für die noch übrigen Feiertage des laufenden sowie für die Feiertage des folgenden Halbjahreszeitraumes zu zahlen. Das Feiertagsgeld ist jeweils bei der Auszahlung in die Entgeltbelege (§ 9 des Heimarbeitsgesetzes) einzutragen.

(4) Übersteigt das Feiertagsgeld, das der nach Absatz 1 anspruchs-berechtigte Hausgewerbetreibende oder im Lohnauftrag arbeitende Gewerbetreibende (Anspruchsberechtigte) für einen Feiertag auf Grund des § 2 seinen fremden Hilfskräften (§ 2 Abs. 6 des Heim-arbeitsgesetzes) gezahlt hat, den Betrag, den er auf Grund der Absätze 2 und 3 für diesen Feiertag erhalten hat, so haben ihm auf Verlangen seine Auftraggeber oder Zwischenmeister den Mehrbetrag anteilig zu erstatten. Ist der Anspruchsberechtigte gleichzeitig Zwi-schenmeister, so bleibt hierbei das für die Heimarbeiter oder Hausge-werbetreibenden empfangene und weiter gezahlte Feiertagsgeld außer Ansatz. Nimmt ein Anspruchsberechtigter eine Erstattung nach Satz 1 in Anspruch, so können ihm bei Einstellung der Ausgabe von Heimarbeit die erstatteten Beträge auf das Feiertagsgeld ange-rechnet werden, das ihm auf Grund des Absatzes 2 und des Absatzes 3 Satz 3 für die dann noch übrigen Feiertage des laufenden sowie für die Feiertage des folgenden Halbjahreszeitraumes zu zahlen ist.

(5) Das Feiertagsgeld gilt als Entgelt im Sinne der Vorschriften des Heimarbeitsgesetzes über Mithaftung des Auftraggebers (§ 21 Abs. 2), über Entgeltschutz (§§ 23 bis 27) und über Auskunftpflicht über Entgelte (§ 28); hierbei finden die §§ 24 bis 26 des Heimarbeits-gesetzes Anwendung, wenn ein Feiertagsgeld gezahlt ist, das niedri-ger ist als das in diesem Gesetz festgesetzte.

§ 12 Unabdingbarkeit

Abgesehen von § 4 Abs. 4 kann von den Vorschriften dieses Gesetzes nicht zuungunsten des Arbeitnehmers oder der nach § 10 berechtig-ten Personen abgewichen werden.

§ 13 Übergangsvorschrift

Ist der Arbeitnehmer von einem Tag nach dem 9. Dezember 1998 bis zum 1. Januar 1999 oder darüber hinaus durch Arbeitsunfähigkeit infolge Krankheit oder infolge einer Maßnahme der medizinischen Vorsorge oder Rehabilitation an seiner Arbeitsleistung verhindert, sind für diesen Zeitraum die seit dem 1. Januar 1999 geltenden Vorschriften maßgebend, es sei denn, daß diese für den Arbeitneh-mer ungünstiger sind.

§ 23 Besondere Zahlungen

(1) [1]Nach Maßgabe des Vermögensbildungsgesetzes in seiner jeweiligen Fassung haben Beschäftigte, deren Arbeitsverhältnis voraussichtlich mindestens sechs Monate dauert, einen Anspruch auf vermögenswirksame Leistungen. [2]Für Vollbeschäftigte beträgt die vermögenswirksame Leistung für jeden vollen Kalendermonat 6,65 Euro. [3]Der Anspruch entsteht frühestens für den Kalendermonat, in dem die/der Beschäftigte dem Arbeitgeber die erforderlichen Angaben schriftlich mitteilt, und für die beiden vorangegangenen Monate desselben Kalenderjahres; die Fälligkeit tritt nicht vor acht Wochen nach Zugang der Mitteilung beim Arbeitgeber ein. [4]Die vermögenswirksame Leistung wird nur für Kalendermonate gewährt, für die den Beschäftigten Tabellenentgelt, Entgeltfortzahlung oder Krankengeldzuschuss zusteht. [5]Für Zeiten, für die Krankengeldzuschuss zusteht, ist die vermögenswirksame Leistung Teil des Krankengeldzuschusses. [6]Die vermögenswirksame Leistung ist kein zusatzversorgungspflichtiges Entgelt.

(2) [1]Beschäftigte erhalten ein Jubiläumsgeld bei Vollendung einer Beschäftigungszeit (§ 34 Abs. 3)

a) von 25 Jahren in Höhe von 350 Euro,

b) von 40 Jahren in Höhe von 500 Euro.

[2]Teilzeitbeschäftigte erhalten das Jubiläumsgeld in voller Höhe. [3]Im Bereich der VKA können durch Betriebs-/Dienstvereinbarung günstigere Regelungen getroffen werden.

(3) [1]Beim Tod von Beschäftigten, deren Arbeitsverhältnis nicht geruht hat, wird der Ehegattin/dem Ehegatten oder der Lebenspartnerin/dem Lebenspartner im Sinne des Lebenspartnerschaftsgesetzes oder den Kindern ein Sterbegeld gewährt. [2]Als Sterbegeld wird für die restlichen Tage des Sterbemonats und – in einer Summe – für zwei weitere Monate das Tabellenentgelt der/des Verstorbenen gezahlt. [3]Die Zahlung des Sterbegeldes an einen der Berechtigten bringt den Anspruch der Übrigen gegenüber dem Arbeitgeber zum Erlöschen; die Zahlung auf das Gehaltskonto hat befreiende Wirkung. [4]Für den Bereich der VKA können betrieblich eigene Regelungen getroffen werden.

Erläuterungen

§ 23 TVöD trifft Regelungen über „Besondere Zahlungen". Dies sind vermögenswirksame Leistungen (Absatz 1), Jubiläumsgeld (Absatz 2) und Sterbegeld (Absatz 3). Diese Tatbestände waren bislang in § 39 (Jubiläumsgeld), § 41 (Sterbegeld) BAT bzw. den vergleichbaren Vorschriften der Manteltarifverträge für Arbeiter geregelt. Die Anspruchsgrundlagen und Verfahrensgrundsätze zur Zahlung vermögenswirksamer Leistungen waren bislang in eigenständigen, in ihrem Kern an das Fünfte Vermögensbildungsgesetz angelehnten

Tarifverträgen (z. B. Tarifvertrag über vermögenswirksame Leistungen an Angestellte vom 17. Dezember 1970) geregelt worden und sind nun in den TVöD einbezogen worden.

Auf die abweichenden Sonderregelungen in § 45 (Bund) des Besonderen Teils Verwaltung[1]) wird hingewiesen.

Vermögenswirksame Leistungen (Abs. 1)

Wie in der Einleitung bereits dargestellt, sind die Vorschriften über vermögenswirksame Leistungen nun in den TVöD einbezogen worden.

Da die Regelung recht kurz gehalten ist, richten sich Einzelheiten weitgehend nach dem Fünften Vermögensbildungsgesetz (s. o.). An den bisherigen Grundsätzen ändert sich aber im Wesentlichen nichts. Wie bisher beträgt die Leistung des Arbeitgebers 6,65 Euro monatlich für Vollbeschäftigte. Dieser Betrag reduziert sich bei Teilzeitkräften entsprechend dem Verhältnis ihrer Arbeitszeit zur Arbeitszeit eines Vollbeschäftigten (→ § 23 Abs. 1 Satz 2 i. V. m. § 24 Abs. 2). Die vermögenswirksame Leistung ist weiterhin kein zusatzversorgungspflichtiges Entgelt (§ 23 Abs. 1 Satz 6).

Beschäftigte im Tarifgebiet Ost erhalten – abweichend von den bei der Vergütung ansonsten geltenden Grundsätzen – die vollen Beträge (Protokollerklärung Nr. 3 zu § 15 Abs. 1).

Wegen der abweichenden Vereinbarung für Beschäftigte und Auszubildende der Sparkassen → § 49 des Besonderen Teils Sparkassen.

Jubiläumsgeld (Abs. 2)

Absatz 2 bestimmt, dass der Beschäftigte nach langjähriger (nämlich 25-jähriger und 40-jähriger Beschäftigungszeit) ein Jubiläumsgeld von 350 bzw. 500 Euro erhält. Ein Jubiläumsgeld nach 50jähriger Beschäftigungszeit ist tarifvertraglich nicht mehr vorgesehen.

Der Begriff der Beschäftigungszeit ist in § 34 Abs. 3 definiert. Hinsichtlich der im „alten Recht" absolvierten Zeiten ist aber § 14 Abs. 2 TVÜ-Bund/TVÜ-VKA[2]) zu beachten. Dort ist bestimmt, dass für die Festsetzung des Jubiläumsgeldes nach den Vorschriften des TVöD nach altem Recht anerkannte Dienst- (BAT), Beschäftigungs- (BAT-O und MTArb-O) bzw. Jubiläumszeiten (MTArb) berücksichtigt werden.

---

[1])   abgedruckt unter I.1.1

[2])   abgedruckt unter I.2

Die vereinbarten Beträge gelten ungekürzt auch für Nichtvollbeschäftigte (Satz 2). Die Tarifpartner haben in diesem Punkt der zu § 39 BAT ergangenen Rechtsprechung Rechnung getragen (siehe Urteil des BAG vom 22. Mai 1996 – 10 AZR 618/95, AP Nr. 1 zu § 39 BAT).

Das Jubiläumsgeld ist steuer- und sozialversicherungspflichtiger Arbeitslohn. Es ist jedoch gemäß Nr. 9 der Anlage 3 zum ATV bzw. Buchstabe f der Anlage 3 zum ATV-K[1]) kein zusatzversorgungspflichtiges Entgelt.

Beschäftigte im Tarifgebiet Ost erhalten – abweichend von den bei der Vergütung ansonsten geltenden Grundsätzen – die vollen Beträge (Protokollerklärung Nr. 3 zu § 15 Abs. 1).

Sterbegeld (Abs. 3)

Die Vorschrift entspricht in ihrem Kern § 41 BAT und sieht vor, dass der hinterbliebene Ehegatte, der Lebenspartner nach dem Lebenspartnerschaftsgesetz bzw. die Kinder des verstorbenen, in einem nicht ruhenden Arbeitsverhältnis tätigen Beschäftigten ein Sterbegeld erhalten.

Ob ein Arbeitsverhältnis im Sinne der Vorschrift „ruht" hängt nicht davon ab, ob Entgelt gezahlt wird, sondern davon, ob es aufgrund von tarifvertraglichen oder gesetzlichen Regelungen förmlich zum Ruhen gebracht wurde. Während einer Erkrankung (auch nach Ablauf der Bezugsfristen für die Entgeltfortzahlung bzw. den Krankengeldzuschuss) oder der Beschäftigungsverbote nach dem Mutterschutzgesetz ruht das Arbeitsverhältnis ebenso wenig wie in Zeiten des Erholungsurlaubs, des „Abfeierns" von Überstunden, Gleitzeitguthaben o. ä. Hingegen bringen Sonderurlaub (z. B. zur Kinderbetreuung), Elternzeit nach dem BEEG oder eine befristete Rente i. S. d. § 33 Abs. 2 Satz 5 und 6 TVöD das Arbeitsverhältnis zum Ruhen. Das Sterbegeld besteht aus dem restlichen Entgelt für den Sterbemonat und zwei weiteren Monatsentgelten des Verstorbenen. Bemessungsgrundlage für das Sterbegeld ist das Tabellenentgelt des § 15 TVöD, das nach Auffassung des Verfassers auch das Entgelt aus der individuellen Zwischen- bzw. Endstufe umfasst. In Fällen, in denen – ohne dass das Arbeitsverhältnis ruht – im Sterbemonat keine Entgeltzahlung erfolgte (z. B. wegen Ablauf der Bezugsfristen für die Entgeltfortzahlung bzw. den Krankengeldzuschuss) ist das Tabel-

---

[1]) abgedruckt unter **V.1**

lenentgelt maßgebend, das bei Arbeitsleistung im Sterbemonat zugestanden hätte. Nicht in die Bemessungsgrundlage des Sterbegeldes gehören die sonstigen Entgeltbestandteile – insbesondere nicht die sogenannten unständigen Entgeltbestandteile für Überstunden, Bereitschaftsdienst, Wechselschichtzulagen etc.

Auch nach dem In-Kraft-Treten des TVöD gibt es einige Zulagen, die ihre Rechtsgrundlage nicht im TVöD sondern in anderen noch geltenden Tarifverträgen haben. Diese Tarifverträge beinhalten zum Teil die ausdrückliche Einbeziehung der Zulagen in das Sterbegeld. Besonders zu nennen sind die Zulage nach dem RatSchTV (die nach § 6 Abs. 6 Unterabs. 2 in die Bemessungsgrundlage des Sterbegeldes gehört), die Ministerialzulage (sie gehört gem. § 3 TV über Zulagen an Angestellte bei obersten Bundesbehörden oder bei obersten Landesbehörden in die Bemessungsgrundlage) und die Sicherheitszulage (sie gehört nach § 4 des TV über Zulagen an Angestellte bei den Sicherheitsdiensten des Bundes in die Bemessungsgrundlage. Dass die alten Tariftexte noch § 41 BAT (statt § 23 Abs. 3 TVöD) zitieren, ist unschädlich – siehe § 2 Abs. 4 TVÜ-Bund. Im Bereich der Kommunen ist dieser Grundsatz nicht ausdrücklich im TVÜ-VKA vereinbart; nach Auffassung des Autors wird aber entsprechend zu verfahren sein.

Daneben gibt es noch weitere Zulagen aus der Vergütungsordnung zum BAT, die nach ihrem Wortlaut ebenfalls in die Bemessungsgrundlage für das Sterbegeld gehören. Siehe dazu zum Beispiel

- bis 31. 12. 2013 Vorbemerkung Nr. 10 zu allen Vergütungsgruppen (Bund)
- bis 31. 12. 2013 Fußnote 1 des Teils II Abschn. P Unterabschn. II (Fernmeldebetriebsdienst/Bund)
- bis 31. 12. 2013 Protokollnotiz 1 des Teils II Abschn. G (Sozial- und Erziehungsdienst/Bund)
- Vorbemerkung Nr. 1 zu Teil III Abschn. A Unterabschn. V (Fremdsprachenassistenten/Bund); ab 1. 1. 2014 Vorbemerkung Nr. 1 zu Teile III Abschn. 16.1 der EntgO Bund
- ab 1. 1. 2014 Vorbemerkung Nr. 2 Abs. 2 zu Teil IV Abschn. 25.1 EntgO Bund
- ab 1. 1. 2014 Vorbemerkung zu Teil IV Abschn. 2.6 EntgO Bund
- Zulage nach der Fußnote für Angestellte im Sparkassendienst (VKA)
- Zulage nach der Fußnote für Angestellte in Nahverkehrsbetrieben (VKA)

- Zulage nach der Fußnote für Angestellte an Theatern und Bühnen (VKA)
- Zulage nach der Fußnote für Angestellte in technischen Berufen (VKA)
- Zulage nach der Fußnote für Angestellte im Fernmeldedienst (VKA)
- Zulage nach der Fußnote für Meister (VKA)
- Zulage nach der Fußnote für Angestellte in Versorgungsbetrieben (VKA)
- Zulage nach der Fußnote für Schulhausmeister (VKA)
- Zulage nach der Fußnote für Angestellte im Feuerwehrdienst (VKA)
- Zulage nach der Fußnote für Angestellte als Rettungsassistenten, Rettungssanitäter (VKA).

Die Zahlung an einen der in Frage kommenden Angehörigen bringt den Anspruch weiterer Berechtigter ebenso zum Erlöschen wie die Zahlung auf das Gehaltskonto des Verstorbenen.

Im Bereich der VKA können eigene (abweichende) betriebliche Regelungen getroffen werden (Satz 4).

Wie bisher wird der allgemeine Rechtsgrundsatz, dass derjenige, der den Tod des Beschäftigten vorsätzlich herbeigeführt hat, keinen Anspruch auf Sterbegeld hat, zu beachten sein.

§ 24 Berechnung und Auszahlung des Entgelts

(1) [1]Bemessungszeitraum für das Tabellenentgelt und die sonstigen Entgeltbestandteile ist der Kalendermonat, soweit tarifvertraglich nicht ausdrücklich etwas Abweichendes geregelt ist. [2]Die Zahlung erfolgt am letzten Tag des Monats (Zahltag) für den laufenden Kalendermonat auf ein von der/dem Beschäftigten benanntes Konto innerhalb eines Mitgliedstaats der Europäischen Union. [3]Fällt der Zahltag auf einen Samstag, einen Wochenfeiertag oder den 31. Dezember, gilt der vorhergehende Werktag, fällt er auf einen Sonntag, gilt der zweite vorhergehende Werktag als Zahltag. [4]Entgeltbestandteile, die nicht in Monatsbeträgen festgelegt sind, sowie der Tagesdurchschnitt nach § 21 sind am Zahltag des zweiten Kalendermonats, der auf ihre Entstehung folgt, fällig.

Protokollerklärungen zu Absatz 1:

1. Teilen Beschäftigte ihrem Arbeitgeber die für eine kostenfreie bzw. kostengünstigere Überweisung in einen anderen Mitgliedstaat der Europäischen Union erforderlichen Angaben nicht rechtzeitig mit, so tragen sie die dadurch entstehenden zusätzlichen Überweisungskosten.
2. Soweit Arbeitgeber die Bezüge am 15. eines jeden Monats für den laufenden Monat zahlen, können sie jeweils im Dezember eines Kalenderjahres den Zahltag vom 15. auf den letzten Tag des Monats gemäß Absatz 1 Satz 1 verschieben.

(2) Soweit tarifvertraglich nicht ausdrücklich etwas anderes geregelt ist, erhalten Teilzeitbeschäftigte das Tabellenentgelt (§ 15) und alle sonstigen Entgeltbestandteile in dem Umfang, der dem Anteil ihrer individuell vereinbarten durchschnittlichen Arbeitszeit an der regelmäßigen Arbeitszeit vergleichbarer Vollzeitbeschäftigter entspricht.

(3) [1]Besteht der Anspruch auf das Tabellenentgelt oder die sonstigen Entgeltbestandteile nicht für alle Tage eines Kalendermonats, wird nur der Teil gezahlt, der auf den Anspruchszeitraum entfällt. [2]Besteht nur für einen Teil eines Kalendertags Anspruch auf Entgelt, wird für jede geleistete dienstplanmäßige oder betriebsübliche Arbeitsstunde der auf eine Stunde entfallende Anteil des Tabellenentgelts sowie der sonstigen in Monatsbeträgen festgelegten Entgeltbestandteile gezahlt. [3]Zur Ermittlung des auf eine Stunde entfallenden Anteils sind die in Monatsbeträgen festgelegten Entgeltbestandteile durch das 4,348-fache der regelmäßigen wöchentlichen Arbeitszeit (§ 6 Abs. 1 und entsprechende Sonderregelungen) zu teilen.

(4) [1]Ergibt sich bei der Berechnung von Beträgen ein Bruchteil eines Cents von mindestens 0,5, ist er aufzurunden; ein Bruchteil von weniger als 0,5 ist abzurunden. [2]Zwischenrechnungen werden jeweils auf zwei Dezimalstellen durchgeführt. [3]Jeder Entgeltbestandteil ist einzeln zu runden.

(5) Entfallen die Voraussetzungen für eine Zulage im Laufe eines Kalendermonats, gilt Absatz 3 entsprechend.

(6) Einzelvertraglich können neben dem Tabellenentgelt zustehende Entgeltbestandteile (z. B. Zeitzuschläge, Erschwerniszuschläge) pauschaliert werden.

Erläuterungen

§ 24 TVöD trifft Regelungen zur Berechnung und Auszahlung des Entgelts. Dies war bislang in den §§ 34 und 36 BAT bzw. den vergleichbaren Bestimmungen für Arbeiter geregelt.

Bemessungszeitraum, Zahlungstermin (Abs. 1)

Bemessungszeitraum für das Tabellenentgelt und die sonstigen Entgeltbestandteile ist nach Satz 1 der Vorschrift grundsätzlich der Kalendermonat, soweit nicht tarifvertraglich etwas Abweichendes bestimmt ist. Abweichende Regelungen enthalten beispielsweise § 8 (Ausgleich für Sonderformen der Arbeit) oder § 19 Abs. 4 (Erschwerniszuschläge), wonach Zuschläge stundenbezogen berechnet werden.

Zahltag ist grundsätzlich der letzte Tag des Monats (Satz 2). Entgeltbestandteile, die nicht in Monatsbeträgen festgelegt sind (z. B. die o. g. Zuschläge) und bestimmte, nach einem Tagesdurchschnitt fortzuzahlende Entgeltbestandteile (→ § 21 Abs. 1 Satz 2) sind jedoch erst am letzten des zweiten auf ihre Entstehung folgenden Kalendermonats fällig (Satz 3).

§ 24 Abs. 1 enthielt zunächst – im Gegensatz zu § 36 Abs. 1 Satz 3 BAT – keine Regelung darüber, wie zu verfahren ist, wenn der Zahltag auf einen Sonn-, Feier- oder Samstag fällt. Erst im Zuge des Änderungstarifvertrages Nr. 2 vom 31. März 2008 haben die Tarifpartner mit Wirkung vom 1. Juli 2008 mit Satz 3 n. F. wieder eine verbindliche Regelung getroffen, wonach in den Fällen in denen der Zahltag auf einen Samstag, den 31. Dezember oder einen Sonn- oder Feiertag fällt, der letzte bzw. im Falle des Sonntags der vorletzte davor liegende Werktag zum Zahltag wird. Da die Arbeitgeber in weiten Bereichen zuvor schon auf freiwilliger Basis so verfahren sind, dient diese neue Regelung weitgehend der Klarstellung bzw. der rechtlichen Absicherung der entsprechenden Verfahrensweise.

Nach der Protokollerklärung Nr. 2 zu Absatz 1 bleibt für Arbeitgeber, die noch nicht von der im Rahmen der Lohnrunde 2003 vereinbarten Verschiebung des Zahlungstermins vom 15. auf den letzten des Monats Gebrauch gemacht haben, diese Möglichkeit weiterhin erhalten. Von ihr kann jedoch nur im Monat Dezember Gebrauch gemacht werden. Der Bund hat den Zahlungstermin im Dezember 2006 umgestellt (RdSchr. d. BMI v. 15. August 2006, GMBl. S. 1151).

Die Zahlung hat unbar auf ein vom Beschäftigten benanntes Konto innerhalb der Europäischen Union zu erfolgen (Satz 2). Nach der

Protokollerklärung Nr. 1 muss der Beschäftigte, der seinem Arbeitgeber nicht rechtzeitig die notwendigen Angaben für eine kostenfreie bzw. kostengünstige Überweisung in einen anderen EU-Staat mitteilt, die zusätzlichen Überweisungskosten tragen.

Zur Frage der Rückforderung überzahlten Entgelts wird auf das Rundschreiben des Bundesministerium des Innern hingewiesen:

Auszug aus dem RdSchr. d. BMI v. 27. 7. 2006 (GMBl. S. 903)

Im Falle der Überzahlung von Entgelt an Tarifbeschäftigte bitte ich im Einvernehmen mit dem Bundesministerium der Finanzen, bei der Rückforderung nach folgenden Grundsätzen zu verfahren:

Zuviel gezahltes Entgelt ist – unbeschadet von § 37 TVöD – grundsätzlich nach den Vorschriften des Bürgerlichen Gesetzbuchs über die Verpflichtung zur Herausgabe einer ungerechtfertigten Bereicherung (§§ 812 ff. BGB) zurückzufordern.

Eine Rückforderung ist nach diesen Regelungen ausgeschlossen, soweit die/der Beschäftigte nicht mehr bereichert ist (§ 818 Abs. 3 BGB). Dies ist nur dann der Fall, wenn das Erlangte ersatzlos weggefallen ist und kein Überschuss zwischen dem vorhandenen Vermögen und dem Vermögen mehr besteht, das ohne den bereichernden Vorgang vorhanden wäre. Von dem Fortbestehen einer Bereicherung ist auch dann auszugehen, wenn die Bereicherungsschuldnerin/der Bereicherungsschuldner mit der Ausgabe des Erlangten anderweitige Aufwendungen erspart hat. Ebenso besteht die Bereicherung in Höhe der Befreiung von einer Verbindlichkeit fort, soweit die Empfängerin/der Empfänger mit dem Erlangten bestehende Schulden tilgt. Ein Wegfall der Bereicherung ist dagegen anzunehmen, wenn die Empfängerin/der Empfänger die rechtsgrundlose Leistung ersatzlos für Ausgaben verwendet hat, die er/sie sonst nicht gemacht hätte.

Bei geringen Überzahlungen des laufenden Arbeitsentgelts spricht ein Beweis des ersten Anscheins dafür, dass das überzahlte Entgelt für den laufenden Lebensunterhalt verbraucht wird. Wird von der/dem Beschäftigten gegen einen Rückforderungsanspruch der Wegfall der Bereicherung eingewendet, kann dieser daher ohne nähere Prüfung unterstellt werden, wenn das im jeweiligen Monat zuviel gezahlte Entgelt 10 v. H. des insgesamt zustehenden Betrages, höchstens aber 150 Euro, nicht übersteigt. Dies gilt nicht, sofern die Voraussetzungen des § 818 Abs. 4 BGB oder des § 819 BGB vorliegen.

Entgelt im Sinne dieses Rundschreibens sind alle Geldleistungen, die der Arbeitgeber erbracht hat (z. B. Tabellenentgelt, Leistungsentgelt, Zuschläge, Entgeltfortzahlung, Krankengeldzuschuss, Trennungsgeld, Reise- und Umzugskostenvergütung, Beihilfe, Einmalzahlungen).

§ 59 BHO und die dazu bestehenden Verwaltungsvorschriften bleiben unberührt.

I

Vergütung Teilzeitbeschäftigter (Abs. 2)

Nach Absatz 2 erhalten Teilzeitbeschäftigte das Tabellenentgelt und die übrigen Entgeltbestandteile grundsätzlich nur anteilig – d. h. in dem Verhältnis ihrer individuell vereinbarten Arbeitszeit zur regelmäßigen Arbeitszeit eines vergleichbaren Vollbeschäftigten. Ausnahmen von diesem Grundsatz gelten nur, wenn tarifvertraglich etwas anderes vereinbart ist. Dies ist z. B. beim Jubiläumsgeld der Fall; denn in § 23 Abs. 2 Satz 2 haben die Tarifpartner ausdrücklich bestimmt, dass auch Teilzeitbeschäftigte ein volles Jubiläumsgeld erhalten.

Vergütung für Bruchteile eines Monats (Abs. 3)

Satz 1 der Vorschrift regelt die Fälle, in denen nicht für alle Tage des Kalendermonats Anspruch auf das Tabellenentgelt und die sonstigen Entgeltbestandteile bestand (z. B. weil das Arbeitsverhältnis im Laufe des Monats beginnt oder endet). In diesen Fällen ist das Entgelt nur für den Anspruchszeitraum zu zahlen. Zur Berechnung sind dabei die Tage mit Entgeltanspruch in Relation zur Gesamtzahl der (Kalender-)Tage des Monats zu setzen. Je nach Monat stehen somit für den einzelnen Tag $1/28$, $1/29$, $1/30$ oder $1/31$ zu.

In Satz 2 und 3 ist geregelt, wie zu verfahren ist, wenn nicht für den gesamten Tag, sondern nur für einen Teil des Tages Anspruch auf Entgelt bestand (z. B. wegen Teilnahme an einem Streik). In diesem Fall ist nur das Entgelt für den Anspruchszeitraum des Tages zu zahlen. Mangels Rundungsvorschrift sind die Zeitanteile dabei bis auf Minuten zu ermitteln. Zur Ermittlung des auf eine Stunde entfallenden Entgeltanteils sind die in Monatsbeträgen festgelegten Entgeltbestandteile – insbesondere der Tabellenlohn – durch das 4,348-fache der regelmäßigen wöchentlichen Arbeitszeit zu teilen. Der Faktor 4,348 drückt dabei die durchschnittliche Wochenzahl eines Monats aus (7 Tage × 4,348 = 30,436 Tage).

> **Beispiel:**
>
> Ein Beschäftigter des Bundes (39 Stunden Wochenarbeitszeit) arbeitet nur sechs von acht Stunden. Das Monatsentgelt (Tabellenentgelt sowie sonstige Entgeltbestandteile) von angenom-

men 2000 Euro entspricht einem Stundenentgelt von 11,79 Euro (4,348 × 39 = 169,572; 2000 Euro ÷ durch 169,572 = 11,79).

Rundung (Abs. 4)

In Absatz 4 haben die Tarifpartner Vereinbarungen zur Rundung von Entgelt und Entgeltbestandteilen getroffen.

- Die Beträge sind gemeinüblich zu runden (also ab 0,5 Cent nach oben, sonst nach unten – Satz 1).
- Zwischenrechnungen sind auf zwei Dezimalstellen durchzuführen (Satz 2).
- Jeder Entgeltbestandteil ist einzeln zu runden.

Zulagen für Bruchteile eines Monats (Abs. 5)

Absatz 5 bestimmt, dass in dem Fall, in dem die Voraussetzungen für eine Zulage im Laufe eines Monats entfallen, das Berechnungsverfahren nach Absatz 3 Anwendung findet.

Pauschalierung (Abs. 6)

Absatz 6 lässt – wie zuvor z. B. § 35 Abs. 4 BAT – die einzelvertragliche Pauschalierung von Entgeltbestandteilen (z. B. Zeitzuschlägen, Erschwerniszuschlägen) zu. Die Aufzählung ist nicht abschließend, so dass davon ausgegangen werden kann, dass auch eine Pauschalierung von Überstunden möglich ist. Die Vereinbarung dient der Vereinfachung und erscheint dort sinnvoll, wo aus stets wiederkehrendem Anlass Zuschläge in etwa gleichem Umfang anfallen.

§ 25 Betriebliche Altersversorgung

Die Beschäftigten haben Anspruch auf Versicherung unter eigener Beteiligung zum Zwecke einer zusätzlichen Alters- und Hinterbliebenenversorgung nach Maßgabe des Tarifvertrages über die betriebliche Altersversorgung der Beschäftigten des öffentlichen Dienstes (Tarifvertrag Altersversorgung – ATV) bzw. des Tarifvertrages über die zusätzliche Altersvorsorge der Beschäftigten des öffentlichen Dienstes – Altersvorsorge-TV-Kommunal – (ATV-K) in ihrer jeweils geltenden Fassung.

Erläuterungen

Die Regelungen des § 25 zur betrieblichen Altersversorgung entsprechen in ihrer Struktur den bisherigen Bestimmungen – z. B. in § 46 BAT.

Wie bisher wird den Beschäftigten kein tarifvertraglicher Anspruch auf betriebliche Altersversorgung eingeräumt, sondern nur ein Anspruch auf Versicherung zum Zwecke einer zusätzlichen Alters- und Hinterbliebenenversorgung nach näherer Maßgabe des Tarifvertrages Altersversorgung (ATV) bzw. des Altersvorsorge-TV-Kommunal (ATV-K)[1]. Weitere Vorschriften zur Durchführung der zusätzlichen Alters- und Hinterbliebenenversorgung ergeben sich aus der Satzung der Versorgungskassen – z. B. der Satzung für die Versorgungsanstalt des Bundes und der Länder (VBL).

Wegen der in ihren Grundzügen vergleichbaren Regelung kann das in den letzten Jahr(zehnt)en gewachsene Recht bzw. die dazu ergangene Rechtsprechung weiterhin zu Rate gezogen werden. Besonders zu beachten sind dabei die folgenden Grundsätze:

Anspruch auf Versicherung

Die tarifliche Regelung verpflichtet den Arbeitgeber, die unter den BAT/TVöD fallenden Beschäftigten zum Zwecke einer zusätzlichen Alters- und Hinterbliebenenversorgung zu versichern. Die Versicherung ist so auszugestalten, dass der pflichtversicherte Arbeitnehmer für sich und seine Hinterbliebenen eine Anwartschaft auf eine neben der gesetzlichen Rente zustehende Rente erwerben kann. Die tarifliche Regelung begründet keinen Anspruch auf zusätzliche Alters- und Hinterbliebenenversorgung unmittelbar gegenüber dem Arbeitgeber. Der Anspruch richtet sich lediglich auf Versicherung zum Zwecke der zusätzlichen Alters- und Hinterbliebenenversorgung.

---

[1] abgedruckt unter **V.1**

Unterlässt der Arbeitgeber es schuldhaft, den Beschäftigten (überhaupt oder rechtzeitig) entsprechend den tariflichen Vorschriften zu versichern, so haftet er dem Beschäftigten für die diesem daraus entstehenden Nachteile (Urteil des BAG vom 26. 11. 1964 – 5 AZR 48/64, AP Nr. 20 zu § 10 AOGÖ – und vom 9. 9. 1966 – 1 AZR 259/65, AP Nr. 76 zu § 611 BGB Fürsorgepflicht). Lehnt ein Beschäftigter die Anwendung des BAT auf sein Arbeitsverhältnis ab, weil er eine höhere als die tarifliche Vergütung behalten möchte, so hat er nach dem Urteil des BAG vom 25. Februar 1999 – 3 AZR 113/97 – (BB 1999 S. 1388) keinen Anspruch darauf, dass der Arbeitgeber ihm aus Gründen der Gleichbehandlung mit BAT-Kräften die tariflich geregelte Zusatzversorgung verschafft. Arbeitgeber, die an der Versorgungsanstalt des Bundes und der Länder (VBL) beteiligt sind, müssen jedem ihrer Beschäftigten die Satzung der Versorgungseinrichtung aushändigen. Eine schuldhafte Verletzung dieser Pflicht kann zu Schadenersatzansprüchen führen, wenn Beschäftigte aus Unkenntnis sinnvolle Versicherungsanträge nicht stellen und dadurch einen Versorgungsschaden erleiden (Urteil des BAG v. 15. 10. 1985 – 3 AZR 612/83 – NZA Heft 11/1986 S. 360). Ebenso können Schadenersatzansprüche des Beschäftigten entstehen, wenn es der Arbeitgeber schuldhaft unterlässt, den Beschäftigten auf die zu dessen Gunsten bestehenden Versorgungsmöglichkeiten hinzuweisen (Urteil des BAG vom 22. 11. 1963 – 1 AZR 17/63, AP Nr. 6 zu § 611 BGB Öffentlicher Dienst). Auskünfte, die der Arbeitgeber dem Beschäftigten hinsichtlich seiner Zusatzversicherung erteilt, müssen richtig und vollständig sein (auch anlässlich der Beendigung des Arbeitsverhältnisses); wenn ein Personalsachbearbeiter Zweifel hat, ob er nach seiner Kenntnis über die Satzung der Zusatzversorgungskasse ein Auskunftsersuchen zutreffend beantworten kann, so muss er sich bei der Kasse unterrichten oder die Anfrage des Beschäftigten dorthin zur Beantwortung weitergeben. Nimmt er diese Möglichkeit nicht wahr und gibt von sich aus eine falsche Auskunft, handelt er schuldhaft. Ein Beschäftigter des öffentlichen Dienstes handelt dagegen nicht schuldhaft, wenn er sich auf eine von dem Personalsachbearbeiter erteilte Auskunft verlässt, die nach den Umständen klar und vollständig erscheint (Urteil des BAG vom 24. 5. 1974 – 3 AZR 422/73, AP Nr. 6 zu § 242 BGB Ruhegehalt VBL).

Eigenbeteiligung

Nach dem Wortlaut des Tarifvertrages hat sich der Beschäftigte an den Aufwendungen für die Versicherung zu beteiligen. Diese Voraussetzung war mit der (stufenweisen) Übernahme des Arbeitnehmeranteils am Versicherungsbeitrag durch den Arbeitgeber praktisch entfallen. Seit dem 1. 7. 1973 trug der Arbeitgeber die Aufwendungen für die Zusatzversicherung nämlich zunächst allein.

Die grundsätzliche Beteiligung der Beschäftigten an den Kosten der Zusatzversorgung war seit dem 1. 1. 1999 aber durch den 24. Änd-TV zum Versorgungs-TV v. 20. 5. 1998, den 22. Änd-TV zum VersTV-Saar v. 20. 5. 1998 und den 32. Änd-TV zum VersTV-G v. 22. 6. 1998 wieder eingeführt worden. Dort war festgelegt worden, dass die Arbeitnehmer bei künftigen Erhöhungen des Umlagesatzes den Erhöhungsbetrag zur Hälfte tragen mussten, sobald der Umlagesatz ihrer Zusatzversorgungseinrichtung 5,2 v. H. des zusatzversorgungspflichtigen Entgelts übersteigt. Während viele bei kommunalen Zusatzversorgungskassen (z. B. rheinische ZVK) versicherte Angestellte weiterhin von einem Eigenanteil verschont blieben, weil der Umlagesatz ihrer Kasse weiterhin die Grenze von 5,2 v. H. nicht überstieg, wurden die bei der VBL Versicherten ab dem 1. 1. 1999 wieder zu einem Arbeitnehmeranteil herangezogen. Da seit dem 1. 1. 1999 der Umlagesatz zur VBL 7,7 v. H. betrug, mussten sich die Arbeitnehmer daran mit 1,25 v. H. [(7,7 − 5,2) ÷ 2] beteiligen; der Arbeitgeber trug den Rest, somit 6,45 v. H.

Im Zusammenhang mit dem Umstieg auf das neue, im ATV verankerte Zusatzversorgungssystem wurde der Arbeitnehmerbeitrag zur VBL ab dem 1. 1. 2002 auf 1,41 v. H. festgelegt. Wegen der Arbeitnehmerbeiträge im Tarifgebiet Ost vgl. § 37a ATV bzw. § 66a der VBL-Satzung (dort ist der Einstieg ins Kapitaldeckungsverfahren geregelt).

Versicherungsleistungen

Die Tarifpartner haben in der Lohnrunde 2000 – vor allem vor dem Hintergrund sich abzeichnender Deckungslücken bei der VBL – vereinbart, Verhandlungen mit dem Ziel zu führen, die Zusatzversorgung auf eine dauerhaft finanzierbare Grundlage zu stellen. Ergebnis der Verhandlungen war der Altersvorsorgeplan 2001, der mit dem ATV bzw. ATV-K umgesetzt worden ist.

Kernpunkt des neuen Rechts, das die zusätzliche Alters- und Hinterbliebenenversorgung auf eine völlig neue Grundlage stellt, ist die

Abkehr vom zuvor geltenden System der Gesamtversorgung. Dieses System wurde rückwirkend zum 31. 12. 2000 geschlossen und durch ein Betriebsrentensystem in Form eines versicherungsmathematischen Punktemodells, das die Leistungen unabhängig von dritten Bezugssystemen (Rentenversicherung, Beamtenversorgung, Steuerrecht) definiert, ersetzt.

Nach dem neuen Recht tritt eine nach Entgeltpunkten bemessene Zusatzversorgungsrente additiv zu der Grundversorgung der gesetzlichen Rente hinzu. Die Versorgungspunkte ergeben sich aus dem Produkt von Beiträgen und einem Altersfaktor. Das Verfahren ähnelt dem aus der gesetzlichen Rentenversicherung bekannten Verfahren der Ermittlung von Entgeltpunkten. Es spiegelt im Ergebnis die gesamte Lebensarbeitsleistung wider.

In das neue Betriebsrentensystem werden alle aktiv Beschäftigten übergeleitet. Für die rentennahen Jahrgänge (dies sind Beschäftigte, die am 1. Januar 2002 das 55. Lebensjahr vollendet haben) werden die zu übertragenden Anwartschaften unter weiterer Berücksichtigung des alten Systems, bei den übrigen Arbeitnehmern in Anlehnung an das BetrAVG ermittelt.

Mit dem Umstieg vom Gesamtversorgungssystem auf das neue Punktemodell wird der Arbeitnehmerbeitrag zur VBL-West auf 1,41 v. H. (statt 1,25 v. H. bis 31. 12. 2001) festgeschrieben. Wegen der Arbeitnehmerbeiträge im Tarifgebiet Ost vgl. § 37a ATV bzw. § 66a der VBL-Satzung (dort ist der Einstieg ins Kapitaldeckungsverfahren geregelt). Den Beschäftigten wird indessen eine spätere Rentenleistung garantiert, die sich bei einem kapitalgedeckten (und damit gesicherten) System aus einer Beitragsleistung von 4 v. H. ergibt.

Durch den Systemwechsel erhalten die Beschäftigten nunmehr auch die Möglichkeit, darüber hinaus eine private Altersvorsorge mit der so genannten Riesterförderung zu betreiben, da der in § 10a Abs. 1 Satz 4 EStG normierte Ausschluss der bei einer Zusatzversorgungskasse des öffentlichen Dienstes Pflichtversicherten mit Anspruch auf eine beamtenähnliche Gesamtversorgung nicht mehr greift. Die Beschäftigten des öffentlichen Dienstes gehören nunmehr ab 2002 zum Kreis der nach § 10a EStG begünstigten Personen. Sie haben damit die Möglichkeit, ab 1. Januar 2002 aus ihrem individuell versteuerten und verbeitragten Nettoeinkommen – neben der neuen Betriebsrente – eine zusätzliche kapitalgedeckte Altersversorgung freiwillig und unter Inanspruchnahme der steuerlichen Förderung aufzubauen. Klarstellend sei darauf hingewiesen, dass der Arbeitnehmerbeitrag zur Umlage (Abrechnungsverband West) steuerlich nicht förderfähig ist.

Die Möglichkeit der Entgeltumwandlung ist im TV Entgeltumwandlung[1]) geregelt.

---

[1]   abgedruckt unter **III.3**

Abschnitt IV
Urlaub und Arbeitsbefreiung

§ 26   Erholungsurlaub

(1) [1]Beschäftigte haben in jedem Kalenderjahr Anspruch auf Erholungsurlaub unter Fortzahlung des Entgelts (§ 21). [2]Bei Verteilung der wöchentlichen Arbeitszeit auf fünf Tage in der Kalenderwoche beträgt der Urlaubsanspruch in jedem Kalenderjahr 30 Arbeitstage. [3]Bei einer anderen Verteilung der wöchentlichen Arbeitszeit als auf fünf Tage in der Woche erhöht oder vermindert sich der Urlaubsanspruch entsprechend. [4]Verbleibt bei der Berechnung des Urlaubs ein Bruchteil, der mindestens einen halben Urlaubstag ergibt, wird er auf einen vollen Urlaubstag aufgerundet; Bruchteile von weniger als einem halben Urlaubstag bleiben unberücksichtigt. [5]Der Erholungsurlaub muss im laufenden Kalenderjahr gewährt werden und kann auch in Teilen genommen werden.

Protokollerklärung zu Absatz 1 Satz 5:
Der Urlaub soll grundsätzlich zusammenhängend gewährt werden; dabei soll ein Urlaubsteil von zwei Wochen Dauer angestrebt werden.

(2) Im Übrigen gilt das Bundesurlaubsgesetz mit folgenden Maßgaben:

a) Im Falle der Übertragung muss der Erholungsurlaub in den ersten drei Monaten des folgenden Kalenderjahres angetreten werden. Kann der Erholungsurlaub wegen Arbeitsunfähigkeit oder aus betrieblichen/dienstlichen Gründen nicht bis zum 31. März angetreten werden, ist er bis zum 31. Mai anzutreten.

b) Beginnt oder endet das Arbeitsverhältnis im Laufe eines Jahres, erhält die/ der Beschäftigte als Erholungsurlaub für jeden vollen Monat des Arbeitsverhältnisses ein Zwölftel des Urlaubsanspruchs nach Absatz 1; § 5 BUrlG bleibt unberührt.

c) Ruht das Arbeitsverhältnis, so vermindert sich die Dauer des Erholungsurlaubs einschließlich eines etwaigen Zusatzurlaubs für jeden vollen Kalendermonat um ein Zwölftel.

d) Das nach Absatz 1 Satz 1 fortzuzahlende Entgelt wird zu dem in § 24 genannten Zeitpunkt gezahlt.

Erläuterungen

§ 26 TVöD trifft Regelungen zum Anspruch auf Erholungsurlaub und konkretisiert damit die gesetzlichen Vorschriften des Bundesurlaubsgesetzes (BUrlG)[1]. Dieser Themenbereich war bislang in den §§ 47, 48 BAT bzw. den vergleichbaren Bestimmungen für Arbeiter geregelt.

---

[1]   abgedruckt als **Anhang 1**

Im Gegensatz zum bisherigen Recht haben die Tarifpartner weitgehend auf eigene Regelungen verzichtet. Stattdessen gilt (z. B. für die Urlaubsabgeltung) das Bundesurlaubsgesetz.

Auf die abweichenden Sonderregelungen in §§ 45 und 46 (Bund) und 51 und 52 (VKA) des Besonderen Teils Verwaltung[1]) sowie den § 52 des Besonderen Teils Pflege- und Betreuungseinrichtungen wird hingewiesen.

Geltendmachung und Gewährung von Urlaub

Arbeitnehmer sollten ihren Urlaubsanspruch in geeigneter Form geltend machen. Obwohl der Arbeitgeber den Urlaub auch ohne Geltendmachung des Arbeitnehmers gewähren kann (siehe z. B. BAG vom 22. September 1992 – 9 AZR 483/91), besteht insoweit keine „Bringschuld" des Arbeitgebers, so dass ansonsten letztlich der Verfall nicht genommenen Urlaubs droht. Das Verfahren zur Geltendmachung („Beantragung") und Gewährung des Urlaubs ist in der Tarifvorschrift gar nicht und im Bundesurlaubsgesetz nur im Ansatz geregelt. § 7 Abs. 1 des Bundesurlaubsgesetzes beschränkt sich auf die Aussage, dass bei der zeitlichen Festlegung des Urlaubs die Urlaubswünsche des Arbeitnehmers zu berücksichtigen sind, wenn dem keine dringenden betrieblichen Belange oder Urlaubswünsche anderer Arbeitnehmer, die unter sozialen Gesichtspunkten den Vorrang verdienen, entgegenstehen. Ausgehend von dieser eher vagen rechtlichen Basis hat sich in den letzten Jahr(zehnt)en im Bereich der Verwaltung bzw. des öffentlichen Dienstes (und auch in der Privatwirtschaft) das in der Vielzahl der Fälle funktionierende System entwickelt, dass der Arbeitnehmer seinen Urlaubsanspruch (besser: den Urlaubswunsch) mit Hilfe eines förmlichen, von der Vertretung abgezeichneten Urlaubsantrags schriftlich geltend macht, den der Arbeitgeber dann im Regelfall genehmigt. Zum Teil erfolgt eine Vorfestlegung des Urlaubs in Urlaubslisten o. ä., in denen die Beschäftigten einer größer oder kleiner geschnittenen Arbeitseinheit ihre Urlaubswünsche frühzeitig kundtun. Letztlich dient dieses Verfahren der Umsetzung der Zielvorgaben des § 7 Abs. 1 Bundesurlaubsgesetz, dass einerseits die Beschäftigten den Urlaubszeitrahmen im Rahmen der Möglichkeiten selbst bestimmen können, dass aber andererseits erstens die Interessen der anderen Beschäftigten unter

---

[1]) abgedruckt unter I.1.1

Berücksichtigung sozialer Gesichtspunkte (z. B. Ferienabhängigkeit wegen schulpflichtiger Kinder) berücksichtigt werden und zweitens die Aufrechterhaltung des Dienstbetriebes gewährleistet ist. Die schriftliche Geltendmachung erleichtert zudem aus Verwaltungsgesichtspunkten die Führung der Urlaubskartei und ermöglicht es – nicht nur im Streitfall – die genommenen und noch zustehenden Urlaubsansprüche zu ermitteln. Vor dem Hintergrund der dazu ergangenen Rechtsprechung dürfte es dem Arbeitgeber verwehrt sein, einen bereits genehmigten Urlaub einseitig zu widerrufen oder gar Beschäftigte gegen deren Willen aus dem Urlaub zurückzurufen (s. z. B. BAG vom 20. Juni 2000 – 9 AZR 405/99 und vom 14. März 2006 – 9 AZR 11/05). Die Möglichkeit, in besonderen Bedarfslagen den noch nicht angetretenen Urlaub einvernehmlich zu verschieben besteht natürlich trotzdem. Entsprechendes gilt für die freiwillige Rückkehr des Beschäftigten aus dem bereits angetretenen Urlaub. In diesem Fall sollte aber vorab die Übernahme eventueller Kosten (z. B. Stornogebühren, zusätzliche Reisekosten) eindeutig festgelegt werden.

Berechnung des Urlaubsanspruchs (Abs. 1)

In dieser Vorschrift sind die Urlaubsdauer und die Berechnung des Anspruchs auf Erholungsurlaub geregelt.

Bis Urlaubsjahr 2013

Der jährliche Anspruch auf Erholungsurlaub beträgt – gestaffelt nach Alter des Beschäftigten – nach der Neufassung der Urlaubsstaffel ab dem Kalenderjahr 2013 29 oder 30 Arbeitstage (Satz 2). Die bisher in § 48 BAT enthaltene Differenzierung nach Vergütungsgruppen ist im TVöD aufgegeben worden; zu den Übergangsregelungen siehe unten.

Wie bisher (siehe z. B. § 48 Abs. 6 BAT) ist für die Urlaubsdauer das Lebensalter maßgebend, das im Laufe des Kalenderjahres vollendet wird (Satz 3). Für die Berechnung sind, da von den Tarifpartnern nicht anders geregelt, die Bestimmungen des Bürgerlichen Gesetzbuches anzuwenden. Das führt dazu, dass derjenige, der am 1. Januar Geburtstag hat, bereits für das Vorjahr einen höheren Urlaubsanspruch hat, weil das 55. Lebensjahr bereits mit Ablauf des 31. Dezember vollendet worden ist.

Beispiel:

Beschäftigter, geb. 1. 1. 1959, Vollendung des 55. Lebensjahres mit Ablauf des 31. 12. 2013. Bereits im Jahr 2013 besteht ein Anspruch auf 30 Tage Erholungsurlaub.

Zum Hintergrund der geänderten Urlaubsstaffel:

Das BAG hat mit Urteil vom 20. März 2012 – 9 AZR 529/10 – zur Vorschrift des § 26 TVöD in ihrer damaligen Fassung entschieden, dass die altersabhängige Urlaubsstaffel dieser Vorschrift (bis zum 30. Lebensjahr 26 Tage, bis zum 40. Lebensjahr 29 Tage, danach 30 Tage) ein Verstoß gegen das Allgemeine Gleichbehandlungsgesetz (AGG) darstellt, weil jüngere Beschäftigte einen geringeren Urlaubsanspruch haben als ältere Beschäftigte. Nach § 7 Abs. 1 und Abs. 2 AGG i. V. m. § 1 AGG dürfen Beschäftigte aber u. a. nicht wegen ihres Alters benachteiligt werden, wobei eine unmittelbare Benachteiligung vorliegt, wenn eine Person wegen ihres Alters eine weniger günstige Behandlung erfährt als eine andere Person in einer vergleichbaren Situation erfährt, erfahren hat oder erfahren würde.

Die tarifliche Urlaubsstaffelung verfolgt nach Auffassung des BAG nicht das legitime Ziel, einem gesteigerten Erholungsbedürfnis älterer Menschen Rechnung zu tragen. Ein gesteigertes Erholungsbedürfnis von Beschäftigten bereits ab dem 30. bzw. 40. Lebensjahr ließe sich kaum begründen. Der Verstoß der in § 26 Abs. 1 Satz 2 TVöD angeordneten Staffelung der Urlaubsdauer gegen das Verbot der Diskriminierung wegen des Alters könne in dem anhängigen Fall nur beseitigt werden, indem die Dauer des Urlaubs der wegen ihres Alters diskriminierten (unter 40-jährigen) Klägerin in der Art und Weise „nach oben" angepasst wird, dass auch ihr Urlaubsanspruch in jedem Kalenderjahr 30 Arbeitstage beträgt.

Die Tarifpartner haben bereits im Rahmen der Lohnrunde 2012 Konsequenzen aus der Rechtsprechung gezogen und mit Wirkung ab 2013 eine neue Urlaubsstaffel (Urlaub grundsätzlich 29 Tage, ab 55 Jahre 30 Tage) vereinbart. Für diejenigen, die am 31. Dezember 2012 bereits das 40. Lebensjahr vollendet hatten, bleibt es nach näherer Maßgabe des jeweiligen § 38a TVöD bei der Urlaubsdauer von 30 Tagen – sie erfahren also keine Urlaubskürzung. Dort ist ebenfalls bestimmt, dass Urlaubsansprüche für das Jahr 2012 unberührt bleiben. Insoweit greift also die Rechtsprechung des BAG („30 Tage für alle Beschäftigten").

Ab Urlaubsjahr 2014

Im Zuge der Lohnrunde 2014 wurde die Urlaubsstaffel aufgegeben. Der Urlaubsanspruch beträgt ab dem Urlaubsjahr 2014 einheitlich 30 Tage.

Die tarifliche Urlaubsdauer ist auf der Grundlage einer Fünf-Tage-Woche festgelegt worden (Satz 2); bei einer anderen Verteilung der wöchentlichen Arbeitszeit ist der Urlaubsanspruch entsprechend umzurechnen (Satz 3). Siehe dazu aber den Abschnitt „Tirol-Entscheidung". Ein bestimmtes Verfahren dazu haben die Tarifpartner im TVöD nicht festgelegt. Es dürften somit keine Bedenken bestehen, nach allgemeinen mathematischen Grundsätzen zu verfahren, so dass der Urlaubsanspruch jeweils durch fünf (wegen der zugrunde liegenden Fünf-Tage-Woche) zu teilen und mit der tatsächlichen wöchentlichen Arbeitszeit zu multiplizieren ist.

> **Beispiel:**
>
> Beschäftigter, 55 Jahre, arbeitet in der Sechs-Tage-Woche. Der Urlaubsanspruch von 30 Tagen ist durch fünf zu teilen und mit sechs zu multiplizieren. Der Urlaubsanspruch ist somit auf 36 Tage zu erhöhen. Bei im Laufe des Jahres wechselnder Arbeitsverteilung ist der Urlaubsanspruch ggf. getrennt für jeden Zeitraum zu ermitteln.

Nach Satz 4 der Vorschrift sind Bruchteile von Urlaubstagen (die sich z. B. bei der Berechnung nach Satz 3 ergeben) auf einen vollen Tag aufzurunden, wenn der Bruchteil mindestens einen halben Tag beträgt. Darunter liegende Bruchteile bleiben unberücksichtigt, sie verfallen somit.

Satz 5 der Vorschrift bestimmt, dass der Erholungsurlaub im laufenden Kalenderjahr gewährt werden muss und auch in Teilen genommen werden kann. Die Protokollerklärung dazu legt ergänzend fest, dass der Urlaub grundsätzlich zusammenhängend genommen werden muss und ein Urlaubsteil dabei die Dauer von mindestens zwei

Wochen erreichen soll. Mit dieser Regelung wird dem Erholungs-
zweck des Urlaubs Rechnung getragen.

Maßgaben bei Anwendung des Bundesurlaubsgesetzes (Abs. 2)

In Absatz 2 haben die Tarifpartner im Eingangssatz zunächst vereinbart, dass „im Übrigen" (also soweit Absatz 1 keine Regelungen
enthält) grundsätzlich das BUrlG gilt. In den Buchstaben a bis d des
Absatzes 2 wurden jedoch „Maßgaben" (abweichende Regeln) bei
der Anwendung des BUrlG vereinbart.

Zu Buchst. a)

In dieser Vorschrift ist die Urlaubsübertragung in das dem Urlaubsjahr
folgende Kalenderjahr teilweise abweichend von § 7 Abs. 3 BUrlG
geregelt. In Ermangelung einer eigenen Regelung im TVöD gilt
hinsichtlich der Übertragung zunächst der Grundsatz des BUrlG, nach
dem die Übertragungsmöglichkeit auf betriebliche oder in der Person
des Beschäftigten liegende Gründe beschränkt ist.

Die Gründe müssen aber im Gegensatz zur Regelung im BUrlG nicht
„dringend" sein. Ebenfalls abweichend von den Vorschriften des
BUrlG kann – anstelle der im BUrlG vorgesehenen maximalen Über-
tragungsdauer bis zum 31. März des Folgejahres – der Urlaub bis zum
31. Mai des Folgejahres **angetreten** werden, wenn er in Folge von
Arbeitsunfähigkeit oder betrieblichen/dienstlichen Gründen nicht bis
zum 31. März genommen werden konnte. Im Ergebnis kann der
Beschäftigte, der seinen Urlaub bis zum 31. März aus den genannten
Gründen nicht antreten konnte, den Urlaub bis weit in den Juni
hineinziehen; er muss ihn nur bis zum 31. Mai angetreten (im Sinne
von begonnen) haben.

Zuletzt mit RdSchr. v. 31. Mai 2012 hatte das Bundesministerium des
Innern im Einvernehmen mit dem Bundesministerium der Finanzen
für den Bereich des Bundes übertariflich zugelassen, dass hinsichtlich
der Übertragung von Urlaubsansprüchen in das Folgejahr entsprechend der für die Beamten des Bundes geltenden Vorschriften verfahren werden kann. Das bedeutet, dass der Urlaub bis zum
31. Dezember des Folgejahres genommen (nicht angetreten!) werden
muss. Mit Rundschreiben vom 20. März 2013 hat das Bundesministerium des Innern im Einvernehmen mit dem Bundesministerium der
Finanzen erneut bestätigt, dass für die Übertragung von Erholungsurlaub der Tarifbeschäftigten in das Folgejahr die für die Beamtinnen
und Beamten des Bundes gemäß § 7 Erholungsurlaubsverordnung

jeweils geltende Regelung Anwendung findet. In diesem Schreiben hat das Bundesministerium des Innern darauf hingewiesen, dass sich für den gesetzlichen Mindesturlaub in Fällen fortdauernder Arbeitsunfähigkeit der erforderliche Mindestumfang des Übertragungszeitraums von 15 Monaten zwischenzeitlich im Wege der unionsrechtskonformen Auslegung unmittelbar aus § 7 Abs. 3 BUrlG (BAG-Urteil vom 7. August 2012 – 9 AZR 353/10 –) ergibt. Das RdSchr. vom 20. März 2013 ist durch das RdSchr. vom 27. März 2015 ersetzt worden. Im Wesentlichen werden die oben dargestellten Aussagen des RdSchr. vom 20. März 2013 aufgegriffen. Ausdrücklich ausgenommen von der übertariflichen Regelung und somit von der beamtenrechtlichen Übertragungsautomatik wurden jedoch Erholungsurlaubsansprüche aus Kalenderjahren des Beginns sowie aus vollen Kalenderjahren einer Beurlaubung nach § 28 TVöD. Erst im Kalenderjahr der Beendigung der Beurlaubung findet nach dem BMI-RdSchr. die übertarifliche Übertragungsregelung wieder in eingeschränktem Umfang Anwendung. Eine Übertragung in das Folgejahr kommt demnach nur in Betracht, sofern dafür die gesetzlichen Voraussetzungen nach § 7 Abs. 3 des Bundesurlaubsgesetzes (BUrlG) vorliegen. Die Tarifnorm bestimmt nur die Fristen und greift für die zulässigen Gründe einer Übertragung auf § 7 Abs. 3 Satz 2 BUrlG zurück (s. § 26 Abs. 2 Buchst. a TVöD). Typischer Anwendungsfall für die in der Person des Arbeitnehmers liegenden Gründe, die danach geeignet sind, eine Übertragung des Urlaubs auf das nächste Kalenderjahr zu rechtfertigen, ist eine krankheitsbedingte Arbeitsunfähigkeit, die der Inanspruchnahme des Urlaubs im laufenden Kalenderjahr entgegensteht. Ist hingegen der wunschgemäß auf Antrag der/des Tarifbeschäftigten vereinbarte unbezahlte Sonderurlaub nach § 28 TVöD dafür ursächlich, dass der Urlaub oder ein Teil davon nicht rechtzeitig vor Ablauf des Urlaubsjahres in Anspruch genommen werden kann, sind die gesetzlichen Voraussetzungen für eine Übertragung insoweit i. d. R. nicht erfüllt.

Zu Buchst. b) und c)

Diese Regelungen konkretisieren die Vorschrift des § 5 BUrlG zur anteiligen Urlaubsgewährung und bestimmen, dass der Urlaubsanspruch zu zwölfteln ist, wenn das Arbeitsverhältnis nicht das ganze Jahr besteht (Buchst. b) bzw. wenn es ruht (Buchst. c). Der Beschäftigte erhält somit bei nur in Teilen des Jahres bestehendem Beschäftigungsverhältnis für jeden vollen Monat ein Zwölftel des tariflichen

Urlaubsanspruches. Dabei ist aber zu beachten, dass zuungunsten des Beschäftigten nicht von den Vorschriften des BUrlG abgewichen werden darf. Dies ist in erster Linie beim Ausscheiden des Beschäftigten im zweiten Kalenderhalbjahr der Fall. In diesem Fall kann der tarifvertragliche Urlaubsanspruch hinter dem gesetzlichen Anspruch auf Mindesturlaub mit der Folge zurückbleiben, dass der vorrangige gesetzliche Anspruch erfüllt werden muss.

Beispiel:

Ein 55-jähriger Beschäftigter scheidet zum 1. August aus dem Beschäftigungsverhältnis aus. Er hat einen tarifvertraglichen Anspruch auf $7/12$ des tariflichen Jahresurlaubs von 30 Tagen; das sind 17,5, aufgerundet 18 Tage. Der gesetzliche Urlaubsanspruch beträgt, da die Kürzungsvorschrift des § 5 Abs. 1 Buchst. c BUrlG beim Ausscheiden in der zweiten Jahreshälfte nicht greift und somit der Urlaubsanspruch in voller Höhe besteht, 24 Werktage, umgerechnet von der dem BUrlG zugrunde liegenden Sechs- auf eine Fünf-Tage-Woche somit 20 Tage. Der gesetzliche Anspruch ist zu erfüllen, dem Beschäftigten stehen 20 Tage Erholungsurlaub zu.

Ein besonderes Problem bei der Zwölftelung von Urlaubsansprüchen hat das Bundesministerium des Innern in seinem mit Rundschreiben vom 26. November 2014 an den ab 2014 geänderten Urlaubsumfang angepassten Rundschreiben vom 27. Mai 2013 geregelt. Es geht dabei um den Fall, dass ein Ausbildungs- oder Praktikantenverhältnis im Sinne des TVAöD bzw. TVPöD im Laufe eines Monats ohne Unterbrechung in ein Arbeitsverhältnis mit demselben Arbeitgeber übergeht. Wegen der Zwölftelungsregelung, die ein Zwölftel des Urlaubsanspruchs für jeden vollen Monat zuerkennt, in dem das Arbeits- bzw. Ausbildungs-/Praktikantenverhältnis bestand, würde der Teilmonat letztlich unberücksichtigt bleiben. Das Bundesministerium des Innern hat im Einvernehmen mit dem Bundesministerium der Finanzen zugestanden, diesen Teilmonat dem Arbeitsverhältnis zuzurechnen, dann die Urlaubsansprüche aus dem Ausbildungs-/Praktikantenverhältnis einerseits und dem Arbeitsverhältnis andererseits „spitz" auszurechnen, zu addieren und dann zu runden. Der Urlaubsanspruch beträgt bei dieser Rechenweise bei einem nahtlosen Wechsel vom Ausbildungs- in ein Arbeitsverhältnis im Laufe der Monate

- Januar bis April 30 Urlaubstage
- Mai bis Oktober 29 Urlaubstage und
- November und Dezember 28 Urlaubstage.

Für Auszubildende im Bereich des TVAöD – Besonderer Teil Pflege –, die im Schichtdienst arbeiten und denen deshalb im zweiten und dritten Ausbildungsjahr nach § 9 Abs. 1 Satz 2 TVAöD – Besonderer Teil Pflege – pauschal ein weiterer Tag Zusatzurlaub zusteht, beträgt der Gesamtjahresurlaubsanspruch bei einem nahtlosen Wechsel in ein Arbeitsverhältnis im Laufe der Monate

- Januar bis Juli 30 Urlaubstage und
- August bis Dezember 29 Urlaubstage.

Nach dem Rundschreiben kann im Bereich des TVPöD entsprechend verfahren werden.

Zu Buchst. d)

In Buchstabe d) ist bestimmt, dass das Entgelt zum üblichen Zahlungszeitpunkt (→ § 24) und nicht – wie in § 11 Abs. 2 BUrlG vorgesehen – vor Antritt des Urlaubs auszuzahlen ist.

Urlaubsabgeltung

Der TVöD enthält im Gegensatz zum früheren Recht (§ 51 BAT/§ 47 BMT-G) keine Vereinbarungen zur Abgeltung von Urlaubsansprüchen. Tragende Vorschrift dafür ist § 7 Absatz 4 des Bundesurlaubsgesetzes (BUrlG), wonach Urlaubsansprüche, die wegen der Beendigung des Arbeitsverhältnisses nicht gewährt werden konnten, abzugelten sind. Während des laufenden Arbeitsverhältnisses ist die Urlaubsabgeltung nicht erlaubt.

Im Anschluss an das Urteil des Europäischen Gerichtshofs vom 20. Januar 2009 – C-350/06 und C-520/06 – hat das Bundesarbeitsgericht (BAG) seine langjährige gegenteilige Rechtsprechung, nach der die Regelungen des § 7 Abs. 3 und 4 BUrlG so ausgelegt wurden, dass der Urlaubsabgeltungsanspruch erlischt, wenn der Urlaubsanspruch aufgrund der krankheitsbedingten Arbeitsunfähigkeit des Arbeitnehmers bis zum Ende des Übertragungszeitraums nicht erfüllt werden kann, aufgegeben (Urteil vom 24. März 2009 – 9 AZR 983/07). Somit kommt eine Abgeltung des gesetzlichen Urlaubs (nicht des i. d. R. höheren tarifvertraglichen Urlaubsanspruchs) nun auch in

Betracht, wenn Beschäftigte nach langjähriger Krankheit (z. B. wegen Frühverrentung) aus dem Arbeitsverhältnis ausscheiden.

Als Reaktion auf den durchaus als radikal zu bezeichnenden Bruch mit der bis dahin gefestigten Rechtsprechung zum Urlaubsrecht haben die öffentlichen Arbeitgeber Hinweise zum Umgang mit der neuen rechtlichen Situation gegeben. Als Anhang ist das entsprechende Rundschreiben des Bundesministerium des Innen abgedruckt.

Lange umstritten war die Frage, ob ein Urlaubsabgeltungsanspruch vererbbar ist. Dies haben der EuGH (Urteil vom 12. 6. 2014 – C-118/13) und das BAG (Urteil vom 22. 9. 2015 – 9 AZR 170/14) inzwischen bejaht.

„Tirol-Entscheidung"

Der EuGH hat mit seiner sogenannten Tirol-Entscheidung (Urteil vom 22. 4. 2010, Rs. D-486/08) festgestellt, dass das Unionsrecht dahin auszulegen ist, dass die Inanspruchnahme des Jahresurlaubs zu einer späteren Zeit als dem Bezugszeitraum in keiner Beziehung zu der in dieser späteren Zeit vom Arbeitnehmer erbrachten Arbeitszeit steht. Folglich darf durch eine Veränderung, insbesondere Verringerung, der Arbeitszeit beim Übergang von einer Vollzeit- zu einer Teilzeitbeschäftigung der Anspruch auf Jahresurlaub, den der Arbeitnehmer in der Zeit der Vollbeschäftigung erworben hat, nicht gemindert werden.

Die Feststellungen des EuGH betreffen das aus Sicht des deutschen Urlaubsrechts eher exotische Tiroler Vertragsbedienstetengesetz, das einen Urlaubsanspruch in Dienststunden gewährt und nicht in Tagen, wie das deutsche Recht. Das hat zur Folge, dass in Tirol bei Teilzeitbeschäftigten der Urlaub in jedem Fall (sowohl bei Verringerung der täglichen Arbeitszeit in einer Fünf-Tage-Woche als auch bei Verringerung der Zahl der wöchentlichen Arbeitstage) gekürzt wird, denn der Beschäftigte benötigt in beiden Fällen eine entsprechend geringere Zahl an Urlaubsstunden.

Der Urlaub in Deutschland hingegen wird beim Wechsel auf Teilzeit gar nicht reduziert, sondern ausschließlich beim Wechsel der Anzahl der Wochenarbeitstage „technisch umgerechnet". Wer vor dem Wechsel auf Teilzeit x Wochen Resturlaub hatte, behält diese Wochenanzahl auch nach Umrechnung (aus 15 Tagen = 3 Wochen bei Fünf-Tage-Woche bleiben bei einer Drei-Tage-Woche 3/5 = 9 Tage = 3 Wochen). Wenn jemand trotz Teilzeit weiterhin in einer Fünf-

Tage-Woche arbeitet, erfolgt in Deutschland keine Minderung/Umrechnung. Umgekehrt erfolgt auch bei einer Vollzeitkraft die Umrechnung beim Wechsel der Wochenarbeitstage, so dass gar keine Teilzeitdiskriminierung erfolgt. Eine Änderung ist auch im Lichte der EuGH-Entscheidung daher in diesem Punkt nicht erforderlich.

Die Berechnung des Urlaubsentgelts richtete sich bisher nach dem Lohnausfallprinzip. Danach war das Entgelt für den Urlaubszeitraum fortzuzahlen, welches der Beschäftigte erhalten hätte, wenn er weiter gearbeitet hätte. Mit Blick auf die neue EuGH-Rechtsprechung kann bei Resturlaubsansprüchen, die vor einer Arbeitszeitverkürzung erworben wurden und tatsächlich bis zum Wechsel des Arbeitszeitmodells nicht in Anspruch genommen werden konnten, an dem bisherigen Berechnungsprinzip für das Urlaubsentgelt kaum festgehalten werden. In den Fällen, in denen der Arbeitnehmer konkret gehindert war, den Resturlaub noch in der Phase vor Umstellung seiner Arbeitszeit zu nehmen, wird das Urlaubsentgelt noch auf der Grundlage des vor der Arbeitszeitreduzierung erzielten Entgelts gezahlt werden müssen. Dies gilt zumindest in Bezug auf den Mindesturlaub nach dem Bundesurlaubsgesetz.

Das Bundesministerium des Innern hat mit seinem Rundschreiben vom 21. Februar 2011 Hinweise zu den notwendigen Konsequenzen aus dem Tirol-Urteil gegeben und dabei übertariflich zugelassen, dass die obigen Grundsätze nicht nur für den gesetzlichen Mindesturlaub, sondern auch für den tarifvertraglichen Mehrurlaub angewandt werden. Mit Blick auf die zwischenzeitliche Entscheidung des BAG vom 10. Februar 2015 – 9 AZR 53/14 (F) –, nach der die Urlaubsumrechnung unzulässig ist, hat der Bund seine Auffassung dazu inzwischen angepasst (s. RdSchr. d. BMI v. 22. 1. 2016 – GMBl. S. 186 – § 26 Anhang 3).

Zusatzurlaub nach § 125 SGB XI

Wegen der Besonderheiten der Berechnung des (Zusatz-)Urlaubs nach § 125 SGB IX → die Erläuterungen zu § 27 Zusatzurlaub.

Übergangsvorschriften

In den Überleitungstarifverträgen (TVÜ/Bund, TVÜ/VKA)[1]) haben die Tarifpartner im jeweiligen § 15 Übergangsbestimmungen getroffen.

---

[1]) abgedruckt unter I.2

Auf die Erläuterungen dazu wird Bezug genommen. Besonders hinzuweisen ist an dieser Stelle auf die Vorschrift des § 15 Abs. 2 der Überleitungstarifverträge. Dort haben die Tarifpartner vereinbart, dass diejenigen Angestellten, die für das Jahr 2005 einen Urlaubsanspruch von 30 Tagen erworben hatten, diesen auch nach In-Kraft-Treten des TVöD weiterhin haben. Betroffen sind die zwischen 30- und 40-jährigen Angestellten der Vergütungsgruppen I und Ia BAT, die nach Maßgabe des § 48 Abs. 1 BAT einen Anspruch auf 30 Arbeitstage Erholungsurlaub hatten, gemäß § 26 Abs. 1 aber nur noch Anspruch auf 29 Arbeitstage Erholungsurlaub haben.

Im Zusammenhang mit der Neuregelung der Urlaubsstaffel ab dem Kalenderjahr 2013 wurde eine weitere Übergangsregelung vereinbart (s. § 38a TVöD/Bund bzw. § 38a Abs. 1 TVöD/VKA a. F.). Diese Übergangsregelung betraf diejenigen Beschäftigten, die am 31. Dezember 2012 bereits das 40. Lebensjahr vollendet hatten. Für sie blieb es bei der zum Zeitpunkt der Neuregelung nach bis dahin geltendem Recht der alten Urlaubsstaffel bereits erreichten Urlaubsdauer von 30 Tagen – sie erfuhren also keine Urlaubskürzung, obwohl sie nach dem neuen Recht nur Anspruch auf 29 Urlaubstage gehabt hätten. Die Regelung ist im Zusammenhang mit der Vereinbarung eines einheitlichen Urlaubsanspruches im Zuge der Tarifrunde 2014 wieder gestrichen worden.

Mindesturlaubsgesetz für Arbeitnehmer (Bundesurlaubsgesetz)

Vom 8. Januar 1963 (BGBl. I S. 2)

Zuletzt geändert durch
Gesetz zur Umsetzung des Seearbeitsübereinkommens 2006
der Internationalen Arbeitsorganisation
vom 20. April 2013 (BGBl. I S. 868)

§ 1 Urlaubsanspruch

Jeder Arbeitnehmer hat in jedem Kalenderjahr Anspruch auf bezahlten Erholungsurlaub.

§ 2 Geltungsbereich

Arbeitnehmer im Sinne des Gesetzes sind Arbeiter und Angestellte sowie die zu ihrer Berufsausbildung Beschäftigten. Als Arbeitnehmer gelten auch Personen, die wegen ihrer wirtschaftlichen Unselbständigkeit als arbeitnehmerähnliche Personen anzusehen sind; für den Bereich der Heimarbeit gilt § 12.

§ 3 Dauer des Urlaubs

(1) Der Urlaub beträgt jährlich mindestens 24 Werktage.

(2) Als Werktage gelten alle Kalendertage, die nicht Sonn- oder gesetzliche Feiertage sind.

§ 4 Wartezeit

Der volle Urlaubsanspruch wird erstmalig nach sechsmonatigem Bestehen des Arbeitsverhältnisses erworben.

§ 5 Teilurlaub

(1) Anspruch auf ein Zwölftel des Jahresurlaubs für jeden vollen Monat des Bestehens des Arbeitsverhältnisses hat der Arbeitnehmer
a) für Zeiten eines Kalenderjahres, für die er wegen Nichterfüllung der Wartezeit in diesem Kalenderjahr keinen vollen Urlaubsanspruch erwirbt;

b) wenn er vor erfüllter Wartezeit aus dem Arbeitsverhältnis ausscheidet;

c) wenn er nach erfüllter Wartezeit in der ersten Hälfte eines Kalenderjahres aus dem Arbeitsverhältnis ausscheidet.

(2) Bruchteile von Urlaubstagen, die mindestens einen halben Tag ergeben, sind auf volle Urlaubstage aufzurunden.

(3) Hat der Arbeitnehmer im Falle des Absatzes 1 Buchstabe c bereits Urlaub über den ihm zustehenden Umfang hinaus erhalten, so kann das dafür gezahlte Urlaubsentgelt nicht zurückgefordert werden.

§ 6 Ausschluß von Doppelansprüchen

(1) Der Anspruch auf Urlaub besteht nicht, soweit dem Arbeitnehmer für das laufende Kalenderjahr bereits von einem früheren Arbeitgeber Urlaub gewährt worden ist.

(2) Der Arbeitgeber ist verpflichtet, bei Beendigung des Arbeitsverhältnisses dem Arbeitnehmer eine Bescheinigung über den im laufenden Kalenderjahr gewährten oder abgegoltenen Urlaub auszuhändigen.

§ 7 Zeitpunkt, Übertragbarkeit und Abgeltung des Urlaubs

(1) Bei der zeitlichen Festlegung des Urlaubs sind die Urlaubswünsche des Arbeitnehmers zu berücksichtigen, es sei denn, daß ihrer Berücksichtigung dringende betriebliche Belange oder Urlaubswünsche anderer Arbeitnehmer, die unter sozialen Gesichtspunkten den Vorrang verdienen, entgegenstehen. Der Urlaub ist zu gewähren, wenn der Arbeitnehmer dies im Anschluß an eine Maßnahme der medizinischen Vorsorge oder Rehabilitation verlangt.

(2) Der Urlaub ist zusammenhängend zu gewähren, es sei denn, daß dringende betriebliche oder in der Person des Arbeitnehmers liegende Gründe eine Teilung des Urlaubs erforderlich machen. Kann der Urlaub aus diesen Gründen nicht zusammenhängend gewährt werden, und hat der Arbeitnehmer Anspruch auf Urlaub von mehr als zwölf Werktagen, so muß einer der Urlaubsteile mindestens zwölf aufeinanderfolgende Werktage umfassen.

(3) Der Urlaub muß im laufenden Kalenderjahr gewährt und genommen werden. Eine Übertragung des Urlaubs auf das nächste Kalenderjahr ist nur statthaft, wenn dringende betriebliche oder in der Person des Arbeitnehmers liegende Gründe dies rechtfertigen. Im Fall der Übertragung muß der Urlaub in den ersten drei Monaten des

folgenden Kalenderjahres gewährt und genommen werden. Auf Verlangen des Arbeitnehmers ist ein nach § 5 Abs. 1 Buchstabe a entstehender Teilurlaub jedoch auf das nächste Kalenderjahr zu übertragen.

(4) Kann der Urlaub wegen Beendigung des Arbeitsverhältnisses ganz oder teilweise nicht mehr gewährt werden, so ist er abzugelten.

§ 8 Erwerbstätigkeit während des Urlaubs

Während des Urlaubs darf der Arbeitnehmer keine dem Urlaubszweck widersprechende Erwerbstätigkeit leisten.

§ 9 Erkrankung während des Urlaubs

Erkrankt ein Arbeitnehmer während des Urlaubs, so werden die durch ärztliches Zeugnis nachgewiesenen Tage der Arbeitsunfähigkeit auf den Jahresurlaub nicht angerechnet.

§ 10 Maßnahmen der medizinischen Vorsorge oder Rehabilitation

Maßnahmen der medizinischen Vorsorge oder Rehabilitation dürfen nicht auf den Urlaub angerechnet werden, soweit ein Anspruch auf Fortzahlung des Arbeitsentgelts nach den gesetzlichen Vorschriften über die Entgeltfortzahlung im Krankheitsfall besteht.

§ 11 Urlaubsentgelt

(1) Das Urlaubsentgelt bemißt sich nach dem durchschnittlichen Arbeitsverdienst, das der Arbeitnehmer in den letzten dreizehn Wochen vor dem Beginn des Urlaubs erhalten hat, mit Ausnahme des zusätzlich für Überstunden gezahlten Arbeitsverdienstes. Bei Verdiensterhöhungen nicht nur vorübergehender Natur, die während des Berechnungszeitraums oder des Urlaubs eintreten, ist von dem erhöhten Verdienst auszugehen. Verdienstkürzungen, die im Berechnungszeitraum infolge von Kurzarbeit, Arbeitsausfällen oder unverschuldeter Arbeitsversäumnis eintreten, bleiben für die Berechnung des Urlaubsentgelts außer Betracht. Zum Arbeitsentgelt gehörende Sachbezüge, die während des Urlaubs nicht weitergewährt werden, sind für die Dauer des Urlaubs angemessen in bar abzugelten.

(2) Das Urlaubsentgelt ist vor Antritt des Urlaubs auszuzahlen.

§ 12   Urlaub im Bereich der Heimarbeit

Für die in Heimarbeit Beschäftigten und die ihnen nach § 1 Abs. 2 Buchstaben a bis c des Heimarbeitsgesetzes Gleichgestellten, für die die Urlaubsregelung nicht ausdrücklich von der Gleichstellung ausgenommen ist, gelten die vorstehenden Bestimmungen mit Ausnahme der §§ 4 bis 6, 7 Abs. 3 und 4 und § 11 nach Maßgabe der folgenden Bestimmungen:

1. Heimarbeiter (§ 1 Abs. 1 Buchstabe a des Heimarbeitsgesetzes) und nach § 1 Abs. 2 Buchstabe a des Heimarbeitsgesetzes Gleichgestellte erhalten von ihrem Auftraggeber, oder falls sie von einem Zwischenmeister beschäftigt werden, von diesem bei einem Anspruch auf 24 Werktage ein Urlaubsentgelt von 9,1 vom Hundert des in der Zeit vom 1. Mai bis zum 30. April des folgenden Jahres oder bis zur Beendigung des Beschäftigungsverhältnisses verdienten Arbeitsentgelts vor Abzug der Steuern und Sozialversicherungsbeiträge ohne Unkostenzuschlag und ohne die für den Lohnausfall an Feiertagen, den Arbeitsausfall infolge Krankheit und den Urlaub zu leistenden Zahlungen.

2. War der Anspruchsberechtigte im Berechnungszeitraum nicht ständig beschäftigt, so brauchen unbeschadet des Anspruches auf Urlaubsentgelt nach Nummer 1 nur so viele Urlaubstage gegeben zu werden, wie durchschnittliche Tagesverdienste, die er in der Regel erzielt hat, in dem Urlaubsentgelt nach Nummer 1 enthalten sind.

3. Das Urlaubsentgelt für die in Nummer 1 bezeichneten Personen soll erst bei der letzten Entgeltzahlung vor Antritt des Urlaubs ausgezahlt werden.

4. Hausgewerbetreibende (§ 1 Abs. 1 Buchstabe b des Heimarbeitsgesetzes) und nach § 1 Abs. 2 Buchstaben b und c des Heimarbeitsgesetzes Gleichgestellte erhalten von ihrem Auftraggeber oder, falls sie von einem Zwischenmeister beschäftigt werden, von diesem als eigenes Urlaubsentgelt und zur Sicherung der Urlaubsansprüche der von ihnen Beschäftigten einen Betrag von 9,1 vom Hundert des an sie ausgezahlten Arbeitsentgelts vor Abzug der Steuern und Sozialversicherungsbeiträge ohne Unkostenzuschlag und ohne die für den Lohnausfall an Feiertagen, den Arbeitsausfall infolge Krankheit und den Urlaub zu leistenden Zahlungen.

5. Zwischenmeister, die den in Heimarbeit Beschäftigten nach § 1 Abs. 2 Buchstabe d des Heimarbeitsgesetzes gleichgestellt sind,

haben gegen ihren Auftraggeber Anspruch auf die von ihnen nach den Nummern 1 und 4 nachweislich zu zahlenden Beträge.

6. Die Beträge nach den Nummern 1, 4 und 5 sind gesondert im Entgeltbeleg auszuweisen.

7. Durch Tarifvertrag kann bestimmt werden, daß Heimarbeiter (§ 1 Abs. 1 Buchstabe a des Heimarbeitsgesetzes), die nur für einen Auftraggeber tätig sind und tariflich allgemein wie Betriebsarbeiter behandelt werden, Urlaub nach den allgemeinen Urlaubsbestimmungen erhalten.

8. Auf die in den Nummern 1, 4 und 5 vorgesehenen Beträge finden die §§ 23 bis 25, 27 und 28 und auf die in den Nummern 1 und 4 vorgesehenen Beträge außerdem § 21 Abs. 2 des Heimarbeitsgesetzes entsprechende Anwendung. Für die Urlaubsansprüche der fremden Hilfskräfte der in Nummer 4 genannten Personen gilt § 26 des Heimarbeitsgesetzes entsprechend.

§ 13 Unabdingbarkeit

(1) Von den vorstehenden Vorschriften mit Ausnahme der §§ 1, 2 und 3 Abs. 1 kann in Tarifverträgen abgewichen werden. Die abweichenden Bestimmungen haben zwischen nichttarifgebundenen Arbeitgebern und Arbeitnehmern Geltung, wenn zwischen diesen die Anwendung der einschlägigen tariflichen Urlaubsregelung vereinbart ist. Im übrigen kann, abgesehen von § 7 Abs. 2 Satz 2, von den Bestimmungen dieses Gesetzes nicht zuungunsten des Arbeitnehmers abgewichen werden.

(2) Für das Baugewerbe oder sonstige Wirtschaftszweige, in denen als Folge häufigen Ortswechsels der von den Betrieben zu leistenden Arbeit Arbeitsverhältnisse von kürzerer Dauer als einem Jahr in erheblichem Umfange üblich sind, kann durch Tarifvertrag von den vorstehenden Vorschriften über die in Absatz 1 Satz 1 vorgesehene Grenze hinaus abgewichen werden, soweit dies zur Sicherung eines zusammenhängenden Jahresurlaubs für alle Arbeitnehmer erforderlich ist. Absatz 1 Satz 2 findet entsprechende Anwendung.

(3) Für den Bereich der Deutsche Bahn Aktiengesellschaft sowie einer gemäß § 2 Abs. 1 und § 3 Abs. 3 des Deutsche Bahn Gründungsgesetzes vom 27. Dezember 1993 (BGBl. I S. 2378, 2386) ausgegliederten Gesellschaft und für den Bereich der Nachfolgeunternehmen der Deutschen Bundespost kann von der Vorschrift über das Kalenderjahr als Urlaubsjahr (§ 1) in Tarifverträgen abgewichen werden.

§ 14 (gegenstandslos)

§ 15 Änderung und Aufhebung von Gesetzen

(1) Unberührt bleiben die urlaubsrechtlichen Bestimmungen des Arbeitsplatzschutzgesetzes vom 30. März 1957 (Bundesgesetzbl. I S. 293), geändert durch Gesetz vom 22. März 1962 (Bundesgesetzbl. I S. 169), des Neunten Buches Sozialgesetzbuch, des Jugendarbeitsschutzgesetzes vom 9. August 1960 (Bundesgesetzbl. I S. 665), geändert durch Gesetz vom 20. Juli 1962 (Bundesgesetzbl. I S. 449), und des Seearbeitsgesetzes vom 20. April 2013 (BGBl. I S. 868), jedoch wird

a) in § 19 Abs. 6 Satz 2 des Jugendarbeitsschutzgesetzes der Punkt hinter dem letzten Wort durch ein Komma ersetzt und folgender Satzteil angefügt: „und in diesen Fällen eine grobe Verletzung der Treuepflicht aus dem Beschäftigungsverhältnis vorliegt.";

b) § 53 Abs. 2 des Seemannsgesetzes durch folgende Bestimmungen ersetzt: „Das Bundesurlaubsgesetz vom 8. Januar 1963 (Bundesgesetzbl. I S. 2) findet auf den Urlaubsanspruch des Besatzungsmitglieds nur insoweit Anwendung, als es Vorschriften über die Mindestdauer des Urlaubs enthält."

(2) Mit dem Inkrafttreten dieses Gesetzes treten die landesrechtlichen Vorschriften über den Erholungsurlaub außer Kraft. In Kraft bleiben jedoch die landesrechtlichen Bestimmungen über den Urlaub für Opfer des Nationalsozialismus und für solche Arbeitnehmer, die geistig oder körperlich in ihrer Erwerbsfähigkeit behindert sind.

§ 15a Übergangsvorschrift

Befindet sich der Arbeitnehmer von einem Tag nach dem 9. Dezember 1998 bis zum 1. Januar 1999 oder darüber hinaus in einer Maßnahme der medizinischen Vorsorge oder Rehabilitation, sind für diesen Zeitraum die seit dem 1. Januar 1999 geltenden Vorschriften maßgebend, es sei denn, daß diese für den Arbeitnehmer ungünstiger sind.

§ 16 Inkrafttreten

Dieses Gesetz tritt mit Wirkung vom 1. Januar 1963 in Kraft.

I

Tarifvertrag für den öffentlichen Dienst (TVöD), § 26 Erholungsurlaub – Übertragung und Abgeltung von Urlaub bei Krankheit –

RdSchr. d. BMI vom 13. März 2013

A Vorbemerkung

Mit Bezugsrundschreiben wurden Durchführungshinweise gegeben, wie in Fällen fortdauernder krankheitsbedingter Arbeitsunfähigkeit nach der neuen Rechtsprechung des Bundesarbeitsgerichts (BAG), die im Anschluss an die Grundsatzentscheidungen des Gerichtshofs der Europäischen Union (EuGH) in den Rechtssachen „Schultz-Hoff" und „KHS" zur Umsetzung der unionsrechtlichen Vorgaben ergangen ist, urlaubsrechtlich zu verfahren ist. In der Zwischenzeit hat das BAG seine neue Rechtsprechung zur Übertragung und Abgeltung von Urlaubsansprüchen in einer Vielzahl weiterer grundlegender Entscheidungen weiterentwickelt und präzisiert. Das Bezugsrundschreiben vom 31. Mai 2012 ist in Teilaspekten deshalb bereits wieder überholt und wird aufgehoben. Das vorliegende Rundschreiben verfolgt das Ziel, die aktuelle Rechtslage im Urlaubsrecht zusammenfassend darzustellen. Die neue Rechtsprechung des BAG ist eingearbeitet und die Durchführungshinweise sind entsprechend ergänzt bzw. berichtigt worden. Die aktualisierte Neufassung ersetzt somit das Bezugsrundschreiben vollständig. Dabei gilt unverändert, dass im Urlaubsrecht mit weiteren Änderungen zu rechnen ist. Auch zum jetzigen Zeitpunkt liegt noch nicht zu allen Folgefragen, die sich aufgrund der verbindlichen Auslegung der unionsrechtlichen Vorgaben durch den EuGH ergeben, höchstrichterliche Rechtsprechung vor. Es ist somit absehbar, dass die Entwicklung des seit der Schultz-Hoff-Entscheidung in Bewegung geratenen deutschen Urlaubsrechts noch nicht abgeschlossen ist.

Die Weiterentwicklung der urlaubsrechtlichen Rechtsprechung, die sich seit der letzten Aktualisierung der Durchführungshinweise vollzogen hat, betrifft im Wesentlichen die Regelungen zur Abgeltung und zum Verfall von tariflichen Mehrurlaubsansprüchen sowie die Höchstbegrenzung des Übertragungszeitraumes für den gesetzlichen Mindesturlaub. Hervorzuheben sind insbesondere folgende Entscheidungen des BAG, die in den Abschnitten D und E genauer erläutert werden:

– **Abgeltung tariflicher Mehrurlaubsansprüche** richtet sich auch nach der gesetzlichen Regelung des § 7 Abs. 4 BUrlG (BAG vom 22. Mai 2012 – 9 AZR 618/10). Der Anspruch auf Abgeltung des tariflichen Mehrurlaubs ist nicht davon anhängig, ob der Arbeitnehmer bei Beendigung des Arbeitsverhältnisses arbeitsfähig ist oder seine Arbeitsfähigkeit bis zum Ende des tariflichen Übertragungszeitraums wieder erlangt.

– **Urlaubsabgeltung** entsteht auch bei Arbeitsfähigkeit des Arbeitnehmers als reiner Geldanspruch bei Beendigung des Arbeitsverhältnisses – **vollständige Aufgabe der Surrogatstheorie** (BAG vom 19. Juni 2012 – 9 AZR 652/10). Der Anspruch auf Abgeltung des Urlaubsanspruchs setzt nicht mehr die Erfüllbarkeit des Freistellungsanspruchs in einem fiktiv fortbestehenden Arbeitsverhältnis voraus.

– **Verfall gesetzlicher Mindesturlaubsansprüche bei fortdauernder krankheitsbedingter Arbeitsunfähigkeit nach Ablauf eines verlängerten Übertragungszeitraums von längstens fünfzehn Monaten.** § 7 Abs. 3 BUrlG wird im Anschluss an die KHS-Entscheidung des EuGH nunmehr im Wege der unionsrechtskonformen Auslegung unmittelbar ausgelegt (BAG vom 7. August 2012 – 9 AZR 353/10).

– **Urlaubsansprüche im ruhenden Arbeitsverhältnis** aufgrund des Bezugs einer zeitlich befristeten Erwerbsminderungsrente, der eine Erkrankung zugrunde liegt (ebenfalls BAG vom 7. August 2012 – 9 AZR 353/10). Die Kürzungsvorschrift des § 26 Abs. 2 Buchst. c TVöD findet in diesen Fällen nur auf den tariflichen Mehrurlaub Anwendung.

– **Anspruchskonkurrenz zwischen gesetzlichem Mindesturlaub und tariflichem Mehrurlaub.** Unterscheidet eine Regelung in Bezug auf den Umfang des Urlaubsanspruchs nicht zwischen gesetzlichem Mindesturlaub und tariflichem Mehrurlaub, werden mit der Freistellung des Arbeitnehmers auch ohne Tilgungsbestimmung beide Ansprüche ganz oder teilweise erfüllt (BAG vom 7. August 2012 – 9 AZR 760/10).

B Vorabentscheidungen des EuGH zum Erhalt des nach Art. 7 der Arbeitszeitrichtlinie unionsrechtlich gewährleisteten Anspruchs auf bezahlten Mindesturlaub in Fällen einer fortdauernden krankheitsbedingten Arbeitsunfähigkeit

Die Vorabentscheidung des **EuGH vom 20. Januar 2009 in den verbundenen Rechtssachen – C-350/06 – (Schultz-Hoff) und C-520/06 (Stringer)** – *(im Folgenden: „Schultz-Hoff")* hatte tiefgreifende Folgen für das deutsche Urlaubsrecht. Der EuGH hat darin u. a. auf Grundlage der ihm vom LAG Düsseldorf vorgelegten Auslegungsfragen die Bestimmungen des Unionsrechts zum bezahlten Mindestjahresurlaub von vier Wochen nach Art. 7 der Richtlinie 2003/88/EG des Europäischen Parlaments und des Rates vom 4. November 2003 über bestimmte Aspekte der Arbeitszeitgestaltung (ABl. L 299, S. 9) – *(im Folgenden: „Arbeitszeitrichtlinie")* – anhand von abstrakten Rechtssätzen präzisiert. Die Fragen betrafen dabei den Ausnahmefall einer fortdauernden krankheitsbedingten Arbeitsunfähigkeit. Also einen Sachverhalt, in dem Arbeitnehmer aus von ihnen unabhängigen Gründen nicht die Möglichkeit hatten, ihren Urlaubsanspruch zu verwirklichen. In den jeweiligen Ausgangsverfahren der im Rahmen der Vorabentscheidung verbundenen Rechtssachen konnten die Arbeitnehmer ihren unionsrechtlich gewährleisteten Anspruch auf bezahlten Jahresurlaub nicht ausüben, weil sie während des gesamten Bezugszeitraums und/oder Übertragungszeitraums oder eines Teils davon ordnungsgemäß krankgeschrieben waren.

Für das deutsche Urlaubsrecht von Bedeutung sind die folgenden vom EuGH aufgestellten vier Rechtssätze:

– Der von Art. 7 Abs. 1 der Arbeitszeitrichtlinie gewährleistete Anspruch auf bezahlten Mindestjahresurlaub von vier Wochen kann bei ordnungsgemäß krankgeschriebenen Arbeitnehmern nicht von einer tatsächlichen Mindestarbeitsleistung abhängig gemacht werden; er entsteht daher auch, wenn Arbeitnehmer im gesamten Bezugszeitraum oder in Teilen arbeitsunfähig krank sind [Rz. 41 a. a. O., bestätigt mit EuGH-Urteil vom 24. Januar 2012 – C-282/10 (Rechtssache Dominguez)].

– Art. 7 Abs. 1 der Arbeitszeitrichtlinie steht grundsätzlich einer nationalen Regelung nicht entgegen, die für die Ausübung des mit der Arbeitszeitrichtlinie ausdrücklich verliehenen Anspruchs auf bezahlten Jahresurlaub Modalitäten vorsieht. Diese kann sogar den Verlust dieses Anspruchs am Ende eines Bezugszeitraums

(= Kalenderjahr) oder eines Übertragungszeitraums umfassen (Rz. 43, 49 a. a. O.).

– *Der nach der Arbeitszeitrichtlinie verliehene Urlaubsanspruch erlischt jedoch nur, wenn der Arbeitnehmer tatsächlich die Möglichkeit hatte, ihn auszuüben. Art. 7 Abs. 1 der Arbeitszeitrichtlinie steht deswegen einzelstaatlichen Rechtsvorschriften entgegen, nach denen der Anspruch auf bezahlten Mindestjahresurlaub bei Ablauf des Bezugszeitraums oder eines Übertragungszeitraums auch dann erlischt, wenn der Arbeitnehmer während des gesamten Bezugszeitraums und/oder Übertragungszeitraums oder eines Teils davon krankgeschrieben war (Tenor 2 a. a. O.).*

– *Das Gleiche gilt für die Urlaubsabgeltung. Insoweit steht Art. 7 Abs. 2 der Arbeitszeitrichtlinie einzelstaatlichen Rechtsvorschriften entgegen, nach denen für nicht genommenen Mindestjahresurlaub bei krankheitsbedingter Arbeitsunfähigkeit am Ende des Arbeitsverhältnisses keine finanzielle Vergütung gezahlt wird. Maßgebend für die Berechnung der Urlaubsabgeltung ist das gewöhnliche Arbeitsentgelt, das während des bezahlten Jahresurlaub zu zahlen gewesen wäre (Tenor 3 a. a. O.).*

Der **EuGH** hat die darauf folgende **Vorabentscheidung vom 24. November 2011 – C-214/10 (Rechtssache KHS)** – *(im Folgenden „KHS")* genutzt, um seine in der Schultz-Hoff-Entscheidung getroffene Schlussfolgerung ausdrücklich zu „nuancieren". Auf Vorlage des LAG Hamm hat er ergänzend festgestellt, dass es grundsätzlich zulässig ist, das Ansammeln von Ansprüchen auf bezahlten Jahresurlaub zu begrenzen, wenn ein Arbeitnehmer über mehrere Bezugszeiträume in Folge arbeitsunfähig ist. Ein Recht auf ein unbegrenztes Ansammeln von Ansprüchen auf bezahlten Jahresurlaub, würde dann nicht mehr dem Zweck des Anspruchs auf bezahlten Jahresurlaub entsprechen. Das nationale Recht könne daher einen Übertragungszeitraum vorsehen, nach dessen Ende der Anspruch auf bezahlten Jahresurlaub erlischt, der während eines Zeitraums der Arbeitsunfähigkeit angesammelt wurde. Allerdings müsse ein solcher Übertragungszeitraum die Dauer des Bezugszeitraums, für den der Urlaub gewährt wird, deutlich überschreiten. Ausdrücklich als unionsrechtskonform anerkannt hat der EuGH bei lang andauernder Arbeitsunfähigkeit eine zeitliche Begrenzung der Ansammlung von Urlaubsansprüchen durch einen **verlängerten (Höchst-)Übertragungszeitraum von fünfzehn Monaten**, nach dessen Ablauf der Anspruch auf bezahlten Urlaub erlischt. Bei Überschreitung dieses Zeitraums könne davon ausgegangen werden, dass der bezahlte Jahresurlaub für den Arbeitnehmer keine positive Wirkung als Erholungszeit mehr habe (Rz. 30 ff. a. a. O.).

In seiner **Vorabentscheidung vom 24. Januar 2012 – C-282/10 (Rechtssache Dominguez)** hat der EuGH klargestellt, dass die unionsrechtlichen Vorgaben ausschließlich den nach Art. 7 der Arbeitszeitrichtlinie gewährleisteten Mindestjahresurlaub von vier Wochen betreffen. Die Mitgliedstaaten können die Bedingungen für die Inanspruchnahme und Gewährung des diesen übersteigenden Mehrurlaubs frei regeln. Diese Befugnis schließt die Befristung des Mehrurlaubs ein (Rz. 47 a. a. O.).

C Grundlegende Entscheidungen des Bundesarbeitsgerichts

Für Fälle krankheitsbedingter Arbeitsunfähigkeit, die bis zum Ende des Urlaubsjahres und/oder des Übertragungszeitraums andauerten, widersprach die vom BAG in ständiger Rechtsprechung vertretene Auslegung des § 7 Abs. 3 und 4 BUrlG den beschriebenen Vorabentscheidungen. Nach den Vorgaben der richtlinienkonformen Grundsätze durch den EuGH in seiner **Schultz-Hoff-Entscheidung** hat das BAG seine entgegenstehende Rechtsprechung mit Urteil vom 24. März 2009 – 9 AZR 983/07 – unter Beachtung dieser Vorgaben aufgegeben. Die Schultz-Hoff-Entscheidung beinhaltete jedoch keine Aussagen zur Zulässigkeit einer Begrenzung des Ansammelns von Urlaubsansprüchen in Fällen fortdauernder Arbeitsunfähigkeit. Das BAG hat im Wege einer Rechtsfortbildung deswegen – zunächst ohne weitere zeitliche Einschränkung – angenommen, der gesetzliche Mindesturlaubsanspruch sei im Falle fortdauernder Arbeitsunfähigkeit des Arbeitnehmers entgegen der Regelung in § 7 Abs. 3 Satz 3 BUrlG nicht bis zum 31. März des Folgejahres befristet [vgl. BAG vom 24. März 2009 – 9 AZR 983/07 – (Juris-Rz. 47 ff.)]. Nachdem der EuGH zwischenzeitlich seine Rechtsprechung in der **KHS-Entscheidung** „nuanciert" hat und grundsätzlich eine Begrenzung des Übertragungszeitraums für zulässig erklärte, ist nach Feststellung des BAG auch eine modifizierte unionsrechtskonforme Auslegung unmittelbar aus § 7 Abs. 3 Satz 3 BUrlG geboten (vgl. BAG vom 7. August 2012 – 9 AZR 353/10; nähere Einzelheiten hierzu siehe Abschnitt D). Für den tariflichen Mehrurlaub gelten jedoch auch bei langfristiger krankheitsbedingter Arbeitsunfähigkeit für die Befristung und den Verfall die Bestimmungen des § 26 Abs. 2 Buchst. a TVöD bzw. die übertarifliche Regelung, wonach analog zu der für die Beamten und Beamtinnen des Bundes in § 7 Erholungsurlaubsverordnung (EUrlV) geltenden Regelung der Urlaubsanspruch verfällt, wenn er nicht innerhalb von zwölf Monaten nach dem Ende des Urlaubsjahres in dem er entstanden ist, in Anspruch genommen wurde (s. Abschnitt E, Ziffer 1.1.4).

Es folgten weitere Grundsatzentscheidungen, deren Kernaussagen im Folgenden kurz erläutert werden:

– Der Urlaubsabgeltungsanspruch wird in Folge der Aufgabe der Surrogatstheorie, die die Erfüllbarkeit des Freistellungsanspruchs in einem fiktiv fortbestehenden Arbeitsverhältnis voraussetzte, nun am Ende des Arbeitsverhältnisses als reiner Geldanspruch fällig, und zwar auch im Falle einer zu diesem Zeitpunkt vorliegenden Arbeitsunfähigkeit (vgl. BAG v. 9. August 2011 – 9 AZR 365/10).

– Der Abgeltungsanspruch unterscheidet sich nicht von den sonstigen Entgeltansprüchen aus dem Arbeitsverhältnis und unterliegt dadurch auch den tariflichen Ausschlussfristen und kann verfallen (vgl. BAG v. 9. August 2011 – 9 AZR 352/10).

– Die Tarifvertragsparteien haben mit den Regelungen des § 26 Abs. 2 TVöD zur Übertragung und zum Verfall des Urlaubsanspruchs ein eigenständiges Fristregime, losgelöst von den gesetzlichen Bestimmungen des § 7 Abs. 3 BurlG, geschaffen (vgl. zuletzt BAG v. 22. Mai 2012 – 9 AZR 575/10). Folglich können tarifliche Mehrurlaubsansprüche weiterhin entsprechend vereinbarter tariflicher Fristen auch bei langandauernder Erkrankung verfallen.

– Urlaubsabgeltungsansprüche sowohl für den gesetzlichen Mindesturlaub als auch für den tariflichen Mehrurlaub richten sich einheitlich nach § 7 Abs. 4 BUrlG (vgl. BAG v. 22. Mai 2012 – 9 AZR 618/10). Die Tarifvertragsparteien haben keine eigenständigen Regelungen für Urlaubsabgeltungsansprüche vereinbart. Die Verweisung auf die gesetzlichen Bestimmungen hat den „Gleichlauf" der Ansprüche zur Folge. Urlaubsabgeltungsansprüche werden, soweit sie nicht verfallen sind, bei Beendigung des Arbeitsverhältnisses sofort fällig.

– Die Tarifvertragsparteien haben mit der Regelung des § 26 Abs. 2 Buchst. a TVöD hinsichtlich der Befristung und Übertragung und damit mittelbar auch zugleich bezüglich des Verfalls des Urlaubs ein eigenständiges Fristenregime vereinbart und damit eine von § 7 Abs. 3 BUrlG abweichende eigenständige Regelung getroffen [vgl. BAG v. 22. Mai 2012 – 9 AZR 575/10 – siehe (Juris-Rz. 10, 11 a. a. O.)]. Diese hinreichend deutliche Differenzierung zu den gesetzlichen Bestimmungen lässt erkennen, dass im Tarifvertrag ein sogenannter „Gleichlauf" zum Mindesturlaub nach dem BUrlG nicht beabsichtigt ist. Einem von den Tarifvertragsparteien angeordneten Verfall des übergesetzlichen Urlaubsanspruchs steht nach klarem Richtlinienrecht und der gesicherten Rechtsprechung des EuGH kein Unionsrecht entgegen [BAG vom 24. März 2009 – 9 AZR 983/07 – (Juris-Rz. 81) sowie vom 7. August 2012 – 9 AZR 760/10 – (Juris-Rz. 20)].

D   Kurzdarstellung der neuesten Entscheidungen des Bundesarbeitsgerichts

1. Abgeltung tarifvertraglicher Mehrurlaubsansprüche, BAG-Entscheidungen vom 22. Mai 2012 – 9 AZR 618/10 – und vom 19. Juni 2012 – 9 AZR 652/10

Nach den aktuellen BAG-Entscheidungen kann die bisher vertretene Rechtsauffassung, wonach der tarifliche Mehrurlaubsanspruch bei Beendigung des Arbeitsverhältnisses weiterhin seine Erfüllbarkeit bei gedachter Fortdauer des Arbeitsverhältnisses voraussetzt, nicht mehr aufrecht erhalten werden.

Der Neunte Senat hat wiederholt entschieden, dass der Anspruch auf Abgeltung des Urlaubs aufgrund lang andauernder Arbeitsunfähigkeit nach § 7 Abs. 4 BUrlG ein reiner Geldanspruch ist (BAG vom 24. März 2009 – 9 AZR 983/07 –, fortgeführt mit Urteil vom 4. Mai 2010 – 9 AZR 183/09). Mit seiner Entscheidung vom 19. Juni 2012 – 9 AZR 652/10 – hat das BAG die Surrogatstheorie nun ausdrücklich insgesamt aufgegeben, also auch für den Fall, dass die/der ausscheidende Beschäftigte arbeitsfähig ist (= **vollständige Aufgabe der Surrogatstheorie**). Der Abgeltungsanspruch sei nach § 7 Abs. 4 BUrlG in seiner Rechtsqualität ein einheitlicher Anspruch. Die Vorschrift differenziere nicht zwischen arbeitsunfähigen und arbeitsfähigen Arbeitnehmern. Das verbiete es, die Surrogatstheorie nur für Abgeltungsansprüche fortdauernd arbeitsunfähig erkrankter Arbeitnehmer aufzugeben (Juris-Rz. 18 a. a. O.).

Das BAG hat die richtlinienkonforme Rechtsauslegung hinsichtlich der Rechtmäßigkeit zur freien Vereinbarung der **Verfallsregeln für den tarifvertraglichen Mehrurlaub** durch die Tarifvertragsparteien bestätigt und mit seiner aktuellen Rechtsprechung weiter ausgeführt. Mit Urteil vom 22. Mai 2012 – 9 AZR 618/10 – hat der Senat über die **Abgeltung des tariflichen Mehrurlaubs** im Geltungsbereich des Tarifvertrages für den öffentlichen Dienst der Länder (TV-L) entschieden. Der TV-L in der jetzt gültigen Fassung enthält zum Fristenregime sowie zur Verweisung auf Bestimmungen des Bundesurlaubsgesetzes inhaltsgleiche Bestimmungen wie der TVöD; insoweit findet die vorgenannte Rechtsprechung auch für die Beschäftigten des Bundes im Geltungsbereich des TVöD Anwendung. In seinen Entscheidungsgründen weist der Senat erneut darauf hin, dass für den Regelungswillen der Tarifvertragsparteien, zwischen Ansprüchen auf Abgeltung von Mindest- und Mehrurlaub differenzieren zu wollen, deutliche Anhaltspunkte bestehen müssen. Ob ein Gleichlauf von gesetzlichem Mindesturlaub und tariflichen Mehrurlaub vorliege, müsse nach Ansicht des Gerichts anhand der einschlägigen tariflichen Bestimmungen zu den jeweiligen Regelungsgegenständen (Fristenregime und Abgeltungsanspruch) gesondert untersucht werden; dabei erfolgt die Beurteilung jeweils unabhängig voneinander. Das Gericht kommt zu dem Schluss, dass diese Unterscheidung im Tarifvertrag für die Urlaubsabgeltung nicht getroffen wurde. Die Tarifvertragsparteien hätten keine eigenständigen Regelungen zur Abgeltung von Urlaubsansprüchen getroffen, sondern lediglich auf die Bestimmungen zum gesetzlichen Mindesturlaub Bezug genommen. Damit richten sich alle Urlaubsabgeltungsansprüche einheitlich nach § 7 Abs. 4 BUrlG, und zwar unabhängig davon, ob die/der Beschäftigte zu diesem Zeitpunkt arbeitsfähig oder arbeitsunfähig ist. Der sich daraus ergebende **Gleichlauf bei der Abgeltung von Urlaubsansprüchen** lässt nach vollständiger Aufgabe der Surrogatstheorie auch den tariflich noch nicht verfallenen Mehrurlaub als reinen Geldanspruch aus dem Arbeitsverhältnis bei dessen Beendigung entstehen.

2. Urlaubsanspruch im langjährig ruhenden Arbeitsverhältnis, BAG-Entscheidung vom 7. August 2012 – 9 AZR 353/10

Nach Feststellung des BAG im Urteil vom 7. August 2012 – 9 AZR 353/10 – ist aus Anlass der Entscheidung des EuGH vom 22. November 2011 – C-214/10 (Rechtssache KHS) § 7 Abs. 3 Satz 3 BUrlG unionskonform so auszulegen, dass **gesetzliche Urlaubsansprüche fünfzehn**

Monate nach Ablauf des Urlaubsjahres verfallen, wenn der Arbeitnehmer aus gesundheitlichen Gründen an seiner Arbeitsleistung gehindert war. Sie gehen also spätestens mit Ablauf des 31. März des zweiten Folgejahres unter. Dies gilt auch bei fortdauernder Arbeitsunfähigkeit (Juris-Rz. 32 a. a. O.). Der aufgrund der fünfzehnmonatigen Verfallsfrist in das vom Urlaubsjahr aus betrachtet – übernächste Kalenderjahr übertragene Urlaubsanspruch tritt zum Urlaubsanspruch für das laufende Kalenderjahr hinzu, so dass der gesetzliche Mindesturlaubsanspruch auf kumulierende Weise anwächst. Allerdings besteht die Besonderheit, dass der auf diese Weise übertragene Anteil des Mindesturlaubsanspruchs, der vor dem laufenden Urlaubsjahr entstanden ist, vor Ablauf der fünfzehnmonatigen Verfallsfrist gewährt und genommen werden muss (Juris-Rz. 34 a. a. O.). Besteht die Arbeitsunfähigkeit auch am 31. März des zweiten auf das Urlaubsjahr folgenden Jahres fort, so verfällt der dem Fristenregime des § 7 Abs. 3 Satz 3 BUrlG unterliegende Urlaubsanspruch. Eine erneute Privilegierung des bereits einmal übertragenen Urlaubs ist europarechtlich nicht geboten (Juris-Rz. 40 a. a. O.).

Der Senat hat mit dieser Grundsatzentscheidung ebenfalls seine Rechtsprechung zum neuen Urlaubsrecht bei langjährigem krankheitsbedingten Ruhen des Arbeitsverhältnisses weiter fortgeführt und nationales Recht unionsrechtskonform ausgelegt. Dabei hat er – unter Beachtung der Grundsätze des Unionsrechts – neben dem Verfall des gesetzlichen Mindesturlaubs bei krankheitsbedingtem Arbeitsausfall auch über die **Entstehung und Kürzung von gesetzlichen Urlaubsansprüchen während des Bezuges einer zeitlich befristeten Erwerbsminderungsrente** zu entscheiden gehabt (nähere Einzelheiten siehe Teil E Ziffer 1.1.2). Dabei ist darauf hinzuweisen, dass die Erwerbsminderungsrente in dem entschiedenen Rechtsstreit im kausalen Zusammenhang mit einer andauernden Erkrankung gewährt wurde; nämlich einer schwerbehinderten Arbeitnehmerin, die aus gesundheitlichen Gründen nicht die ihr nach dem Arbeitsvertrag obliegende Arbeitsleistung erbrachte.

E Folgen der neuen Rechtsprechung für die Praxis in der Bundesverwaltung

Der gesetzliche Mindesturlaubsanspruch ist auch nach Ablauf des Urlaubsjahres bzw. des bisherigen übertariflichen Übertragungszeitraums von zwölf Monaten zu gewähren, wenn die oder der Beschäftigte diesen Urlaub wegen Arbeitsunfähigkeit nicht nehmen konnte. Endet das Arbeitsverhältnis während der Arbeitsunfähigkeit, ist der noch zustehende, nicht genommene und noch nicht verfallene **Urlaub** insgesamt abzugelten (Gesamturlaubsanspruch aus gesetzlichem Mindesturlaub und tariflichem Mehrurlaub). Um dem Rechnung zu tragen, ist § 7 Abs. 3 BUrlG unionsrechtskonform dahin gehend auszulegen, dass gesetzliche Mindesturlaubsansprüche vor Ablauf eines Zeitraums von fünfzehn Monaten nach dem Ende des Urlaubsjahres nicht erlöschen, wenn der oder die Beschäftigte aus gesundheitlichen Gründen an seiner/ihrer Arbeitsleistung gehindert war. Sie gehen jedoch spätestens mit Ablauf des 31. März des zweiten Folgejahres unter.

Die Urteile des EuGH und des BAG bezogen sich ausdrücklich nur auf den gesetzlichen Mindesturlaubsanspruch (vgl. zuletzt BAG vom 22. Mai 2012 – 9 AZR 575/10). Der darüber hinausgehende tarifliche Mehrurlaubsanspruch unterfällt nicht den Bestimmungen der Arbeitszeitrichtlinie. Die Tarifvertragsparteien sind deshalb grundsätzlich frei, für diesen Anspruch eigene Verfallsregelungen mit einem eigenständigen Fristenregime zu treffen. Allerdings verlangt das BAG deutliche Anhaltspunkte für den Willen der Tarifvertragsparteien, zwischen gesetzlichen und übergesetzlichen tarifvertraglichen Ansprüchen zu unterscheiden. Mit der o. g. BAG-Entscheidung bestätigte der Urlaubssenat, dass § 26 Abs. 2 Buchst. a TVöD mit den Regelungen zur Übertragung und zum Verfall von Urlaubsansprüchen ein eigenständiges Fristenregime, losgelöst von § 7 Abs 3 BUrlG, darstellt. In der Praxis gelten für die tariflichen Mehrurlaubsansprüche die tarifvertraglich bzw. übertariflich vereinbarten Übertragungs- und Verfallsfristen; und zwar auch dann, wenn der Urlaub aufgrund von langfristiger Erkrankung nicht in Anspruch genommen werden konnte.

1. Mindesturlaub nach dem BUrlG

1.1 Urlaubsanspruch

§ 3 BUrlG regelt die Höhe des gesetzlichen Mindesturlaubsanspruchs. Danach beträgt der jährliche Vollurlaub bei einer Fünf-Tage-Woche 20 Arbeitstage; etwaige Teilurlaubsansprüche hingegen regelt § 5 BUrlG. Dieser Mindesturlaubsanspruch bleibt den Beschäftigten zunächst erhalten, auch wenn sie ihn wegen Arbeitsunfähigkeit im laufenden Kalenderjahr und in dem sich anschließenden übertariflichen Übertragungszeitraum von zwölf Monaten nicht verwirklichen konnten. Hinsichtlich der in Fällen fortdauernder Arbeitsunfähigkeit nach unionsrechtlichen Vorgaben erforderlichen Mindestlänge des Übertragungszeitraums ist jedoch zwischen dem gesetzlichen Mindesturlaub und dem tariflichen Mehrurlaub zu unterscheiden (siehe Ziffer 1.1.4).

1.1.1 Inanspruchnahme (bei rechtzeitiger Rückkehr aus der Arbeitsunfähigkeit)

Geht der übertragene Urlaubsanspruch wegen andauernder Arbeitsunfähigkeit trotz Ablauf des übertariflichen Übertragungszeitraums nicht unter, verfällt er gleichwohl, wenn der Arbeitnehmer im Kalenderjahr oder im Übertragungszeitraum so rechtzeitig gesund und arbeitsfähig wird, dass er in der verbleibenden Zeit den Urlaub hätte nehmen können (BAG vom 9. August 2011 – 9 AZR 425/10). Zu den Einzelheiten siehe Ziffer 1.1.4 Buchstabe b sowie dortiges Beispiel.

1.1.2 Rente auf Zeit im Anschluss an die Arbeitsunfähigkeit

Das BAG hat in seiner Entscheidung vom 7. August 2012 – 9 AZR 353/10 – unter Hinweis auf die Rechtsprechung des EuGH [u. a. Urteil vom 24. Januar 2012 – C 282/10 (Rechtssache Dominguez)] festgestellt, dass der gesetzliche Erholungsurlaub nach §§ 1, 3 Abs. 1 BUrlG und der Zusatzurlaub für schwerbehinderte Menschen nach § 125 Abs. 1 SGB IX keine Arbeitsleistung des Arbeitnehmers im Urlaubsjahr voraussetzen. Voraussetzung für das **Entstehen des Urlaubsanspruchs** ist nach dem Bundesurlaubsgesetz allein das Bestehen des Arbeitsverhältnisses (Juris-Rz. 8, 12 a. a. O.). Das in § 33 Abs. 2 Satz 6 TVöD angeordnete Ruhen des Arbeitsverhältnisses während des Bezugs einer Rente auf Zeit (z. B. befristete Rente wegen Erwerbsminderung) hindert somit nicht das Entstehen von Urlaubsansprüchen in diesen Jahren (vgl. Juris-Rz. 7, 8, 15 a. a. O.).

Sowohl der gesetzliche Mindesturlaub als auch der Zusatzurlaub nach § 125 Abs. 1 SGB IX stehen aufgrund ihrer Unabdingbarkeit nach § 13 Abs. 1 Satz 1 BUrlG nicht zur Disposition der Tarifvertragsparteien. Das BAG hat in seiner Entscheidung darauf erkannt, dass eine Tarifvorschrift wie **§ 26 Abs. 2 Buchst. c TVöD**, die die Verminderung der Urlaubsansprüche an das Ruhen des Arbeitsverhältnisses anknüpft, und somit gemäß § 33 Abs. 2 Satz 6 TVöD an den Bezug Rente auf Zeit, insoweit unwirksam ist, als sie auch die Verminderung gesetzlicher Urlaubsansprüche von Arbeitnehmern erfasst, die aus gesundheitlichen Gründen an der Arbeitsleistung gehindert sind. Im Fall des Bezugs einer zeitlich befristeten Erwerbsminderungsrente wirkt sich die Tarifvorschrift des § 26 Abs. 2 Buchst. c TVöD, nach der sich die Dauer des Erholungsurlaubs einschließlich eines etwaigen (tariflichen) Zusatzurlaubs für jeden vollen Kalendermonat um ein Zwölftel vermindert, wenn das Arbeitsverhältnis ruht, daher – wie schon die Vorgängervorschrift des § 48 Abs. 3 Satz 1 BAT – im Ergebnis **nur für den tariflichen Mehrurlaub** aus (vgl. Juris-Rz. 9 a. a. O.).

Soweit die vor und während des Ruhenszeitraums entstandenen Urlaubsansprüche noch nicht verfallen sind, werden diese – wie oben unter Ziffer 1.1.1 für den Fall der Rückkehr nach Beendigung der Arbeitsunfähigkeit ausgeführt – bei Wiederaufnahme der Tätigkeit grundsätzlich dem Urlaub des dann laufenden Kalenderjahres hinzugefügt. Dabei sind die Höchstübertragungsdauer von fünfzehn Monaten für den gesetzlichen Mindesturlaub (siehe oben Abschnitt E) und die übertarifliche Übertragungsfrist von zwölf Monaten für den tariflichen Mehrurlaub (siehe unten Ziffer 1.1.4) zu beachten.

1.1.3 Tarifliche Ausschlussfrist gemäß § 37 TVöD

Nach der bisherigen Rechtsprechung des BAG gilt eine tarifliche Ausschlussfrist nicht für gesetzliche Mindesturlaubsansprüche nach §§ 1 und 3 Abs. 1 BUrlG, die gemäß § 13 BUrlG unabdingbar sind. Dieser Grundsatz ist auch auf Urlaubsansprüche, die wegen krankheitsbedingter Arbeitsunfähigkeit nicht genommen werden konnten, anzuwenden. § 37 TVöD gilt daher auch insoweit nicht, und zwar weder für den gesetzlichen Mindesturlaubsanspruch noch für den tariflichen Mehrurlaub (zum Abgeltungsanspruch siehe aber unten Ziffer 1.2.2).

1.1.4 Befristung, Übertragung und Verfall; unionsrechtskonforme Auslegung des § 7 Abs. 3 BUrlG

Die unionsrechtskonforme Auslegung des § 7 Abs. 3 BUrlG zum erforderlichen Mindestumfang des Übertragungszeitraums in Fällen fortdauernder Arbeitsunfähigkeit betrifft nur den nach Art. 7 Abs. 1 der Arbeitszeitrichtlinie gewährleisteten und von §§ 1 und 3 Abs. 1 BUrlG begründeten vierwöchigen Mindesturlaub (siehe oben Einleitung zu Abschnitt E). Deshalb findet für den tariflichen Mehrurlaub anstelle der Tarifvorschrift des § 26 Abs. 2 Buchstabe a TVöD übertariflich die jeweils für die Beamtinnen und Beamten des Bundes geltende Regelung (§ 7 EUrlV) Anwendung. Danach verfällt Urlaub, der nicht innerhalb von zwölf Monaten nach dem Ende des Urlaubsjahres genommen worden ist. Bis zum Erreichen dieser übertariflichen Begrenzung, also bis zum 31. Dezember des Folgejahres gilt somit für den gesetzlichen Mindesturlaub und den tariflichen Mehrurlaub eine einheitliche Verfallsfrist. Eine Unterscheidung zwischen dem gesetzlichen Mindesturlaub und dem tariflichen Mehrurlaub ist aber in Fällen der fortdauernden Arbeitsunfähigkeit geboten, denn aufgrund der unionsrechtlichen Vorgaben gilt für diese Fälle für den gesetzlichen Mindesturlaub ein Höchstübertragungszeitraum von fünfzehn Monaten. Gesetzlicher Mindesturlaub verfällt also auch bei fortdauernder Arbeitsunfähigkeit spätestens nach Ablauf dieser verlängerten Befristung am 31. März des zweiten auf das Entstehungsjahr des Urlaubs folgenden Jahres.

Beispiel:

Ein Beschäftigter mit einem jährlichen Gesamturlaubsanspruch von 30 Arbeitstagen nach § 26 Abs. 1 TVöD wird im Januar 2010 krankheitsbedingt arbeitsunfähig und kann seine Tätigkeit erst im Januar 2012 wieder aufnehmen. Hatte er von seinem Urlaub für 2010 noch nichts verbraucht, sind hiervon die 10 Arbeitstage tariflicher Mehrurlaub mit Ablauf des 31. Dezember 2011 verfallen. Der gesetzliche Mindestanspruch von 20 Arbeitstagen bleibt hingegen trotz Ablaufs dieser übertariflichen Frist zunächst erhalten (s. o. 1.1).

Die Gliederung der folgenden Hinweise zur Befristung und Übertragung – und damit mittelbar auch zum Verfall – von Urlaubsansprüchen in Fällen fortdauernder Arbeitsunfähigkeit trägt dieser Zweiteilung Rechnung:

a) Einheitliches Fristenregime bis zum Ablauf der übertariflichen Verfallsfrist:

Der Urlaubsanspruch ist grundsätzlich auf das Urlaubsjahr befristet und endet mit dem 31. Dezember des Jahres, in dem er entstanden ist. Dies gilt gleichermaßen für den gesetzlichen Mindesturlaub (§§ 1, 3 Abs. 1 Satz 1 BUrlG) wie für den tariflichen Mehrurlaub (§ 26 Abs. 1 Satz 1 TVöD). Die tarifliche Übertragungsfrist nach § 26

Abs. 2 Buchst. a TVöD kommt aufgrund der übertariflichen Anwendung der beamtenrechtlichen Regelung des § 7 EUrlV sowohl für den gesetzlichen als auch für den tariflichen Urlaub nicht zum Tragen; stattdessen wird die Befristung auf das Folgejahr erweitert und der Urlaub verfällt erst, wenn er bis zum Ende des Folgejahres (= Ablauf des Urlaubsjahres + zwölf Monate) nicht genommen worden ist. Während dieser neuen Befristung ist der Urlaub zu verwirklichen, anderenfalls verfällt er.

Übertragen i. S. von § 7 Abs. 3 Satz 2 BUrlG bedeutet, dass der (Rest-)Urlaub des Vorjahres bis zum Ablauf des Übertragungszeitraums dem Urlaub des nachfolgenden Jahres hinzugerechnet wird. Beide zusammen bilden einen einheitlichen Urlaubsanspruch, d. h. übertragener und zum 1. Januar des laufenden Urlaubsjahres neu erworbener Urlaub unterscheiden sich (im Übertragungszeitraum) nicht voneinander. Zum Urlaubsanspruch gehört somit nicht nur der jeweils neueste, am 1. Januar eines jeden Kalenderjahres entstehende Anspruch, sondern auch der infolge der Übertragung hinzutretende, noch zu erfüllende Anspruch aus dem Vorjahr. Auf diese kumulierende Weise wächst der Urlaubsanspruch an. Besonderheiten gelten allerdings hinsichtlich der Befristung: Der Teil des Urlaubsanspruchs, der zu Beginn des laufenden Urlaubsjahres entstanden ist, ist wiederum an das Urlaubsjahr gebunden (vgl. § 26 Abs. 1 Satz 1 TVöD, §§ 1, 3 Abs. 1 Satz 1 BUrlG). Der aus dem Vorjahr übertragene Teil des Urlaubsanspruchs hingegen unterliegt tarifvertraglich dem besonderen Zeitregime nach § 26 Abs. 2 Buchst. a TVöD. Im Bereich des Bundes fällt das Ende beider Befristungen wegen der übertariflichen Übertragungsfrist entsprechend § 7 EUrlV zusammen (31. Dezember des Folgejahres und Ende des laufenden Urlaubsjahres).

b) Getrenntes Fristenregime nach Ablauf der übertariflichen Verfallsfrist:

Dauert das krankheitsbedingte Hindernis für die Inanspruchnahme an oder tritt ein neues in § 7 Abs. 3 Satz 2 BUrlG geregeltes Hindernis (dringende betriebliche oder personenbedingte Gründe) an dessen Stelle, so bleibt lediglich der gesetzliche Mindesturlaubsanspruch durch weitere Übertragung bis zum Erreichen der nach Unionsrecht gebotenen Höchstübertragungsdauer erhalten (siehe oben Einleitung im Abschnitt E). Der so über die tariflichen bzw. übertariflichen Fristenregelungen hinaus aufrecht erhaltene gesetzliche Mindesturlaub verfällt entsprechend unionsrechtskonformer Auslegung des

§ 7 Abs. 3 Satz 3 BUrlG am 31. März des zweiten auf das Urlaubsjahr folgenden Jahres, mithin fünfzehn Monate nach dem Ende des Kalenderjahres der Entstehung. Eine erneute Privilegierung des bereits einmal übertragenen Urlaubs ist unionsrechtlich nicht geboten (vgl. BAG vom 7. August 2012 – 9 AZR 353/10 – im Anschluss an die KHS-Entscheidung des EuGH).

Beispiel:

Ein Beschäftigter ist von Juli 2010 bis zum 15. Januar 2012 arbeitsunfähig erkrankt. Nach seiner Rückkehr ist ihm der gesetzliche Mindesturlaub aus dem Jahr 2010, den er wegen der langwierigen krankheitsbedingten Arbeitsunfähigkeit in den Jahren 2010 und 2011 nicht nehmen konnte, noch zu gewähren. Sofern die offenen Mindesturlaubsansprüche aus dem Jahr 2010 im verbleibenden Zeitraum bis zum Erreichen der nach Unionsrecht gebotenen Höchstübertragungsdauer – hier vom 16. Januar bis 31. März 2012 (= Ablauf Urlaubsjahr 2010 + 15 Monate) – nicht gewährt und genommen werden, verfallen sie.

Der Urlaub ist also während dieser verlängerten Befristung, die nach unionsrechtlichen Vorgaben geboten ist, zu verwirklichen, anderenfalls verfällt er. Der gesetzliche Mindesturlaubsanspruch verfällt somit gemäß § 7 Abs. 3 Satz 3 BUrlG auch unter Berücksichtigung der unionsrechtskonformen Auslegung, wenn die Arbeitsunfähigkeit bis zum 31. März des zweiten auf das Urlaubsjahr folgenden Jahres oder darüber hinaus fortbesteht.

Beispiel:

Ein Beschäftigter wird im August 2010 arbeitsunfähig und hat zu diesem Zeitpunkt noch gesetzliche Mindesturlaubsansprüche aus den Jahren 2009 und 2010. Er kann seine Tätigkeit erst im Januar 2013 wieder aufnehmen. Dann steht ihm der für die Jahre 2012 und 2013 voll entstandene jährliche Gesamturlaubsanspruch aus gesetzlichem Mindesturlaub und tariflichen Mehrurlaub zu. Für das Jahr 2011 ist der tarifliche Mehrurlaub bereits mit Ablauf des übertariflichen Übertragungszeitraums am 31. Dezember 2012 verfallen, der gesetzliche Mindesturlaub für das Jahr 2011 hingegen bleibt wegen der besonderen Übertragungsfrist von fünfzehn Monaten bis längstens 31. März 2013 erhalten. Die Gesamturlaubsansprüche für 2009 und 2010 sind verfallen.

Variante:

Sofern der Beschäftigte hingegen erst nach dem 31. Mai 2013 wieder arbeitsfähig würde, könnte er auch für das Jahr 2011 keinen Urlaub mehr beanspruchen.

Soweit der gesetzliche Mindesturlaub infolge eines krankheitsbedingten Hindernisses über die tariflichen bzw. übertariflichen Verfallsfristen hinaus fortbesteht, ist er nicht dauerhaft aus dem Fristenregime des § 7 Abs. 3 BUrlG herausgenommen. Der wegen der mangelnden Möglichkeit der Inanspruchnahme infolge krankheitsbedingter Arbeitsunfähigkeit fortbestehende Urlaubsanspruch unterfällt, sobald die Arbeitsunfähigkeit als Erfüllungshindernis wegfällt, erneut dem Fristenregime. Der Urlaub kann deshalb trotz lang andauernder krankheitsbedingter Arbeitsunfähigkeit bereits vor Eingreifen der aus unionsrechtskonformer Auslegung bzw. Rechtsfortbildung abzuleitenden Begrenzung der Höchstübertragungsdauer auf fünfzehn Monate erlöschen, sofern Beschäftigte im Kalenderjahr so rechtzeitig gesund und arbeitsfähig werden, dass sie ihren Urlaub im aktuellen Urlaubsjahr oder spätestens während des Übertragungszeitraums nehmen können (vgl. BAG vom 12. April 2011 – 9 AZR 80/10, 9. August 2011 – 9 AZR 425/10 und 10. Juli 2012 – 9 AZR 11/11).

Beispiel 1:

Ein Beschäftigter, der in der Fünf-Tage-Woche arbeitet, hat einen jährlichen Gesamturlaubsanspruch von 30 Arbeitstagen. In der Zeit vom 10. Februar 2012 bis zum 11. Dezember 2012 ist er arbeitsunfähig erkrankt, ohne dass er für das Kalenderjahr 2012 Urlaub in Anspruch genommen hat. Unmittelbar nach seiner Genesung nimmt der Beschäftigte 10 Arbeitstage Erholungsurlaub in Anspruch (Zeitraum vom 12. Dezember 2012 bis 31. Dezember 2012). Da sich die gesetzlichen und tariflichen Urlaubsansprüche insoweit decken, hat der Arbeitgeber mit der Freistellung gleichzeitig sowohl die ersten 10 Arbeitstage des gesetzlichen Mindesturlaubs (verbliebener Restanspruch beträgt 10 Arbeitstage) als auch den tariflichen Erholungsurlaubs (verbliebener Restanspruch beträgt 20 Arbeitstage und schließt den gesetzlichen Mindesturlaub mit ein) erfüllt und zum Erlöschen gebracht (zur Tilgungsreihenfolge im Einzelnen s. u. Ziffer 3). Somit verbleibt am Jahresende ein Gesamtanspruch in Höhe von 20 Arbeitstagen (davon 10 Arbeitstage deckungsgleich und 10 Arbeitstage nur tariflicher Mehrurlaub). Dieser Anspruch wird in das nächste Kalenderjahr 2013 übertragen und verfällt aufgrund der übertariflichen Regelung nach einer weiteren Befristung von zwölf Monaten grundsätzlich mit Ablauf des 31. Dezember 2013. Zusammen mit dem neuen jährlichen Gesamturlaub für 2013 in Höhe von 30 Arbeitstagen verfügt der Beschäftigte am 1. Januar 2013 insgesamt über 50 Arbeitstage Erholungsurlaub.

Hinweis:

Der vorstehende Sachverhalt hat soweit auch Gültigkeit für das Beispiel 2.

Er erkrankt erneut vom 15. Februar 2013 bis zum 10. Januar 2014. Die aus dem Kalenderjahr 2012 übertragenen 20 Arbeitstage tariflicher Mehrurlaub verfallen mit Ablauf der übertariflichen Übertragungsfrist am 31. Dezember 2013. Dabei ist unerheblich, ob der Beschäftigte tatsächlich in der Lage war, diesen tariflichen Mehrurlaub in Anspruch zu nehmen. Anderes gilt für den gesetzlichen Mindesturlaub. Die unionsrechtskonforme Auslegung des § 7 Abs. 3 Satz 3 BUrlG, wonach Urlaubsansprüche bei Arbeitnehmern, die aus gesundheitlichen Gründen an ihrer Arbeitsleistung gehindert sind, erst fünfzehn Monate nach Ablauf des Urlaubsjahres verfallen, gilt in Folge des eigenständigen Fristenregimes nach § 26 Abs. 2 Buchst. a TVöD, nur für den gesetzlichen Mindesturlaub (BAG vom 7. August 2012 – 9 AZR 353/10, im Anschluss an EuGH vom 22. November 2011 – C 214/10 – KHS). Die 10 Arbeitstage gesetzlicher Mindesturlaub aus dem Jahr 2012 verfallen spätestens mit Ablauf der nach unionsrechtlichen Vorgaben auf einen Höchstübertragungszeitraum von fünfzehn Monaten verlängerten Befristung am 31. März 2014 (= 31. März des zweiten auf das Urlaubsjahr folgenden Jahres). Der zu Beginn des Kalenderjahres 2013 entstandene neue jährliche Gesamturlaubsanspruch in Höhe von 30 Arbeitstagen wird in das nächste Kalenderjahr 2014 übertragen und verfällt aufgrund der übertariflichen Regelung nach einer weiteren Befristung von zwölf Monaten grundsätzlich mit Ablauf des 31. Dezember 2014. Am 1. Januar 2014 hat der Beschäftigte daher insgesamt einen Anspruch auf Erholungsurlaub von 70 Arbeitstagen (10 Arbeitstage gesetzlicher Mindesturlaub aus 2012, 30 Arbeitstage Gesamturlaub aus 2013 und 30 Arbeitstage neuen Gesamturlaub für 2014). Infolge des Verfalls der 10 Arbeitstage des gesetzlichen Mindesturlaubs aus 2012 zum 31. März 2014 (s. o.), verfügt der Beschäftigte am 1. April 2014 noch immer über 60 Arbeitstage Erholungsurlaubsanspruch (jeweils 30 Arbeitstage Gesamtanspruch aus 2013 und 2014). Sofern im Kalenderjahr 2014 eine Inanspruchnahme des aus 2013 übertragenen Gesamturlaubsanspruchs nicht durch eine fortdauernde oder eine erneute Arbeitsunfähigkeit unmöglich wird, erlöschen diese 30 Arbeitstage mit Ablauf der übertariflichen Übertragungsfrist am 31. Dezember 2014.

Beispiel 2:

Sachverhalt wie erster Absatz im Beispiel 1. Die zweite krankheitsbedingte Arbeitsunfähigkeit endet jedoch bereits im laufenden Kalenderjahr 2013 (hier Arbeitsunfähigkeit vom 15. Februar 2013 bis 20. Dezember 2013).

Auch hier besteht zu Beginn des Kalenderjahrs 2013 zunächst ein Anspruch auf Erholungsurlaub von insgesamt 50 Arbeitstagen. Konsequenz der Befristungsregelungen ist, dass der gesetzliche Mindesturlaubsanspruch trotz langwieriger krankheitsbedingter Arbeitsunfähigkeit erlischt, wenn der Arbeitnehmer im Kalenderjahr oder im Übertragungszeitraum so rechtzeitig gesund und arbeitsfähig wird, dass er in der verbleibenden Zeit seinen Urlaub nehmen kann (BAG vom 9. August 2011 – 9 AZR 425/10). Am 31. Dezember 2013 verfällt daher der aus 2012 übertragene tarifliche Mehrurlaub vollständig (10 Arbeitstage), während der aus 2012 übertragene gesetzliche Mindesturlaub aus 2012 lediglich teilweise erlischt, und zwar in Höhe von 3 Arbeitstagen. Vom Ende des Jahres 2013 gerechnet, war der Anspruch auf Urlaub im Umfang von 3 Arbeitstage erfüllbar, da der Gewährung keine Hindernisse entgegen standen. Der Teil des Urlaubsanspruchs von 7 Arbeitstagen, der krankheitsbedingt nicht mehr erfüllt werden konnte, wird auf das nächste Kalenderjahr 2014 übertragen. Von dem ursprünglich aus 2012 übertragenen gesetzlichen Mindesturlaubs von 10 Arbeitstagen verbleibt somit ein offener Restanspruch in Höhe von 7 Arbeitstagen, der spätestens am 31. März 2014 verfällt (= 31. März des zweiten auf das Urlaubsjahr folgenden Jahres). Am 1. Januar 2014 hat der Beschäftigte daher insgesamt einen Anspruch auf Erholungsurlaub in Höhe von 67 Arbeitstagen (restliche 7 Arbeitstage gesetzlicher Mindesturlaub aus 2012, 30 Arbeitstage Gesamturlaub aus 2013 und 30 Arbeitstage neuer Gesamturlaub für 2014). Hinsichtlich der Urlaubsansprüche aus den Jahren 2013 und 2014 gelten die Hinweise im Beispiel 1.

Variante:

Würde die zweite krankheitsbedingte Arbeitsunfähigkeit vom 15. Februar 2013 bereits am 4. Oktober 2013 enden und bis zum Jahresende keine erneutes krankheitsbedingtes Hindernis hinzutreten, verfiele der übertragene Resturlaub aus 2012 am 31. Dezember 2013 vollständig. Vom Ende des Jahres 2013 gerechnet, wäre der Anspruch unter Berücksichtigung der

---

arbeitsfreien Tage (hier aufgrund der Verteilung der wöchentlichen Arbeitszeit auf fünf Arbeitstage in der Kalenderwoche die Wochenenden und Wochenfeiertage) in vollem Umfang erfüllbar gewesen.

siehe Grafik hierzu (Anlage)

1.1.5 Verjährung

Nach den §§ 195, 199 BGB verjährt ein Anspruch drei Jahre nach Beendigung des Jahres, in dem er entstanden ist. Danach würde ein Urlaubsanspruch drei Jahre nach Ende des Urlaubsjahres verjähren. In der Praxis wird die Frage der Verjährung in der Regel dahinstehen können, da zuvor jeweils die Übertragungsfristen greifen (siehe Ziffer 1.1.4). Art. 7 der Arbeitszeitrichtlinie steht Befristungs- und Verjährungsregelungen nicht entgegen, weil der EuGH ausdrücklich das Recht der Mitgliedstaaten anerkennt, Modalitäten vorzusehen, die zum Verlust des Urlaubsanspruchs am Ende eines Bezugszeitraums oder eines Übertragungszeitraums führen, solange der Arbeitnehmer tatsächlich die Möglichkeit hatte, den Anspruch auszuüben (siehe Rechtssache Schultz-Hoff, Rn. 43). Höchstrichterliche nationale Rechtsprechung zur Verjährung von Urlaubsansprüchen liegt noch nicht vor. Sollte es in Einzelfällen relevant werden, ist vorsorglich die Einrede der Verjährung zu erheben.

1.2 Urlaubsabgeltungsanspruch

1.2.1 Fälligkeit des Anspruchs

§ 7 Abs. 4 BUrlG regelt den Urlaubsabgeltungsanspruch als Ersatz für den wegen Beendigung des Arbeitsverhältnisses nicht mehr zu realisierenden Urlaubsanspruch. Entgegen dem früheren Recht ist nunmehr der Urlaub insgesamt (Gesamturlaubsanspruch aus gesetzlichem Mindesturlaub und tariflichem Mehrurlaub) auch dann abzugelten, wenn er wegen Arbeitsunfähigkeit im Urlaubsjahr und/oder im Übertragungszeitraum nicht genommen werden konnte. Nach der neuen Rechtsprechung steht die beim Ausscheiden aus dem Arbeitsverhältnis und darüber hinaus bestehende Arbeitsunfähigkeit der Erfüllung des Abgeltungsanspruchs nicht entgegen. Folglich ist die Urlaubsabgeltung bereits ab Beendigung des Arbeitsverhältnisses fällig. Wenngleich die Urlaubsabgeltung selbst als reiner Geldanspruch nicht dem Fristenregime unterliegt, so gilt jedoch unverändert, dass ein Urlaubsabgeltungsanspruch nach § 7 Abs. 4 BUrlG am Ende des Arbeitsverhältnisses nur für solche Urlaubsansprüche entstehen kann, die bei Ende des Arbeitsverhältnisses noch bestanden und nicht schon verfallen waren [BAG vom 15. September 2011 – 8 AZR 846/09 (Juris-Rz. 62)].

Bei Beendigung des Arbeitsverhältnisses durch den Tod des Arbeitnehmers geht der Urlaubsanspruch unter. Er kann sich nicht mehr in einen Abgeltungsanspruch nach § 7 Abs. 4 BUrlG umwandeln, den Erben steht kein nach § 1922 BGB übergegangener Anspruch zu (BAG vom 20. September 2011 – 9 AZR 416/16).

1.2.2 Tarifliche Ausschlussfrist/Verjährung

Die tarifliche Ausschlussfrist ist nicht auf die gesetzlichen Mindesturlaubsansprüche nach §§ 1 und 3 Abs. 1 BUrlG anzuwenden (siehe Ziffer 1.1.3). Anderes gilt jedoch nach der neuen Rechtsprechung (BAG vom 9. August 2011 – 9 AZR 365/10 –, vom 22. Mai 2012 – 9 AZR 618/10 – und vom 19. Juni 2012 – 9 AZR 652/10 –) für den Abgeltungsanspruch. Dieser ist nicht mehr als Surrogat des Urlaubsanspruchs, sondern als reiner Geldanspruch anzusehen. Er unterliegt deshalb wie alle übrigen Zahlungsansprüche dem tariflichen Verfall. Als Anspruch aus dem Arbeitsverhältnis verfällt der Abgeltungsanspruch nach § 7 Abs. 4 BUrlG für den gesetzlichen Mindestanspruch **und den tariflichen Mehrurlaub** somit nach § 37 TVöD, wenn er nicht innerhalb von sechs Monaten nach Beendigung des Arbeitsverhältnisses schriftlich geltend gemacht wird.

Die unionsrechtliche Vorgabe in der KHS-Entscheidung des EuGH, dass der Übertragungszeitraum deutlich länger sein müsse als der Bezugszeitraum, ist nicht auf den Urlaubsabgeltungsanspruch von dauerhaft erkrankten Arbeitnehmern übertragbar. Die Vorgabe gilt nur für den Urlaubsanspruch selbst, den dauerhaft erkrankte Arbeitnehmer im bestehenden Arbeitsverhältnis nicht in Anspruch nehmen können. Die Länge einer tariflichen Ausschlussfrist, nach der der Urlaubsabgeltungsanspruch als reiner Geldanspruch dem Verfall unterliegt, kann daher deutlich kürzer als zwölf Monate sein [BAG vom 13. Dezember 2011 – 9 AZR 399/10 (Juris-Rz. 31)].

Beispiel:

Ein Beschäftigter erkrankt am 15. November 2011. Die Arbeitsunfähigkeit infolge Krankheit besteht durchgehend und das Arbeitsverhältnis endet zum 31. August 2013 noch während der fortbestehenden Arbeitsunfähigkeit. Zum Zeitpunkt der Beendigung des Arbeitsverhältnisses bestehen noch folgende Urlaubsansprüche:

- Ansprüche aus dem Kalenderjahr 2011
  Etwaige noch offene Urlaubsansprüche aus dem Kalenderjahr 2011 sind bereits erloschen. Der gesetzliche Mindesturlaub aus dem Jahr 2011 verfällt in Anwendung der unionsrechtskonformen Grundsätze fünfzehn Monate nach dem Ende des Urlaubsjahres, demnach am 31. März 2013. Der tarifliche Mehrurlaub aus dem Jahr 2011 verfällt unter Berücksichtigung der übertariflichen Übertragungsfrist bereits am 31. Dezember 2012.

- Ansprüche aus dem Kalenderjahr 2012
  30 Arbeitstage Gesamturlaubsanspruch. Die 20 Arbeitstage gesetzlicher Mindesturlaub verfallen in Anwendung der unionsrechtskonformen Grundsätze fünfzehn Monate nach dem Ende des Urlaubsjahres 2012, demnach am 31. März 2014. Die 10 Arbeitstage tariflicher Mehrurlaub aus dem Jahr 2011 verfallen unter Berücksichtigung der übertariflichen Übertragungsfrist bereits am 31. Dezember 2013.

- Ansprüche aus dem Kalenderjahr 2013
  20 Arbeitstage Teilurlaub gemäß § 26 Abs. 2 Buchst. b TVöD für die acht vollen Monate im Zeitraum vom 1. Januar bis 31. August 2013 (= 8/12 von 30 Arbeitstagen).

Der zum Zeitpunkt der Beendigung des Arbeitsverhältnisses noch bestehende **Gesamturlaubsanspruch** von insgesamt 50 Arbeitstagen (30 Arbeitstage Vollurlaub aus dem Jahr 2012 und 20 Arbeitstage Teilurlaub aus dem Jahr 2013) wandelt sich nach § 7 Abs. 4 BUrlG in einen Anspruch auf Urlaubsabgeltung um. Dieser entsteht mit der Beendigung des Arbeitsverhältnisses als reiner Geldanspruch und wird nach § 271 Abs. 1 BGB sofort fällig. Als Anspruch aus dem Arbeitsverhältnis unterliegt die Urlaubsabgeltung – wie andere Entgeltansprüche auch – der tariflichen Ausschlussfrist des § 37 TVöD. Sofern die schriftliche Geltendmachung erst nach Ablauf der sechsmonatigen tariflichen Ausschlussfrist am 28. Februar 2014 erfolgt, ist sie verspätet und der Urlaubsabgeltungsanspruch verfallen.

Es ist zudem davon auszugehen, dass die Urlaubsabgeltung nach Aufgabe der Surrogatstheorie als reiner Geldanspruch nunmehr der dreijährigen Verjährung nach § 195 BGB unterliegt, die wegen § 37 TVöD aber keine praktische Relevanz haben wird.

2. Zusatzurlaub nach § 125 SGB IX

Da der Zusatzurlaub für schwerbehinderte Menschen gemäß § 125 SGB IX nach der Rechtsprechung des BAG ein unabdingbarer gesetzlicher Mindesturlaub ist, sind die Ausführungen unter Ziffer 1 zum Mindesturlaub auch für diesen Urlaubsanspruch und seine Abgeltung zu Grunde zu legen.

3. Erholungsurlaub nach § 26 TVöD, Anspruchskonkurrenz bei Urlaubsgewährung

Der Urlaubsanspruch aus § 26 Abs. 1 Satz 1 und 2 TVöD, wonach Beschäftigte in der Fünf-Tage-Woche in jedem Kalenderjahr Anspruch auf bezahlten Erholungsurlaub von 29 Arbeitstagen und nach dem vollendeten 55. Lebensjahr von 30 Arbeitstagen haben, schließt den gesetzlichen Mindesturlaub von 20 Arbeitstagen nach §§ 1, 3 Abs. 1 BUrlG mit ein, damit differenziert die tarifvertragliche Regelung hinsichtlich des Umfangs des Urlaubsanspruchs nicht zwischen dem gesetzlichen Mindesturlaub und dem tarifvertraglichen Mehrurlaub.

3.1 Urlaubsgewährung innerhalb des Urlaubsjahres

Soweit sich beide Ansprüche decken – in der Fünf-Tage-Woche also in der Regel für die ersten zwanzig Urlaubstage – liegt deshalb nach aktueller Rechtsprechung des Bundesarbeitsgerichts bei der Urlaubsgewährung im Kalenderjahr der Entstehung eine Anspruchskonkurrenz vor. Insoweit handelt es sich nach Feststellung des Neunten Senats um einen einheitlichen Anspruch auf Erholungsurlaub, der auf verschiedenen Anspruchsgrundlagen beruht (BAG vom 7. August 2012 – 9 AZR 760/10). Dies hat zur Folge, dass mit der urlaubsrechtlichen Freistellung von der Verpflichtung zur Arbeitsleistung auch ohne ausdrückliche Tilgungsbestimmung sowohl der gesetzliche als auch der tarifliche Urlaubsanspruch – soweit beide Ansprüche deckungsgleich sind – ganz oder teilweise erfüllt und gemäß § 362 Abs. 1 BGB zum Erlöschen gebracht werden. Nach ausdrücklichem Hinweis des Senats steht der Annahme, dass es in diesem Fall **keiner Tilgungsbestimmung des Arbeitgebers bedarf**, nicht entgegen, dass ein arbeits- oder tarifvertraglicher Mehrurlaub bezüglich seiner Entstehungsvoraussetzungen, seiner Übertragung, seiner Kürzung bei Vorliegen bestimmter Voraussetzungen, seines Verfalls oder seiner Abgeltung eigenen Regeln unterliegen kann.

Beispiel:

Der Gesamturlaubsanspruch eines Beschäftigten beträgt 30 Arbeitstage im Kalenderjahr. Die tariflichen Urlaubsregelungen bestimmen lediglich den Gesamtumfang des Anspruchs, sie unterscheiden nicht zwischen gesetzlichem Mindesturlaub und tariflichem Erholungsurlaub. Der Beschäftigte ist in der Fünf-Tage-Woche beschäftigt. Im laufenden Urlaubsjahr nimmt er 15 Urlaubstage in Anspruch, die vom Umfang des Gesamturlaubsanspruchs in Abzug zu bringen sind. Der tariflich vereinbarte Urlaubsanspruch in Höhe von insgesamt 30 Arbeitstagen steht im Umfang der ersten 20 Arbeitstage in Anspruchskonkurrenz mit dem gesetzlichen Mindesturlaub, da beide Ansprüche für diesen Zeitraum deckungsgleich sind. Der tarifliche Erholungsurlaub wird nicht zusätzlich zum gesetzlichen Mindesturlaub gewährt, sondern schließt diesen mit ein. Die Urlaubsgewährung der ersten 15 Urlaubstage erfüllt deshalb nach aktueller Rechtsprechung in dem vorliegen Sachverhalt sowohl den tariflichen als auch des gesetzlichen Urlaubsanspruch. Von den darüber hinaus noch offenen 15 Arbeitstagen des verbliebenen Gesamtanspruchs besteht noch für 5 Arbeitstage eine Anspruchskonkurrenz zwischen gesetzlichem Mindesturlaub und tariflichem Erholungsurlaub. Der nach Inanspruchnahme dieser weiteren 5 Arbeitstage verbleibende Restanspruch in Höhe von 10 Arbeitstagen ist dann mangels Anspruchskonkurrenz dem tariflichen Mehrurlaub zuzuordnen (= 21. bis 30. Arbeitstag), da die 20 Arbeitstage gesetzlicher Mindesturlaub bereits verbraucht wurden.

3.2 Urlaubsgewährung im Übertragungszeitraum

Das Bundesarbeitsgericht hat in dem oben unter Ziffer 3.1 genannten Urteil nur über die Anspruchskonkurrenz beim Zusammentreffen von gesetzlichen und tariflichen Urlaubsansprüchen aus ein und demselben Kalenderjahr entschieden. Nicht geäußert hat sich der Senat hingegen zu der Frage, wie zu verfahren ist, wenn sich der Gesamturlaubsanspruch aus den kumulierten Ansprüchen **mehrerer Kalenderjahre** zusammensetzt. Nach hiesiger Rechtsauffassung handelt es sich dabei dann jeweils um selbstständige Urlaubsansprüche, die sich aufgrund ihres Entstehungszeitpunkts und ihrer Verfallsfristen unterscheiden. Insoweit bleibt die Auslegungsregel des § 366 Abs. 2 BGB bei der Urlaubsgewährung weiterhin analog anzuwenden. Bei Ansprüchen, die in unterschiedlichen Kalenderjahren entstanden sind, wird danach im Ergebnis vorrangig auf den „ältesten" noch zustehenden Urlaubsanspruch geleistet, weil dieser wegen der Befristung die geringste Sicherheit bietet.

3.2.1 Innerhalb des übertariflichen Übertragungszeitraums (= erste zwölf Monate nach Ende des Urlaubsjahres)

Die in entsprechender Anwendung der beamtenrechtlichen Regelung des § 7 EUrlV übertariflich bis zum Ende des Folgejahres erweiterte Befristung gilt gleichermaßen für den gesetzlichen Mindesturlaub wie tariflichen Erholungsurlaub. Innerhalb der aus dem Vorjahr übertragenen Urlaubstage gelten beim Zusammentreffen von gesetzlichen und tarifvertraglichen Ansprüchen die Hinweise in Ziffer 3.1 entsprechend. Im Verhältnis zu den mit Beginn des Kalenderjahres neu entstandenen Urlaubsansprüchen hingegen sind die aus dem Vorjahr übertragenen Urlaubstage als selbstständige Urlaubsansprüche vorrangig zu tilgen, da sie zu einem früheren Zeitpunkt entstanden sind und vor dem neu entstanden Ansprüchen verfallen. Innerhalb der neuen Urlaubsansprüche für das laufende Urlaubsjahr wiederum gelten die Hinweise in Ziffer 3.1 entsprechend.

Beispiel:

Sachverhalt wie im Beispiel unter Ziffer 3.1. Die noch offenen 15 Arbeitstage des verbliebenen Gesamtanspruchs werden auf das folgende Kalenderjahr 2013 übertragen und treten zu dem mit Beginn des Kalenderjahres neu entstanden Gesamturlaubsanspruch von 30 Arbeitstagen für 2013 hinzu. Während der Dauer des übertariflichen Übertragungszeitraums vom 1. Januar 2013 bis 31. Dezember 2013 besteht somit insgesamt ein Anspruch auf 45 Arbeitstagen Erholungsurlaub. Sofern nicht infolge fortdauernder Arbeitsunfähigkeit der Ausnahmefall des unionsrechtlich gebotenen Höchstübertragungszeitraums von fünfzehn Monaten zum Tragen kommt, verfällt der aus 2012 übertragene Urlaubsanspruch von 15 Arbeitstagen mit Ablauf der übertariflichen Befristung am 31. Dezember 2013. Der neu entstandene Urlaubsanspruch des laufenden Urlaubsjahres 2013 hingegen kann aufgrund der übertariflichen Befristung noch innerhalb von zwölf Monaten nach Ende des laufenden Urlaubsjahres 2013 genommen werden; er muss also spätestens bis zum 31. Dezember 2014 abgewickelt sein.

I

Wird einer Beschäftigten in 2013 ein vierwöchiger Urlaub (20 Arbeitstage) gewährt, ergibt sich im Hinblick auf die noch zustehenden 45 Arbeitstage Erholungsurlaub folgende Tilgungsreihenfolge:

– Vorrangig zu leisten ist zunächst auf den aus dem Vorjahr **übertragenen Erholungsurlaub aus 2012** als dem älteren selbstständigen Urlaubsanspruch. Die ersten 15 Arbeitstage des vierwöchigen Urlaubs werden also auf den aus 2012 übertragenen Urlaub angerechnet.

  – Dabei besteht für die ersten 5 Arbeitstage eine Anspruchskonkurrenz zwischen gesetzlichem Mindesturlaub und tariflichem Erholungsurlaub. Da beide Ansprüche insoweit deckungsgleich sind, werden insoweit sowohl der gesetzliche als auch der tarifliche Urlaubsanspruch erfüllt.

  – Die weiteren 10 Arbeitstage (= 6. bis 15. Arbeitstag) sind dem tariflichen Mehrurlaub zuzuordnen und bringen den aus 2012 übertragenen Resturlaub vollständig zum Erlöschen.

– Die letzten 5 Arbeitstage des vierwöchigen Urlaubs (= 16. bis 20. Arbeitstag) werden auf den **neuen Gesamturlaubsanspruch für 2013** von 30 Arbeitstagen angerechnet. Auch bezüglich dieser 5 Arbeitstage besteht wiederum eine Anspruchskonkurrenz zwischen gesetzlichem Mindesturlaub und tariflichem Erholungsurlaub, so dass diese gleichermaßen auf beide Ansprüche angerechnet werden. Nach Inanspruchnahme des vierwöchigen Urlaubs verbleibt in 2013 somit noch ein Resturlaubsanspruch von 25 Arbeitstagen; davon sind 15 Arbeitstage deckungsgleich und 10 Arbeitstage entfallen nur auf den tariflichen Mehrurlaub.

3.2.2 Innerhalb des unionsrechtlich gebotenen Höchstübertragungszeitraums (= verlängerte Befristung vom 13. bis 15. Monat nach Ende des Urlaubsjahres)

In Fällen einer fortdauernden krankheitsbedingten Arbeitsunfähigkeit gilt Folgendes. Nach Ablauf der übertariflichen Befristung, die eine Abwicklung übertragener Ansprüche innerhalb von zwölf Monaten nach Ende des Urlaubsjahres vorsieht, ist der gesetzliche Mindesturlaubsanspruch, der durch weitere Übertragung (in das übernächste Kalenderjahr nach seiner Entstehung) längstens bis zum

Erreichen der nach Unionsrecht gebotenen Höchstübertragungsdauer von fünfzehn Monaten weiter erhalten bleibt, vorrangig zu tilgen. Dies betrifft den Zeitraum vom 13. bis 15. Monat nach Ende des Urlaubsjahres.

Beispiel:

Im Beispiel 1 unter Ziffer 1.1.4 Buchst. b betrifft dies den gesetzlichen Mindesturlaub von 10 Arbeitstagen aus dem Kalenderjahr 2012, der spätestens zum 31. März 2014 verfällt (= Ablauf des Urlaubsjahres + fünfzehn Monate). Im Kalenderjahr 2014 ist dieser aufgrund unionsrechtlicher Vorgaben weiter übertragene Urlaubsanspruch für den Fall einer rechtzeitigen Genesung im Zeitraum vom 1. Januar 2014 bis 31. März 2014 vorrangig zu erfüllen. Vorrangig bedeutet vor dem aus dem Urlaubsjahr 2013 übertragenen Gesamturlaubsanspruch von 30 Arbeitstagen und dem für das Urlaubsjahr 2014 neu entstandenen Gesamturlaubsanspruch von 30 Arbeitstagen.

I

Urlaubsanspruch bei fortdauernder krankheitsbedingter Arbeitsunfähigkeit
(in Arbeitstagen)

Zu Beispiel 1 (Ziffer 1.1.4 Buchst. b)

Urlaubsanspruch am 1.1. und 31.12.2012

| Jan | Feb | Mär | Apr | Mai | Jun | Jul | Aug | Sep | Okt | Nov | Dez |

16.02. 2012 bis 11.12.2012: 1. Erkrankung
20 gesetzl./tarifl. Urlaub (deckungsgleich, Anspruchskonkurrenz)
10 tarifl. Mehrurlaub
30 Gesamturlaubsanspruch für 2012

hauptsächliche gesetzl. Mindesturlaub 12.12. bis 31.12.2012
Resturlaub am 31.12.2012 (davon 10 Arbeitstage tarifl. Mehrurlaub)   -10   20

Urlaubsanspruch am 1.1. und 31.12.2013

| Jan | Feb | Mär | Apr | Mai | Jun | Jul | Aug | Sep | Okt | Nov | Dez |

15.02.2013 bis 10.01.2014: 2. Erkrankung
10 übertragen aus 2012 (deckungsgleich gesetzl./tarifl. Urlaub)
10 übertragen aus 2012 (tarifl. Mehrurlaub)
30 neuer Gesamturlaubsanspruch für 2013 (gesetzl./tarifl.)
50 insgesamt (zwei Urlaubsjahre kumuliert)

tarifl. Mehrurlaub 2012 verfällt am 31.12.2013 (vollständig)   -10
Resturlaub am 31.12.2013 (davon 10 Arbeitstage ges. Mindesturlaub 2012)   40

Urlaubsanspruch am 1.1. und 1.4.2014

| Jan | Feb | Mär | Apr | Mai | Jun | Jul | Aug | Sep | Okt | Nov | Dez |

10 übertragener gesetzl. Mindesturlaub aus 2012
30 übertragener Gesamturlaubsanspruch aus 2013 (gesetzl./tarifl.)
30 neuer Gesamturlaubsanspruch für 2014 (gesetzl./tarifl.)
70 insgesamt (drei Urlaubsjahre kumuliert)

unionsrechtlich: 15 Monate max. Befristung   -10
gesetzl. Mindesturlaub 2012 verfällt am 31.3.2014
60 insgesamt (kumuliert ab 1.4.2014)

Zu Beispiel 2 (Ziffer 1.1.4 Buchst. b)

Urlaubsanspruch am 1.1. und 31.12.2012

| Jan | Feb | Mär | Apr | Mai | Jun | Jul | Aug | Sep | Okt | Nov | Dez |

10.02.2012 bis 11.12.2012: 1. Erkrankung
20 gesetzl./tarifl. Urlaub (deckungsgleich, Anspruchskonkurrenz)
10 tarifl. Mehrurlaub
30 Gesamturlaubsanspruch für 2012

hauptsächliche gesetzl. Mindesturlaub 12.12. bis 31.12.2012
Resturlaub am 31.12.2012 (davon 10 Arbeitstage tarifl. Mehrurlaub)   -10   20

Urlaubsanspruch am 1.1. und 31.12.2013

| Jan | Feb | Mär | Apr | Mai | Jun | Jul | Aug | Sep | Okt | Nov | Dez |

15.02.2013 bis 20.12.2013: 2. Erkrankung
10 übertragen aus 2012 (deckungsgleich gesetzl. Urlaub)
10 übertragen aus 2012 (tarifl. Mehrurlaub)
30 neuer Gesamturlaubsanspruch für 2013 (gesetzl./tarifl.)
50 insgesamt (zwei Urlaubsjahre kumuliert)

am 31.12.2013 verfallen:
tarifl. Mehrurlaub 2012 (vollständig)   -10
gesetzl. Mindesturlaub 2012 (hinweis)   -3
Resturlaub am 31.12.2013 (davon 10 Arbeitstage ges. Mindesturlaub 2012)   37

Urlaubsanspruch am 1.1. und 1.4.2014

| Jan | Feb | Mär | Apr | Mai | Jun | Jul | Aug | Sep | Okt | Nov | Dez |

7 übertragener gesetzl. Mindesturlaub aus 2012
30 übertragener Gesamturlaubsanspruch aus 2013 (gesetzl./tarifl.)
30 neuer Gesamturlaubsanspruch für 2014 (gesetzl./tarifl.)
67 insgesamt (drei Urlaubsjahre kumuliert)

unionsrechtlich: 15 Monate max. Befristung   -7
gesetzl. Mindesturlaub 2012 verfällt am 31.3.2014
60 insgesamt (kumuliert ab 1.4.2014)

Urlaubsanspruch der Tarifbeschäftigten bei Änderung des Beschäftigungsumfangs/ Beschäftigungsmodells im Laufe des Urlaubsjahres

hier: Folgerungen aus der Rechtsprechung des BAG vom 10. Februar 2015 – 9 AZR 53/14 (F) – (ausgefertigt am 21. Juli 2015) sowie des EuGH vom 11. November 2015 – C-219/14 („Greenfield")

Bezug: Rundschreiben vom 21. Februar 2011 – D 5 – 220 210-2/26 – – RdSchr. d. BMI v. 22. 1. 2016 – D5-31001/3#8 –

Einleitung

In Folge der unionsrechtlichen Vorgaben des Europäischen Gerichtshofes (EuGH) in den Urteilen vom 22. April 2010 – C-486/08 („Tirol"-Entscheidung) und vom 13. Juni 2013 – C-415/12 („Brandes"-Entscheidung) gibt das Bundesarbeitsgericht (BAG) mit seiner o. g. Entscheidung vom 10. Februar 2015 – 9 AZR 53/14 (F) – seine bisherige Rechtsprechung auf. Danach war der Urlaubsanspruch bei einer anderen Verteilung der wöchentlichen Arbeitszeit als auf fünf Tage in der Woche grundsätzlich umzurechnen; der Senat hatte eine Diskriminierung von Teilzeitkräften durch die Umrechnung verneint (vgl. BAG vom 28. April 1998 – 9 AZR 314/97 – [Juris-Rz. 38]). Einen Vertrauensschutz in die bisherige Senatsrechtsprechung lehnt das BAG ab.

Der aktuell entschiedene Rechtsstreit betrifft einen Beschäftigten des Bundes, auf dessen Arbeitsverhältnis aufgrund vertraglicher Bezugnahme der TVöD Anwendung findet. Der bis zum 15. Juli 2010 in der Fünftagewoche Vollzeitbeschäftigte wechselte ab dem 16. Juli 2010 in eine Teilzeitbeschäftigung und verteilte die verringerte Arbeitszeit auf nur noch vier Arbeitstage in der Woche. Der Kläger nahm während seiner Vollzeitbeschäftigung im Jahr 2010 keinen Erholungsurlaub in Anspruch. Der Arbeitgeber rechnete gemäß § 26 Abs. 1 Satz 4 TVöD i. d. F 2010 den bisherigen Vollurlaubsanspruch von 30 Arbeitstagen im Kalenderjahr aufgrund der geänderten Arbeitszeitverteilung im neuen Arbeitszeitmodell auf 24 Arbeitstage um. Der Arbeitgeber wies darauf hin, dass dem Kläger eine Inanspruchnahme des Urlaubs vor dem Wechsel in die Teilzeitbeschäftigung möglich gewesen sei. Der Kläger vertrat die Auffassung, dass ihm aufgrund seiner Vollzeitbeschäftigung für das erste Halbjahr 2010 15 Urlaubstage und für das zweite Halbjahr 2010 wegen seiner infolge Teilzeitbeschäftigung geänderten Arbeitszeitverteilung 12 Urlaubstage zustehen. Streitgegenstand war allein der tarifliche Mehrurlaub gemäß § 26 TVöD, da zwischenzeitlich bereits 24 Urlaubstage in Anspruch genommen wurden. Der Urlaubssenat des BAG gab dem Kläger Recht und billigte ihm für das Jahr 2010 einen Ersatzurlaubsanspruch im Umfang von drei Arbeitstagen zu. Zusammen mit den ihm bereits gewährten 24 Urlaubstagen ergibt sich für das Jahr 2010 somit insgesamt ein Anspruch von 27 Urlaubstagen. Das Gericht lehnte darüber hinaus eine Verpflichtung des Klägers ab, vor dem Wechsel in eine Teilzeitbeschäftigung mit wöchentlich weniger Arbeitstagen den während der Vollzeitbeschäftigung erworbenen Erholungsurlaub ganz oder teilweise in Anspruch nehmen zu müssen.

Der bisherigen Rechtsauffassung, an der das BAG nunmehr nicht mehr festhält, lag der Gedanke zu Grunde, dass sich der Urlaubsanspruch nicht nach den bereits erbrachten Arbeitsleistungen richtet, sondern nach der bei Inanspruchnahme des Urlaubs maßgebenden Arbeitszeitverteilung (s. Juris-Rz. 30 a. a. O.). Der Urlaubssenat des BAG passt nunmehr seine neue Rechtsprechung den unionsrechtlichen Vorgaben des EuGH an. Danach steht *„die Inanspruchnahme des Jahresurlaubs zu einer späteren Zeit als dem Bezugszeitraum in keiner Beziehung zu der in dieser späteren Zeit vom Arbeitnehmer erbrachten Arbeitszeit"*. Folglich dürfe *„durch eine Veränderung, insbesondere eine Verringerung der Arbeitszeit beim Übergang von einer Vollzeit- zu einer Teilzeitbeschäftigung der Anspruch auf Jahresurlaub, den der Arbeitnehmer in der Zeit der Vollzeitbeschäftigung erworben hat, nicht gemindert werden"* (s. „Brandes" Rz. 30). Der EuGH nimmt bei Änderungen des Arbeitszeitmodells im Laufe des Kalenderjahres eine dem jeweiligen Beschäftigungsmodell entsprechende abschnittsbezogene Betrachtung vor. Abweichend vom deutschen Urlaubsrecht ordnet der EuGH dabei die Entstehung des Urlaubsanspruchs anteilig jeweils „fiktiven" Abschnitten vor und nach dem Änderungsstichtag zu (dazu s. u. Ziffer 1.2).

In den Entscheidungsgründen vom 10. Februar 2015 verweist das BAG auf die in den beiden o. g. EuGH-Entscheidungen „Tirol" und „Brandes" erfolgte Auslegung des einschlägigen Unionsrechts. Insbesondere nimmt es dabei Bezug auf das Diskriminierungsverbot von

Teilzeitbeschäftigen nach § 4 Nr. 2 der Rahmenvereinbarung über Teilzeitarbeit, das in Deutschland durch § 4 Abs. 1 TzBfG in nationales Recht umgesetzt wurde. Der Senat kommt in Folge dessen zu dem Schluss, dass die Regelung des § 26 Abs. 1 Satz 4 TVöD i. d. F 2010 gegen das Verbot der Diskriminierung von Teilzeitkräften verstößt, soweit sie eine Minderung der Anzahl der während einer Vollzeittätigkeit erworbener Urlaubstage vorsieht. Tarifliche Regelungen müssten mit § 4 Teilzeit- und Befristungsgesetz (TzBfG) vereinbar sein und stünden gemäß § 22 TzBfG nicht zur Disposition der Tarifvertragsparteien. Eine richtlinienkonforme Auslegung der Tarifnorm sei nicht möglich. Der Senat folgert daraus, dass die tarifliche Regelung gemäß § 4 Abs. 1 TzBfG i. V. m. § 134 Bürgerliches Gesetzbuch (BGB) unwirksam ist, soweit sie die Anzahl der während einer Vollzeittätigkeit erworbenen Urlaubstage mindert. Wegen der Anknüpfung am Verbot der Diskriminierung von Teilzeitkräften gelten die Rechtsfolgen für den Gesamturlaubsanspruch und sind nicht nur auf den gesetzlichen Mindesturlaub beschränkt.

In seinen Entscheidungsgründen führt das Gericht weiter aus, dass § 26 Abs. 1 Satz 4 TVöD i. d. F. 2010 (jetzt Satz 3) keine Obliegenheit der Beschäftigten begründe, ihren in Vollzeit erworbenen Urlaubsanspruch vor dem Wechsel des Arbeitszeitmodells in Anspruch zu nehmen. Eine Kürzung des Urlaubsanspruchs sei deshalb nicht zulässig, auch wenn eine Inanspruchnahme des Erholungsurlaubs vor dem Wechsel des Arbeitszeitmodells möglich gewesen sei (s. Juris-Rz. 28 a. a. O.).

Zwischenzeitlich hat der EuGH mit Urteil vom 11. November 2015 – C-219/14 (Rechtssache „Greenfield") seine unionsrechtlichen Vorgaben zur Berechnung der Urlaubsansprüche nun in einem Fall der Erhöhung der Arbeitszeit weiter präzisiert. Naturgemäß konnte der Urlaubssenat des BAG die „Greenfield"-Entscheidung in seinem Urteil vom 10. Februar 2015 noch nicht berücksichtigen. Gleichwohl wird in den nachstehenden Hinweisen jeweils themenbezogen ergänzend auf diese neuen unionsrechtlichen Gesichtspunkte eingegangen.

Bis zur Anpassung der urlaubsrechtlichen Bestimmungen bitte ich im Einvernehmen mit dem Bundesministerium der Finanzen bei der Umsetzung der aktuellen Rechtsprechung wie folgt zu verfahren; die folgenden Hinweise gelten entsprechend für den Zusatzurlaub für schwerbehinderte Menschen nach § 125 SGB IX:

1. Folgerungen für die Urlaubsdauer

Der in § 26 Abs. 1 Satz 3 TVöD angelegte Grundsatz der zeitratierlichen Berechnung bei einer von der Fünftagewoche abweichenden Verteilung der wöchentlichen Arbeitszeit ist weiterhin anzuwenden, und zwar auch auf die Gewährung des Jahresurlaubs für eine Zeit der Teilzeitbeschäftigung. Der EuGH hat ausdrücklich darauf hingewiesen, dass für diese Zeit die Minderung des Anspruchs auf Jahresurlaub gegenüber dem bei Vollzeitbeschäftigung bestehenden Anspruch aus sachlichen Gründen gerechtfertigt ist. Abgelehnt hat er dabei lediglich die nachträgliche Anwendung dieses Grundsatzes auf den Anspruch des Anteils des Jahresurlaubs, der in einer Zeit der Vollbeschäftigung erworben wurde (s. „Tirol" Rz. 33, „Brandes" Rz. 31). Bei einer die Zahl der wöchentlichen Arbeitstage betreffenden Änderung der Arbeitszeitverteilung im Laufe des Urlaubsjahres ist für den Zeitraum nach Beginn der neuen Arbeitszeitverteilung die Urlaubsdauer daher weiterhin nach Maßgabe des § 26 Abs. 1 Satz 3 TVöD neu zu bestimmen.

Ich weise darauf hin, dass sich der Umfang von 20 Arbeitstagen des nach Artikel 7 der EU-Arbeitszeitrichtlinie gewährleisteten und nach §§ 1, 3 Absatz 1 BUrlG begründeten gesetzlichen Mindesturlaubsanspruchs auf Arbeitszeitmodelle in der Fünftagewoche bezieht. Wird die wöchentliche Arbeitszeit auf weniger als fünf Tage in der Woche verteilt, ist daher für den Zeitraum nach Beginn des neuen Arbeitszeitmodells eine verhältnismäßige Kürzung der Mindesturlaubstage unionsrechtlich sachgerecht. Es sind also durchaus Fallkonstellationen möglich, in denen – auch unter Berücksichtigung des gesetzlichen Mindesturlaubs – der Jahresurlaubsanspruch insgesamt 20 Arbeitstage unterschreitet.

1.1 Änderung des Beschäftigungsumfangs in der Fünftagewoche

Auf die Urlaubsdauer wirkt sich eine Änderung des Beschäftigungsmodells nur aus, wenn sich dadurch zugleich die Anzahl der wöchentlichen Arbeitstage in der Kalenderwoche ändert (dazu s. u. Ziffer 1.2). Wegen des im deutschen Urlaubsrecht geltenden Tagesprinzips ist es unerheblich, wie viele Arbeitsstunden der jeweilige Arbeitstag hat. Maßgebend für die Anrechnung auf den Urlaubsanspruch ist allein, ob an dem betreffenden Urlaubstag aufgrund der individuellen Verteilung der Arbeitszeit an sich eine Arbeitspflicht bestünde. Da sich der Jahresurlaubsanspruch von 30 Arbeitstagen auf die Fünftagewoche bezieht (§ 26 Abs. 1 Satz 2 TVöD), haben Teilzeitbeschäftigte, deren vertraglich verringerte wöchentliche Arbeitszeit auf fünf Arbeitstage in der Kalenderwoche verteilt ist, denselben Urlaubsanspruch wie vergleichbare Vollzeitbeschäftigte. In allen Fällen einer Veränderung der individuellen, vertraglich festgelegten Arbeitszeit ohne Veränderung der Anzahl der Wochenarbeitstage ergeben sich für die Dauer des Urlaubsanspruchs keine Folgen. Anders stellt sich die Rechtslage bei der Bemessung des Urlaubsentgelts dar (s. u. Ziffer 2).

1.2 Änderung der Anzahl der Arbeitstage in der Kalenderwoche

Soweit im Rahmen der Verteilung der wöchentlichen Arbeitszeit die Anzahl der Arbeitstage in der Kalenderwoche im laufenden Urlaubsjahr geändert wird, ist nach neuer Rechtsprechung der Urlaubsanspruch abschnittsbezogen neu zu berechnen.

In seiner „Greenfield"-Entscheidung hat der EuGH zur Berechnung des nach Artikel 7 der (EU-Arbeitszeit-)Richtlinie 2003/88 gewährleisteten Anspruchs auf bezahlten Jahresurlaub Folgendes klargestellt: Ansprüche auf bezahlten Jahresurlaub werden im Hinblick auf den im Arbeitsvertrag vorgesehenen Arbeitsrhythmus erworben und sind dementsprechend zu berechnen (Rz. 29, 33 a. a. O.). Der EuGH schlussfolgert daraus, dass die Zeiträume, in denen der Arbeitnehmer nach verschiedenen Arbeitsrhythmen arbeitet, voneinander zu unterscheiden und für jeden Zeitraum getrennt zu berechnen sind (Rz. 35 a. a. O.). Im Ergebnis ordnet der EuGH damit also dem Urlaubsanspruch die Wertigkeit zu, die sich aus dem jeweiligen Zeitraum vor und nach der Änderung des Beschäftigungsmodells ergibt (d. h. rechnerisch müssen vor und nach dem betreffenden Änderungsstichtag „fiktive" Abschnitte gebildet werden). Ansprüche auf bezahlten Jahresurlaub, die in Vollzeit erworben wurden, behalten demnach ihre Wertigkeit, auch wenn sie zu einem späteren Zeitpunkt in Teilzeit in Anspruch genommen werden. Dies gilt auch für den Umkehrschluss, also für Ansprüche, die in Teilzeit erworben wurden und später, in einem Beschäftigungsmodell mit höherer Stundenzahl in Anspruch genommen werden (vgl. Rz. 41 a. a. O.). Diese abschnittsbezogene Berechnung der Höhe des Urlaubsanspruchs wirkt sich zugleich auf die Berechnung der Höhe des Urlaubsentgelts aus (vgl. Rz. 47 a. a. O.); dazu s. u. Ziffer 2.

Dabei verlangt das Unionsrecht eine Nachberechnung der Ansprüche auf bezahlten Jahresurlaub nur in Bezug auf Zeiträume, in denen der Beschäftigungsumfang erhöht wurde. In diesen Fällen muss eine Nachberechnung für den „fiktiven" Abschnitt nach dem Änderungsstichtag vorgenommen werden (vgl. „Greenfield" Rz. 44). Im deutschen Urlaubsrecht gilt dies in Bezug auf die Urlaubsdauer für alle Beschäftigungsmodelle, die eine Erhöhung der Anzahl der wöchentlichen Arbeitstage zur Folge haben. Zugleich hat der EuGH jedoch ausdrücklich bestätigt, dass in Fällen einer Erhöhung des Arbeitszeitumfangs keine unionsrechtliche Verpflichtung einer Nachberechnung der bereits vor dem Änderungsstichtag – also noch auf Basis des Arbeitszeitmodells mit geringerem Beschäftigungsumfang – erworbenen Urlaubsansprüche besteht (Tenor 1 a. a. O.).

Auf den TVöD angewandt bedeutet dies Folgendes: Die Zahl der Urlaubstage, die auf die „fiktiven" Abschnitte vor und nach dem Änderungsstichtag entfallen, bemisst sich nach der für den jeweiligen Abschnitt vereinbarten Anzahl der Wochenarbeitstage (Verteilung der wöchentlichen Arbeitszeit i. S. des § 26 Abs. 1 Satz 2 und 3 TVöD). Diese dem jeweiligen Beschäftigungsmodell *(Hinweis: Der EuGH spricht insoweit von dem „im Arbeitsvertrag vorgesehenen Arbeitsrhythmus", s. „Greenfield" Rz. 29)* entsprechende abschnittsbezogene Betrachtung gilt unabhängig davon, ob dadurch das Arbeitszeitvolumen vermindert, beibehalten oder aber erhöht wird. Vor dem Änderungsstichtag bereits gewährter Urlaub ist in Abzug zu bringen (vgl. „Greenfield"-Entscheidung Rz. 43); jedoch scheidet eine vorgriffsweise Anrechnung auf erst in folgenden Urlaubsjahren entstehende Urlaubsansprüche mangels entsprechender nationaler Rechtsgrundlage aus.

Beispiel:

Im laufenden Urlaubsjahr erfolgt zum 1. September ein Wechsel des Beschäftigungsmodells von der Fünftagewoche zu einer Viertagewoche. Der „fiktive" Abschnitt für die während der Fünftagewoche erworbenen Urlaubstage umfasst somit acht Kalendermonate und der „fiktive" Abschnitt nach dem Änderungsstichtag für die in der Viertagewoche erworbenen Urlaubstage vier Kalendermonate.

Aus Gründen der Verwaltungsvereinfachung ist bei der Berechnung des anteiligen Urlaubsanspruchs die zur Berechnung von Teilurlaubsansprüchen normierte tarifliche Zwölftelungsregelung nach § 26 Absatz 2 Buchstabe b TVöD anzuwenden. Erfolgt die Änderung der Anzahl der wöchentlichen Arbeitstage nicht zum Monatsersten, ist zugunsten der Beschäftigten jeweils der Monat, in dessen Verlauf die Änderung erfolgt, bei demjenigen Bezugszeitraum mit der höheren Anzahl an Wochenarbeitstagen als voller Kalendermonat zu berücksichtigen. Zur Vermeidung von Verwerfungen sind beide Teilansprüche spitz zu berechnen. Bei den Bruchteilen, die sich aufgrund der „fiktiven" abschnittsbezogenen Berechnung ergeben, handelt es sich wegen des ununterbrochenen Arbeitsverhältnisses weiterhin um (Voll-)Urlaubsansprüche; daher findet die Rundungsregelung nach § 26 Absatz 1 Satz 4 TVöD insoweit keine Anwendung.

Beispiel 1: _____

Ein an fünf Arbeitstagen Teilzeitbeschäftigter ändert ab 14. September 2015 die Verteilung seiner wöchentlichen Arbeitszeit auf drei Arbeitstage; die individuell vereinbarte wöchentliche Arbeitszeit wird unverändert beibehalten. Der Urlaubsanspruch berechnet sich wie folgt:

– 22,5 Urlaubstage stehen für Januar bis September unter Berücksichtigung der Teilzeitbeschäftigung in der Fünftagewoche zu.

$$= \text{9/12 von 30 Urlaubstagen, d. h. } 30 \times \frac{9 \text{ Monate}}{12 \text{ Monate}}$$

– 4,5 Urlaubstage stehen für Oktober bis Dezember unter Berücksichtigung der Teilzeitbeschäftigung in der Dreitagewoche zu.

$$= \text{3/12 von 18 Urlaubstagen } [30/5 \times 3], \text{ d. h. } 18 \times \frac{3 \text{ Monate}}{12 \text{ Monate}}$$

Somit beträgt der Jahresurlaubsanspruch insgesamt 27 Arbeitstage (22,5 + 4,5).

Beispiel 2: _____

Ein an drei Arbeitstagen Teilzeitbeschäftigter ändert ab 28. September 2016 die Verteilung seiner wöchentlichen Arbeitszeit auf fünf Arbeitstage; die individuell vereinbarte wöchentliche Arbeitszeit wird unverändert beibehalten. Der Urlaubsanspruch berechnet sich wie folgt:

- zwölf Urlaubstage stehen für Januar bis August unter Berücksichtigung der Teilzeitbeschäftigung in der Dreitagewoche zu.

$$= 8/12 \text{ von } 18 \text{ Urlaubstagen } [30/5 \times 3], \text{ d. h. } 18 \times \frac{8 \text{ Monate}}{12 \text{ Monate}}$$

- zehn Urlaubstage stehen für September bis Dezember unter Berücksichtigung der Teilzeitbeschäftigung in der Fünftagewoche zu.

$$= 4/12 \text{ von } 30 \text{ Urlaubstagen, d. h. } 30 \times \frac{4 \text{ Monate}}{12 \text{ Monate}}$$

Der Jahresurlaubsanspruch beträgt somit insgesamt 22 Arbeitstage (12 + 10).

1.3 Inkrafttreten der Änderungen

In Fällen der **Verminderung der Anzahl der Arbeitstage** in der Kalenderwoche ist die Urlaubsdauer für das **Kalenderjahr 2015** von den zuständigen Urlaubsstellen neu festzusetzen. Eine Neufestsetzung von Ansprüchen für davor liegende Kalenderjahre ist nur möglich, soweit diese rechtzeitig schriftlich geltend gemacht wurden und noch nicht verjährt sind (dreijährige Verjährungsfrist gemäß §§ 195, 199 BGB).

Beispiel:

Ein an fünf Arbeitstagen tätiger Vollbeschäftigter mit einem Urlaubsanspruch von 30 Arbeitstagen vermindert im Laufe des Jahres seine Arbeitszeit und gleichzeitig auch die Anzahl seiner Wochenarbeitstage. Er ist ab 1. Mai mit der Hälfte der regelmäßigen Arbeitszeit nur noch jeweils an drei Arbeitstagen in der Woche tätig. Im Januar hat er bereits fünf Arbeitstage Erholungsurlaub in Anspruch genommen. Mit der Veränderung der Anzahl der wöchentlichen Arbeitstage ist der Urlaubsanspruch entsprechend dem jeweiligen Arbeitszeitmodell abschnittsbezogen anteilig neu zu berechnen.

- zehn Urlaubstage stehen für Januar bis April unter Berücksichtigung der Vollzeitbeschäftigung in der Fünftagewoche zu.

$$= 4/12 \text{ von } 30 \text{ Urlaubstagen, d. h. } 30 \times \frac{4 \text{ Monate}}{12 \text{ Monate}}$$

– zwölf Urlaubstage stehen für Mai bis Dezember unter Berücksichtigung der Teilzeitbeschäftigung in der Dreitagewoche zu.

$$= 8/12 \text{ von } 18 \text{ Urlaubstagen } [30/5 \times 3], \text{ d. h. } 18 \times \frac{8 \text{ Monate}}{12 \text{ Monate}}$$

Somit beträgt der Jahresurlaubsanspruch insgesamt 22 Arbeitstage (10 + 12). Nach Abzug der vor der Änderung des Beschäftigungsumfangs bereits gewährten fünf Urlaubstage verbleibt dem Beschäftigten ein Resturlaubsanspruch in Höhe von 17 Arbeitstagen (22 – 5). Zur Berechnung des Urlaubsentgelt s. Ziffer 2.

In Fällen der **Erhöhung der Anzahl der Arbeitstage** in der Kalenderwoche bitte ich die Neufestsetzung der Urlaubsdauer erstmals ab dem **Kalenderjahr 2016** vorzunehmen.

Beispiel:

Ein an vier Arbeitstagen tätiger Teilzeitbeschäftigter mit einem Urlaubsanspruch von 24 Arbeitstagen (30/5 x 4) erhöht die Anzahl seiner wöchentlichen Arbeitstage ohne Veränderung seines Arbeitszeitvolumens ab 1. August 2016 auf 5 Arbeitstage in der Kalenderwoche.

– 14 Urlaubstage stehen für den „fiktiven" Abschnitt der Viertagewoche im Zeitraum von Januar bis Juli 2016 zu.

$$= 7/12 \text{ von } 24 \text{ Urlaubstagen } [30/5 \times 4], \text{ d. h. } 24 \times \frac{7 \text{ Monate}}{12 \text{ Monate}}$$

– 12,5 Urlaubstage stehen für den „fiktiven" Abschnitt der Fünftagewoche im Zeitraum von August bis Dezember zu.

$$= 5/12 \text{ von } 30 \text{ Urlaubstagen, d. h. } 30 \times \frac{5 \text{ Monate}}{12 \text{ Monate}}$$

Der Jahresurlaubsanspruch beträgt somit insgesamt 26,5 Arbeitstage (14 + 12,5). Da es sich um einen Vollurlaubsanspruch für das gesamte Kalenderjahr handelt, findet die Rundungsregelung des § 26 Abs. 1 Satz 4 TVöD keine Anwendung (s. oben Ziffer 1.2).

2. Folgerungen für das Urlaubsentgelt

Der Urlaubssenat des BAG hat in den Entscheidungsgründen zu seiner neuen Rechtsprechung keine eigenen Ausführungen zur Umsetzung im Hinblick auf das Urlaubsentgelt getroffen. Das BAG beschränkte sich darauf, lediglich die Ausführungen zur Bemessung des Urlaubsentgelts aus Rz. 35 der Urteilsbegründung der o. g. „Tirol"-Entscheidung des EuGH zu wiederholen (s. Juris-Rz. 28 der BAG-Entscheidung). Darin führt der EuGH aus, dass es dem einschlägigen Unionsrecht entgegensteht, wenn *„bei einer Änderung des Beschäftigungsausmaßes eines Arbeitnehmers das* **Ausmaß des noch nicht verbrauchten Erholungsurlaubs** in der Weise angepasst wird, dass der von einem Arbeitnehmer, der von einer Vollzeit- zu einer Teilzeitbeschäftigung übergeht, in der Zeit der Vollbeschäftigung erworbene Anspruch auf bezahlten Jahresurlaub, dessen Ausübung dem Arbeitnehmer während dieser Zeit nicht möglich war, reduziert wird **oder der Arbeitnehmer diesen Urlaub nur mehr mit einem geringeren Urlaubsentgelt verbrauchen kann ...*"*

In Rz. 38 der o. a. „Brandes"-Entscheidung präzisiert der EuGH dahin gehend, dass Arbeitnehmer das **Äquivalent** der vor dem Änderungsstichtag auf Grundlage des bisherigen Beschäftigungsumfangs erworbenen **Urlaubstage** erhalten sollen. Ferner steht nach Feststellung des EuGH *„die Inanspruchnahme des Jahresurlaubs zu einer späteren Zeit als dem Bezugszeitraum in* **keiner Beziehung zu der in dieser späteren Zeit vom Arbeitnehmer erbrachten Arbeitszeit** *"* (s. „Tirol" Rz. 32 und „Brandes" Rz. 30).

Demnach scheint dem unionsrechtlichen Verständnis des EuGH, soweit die Berechnung des Urlaubsentgelts von der individuell vereinbarten Arbeitszeit abhängt, der Gedanke eines erworbenen „Wertguthabens" zugrunde zu liegen; dieses ist bei der späteren Urlaubsgewährung wertgleich wieder auszuzahlen. Für die nicht verbrauchten Urlaubstage bleiben die im Zeitraum des Erwerbs („fiktiver" Abschnitt vor dem Änderungsstichtag) zugrunde liegenden Berechnungsfaktoren (Zeit- und Geldfaktor) maßgebend. Zur Berücksichtigung von späteren Verdiensterhöhungen nicht nur vorübergehender Natur hat der EuGH keine Aussagen getroffen.

Beispiel 1:

Ein an fünf Arbeitstagen Vollzeitbeschäftigter vermindert ab 1. September 2015 seine Arbeitszeit um 50 % und verteilt diese Arbeitszeit auf drei Wochenarbeitstage. Ab 11. Oktober 2015 nimmt er seinen gesamten Jahresurlaub in Anspruch.

Der Urlaubsanspruch errechnet sich im Kalenderjahr des Wechsels wie folgt:

- 20 Urlaubstage für Januar bis August (Vollzeit in Fünftagewoche)

  $= 8/12$ von 30 Urlaubstagen, d. h. $30 \times \dfrac{8 \text{ Monate}}{12 \text{ Monate}}$

  sind mit einem Urlaubsentgelt, das sich gemäß der vor dem Änderungsstichtag ausgeübten Vollzeitbeschäftigung bemisst, zu bezahlen und

- sechs Urlaubstage für September bis Dezember (Teilzeit in Dreitagewoche)

  $= 4/12$ von 18 Urlaubstagen $[30/5 \times 3]$, d. h. $18 \times \dfrac{9 \text{ Monate}}{12 \text{ Monate}}$

sind mit einem Urlaubsentgelt, das sich gemäß der nach dem Änderungsstichtag ausgeübten Teilzeitbeschäftigung bemisst, zu bezahlen.

Beispiel 2:

Ein an fünf Arbeitstagen Teilzeitbeschäftigter mit einer Arbeitszeit von 30 Wochenstunden vermindert – unter Beibehaltung der Fünftagewoche – ab 19. Oktober 2015 seine individuell vereinbarte wöchentliche Arbeitszeit erneut auf dann insgesamt 20 Wochenstunden. Der Urlaubsanspruch beträgt unverändert 30 Urlaubstage, lediglich das Urlaubsentgelt ist im Kalenderjahr des Wechsels wie folgt neu zu berechnen:

- 25 Urlaubstage für Januar bis Oktober (Teilzeit mit 30 Wochenstunden)

  $= 10/12$ von 30 Urlaubstagen, d. h. $30 \times \dfrac{10 \text{ Monate}}{12 \text{ Monate}}$

sind mit einem Urlaubsentgelt, das sich gemäß der vor dem Änderungsstichtag ausgeübten Teilzeitbeschäftigung mit 30 Wochenstunden bemisst, zu bezahlen und

- fünf Urlaubstage für November bis Dezember (Teilzeit mit 20 Wochenstunden)

$$= \text{2/12 von 30 Urlaubstagen, d. h. } 30 \times \frac{2 \text{ Monate}}{12 \text{ Monate}}$$

sind mit einem Urlaubsentgelt, das sich gemäß der nach dem Änderungsstichtag ausgeübten Teilzeitbeschäftigung mit 20 Wochenstunden bemisst, zu bezahlen.

Infolge dieser unionsrechtlichen Vorgaben des EuGH sind die innerstaatlichen Rechtsnormen zur Bemessung des Urlaubsentgelts nach § 11 Abs. 1 BUrlG und § 26 Absatz 1 Satz 1 i. V. m. § 21 TVöD in Fällen einer Änderung des Beschäftigungsumfangs im Laufe des Urlaubsjahres richtlinienkonform auszulegen. Daher ist – abweichend vom Wortlaut dieser Normen – auch beim Urlaubsentgelt die abschnittsbezogene Betrachtung entsprechend dem jeweiligen Beschäftigungsumfang maßgeblich (s. Ziffer 1.2). Soweit im laufenden Urlaubsjahr eine Änderung der wöchentliche Arbeitszeit in der Kalenderwoche erfolgt, unterscheidet sich nach neuer Rechtsprechung die Bemessungsgrundlage des Urlaubsentgelts für die Zahl der Urlaubstage, die in den „fiktiven" Abschnitten vor und nach dem Änderungsstichtag anteilig erworben wurden. Die richtlinienkonforme Auslegung der vorgenannten Bestimmungen bezieht sich auf den kausalen Zusammenhang in Bezug auf die Änderung des Beschäftigungsumfangs (Zeitfaktor) im laufenden Urlaubsjahr. Nur insoweit ist der Rechenweg für die Bemessung des Urlaubsentgelts zu modifizieren. Infolge der innerstaatlichen Vorgaben sind – über die unionsrechtlichen Vorgaben des EuGH hinaus – zwischenzeitlich eingetretene Verdiensterhöhungen nicht nur vorübergehender Natur (allgemeine Tariferhöhungen, Höhergruppierungen und Stufensteigerungen) – nach wie vor – bei der Bemessung des Urlaubsentgelts zu berücksichtigen.

In konsequenter Umsetzung der unionsrechtlichen Vorgaben (vgl. auch „Greenfield" Tenor 1) und zur Vermeidung von Ungleichbehandlungen von Teilzeit- und Vollzeitbeschäftigten zu Lasten der Vollzeitbeschäftigten muss diese Zuordnung bei der Bemessung des

Urlaubsentgelts bei jeder Änderung des Arbeitszeitvolumens Anwendung finden, also sowohl bei einer Reduzierung als auch bei einer Erhöhung der individuellen täglichen Arbeitszeit.

Eine richtlinienkonforme Umsetzung des im unionsrechtlichen Urlaubsrecht laut EuGH angelegten Gedankens eines erarbeiteten (vergangenheitsbezogenen) „Wertguthabens" lässt sich mit der im deutschen Urlaubsrecht normierten Systematik einer (gegenwartsbezogenen) Fortschreibung des Urlaubsentgelts im Wege eines Günstigkeitsprinzips realisieren. Vergleichsmaßstab ist dabei jeweils der für den einzelnen Urlaubstag zustehende Tagesdurchschnitt. Dabei ist Folgendes zu beachten. Die in § 21 TVöD geregelte Bemessungsgrundlage für die Entgeltfortzahlung, die nach § 26 Abs. 1 Satz 1 TVöD auch für das Urlaubsentgelt maßgeblich ist, stellt eine Kombination aus dem (gegenwartsbezogenen) Lohnausfallprinzip und dem (vergangenheitsbezogenen) Referenzprinzip dar; dabei wird nach der Art der Entgeltbestandteile differenziert:

– Das Tabellenentgelt (§ 15 TVöD) und die sonstigen in Monatsbeträgen festgelegten Entgeltbestandteile (z. B. Zulagen) werden nach dem Lohnausfallprinzip weitergezahlt (§ 21 Satz 1 TVöD).

– Die nicht in Monatsbeträgen festgelegten Entgeltbestandteile (z. B. Zeitzuschläge in Stundensätzen oder Erschwerniszuschläge in Tagessätzen) werden nach dem Referenzprinzip in Form eines arbeitstäglichen Tagesdurchschnitts auf der Grundlage eines tarifvertraglich bestimmten Berechnungszeitraums gezahlt (§ 21 Sätze 2 und 3).

Infolge dieser im TVöD angelegten zweigeteilten Berechnungsweise des Urlaubsentgelts kann sich der für den einzelnen Urlaubstag maßgebliche Tagesdurchschnitt erst aus der Addition von zwei Teilbeträgen ergeben.

– Für die Berechnung des Teilbetrags aus den nicht in Monatsbeträgen festgesetzten Entgeltbestandteilen (sog. **unständige Bezüge**) kann hier auf die in § 21 Satz 2 und 3 TVöD festgelegte Berechnungsmethode zurückgegriffen werden. In Abhängigkeit vom Zeitpunkt der Inanspruchnahme des Urlaubs nach dem Änderungsstichtag ist ggf. der für Änderungen der individuellen Arbeitszeit geltende Ersatzberechnungszeitraum nach Nr. 1 Satz 3 der Protollerklärungen zu § 21 Sätze 2 und 3 TVöD zu berücksichtigen.

– Für die Berechnung des Teilbetrags aus dem Tabellenentgelt und den sonstigen in Monatsbeträgen festgelegten Entgeltbestandteilen nach § 21 Satz 1 TVöD (sog. **ständige Bezüge**) findet die Regelung des § 24 Abs. 3 Satz 1 TVöD Anwendung. Die auf die einzelnen Urlaubstage entfallenden Beträge sind danach auf kalendertäglicher Basis zu berechnen; maßgeblich ist die Anzahl der Kalendertage des Monats, in dem der Urlaub gewährt wird.

2.1 Urlaubsentgelt für vor dem Änderungsstichtag erworbene Urlaubstage

Damit Beschäftigte nach Änderung ihres Beschäftigungsumfangs im laufenden Kalenderjahr für die nicht verbrauchten Urlaubstage, die bereits in dem „fiktiven" Abschnitt vor dem Änderungsstichtag erworben wurden, mindestens das Äquivalent des Urlaubsentgelts erhalten, das sie im Falle einer Gewährung vor dem Änderungsstichtag erhalten hätten, bitte ich wie folgt zu verfahren:

Im Rahmen des Günstigkeitsprinzips sind auf der Grundlage der Tarifvorschriften des § 26 Abs. 1 Satz 1 i. V. m. § 21 TVöD zur Ermittlung des maßgeblichen Urlaubsentgelts zwei getrennte Berechnungen durchzuführen. Anschließend sind die beiden Ergebnisse zu vergleichen und der höhere Betrag ist für die bereits vor dem Änderungsstichtag erworbene Urlaubstage als Urlaubsentgelt auszuzahlen. Die vorgenannte Verfahrensweise bedingt die folgenden drei Berechnungsschritte.

2.1.1 Erster Berechnungsschritt (vergangenheitsbezogen)

Für die Berechnung des Urlaubsentgelts ist fiktiv auf den Berechnungszeitraum abzustellen, der sich ergeben hätte, wenn die nicht verbrauchten Urlaubstage unmittelbar vor dem Änderungsstichtag in Anspruch genommen worden wären. Dazu sind die Urlaubstage vom Änderungsstichtag an rückwärts gerechnet, auf die entsprechende Anzahl an Kalendertagen, an denen Pflicht zur Arbeitsleistung bestand, zu verteilen. Maßgeblich für die Berechnung des Urlaubsentgelts sind die damaligen Verhältnisse (Zeit- und Geldfaktor).

Beispiel (1. Teil): _____

Eine Vollzeitbeschäftigte, die in der Fünftagewoche von Montag bis Freitag arbeitet, vermindert ab Dienstag, dem 1. März 2016, ihre Arbeitszeit um 50 % (von 39 auf 19,5 Wochenstunden) und verteilt diese Arbeitszeit auf nur noch drei Wochenarbeitstage (Montag bis Mittwoch). Neben dem Tabellenentgelt (unterstellt 3000 Euro) hat sie Anspruch auf Zeit- und Erschwerniszuschläge (= nicht in Monatsbeträgen festgelegte Entgeltbestandteile i. S. des § 21 Sätze 2 und 3 TVöD). Bis zum Änderungsstichtag (Wechsel in die Teilzeitbeschäftigung) hat sie noch keine Urlaubstage in Anspruch genommen. In dem „fiktiven" Abschnitt vor der Verringerung des Beschäftigungsumfangs wurden fünf Urlaubstage erworben.

Der Urlaubsanspruch errechnet sich im Kalenderjahr des Wechsels in die Teilzeitbeschäftigung wie folgt:

– fünf Urlaubstage für Januar bis Februar (Vollzeit in Fünftagewoche)

$$= 2/12 \text{ von } 30 \text{ Urlaubstagen, d. h. } 30 \times \frac{2 \text{ Monate}}{12 \text{ Monate}}$$

sind mit einem Urlaubsentgelt, das sich gemäß der vor dem Änderungsstichtag ausgeübten Vollzeitbeschäftigung bemisst, zu bezahlen und

– 15 Urlaubstage für März bis Dezember (Teilzeit in Dreitagewoche)

$$= 10/12 \text{ von } 18 \text{ Urlaubstagen } [30/5 \times 3], \text{ d. h. } 18 \times \frac{10 \text{ Monate}}{12 \text{ Monate}}$$

sind mit einem Urlaubsentgelt entsprechend dem Teilzeitentgelt gemäß § 24 Abs. 2 i. V. m. § 26 Abs. 1 Satz 1 und § 21 TVöD zu bezahlen.

Bei dem **vergangenheitsbezogenen ersten Berechnungsschritt** ist zur Ermittlung des Tagesdurchschnitts des Urlaubsentgelts für die noch nicht verbrauchten fünf Urlaubstage, die anteilig noch während der Vollzeitbeschäftigung erworben wurden, fiktiv davon auszugehen, dass diese fünf Urlaubstage in dem Zeitraum vom Dienstag, dem 23. Februar 2016, bis zum Montag, dem 29. Februar 2016, genommen worden wären. Dabei handelt es sich vom Änderungsstichtag 1. März 2016 an rückwärts gerechnet um die letzten fünf Arbeitstage, an denen in dem konkreten Arbeitszeitmodell (Fünftagewoche von Montag bis Freitag) Pflicht zur Arbeitsleistung bestanden hat.

Die Berechnung des auf den einzelnen Urlaubstag entfallenden Urlaubsentgelts erfolgt entsprechend § 21 TVöD in **zwei Teilbeträgen**, die zu addieren sind:

– Für den **ersten Teilbetrag** aus dem Tabellenentgelt (und ggf. den sonstigen in Monatsbeträgen festgelegten Entgeltbestandteilen) ist der Kalendermonat Februar 2016 maßgeblich (29 Kalendertage wegen Schaltjahr). Der kalendertägliche Tagesdurchschnitt nach § 24 Abs. 3 Satz 1 TVöD ist daher mit dem Divisor 29 zu berechnen. Somit ergibt sich für das Tabellenentgelt unter Berücksichtigung der Rundungsvorschrift des § 24 Abs. 4 TVöD ein **Tagesdurchschnitt i. H. von 103,45 Euro** (= 3000 Euro/29 Kalendertage).

– Berechnungszeitraum für den **zweiten Teilbetrag** aus den nicht in Monatsbeträgen festgelegten Entgeltbestandteilen nach § 21 Satz 2 TVöD sind die letzten drei vollen Kalendermonate, die dem maßgebenden Ereignis (= Urlaubsbeginn am 23. Februar 2016) vorausgehen. Maßgeblich sind insoweit somit die Kalendermonate November und Dezember 2015 sowie Januar 2016. Die Summe der zu berücksichtigenden Entgeltbestandteile in dem dreimonatigen Berechnungszeitraum beträgt 180 Euro. Nach § 21 Satz 2 i. V. m. Nr. 2 der Protokollerklärungen zu § 21 Sätze 2 und 3 TVöD ergibt sich für die Zeit- und Erschwerniszuschläge somit ein **arbeitstäglicher Tagesdurchschnitt i. H. von 2,77 Euro** (= 180 Euro x Faktor 1/65).

Das **tägliche Urlaubsentgelt** für die nicht verbrauchten fünf Urlaubstage, die während der Vollzeitbeschäftigung erworben wurden, beträgt nach **Addition der beiden Teilbeträge somit 106,22 Euro** (= 103,45 + 2,77).

2.1.2 Zweiter Berechnungsschritt (gegenwartsbezogen)

Für die Berechnung des Urlaubsentgelts ist – so wie in den Tarifnormen vorgesehen – auf die Verhältnisse zum Zeitpunkt der Urlaubsgewährung abzustellen. Dadurch werden zwischenzeitlich erfolgte allgemeine Tariferhöhungen, Höhergruppierungen, Stufenaufstiege berücksichtigt. Um den unionsrechtlichen Vorgaben gerecht zu werden, muss der so auf der Grundlage des neuen Arbeitszeitvolumens, das während des Urlaubs ausgefallen ist, ermittelte Betrag (Geldfaktor) nachträglich mit einem modifizierten Zeitfaktor korrigiert werden. Dazu sind beide unter Anwendung der geltenden Tarifbestimmungen ermittelten Teilbeträge per Dreisatz auf den im „fiktiven" Abschnitt vor dem Änderungsstichtag maßgeblichen Beschäftigungsumfang umzurechnen; diese Umrechnung gilt also sowohl für den Teilbetrag aus dem Tabellenentgelt und den sonstigen in Monatsbeträgen festgelegten Entgeltbestandteilen nach § 21 Satz 1 TVöD als auch für den Teilbetrag aus den nicht in Monatsbeträgen festgelegten Entgeltbestandteilen nach § 21 Satz 2 und 3 TVöD.

Beispiel (2. Teil):

Fortsetzung des oben im ersten Teil des Beispiels geschilderten Sachverhalts.

Die vormals in der Fünftagewoche Vollbeschäftigte nimmt ihre noch nicht verbrauchten 5 Urlaubstage, die sie noch vor der Verringerung ihres Beschäftigungsumfangs erworben hat, während des neuen Arbeitszeitmodells in der Dreitagewoche im Zeitraum von Montag, dem 20. Juni, bis Mittwoch, dem 22. Juni 2016, und von Montag, dem 27. Juni, bis Dienstag, dem 28. Juni 2016.

Bei dem **gegenwartsbezogenen zweiten Berechnungsschritt** ist zur Ermittlung des Tagesdurchschnitts des Urlaubsentgelts auf die tatsächlichen Verhältnisse zum Zeitpunkt der Inanspruchnahme der noch nicht verbrauchten 5 Urlaubstage, die anteilig noch während der Vollzeitbeschäftigung erworben wurden, abzustellen.

Die Berechnung des auf den einzelnen Urlaubstag entfallenden Urlaubsentgelts erfolgt entsprechend § 21 TVöD wiederum in **zwei Teilbeträgen**, die zu addieren sind:

- Für den **ersten Teilbetrag** aus dem Tabellenentgelt und den sonstigen in Monatsbeträgen festgelegten Entgeltbestandteilen ist der Kalendermonat Juni 2016 mit 30 Kalendertagen maßgeblich. Der kalendertägliche Tagesdurchschnitt nach § 24 Abs. 3 Satz 1 TVöD ist somit mit dem Divisor 30 zu berechnen. Auf der Grundlage des Teilzeitentgelts von 1500 Euro für die Halbtagsbeschäftigung in der Dreitagewoche (50 % des Tabellenentgelts von 3000 Euro) ergibt sich unter Berücksichtigung des § 24 Abs. 4 TVöD zunächst ein Tagesdurchschnitt i. H. von 50,00 Euro (= 1500 Euro/ 30 Kalendertage). Dieser Betrag ist per Dreisatz auf den im „fiktiven" Abschnitt vor dem Änderungsstichtag maßgeblichen Beschäftigungsumfang umzurechnen. Als Teilbetrag für die ständigen Bezüge ist somit ein **auf Vollzeitbasis hochgerechneter Tagesdurchschnitt i. H. von 100,00 Euro** anzusetzen

$$(= 50 \text{ Euro} \ \times \ \frac{39 \text{ Wochenstunden}}{19,5 \text{ Wochenstunden}}).$$

– Berechnungszeitraum für den **zweiten Teilbetrag** aus den nicht in Monatsbeträgen festgelegten Entgeltbestandteilen nach § 21 Satz 2 TVöD sind die letzten drei vollen Kalendermonate, die dem maßgebenden Ereignis (= Urlaubsbeginn am 20. Juni 2016) vorausgehen. Maßgeblich sind insoweit somit die Kalendermonate März, April und Mai 2016. Es kommt also der Regelberechnungszeitraum nach § 21 Satz 2 TVöD zum Tragen, da nach der individuellen Änderung der Arbeitszeit für die Berechnung des Tagesdurchschnitts drei volle Kalendermonate i. S. der Nr. 1 der Protokollerklärungen zu § 21 Sätze 2 und 3 TVöD zur Verfügung stehen. Unterstellt, die Summe der zu berücksichtigenden Entgeltbestandteile in dem dreimonatigen Berechnungszeitraum hätte sich entsprechend dem auf 50 % reduzierten Beschäftigungsumfang auf 90 Euro halbiert, dann ergäbe sich nach § 21 Satz 2 i. V. m. Nr. 2 der Protokollerklärungen zu § 21 Sätze 2 und 3 TVöD für die Zeit- und Erschwerniszuschläge auf Teilzeitbasis wegen der Drei-Tage-Woche zunächst ein arbeitstäglicher Tagesdurchschnitt i. H. von 2,31 Euro (= 90 Euro x Faktor 1/39 [= 13 Wochen x 3 Arbeitstage]).

Um dabei rechnerisch sicherzustellen, dass die Beschäftigte das Äquivalent des arbeitstäglichen Tagesdurchschnitts entsprechend ihrem Arbeitszeitmodell vor dem Änderungsstichtag erhält (Vollzeitbeschäftigung in der Fünftagewoche) muss zum einen der für die Fünftagewoche geltende (Regel)-Faktor von 1/65 angewandt werden (s. Protokollerklärung Nr. 2 zu § 21 Sätze 2 und 3 TVöD). Zum anderen ist die Summe der zu berücksichtigenden Entgeltbestandteile per Dreisatz auf die frühere Vollzeitbeschäftigung hochzurechnen; dabei ergeben sich 180 Euro

$$(= 90 \text{ Euro } \times \frac{39 \text{ Wochenstunden}}{19,5 \text{ Wochenstunden}}).$$

Nach der Hochrechnung ergibt sich für die Zeit- und Erschwerniszuschläge somit ein **arbeitstäglicher Tagesdurchschnitt i. H. von 2,77 Euro** (= 180 Euro x Faktor 1/65).

Das **tägliche Urlaubsentgelt** für die nicht verbrauchten fünf Urlaubstage, die während der Vollzeitbeschäftigung erworben wurden, **beträgt nach Addition der beiden Teilbeträge somit 102,77 Euro** (= 100,00 + 2,77).

Variante mit zwischenzeitlicher Höhergruppierung

Die Beschäftigte wird zum 1. Juni 2016 höhergruppiert. Das Tabellenentgelt auf Vollzeitbasis erhöht sich dadurch um 200 Euro auf 3200 Euro. Unter Berücksichtigung des individuell maßgeblichen Teilzeitquotienten von 50 % beläuft sich das Tabellenentgelt ab 1. Juni 2016 somit auf 1600 Euro. Da im Rahmen des (gegenwartsbezogenen) zweiten Berechnungsschritts auf die tatsächlichen Verhältnisse zum Zeitpunkt der Inanspruchnahme des Urlaubs abzustellen ist, wirkt sich die Höhergruppierung auf die Berechnung des **Teilbetrags** für die ständigen Bezüge nach § 21 Satz 1 TVöD aus (hier Tabellenentgelt). Für die noch nicht verbrauchten Urlaubstage, die sie bereits in dem „fiktiven" Abschnitt vor dem Änderungsstichtag 1. März 2016 erworben hat, jedoch erst nach der zum 1. Juni 2016 erfolgten Höhergruppierung in Anspruch nimmt, ist nach § 26 Abs. 1 Satz 1 i. V. m. § 21 Satz 1 TVöD das Tabellenentgelt unter Berücksichtigung des individuellen Karriereverlaufs auf Grundlage der höheren Entgeltgruppe weiterzuzahlen. Auf der Grundlage des neuen Teilzeitentgelts nach erfolgter Höhergruppierung i. H. von 1600 Euro für die Halbtagsbeschäftigung in der Dreitagewoche (50 % des Tabellenentgelts von 3200 Euro) ergibt sich unter Berücksichtigung des Divisors 30 gemäß § 24 Abs. 4 TVöD zunächst ein Tagesdurchschnitt i. H. von 53,33 Euro (= 1600 Euro/30 Kalendertage). Dieser Betrag ist per Dreisatz auf den im „fiktiven" Abschnitt vor dem Änderungsstichtag maßgeblichen Beschäftigungsumfang umzurechnen. **Als erster Teilbetrag ist für die ständigen Bezüge somit ein auf Vollzeitbasis**

I

hochgerechneter Tagesdurchschnitt i. H. von 106,66 Euro anzusetzen

$$(= 53,33 \text{ Euro} \quad \times \quad \frac{39 \text{ Wochenstunden}}{19,5 \text{ Wochenstunden}} \quad).$$

Aus Vereinfachungsgründen wird für den Sachverhalt im Beispiel unterstellt, dass sich durch die Höhergruppierung der **zweite Teilbetrag i. H. von 2,77 Euro** für die nicht in Monatsbeträgen festgelegten Entgeltbestandteile nach § 21 Sätze 2 und 3 TVöD nicht ändert.

Unter Berücksichtigung der nicht nur vorübergehenden Verdiensterhöhungen infolge **der Höhergruppierung beträgt das tägliche Urlaubsentgelt** für die nicht verbrauchten 5 Urlaubstage, die während der Vollzeitbeschäftigung erworben wurden, **nach Addition der beiden Teilbeträge dann 109,43 Euro** (= 106,66 + 2,77).

2.1.3 Dritter Berechnungsschritt (Vergleich)

Die Ergebnisse aus dem ersten und zweiten Berechnungsschritt sind zu vergleichen. Der höhere Betrag wird für die bereits vor der Änderung des Beschäftigungsumfangs erworbenen Urlaubstage als Urlaubsentgelt gezahlt.

Beispiel (3. Teil):

Fortsetzung des oben im ersten und zweiten Teil des Beispiels geschilderten Sachverhalts.

Im Rahmen des Günstigkeitsprinzips sind die Ergebnisse aus dem ersten Berechnungsschritt (106,22 Euro) und zweite Berechnungsschritt (102,77 Euro) zu vergleichen. Demzufolge kommt der höhere Betrag aus dem ersten Berechnungsschritt zum Tragen. **Das Urlaubsentgelt** für die im Zeitraum vom 20. Juni bis 22. Juni 2016 und vom 27. Juni bis 28. Juni 2016 gewährten fünf Urlaubstage **beträgt somit insgesamt 531,10 Euro** (= 106,22 Euro x 5 Arbeitstage).

Bei der **Variante mit der zwischenzeitlichen Höhergruppierung** käme der Betrag von 109,43 Euro aus dem zweiten Berechnungsschritt zum Tragen. **Das Urlaubsentgelt** für die vom 20. bis

> 22. Juni 2016 und vom 27. Juni bis 28. Juni 2016 gewährten fünf Urlaubstage **betrüge dann insgesamt 547,15 Euro** (= 109,43 Euro x 5 Arbeitstage).

2.2 Urlaubsentgelt für nach dem Änderungsstichtag erworbene Urlaubstage

Für die Urlaubstage, die anteilig erst nach dem Änderungsstichtag erworben werden, findet der Grundsatz der zeitratierlichen Entgeltberechnung nach § 24 Abs. 2 TVöD weiterhin Anwendung *(Hinweis: Der EuGH verwendet den lateinischen Begriff „pro-rata-temporis", das BAG spricht von „Quotierung" oder „verhältnismäßiger Kürzung").* Das Urlaubsentgelt ist nach Maßgabe des § 26 Abs. 1 Satz 1 i. V. m. § 21 TVöD zu ermitteln, ggf. auf Grundlage des Ersatzberechnungszeitraums gemäß Nr. 2 Satz 2 und 3 der Protokollerklärung zu § 21 Sätze 2 und 3 TVöD.

2.3 Inkrafttreten der Änderungen

In Fällen der **Verminderung** des Arbeitszeitumfangs ist das Urlaubsentgelt für das **Kalenderjahr 2015** neu festzusetzen, soweit die Urlaubstage bereits in dem „fiktiven" Abschnitt vor dem Änderungsstichtag erworben wurden. Eine Neufestsetzung von Ansprüchen für davor liegende Kalenderjahre ist nur möglich, soweit diese rechtzeitig schriftlich geltend gemacht wurden und noch nicht verjährt sind (dreijährige Verjährungsfist gemäß §§ 195, 199 BGB).

In Fällen der Erhöhung des Arbeitszeitumfangs bitte ich, die Neufestsetzung des Urlaubsentgelts für Urlaubstage, die in einem „fiktiven" Abschnitt vor dem Änderungsstichtag der Erhöhung erworben wurden, erstmals ab dem Kalenderjahr 2016 vorzunehmen.

Ich weise darauf hin, dass die vorstehenden Ausführungen nur für die in den entschiedenen Rechtsstreiten zugrunde liegen Fallgestaltungen eines Wechsels des Arbeitszeitmodells im Laufe des Urlaubsjahres Anwendung finden. Für flexibilisierte Arbeitszeitsysteme, in denen die individuelle Arbeitszeit nicht mehr gleichmäßig auf eine bestimmte Anzahl von Arbeitstagen in der Woche verteilt ist (z. B. Freischichtsysteme), sodass die Gesamtjahresarbeitszeit als Berechnungsgrundlage herangezogen wird, ist dieses Rundschreiben hingegen nicht einschlägig.

I

Mein Rundschreiben vom 21. Februar 2011 – D 5 – 220 210-2/26 – sowie die beiden ergänzenden E-Mails zur „Brandes"-Entscheidung vom 7. August 2013 und vom 18. März 2014, Az.: D 5 – 20202/1#11, werden aufgehoben.

§ 27 Zusatzurlaub

(1) Beschäftigte, die ständig Wechselschichtarbeit nach § 7 Abs. 1 oder ständig Schichtarbeit nach § 7 Abs. 2 leisten und denen die Zulage nach § 8 Abs. 5 Satz 1 oder Abs. 6 Satz 1 zusteht, erhalten

a) bei Wechselschichtarbeit für je zwei zusammenhängende Monate und

b) bei Schichtarbeit für je vier zusammenhängende Monate

einen Arbeitstag Zusatzurlaub.

(2) Im Falle nicht ständiger Wechselschicht- oder Schichtarbeit (z. B. ständige Vertreter) erhalten Beschäftigte des Bundes, denen die Zulage nach § 8 Abs. 5 Satz 2 oder Abs. 6 Satz 2 zusteht, einen Arbeitstag Zusatzurlaub für

a) je drei Monate im Jahr, in denen sie überwiegend Wechselschichtarbeit geleistet haben, und

b) je fünf Monate im Jahr, in denen sie überwiegend Schichtarbeit geleistet haben.

Protokollerklärung zu den Absätzen 1 und 2:
[1]Der Anspruch auf Zusatzurlaub bemisst sich nach der abgeleisteten Schicht- oder Wechselschichtarbeit und entsteht im laufenden Jahr, sobald die Voraussetzungen nach Absatz 1 oder 2 erfüllt sind. [2]Für die Feststellung, ob ständige Wechselschichtarbeit oder ständige Schichtarbeit vorliegt, ist eine Unterbrechung durch Arbeitsbefreiung, Freizeitausgleich, bezahlten Urlaub oder Arbeitsunfähigkeit in den Grenzen des § 22 unschädlich.

(3) Im Falle nicht ständiger Wechselschichtarbeit und nicht ständiger Schichtarbeit im Bereich der VKA soll bei annähernd gleicher Belastung die Gewährung zusätzlicher Urlaubstage durch Betriebs-/Dienstvereinbarung geregelt werden.

(4) [1]Zusatzurlaub nach diesem Tarifvertrag und sonstigen Bestimmungen mit Ausnahme von § 125 SGB IX wird nur bis zu insgesamt sechs Arbeitstagen im Kalenderjahr gewährt. [2]Erholungsurlaub und Zusatzurlaub (Gesamturlaub) dürfen im Kalenderjahr zusammen 35 Arbeitstage nicht überschreiten. [3]Satz 2 ist für Zusatzurlaub nach den Absätzen 1 und 2 hierzu nicht anzuwenden. [4]Bei Beschäftigten, die das 50. Lebensjahr vollendet haben, gilt abweichend von Satz 2 eine Höchstgrenze von 36 Arbeitstagen; maßgebend für die Berechnung der Urlaubsdauer ist das Lebensjahr, das im Laufe des Kalenderjahres vollendet wird.

(5) Im Übrigen gilt § 26 mit Ausnahme von Absatz 2 Buchst. b entsprechend.

Erläuterungen

§ 27 TVöD trifft Regelungen zum Anspruch auf Zusatzurlaub. Dieser Themenbereich war bislang in den §§ 48a, 49 BAT bzw. den vergleichbaren Bestimmungen für Arbeiter geregelt. Gesetzliche Bestimmungen (insbesondere § 125 SGB IX) bleiben unberührt.

Auf die abweichenden Sonderregelungen in §§ 46 und 47 (Bund) des Besonderen Teils Verwaltung[1]) sowie den Besonderen Teilen Pflege- und Betreuungseinrichtungen bzw. Krankenhäuser wird hingewiesen.

Zusatzurlaub bei ständiger (Wechsel-)Schichtarbeit (Abs. 1)

In Absatz 1 ist festgelegt, dass die Beschäftigten, die ständig Wechselschichtarbeit bzw. ständig Schichtarbeit leisten und deshalb eine Zulage nach § 8 Abs. 5 Satz 1 bzw. § 8 Abs. 6 Satz 1 erhalten, Anspruch auf einen Arbeitstag Zusatzurlaub für je zwei bzw. vier zusammenhängende Monate erhalten (Buchst. a – Wechselschichtarbeit bzw. Buchst. b – Schichtarbeit).

Wegen der Begriffsdefinition → § 7 Abs. 1 und 2.

In einer Protokollerklärung zu den Absätzen 1 und 2 haben die Tarifpartner vereinbart, dass sich der Anspruch auf Zusatzurlaub nach den abgeleisteten Schichten bemisst und im laufenden Jahr entsteht, sobald die Voraussetzungen der Absätze 1 und 2 (also z. B. zwei zusammenhängende Monate Wechselschichtarbeit) erfüllt sind. Nach Satz 2 der Protokollnotiz sind Unterbrechungen der (Wechsel-)Schichtarbeit wegen Arbeitsbefreiung, Freizeitausgleich, bezahlten Urlaub oder Arbeitsunfähigkeit in den Grenzen des § 22 unschädlich.

Die Wirkung des Satzes 2 der Protokollerklärung zu § 27 Abs. 1 und 2 TVöD darf nicht überschätzt werden. Diese Vorschrift bestimmt nämlich (nur), dass für die Feststellung, ob ständige Wechselschicht- bzw. Schichtarbeit vorliegt, eine Unterbrechung durch Arbeitsbefreiung, Urlaub, Freizeitausgleich oder Arbeitsunfähigkeit in den Grenzen des § 22 TVöD (max. 39 Wochen) unschädlich ist. Dies bedeutet jedoch nicht, dass die dort genannten Unterbrechungszeiten neben den tatsächlich abgeleisteten Schichten ebenfalls Grundlage für den Anspruch auf Zusatzurlaub sind. Die genannte Vorschrift soll lediglich vermeiden, dass die Unterbrechung der ständigen Wechselschicht- bzw. Schichtarbeit zum Wegfall des Anspruchs auf Zusatzurlaub führen. Sie entbindet nicht von der Voraussetzung, eine bestimmte Anzahl von Schichten als Anspruchsgrundlage für den Zusatzurlaub tatsächlich abzuleisten.

---

[1]) abgedruckt unter **I.1.1**

Zusatzurlaub bei nicht ständiger (Wechsel-)Schichtarbeit (Abs. 2)

In Absatz 2 ist bestimmt, dass die Beschäftigten des Bundes, die nicht ständig Wechselschichtarbeit bzw. nicht ständig Schichtarbeit leisten und deshalb eine Zulage nach § 8 Abs. 5 Satz 2 bzw. § 8 Abs. 6 Satz 2 erhalten, Anspruch auf einen Arbeitstag Zusatzurlaub für je drei bzw. fünf Monate haben, in denen sie im Kalenderjahr überwiegend Wechselschicht- (Buchst. a) bzw. Schichtarbeit (Buchst. b) geleistet haben.

Wegen der Begriffsdefinitionen und der Abgrenzung von ständiger zu nicht ständiger (Wechsel-)Schichtarbeit → § 7 Abs. 1 und 2 und die dortigen Erläuterungen.

Zur Protokollerklärung → bei Absatz 1.

Regelung durch Bezirks-/Dienstvereinbarung (Abs. 3)

Absatz 3 ist ein Appell an die Tarifpartner, im Bereich der Kommunen bei annähernd gleicher Belastung den Anspruch auf Zusatzurlaub in den Fällen nicht ständiger (Wechsel-)Schichtarbeit durch Betriebs- oder Dienstvereinbarung zu regeln. Solange entsprechende Vereinbarungen nicht zustande kommen, bleibt es bei der Regelung des Absatzes 2.

Höchstgrenze (Abs. 4)

Diese Vorschrift beschränkt den Anspruch auf Zusatzurlaub in doppelter Hinsicht.

Satz 1 begrenzt den Zusatzurlaub nach dem TVöD und sonstigen Bestimmungen (darunter fallen insbesondere die Überleitungs-Tarifverträge und bezirkliche Regelungen) auf sechs Arbeitstage im Kalenderjahr.

In den Sätzen 2 bis 4 ist eine Obergrenze für die Summe von Erholungs- und Zusatzurlaubstagen festgelegt worden. Sie darf 35 Arbeitstage (bei Beschäftigten, die das 50. Lebensjahr vollendet haben, 36 Arbeitstage) im Kalenderjahr nicht überschreiten. Für die Altersberechnung ist nach Satz 4 2. Halbsatz das Lebensjahr maßgebend, das im Laufe des Kalenderjahres vollendet wird. Die Begrenzung des Satzes 2 für die Summe von Erholungs- und Zusatzurlaub gilt nach Satz 4 nicht für den Zusatzurlaub nach den Absätzen 1 und 2 (für Wechselschicht- bzw. Schichtarbeit) – insoweit kann also die Höchstgrenze von 35 bzw. 36 Arbeitstagen überschritten werden.

Übrige Bestimmungen (Abs. 5)

Gemäß Absatz 5 gelten – mit Ausnahme der Zwölftelungsvorschrift des § 26 Abs. 2 Buchst. b (Beginn oder Ende des Arbeitsverhältnisses im Laufe des Jahres) – im Übrigen die Vorschriften des § 26. Dieser Verweis auf die übrigen urlaubsrechtlichen Vorschriften hat insbesondere Bedeutung hinsichtlich der Urlaubsübertragung in das Folgejahr sowie – so das BAG im Urteil vom 19. 2. 2014 (10 AZR 539/13) – bei der Umrechnung des Urlaubsanspruchs bei einer von der Fünftagewoche abweichenden Verteilung der Arbeitszeit.

Zusatzurlaub nach § 125 SGB IX

Die Regelungen des § 125 SGB IX über die Gewährung von Zusatzurlaub für schwerbehinderte Beschäftigte bleiben von der Tarifvorschrift unberührt. Insbesondere die Zwölftelungsvorschriften des Tarifvertrages gelten nicht. § 125 SGB IX hat folgenden Wortlaut:

§ 125 SGB IX Zusatzurlaub

(1) Schwerbehinderte Menschen haben Anspruch auf einen bezahlten zusätzlichen Urlaub von fünf Arbeitstagen im Urlaubsjahr; verteilt sich die regelmäßige Arbeitszeit des schwerbehinderten Menschen auf mehr oder weniger als fünf Arbeitstage in der Kalenderwoche, erhöht oder vermindert sich der Zusatzurlaub entsprechend. Soweit tarifliche, betriebliche oder sonstige Urlaubsregelungen für schwerbehinderte Menschen einen längeren Zusatzurlaub vorsehen, bleiben sie unberührt.

(2) Besteht die Schwerbehinderteneigenschaft nicht während des gesamten Kalenderjahres, so hat der schwerbehinderte Mensch für jeden vollen Monat der im Beschäftigungsverhältnis vorliegenden Schwerbehinderteneigenschaft einen Anspruch auf ein Zwölftel des Zusatzurlaubs nach Absatz 1 Satz 1. Bruchteile von Urlaubstagen, die mindestens einen halben Tag ergeben, sind auf volle Urlaubstage aufzurunden. Der so ermittelte Zusatzurlaub ist dem Erholungsurlaub hinzuzurechnen und kann bei einem nicht im ganzen Kalenderjahr bestehenden Beschäftigungsverhältnis nicht erneut gemindert werden.

(3) Wird die Eigenschaft als schwerbehinderter Mensch nach § 69 Abs. 1 und 2 rückwirkend festgestellt, finden auch für die Übertragbarkeit des Zusatzurlaubs in das nächste Kalenderjahr die dem Beschäftigungsverhältnis zugrunde liegenden urlaubsrechtlichen Regelungen Anwendung.

Nach der Rechtsprechung des Bundesarbeitsgerichts (BAG) bestand in der Vergangenheit ein Anspruch auf den vollen Zusatzurlaub auch dann, wenn die Schwerbehinderteneigenschaft erst im Laufe des Jahres entstand oder anerkannt wurde (s. Urteile des BAG vom 8. 3. 1994 – 9 AZR 49/93 – und vom 21. 2. 1995 – 9 AZR 166/94 – AP Nrn. 5 und 7 zu § 47 SchwbG 1986).

Diese Rechtsprechung ist überholt, seit (mit Wirkung vom 1. 5. 2004) durch das „Gesetz zur Förderung der Ausbildung und Beschäftigung schwerbehinderter Menschen" vom 23. 4. 2004 (BGBl. I S. 606) in § 125 SGB IX eigenständige Vorschriften zur Zwölftelung des Zusatzurlaubs für schwerbehinderte Arbeitnehmer aufgenommen worden sind. Besteht die Schwerbehinderteneigenschaft nicht das ganze Jahr, hat der schwerbehinderte Arbeitnehmer gemäß § 125 Abs. 2 SGB IX für jeden vollen Monat der im Beschäftigungsverhältnis vorliegenden Schwerbehinderteneigenschaft einen Anspruch auf ein Zwölftel des Zusatzurlaubs. Bruchteile von Urlaubstagen, die mindestens einen halben Tag ergeben, sind auf volle Urlaubstage aufzurunden. Der Umgang mit Bruchteilen von Urlaubstagen, die weniger als einen halben Tag ergeben, ist nicht gesetzlich geregelt. Es wird davon auszugehen sein, dass diese nicht abzurunden, sondern in dem geringeren Umfang zu gewähren sind. Bei rückwirkender Feststellung der Schwerbehinderteneigenschaft finden nach der – ebenfalls neu angefügten – Vorschrift des § 125 Abs. 3 SGB IX für die Übertragbarkeit des Zusatzurlaubs in das nächste Kalenderjahr die „dem Beschäftigungsverhältnis zugrunde liegenden urlaubsrechtlichen Regelungen" (also § 26 Abs. 2 Buchstabe a TVöD) Anwendung. Bei länger andauernden Feststellungsverfahren wird der Zusatzurlaub für zurückliegende Kalenderjahre daher trotz rückwirkender Anerkennung der Schwerbehinderteneigenschaft in der Regel verfallen sein.

Während die oben aufgeführte Rechtsprechung des BAG in den Fällen, in denen die Schwerbehinderteneigenschaft erst im Laufe des Jahres eintritt, überholt ist, ist die Zwölftelung nach den Grundsätzen des BAG weiterhin nicht zulässig, wenn der Beschäftigte

– in der ersten Hälfte des Kalenderjahres in das Arbeitsverhältnis eintritt oder

– in der zweiten Hälfte des Kalenderjahres nach erfüllter Wartezeit (§ 4 BUrlG) aus dem Arbeitsverhältnis ausscheidet.

In diesen Fällen steht dem Angestellten der ungekürzte Zusatzurlaub zu.

Übergangsvorschriften

In den Überleitungstarifverträgen (TVÜ/Bund, TVÜ/VKA)[1] haben die Tarifpartner im jeweiligen § 15 Übergangsbestimmungen getroffen. Auf die Erläuterungen dazu wird Bezug genommen.

---

[1] abgedruckt unter **I.2**

§ 28   Sonderurlaub

Beschäftigte können bei Vorliegen eines wichtigen Grundes unter Verzicht auf die Fortzahlung des Entgelts Sonderurlaub erhalten.

Erläuterungen

Die Möglichkeit, Sonderurlaub unter Verzicht auf die Fortzahlung des Entgelts zu gewähren, war bislang in § 50 BAT bzw. den vergleichbaren Vorschriften für Arbeiter geregelt. Die Vorschrift wird in der Praxis nur dann von Bedeutung sein, wenn keine gesetzlichen Freistellungsansprüche (→ dazu Erläuterungen zu § 29) bestehen.

Voraussetzungen der Urlaubsgewährung

Die Tarifpartner haben hinsichtlich der Gewährung von unbezahltem Sonderurlaub eine denkbar „offene" Formulierung gewählt, nach der ein (aus Sicht des Beschäftigten) „wichtiger Grund" Anlass genug für die Möglichkeit der Beurlaubung ist. Es handelt sich um eine Kann-Vorschrift, bei deren Anwendung dem Arbeitgeber ein Ermessen bleibt, das er aber nach einheitlichen Kriterien ausüben muss.

Tarifliche Folgen der Urlaubsgewährung

Die Folgen der Beurlaubung sollten nicht unterschätzt werden. Zur Vermeidung von Missverständnissen und eventueller Forderungen wegen unterlassener Hinweise auf die Folgen sollten die Beschäftigten bei Beantragung des Sonderurlaubs auf die Auswirkungen auf das Arbeitsverhältnis und auf die sozialversicherungsrechtlichen Folgen hingewiesen werden.

Durch die Beurlaubung ruht das Arbeitsverhältnis mit allen seinen Rechten und Pflichten. Es bestehen keine Ansprüche auf Entgelt, Krankenbezüge etc., die Sonderzahlung wird für jeden Monat um ein Zwölftel gekürzt.

Die Zeit des Sonderurlaubs gilt gemäß § 34 Abs. 3 grundsätzlich nicht als Beschäftigungszeit. Ein Sonderurlaub kann somit Auswirkungen auf alle von der Beschäftigungszeit abhängenden tarifvertraglichen Leistungen (insbesondere Bezugsdauer des Krankengeldzuschusses, Kündigungsfristen) haben. Nur wenn der Arbeitgeber vor Antritt des Sonderurlaubs schriftlich ein dienstliches oder betriebliches Interesse an der Beurlaubung anerkannt hat, wird die Zeit der Beurlaubung als Beschäftigungszeit berücksichtigt (→ § 34 Abs. 3 Satz 2). Entsprechendes gilt für die Berücksichtigung des Sonderurlaubs bei der Stufenzuweisung der Entgeltgruppen (→ § 17 Abs. 3 Satz 1 Buchst. d).

Weitere Folgen ergeben sich bei der Anwendung der Vorschriften des § 9 (Vergütungsgruppenzulagen) bzw. § 11 (kinderbezogene Entgeltbestandteile) der Überleitungstarifverträge[1]). Auch dort ist ein Sonderurlaub anspruchsvernichtend.

Versicherungsrechtliche Folgen der Urlaubsgewährung

Mit dem Beginn der Beurlaubung endet die Versicherungs- und Beitragspflicht zu den Zweigen der Sozialversicherung.

In der gesetzlichen Krankenversicherung besteht ggf. Anspruch auf Leistungen für einen Monat nach dem Ende der Mitgliedschaft (§ 19 Abs. 2 SGB V). Der Beschäftigte kann sich – soweit kein Anspruch auf Familienversicherung (§ 10 SGB V) besteht – für die Zeit des unbezahlten Sonderurlaubs in der gesetzlichen Krankenversicherung freiwillig versichern. Dieses Recht besteht nur für Personen, die als Mitglieder aus der Versicherungspflicht ausgeschieden sind und in den letzten 5 Jahren vor dem Ausscheiden mindestens 24 Monate oder unmittelbar vor dem Ausscheiden ununterbrochen mindestens 12 Monate versichert waren (vgl. § 9 Abs. 1 Nr. 1 SGB V). Einzelheiten über den Beginn dieser freiwilligen Versicherung und über die Höhe der zu entrichtenden Beiträge ergeben sich aus § 188 SGB V bzw. § 240 SGB V und den Regelungen der einzelnen Krankenkassen. Für eine solche Versicherung während eines unbezahlten Sonderurlaubs trägt der Arbeitgeber weder einen Arbeitgeberbeitragsanteil zu dieser Versicherung noch einen Zuschuss zu einer privaten oder freiwilligen Krankenversicherung.

Der Beschäftigte kann sich für die Zeit des unbezahlten Sonderurlaubs auch in der gesetzlichen Rentenversicherung freiwillig versichern (§ 7 Abs. 1 SGB VI). Auch für solche Versicherungen werden keine Arbeitgeberbeitragsanteile oder Zuschüsse gewährt. Die Beiträge hat die/der Versicherte selbst zu tragen (§ 171 SGB VI). Hinsichtlich eines Anspruchs auf Renten wegen verminderter Erwerbsfähigkeit (§ 43 SGB V) wird darauf hingewiesen, dass die Zeit einer Beurlaubung ohne Bezüge zu einem Wegfall der Anspruchsvoraussetzungen zum Bezug der genannten Renten führen kann, da Versicherte grundsätzlich nur dann einen Anspruch auf diese Renten haben, wenn sie die Wartezeit erfüllen und in den letzten 5 Jahren vor Eintritt der Minderung der Erwerbsfähigkeit drei Jahre Pflichtbeiträge entrichtet haben (vgl. § 43 Abs. 1 bzw. Abs. 2 SGB VI). Die

---

[1]) abgedruckt unter I.2

gesetzlichen Bestimmungen sehen unter bestimmten Voraussetzungen (§ 43 Abs. 4 SGB VI) die Verlängerung des Zeitraums von fünf Jahren vor. Hinsichtlich der Frage, ob diese Bestimmungen im Einzelfall Anwendung finden, können allein die zuständigen Rentenversicherungsträger Auskunft erteilen.

Während der Zeit der Beurlaubung nach § 28 TVöD bleibt die Pflichtversicherung bei der VBL bestehen (§ 2 Abs. 1 Tarifvertrag Altersversorgung – ATV/ATV-K)[1]. Da während der Zeit der Beurlaubung ohne Bezüge kein laufendes zusatzversorgungspflichtiges Entgelt gezahlt wird, ist in dieser Zeit auch keine Umlage zur VBL zu entrichten (vgl. §§ 15, 16 ATV/ATV-K).

Der Beschäftigte verliert grundsätzlich nicht wegen der Beurlaubung einen etwaigen Anspruch auf eine Zusatzversorgung. Während der Zeit der Beurlaubung wächst jedoch die Zusatzversorgung grundsätzlich nicht weiter an, sofern sich aus § 9 ATV (soziale Komponenten) oder Satz 5 und 6 der Anlage 3 zum ATV keine Besonderheiten ergeben.

Eine Anwartschaft auf Zusatzversorgung bleibt auch dann erhalten, wenn eine bis zum Eintritt des Versicherungsfalles dauernde Beurlaubung (sog. Altersurlaub) ausgesprochen wird. Es bestehen daher aus dieser Sicht keine Bedenken, einen Altersurlaub zu bewilligen.

---

[1] abgedruckt unter **V.1**

§ 29   Arbeitsbefreiung

(1) [1]Als Fälle nach § 616 BGB, in denen Beschäftigte unter Fortzahlung des Entgelts nach § 21 im nachstehend genannten Ausmaß von der Arbeit freigestellt werden, gelten nur die folgenden Anlässe:

a) Niederkunft der Ehefrau/der Lebenspartnerin im Sinne des Lebenspartnerschaftsgesetzes — ein Arbeitstag,

b) Tod der Ehegattin/des Ehegatten, der Lebenspartnerin/ des Lebenspartners im Sinne des Lebenspartnerschaftsgesetzes, eines Kindes oder Elternteils — zwei Arbeitstage,

c) Umzug aus dienstlichem oder betrieblichem Grund an einen anderen Ort — ein Arbeitstag,

d) 25- und 40-jähriges Arbeitsjubiläum — ein Arbeitstag,

e) schwere Erkrankung

   aa) einer/eines Angehörigen, soweit sie/er in demselben Haushalt lebt, — ein Arbeitstag im Kalenderjahr,

   bb) eines Kindes, das das 12. Lebensjahr noch nicht vollendet hat, wenn im laufenden Kalenderjahr kein Anspruch nach § 45 SGB V besteht oder bestanden hat, — bis zu vier Arbeitstage im Kalenderjahr,

   cc) einer Betreuungsperson, wenn Beschäftigte deshalb die Betreuung ihres Kindes, das das 8. Lebensjahr noch nicht vollendet hat oder wegen körperlicher, geistiger oder seelischer Behinderung dauernd pflegebedürftig ist, übernehmen müssen, — bis zu vier Arbeitstage im Kalenderjahr.

   [2]Eine Freistellung erfolgt nur, soweit eine andere Person zur Pflege oder Betreuung nicht sofort zur Verfügung steht und die Ärztin/der Arzt in den Fällen der Doppelbuchstaben aa und bb die Notwendigkeit der Anwesenheit der/des Beschäftigten zur vorläufigen Pflege bescheinigt. [3]Die Freistellung darf insgesamt fünf Arbeitstage im Kalenderjahr nicht überschreiten.

f) Ärztliche Behandlung von Beschäftigten, wenn diese während der Arbeitszeit erfolgen muss, — erforderliche nachgewiesene Abwesenheitszeit einschließlich erforderlicher Wegezeiten.

Niederschriftserklärung zu § 29 Abs. 1 Buchst. f:
Die ärztliche Behandlung erfasst auch die ärztliche Untersuchung und die ärztlich verordnete Behandlung.

(2) [1]Bei Erfüllung allgemeiner staatsbürgerlicher Pflichten nach deutschem Recht, soweit Arbeitsbefreiung gesetzlich vorgeschrieben ist und soweit die Pflichten nicht außerhalb der Arbeitszeit, gegebenenfalls nach ihrer Verlegung, wahrgenommen werden können, besteht der Anspruch auf Fortzahlung des Entgelts nach § 21 nur insoweit, als Beschäftigte nicht Ansprüche aus Ersatz des Entgelts geltend machen können. [2]Das fortgezahlte Entgelt gilt in Höhe des Ersatzanspruchs als Vorschuss auf die Leistungen der Kostenträger. [3]Die Beschäftigten haben den Ersatzanspruch geltend zu machen und die erhaltenen Beträge an den Arbeitgeber abzuführen.

(3) [1]Der Arbeitgeber kann in sonstigen dringenden Fällen Arbeitsbefreiung unter Fortzahlung des Entgelts nach § 21 bis zu drei Arbeitstagen gewähren. [2]In begründeten Fällen kann bei Verzicht auf das Entgelt kurzfristige Arbeitsbefreiung gewährt werden, wenn die dienstlichen oder betrieblichen Verhältnisse es gestatten.

Protokollerklärung zu Absatz 3 Satz 2:
Zu den „begründeten Fällen" können auch solche Anlässe gehören, für die nach Absatz 1 kein Anspruch auf Arbeitsbefreiung besteht (z. B. Umzug aus persönlichen Gründen).

(4) [1]Zur Teilnahme an Tagungen kann den gewählten Vertreterinnen/Vertretern der Bezirksvorstände, der Landesbezirksvorstände, der Landesfachbereichsvorstände, der Bundesfachbereichsvorstände, der Bundesfachgruppenvorstände sowie des Gewerkschaftsrates bzw. entsprechender Gremien anderer vertragsschließender Gewerkschaften auf Anfordern der Gewerkschaften Arbeitsbefreiung bis zu acht Werktage im Jahr unter Fortzahlung des Entgelts nach § 21 erteilt werden, sofern nicht dringende dienstliche oder betriebliche Interessen entgegenstehen. [2]Zur Teilnahme an Tarifverhandlungen mit dem Bund und der VKA oder ihrer Mitgliedverbände kann auf Anfordern einer der vertragsschließenden Gewerkschaften Arbeitsbefreiung unter Fortzahlung des Entgelts nach § 21 ohne zeitliche Begrenzung erteilt werden.

(5) Zur Teilnahme an Sitzungen von Prüfungs- und von Berufsbildungsausschüssen nach dem Berufsbildungsgesetz sowie für eine Tätigkeit in Organen von Sozialversicherungsträgern kann den Mitgliedern Arbeitsbefreiung unter Fortzahlung des Entgelts nach § 21 gewährt werden, sofern nicht dringende dienstliche oder betriebliche Interessen entgegenstehen.

Erläuterungen

I

§ 29 TVöD trifft Regelungen zum Anspruch auf Arbeitsbefreiung aus bestimmten persönlichen Anlässen. Die Vorschrift entspricht im Kern § 52 BAT bzw. den entsprechenden Vorschriften für Arbeiter.

Die tarifliche Vorschrift regelt die Fälle der Arbeitsbefreiung unter Wegfall bzw. unter Weiterzahlung des Entgelts (Entgelt im vorstehenden Sinne ist das Entgelt nach § 21 TVöD).

Sie greift dabei teilweise in den Regelungsbereich des bürgerlichen Gesetzbuches ein. Nach § 616 Satz 1 BGB „wird der zur Dienstleistung Verpflichtete des Anspruchs auf die Vergütung nicht dadurch verlustig, dass er für eine verhältnismäßig nicht erhebliche Zeit durch einen in seiner Person liegenden Grund ohne sein Verschulden an der Dienstleistung verhindert wird". Diese Vorschrift, die für Fälle gilt, „in denen der Angestellte aus bestimmten persönlichen Gründen an der Arbeitsleistung verhindert wird", ist tarifvertraglich abdingbar (siehe dazu Urteil des BAG vom 24. 11. 1988 – 6 AZR 423/86 – AP Nr. 4 zu § 52 BAT). Von dieser Möglichkeit haben die Tarifvertragsparteien mit § 29 TVöD Gebrauch gemacht.

Freistellung aus persönlichen Gründen (Abs. 1)

Die tarifliche Regelung legt fest, welche Anlässe aus dem persönlichen Bereich des Beschäftigten als Freistellungsfälle i. S. d. § 616 BGB anzusehen sind. Bezahlte Freistellung aus persönlichen Gründen ist nur für die Dauer der in Absatz 1 festgelegten Tage zu gewähren; über die tariflich vorgesehenen Freistellungen hinaus bestehen keine weiteren Ansprüche nach § 616 BGB. Reichen diese Tage nicht aus, ist eine darüber hinausgehende Freistellung nur im Wege der Inanspruchnahme von Erholungsurlaub, ggf. Freistellungen im Rahmen von Gleitzeitregelungen oder der Beantragung unbezahlter Arbeitsbefreiung nach Absatz 3 Satz 2 möglich.

Fällt der Anlass für die Freistellung auf einen für den Beschäftigten arbeitsfreien Tag, ist eine Arbeitsbefreiung an einem anderen Tag nicht ausgeschlossen. In der Vorschrift ist nämlich nicht bestimmt, dass die Arbeitsbefreiung genau an dem Tag erfolgen muss, auf den das jeweilige Ereignis fällt. Gleichwohl jedoch ist bei der Arbeitsbefreiung aus persönlichen Gründen ein enger zeitlicher Zusammenhang zwischen dem Anlass der Freistellung und der Freistellung selbst unverzichtbar.

Die Freistellung erfolgt (mit Ausnahme des Buchstaben f dieser Regelung) für volle Arbeitstage. Bricht der Beschäftigte aus einem der aufgeführten Anlässe seine Arbeit im Verlaufe eines Arbeitstages ab, zählt dieser Tag als Freistellungstag bzw. als erster Freistellungstag. Zu den einzelnen Freistellungstatbeständen ist Folgendes anzumerken:

Zu Buchstabe a

Bei Niederkunft der Ehefrau besteht ein Freistellungsanspruch für einen Arbeitstag. Dieser Anspruch besteht auch, wenn die Ehegatten nicht in häuslicher Gemeinschaft leben; ausschlaggebend ist, dass die Ehe besteht. Die Niederkunft der nichtehelichen Lebensgefährtin eines Beschäftigten ist nicht von der Vorschrift erfasst (vgl. Urteil des BAG vom 25. 2. 1987 – 8 AZR 430/84 – AP Nr. 3 zu § 52 BAT). Hingegen besteht ein Freistellungsanspruch im Falle der Niederkunft einer in einer eingetragenen Lebenspartnerschaft lebende Partnerin; denn sie ist in der Tarifvorschrift der „Ehefrau" gleichgestellt worden. Ein Freistellungsanspruch besteht auch, wenn das Kind nicht lebend geboren wird. Bei Mehrlingsgeburten ist der Freistellungsanspruch auf einen Arbeitstag begrenzt.

Zu Buchstabe b

Die Freistellung im Todesfall ist auf den Tod des Ehegatten, des eingetragenen Lebenspartners nach dem Lebenspartnerschaftsgesetz, eines Kindes oder Elternteils begrenzt. Unter „Elternteil" sind nur die leiblichen Eltern zu verstehen. Adoptiveltern haben die Rechtsstellung leiblicher Eltern, wobei das familienrechtliche Verhältnis zu den leiblichen Eltern mit der Adoption jedoch erloschen ist.

Der Freistellungsanspruch ist nicht davon abhängig, dass die Verstorbenen in häuslicher Gemeinschaft mit dem Beschäftigten gelebt haben. Beim Tod eines geschiedenen Ehegatten besteht jedoch kein Freistellungsanspruch, ebenso wenig beim Tod eines nichtehelichen Lebensgefährten. Nicht erfasst sind ferner Schwiegereltern, Großeltern, Stiefeltern und Pflegeeltern. Nach dem Wortlaut der Vorschrift auch nicht erfasst sind Enkel-, Pflege-, Stief- und Schwiegerkinder. Dass die hinsichtlich von Stief- und Pflegekindern gegenteilige Aussage der Tarifpartner anlässlich der Tarifverhandlungen zur vergleichbaren Vorschrift des § 52 BAT am 16./17. 10. 1956 noch Bestand hat, muss bezweifelt werden.

Die beiden Tage der Freistellung müssen nicht zusammenhängend in Anspruch genommen werden. Eine Aufteilung z. B. in der Weise, dass der erste Tag unmittelbar in zeitlichem Zusammenhang mit dem Todesfall und der zweite Tag anlässlich der Beisetzung gewährt wird, ist zulässig.

Zu Buchstabe c

Die Regelung gilt nur für einen Umzug aus dienstlichen oder betrieblichen Gründen an einen anderen Ort. Was sie unter „dienstlichem oder betrieblichem Grund" verstehen, haben die Tarifpartner nicht erläutert – weder in § 29 TVöD, noch in der vergleichbaren Vorschrift des § 52 BAT. Man muss also Gesamtbild bemühen, um ein Verständnis dessen zu gewinnen, was die Tarifpartner meinten. Schaut man sich den § 52 BAT in einer älteren (bis zum 30. Juni 1996 geltenden) Fassung an, dann gab es dort „Beim Umzug...mit eigenem Hausstand anlässlich der Versetzung oder Abordnung an einen anderen Ort aus dienstlichen oder betrieblichen Gründen" 3 freie Tage. Die Absenkung der möglichen Freistellungstage zum 1. Juli 1996 auf einen Tag korrespondierte mit der gleichzeitigen Minderung der Anspruchsvoraussetzungen; weder ein eigener Hausstand, noch eine förmliche Versetzung/Abordnung wurden seit dem 1. Juli 1996 noch gefordert.

Vor diesem Hintergrund kann nach Meinung des Verfassers den Begriff der dienstlichen oder betrieblichen Gründe nun insgesamt recht weit gefasst werden. Mindestens die Fälle der Abordnung/ Versetzung/Zuweisung an einen anderen Ort, aber auch den Fall des Umzugs an einen anderen Ort aus Anlass der Begründung des Arbeitsverhältnisses sollte dazu gezählt werden. Die Entfernung des anderen vom bisherigen Ort spielt keine Rolle, wenn der dienstliche/ betriebliche Grund für den Umzug zu bejahen ist. Auch für einen Umzug über eine große Entfernung besteht ein Freistellungsanspruch lediglich für einen Arbeitstag.

Für private Umzüge, für dienstliche/betriebliche Umzüge am gleichen Ort und auch für zusätzliche (den einen tariflich zugestandenen Tag übersteigende) Freistellungstage für dienstlich/betrieblich begründete Umzüge kommt gem. § 29 Abs. 3 Satz 2 i. V. m. der dazu vereinbarten Protokollerklärung unabhängig davon nur eine unbezahlte Freistellung in Betracht.

Zu Buchstabe d

Der Zeitpunkt des Jubiläumstages ergibt sich aus der Berechnung im Rahmen des § 23 Abs. 2. Der Anspruch auf Freistellung besteht auch dann, wenn der Jubiläumstag auf einen arbeitsfreien Tag fällt. Es muss aber ein zeitlicher Zusammenhang zwischen dem Anlass (Arbeitsjubiläum) und der Freistellung gewahrt bleiben. Anspruch auf Freistellung aus Anlass des 50jährigen Arbeitsjubiläums besteht danach nicht; der Arbeitgeber kann aber eine Freistellung nach Absatz 3 Satz 1 bewilligen.

Zu Buchstabe e

Die Regelung erfasst alle Fälle einer schweren Erkrankung Dritter, aufgrund derer dem Beschäftigten Arbeitsbefreiung unter Fortzahlung der Bezüge gewährt werden kann. Die Dauer der Freistellung ist je nach Anlass unterschiedlich und darf insgesamt fünf Arbeitstage im Kalenderjahr nicht überschreiten. Die Freistellung dient nur der unvorhersehbaren, kurzfristig eintretenden, vorübergehenden Übernahme der notwendigen Pflege oder Betreuung und der Organisation der weiteren Pflege des Erkrankten oder der Betreuung seines Kindes durch den Beschäftigten. Die Freistellung ist daher nur möglich, wenn eine andere Person zur Übernahme dieser Aufgabe nicht sofort zur Verfügung steht und – in den Fällen der Doppelbuchstaben aa und bb – eine ärztliche Bescheinigung vorliegt, welche die Notwendigkeit der Anwesenheit des Beschäftigten (bzw. einer anderen Person) zur vorläufigen Pflege bestätigt; in dem Fall des Doppelbuchstaben cc ist diese Notwendigkeit wegen des Alters oder wegen der Behinderung des Kindes des Beschäftigten unterstellt. Dass eine andere Person nicht sofort zur Übernahme der Pflege oder Betreuung zur Verfügung steht, hat der Beschäftigte in allen Fällen der Doppelbuchstaben aa bis cc darzulegen.

Für den Bereich des Bundes ist das RdSchr. d. BMI vom 25. August 2008 (GMBl. S 1003) zu beachten. Damit hat das BMI im Einvernehmen mit dem BMF u. a. zugelassen, dass die Arbeitsbefreiung nach § 29 Abs. 1 Buchstabe e) auch in halben Tagen gewährt werden kann.

Auch § 2 des Pflegezeitgesetzes[1] ermöglicht eine kurzfristige Freistellung bis zur Dauer von 10 Arbeitstagen zur Pflege bzw. Organisation der Pflege naher Angehöriger (Definition → § 7 des Gesetzes).

---

[1]   abgedruckt als **Anhang 1**

Ein Anspruch auf Entgeltfortzahlung gegenüber dem Arbeitgeber besteht nicht.

Neben dieser kurzfristigen Arbeitsbefreiung ermöglicht das Pflegezeitgesetz eine bis zu sechsmonatige vollständige oder teilweise (also Teilzeit) Freistellung zur Betreuung naher Angehöriger (Pflegezeit → §§ 3 und 4 des Gesetzes). Auch für die Pflegezeit besteht kein Anspruch auf Entgeltfortzahlung. Die Verpflichtung zur Freistellung besteht nicht bei Arbeitgebern mit in der Regel 15 oder weniger Beschäftigten. Auch das Familienpflegezeitgesetz[1]) ermöglicht eine Arbeitszeitreduzierung; es gilt nur bei Arbeitgebern mit mehr als 25 Beschäftigten.

Zu Doppelbuchstabe aa

Bei schwerer Erkrankung eines Angehörigen des Beschäftigten kann für einen Arbeitstag im Kalenderjahr Arbeitsbefreiung gewährt werden. Ein solcher Anlass kann daher nur einmal im Kalenderjahr zur Freistellung führen. Voraussetzung ist, dass der erkrankte Angehörige mit dem Angestellten in demselben Haushalt lebt. Zum Kreis der Angehörigen in diesem Sinne können die in § 20 Abs. 5 Verwaltungsverfahrensgesetz (VwVfG, → Erläuterung zu § 11) genannten Personen gezählt werden. Partner einer eingetragenen Lebenspartnerschaft gelten gem. § 11 Abs. 1 Lebenspartnerschaftsgesetz ebenfalls als Familienangehöriger des anderen Partners. Für die Pflege eines schwer erkrankten Kindes, das das 12. Lebensjahr noch nicht vollendet hat, wird, obwohl es zu dem Personenkreis i. S. d. § 20 Abs. 5 VwVfG rechnet, nicht Freistellung nach Doppelbuchstabe aa, sondern nach der speziellen Regelung des Doppelbuchstaben bb gewährt.

Zu Doppelbuchstabe bb

Bezüglich der Pflege erkrankter Kinder ist zunächst zu beachten, dass – bei Vorliegen der gesetzlichen Voraussetzungen – vorrangig ein Freistellungsanspruch nach § 45 SGB V besteht. Die Vorschrift hat folgenden Wortlaut:

§ 45 SGB V Krankengeld bei Erkrankung des Kindes

(1) Versicherte haben Anspruch auf Krankengeld, wenn es nach ärztlichem Zeugnis erforderlich ist, daß sie zur Beaufsichtigung, Betreuung

---

[1]) Abgedruckt als Anhang 1 zu § 11 TVöD

oder Pflege ihres erkrankten und versicherten Kindes der Arbeit fernbleiben, eine andere in ihrem Haushalt lebende Person das Kind nicht
beaufsichtigen, betreuen oder pflegen kann und das Kind das zwölfte
Lebensjahr noch nicht vollendet hat oder behindert und auf Hilfe
angewiesen ist. § 10 Abs. 4 und § 44 Absatz 2 gelten.

(2) Anspruch auf Krankengeld nach Absatz 1 besteht in jedem Kalenderjahr für jedes Kind längstens für 10 Arbeitstage, für alleinerziehende
Versicherte längstens für 20 Arbeitstage. Der Anspruch nach Satz 1
besteht für Versicherte für nicht mehr als 25 Arbeitstage, für alleinerziehende Versicherte für nicht mehr als 50 Arbeitstage je Kalenderjahr.
Das Krankengeld nach Absatz 1 beträgt 90 Prozent des ausgefallenen
Nettoarbeitsentgelts aus beitragspflichtigem Arbeitsentgelt der Versicherten, bei Bezug von beitragspflichtigem einmalig gezahltem Arbeitsentgelt (§ 23a des Vierten Buches) in den der Freistellung von
Arbeitsleistung nach Absatz 3 vorangegangenen zwölf Kalendermonaten 100 Prozent des ausgefallenen Nettoarbeitsentgelts aus beitragspflichtigem Arbeitsentgelt; es darf 70 Prozent der Beitragsbemessungsgrenze nach § 223 Absatz 3 nicht überschreiten. Erfolgt die Berechnung
des Krankengeldes nach Absatz 1 aus Arbeitseinkommen, beträgt dies
70 Prozent des erzielten regelmäßigen Arbeitseinkommens, soweit es
der Beitragsberechnung unterliegt. § 47 Absatz 1 Satz 6 bis 8 und
Absatz 4 Satz 3 bis 5 gilt entsprechend.

(3) Versicherte mit Anspruch auf Krankengeld nach Absatz 1 haben für
die Dauer dieses Anspruchs gegen ihren Arbeitgeber Anspruch auf
unbezahlte Freistellung von der Arbeitsleistung, soweit nicht aus dem
gleichen Grund Anspruch auf bezahlte Freistellung besteht. Wird der
Freistellungsanspruch nach Satz 1 geltend gemacht, bevor die Krankenkasse ihre Leistungsverpflichtung nach Absatz 1 anerkannt hat, und sind
die Voraussetzungen dafür nicht erfüllt, ist der Arbeitgeber berechtigt,
die gewährte Freistellung von der Arbeitsleistung auf einen späteren
Freistellungsanspruch zur Beaufsichtigung, Betreuung oder Pflege eines
erkrankten Kindes anzurechnen. Der Freistellungsanspruch nach Satz 1
kann nicht durch Vertrag ausgeschlossen oder beschränkt werden.

(4) Versicherte haben ferner Anspruch auf Krankengeld, wenn sie zur
Beaufsichtigung, Betreuung oder Pflege ihres erkrankten und versicherten Kindes der Arbeit fernbleiben, sofern das Kind das zwölfte Lebensjahr noch nicht vollendet hat oder behindert und auf Hilfe angewiesen
ist und nach ärztlichem Zeugnis an einer Erkrankung leidet,

a) die progredient verläuft und bereits ein weit fortgeschrittenes
   Stadium erreicht hat,

b) bei der eine Heilung ausgeschlossen und eine palliativ-medizinische
   Behandlung notwendig oder von einem Elternteil erwünscht ist und

c) die lediglich eine begrenzte Lebenserwartung von Wochen oder
   wenigen Monaten erwarten lässt.

I

Der Anspruch besteht nur für ein Elternteil. Absatz 1 Satz 2, Absatz 3 und § 47 gelten entsprechend.

(5) Anspruch auf unbezahlte Freistellung nach den Absätzen 3 und 4 haben auch Arbeitnehmer, die nicht Versicherte mit Anspruch auf Krankengeld nach Absatz 1 sind.

Gemäß § 45 Abs. 1 SGB V besteht ein Anspruch auf Krankengeld für die Betreuung eines erkrankten Kindes, das das zwölfte Lebensjahr noch nicht vollendet hat. Der Anspruch besteht in jedem Kalenderjahr für jedes Kind längstens für 10 Arbeitstage, für allein erziehende Versicherte längstens 20 Arbeitstage. Insgesamt steht der Anspruch im Kalenderjahr für nicht mehr als 25 Arbeitstage bzw. bei Alleinerziehenden für nicht mehr als 50 Arbeitstage zu (§ 45 Abs. 2 SGB V).

Für die Beaufsichtigung, Betreuung und Pflege **schwerstkranker** Kinder, die das zwölfte Lebensjahr noch nicht vollendet haben oder behindert und auf Pflege angewiesen sind, besteht ein zeitlich unbegrenzter Freistellungsanspruch (§ 45 Abs. 4 SGB V).

Für eine Freistellung auf der Grundlage dieser gesetzlichen Vorschrift ist keine Vergütung zu zahlen; es besteht vielmehr grundsätzlich ein Anspruch auf Krankengeld gegenüber der zuständigen Krankenkasse.

Voraussetzung für die Anwendung der tariflichen Vorschrift und somit für eine vom Arbeitgeber bezahlte Freistellung ist, dass im laufenden Kalenderjahr kein Anspruch nach § 45 SGB V besteht oder bestanden hat. Die Vorschrift kann daher in der Regel nur bei solchen Angestellten in Betracht kommen, die entweder selbst nicht in der gesetzlichen Krankenversicherung (GKV) versichert sind oder deren Kind aufgrund des Ausschlusses von der Familienversicherung (§ 10 Abs. 3 SGB V) nicht in der GKV versichert sind.

Zwar sieht § 45 Abs. 5 SGB V mittlerweile selbst in diesen Fällen einen Anspruch auf unbezahlte Freistellung vor, der bei einer streng am Wortlaut orientierten Auslegung der Tarifvorschrift die tariflichen Ansprüche auf bezahlte Freistellung zunichte machte. Zur inhaltsgleichen Vorschrift des § 52 BAT haben die öffentlichen Arbeitgeber jedoch die Auffassung vertreten, dass der gesetzliche Anspruch auf unbezahlte Freistellung den tariflichen Anspruch auf bezahlte Freistellung nicht vernichtet.

Die Arbeitsbefreiung beträgt höchstens vier Arbeitstage im Kalenderjahr. Nach Auffassung des BAG (Urteil vom 5. August 2014 – 9 AZR

878/12) gilt die in der Vorschrift festgelegte Höchstdauer von vier Arbeitstagen im Kalenderjahr für **jedes** schwer erkrankte Kind unter zwölf Jahren. Bei schwerer Erkrankung eines anderen Kinderes unter zwölf Jahren ist aber die in § 29 Abs. 1 Satz 3 TVöD vereinbarte Obergrenze von insgesamt fünf Arbeitstagen im Kalenderjahr zu beachten, in die auch Freistellungen nach den anderen Tatbeständen des Buchstabens e – Betreuung von anderen Angehörigen, Erkrankten einer Betreuungsperson – einzubeziehen sind.

Zu Doppelbuchstabe cc

Die Vorschrift regelt den Fall der schweren Erkrankung einer Betreuungsperson, die dazu führt, dass der Beschäftigte selbst die Betreuung seines Kindes, das das achte Lebensjahr noch nicht vollendet hat oder wegen körperlicher, geistiger oder seelischer Behinderung dauernd pflegebedürftig ist, selbst übernehmen muss. Die Arbeitsbefreiung beträgt höchstens vier Arbeitstage im Kalenderjahr, wobei zusätzlich die Höchstbegrenzung (auf maximal fünf Arbeitstage im Kalenderjahr) nach Buchstabe e Satz 3 für den Fall des Zusammentreffens mit Tatbeständen nach den Doppelbuchstaben aa und bb zu beachten ist.

Zu Buchstabe f

Die Freistellung zur ärztlichen Behandlung ist ohne Beschränkung auf bestimmte Gruppen von Ärzten geregelt. Es kann sich um einen Kassen- oder einen Privatarzt, aber auch um einen Amts-, Betriebs-, Versorgungs- oder Vertrauensarzt handeln. Der Begriff der ärztlichen Behandlung erfasst – wie die Tarifpartner in einer Niederschriftserklärung ausdrücklich klargestellt haben – auch die ärztliche Untersuchung und die ärztlich verordnete Behandlung. Die Behandlung braucht nicht von einem Arzt durchgeführt zu werden. Erfasst werden deshalb z. B. auch medizinische Massagen, wenn sie von einem Arzt verordnet worden sind. Dies gilt ebenso für ambulant durchgeführte Rehabilitationsmaßnahmen, soweit sie ärztlich verordnet sind.

Der Anspruch auf Freistellung unter Fortzahlung der Vergütung besteht nur dann, wenn die ärztliche Behandlung während der Arbeitszeit erfolgen muss. Der Beschäftigte muss sich deshalb bemühen, einen Untersuchungs- oder Behandlungstermin außerhalb seiner Arbeitszeit zu vereinbaren. Wenn ein Termin außerhalb der Arbeitszeit möglich und zumutbar ist, darf die Behandlung nicht während der Arbeitszeit erfolgen. Der Beschäftigte muss hierzu auch die Möglichkeiten seiner Gleitzeitgestaltung nutzen.

Die Dauer der Freistellung ist auf die erforderliche, d. h. die unumgängnich notwendige, nachgewiesene Abwesenheit von der Arbeit beschränkt. Die „nachgewiesene Abwesenheitszeit" ist zwar nicht dahingehend auszulegen, dass bei jedem Arztbesuch ein besonderer Nachweis, etwa in Form einer ärztlichen Bescheinigung über die erforderliche Zeit der Abwesenheit erbracht werden muss, doch kann bei jedem Arztbesuch ein entsprechender Nachweis verlangt werden. Die Art und Weise des Nachweises ist nicht spezifiziert. Das bedeutet, dass jede Form des Nachweises möglich ist. Entscheidend ist, dass die Erforderlichkeit der Abwesenheit schlüssig dargelegt und auch plausibel ist.

Im Allgemeinen dürfte es ausreichen, wenn der Beschäftigte glaubhaft erklärt, dass die ärztliche Behandlung nur während der Arbeitszeit durchgeführt werden kann. Hält der Arbeitgeber diese Aussage (z. B. im Falle häufiger Wiederholungen) nicht für ausreichend, kann er einen darüber hinausgehenden Nachweis verlangen. Dieser ist insbesondere in der Vorlage einer Bescheinigung der Arztpraxis oder des Instituts zu sehen. Weigert sich der Beschäftigte, eine solche Bescheinigung beizubringen, entfällt der Freistellungsanspruch unter Fortzahlung der Bezüge.

Die Freistellung schließt auch unvermeidbare Wartezeiten beim Arzt und die erforderlichen Wegezeiten zu und von der ärztlichen Behandlung ein.

Freistellung zur Erfüllung staatsbürgerlicher Pflichten (Abs. 2)

Die tarifliche Regelung setzt voraus, dass für die Erfüllung allgemeiner staatsbürgerlicher Pflichten eine Arbeitsbefreiung bereits gesetzlich vorgeschrieben ist. Die Tarifvorschrift regelt lediglich die Bezahlung der Zeit des Arbeitsausfalls.

Allgemeine staatsbürgerliche Pflichten sind solche, die sich aus der Rechtsstellung des Einzelnen als Staatsbürger ergeben, die also grundsätzlich jeden Bürger ohne weiteres treffen können. Spezielle oder besondere Pflichten, die von der Zugehörigkeit zu einer bestimmten gesellschaftlichen Gruppe, einem Berufsstand o. a. abhängen, fallen nicht hierunter. Durch die Einschränkung auf Pflichten nach deutschem Recht wird klargestellt, dass Ansprüche aus Absatz 2 nicht entstehen, wenn es sich um die staatsbürgerliche Pflicht gegenüber einem anderen Staat handelt (z. B. gesetzliche Wahlpflicht in einem ausländischen Staat).

Nicht zu den allgemeinen staatsbürgerlichen Pflichten rechnen danach z. B. die folgenden Tatbestände:

Ausübung des Wahl- und Stimmrechts nach den Wahlgesetzen für die Wahl zum Europäischen Parlament, zum Deutschen Bundestag, zum Landtag und zu den Kommunalparlamenten, da es sich insoweit nicht um die Erfüllung einer rechtlichen Pflicht handelt; im Übrigen bleibt dem Angestellten die Möglichkeit der Briefwahl.

Ausübung folgender öffentlicher Ehrenämter:

– Mitgliedschaft in den Selbstverwaltungsorganen der Sozialversicherungsträger,
– Tätigkeit in den Wahlorganen zur Durchführung der Sozialversicherungswahlen,
– Tätigkeit der Versichertenältesten und der Vertrauensmänner,
– Mitgliedschaft in Prüfungsausschüssen nach dem Berufsbildungsgesetz,
– Mitgliedschaft in den Organen der Bundesagentur für Arbeit,
– Tätigkeit in den Organen und Ausschüssen der als öffentlich-rechtliche Körperschaften ausgestatteten Berufskammern,
– Tätigkeit im Prüfungsausschuss in einer Industrie- und Handelskammer,
– Aufgaben in einem Beirat für Landschaftspflege.

Wegen der Freistellung für die Teilnahme an Sitzungen von Prüfungs- und Berufsbildungsausschüssen nach dem Berufsbildungsgesetz sowie für eine Tätigkeit in Organen von Sozialversicherungsträgern → aber Absatz 5.

Teilnahme an Wahlen der Organe der gesetzlichen Sozialversicherung und anderer öffentlicher Einrichtungen.

Wahrnehmung amtlicher, insbesondere gerichtlicher oder polizeilicher Termine, auch wenn sie nicht durch private Angelegenheiten des Angestellten veranlasst sind; eine Ausnahme gilt jedoch dann, wenn der Angestellte in Angelegenheiten Dritter als Zeuge oder Sachverständiger geladen ist.

Beteiligung an Notfalldiensten, es sei denn, die Heranziehung erfolgt auf der Grundlage landesrechtlicher Gesetze (z. B. aufgrund des nordrhein-westfälischen Gesetzes über den Feuerschutz und die Hilfeleistung vom 10. Februar 1998 – GV. NRW. S. 122 –).

Für die öffentlichen Ehrenämter des Schöffen oder des ehrenamtlichen Richters ergibt sich ein Freistellungsanspruch mittelbar aus dem Gesetz: für die Wahl und Heranziehung der Schöffen aus §§ 31 bis 56 des Gerichtsverfassungsgesetzes; für die ehrenamtlichen Richter in der Arbeits-, Sozial- und Verwaltungsgerichtsbarkeit aus den §§ 16, 20 ff., 35, 43 des Arbeitsgerichtsgesetzes, den §§ 9, 30, 38 des Sozialgerichtsgesetzes und den § 19 ff. der Verwaltungsgerichtsordnung; in diesen Vorschriften wird die Arbeitsbefreiung für die Heranziehung als ehrenamtlicher Richter vorausgesetzt. Ungeachtet bestehender Unterschiede in den einzelnen Zweigen der Gerichtsbarkeit kann daher für jede Heranziehung als Schöffe oder ehrenamtlicher Richter Arbeitsbefreiung nach Absatz 2 gewährt werden.

Hinsichtlich der Tätigkeit in Wahlausschüssen und Wahlvorständen nach dem Bundeswahlgesetz, dem Europawahlgesetz und den Landes- bzw. Kommunalwahlgesetzen besteht eine Verpflichtung zur Übernahme dieses Ehrenamtes und eine gesetzliche Anwesenheitspflicht. Dies steht einer ausdrücklichen Verpflichtung des Arbeitgebers gleich, Arbeitsbefreiung zu gewähren. In diesen Fällen sind die Bezüge entsprechend der Regelung in Absatz 2 fortzuzahlen.

Der Anspruch auf Fortzahlung des Entgelts setzt voraus, dass die gesetzlich vorgeschriebene Arbeitsbefreiung für die Erfüllung allgemeiner staatsbürgerlicher Pflichten nach deutschem Recht in die Arbeitszeit des Beschäftigten fällt. Dazu hat das BAG mit Urteil vom 22. Januar 2009 – 6 AZR 78/08 – entschieden, dass ein ehrenamtlicher Richter, auf dessen Arbeitsverhältnis ein flexibles Arbeitszeitmodell mit Kern- und Gleitzeit Anwendung findet, keine Zeitgutschrift für die in die Gleitzeit fallende Richtertätigkeit verlangen kann. In Nordrhein-Westfalen ist aber eine Besonderheit aufgrund des Gesetzes zur Stärkung des kommunalen Ehrenamtes und zur Änderung weiterer kommunalverfassungsrechtlicher Vorschriften vom 18. September 2012 (GV.NRW. S. 436) zu beachten. Das Gesetz sieht nämlich vor, dass bei flexiblen Arbeitszeiten für die Mandatswahrnehmung während der Gleitzeit, die nicht zur Kernarbeitszeit gehört, ein Freistellungsanspruch für die Mandatsträger von 50 % der aufgewendeten Zeit durch Zeitgutschrift auf dem Gleitzeitkonto gewährt wird. Der Anspruch auf Verdienstausfall gegenüber der Kommune, dem Kreis usw. ist in diesem Fall auf 50 % begrenzt. Bei Vorliegen aller Voraussetzungen hat der Arbeitgeber daher das Entgelt für die versäumte Arbeitszeit fortzuzahlen. Steht dem Beschäftigten ein Ersatzanspruch zu, gilt das vom Arbeitgeber fortgezahlte Entgelt in

Höhe des Ersatzanspruchs als Vorschuss auf diese Leistungen. Der Beschäftigte hat den Ersatzanspruch geltend zu machen und die erhaltenen Beträge an den Arbeitgeber abzuführen. Die Höhe des Ersatzanspruchs richtet sich nach den gesetzlichen Vorschriften, die der Heranziehung des Beschäftigten zugrunde liegen. Soweit der Erstattungsanspruch hinter dem fortgezahlten Entgelt zurückbleibt, bleibt der Arbeitgeber belastet. Das gilt bei einer Erstattung selbst der Bruttovergütung immer noch für die Arbeitgeberanteile zur Sozialversicherung und die Umlage zur Zusatzversorgung.

Führt der Beschäftigte die erlangten Ersatzleistungen nicht an den Arbeitgeber ab, hat dieser gegen den Beschäftigten einen Anspruch auf Rückzahlung des Vorschusses. Der Arbeitgeber hat keinen Anspruch gegen den Kostenträger, es sei denn, der Beschäftigte habe ihm den Erstattungsanspruch abgetreten.

Aufwandsentschädigungen (z. B. für Fahrtkosten nach § 5 des Justizvergütungs- und -entschädigungsgesetzes) muss der Beschäftigte nicht abführen.

Für den Bereich des Bundes ist das RdSchr. d. BMI vom 29. Januar 2008 (GMBl. S. 263) zu beachten. Damit hat das BMI im Einvernehmen mit dem BMF zugelassen, dass abweichend von § 29 Abs. 2 TVöD bei Tätigkeiten als ehrenamtliche Richter oder bei Inanspruchnahme als Zeugen außertariflich das Entgelt fortgezahlt wird (und zwar in vollem Umfang, und nicht nur hinsichtlich desjenigen Teils, der den Ersatzanspruch des Beschäftigten übersteigt).

Für die Vertreter in den Organen der Versorgungsanstalt des Bundes und der Länder und der kommunalen Zusatzversorgungseinrichtungen ist die Teilnahme an den Sitzungen der Organe Dienst. Einer Arbeitsbefreiung nach § 29 bedarf es nicht.

Arbeitsbefreiung in sonstigen dringenden Fällen (Abs. 3)

Die Vorschrift überlässt es dem Ermessen des Arbeitgebers, bei Verhinderungen anderer Art in Einzelfällen unter Fortzahlung (Satz 1) bzw. unter Wegfall (Satz 2) des Entgelts Arbeitsbefreiung zu gewähren.

Bei der Regelung des Fernbleibens von der Arbeit unter Fortzahlung der Vergütung nach Satz 1 ist zu berücksichtigen, dass es sich nach der umfassenden Regelung in den Absätzen 1 und 2 nur um Ausnahmefälle handeln kann. Die Freistellung ist auf drei Arbeitstage (pro Anlass, nicht je Kalenderjahr) begrenzt.

Zu den „begründeten Fällen" der Freistellung ohne Entgelt i. S. d. Satzes 2 nennt die zu dieser Regelung vereinbarte Protokollerklärung z. B. einen „Umzug aus persönlichen Gründen", für die die tarifliche Regelung in Absatz 1 keine Freistellungsmöglichkeit enthält. Ebenfalls darunter fallen dürften nicht von Buchst. b erfasste Todesfälle sowie das 50-jährige Dienstjubiläum. Eine Definition der „kurzfristigen" Arbeitsbefreiung enthält die tarifliche Vorschrift nicht, gegen eine Freistellung von maximal zwei Wochen dürften jedoch keine Bedenken bestehen. Längerfristige Freistellungen unterliegen den Vorschriften über Sonderurlaub (→ § 28).

Der Bund hat mit Rdschr. d. BMI vom 29. November 2010 zugelassen, dass bei akuten Hochwasserkatastrophen zur Sicherung des eigenen, unmittelbar durch Hochwasser bedrohten Eigentums und „in anderen Fällen der hochwasserbedingten vorübergehenden Verhinderung" (z. B. Betreuung von Kindern unter zwölf Jahren und pflegebedürftigen Angehörigen) eine Freistellung unter Entgeltfortzahlung von bis zu 5 Arbeitstagen bewilligt werden kann.

Sonstige Grundlagen für Arbeitsbefreiung

Gesetzliche Grundlagen

Während durch § 29 Abs. 1 die Regelung des § 616 BGB abgedungen wurde, bleibt eine Vielzahl gesetzlicher Regelungen unberührt und hat Vorrang vor der Tarifvorschrift. Die wichtigsten gesetzlichen Freistellungsmöglichkeiten sind nachfolgend aufgelistet.

Abgeordnetengesetze

- Europäisches Parlament: Europaabgeordnetengesetz vom 6. 4. 1979 (BGBl. I S. 413)
- Bundestag: Gesetz über die Rechtsverhältnisse der Mitglieder des deutschen Bundestages i. d. F. der Bekanntmachung vom 21. 2. 1996 (BGBl. I S. 326)
- Baden-Württemberg: Abgeordnetengesetz vom 12. 9. 1978 (GBl. S. 473)
- Bayern: Bayerisches Abgeordnetengesetz i. d. F. der Bekanntmachung vom 6. 3. 1996 (GVBl. S. 82)
- Berlin: Landesabgeordnetengesetz vom 21. 7. 1978 (GVBl. S. 1497)
- Brandenburg: Abgeordnetengesetz i. d. F. der Bekanntmachung vom 1.11. 2007 (GVBl. I S. 146)
- Bremen: Bremisches Abgeordnetengesetz vom 16. 10. 1978 (Brem. GBl. S. 209)

- Hamburg: Hamburgisches Abgeordnetengesetz vom 21. 6. 1996 (GVBl. S. 141)
- Hessen: Hessisches Abgeordnetengesetz vom 18. 10. 1989 (GVBl. I S. 261)
- Mecklenburg-Vorpommern: Abgeordnetengesetz i. d. F. der Bekanntmachung vom 1. 2. 2007 (GVOBl. M-V S. 54)
- Niedersachsen: Niedersächsisches Abgeordnetengesetz i. d. F. der Bekanntmachung vom 20. 6. 2000 (Nds. GVBl. S. 129)
- Nordrhein-Westfalen: Abgeordnetengesetz vom 5. 4. 2005 (GV. NRW. S. 252)
- Rheinland-Pfalz: Abgeordnetengesetz Rheinland-Pfalz vom 21. 7. 1978 (GVBl. S. 587)
- Saarland: Abgeordnetengesetz i. d. F. der Bekanntmachung vom 27.2. 1991 (Amtsbl. S. 430)
- Sachsen: Abgeordnetengesetz i. d. F. der Bekanntmachung vom 14. 6. 2002 (SächsGVBl. S. 270)
- Sachsen-Anhalt: Abgeordnetengesetz Sachsen-Anhalt i. d. F. der Bekanntmachung vom 21. 7. 1994 (GVBl. LSA S. 908)
- Schleswig-Holstein: Schleswig-Holsteinisches Abgeordnetengesetz i. d. F. der Bekanntmachung vom 13. 2. 1991 (GVOBl. Schl.-H. S. 100)
- Thüringen: Thüringer Abgeordnetengesetz i. d. F. der Bekanntmachung vom 9. 3. 1995 (GVBl. S. 121)

sowie die jeweiligen Kommunalwahl- und Kommunalverfassungsgesetze.

Bildungsurlaubs-, Bildungsfreistellungs- und Weiterbildungsgesetze der Länder

- Berlin: Bildungsurlaubsgesetz vom 24. 10. 1990 (GVBl. S. 2209)
- Brandenburg: Weiterbildungsgesetz vom 15. 12. 1993 (GVBl. I S. 498)
- Bremen: Bildungsurlaubsgesetz vom 18. 12. 1974 (BremGBl. S. 348)
- Hamburg: Bildungsurlaubsgesetz vom 21. 1. 1974 (Hamburgisches GVBl. S. 6)
- Hessen: Bildungsurlaubsgesetz vom 28. 7. 1998 (GVBl. S. 294, ber. 348)
- Mecklenburg-Vorpommern: Bildungsfreistellungsgesetz vom 13. 12. 2013 (GVOBl. M-V S. 691)

- Niedersachsen: Bildungsurlaubsgesetz vom 25. 1. 1991 (Nds. GVBl. S. 29)
- Nordrhein-Westfalen: Arbeitnehmerweiterbildungsgesetz vom 6. 11. 1984 (GV. NRW. S. 678)
- Rheinland-Pfalz: Bildungsfreistellungsgesetz vom 30. 3. 1993 (GVBl. S. 157)
- Saarland: Weiterbildungs- und Bildungsfreistellungsgesetz vom 15. 9. 1994 (Amtsbl. S. 1359)
- Sachsen-Anhalt: Bildungsfreistellungsgesetz vom 4. 3. 1998 (GVBl. LSA S. 92)
- Schleswig-Holstein: Bildungsfreistellungs- und Qualifizierungsgesetz vom 7. 6. 1990 (GVOBl. Schl.-H. S. 364)
- Thüringen: Bildungsfreistellungsgesetz vom 15. Juli 2015 (GVBl. S. 114)

Weitere gesetzliche Freistellungsmöglichkeiten

- § 14 des Arbeitsplatzschutzgesetzes i. d. F. der Bekanntmachung vom 16. 7. 2009 (BGBl. I S. 2055)
- § 2 bzw. § 5 des Gesetzes über Betriebsärzte, Sicherheitsingenieure und andere Fachkräfte für Arbeitssicherheit vom 12. 12. 1973 (BGBl. I S. 1885)
- § 37 des Betriebsverfassungsgesetzes i. d. F. der Bekanntmachung vom 25. 9. 2001 (BGBl. I S. 2518)
- Freizeit zur Stellungssuche: § 626 BGB
- Freistellung zur Arbeitsplatzsuche: § 2 Abs. 2 Satz 2 SGB III
- Frauenförder-/Gleichstellungsgesetze: → dazu § 2 Abs. 1
- Personalvertretungsgesetze: → dazu § 2 Abs. 1
- §§ 2 und 3 des Pflegezeitgesetzes vom 28. 5. 2008 (BGBl. I S. 874)[1]
- Mutterschutzgesetz i. d. F. der Bekanntmachung vom 20. 6. 2002 (BGBl. I S. 2318)
- Freistellung der Vertrauensperson schwerbehinderter Menschen gem. § 96 SGB IX

Außer-/übertarifliche Regelungen

Neben den tarifvertraglichen bzw. gesetzlichen Regelungen haben die öffentlichen Arbeitgeber in der Vergangenheit vielfach zugelassen, dass den Beschäftigten in Anlehnung an die jeweilige beamten-

---

[1] abgedruckt als **Anhang 1**

rechtliche Sonderurlaubsverordnung außer- bzw. übertariflich Arbeitsbefreiung gewährt wird.

Es bleibt abzuwarten, ob die Arbeitgeber diese Praxis fortsetzen werden. Dem könnte vor allen Dingen die Intention der Tarifpartner, mit dem TVöD ein eigenständiges, vom Beamtenrecht gelöstes Tarifrecht zu schaffen, entgegenstehen.

Das Bundesministerium des Innern (BMI) hatte sich bereits mit Rundschreiben vom 8. Januar 2007 (GMBl. S. 281) im Einvernehmen mit dem Bundesministerium der Finanzen damit einverstanden erklärt, dass aus bestimmten Anlässen außertarifliche Arbeitsbefreiung unter Fortzahlung des Entgelts in entsprechender Anwendung der Sonderurlaubsverordnung für Bundesbeamtinnen und Bundesbeamte sowie für Richterinnen und Richter des Bundes (Sonderurlaubsverordnung) gewährt werden kann. Aus Anlass der Neufassung der Sonderurlaubsverordnung vom 1. Juni 2016 (BGBl. I S. 1284) hat das BMI das Rundschreiben aktualisiert. Nun gilt die Fassung vom 20. Juli 2016; sie sieht folgende außertarifliche Freistellungsmöglichkeiten vor:

– § 9 SUrlV – Aus- oder Fortbildung –, insgesamt jedoch mit folgenden Maßgaben:

  – Abs. 1 Nr. 3 und Nr. 4 unter Anrechnung der Tage der Arbeitsbefreiung, die nach landesrechtlichen Vorschriften als Sonderurlaub für Jugendleiterinnen und Jugendleiter/Jugendgruppenleiterinnen und Jugendgruppenleiter gewährt werden, jedoch kann für diese Tage das Entgelt im Rahmen des Abschnitts C fortgezahlt werden,

  – Abs. 2, sofern kein Freistellungsanspruch nach einem Bildungsurlaubsgesetz eines Landes besteht,

– § 10 SUrlV – fremdsprachliche Aus- oder Fortbildung im Ausland – mit schriftlicher Vereinbarung einer Rückzahlungsverpflichtung des gezahlten Entgelts bei vorzeitiger Beendigung des Arbeitsverhältnisses (bis zu zwei Jahren nach Ausbildungsende) aus einem von der oder dem Beschäftigten zu vertretenden Grund,

– § 11 Abs. 1 und 2 SUrlV – Zwecke der militärischen und zivilen Verteidigung –, soweit nicht bereits nach gesetzlichen Vorschriften eine entsprechende Arbeitsbefreiung gewährt werden kann,

– § 12 SUrlV – vereinspolitische Zwecke –,

– § 14 SUrlV – Ausbildung als Schwesternhelferin oder zum Pflegediensthelfer –,

I

- § 15 SUrlV – gewerkschaftliche Zwecke –, soweit diese Vorschrift über die in § 29 Abs. 4 TVöD getroffene Regelung hinausgeht. Der Begriff „Sitzungen" in § 15 SUrlV entspricht dem Begriff „Tagungen" in § 29 Abs. 4 TVöD,
- § 16 SUrlV – kirchliche Zwecke –,
- § 17 SUrlV – sportliche Zwecke –,
- § 18 SUrlV – Familienheimfahrten –,
- § 19 Abs. 1 Nr. 2 SUrlV – Umzug in das oder aus dem Ausland aus dienstlichem Anlass –,
- § 24 SUrlV – Widerruf –,
- § 25 Abs. 1 Nr. 1, Abs. 2 SUrlV – Ersatz von Mehraufwendungen –,
- § 26 Abs. 2 SUrlV – Zuwendungen von anderer Seite –.
- Das Bundesministerium der Finanzen hat außerdem zugelassen, dass – soweit mit dienstlichen Belangen vereinbar – zur Förderung der Arbeit der Sozialwerke:
  - den ehrenamtlichen Mitarbeiterinnen und Mitarbeitern gestattet werden kann, ihre Tätigkeit in den Diensträumen als Nebentätigkeit während der regelmäßigen Arbeit wahrzunehmen,
  - den Beschäftigten die erforderliche Dienstbefreiung unter Fortzahlung des Entgelts außertariflich gewährt werden kann und
  - in angemessenem Rahmen Schreibkräfte in Anspruch genommen werden dürfen und Büroeinrichtungen benutzt werden können.

Die Ausnahmeregelung setzt voraus, dass daneben keine weiteren Kosten aus dem Bundeshaushalt übernommen werden.

Freistellung für gewerkschaftliche Zwecke (Abs. 4)

Absatz 4 eröffnet die Möglichkeit, Vertreter der vertragsschließenden Gewerkschaften zur Teilnahme an Tagungen (Satz 1) und zur Teilnahme an Tarifverhandlungen (Satz 2) unter Fortzahlung der Bezüge freizustellen.

Die Aufzählung der gewerkschaftlichen Gremien und Organe in Satz 1 berücksichtigt im Wesentlichen die Organisationsstrukturen der Gewerkschaft ver.di und ist bei den übrigen vertragsschließenden Gewerkschaften (insbesondere dbb tarifunion) entsprechend anzuwenden.

Nur die gewählten Funktionsträger, nicht aber einfache Mitglieder haben einen Freistellungsanspruch.

Lehrgänge, Schulungen etc. fallen nicht unter den Begriff der Tagung.

Die Freistellung setzt eine Anforderung durch die jeweilige Gewerkschaft voraus. In der Praxis wird ein entsprechendes Einladungsschreiben ausreichen.

Der Freistellungsanspruch nach Satz 1 ist auf acht Werktage im Jahr begrenzt – in § 52 BAT waren für diese Zwecke höchstens sechs Freistellungstage vereinbart.

Die Freistellung kann seitens des Arbeitgebers abgelehnt werden, wenn dringende dienstliche oder betriebliche Interessen dem entgegenstehen.

Zur Teilnahme an den Tarifverhandlungen gehört nicht die Teilnahme an vorbereitenden Sitzungen oder an Sitzungen der Großen Tarifkommission. Reisezeiten zum und vom Verhandlungsort können jedoch berücksichtigt werden.

Auch für die Freistellung nach Satz 2 wird die Anforderung durch die jeweilige Gewerkschaft gefordert.

Der Freistellungsanspruch nach Satz 2 ist zeitlich nicht begrenzt.

Freistellung für Tätigkeiten in Ausschüssen nach dem Berufsbildungsgesetz und in Organen der Sozialversicherungsträger (Abs. 5)

Absatz 5 ermöglicht es, für die Teilnahme an Sitzungen von Prüfungs- und von Berufsbildungsausschüssen nach dem Berufsbildungsgesetz sowie für eine Tätigkeit in Organen von Sozialversicherungsträgern den Mitgliedern bezahlte Arbeitsbefreiung zu gewähren, sofern nicht dringende dienstliche oder betriebliche Interessen entgegenstehen.

I

Gesetz über die Pflegezeit (Pflegezeitgesetz – PflegeZG)

Vom 28. Mai 2008 (BGBl. I S. 874)

Zuletzt geändert durch
Zweites Pflegestärkungsgesetz
vom 21. Dezember 2015 (BGBl. I S. 2424)

§ 1 Ziel des Gesetzes

Ziel des Gesetzes ist, Beschäftigten die Möglichkeit zu eröffnen, pflegebedürftige nahe Angehörige in häuslicher Umgebung zu pflegen und damit die Vereinbarkeit von Beruf und familiärer Pflege zu verbessern.

§ 2 Kurzzeitige Arbeitsverhinderung

(1) Beschäftigte haben das Recht, bis zu zehn Arbeitstage der Arbeit fernzubleiben, wenn dies erforderlich ist, um für einen pflegebedürftigen nahen Angehörigen in einer akut aufgetretenen Pflegesituation eine bedarfsgerechte Pflege zu organisieren oder eine pflegerische Versorgung in dieser Zeit sicherzustellen.

(2) Beschäftigte sind verpflichtet, dem Arbeitgeber ihre Verhinderung an der Arbeitsleistung und deren voraussichtliche Dauer unverzüglich mitzuteilen. Dem Arbeitgeber ist auf Verlangen eine ärztliche Bescheinigung über die Pflegebedürftigkeit des nahen Angehörigen und die Erforderlichkeit der in Absatz 1 genannten Maßnahmen vorzulegen.

(3) Der Arbeitgeber ist zur Fortzahlung der Vergütung nur verpflichtet, soweit sich eine solche Verpflichtung aus anderen gesetzlichen Vorschriften oder aufgrund Vereinbarung ergibt. Ein Anspruch der Beschäftigten auf Zahlung von Pflegeunterstützungsgeld richtet sich nach § 44a Absatz 3 des Elften Buches Sozialgesetzbuch.

§ 3 Pflegezeit und sonstige Freistellungen

(1) Beschäftigte sind von der Arbeitsleistung vollständig oder teilweise freizustellen, wenn sie einen pflegebedürftigen nahen Angehörigen in häuslicher Umgebung pflegen (Pflegezeit). Der Anspruch nach Satz 1 besteht nicht gegenüber Arbeitgebern mit in der Regel 15 oder weniger Beschäftigten.

(2) Die Beschäftigten haben die Pflegebedürftigkeit des nahen Angehörigen durch Vorlage einer Bescheinigung der Pflegekasse oder des Medizinischen Dienstes der Krankenversicherung nachzuweisen. Bei in der privaten Pflege-Pflichtversicherung versicherten Pflegebedürftigen ist ein entsprechender Nachweis zu erbringen.

(3) Wer Pflegezeit beanspruchen will, muss dies dem Arbeitgeber spätestens zehn Arbeitstage vor Beginn schriftlich ankündigen und gleichzeitig erklären, für welchen Zeitraum und in welchem Umfang die Freistellung von der Arbeitsleistung in Anspruch genommen werden soll. Wenn nur teilweise Freistellung in Anspruch genommen wird, ist auch die gewünschte Verteilung der Arbeitszeit anzugeben. Enthält die Ankündigung keine eindeutige Festlegung, ob die oder der Beschäftigte Pflegezeit oder Familienpflegezeit nach § 2 des Familienpflegezeitgesetzes in Anspruch nehmen will, und liegen die Voraussetzungen beider Freistellungsansprüche vor, gilt die Erklärung als Ankündigung von Pflegezeit. Beansprucht die oder der Beschäftigte nach der Pflegezeit Familienpflegezeit oder eine Freistellung nach § 2 Absatz 5 des Familienpflegezeitgesetzes zur Pflege oder Betreuung desselben pflegebedürftigen Angehörigen, muss sich die Familienpflegezeit oder die Freistellung nach § 2 Absatz 5 des Familienpflegezeitgesetzes unmittelbar an die Pflegezeit anschließen. In diesem Fall soll die oder der Beschäftigte möglichst frühzeitig erklären, ob sie oder er Familienpflegezeit oder eine Freistellung nach § 2 Absatz 5 des Familienpflegezeitgesetzes in Anspruch nehmen wird; abweichend von § 2a Absatz 1 Satz 1 des Familienpflegezeitgesetzes muss die Ankündigung spätestens drei Monate vor Beginn der Familienpflegezeit erfolgen. Wird Pflegezeit nach einer Familienpflegezeit oder einer Freistellung nach § 2 Absatz 5 des Familienpflegezeitgesetzes in Anspruch genommen, ist die Pflegezeit in unmittelbarem Anschluss an die Familienpflegezeit oder die Freistellung nach § 2 Absatz 5 des Familienpflegezeitgesetzes zu beanspruchen und abweichend von Satz 1 dem Arbeitgeber spätestens acht Wochen vor Beginn der Pflegezeit schriftlich anzukündigen.

(4) Wenn nur teilweise Freistellung in Anspruch genommen wird, haben Arbeitgeber und Beschäftigte über die Verringerung und die Verteilung der Arbeitszeit eine schriftliche Vereinbarung zu treffen. Hierbei hat der Arbeitgeber den Wünschen der Beschäftigten zu entsprechen, es sei denn, dass dringende betriebliche Gründe entgegenstehen.

(5) Beschäftigte sind von der Arbeitsleistung vollständig oder teilweise freizustellen, wenn sie einen minderjährigen pflegebedürftigen nahen Angehörigen in häuslicher oder außerhäuslicher Umgebung betreuen. Die Inanspruchnahme dieser Freistellung ist jederzeit im Wechsel mit der Freistellung nach Absatz 1 im Rahmen der Gesamtdauer nach § 4 Absatz 1 Satz 4 möglich. Absatz 1 Satz 2 und die Absätze 2 bis 4 gelten entsprechend. Beschäftigte können diesen Anspruch wahlweise statt des Anspruchs auf Pflegezeit nach Absatz 1 geltend machen.

(6) Beschäftigte sind zur Begleitung eines nahen Angehörigen von der Arbeitsleistung vollständig oder teilweise freizustellen, wenn dieser an einer Erkrankung leidet, die progredient verläuft und bereits ein weit fortgeschrittenes Stadium erreicht hat, bei der eine Heilung ausgeschlossen und eine palliativmedizinische Behandlung notwendig ist und die lediglich eine begrenzte Lebenserwartung von Wochen oder wenigen Monaten erwarten lässt. Beschäftigte haben diese gegenüber dem Arbeitgeber durch ein ärztliches Zeugnis nachzuweisen. Absatz 1 Satz 2, Absatz 3 Satz 1 und 2 und Absatz 4 gelten entsprechend. § 45 des Fünften Buches Sozialgesetzbuch bleibt unberührt.

(7) Ein Anspruch auf Förderung richtet sich nach den §§ 3, 4, 5 Absatz 1 Satz 1 und Absatz 2 sowie den §§ 6 bis 10 des Familienpflegezeitgesetzes.

§ 4 Dauer der Inanspruchnahme

(1) Die Pflegezeit nach § 3 beträgt für jeden pflegebedürftigen nahen Angehörigen längstens sechs Monate (Höchstdauer). Für einen kürzeren Zeitraum in Anspruch genommene Pflegezeit kann bis zur Höchstdauer verlängert werden, wenn der Arbeitgeber zustimmt. Eine Verlängerung bis zur Höchstdauer kann verlangt werden, wenn ein vorgesehener Wechsel in der Person des Pflegenden aus einem wichtigen Grund nicht erfolgen kann. Pflegezeit und Familienpflegezeit nach § 2 des Familienpflegezeitgesetzes dürfen gemeinsam die Gesamtdauer von 24 Monaten je pflegebedürftigem nahen Angehörigen nicht überschreiten. Die Pflegezeit wird auf Berufsbildungszeiten nicht angerechnet.

(2) Ist der nahe Angehörige nicht mehr pflegebedürftig oder die häusliche Pflege des nahen Angehörigen unmöglich oder unzumutbar, endet die Pflegezeit vier Wochen nach Eintritt der veränderten

Umstände. Der Arbeitgeber ist über die veränderten Umstände unverzüglich zu unterrichten. Im Übrigen kann die Pflegezeit nur vorzeitig beendet werden, wenn der Arbeitgeber zustimmt.

(3) Für die Betreuung nach § 3 Absatz 5 gelten die Absätze 1 und 2 entsprechend. Für die Freistellung nach § 3 Absatz 6 gilt eine Höchstdauer von drei Monaten je nahem Angehörigen. Für die Freistellung nach § 3 Absatz 6 gelten Absatz 1 Satz 2, 3 und 5 sowie Absatz 2 entsprechend; bei zusätzlicher Inanspruchnahme von Pflegezeit oder einer Freistellung nach § 3 Absatz 5 oder Familienpflegezeit oder einer Freistellung nach § 2 Absatz 5 des Familienpflegezeitgesetzes dürfen die Freistellungen insgesamt 24 Monate je nahem Angehörigen nicht überschreiten.

(4) Der Arbeitgeber kann den Erholungsurlaub, der der oder dem Beschäftigten für das Urlaubsjahr zusteht, für jeden vollen Kalendermonat der vollständigen Freistellung von der Arbeitsleistung um ein Zwölftel kürzen.

§ 5 Kündigungsschutz

(1) Der Arbeitgeber darf das Beschäftigungsverhältnis von der Ankündigung, höchstens jedoch zwölf Wochen vor dem angekündigten Beginn, bis zur Beendigung der kurzzeitigen Arbeitsverhinderung nach § 2 oder der Freistellung nach § 3 nicht kündigen.

(2) In besonderen Fällen kann eine Kündigung von der für den Arbeitsschutz zuständigen obersten Landesbehörde oder der von ihr bestimmten Stelle ausnahmsweise für zulässig erklärt werden. Die Bundesregierung kann hierzu mit Zustimmung des Bundesrates allgemeine Verwaltungsvorschriften erlassen.

§ 6 Befristete Verträge

(1) Wenn zur Vertretung einer Beschäftigten oder eines Beschäftigten für die Dauer der kurzzeitigen Arbeitsverhinderung nach § 2 oder der Freistellung nach § 3 eine Arbeitnehmerin oder ein Arbeitnehmer eingestellt wird, liegt hierin ein sachlicher Grund für die Befristung des Arbeitsverhältnisses. Über die Dauer der Vertretung nach Satz 1 hinaus ist die Befristung für notwendige Zeiten einer Einarbeitung zulässig.

(2) Die Dauer der Befristung des Arbeitsvertrages muss kalendermäßig bestimmt oder bestimmbar sein oder den in Absatz 1 genannten Zwecken zu entnehmen sein.

(3) Der Arbeitgeber kann den befristeten Arbeitsvertrag unter Einhaltung einer Frist von zwei Wochen kündigen, wenn die Freistellung nach § 4 Abs. 2 Satz 1 vorzeitig endet. Das Kündigungsschutzgesetz ist in diesen Fällen nicht anzuwenden. Satz 1 gilt nicht, soweit seine Anwendung vertraglich ausgeschlossen ist.

(4) Wird im Rahmen arbeitsrechtlicher Gesetze oder Verordnungen auf die Zahl der beschäftigten Arbeitnehmerinnen und Arbeitnehmer abgestellt, sind bei der Ermittlung dieser Zahl Arbeitnehmerinnen und Arbeitnehmer, die nach § 2 kurzzeitig an der Arbeitsleistung verhindert oder nach § 3 freigestellt sind, nicht mitzuzählen, solange für sie auf Grund von Absatz 1 eine Vertreterin oder ein Vertreter eingestellt ist. Dies gilt nicht, wenn die Vertreterin oder der Vertreter nicht mitzuzählen ist. Die Sätze 1 und 2 gelten entsprechend, wenn im Rahmen arbeitsrechtlicher Gesetze oder Verordnungen auf die Zahl der Arbeitsplätze abgestellt wird.

§ 7   Begriffsbestimmungen

(1) Beschäftigte im Sinne dieses Gesetzes sind

1. Arbeitnehmerinnen und Arbeitnehmer,
2. die zu ihrer Berufsbildung Beschäftigten,
3. Personen, die wegen ihrer wirtschaftlichen Unselbständigkeit als arbeitnehmerähnliche Personen anzusehen sind; zu diesen gehören auch die in Heimarbeit Beschäftigten und die ihnen Gleichgestellten.

(2) Arbeitgeber im Sinne dieses Gesetzes sind natürliche und juristische Personen sowie rechtsfähige Personengesellschaften, die Personen nach Absatz 1 beschäftigen. Für die arbeitnehmerähnlichen Personen, insbesondere für die in Heimarbeit Beschäftigten und die ihnen Gleichgestellten, tritt an die Stelle des Arbeitgebers der Auftraggeber oder Zwischenmeister.

(3) Nahe Angehörige im Sinne dieses Gesetzes sind

1. Großeltern, Eltern, Schwiegereltern, Stiefeltern,
2. Ehegatten, Lebenspartner, Partner einer eheähnlichen oder lebenspartnerschaftsähnlichen Gemeinschaft, Geschwister, Ehegatten der Geschwister und Geschwister der Ehegatten, Lebenspartner der Geschwister und Geschwister der Lebenspartner,
3. Kinder, Adoptiv- oder Pflegekinder, die Kinder, Adoptiv- oder Pflegekinder des Ehegatten oder Lebenspartners, Schwiegerkinder und Enkelkinder.

(4) Pflegebedürftig im Sinne dieses Gesetzes sind Personen, die die Voraussetzungen nach den §§ 14 und 15 des Elften Buches Sozialgesetzbuch erfüllen. Pflegebedürftig im Sinne von § 2 sind auch Personen, die die Voraussetzungen nach den §§ 14 und 15 des Elften Buches Sozialgesetzbuch voraussichtlich erfüllen.

§ 8 Unabdingbarkeit
Von den Vorschriften dieses Gesetzes kann nicht zuungunsten der Beschäftigten abgewichen werden.

I

Abschnitt V
Befristung und Beendigung des Arbeitsverhältnisses

§ 30 Befristete Arbeitsverträge

(1) [1]Befristete Arbeitsverträge sind nach Maßgabe des Teilzeit- und Befristungsgesetzes sowie anderer gesetzlicher Vorschriften über die Befristung von Arbeitsverträgen zulässig. [2]Für Beschäftigte, auf die die Regelungen des Tarifgebiets West Anwendung finden und deren Tätigkeit vor dem 1. Januar 2005 der Rentenversicherung der Angestellten unterlegen hätte, gelten die in den Absätzen 2 bis 5 geregelten Besonderheiten; dies gilt nicht für Arbeitsverhältnisse, für die die §§ 57a ff. HRG, das Gesetz über befristete Arbeitsverträge in der Wissenschaft (Wissenschaftszeitvertragsgesetz) oder gesetzliche Nachfolgeregelungen unmittelbar oder entsprechend gelten.

(2) [1]Kalendermäßig befristete Arbeitsverträge mit sachlichem Grund sind nur zulässig, wenn die Dauer des einzelnen Vertrages fünf Jahre nicht übersteigt; weitergehende Regelungen im Sinne von § 23 TzBfG bleiben unberührt. [2]Beschäftigte mit einem Arbeitsvertrag nach Satz 1 sind bei der Besetzung von Dauerarbeitsplätzen bevorzugt zu berücksichtigen, wenn die sachlichen und persönlichen Voraussetzungen erfüllt sind.

(3) [1]Ein befristeter Arbeitsvertrag ohne sachlichen Grund soll in der Regel zwölf Monate nicht unterschreiten; die Vertragsdauer muss mindestens sechs Monate betragen. [2]Vor Ablauf des Arbeitsvertrages hat der Arbeitgeber zu prüfen, ob eine unbefristete oder befristete Weiterbeschäftigung möglich ist.

(4) [1]Bei befristeten Arbeitsverträgen ohne sachlichen Grund gelten die ersten sechs Wochen und bei befristeten Arbeitsverträgen mit sachlichem Grund die ersten sechs Monate als Probezeit. [2]Innerhalb der Probezeit kann der Arbeitsvertrag mit einer Frist von zwei Wochen zum Monatsschluss gekündigt werden.

(5) [1]Eine ordentliche Kündigung nach Ablauf der Probezeit ist nur zulässig, wenn die Vertragsdauer mindestens zwölf Monate beträgt. [2]Nach Ablauf der Probezeit beträgt die Kündigungsfrist in einem oder mehreren aneinander gereihten Arbeitsverhältnissen bei demselben Arbeitgeber

von insgesamt mehr als sechs Monaten	vier Wochen,
von insgesamt mehr als einem Jahr	sechs Wochen

zum Schluss eines Kalendermonats,

von insgesamt mehr als zwei Jahren	drei Monate,
von insgesamt mehr als drei Jahren	vier Monate

zum Schluss eines Kalendervierteljahres.

[3]Eine Unterbrechung bis zu drei Monaten ist unschädlich, es sei denn, dass das Ausscheiden von der/dem Beschäftigten verschuldet oder veranlasst war. [4]Die Unterbrechungszeit bleibt unberücksichtigt.

Protokollerklärung zu Absatz 5:
Bei mehreren aneinander gereihten Arbeitsverhältnissen führen weitere vereinbarte Probezeiten nicht zu einer Verkürzung der Kündigungsfrist.

(6) Die §§ 31, 32 bleiben von den Regelungen der Absätze 3 bis 5 unberührt.

Erläuterungen

In § 30 TVöD haben die Tarifvertragsparteien Regelungen über befristete Arbeitsverhältnisse getroffen, die für die Angestellten des Tarifgebietes West aus den bisherigen Regelungen der SR 2y BAT abgeleitet worden sind. Für die übrigen Beschäftigten ist die Befristung nach gesetzlichen Vorschriften zugelassen worden.

Grundzüge des Teilzeit- und Befristungsgesetzes

Die Möglichkeiten und Grenzen der Befristung von Arbeitsverträgen sind weitgehend durch das Gesetz über Teilzeitarbeit und befristete Arbeitsverträge (Teilzeit- und Befristungsgesetz – TzBfG)[1] gesetzlich vorgegeben worden. Da das TzBfG nur zum Teil Öffnungsklauseln für abweichende tarifvertragliche Regelungen enthält, ist der Spielraum für die Tarifvertragsparteien begrenzt. Gibt es keine Öffnungsklausel, können sie wirksam nur dann vom Gesetz abweichende Regelungen vereinbaren, wenn diese günstiger als das Gesetz sind (§ 22 TzBfG). Da es sich beim TzBfG um eine Vorschrift zum Schutze des Arbeitnehmers handelt, die eine Schlechterstellung des befristeten im Vergleich zum dauerhaft Beschäftigten und die Umgehung des Kündigungsschutzes verhindern soll, sind in diesem Fall „günstigere" Regelungen solche, die eine Befristung erschweren bzw. einschränken.

An dieser Stelle sei kurz auf die wichtigsten Kernvorschriften des TzBfG – soweit die im öffentlichen Dienst typischen Fallgestaltungen berührt werden dürften – hingewiesen:

§ 4 Abs. 2 (Diskriminierungsverbot)
Nach dieser Vorschrift darf ein befristet Beschäftigter ohne sachlichen Grund nicht schlechter gestellt werden als vergleichbare unbefristete Arbeitnehmer. Er muss insbesondere die gleiche Vergütung erhalten (einschließlich eventueller Stufenaufstiege bei längerer Befristung) und die gleichen, von der Dauer der Beschäftigung abhängenden Rechte erwerben (z. B. Hineinwachsen in längere Bezugsfristen zum Krankengeldzuschuss).

---

[1]   abgedruckt als **Anhang 1**

§ 14 Abs. 1, 2 und 3 (Zulässigkeit der Befristung)

Die Zulässigkeit der Befristung ist nach Absatz 1 grundsätzlich vom Vorliegen eines Sachgrundes abhängig. Der in Absatz 1 Satz 2 enthaltene Katalog von Sachgründen ist nicht abschließend, er bietet aber einen guten Anhaltspunkt für Prüfung der Frage, ob sachliche Gründe die Befristung des Arbeitsverhältnisses rechtfertigen.

In seinen beachtenswerten Urteilen vom 18. Juli 2012 – 7 AZR 443/09 und 7 AZR 783/10 – hat das BAG im Fall sogenannter Kettenarbeitsverträge Aussagen dazu getroffen, ob bzw. wann trotz eines Sachgrundes (hier: Vertretung) eine Befristung ausnahmsweise rechtsmissbräuchlich und daher unwirksam sein kann. Bei einer Gesamtdauer von mehr als elf Jahren mit insgesamt 13 Befristungen hat das BAG Indizien dafür gesehen, dass der beklagte Arbeitgeber die an sich eröffnete Möglichkeit der Vertretungsbefristung rechtsmissbräuchlich ausgenutzt hat. Eine Befristung über sieben Jahre und neuen Monate bei insgesamt vier Verträgen hat das BAG hingegen als unbedenklich eingestuft.

Mit Urteil vom 8. Juni 2016 – 7 AZR 259/14 – hat das BAG die für Kettenbefristungen auf der Grundlage des TzBfG aufgestellten Grundsätze auch im Fall einer Befristung nach dem Wissenschaftszeitvertragsgesetz (WissZeitVG) angewendet. Die Klägerin war vom 1. September 1989 bis zum 31. Oktober 2011 durchgehend an einer Hochschule beschäftigt, zunächst bis Februar 1996 auf der Grundlage von vier befristeten Arbeitsverträgen, die auch dem Abschluss der Promotion und dem Erwerb der Habilitation dienten. Anschließend war die Klägerin in dem Zeitraum vom 1. März 1996 bis zum 24. April 2007 als wissenschaftliche Assistentin im Rahmen eines Beamtenverhältnisses auf Zeit tätig. Danach schlossen sich für die Zeit vom 25. April 2007 bis zum 31. Oktober 2011 zwei auf den Sachgrund der Drittmittelfinanzierung gestützte befristete Arbeitsverträge an. Das BAG hat seine bisherige Aussage erneuert, dass die Befristung eines Arbeitsvertrags trotz Vorliegens eines Sachgrunds für die Befristung aufgrund der besonderen Umstände des Einzelfalls nach den Grundsätzen des institutionellen Rechtsmissbrauchs unwirksam sein kann. Dies gelte auch für Befristungen im Hochschulbereich, die auf den Sachgrund der Drittmittelfinanzierung nach § 2 Abs. 2 des WissZeitVG gestützt werden. Im Urteilsfall hatte das BAG die letzte Befristung nicht als rechtsmissbräuchlich angesehen, da ein erheblicher Zeitraum der befristeten Beschäftigung der wissenschaftlichen Qualifizierung der Klägerin diente. Das Verfahren ist zur weiteren Sachverhaltsaufklärung an das LAG zurückverwiesen worden.

Nach Absatz 2 ist bei der erstmaligen Begründung eines Arbeitsverhältnisses zu dem Arbeitgeber auch eine sachgrundlose Befristung bis zur Gesamtdauer von höchstens zwei Jahren zulässig. Nach Absatz 2 Satz 2 ist diese Befristung nicht statthaft, wenn mit demselben Arbeitgeber bereits zuvor ein befristetes oder unbefristetes Arbeitsverhältnis bestanden hat.

Eine „Zuvor-Beschäftigung" im Sinne dieser Vorschrift liegt nach Auffassung des BAG (Urteil vom 6. April 2011 – 7 AZR 716/09) nicht vor, wenn ein früheres Arbeitsverhältnis mehr als drei Jahre zurückliegt. Das ergibt nach der Begründung des BAG die an ihrem Sinn und Zweck orientierte, verfassungskonforme Auslegung der gesetzlichen Regelung. Diese solle zum einen Arbeitgebern ermöglichen, auf schwankende Auftragslagen und wechselnde Marktbedingungen durch befristete Einstellungen zu reagieren, und für Arbeitnehmer eine Brücke zur Dauerbeschäftigung schaffen. Zum anderen sollen durch das Verbot der „Zuvor-Beschäftigung" Befristungsketten und der Missbrauch befristeter Arbeitsverträge verhindert werden. Das Verbot könne allerdings auch zu einem Einstellungshindernis werden. Seine Anwendung ist daher nur nach Meinung des BAG nur insoweit gerechtfertigt, als dies zur Verhinderung von Befristungsketten erforderlich ist. Das sei bei lange Zeit zurückliegenden früheren Beschäftigungen typischerweise nicht mehr der Fall. Hier rechtfertige der Gesetzeszweck die Beschränkung der Vertragsfreiheit der Arbeitsvertragsparteien und die damit verbundene Einschränkung der Berufswahlfreiheit des Arbeitnehmers nicht. Die Gefahr missbräuchlicher Befristungsketten bestehe regelmäßig nicht mehr, wenn zwischen dem Ende des früheren Arbeitsverhältnisses und dem sachgrundlos befristeten neuen Arbeitsvertrag mehr als drei Jahre liegen. Dieser Zeitraum entspreche auch der gesetzgeberischen Wertung, die in der regelmäßigen zivilrechtlichen Verjährungsfrist zum Ausdruck komme. Diese Rechtsprechung hat das BAG mit Urteil vom 21. September 2011 – 7 AZR 375/10 – bestätigt. Es hat darüber hinaus entschieden, dass ein Berufsausbildungsverhältnis kein Arbeitsverhältnis im Sinne des Vorbeschäftigungsverbots für eine sachgrundlose Befristung ist. Ein zuvor mit demselben Arbeitgeber bestehendes Ausbildungsverhältnis ist demzufolge kein befristetes Arbeitsverhältnis i. S. v. § 14 Abs. 2 Satz 2 TzBfG. Entsprechendes gilt für ein vorangegangenes Beamtenverhältnis (BAG v. 24. Februar 2016 – 7 AZR 712/13) und für eine vorangegangene Heimarbeit (BAG v. 24. August 2016 – 7 AZR 342/14).

Wenn die Voraussetzungen für eine Einstellungsbefristung vorliegen, muss der Höchstrahmen von zwei Jahren nicht mit einem Arbeitsvertrag ausgeschöpft werden; es ist auch eine dreimalige Verlängerung – also die Aufteilung in vier Verträge – möglich. Die Verlängerungsverträge dürfen aber keine Abweichungen der Arbeitsbedingungen enthalten.

Das BAG hat mit Urteil vom 16. Januar 2008 – 7 AZR 603/06 – entschieden, dass auch eine zusammen mit der Verlängerung vereinbarte Erhöhung der Wochenarbeitszeit (im Urteilsfall von bisher 20 auf 30 Stunden) einer weiteren sachgrundlosen Befristung entgegensteht. In Fortsetzung dazu hat das BAG mit Urteil vom 20. Februar 2008 – 7 AZR 786/06 – entschieden, dass sogar dann keine bloße Verlängerung, sondern die Begründung eines neuen Arbeitsverhältnisses gegeben ist, wenn in dem Verlängerungsvertrag lediglich auf ein im ursprünglichen Vertrag enthaltenes Kündigungsrecht i. S. d. § 15 Abs. 3 TzBfG verzichtet wurde. Vor dem Hintergrund dieser gefestigten Rechtsprechung ist ein vorsichtiger Umgang mit der Vorschrift angezeigt, weil ansonsten ein hohes Risiko besteht, ungewollt unbefristete Arbeitsverhältnisse zu begründen.

Absatz 3 in der Fassung des Gesetzes zur Verbesserung der Beschäftigungschancen älterer Menschen vom 19. April 2007 (BGBl. I S. 538) behandelt den Sonderfall der Einstellung älterer Arbeitnehmer (nach Vollendung des 52. Lebensjahres). Die gesetzliche Vorschrift gilt nur in den Fällen, in denen der Arbeitnehmer unmittelbar zuvor mindestens vier Monate beschäftigungslos im Sinne des § 119 Abs. 1 Nr. 1 SGB III („arbeitslos") gewesen ist, Transferarbeitslosengeld bezogen oder an einer öffentlich geförderten Beschäftigungsmaßnahme nach dem SGB II oder III teilgenommen hat. Die Neufassung dieser Vorschrift trägt der Rechtsprechung des EUGH Rechnung, der die bis dahin geltende Regelung für eine verbotene Diskriminierung älterer Arbeitnehmer gehalten hatte (Urteil vom 22. 11. 2005 – C 144/04).

Die Befristung ist bis zur Gesamtdauer von höchstens fünf Jahren zulässig. Der Zeitraum muss nicht mit einem Arbeitsvertrag ausgeschöpft werden; es ist auch eine mehrfache Verlängerung – also die Aufteilung in mehrere Verträge – möglich.

§ 14 Abs. 5 (Schriftform)

Die Befristung bedarf der Schriftform. Diese Vorschrift kann sich in der Praxis als Fußangel erweisen, weil ihre Missachtung zur Begründung eines unbefristeten Arbeitsverhältnisses führt, das frühestens zum vereinbarten Ende der gescheiterten Befristung ordentlich (d. h. nur bei Vorliegen eines Kündigungsgrundes im Sinne des Kündigungsschutzgesetzes und unter Beachtung der Kündigungsfristen) gekündigt werden kann (→ § 16 TzBfG). Für den nicht selten anzutreffenden Fall, dass ein befristeter Arbeitsvertrag erst nach Aufnahme der Beschäftigung schriftlich fixiert wird, bedeutet dies, dass zwar ein Arbeitsverhältnis bereits mit Arbeitsaufnahme zustande gekommen ist, die Befristung aber wegen Missachtung der Schriftform nicht wirksam ist. Das Arbeitsverhältnis ist somit ein Arbeitsverhältnis auf unbestimmte Zeit (unbefristetes Arbeitsverhältnis); die nachträgliche schriftliche Vereinbarung der zuvor mündlich getroffenen Befristungsvereinbarung ändert daran nichts (vgl. BAG-Urteil vom 1. 12. 2004 – 7 AZR 198/04, ZTR 2005, S. 428, 429).

Das Schriftformerfordernis gilt nur für die Befristungsabrede, nicht jedoch für den Sachgrund (vgl. BAG-Urteil vom 23. 6. 2004 – 7 AZR 636/03, AP Nr. 12 zu § 14 TzBfG).

§ 15 Abs. 1 und 2 (Ende des befristeten Arbeitsvertrages)

Ein kalendermäßig bestimmter (Zeit-)Arbeitsvertrag endet mit Fristablauf, ohne dass es besonderer Hinweise oder sonstiger Schritte des Arbeitgebers bedarf (Absatz 1).

Ein zweckbefristeter Arbeitsvertrag endet zwar grundsätzlich mit Erreichen des Zwecks, frühestens aber zwei Wochen nach Zugang der schriftlichen Unterrichtung des Arbeitgebers über den Zeitpunkt der Zweckerreichung beim Arbeitnehmer (Absatz 2).

§ 15 Abs. 3 und 4 (Kündigung des befristeten Arbeitsverhältnisses)

Ein befristetes Arbeitsverhältnis ist gemäß Absatz 3 nur dann ordentlich kündbar, wenn dies im Arbeitsvertrag oder tarifvertraglich vereinbart ist. Die Möglichkeit der außerordentlichen (fristlosen) Kündigung i. S. d. § 626 BGB ist bei Vorliegen entsprechender Gründe auch ohne ausdrückliche Vereinbarung möglich. Absatz 4 enthält eine besondere Kündigungsfrist für befristete Arbeitsverhältnisse, die auf mehr als fünf Jahre oder für die Lebenszeit einer Person eingegangen worden sind.

§ 15 Abs. 5 (Verlängerung auf unbestimmte Zeit)

Nach dieser Vorschrift gilt ein befristetes Arbeitsverhältnis als auf unbestimmte Zeit fortgesetzt, wenn es nach Fristablauf oder nach Erreichen des Zwecks mit Wissen des Arbeitgebers fortgesetzt wird. Zur Vermeidung muss der Arbeitgeber der Fortsetzung unverzüglich widersprechen bzw. dem Arbeitgeber unverzüglich die Erreichung des Zwecks mitteilen.

§ 16 (Folgen unwirksamer Befristung)

Ist eine Befristung unwirksam (z. B. wegen Nichtbeachtung der Schriftform oder weil der angegebene Sachgrund nicht trägt), so gilt das Arbeitsverhältnis als auf unbestimmte Zeit abgeschlossen (→ zu § 14 Abs. 5 TzBfG).

§ 17 (Anrufung des Arbeitsgerichts)

Nach dieser Vorschrift muss der Arbeitnehmer, der die Unwirksamkeit einer Befristungsabrede gerichtlich geltend machen möchte, spätestens drei Wochen nach dem vereinbarten Ende des befristeten Arbeitsvertrages Klage beim zuständigen Arbeitsgericht erheben.

Geltungsbereich der Vorschrift (Abs. 1)

Mit dieser Vorschrift teilen die Tarifvertragspartner die Beschäftigten in zwei Gruppen ein, für die unterschiedliche Regelungen hinsichtlich der Befristung von Arbeitsverhältnissen gelten.

Zunächst wird in Satz 1 der Vorschrift klargestellt, dass befristete Arbeitsverträge nach dem TzBfG und anderen gesetzlichen Vorschriften zur Befristung von Arbeitsverträgen zulässig sind.

Zu den „anderen gesetzlichen Regelungen" zählen zum Beispiel

– § 21 Bundeselterngeld- und Elternzeitgesetz[1]) (Befristung zur Vertretung während Mutterschutz- und Erziehungsurlaubszeiten),

– das Gesetz über befristete Arbeitsverträge mit Ärzten in der Weiterbildung,

– § 6 des Pflegezeitgesetzes[2]),

– das Wissenschaftszeitvertragsgesetz.[3])

---

[1]) abgedruckt als **Anhang 3**

[2]) abgedruckt als Anhang 1 in **I.1 § 29**

[3]) abgedruckt als **Anhang 2**

Mit Blick auf das Urteil des BAG vom 1. Juni 2011 – 7 AZR 827/09 – zum Geltungsbereich des WissZeitVG sollte die Heranziehung des Wiss-ZeitVG zu Befristungen von Arbeitsverträgen jedoch genau geprüft werden. Das BAG hat nämlich in diesem Urteil die Auffassung vertreten, dass zum „wissenschaftlichen Personal" nach § 1 Abs. 1 Satz 1 WissZeitVG nur derjenige Arbeitnehmer gehört, der wissenschaftliche Dienstleistungen erbringt. Es komme nicht auf die formelle Bezeichnung des Arbeitnehmers an, sondern auf den wissenschaftlichen Zuschnitt der von ihm auszuführenden Tätigkeit. Bei Mischtätigkeiten sei erforderlich, dass die wissenschaftlichen Dienstleistungen zeitlich überwiegen oder zumindest das Arbeitsverhältnis prägen. Dadurch wurde der in Frage kommende Personenkreis deutlich eingeschränkt.

In Satz 2 haben die Tarifpartner anschließend bestimmt, dass für die zum Tarifgebiet West gehörenden Beschäftigten, die nach altem Rentenrecht Angestellte gewesen wären (zur Begriffsbestimmung → auch § 38 Abs. 5), bestimmte, in den Absätzen 2 bis 5 genannte Besonderheiten gelten. Dabei handelt es sich im Verhältnis zur gesetzlichen Regelung um „günstigere" Bestimmungen. Sie sollen nicht in den Befristungsfällen des Wissenschaftszeitvertragsgesetzes zur Anwendung kommen.

Maßgaben für Befristungen mit Sachgrund (Abs. 2)

Nach dem Willen der Tarifpartner sind kalendermäßig befristete Arbeitsverträge (Zeitverträge) mit Sachgrund für den in Absatz 1 Satz 2 genannten Personenkreis nur zulässig, wenn die Dauer des einzelnen Vertrages fünf Jahre nicht übersteigt (Satz 1). Die Aneinanderreihung mehrerer Zeitverträge über die Dauer von mehr als fünf Jahren ist aber möglich, wenn und solange entsprechende Sachgründe gegeben sind. Andere Arten nicht kalendermäßig befristeter Arbeitsverträge (z. B. Zweckbefristung) sind von der Einschränkung nicht berührt.

Nach Satz 1 zweiter Halbsatz bleiben auch weitergehende gesetzliche Befristungsmöglichkeiten i. S. d. § 23 TzBfG unberührt.

Nach Satz 2 der Vorschrift sind mit Zeitvertrag beschäftigte Angestellte bei der Besetzung von Dauerarbeitsplätzen bevorzugt zu berücksichtigen, wenn sie die sachlichen und persönlichen Voraussetzungen erfüllen. Das Auswahlermessen des Arbeitgebers bei der Stellenbesetzung wird durch diese Vorschrift eingeschränkt – zumindest in den Fällen, in denen der bislang befristet Beschäftigte in Eignung, Befähigung und fachlicher Leistung mit den übrigen Bewerbern gleichrangig ist.

Maßgaben für Befristungen ohne Sachgrund (Abs. 3)

Eine sachgrundlose Befristung (→ § 14 Abs. 2 und 3 TzBfG) soll zwölf und darf sechs Monate nicht unterschreiten. Das BAG hat mit Urteil vom 4. Dezember 2013 – 7 AZR 468/12 – zur wortgleichen Vorschrift des § 33 Abs. 3 Satz 1 Halbsatz 2 des Tarifvertrages für die Arbeitnehmerinnen und Arbeitnehmer der Bundesagentur für Arbeit vom 28. März 2006 (TV-BA) entschieden, dass die Vorschrift nur eine Mindestdauer des ersten sachgrundlos befristeten Vertrages verlangt, nicht aber auf Vertragsverlägerungen anzuwenden ist. Diese dürfen somit auch wesentlich kürzer als sechs Monate sein. Der Arbeitgeber hat vor Ablauf des Arbeitsverhältnisses zu prüfen, ob eine unbefristete oder befristete Weiterarbeit möglich ist. Abgesehen von der Untergrenze von sechs Monaten handelt es sich um eine Bemühensklausel, die keine verbindlichen Rechtsansprüche begründet. Die Vorschrift gilt nur für den in Absatz 1 Satz 2 genannten Personenkreis.

Probezeit (Abs. 4)

In dieser Vorschrift sind die Dauer der Probezeit für mit (sechs Monate) und ohne (sechs Wochen) sachlichen Grund befristete Arbeitsverträge sowie die Kündigungsmöglichkeit und Frist (zwei Wochen zum Monatsende) festgelegt worden. Die Regelungen gelten nur für den in Absatz 1 Satz 2 genannten Personenkreis.

Kündigung (Abs. 5)

In Absatz 5 haben die Tarifpartner die in § 15 Abs. 3 TzBfG genannte Möglichkeit genutzt, die ordentliche Kündigung befristeter Arbeitsverhältnisse tarifvertraglich zuzulassen. Die Regelung gilt gemäß § 22 Abs. 2 TzBfG auch für nicht tarifgebundene Arbeitnehmer.

Die Kündigung setzt eine Mindestvertragsdauer von zwölf Monaten voraus und sieht nach der Beschäftigungsdauer gestaffelte Kündigungsfristen vor. Arbeitsverhältnisse von weniger als zwölf Monaten Dauer können außerhalb der Probezeit nicht ordentlich gekündigt werden.

Die Regelungen des Absatzes 5 gelten nur für den in Absatz 1 Satz 2 genannten Personenkreis.

Ausnahmen vom Geltungsbereich (Abs. 6)

In Absatz 6 ist vereinbart worden, dass die besonderen Vorschriften für befristete Arbeitsverträge für Führungspositionen auf Probe (§ 31) bzw. auf Zeit (§ 32) nicht von den Regelungen/Einschränkungen der Absätze 3 bis 5 erfasst werden.

Arbeitsvertragsmuster

Ein Arbeitsvertragsmuster für befristet Beschäftigte ist als Anhang 4 beim § 2 abgedruckt.

I

Gesetz über Teilzeitarbeit und befristete Arbeitsverträge
(Teilzeit- und Befristungsgesetz – TzBfG)

Vom 21. Dezember 2000 (BGBl. I S. 1966)

Zuletzt geändert durch
Gesetz zur Verbesserung der Eingliederungschancen am Arbeitsmarkt
vom 20. Dezember 2011 (BGBl. I S. 2854)

Erster Abschnitt
Allgemeine Vorschriften

§ 1 Zielsetzung

Ziel des Gesetzes ist, Teilzeitarbeit zu fördern, die Voraussetzungen für die Zulässigkeit befristeter Arbeitsverträge festzulegen und die Diskriminierung von teilzeitbeschäftigten und befristet beschäftigten Arbeitnehmern zu verhindern.

§ 2 Begriff des teilzeitbeschäftigten Arbeitnehmers

(1) [1]Teilzeitbeschäftigt ist ein Arbeitnehmer, dessen regelmäßige Wochenarbeitszeit kürzer ist als die eines vergleichbaren vollzeitbeschäftigten Arbeitnehmers. [2]Ist eine regelmäßige Wochenarbeitszeit nicht vereinbart, so ist ein Arbeitnehmer teilzeitbeschäftigt, wenn seine regelmäßige Arbeitszeit im Durchschnitt eines bis zu einem Jahr reichenden Beschäftigungszeitraums unter der eines vergleichbaren vollzeitbeschäftigten Arbeitnehmers liegt. [3]Vergleichbar ist ein vollzeitbeschäftigter Arbeitnehmer des Betriebes mit derselben Art des Arbeitsverhältnisses und der gleichen oder einer ähnlichen Tätigkeit. [4]Gibt es im Betrieb keinen vergleichbaren vollzeitbeschäftigten Arbeitnehmer, so ist der vergleichbare vollzeitbeschäftigte Arbeitnehmer auf Grund des anwendbaren Tarifvertrages zu bestimmen; in allen anderen Fällen ist darauf abzustellen, wer im jeweiligen Wirtschaftszweig üblicherweise als vergleichbarer vollzeitbeschäftigter Arbeitnehmer anzusehen ist.

(2) Teilzeitbeschäftigt ist auch ein Arbeitnehmer, der eine geringfügige Beschäftigung nach § 8 Abs. 1 Nr. 1 des Vierten Buches Sozialgesetzbuch ausübt.

§ 3   Begriff des befristet beschäftigten Arbeitnehmers

(1) [1]Befristet beschäftigt ist ein Arbeitnehmer mit einem auf bestimmte Zeit geschlossenen Arbeitsvertrag. [2]Ein auf bestimmte Zeit geschlossener Arbeitsvertrag (befristeter Arbeitsvertrag) liegt vor, wenn seine Dauer kalendermäßig bestimmt ist (kalendermäßig befristeter Arbeitsvertrag) oder sich aus Art, Zweck oder Beschaffenheit der Arbeitsleistung ergibt (zweckbefristeter Arbeitsvertrag).

(2) [1]Vergleichbar ist ein unbefristet beschäftigter Arbeitnehmer des Betriebes mit der gleichen oder einer ähnlichen Tätigkeit. [2]Gibt es im Betrieb keinen vergleichbaren unbefristet beschäftigten Arbeitnehmer, so ist der vergleichbare unbefristet beschäftigte Arbeitnehmer auf Grund des anwendbaren Tarifvertrages zu bestimmen; in allen anderen Fällen ist darauf abzustellen, wer im jeweiligen Wirtschaftszweig üblicherweise als vergleichbarer unbefristet beschäftigter Arbeitnehmer anzusehen ist.

§ 4   Verbot der Diskriminierung

(1) [1]Ein teilzeitbeschäftigter Arbeitnehmer darf wegen der Teilzeitarbeit nicht schlechter behandelt werden als ein vergleichbarer vollzeitbeschäftigter Arbeitnehmer, es sei denn, dass sachliche Gründe eine unterschiedliche Behandlung rechtfertigen. [2]Einem teilzeitbeschäftigten Arbeitnehmer ist Arbeitsentgelt oder eine andere teilbare geldwerte Leistung mindestens in dem Umfang zu gewähren, der dem Anteil seiner Arbeitszeit an der Arbeitszeit eines vergleichbaren vollzeitbeschäftigten Arbeitnehmers entspricht.

(2) [1]Ein befristet beschäftigter Arbeitnehmer darf wegen der Befristung des Arbeitsvertrages nicht schlechter behandelt werden als ein vergleichbarer unbefristet beschäftigter Arbeitnehmer, es sei denn, dass sachliche Gründe eine unterschiedliche Behandlung rechtfertigen. [2]Einem befristet beschäftigten Arbeitnehmer ist Arbeitsentgelt oder eine andere teilbare geldwerte Leistung, die für einen bestimmten Bemessungszeitraum gewährt wird, mindestens in dem Umfang zu gewähren, der dem Anteil seiner Beschäftigungsdauer am Bemessungszeitraum entspricht. [3]Sind bestimmte Beschäftigungsbedingungen von der Dauer des Bestehens des Arbeitsverhältnisses in demselben Betrieb oder Unternehmen abhängig, so sind für befristet beschäftigte Arbeitnehmer dieselben Zeiten zu berücksichtigen wie für unbefristet beschäftigte Arbeitnehmer, es sei denn, dass

eine unterschiedliche Berücksichtigung aus sachlichen Gründen gerechtfertigt ist.

§ 5 Benachteiligungsverbot

Der Arbeitgeber darf einen Arbeitnehmer nicht wegen der Inanspruchnahme von Rechten nach diesem Gesetz benachteiligen.

Zweiter Abschnitt
Teilzeitarbeit

§ 6 Förderung von Teilzeitarbeit

Der Arbeitgeber hat den Arbeitnehmern, auch in leitenden Positionen, Teilzeitarbeit nach Maßgabe dieses Gesetzes zu ermöglichen.

§ 7 Ausschreibung; Information über freie Arbeitsplätze

(1) Der Arbeitgeber hat einen Arbeitsplatz, den er öffentlich oder innerhalb des Betriebes ausschreibt, auch als Teilzeitarbeitsplatz auszuschreiben, wenn sich der Arbeitsplatz hierfür eignet.

(2) Der Arbeitgeber hat einen Arbeitnehmer, der ihm den Wunsch nach einer Veränderung von Dauer und Lage seiner vertraglich vereinbarten Arbeitszeit angezeigt hat, über entsprechende Arbeitsplätze zu informieren, die im Betrieb oder Unternehmen besetzt werden sollen.

(3) [1]Der Arbeitgeber hat die Arbeitnehmervertretung über Teilzeitarbeit im Betrieb und Unternehmen zu informieren, insbesondere über vorhandene oder geplante Teilzeitarbeitsplätze und über die Umwandlung von Teilzeitarbeitsplätzen in Vollzeitarbeitsplätze oder umgekehrt. [2]Der Arbeitnehmervertretung sind auf Verlangen die erforderlichen Unterlagen zur Verfügung zu stellen; § 92 des Betriebsverfassungsgesetzes bleibt unberührt.

§ 8 Verringerung der Arbeitszeit

(1) Ein Arbeitnehmer, dessen Arbeitsverhältnis länger als sechs Monate bestanden hat, kann verlangen, dass seine vertraglich vereinbarte Arbeitszeit verringert wird.

(2) [1]Der Arbeitnehmer muss die Verringerung seiner Arbeitszeit und den Umfang der Verringerung spätestens drei Monate vor deren

Beginn geltend machen. [2]Er soll dabei die gewünschte Verteilung der Arbeitszeit angeben.

(3) [1]Der Arbeitgeber hat mit dem Arbeitnehmer die gewünschte Verringerung der Arbeitszeit mit dem Ziel zu erörtern, zu einer Vereinbarung zu gelangen. [2]Er hat mit dem Arbeitnehmer Einvernehmen über die von ihm festzulegende Verteilung der Arbeitszeit zu erzielen.

(4) [1]Der Arbeitgeber hat der Verringerung der Arbeitszeit zuzustimmen und ihre Verteilung entsprechend den Wünschen des Arbeitnehmers festzulegen, soweit betriebliche Gründe nicht entgegenstehen. [2]Ein betrieblicher Grund liegt insbesondere vor, wenn die Verringerung der Arbeitszeit die Organisation, den Arbeitsablauf oder die Sicherheit im Betrieb wesentlich beeinträchtigt oder unverhältnismäßige Kosten verursacht. [3]Die Ablehnungsgründe können durch Tarifvertrag festgelegt werden. [4]Im Geltungsbereich eines solchen Tarifvertrages können nicht tarifgebundene Arbeitgeber und Arbeitnehmer die Anwendung der tariflichen Regelungen über die Ablehnungsgründe vereinbaren.

(5) [1]Die Entscheidung über die Verringerung der Arbeitszeit und ihre Verteilung hat der Arbeitgeber dem Arbeitnehmer spätestens einen Monat vor dem gewünschten Beginn der Verringerung schriftlich mitzuteilen. [2]Haben sich Arbeitgeber und Arbeitnehmer nicht nach Absatz 3 Satz 1 über die Verringerung der Arbeitszeit geeinigt und hat der Arbeitgeber die Arbeitszeitverringerung nicht spätestens einen Monat vor deren gewünschtem Beginn schriftlich abgelehnt, verringert sich die Arbeitszeit in dem vom Arbeitnehmer gewünschten Umfang. [3]Haben Arbeitgeber und Arbeitnehmer über die Verteilung der Arbeitszeit kein Einvernehmen nach Absatz 3 Satz 2 erzielt und hat der Arbeitgeber nicht spätestens einen Monat vor dem gewünschten Beginn der Arbeitszeitverringerung die gewünschte Verteilung der Arbeitszeit schriftlich abgelehnt, gilt die Verteilung der Arbeitszeit entsprechend den Wünschen des Arbeitnehmers als festgelegt. [4]Der Arbeitgeber kann die nach Satz 3 oder Absatz 3 Satz 2 festgelegte Verteilung der Arbeitszeit wieder ändern, wenn das betriebliche Interesse daran das Interesse des Arbeitnehmers an der Beibehaltung erheblich überwiegt und der Arbeitgeber die Änderung spätestens einen Monat vorher angekündigt hat.

(6) Der Arbeitnehmer kann eine erneute Verringerung der Arbeitszeit frühestens nach Ablauf von zwei Jahren verlangen, nachdem der

Arbeitgeber einer Verringerung zugestimmt oder sie berechtigt abgelehnt hat.

(7) Für den Anspruch auf Verringerung der Arbeitszeit gilt die Voraussetzung, dass der Arbeitgeber, unabhängig von der Anzahl der Personen in Berufsbildung, in der Regel mehr als 15 Arbeitnehmer beschäftigt.

§ 9   Verlängerung der Arbeitszeit

Der Arbeitgeber hat einen teilzeitbeschäftigten Arbeitnehmer, der ihm den Wunsch nach einer Verlängerung seiner vertraglich verein-barten Arbeitszeit angezeigt hat, bei der Besetzung eines entspre-chenden freien Arbeitsplatzes bei gleicher Eignung bevorzugt zu berücksichtigen, es sei denn, dass dringende betriebliche Gründe oder Arbeitszeitwünsche anderer teilzeitbeschäftigter Arbeitnehmer entgegenstehen.

§ 10   Aus- und Weiterbildung

Der Arbeitgeber hat Sorge zu tragen, dass auch teilzeitbeschäftigte Arbeitnehmer an Aus- und Weiterbildungsmaßnahmen zur För-derung der beruflichen Entwicklung und Mobilität teilnehmen kön-nen, es sei denn, dass dringende betriebliche Gründe oder Aus- und Weiterbildungswünsche anderer teilzeit- oder vollzeitbeschäftigter Arbeitnehmer entgegenstehen.

§ 11   Kündigungsverbot

[1]Die Kündigung eines Arbeitsverhältnisses wegen der Weigerung eines Arbeitnehmers, von einem Vollzeit- in ein Teilzeitarbeitsverhält-nis oder umgekehrt zu wechseln, ist unwirksam. [2]Das Recht zur Kündigung des Arbeitsverhältnisses aus anderen Gründen bleibt unberührt.

§ 12   Arbeit auf Abruf

(1) [1]Arbeitgeber und Arbeitnehmer können vereinbaren, dass der Arbeitnehmer seine Arbeitsleistung entsprechend dem Arbeitsanfall zu erbringen hat (Arbeit auf Abruf). [2]Die Vereinbarung muss eine bestimmte Dauer der wöchentlichen und täglichen Arbeitszeit fest-legen. [3]Wenn die Dauer der wöchentlichen Arbeitszeit nicht fest-gelegt ist, gilt eine Arbeitszeit von zehn Stunden als vereinbart. [4]Wenn die Dauer der täglichen Arbeitszeit nicht festgelegt ist, hat

der Arbeitgeber die Arbeitsleistung des Arbeitnehmers jeweils für mindestens drei aufeinander folgende Stunden in Anspruch zu nehmen.

(2) Der Arbeitnehmer ist nur zur Arbeitsleistung verpflichtet, wenn der Arbeitgeber ihm die Lage seiner Arbeitszeit jeweils mindestens vier Tage im Voraus mitteilt.

(3) [1]Durch Tarifvertrag kann von den Absätzen 1 und 2 auch zuungunsten des Arbeitnehmers abgewichen werden, wenn der Tarifvertrag Regelungen über die tägliche und wöchentliche Arbeitszeit und die Vorankündigungsfrist vorsieht. [2]Im Geltungsbereich eines solchen Tarifvertrages können nicht tarifgebundene Arbeitgeber und Arbeitnehmer die Anwendung der tariflichen Regelungen über die Arbeit auf Abruf vereinbaren.

§ 13 Arbeitsplatzteilung

(1) [1]Arbeitgeber und Arbeitnehmer können vereinbaren, dass mehrere Arbeitnehmer sich die Arbeitszeit an einem Arbeitsplatz teilen (Arbeitsplatzteilung). [2]Ist einer dieser Arbeitnehmer an der Arbeitsleistung verhindert, sind die anderen Arbeitnehmer zur Vertretung verpflichtet, wenn sie der Vertretung im Einzelfall zugestimmt haben. [3]Eine Pflicht zur Vertretung besteht auch, wenn der Arbeitsvertrag bei Vorliegen dringender betrieblicher Gründe eine Vertretung vorsieht und diese im Einzelfall zumutbar ist.

(2) [1]Scheidet ein Arbeitnehmer aus der Arbeitsplatzteilung aus, so ist die darauf gestützte Kündigung des Arbeitsverhältnisses eines anderen in die Arbeitsplatzteilung einbezogenen Arbeitnehmers durch den Arbeitgeber unwirksam. [2]Das Recht zur Änderungskündigung aus diesem Anlass und zur Kündigung des Arbeitsverhältnisses aus anderen Gründen bleibt unberührt.

(3) Die Absätze 1 und 2 sind entsprechend anzuwenden, wenn sich Gruppen von Arbeitnehmern auf bestimmten Arbeitsplätzen in festgelegten Zeitabschnitten abwechseln, ohne dass eine Arbeitsplatzteilung im Sinne des Absatzes 1 vorliegt.

(4) [1]Durch Tarifvertrag kann von den Absätzen 1 und 3 auch zuungunsten des Arbeitnehmers abgewichen werden, wenn der Tarifvertrag Regelungen über die Vertretung der Arbeitnehmer enthält. [2]Im Geltungsbereich eines solchen Tarifvertrages können nicht tarifgebundene Arbeitgeber und Arbeitnehmer die Anwendung der tariflichen Regelungen über die Arbeitsplatzteilung vereinbaren.

Dritter Abschnitt
Befristete Arbeitsverträge

§ 14 Zulässigkeit der Befristung

(1) [1]Die Befristung eines Arbeitsvertrages ist zulässig, wenn sie durch einen sachlichen Grund gerechtfertigt ist. [2]Ein sachlicher Grund liegt insbesondere vor, wenn

1. der betriebliche Bedarf an der Arbeitsleistung nur vorübergehend besteht,
2. die Befristung im Anschluss an eine Ausbildung oder ein Studium erfolgt, um den Übergang des Arbeitnehmers in eine Anschlussbeschäftigung zu erleichtern,
3. der Arbeitnehmer zur Vertretung eines anderen Arbeitnehmers beschäftigt wird,
4. die Eigenart der Arbeitsleistung die Befristung rechtfertigt,
5. die Befristung zur Erprobung erfolgt,
6. in der Person des Arbeitnehmers liegende Gründe die Befristung rechtfertigen,
7. der Arbeitnehmer aus Haushaltsmitteln vergütet wird, die haushaltsrechtlich für eine befristete Beschäftigung bestimmt sind, und er entsprechend beschäftigt wird oder
8. die Befristung auf einem gerichtlichen Vergleich beruht.

(2) [1]Die kalendermäßige Befristung eines Arbeitsvertrages ohne Vorliegen eines sachlichen Grundes ist bis zur Dauer von zwei Jahren zulässig; bis zu dieser Gesamtdauer von zwei Jahren ist auch die höchstens dreimalige Verlängerung eines kalendermäßig befristeten Arbeitsvertrages zulässig. [2]Eine Befristung nach Satz 1 ist nicht zulässig, wenn mit demselben Arbeitgeber bereits zuvor ein befristetes oder unbefristetes Arbeitsverhältnis bestanden hat. [3]Durch Tarifvertrag kann die Anzahl der Verlängerungen oder die Höchstdauer der Befristung abweichend von Satz 1 festgelegt werden. [4]Im Geltungsbereich eines solchen Tarifvertrages können nicht tarifgebundene Arbeitgeber und Arbeitnehmer die Anwendung der tariflichen Regelungen vereinbaren.

(2a) [1]In den ersten vier Jahren nach der Gründung eines Unternehmens ist die kalendermäßige Befristung eines Arbeitsvertrages ohne Vorliegen eines sachlichen Grundes bis zur Dauer von vier Jahren zulässig; bis zu dieser Gesamtdauer von vier Jahren ist auch die mehrfache Verlängerung eines kalendermäßig befristeten Arbeitsvertrages zulässig. [2]Dies gilt nicht für Neugründungen im Zusammenhang mit der rechtlichen Umstrukturierung von Unternehmen und Konzernen. [3]Maßgebend für den Zeitpunkt der Gründung des Unternehmens ist die Aufnahme einer Erwerbstätigkeit, die nach § 138 der Abgabenordnung der Gemeinde oder dem Finanzamt mitzuteilen ist. [4]Auf die Befristung eines Arbeitsvertrages nach Satz 1 findet Absatz 2 Satz 2 bis 4 entsprechende Anwendung.

(3) [1]Die kalendermäßige Befristung eines Arbeitsvertrages ohne Vorliegen eines sachlichen Grundes ist bis zu einer Dauer von fünf Jahren zulässig, wenn der Arbeitnehmer bei Beginn des befristeten Arbeitsverhältnisses das 52. Lebensjahr vollendet hat und unmittelbar vor Beginn des befristeten Arbeitsverhältnisses mindestens vier Monate beschäftigungslos im Sinne des § 138 Absatz 1 Nummer 1 des Dritten Buches Sozialgesetzbuch gewesen ist, Transferkurzarbeitergeld bezogen oder an einer öffentlich geförderten Beschäftigungsmaßnahme nach dem Zweiten oder Dritten Buch Sozialgesetzbuch teilgenommen hat. [2]Bis zu der Gesamtdauer von fünf Jahren ist auch die mehrfache Verlängerung des Arbeitsvertrages zulässig.

(4) Die Befristung eines Arbeitsvertrages bedarf zu ihrer Wirksamkeit der Schriftform.

§ 15   Ende des befristeten Arbeitsvertrages

(1) Ein kalendermäßig befristeter Arbeitsvertrag endet mit Ablauf der vereinbarten Zeit.

(2) Ein zweckbefristeter Arbeitsvertrag endet mit Erreichen des Zwecks, frühestens jedoch zwei Wochen nach Zugang der schriftlichen Unterrichtung des Arbeitnehmers durch den Arbeitgeber über den Zeitpunkt der Zweckerreichung.

(3) Ein befristetes Arbeitsverhältnis unterliegt nur dann der ordentlichen Kündigung, wenn dies einzelvertraglich oder im anwendbaren Tarifvertrag vereinbart ist.

(4) [1]Ist das Arbeitsverhältnis für die Lebenszeit einer Person oder für längere Zeit als fünf Jahre eingegangen, so kann es von dem Arbeitnehmer nach Ablauf von fünf Jahren gekündigt werden. [2]Die Kündigungsfrist beträgt sechs Monate.

(5) Wird das Arbeitsverhältnis nach Ablauf der Zeit, für die es eingegangen ist, oder nach Zweckerreichung mit Wissen des Arbeitgebers fortgesetzt, so gilt es als auf unbestimmte Zeit verlängert,

wenn der Arbeitgeber nicht unverzüglich widerspricht oder dem Arbeitnehmer die Zweckerreichung nicht unverzüglich mitteilt.

§ 16 Folgen unwirksamer Befristung

[1]Ist die Befristung rechtsunwirksam, so gilt der befristete Arbeitsvertrag als auf unbestimmte Zeit geschlossen; er kann vom Arbeitgeber frühestens zum vereinbarten Ende ordentlich gekündigt werden, sofern nicht nach § 15 Abs. 3 die ordentliche Kündigung zu einem früheren Zeitpunkt möglich ist. [2]Ist die Befristung nur wegen des Mangels der Schriftform unwirksam, kann der Arbeitsvertrag auch vor dem vereinbarten Ende ordentlich gekündigt werden.

§ 17 Anrufung des Arbeitsgerichts

[1]Will der Arbeitnehmer geltend machen, dass die Befristung eines Arbeitsvertrages rechtsunwirksam ist, so muss er innerhalb von drei Wochen nach dem vereinbarten Ende des befristeten Arbeitsvertrages Klage beim Arbeitsgericht auf Feststellung erheben, dass das Arbeitsverhältnis auf Grund der Befristung nicht beendet ist. [2]Die §§ 5 bis 7 des Kündigungsschutzgesetzes gelten entsprechend. [3]Wird das Arbeitsverhältnis nach dem vereinbarten Ende fortgesetzt, so beginnt die Frist nach Satz 1 mit dem Zugang der schriftlichen Erklärung des Arbeitgebers, dass das Arbeitsverhältnis auf Grund der Befristung beendet sei.

§ 18 Information über unbefristete Arbeitsplätze

[1]Der Arbeitgeber hat die befristet beschäftigten Arbeitnehmer über entsprechende unbefristete Arbeitsplätze zu informieren, die besetzt werden sollen. [2]Die Information kann durch allgemeine Bekanntgabe an geeigneter, den Arbeitnehmern zugänglicher Stelle im Betrieb und Unternehmen erfolgen.

§ 19 Aus- und Weiterbildung

Der Arbeitgeber hat Sorge zu tragen, dass auch befristet beschäftigte Arbeitnehmer an angemessenen Aus- und Weiterbildungsmaßnahmen zur Förderung der beruflichen Entwicklung und Mobilität teilnehmen können, es sei denn, dass dringende betriebliche Gründe oder Aus- und Weiterbildungswünsche anderer Arbeitnehmer entgegenstehen.

§ 20 Information der Arbeitnehmervertretung

Der Arbeitgeber hat die Arbeitnehmervertretung über die Anzahl der befristetet beschäftigten Arbeitnehmer und ihren Anteil an der Gesamtbelegschaft des Betriebes und des Unternehmens zu informieren.

§ 21 Auflösend bedingte Arbeitsverträge

Wird der Arbeitsvertrag unter einer auflösenden Bedingung geschlossen, gelten § 4 Abs. 2, § 5, § 14 Abs. 1 und 4, § 15 Abs. 2, 3 und 5 sowie die §§ 16 bis 20 entsprechend.

Vierter Abschnitt
Gemeinsame Vorschriften

§ 22 Abweichende Vereinbarungen

(1) Außer in den Fällen des § 12 Abs. 3, § 13 Abs. 4 und § 14 Abs. 2 Satz 3 und 4 kann von den Vorschriften dieses Gesetzes nicht zuungunsten des Arbeitnehmers abgewichen werden.

(2) Enthält ein Tarifvertrag für den öffentlichen Dienst Bestimmungen im Sinne des § 8 Abs. 4 Satz 3 und 4, § 12 Abs. 3, § 13 Abs. 4, § 14 Abs. 2 Satz 3 und 4 oder § 15 Abs. 3, so gelten diese Bestimmungen auch zwischen nicht tarifgebundenen Arbeitgebern und Arbeitnehmern außerhalb des öffentlichen Dienstes, wenn die Anwendung der für den öffentlichen Dienst geltenden tarifvertraglichen Bestimmungen zwischen ihnen vereinbart ist und die Arbeitgeber die Kosten des Betriebes überwiegend mit Zuwendungen im Sinne des Haushaltsrechts decken.

§ 23 Besondere gesetzliche Regelungen

Besondere Regelungen über Teilzeitarbeit und über die Befristung von Arbeitsverträgen nach anderen gesetzlichen Vorschriften bleiben unberührt.

Gesetz über befristete Arbeitsverträge in der Wissenschaft (Wissenschaftszeitvertragsgesetz – WissZeitVG)[1]

Vom 12. April 2007 (BGBl. I S. 506)

Zuletzt geändert durch
Erstes Gesetz zur Änderung des Wissenschaftszeitvertragsgesetzes
vom 11. März 2016 (BGBl. I S. 442)

§ 1 Befristung von Arbeitsverträgen

(1) Für den Abschluss von Arbeitsverträgen für eine bestimmte Zeit (befristete Arbeitsverträge) mit wissenschaftlichem und künstlerischem Personal mit Ausnahme der Hochschullehrerinnen und Hochschullehrer an Einrichtungen des Bildungswesens, die nach Landesrecht staatliche Hochschulen sind, gelten die §§ 2, 3 und 6. Von diesen Vorschriften kann durch Vereinbarung nicht abgewichen werden. Durch Tarifvertrag kann für bestimmte Fachrichtungen und Forschungsbereiche von den in § 2 Abs. 1 vorgesehenen Fristen abgewichen und die Anzahl der zulässigen Verlängerungen befristeter Arbeitsverträge festgelegt werden. Im Geltungsbereich eines solchen Tarifvertrages können nicht tarifgebundene Vertragsparteien die Anwendung der tariflichen Regelungen vereinbaren. Die arbeitsrechtlichen Vorschriften und Grundsätze über befristete Arbeitsverträge und deren Kündigung sind anzuwenden, soweit sie den Vorschriften der §§ 2 bis 6 nicht widersprechen.

(2) Unberührt bleibt das Recht der Hochschulen, das in Absatz 1 Satz 1 bezeichnete Personal auch in unbefristeten oder nach Maßgabe des Teilzeit- und Befristungsgesetzes befristeten Arbeitsverhältnissen zu beschäftigen.

---

[1] **Hinweis des Bearbeiters:**
Das Wissenschaftszeitvertragsgesetz, das als Artikel 1 des Gesetzes zur Änderung arbeitsrechtlicher Vorschriften in der Wissenschaft bekannt gegeben worden ist, trifft eigenständige Regelungen über die Befristung von Arbeitsverhältnissen im Hochschulbereich. Die bisherigen Regelungen in den §§ 57a bis 57f des Hochschulrahmengesetzes sind zeitgleich aufgehoben worden.

§ 2 Befristungsdauer; Befristung wegen Drittmittelfinanzierung

(1) Die Befristung von Arbeitsverträgen des in § 1 Absatz 1 Satz 1 genannten Personals, das nicht promoviert ist, ist bis zu einer Dauer von sechs Jahren zulässig, wenn die befristete Beschäftigung zur Förderung der eigenen wissenschaftlichen oder künstlerischen Qualifizierung erfolgt. Nach abgeschlossener Promotion ist eine Befristung bis zu einer Dauer von sechs Jahren, im Bereich der Medizin bis zu einer Dauer von neun Jahren, zulässig, wenn die befristete Beschäftigung zur Förderung der eigenen wissenschaftlichen oder künstlerischen Qualifizierung erfolgt; die zulässige Befristungsdauer verlängert sich in dem Umfang, in dem Zeiten einer befristeten Beschäftigung nach Satz 1 und Promotionszeiten ohne Beschäftigung nach Satz 1 zusammen weniger als sechs Jahre betragen haben. Die vereinbarte Befristungsdauer ist jeweils so zu bemessen, dass sie der angestrebten Qualifizierung angemessen ist. Die nach den Sätzen 1 und 2 insgesamt zulässige Befristungsdauer verlängert sich bei Betreuung eines oder mehrerer Kinder unter 18 Jahren um zwei Jahre je Kind. Satz 4 gilt auch, wenn hinsichtlich des Kindes die Voraussetzungen des § 15 Absatz 1 Satz 1 des Bundeselterngeld- und Elternzeitgesetzes vorliegen. Die nach den Sätzen 1 und 2 insgesamt zulässige Befristungsdauer verlängert sich bei Vorliegen einer Behinderung nach § 2 Absatz 1 des Neunten Buches Sozialgesetzbuch oder einer schwerwiegenden chronischen Erkrankung um zwei Jahre. Innerhalb der jeweils zulässigen Befristungsdauer sind auch Verlängerungen eines befristeten Arbeitsvertrages möglich.

(2) Die Befristung von Arbeitsverträgen des in § 1 Abs. 1 Satz 1 genannten Personals ist auch zulässig, wenn die Beschäftigung überwiegend aus Mitteln Dritter finanziert wird, die Finanzierung für eine bestimmte Aufgabe und Zeitdauer bewilligt ist und die Mitarbeiterin oder der Mitarbeiter überwiegend der Zweckbestimmung dieser Mittel entsprechend beschäftigt wird; die vereinbarte Befristungsdauer soll dem bewilligten Projektzeitraum entsprechen.

(3) Auf die in Absatz 1 geregelte zulässige Befristungsdauer sind alle befristeten Arbeitsverhältnisse mit mehr als einem Viertel der regelmäßigen Arbeitszeit, die mit einer deutschen Hochschule oder einer Forschungseinrichtung im Sinne des § 5 abgeschlossen wurden, sowie entsprechende Beamtenverhältnisse auf Zeit und Privatdienstverträge nach § 3 anzurechnen. Angerechnet werden auch befristete Arbeitsverhältnisse, die nach anderen Rechtsvorschriften abgeschlossen wur-

den. Die Sätze 1 und 2 gelten nicht für Arbeitsverhältnisse nach § 6 sowie vergleichbare studienbegleitende Beschäftigungen, die auf anderen Rechtsvorschriften beruhen.

(4) Im Arbeitsvertrag ist anzugeben, ob die Befristung auf den Vorschriften dieses Gesetzes beruht. Fehlt diese Angabe, kann die Befristung nicht auf Vorschriften dieses Gesetzes gestützt werden. Die Dauer der Befristung muss bei Arbeitsverträgen nach Absatz 1 kalendermäßig bestimmt oder bestimmbar sein.

(5) Die jeweilige Dauer eines befristeten Arbeitsvertrages nach Absatz 1 verlängert sich im Einverständnis mit der Mitarbeiterin oder dem Mitarbeiter um

1. Zeiten einer Beurlaubung oder einer Ermäßigung der Arbeitszeit um mindestens ein Fünftel der regelmäßigen Arbeitszeit, die für die Betreuung oder Pflege eines oder mehrerer Kinder unter 18 Jahren, auch wenn hinsichtlich des Kindes die Voraussetzungen des § 15 Absatz 1 Satz 1 des Bundeselterngeld- und Elternzeitgesetzes vorliegen, oder pflegebedürftiger sonstiger Angehöriger gewährt worden sind,

2. Zeiten einer Beurlaubung für eine wissenschaftliche oder künstlerische Tätigkeit oder eine außerhalb des Hochschulbereichs oder im Ausland durchgeführte wissenschaftliche, künstlerische oder berufliche Aus-, Fort- oder Weiterbildung,

3. Zeiten einer Inanspruchnahme von Elternzeit nach dem Bundeselterngeld- und Elternzeitgesetz und Zeiten eines Beschäftigungsverbots nach den §§ 3, 4, 6 und 8 des Mutterschutzgesetzes in dem Umfang, in dem eine Erwerbstätigkeit nicht erfolgt ist,

4. Zeiten des Grundwehr- und Zivildienstes,

5. Zeiten einer Freistellung im Umfang von mindestens einem Fünftel der regelmäßigen Arbeitszeit zur Wahrnehmung von Aufgaben in einer Personal- oder Schwerbehindertenvertretung, von Aufgaben eines oder einer Frauen- oder Gleichstellungsbeauftragten oder zur Ausübung eines mit dem Arbeitsverhältnis zu vereinbarenden Mandats und

6. Zeiten einer krankheitsbedingten Arbeitsunfähigkeit, in denen ein gesetzlicher oder tarifvertraglicher Anspruch auf Entgeltfortzahlung nicht besteht.

In den Fällen des Satzes 1 Nummer 1, 2 und 5 soll die Verlängerung die Dauer von jeweils zwei Jahren nicht überschreiten. Zeiten nach Satz 1 Nummer 1 bis 6 werden in dem Umfang, in dem sie zu einer

Verlängerung eines befristeten Arbeitsvertrages führen können, nicht auf die nach Absatz 1 zulässige Befristungsdauer angerechnet.

§ 3 Privatdienstvertrag

Für einen befristeten Arbeitsvertrag, den ein Mitglied einer Hochschule, das Aufgaben seiner Hochschule selbständig wahrnimmt, zur Unterstützung bei der Erfüllung dieser Aufgaben mit überwiegend aus Mitteln Dritter vergütetem Personal im Sinne von § 1 Abs. 1 Satz 1 abschließt, gelten die Vorschriften der §§ 1, 2 und 6 entsprechend.

§ 4 Wissenschaftliches Personal an staatlich anerkannten Hochschulen

Für den Abschluss befristeter Arbeitsverträge mit wissenschaftlichem und künstlerischem Personal an nach Landesrecht staatlich anerkannten Hochschulen gelten die Vorschriften der §§ 1 bis 3 und 6 entsprechend.

§ 5 Wissenschaftliches Personal an Forschungseinrichtungen

Für den Abschluss befristeter Arbeitsverträge mit wissenschaftlichem Personal an staatlichen Forschungseinrichtungen sowie an überwiegend staatlich, an institutionell überwiegend staatlich oder auf der Grundlage von Artikel 91b des Grundgesetzes finanzierten Forschungseinrichtungen gelten die Vorschriften der §§ 1 bis 3 und 6 entsprechend.

§ 6 Wissenschaftliche und künstlerische Hilfstätigkeiten

Befristete Arbeitsverträge zur Erbringung wissenschaftlicher oder künstlerischer Hilfstätigkeiten mit Studierenden, die an einer deutschen Hochschule für ein Studium, das zu einem ersten oder einem weiteren berufsqualifizierenden Abschluss führt, eingeschrieben sind, sind bis zur Dauer von insgesamt sechs Jahren zulässig. Innerhalb der zulässigen Befristungsdauer sind auch Verlängerungen eines befristeten Arbeitsvertrages möglich.

§ 7 Rechtsgrundlage für bereits abgeschlossene Verträge; Übergangsregelung

(1) Für die seit dem 23. Februar 2002 bis zum 17. April 2007 an staatlichen und staatlich anerkannten Hochschulen sowie an Forschungseinrichtungen im Sinne des § 5 abgeschlossenen Arbeitsver-

träge gelten die §§ 57a bis 57f des Hochschulrahmengesetzes in der ab 31. Dezember 2004 geltenden Fassung fort. Für vor dem 23. Februar 2002 an staatlichen und staatlich anerkannten Hochschulen sowie an Forschungseinrichtungen im Sinne des § 5 abgeschlossene Arbeitsverträge gelten die §§ 57a bis 57e des Hochschulrahmengesetzes in der vor dem 23. Februar 2002 geltenden Fassung fort. Satz 2 gilt entsprechend für Arbeitsverträge, die zwischen dem 27. Juli 2004 und dem 31. Dezember 2004 abgeschlossen wurden.

(2) Der Abschluss befristeter Arbeitsverträge nach § 2 Abs. 1 Satz 1 und 2 mit Personen, die bereits vor dem 23. Februar 2002 in einem befristeten Arbeitsverhältnis zu einer Hochschule, einem Hochschulmitglied im Sinne von § 3 oder einer Forschungseinrichtung im Sinne von § 5 standen, ist auch nach Ablauf der in § 2 Abs. 1 Satz 1 und 2 geregelten jeweils zulässigen Befristungsdauer mit einer Laufzeit bis zum 29. Februar 2008 zulässig. Satz 1 gilt entsprechend für Personen, die vor dem 23. Februar 2002 in einem Dienstverhältnis als wissenschaftlicher oder künstlerischer Assistent standen. § 2 Abs. 5 gilt entsprechend.

§ 8 Evaluation
Die Auswirkungen dieses Gesetzes werden im Jahr 2020 evaluiert.

Gesetz zum Elterngeld und zur Elternzeit (Bundeselterngeld- und Elternzeitgesetz – BEEG)

in der Fassung der Bekanntmachung
vom 27. Januar 2015 (BGBl. I S. 33)

– Auszug –

§ 20   Zur Berufsbildung Beschäftigte, in Heimarbeit Beschäftigte

(1) [1]Die zu ihrer Berufsbildung Beschäftigten gelten als Arbeitnehmer oder Arbeitnehmerinnen im Sinne dieses Gesetzes. [2]Die Elternzeit wird auf Berufsbildungszeiten nicht angerechnet.

(2) [1]Anspruch auf Elternzeit haben auch die in Heimarbeit Beschäftigten und die ihnen Gleichgestellten (§ 1 Absatz 1 und 2 des Heimarbeitsgesetzes), soweit sie am Stück mitarbeiten. [2]Für sie tritt an die Stelle des Arbeitgebers der Auftraggeber oder Zwischenmeister und an die Stelle des Arbeitsverhältnisses das Beschäftigungsverhältnis.

§ 21   Befristete Arbeitsverträge

(1) Ein sachlicher Grund, der die Befristung eines Arbeitsverhältnisses rechtfertigt, liegt vor, wenn ein Arbeitnehmer oder eine Arbeitnehmerin zur Vertretung eines anderen Arbeitnehmers oder einer anderen Arbeitnehmerin für die Dauer eines Beschäftigungsverbotes nach dem Mutterschutzgesetz, einer Elternzeit, einer auf Tarifvertrag, Betriebsvereinbarung oder einzelvertraglichen Vereinbarung beruhenden Arbeitsfreistellung zur Betreuung eines Kindes oder für diese Zeiten zusammen oder für Teile davon eingestellt wird.

(2) Über die Dauer der Vertretung nach Absatz 1 hinaus ist die Befristung für notwendige Zeiten einer Einarbeitung zulässig.

(3) Die Dauer der Befristung des Arbeitsvertrags muss kalendermäßig bestimmt oder bestimmbar oder den in den Absätzen 1 und 2 genannten Zwecken zu entnehmen sein.

(4) [1]Der Arbeitgeber kann den befristeten Arbeitsvertrag unter Einhaltung einer Frist von mindestens drei Wochen, jedoch frühestens zum Ende der Elternzeit, kündigen, wenn die Elternzeit ohne Zustimmung des Arbeitgebers vorzeitig endet und der Arbeitnehmer oder die Arbeitnehmerin die vorzeitige Beendigung der Elternzeit mitgeteilt hat. [2]Satz 1 gilt entsprechend, wenn der Arbeitgeber die

vorzeitige Beendigung der Elternzeit in den Fällen des § 16 Absatz 3 Satz 2 nicht ablehnen darf.

(5) Das Kündigungsschutzgesetz ist im Falle des Absatzes 4 nicht anzuwenden.

(6) Absatz 4 gilt nicht, soweit seine Anwendung vertraglich ausgeschlossen ist.

(7) [1]Wird im Rahmen arbeitsrechtlicher Gesetze oder Verordnungen auf die Zahl der beschäftigten Arbeitnehmer und Arbeitnehmerinnen abgestellt, so sind bei der Ermittlung dieser Zahl Arbeitnehmer und Arbeitnehmerinnen, die sich in der Elternzeit befinden oder zur Betreuung eines Kindes freigestellt sind, nicht mitzuzählen, solange für sie aufgrund von Absatz 1 ein Vertreter oder eine Vertreterin eingestellt ist. [2]Dies gilt nicht, wenn der Vertreter oder die Vertreterin nicht mitzuzählen ist. [3]Die Sätze 1 und 2 gelten entsprechend, wenn im Rahmen arbeitsrechtlicher Gesetze oder Verordnungen auf die Zahl der Arbeitsplätze abgestellt wird.

§ 31 Führung auf Probe

(1) [1]Führungspositionen können als befristetes Arbeitsverhältnis bis zur Gesamtdauer von zwei Jahren vereinbart werden. [2]Innerhalb dieser Gesamtdauer ist eine höchstens zweimalige Verlängerung des Arbeitsvertrages zulässig. [3]Die beiderseitigen Kündigungsrechte bleiben unberührt.

(2) Führungspositionen sind die ab Entgeltgruppe 10 zugewiesenen Tätigkeiten mit Weisungsbefugnis, die vor Übertragung vom Arbeitgeber ausdrücklich als Führungspositionen auf Probe bezeichnet worden sind.

(3) [1]Besteht bereits ein Arbeitsverhältnis mit demselben Arbeitgeber, kann der/dem Beschäftigten vorübergehend eine Führungsposition bis zu der in Absatz 1 genannten Gesamtdauer übertragen werden. [2]Der/Dem Beschäftigten wird für die Dauer der Übertragung eine Zulage in Höhe des Unterschiedsbetrags zwischen den Tabellenentgelten nach der bisherigen Entgeltgruppe und dem sich bei Höhergruppierung nach § 17 Abs. 4 Satz 1 bis 3 im Bereich der VKA und nach § 17 Abs. 5 Satz 1 im Bereich des Bundes ergebenden Tabellenentgelt gewährt. [3]Nach Fristablauf endet die Erprobung. [4]Bei Bewährung wird die Führungsfunktion auf Dauer übertragen; ansonsten erhält die/der Beschäftigte eine der bisherigen Eingruppierung entsprechende Tätigkeit.

Erläuterungen

§ 31 eröffnet die Möglichkeit, Führungspositionen befristet auf Probe zu vergeben und folgt damit den heutigen Üblichkeiten im Beamtenbereich. Das Instrument der „Führung auf Probe" soll in erster Linie der Personalentwicklung und Verbesserung der Führungsqualität dienen. Um dies zu erreichen, können Führungspositionen bis zur Dauer von zwei Jahren befristet übertragen werden. Ziel hierbei ist die Übertragung der Führungsfunktion auf Dauer.

Wegen der ebenfalls neu geschaffenen Möglichkeit, Führungspositionen auf Zeit zu vergeben → § 32.

Führungsposition als befristetes Arbeitsverhältnis (Abs. 1)

Absatz 1 regelt den Fall des „von außen" in eine Führungsposition neu eingestellten Beschäftigten. Das entsprechende Arbeitsverhältnis kann befristet werden. Die Befristungshöchstdauer beträgt insgesamt zwei Jahre. Der Zweijahreszeitraum braucht nicht schon zu Beginn des Arbeitsverhältnisses voll ausgeschöpft zu werden, er kann auch in insgesamt drei Zeiträume aufgeteilt werden (Satz 2). Der Beschäftigte erhält während dieser Zeit das Entgelt, das der Führungsaufgabe – wäre sie auf Dauer vergeben – zugeordnet ist.

Nach Satz 3 der Vorschrift bleiben „die beiderseitigen Kündigungsrechte" unberührt. Damit dürfte den Erfordernissen des § 14 Abs. 3
Teilzeit- und Befristungsgesetz (→ Erläuterung bei § 30) hinreichend
Rechnung getragen sein, so dass trotz der Befristung des Arbeitsverhältnisses auch eine ordentliche Kündigung möglich ist. Die besonderen Regelungen des § 30 Abs. 3 bis 5 gelten bei der befristeten
Vergabe von Führungspositionen nicht (→ § 30 Abs. 6).

Begriffsbestimmung (Abs. 2)

Nach der Definition des Absatzes 2 sind Führungspositionen Tätigkeiten mit Weisungsbefugnis ab der Entgeltgruppe 10. Wegen der
Umschlüsselung der besonderen Entgeltgruppen der Beschäftigten
des Sozial- und Erziehungsdienstes in die für diese Vorschrift maßgebende Entgeltgruppe siehe § 1 Abs. 3 der Anlage zu Abschnitt VIII
Sonderregelungen/VKA § 56 BT-V bzw. § 52 Abs. 3 BT-B. Im Zuge des
Änderungstarifvertrages Nr. 2 vom 31. März 2008 haben die Tarifpartner mit Wirkung vom 1. Juli 2008 den Zusatz aufgenommen, dass
die zugewiesenen Tätigkeiten vom Arbeitgeber ausdrücklich als
Führungsposition auf Probe bezeichnet werden müssen. Damit wird
der bereits in Absatz 1 Satz 1 bestimmte Charakter der Vorschrift als
„Kann-Vorschrift" gestärkt und verhindert, dass (letztlich gegen den
Willen des Arbeitgebers) bestimmte Führungspositionen automatisch
in ein befristetes Arbeitsverhältnis (Absatz 1) bzw. eine befristete
Zulagensituation (Absatz 3) führen.

Beide Voraussetzungen müssen nebeneinander erfüllt sein; d. h.
Tätigkeiten einer niedrigeren Entgeltgruppe sind trotz Weisungsbefugnis ebenso wenig Führungsposition im tariflichen Sinne wie
Tätigkeiten der Entgeltgruppe 10 und aufwärts ohne Weisungsbefugnis.

Zulage für Führungspositionen (Abs. 3)

Absatz 3 regelt den Fall, dass einem „von innen" kommenden
Beschäftigten aus einem bestehenden Arbeitsverhältnis heraus eine
Führungsposition übertragen wird. Auch in diesem Fall kann die
Führungstätigkeit befristet werden; insoweit gelten die in Absatz 1
vereinbarten Fristen. Der Beschäftigte erhält für die Dauer der Tätigkeit eine Zulage in Höhe des Unterschiedsbetrages zwischen dem
Tabellenentgelt nach der bisherigen Entgeltgruppe und dem Tabellenentgelt, das er bei Höhergruppierung in die Entgeltgruppe, die der
übertragenen Funktion entspricht, erhielte. Nach erfolgreichem Ende

der Bewährung wird die Führungsfunktion auf Dauer übertragen und der Beschäftigte wird entsprechend eingruppiert. Ansonsten wird ihm die Führungsposition entzogen und er erhält wieder das seiner bisherigen Eingruppierung entsprechende Entgelt.

§ 32 Führung auf Zeit

(1) [1]Führungspositionen können als befristetes Arbeitsverhältnis bis zur Dauer von vier Jahren vereinbart werden. [2]Folgende Verlängerungen des Arbeitsvertrages sind zulässig:

a) in den Entgeltgruppen 10 bis 12 eine höchstens zweimalige Verlängerung bis zu einer Gesamtdauer von acht Jahren,

b) ab Entgeltgruppe 13 eine höchstens dreimalige Verlängerung bis zu einer Gesamtdauer von zwölf Jahren.

[3]Zeiten in einer Führungsposition nach Buchstabe a bei demselben Arbeitgeber können auf die Gesamtdauer nach Buchstabe b zur Hälfte angerechnet werden. [4]Die allgemeinen Vorschriften über die Probezeit (§ 2 Abs. 4) und die beiderseitigen Kündigungsrechte bleiben unberührt.

(2) Führungspositionen sind die ab Entgeltgruppe 10 zugewiesenen Tätigkeiten mit Weisungsbefugnis, die vor Übertragung vom Arbeitgeber ausdrücklich als Führungspositionen auf Zeit bezeichnet worden sind.

(3) [1]Besteht bereits ein Arbeitsverhältnis mit demselben Arbeitgeber, kann der/dem Beschäftigten vorübergehend eine Führungsposition bis zu den in Absatz 1 genannten Fristen übertragen werden. [2]Der/Dem Beschäftigten wird für die Dauer der Übertragung eine Zulage gewährt in Höhe des Unterschiedsbetrags zwischen den Tabellenentgelten nach der bisherigen Entgeltgruppe und dem sich bei Höhergruppierung nach § 17 Abs. 4 Satz 1 bis 3 im Bereich der VKA und nach § 17 Abs. 5 Satz 1 im Bereich des Bundes ergebenden Tabellenentgelt, zuzüglich eines Zuschlags von 75 v. H. des Unterschiedsbetrags zwischen den Tabellenentgelten der Entgeltgruppe, die der übertragenen Funktion entspricht, zur nächsthöheren Entgeltgruppe nach § 17 Abs. 4 Satz 1 bis 3 im Bereich der VKA und nach § 17 Abs. 5 Satz 1 im Bereich des Bundes. [3]Nach Fristablauf erhält die/der Beschäftigte eine der bisherigen Eingruppierung entsprechende Tätigkeit; der Zuschlag entfällt.

Erläuterungen

§ 32 eröffnet die Möglichkeit, Führungspositionen lediglich befristet zu vergeben und folgt damit den heutigen Üblichkeiten im Beamtenbereich. Im Gegensatz zur „Führung auf Probe" (→ § 31) ist das Instrument der „Führung auf Zeit" nicht auf eine dauerhafte Übertragung der Führungsposition gerichtet.

Führungsposition als befristetes Arbeitsverhältnis (Abs. 1)

Absatz 1 regelt den Fall des „von außen" in eine Führungsposition neu eingestellten Beschäftigten. Das entsprechende Arbeitsverhältnis kann befristet werden. Von der Entgeltgruppe 10 bis 12 können die Aufgaben bis zu einer Dauer von (bei Ausschöpfung aller Verlängerungsmöglichkeiten) insgesamt 8 Jahren, ab der Entgeltgruppe 13 bis zu insgesamt 12 Jahren befristet übertragen werden. Der höchstmögliche Befristungszeitraum braucht nicht schon zu Beginn des Arbeitsverhältnisses voll ausgeschöpft werden, er kann auch in insgesamt drei (bis Entgeltgruppe 12) bzw. vier (ab Entgeltgruppe 13) Zeiträume aufgeteilt werden. Der Beschäftigte erhält während dieser Zeit das Entgelt, das der Führungsaufgabe – wäre sie auf Dauer vergeben – zugeordnet ist.

Satz 3 der Vorschrift sieht vor, dass Zeiten einer Führungsposition in den Entgeltgruppen 10 bis 12 auf die Gesamtdauer der Führungspositionen in Entgeltgruppe 13 zur Hälfte angerechnet werden können, wenn sie bei demselben Arbeitgeber zurückgelegt worden sind.

Nach Satz 4 der Vorschrift bleiben die Vorschriften über die Probezeit (→ § 2 Abs. 4) und „die beiderseitigen Kündigungsrechte" unberührt. Damit dürfte den Erfordernissen des § 14 Abs. 3 Teilzeit- und Befristungsgesetz (→ Erläuterungen bei § 30) hinreichend Rechnung getragen sein, so dass trotz der Befristung des Arbeitsverhältnisses auch eine ordentliche Kündigung möglich ist. Die besonderen Regelungen des § 30 Abs. 3 bis 5 gelten bei der befristeten Vergabe von Führungspositionen nicht (→ § 30 Abs. 6).

Begriffsbestimmung (Abs. 2)

Nach der Definition des Absatzes 2 sind Führungspositionen Tätigkeiten mit Weisungsbefugnis ab der Entgeltgruppe 10. Im Zuge des Änderungstarifvertrages Nr. 2 vom 31. März 2008 haben die Tarifpartner mit Wirkung vom 1. Juli 2008 den Zusatz aufgenommen, dass die zugewiesenen Tätigkeiten vom Arbeitgeber ausdrücklich als Führungsposition auf Zeit bezeichnet werden müssen. Damit wird der bereits in Absatz 1 Satz 1 bestimmte Charakter der Vorschrift als „Kann-Vorschrift" gestärkt und verhindert, dass (letztlich gegen den Willen des Arbeitgebers) bestimmte Führungspositionen automatisch in ein befristetes Arbeitsverhältnis (Absatz 1) bzw. eine befristete Zulagensituation (Absatz 3) führen.

Beide Voraussetzungen müssen nebeneinander erfüllt sein; d. h. Tätigkeiten einer niedrigeren Entgeltgruppe sind trotz Weisungsbefugnis ebenso wenig Führungsposition im tariflichen Sinne wie Tätigkeiten der Entgeltgruppe 10 und aufwärts ohne Weisungsbefugnis.

Wegen der Umschlüsselung der besonderen Entgeltgruppen der Beschäftigten des Sozial- und Erziehungsdienstes in die für diese

Vorschrift maßgebende Entgeltgruppe siehe § 1 Abs. 3 der Anlage zu Abschnitt VIII Sonderregelungen/VKA § 56 BT-V bzw. § 52 Abs. 3 BT-B.

Zulage für Führungspositionen (Abs. 3)

Absatz 3 regelt den Fall, dass einem „von innen" kommenden Beschäftigten aus einem bestehenden Arbeitsverhältnis heraus eine Führungsposition übertragen wird. Auch in diesem Fall kann die Führungstätigkeit befristet werden; insoweit gelten die in Absatz 1 vereinbarten Fristen. Neben dem Tabellenentgelt für die befristete Führungsaufgabe (als Differenz zwischen der Entgeltgruppe der Führungsaufgabe zur bisherigen Entgeltgruppe) wird eine Zulage in Höhe von 75 % des Unterschiedsbetrages zwischen den Tabellenentgelten der Entgeltgruppe, die der übertragenen Funktion entspricht, zur nächsthöheren Entgeltgruppe gezahlt.

Beispiel:

Beschäftigter, Entgeltgruppe 11, übt auf Zeit eine Führungsposition der Entgeltgruppe 12 aus. Somit erhält er neben seiner bisherigen Vergütung den Differenzbetrag zur Entgeltgruppe 12 zuzüglich 75 % des Differenzbetrages zwischen den Entgeltgruppen 12 und 13 – jeweils so, als hätte eine Höhergruppierung stattgefunden.

Nach Ablauf der Befristung erhält der Beschäftigte wieder das seiner bisherigen Eingruppierung entsprechende Entgelt.

§ 33 Beendigung des Arbeitsverhältnisses ohne Kündigung

(1) Das Arbeitsverhältnis endet, ohne dass es einer Kündigung bedarf,

a) mit Ablauf des Monats, in dem die/der Beschäftigte das gesetzlich festgelegte Alter zum Erreichen der Regelaltersrente vollendet hat,

b) jederzeit im gegenseitigen Einvernehmen (Auflösungsvertrag).

(2) [1]Das Arbeitsverhältnis endet ferner mit Ablauf des Monats, in dem der Bescheid eines Rentenversicherungsträgers (Rentenbescheid) zugestellt wird, wonach die/der Beschäftigte voll oder teilweise erwerbsgemindert ist. [2]Die/Der Beschäftigte hat den Arbeitgeber von der Zustellung des Rentenbescheids unverzüglich zu unterrichten. [3]Beginnt die Rente erst nach der Zustellung des Rentenbescheids, endet das Arbeitsverhältnis mit Ablauf des dem Rentenbeginn vorangehenden Tages. [4]Liegt im Zeitpunkt der Beendigung des Arbeitsverhältnisses eine nach § 92 SGB IX erforderliche Zustimmung des Integrationsamtes noch nicht vor, endet das Arbeitsverhältnis mit Ablauf des Tages der Zustellung des Zustimmungsbescheids des Integrationsamtes. [5]Das Arbeitsverhältnis endet nicht, wenn nach dem Bescheid des Rentenversicherungsträgers eine Rente auf Zeit gewährt wird. [6]In diesem Fall ruht das Arbeitsverhältnis für den Zeitraum, für den eine Rente auf Zeit gewährt wird; beginnt die Rente rückwirkend, ruht das Arbeitsverhältnis ab dem ersten Tag des Monats, der auf den Monat der Zustellung des Rentenbescheids folgt.

(3) Im Falle teilweiser Erwerbsminderung endet bzw. ruht das Arbeitsverhältnis nicht, wenn die/der Beschäftigte nach ihrem/seinem vom Rentenversicherungsträger festgestellten Leistungsvermögen auf ihrem/seinem bisherigen oder einem anderen geeigneten und freien Arbeitsplatz weiterbeschäftigt werden könnte, soweit dringende dienstliche bzw. betriebliche Gründe nicht entgegenstehen, und die/der Beschäftigte innerhalb von zwei Wochen nach Zugang des Rentenbescheids ihre/seine Weiterbeschäftigung schriftlich beantragt.

(4) [1]Verzögert die/der Beschäftigte schuldhaft den Rentenantrag oder bezieht sie/er Altersrente nach § 236 oder § 236a SGB VI oder ist sie/er nicht in der gesetzlichen Rentenversicherung versichert, so tritt an die Stelle des Rentenbescheids das Gutachten einer Amtsärztin/eines Amtsarztes oder einer/eines nach § 3 Abs. 4 Satz 2 bestimmten Ärztin/Arztes. [2]Das Arbeitsverhältnis endet in diesem Fall mit Ablauf des Monats, in dem der/dem Beschäftigten das Gutachten bekannt gegeben worden ist.

(5) [1]Soll die/der Beschäftigte, deren/dessen Arbeitsverhältnis nach Absatz 1 Buchst. a geendet hat, weiterbeschäftigt werden, ist ein neuer schriftlicher Arbeitsvertrag abzuschließen. [2]Das Arbeitsverhältnis kann jederzeit mit einer Frist von vier Wochen zum Monatsende gekündigt werden, wenn im Arbeitsvertrag nichts anderes vereinbart ist.

Erläuterungen

§ 33 legt die Fälle fest, in denen das Arbeitsverhältnis ohne besondere Kündigung endet. Diese Sachverhalte waren bislang in § 60 (Beendigung durch Erreichen der Altersgrenze), § 58 (Auflösungsvertrag) und § 59 BAT (Beendigung wegen verminderter Erwerbsfähigkeit) bzw. den vergleichbaren Regelungen für Arbeiter geregelt.

Auf die abweichenden Sonderregelungen in § 45 (Bund) und § 51 (VKA) des Besonderen Teils Verwaltung[1] wird hingewiesen.

Beendigung wegen Alters/Auflösungsvertrag (Abs. 1)

In Absatz 1 sind zwei verschiedene Beendigungsgründe zusammengefasst, nämlich die Beendigung wegen Erreichens der Altersgrenze (Buchstabe a) und die Beendigung durch Auflösungsvertrag (Buchstabe b).

Zu Buchstabe a

Nach dieser Vorschrift endet das Arbeitsverhältnis automatisch mit Vollendung des Monats, in dem der Beschäftigte das gesetzliche Alter zum Erreichen einer Regelaltersrente vollendet – und zwar unabhängig davon, ob er Anspruch auf eine Rente und/oder Zusatzversorgung hat.

Die jetzige Formulierung ist im Zuge des Änderungstarifvertrages Nr. 2 vom 31. März 2008 mit Wirkung vom 1. Juli 2008 vereinbart worden. Zuvor war die Beendigung des Arbeitsverhältnisses mit der Vollendung des 65. Lebensjahres verknüpft worden. Mit der jetzigen Regelung tragen die Tarifpartner dem gesetzlich hinausgeschobenen Renteneintrittsalter Rechnung. Die Vereinbarung von Beendigungsklauseln zum Rentenermittlungsalter hat der Gesetzgeber in § 10 Nr. 5 des Allgemeinen Gleichbehandlungsgesetzes vom 14. August 2006 (BGBl. I S. 1897) ausdrücklich gestattet. Auch das BAG (Urteil vom 8. Dezember 2010 – 7 AZR 438/09) und der EuGH (Urteil vom 12. Oktober 2010 – C-45/09) setzen sie als rechtmäßig an.

Wegen der Möglichkeit, den Beschäftigten über diesen Zeitpunkt hinaus zu beschäftigen, → Absatz 5.

Die mit dem Gesetz über Leistungsverbesserungen in der gesetzlichen Rentenversicherung (RV-Leistungsverbesserungsgesetz) vom 23. Juni 2014 (BGBl. I S. 787) eingeführte abschlagsfreie Rente mit dem

---

[1]   abgedruckt unter **I.1**

63. Lebensjahr für besonders langjährig Versicherte (§ 236b SGB VI) führt nicht zu einer automatischen Beendigung des Arbeitsverhältnisses. Es handelt sich nicht um die Regelaltersgrenze. Diese wird – ggf. unter Berücksichtigung der Übergangsregelung des § 235 Abs. 2 SGB VI – mit Vollendung des 67. Lebensjahres erreicht. Die Beendigung des Arbeitsverhältnissess kann in diesen Fällen durch einen Auflösungsvertrag (s. Abs. 1 Buchst. b) beendet werden.

Zu Buchstabe b

In Buchstabe b haben die Tarifpartner bestimmt, dass die Beendigung des Arbeitsverhältnisses durch Auflösungsvertrag im gegenseitigen Einvernehmen jederzeit (ohne Bindung an Fristen) möglich ist.

Die Beendigung von Arbeitsverhältnissen durch Kündigung oder Auflösungsvertrag bedarf zu ihrer Wirksamkeit gemäß § 623 BGB der Schriftform; die elektronische Form ist ausgeschlossen.

Beendigung wegen Erwerbsminderung (Abs. 2)

Absatz 2 regelt – weitgehend in Anlehnung an das bisherige Recht – die Grundsätze der Beendigung des Arbeitsverhältnisses bei verminderter Erwerbsfähigkeit.

Die Definition des Begriffs der verminderten Erwerbsfähigkeit ergibt sich aus dem Recht der gesetzlichen Rentenversicherung, und zwar im Wesentlichen aus § 43 SGB VI.

Voll erwerbsgemindert sind Versicherte, die wegen Krankheit oder Behinderung auf nicht absehbare Zeit außerstande sind, unter den üblichen Bedingungen des allgemeinen Arbeitsmarktes mindestens drei Stunden täglich erwerbstätig zu sein (§ 43 Abs. 2 Satz 2 SGB VI);

Teilweise erwerbsgemindert sind Versicherte, die wegen Krankheit oder Behinderung auf nicht absehbare Zeit außerstande sind, unter den üblichen Bedingungen des allgemeinen Arbeitsmarktes mindestens sechs Stunden täglich erwerbstätig zu sein (§ 43 Abs. 1 Satz 2 SGB VI). Dabei wird auf die konkrete Situation des (Teilzeit-)Arbeitsmarktes abgestellt, so dass Versicherte, die das verbliebene Restleistungsvermögen wegen Arbeitslosigkeit nicht in Erwerbseinkommen umsetzen können, anstelle der halben die volle Erwerbsminderungsrente erhalten (vgl. BT-Drs. 14/230, Seiten 23, 25);

Keine Erwerbsminderungsrente: Ein Restleistungsvermögen auf dem allgemeinen Arbeitsmarkt von sechs Stunden und mehr schließt den

Anspruch auf Erwerbsminderungsrente aus; dabei ist die jeweilige Arbeitsmarktlage nicht zu berücksichtigen (§ 43 Abs. 3 SGB VI).

Übergangsweise können nach § 240 SGB VI diejenigen Versicherten, die vor dem 2. Januar 1961 geboren sind und in ihrem bisherigen Beruf nicht mindestens sechs Stunden täglich arbeiten können, eine halbe Erwerbsminderungsrente unabhängig von den Verhältnissen des Arbeitsmarktes erhalten. Der Begriff der Berufsunfähigkeit ist in § 240 Abs. 2 SGB VI definiert.

Nach Satz 1 der Vorschrift endet das Arbeitsverhältnis grundsätzlich mit Ablauf des Monats, in dem der Rentenbescheid, wonach der Beschäftigte ganz oder teilweise erwerbsgemindert ist, zugestellt wird.

Satz 2 verpflichtet den Beschäftigten, den Arbeitgeber unverzüglich von der Zustellung des Rentenbescheides zu unterrichten.

Satz 3 bestimmt – abweichend von dem Grundsatz des Satzes 1, dass das Arbeitsverhältnis erst mit Ablauf des dem Rentenbeginn vorangehenden Tages endet, wenn der Rentenbescheid einen in der Zukunft liegenden Rentenbeginn festlegt. Dabei dürfte es sich um einen Ausnahmefall handeln; denn in der Regel wird – allein schon wegen der Verfahrensdauer – ein zurückliegendes Datum als Rentenbeginn festgelegt.

Satz 4 enthält eine weitere Ausnahme zum Beendigungszeitpunkt des Arbeitsverhältnisses. Sofern bei schwerbehinderten Beschäftigten die nach § 92 SGB IX erforderliche Zustimmung des Integrationsamtes bei Zustellung des Rentenbescheides noch nicht vorlag, endet das Arbeitsverhältnis mit schwerbehinderten Beschäftigten erst mit Ablauf des Tages vor der Zustellung des Zustimmungsbescheides des Integrationsamtes.

Nach den Sätzen 5 und 6 endet das Arbeitsverhältnis nicht, wenn nach dem Bescheid des Trägers der Rentenversicherung (nur) eine Rente auf Zeit bewilligt wird. In diesem Fall ruht das Arbeitsverhältnis für den Zeitraum der Rente auf Zeit – bei rückwirkender Zuerkennung einer Rente ggf. ab dem ersten Tag des Monats, der auf die Zustellung des Rentenbescheides folgt.

Besondere Beachtung verdienen einige Urteile des BAG zu § 59 BAT, der bisherigen Vorschrift zur Beendigung des Arbeitsverhältnisses bei verminderter Erwerbsfähigkeit. Da die Vorschrift des TVöD materiell weitgehend der bisherigen Regelung entspricht, können die vom

BAG aufgestellten Grundsätze weiterhin zur Lösung von Zweifelsfragen herangezogen werden.

– Mit Urteil vom 23. 6. 2004 – 7 AZR 440/03; DB S. 2586 f. hat das BAG eine bedeutsame Entscheidung zum Beendigungszeitpunkt des Arbeitsverhältnisses in den Fällen der Erwerbsminderung getroffen. Das BAG zieht in der Entscheidung erstmals die seit 1. Januar 2001 geltende Vorschrift des § 15 Abs. 2 des Teilzeit- und Befristungsgesetzes (TzBfG), die bei auflösend bedingten Arbeitsverhältnissen entsprechend gilt (§ 21 TzBfG), heran, so dass auch in den Fällen des § 59 BAT/§ 62 MTArb (auflösende Bedingung ist hier der Eintritt der Erwerbsminderung) das Arbeitsverhältnis frühestens zwei Wochen nach Zugang der schriftlichen Unterrichtung des Arbeitnehmers durch den Arbeitgeber über den Zeitpunkt des Eintritts der auflösenden Bedingung endet. Nach Auffassung des BAG ist § 59 Abs. 1 BAT ergänzend gesetzeskonform dahin auszulegen, dass nicht schon der Rentenbescheid, sondern erst ein darauf Bezug nehmendes Schreiben des Arbeitgebers das Arbeitsverhältnis unter Beachtung der gesetzlichen Auslauffrist beenden soll. Erhält der Arbeitgeber Kenntnis von der Zuerkennung einer Erwerbsminderungsrente, muss er den Arbeitnehmer schriftlich auf die Beendigung oder das Ruhen des Arbeitsverhältnisses hinweisen. Die Rechtswirkungen des § 59 BAT treten frühestens zwei Wochen nach Zugang dieser schriftlichen Mitteilung ein.

– Zu der Frage, welche weitreichenden Folgen sich ergeben (können), wenn ein Angestellter trotz der Beendigung des Arbeitsverhältnisses nach § 59 Abs. 1 BAT seine bisherige Tätigkeit fortsetzt, ohne seinen Arbeitgeber von der Zustellung des Rentenbescheides zu unterrichten, wird auf das Urteil des BAG vom 30. 4. 1997 – 7 AZR 122/96, AP Nr. 20 zu § 812 BGB – hingewiesen. Nach Auffassung des BAG erfolgt die Rückabwicklung der rechtsgrundlos erbrachten Arbeitgeberleistungen nach Bereicherungsrecht; die Grundsätze des faktischen Arbeitsverhältnisses finden keine Anwendung. Nach dem der Entscheidung zugrunde liegenden Sachverhalt war der Rentenbescheid im Monat März 1993 zugestellt worden, der Angestellte unterrichtete den Arbeitgeber hierüber aber erst ein Jahr später am 12. April 1994. Der Arbeitgeber verlangte daraufhin die Rückzahlung des Urlaubsgeldes, der Urlaubsvergütung, der geleisteten Krankenbezüge, der Zuschüsse zum Krankenversicherungsbeitrag und der vermögenswirksamen Leistungen sowie der für den Monat April 1994 überzahlten

Vergütung. Das BAG hat den Rückzahlungsanspruch des Arbeitgebers weitgehend für berechtigt angesehen. Es stellt zunächst fest, dass zwischen den Arbeitsvertragsparteien seit dem 1. April 1993 kein Arbeitsverhältnis mehr bestand. Die nach diesem Zeitpunkt vom Arbeitgeber erbrachten Zahlungen hat der Angestellte nach den Bestimmungen über die ungerechtfertigte Bereicherung herauszugeben, wobei er für die tatsächlich erbrachte Arbeitsleistung Wertersatz in Höhe der monatlichen Vergütung verlangen kann. Zur Rückzahlung des Urlaubsentgelts sowie des Urlaubsgeldes ist er jedoch verpflichtet, da nach der Rechtsprechung des BAG der Urlaub keine Gegenleistung des Arbeitgebers für erbrachte oder noch zu erbringende Arbeitsleistungen darstellt. Der Rückzahlungsanspruch besteht auch hinsichtlich der geleisteten Krankenbezüge und der während der Arbeitsunfähigkeit geleisteten Zuschüsse zur Krankenversicherung, weil der Arbeitgeber während der Arbeitsunfähigkeit keine wertersetzende Gegenleistung erhalten hat. Das BAG hat den Angestellten auch zur Rückzahlung der anteiligen Sonderzuwendung verurteilt, weil auch die Zuwendung nicht reines Arbeitsentgelt für die erbrachte Arbeitsleistung darstellt, sondern auch der Belohnung vergangener und künftiger Treue zum öffentlichen Dienst dient. Lediglich die vermögenswirksamen Leistungen konnte der Arbeitgeber nicht zurückverlangen, weil diese als Bestandteil der Vergütung für geleistete Arbeit anzusehen sind.

– Das Arbeitsverhältnis eines Angestellten endet nicht nach § 59 Abs. 1 Unterabs. 1 BAT mit Ablauf des Monats, in dem ihm ein Bescheid eines Rentenversicherungsträgers über die Feststellung einer Berufs- oder Erwerbsunfähigkeit zugestellt wird, wenn der Angestellte den Rentenantrag bis zum Ablauf der Widerspruchsfrist des § 84 SGG zurücknimmt (vgl. BAG-Urteil vom 11. 3. 1998 – 7 AZR 101/97, AP Nr. 8 zu § 59 BAT). Hingegen hat das BAG mit Urteil vom 3. 9. 2003 – 7 AZR 661/02, AP Nr. 1 zu § 59 BAT-O – entschieden, dass ein Arbeitsverhältnis, das aufgrund § 59 BAT wegen der Gewährung einer unbefristeten Erwerbsunfähigkeitsrente geendet hatte, nicht wieder auflebt, wenn der schon formell bestandskräftig gewordene Rentenbescheid später wieder aufgehoben wird. In diesem Fall bleibt es bei der bereits eingetretenen Beendigung des Arbeitsverhältnisses. Die Vorschrift des § 59 BAT, die dem beim Ausscheiden bereits unkündbaren Angestellten im Fall der Wiederherstellung der Berufsfähigkeit einen Wiedereinstellungsanspruch (Sollregelung) verschafft, bleibt aber unberührt.

Weiterbeschäftigung bei teilweiser Erwerbsminderung (Abs. 3)

Die Regelung in Absatz 3 entspricht § 59 Abs. 3 BAT.

Nach dieser Vorschrift kommt es nicht zur Beendigung oder zum Ruhen des Arbeitsverhältnisses, wenn der Beschäftigte eine Weiterbeschäftigung schriftlich beantragt und eine solche auch möglich ist. Antragsberechtigt sind nur Beschäftigte, bei denen eine teilweise Erwerbsminderung, nicht aber eine volle Erwerbsminderung festgestellt ist. Eine Weiterbeschäftigung kommt aber nur in Betracht, wenn im Umfang des vom Rentenversicherungsträger festgestellten Restleistungsvermögens eine Tätigkeit auf dem bisherigen oder auf einem anderen geeigneten und freien Arbeitsplatz noch möglich ist und dringende dienstliche bzw. betriebliche Gründe nicht entgegenstehen. Der Arbeitgeber ist aber nicht verpflichtet, durch Umorganisation einen neuen Arbeitsplatz zu schaffen, auf dem der Arbeitnehmer trotz seiner Beeinträchtigung beschäftigt werden könnte (vgl. Urteil des BAG vom 9. 8. 2000 – 7 AZR 749/98 – n. v. – sowie Urteil des LAG Niedersachsen vom 1. 12. 2000 – 12 Sa 1849/95 – ZTR 2001, S. 523). Der Beschäftigte, der weiterbeschäftigt werden möchte, muss seine Weiterbeschäftigung nach dem Wortlaut der Vorschrift innerhalb von zwei Wochen nach Zugang des Rentenbescheides schriftlich beantragen (Ausschlussfrist). Sowohl das Schriftformerfordernis als auch die relativ kurze Zweiwochenfrist sind vom BAG in seinen Urteilen vom 1. 12. 2004 – 7 AZR 135/04 – und vom 17. 3. 2016 – 6 AZR 221/15 – ausdrücklich bestätigt worden. Das BAG hat in seinem Urteil vom 23. 7. 2014 – 7 AZR 771/12 die entsprechende Regelung des § 33 Abs. 3 TV-L als im Kern verfassungskonform bestätigt. Die Zwei-Wochen-Frist beginne aber entgegen dem Wortlaut der Vorschrift erst mit der Beendigungsmitteilung durch den Arbeitgeber. Die Beendigungsmitteilung des Arbeitgebers ist demnach unabdingbar.

Endet der Monat, in dem die Beendigungsmitteilung zugestellt worden ist, noch vor Ablauf der 2-Wochen-Frist und hat der Beschäftigte den Antrag auf Weiterbeschäftigung bis zum Monatsschluss noch nicht gestellt, endet bzw. ruht das Arbeitsverhältnis mit Ablauf dieses Monats gemäß der Regelung in Absatz 1. Stellt der Beschäftigte den Antrag auf Weiterbeschäftigung sodann im Folgemonat, aber noch innerhalb der 2-Wochen-Frist, und ist eine Weiterbeschäf-

I

tigung auch möglich, so fällt die Wirkung des Absatzes 1 nachträglich wieder weg.

Ist eine Weiterbeschäftigung nur mit geringerer Wochenstundenzahl möglich, muss der Arbeitsvertrag entsprechend geändert werden.

Eine Weiterbeschäftigung des Beschäftigten schließt die Anwendung des § 22 Abs. 4 Satz 2 nicht aus, so dass ab dem Zeitpunkt, von dem ab die Erwerbsminderungsrente zusteht, Krankenbezüge höchstens für den gesetzlichen Entgeltfortzahlungszeitraum von sechs Wochen gezahlt werden.

Sonderfälle (Abs. 4)

Absatz 4 regelt die Fälle, in denen nicht zeitgerecht ein Rentenbescheid vorliegt, weil der Beschäftigte den entsprechenden Rentenantrag (auf Rente wegen Erwerbsminderung) schuldhaft verzögert, er Altersrente für langjährig Versicherte (§ 236 SGB VI) oder für schwerbehinderte Menschen (§ 236a SGB VI) erhält, oder er nicht in der gesetzlichen Rentenversicherung versichert ist. In diesen Fällen tritt an die Stelle des Rentenbescheides das Gutachten eines Amtsarztes oder eines sonstigen nach § 3 Abs. 4 bestimmten Arztes. Das Arbeitsverhältnis endet somit mit Ablauf des Monats, in dem das entsprechende Gutachten dem Beschäftigten bekannt gegeben worden ist.

Weiterbeschäftigung (Abs. 5)

Absatz 5 regelt den Fall, dass Beschäftigte über das Ende des Monats hinaus weiterbeschäftigt werden sollen in dem sie das Alter zum Bezug einer abschlagsfreien Regelaltersrente vollendet haben. Dies kann nach der Bestimmung in Satz 1 nur auf der Grundlage eines neuen schriftlichen Arbeitsvertrages erfolgen. Dieser unterliegt den Regeln des TVöD; lediglich hinsichtlich der Kündigungsmöglichkeiten gelten abweichende Fristen. In Satz 2 ist bestimmt, dass das Arbeitsverhältnis jederzeit mit einer Frist von vier Wochen zum Monatsende gekündigt werden kann; abweichende Vereinbarungen sind möglich. Das BAG hat mit Urteil vom 27. Januar 2011 – 6 AZR 382/09 – entschieden, dass die Stufenzuordnung eines unter den TVöD-VKA fallenden Beschäftigten, der nach der Beendigung seines Arbeitsverhältnisses wegen Erreichens der Altersgrenze aufgrund eines (sich unmittelbar anschließenden) neuen Arbeitsvertrages gemäß § 33 Abs. 5 TVöD weiterbeschäftigt wird, ebenso nach § 16 Abs. 2 TVöD-

VKA zu erfolgen hat wie die eines Beschäftigten, der erstmals ein Arbeitsverhältnis mit dem Arbeitgeber begründet. Der Beschäftigte wird somit nach näherer Maßgabe des § 16 Abs. 2 TVöD-VKA höchstens der Stufe 3 zugewiesen, sofern der Arbeitgeber nicht nach § 16 Abs. 2 Satz 3 TVöD-VKA „förderliche Zeiten" anrechnet. Entsprechendes gilt nach der vergleichbaren Vorschrift des § 16 Abs. 3 TVöD-Bund für Beschäftigte der Entgeltgruppen 2 bis 8 des Bundes. Für die Beschäftigten der Entgeltgruppe 9 bis 15 des Bundes ist das Urteil im Ergebnis ohne Bedeutung; denn nach § 16 Abs. 2 TVöD-Bund sind Zeiten eines vorherigen Arbeitsverhältnisses zum Bund bei der Stufenzuordnung zu berücksichtigen.

Mit Wirkung vom 1. Juli 2014 ist eine gravierende Änderung eingetreten: Im Zuge des Gesetzes über Leistungsverbesserungen in der gesetzlichen Rentenversicherung (RV-Leistungsverbesserungsgesetz) vom 23. Juni 2014 (BGBl. I S. 787) wurde § 41 SGB VI um einen neuen Satz 3 ergänzt. Demnach können die Arbeitsvertragsparteien den tarifvertraglich vereinbarten Beendigungszeitpunkt (Regelaltersgrenze nach Abs. 1 Buchst. a einvernehmlich hinausschieben und das Arbeitsverhältnis zu unveränderten Bedingungen fortführen – ggf. auch mehrfach. Ein neuer Arbeitsvertrag ist dazu – anders als in der Tarifvorschrift vorgesehen – nicht notwendig. Da es sich nicht um den Abschluss eines (neuen) befristeten Arbeitsverhältnisses handelt, bedarf es für das Hinausschieben des Beendigungszeitpunktes keines sachlichen Grundes; das Teilzeit- und Befristungsgesetz[1]) greift nicht.

Informationspflichten des Arbeitgebers

Wegen der besonderen Informationspflichten des Arbeitgebers bei Kündigungen, Aufhebungsverträgen und Befristungen nach § 2 Abs. 2 Satz 2 Nr. 3 SGB III → Erläuterung zu § 34.

---

[1])   abgedruckt als Anhang 1 zu **§ 30 TVöD**

§ 34 Kündigung des Arbeitsverhältnisses

(1) [1]Bis zum Ende des sechsten Monats seit Beginn des Arbeitsverhältnisses beträgt die Kündigungsfrist zwei Wochen zum Monatsschluss. [2]Im Übrigen beträgt die Kündigungsfrist bei einer Beschäftigungszeit (Absatz 3 Satz 1 und 2)

bis zu einem Jahr   ein Monat zum Monatsschluss,

von mehr als einem Jahr   6 Wochen,

von mindestens 5 Jahren   3 Monate,

von mindestens 8 Jahren   4 Monate,

von mindestens 10 Jahren   5 Monate,

von mindestens 12 Jahren   6 Monate

zum Schluss eines Kalendervierteljahres.

(2) [1]Arbeitsverhältnisse von Beschäftigten, die das 40. Lebensjahr vollendet haben und für die die Regelungen des Tarifgebiets West Anwendung finden, können nach einer Beschäftigungszeit (Absatz 3 Satz 1 und 2) von mehr als 15 Jahren durch den Arbeitgeber nur aus einem wichtigen Grund gekündigt werden. [2]Soweit Beschäftigte nach den bis zum 30. September 2005 geltenden Tarifregelungen unkündbar waren, verbleibt es dabei.

(3) [1]Beschäftigungszeit ist die bei demselben Arbeitgeber im Arbeitsverhältnis zurückgelegte Zeit, auch wenn sie unterbrochen ist. [2]Unberücksichtigt bleibt die Zeit eines Sonderurlaubs gemäß § 28, es sei denn, der Arbeitgeber hat vor Antritt des Sonderurlaubs schriftlich ein dienstliches oder betriebliches Interesse anerkannt. [3]Wechseln Beschäftigte zwischen Arbeitgebern, die vom Geltungsbereich dieses Tarifvertrages erfasst werden, werden die Zeiten bei dem anderen Arbeitgeber als Beschäftigungszeit anerkannt. [4]Satz 3 gilt entsprechend bei einem Wechsel von einem anderen öffentlich-rechtlichen Arbeitgeber.

Erläuterungen

Auch wenn die Überschrift des § 34 TVöD etwas anderes vermuten lässt, so handelt es sich bei dieser Vorschrift letztlich nur um eine tarifvertragliche Regelung der Kündigungsfristen und der sogenannten Unkündbarkeit für bestimmte Beschäftigte. Diese Bereiche waren bislang in den §§ 53, 55 BAT bzw. den entsprechenden Vorschriften für Arbeiter geregelt.

Im Übrigen ist hinsichtlich der Kündigung weiterhin das allgemeine Arbeitsrecht (des BGB und des Kündigungsschutzgesetzes) und die in den letzten Jahr(zehnt)en dazu gewachsene Rechtsprechung zu beachten.

§ 34 Abs. 3 enthält eine – im Vergleich zum bisherigen Recht weiter gefasste – Definition des Begriffes der Beschäftigungszeit. Die war bislang in § 19 (und § 50 Abs. 3) BAT bzw. den vergleichbaren Regelungen für Arbeiter geregelt.

1. Allgemeines zur Kündigung

Die ordentliche Kündigung

Unter der ordentlichen Kündigung versteht man eine Maßnahme, ein auf unbestimmte Zeit abgeschlossenes (also unbefristetes) Arbeitsverhältnis unter Einhaltung bestimmter (gesetzlicher, tarifvertraglicher oder arbeitsvertraglicher) Fristen zu beenden.

Berechtigt zur Kündigung sind der Arbeitgeber und der Arbeitnehmer. Die Kündigung ist eine einseitige, grundsätzlich bedingungsfeindliche, empfangsbedürftige und unwiderrufliche Willenserklärung. Der Kündigende kann daher die Kündigung nicht einseitig widerrufen oder zurücknehmen. Selbstverständlich können sich die Vertragspartner aber einvernehmlich darauf verständigen, dass eine Kündigung nicht vollzogen und das Arbeitsverhältnis fortgesetzt wird.

Die Änderungskündigung

Die sogenannte Änderungskündigung ist eine Variante der „normalen" Kündigung – es handelt sich folglich um eine echte Kündigung. Abweichend von der Beendigungskündigung hat der Beschäftigte im Fall der Änderungskündigung aber die Wahl, ob er das Arbeitsverhältnis zu den vom Arbeitgeber für die Zukunft angebotenen (in der Regel verschlechterten) Arbeitsbedingungen fortsetzen möchte, oder ob er das Angebot ablehnt. Lehnt er das Angebot ab, endet das Arbeitsverhältnis fristgemäß. Der Beschäftigte kann das Angebot auch unter Vorbehalt annehmen und die soziale Rechtfertigung der Änderungskündigung durch die Arbeitsgerichte im Rahmen eines Kündigungsschutzprozesses nachprüfen lassen.

Die außerordentliche Kündigung

Die Regeln der außerordentlichen Kündigung ergeben sich aus § 626 BGB. Demnach kann das Dienstverhältnis von jedem Vertragsteil aus wichtigem Grund ohne Einhaltung einer Kündigungsfrist gekündigt werden, wenn Tatsachen vorliegen, auf Grund derer dem Kündigenden unter Berücksichtigung aller Umstände des Einzelfalles und unter Abwägung der Interessen beider Vertragsteile die Fortsetzung des

Dienstverhältnisses bis zum Ablauf der Kündigungsfrist oder bis zu der vereinbarten Beendigung des Dienstverhältnisses nicht zugemutet werden kann.

Wichtige Gründe i. S. dieser Vorschrift können beispielsweise sein:

– Androhung einer Krankheit für den Fall, dass der Arbeitgeber Urlaub nicht bewilligt bzw. nicht verlängert (BAG v. 5. 11. 1992 – 2 AZR 147/92 – AP Nr. 4 zu § 626 BGB Krankheit),

– beharrliche Arbeitsverweigerung (BAG v. 21. 11. 1996 – 2 AZR 357/95 – AP Nr. 130 zu § 626 BGB),

– Diebstahl, grundsätzlich auch von Sachen von geringem Wert (Die recht strengen Grundsätze des sogenannten Bienenstich-Urteils des BAG v. 17. 5. 1984 – 2 AZR 3/83, NZA 1985, 91 – hat das BAG im sogenannten Emmely-Urteil vom 10. 6. 2010 – 2 AZR 5541/09 – ein wenig aufgeweicht. Zwar hat das BAG in diesem Verfahren weiterhin auch dann eine fristlose Kündigung für grundsätzlich möglich gehalten, wenn der Vermögensschaden des Arbeitgebers gering ist. Es sieht darin aber keinen „absoluten Kündigungsgrund" mehr. Vielmehr müsse „unter Berücksichtigung aller Umstände des Einzelfalls und unter Abwägung der Interessen beider Vertragsteile" beurteilt werden, ob ein wichtiger Grund im Sinne des § 626 Abs. 1 BGB vorliege. Unter Umständen könne im Einzelfall [wie im Fall Emmely, wo ein Vermögensschaden von 1,30 Euro einem seit mehr als 30 Jahren ungestörten Arbeitsverhältnis gegenüberstand] auch eine Abmahnung in Betracht kommen.)

– Gleitzeitbetrug (BAG v. 27. 1. 1977 – 2 AZR 77/76 – AP Nr. 7 zu § 103 BetrVG 1972, BAG v. 9. 6. 2011 – 2 AZR 381/10 und vom 26. 9. 2013 – 2 AZR 682/12),

– Schmiergeldannahme (BAG v. 17. 8. 1972 – 2 AZR 425/71 – AP Nr. 65 zu § 626 BGB),

– schwere Straftaten (außerhalb des Dienstes) (BAG v. 6. 8. 2000 – 2 AZR 638/99 – AP Nr. 163 zu § 626 BAG),

– Stalking (im Urteilsfall gegenüber einer Kollegin) (BAG v. 19. 4. 2012 – 2 AZR 258/11).

Die Kündigung kann nur innerhalb von zwei Wochen erfolgen. Die Frist beginnt aber erst mit dem Zeitpunkt, in dem der Kündigungsberechtigte von den für die Kündigung maßgebenden Tatsachen Kenntnis erlangt.

Der Kündigende muss dem anderen Teil auf Verlangen den Kündigungsgrund unverzüglich schriftlich mitteilen.

Es ist durchaus zulässig, neben einer außerordentlichen Kündigung hilfsweise ordentlich zu kündigen. Eine Umdeutung der außerordentlichen in eine ordentliche Kündigung ist aber nur möglich, wenn aus der Kündigung oder sonst eindeutig erkennbar ist, dass das Arbeitsverhältnis in jedem Fall, d. h. auch wenn die Kündigungsgründe für eine außerordentliche Kündigung nicht ausreichen sollten, beendet werden soll.

Schriftform

Die Beendigung des Arbeitsverhältnisses durch Kündigung (oder Auflösungsvertrag) bedarf zu ihrer Wirksamkeit gemäß § 623 BGB ausnahmslos der Schriftform; die elektronische Form (also Kündigung durch E-Mail, SMS etc.) ist ausdrücklich ausgeschlossen. Einer besonderen tariflichen Regelung (wie z. B. in § 57 BAT) bedurfte es nicht. Die Außerachtlassung der Schriftform hat die Nichtigkeit der Kündigung zur Folge (siehe z. B. Urteil des BAG vom 9. 2. 1972 – 4 AZR 149/71 – AP Nr. 1 zu § 4 BAT).

2. Die gesetzlichen Grenzen durch das Kündigungsschutzgesetz und andere Gesetze

Das Kündigungsrecht des Arbeitgebers ist durch verschiedene gesetzliche Regelungen eingeschränkt worden. Das Kündigungsrecht des Arbeitnehmers wird dadurch nicht begrenzt.

Kündigungsschutzgesetz

Geltungsbereich: Das Kündigungsschutzgesetz (KSchG) gilt nur in Verwaltungen und Betrieben mit mindestens fünf Arbeitnehmern (ohne Auszubildende). In Verwaltungen mit weniger als zehn Arbeitnehmern gilt der Kündigungsschutz nicht für nach dem 31. Dezember 2003 eingestellte Arbeitnehmer (§ 23 Abs. 1 KSchG). Bei der Feststellung der durchschnittlichen Arbeitnehmerzahl werden Teilzeitbeschäftigte mit einer regelmäßigen wöchentlichen Arbeitszeit von bis zu 20 Stunden mit 0,5, bei bis zu 30 Stunden mit 0,75 berücksichtigt (§ 23 Abs. 1 Satz 4 KSchG).

Geschützter Personenkreis: Der Schutz des Kündigungsschutzgesetzes tritt ein für Arbeitnehmer, deren Arbeitsverhältnis ohne Unterbrechung mehr als sechs Monate bestanden hat.

Folgen des Kündigungsschutzes: Wenn das Kündigungsschutzgesetz Anwendung findet, ist eine Kündigung nur wirksam, wenn sie nicht sozial ungerechtfertigt ist. Nach der Definition in § 1 Abs. 2 Satz 1 KSchG gibt es nur drei Fallgruppen von Gründen, die zur sozialen Rechtfertigung einer Kündigung führen, und zwar

- personenbedingte,
- verhaltensbedingte und
- betriebsbedingte Gründe.

Personenbedingte Kündigung

Als personenbedingter Kündigungsgrund kommt – neben z. B. den Fällen fehlender Arbeits- oder Berufserlaubnis – insbesondere die Beeinträchtigung des Arbeitsverhältnisses durch Krankheit des Beschäftigten in Betracht. Dazu ist nach der gefestigten Rechtsprechung der Arbeitsgerichtsbarkeit in einem dreistufigen Prüfverfahren (ggf. unter Beteiligung von Ärzten) zunächst zu prüfen, ob in der Vergangenheit krankheitsbedingte Fehlzeiten zu erheblichen Beeinträchtigungen des Arbeitsverhältnisses (z. B. durch Kosten, Produktionsausfälle, Vertretungsbedarf, etc.) geführt haben. Danach ist in einem zweiten Schritt eine Prognose über die zukünftige Arbeitsunfähigkeit des Beschäftigten zu stellen. Während z. B. eine ausgestandene Bruchverletzung – auch wenn sie in der zurückliegenden Zeit erhebliche Fehlzeiten verursacht hat – für die Zukunft keine weiteren Ausfallzeiten erwarten lässt, wird bei chronischen Rückenleiden häufig von weiteren Fehlzeiten auszugehen sein. In einem dritten Schritt sind die Interessen der Vertragspartner gegeneinander abzuwägen; insbesondere ist zu prüfen, ob dem Arbeitgeber die Weiterbeschäftigung zuzumuten ist. Dies wird bei einem älteren Arbeitnehmer nach einem langjährigen ungestörten Arbeitsverhältnis anders zu beurteilen sein als bei einem, erst kurze Zeit Beschäftigen, der ständig krankheitsbedingt ausgefallen ist. Von der Tendenz stellt die Rechtsprechung im Fall der krankheitsbedingten Kündigung strenge Anforderungen an die soziale Rechtfertigung einer Kündigung (vgl. BAG vom 12. 3. 1968 – 1 AZR 413/67, AP Nr. 1 zu § 1 KSchG 1951 Krankheit, sowie BAG vom 25. 11. 1982 – 2 AZR 140/81, AP Nr. 7 zu § 1 KSchG 1969 Krankheit –). Häufige, nicht nur kurzfristige Krankheiten können eine Kündigung sozial rechtfertigen (BAG vom 19. 8. 1976 – 3 AZR 512/75, AP Nr. 2 zu § 1 KSchG 1969 Krankheit –). Dies gilt insbesondere auch dann, wenn im Augenblick der Kündigung weiterhin mit sich wiederholenden Erkrankungen zu rechnen ist, die sich belastend auf den Betrieb auswirken. Entsprechendes gilt nach dem Urteil des BAG v. 21. 5. 1992 – 2 AZR 399/91, AP Nr. 30 zu § 1

KSchG 1969 Krankheit – in den Fällen, in denen der Arbeitnehmer bereits längere Zeit (hier 1½ Jahre) krank und im Zeitpunkt der Kündigung die Wiederherstellung der Arbeitsfähigkeit noch völlig ungewiss war. Diese Ungewissheit kann wie eine feststehende dauernde Arbeitsunfähigkeit zu einer erheblichen Beeinträchtigung betrieblicher Interessen führen. Nach gefestigter Rechtsprechung des BAG – siehe z. B. Urteil vom 5. 7. 1990 – 2 AZR 154/90, AP Nr. 26 zu § 1 KSchG 1969 Krankheit – kann eine Kündigung auch bei häufigen Kurzerkrankungen sozial gerechtfertigt sein.

Ist ein Arbeitnehmer auf Dauer krankheitsbedingt nicht mehr in der Lage, die geschuldete Arbeit auf seinem bisherigen Arbeitsplatz zu leisten, so ist er nach dem Urteil des BAG vom 29. 1. 1997 – 2 AZR 9/96 (NZA 13/1997 S. 709) zur Vermeidung einer Kündigung auf einem leidensgerechten Arbeitsplatz im Betrieb oder Unternehmen weiter zu beschäftigen, falls ein solch gleichwertiger oder jedenfalls zumutbarer Arbeitsplatz frei und der Arbeitnehmer für die dort zu leistende Arbeit geeignet ist. Gegebenenfalls hat der Arbeitgeber einen solchen Arbeitsplatz durch Ausübung seines Direktionsrechts frei zu machen und sich – falls erforderlich – auch um die eventuell erforderliche Zustimmung der Personalvertretung zu bemühen. Zu einer weitergehenden Umorganisation ist der Arbeitgeber dagegen nicht verpflichtet.

Die Frage, ob eine Krankheit auf betriebliche Ursachen zurückzuführen ist, ist nach dem Urteil des BAG v. 6. 9. 1989 – 2 AZR 118/89 – (RdA 1990 S. 61) im Rahmen der Interessenabwägung von erheblicher Bedeutung. In solchen Fällen trägt der Arbeitgeber die Darlegungs- und Beweislast dafür, dass ein solcher vom Arbeitnehmer behaupteter ursächlicher Zusammenhang **nicht** besteht.

Die Beurteilung einer Kündigung wegen Alkoholismus richtet sich nach der gefestigten Rechtsprechung des BAG (s. z. B. Urteile vom 22. 12. 2012 – 2 AZR 32/11 und vom 20. März 2014 – 2 AZR 565/12) nach den Grundsätzen über die personenbedingte Kündigung. Aus den Besonderheiten der Trunksucht kann sich aber die Notwendigkeit ergeben, an die Prognose im Hinblick auf die weitere Entwicklung der Alkoholabhängigkeit geringere Anforderungen zu stellen. Ist der Arbeitnehmer im Zeitpunkt der Kündigung nicht therapiebereit, kann davon ausgegangen werden, dass er von dieser Krankheit in absehbarer Zeit nicht geheilt wird. Eine von ihm nach Ausspruch der Kündigung durchgeführte Therapie und ihr Ergebnis können daher nicht zur Korrektur der Prognose herangezogen werden (BAG vom 9. 4. 1987 – 2 AZR 210/86 – Betriebs-Berater 1987 S. 1815).

Nach der Entscheidung des BAG vom 12. 12. 1984 – 7 AZR 418/83 – AP Nr. 21 zu Art. 140 GG – kann bei einem in einem katholischen Krankenhaus beschäftigten Assistenzarzt der Austritt aus der katholischen Kirche einen personenbedingten Grund für eine ordentliche Kündigung darstellen.

Nach dem Urteil des BAG vom 24. März 2011 – 2 AZR 790/09 – ist die Verbüßung einer mehrjährigen Freiheitsstrafe grundsätzlich geeignet, die ordentliche Kündigung des Arbeitsverhältnisses zu rechtfertigen. Haben die der strafgerichtlichen Verurteilung zugrunde liegenden Taten keinen Bezug zum Arbeitsverhältnis, kommt regelmäßig nur eine personenbedingte Kündigung in Betracht. Sowohl bei den Anforderungen an den Kündigungsgrund als auch bei der einzelfallbezogenen Interessenabwägung ist nach Meinung des BAG zu berücksichtigen, dass der Arbeitnehmer seine Leistungsunmöglichkeit und die damit einhergehende Störung des Arbeitsverhältnisses selbst zu vertreten hat. Dem Arbeitgeber sind deshalb zur Überbrückung der Fehlzeit typischerweise geringere Anstrengungen und Belastungen zuzumuten als bei einer Verhinderung des Arbeitnehmers etwa wegen Krankheit. Zudem ist auf die voraussichtliche Dauer der Leistungsunmöglichkeit Bedacht zu nehmen. Jedenfalls dann, wenn gegen den Arbeitnehmer rechtskräftig eine Freiheitsstrafe von mehr als zwei Jahren verhängt worden ist, kann der Arbeitgeber den Arbeitsplatz nach Auffassung des BAG in der Regel dauerhaft neu besetzen. Die Kündigung des inhaftierten Beschäftigten ist aus einem in der Person des Klägers liegenden Grund gerechtfertigt. Dies hat das BAG mit Urteil vom 23. Mai 2013 – 2 AZR 120/12 – bestätigt.

Verhaltensbedingte Kündigung

Die Gründe für eine verhaltensbedingte Kündigung sind mit denen einer außerordentlichen Kündigung vergleichbar. Hauptunterschied ist aber, dass die Gründe hinsichtlich ihrer Schwere und ihrer Auswirkungen geringer einzustufen sind und es dem Arbeitgeber zuzumuten ist, den Beschäftigten bis zum Ende der ordentlichen Kündigungsfrist weiter zu beschäftigen. In der Regel ist auch eine vorherige Abmahnung erforderlich, damit der Beschäftigte sein Fehlverhalten abstellen kann. Erst wenn er es nicht tut, ist die Kündigung möglich.

Während das BAG die Arbeitsverhinderung aufgrund einer längeren Haftstrafe als Sachgrund für eine personenbedingte Kündigung angesehen hat (s. o.), dürfte eine verhaltensbedingte Kündigung zumindest in den Fällen ausscheiden, in denen die Haftgründe in außerdienstlichem Fehlverhalten zu suchen sind. In § 41 TVöD BT-V wurde die Regelung des § 8 Abs. 1 Satz 1 BAT („Der Angestellte hat sich so zu verhalten, wie es von Angehörigen des ö. D. erwartet wird.") nicht übernommen. Das BAG hat daraus in zwei bemerkenswerten Urteilen (vom 10. 9. 2009 – 2 AZR 257/08 und 28. 10. 2010 – 2 AZR 293/09) geschlossen, dass an das nebenberufliche Verhalten der nicht hoheitlich tätigen Beschäftigten keine erhöhten Ansprüche gestellt werden dürfen. Selbst kriminelle Handlungen bzw. entsprechende Strafen mit außerdienstlichem Hintergrund rechtfertigen nach Auffassung des BAG grundsätzlich nicht die Kündigung des Beschäftigten, aus verhaltensbedingten Gründen. Im Einzelfall hält das BAG allerdings eine personenbedingte Kündigung für möglich, weil auch außerdienstliche Straftaten Eignungsmängel des Beschäftigten darstellen können (s. Urteil vom 10. April 2014 – 2 AZR 684/13; im Urteil ging es um den Handel mit Betäubungsmitteln).

Wegen der Kündigungsmöglichkeiten im Falle der Missachtung politischer Treuepflichten siehe bei § 41 TVöD.

Betriebsbedingte Kündigung

Gründe für eine betriebsbedingte Kündigung sind gegeben, wenn aufgrund von Aufgabenfortfall (z. B. durch geänderte Rahmenbedingungen wie deutlich zurückgehende Zahlen von Asylbewerbern oder Spätaussiedlern) oder durch Rationalisierungsmaßnahmen ein Arbeitsmangel eintritt. Ein betriebliches Erfordernis im Sinne des Kündigungsschutzgesetzes liegt im öffentlichen Dienst auch dann vor, wenn durch den Haushaltsplan bestimmte, nach sachlichen Merkmalen bezeichnete Stellen gestrichen werden. Allgemeine Sparmaßnahmen reichen nicht aus.

Als Besonderheit ist bei betriebsbedingten Kündigungen im öffentlichen Dienst die Vorschrift des § 1 Abs. 2 Satz 2 Nr. 2 Buchst. b KSchG zu beachten. Der dortige Grundsatz, dass eine Versetzung der Kündigung vorzuziehen und die Kündigung nur als letzte denkbare Maßnahme in Betracht kommt („Umsetzung geht vor Freisetzung") schränkt die Kündigungsmöglichkeiten des öffentlichen Arbeitgebers erheblich ein.

Als weitere Besonderheit ist innerhalb des Geltungsbereiches der – auch nach Inkrafttreten des TV-L weiter geltenden – Rationalisierungsschutztarifverträge die darin vereinbarte weitere Einschränkung der Kündigungsmöglichkeiten und die soziale Abfederung eventueller Kündigungen zu beachten.

Weitere gesetzliche Grenzen

Neben dem oben dargestellten allgemeinen Kündigungsschutz nach dem Kündigungsschutzgesetz ist z. B. in folgenden Fällen aufgrund besonderer gesetzlicher Regelungen i. d. R. eine Kündigung nicht möglich:

- § 9 MuSchG: Kündigung während der Schwangerschaft und bis zum Ablauf von vier Monaten nach der Entbindung
- § 18 BEEG i. V. mit den Allgemeinen Verwaltungsvorschriften zum Kündigungsschutz beim Erziehungsurlaub (jetzt: Elternzeit) vom 2. 1. 1986 (Bundesanzeiger Nr. 1 vom 3. 1. 1986): Kündigung während der Elternzeit; ab 1. Januar 2007 ist der Kündigungsschutz im § 18 BEEG geregelt (bis 31. 12. 2006 in § 18 BErzGG)
- § 5 Pflegezeitgesetz: Kündigungsschutz während der Pflegezeit[1]
- § 9 Abs. 3 Familienpflegezeitgesetz[2]: Kündigungsschutz während der Familienpflegezeit und in der Nachpflegephase
- § 85 SGB IX: Kündigung eines schwerbehinderten Menschen bedarf der Zustimmung des Integrationsamtes
- § 2 ArbPlSchG: Kündigung während einer Wehrübung
- § 15 Abs. 2 KSchG: Kündigung eines Mitgliedes einer Personalvertretung
- § 96 Abs. 3 SGB IX: Kündigung der Vertrauenspersonen schwerbehinderter Menschen
- § 2 Abs. 3 Abgeordnetengesetz: Kündigung wegen Annahme oder Ausübung eines Bundestagsmandates

3. Beteiligung der Personalvertretung

Nach dem Bundespersonalvertretungsgesetz bzw. den Personalvertretungsgesetzen der Länder – ggf. bei ausgegliederten Gesellschaften „am Rande des öffentlichen Dienstes" auch aus dem Betriebsverfassungsgesetz – ergeben sich Beteiligungsrechte der Personal-

---

[1]   abgedruckt als Anhang 1 in **§ 29 TVöD**

[2]   abgedruckt als Anhang 1 zu **§ 11 TVöD**

vertretung im Falle der Kündigung. Zur Liste der Personalvertretungsgesetze → Erläuterung 5 zu § 2 Abs. 1.

Eine nicht ordnungsgemäß erfolgte Beteiligung der Personalvertretung führt zur Unwirksamkeit der Kündigung.

Zu beachten ist, dass nur die Kündigungsgründe zum Tragen kommen können, die der Personalvertretung genannt worden sind.

Soll im Falle der außerordentlichen Kündigung hilfsweise eine ordentliche Kündigung ausgesprochen werden, oder geht es um die Umdeutung einer außerordentlichen in eine ordentliche Kündigung, so setzt dies die entsprechende Information/Beteiligung/Anhörung der Personalvertretung voraus.

4. Informationspflichten des Arbeitgebers

Nach § 2 Abs. 2 Satz 2 Nr. 3 SGB III, der durch das Erste Gesetz für moderne Dienstleistungen am Arbeitsmarkt vom 23. Dezember 2002 (BGBl I S. 4607) in das SGB III eingefügt wurde, soll der Arbeitgeber den Arbeitnehmer vor der Beendigung des Arbeitsverhältnisses frühzeitig über die Notwendigkeit eigener Aktivitäten bei der Suche nach einer anderen Beschäftigung sowie über die Verpflichtung unverzüglicher Meldung bei der Agentur für Arbeit informieren, ihn hierzu freistellen und die Teilnahme an erforderlichen Qualifizierungsmaßnahmen ermöglichen.

Im Zusammenhang hiermit steht der seit dem 1. Juli 2003 geltende § 37b SGB III (ab 1. Januar 2009 § 38 SGB III), der eine Person, deren Arbeitsverhältnis endet, verpflichtet, sich spätestens drei Monate vor dessen Beendigung persönlich bei der Agentur für Arbeit arbeitsuchend zu melden. Die Pflicht zur Meldung besteht unabhängig davon, ob der Fortbestand des Arbeitsverhältnisses gerichtlich geltend gemacht wird. Für Auszubildende in betrieblicher Ausbildung gilt die Verpflichtung zur frühzeitigen Meldung grundsätzlich nicht, da über die weitere berufliche Situation meist erst unmittelbar nach der Abschlussprüfung entschieden werden kann.

Hat sich der Arbeitslose entgegen § 38 SGB III nicht unverzüglich arbeitsuchend gemeldet, droht nach § 144 SGB III eine Sperrzeit.

Um der gesetzlichen Informationspflicht des Arbeitgebers zu genügen, ist zu empfehlen, im Falle der Kündigung oder Aufhebung eines Arbeitsvertrages (z. B. 58er-Regelung, goldener Handschlag), sowie bei Abschluss befristeter Arbeitsverträge wie folgt vorzugehen:

a) **Kündigung/Aufhebung eines Arbeitsvertrages**

In das Kündigungsschreiben oder in den Aufhebungsvertrag sollte folgender Mustertext aufgenommen werden:

„Zur Aufrechterhaltung ungekürzter Ansprüche auf Arbeitslosengeld sind Sie verpflichtet, sich spätestens drei Monate vor Ablauf des Beschäftigungsverhältnisses persönlich bei der Agentur für Arbeit arbeitsuchend zu melden. Weiterhin sind Sie verpflichtet, aktiv nach einer Beschäftigung zu suchen."

b) **Abschluss eines befristeten Arbeitsvertrages**

Bereits bei Abschluss des befristeten Arbeitsvertrages sollte folgender Mustertext aufgenommen werden:

„Zur Aufrechterhaltung ungekürzter Ansprüche auf Arbeitslosengeld sind Sie verpflichtet, sich spätestens drei Monate vor Ablauf des Vertragsverhältnisses persönlich bei der Agentur für Arbeit arbeitsuchend zu melden. Sofern dieses Arbeitsverhältnis für eine kürzere Dauer als drei Monate befristet ist, besteht diese Verpflichtung unverzüglich nach Abschluss des Vertrages. Weiterhin sind Sie verpflichtet, aktiv nach einer Beschäftigung zu suchen."

Zur ergänzenden Information hat die Bundesagentur für Arbeit einen Leitfaden „Frühzeitige Arbeitsuche gemäß § 37b SGB III und zur Sanktionsfolge der Pflichtverletzung nach § 144 SGB III" herausgegeben. Die Verlagerung der Regelungsinhalte von § 37b nach § 38 SGB III ist im Leitfaden noch nicht berücksichtigt.

Es wird empfohlen, den betroffenen Beschäftigten das Merkblatt bei Beendigung des Arbeitsverhältnisses auszuhändigen. Die Unterlassung der Informationspflicht durch den Arbeitgeber führt nicht zu Schadensersatzpflichten (Urteil des BAG vom 29. 9. 2005 – 8 AZR 571/04).

5. Die Tarifvorschrift (§ 34)

Kündigungsfristen (Abs. 1)

Die Vorschrift des Absatzes 1 ist als abweichende Regelung i. S. d. § 622 Abs. 4 BGB zu sehen; sie ersetzt die Kündigungsfristen des BGB (§ 622 Abs. 1 bis 3 BGB). Dies gilt auch für nicht tarifgebundene Arbeitgeber und Arbeitnehmer, wenn die Anwendung des § 34 TVöD zwischen ihnen vereinbart worden ist (§ 622 Abs. 4 Satz 2 BGB). Nach Betriebszugehörigkeit gestaffelte Kündigungsfristen verletzen nach der zur vergleichbaren Vorschrift des § 622 Abs. 2 Satz 1 BGB ergangenen Entscheidung des BAG vom 18. September 2014 – 6 AZR

636/13 – das Verbot der mittelbaren Altersdiskriminierung des Allgemeinen Gleichbehandlungsgesetzes nicht.

Zwar führe die Differenzierung der Kündigungsfrist nach der Dauer der Betriebszugehörigkeit zu einer mittelbaren Benachteiligung jüngerer Arbeitnehmer. Die Verlängerung der Kündigungsfristen durch § 622 Abs. 2 Satz 1 BGB verfolge jedoch das rechtmäßige Ziel, länger beschäftigten und damit betriebstreuen, typischerweise älteren Arbeitnehmern durch längere Kündigungsfristen einen verbesserten Kündigungsschutz zu gewähren. Zur Erreichung dieses Ziels sei die Verlängerung auch in ihrer konkreten Staffelung angemessen und erforderlich. Darum liege keine mittelbare Diskriminierung wegen des Alters vor.

Die Kündigungsfristen gelten sowohl für den Arbeitgeber als auch den Beschäftigten. Kommt der Beschäftigte während der auch von ihm einzuhaltenden Kündigungsfrist seiner Arbeitsverpflichtung nicht mehr nach, kann er sich schadensersatzpflichtig machen (siehe BAG-Urteil v. 20. 12. 1990 – 2 AZR 412/90 – AP Nr. 3 zu § 53 BAT).

Unkündbare Beschäftigte (Abs. 2)

Bei Beschäftigten des Tarifgebietes West, die das 40. Lebensjahr vollendet haben, tritt nach Satz 1 der Vorschrift weiterhin nach einer Beschäftigungszeit (→ zu Absatz 3) von 15 Jahren ein erweiterter Kündigungsschutz ein. Entsprechendes gilt gemäß Satz 2 für Beschäftigte, die nach bisherigem Recht unkündbar waren. Die Betroffenen sind nur noch aus in ihrer Person oder ihrem Verhalten liegendem wichtigem Grund (also außerordentlich – s. o.) kündbar. Andere wichtige Gründe, insbesondere dringende betriebliche Erfordernisse, berechtigen nicht zur fristlosen Beendigung des Arbeitsverhältnisses. Die Anknüpfung an ein Mindestalter legt den Verdacht eines möglichen Verstoßes gegen das Diskriminierungsverbot (der jüngeren Beschäftigten) des Allgemeinen Gleichbehandlungsgesetzes (AGG) nahe. Zwar hat das BAG nach Kenntnis des Verfassers bislang zu dieser Tarifregelung noch keine Entscheidung getroffen. Die Entscheidungen vom 20. Juni 2013 – 2 AZR 295/12 sowie vom 7. Juli 2011 – 2 AZR 355/10 (dort Rn. 26 f.) – lassen aber vermuten dass das BAG einen etwaigen Verstoß gegen das Diskriminierungsverbot als durch ein legitimes Ziel i. S. d. § 10 AGG gerechtfertigt und die Regelung daher als rechtswirksam ansehen würde.

I

Kommt ausnahmsweise eine außerordentliche Kündigung wegen krankheitsbedingter Fehlzeiten in Betracht, ist grundsätzlich eine der ordentlichen Kündigungsfrist (also sechs Monate zum Schluss des Kalendervierteljahres) entsprechende Auslauffrist einzuhalten (siehe BAG-Urteil v. 18. 10. 2000 – 2 AZR 627/99 – DB 2001 S. 388).

Beschäftigungszeit (Abs. 3)

In Absatz 3 haben die Tarifparteien definiert, was sie unter dem Begriff der Beschäftigungszeit, der für den Eintritt der Unkündbarkeit, aber z. B. auch für die Dauer der Bezugsfristen des Krankengeldzuschusses von Bedeutung ist, verstehen.

Beschäftigungszeit ist demnach die bei demselben Arbeitgeber (→ aber Satz 3 und 4!) im Arbeitsverhältnis (also nicht als Beamter, Auszubildender, Praktikant etc.) zurückgelegte Zeit. Unterbrechungen sind unschädlich. Dies gilt auch für Unterbrechungen in Folge von Sonderurlaub i. S. v. § 28 TVöD. Die Zeit der Beurlaubung zählt aber nur dann als Bewährungszeit, wenn der Arbeitgeber vor Antritt des Sonderurlaubs ein dienstliches oder betriebliches Interesse an der Beurlaubung anerkannt hat. Satz 3 und 4 bestimmen – als Ausnahme von Satz 1, dass auch frühere Zeiten bei einem anderen Arbeitgeber, der unter den Geltungsbereich des TVöD fällt, und Zeiten bei einem anderen öffentlich-rechtlichen Arbeitgeber (der u. U. unter den BAT fällt) als Beschäftigungszeit anerkannt werden.

Da bei der Berechnung der Kündigungsfristen § 34 Absatz 1 und der Unkündbarkeit nach Absatz 2 nur die Beschäftigungszeit nach „Absatz 3 Satz 1 und 2" berücksichtigt wird, wirken sich die bei anderen Arbeitgebern des öffentlichen Dienstes zurückgelegten Zeiten somit nur auf die Jubiläumszeit (§ 23 Absatz 2) und die Bezugsdauer des Krankengeldzuschusses (§ 22 Absatz 3) aus.

Die Berücksichtigung bestimmter Zeiten als Beschäftigungszeit kann sich auch aus gesetzlichen Bestimmungen, deren Voraussetzungen und Auswirkungen im Einzelfall zu prüfen sind, ergeben. Hierzu gehören z. B. Zeiten

– im Soldatenverhältnis bei der Bundeswehr nach dem Soldatenversorgungsgesetz,

– des Grundwehrdienstes und der Wehrübungen nach dem Arbeitsplatzschutzgesetz,

– der Teilnahme an Eignungsübungen i. S. d. Eignungsübungsgesetz bzw. der Verordnung zum Eignungsübungsgesetzes,

- im Polizeivollzugs- oder Grenzschutzdienst des Bundes nach dem Bundespolizeibeamtengesetz,
- im Zivilschutz nach dem Zivilschutzgesetz,
- im Dienst als THW-Helfer nach dem THW-Helferrechtsgesetz,
- im Katastrophenschutz nach den Katastrophenschutzgesetzen,
- im Bergbau unter Tage nach den Gesetzen über den Bergmannsversorgungsschein des Landes Nordrhein-Westfalen und des Saarlandes.

Übergangsvorschriften

Für die vom bisherigen Recht in den TVöD übergeleiteten Beschäftigten enthalten § 14 TVÜ-Bund bzw. § 14 TVÜ-VKA[1]) Übergangsbestimmungen, die im Wesentlichen den Fortbestand der bis zum 30. September 2005 erreichten Beschäftigungszeiten sichern.

Eine Neuberechnung der vor dem 1. Oktober 2005 zurückgelegten Zeit ist nicht vorgesehen. Insbesondere werden nicht die alten Zeiten unter Berücksichtigung der neuen Rechtslage des § 34 Abs. 3 TVöD neu bewertet.

In der Überleitungs-Vorschrift des Bundes ist dabei klargestellt, dass für den Eintritt der Unkündbarkeit vor der Wiedervereinigung im Osten zurückgelegte Zeiten unberücksichtigt bleiben.

Die Überleitungs-Vorschrift im TVÜ-VKA bestimmt in Absatz 3 ergänzend zur Regelung der Unkündbarkeit in § 34 Abs. 2 TVöD, dass aus dem Geltungsbereich des BMT-G übergeleitete Beschäftigte, die am 30. September 2005 eine Beschäftigungszeit (§ 6 BMT-G ohne die nach § 68a BMT-G berücksichtigten Ost-Zeiten) von mindestens zehn Jahren zurückgelegt haben, abweichend von § 34 Abs. 2 Satz 1 TVöD den besonderen Kündigungsschutz „nach Maßgabe des § 52 Abs. 1 BMT-G" (also nach 15 Jahren Beschäftigungszeit ohne Mindestalter) noch erlangen.

---

[1]) abgedruckt unter **I.2**

§ 35 Zeugnis

(1) Bei Beendigung des Arbeitsverhältnisses haben die Beschäftigten Anspruch auf ein schriftliches Zeugnis über Art und Dauer ihrer Tätigkeit, das sich auch auf Führung und Leistung erstrecken muss (Endzeugnis).

(2) Aus triftigen Gründen können Beschäftigte auch während des Arbeitsverhältnisses ein Zeugnis verlangen (Zwischenzeugnis).

(3) Bei bevorstehender Beendigung des Arbeitsverhältnisses können die Beschäftigten ein Zeugnis über Art und Dauer ihrer Tätigkeit verlangen (vorläufiges Zeugnis).

(4) Die Zeugnisse gemäß den Absätzen 1 bis 3 sind unverzüglich auszustellen.

Erläuterungen

§ 35 TVöD trifft Regelungen zur Zeugniserteilung und konkretisiert damit die gesetzlichen Vorschriften des § 630 BGB und § 109 Gewerbeordnung. Dieser Themenbereich war bislang in § 61 BAT geregelt.

Die Formulierung des Zeugnisses ist Sache des Arbeitgebers. Er ist hier grundsätzlich frei bei seiner Entscheidung, welche Eigenschaften des Beschäftigten er mehr hervorheben oder eher zurücktreten lassen möchte. Der Inhalt des Zeugnisses muss jedoch der Wahrheit verpflichtet sein und darf daher weder falsche noch in wesentlichen Punkten unvollständige Angaben enthalten bzw. wichtige Dinge verschweigen. Das Zeugnis soll zudem das Fortkommen des Beschäftigten nicht erschweren und soll daher – natürlich nur im Rahmen der Wahrheit – auch wohlwollend formuliert sein.

Die Kosten für die Ausstellung des Zeugnisses trägt der Arbeitgeber; er hat jedoch keine Übersendungs- oder Nachsendepflicht. Seine Arbeitspapiere, zu denen auch das Zeugnis gehört, muss der Beschäftigte nach dem Urteil des BAG vom 8. 3. 1995 – 5 AZR 848/93, AP Nr. 21 zu § 630 BGB – beim Arbeitgeber abholen. Nach § 242 BGB (Treu und Glauben) kann der Arbeitgeber allerdings im Einzelfall gehalten sein, das Arbeitszeugnis nachzuschicken. Dabei ist sicher auch abzuwägen, dass der Aufwand für den Arbeitgeber, ein Zeugnis zu kuvertieren und gegen geringes Entgelt zu verschicken, bedeutend geringer ist als der Aufwand des Beschäftigten, von einem u. U. recht weit entfernten Wohnort anzureisen und das Zeugnis abzuholen.

Die Erteilung des Zeugnisses in elektronischer Form ist ausgeschlossen; dies ergibt sich sowohl aus § 35 Abs. 1 TVöD („schriftliches

Zeugnis"), als auch aus den in der Vorbemerkung genannten gesetzlichen Grundlagen.

Endzeugnis (Abs. 1)

Die Beschäftigten haben nach Absatz 1 der Vorschrift bei Beendigung des Arbeitsverhältnisses Anspruch auf ein Zeugnis über Art und Dauer der Beschäftigung, das sich auch auf Führung und Leistung erstrecken muss (so genanntes qualifiziertes, erweitertes Zeugnis). Entgegen der in § 61 BAT getroffenen Regelung, dass ein qualifiziertes Zeugnis von einem entsprechenden Antrag abhing und ansonsten ein auf Art und Dauer der Beschäftigung beschränktes (so genanntes einfaches) Zeugnis zu erteilen war, besteht nach der Regelung des TVöD stets ein Anspruch auf ein qualifiziertes Zeugnis. Der Grund für die Beendigung des Arbeitsverhältnisses (z. B. Kündigung durch den Arbeitgeber oder Beschäftigten, Auflösungsvertrag) ist für den Anspruch auf ein Zeugnis ohne Bedeutung.

Zwischenzeugnis (Abs. 2)

Nach Absatz 2 der Vorschrift können die Beschäftigten aus triftigen Gründen auch während des Arbeitsverhältnisses ein (Zwischen-)Zeugnis verlangen. An den Begriff der „triftigen Gründe" werden keine sehr hohen Ansprüche gestellt werden können. Hierzu zählen beispielsweise die Suche nach einem anderen Arbeitsplatz, eine vom Arbeitgeber ins Auge gefasste Kündigung, zur Vorlage bei Behörden, für einen Kreditantrag etc. In seinem Urteil vom 1. 10. 1998 – 6 AZR 176/97, AP Nr. 2 zu § 61 BAT – hat das BAG selbst das Ausscheiden eines langjährigen Vorgesetzten als triftigen Grund für die Erteilung eines Zwischenzeugnisses angesehen. Nach dem Urteil des BAG vom 21. 1. 1993 – 6 AZR 171/92, AP Nr. 1 zu § 61 BAT – liegt ein triftiger Grund für die Erteilung eines Zwischenzeugnisses aber nicht vor, wenn der Arbeitnehmer das Zeugnis allein deshalb verlangt, weil er es in einem Eingruppierungsrechtsstreit als Beweismittel verwenden möchte. Absatz 2 enthält keine ausdrücklichen Bestimmungen zu Form und Inhalt des Zwischenzeugnisses. Nach Auffassung der Autoren müssen hierzu dieselben Normen herangezogen werden, wie für das Endzeugnis, so dass auch das Zwischenzeugnis als qualifiziertes Zeugnis auszufertigen ist.

Vorläufiges Zeugnis (Abs. 3)

Nach Absatz 3 der Vorschrift können Beschäftigte bei bevorstehender Beendigung ihres Arbeitsverhältnisses ein vorläufiges Zeugnis verlangen. Von dieser Vorschrift sind die Fälle erfasst, in denen das Ende des Arbeitsverhältnisses zwar absehbar ist, es aber noch besteht. Dies ist beispielsweise während des Laufs der Kündigungsfrist sowie bei dem absehbaren Ende eines befristeten Arbeitsverhältnisses der Fall. Der Beschäftigte kann nur ein vorläufiges Zeugnis über Art und Dauer der Beschäftigung, also ein einfaches Zeugnis, verlangen.

Zeitrahmen (Abs. 4)

Die Zeugnisse sind nach Absatz 4 der Vorschrift jeweils „unverzüglich" auszustellen. „Unverzüglich" bedeutet dabei im rechtlichen Sinne nach § 121 Abs. 1 Satz 1 BGB „ohne schuldhaftes Zögern".

Sowohl der Anspruch auf Erteilung als auch der Anspruch auf Berichtigung eines Zeugnisses unterliegen der Ausschlussfrist des § 37 TVöD. Dies hat das BAG in seinen Entscheidungen vom 23. 2. 1983 – 5 AZR 515/80, AP Nr. 10 zu § 70 BAT – bzw. 11. 6. 1980 – 4 AZR 443/78, AP Nr. 7 zu § 70 BAT – zur Ausschlussfrist des § 70 BAT ausdrücklich bestätigt.

Der Anspruch auf Erteilung eines qualifizierten Zeugnisses unterliegt der dreijährigen Verjährungsfrist des § 195 BGB, beginnend mit dem Schluss des Kalenderjahres, in dem der Anspruch entstanden ist.

Auch eine Verwirkung des Anspruchs ist denkbar, wenn der Beschäftigte sich nur sehr schleppend um die Angelegenheit kümmert und beim Arbeitgeber der Eindruck entstehen muss, der Beschäftigte verfolge die Angelegenheit nicht weiter – siehe BAG, Urteil vom 17. 2. 1988 – 5 AZR 638/86, AP Nr. 17 zu § 630 BGB.

Weitere Arbeitspapiere

Neben dem Zeugnis sind dem Beschäftigten bei Beendigung des Arbeitsverhältnisses aufgrund von gesetzlichen Vorschriften verschiedene Unterlagen bzw. Bescheinigungen auszuhändigen. Im Einzelnen handelt es sich hierbei um

– die Lohnsteuerkarte und den Verdienstnachweis (§§ 39, 39b und 41b EStG). Ab dem 1. Januar 2004 wird auf die Lohnsteuerbescheinigung in Papierform verzichtet und stattdessen die elektronische Lohnsteuerbescheinigung eingeführt. Der Arbeitgeber hat die Daten, die bisher auf der Lohnsteuerkarte bescheinigt werden, auf elektronischem Wege direkt und ohne Umweg über den Arbeitnehmer an die Finanzverwaltung zu übermitteln – und zwar bis zum 28. Februar des Folgejahres.

Damit entfällt einerseits für den Arbeitgeber das aufwendige Aufkleben der Bescheinigung auf die Lohnsteuerkarte. Andererseits verfügt die Finanzverwaltung über die Lohndaten der Arbeitnehmer und kann sie automatisch in die Steuerveranlagung des Arbeitnehmers einfließen lassen. Für die elektronische Datenübertragung bildet der Arbeitgeber eine so genannte eTIN (electronical Taxpayer Identification Number). Diese besteht aus dem Vor- und Zunamen sowie dem Geburtsdatum des Arbeitnehmers. Mittels dieser eTIN kann die Finanzverwaltung die vom Arbeitgeber gemeldeten Daten dem einzelnen Arbeitnehmer zuordnen.

Der Arbeitnehmer erhält künftig vom Arbeitgeber – immer noch in Papierform oder per E-Mail – nach amtlich vorgeschriebenem Muster einen Ausdruck der Daten, die der Arbeitgeber elektronisch an die Finanzverwaltung übermittelt hat. Dieser Ausdruck enthält auch die eTIN, die in der Steuererklärung in der „Anlage N" anzugeben ist. Ab 2011 wurde die Lohnsteuerkarte durch ein elektronisches Verfahren zur Erhebung der Lohnsteuer (ELStAM) ersetzt. ELStAM – der Name steht für „**E**lektronische **L**ohn**S**teuer**A**bzugs**M**erkmale" – wurden bis zum Jahr 2011 nach und nach in einer Datenbank beim Bundeszentralamt für Steuern aufgebaut. Alle Daten, die für die Ermittlung der Lohnsteuer ab 2013 relevant sind, sollten ab dann dem Arbeitgeber von der Datenbank zum elektronischen Abruf zur Verfügung gestellt werden. Die Einführung des elektronischen Verfahrens erfolgte stufenweise. Das bedeutet, dass die Lohnsteuerkarte 2010 auch noch für das Jahr 2011/12 anwendbar war. Für alle Änderungen und Eintragungen ist ab 2011 nicht mehr die Wohnsitz-Kommune, sondern das Finanzamt zuständig. Ab dem Jahr 2013 wird das Verfahren ELStAM allgemein angewandt,

- eine Entgeltbescheinigung (§ 108 Gewerbeordnung i. V. m. der Entgeltbescheinigungsverordnung),

- die schriftliche Mitteilung über den Inhalt der Meldung an die Einzugsstelle für den Gesamtsozialversicherungsbeitrag (§ 28a Abs. 5 SGB IV),

- eine Arbeitsbescheinigung nach § 312 SGB III,

I

- den Versicherungsnachweis der Zusatzversorgung nach § 21 ATV/ ATV-K[1]) über die bisher insgesamt erworbene Anwartschaft auf Betriebsrente,
- auf Verlangen die Vorausbescheinigung über Arbeitsentgelt in der gesetzlichen Rentenversicherung nach § 194 SGB VI,
- eine Bescheinigung über den im laufenden Urlaubsjahr gewährten oder abgegoltenen Urlaub (§ 6 Abs. 2 BUrlG)[2]),
- bei jugendlichen Beschäftigten die nach § 32 ff. JArbSchG ausgestellten ärztlichen Bescheinigungen (§ 41 Abs. 2 JArbSchG).

---

[1])   abgedruckt unter **V.1**

[2])   abgedruckt als Anhang 1 bei **§ 26 TVöD**

Abschnitt VI
Übergangs- und Schlussvorschriften

§ 36 Anwendung weiterer Tarifverträge (VKA)

(hier nicht abgedruckt)

§ 37 Ausschlussfrist

(1) [1]Ansprüche aus dem Arbeitsverhältnis verfallen, wenn sie nicht innerhalb einer Ausschlussfrist von sechs Monaten nach Fälligkeit von der/dem Beschäftigten oder vom Arbeitgeber schriftlich geltend gemacht werden. [2]Für denselben Sachverhalt reicht die einmalige Geltendmachung des Anspruchs auch für später fällige Leistungen aus.

(2) Absatz 1 gilt nicht für Ansprüche aus einem Sozialplan.

Erläuterungen

§ 37 TVöD legt fest, dass Ansprüche aus dem Arbeitsverhältnis verfallen, wenn sie nicht innerhalb von sechs Monaten nach ihrer Fälligkeit schriftlich geltend gemacht werden. Die Regelung entspricht § 70 BAT; auf die Erfahrungen mit dieser Vorschrift und die dazu ergangene Rechtsprechung kann somit zurückgegriffen werden.

Die in § 70 BAT enthaltene Formulierung, dass die Ausschlussfrist sechs Monate beträgt, „soweit tarifvertraglich nichts anderes bestimmt ist", wurde nicht in den TVöD übernommen. Da der TVöD (im Gegensatz z. B. zu § 21 BAT) keine „anderen Bestimmungen" zur Dauer der Ausschlussfrist enthält, liefe sie ohnehin ins Leere.

Neu aufgenommen wurde die Vereinbarung des Absatzes 2, dass Ansprüche aus dem Sozialplan nicht der Ausschlussfrist unterliegen.

Auf die abweichenden Sonderregelungen in § 45 (Bund) des Besonderen Teils Verwaltung wird hingewiesen.

Die nachfolgenden Hinweise basieren auf der gefestigten Rechtsprechung zu den bisherigen Vorschriften über Ausschlussfristen in den Manteltarifverträgen des öffentlichen Dienstes.

Zweck/Allgemeines

Die Ausschlussfrist hat den Zweck, die Parteien des Arbeitsvertrages zur alsbaldigen Geltendmachung und Klärung ihrer Ansprüche zu veranlassen.

Für den Lauf der Ausschlussfrist ist das Kennen oder Kennen müssen des Anspruchs im Allgemeinen ohne Bedeutung. Besteht Unsicherheit, ob ein Anspruch auf eine bestimmte Leistung gegen das Land besteht, muss der Beschäftigte eine Klärung innerhalb der Ausschlussfrist herbeiführen oder den Anspruch schriftlich geltend machen. Eine ungeklärte Rechtsfrage steht der Anwendung der Ausschlussfrist jedenfalls nicht entgegen (BAG vom 1. 8. 1966 – 3 AZR 60/66, AP Nr. 34 zu § 4 TVG Ausschlussfristen).

Die Ausschlussfrist gilt grundsätzlich sowohl für Arbeitnehmer- als auch für Arbeitgeberansprüche.

Es reicht nicht aus, wenn ein Anspruch von einem Dritten geltend gemacht wird, es sei denn, dieser hat erkennbar in Vollmacht des Anspruchsberechtigten gehandelt.

Die Ausschlussfrist gilt auch für nicht tarifgebundene Beschäftigte, wenn mit diesen im Arbeitsvertrag die Anwendung des TVöD vereinbart ist. Ansprüche, die nicht innerhalb der Ausschlussfrist geltend gemacht werden, erlöschen, wobei es auf die Kenntnis der Ausschlussfrist nicht ankommt.

Die Gerichte für Arbeitssachen haben die Ausschlussfrist von Amts wegen zu beachten (vgl. Urteile des BAG vom 13. 5. 1970 – 1 AZR 336/69, AP Nr. 56 zu § 611 BGB Haftung des Arbeitnehmers und vom 3. 5. 1972 – 4 AZR 259/71, AP Nr. 3 zu §§ 22, 23 BAT Krankenkassen).

Die Ansprüche sind schriftlich geltend zu machen. Zur Wahrung der Ausschlussfrist und des Schriftlichkeitsgebots nach § 70 Satz 1 BAT (ist identisch mit § 37 TV-L/TVöD) bedarf es nach dem Urteil des BAG vom 7. Juli 2010 – 4 AZR 549/08 – jedoch nicht der Schriftform (mit eigenhändiger Unterschrift) nach § 126 Abs. 1 BGB. Es genügt die Einhaltung der Textform des § 126b BGB. Eine E-Mail, die den Namen und die Adresse des Ausstellers enthält und den Abschluss der Erklärung durch eine Grußformel und die Wiederholung des Namens eindeutig kenntlich macht, genügt nach der Auffassung des BAG den Erfordernissen des § 126b BGB.

Auch durch eine Klageerhebung kann eine Geltendmachung im Sinne der Tarifvorschrift gesehen werden. Nach gefestigter Rechtsprechung des Bundesarbeitsgerichtes (z. B. Urteile vom 8. 3. 1975 – 5 AZR 361/75, vom 22. 2. 2001 – 6 AZR 603/99 und vom 16. 3. 2016 – 4 AZR 421/15) kommt es aber für die Fristwahrung nicht auf den Zeitpunkt der Klageerhebung, sondern auf den Zeitpunkt der Zustellung der Klage beim Anspruchsgegner an. Zeitverzögerungen gehen zu Lasten des Antragstellers.

Erfasste Ansprüche

Von der Ausschlussfrist wird grundsätzlich jeder Anspruch aus dem Arbeitsverhältnis erfasst, d. h. nicht nur arbeitsvertragliche, sondern auch auf Gesetz beruhende, mit dem Arbeitsverhältnis in sachlichem

Zusammenhang stehende Ansprüche. So verfällt neben einem Schadensersatzanspruch des Arbeitgebers wegen schuldhafter Verletzung einer arbeitsvertraglichen Pflicht auch ein aus demselben Vorfall entstandener Anspruch des Arbeitgebers gegen den Beschäftigten aus unerlaubter Handlung. Ein Anspruch, der nur mittelbar mit dem Arbeitsverhältnis zusammenhängt, z. B. der Schadensersatzanspruch aus einem Kraftfahrzeugunfall, den der Arbeitnehmer mit dem ihm zugewiesenen Dienstkraftwagen während der dienstfreien Zeit verursacht, fällt dagegen nicht unter die Ausschlussfrist.

Als weitere Beispiele unter die Ausschlussfrist fallender Ansprüche sind zu nennen

- Ansprüche des Beschäftigten auf Fürsorgeverletzung des Arbeitgebers,
- Lohnerstattungsansprüche des Arbeitgebers (bei Überzahlungen),
- Anspruch auf Zeugniserteilung.

Nicht unter die Ausschlussfrist fallen hingegen beispielsweise

- Ansprüche des Arbeitnehmers auf Verletzung des Persönlichkeitsrechts,
- Ansprüche des Arbeitnehmers auf Verschaffung einer Zusatzversorgung und eventuelle Schadensersatzansprüche gegen den Arbeitgeber wegen der Verletzung der Verschaffungspflicht,
- Anspruch auf Kindergeld nach dem EStG bzw. dem BKGG,
- Anspruch des Arbeitnehmers auf den Arbeitgeberzuschuss zur Krankenversicherung nach § 257 SGB V; dieser verjährt in vier Jahren nach Ablauf des Kalenderjahres, in dem er fällig geworden ist. Ist ein Beitragszuschuss für Zeiträume gezahlt worden, in denen die Voraussetzungen des § 257 SGB V nicht vorlagen, unterliegt der Erstattungsanspruch des Arbeitgebers gegenüber dem Arbeitnehmer allerdings der sechsmonatigen Ausschlussfrist.

Besonderheit bei der Sozialversicherung

Nach der Rechtsprechung des Bundessozialgerichtes (z. B. Urteile vom 22. 6. 1994 – 10 RAr 3/93 – und vom 30. 8. 1994 – 12 RK 59/92) können die Einzugsstellen vom Arbeitgeber Beiträge auch auf Arbeitsentgelt fordern, das der Arbeitnehmer vom Arbeitgeber wegen einer tariflichen Ausschlussklausel nicht mehr verlangen kann.

Fälligkeit als Beginn der Ausschlussfrist

Die Ausschlussfrist beginnt mit der Fälligkeit des Anspruchs, d. h. regelmäßig schon mit seiner Entstehung (vgl. § 271 Abs. 1 BGB; Regeltatbestand der sofortigen Fälligkeit) zu laufen. Auf die Kenntnis des Anspruchsberechtigten kommt es grundsätzlich nicht an. Es gilt z. B. für die nachstehenden Ansprüche des Arbeitgebers hinsichtlich der Fälligkeit Folgendes:

– Bei Ansprüchen auf Rückforderung zu viel gezahlter Bezüge wird der Anspruch grundsätzlich im Zeitpunkt der Überzahlung fällig. Auf die hier dargestellten Sonderfälle wird hingewiesen.

– Bei Schadensersatzansprüchen aufgrund unmittelbarer Schädigung des Arbeitgebers tritt die Fälligkeit im Zeitpunkt der Schadensentstehung ein.

Ist der Arbeitgeber z. B. durch eine Überzahlung von Bezügen geschädigt worden, so beginnt die Ausschlussfrist für den Schadensersatzanspruch gegen den für die Überzahlung Verantwortlichen entsprechend der Rechtsprechung des Bundesarbeitsgerichts dann zu laufen, wenn der Arbeitgeber die Möglichkeit hat, die ihm gegenüber dem Beschäftigten zustehenden Schadenersatzansprüche wenigstens in etwa zu beziffern. Voraussetzung hierfür ist, dass der Arbeitgeber vom Schadensereignis Kenntnis erlangt oder bei Beachtung der gebotenen Sorgfalt Kenntnis erlangt hätte.

Entsteht der Schaden dem Arbeitgeber nicht unmittelbar, sondern einem Dritten, der seinerseits den Arbeitgeber haftbar macht, so wird die Regressforderung des Arbeitgebers gegen den Beschäftigten nicht vor dem Zeitpunkt fällig, in dem der Dritte bei dem Arbeitgeber Ansprüche auf Schadenersatz geltend macht oder in dem der Arbeitgeber in sonstiger Weise von einer drohenden Schadenersatzforderung erfährt (vgl. Urteil des BAG vom 16. 3. 1966 – 1 AZR 411/65, AP Nr. 32 zu § 4 TVG Ausschlussfristen).

– Der „normale" Fälligkeitszeitpunkt verändert sich, wenn der Anspruchsgegner durch sein Verhalten bewirkt, dass der Anspruchsinhaber seine Berechtigung nicht erkennen kann.

In einem solchen Fall wird der Beginn der Ausschlussfrist bis zu dem Zeitpunkt hinausgeschoben, in dem das Hindernis für die Geltendmachung (etwa die falsche Darstellung eines Unfallhergangs durch den Arbeitnehmer) entfallen ist. Sobald der Anspruchsberechtigte jedoch aufgrund der ihm neu bekannt werdenden Tatsachen mit einigermaßen sicherer Aussicht auf Erfolg Klage erheben kann – sei es auch nur eine Feststellungsklage –, ist mit dieser Kenntnismöglichkeit zugleich der Zeitpunkt der Fälligkeit im Sinne der tariflichen Ausschlussregelung gegeben. Um den Beginn der Ausschlussfrist in Lauf zu setzen, genügt also die objektive Möglichkeit, etwaige Ansprüche geltend zu machen; endgültige Kenntnis ist nicht erforderlich (BAG v. 10. 8. 1967 – 3 AZR 221/66, AP Nr. 37 zu § 4 TVG Ausschlussfristen).

– In seinem Urteil vom 19. Februar 2004 – 6 AZR 664/02, AP Nr. 3 zu § 70 BAT-O – hat sich das Bundesarbeitsgericht (BAG) erneut mit der Frage befasst, wann ein Rückzahlungsanspruch fällig wird, wenn ein Beschäftigter die allein ihm bekannten tatbestandlichen Voraussetzungen eines Vergütungsbestandteils – hier: Wegfall der Berechtigung zum Bezug des Ortszuschlags der Stufe 2 – pflichtwidrig nicht mitteilt. Das BAG hat seine bisher dazu vertretene Auffassung bestätigt und ist zu dem Schluss gekommen, dass in diesen Fällen die Fälligkeit (und damit der Beginn der Ausschlussfrist) erst eintreten, wenn der Arbeitgeber erstmals von dem vergütungsrelevanten Tatbestand Kenntnis erlangt.

Beginn der Ausschlussfrist bei neuen Tarifverträgen

Zu der Frage des Beginns des Laufs von Ausschlussfristen bei neuen Regelungen bestand nach der Niederschrift über das Termingespräch vom 19. 6. 1991 zwischen den Tarifvertragsparteien Einvernehmen, dass die Ausschlussfrist für Ansprüche aus neuen Tarifregelungen frühestens beginnt mit dem Erscheinungsdatum der amtlichen Veröffentlichung (z. B. Ministerialblatt, Amtsblatt) bzw. (im VKA-Bereich) mit dem Eingang des Rundschreibens des kommunalen Arbeitgeberverbandes (KAV) mit dem endgültigen Tariftext beim Arbeitgeber. Es bleibt abzuwarten, ob sich die Tarifpartner auch bei der umfassenden Tarifreform weiter zu dieser Vereinbarung bekennen werden.

Wiederkehrende Leistungen

Durch die Regelung in Satz 2 soll vermieden werden, bestimmte Ansprüche allmonatlich geltend machen zu müssen (z. B. auf einen monatlichen Zuschlag). Zu der wortgleichen Vorschrift des § 63 Satz 2 BMT-G II hat das BAG mit Urteil vom 11. 12. 2003 – 6 AZR 539/02 (AP Nr. 1 zu § 63 BMT-G II) entschieden, dass bei sogenannten unständigen Bezügebestandteilen eine einmalige Geltendmachung nicht ausreicht, um die Ausschlussfrist auch für später fällig werdende Leistungen unwirksam zu machen. Sogenannte unständige Bezügebestandteile, die nicht monatlich wiederkehrend oder in unterschiedlicher Höhe anfallen, würden nicht denselben Sachverhalt im Sinne dieser Tarifvorschrift betreffen und seien deshalb nicht von ihr erfasst.

Treu und Glauben

In Ausnahmefällen kann der Berufung auf den Ablauf der Ausschlussfrist der Einwand der unzulässigen Rechtsausübung entgegenstehen (§ 242 BGB), z. B. wenn der Schuldner den Anspruch vor Ablauf der Ausschlussfrist anerkannt hat oder durch sein Verhalten den Gläubiger von der rechtzeitigen Geltendmachung abgehalten hat. Nach dem Urteil des BAG vom 8. Dezember 2011 – 6 AZR 397/10 – stellt die Berufung eines Arbeitgebers auf die tarifliche Ausschlussfrist aber dann keine unzulässige Rechtsausübung dar, wenn eine unrichtige Auskunft nicht von ihm selbst oder der von ihm bestimmten zuständigen Person oder Einrichtung erteilt worden ist, sondern der Arbeitnehmer der unrichtigen Auskunft einer für verbindliche Auskünfte nicht zuständigen Person geglaubt und es deshalb unterlassen hat, seinen Anspruch rechtzeitig und formgerecht geltend zu machen. Nach dem Urteil des BAG vom 27. 10. 1970 – 1 AZR 216/70, AP Nr. 44 zu § 4 TVG Ausschlussfristen – kann sich der Beschäftigte nicht auf den Ablauf der Ausschlussfrist berufen, wenn er die Kenntnisnahme des Arbeitgebers von den Mängeln der Arbeit arglistig verhindert hat.

Verjährung

Von den Ausschlussfristen zu unterscheiden sind die Verjährungsfristen nach dem BGB. Nach § 196 Nr. 8 BGB in der bis zum 31. 12. 2001 geltenden Fassung betrug die Verjährungsfrist für Vergütungsansprüche zwei Jahre. Sie ist durch das Gesetz zur Modernisierung des Schuldrechts vom 26. November 2001 (BGBl. I S. 3138) auf drei Jahre verlängert worden und findet sich nun im § 195 BGB n. F. (Eine Neufassung des BGB ist am 2. 1. 2002 – BGBl. I S. 42 veröffentlicht worden.) Für zum 1. 1. 2002 vorhandene Ansprüche enthält Artikel 2 Abs. 6 des obigen Gesetzes eine Überleitungsvorschrift. Die Verjährung beginnt mit dem Schluss des Jahres, in dem der Anspruch entstanden ist (§ 201 BGB a. F., § 199 Abs. 1 BGB n. F.). Nur ausnahmsweise kann die Einrede der Verjährung gegen Treu und Glauben verstoßen und eine unzulässige Rechtsausübung darstellen.

Verwirkung

Unabhängig von Ausschlussfrist und Verjährung können Ansprüche aus dem Beschäftigungsverhältnis auch durch Verwirkung untergehen. Verwirkung als Sonderfall der unzulässigen Rechtsausübung tritt dadurch ein, dass sich der Gläubiger in bestimmter Weise verhält und der Schuldner sich auf dieses Verhalten des Gläubigers einrichtet (vgl. dazu z. B. Urteil des BAG v. 23. 12. 1957 – 1 AZR 565/56). Zur Verwirkung hat das BAG in seinem Urteil vom 25. April 2001 – 5 AZR 497/99 erneut grundsätzlich Stellung bezogen und ausgeführt, dass der Eintritt der Verwirkung nicht nur vom Zeit- sondern auch vom Umstandsmoment abhängt. Es reicht nicht, dass der Anspruchsgrund längere Zeit zurückliegt, sondern es müssen darüber hinaus besondere Umstände vorliegen, die die späte Geltendmachung eines Anspruchs treuwidrig erscheinen lassen. Der Erfüllung des Umstandsmoments steht demnach beispielsweise die Unkenntnis einer bestimmten Forderung regelmäßig entgegen, weil in diesem Fall kein Vertrauen geschaffen werden kann, dass sie nicht erhoben werden wird.

Wegfall der Bereicherung

→ dazu das bei der Erläuterung zu § 24 Abs. 1 abgedruckte Rundschreiben des Innern.

§ 38 Begriffsbestimmungen

(1) Sofern auf die Tarifgebiete Ost und West Bezug genommen wird, gilt Folgendes:

a) Die Regelungen für das Tarifgebiet Ost gelten für die Beschäftigten, deren Arbeitsverhältnis in dem in Art. 3 des Einigungsvertrages genannten Gebiet begründet worden ist und bei denen der Bezug des Arbeitsverhältnisses zu diesem Gebiet fortbesteht.

b) Für die übrigen Beschäftigten gelten die Regelungen für das Tarifgebiet West.

(2) Sofern auf die Begriffe „Betrieb", „betrieblich" oder „Betriebspartei" Bezug genommen wird, gilt die Regelung für Verwaltungen sowie für Parteien nach dem Personalvertretungsrecht entsprechend, es sei denn, es ist etwas anderes bestimmt.

(3) Eine einvernehmliche Dienstvereinbarung liegt nur ohne Entscheidung der Einigungsstelle vor.

(4) Leistungsgeminderte Beschäftigte sind Beschäftigte, die ausweislich einer Bescheinigung des beauftragten Arztes (§ 3 Abs. 4) nicht mehr in der Lage sind, auf Dauer die vertraglich geschuldete Arbeitsleistung in vollem Umfang zu erbringen, ohne deswegen zugleich teilweise oder in vollem Umfang erwerbsgemindert im Sinne des SGB VI zu sein.

Protokollerklärung zu Absatz 4:
Die auf leistungsgeminderte Beschäftigte anzuwendenden Regelungen zur Entgeltsicherung bestimmen sich im Bereich des Bundes nach § 16a TVÜ-Bund und im Bereich der VKA nach § 16a TVÜ-VKA.

(5) [1]Die Regelungen für Angestellte finden Anwendung auf Beschäftigte, deren Tätigkeit vor dem 1. Januar 2005 der Rentenversicherung der Angestellten unterlegen hätte. [2]Die Regelungen für Arbeiterinnen und Arbeiter finden Anwendung auf Beschäftigte, deren Tätigkeit vor dem 1. Januar 2005 der Rentenversicherung der Arbeiter unterlegen hätte.

Erläuterungen

§ 38 TVöD definiert die Tarifgebiete Ost und West (Absatz 1) und den Anwendungsbereich der Begriffe „Betrieb", „betrieblich", „Betriebspartei" (Absatz 2), beschreibt, was die Tarifpartner unter einer „einvernehmlichen Dienstvereinbarung" (Absatz 3) und „Leistungsgeminderten Beschäftigten" (Absatz 4) verstehen und grenzt die Begriffe Arbeiter und Angestellte ab (Absatz 5). Die Abgrenzung Angestellte/Arbeiter ist im BAT in § 1 vorgenommen worden. Die Abgrenzung der Tarifgebiete Ost/West ergab sich aus dem Tarifvertrag über den Geltungsbereich der für den öffentlichen Dienst in der Bundesrepublik Deutschland bestehenden Tarifverträge vom 1. August 1990 (danach fanden die bis dahin geschlossenen Tarifverträge im Gebiet der ehemaligen DDR auch nach deren Beitritt keine Anwendung) und aus § 1 BAT-O.

Abgrenzung der Tarifgebiete (Abs. 1)

Der TVöD gilt zwar auch für die Beschäftigten im Tarifgebiet Ost. Da jedoch die Entgelte und die Jahressonderzahlung in den beiden Tarifgebieten bis zur vollständigen Angleichung des Bemessungssatzes noch voneinander abweichen bzw. abwichen (→ z. B. Protokollerklärungen zu § 15 Abs. 1 und § 20 Abs. 3) und der TVöD zudem Regelungen enthält, die sich nur auf das Tarifgebiet West beziehen (→ z. B. bei § 30 oder § 34 Abs. 2), ist die Abgrenzung der Tarifgebiete weiterhin vorzunehmen.

Gemäß Absatz 1 Buchst. a) gelten die Regelungen für das Tarifgebiet Ost für die Beschäftigten, deren Arbeitsverhältnis in dem in Art. 3 Einigungsvertrages genannten Gebiet begründet worden ist und bei denen der Bezug des Arbeitsverhältnisses zu diesem Gebiet fortbesteht. Für die übrigen Beschäftigten gelten gem. Buchstabe b) die Regelungen für das Tarifgebiet West. Diese Festlegung folgt der bisherigen Abgrenzung der Tarifgebiete. Sie trägt der mittlerweile gefestigten Rechtsprechung zur Abgrenzung der Tarifgebiete Rechnung, indem im Rahmen der Vorschrift zur Anwendung des Tarifrechts Ost nicht nur die Begründung des Arbeitsverhältnisses im Beitrittsgebiet, sondern auch der fortdauernde Bezug zu diesem Gebiet gefordert wird. Das BAG hat in seinem Urteil vom 20. 3. 1997 – 6 AZR 10/96, AP Nr. 8 zu § 1 BAT-O – Klarheit zu den Rechtsfolgen eines vorübergehenden Einsatzes eines Beschäftigten im Tarifgebiet West geschaffen, dessen Arbeitsverhältnis im Tarifgebiet Ost begründet worden ist. Danach beurteilt sich die Frage, ob für die vorübergehende Tätigkeit im Tarifgebiet West das Ost- oder das Westtarifrecht gilt, vorrangig nach dem Zweck der Tätigkeit. Auf die Dauer der Tätigkeit kommt es nur insoweit an, als sie noch durch den Zweck gerechtfertigt sein muss. Wird ein Beschäftigter, dessen Arbeitsverhältnis im Tarifgebiet Ost begründet worden ist, zu einer Dienststelle im Tarifgebiet West entsandt, um – sei es auch nur befristet oder auf kurze Dauer – Aufgaben dieser Dienststelle wahrzunehmen, ist nach der o. g. Entscheidung des BAG für die Dauer der Entsendung das Westtarifrecht anzuwenden. Die Fortgeltung des Osttarifrechts während einer Tätigkeit im Tarifgebiet West kommt nach Aussage des BAG nur in Betracht, wenn

– der Beschäftigte durch die Arbeit im Tarifgebiet West Aufgaben seiner im Tarifgebiet Ost liegenden Dienststelle wie ein „verlängerter Arm" wahrnimmt (das BAG nennt in seiner Entscheidung die Beispiele einer Montage, einer Kundenberatung oder die Einarbeitung neuer Ortskräfte) oder

– die Tätigkeit auch im Interesse der im Tarifgebiet Ost liegenden Dienststelle ist (z. B. bei einer Fortbildung).

Dabei muss nach Auffassung des BAG allerdings die Dauer der Tätigkeit im Tarifgebiet West von vornherein vom Arbeitgeber festgelegt werden und im Hinblick auf den Zweck sachgerecht – also nicht unangemessen lang – sein.

Übertragung der Begriffe „Betrieb" etc. auf andere Bereiche (Abs. 2)

Mit der Regelung in Absatz 2 stellen die Tarifpartner klar, dass Tarifvorschriften, die die dem Sprachgebrauch des Betriebsverfassungsgesetzes entnommenen Begriffe „Betrieb", „betrieblich" und „Betriebspartei" verwenden, grundsätzlich auch in den einem Personalvertretungsgesetz unterliegenden Bereichen anzuwenden sind.

Einvernehmliche Dienstvereinbarung (Abs. 3)

In dieser Vorschrift ist bestimmt, dass eine „einvernehmliche" Dienstvereinbarung (z. B. i. S. v. § 6 Abs. 9, § 9 Abs. 2 oder § 10 Abs. 1) nur vorliegt, wenn sie ohne Entscheidung der Einigungsstelle zustande gekommen ist.

Leistungsgeminderte Beschäftigte (Abs. 4)

Nach der Definition sind leistungsgeminderte Beschäftigte solche Beschäftigte, die nach ärztlichen Feststellungen nicht mehr in der Lage sind, auf Dauer die vertraglich geschuldete Leistung zu erbringen, ohne dass sie erwerbsgemindert im Sinne des SGB VI sind (→ dazu die Erläuterungen zu § 33 Abs. 2).

Die leistungsgeminderten Beschäftigten sind im Jahr 2005 zunächst nicht in den TVöD übergeleitet worden. In einer nach § 16 – also am Ende des dritten Abschnitts des jeweiligen TVÜ – abgedruckten Protokollnotiz haben die Tarifvertragsparteien die Verhandlungen zur Überleitung der Entgeltsicherung bei Leistungsminderung einvernehmlich zurückgestellt. Bei Beschäftigten, die eine Zahlung auf der Grundlage der §§ 25, 37 MTArb/MTArb-O bzw. § 56 BAT/BAT-O erhielten, werden die bisherigen Bezüge bis zu einer entsprechenden Regelung als später zu verrechnender Abschlag gezahlt.

Erst im Zuge der Tarifrunde 2014 wurde die Überleitung nachgeholt. Das Verfahren dazu ist in § 16a TVÜ-Bund[1]) bzw. § 16a TVÜ-VKA geregelt. Darauf verweist die neue Protokollerklärung zu § 38 Abs. 4 TVöD.

Abgrenzung Arbeiter/Angestellte (Abs. 5)

Im TVöD ist die im bisherigen Tarifrecht vorgenommene Trennung von Arbeitern und Angestellten zwar aufgehoben worden. Für die Überleitung und die Anwendung von Sonderregelungen ist die Abgrenzung der Statusgruppen jedoch weiterhin vorzunehmen.

Die bislang in § 1 BAT getroffene Zuordnung in Anlehnung an das Recht der Rentenversicherung (Arbeitnehmer in einer der Rentenversicherung der Angestellten unterliegenden Beschäftigung galten als Angestellte, die in einer der Rentenversicherung der Arbeiter unterliegenden Beschäftigung galten als Arbeiter) läuft ins Leere, seitdem durch das im Wesentlichen zum 1. Januar 2005 in Kraft getretene Gesetz zur Organisationsreform in der gesetzlichen Rentenversicherung vom 9. Dezember 2004 (BGBl. I S. 3242) die bislang getrennten Rentenversicherungszweige für Arbeiter und Angestellte in der Deutschen Rentenversicherung Bund vereinheitlicht worden sind. Die Tarifpartner haben die Zuordnung zur Gruppe der Arbeiter bzw. Angestellten daher davon abhängig gemacht, ob die Tätigkeit des jeweiligen Beschäftigten vor dem 1. Januar 2005 der Rentenversicherung der Arbeiter bzw. Angestellten unterlegen hätte.

---

[1]) abgedruckt unter I.2

§ 38a (Bund)   Übergangsvorschriften

Wenn in einem für den Bund geltenden Tarifvertrag ein Verweis auf die Entgeltgruppe 9 enthalten ist, bezieht er sich auf die Entgeltgruppen 9a und 9b.

Erläuterungen

§ 38a (Bund) hat seine heutige Fassung im Zuge des 11. Änderungstarifvertrages vom 29. April 2016 erhalten. Mit der einzig verbliebenen Aussage reagieren die Tarifpartner darauf, dass die Entgeltgruppe 9 zum 1. Januar 2014 in die Entgeltgruppe 9a und 9b aufgesplittet worden ist. Soweit in älteren Tariftexten die Entgeltgruppe 9 benannt ist, soll dies künftig sowohl die Entgeltgruppe 9a als auch die Entgeltgruppe 9b erfassen.

§ 39   In-Kraft-Treten, Laufzeit

(1) [1]Dieser Tarifvertrag tritt am 1. Oktober 2005 in Kraft. [2]Abweichend von Satz 1 treten

a) § 20 am 1. Januar 2007,

b) § 26 Abs. 1 und Abs. 2 Buchst. b und c sowie § 27 am 1. Januar 2006

in Kraft.

(2) Dieser Tarifvertrag kann von jeder Tarifvertragspartei mit einer Frist von drei Monaten zum Schluss eines Kalenderhalbjahres schriftlich gekündigt werden.

(3) (weggefallen)

(4) Abweichend von Absatz 2 können schriftlich gekündigt werden

a) die Vorschriften des Abschnitts II einschließlich des Anhangs zu § 9 mit einer Frist von einem Monat zum Schluss eines Kalendermonats;

b) unabhängig von Buchst. a § 8 Abs. 1 mit einer Frist von drei Monaten zum Schluss eines Kalendervierteljahres;

c) die jeweiligen Anlagen A (Bund bzw. VKA) zu § 15 ohne Einhaltung einer Frist, frühestens jedoch zum 28. Februar 2018;

d) der jeweilige § 20 (Bund bzw. VKA) zum 31. Dezember eines jeden Jahres;

e) § 23 Abs. 1 mit einer Frist von einem Monat zum Schluss eines Kalendermonats;

f) § 26 Abs. 1 mit einer Frist von drei Monaten zum Schluss eines Kalenderjahres;

g) § 12 (Bund) und § 13 (Bund) jederzeit ohne Einhaltung einer Frist, jedoch nur insgesamt, frühestens zum 31. Dezember 2016; die Nachwirkung dieser Vorschriften wird ausgeschlossen;

h) § 12 (VKA) und § 13 (VKA) mit einer Frist von sechs Monaten zum Schluss eines Kalenderjahres, jedoch nur insgesamt, frühestens zum 31. Dezember 2020; die Nachwirkung dieser Vorschriften wird ausgeschlossen;

i) die Anlage 1 – Entgeltordnung (VKA) mit einer Frist von sechs Monaten zum Schluss eines Kalenderjahres, jedoch nur insgesamt, frühestens zum 31. Dezember 2020; die Nachwirkung wird ausgeschlossen.

Protokollerklärung zum Buchstaben i:
Abweichend von dem Buchstaben i kann Teil B Abschnitt XXIV der Anlage 1 – Entgeltordnung (VKA) mit einer Frist von drei Monaten zum Schluss eines Kalendervierteljahres, frühestens jedoch zum 30. Juni 2020, schriftlich gekündigt werden.

Erläuterungen

In § 39 TVöD haben die Tarifpartner Regelungen zum In-Kraft-Treten und zu den Kündigungsmöglichkeiten des TVöD vereinbart. Hinsichtlich des Inkrafttretens sind daneben die besonderen Vorschriften der Überleitungs-Tarifverträge (TVÜ-Bund, TVÜ-VKA)[1]) zu beachten.

Inkrafttreten (Abs. 1)

Der TVöD ist grundsätzlich am 1. Oktober 2005 in Kraft getreten. Ausnahmen davon gelten hinsichtlich der Sonderzahlung (§ 20, Inkrafttreten 1. Januar 2007; → dazu auch die §§ 20 der Überleitungstarifverträge) und bestimmter Urlaubs-/Zusatzurlaubsregelungen (§§ 26, 27, Inkrafttreten 1. Januar 2006; → dazu die §§ 15 der Überleitungstarifverträge).

Generell empfiehlt sich vor der Anwendung der Tarifvorschriften ein Blick in die Überleitungstarifverträge, weil häufig für die übergeleiteten Beschäftigten Besonderheiten (z. B. bei der Entgeltfortzahlung im Krankheitsfall, Beschäftigungszeit etc.) zu beachten sind.

Kündigungsfrist; Grundsatz (Abs. 2)

Der Tarifvertrag kann grundsätzlich mit einer Frist von drei Monaten zum Halbjahresende gekündigt werden. Die Kündigung bedarf der Schriftform.

Kündigungsfrist; Ausnahme Wochenarbeitszeit/Kommunen (Abs. 3)

Absatz 3 in der bis zum 30. Juni 2008 geltenden Fassung räumte den landesbezirklichen Arbeitgeberverbänden der Kommunen ein Sonderkündigungsrecht der in § 6 Absatz 1 Satz 1 Buchstabe b vereinbarten regelmäßigen wöchentlichen Arbeitszeit ein. Damit sollte die Umsetzung der in § 6 Absatz 1 Satz 1 Buchstabe b a. F. enthaltenen Möglichkeit der Erhöhung der Regelarbeitszeit auf landesbezirklicher Ebene auf bis zu 40 Stunden unterstützt werden.

Da im Zuge des Änderungstarifvertrages Nr. 2 vom 31. März 2008 mit Wirkung vom 1. Juli 2008 eine allgemeine Arbeitszeiterhöhung vereinbart worden ist, wurden sowohl die Möglichkeit einer Arbeitszeitverlängerung auf landesbezirklicher Ebene als auch das damit im Zusammenhang stehende Kündigungsrecht aufgehoben.

---

[1]) abgedruckt unter I.2

Kündigungsfrist; weitere Ausnahmen (Abs. 4)

Absatz 4 enthält eine abschließende Aufzählung von weiteren abweichenden Kündigungsmöglichkeiten. Hierbei handelt es sich im Einzelnen um die folgenden Vereinbarungen:

Zu Buchstabe a)

Hiernach können die Vorschriften des Abschnitts II (§§ 6 bis 11 – Arbeitszeit) einschließlich des Anhangs zu § 9 (Bereitschaftszeiten für Hausmeister und im Rettungsdienst) mit einer Frist von einem Monat zum Monatsende gekündigt werden.

Zu Buchstabe b)

Diese Vorschrift beinhaltet ein Sonderkündigungsrecht für § 8 Abs. 1 (Zeitzuschläge für Sonderformen der Arbeit), das unabhängig von der Kündigungsmöglichkeit des Buchst. a ausgeübt werden kann. Die Kündigungsfrist beträgt drei Monate zum Quartalsende.

Zu Buchstabe c)

Nach dieser Vorschrift können die Entgelttabellen ohne Einhaltung einer Frist, die in der Entgeltrunde 2014 vereinbarten Tabellen frühestens jedoch zum 28. Februar 2018, gekündigt werden.

Zu Buchstabe d)

Hiernach können die Regelungen über Sonderzahlungen ohne besondere Frist zum Jahresende gekündigt werden.

Zu Buchstabe e)

Diese Vorschrift ermöglicht es, die Vorschriften über vermögenswirksame Leistungen mit einer Frist von einem Monat zum Monatsende zu kündigen.

Zu Buchstabe f)

Nach dieser Vorschrift kann die Regelung der Dauer des Erholungsurlaubs mit einer Frist von drei Monaten zum Jahresende gekündigt werden.

Auch die Kündigung nach den abweichenden Kündigungsvorschriften des Absatzes 4 bedarf generell der Schriftform.

Zu Buchstabe g)

Demnach können die Eingruppierungsvorschriften des Bundes (§§ 12, 13 TVöD Bund) ohne Einhaltung einer Frist, frühestens jedoch zum 31. Dezember 2016 gekündigt werden. Die an sich im Tarifvertragsgesetz vorgesehene Nachwirkung ist ausgeschlossen. Die Kündigungsvorschrift korrespondiert mit der entsprechenden Kündigungsvorschrift der Entgeltordnung (siehe § 20 Abs. 2 des TV EntgO Bund[1])).

Zu Buchstabe h)

Demnach können die Eingruppierungsvorschriften der VKA (§§ 12, 13 VKA) nur insgesamt – nicht getrennt – mit einer Frist von sechs Monaten zum Ende des Kalenderjahres, frühestens jedoch zum 31. Dezember 2020 gekündigt werden. Die an sich im Tarifvertragsgesetz vorgesehene Nachwirkung ist ausgeschlossen. Die Kündigungsvorschrift korrespondiert mit der entsprechenden Kündigungsvorschrift der Entgeltordnung (siehe Buchstabe i).

Zu Buchstabe i)

Demnach kann die Entgeltordnung der VKA (Anlage) mit einer Frist von sechs Monaten zum Ende des Kalenderjahres, frühestens jedoch zum 31. Dezember 2020 gekündigt werden. Die an sich im Tarifvertragsgesetz vorgesehene Nachwirkung ist ausgeschlossen. Wegen der abweichenden (drei Monate zum Quartalsende, frühestens zum 30. Juni 2020; Nachwirkung nicht ausgeschlossen) Kündigungsmöglichkeiten der Eingruppierungsvorschriften für Beschäftigte im Sozial- und Erziehungsdienst siehe die Protokollerklärung zum Buchstaben i.

---

[1] abgedruckt unter **IV.10**

Anlage A (Bund)

Tabelle TVöD Bund

gültig vom 1. März 2016 bis 31. Januar 2017

(monatlich in Euro)

Entgelt-gruppe	Grundentgelt		Entwicklungsstufen			
	Stufe 1	Stufe 2	Stufe 3	Stufe 4	Stufe 5	Stufe 6
15	4280,05	4748,72	4923,20	5546,38	6020,00	6331,60
14	3876,23	4299,99	4549,26	4923,20	5496,55	5808,12
13	3573,37	3963,48	4175,38	4586,64	5159,99	5396,82
12	3204,27	3552,17	4050,72	4486,96	5047,84	5297,11
11	3095,36	3427,56	3676,82	4050,72	4592,90	4842,18
10	2986,43	3302,89	3552,17	3801,47	4275,08	4387,25
9b	2648,85	2925,94	3071,16	3464,92	3776,53	4025,78
9a	2648,85	2925,94	2974,36	3071,16	3464,92	3539,95
8	2485,48	2744,42	2865,46	2974,36	3095,36	3171,59
7	2333,03	2575,02	2732,33	2853,36	2944,10	3028,81
6	2289,44	2526,62	2647,62	2762,59	2841,25	2919,91
5	2197,47	2423,78	2538,73	2653,69	2738,39	2798,90
4	2093,40	2308,81	2454,02	2538,73	2623,44	2673,03
3	2060,76	2272,49	2333,03	2429,82	2502,44	2568,98
2	1908,26	2103,09	2163,60	2224,12	2357,19	2496,38
1	–	1711,04	1740,08	1776,39	1810,25	1897,38

Tabelle TVöD Bund
gültig ab 1. Februar 2017
(monatlich in Euro)

Ent-gelt-grup-pe	Grundentgelt		Entwicklungsstufen			
	Stufe 1	Stufe 2	Stufe 3	Stufe 4	Stufe 5	Stufe 6
15	4380,63	4860,31	5038,90	5676,72	6161,47	6480,39
14	3967,32	4401,04	4656,17	5038,90	5625,72	5944,61
13	3657,34	4056,62	4273,50	4694,43	5281,25	5523,65
12	3279,57	3635,65	4145,91	4592,40	5166,46	5421,59
11	3168,10	3508,11	3763,23	4145,91	4700,83	4955,97
10	3056,61	3380,51	3635,65	3890,80	4375,54	4490,35
9b	2711,10	2994,70	3143,33	3546,35	3865,28	4120,39
9a	2711,10	2994,70	3044,26	3143,33	3546,35	3623,14
8	2543,89	2808,91	2932,80	3044,26	3168,10	3246,12
7	2387,86	2635,53	2796,54	2920,41	3013,29	3099,99
6	2343,24	2586,00	2709,84	2827,51	2908,02	2988,53
5	2249,11	2480,74	2598,39	2716,05	2802,74	2864,67
4	2142,59	2363,07	2511,69	2598,39	2685,09	2735,85
3	2109,19	2325,89	2387,86	2486,92	2561,25	2629,35
2	1953,10	2152,51	2214,44	2276,39	2412,58	2555,04
1	–	1751,25	1780,97	1818,14	1852,79	1941,97

Tarifvertrag für den öffentlichen Dienst
(Besonderer Teil Verwaltung)
(TVöD BT-V)

Vom 13. September 2005 (GMBl. 2006 S. 487)

Zuletzt geändert durch
Änderungstarifvertrag Nr. 22
zum Tarifvertrag für den öffentlichen Dienst (TVöD)
– Besonderer Teil Verwaltung – (BT-V) –
vom 29. April 2016

Hinweise des Bearbeiters:

Der besondere Teil Verwaltung schließt sich an den Allgemeinen Teil des TVöD an und bildet zusammen mit diesem den Tarifvertrag für die Sparte Verwaltung. Der BT-V bildet die Abschnitte VII bis IX dieses Spartentarifvertrages; die Abschnitte I bis VI sind im allgemeinen Teil des TVöD enthalten.

Der Abschnitt VII enthält allgemeine Vorschriften, die alle unter den Spartentarifvertrag fallende Beschäftigte betreffen. Die Abschnitte VIII und IX enthalten – getrennt für Bund einerseits und Kommunen andererseits – an die Stelle bestimmter Vorschriften des TVöD tretende Sonderregelungen für Beschäftigte in bestimmten Bereichen (in Auslandsdienststellen, im Bundesministerium der Verteidigung, im Bundesministerium für Verkehr, Bau- und Wohnungswesen, im forstlichen Außendienst, bei nichtbundeseigenen Eisenbahnen, im kommunalen Feuerwehrdienst, in Kernforschungseinrichtungen, in Hafenbetrieben, in der Landwirtschaft, für Lehrkräfte, für Schulhausmeister, im Straßenbau, bei Theatern und Bühnen) und Schlussvorschriften (In-Kraft-Treten, Laufzeit).

Von Erläuterungen der nur für bestimmte Bereiche bedeutsamen Sonderregelungen wurde zunächst abgesehen.

Inhaltsübersicht

B. Besonderer Teil Verwaltung (BT-V)

Abschnitt VII
Allgemeine Vorschriften

Abschnitt VIII
Sonderregelungen (Bund)

Abschnitt IX
Übergangs- und Schlussvorschriften (Bund)

I

Anlage E (Bund)
Entgelttabelle für Beschäftigte im Pflegedienst gemäß
§ 46 (Bund) Nr. 22 Abs. 3 zu § 52 TVöD-BT-K

Abschnitt VII
Allgemeine Vorschriften

§ 40   Geltungsbereich

(1) [1]Dieser Tarifvertrag gilt für alle Beschäftigten, die unter § 1 des Tarif-vertrages für den öffentlichen Dienst (TVöD) fallen, soweit sie nicht von anderen Besonderen Teilen des TVöD erfasst sind. [2]Der Tarifvertrag für den öffentlichen Dienst (TVöD) – Besonderer Teil Verwaltung (BT-V) bildet im Zusammenhang mit dem Tarifvertrag für den öffentlichen Dienst – Allgemeiner Teil – den Tarifvertrag für die Sparte Verwaltung.

(2) Soweit in den nachfolgenden Bestimmungen auf die §§ 1 bis 39 verwiesen wird, handelt es sich um die Regelungen des TVöD – Allgemeiner Teil –.

Erläuterungen

In der Vorschrift des § 40 haben die Tarifpartner den Geltungsbereich des BT-V geregelt und bestimmt, dass er für alle unter den TVöD fallenden Beschäftigten gilt, soweit sie nicht von einem anderen Besonderen Teil (Krankenhäuser, Flughäfen, Entsorgung, Sparkassen) erfasst werden.

In Absatz 1 Satz 2 wird klargestellt, dass der BT-V in Verbindung mit dem Allgemeinen Teil des TVöD den Tarifvertrag für die Sparte Verwaltung bildet.

§ 41 Allgemeine Pflichten

¹Die im Rahmen des Arbeitsvertrages geschuldete Leistung ist gewissenhaft und ordnungsgemäß auszuführen. ²Beschäftigte des Bundes und anderer Arbeitgeber, in deren Aufgabenbereichen auch hoheitliche Tätigkeiten wahrgenommen werden, müssen sich durch ihr gesamtes Verhalten zur freiheitlich demokratischen Grundordnung im Sinne des Grundgesetzes bekennen.

Erläuterungen

In § 41 weisen die Tarifpartner auf die allgemeinen Pflichten hin und bestimmen zudem (in Satz 2 der Vorschrift), dass in hoheitlichen Bereichen Beschäftigte sich zur freiheitlich demokratischen Grundordnung der Bundesrepublik bekennen müssen. Die Regelung in Satz 2 entspricht weitgehend der Bestimmung des § 8 Abs. 1 Satz 2 BAT.

Gewissenhafte Aufgabenerledigung (Satz 1)

Bei der Bestimmung des Satzes 1, dass der Beschäftigte die im Rahmen des Arbeitsvertrages geschuldete Leistung gewissenhaft und ordnungsgemäß durchzuführen hat, handelt es sich eigentlich um eine Selbstverständlichkeit. Schon das allgemeine Arbeitsrecht beinhaltet den Grundsatz, dass der Arbeitnehmer die vertraglich geschuldete Leistung erbringen muss. Bei Nicht- oder Schlechterfüllung des Arbeitsvertrages sind die üblichen arbeitsrechtlichen Instrumente (Abmahnung, Kündigung → § 34) gegeben. In § 41 TVöD BT-V wurde die Regelung des § 8 Abs. 1 Satz 1 BAT („Der Angestellte hat sich so zu verhalten, wie es von Angehörigen des ö. D. erwartet wird.") nicht übernommen. Das BAG hat daraus in zwei bemerkenswerten Urteilen (vom 10. 9. 2009 – 2 AZR 257/08 und 28. 10. 2010 – 2 AZR 293/09) geschlossen, dass an das nebenberufliche Verhalten der nicht hoheitlich tätigen Beschäftigten keine erhöhten Ansprüche gestellt werden dürfen. Selbst kriminelle Handlungen bzw. entsprechende Strafen rechtfertigen nach Auffassung des BAG grundsätzlich nicht die Kündigung des Beschäftigten.

Die Frage, ob und in welchem Umfang Beschäftigte berechtigt sind, die Arbeit zur Erreichung kollektiver Ziele niederzulegen oder zu streiken, stellt sich regelmäßig insbesondere in Zeiten einer Lohnrunde. Die öffentlichen Arbeitgeber haben die rechtlichen Möglichkeiten, deren Grenzen und die aus Arbeitgebersicht notwendigen Maßnahmen (z. B. Dokumentationen, Entgeltkürzung) und die Folgen eines Streiks auf tarifvertraglichen Leistungen sowie die Sozial-

versicherung in so genannten Arbeitskampfrichtlinien zusammengefasst.

Politische Treuepflicht (Satz 2)

Satz 2 entspricht dem Kern der Vorschrift des § 8 Abs. 1 Satz 2 BAT,
beschränkt die Pflicht, sich zur freiheitlich demokratischen Grundordnung im Sinne des Grundgesetzes zu bekennen, aber auf Beschäftigte des Bundes und von Arbeitgebern, in deren Aufgabenbereichen
auch hoheitliche Aufgaben wahrgenommen werden. Auch der Beschäftigte, der selbst nicht hoheitlich tätig wird und ggf. nicht einmal
in den hoheitlichen Bereichen des Arbeitgebers beschäftigt ist, kann
unter diese Vorschrift fallen. Es reicht aus, dass der jeweilige Arbeitgeber auch hoheitlich tätig wird. Dies wird für die meisten Kommunen, nicht aber für deren ausgelagerte Wirtschaftsbetriebe zutref-
fen.

Über das Verfahren zur Überprüfung der Verfassungstreue bei der
Einstellung von Beschäftigten bestehen keine gesetzlichen und auch
keine tariflichen Vorschriften. Zur Frage der sogenannten politischen
Treuepflicht der Beschäftigten des öffentlichen Dienstes wird auf
nachstehende Rechtsprechung verwiesen:

- Beschluss des Bundesverfassungsgerichts vom 22. 5. 1975 – 2 BvL
  13/73 (BVerfGE 39, 334):

  „Auch die Angestellten des öffentlichen Dienstes schulden dem
  Arbeitgeber Loyalität und die gewissenhafte Erfüllung ihrer
  dienstlichen Verpflichtungen; auch sie dürfen den Staat, in dessen
  Dienst sie stehen, und seine Verfassungsordnung nicht angreifen;
  auch sie können wegen grober Verletzung dieser Dienstpflichten
  fristlos entlassen werden; und auch ihre Einstellung kann abgelehnt werden, wenn damit zu rechnen ist, daß sie ihre mit der
  Einstellung verbundenen Pflichten nicht werden erfüllen können
  oder wollen."

- Urteil des BAG vom 31. 3. 1976 – 5 AZR 104/74 (AP Nr. 2 zu Art. 33
  Abs. 2 GG):

  „Nicht allen Angestellten und Arbeitern des öffentlichen Dienstes
  ist das gleiche Maß an politischer Treue abzuverlangen wie den
  Beamten. Bei Angestellten und Arbeitern müssen sich die in
  politischer Hinsicht zu stellenden Anforderungen aus dem jeweiligen Amt ergeben. Ein Lehrer und Erzieher muss (insoweit)
  gesteigerten Anforderungen genügen."

– Urteil des BAG vom 20. 7. 1977 – 4 AZR 142/76 (AP Nr. 3 zu Art. 33 Abs. 2 GG):

„aa) Art. 12 Abs. 1 GG steht der Kündigung eines Lehrers während der schulpraktischen Ausbildung nach dem Berliner Lehrerbildungsgesetz nicht entgegen.

bb) Art. 33 Abs. 2 GG kann zur Unwirksamkeit einer Kündigung des Arbeitsverhältnisses führen, wenn der Arbeitnehmer einen unmittelbaren Wiedereinstellungsanspruch haben würde. Das setzt jedoch voraus, dass entsprechende Eignung, Befähigung und fachliche Leistung i. S. von Art. 33 Abs. 2 GG vorliegen.

cc) Eignung i. S. von Art. 33 Abs. 2 GG umfaßt auch die Bereitschaft, der dem Amt entsprechenden politischen Treuepflicht zu genügen; das gilt insbesondere für Lehrer, die Schulunterricht halten. Deshalb kann einem Lehrer wegen aktiver Mitgliedschaft in einer verfassungswidrigen Organisation und entsprechender Betätigung auch während der schulpraktischen Ausbildung gekündigt werden."

– Urteil des BAG vom 6. 6. 1984 – 7 AZR 456/82 (AP Nr. 11 zu § 1 KSchG Verhaltensbedingte Kündigung):

„Eine ordentliche Kündigung aus verhaltensbedingten Gründen setzt voraus, daß das Arbeitsverhältnis durch die im außerdienstlichen Bereich entfaltete politische Betätigung konkret beeinträchtigt wird, sei es im Leistungsbereich, im Bereich der Verbundenheit aller bei der Dienststelle beschäftigten Mitarbeiter, im personalen Vertrauensbereich oder im behördlichen Aufgabenbereich." (Dies hat das BAG im Falle eines im Bereich der Bundesanstalt für Arbeit beschäftigten Hauptvermittlers verneint.)

– Urteil des BAG vom 12. Mai 2011 – 2 AZR 479/09:

„Aktives Eintreten für eine verfassungsfeindliche Partei oder deren Jugendorganisation kann die personenbedingte Kündigung eines im öffentlichen Dienst beschäftigten Arbeitnehmers begründen. Das gilt auch dann, wenn die Partei nicht durch das Bundesverfassungsgericht für verfassungswidrig erklärt worden ist. Hat allerdings der Arbeitgeber den Arbeitnehmer wegen politischer Betätigung abgemahnt, gibt er damit grundsätzlich zu erkennen, dass er die Fortsetzung des Arbeitsverhältnisses für zumutbar erachtet, wenn zukünftig verfassungsfeindliche Aktivitäten unterbleiben. Er kann eine spätere Kündigung deshalb nicht ausschließlich auf Verhalten stützen, das schon seiner Abmahnung zugrunde lag. Die Anfechtung des Arbeitsvertrags wegen verfassungsfeindlicher Betätigung setzt voraus, dass der Arbeitnehmer eine ihm bei seiner Einstellung in den öffentlichen Dienst zulässigerweise gestellte Frage nach seiner Verfassungstreue bewusst falsch beantwortet oder relevante Umstände trotz bestehender Offenbarungspflicht verschwiegen hat.

(Im Urteilsfall ging es um außerdienstliche Aktivitäten für die NPD und deren Jugendorganisation (JN). Der Kläger, der Mitglied der **NPD** ist, war seit 2003 beim beklagten Land tätig. Vor Begründung des Arbeitsverhältnisses hatte er sich in einer Erklärung zu den Grundsätzen der freiheitlichen demokratischen Grundordnung im Sinne des Grundgesetzes bekannt und angegeben, er sei nicht Mitglied einer Organisation, die diese Grundordnung bekämpfe. Nachdem das beklagte Land ihn im Oktober 2007 wegen verschiedener parteipolitischer Aktivitäten abgemahnt hatte, kündigte es das Arbeitsverhältnis im Mai 2008 mit der Begründung, der Kläger habe durch Teilnahme an einer von der NPD abgehaltenen Gedenkveranstaltung erneut seine politische Treuepflicht verletzt. Zudem focht es den Arbeitsvertrag wegen arglistiger Täuschung an. Nach Auffassung des BAG sind Anfechtung des Arbeitsvertrages und Kündigung nicht berechtigt. Der entscheidende Senat ist aufgrund bindender Feststellungen des Landesarbeitsgerichts davon ausgegangen, dass sich der Kläger bei Abgabe seiner Erklärung zur Verfassungstreue eines Eignungsmangels nicht bewusst war. Der Kläger hat nach seiner Abmahnung bis zum Zugang der Kündigung kein Verhalten gezeigt, das als aktives Bekämpfen der freiheitlichen demokratischen Grundordnung des Grundgesetzes angesehen werden kann. Ob die NPD und ihre Jugendorganisation als verfassungsfeindlich einzustufen sind und ob das abgemahnte Verhalten deutlich gemacht hat, dass der Kläger mögliche verfassungsfeindliche Ziele der NPD aktiv unterstützt, brauchte das BAG in dem Urteilsfall nicht zu entscheiden.)

– Urteil des BAG vom 6. September 2012 – 2 AZR 372/11

Auch in diesem Urteilsfall ging es um außerdienstliche Aktivitäten für die NPD und deren Jugendorganisation (JN). Der Kläger war Mitglied der NPD und hatte Aufrufe zu Demonstrationen weitergeleitet, in denen die Verfasser für einen gewaltsamen Umsturz eingetreten waren. Das BAG sah darin – auch wenn die NPD nicht verboten ist und die Weiterleitung des Demonstrationsaufrufs nicht strafbar sei – einen Loyalitätsbruch, der eine Kündigung rechtfertige.

§ 42 Saisonaler Ausgleich

In Verwaltungen und Betrieben, in denen auf Grund spezieller Aufgaben (z. B. Ausgrabungen, Expeditionen, Schifffahrt) oder saisonbedingt erheblich verstärkte Tätigkeiten anfallen, kann für diese Tätigkeiten die regelmäßige Arbeitszeit auf bis zu 60 Stunden in einem Zeitraum von bis zu sieben Tagen verlängert werden, wenn durch Verkürzung der regelmäßigen wöchentlichen Arbeitszeit bis zum Ende des Ausgleichszeitraums nach § 6 Abs. 2 Satz 1 ein entsprechender Zeitausgleich durchgeführt wird.

Erläuterungen

In § 42 haben die Tarifpartner in bestimmten Verwaltungen und Betrieben unter gewissen Voraussetzungen die Verlängerung der Arbeitszeit auf bis zu 60 Stunden in der Woche zugelassen. Die Regelung entspricht weitgehend der Bestimmung des § 15 Abs. 4 Satz 2 BAT.

Zur Tarifvorschrift

§ 42 regelt den so genannten Jahreszeitausgleich für diejenigen Verwaltungen und Betriebe, in denen auf Grund spezieller Aufgaben oder saisonaler Schwankungen Zeiten mit erheblich verstärkten Tätigkeiten anfallen. Für diese Bereiche haben die Tarifpartner – abweichend von der grundsätzlichen Regelung in § 6 Abs. 1 – eine Verlängerung der Arbeitszeit auf bis zu 60 Stunden in einem Siebentagezeitraum (der nicht der Kalenderwoche entsprechen muss) zugelassen. Voraussetzung ist allerdings, dass innerhalb des jährlichen Ausgleichszeitraumes des § 6 Abs. 2 Satz 1 ein Zeitausgleich erreicht wird. Im Ergebnis muss also – auf ein Jahr bezogen – wieder eine durchschnittliche Wochenarbeitszeit von 39 (Bund und Kommunen/West) bzw. 40 Stunden (Kommunen/Ost) erreicht werden. Die Ausdehnung des Ausgleichszeitraums auf ein Jahr ist durch § 7 Abs. 1 Nr. 1 Buchst. b des Arbeitszeitgesetzes (→ § 6) gedeckt.

§ 43 Überstunden

(1) [1]Überstunden sind grundsätzlich durch entsprechende Freizeit auszugleichen. [2]Sofern kein Arbeitszeitkonto nach § 10 eingerichtet ist, oder wenn ein solches besteht, die/der Beschäftigte jedoch keine Faktorisierung nach § 8 Abs. 1 geltend macht, erhält die/der Beschäftigte für Überstunden (§ 7 Abs. 7), die nicht bis zum Ende des dritten Kalendermonats – möglichst aber schon bis zum Ende des nächsten Kalendermonats – nach deren Entstehen mit Freizeit ausgeglichen worden sind, je Stunde 100 v. H. des auf die Stunde entfallenden Anteils des Tabellenentgelts der jeweiligen Entgeltgruppe und Stufe, höchstens jedoch nach der Stufe 4. [3]Der Anspruch auf den Zeitzuschlag für Überstunden nach § 8 Abs. 1 besteht unabhängig von einem Freizeitausgleich.

(2) [1]Für Beschäftigte der Entgeltgruppe 15 bei obersten Bundesbehörden sind Mehrarbeit und Überstunden durch das Tabellenentgelt abgegolten. [2]Beschäftigte der Entgeltgruppen 13 und 14 bei obersten Bundesbehörden erhalten nur dann ein Überstundenentgelt, wenn die Leistung der Mehrarbeit oder der Überstunden für sämtliche Beschäftigte der Behörde angeordnet ist; im Übrigen ist über die regelmäßige Arbeitszeit hinaus geleistete Arbeit dieser Beschäftigten durch das Tabellenentgelt abgegolten. [3]Satz 1 gilt auch für Leiterinnen/Leiter von Dienststellen und deren ständige Vertreterinnen/Vertreter, die in die Entgeltgruppen 14 und 15 eingruppiert sind.

Erläuterungen

In § 43 Abs. 1 haben die Tarifpartner den Ausgleich für Überstunden geregelt und insoweit die Vorschriften des § 7 Abs. 7 und § 8 Abs. 1 TVöD ergänzt. In § 43 Abs. 2 haben sie besondere Vereinbarungen für bestimmte Beschäftigte in obersten Bundesbehörden und für Leiter von Dienststellen getroffen. Diese Tatbestände waren bislang in § 17 Abs. 5, 6 und 7 BAT geregelt.

Überstundenausgleich (Abs. 1)

Satz 1 der Vorschrift enthält den Grundsatz, dass Überstunden durch Freizeit auszugleichen sind; und zwar möglichst bis zum Ende des nächsten Kalendermonats nach ihrem Entstehen (Satz 2).

Satz 2 bestimmt, dass Überstunden, die nicht bis zum Ende des dritten Kalendermonats nach ihrem Entstehen durch Freizeit ausgeglichen werden, mit dem auf eine Stunde entfallenden Anteil des Tabellenentgelts der individuellen Entgeltgruppe und -stufe (höchstens aber Stufe 4) zu vergüten sind. Dies gilt jedoch nicht, wenn die Überstunden einem Arbeitszeitkonto im Sinne des § 10 gutgeschrieben werden.

Der Anspruch auf Überstundenzuschlag gemäß § 8 Abs. 1 besteht unabhängig davon, ob ein Zeitausgleich oder eine Bezahlung der Überstunden erfolgt (Satz 3).

Beschäftigte oberster Bundesbehörden; Dienststellenleiter (Abs. 2)

Absatz 2 enthält Ausnahmen hinsichtlich der Mehrarbeits- und Überstundenvergütung für bestimmte Beschäftigte der obersten Bundesbehörden (Sätze 1 und 2) und für die Leiter von Dienststellen und deren ständige Vertreter (Satz 3).

Oberste Bundesbehörden sind im Wesentlichen die Bundesministerien. Die dortigen, in der Entgeltgruppe 15 eingruppierten Beschäftigten erhalten kein besonderes Entgelt für Mehrarbeit und Überstunden, die Mehrbelastung gilt durch das Grundgehalt als abgegolten (Satz 1). Die entsprechenden Beschäftigten der Entgeltgruppen 13 und 14 erhalten ein besonderes Entgelt für Mehrarbeit und Überstunden nur, wenn die zusätzliche Arbeit für alle Beschäftigten der Behörde angeordnet worden ist; anderenfalls gilt auch diese über das übliche Maß hinausgehende Arbeitsleistung als durch das Grundentgelt abgegolten (Satz 2).

Satz 1 – also die uneingeschränkte Abgeltung von Mehrarbeit und Überstunden durch das Grundentgelt – gilt auch für Dienststellenleiter und ihre ständigen Vertreter, soweit sie in die Entgeltgruppen 14 oder 15 eingruppiert sind.

Die praktische Bedeutung dieser Regelung dürfte im Hinblick auf die in diesen Bereichen in der Regel geltenden Gleitzeitvereinbarungen eher gering sein.

§ 44   Reise- und Umzugskosten, Trennungsgeld

(1) Für die Erstattung von Reise- und Umzugskosten sowie Trennungsgeld finden die für die Beamtinnen und Beamten jeweils geltenden Bestimmungen entsprechende Anwendung.

(2) [1]Bei Dienstreisen gilt nur die Zeit der dienstlichen Inanspruchnahme am auswärtigen Geschäftsort als Arbeitszeit. [2]Für jeden Tag einschließlich der Reisetage wird jedoch mindestens die auf ihn entfallende regelmäßige, durchschnittliche oder dienstplanmäßige Arbeitszeit berücksichtigt, wenn diese bei Nichtberücksichtigung der Reisezeit nicht erreicht würde. [3]Überschreiten nicht anrechenbare Reisezeiten insgesamt 15 Stunden im Monat, so werden auf Antrag 25 v. H. dieser überschreitenden Zeiten bei fester Arbeitszeit als Freizeitausgleich gewährt und bei gleitender Arbeitszeit im Rahmen der jeweils geltenden Vorschriften auf die Arbeitszeit angerechnet. [4]Der besonderen Situation von Teilzeitbeschäftigten ist Rechnung zu tragen.

(3) Soweit Einrichtungen in privater Rechtsform oder andere Arbeitgeber nach eigenen Grundsätzen verfahren, sind diese abweichend von den Absätzen 1 und 2 maßgebend.

Erläuterungen

In § 44 Abs. 1 haben die Tarifpartner hinsichtlich der Erstattung von Reise- und Umzugskosten sowie Trennungsgeld die für Beamte jeweils geltenden Vorschriften in Bezug genommen. In Absatz 2 ist die Berücksichtigung von Reisezeiten im Rahmen von Dienstreisen als Arbeitszeit geregelt. Absatz 3 lässt für bestimmte Arbeitgeber von den Grundsätzen der Absätze 1 und 2 abweichende Regelungen zu.

Die Tatbestände waren bislang in den §§ 42, 44 und § 17 Abs. 2 BAT geregelt.

Auf die abweichenden Sonderregelungen in den §§ 45 und 47 (Bund) bzw. §§ 54 und 55 (VKA) des Besonderen Teils Verwaltung wird hingewiesen.

Anwendung beamtenrechtlicher Bestimmungen (Abs. 1)

In Absatz 1 ist bestimmt, dass für die Erstattung von Reise- und Umzugskosten sowie Trennungsgeld die für Beamte jeweils geltenden Vorschriften entsprechende – also sinngleiche – Anwendung finden sollen. Die Tarifpartner haben insoweit auf eine eigene Regelung verzichtet und nehmen die – bewährten – Regelungen für Beamte in Bezug.

Die wichtigsten Bestimmungen im Sinne dieser Vorschrift für Beamte sind:

Reisekostengesetze

- Baden-Württemberg: Landesreisekostengesetz vom 20. 5. 1996 (GBl. S. 466)
- Bayern: Bayerisches Reisekostengesetz i. d. F. der Bekanntmachung vom 24. 4. 2001 (GVBl. S. 133)
- Brandenburg: es gilt das Bundesreisekostengesetz i. d. F. der Bekanntmachung vom 26. 5. 2005 (BGBl. I S. 1418)
- Berlin: es gilt das Bundesreisekostengesetz i. d. F. der Bekanntmachung vom 26. 5. 2005 (BGBl. I S. 1418)
- Bremen: Bremisches Reisekostengesetz i. d. F. der Bekanntmachung vom 24. 2. 2009 (Brem. GBl. S. 48)
- Hamburg: Hamburgisches Reisekostengesetz i. d. F. der Bekanntmachung vom 21. 5. 1974 (HmbGVBl. S. 159)
- Hessen: Hessisches Reisekostengesetz i. d. F. der Bekanntmachung vom 9. 10. 2009 (GVBl. I S. 397)
- Mecklenburg-Vorpommern: Reisekostengesetz vom 3. 6. 1998 (GVOBl. M-V S. 554)
- Niedersachsen: es gilt weitgehend das Bundesreisekostengesetz i. d. F. der Bekanntmachung vom 26. 5. 2005 (BGBl. I S. 1418)
- Nordrhein-Westfalen: Landesreisekostengesetz i. d. F. der Bekanntmachung vom 16. 12. 1998 (GV. NRW. S. 738)
- Rheinland-Pfalz: Landesreisekostengesetz i. d. F. der Bekanntmachung vom 24. 3. 1999 (GVBl. S. 89)
- Saarland: Saarländisches Reisekostengesetz i. d. F. der Bekanntmachung vom 13. 8. 1976 (Amtsbl. S. 857)
- Sachsen: Sächsisches Reisekostengesetz i. d. F. der Bekanntmachung vom 8. 7. 1998 (SächsGVBl. S. 346)
- Sachsen-Anhalt: Gemäß § 4 des Gesetzes zur Neuregelung des Besoldungsrechts des Landes Sachsen-Anhalt vom 8. 2. 2011 (GVBl. LSA S. 68) gilt das Bundesreisekostengesetz i. d. F. der Bekanntmachung vom 26. 5. 2005 (BGBl. I S. 1418)
- Schleswig-Holstein: es gilt weitgehend das Bundesreisekostengesetz i. d. F. der Bekanntmachung vom 26. 5. 2005 (BGBl. I S. 1418)
- Thüringen: Thüringer Reisekostengesetz vom 23. 12. 2005 (GVBl. S. 446)

Umzugskostengesetze

- Baden-Württemberg: Landesumzugskostengesetz i. d. F. der Bekanntmachung vom 12. 2. 1996 (GBl. S. 127)

- Bayern: Bayerisches Umzugskostengesetz vom 27. 7. 2009 (GVBl. S. 400)
- Berlin: es gilt das Bundesumzugskostengesetz
- Brandenburg: es gilt das Bundesumzugskostengesetz
- Bremen: Bremisches Umzugskostengesetz i. d. F. der Bekanntmachung vom 28. 3. 2003 (Brem. GBl. S. 191)
- Hamburg: es gilt das Bundesumzugskostengesetz
- Hessen: Hessisches Umzugskostengesetz vom 26. 10. 1993 (GVBl. I S. 464)
- Mecklenburg-Vorpommern: Landesumzugskostengesetz vom 3. 6. 1998 (GVOBl. M-V S. 559)
- Niedersachsen: es gilt weitgehend das Bundesumzugskostengesetz
- Nordrhein-Westfalen: Landesumzugskostengesetz vom 6. 7. 1993 (GVBl. S. 464)
- Rheinland-Pfalz: Landesumzugskostengesetz vom 22. 12. 1992 (GVBl. S. 377)
- Saarland: Saarländisches Umzugskostengesetz i. d. F. der Bekanntmachung vom 13. 8. 1976 (Amtsbl. S. 863)
- Sachsen: Sächsisches Umzugskostengesetz vom 23. 11. 1993 (SächsGVBl. S. 1070)
- Sachsen-Anhalt: Gemäß § 4 des Gesetzes zur Neuregelung des Besoldungsrechts des Landes Sachsen-Anhalt vom 8. 2. 2011 (GVBl. LSA S. 68) gilt weitgehend das Bundesumzugskostengesetz
- Schleswig-Holstein: es gilt weitgehend das Bundesumzugskostengesetz
- Thüringen: Thüringer Umzugskostengesetz vom 2. 5. 2005 (GVBl. S. 446)

Berücksichtigung von Reisezeiten (Abs. 2)

In Absatz 2 haben die Tarifpartner geregelt, inwieweit Dienstreisezeiten als Arbeitszeit berücksichtigt werden. Nach Satz 1 der Vorschrift gilt grundsätzlich nur die Zeit des reinen Dienstgeschäftes als Arbeitszeit. In jedem Fall wird aber mindestens die auf den Dienstreisetag entfallende regelmäßige, durchschnittliche oder dienstplanmäßige Arbeitszeit berücksichtigt (Satz 2). Satz 3 legt fest, dass in den Fällen, in denen nicht anrechenbare Reisezeiten von mehr als 15 Stunden im Monat angefallen sind, 25 v. H. auf Antrag als Arbeitszeit gewertet und durch Freizeit ausgeglichen bzw. dem Gleitzeitkonto gutgeschrieben werden können. In Satz 4 ist bestimmt, dass der besonderen Situation von Teilzeitbeschäftigten besonders Rechnung getragen wird. Dies kann in der Praxis nur so aussehen, dass eine während Dienstreisen ggf. erfolgte – bezogen auf die individuelle Arbeitszeit – überproportionale Inanspruchnahme durch Freizeit ausgeglichen wird.

Beschäftigte anderer Arbeitgeber (Abs. 3)

Soweit Einrichtungen in privater Rechtsform oder andere Arbeitgeber eigene Grundsätze zur Erstattung von Reise- und Umzugskosten sowie zur Erstattung von Trennungsgeld und zur Berücksichtigung von Reisezeiten als Arbeitszeit haben, sind diese Grundsätze maßgebend – die beamtenrechtlichen Bestimmungen finden dann keine Anwendung.

B. Besonderer Teil Verwaltung (BT-V)

Abschnitt VIII
Sonderregelungen (Bund)

§ 45 (Bund) Sonderregelungen für Beschäftigte, die zu Auslandsdienststellen des Bundes entsandt sind

Zu Abschnitt I
Allgemeine Vorschriften

Nr. 1 Zu § 1 – Geltungsbereich –

(1) Diese Sonderregelungen gelten für Beschäftigte mit deutscher Staatsangehörigkeit (Deutsche im Sinne des Artikels 116 GG) oder einer Staatsangehörigkeit eines anderen Mitgliedstaates der Europäischen Union bei den diplomatischen und berufskonsularischen Vertretungen sowie bei anderen Dienststellen der Bundesrepublik im Ausland (Auslandsdienststellen), die nach Abschluss eines Arbeitsvertrages nach Bundestarifrecht von ihrer obersten Bundesbehörde zur Dienstleistung in das Ausland entsandt worden sind (entsandte Kräfte) oder denen die gleiche Rechtsstellung durch einen mit der obersten Bundesbehörde geschlossenen Arbeitsvertrag eingeräumt worden ist.

(2) Die Nrn. 3, 4 und 12 gelten auch für Beschäftigte des Bundes, die bei einer Inlandsdienststelle tätig sind, dem Inhalt ihres Arbeitsvertrages nach jedoch auch zu Auslandsdienststellen entsandt werden können.

(3) Diese Sonderregelungen gelten nicht für Beschäftigte, die Einheiten der Bundeswehr bei deren vorübergehender Verlegung zu Ausbildungszwecken in das Ausland folgen.

Nr. 2

[1]Für Beschäftigte bei Auslandsvertretungen (§ 3 Abs. 1 des Gesetzes über den Auswärtigen Dienst – GAD) gelten die §§ 14, 15, 19, 20, 21, 23, 24, 27 GAD entsprechend. [2]Die §§ 16, 22, 26 GAD gelten für diese Beschäftigten entsprechend, soweit keine Leistungen nach anderen Vorschriften gewährt werden.

Nr. 3 Zu § 3 – Allgemeine Arbeitsbedingungen –

Der Arbeitgeber kann auch Untersuchungen auf Tropentauglichkeit anordnen.

Nr. 4 Zu § 4 – Versetzung, Abordnung, Zuweisung, Personalgestellung –

§ 4 Abs. 1 Satz 2 gilt nicht.

Zu Abschnitt II
Arbeitszeit

Nr. 5 Zu § 6 – Regelmäßige Arbeitszeit –

[1]Eine Verkürzung der regelmäßigen Arbeitszeit für die Beamten an einer Auslandsdienststelle nach § 7 Abs. 2 Satz 1 des Gesetzes über den Auswärtigen Dienst bzw. nach § 3 Abs. 4 der Arbeitszeitverordnung gilt auch für die entsprechenden Beschäftigten an dieser Dienststelle. [2]In diesen Fällen findet ein Ausgleich für Überstunden (Nr. 6 Satz 1) nur statt, wenn die verkürzte regelmäßige Arbeitszeit um mehr als fünf Stunden im Monat überschritten wird.

Nr. 6 Zu § 8 – Ausgleich für Sonderformen der Arbeit –

[1]Überstundenentgelt, Zeitzuschläge und Zulagen nach § 8 werden nicht gezahlt. [2]Alle Überstunden sind bis zum Ende des sechsten Kalendermonats nach Ableistung der Überstunden durch entsprechende bezahlte Arbeitsbefreiung auszugleichen. [3]Rufbereitschaft und Arbeitsleistung innerhalb der Rufbereitschaft werden nicht bezahlt, sondern unter Berücksichtigung des Satzes 1 auf der Berechnungsgrundlage des § 8 Abs. 3 in Freizeit ausgeglichen; § 8 Abs. 2 gilt entsprechend

Protokollerklärung:
Das Entgelt für die tatsächliche Arbeitsleistung zuzüglich der Zeitzuschläge für Überstunden ist das Überstundenentgelt.

Zu Abschnitt III
Eingruppierung, Entgelt und sonstige Leistungen

Nr. 7 Zu § 14 – Vorübergehende Übertragung einer höherwertigen Tätigkeit –

[1]Die persönliche Zulage nach § 14 Abs. 3 wird auch dann nicht gezahlt, wenn die Beschäftigten andere Beschäftigte oder Beamte während deren Heimaturlaubs länger als einen Monat oder im Fall des § 14 Abs. 2 länger als drei Tage vertreten. [2]Zeiten einer höherwertigen Heimaturlaubsvertretung werden bei einer anschließenden höherwertigen Vertretung aus anderen Gründen auf die in § 14 Abs. 1 genannte Frist von einem Monat angerechnet.

Protokollerklärung:

[1]Dem Beschäftigten darf innerhalb eines Jahres eine Heimaturlaubsvertretung nur einmal übertragen werden. [2]Die Regelung für Beschäftigte gemäß § 38 Abs. 5 Satz 2 tritt erst bei In-Kraft-Treten eines Tarifvertrags nach § 14 Abs. 2 in Kraft.

Nr. 8[1]) Zu § 15 – Tabellenentgelt –

(1) [1]Beschäftigten mit dienstlichem und tatsächlichem Wohnsitz im Ausland werden zu dem Tabellenentgelt (§ 15) Auslandsbezüge in entsprechender Anwendung der §§ 15 und 52 bis 55 des Bundesbesoldungsgesetzes gezahlt. [2]Die Auslandsbezüge bleiben bei der Jahressonderzahlung nach § 20 (Bund) unberücksichtigt.

(2) [1]Die Tabelle Auslandszuschlag der Anlage VI.1 Bundesbesoldungsgesetz findet mit der Maßgabe Anwendung, dass anstelle der Zeilen des Tabellenkopfes „Grundgehaltsspanne von – bis" der Tabellenkopf nach Anlage B (Bund) Anwendung findet. [2]Die Beträge der Anlage B (Bund) nehmen an allgemeinen Entgeltanpassungen teil. [3]Teilzeitbeschäftigten steht der Auslandszuschlag anteilig gemäß § 24 Abs. 2 zu.

Protokollerklärung:

Die Tarifvertragsparteien überprüfen Ende 2015, ob die Entwicklung der Zuschlagstabellen für Tarifbeschäftigte und Beamtinnen und Beamte kohärent verläuft oder Anpassungsbedarf besteht.

(3) [1]Zulagen und Zuschläge werden mit Ausnahme der in Absatz 1 geregelten Entgeltbestandteile den bei Auslandsdienststellen tätigen Beschäftigten nicht gezahlt. [2]Aufwandsentschädigungen werden nach den für die entsprechenden Beamtinnen und Beamten geltenden Bestimmungen gezahlt.

Niederschriftserklärung zu Nr. 8:

Die Tarifvertragsparteien stimmen überein, dass der Auslandszuschlag, der nach Maßgabe des § 45 (Bund) Nr. 8 Abs. 2 TVöD-BT-V in entsprechender Anwendung der Tabelle Auslandszuschlag der Anlage VI.1 Bundesbesoldungsgesetz auf der

---

[1]) Die Vorschrift ist zum 31. März 2009 gekündigt worden. Für Beschäftigte, deren Arbeitsverhältnis zum Bund über den 31. März 2009 hinaus fortbesteht, gelten die gekündigten Normen im Wege der Nachwirkung bis zur Neuregelung weiter (§ 4 Abs. 5 Tarifvertragsgesetz). Das Bundesministerium des Innern hat sich mit RdSchr. vom 10. Juni 2009 damit einverstanden erklärt, dass die gekündigte Vorschrift für nach dem 31. März 2009 eingestellte Beschäftigte übertariflich ebenfalls Anwendung findet.

Grundlage einer/eines Vollzeitbeschäftigten ermittelt wurde, anschließend nach § 24 Abs. 2 TVöD zeitratierlich zu berechnen ist.

Nr. 9 Zu § 22 – Entgelt im Krankheitsfall –

(1) [1]Bei einer durch Krankheit oder Arbeitsunfall verursachten Arbeitsunfähigkeit im Ausland werden das Tabellenentgelt und die Auslandsbezüge (Nr. 8) ohne Rücksicht auf die Beschäftigungszeit bis zum Tage vor der Rückreise vom Auslandsdienstort in das Inland gewährt. [2]Die im § 22 Abs. 3 festgesetzten Fristen für die Gewährung eines Krankengeldzuschusses beginnen mit dem Tage der Abreise des Beschäftigten vom Auslandsdienstort zu laufen.

(2) Beschäftigte, die bei einer Auslandsdienststelle tätig sind, sollen den Nachweis der Arbeitsunfähigkeit durch eine Bescheinigung des Vertrauensarztes der Auslandsdienststelle erbringen; Beschäftigte bei einer diplomatischen oder konsularischen Vertretung sollen den Nachweis in der Weise erbringen, wie er durch die Geschäftsordnung für die Auslandsvertretung vorgesehen ist.

Nr. 10 Zu § 23 Abs. 3 – Sterbegeld –

Der Berechnung des Sterbegeldes für die Hinterbliebenen von Beschäftigten gemäß § 23 Abs. 3, die zur Zeit ihres Todes Auslandsbezüge erhielten, sind diese Auslandsbezüge, jedoch ausschließlich einer Aufwandsentschädigung, zugrunde zu legen.

Zu Abschnitt IV
Urlaub und Arbeitsbefreiung

Nr. 11 Zu § 26 – Erholungsurlaub –

(1) Für den Erholungsurlaub gelten neben den tariflichen Vorschriften die jeweiligen Bestimmungen für die im Ausland tätigen Bundesbeamten entsprechend.

(2) [1]Wird das Arbeitsverhältnis während oder mit Ablauf eines Urlaubs im Inland, für den Fahrkostenzuschuss gewährt wurde, aus einem vom Beschäftigten zu vertretenden Grunde gelöst, so werden die niedrigsten Fahrkosten (vgl. § 4 Abs. 2 der Heimaturlaubsverordnung) nur der Reise vom Dienstort in das Inland erstattet. [2]Wird das Arbeitsverhältnis innerhalb eines Jahres nach Beendigung eines Urlaubs im Inland aus einem vom Beschäftigten zu vertretenden Grunde gelöst, so hat der Beschäftigte die Hälfte der dafür erstatteten Fahrkosten zurückzuzahlen, es sei denn, dass er im Anschluss an

den Urlaub an einen anderen Dienstort versetzt worden war und den Dienst dort angetreten hatte.

Zu Abschnitt V
Befristung und Beendigung des Arbeitsverhältnisses

Nr. 12 Zu § 33 – Beendigung des Arbeitsverhältnisses ohne Kündigung –

(1) [1]Im Wirtschaftsdienst Beschäftigte der Entgeltgruppen 9 bis 15 bedürfen in den ersten zwei Jahren nach Beendigung des Arbeitsverhältnisses zur Aufnahme einer entgeltlichen Beschäftigung in einem der ausländischen Staaten, in dem sie während ihres Arbeitsverhältnisses tätig waren, der Genehmigung des Arbeitgebers. [2]Wird eine entgeltliche Beschäftigung ohne die erforderliche Genehmigung aufgenommen, so hat der Beschäftigte eine Vertragsstrafe in Höhe von drei Monatsbezügen seiner letzten Auslandsvergütung zu entrichten. [3]Die Geltendmachung von Schadensersatzansprüchen bleibt unberührt.

(2) Beschäftigte, die auf Kosten des Arbeitgebers eine besondere Ausbildung in einer Fremdsprache erhalten haben, sind verpflichtet, dem Arbeitgeber die Kosten dieser Ausbildung zu erstatten, wenn das Arbeitsverhältnis aus einem von dem Beschäftigten zu vertretenden Grunde vor Ablauf von drei Jahren nach Abschluss der Sprachausbildung endet.

Zu Abschnitt VII
Allgemeine Vorschriften

Nr. 13 Zu § 44 – Reise- und Umzugskosten, Trennungsgeld –

[1]Für die Gewährung von Umzugskostenvergütung bei Auslandsumzügen sind die für die Beamtinnen/Beamten des Arbeitgebers jeweils geltenden Bestimmungen mit folgenden Maßgaben sinngemäß anzuwenden:

1. Im Falle des Ausscheidens eines Beschäftigten aus dem Arbeitsverhältnis an einem Auslandsdienstort wird eine Umzugskostenvergütung nur gewährt, wenn für den Umzug an den Auslandsdienstort Umzugskostenvergütung gewährt und nicht zurückgefordert worden ist. § 19 Abs. 4 der Auslandsumzugskostenverordnung – AUV – bleibt unberührt.

2. Der Beschäftigte, dessen Arbeitsverhältnis aus einem von ihm nicht zu vertretenden Grunde im Ausland beendet worden ist, hat für sich und die in § 1 Abs. 1 Nr. 2 AUV bezeichneten Personen Anspruch auf eine Umzugskostenvergütung nach §§ 2 bis 5 und 10 AUV sowie § 9 Abs. 1 BUKG. Die Umzugskostenvergütung wird nur gewährt, wenn der Beschäftigte spätestens sechs Monate nach Beendigung des Arbeitsverhältnisses nach einem frei gewählten Wohnort im Inland umzieht. § 19 Abs. 1 bis 3 AUV bleibt unberührt. § 19 Abs. 1 bis 3 AUV gilt entsprechend, wenn der Beschäftigte wegen Bezugs eines vorgezogenen oder flexiblen Altersruhegeldes oder einer entsprechenden Versorgungsrente aus der zusätzlichen Alters- und Hinterbliebenenversorgung im Ausland aus dem Arbeitsverhältnis ausgeschieden ist.

3. In dem Falle der Nr. 11 Abs. 2 Satz 1 werden Auslagen für eine Umzugsreise nicht erstattet.

4. Endet das Arbeitsverhältnis aus einem von dem Beschäftigten zu vertretenden Grunde vor Ablauf von zwei Jahren nach einem Umzug, für den Umzugskostenvergütung nach § 3 Abs. 1 Nr. 1, § 4 Abs. 1 Nr. 1 oder Abs. 2 Nr. 3 und 4 des Bundesumzugskostengesetzes – BUKG – zugesagt worden war, so hat der Beschäftigte die Umzugskostenvergütung zurückzuzahlen. War die Umzugskostenvergütung nach § 3 Abs. 1 Nr. 1 BUKG zugesagt worden, ist nur der nach § 12 AUV gewährte Ausstattungsbeitrag zurückzuzahlen, wenn der Beschäftigte insgesamt mehr als zwei Jahre bei Auslandsdienststellen tätig war. Sätze 1 und 2 gelten nicht für eine nach § 3 Abs. 1 Nr. 1 BUKG zugesagte Umzugskostenvergütung, wenn das Arbeitsverhältnis aufgrund einer Kündigung durch den Beschäftigten endet. § 19 Abs. 4 AUV bleibt unberührt.

Nr. 14

Für Bundeswohnungen, die Beschäftigte an Auslandsdienststellen aus dienstlichen oder sonstigen im Interesse des Bundes liegenden Gründen zugewiesen werden, gilt sinngemäß die Allgemeine Verwaltungsvorschrift über die Bundesdienstwohnungen (Dienstwohnungsvorschriften – DWV –) vom 16. Februar 1970 (GMBl. S. 99) in ihrer jeweils geltenden Fassung und in Verbindung mit der Allgemeinen Verwaltungsvorschrift über die Bundesdienstwohnungen im Ausland (Dienstwohnungsvorschriften Ausland – DWVA –) vom 1. Februar 1973 (GMBl. S. 82) in der jeweils geltenden Fassung.

Zu Abschnitt VI
Übergangs- und Schlussvorschriften

Nr. 15 Zu § 37 – Ausschlussfrist –

Die Ausschlussfrist (§ 37) beträgt 9 Monate.

§ 46 (Bund) Sonderregelungen für Beschäftigte im Bereich des Bundesministeriums der Verteidigung

Kapitel I
Beschäftigte im Bereich des Bundesministeriums der Verteidigung

Zu Abschnitt I
Allgemeine Vorschriften

Nr. 1 Zu § 1 – Geltungsbereich –

Die Regelungen dieses Abschnitts gelten für die Beschäftigten des Bundesministeriums der Verteidigung, soweit sie nicht unter Kapitel II oder die Sonderregelung für in Ausland entsandte Beschäftigte (§ 45) fallen.

Nr. 2 Zu § 3 – Allgemeine Arbeitsbedingungen –

(1) Beschäftigte haben sich unter Fortzahlung des Entgelts nach § 21 einer Ausbildung im Selbstschutz sowie in der Hilfeleistung und Schadensbekämpfung bei Katastrophen zu unterziehen.

(2) [1]Beschäftigte haben jede ärztlich festgestellte und ihnen vom Arzt mitgeteilte übertragbare Krankheit innerhalb ihres Hausstandes unverzüglich dem Dienststellenleiter zu melden. [2]Zur Wahrung der ärztlichen Schweigepflicht kann der Meldung durch Übergabe eines verschlossenen Umschlages genügt werden, der nur vom Arzt zu öffnen ist.

(3) Beschäftigte können an den für die Bundeswehr angeordneten medizinischen Schutzmaßnahmen, insbesondere Schutzimpfungen, auf Kosten des Arbeitgebers teilnehmen.

(4) Beschäftigte haben vor Beginn und Ende einer größeren militärischen Unternehmung Anspruch auf eine ärztliche Untersuchung auf Kosten des Arbeitgebers.

Zu Abschnitt II
Arbeitszeit

Nr. 3 Zu § 6 – Regelmäßige Arbeitszeit –

(1) Kann die Arbeitsstelle nur mit einem vom Arbeitgeber gestellten Fahrzeug erreicht werden und trifft das Fahrzeug infolge höherer Gewalt nicht rechtzeitig an der Arbeitsstelle ein, wird die Zeit ab dem Zeitpunkt des auf der Arbeitsstelle angeordneten Arbeitsbeginns als Arbeitszeit gewertet.

(2) ¹Für Beschäftigte in Versorgungs- und Instandsetzungseinrichtungen sowie auf Flug-, Schieß- und Übungsplätzen beginnt und endet die Arbeitszeit am jeweils vorgeschriebenen Arbeitsplatz, soweit nicht ein Sammelplatz bestimmt wird. ²Stellt der Arbeitgeber bei Entfernungen von der Grenze der Arbeitsstelle (z. B. Eingangstor) bis zum Arbeitsplatz von mehr als einem Kilometer für diese Strecke eine kostenlose Beförderungsmöglichkeit nicht zur Verfügung, gilt die über die bei Gestellung eines Fahrzeugs üblicherweise benötigte Beförderungszeit hinausgehende Zeit als Arbeitszeit.

Protokollerklärung:
Der Begriff der Arbeitsstelle ist weiter als der Begriff des Arbeitsplatzes. Er umfasst z. B. den Verwaltungs-/Betriebsbereich in dem Gebäude/Gebäudeteil, in dem gearbeitet wird.

Nr. 4 Zu §§ 7, 8 – Sonderformen der Arbeit und Ausgleich für Sonderformen der Arbeit –

(1) Die Zeit des Bereitschaftsdienstes einschließlich der geleisteten Arbeit wird bei der Bemessung des Entgelts mit 50 v. H. als Arbeitszeit gewertet.

(2) ¹Rufbereitschaft darf bis zu höchstens zehn Tagen im Monat, in Ausnahmefällen bis zu höchstens 30 Tagen im Vierteljahr, angeordnet werden. ²Diese zeitliche Einschränkung gilt nicht für Zeiten erhöhter Bereitschaft für den Bereich der gesamten Bundeswehr.

(3) ¹Die Arbeitszeitdauer des Feuerwehrpersonals und des Wachpersonals beträgt, wenn in erheblichem Umfang Bereitschaftsdienst vorliegt, 24 Stunden je Schicht, sofern der Gesundheitsschutz der Beschäftigten durch Gewährung gleichwertiger Ausgleichsruhezeiten in unmittelbarem Anschluss an die verlängerten Arbeitszeiten gewährleistet wird. ²Aus dienstlichen Gründen kann ein kürzerer Schichtturnus festgelegt werden. ³Durch entsprechende Schichteinteilung soll sichergestellt werden, dass die regelmäßige wöchentliche Arbeitszeit bis zum Ende des Ausgleichszeitraums nach § 6 Abs. 2 im Durchschnitt nicht überschritten wird. ⁴Zeitzuschläge nach § 8 Abs. 1 Satz 2 Buchst. b werden zu 50 v. H. gezahlt. ⁵Zeitzuschläge nach § 8 Abs. 1 Satz 1 Buchst. f, sowie Zulagen nach Abs. 5 und 6 werden nicht gezahlt. ⁶Die über 168 Stunden hinausgehende Zeit wird bei der Bemessung des Entgelts mit 50 v. H. als Arbeitszeit gewertet und mit dem Überstundenentgelt vergütet.

(3a) Unter Beachtung der allgemeinen Grundsätze der Sicherheit und des Gesundheitsschutzes kann die Arbeitszeit des Feuerwehrpersonals, sofern in die Arbeitszeit regelmäßig und in erheblichem Umfang Bereitschaftsdienst fällt, auf bis zu 54 Stunden im Siebentageszeitraum ohne Ausgleich verlängert werden, wenn dienstliche Gründe bestehen und der oder die Beschäftigte schriftlich eingewilligt hat.

Protokollerklärung zu Absatz 3a:
Bei den Stundenzahlen handelt es sich um Durchschnittswerte, bezogen auf einen Ausgleichszeitraum von einem Jahr.

(3b) (weggefallen)

(3c) Beschäftigten, die die Einwilligung zur Verlängerung der Arbeitszeit nicht erklären oder die Einwilligung widerrufen, dürfen daraus keine Nachteile entstehen. Die Einwilligung kann mit einer Frist von sechs Monaten schriftlich widerrufen werden. Die Beschäftigten sind auf die Widerrufsmöglichkeit schriftlich hinzuweisen.

(4) Für Beschäftigte, die an Manövern und ähnlichen Übungen teilnehmen, gilt Anhang zu § 46. In den Fällen der Hilfeleistung und der Schadensbekämpfung bei Katastrophen gilt Abs. 1 Nr. 3 bis 5 des Anhangs zu § 46 entsprechend.

(5) Zuschläge – außer Zeitzuschläge nach § 8 – sowie Zulagen können im Einvernehmen mit den vertragsschließenden Gewerkschaften auch durch Verwaltungsanordnungen allgemein oder für den Einzelfall gewährt werden.

Zu Abschnitt III
Eingruppierung, Entgelt und sonstige Leistungen

Nr. 5

Beschäftigte, die für eine andere Tätigkeit qualifiziert werden, erhalten während der Qualifizierungszeit ihr bisheriges Tabellenentgelt und sonstige Entgeltbestandteile.

Zu Abschnitt IV
Urlaub und Arbeitsbefreiung

Nr. 6 Zu § 26 – Erholungsurlaub –

Bei der Berechnung nach § 21 werden die leistungsabhängigen Entgeltbestandteile aus dem Leistungslohnverfahren nach dem Tarifvertrag über die Ausführung von Arbeiten im Leistungslohnverfahren im Bereich der SR 2a des Abschnitts A der Anlage 2 MTArb (Gedinge-richtlinien) berücksichtigt.

Nr. 7 Zu § 27 – Zusatzurlaub –

Für Beschäftigte, die unter Nr. 4 Abs. 3 fallen, beträgt der Zusatz-urlaub für je vier Monate der Arbeitsleistung im Kalenderjahr einen Arbeitstag.

Kapitel II
Besatzungen von Binnen- und Seefahrzeugen und von schwimmenden Geräten im Bereich des Bundesministeriums der Verteidigung

Zu Abschnitt I
Allgemeine Vorschriften

Nr. 8 Zu § 1 – Geltungsbereich –

[1]Die Regelungen dieses Abschnitts gelten für die im Bereich des Bundesministeriums der Verteidigung beschäftigten Besatzungen von Schiffen und schwimmenden Geräten. [2]Zur Besatzung eines Schiffes gehören nur diejenigen Beschäftigten, die mit Rücksicht auf Schifffahrt und Betrieb an Bord, gegebenenfalls in mehreren Schichten, tätig sein müssen und deren Tätigkeit in dem Stellen- und Ausrüstungsnachweis (STAN) aufgeführt ist.

Protokollerklärung zu Satz 2:
Die Eintragung in dem STAN berührt die Eingruppierung in die Entgeltgruppen nicht.

Nr. 9 Zu § 3 – Allgemeine Arbeitsbedingungen –

(1) Beschäftigte können an den für die Bundeswehr angeordneten medizinischen Schutzmaßnahmen, insbesondere Schutzimpfungen, auf Kosten des Arbeitgebers teilnehmen.

(2) Beschäftigte haben vor Beginn und Ende einer größeren militäri-schen Unternehmung Anspruch auf eine ärztliche Untersuchung auf Kosten des Arbeitgebers.

(3) [1]Als Besatzungsmitglied von Schiffen und schwimmenden Geräten darf nur beschäftigt werden, wer von einem Betriebsarzt auf See-diensttauglichkeit untersucht sowie von ihr/ihm als seediensttauglich erklärt worden ist und wenn hierüber ein gültiges Zeugnis dieses Arztes vorliegt. [2]Wird in dem Zeugnis keine Seediensttauglichkeit

festgestellt, ist dem Besatzungsmitglied grundsätzlich eine geeignete gleichwertige Beschäftigung an anderer Stelle zuzuweisen. ³Ist dies nicht möglich, erhält der Beschäftigte eine Ausgleichszulage in Höhe des Unterschiedsbetrages zwischen seinem bisherigen und neuen Tabellenentgelt.

(4) ¹Beschäftigte haben jede ärztlich festgestellte und ihnen vom Arzt mitgeteilte übertragbare Krankheit innerhalb ihres Hausstandes unverzüglich dem Dienststellenleiter zu melden. ²Zur Wahrung der ärztlichen Schweigepflicht kann der Meldung durch Übergabe eines verschlossenen Umschlages genügt werden, der nur vom Arzt zu öffnen ist.

(5) Beschäftigte haben sich unter Zahlung des Urlaubsentgelts einer Ausbildung im Selbstschutz sowie in der Hilfeleistung und Schadensbekämpfung bei Katastrophen zu unterziehen.

(6) Zu den allgemeinen Pflichten gehört auch das Ableisten von Wachdienst.

(7) Besatzungsmitglieder von Schiffen oder schwimmenden Geräten, die mit Schiffsküchen versehen sind, können verpflichtet werden, an der Bordverpflegung teilzunehmen.

Zu Abschnitt II
Arbeitszeit

Nr. 10 Zu § 6 – Regelmäßige Arbeitszeit –

(1) ¹Die regelmäßige Arbeitszeit kann aus notwendigen betrieblichen/dienstlichen Gründen auf sieben Tage verteilt werden. ²Die gesetzlich vorgeschriebene Ruhezeit darf nur in höchstens zwei Zeiträume aufgeteilt werden, wenn einer eine Mindestdauer von 6 Stunden hat. ³Bei Fahrten von Schiffen in See können die gesetzlich vorgeschriebenen Ersatzruhetage für Sonn- und Feiertagsarbeit bis zum Ablauf des Ausgleichszeitraums nach § 8 Abs. 2 zusammenhängend gewährt werden.

(2) Die regelmäßige Arbeitszeit beträgt

a) für Hafendiensttage auf Drei-, Zwei- und Einwachenschiffen acht Stunden arbeitstäglich oder 39 Stunden wöchentlich,

b) für Seediensttage auf Dreiwachenschiffen acht Stunden täglich, auf Zwei- und Einwachenschiffen neun Stunden täglich.

Protokollerklärung zu Absatz 2:

[1]Seediensttage sind alle Tage, an denen sich das Schiff mindestens 1½ Stunden außerhalb der jeweiligen seewärtigen Zollgrenze des Hafens aufhält. [2]Geht ein Schiff außerhalb des Heimathafens in einem fremden Hafen vor Anker oder wird es dort festgemacht, gelten die dort verbrachten Zeiten erst nach Ablauf des dritten Tages als Hafendiensttage. [3]Vorher sind auch die im fremden Hafen verbrachten Tage als Seediensttage zu bewerten. [4]Geht das Schiff auf außerdeutschen Liegeplätzen vor Anker oder wird es dort festgemacht, sind die dort verbrachten Zeiten immer als Seediensttage zu bewerten.

(3) Die regelmäßige Arbeitszeit während der Seedienst- und Hafendiensttage gilt durch das Tabellenentgelt (§ 15) als abgegolten.

(4) [1]Die Arbeitszeit beginnt und endet an der Arbeitsstelle. [2]Kann die Arbeitsstelle nur mit einem vom Arbeitgeber gestellten schwimmenden Fahrzeug erreicht werden, so wird die Transportzeit bei der Hin- und Rückfahrt jeweils mit 50 v. H. als Arbeitszeit gewertet. [3]Die regelmäßige Arbeitszeit kann entsprechend verlängert werden. [4]Trifft das Fahrzeug infolge höherer Gewalt nicht rechtzeitig an der Arbeitsstelle ein, wird – unbeschadet des Satzes 2 – die Zeit ab dem Zeitpunkt des auf der Arbeitsstelle angeordneten Arbeitsbeginns als Arbeitszeit gewertet.

Nr. 11 Zu § 7 – Sonderformen der Arbeit –

(1) [1]Rufbereitschaft darf bis zu höchstens 10 Tagen im Monat, in Ausnahmefällen bis zu höchstens 30 Tagen im Vierteljahr, angeordnet werden. [2]Diese zeitliche Einschränkung gilt nicht für Zeiten erhöhter Bereitschaft für den Bereich der gesamten Bundeswehr.

(2) Außerhalb der regelmäßigen Arbeitszeit angeordnete Anwesenheit an Bord wird bei der Bemessung des Entgelts zu 50 v. H. als Arbeitszeit gewertet, es sei denn, dass Freiwache gewährt wird oder dass Arbeit angeordnet ist.

(3) [1]Für Beschäftigte, die über 10 Stunden hinaus zum Wachdienst herangezogen werden, können Wachschichten bis zu zwölf Stunden festgesetzt werden, wenn in den Wachdienst in erheblichem Umfang Bereitschaftsdienst im Sinne § 7 Abs. 1 Nr. 1 Buchst. a Arbeitszeitgesetz fällt. [2]Für die Bemessung des Entgelts während der Wachdienste gelten folgende Vorschriften:

1. Bei folgenden Wachschichten wird für jede Wachstunde das volle Entgelt gezahlt:

a) Durchgehende Wachdienste, bei denen Pausen oder inaktive Zeiten während des Bereitschaftsdienstes weniger als ein Drittel der Gesamtwachzeit ausmachen.

b) Wachdienste, die ausschließlich im Freien abgeleistet werden oder bei denen auf Anordnung oder infolge besonderer Umstände eine Bindung an einen vorgeschriebenen Platz besteht (z. B. Decks-, Maschinen-, Brücken- oder Ankerwachen).

2. Anwesenheitswachdienste, die nicht den in Nr. 1 genannten Einschränkungen unterliegen, werden wie folgt bewertet:

a) Bei einer Tageswachschicht wird je eineinhalb Wachstunden das Entgelt für eine Arbeitsstunde gezahlt.

b) Bei einer Nachtwachschicht bis zu zwölf Stunden wird eine Stundengarantie von drei Arbeitsstunden angesetzt, wenn beim Wachdienst nur Anwesenheit verlangt und eine Schlafgelegenheit gestellt wird. Soweit die Voraussetzungen nach Satz 1 nicht vorliegen, gilt Buchstabe a entsprechend.

(4) Bei sämtlichen Arten der Anwesenheitswachdienste wird für kleine Arbeiten während der Wache, die insgesamt weniger als zwei Stunden betragen, keine besondere Vergütung gezahlt.

(5) [1]Im Seebetrieb kann die tägliche Arbeitszeit für Besatzungsmitglieder

– auf Ein- und Zwei-Wachen-Schiffen auf bis zu 12 Stunden und

– auf Ein-, Zwei- oder Drei-Wachen-Schiffen, wenn hierfür dringende betriebliche/dienstliche Gründe vorliegen, auf bis zu 13 Stunden

verlängert werden. [2]Der Gesundheitsschutz der Besatzungsmitglieder ist durch einen entsprechenden Ausgleich durch Freizeit zu gewährleisten, so dass bis zum Ende des Ausgleichszeitraums nach § 6 Abs. 2 im Durchschnitt möglichst die regelmäßige wöchentliche Arbeitszeit, zumindest aber die gesetzlich nach dem Arbeitszeitgesetz oder tarifvertraglich im Anwendungsbereich des Absatzes 6 vorgesehene Höchstarbeitszeit nicht überschritten wird.

Protokollerklärung zu Absatz 5:
Seebetrieb liegt ab dem Zeitpunkt vor, in dem das Schiff zum Antritt oder zur Fortsetzung der Fahrt in See seinen Liegeplatz im Hafen zu verlassen beginnt und endet mit dem Zeitpunkt, in dem das Schiff im Hafen ordnungsgemäß festgemacht hat. Liegt das Schiff in der Werft, liegt kein Seebetrieb vor.

I

Nr. 12 Zu § 8 – Ausgleich für Sonderformen der Arbeit –

(1) Bei Seediensttagen werden die über acht Stunden täglich – höchstens 48 Stunden in der Woche – hinaus geleisteten Stunden als Überstunden bezahlt.

(2) Fallen in einer Kalenderwoche nur Hafendiensttage an, ist § 7 Abs. 7 anzuwenden.

(3) [1]Fallen in einer Kalenderwoche Hafen- und Seediensttage an, gelten die über 48 Stunden hinaus geleisteten Arbeitsstunden als Überstunden. [2]Zeiten, die nach Nr. 10 Abs. 1 Satz 3 auszugleichen sind, bleiben unberücksichtigt. [3]Wird die regelmäßige wöchentliche Arbeitszeit nach § 6 Abs. 1 um mindestens zwei Stunden überschritten, gelten bei der Berechnung des Entgelts zusätzlich zwei Arbeitsstunden als Überstunden.

(4) Für Seediensttage betragen die Zeitzuschläge nach § 8 Abs. 1 Satz 1 Buchst. b, c, f 50 v. H. des Zeitzuschlages nach § 8 Abs. 1 Satz 1 Buchst. f; die Zeitzuschläge nach § 8 Abs. 1 Satz 1 Buchst. d und e werden in Höhe von 50 v. H. gezahlt.

(5) Bei angeordneter Anwesenheit an Bord nach Nr. 11 Abs. 1 werden Zeitzuschläge nach § 8 Abs. 1 Buchst. b bis f nicht gezahlt.

(6) Bei allen Formen des Wachdienstes im Sinne der Nr. 11 Abs. 3 Satz 2 Nr. 2 wird der Zeitzuschlag nach § 8 Abs. 1 Buchst. b und Buchst. f nicht gezahlt.

Zu Abschnitt III
Eingruppierung, Entgelt und sonstige Leistungen

Nr. 13

Beschäftigte, die für eine andere Tätigkeit qualifiziert werden, erhalten während der Qualifizierungszeit ihr bisheriges Tabellenentgelt und sonstige Entgeltbestandteile.

Nr. 14 Zu § 19 – Erschwerniszuschläge –

Bei Bergungen und Hilfeleistungen sowie Havariearbeiten und mit diesen zusammenhängenden Arbeiten werden Zuschläge in Höhe von 25 v. H. des auf eine Stunde entfallenden Anteils des monatlichen Entgelts der Stufe 2 der Entgeltgruppe 2 gezahlt. Dies gilt auch bei Bergungen von Fahrzeugen und Gegenständen der eigenen Verwaltung sowie Hilfeleistungen für solche Fahrzeuge und Gegenstände, sofern die Leistungen besonders schwierig oder mit erheblicher Gefahr verbunden waren.

Zu Abschnitt IV
Urlaub und Arbeitsbefreiung

Nr. 15 Zu § 27 – Zusatzurlaub –

Die Regelungen über Zusatzurlaub nach § 27 finden keine Anwendung.

Nr. 16 Zu Anhang zu § 46 – Regelung für die Teilnahme an Manövern und ähnlichen Übungen –

Der Anhang zu § 46 gilt auch für Besatzungsmitglieder von Binnenfahrzeugen bei Teilnahme an Manövern und ähnlichen Übungen in Binnengewässern.

Nr. 17 Zu Abschnitt VI – Übergangs- und Schlussvorschriften –

Beschäftigten, die auf einem Fahrzeug oder schwimmenden Gerät tätig sind, wird der bei Havarie oder Sinken des Fahrzeuges oder schwimmenden Gerätes, durch Brand, Explosion oder Einbruchsdiebstahl oder durch ähnliche Ursachen auf dem Fahrzeug oder Gerät nachweisbar entstandene Schaden an persönlichen Gegenständen bis zum Höchstbetrag von 1500 Euro im Einzelfall ersetzt.

Kapitel III
Medizinische Beschäftigte einschließlich Ärztinnen und Ärzten
sowie Zahnärztinnen und Zahnärzten
in Bundeswehrkrankenhäusern und anderen
kurativen Einrichtungen der Bundeswehr

Zu Abschnitt I
Allgemeine Vorschriften

Nr. 18 Zu § 1 – Geltungsbereich –

(1) Diese Regelungen gelten für medizinische Beschäftigte, die in Bundeswehrkrankenhäusern und anderen kurativen Einrichtungen der Bundeswehr beschäftigt sind.

Protokollerklärungen zu Absatz 1:

1. Medizinische Beschäftigte sind:
   1. Beschäftigte im Pflegedienst mit Tätigkeiten nach Teil IV Abschnitt 25 der Anlage 1 zum Tarifvertrag über die Entgeltordnung des Bundes,
   2. Ärztinnen und Ärzte sowie Zahnärztinnen und Zahnärzte,

3. Beschäftigte in Gesundheitsberufen mit Tätigkeiten nach Teil III Abschnitt 21 der Anlage 1 zum Tarifvertrag über die Entgeltordnung des Bundes sowie

4. Psychologinnen und Psychologen.

2. ¹Andere kurative Einrichtungen sind Einrichtungen, in denen Patientinnen und Patienten ärztlich behandelt oder begutachtet werden, z. B. Fachsanitätszentren, Sanitätsunterstützungszentren, Sanitätsversorgungszentren oder Sanitätsstaffeln. ²Andere kurative Einrichtungen liegen auch bei Einsatz auf Schiffen, Flugzeugen oder anderen Beförderungsmitteln vor, wenn diese mit medizinischen Beschäftigten ausgestattet sind (z. B. Bord-Ärztin oder Bord-Arzt, MedEvac).

(2) Für die medizinischen Beschäftigten gelten die Regelungen der §§ 41 bis 52 sowie 55 und 56 des Tarifvertrages für den öffentlichen Dienst – Besonderer Teil Krankenhäuser – (BT-K) – vom 1. August 2006 in der Fassung des Änderungstarifvertrages Nr. 7 zum BT-K vom 29. April 2016 entsprechend, soweit im Folgenden nicht etwas anderes bestimmt ist.

Zu Abschnitt II
Arbeitszeit

Nr. 19   Zu § 44 BT-K – Regelmäßige Arbeitszeit –

Absatz 1 und 2 finden keine Anwendung.

Nr. 20   Zu § 45 BT-K – Bereitschaftsdienst und Rufbereitschaft –

Die in Absatz 3 Satz 1 eröffnete Möglichkeit einer Umsetzung durch eine Betriebs-/Dienstvereinbarung kann für den Bund auch durch einen Bundestarifvertrag erfolgen.

Nr. 21   Zu § 46 BT-K – Bereitschaftsdienstentgelt –

Absatz 4 gilt mit der Maßgabe, dass an Stelle der Anlage G BT-K die Anlage C (Bund) Anwendung findet und dass sich die Bereitschaftsdienstentgelte bei allgemeinen Entgeltanpassungen um den von den Tarifvertragsparteien für die jeweilige Entgeltgruppe festgelegten Vomhundertsatz verändern.

Zu Abschnitt III
Eingruppierung, Entgelt und sonstige Leistungen

Nr. 22   Zu § 52 BT-K – Tabellenentgelt –

(1) Absatz 2 findet keine Anwendung.

(2) Ärztinnen und Ärzte erhalten ein Tabellenentgelt nach der Anlage D (Bund).

(3) Beschäftigte im Pflegedienst erhalten ein Tabellenentgelt nach Anlage E (Bund).

(4) Die übrigen medizinischen Beschäftigten erhalten das Tabellenentgelt nach den für den Bund geltenden allgemeinen Regelungen des TVöD.

(5) [1]Medizinische Beschäftigte, die für eine andere Tätigkeit qualifiziert werden, erhalten während der Qualifizierungszeit ihr bisheriges Tabellenentgelt und sonstige Entgeltbestandteile. [2]Für Beschäftigte im Pflegedienst gilt § 22 Abs. 2 TVÜ-VKA entsprechend.

Nr. 23 zu § 20 (Bund) – Jahressonderzahlung –

(1) § 20 (Bund) findet auf Ärztinnen und Ärzte keine Anwendung.

(2) Auf die Beschäftigten der Entgeltgruppe Kr. 9a findet der in § 20 (Bund) Abs. 2 Satz 1 für die Entgeltgruppen 1 bis 8 ausgewiesene Prozentsatz Anwendung.

Niederschriftserklärung zu § 46 (Bund) Kapitel III TVöD-BT-V:

Im Falle einer Änderung des Tarifvertrages für den öffentlichen Dienst – Besonderer Teil Krankenhäuser – (BT-K) – vom 1. August 2006 in der Fassung des Änderungstarifvertrages Nr. 5 vom 31. März 2012 im Bereich der §§ 41 bis 52, 55 oder 56 nehmen die Tarifvertragsparteien umgehend Verhandlungen über eine Übernahme der Änderungen auf.

§ 47 (Bund) **Sonderregelungen für Beschäftigte im Bereich des Bundesministeriums für Verkehr und digitale Infrastruktur**

Kapitel I
Allgemeine Bestimmungen
für Beschäftigte der Wasser- und Schifffahrtsverwaltung des Bundes und des Bundesamtes für Seeschifffahrt und Hydrographie

Zu Abschnitt I
Allgemeine Vorschriften

Nr. 1   Zu § 1 – Geltungsbereich –

(1) [1]Diese Sonderregelungen gelten für die Beschäftigten der Wasser- und Schifffahrtsverwaltung des Bundes, die beim Bau, der Unterhaltung und dem Betrieb von wasserbaulichen Einrichtungen und wasserwirtschaftlichen Anlagen eingesetzt sind einschließlich der Besatzungen von Schiffen und von schwimmenden Geräten, soweit die Schiffe und schwimmenden Geräte in den von der Verwaltung aufzustellenden Schiffslisten aufgeführt sind. [2]Zur Besatzung eines Schiffes oder schwimmenden Gerätes gehören nur diejenigen Beschäftigten, die mit Rücksicht auf Schifffahrt und Betrieb an Bord, gegebenenfalls in mehreren Schichten, tätig sein müssen und in der von der Verwaltung aufzustellenden Bordliste aufgeführt sind. [3]Beschäftigte, die an Bord Arbeiten verrichten, ohne selbst in der Bordliste aufgeführt zu sein, werden für die Dauer dieser Tätigkeit wie Besatzungsmitglieder behandelt. [4]Die Regelungen gelten auch für Beschäftigte der Wasser- und Schifffahrtsverwaltung des Bundes, die auf nicht bundeseigenen Schiffen und schwimmenden Geräten eingesetzt sind.

(2) [1]Diese Sonderregelungen gelten auch für die Besatzungen der seegehenden Schiffe des Bundesamtes für Seeschifffahrt und Hydrographie (BSH); Nr. 8 und Kapitel III gelten auch für vorübergehend an Bord eingesetzte Beschäftigte des BSH. [2]Zur Besatzung eines Schiffes gehören nur diejenigen Beschäftigten, die mit Rücksicht auf Schifffahrt und Betrieb an Bord, gegebenenfalls in mehreren Schichten, tätig sein müssen und in der von der Verwaltung aufzustellenden Bordliste aufgeführt sind.

Protokollerklärung:

Die Eintragung in die Bordliste berührt die tarifliche Eingruppierung in die Entgeltgruppen nicht.

Nr. 2 Zu § 3 – Allgemeine Arbeitsbedingungen –

Zu den allgemeinen Pflichten gehört auch das Ableisten von Wachdienst.

Zu Abschnitt II
Arbeitszeit

Nr. 3 Zu § 6 – Regelmäßige Arbeitszeit –

(1) Außerhalb der regelmäßigen Arbeitszeit angeordnete Anwesenheit an Bord wird bei der Bemessung des Entgelts zu 50 v. H. als Arbeitszeit gewertet, es sei denn, dass Freiwache gewährt wird oder dass Arbeit angeordnet ist.

(2) [1]Für Beschäftigte, die über 10 Stunden hinaus zum Wachdienst herangezogen werden, können Wachschichten bis zu zwölf Stunden festgesetzt werden, wenn in den Wachdienst in erheblichem Umfang Bereitschaftsdienst im Sinne § 7 Abs. 1 Nr. 1 Buchst. a Arbeitszeitgesetz fällt. [2]Für die Bemessung des Entgelts während der Wachdienste gelten folgende Vorschriften:

1. Bei folgenden Wachschichten wird für jede Wachstunde das volle Entgelt gezahlt:
   a) Durchgehende Wachdienste, bei denen Pausen oder inaktive Zeiten während des Bereitschaftsdienstes weniger als ein Drittel der Gesamtwachzeit ausmachen.
   b) Wachdienste, die ausschließlich im Freien abgeleistet werden oder bei denen auf Anordnung oder infolge besonderer Umstände eine Bindung an einen vorgeschriebenen Platz besteht (z. B. Decks-, Maschinen-, Brücken- oder Ankerwachen).
2. Anwesenheitswachdienste, die nicht den in Nr. 1 genannten Einschränkungen unterliegen, werden wie folgt bewertet:
   a) Bei einer Tageswachschicht wird je eineinhalb Wachstunden das Entgelt für eine Arbeitsstunde gezahlt.
   b) Bei einer Nachtwachschicht bis zu zwölf Stunden wird eine Stundengarantie von drei Arbeitsstunden angesetzt, wenn beim Wachdienst nur Anwesenheit verlangt und eine Schlafgelegenheit gestellt wird. Soweit die Voraussetzungen nach Satz 1 nicht vorliegen, gilt Buchstabe a entsprechend.

(3) Bei sämtlichen Arten der Anwesenheitswachdienste wird für kleine Arbeiten während der Wache, die insgesamt weniger als zwei Stunden betragen, keine besondere Vergütung gezahlt.

Nr. 4 Zu § 8 – Ausgleich für Sonderformen der Arbeit –

(1) Bei angeordneter Anwesenheit an Bord nach Nr. 3 Abs. 1 werden Zeitzuschläge nach § 8 Buchst. b bis f nicht gezahlt.

(2) Bei allen Formen des Wachdienstes im Sinne der Nr. 3 Abs. 2 Satz 2 Nr. 2 wird der Zeitzuschlag nach § 8 Abs. 1 Buchst. b und Buchst. f nicht gezahlt.

Zu Abschnitt III
Eingruppierung, Entgelt und sonstige Leistungen

Nr. 5

Beschäftigte, die für eine andere Tätigkeit qualifiziert werden, erhalten während der Qualifizierungszeit ihr bisheriges Tabellenentgelt und sonstige Entgeltbestandteile.

Nr. 6 Zu § 19 – Erschwerniszuschläge –

(1) Bei Bergungen und Hilfeleistungen sowie Havariearbeiten und mit diesen zusammenhängenden Arbeiten werden Zuschläge in Höhe von 25 v. H. des auf eine Stunde entfallenden Anteils des monatlichen Entgelts der Stufe 2 der Entgeltgruppe 2 gezahlt. Dies gilt auch bei Bergungen von Fahrzeugen und Gegenständen der eigenen Verwaltung sowie Hilfeleistungen für solche Fahrzeuge und Gegenstände, sofern die Leistungen besonders schwierig oder mit erheblicher Gefahr verbunden waren.

(2) Auf Gewässerschutzschiffen gemäß Objektkatalog und auf dem Laderaumsaugbagger wird für Einsätze zum Feuerschutz bzw. zur Bekämpfung von Schadstoffen, Öl oder Chemikalien je Einsatztag ein Zuschlag in Höhe von 50 Euro gezahlt und die Verpflegung vom Arbeitgeber unentgeltlich bereitgestellt; dies gilt nicht für Übungseinsätze. Absatz 1 findet keine Anwendung.

(3) [1]Tauchereinsatzleiterinnen und Tauchereinsatzleiter erhalten pro Stunde ihres Einsatzes einen Zuschlag in derselben Höhe, wie ihn die Taucherinnen und Taucher nach dem Tarifvertrag über Taucherzuschläge für Arbeiter des Bundes vom 13. September 1973 erhalten, für die die Tauchereinsatzleiterinnen und Tauchereinsatzleiter während der Tauchgangs verantwortlich sind. [2]Sind Tauchereinsatzleiterinnen und Tauchereinsatzleiter bei einem Einsatz für mehrere

Taucherinnen oder Taucher verantwortlich, steht ihnen der Zuschlag nur in einfacher Höhe zu.

Zu Abschnitt IV
Urlaub und Arbeitsbefreiung

Nr. 7 Zu § 27 – Zusatzurlaub –

Die Regelungen über Zusatzurlaub nach § 27 gelten nicht bei Tätigkeiten nach Nr. 3.

Zu Abschnitt VI
Übergangs- und Schlussvorschriften

Nr. 8

Beschäftigten, die auf einem Fahrzeug oder schwimmenden Gerät tätig sind, wird der bei Havarie oder Sinken des Fahrzeuges oder schwimmenden Gerätes, durch Brand, Explosion oder Einbruchsdiebstahl oder durch ähnliche Ursachen auf dem Fahrzeug oder Gerät nachweisbar entstandene Schaden an persönlichen Gegenständen bis zum Höchstbetrag von 1500 Euro im Einzelfall ersetzt.

Kapitel II
Besondere Bestimmungen für Beschäftigte
der Wasser- und Schifffahrtsverwaltung des Bundes

Für die in Kapitel I Nr. 1 Abs. 1 aufgeführten Beschäftigten der Wasser- und Schifffahrtsverwaltung des Bundes finden ergänzend folgende besondere Bestimmungen Anwendung:

Zu Abschnitt II
Arbeitszeit

Nr. 9 Zu § 6 – Regelmäßige Arbeitszeit –

(1) ¹Die Arbeitszeit beginnt und endet an der Arbeitsstelle. ²Im Tidebetrieb richten sich Beginn und Ende der Arbeitszeit nach den Gezeiten. ³Kann die Arbeitsstelle nur mit einem vom Arbeitgeber gestellten Fahrzeug erreicht werden und trifft das Fahrzeug infolge höherer Gewalt nicht rechtzeitig an der Arbeitsstelle ein, wird die Zeit ab dem Zeitpunkt des auf der Arbeitsstelle angeordneten Arbeitsbeginns als Arbeitszeit gewertet.

(2) [1]Kann die Arbeitsstelle auf Schiffen und schwimmenden Geräten nur mit einem vom Arbeitgeber gestellten schwimmenden Fahrzeug erreicht werden, so wird die Transportzeit bei der Hin- und Rückfahrt jeweils mit 50 v. H. als Arbeitszeit gewertet. [2]Die regelmäßige Arbeitszeit kann entsprechend verlängert werden. [3]Für Maschinisten auf Schiffen, schwimmenden Geräten und sonstigen Motorgeräten kann die regelmäßige Arbeitszeit für Vor- und Abschlussarbeiten um täglich bis zu einer Stunde verlängert werden.

(3) [1]Sofern die Einsatzkonzeption von seegehenden Schiffen und schwimmenden Geräten dies erfordert (z. B. 24-Stunden-Betrieb) kann die Arbeitszeit in einem Zeitraum von 24 Stunden auf bis zu 12 Stunden verlängert und auf einen Zeitraum von 168 Stunden verteilt werden, wenn im unmittelbaren Anschluss an den verlängerten Arbeitszeitraum ein Ausgleich durch Freizeit erfolgt, der dem Umfang der regelmäßigen Arbeitszeit nach § 6 Abs. 1 Satz 1 entspricht. [2]Im Rahmen der Wechselschichten nach Satz 1 geleistete Arbeitsstunden, die über das Doppelte der regelmäßigen wöchentlichen Arbeitszeit nach § 6 Abs. 1 Satz 1 hinausgehen, sind Überstunden im Sinne des § 7 Abs. 7.

(4) Die Regelungen der Absätze 1 bis 3 gelten auch für Beschäftigte der Wasser- und Schifffahrtsverwaltung des Bundes, die auf nicht bundeseigenen Schiffen und schwimmenden Geräten eingesetzt sind.

(5) Bei Beschäftigten der Wasser- und Schifffahrtsverwaltung des Bundes, die nicht auf Schiffen und schwimmenden Geräten eingesetzt sind,

a) bildet die durchgehende Arbeitszeit die Regel und

b) kann bei Arbeit im Schichtbetrieb die gesetzlich vorgeschriebene Gesamtdauer der Ruhepausen auf Kurzpausen von angemessener Dauer aufgeteilt werden, sofern wegen des zu erwartenden kontinuierlichen Arbeitsanfalls mangels Vertretung die Gewährung von Ruhepausen in Zeitabschnitten von jeweils mindestens 15 Minuten nicht gewährleistet werden kann.

(6) [1]Besatzungsmitglieder auf Gewässerschutzschiffen gemäß Objektkatalog und auf dem Laderaumsaugbagger, deren Arbeitszeit sich nach Absatz 3 richtet, erhalten pro Einsatztag einen Zuschlag in Höhe von 25 Euro. [2]Überstunden sind bis zu zwei Stunden täglich abgegolten (z. B. für kleinere Reparaturen); dies gilt nicht im Falle von Havarien, Bergungsarbeiten oder angeordneten Reparaturen. [3]Der

Zuschlag nach Satz 1 ist von der Durchschnittsberechnung nach § 21 Satz 2 ausgenommen.

Nr. 10 Zu § 44 – Reise- und Umzugskosten, Trennungsgeld –

(1) [1]Für Dienstreisen im Außendienst werden die entstandenen notwendigen Fahrtkosten nach Maßgabe der §§ 4 und 5 BRKG erstattet, sofern sie die Fahrtkosten zu der Arbeitsstätte, der der/die Beschäftigte dauerhaft personell zugeordnet ist, übersteigen. [2]An Stelle des Tagegeldes im Sinne des § 6 BRKG wird nachfolgende Aufwandsvergütung gezahlt:

- bei einer Abwesenheit ab acht Stunden in Höhe von 3 Euro,
- bei einer Abwesenheit ab 14 Stunden in Höhe von 5 Euro,
- bei einer Abwesenheit ab 24 Stunden in Höhe von 8 Euro.

[3]Beträgt hierbei die Entfernung zwischen der Arbeitsstätte, der der bzw. die Beschäftigte dauerhaft personell zugeordnet ist, und der Stelle, an der das Dienstgeschäft erledigt wird, weniger als zwei km, wird Aufwandsvergütung nach Satz 2 nicht gewährt. [4]Notwendige Übernachtungskosten werden gemäß § 7 BRKG erstattet.

(2) Abweichend von Absatz 1 Satz 2 wird bei Abwesenheit von 3 bis zu 8 Stunden eine Pauschale in Höhe von 2 Euro gezahlt.

(3) [1]Für Beschäftigte auf Schiffen oder schwimmenden Geräten ist Absatz 1 mit folgenden Maßgaben anzuwenden:

1. Für die Berechnung des Tagegeldes nach Absatz 1 Satz 2 ist maßgebend, dass sich das Schiff nicht am ständigen Liegeplatz (Heimathafen) befindet.
2. Bei Übernachtungen auf Schiffen oder schwimmenden Geräten, die nicht den erlassenen Mindestbestimmungen entsprechen, wird ein Übernachtungsgeld in Höhe von 8 Euro gezahlt.

[2]Reisebeihilfen für Familienheimfahrten werden nach Maßgabe des § 8 Sätze 3 und 4 BRKG gezahlt. [3]Satz 2 gilt nicht für Trennungsgeldempfänger nach der Trennungsgeldverordnung.

(4) Die Regelungen in Absatz 1 und 3 ersetzen die Vorschriften über die Erstattung von Reisekosten des § 44 Abs. 1.

(5) Abweichend von § 44 Abs. 2 Satz 3 werden nicht anrechenbare Reisezeiten bei fester Arbeitszeit zu 50 v. H. als Freizeitausgleich gewährt und bei gleitender Arbeitszeit im Rahmen der jeweils geltenden Vorschriften als Arbeitszeit angerechnet.

I

Kapitel III
Besondere Bestimmungen für Besatzungen
der seegehenden Schiffe des
Bundesamtes für Seeschifffahrt und Hydrographie

Für die in Kapitel I Nr. 1 Abs. 2 aufgeführten Beschäftigten des Bundesamtes für Seeschifffahrt und Hydrographie finden ergänzend folgende besondere Bestimmungen Anwendung:

Zu Abschnitt I
Allgemeine Vorschriften

Nr. 11 Zu § 3 – Allgemeine Arbeitsbedingungen –

Beschäftigte, die dienstlich an Bord eingesetzt sind, müssen an der Bordverpflegung teilnehmen.

Zu Abschnitt II
Arbeitszeit

Nr. 12 Zu § 6 – Regelmäßige Arbeitszeit –

(1) [1]Die regelmäßige Arbeitszeit kann aus notwendigen betrieblichen/dienstlichen Gründen auf sieben Tage verteilt werden. [2]Bei Fahrten von Schiffen in See können die gesetzlich vorgeschriebenen Ersatzruhetage für Sonn- und Feiertagsarbeit bis zum Ablauf des Ausgleichszeitraums nach § 6 Abs. 2 zusammenhängend gewährt werden.

(2) [1]Die Ruhezeit beträgt für die Besatzungsmitglieder pro 24-Stunden-Zeitraum mindestens elf Stunden. [2]Diese Ruhezeit darf nur in höchstens zwei Zeiträume aufgeteilt werden, wenn einer eine Mindestdauer von sechs Stunden hat. [3]Für die Berechnung des Durchschnitts der regelmäßigen wöchentlichen Arbeitszeit ist ein Zeitraum von sechs Monaten zugrunde zu legen. [4]Es ist sicherzustellen, dass die durchschnittliche regelmäßige wöchentliche Arbeitszeit bei Fahrten in See durch eine ungleichmäßige Verteilung der Arbeitszeit nicht unterschritten wird. [5]§ 7 Abs. 7 bleibt unberührt.

(3) Soweit dienstplanmäßig eine Mittagspause vorgesehen ist, darf sie eine Stunde nicht überschreiten.

(4) Werden Besatzungsmitglieder einer Wache zugeteilt, gilt diese Zeit als regelmäßige Arbeitszeit.

(5) Dienstlicher Aufenthalt außerhalb des Schiffes auf Sandbänken oder im Wattgebiet sowie in den Beibooten rechnet durchgehend als Arbeitszeit.

(6) Für Köche und Stewards richten sich Beginn und Ende der Arbeitszeit sowie die Arbeitspausen nach den festgelegten Mahlzeiten der Besatzung.

Zu Abschnitt VII
Allgemeine Vorschriften

Nr. 13 Zu § 44 – Reise- und Umzugskosten, Trennungsgeld –

(1) [1]Für Dienstreisen werden den Beschäftigten die Reisekosten nach Maßgabe des BRKG in der jeweils gültigen Fassung gezahlt. [2]Abweichend von Satz 1 werden für Dienstreisen auf Schiffen die entstandenen notwendigen Fahrtkosten nach Maßgabe der §§ 4 und 5 BRKG erstattet. [3]An Stelle des Tagegeldes im Sinne des § 6 BRKG wird Beschäftigten, die an Bord eingesetzt sind, ein Bordtagegeld von 7,50 Euro täglich gezahlt, wenn eine unentgeltliche Unterkunft bereitgestellt wird und die Beschäftigten mindestens acht Stunden dienstlich an Bord eingesetzt sind. [4]Für die Berechnung des Bordtagegeldes ist maßgeblich, dass sich das Schiff nicht am ständigen Liegeplatz (Heimathafen) befindet. [5]Bei Einsätzen in fremdländischen Gewässern kann bei nachgewiesenen notwendigen Mehrkosten das Bordtagegeld entsprechend erhöht werden. [6]Besatzungsmitglieder erhalten einmal monatlich Reisebeihilfen für Familienheimfahrten nach Maßgabe des § 8 Sätze 3 und 4 BRKG. [7]Satz 6 gilt nicht für Trennungsgeldempfänger nach der Trennungsgeldverordnung.

(2) Soweit die Voraussetzungen für ein Bordtagegeld nach Absatz 1 Sätze 3 und 4 nicht vorliegen, wird bei dienstlichen Einsätzen dieser Beschäftigten von mindestens acht Stunden an Bord im Heimathafen (ständiger Liegeplatz) eine tägliche Pauschale in Höhe von 7,50 Euro gezahlt.

(3) Die Regelungen in Absatz 1 Sätze 2 bis 7 ersetzen die Vorschriften über die Erstattung von Reisekosten des § 44 Absatz 1.

§ 48 (Bund)   Sonderregelungen für Beschäftigte im forstlichen Außendienst

Zu Abschnitt I
Allgemeine Vorschriften

Nr. 1 Zu § 1 – Geltungsbereich –

Diese Sonderregelung gilt für Beschäftigte im forstlichen Außendienst, die nicht von § 1 Abs. 2 Buchst. g erfasst werden.

Zu Abschnitt II
Arbeitszeit

Nr. 2

(1) [1]Der tarifliche wöchentliche Arbeitszeitkorridor beträgt 48 Stunden. [2]Abweichend von § 7 Abs. 7 sind nur die Arbeitsstunden Überstunden, die über den Arbeitszeitkorridor nach Satz 1 hinaus auf Anordnung geleistet worden sind. [3]§ 10 Abs. 1 Satz 3 findet keine Anwendung, auf Antrag der/des Beschäftigten kann ein Arbeitszeitkonto in vereinfachter Form durch Selbstaufschreibung geführt werden.

(2) Absatz 1 gilt nicht, wenn Dienstvereinbarungen zur Gleitzeit bestehen oder vereinbart werden.

§ 49 (Bund)   Sonderregelungen für Beschäftigte als Lehrkräfte

Zu Abschnitt I
Allgemeine Vorschriften

Nr. 1 Zu § 1 – Geltungsbereich –

[1]Diese Sonderregelungen gelten für Beschäftigte als Lehrkräfte an allgemein bildenden Schulen und berufsbildenden Schulen (Berufs-, Berufsfach- und Fachschulen). [2]Sie gelten nicht für Lehrkräfte an Schulen und Einrichtungen der Verwaltung, die der Ausbildung oder Fortbildung von Angehörigen des öffentlichen Dienstes dienen, an Krankenpflegeschulen und ähnlichen der Ausbildung dienenden Einrichtungen.

Protokollerklärung:
Lehrkräfte im Sinne dieser Sonderregelungen sind Personen, bei denen die Vermittlung von Kenntnissen und Fertigkeiten im Rahmen eines Schulbetriebes der Tätigkeit das Gepräge gibt.

Zu Abschnitt II
Arbeitszeit

Nr. 2

[1]Die §§ 6 bis 10 finden keine Anwendung. [2]Es gelten die Bestimmungen für die entsprechenden Beamtinnen und Beamten des Bundes in der jeweils geltenden Fassung. [3]Sind entsprechende Beamtinnen und Beamte nicht vorhanden, so ist die Arbeitszeit im Arbeitsvertrag zu regeln.

Zu Abschnitt III
Eingruppierung, Entgelt und sonstige Leistungen

Nr. 2a zu § 16 (Bund) – Stufen der Entgelttabelle –

Bei Anwendung des § 16 (Bund) Abs. 4 gilt:

Für ab 1. Januar 2011 neubegründete Arbeitsverhältnisse von Lehrkräften wird die zur Vorbereitung auf den Lehrerberuf abgeleistete Zeit des Referendariats oder des Vorbereitungsdienstes im Umfang von sechs Monaten auf die Stufenlaufzeit der Stufe 1 angerechnet.

Niederschriftserklärung zu Nr. 2a:
Die Tarifvertragsparteien sind sich einig, dass der Vorbereitungsdienst/das Referendariat der Lehrkräfte wegen des dortigen Ausmaßes der eigenverantwortlichen Tätigkeit (im Vollbild der Berufstätigkeit) eine teilweise Anrechnung auf die Stufenlaufzeit der Stufe 1 rechtfertigt und deshalb mit Ausbildungsgängen anderer Berufe nicht vergleichbar ist.

Zu Abschnitt IV
Urlaub und Arbeitsbefreiung

Nr. 3

(1) [1]Der Urlaub ist in den Schulferien zu nehmen. [2]Wird die Lehrkraft während der Schulferien durch Unfall oder Krankheit arbeitsunfähig, so hat sie dies unverzüglich anzuzeigen. [3]Die Lehrkraft hat sich nach Ende der Schulferien oder, wenn die Krankheit länger dauert, nach Wiederherstellung der Arbeitsfähigkeit zur Arbeitsleistung zur Verfügung zu stellen.

(2) [1]Für eine Inanspruchnahme der Lehrkraft während der den Urlaub in den Schulferien übersteigenden Zeit gelten die Bestimmungen für die entsprechenden Beamtinnen und Beamten des Bundes. [2]Sind entsprechende Beamtinnen und Beamte nicht vorhanden, erfolgt die Regelung durch Dienst- oder Betriebsvereinbarung.

Zu Abschnitt V
Befristung und Beendigung des Arbeitsverhältnisses

Nr. 4

Das Arbeitsverhältnis endet, ohne dass es einer Kündigung bedarf, mit Ablauf des Schulhalbjahres (31. Januar beziehungsweise 31. Juli), in dem die Lehrkraft das gesetzlich festgelegte Alter zum Erreichen einer Regelaltersgrenze vollendet hat.

Abschnitt IX
Übergangs- und Schlussvorschriften (Bund)

§ 50 (Bund) In-Kraft-Treten, Laufzeit

(1) [1]Dieser Tarifvertrag tritt am 1. Oktober 2005 in Kraft. [2]Er kann mit einer Frist von drei Monaten zum Schluss eines Kalenderhalbjahres schriftlich gekündigt werden.

(2) [1]Abweichend von Absatz 1 können schriftlich gesondert gekündigt werden

a) § 45 Nr. 6 und 8, soweit sich die entsprechenden besoldungsrechtlichen Grundlagen der Auslandsbezahlung für Beamte ändern. [2]Die Kündigungsfrist beträgt einen Kalendermonat zum Schluss des Monats der Verkündung der Neuregelungen im Bundesgesetzblatt folgenden Kalendermonats,

b) § 46 Nr. 19 bis 21 (Kapitel III) mit einer Frist von einem Monat zum Monatsende. [2]Das Sonderkündigungsrecht in § 47 Sonderkündigungsrecht der Bereitschafts- und Rufbereitschaftsregelung BT-K bleibt unberührt,

c) Anlage C (Bund), Anlage D (Bund) und Anlage E (Bund) ohne Einhaltung einer Frist.

(3) § 45 Nr. 6 Satz 3 gilt bis zum Inkrafttreten der Eingruppierungsvorschriften des TVöD (Entgeltordnung).

(4) Unbeschadet von Absatz 1 Satz 2 treten außer Kraft

a) § 46 Nr. 4 Abs. 3b mit Ablauf des 30. November 2010,

b) § 46 Nr. 4 Abs. 3a und 3c mit Ablauf des 30. September 2017.

Niederschriftserklärung zu Absatz 4 Buchst. b:
[1]Der Zeitpunkt des Außerkrafttretens wurde im Einklang mit dem Zeitpunkt des Außerkrafttretens des § 13 Absatz 2 der Arbeitszeitverordnung für die Beamtinnen und Beamten des Bundes (AZV) festgelegt. [2]Falls der Geltungszeitraum für die in § 13 Absatz 2 AZV enthaltene Opt-out-Regelung verlängert wird, werden die Tarifvertragsparteien Gespräche über eine Verlängerung des Geltungszeitraums der tariflichen Opt-out-Regelung für das Feuerwehrpersonal führen.

(5) Unbeschadet von Absatz 1 Satz 2 tritt § 46 Nr. 11 Abs. 6 mit Inkrafttreten der Verordnung über die Arbeitszeit der Arbeitnehmerinnen und Arbeitnehmer als Besatzungen von Seefahrzeugen im Bereich des Bundesministeriums der Verteidigung, spätestens mit Ablauf des 30. Juni 2012 außer Kraft.

I

Teilnahme an Manövern und Übungen

(1) Nehmen Beschäftigte aus dringenden dienstlichen Gründen an Übungen im Sinne des § 46 Nr. 4 Abs. 4 teil, so gilt nachstehende Regelung:

1. Die tägliche Arbeitszeit der Beschäftigten kann während der Teilnahme an der Übung abweichend geregelt werden.

2. [1]Die Beschäftigten erhalten für die Dauer ihrer Teilnahme als Abgeltung ihrer zusätzlichen Arbeitsleistung neben ihrem Tabellenentgelt und dem in Monatsbeträgen festgelegten Entgeltbestandteilen einen täglichen Pauschbetrag in Höhe des Entgelts für fünf Überstunden. [2]Dieser Pauschbetrag schließt das Entgelt für Überstunden, für Bereitschaftsdienst und die Zulagen für Wechselschicht- und Schichtarbeit sowie die Zeitzuschläge nach § 8 Abs. 1 ein. [3]Der Pauschbetrag wird auch für die Tage des Beginns und der Beendigung der Übung gezahlt, an denen die Beschäftigten mehr als acht Stunden von ihrem Beschäftigungsort bzw. von ihrem Wohnort abwesend sind. [4]Die Sätze 1 und 2 gelten nicht, wenn Beschäftigte täglich an ihren Beschäftigungsort zurückkehren. [5]Beschäftigte, die unter § 43 Abs. 2 fallen, erhalten den Pauschbetrag nicht. [6]Auf Antrag kann den Beschäftigten, die Anspruch auf den Pauschbetrag haben, ganz oder teilweise Arbeitsbefreiung an Stelle des Pauschbetrages gewährt werden, soweit die dienstlichen Verhältnisse dies zulassen. [7]Dabei tritt an die Stelle des Entgelts für eine Überstunde eine Stunde Arbeitsbefreiung sowie ein Betrag in Höhe des Zeitzuschlages nach § 8 Abs. 1 Satz 2 Buchst. a.

3. [1]Die Beschäftigten erhalten während der Übung unentgeltlich Gemeinschaftsverpflegung und unentgeltliche amtliche Unterkunft. [2]Nehmen die Beschäftigten die Gemeinschaftsverpflegung oder die amtliche Unterkunft nicht in Anspruch, so erhalten sie dafür keine Entschädigung. [3]Kann in Einzelfällen die Gemeinschaftsverpflegung aus Übungsgründen nicht gewährt werden, so erhalten die Beschäftigten Ersatz nach den für die Beamtinnen/ Beamten jeweils geltenden Bestimmungen. [4]Den Beschäftigten ist, soweit erforderlich, vom Arbeitgeber Schutzkleidung gegen Witterungseinflüsse unentgeltlich zur Verfügung zu stellen. [5]Die Beschäftigten sind verpflichtet, diese zu tragen. [6]§ 44 gilt nicht.

4. ¹Bei Arbeitsunfähigkeit durch Erkrankung oder Arbeitsunfall während der Übung werden der Pauschbetrag und die Pauschalentschädigung nach den Nummern 2 und 3 bis zur Wiedererlangung der Arbeitsfähigkeit, längstens jedoch bis zu den in Satz 2 genannten Zeitpunkten, gezahlt. ²Die Teilnahme von erkrankten Beschäftigten an der Übung endet mit der Rückkehr an den Beschäftigungsort bzw. an den Wohnort oder mit Ablauf des Tages der Einweisung in ein außerhalb des Beschäftigungsortes des Wohnortes gelegenes Krankenhaus. ³Für die der Beendigung der Übung folgende Zeit des Krankenhausaufenthaltes bei Abwesenheit von dienstlichem Wohnsitz bzw. Wohnort sowie für die anschließende Rückreise haben die Beschäftigten Anspruch auf Reisekostenerstattung. ⁴Auf die Fristen für die Bezugsdauer des Tagegeldes und des Übernachtungsgeldes bzw. für das Einsetzen der Beschäftigungsvergütung wird die Zeit ab Beginn der Übung der Beschäftigten mitgerechnet. ⁵Hierbei wird die Teilnahme an der Übung – ohne Rücksicht darauf, ob der tatsächliche Aufenthaltsort der Beschäftigten ständig gleich geblieben oder ob er gewechselt hat – insgesamt als „Aufenthalt an ein und demselben auswärtigen Beschäftigungsort" gerechnet.

5. ¹Wird den Beschäftigten Arbeitsbefreiung nach § 29 gewährt, so sind ihnen die Reisekosten für die Rückreise zum Dienstort nach den Reisekostenvorschriften zu erstatten. ²Die Zahlung des Pauschbetrages nach Nummer 2 und der Pauschalentschädigung nach Nummer 3 endet mit Ablauf des Tages, an dem die Rückreise angetreten wird. ³Wird für den Rückreisetag ein volles Tagegeld gewährt, so entfällt die Pauschalentschädigung nach Nummer 3.

(2) Diese Anlage gilt nicht für die Beschäftigten, für die § 46 Kapitel II – Besatzungen von Binnen- und Seefahrzeugen und von schwimmenden Geräten im Bereich des Bundesministeriums der Verteidigung –, § 47 Kapitel II – Besondere Bestimmungen für Beschäftigte der Wasser- und Schifffahrtsverwaltung des Bundes – und Kapitel III Besondere Bestimmungen für Besatzungen der seegehenden Schiffe des Bundesamtes für Seeschifffahrt und Hydrographie anwendbar ist.

I

Anlage B (Bund)

gültig vom 1. März 2016 bis 31. Januar 2017

(monatlich in Euro)

Spanne Tabellen-entgelt	1	2	3	4	5	6	7	8	9	10	11
von		2192,06	2469,36	2784,43	3142,42	3558,45	4034,50	4575,38	5189,94	5888,20	6681,59
bis	2192,05	2469,35	2784,42	3142,41	3558,44	4034,49	4575,37	5189,93	5888,19	6681,58	

gültig ab 1. Februar 2017

(monatlich in Euro)

Spanne Tabellen-entgelt	1	2	3	4	5	6	7	8	9	10	11
von		2243,57	2527,39	2849,86	3216,27	3642,07	4129,31	4682,90	5311,90	6026,57	6838,61
bis	2243,56	2527,38	2849,85	3216,26	3642,06	4129,30	4682,89	5311,89	6026,56	6838,60	

Bereitschaftsdienstentgelte gemäß § 46 (Bund)
Nr. 21 zu § 46 TVöD-BT-K

gültig vom 1. März 2016 bis 31. Januar 2017

I. Ärztinnen und Ärzte

Entgeltgruppe	Stundenentgelt vom 1. März 2016 bis 31. Januar 2017
Ärztinnen und Ärzte entsprechend § 51 Abs. 3 TVöD-BT-K	37,61 €
Ärztinnen und Ärzte entsprechend § 51 Abs. 4 TVöD-BT-K	35,27 €
II	31,88 €
I	26,23 €

II. Beschäftigte im Pflegedienst

Entgeltgruppe	Stundenentgelt vom 1. März 2016 bis 31. Januar 2017
Kr. 12a	25,18 €
Kr. 11b	23,52 €
Kr. 11a	22,23 €
Kr. 10a	20,82 €
Kr. 9d	20,05 €
Kr. 9c	19,34 €
Kr. 9b	18,46 €
Kr. 9a	18,17 €
Kr. 8a[1]	17,36 €
Kr. 7a[2]	16,64 €
Kr. 4a	15,41 €
Kr. 3a	14,30 €

---

[1] Für Beschäftigte, die Entgelt nach der Entgeltgruppe 8a Stufen 5 oder 6 oder einer individuellen Zwischen- oder Endstufe oberhalb der Stufe 5 der Entgelttabelle für Beschäftigte im Pflegedienst erhalten, richtet sich das Bereitschaftsdienstentgelt nach der Entgeltgruppe 9a.

[2] Für Beschäftigte, die Entgelt nach der Entgeltgruppe 7a Stufen 4, 5 oder 6 oder einer individuellen Zwischen- oder Endstufe oberhalb der Stufe 4 der Entgelttabelle für Beschäftigte im Pflegedienst erhalten, richtet sich das Bereitschaftsdienstentgelt nach der Entgeltgruppe 8a.

III. Übrige medizinische Beschäftigte

Entgeltgruppe	Stundenentgelt vom 1. März 2016 bis 31. Januar 2017
15 Ü	31,75 €
15	27,86 €
14	25,63 €
13	24,47 €
12	23,23 €
11	21,17 €
10	19,52 €
9b	18,96 €
9a	18,41 €
8	17,52 €
7	16,80 €
6	16,06 €
5	15,41 €
4	14,71 €
3	14,10 €
2 Ü	13,53 €
2	13,18 €
1	10,73 €

Bereitschaftsdienstentgelte gemäß § 46 (Bund)
Nr. 21 zu § 46 TVöD-BT-K

gültig ab 1. Februar 2017

I. Ärztinnen und Ärzte

Entgeltgruppe	Stundenentgelt ab 1. Februar 2017
Ärztinnen und Ärzte entsprechend § 51 Abs. 3 TVöD-BT-K	38,49 €
Ärztinnen und Ärzte entsprechend § 51 Abs. 4 TVöD-BT-K	36,10 €
II	32,63 €
I	26,85 €

II. Beschäftigte im Pflegedienst

Entgeltgruppe	Stundenentgelt ab 1. Februar 2017
Kr. 12a	25,77 €
Kr. 11b	24,07 €
Kr. 11a	22,75 €
Kr. 10a	21,31 €
Kr. 9d	20,52 €
Kr. 9c	19,79 €
Kr. 9b	18,89 €
Kr. 9a	18,60 €
Kr. 8a[1]	17,77 €
Kr. 7a[2]	17,03 €
Kr. 4a	15,77 €
Kr. 3a	14,64 €

---

[1] Für Beschäftigte, die Entgelt nach der Entgeltgruppe 8a Stufen 5 oder 6 oder einer individuellen Zwischen- oder Endstufe oberhalb der Stufe 5 der Entgelttabelle für Beschäftigte im Pflegedienst erhalten, richtet sich das Bereitschaftsdienstentgelt nach der Entgeltgruppe 9a.

[2] Für Beschäftigte, die Entgelt nach der Entgeltgruppe 7a Stufen 4, 5 oder 6 oder einer individuellen Zwischen- oder Endstufe oberhalb der Stufe 4 der Entgelttabelle für Beschäftigte im Pflegedienst erhalten, richtet sich das Bereitschaftsdienstentgelt nach der Entgeltgruppe 8a.

III. Übrige medizinische Beschäftigte

Entgeltgruppe	Stundenentgelt ab 1. Februar 2017
15 Ü	32,50 €
15	28,51 €
14	26,23 €
13	25,05 €
12	23,78 €
11	21,67 €
10	19,98 €
9b	19,41 €
9a	18,84 €
8	17,93 €
7	17,19 €
6	16,44 €
5	15,77 €
4	15,06 €
3	14,43 €
2 Ü	13,85 €
2	13,49 €
1	10,98 €

I

Entgelttabelle für Ärztinnen und Ärzte
gemäß § 46 (Bund) Nr. 22 Abs. 2 zu § 52 TVöD-BT-K

gültig vom 1. März 2016 bis 31. Januar 2017

(monatlich in Euro)

Entgelt-gruppe	Grund-entgelt	Entwicklungsstufen			
	Stufe 1	Stufe 2	Stufe 3	Stufe 4	Stufe 5
II	5420,81	5981,60	6480,07	7040,84	–
I	4299,26	4635,74	4860,05	5046,99	5171,59

gültig ab 1. Februar 2017

(monatlich in Euro)

Entgelt-gruppe	Grund-entgelt	Entwicklungsstufen			
	Stufe 1	Stufe 2	Stufe 3	Stufe 4	Stufe 5
II	5548,20	6122,17	6632,35	7206,30	
I	4400,29	4744,68	4974,26	5165,59	5293,12

I

Entgelttabelle für Beschäftigte im Pflegedienst gemäß § 46 (Bund) Nr. 22 Abs. 3 zu § 52 TVöD-BT-K

gültig vom 1. März 2016 bis 31. Januar 2017

(monatlich in Euro)

Entgelt-gruppe Kr	Grundentgelt		Entwicklungsstufen			
	Stufe 1	Stufe 2	Stufe 3	Stufe 4	Stufe 5	Stufe 6
12a	–	–	4050,72	4486,96	5047,84	5297,11
11b	–	–	–	4050,72	4592,90	4842,18
11a	–	–	3676,82	4050,72	4592,90	–
10a	–	–	3552,17	3801,47	4275,08	–
9d	–	–	3464,92	3776,53	4025,78	–
9c	–	–	3365,23	3602,03	3826,37	–
9b	–	–	3071,16	3464,92	3602,03	–
9a	–	–	3071,16	3174,02	3365,23	–
8a	2575,02	2732,33	2865,46	2974,36	3174,02	3365,23
7a	2393,52	2575,02	2732,33	2974,36	3095,36	3220,01
4a	2153,91	2308,81	2454,02	2762,59	2841,25	2986,43
3a	2060,76	2272,49	2333,03	2429,82	2502,44	2673,03

gültig ab 1. Februar 2017

(monatlich in Euro)

Entgelt-gruppe Kr	Grundentgelt		Entwicklungsstufen			
	Stufe 1	Stufe 2	Stufe 3	Stufe 4	Stufe 5	Stufe 6
12a	–	–	4145,91	4592,40	5166,46	5421,59
11b	–	–	–	4145,91	4700,83	4955,97
11a	–	–	3763,23	4145,91	4700,83	–
10a	–	–	3635,65	3890,80	4375,54	–
9d	–	–	3546,35	3865,28	4120,39	–
9c	–	–	3444,31	3686,68	3916,29	–
9b	–	–	3143,33	3546,35	3686,68	–
9a	–	–	3143,33	3248,61	3444,31	–
8a	2635,53	2796,54	2932,80	3044,26	3248,61	3444,31
7a	2449,77	2635,53	2796,54	3044,26	3168,10	3295,68
4a	2204,53	2363,07	2511,69	2827,51	2908,02	3056,61
3a	2109,19	2325,89	2387,86	2486,92	2561,25	2735,85

I

Tarifvertrag
zur Überleitung der Beschäftigten des Bundes in den TVöD und zur Regelung des Übergangsrechts (TVÜ-Bund)

Vom 13. September 2005 (GMBl. 2006 S. 503)

Zuletzt geändert durch
Änderungstarifvertrag Nr. 10 zum Tarifvertrag zur Überleitung der
Beschäftigten des Bundes in den TVöD
und zur Regelung des Übergangsrechts (TVÜ-Bund)
vom 29. April 2016[1]

Inhaltsübersicht

---

[1]   Zum Geltungsbereich enthält § 2 des 10. Änderungstarifvertrages folgende
Regelung:
„**§ 2**
Ausnahmen vom Geltungsbereich
[1]Für Beschäftigte, die spätestens mit Ablauf des 28. April 2016 aus dem
Arbeitsverhältnis ausgeschieden sind, gilt dieser Tarifvertrag nur, wenn sie
dies bis 31. Oktober 2016 schriftlich beantragen. [2]Für Beschäftigte, die
spätestens mit Ablauf des 28. April 2016 aufgrund eigenen Verschuldens
ausgeschieden sind, gilt dieser Tarifvertrag nicht."

I

I

1. Abschnitt
Allgemeine Vorschriften

§ 1 Geltungsbereich

(1) [1]Dieser Tarifvertrag gilt für Angestellte, Arbeiterinnen und Arbeiter, deren Arbeitsverhältnis zum Bund über den 30. September 2005 hinaus fortbesteht, und die am 1. Oktober 2005 unter den Geltungsbereich des Tarifvertrages für den öffentlichen Dienst (TVöD) fallen, für die Dauer des ununterbrochen fortbestehenden Arbeitsverhältnisses. [2]Dieser Tarifvertrag gilt ferner für die unter § 19 Abs. 2 fallenden Beschäftigten.

Protokollerklärung zu Absatz 1 Satz 1:
Unterbrechungen von bis zu einem Monat sind unschädlich.

(2) Nur soweit nachfolgend ausdrücklich bestimmt, gelten die Vorschriften dieses Tarifvertrages auch für Beschäftigte, deren Arbeitsverhältnis zum Bund nach dem 30. September 2005 beginnt und die unter den Geltungsbereich des TVöD fallen.

(3) Für geringfügig Beschäftigte im Sinne des § 8 Abs. 1 Nr. 2 SGB IV, die am 30. September 2005 unter den Geltungsbereich des BAT/BAT-O/MTArb/ MTArb-O fallen, finden die bisher jeweils einschlägigen tarifvertraglichen Regelungen für die Dauer ihres ununterbrochen fortbestehenden Arbeitsverhältnisses weiterhin Anwendung.

(4) Die Bestimmungen des TVöD gelten, soweit dieser Tarifvertrag keine abweichenden Regelungen trifft.

Erläuterungen

Nach Maßgabe des § 1 gilt der TVÜ-Bund für die Beschäftigten des Bundes, die am 30. September 2005 in einem Beschäftigungsverhältnis zum Bund stehen, das über den 1. Oktober hinaus fortgesetzt wird (und deshalb dem TVöD unterliegt). Ferner gilt der TVöD für die in §§ 19 Abs. 2 und 20 TVÜ fallenden Beschäftigten. Dies sind die „Spitzenangestellten" (Angestellte der Vergütungsgruppe I BAT – § 19 Abs. 2 – bzw. Beschäftigte mit Anspruch auf Versorgung nach beamtenrechtlichen Vorschriften – § 20).

Von § 1 Abs. 1 TVÜ erfasst sind somit auch alle Beschäftigte, die im September 2005 – z. B. aufgrund Beurlaubung, Mutterschutz oder Elternzeit, Wehr- oder Zivildienst – keine oder nur für Teile des Monats September Bezüge erhalten. Maßgeblich ist allein, dass zum Überleitungsstichtag ein Arbeitsverhältnis besteht, welches über den 1. Oktober 2005 hinaus fortbesteht. Wegen der Berechnung des Vergleichsentgeltes in diesen Fällen siehe § 5 Abs. 6 TVÜ.

Der Schutz durch den Überleitungs-TV ist grundsätzlich auf die Dauer des nach dem 1. Oktober 2005 ununterbrochen fortbestehenden Arbeitsverhältnisses begrenzt, wobei Unterbrechungen von bis zu einem Monat unschädlich sind. Die zunächst in der Protokollerklärung zu § 1 Abs. 1 Satz 1 vereinbarte Befristung (bis 30. September 2007) ist durch den Änderungstarifvertrag Nr. 1 vom 31. März 2008 gestrichen worden (siehe dazu die auszugsweise als Anhang abgedruckten Hinweise des BMI vom 21. September 2007 bzw. 27. Mai 2009).

Das BAG hat mit Urteil vom 27. November 2008 – 6 AZR 632/08 – entschieden, dass die weitere Anwendung des TVÜ-VKA ausscheidet, wenn das Arbeitsverhältnis mehr als einen Monat unterbrochen ist, und dass es hierbei alleine auf die Dauer der Unterbrechung ankommt. Ein möglicher sachlicher Zusammenhang zwischen den beiden Arbeitsverhältnissen ändere daran nichts.

Für Beschäftigte, deren Arbeitsverhältnis zum Bund nach dem 30. September 2005 beginnt und die unter den Geltungsbereich des TVöD fallen, gelten die Regelungen des TVÜ nur, wenn es im TVÜ ausdrücklich bestimmt ist (z. B. § 11 Abs. 3 Buchst. b und § 17).

Die Vorschrift des Absatzes 3, wonach so genannte kurzfristig Beschäftigte nach dem 30. September 2005 weiterhin unter den BAT usw. fallen, hat im Hinblick auf die Höchstdauer dieser Beschäftigungsverhältnisse (50 Tage) relativ geringe Bedeutung.

Hinweise des BMI
zum Geltungsbereich des TVÜ-Bund

Vom 21. September 2007[1])
– Auszug –

Im Einvernehmen mit dem Bundesministerium der Finanzen gebe ich mit diesem Rundschreiben erläuternde Hinweise zur Durchführung des § 1 Abs. 1 TVÜ-Bund ab dem 1. Oktober 2007.

Der TVÜ-Bund gilt für bisherige Angestellte, Arbeiterinnen und Arbeiter, deren Arbeitsverhältnis zum Bund über den 30. September 2005 hinaus fortbestanden hat und die seit dem 1. Oktober 2005 unter den Geltungsbereich des TVöD fallen, solange dieses Arbeitsverhältnis ununterbrochen fortbesteht (vgl. § 1 Abs. 1 Satz 1 TVÜ-Bund). Unterbrechungen eines solchen Arbeitsverhältnisses von bis zu einem Monat sind nach der Protokollerklärung zu § 1 Abs. 1 Satz 1 TVÜ-Bund unschädlich, wenn der neue Vertrag bis zum 30. September 2007 geschlossen worden ist. Ab dem 1. Oktober 2007 führt nur noch die nahtlose Fortsetzung eines solchen Arbeitsverhältnisses zur vollständigen Anwendbarkeit des TVÜ-Bund. In den übrigen Fällen gelten für die Neueinstellungen nur noch die Normen des TVÜ-Bund, deren Anwendung ausdrücklich auch für Neueinstellungen nach dem 1. Oktober 2005 bestimmt ist, vgl. § 1 Abs. 2 TVÜ-Bund. Diese Grundsätze werden im Folgenden näher erläutert:

1 Arbeitgeber Bund, Definition

Der Begriff des Arbeitsverhältnisses zum Bund gem. § 1 Abs. 1 Satz 1 TVÜ-Bund erfasst Arbeitsverhältnisse mit der Bundesrepublik Deutschland. Im Einvernehmen mit dem Bundesministerium der Finanzen bin ich damit einverstanden, dass darüber hinaus auch Arbeitsverhältnisse in der mittelbaren Bundesverwaltung, mit den Fraktionen des Deutschen Bundestages sowie mit institutionell geförderten Zuwendungsempfängern des Bundes, sofern diese den TVöD anwenden und der Anteil des Bundes an der öffentlichen Finanzie-

---

[1]   Die Hinweise des BMI im RdSchr. vom 21. September 2007 sind durch die Neufassung der Protokollerklärung zu § 1 Abs. 1 Satz 1 TVÜ-Bund weitgehend überholt. An dieser Stelle abgedruckt ist daher nur noch die weiterhin gültige übertarifliche Regelung der Nr. 1 des Rundschreibens.
Zur Neufassung der Protokollerklärung siehe auch Nr. 5 des auszugsweise abgedruckten RdSchr. des BMI vom 27. Mai 2009.

rung mindestens 50 v. H. beträgt, einbezogen werden (vgl. dazu auch Ziffer 2.1.2.1 zu § 16 TVöD (Bund) [Seite 32] meines Rundschreibens vom 8. Dezember 2005 – D II 2 – 220 210-2/0).

Beispiel 1:

Ein (ehemaliger) Angestellter der Stiftung Preußischer Kulturbesitz (institutionell geförderter Zuwendungsempfänger des Bundes, der den TVöD anwendet und bei dem der Anteil des Bundes an der öffentlichen Finanzierung mehr als 50 v. H. beträgt) wurde dort am 1. Oktober 2005 in den TVöD übergeleitet, sein Arbeitsverhältnis dauerte bis zum 31. Januar 2007 ohne Unterbrechung an. Im unmittelbaren Anschluss daran beginnt am 1. Februar 2007 ein Arbeitsverhältnis im Auswärtigen Amt. Auch das Arbeitsverhältnis zur Stiftung Preußischer Kulturbesitz gilt aufgrund der übertariflichen Regelung zu § 1 Abs. 1 Satz 1 TVÜ-Bund als Arbeitsverhältnis zum Bund. Da auch die weiteren Voraussetzungen des § 1 Abs. 1 Satz 1 TVÜ-Bund erfüllt sind, gilt die Einstellung im Auswärtigen Amt nicht als Neueinstellung; vielmehr handelt es sich um ein ununterbrochen fortbestehendes Arbeitsverhältnis zum Bund im Sinne des § 1 Abs. 1 Satz 1 TVÜ-Bund.

Beispiel 2:

Eine (ehemalige) Angestellte des Forschungszentrums Jülich GmbH (institutionell geförderter Zuwendungsempfänger des Bundes, der den TVöD anwendet und bei dem der Anteil des Bundes an der öffentlichen Finanzierung mehr als 50 v. H. beträgt) wurde dort am 1. Oktober 2005 in den TVöD übergeleitet. Ihr befristetes Arbeitsverhältnis endete am 14. August 2007. Im unmittelbaren Anschluss am 15. August 2007 begann ihr Arbeitsverhältnis im Hahn-Meitner-Institut Berlin GmbH (gleichfalls ein institutionell geförderter Zuwendungsempfänger des Bundes, der den TVöD anwendet und bei dem der Anteil des Bundes an der öffentlichen Finanzierung mehr als 50 v. H. beträgt). Die Arbeitsverhältnisse zum Forschungszentrum Jülich GmbH und zum Hahn-Meitner-Institut Berlin GmbH gelten aufgrund der übertariflichen Regelung des § 1 Abs. 1 Satz 1 TVÜ-Bund jeweils als Arbeitsverhältnis zum Bund. Da auch die weiteren Voraussetzungen des § 1 Abs. 1 Satz 1 TVÜ-Bund erfüllt waren, liegt bei der Einstellung im Hahn-Meitner-Institut Berlin GmbH keine Neueinstellung vor; vielmehr handelt es sich um ein ununterbrochen fortbestehendes

Arbeitsverhältnis zum Bund im Sinne des § 1 Abs. 1 Satz 1 TVÜ-Bund.

Beim Bund neu eingestellte Beschäftigte, die zuvor unter den Geltungsbereich des TVÜ-VKA oder TVÜ-Länder gefallen sind, werden nicht vom Geltungsbereich des TVÜ-Bund erfasst; diese gelten als Neueinstellungen.

Hinweise des BMI
zur Unschädlichkeit von Unterbrechungen des Arbeitsverhältnisses

Rundschreiben vom 27. Mai 2009
– Auszug –

5. Protokollerklärung zu § 1 Abs. 1 Satz 1 TVÜ-Bund

§ 1 Abs. 1 Satz 1 TVÜ-Bund regelt den Geltungsbereich des TVÜ-Bund. Danach findet der TVÜ-Bund mit seinen Besitzstandsregelungen Anwendung für ehemalige Angestellte sowie Arbeiterinnen und Arbeiter,

- deren Arbeitsverhältnis zum Bund über den 30. September 2005 hinaus fortbesteht und
- die am 1. Oktober 2005 unter den Geltungsbereich des TVöD fallen.

Die Regelungen gelten für die Dauer des ununterbrochen fortbestehenden Arbeitsverhältnisses zum Bund (§ 1 Abs. 1 Satz 1 TVÜ-Bund). Für nach dem 30. September 2005 eingestellte und unter den TVöD fallende Beschäftigte gilt der TVÜ-Bund grundsätzlich nur, soweit dies im TVÜ-Bund ausdrücklich bestimmt ist (§ 1 Abs. 2 TVÜ-Bund).

5.1 Bisherige Protokollerklärung

Die bisherige Protokollerklärung zu § 1 Abs. 1 Satz 1 TVÜ-Bund traf eine Ausnahme von dem Grundsatz, dass die Besitzstandsregelungen des TVÜ-Bund auf neu eingestellte und unter den TVöD fallende Beschäftigte keine Anwendung finden. Nach der Protokollerklärung waren in der Zeit bis zum 30. September 2007 für die Anwendung des § 1 Abs. 1 TVÜ-Bund Unterbrechungen von bis zu einem Monat unschädlich und führten zur Anwendung der den übergeleiteten Beschäftigten ansonsten vorbehaltenen Besitzstandsregelungen des TVÜ-Bund (vgl. Rundschreiben vom 21. September 2007 – D II 2 – 220 210 – 1/1).

5.2 Neuregelung der Protokollerklärung

Die neue Protokollerklärung zu § 1 Abs. 1 Satz 1 TVÜ-Bund greift die Regelung der alten Protokollerklärung mit Wirkung zum 1. Januar 2008 wieder auf, verzichtet aber auf eine Befristung. Unterbrechungen des Arbeitsverhältnisses bei demselben Arbeitgeber von bis zu einem Monat sind für den Erhalt der Besitzstandsregelungen des TVÜ-Bund also weiterhin unschädlich.

Voraussetzung für die Anwendung der neuen Protokollerklärung ist, dass es sich um Beschäftigte handelt, die am 30. September 2005 schon und am 1. Oktober 2005 noch in einem Arbeitsverhältnis zum Bund gestanden haben. Bei einer Beendigung des Arbeitsverhältnisses nach dem 1. Oktober 2005, etwa infolge Ablaufs einer Befristung, und einer erneuten Einstellung beim Bund findet die neu gefasste Protokollerklärung Anwendung, wenn zwischen der Beendigung des vorhergehenden Arbeitsverhältnisses und der Wiedereinstellung nicht mehr als ein Monat liegt. Es handelt sich um eine absolute Frist, die nicht verlängerbar ist.

Die neue Protokollerklärung zu § 1 Abs. 1 Satz 1 TVÜ-Bund schließt zeitlich nicht nahtlos an die bisherige Protokollerklärung an. Im Einvernehmen mit dem Bundesministerium der Finanzen bin ich jedoch damit einverstanden, dass die neue Protokollerklärung zu § 1 Abs. 1 Satz 1 TVÜ-Bund mit Wirkung für die Zukunft auch auf Unterbrechungsfälle zwischen dem 1. Oktober 2007 und dem 31. Dezember 2007 angewandt werden kann.

§ 2   Ersetzung bisheriger Tarifverträge durch den TVöD

(1) [1]Der TVöD ersetzt in Verbindung mit diesem Tarifvertrag für den Bereich des Bundes die in Anlage 1 TVÜ-Bund Teil A und Anlage 1 TVÜ-Bund Teil B aufgeführten Tarifverträge (einschließlich Anlagen) bzw. Tarifvertragsregelungen, soweit im TVöD, in diesem Tarifvertrag oder in den Anlagen nicht ausdrücklich etwas anderes bestimmt ist. [2]Die Ersetzung erfolgt mit Wirkung vom 1. Oktober 2005, soweit kein abweichender Termin bestimmt ist.

Protokollerklärung zu Absatz 1:

[1]Die noch abschließend zu verhandelnde Anlage 1 TVÜ-Bund Teil B (Negativliste) enthält – über die Anlage 1 TVÜ-Bund Teil A hinaus – die Tarifverträge bzw. die Tarifvertragsregelungen, die am 1. Oktober 2005 ohne Nachwirkung außer Kraft treten. [2]Ist für diese Tarifvorschriften in der Negativliste ein abweichender Zeitpunkt für das Außerkrafttreten bzw. eine vorübergehende Fortgeltung vereinbart, beschränkt sich die Fortgeltung dieser Tarifverträge auf deren bisherigen Geltungsbereich (Arbeiter/Angestellte und Tarifgebiet Ost/Tarifgebiet West).

Niederschriftserklärung zu § 2 Abs. 1:

Die Tarifvertragsparteien gehen davon aus, das der TVöD und der diesen ergänzende TVÜ das bisherige Tarifrecht auch dann ersetzen, wenn arbeitsvertragliche Bezugnahmen nicht ausdrücklich den Fall der ersetzenden Regelung beinhalten.

(2) [1]Im Übrigen werden solche Tarifvertragsregelungen mit Wirkung vom 1. Oktober 2005 ersetzt, die

- materiell in Widerspruch zu Regelungen des TVöD bzw. dieses Tarifvertrages stehen,
- einen Regelungsinhalt haben, der nach dem Willen der Tarifvertragsparteien durch den TVöD bzw. diesen Tarifvertrag ersetzt oder aufgehoben worden ist, oder
- zusammen mit dem TVöD bzw. diesem Tarifvertrag zu Doppelleistungen führen würden.

Niederschriftserklärung zu § 2 Abs. 2:

Mit Abschluss der Verhandlungen über die Anlage 1 TVÜ-Bund Teil B heben die Tarifvertragsparteien § 2 Abs. 2 auf.

(3) [1]Die in der Anlage 1 TVÜ-Bund Teil C aufgeführten Tarifverträge und Tarifvertragsregelungen gelten fort, soweit im TVöD, in diesem Tarifvertrag oder in den Anlagen nicht ausdrücklich etwas anderes bestimmt ist. [2]Die Fortgeltung erfasst auch Beschäftigte im Sinne des § 1 Abs. 2.

Protokollerklärung zu Absatz 3:

Die Fortgeltung dieser Tarifverträge beschränkt sich auf den bisherigen Geltungsbereich (Arbeiter/Angestellte; Tarifgebiet Ost/Tarifgebiet West usw.).

(4) Soweit in nicht ersetzten Tarifverträgen und Tarifvertragsregelungen auf Vorschriften verwiesen wird, die aufgehoben oder ersetzt worden sind, gelten

an deren Stelle bis zu einer redaktionellen Anpassung die Regelungen des TVöD bzw. dieses Tarifvertrages entsprechend.

Erläuterungen

§ 2 bestimmt als Rahmenvorschrift, welche Tarifverträge zum 1. Oktober 2005 durch den TVöD ersetzt werden. Einzelheiten dazu ergeben sich aus mehreren Anlagen bzw. Teilen einer Anlage, nämlich der Anlage 1 TVÜ-Bund Teil A und der Anlage 1 TVÜ-Bund Teil B.

In Anlage 1 TVÜ-Bund Teil C sind die weitergeltenden Tarifverträge aufgezählt. Sie gelten in ihrem jeweiligen Geltungsbereich fort (siehe Protokollerklärung zu Absatz 3). Absatz 4 bestimmt, dass bis zu einer redaktionellen Anpassung Verweise anderer Tariftexte auf aufgehobene Vorschriften nun als Verweis auf den TVöD gelten.

Durch eine Niederschriftserklärung ist von den Tarifvertragsparteien klargestellt worden, dass der TVöD das bisherige Tarifrecht auch dann ersetzen soll, wenn arbeitsvertragliche Bezugnahmen nicht ausdrücklich den Fall der ersetzenden Regelung beinhalten (so auch Urteil des BAG vom 19. Mai 2010 – 4 AZ R 796/08). Dies dürfte im Hinblick auf die in der Praxis verwendeten Musterarbeitsverträge, die regelmäßig vorsehen, dass das Arbeitsverhältnis sich „nach dem BAT und den diesen ergänzenden, ändernden und ersetzenden Tarifverträgen . . ." bestimmt, ohnehin die Ausnahme sein.

2. Abschnitt
Überleitungsregelungen

§ 3   Überleitung in den TVöD

Die von § 1 Abs. 1 erfassten Beschäftigten werden am 1. Oktober 2005 gemäß den nachfolgenden Regelungen in den TVöD übergeleitet.

Erläuterungen

§ 3 bestimmt, dass die Beschäftigten zum 1. Oktober 2005 unter Beachtung der Regelungen des TVÜ in den TVöD übergeleitet werden.

§ 4   Zuordnung der Vergütungs- und Lohngruppen

(1) [1]Für die Überleitung der Beschäftigten wird ihre Vergütungs- bzw. Lohngruppe (§ 22 BAT/BAT-O bzw. entsprechende Regelungen für Arbeiterinnen und Arbeiter bzw. besondere tarifvertragliche Vorschriften für bestimmte Berufsgruppen) nach der Anlage 2 TVÜ-Bund den Entgeltgruppen des TVöD zugeordnet.

(2) Beschäftigte, die im Oktober 2005 bei Fortgeltung des bisherigen Tarifrechts die Voraussetzungen für einen Bewährungs-, Fallgruppen- oder Tätigkeitsaufstieg erfüllt hätten, werden für die Überleitung so behandelt, als wären sie bereits im September 2005 höhergruppiert bzw. höher eingereiht worden.

(3) Beschäftigte, die im Oktober 2005 bei Fortgeltung des bisherigen Tarifrechts in eine niedrigere Vergütungs- bzw. Lohngruppe eingruppiert bzw. eingereiht worden wären, werden für die Überleitung so behandelt, als wären sie bereits im September 2005 herabgruppiert bzw. niedriger eingereiht worden.

Erläuterungen

Bei dieser Vorschrift handelt es sich um eine der in Teilbereichen lange umstrittenen Kernvorschriften des TVÜ, ohne die die Tarifreform nicht denkbar wäre.

Zu § 4 Abs. 1

Für die Überleitung der Beschäftigten werden die bisherigen Vergütungs- bzw. Lohngruppen einer neuen Entgeltgruppe des TVöD zugeordnet, § 4 Abs. 1 TVÜ. Maßgeblich ist die Vergütungs- bzw. Lohngruppe am 30. September 2005. Die Zuordnung der Vergütungsgruppen der Anlage 1a zum BAT/BAT-O und der Lohngruppen des Lohngruppenverzeichnisses ist für die Überleitung in die neuen Entgeltgruppen in der Anlage 2 des TVÜ festgelegt.

Die Zuordnung erfolgt bei den bisherigen Statusgruppen nach unterschiedlichen Grundsätzen.

Arbeiter

Bei den Arbeitern erfolgt die Zuordnung anhand der Lohn- und Fallgruppe, die im September 2005 maßgeblich ist. Es kommt dabei allerdings nicht allein auf die zum Stichtag erreichte Lohngruppe an; die Überleitung richtet sich vielmehr nach der Lohngruppenentwicklung, die der Tätigkeit zugeordnet ist. Anknüpfungspunkt ist daher die jeweils einschlägige „Aufstiegskette" aus Grundtätigkeit und Bewährungs- bzw. Tätigkeitsaufstiegen. Unerheblich ist, in welcher Stufe dieser Kette sich der Beschäftigte zum Stichtag befindet. Die verschiedenen Fallgestaltungen sind in Anlage 2 TVÜ einzeln aufgeführt.

Beispiele:

- Ein Arbeiter erhält im September 2005 Lohn der Lohngruppe 4 Fallgruppe 1. Da ihm die zum Überleitungszeitpunkt ausgeübte Tätigkeit nach bisherigem Recht den Aufstieg in die Lohngruppen 5 und 5a eröffnet hätte, wird er gemäß Anlage 2 TVÜ der Entgeltgruppe 5 zugeordnet.
- Dem Arbeiter aus Beispiel 1 ist eine Tätigkeit der Lohngruppe 4 Fallgruppe 3 übertragen, die nach bisherigem Recht zu einem Aufstieg in die Lohngruppe 4a geführt hätte. In diesem Fall erfolgt die Zuordnung zur Entgeltgruppe 4.
- Einem Arbeiter ist eine Tätigkeit der Lohngruppe 1 Fallgruppe 1 übertragen, das bisherige Recht eröffnet den Aufstieg nach Lohngruppe 2 und 2a. Die Zuordnung erfolgt nach Anlage 2 TVÜ übergangsweise bis zum Inkrafttreten einer neuen Entgeltordnung in die Entgeltgruppe 2 Ü. Gleiches gilt für Arbeiter mit Tätigkeiten der Lohngruppe 2 mit Aufstieg nach Lohngruppe 2a.

Angestellte

Bei den Angestellten ergibt sich die Zuordnung der einzelnen Vergütungsgruppen zu den Entgeltgruppen ebenfalls aus Anlage 2 TVÜ. Dabei kann wie folgt unterschieden werden:

- Für die Entgeltgruppe 2 sowie die Entgeltgruppen 9 bis 15 richtet sich die Zuordnung ebenfalls nach der übertragenen Tätigkeit und der zugeordneten Vergütungsentwicklung. Bei Tätigkeitsmerkmalen ohne Bewährungs- oder Fallgruppenaufstieg wird demnach die zum Stichtag einschlägige Vergütungsgruppe zugrunde gelegt. Sieht die Vergütungsordnung dagegen für die einschlägige Fallgruppe Bewährungs- oder Fallgruppenaufstiege vor, wird in der Anlage 2 TVÜ vorgegeben, an welche „Aufstiegskette" anzuknüpfen ist und ob es darauf ankommt, ob der Beschäftigte zum Überleitungszeitpunkt Bewährungs- oder Fallgruppenaufstiege erreicht hat.
- Für die Zuordnung zu den Entgeltgruppen 3, 5, 6 und 8 ist allein die Vergütungsgruppe am 30. September 2005 entscheidend. Ob die einschlägige Fallgruppe weitere Bewährungs- oder Fallgrup-

penaufstiege vorsieht oder im Wege eines solchen Aufstiegs erreicht wurde, spielt für die Zuordnung keine Rolle.

Die vorstehenden Grundsätze lassen sich durch folgende Beispiele verdeutlichen:

Beispiele: ─────────────────────────────────

- Eine Verwaltungsangestellte mit Tätigkeiten der Vergütungsgruppe BAT VIII Fallgruppe 1b ist am 1. April 2005 im Wege des Aufstiegs in die Vergütungsgruppe VII Fallgruppe 1c aufgerückt. Sie wird daher nach Anlage 2 TVÜ mit ihrer im September 2005 maßgeblichen Vergütungsgruppe BAT VII der Entgeltgruppe 5 zugeordnet.

- Der Aufstieg der in Beispiel 1 genannten Verwaltungsangestellten steht erst am 1. April 2006 an, am 30. September 2005 ist sie (noch) in Vergütungsgruppe BAT VIII eingruppiert. Nach Anlage 2 TVÜ erfolgt die Zuordnung in dieser Konstellation zur Entgeltgruppe 3. Der „spätere Aufstieg" ist nach § 8 Abs. 1 TVÜ erst zum individuellen „Aufstiegszeitpunkt" zu berücksichtigen (hier 1. April 2006).

- Eine Verwaltungsangestellte der Vergütungsgruppe BAT IVa Fallgruppe 1a ist am 1. April 2005 im Wege des Fallgruppenaufstieges in die Vergütungsgruppe BAT III Fallgruppe 1b aufgerückt. Entsprechend Anlage 2 TVÜ wird sie zum 1. Oktober 2005 der Entgeltgruppe 11 zugeordnet.

- Abweichend von Beispiel 3 steht der Aufstieg der dort genannten Verwaltungsangestellten erst zum 1. April 2006 an. Anders als nach der Systematik in Beispiel 2 erfolgt die Zuordnung hier nicht zu der niedrigeren, sondern zu derselben Entgeltgruppe. Die Verwaltungsangestellte wird also ebenfalls der Entgeltgruppe 11 zugeordnet. Der „spätere Aufstieg" ist nach § 8 Abs. 2 TVÜ erst zum individuellen „Aufstiegszeitpunkt" (hier 1. April 2006) durch Neuberechnung des Vergleichsentgelts zu berücksichtigen.

- Der Verwaltungsangestellten aus Beispiel 3 ist eine Tätigkeit der Vergütungsgruppe BAT IVa Fallgruppe 1b übertragen worden. Diese Tätigkeit eröffnet nicht den Aufstieg in die Vergütungsgruppe BAT III. In diesem Fall erfolgt die Zuordnung zur Entgeltgruppe 10.

Der TVÜ ordnet auf Grundlage der Eingruppierung/Einreihung bei Überleitung die Beschäftigten anhand der Anlage 2 TVÜ einer neuen Entgeltgruppe zu. Wird nachträglich festgestellt, dass die Eingruppierung unzutreffend gewesen ist, bleiben die allgemeinen arbeits- und tarifrechtlichen Regelungen – insbesondere die Regelungen der korrigierenden Rückgruppierung – unberührt.

Erhalten Beschäftigte am 30. September 2005 eine persönliche Zulage für die Ausübung einer höherwertigen Tätigkeit nach § 24 BAT/BAT-O bzw. den entsprechenden Regelungen für Arbeiterinnen und Arbeiter, ist für die Überleitung die Vergütungs- bzw. Lohngruppe maßgeblich, in die die Beschäftigten eingruppiert sind; sie erhalten aber ab dem 1. Oktober 2005 eine Besitzstandszulage nach Maßgabe des § 10 TVÜ.

Die bisherige Vergütungsgruppe I BAT/BAT-O ist in der Entgelttabelle des TVöD nicht mehr abgebildet. Die Beschäftigungsverhältnisse bei Übertragung entsprechender Tätigkeiten sind ab dem 1. Oktober 2005 außertariflich zu regeln (§ 17 Abs. 2 TVÜ). Bei Überleitung vorhandene Angestellte der Vergütungsgruppe I BAT/BAT-O unterliegen dem TVöD und werden in eine besondere Entgeltgruppe 15 Ü übergeleitet; Stufen, Werte und regelmäßige Verweildauer sind in § 19 Abs. 2 TVÜ näher geregelt.

Außertarifliche Angestellte, für die der BAT nach dessen § 3 Buchst. h nicht galt, werden auch vom TVÜ nicht erfasst. Ihre außertarifliche Vergütung gilt fort. Nach den arbeitsvertraglichen Abreden bestimmt sich, inwieweit die Regelungen des TVöD und des diesen ergänzenden TVÜ ab dem 1. Oktober 2005 auch für diese Beschäftigten zur Anwendung kommen. Wird arbeitsvertraglich auf Regelungen des BAT/BAT-O verwiesen, treten an deren Stelle die entsprechenden Regelungen des TVöD, ggf. in Verbindung mit dem TVÜ.

Zu § 4 Abs. 2 und 3

In Absatz 2 bzw. Absatz 3 der Vorschrift ist bestimmt, dass Bewährungs-, Fallgruppen- oder Tätigkeitsaufstiege sowie Herabgruppierungen, die bei Fortgeltung des bisherigen Rechts im Monat Oktober 2005 vollzogen worden wären, für die Überleitung so behandelt werden, als wären sie bereits im September 2005 vollzogen worden.

§ 5 Vergleichsentgelt

(1) Für die Zuordnung zu den Stufen der Entgelttabelle des TVöD wird für die Beschäftigten nach § 4 ein Vergleichsentgelt auf der Grundlage der im September 2005 erhaltenen Bezüge gemäß den Absätzen 2 bis 7 gebildet.

(2) [1]Bei Beschäftigten aus dem Geltungsbereich des BAT/BAT-O setzt sich das Vergleichsentgelt aus Grundvergütung, allgemeiner Zulage und Ortszuschlag der Stufe 1 oder 2 zusammen. [2]Ist auch eine andere Person im Sinne von § 29 Abschn. B Abs. 5 BAT/BAT-O ortszuschlagsberechtigt oder nach beamtenrechtlichen Grundsätzen familienzuschlagsberechtigt, wird nur die Stufe 1 zugrunde gelegt; findet der TVöD am 1. Oktober 2005 auch auf die andere Person Anwendung, geht der jeweils individuell zustehende Teil des Unterschiedsbetrages zwischen den Stufen 1 und 2 des Ortszuschlags das Vergleichsentgelt ein. [3]Ferner fließen im September 2005 tarifvertraglich zustehende Funktionszulagen insoweit in das Vergleichsentgelt ein, als sie nach dem TVöD nicht mehr vorgesehen sind. [4]Erhalten Beschäftigte eine Gesamtvergütung (§ 30 BAT/BAT-O), bildet diese das Vergleichsentgelt. [5]Bei Lehrkräften im Sinne der Vorbemerkung Nr. 5 zu allen Vergütungsgruppen der Anlage 1a zum BAT/BAT-O wird die Zulage nach § 2 Absatz 3 des Tarifvertrages über Zulagen an Angestellte in das Vergleichsentgelt eingerechnet. [6]Abweichend von Satz 5 wird bei Lehrkräften, die am 30. September 2005 einen Anspruch auf die Zulage nach dem Erlass des Bundesministeriums der Verteidigung vom 31. März 1998 – PSZ II 4 (S II 3) – Az 18-20-02 haben, die Zulage nach § 2 Abs. 2 Buchst. c des Tarifvertrages über Zulagen an Angestellte, und bei Lehrkräften, die einen arbeitsvertraglichen Anspruch auf Zahlung einer allgemeinen Zulage wie die unter die Anlage 1a zum BAT/BAT-O fallenden Angestellten haben, diese Zulage in das Vergleichsentgelt eingerechnet.

Protokollerklärungen zu Absatz 2 Satz 2:

1. Findet der TVöD am 1. Oktober 2005 für beide Beschäftigte Anwendung und hat einer der beiden im September 2005 keine Bezüge erhalten wegen Elternzeit, Wehr- oder Zivildienstes, unbezahlten Sonderurlaubs aufgrund von Familienpflichten im Sinne des § 4 Abs. 2 BGleiG, Sonderurlaubs, bei dem der Arbeitgeber vor Antritt ein dienstliches oder betriebliches Interesse an der Beurlaubung anerkannt hat, Bezuges einer Rente auf Zeit wegen verminderter Erwerbsfähigkeit oder wegen Ablaufs der Krankenbezugsfristen, erhält die/der andere Beschäftigte zusätzlich zu ihrem/seinem Entgelt den Differenzbetrag zwischen dem ihr/ihm im September 2005 individuell zustehenden Teil des Unterschiedsbetrages zwischen der Stufe 1 und 2 des Ortszuschlags und dem vollen Unterschiedsbetrag als Besitzstandszulage.

2. Hat die andere ortszuschlagsberechtigte oder nach beamtenrechtlichen Grundsätzen familienzuschlagsberechtigte Person im September 2005 aus den in Nr. 1 genannten Gründen keine Bezüge erhalten, erhält die/der in den TVöD übergeleitete Beschäftigte zusätzlich zu ihrem/seinem Entgelt den vollen Unterschiedsbetrag zwischen der Stufe 1 und der Stufe 2 des Ortszuschlags als Besitzstandszulage.

3. [1]Ist die andere ortszuschlagsberechtigte oder familienzuschlagsberechtigte Person im September 2005 aus dem öffentlichen Dienst ausgeschieden, ist das Tabellenentgelt ab dem 1. Juli 2008 auf Antrag neu zu ermitteln. [2]Basis ist dabei die Stufenzuordnung nach § 6 Abs. 1 Satz 2, die sich zum 1. Oktober 2007 ergeben hätte, wenn das Vergleichsentgelt unter Berücksichtigung der Stufe 2 des Ortszuschlags gebildet worden wäre.

4. [1]Die Besitzstandszulage nach den Nrn. 1 und 2 oder das neu ermittelte Tabellenentgelt nach Nr. 3 wird auf einen bis zum 30. September 2008 zu stellenden schriftlichen Antrag (Ausschlussfrist) vom 1. Juli 2008 an gezahlt. [2]Ist eine entsprechende Leistung bis zum 31. März 2008 schriftlich geltend gemacht worden, erfolgt die Zahlung vom 1. Juni 2008 an.

5. [1]In den Fällen der Nrn. 1 und 2 wird bei Stufensteigerungen und Höhergruppierungen der Unterschiedsbetrag zum bisherigen Entgelt auf die Besitzstandszulage angerechnet. [2]Die/Der Beschäftigte hat das Vorliegen der Voraussetzungen der Nrn. 1 und 2 nachzuweisen und Änderungen anzuzeigen. [3]Die Besitzstandszulage nach den Nrn. 1 und 2 entfällt mit Ablauf des Monats, in dem die/der andere Beschäftigte die Arbeit wieder aufnimmt.

Protokollerklärung zu Absatz 2 Satz 3 (zum 1. Januar 2014 aufgehoben):
Vorhandene Beschäftigte erhalten bis zum In-Kraft-Treten der neuen Entgeltordnung ihre Techniker-, Meister- und Programmiererzulagen unter den bisherigen Voraussetzungen als persönliche Besitzstandszulage.

(3) [1]**Bei Beschäftigten aus dem Geltungsbereich des MTArb/MTArb-O wird der Monatstabellenlohn als Vergleichsentgelt zugrunde gelegt.** [2]**Absatz 2 Satz 3 gilt entsprechend.** [3]**Erhalten Beschäftigte Lohn nach § 23 Abs. 1 MTArb/MTArb-O, bildet dieser das Vergleichsentgelt.**

(4) [1]**Beschäftigte, die im Oktober 2005 bei Fortgeltung des bisherigen Rechts die Grundvergütung bzw. den Monatstabellenlohn der nächsthöheren Lebensalters- bzw. Lohnstufe erhalten hätten, werden für die Bemessung des Vergleichsentgelts so behandelt, als wäre der Stufenaufstieg bereits im September 2005 erfolgt.** [2]**§ 4 Abs. 2 und 3 gilt bei der Bemessung des Vergleichsentgelts entsprechend.**

(5) [1]**Bei Teilzeitbeschäftigten wird das Vergleichsentgelt auf der Grundlage eines vergleichbaren Vollzeitbeschäftigten bestimmt.** [2]**Satz 1 gilt für Beschäftigte, deren Arbeitszeit nach § 3 des Tarifvertrages zur sozialen Absicherung vom 6. Juli 1992 herabgesetzt ist, entsprechend.**

Protokollerklärung zu § 5 Abs. 5:
[1]Lediglich das Vergleichsentgelt wird auf der Grundlage eines entsprechenden Vollzeitbeschäftigten ermittelt; sodann wird nach der Stufenzuordnung das zustehende Entgelt zeitratierlich berechnet. [2]Diese zeitratierliche Kürzung des auf den Ehegattenanteil im Ortszuschlag entfallenden Betrages (§ 5 Abs. 2 Satz 2 2. Halbsatz) unterbleibt nach Maßgabe des § 29 Abschn. B Abs. 5 Satz 2 BAT/BAT-O.

(6) Für Beschäftigte, die nicht für alle Tage im September 2005 oder für keinen Tag dieses Monats Bezüge erhalten, wird das Vergleichsentgelt so bestimmt,

als hätten sie für alle Tage dieses Monats Bezüge erhalten; in den Fällen des § 27 Abschn. A Abs. 7 und Abschn. B Abs. 3 Unterabs. 4 BAT/BAT-O bzw. der entsprechenden Regelungen für Arbeiterinnen und Arbeiter werden die Beschäftigten für das Vergleichsentgelt so gestellt, als hätten sie am 1. September 2005 die Arbeit wieder aufgenommen.

(7) Abweichend von den Absätzen 2 bis 6 wird bei Beschäftigten, die gemäß § 27 Abschn. A Abs. 8 oder Abschn. B Abs. 7 BAT/BAT-O bzw. den entsprechenden Regelungen für Arbeiterinnen und Arbeiter den Unterschiedsbetrag zwischen der Grundvergütung bzw. dem Monatstabellenlohn ihrer bisherigen zur nächsthöheren Lebensalters- bzw. Lohnstufe im September 2005 nur zur Hälfte erhalten, für die Bestimmung des Vergleichsentgelts die volle Grundvergütung bzw. der volle Monatstabellenlohn aus der nächsthöheren Lebensalters- bzw. Lohnstufe zugrunde gelegt.

Wichtiger Hinweis auf bedeutsame Rechtsprechung des EuGH und des BAG

Der EuGH hat sich in seinem Urteil vom 8. September 2011 (C-297/10 und C-298/10) mit folgenden, für die Überleitung der Beschäftigten aus dem BAT in den TVöD elementaren Fragen auseinandergesetzt:

– Verstießen die Lebensaltersstufen des BAT gegen das Verbot der Altersdiskriminierung?

– Setzt sich eine etwaige Diskriminierung in der Überleitung aus dem BAT in den TVöD durch den TVÜ-Bund (Stichwort: Vergleichsentgelt) fort?

Die gleiche Fragestellung ergibt sich analog auch für die Überleitung aus dem BAT in den TVöD auf der Grundlage des TVÜ-VKA und für die Überleitung in den TV-L durch den TVÜ-Länder. Die Regelungen sind identisch bzw. vergleichbar.

Zur ersten Frage hat der EuGH festgestellt, dass die Lebensaltersstufen des BAT eine unzulässige Diskriminierung wegen des Lebensalters dargestellt haben.

Zur zweiten Frage hat der EuGH entschieden, dass die Überleitung aus dem BAT in den TVöD zwar eine unmittelbare Diskriminierung darstellt, diese aber gerechtfertigt war, denn es sei ein legitimes Ziel (Wahrung der Besitzstände) verfolgt worden, das Mittel (Überleitung durch den TVÜ-Bund) sei erforderlich gewesen (individuelle Zwischenstufe als einzige Möglichkeit, das bisherige Niveau zu gewährleisten; Übergangscharakter durch schrittweises Auswachsen der Diskriminierung) und das Mittel sei angemessen gewesen (Sozialpartner haben keine sachwidrigen Übergangsregelungen getroffen, weiter Gestaltungsspielraum).

Im Ergebnis hat der EuGH also die Rechtmäßigkeit des von den Tarifpartnern in den §§ 5 und 6 vereinbarten Überleitungsverfahrens bestätigt. Das BAG hat sich dieser Auffassung in seinem Urteil vom 8. Dezember 2011 (6 AZR 319/09) angeschlossen.

Erläuterungen

Während in § 4 die Zuordnung zu den Entgeltgruppen festgelegt ist, bestimmen die §§ 5 bis 7 das Verfahren der Zuordnung zu den Entgeltstufen.

Zu § 5 Abs. 1

Hierzu ist zunächst ein Vergleichsentgelt zu ermitteln, und zwar grundsätzlich auf der Basis der Bezüge des Monats September 2005.

Besondere Beachtung verdient das Urteil des BAG vom 25. Juni 2009 – 6 AZR 384/08. Demnach kann ein fehlerhaft gebildetes Vergleichsentgelt für künftige Entgeltzahlungen jederzeit korrigiert werden. Die Ausschlussfrist des § 37 TVöD steht nach Auffassung des BAG nur einer unbegrenzten Rückforderung des in der Vergangenheit zu viel gezahlten Entgelts entgegen.

Zu § 5 Abs. 2

Im Vergleichsentgelt sind bei Angestellten gem. § 5 Abs. 2 zu berücksichtigen:

Grundvergütung und **Allgemeine Zulage;**

Funktionszulagen nur insoweit, als sie nach dem TVöD nicht mehr vorgesehen sind.

Die **Vergütungsgruppenzulage** fließt nicht in das Vergleichsentgelt ein; es ist aber eine Besitzstandsregelung vereinbart (siehe § 9 TVÜ).

Die durch den Änderungstarifvertrag Nr. 2 vom 6. Oktober 2008 mit Wirkung vom 1. August 2008 angefügten Sätze 5 und 6 regeln die Höhe der in das Vergleichsentgelt einfließenden (allgemeinen) Zulage für Lehrkräfte. Grundsätzlich ist dies die „Lehrer-Zulage" nach § 2 Abs. 3 des Tarifvertrags über Zulagen für Angestellte (zuletzt 42,98 €). Höhere Beträge können nur berücksichtigt werden, soweit sich ein entsprechender Anspruch aus dem Erlass des Bundesministeriums der Verteidigung vom 31. März 1998 ergibt (siehe Satz 6). In diesem Fall wird die allgemeine Zulage nach § 2 Abs. 2 Buchst. c des

Tarifvertrages über Zulagen an Angestellte (zuletzt 114,60 €) in das Vergleichsentgelt eingerechnet.

Bis zum Inkrafttreten der neuen Entgeltordnung am 1. Januar 2014 erhielten vorhandene Beschäftigte ihre **Meister-, Techniker- und Programmiererzulage** unter den bisherigen Voraussetzungen als Besitzstandszulage (siehe Protokollerklärung zu § 5 Abs. 2 Satz 3 TVÜ). Für die Zeit nach Inkrafttreten der neuen Entgeltordnung enthält § 25 Abs. 3 TVÜ eine Besitzstandsregelung.

Familienbezogene Entgeltbestandteile – und damit auch der Verheiratetenzuschlag nach § 29 Abschn. B Abs. 2 BAT/BAT-O – sind im TVöD nicht mehr vorgesehen. In das Vergleichsentgelt fließt zur Sicherung des bisherigen Gehaltsniveaus grundsätzlich der individuell nach § 29 Abschn. B Abs. 2 BAT/BAT-O zustehende Ortszuschlag der Stufe 1 oder 2 ein. Ausschlaggebend sind die Bezüge im September 2005. Veränderungen im Familienstand (z. B. Eheschließung, Scheidung) ab Oktober 2005 wirken sich auf das Vergleichsentgelt nicht mehr aus. Es bleibt bei der Einbeziehung desjenigen Ortszuschlages in das Vergleichsentgelt, der im September 2005 zugestanden hat. Nach der Auffassung des BAG in seinem zur vergleichbaren Vorschrift des § 5 TVÜ-Länder ergangenen Urteil vom 22. April 2010 – 6 AZR 966/08 – muss für alleinerziehende Angestellte, deren Söhne im September 2005 Grundwehr- oder Zivildienst leisteten, das Vergleichsentgelt jedoch für die Zeit ab Beendigung dieses Dienstes neu berechnet werden, wenn ohne den Grundwehr- oder Zivildienst im September 2005 noch die tariflichen Voraussetzungen (des § 29 Abschn. B Abs. 2 Nr. 4 BAT) für den Ortszuschlag der Stufe 2 erfüllt gewesen wären. Die tarifliche Regelung benachteilige ohne sachliche Rechtfertigung alleinerziehende Angestellte, deren Söhne im für die Berechnung des Vergleichsentgelts maßgeblichen Monat September 2005 der allgemeinen staatsbürgerlichen Pflicht zum Wehr- oder Ersatzdienst nachkamen, gegenüber alleinerziehenden Elternteilen von Töchtern sowie von Söhnen, die nicht wehrtauglich waren oder tatsächlich nicht zum Wehrdienst bzw. Zivildienst herangezogen wurden.

Ist zum Überleitungszeitpunkt auch eine andere Person im Sinne des § 29 Abschn. B Abs. 5 BAT/BAT-O ortszuschlagsberechtigt oder nach § 40 Abs. 4 BBesG familienzuschlagsberechtigt (Konkurrenzfall), gilt für die Ermittlung des Vergleichsentgelts eine gesonderte Regelung (§ 5 Abs. 2 Satz 2 TVÜ): Kann der Ehegatte des Angestellten – mit

Rücksicht auf den Wegfall des Ortzuschlags im Geltungsbereich des TVöD – den vollen Ortzuschlag der Stufe 2 oder Familienzuschlag der Stufe 1 bei seinem Arbeitgeber oder Dienstherrn beanspruchen (z. B. wenn der Ehegatte Angestellter eines noch den BAT oder BAT-O anwendenden Arbeitgebers oder Beamter ist), wird für das Vergleichsentgelt lediglich die Stufe 1 des bisherigen Ortzuschlags zugrunde gelegt.

Werden beide Personen, im Regelfall also beide Ehepartner, am 1. Oktober 2005 in den TVöD übergeleitet, erfolgt die Überleitung jeweils mit dem Ortzuschlag der Stufe 1 zuzüglich des individuell zustehenden Teils des Unterschiedsbetrages zwischen den Stufen 1 und 2 des Ortzuschlags.

Für eingetragene Lebenspartnerschaften nach dem Lebenspartnerschaftsgesetz gilt Entsprechendes.

Das Familieneinkommen soll durch die Überleitung eines Berechtigten in den TVöD nicht erhöht werden. Hierzu dient die Einbeziehung nur des Ortzuschlags der Stufe 1 statt der Stufe 1 ½ bzw. des bislang individuell zustehenden Anteils am Ehegattenanteil in das Vergleichsentgelt bei Eingreifen der Konkurrenzregelung des § 29 Abschn. B Abs. 5 BAT/BAT-O. Der Grund: wird der andere Berechtigte nicht ebenfalls gleichzeitig in den TVöD übergeleitet, hat dieser wegen Wegfalls der Voraussetzungen für ein Eingreifen der Konkurrenzregelung ab dem 1. Oktober 2005 Anspruch auf den Ortzuschlag der Stufe 2 bzw. eine vergleichbare Leistung.

Der kinderbezogene Anteil des Ortzuschlags (Stufe 3 und weitere Stufen) wird nach § 11 TVÜ als dynamische Besitzstandszulage fortgezahlt und fließt nicht in das Vergleichsentgelt ein.

Unter Berücksichtigung dieser Grundsätze sind folgende Fallgestaltungen besonders zu erwähnen:

In den Konkurrenzfällen des § 29 Abschn. B Abs. 5 BAT/BAT-O ist danach zu unterscheiden, ob die andere Person ebenfalls in den TVöD übergeleitet wird. In diesem Fall wird bei beiden Personen der bisher zustehende Ortzuschlag der Stufe 1 zuzüglich des halben Ehegattenanteils (Stufe 1½) in das Vergleichsentgelt einbezogen.

Wird die andere Person nicht in den TVöD übergeleitet, etwa weil sie Beamter, Versorgungsempfänger oder als Angestellter bei einem anderen, noch den BAT/BAT-O anwendenden öffentlichen Arbeitgeber einschließlich der dem öffentlichen Dienst gleichgestellten Arbeitgeber im Sinne des § 29 Abschn. B Abs. 7 BAT/BAT-O tätig ist,

ist in das Vergleichsentgelt der Ortszuschlag der Stufe 1 einzubeziehen. Die andere Person hat vom 1. Oktober 2005 an Anspruch auf den Ortszuschlag der Stufe 2 bzw. eine entsprechende Leistung. Durch die Einbeziehung nur des Ortszuschlags der Stufe 1 in diesen Fällen wird eine überleitungsbedingte Erhöhung des Entgelts der beiden im öffentlichen Dienst beschäftigten Personen vermieden. Diese Verfahrensweise hat das BAG mit Urteil vom 30. Oktober 2008 – 6 AZR 682/07 – bestätigt. Etwaige Verluste, die dadurch eintreten können, dass der andere Ehegatte, z. B. als Beamter, wegen der unterschiedlichen Höhe von Familienzuschlag und Ortszuschlag keinen vollen Ausgleich erhält, werden nicht ausgeglichen.

Bestimmte Arbeitsvertragsrichtlinien und tarifvertragliche Regelungen von Arbeitgebern des öffentlichen Dienstes im Sinne des Ortszuschlagsrechts enthalten sog. Gegenkonkurrenzregelungen. Nach diesen wird der Ortszuschlag der Stufe 2 bzw. eine entsprechende Leistung nicht gezahlt, wenn dessen Ehepartner Anspruch auf den Ortszuschlag der Stufe 2 hat. Folge hiervon ist, dass die Konkurrenzregelung des § 29 Abschn. B Abs. 5 BAT/BAT-O in diesen Fällen keine Anwendung findet, also bislang Ortszuschlag der Stufe 2 zu zahlen war. Da die sog. Gegenkonkurrenzregel mit der Überleitung des Angestellten in den TVöD nicht mehr greift, die andere Person also Anspruch auf den Ortszuschlag der Stufe 2 bzw. eine vergleichbare Leistung vom 1. Oktober 2005 an hat, ist in diesen Fällen der Ortszuschlag der Stufe 1 in das Vergleichsentgelt einzubeziehen. Dies hat das BAG mit Urteil vom 17. Juni 2008 – 6 AZR 365/07 – im Ergebnis bestätigt.

Hat der überzuleitende Angestellte im Monat September 2005 keine Bezüge erhalten, z. B. aufgrund Elternzeit oder Sonderurlaub, wird das Vergleichsentgelt gemäß § 5 Absatz 6 TVÜ so bestimmt, als hätte er für alle Tage dieses Monats Bezüge erhalten, wobei er in den Fällen des § 27 Abschnitt A Absatz 6, Absatz 7 BAT/BAT-O und § 27 Abschnitt B Absatz 3 Unterabsatz 4 BAT/BAT-O für das Vergleichsentgelt so gestellt wird, als wäre am 1. September 2005 die Arbeit wieder aufgenommen worden. Bezogen auf den Ortszuschlag bedeutet diese Regelung, dass zu prüfen ist, welche Stufe beim Ortszuschlag zugestanden hätte, wenn Anspruch auf Vergütung bestanden hätte. Hätte hiernach im September 2005 Ortszuschlag der Stufe 1 oder der Stufe 2 zugestanden, ist auch die Stufe 1 bzw. die Stufe 2 in das – fiktive – Vergleichsentgelt einzubeziehen und der Angestellte damit überzuleiten. Bei Eingreifen der Konkurrenzregelung, also der Beschäftigung einer anderen Person ebenfalls im öffentlichen Dienst, gilt die oben dargestellte Grundregel. Wird die andere ortszuschlagsberechtigte Person ebenfalls in den TVöD übergeleitet, ist hiernach der Ortszuschlag mit dem individuell zustehenden Anteil am Ehegattenanteil in das Vergleichsentgelt einzubeziehen, andernfalls der Ortszuschlag der Stufe 1.

Zu den Protokollerklärungen zu Absatz 2 Satz 2

Im Zuge des 1. Änderungstarifvertrages vom 31. März 2008 haben die Tarifpartner mit Wirkung vom 1. Juli 2008 neue Protokollerklärungen vereinbart. Inhalt dieser Vorschriften sind Regelungen, die Härten aufgrund der (teilweisen) Nichtberücksichtigung des Ortszuschlages bei der Ermittlung des Vergleichsentgeltes ausgleichen sollen. Die Regelungen sollten an sich schon unmittelbar nach dem Inkrafttreten des TVöD/TVÜ vereinbart werden und waren in ihrem Kern schon lange Zeit ausgehandelt. Die Tarifpartner haben sie dann aber wegen übergeordneter Meinungsverschiedenheiten (z. B. in der Arbeitszeitfrage) „auf Eis gelegt" und erst im Rahmen der Entgeltrunde 2008 vereinbart.

Ausgeglichen werden eintretende Verluste beim Ortszuschlag (OZ) in folgenden Fällen:

1. Beide OZ-Partner werden in den TVöD übergeleitet, der Verheiratetenanteil wird bei Beiden grundsätzlich zur Hälfte im Vergleichsentgelt berücksichtigt (OZ 1½). Aus den in Protokollerklärung Nr. 1 abschließend genannten Gründen (z. B. Elternzeit, Wehrdienst, Ablauf der Krankenbezugsfristen) erhielt einer der OZ-Partner im September 2005 keine Bezüge; der hälftige OZ-Anteil geht also unter. Nach Protokollerklärung Nr. 1 findet ein Ausgleich statt. Die Zahlung ist antragsgebunden. Der Antrag muss bis zum 30. September 2008 gestellt werden;[1] Zahlungsaufnahme ist dann der 1. Juli 2008, bei bis zum 31. März 2008 gestellten Anträge der 1. Juni 2008. Die entsprechende Zahlung ist bei Stufensteigerungen und Höhergruppierungen aufzehrbar, sie entfällt, sobald der andere OZ-Partner die Arbeit wieder aufnimmt (Protokollerklärung Nr. 5).

---

[1] Das Bundesministerium des Innern hat die Antragsfrist zuletzt mit Rundschreiben vom 3. Dezember 2008 im Einvernehmen mit dem Bundesministerium der Finanzen übertariflich bis zum 28. Februar 2009 verlängert.

2. Der in Protokollerklärung Nr. 2 geregelte Sachverhalt ist mit dem der Protokollerklärung Nr. 1 vergleichbar; der andere OZ-Partner ist aber Beamter oder ansonsten OZ-berechtigt. In diesem Fall liegt ein Verlust in Höhe des vollen OZ vor, weil dieser ja an sich dem anderen Partner gezahlt werden musste, aber wegen des Ruhens der Bezüge nicht zusteht. Auch hier besteht Antragspflicht (Protokollerklärung Nr. 4), damit ein Ausgleich stattfindet. Aufzehrbarkeit bzw. Zahlungsende ergeben sich ebenfalls aus Protokollerklärung Nr. 5.

3. Protokollerklärung Nr. 3 aaO regelt die „Septemberfälle". Das sind die Fälle, in denen der andere OZ-Partner bereits im September 2005 aus dem öffentlichen Dienst ausgeschieden war, so dass das Vergleichentgelt im Ergebnis schon im Oktober 2005 falsch (zu niedrig) war. Auf Antrag (nach Protokollerklärung Nr. 4 – s. o.) wird das Vergleichsentgelt zum 1. Oktober 2007 auf der Grundlage des OZ Stufe 2 neu berechnet und der erhöhte Betrag ab 1. Juli 2008 gezahlt.

Die Aufzählung der Sonderfälle in den Protokollerklärungen ist abschließend, weitere denkbare Sachverhalte werden nicht berücksichtigt.

Zu § 5 Abs. 3

Bei Arbeitern bildet der Monatstabellenlohn das Vergleichsentgelt. Hinsichtlich der Funktionszulagen gilt die Regelung für Angestellte entsprechend.

Zu § 5 Abs. 4

Stufenaufstiege (sowohl für Arbeiter als auch für Angestellte), die bei Fortgeltung des bisherigen Rechts im Monat Oktober 2005 vollzogen worden wären, werden für die Ermittlung des Vergleichsentgelts so behandelt, als wären sie bereits im September 2005 vollzogen worden.

Zu § 5 Abs. 5

Bei Teilzeitbeschäftigten wird zum Zweck der Stufenzuordnung das Vergleichsentgelt zunächst auf der Grundlage eines vergleichbaren Vollbeschäftigten berechnet und dann die maßgebende Stufe ermittelt.

In der Niederschriftserklärung zu dieser Vorschrift ist festgelegt, dass das monatliche Entgelt des Teilzeitbeschäftigten dann der seiner Arbeitszeit entsprechende Bruchteil des Tabellenwertes ist. Wegen Ausnahmen beim Ehegattenanteil im Ortszuschlag siehe Satz 2 der Protokollerklärung.

Zu § 5 Abs. 6

In Absatz 6 der Vorschrift ist bestimmt, dass die Beschäftigten, die für den Monat September 2005 entweder gar keine Bezüge oder nicht für alle Tage des Monats Bezüge erhalten, so gestellt werden, als hätten sie Bezüge für den vollen Monat September 2005 erhalten.

Zu § 5 Abs. 7

Absatz 7 befasst sich mit dem Sonderfall, dass Beschäftigte – wie in der Lohnrunde 2003 vereinbart und in § 27 Abschn. A Abs. 8 oder Abschn. B Abs. 7 BAT/BAT-O bzw. den entsprechenden Regelungen für Arbeiter im Detail festgelegt – nach bisherigem Recht den Unterschiedsbetrag zwischen zwei Stufen für die Dauer eines Jahres nur zur Hälfte erhalten. § 5 Abs. 7 TVÜ bestimmt dazu, dass zur Ermittlung des Vergleichsentgelts der ungekürzte Stufenbetrag zugrunde zu legen ist.

Im Hinblick darauf, dass diese Regelung nur bis zum 31. Dezember 2004 galt, die letzten Fälle somit Ende 2005 (Stufensteigerung und Kürzung auf die Hälfte im Dezember 2004, Dauer der Kürzung ein Jahr) auslaufen, ist die praktische Bedeutung dieser Vorschrift eher gering.

§ 6 Stufenzuordnung der Angestellten

(1) [1]Beschäftigte aus dem Geltungsbereich des BAT/BAT-O werden einer ihrem Vergleichsentgelt entsprechenden individuellen Zwischenstufe der gemäß § 4 bestimmten Entgeltgruppe zugeordnet. [2]Zum 1. Oktober 2007 steigen diese Beschäftigten in die dem Betrag nach nächsthöhere reguläre Stufe ihrer Entgeltgruppe auf. [3]Der weitere Stufenaufstieg richtet sich nach den Regelungen des TVöD. [4]Für die Stufenzuordnung der Lehrkräfte im Sinne der Vorbemerkung Nr. 5 zu allen Vergütungsgruppen der Anlage 1a BAT/BAT-O gilt die Entgelttabelle des TVöD (Bund) mit den Maßgaben des § 19 Abs. 2a.

(2) [1]Werden Beschäftigte vor dem 1. Oktober 2007 höhergruppiert (nach § 8 Abs. 1 und 3 1. Alternative, § 9 Abs. 3 Buchst. a oder aufgrund Übertragung einer mit einer höheren Entgeltgruppe bewerteten Tätigkeit), so erhalten sie in der höheren Entgeltgruppe Tabellenentgelt nach der regulären Stufe, deren Betrag mindestens der individuellen Zwischenstufe entspricht, jedoch nicht weniger als das Tabellenentgelt der Stufe 2; der weitere Stufenaufstieg richtet sich nach den Regelungen des TVöD. [2]In den Fällen des Satzes 1 gilt § 17 Abs. 4 Satz 2 TVöD entsprechend. [3]Werden Beschäftigte vor dem 1. Oktober 2007 herabgruppiert, werden sie in der niedrigeren Entgeltgruppe derjenigen individuellen Zwischenstufe zugeordnet, die sich bei Herabgruppierung im September 2005 ergeben hätte; der weitere Stufenaufstieg richtet sich nach Absatz 1 Satz 2 und 3.

(3) [1]Liegt das Vergleichsentgelt über der höchsten Stufe der gemäß § 4 bestimmten Entgeltgruppe, werden die Beschäftigten abweichend von Absatz 1 einer dem Vergleichsentgelt entsprechenden individuellen Endstufe zugeordnet; bei Lehrkräften im Sinne der Vorbemerkung Nr. 5 zu allen Vergütungsgruppen der Anlage 1a zum BAT/BAT-O gilt dabei die Entgelttabelle des TVöD (Bund) mit den Maßgaben des § 19 Abs. 2a. [2]Das Entgelt aus der individuellen Endstufe gilt als Tabellenentgelt im Sinne des § 15 TVöD. [3]Bei einer Höhergruppierung aus einer individuellen Endstufe werden die Beschäftigten entsprechend § 17 Abs. 5 TVöD der Endstufe der höheren Entgeltgruppe zugeordnet. [4]Beträgt das Tabellenentgelt nach Satz 3 weniger als die Summe aus dem Entgelt der bisherigen individuellen Endstufe zuzüglich 2 v. H. der Endstufe der höheren Entgeltgruppe, wird die/der Beschäftigte in der höheren Entgeltgruppe erneut einer individuellen Endstufe zugeordnet. [5]Das Entgelt der neuen individuellen Endstufe wird dabei festgesetzt auf die Summe aus dem Entgelt der bisherigen individuellen Endstufe zuzüglich 2 v. H. des Tabellenentgelts der Endstufe der höheren Entgeltgruppe. [6]Der Betrag der individuellen Endstufe verändert sich um denselben Vomhundertsatz bzw. in demselben Umfang wie die höchste Stufe der jeweiligen Entgeltgruppe.

Protokollerklärung zu Absatz 3:
[1]Am 1. Januar 2008 wird das Entgelt der individuellen Endstufe für Beschäftigte der Entgeltgruppen 1 bis 9, für die die Regelungen des Tarifgebiets Ost Anwendung finden, um den Faktor 1,08108 erhöht. [2]Der Berechnungsschritt für allgemeine Tariferhöhungen zum 1. Januar 2008 ist erst im Anschluss an die

Faktorisierung nach Satz 1 zu vollziehen. [3]Am 1. April 2008 wird das Entgelt der individuellen Endstufe für Beschäftigte der Entgeltgruppen 10 und höher, für die die Regelungen des Tarifgebiets Ost Anwendung finden, um den Faktor 1,08108 erhöht.

(4) [1]Beschäftigte, deren Vergleichsentgelt niedriger ist als das Tabellenentgelt in der Stufe 2, werden abweichend von Absatz 1 der Stufe 2 zugeordnet. [2]Der weitere Stufenaufstieg richtet sich nach den Regelungen des TVöD. [3]Abweichend von Satz 1 werden Beschäftigte, denen am 30. September 2005 eine in der Allgemeinen Vergütungsordnung (Anlage 1a) durch die Eingruppierung in Vergütungsgruppe Va BAT/BAT-O mit Aufstieg nach IVb und IVa BAT/BAT-O abgebildete Tätigkeit übertragen ist, der Stufe 1 der Entgeltgruppe 10 zugeordnet.

Erläuterungen

Zu § 6 Abs. 1

Am 1. Oktober 2005 werden die Angestellten mit dem zum Stichtag ermittelten Vergleichsentgelt in eine individuelle Zwischenstufe ihrer neuen Entgeltgruppe übergeleitet. Es erfolgt zum Stichtag also keine direkte Zuordnung der Angestellten zu einer bestimmten Grundentgelt- oder Entwicklungsstufe der neuen Tabelle, sie werden in der Übergangszeit zwischen der betragsmäßig nächstniedrigeren und der nächsthöheren Stufe ihrer neuen Entgeltgruppe geführt. Zum 1. Oktober 2007 steigen die der individuellen Zwischenstufe zugeordneten ehemaligen Angestellten in die nächsthöhere Stufe auf und erhalten das dort vorgesehene Tabellenentgelt. Der weitere Stufenaufstieg richtet sich dann nach den Regelungen des TVöD.

Beispiel:

Angestellter des Bundes, BAT VII ohne Aufstieg nach VIb, Stufe 29 Jahre

Grundvergütung:	1305,86 Euro
Ortszuschlag Stufe 1	473,21 Euro
Allgemeine Zulage	107,44 Euro
Vergleichsentgelt	1886,51 Euro

Laut Anlage 2 zum TVÜ Überleitung in EG 5 zwischen Stufe 2 (1875) und Stufe 3 (1970); das Vergleichsentgelt von 1886,51 Euro wird bis zum 30. September 2007 gezahlt; zum 1. Oktober 2007 Aufrücken in Stufe 3; der weitere Stufenaufstieg richtet sich nach den Regeln des TVöD. Wäre der Angestellte bislang von der Regelung des § 27 Abschn. A Abs. 8 BAT erfasst worden und hätte den Unterschiedsbetrag zwischen der 27. und der 29. Lebensaltersstufe nur zur Hälfte erhalten, wäre das oben dargestellte Ergebnis wegen § 5 Abs. 7 TVÜ unverändert (siehe Erläuterungen dort).

Bei der Stufenzuordnung der Lehrkräfte sind gemäß Satz 4 die Maßgaben des § 19 Abs. 2a TVÜ-Bund zu beachten (siehe dort).

Zu § 6 Abs. 2

Beschäftigte in einer individuellen Zwischenstufe, die vor dem 1. Oktober 2007 höhergruppiert werden, erhalten in der höheren Entgeltgruppe gemäß § 6 Abs. 2 Satz 1 Entgelt nach der regulären Stufe, deren Betrag mindestens das bisherige Vergleichsentgelt erreicht, mindestens aber das Entgelt der Stufe 2 der neuen Entgeltgruppe („doppelte Absicherung nach unten"). Der weitere Stufenaufstieg richtet sich gemäß Satz 3 „nach Absatz 1 Satz 2 und 3". Das bedeutet, dass zum 1. Oktober 2007 der Aufstieg aus der individuellen Zwischenstufe in die darüber liegende Stufe erfolgt; spätere Stufenaufstiege erfolgen nach den Regeln des TVöD.

Herabgruppierungen in der Zeit vor dem 1. Oktober 2007 werden so gehandhabt, als sei die Herabgruppierung bereits im September erfolgt; die Stufenzuweisung und der weitere Stufenaufstieg richten sich nach den allgemeinen Grundsätzen.

Zu § 6 Abs. 3

Die Tarifvertragsparteien hatten sich bei der Einführung des TVöD darauf verständigt, dass niemand nach Überleitung in den TVöD weniger verdienen soll als vorher. Liegt das Vergleichsentgelt daher über der Endstufe der maßgeblichen Entgeltgruppe, werden diese Beschäftigten am 1. Oktober 2005 einer individuellen Endstufe jenseits der Tabellenendstufe zugeordnet. Die individuelle Endstufe ist dynamisch ausgestaltet; d. h., sie wird bei Lohnerhöhungen/-minderungen (z. B. aufgrund künftiger Lohnrunden) in dem gleichen Maß erhöht bzw. vermindert wie die höchste Stufe der jeweiligen Entgeltgruppe (Satz 6). Auch nach einer Höhergruppierung bleibt mindestens der Betrag der individuellen Endstufe erhalten. In der bis zum 28. Februar 2014 geltenden Fassung (Satz 2 a. F.) war geregelt, dass Beschäftigte bei einer Höhergruppierung aus der individuellen

Endstufe in der höheren Entgeltgruppe mindestens das Entgelt ihrer bisherigen individuellen Endstufe erhielten; ein Höhergruppierungsgewinn war damit u. U. nicht verbunden. Aus Anlass der Einführung der Entgeltordnung für die Beschäftigten des Bundes und dem damit im Zusammenhang stehenden „stufengleichen Aufstieg" bei Höhergruppierungen (s. § 17 Abs. 5 TVöD) haben die Tarifpartner im Zuge des 9. Änderungstarifvertrages zum TVÜ-Bund vom 17. Oktober 2014 rückwirkend zum 1. März 2014 ein neues Verfahren bei der Höhergruppierung aus der individuellen Endstufe vereinbart, das nicht nur den bisherigen Betrag garantiert, sondern darüber hinaus einen Höhergruppierungsgewinn sicherstellt (s. Sätze 3 bis 5 n. F.). Demnach wird der höhergruppierte Beschäftigte in der höheren Entgeltgruppe der Endstufe zugeordnet (Satz 3). Wenn der Betrag dieser Endstufe mindestens so hoch ist wie die Summe aus dem bisherigen individuellen Entgelt zuzüglich 2 v. H. der Endstufe der höheren Entgeltgruppe, dann erhält der Beschäftigte den Betrag der Endstufe der höheren Entgeltgruppe. Bleibt der Betrag dahinter zurück, dann erhält der Beschäftigte einen Mindestbetrag – nämlich das vor der Höhergruppierung zustehende individuelle Entgelt zzgl. 2 v. H. der Endstufe der höheren Entgeltgruppe (Sätze 4 und 5). Die durch den Änderungstarifvertrag Nr. 1 vom 31. März 2008 eingefügte Protokollerklärung bewirkt, dass das Entgelt der individuellen Endstufe für Beschäftigte der Entgeltgruppen 1 bis 9, auf die die Regelungen des Tarifgebietes Ost Anwendung finden, zum 1. Januar 2008 von 92,5 v. H. auf 100 v. H. angehoben wird. Für die übrigen Beschäftigten des Tarifgebietes Ost gilt dies vom 1. April 2008 an.

Bei Lehrkräften sind gemäß Satz 1 2. Halbsatz die besonderen Maßgaben des § 19 Abs. 2a TVÜ-Bund zu beachten (siehe dort).

Zu § 6 Abs. 4

Absatz 4 garantiert, dass die Beschäftigten grundsätzlich mindestens der Stufe 2 zugeordnet werden, und zwar auch dann, wenn ihr Vergleichsentgelt unterhalb der Stufe 2 liegt. Da es sich bei der Zuweisung zu Stufe 2 nicht um die Zuweisung zu einer individuellen Zwischenstufe handelt, erfolgt der weitere Aufstieg in den Stufen nach den allgemeinen Regelungen des TVöD. Die Stufe 3 ist somit nach zwei Jahren erreichbar.

Eine Ausnahme gilt nach Satz 3 der Vorschrift für die Angestellten des Bundes, denen am 30. September 2005 eine Tätigkeit der Vergütungsgruppe Va BAT/BAT-O mit Aufstieg nach IVb und IVa BAT/BAT-O übertragen ist. Diese Beschäftigten sind der Stufe 1 der Entgeltgruppe 10 zugeordnet.

§ 7   Stufenzuordnung der Arbeiterinnen und Arbeiter

(1) [1]Beschäftigte aus dem Geltungsbereich des MTArb/MTArb-O werden entsprechend ihrer Beschäftigungszeit nach § 6 MTArb/MTArb-O der Stufe der gemäß § 4 bestimmten Entgeltgruppe zugeordnet, die sie erreicht hätten, wenn die Entgelttabelle des TVöD bereits seit Beginn ihrer Beschäftigungszeit gegolten hätte; Stufe 1 ist hierbei ausnahmslos mit einem Jahr zu berücksichtigen. [2]Der weitere Stufenaufstieg richtet sich nach den Regelungen des TVöD.

(2) § 6 Abs. 3 und Abs. 4 Satz 1 und 2 gilt für Beschäftigte gemäß Absatz 1 entsprechend.

(3) [1]Ist das Tabellenentgelt nach Absatz 1 Satz 1 niedriger als das Vergleichsentgelt, werden die Beschäftigten einer dem Vergleichsentgelt entsprechenden individuellen Zwischenstufe zugeordnet. [2]Der Aufstieg aus der individuellen Zwischenstufe in die dem Betrag nach nächsthöhere reguläre Stufe ihrer Entgeltgruppe findet zu dem Zeitpunkt statt, zu dem sie gemäß Absatz 1 Satz 1 die Voraussetzungen für diesen Stufenaufstieg aufgrund der Beschäftigungszeit erfüllt haben. [3]§ 6 Abs. 3 Satz 4 gilt entsprechend.

(4) [1]Werden Beschäftigte während ihrer Verweildauer in der individuellen Zwischenstufe höhergruppiert, erhalten sie in der höheren Entgeltgruppe Tabellenentgelt nach der regulären Stufe, deren Betrag mindestens der individuellen Zwischenstufe entspricht, jedoch nicht weniger als das Tabellenentgelt der Stufe 2; der weitere Stufenaufstieg richtet sich nach den Regelungen des TVöD. [2]§ 17 Abs. 4 Satz 2 TVöD gilt entsprechend. [3]Werden Beschäftigte während ihrer Verweildauer in der individuellen Zwischenstufe herabgruppiert, erfolgt die Stufenzuordnung in der niedrigeren Entgeltgruppe, als sei die niedrigere Einreihung bereits im September 2005 erfolgt; der weitere Stufenaufstieg richtet sich bei Zuordnung zu einer individuellen Zwischenstufe nach Absatz 3 Satz 2, ansonsten nach Absatz 1 Satz 2.

Protokollerklärung zu den Absätzen 3 und 4:
[1]Am 1. Januar 2008 wird das Entgelt der individuellen Zwischenstufe für Beschäftigte der Entgeltgruppen 1 bis 9, für die die Regelungen des Tarifgebiets Ost Anwendung finden, um den Faktor 1,08108 erhöht. [2]Der Berechnungsschritt für allgemeine Tariferhöhungen zum 1. Januar 2008 ist erst im Anschluss an die Faktorisierung nach Satz 1 zu vollziehen.

Erläuterungen

Zu § 7 Abs. 1

Arbeiter werden zum Stichtag 1. Oktober 2005 zunächst nach ihrer Beschäftigungszeit (§ 6 MTArb/MTArb-O) in die Entgeltstufe ihrer neuen Entgeltgruppe übergeleitet, die sie erreicht hätten, wenn die neue Entgelttabelle bereits seit dem Beginn ihrer Beschäftigungszeit gegolten hätte; dabei wird die Stufe 1 in jedem Fall mit einem Jahr berücksichtigt. Der weitere Stufenaufstieg erfolgt nach den Grundsätzen des TVöD, also nach den §§ 16, 17 TVöD.

I

Beispiel: _____

Überleitung eines Arbeiters der Lohngruppe 5a zum 1. November 2006, Beginn der Beschäftigungszeit am 1. September 1999 = 7 Jahre, Monatstabellenlohn der Lohnstufe 4: 2040,54 EUR, Tarifgebiet West

1. Schritt:	Überleitung in Entgeltgruppe 5
2. Schritt:	Stufenzuordnung nach Beschäftigungszeit

Aufgrund der Beschäftigungszeit von 7 Jahren erfolgt die Zuordnung zur Stufe 4 = 2065,00 EUR
Berechnung des Vergleichsentgelts:
Das Entgelt der Stufe 4 ist höher als das Vergleichsentgelt (entspricht Monatstabellenlohn). Der Arbeiter wird nach § 7 Abs. 1 Satz 1 TVÜ ab 1. November 2006 der Stufe 4 in der Entgeltgruppe 5 zugeordnet.

Weiterer Stufenaufstieg:

Der weitere Stufenaufstieg richtet sich nach den Regelungen des TVöD (§ 7 Abs. 1 Satz 2 TVÜ). Nach der Zuordnung zu der regulären Stufe der neuen Entgeltgruppe ist die bisher erreichte Beschäftigungszeit nicht mehr relevant (dies hat das BAG mit Urteil vom 13. August 2009 – 6 AZR 177/08 ausdrücklich bestätigt). Im neuen Entgeltsystem ist allein die jeweilige Stufenlaufzeit (§ 16 Abs. 3 TV-L) maßgeblich. Im vorstehenden Beispiel beginnt die Laufzeit für den nächsten Stufenaufstieg aus der Stufe 4 am 1. November 2006. Damit erfolgt der Aufstieg in die nächsthöhere Stufe 5 bei regelmäßiger Stufenlaufzeit (4 Jahre in Stufe 4) zum 1. November 2010.

Das BAG hat mit Urteil vom 26. 6. 2008 – 6 AZR 498/07 – entschieden, dass es bei der Überleitung von Arbeitern hinsichtlich der Stufenzuordung nur auf die tatsächliche Beschäftigungszeit ankommt. Etwaige „förderliche Zeiten", die im bisherigen Recht für die Lohnstufenzuordnung der Beschäftigungszeit hinzugerechnet werden konnten, bleiben nach Auffassung des BAG unberücksichtigt. Das

Urteil ist zwar auf der Grundlage der kommunalen Vorschriften (§ 7 TVÜ-VKA nach Überleitung aus dem BTM-G) ergangen. Die Grundsätze sind aber wegen der in diesem Punkt weitergehenden Übereinstimmung von § 7 TVÜ-VKA, TVÜ-Bund und TVÜ-Länder bzw. BTM-G und MTArb auch im Bereich des Überleitungsrechts des Bundes und der Länder von Bedeutung.

Zu § 7 Abs. 2

Gemäß § 7 Abs. 2 gelten § 6 Abs. 3 (individuelle Endstufe oberhalb der höchsten Stufe einer Entgeltgruppe) und Abs. 4 Satz 1 und 2 (Zuweisung mindestens zur Stufe 2) entsprechend. Einzelheiten dazu siehe unter Erläuterungen zu § 6 Abs. 3 und 4.

Zu § 7 Abs. 3

Absatz 3 bestimmt, dass auch den Arbeitern nach der Überführung in das neue Entgeltsystem mindestens das Vergleichsentgelt erhalten bleibt. Sofern es höher ist, als das nach Absatz 1 Satz 1 zustehende Entgelt, wird das Vergleichsentgelt – wie bei den Angestellten – als individuelle Zwischenstufe weiter gewährt (Satz 1).

Anders als bei ehemaligen Angestellten richtet sich die Verweildauer in der individuellen Zwischenstufe – ebenso wie die Verweildauer in einer „normalen" neuen Entgeltstufe – nach der für das Erreichen der nächsten Stufe noch verbleibenden individuellen Beschäftigungszeit. Ein genereller „Beförderungstag" (wie der 1. Oktober 2007 bei ehemaligen Angestellten) ist bei ehemaligen Arbeitern nicht vorgesehen.

Beispiel: _____

Überleitung eines Arbeiters der Lohngruppe 5a zum 1. Oktober 2005,
Beginn der Beschäftigungszeit am 1. August 1996 = 9 Jahre,
Monatstabellenlohn der Lohnstufe 5: 2.073,19 EUR,
Tarifgebiet West

1. Schritt: Überleitung in Entgeltgruppe 5
2. Schritt: Stufenzuordnung nach Beschäftigungszeit
Aufgrund der Beschäftigungszeit von 9 Jahren erfolgt die Zuordnung zur Stufe 4 = 2.065,00 EUR

Berechnung des Vergleichsentgelts:

Das Entgelt der Stufe 4 ist niedriger als das Vergleichsentgelt (entspricht Monatstabellenlohn). Der Arbeiter wird deshalb nach § 7 Abs. 3 Satz 1 TVÜ mit dem Betrag von 2.073,19 EUR in die individuelle Zwischenstufe 4+ übergeleitet.

Weiterer Stufenaufstieg:

Im Gegensatz zur Stufenzuordnung nach der Beschäftigungszeit bleibt in den Fällen, in denen die Überleitung in eine individuelle Zwischenstufe erfolgt, die bisher erreichte Beschäftigungszeit des Arbeiters für den Aufstieg in die nächsthöhere reguläre Stufe weiter relevant. Der Aufstieg in die reguläre Stufe 5 erfolgt somit am 1. August 2006, da die nächsthöhere reguläre Stufe 5 eine Beschäftigungszeit von 10 Jahren voraussetzt und diese am 1. August 2006 erfüllt ist.

Durch den im Zuge des Änderungstarifvertrages Nr. 1 vom 31. März 2008 mit Wirkung vom 1. Januar 2008 angefügten Satz 3 wird (durch Verweis auf die entsprechende Regelung in § 6 Abs. 3 Satz 4) sichergestellt, dass auch das invididuelle Vergleichsentgelt bei allgemeinen Entgelterhöhungen angepasst wird.

Zu § 7 Abs. 4

Die Regelung des § 7 Abs. 4 in den Fällen der Höher- bzw. Herabgruppierung von ehemaligen Arbeitern während der Zeit der Verweildauer in einer individuellen Zwischenstufe entspricht im Kern der Regelung in § 6 Abs. 2 (siehe Erläuterung zu § 6 Abs. 2).

Zur Protokollerklärung zu den Absätzen 3 und 4:

Mit der Protokollerklärung zu den Absätzen 3 und 4 stellen die Tarifpartner den Effekt der Erhöhung des Bemessungssatzes im Tarifgebiet Ost zum 1. Januar 2008 auch beim Vergleichsentgelt sicher.

3. Abschnitt
Besitzstandsregelungen

§ 8 Bewährungs- und Fallgruppenaufstiege

(1) [1]Aus dem Geltungsbereich des BAT/BAT-O in eine der Entgeltgruppen 3, 5, 6 oder 8 übergeleitete Beschäftigte, die am 1. Oktober 2005 bei Fortgeltung des bisherigen Tarifrechts die für eine Höhergruppierung erforderliche Zeit der Bewährung oder Tätigkeit zur Hälfte erfüllt haben, sind zu dem Zeitpunkt, zu dem sie nach bisherigem Recht höhergruppiert wären, in die nächsthöhere Entgeltgruppe des TVöD eingruppiert. [2]Abweichend von Satz 1 erfolgt die Höhergruppierung in die Entgeltgruppe 5, wenn die Beschäftigten aus der Vergütungsgruppe VIII BAT/BAT-O mit ausstehendem Aufstieg nach Vergütungsgruppe VII BAT/BAT-O übergeleitet worden sind; sie erfolgt in die Entgeltgruppe 8, wenn die Beschäftigten aus der Vergütungsgruppe VIb BAT/BAT-O mit ausstehendem Aufstieg nach Vergütungsgruppe Vc BAT/BAT-O übergeleitet worden sind. [3]Voraussetzung für die Höhergruppierung nach Satz 1 und 2 ist, dass

- zum individuellen Aufstiegszeitpunkt keine Anhaltspunkte vorliegen, die bei Fortgeltung des bisherigen Rechts einer Höhergruppierung entgegengestanden hätten, und

- bis zum individuellen Aufstiegszeitpunkt nach Satz 1 weiterhin eine Tätigkeit auszuüben ist, die diesen Aufstieg ermöglicht hätte.

[4]Die Sätze 1 bis 3 gelten nicht in den Fällen des § 4 Abs. 2. [5]Erfolgt die Höhergruppierung vor dem 1. Oktober 2007, gilt – gegebenenfalls unter Berücksichtigung des Satzes 2 – § 6 Abs. 2 Satz 1 und 2 entsprechend.

(2) [1]Aus dem Geltungsbereich des BAT/BAT-O in eine der Entgeltgruppen 2 sowie 9 bis 15 übergeleitete Beschäftigte, die am 1. Oktober 2005 bei Fortgeltung des bisherigen Tarifrechts die für eine Höhergruppierung erforderliche Zeit der Bewährung oder Tätigkeit zur Hälfte erfüllt haben und in der Zeit zwischen dem 1. November 2005 und dem 30. September 2007 höhergruppiert worden wären, erhalten ab dem Zeitpunkt, zu dem sie nach bisherigem Recht höhergruppiert wären, in ihrer bisherigen Entgeltgruppe Entgelt nach derjenigen individuellen Zwischen- bzw. Endstufe, die sich ergeben hätte, wenn sich ihr Vergleichsentgelt (§ 5) nach der Vergütung aufgrund der Höhergruppierung bestimmt hätte. [2]Voraussetzung für diesen Stufenaufstieg ist, dass

- zum individuellen Aufstiegszeitpunkt keine Anhaltspunkte vorliegen, die bei Fortgeltung des bisherigen Rechts einer Höhergruppierung entgegengestanden hätten, und

- bis zum individuellen Aufstiegszeitpunkt nach Satz 1 weiterhin eine Tätigkeit auszuüben ist, die diesen Aufstieg ermöglicht hätte.

[3]Ein etwaiger Strukturausgleich wird ab dem individuellen Aufstiegszeitpunkt nicht mehr gezahlt. [4]Der weitere Stufenaufstieg richtet sich bei Zuordnung zu einer individuellen Zwischenstufe nach § 6 Abs. 1. [5]§ 4 Abs. 2 bleibt unberührt. [6]§ 6 Abs. 3 Sätze 2 bis 6 gelten entsprechend.

Niederschriftserklärung zu § 8 Abs. 2:
Die Neuberechnung des Vergleichsentgelts führt nicht zu einem Wechsel der Entgeltgruppe.

(3) [1]Abweichend von Absatz 1 Satz 1 und Absatz 2 Satz 1 gelten die Absätze 1 bzw. 2 auf schriftlichen Antrag entsprechend für übergeleitete Beschäftigte die bei Fortgeltung des BAT/BAT-O bis spätestens zum 31. Dezember 2013 wegen Erfüllung der erforderlichen Zeit der Bewährung oder Tätigkeit höhergruppiert worden wären, unabhängig davon, ob die Hälfte der erforderlichen Bewährungs- oder Tätigkeitszeit am Stichtag erfüllt ist. [2]In den Fällen des Absatzes 2 Satz 1 erhalten Beschäftigte, die in der Zeit zwischen dem 1. Oktober 2007 und dem 31. Dezember 2013 bei Fortgeltung des BAT/BAT-O höhergruppiert worden wären, in ihrer bisherigen Entgeltgruppe Entgelt nach derjenigen individuellen Zwischen- oder Endstufe, die sich aus der Summe des bisherigen Tabellenentgelts und dem nach Absatz 2 ermittelten Höhergruppierungsgewinn nach bisherigem Recht ergibt; die Stufenlaufzeit bleibt hiervon unberührt. [3]Bei Beschäftigten mit individueller Endstufe erhöht sich in diesen Fällen ihre individuelle Endstufe um den nach bisherigem Recht ermittelten Höhergruppierungsgewinn. [4]Der Höhergruppierungsgewinn nach Satz 2 oder 3 wird für Beschäftigte, auf die die Regelungen des Tarifgebiets Ost Anwendung fanden, um den Faktor 1,08108 erhöht. [5]§ 6 Abs. 3 Sätze 2 bis 6 gelten entsprechend..

Protokollerklärungen zu Absatz 3:
1. Wäre die/der Beschäftigte bei Fortgeltung des BAT/BAT-O in der Zeit vom 1. Oktober 2007 bis 31. Dezember 2007 wegen Erfüllung der Voraussetzungen des Absatzes 3 höhergruppiert worden, findet Absatz 3 auf schriftlichen Antrag vom 1. Januar 2008 an Anwendung.
2. Die individuelle Zwischenstufe verändert sich bei allgemeinen Entgeltanpassungen nach dem 31. Dezember 2009 um den von den Tarifvertragsparteien für die jeweilige Entgeltgruppe festgelegten Vomhundertsatz.

(4) [1]Ist bei einer Lehrkraft, die gemäß Nr. 5 der Vorbemerkungen zu allen Vergütungsgruppen nicht unter die Anlage 1a BAT fällt, eine Höhergruppierung nur vom Ablauf einer Bewährungszeit und von der Bewährung abhängig und ist am Stichtag die Hälfte der Mindestzeitdauer für einen solchen Aufstieg erfüllt oder wäre unabhängig von der Erfüllung der Hälfte der Mindestzeitdauer am Stichtag die Lehrkraft bei Fortgeltung des BAT/BAT-O bis spätestens zum 31. Dezember 2009 wegen Erfüllung der erforderlichen Zeit der Bewährung höhergruppiert, erfolgt in den Fällen der Absätze 1 und 3 unter den weiteren dort genannten Voraussetzungen zum individuellen Aufstiegszeitpunkt der Aufstieg in die nächsthöhere Entgeltgruppe. [2]Absatz 1 Satz 2 und

Höhergruppierungsmöglichkeiten durch entsprechende Anwendung beamten-rechtlicher Regelungen bleiben unberührt. [3]Im Fall der Absätze 2 und 3 gilt Satz 1 mit der Maßgabe, dass anstelle der Höhergruppierung eine Neube-rechnung des Vergleichsentgelts/Entgelts der individuellen Zwischen- bzw. Endstufe nach Absatz 2 beziehungsweise Absatz 3 Satz 2 und 3 erfolgt.

Erläuterungen

Die Vorschrift bestimmt – unterschiedlich für die Beschäftigten der Entgeltgruppen 3, 5, 6 oder 8 (Absatz 1) einerseits und die Beschäf-tigten der Entgeltgruppen 2 sowie 9 bis 15 (Absatz 2) andererseits, inwieweit sich bei der Überleitung bereits zurückgelegte Bewäh-rungs-/Tätigkeitszeiten in der neuen Entgeltordnung auswirken. Es handelt sich dabei im Ergebnis um eine Besitzstandsregelung für „abgeschnittene" Bewährungs-/Tätigkeitsaufstiege.

Wegen Ausgleichszahlungen an bestimmte Beschäftigte, die nach dem In-Kraft-Treten des TVöD auf der Grundlage der Anlage 4 TVÜ/Bund eingruppiert worden sind, siehe die Regelungen des Tarifver-trages über eine Pauschalzahlung vom 31. März 2012.

Zu § 8 Abs. 1

Für Angestellte, die in eine der Entgeltgruppen 3, 5, 6 oder 8 überführt werden und am Stichtag (1. Oktober 2005) die Hälfte der Zeitdauer für einen Aufstieg in die nächst höhere BAT-Vergütungs-gruppe erfüllt haben, erfolgt zum individuellen Aufstiegszeitpunkt der „Aufstieg" in die nächst höhere Entgeltgruppe entsprechend den Regelungen des TVöD über Höhergruppierungen, soweit der Beschäf-tigte zum Stichtag die persönlichen Voraussetzungen erfüllt hätte (Satz 1 und 3).

Beschäftigte der Vergütungsgruppe VIII BAT/BAT-O mit ausstehen-dem Aufstieg nach Vergütungsgruppe VII BAT/BAT-O werden (von Entgeltgruppe 3) in die Entgeltgruppe 5, Beschäftigte der Ver-gütungsgruppe VIb BAT/BAT-O mit ausstehendem Aufstieg nach Vergütungsgruppe Vc BAT/BAT-O werden (von Entgeltgruppe 6) in die Entgeltgruppe 8 höhergruppiert, denn die Entgeltgruppen 4 und 7 sind nur für ehemalige Arbeiter vorgesehen (Satz 2).

Die von § 4 Abs. 2 erfassten Beschäftigten (das sind die Höhergrup-pierungsfälle im Oktober 2005, die für die Ermittlung des Vergleichs-entgelts ohnehin berücksichtigt werden – siehe Erläuterungen zu § 4 Abs. 2) sind von dem oben dargestellten Grundsatz ausgenommen (Satz 4).

Wenn die Höhergruppierung aufgrund dieser Vorschrift in der Zeit vor dem 1. Oktober 2007 erfolgt, sind die Grundsätze des § 6 Abs. 2 Satz 1 (siehe Erläuterung zu § 6 Abs. 2) zu beachten (Satz 5). Wegen der Besonderheiten in den Fällen, in denen im Anschluss an einen Aufstieg noch eine Vergütungsgruppenzulage vorgesehen ist, siehe Erläuterungen zu § 9 Abs. 3 Buchstabe a.

Zu § 8 Abs. 2

Angestellte, die in eine der Entgeltgruppen 2 sowie 9 bis 15 überführt werden und am Stichtag die Hälfte der Zeitdauer für einen Aufstieg in die nächsthöhere BAT-Vergütungsgruppe erfüllt haben, steigen zwar zum individuellen Aufstiegszeitpunkt nicht in die nächsthöhere Entgeltgruppe auf.

Bei Beschäftigten, die am 1. Oktober 2005 die Hälfte der Zeitdauer für einen Aufstieg in die nächsthöhere BAT-Vergütungsgruppe erfüllt haben, in der Zeit zwischen dem 1. November 2005 und dem 30. September 2007 höhergruppiert worden wären, und die zum Stichtag die persönlichen Voraussetzungen erfüllt hätten, wird aber zu dem individuellen Aufstiegszeitpunkt das für die Überleitung maßgebende Vergleichsentgelt (siehe Erläuterungen zu § 5) neu berechnet. Dabei wird anstelle der tatsächlichen Vergütungsgruppe die bei unterstellter Höhergruppierung erreichte Vergütungsgruppe zugrunde gelegt. Auf dieser Basis wird dann das zustehende Entgelt nach der individuellen Zwischenstufe (der durch die Überleitung erreichten Entgeltgruppe) bzw. ggf. der Endstufe nach den allgemeinen Grundsätzen (siehe Erläuterungen zu § 6) neu ermittelt (Satz 1 und 2). Ein Wechsel der Entgeltgruppe ist damit nicht verbunden (Niederschriftserklärung zu § 8 Abs. 2); Auswirkungen ergeben sich somit nur bei der Entgeltstufe. Das BAG hält diese Verfahrensweise für rechtmäßig (s. Urteil vom 16. Oktober 2014 – 6 AZR 661/12).

Etwaige Strukturausgleiche (siehe § 12) werden ab diesem Zeitpunkt nicht mehr gezahlt (Satz 3).

Ist im Wege des „fiktiven Aufstieges" die Zuordnung zu einer individuellen Zwischenstufe erfolgt, richtet sich der weitere Stufenaufstieg nach § 6 Abs. 1 – er erfolgt somit zum 1. Oktober 2007 (Satz 4; siehe auch Erläuterungen zu § 6 Allgemeines).

Nach Satz 5 der Vorschrift bleibt § 4 Abs. 2 unberührt – bei den darunter fallenden Beschäftigten (das sind die Höhergruppierungsfälle im Oktober 2005) wird die Höhergruppierung für die Ermittlung des Vergleichsentgelts ohnehin berücksichtigt (siehe Erläuterungen zu § 4).

Satz 6 wurde durch den 9. Änderungstarifvertrag zum TVöD vom 17. Oktober 2014 mit Wirkung vom 1. März 2014 angefügt. Die Regelung stellt einen Mindesthöhergruppierungsgewinn bei der Höhergruppierung aus einer individuellen Endstufe sicher und verweist dazu auf § 6 Abs. 3 Sätze 2 bis 6 (s. dort).

Zu § 8 Abs. 3

Nach Absatz 3 erfolgte der Bewährungs-/Fallgruppenaufstieg nach Absatz 1 bzw. der „fiktive Bewährungs-/Fallgruppenaufstieg" nach Absatz 2 in den Fällen, in denen der tatsächliche Aufstieg bei Weitergeltung alten Rechts bis zum 30. September 2007 erfolgt wäre, auch dann, wenn die in den Absätzen 1 und 2 geforderte „Halbzeit" noch nicht erreicht war. Dass es in Einzelfällen zu einer Besserstellung dieser vom „fiktiven Aufstieg" profitierenden Beschäftigten gegenüber denjenigen Beschäftigten kommen kann, die den Bewährungsaufstieg nach BAT/BAT-O bereits vor dem 1. Oktober 2007 vollzogen haben, ist nach den Ausführungen des BAG unerheblich (s. Urteil vom 16. Oktober 2014 – 6 AZR 661/12).

Die praktische Bedeutung dieser Vorschrift war eher gering; sie konnte unter Berücksichtigung der Datenlage nur dann zur Anwendung kommen, wenn zwischen der Grund- und der Aufstiegsvergütungsgruppe eine relativ kurze Zeit lag.

Absatz 3 ist in einem ersten Schritt im Zuge des Änderungstarifvertrages Nr. 1 vom 31. März 2008 mit Wirkung vom 1. Januar 2008 erheblich geändert und hinsichtlich seiner Wirkung erweitert worden. Im Ergebnis fanden nach der Neufassung des Absatzes 3 auch die Aufstiege, die bei Fortgeltung des bisherigen (BAT-)Rechts in der Zeit vom 1. Januar 2008 bis zum 31. Dezember 2009 erfolgt wären, noch statt, wenn die Betroffenen dies beantragten. Im Eckpunktepapier zur Lohnrunde 2008 hatten die Tarifpartner schon festgelegt, dass über eine Verlängerung dieser Regelung im Rahmen der Lohnrunde 2010 beraten werden kann. Im Rahmen der Lohnrunde 2010 wurde dann die Verlängerung der Regelung bis zum 29. Februar 2012 vereinbart; die Vereinbarung wurde mit dem Änderungstarifvertrag Nr. 3 vom 27. Februar 2010 umgesetzt. Im Zusammenhang mit der Einführung der neuen Entgeltordnung wurde die Frist im Zuge des 7. Änderungstarifvertrages vom 5. September 2013 letztmalig bis zum 31. Dezember 2013 verlängert. Die Verlängerung wurde rückwirkend zum 1. März 2012 (und somit im nahtlosen Anschluss) vereinbart. Bei der Antragstellung ist zu bedenken, dass sich durch einen Aufstieg gemäß § 8 Absatz 2 Satz 3 bzw. § 12 Absatz 5 Auswirkungen (Fortfall bzw. Minderung) auf einen ggf. zustehenden Strukturausgleich ergeben, die unter Umständen einen Höhergruppierungsgewinn zumindest vorübergehend übersteigen.

Im Fall der in die Entgeltgruppen 3, 5, 6 oder 8 übergeleiteten Beschäftigten erfolgt entsprechend der Regelung in Absatz 1 ein „echter" Aufstieg zum individuellen Aufstiegszeitpunkt (Satz 1). In den Fällen der in die Entgeltgruppen 2 und 9 bis 15 übergeleiteten ehemaligen Angestellten wird in Anlehnung an das Verfahren des Absatzes 2 der nach bisherigem Recht ermittelte Höhergruppierungsgewinn zusätzlich zum Tabellenentgelt hinzugerechnet und die Summe aus Tabellenentgelt und Höhergruppierungsgewinn dann als neue individuelle Zwischen- oder Endstufe der jeweiligen Entgeltgruppe gezahlt. Die Stufenzuweisung wird davon nicht berührt; die betroffenen Beschäftigten steigen somit erst zum regulär vorgesehenen Zeitpunkt in die nächst höhere Stufe auf (Satz 2 und 3).

Beispiel:

Eine Beschäftigte mit originärer Eingruppierung in die VergGr. Vb mit seinerzeit noch ausstehendem Aufstieg nach VergGr. IVb (nach 6 Jahren) ist mit ihrem Vergleichsentgelt gem. § 5 TVÜ-Bund (35. LASt, Ortszuschlagsstufe 1) in Höhe von 2.454,73 EUR in die Entgeltgruppe 9 und einer Zuordnung zu einer individuellen Zwischenstufe zwischen den Stufen 3 und 4 (Stufe 3+) übergeleitet worden. Am 1. Oktober 2007 rückte sie gem. § 6 Abs. 1 Satz 2 TVÜ-Bund in die reguläre Stufe 4 auf. Am 1. Januar 2008 erhöhte sich ihr monatliches Tabellenentgelt auf 2866,18 EUR und am 1. Januar 2009 auf 2946,43 EUR. Am 1. Juli 2009 erreicht sie den individuellen Zeitpunkt, zu dem sie nach bisherigem Recht in die VergGr. IVb höhergruppiert worden wäre.

Ab dem 1. Juli 2009 hat sie Anspruch auf ein erhöhtes Entgelt in ihrer Entgeltgruppe 9. Ihr Höhergruppierungsgewinn berechnet sich wie folgt:

Vergleichsentgelt VergGr Vb, 35. LASt, OZ 1	=	2454,73 EUR
Vergleichsentgelt VergGr IVb, 35. LASt, OZ 1	=	2713,59 EUR
Differenz (Höhergruppierungsgewinn)	=	258,86 EUR

Ab dem 1. Juli 2009 erhält sie daher zusätzlich zu ihrem Tabellenentgelt in Höhe von 2946,43 EUR den individuellen Höhergruppierungsgewinn in Höhe von 258,86 EUR monatlich; das ergibt in der Summe 3205,29 EUR als neues monatliches Entgelt.

Die Stufenlaufzeit nach Stufe 5 (vier Jahre nach Erreichen der Stufe 4, gerechnet ab 1. Oktober 2007) bleibt unberührt; die Stufe 5 wird somit zum 1. Oktober 2011 erreicht.

Die Regelung des Satzes 4 stellt in den Fällen des Satzes 2 und 3 bei Beschäftigten des Tarifgebietes Ost sicher, dass die noch nach bisherigem Recht und den bisherigen Bemessungssätzen ermittelten Beträge an das jeweils aktuelle Niveau des Bemessungssatzes angepasst werden. Durch den Verweis in Satz 5 auf § 6 Abs. 3 Sätze 2 bis 6 (s. dort) werden ein Mindesthöhergruppierungsgewinn bei der Höhergruppierung aus einer individuellen Endstufe sowie die Dynamisierung des Betrages bei allgemeinen Entgelterhöhungen sichergestellt.

In der Protokollerklärung Nr. 1 zu Absatz 3 n. F. haben die Tarifpartner vereinbart, dass die Vorschrift auf Antrag auch für solche Aufstiege anzuwenden ist, die in der Zeit vom 1. Oktober 2007 (also nach dem Auslaufen der Regelung des Absatzes 3 a. F.) und dem Inkrafttreten der Neufassung (1. Januar 2008) stattgefunden hätten. Die erhöhten Beträge stehen dann ab dem 1. Januar 2008 zu.

Die Protokollerklärung Nr. 2 wurde durch den Änderungstarifvertrag Nr. 3 vom 27. Februar 2010 mit Wirkung vom 1. Januar 2010 hinzugefügt. Sie bewirkt, dass bei den Beschäftigten der Entgeltgruppe 2 sowie 9 bis 15 auch die individuelle Zwischenstufe dynamisch ausgestattet ist. Für Beschäftigte der Entgeltgruppe 2 sowie 9 bis 15, die durch den zusätzlich gezahlten Höhergruppierungsgewinn eine individuelle Endstufe erreicht hatten, tritt dieser Effekt durch Satz 5 (Querverweis auf § 6 Abs. 3 Satz 4) ein.

Zu § 8 Abs. 4

In Absatz 4 ist die sinngleiche Übertragung der Grundsätze zur Sicherung von Bewährungs-/Fallgruppenaufstiegen auf (die nicht unter die Anlage 1a zum BAT fallenden) Lehrkräfte vereinbart worden.

Zur Niederschriftserklärung

In einer Niederschriftserklärung zu § 8 Abs. 1 Satz 2 und Abs. 2 Satz 2 sowie § 9 Abs. 2 bis 4 (abgedruckt am Ende des § 9) haben die Tarifvertragspartner bestimmt, dass eine missbräuchliche Entziehung der bisherigen Tätigkeit mit dem ausschließlichen Ziel, eine Höhergruppierung zu verhindern, nicht zulässig ist.

Dadurch wird das allgemeine Direktionsrecht des Arbeitgebers, nach dem er an sich berechtigt wäre, dem Arbeitnehmer anstelle einer zum Aufstieg führenden Tätigkeit die Tätigkeit der gleichen Vergütungsgruppe, aber einer nicht zum Aufstieg führenden Fallgruppe, zuzuweisen, eingeschränkt. Die Einschränkung gilt aber nur, wenn die Verhinderung des Aufstieges das ausschließliche Ziel der Entziehung der zum Aufstieg berechtigenden Tätigkeit ist. Die Zuweisung einer anderen, nicht zum Aufstieg berechtigenden Tätigkeit im Rahmen beispielsweise einer Neustrukturierung der Dienststelle wird durch die Niederschriftserklärung nicht blockiert.

§ 9 Vergütungsgruppenzulagen

(1) Aus dem Geltungsbereich des BAT/BAT-O übergeleitete Beschäftigte, denen am 30. September 2005 nach der Vergütungsordnung zum BAT/BAT-O eine Vergütungsgruppenzulage zusteht, erhalten in der Entgeltgruppe, in die sie übergeleitet werden, eine Besitzstandszulage in Höhe ihrer bisherigen Vergütungsgruppenzulage.

(2) [1]Aus dem Geltungsbereich des BAT/BAT-O übergeleitete Beschäftigte, die bei Fortgeltung des bisherigen Rechts nach dem 30. September 2005 eine Vergütungsgruppenzulage ohne vorausgehenden Fallgruppenaufstieg erreicht hätten, erhalten ab dem Zeitpunkt, zu dem ihnen die Zulage nach bisherigem Recht zugestanden hätte, eine Besitzstandszulage. [2]Die Höhe der Besitzstandszulage bemisst sich nach dem Betrag, der als Vergütungsgruppenzulage zu zahlen gewesen wäre, wenn diese bereits am 30. September 2005 zugestanden hätte. [3]Voraussetzung ist, dass

– am 1. Oktober 2005 die für die Vergütungsgruppenzulage erforderliche Zeit der Bewährung oder Tätigkeit nach Maßgabe des § 23b Abschn. A BAT/BAT-O zur Hälfte erfüllt ist,

– zu diesem Zeitpunkt keine Anhaltspunkte vorliegen, die bei Fortgeltung des bisherigen Rechts der Vergütungsgruppenzulage entgegengestanden hätten und

– bis zum individuellen Zeitpunkt nach Satz 1 weiterhin eine Tätigkeit auszuüben ist, die zu der Vergütungsgruppenzulage geführt hätte.

(2a) [1]Absatz 2 gilt auf schriftlichen Antrag entsprechend für übergeleitete Beschäftigte, die bei Fortgeltung des BAT/BAT-O bis spätestens zum 31. Dezember 2013 wegen Erfüllung der erforderlichen Zeit der Bewährung oder Tätigkeit die Voraussetzungen der Vergütungsgruppenzulage erfüllt hätten, unabhängig davon, ob die Hälfte der erforderlichen Zeit der Bewährung oder Tätigkeit am Stichtag erfüllt ist. [2]Die Protokollerklärung zu § 8 Abs. 3 gilt entsprechend.

(3) [1]Für aus dem Geltungsbereich des BAT/BAT-O übergeleitete Beschäftigte, die bei Fortgeltung des bisherigen Rechts nach dem 30. September 2005 im Anschluss an einen Fallgruppenaufstieg eine Vergütungsgruppenzulage erreicht hätten, gilt Folgendes:

a) [1]In eine der Entgeltgruppen 3, 5, 6 oder 8 übergeleitete Beschäftigte, die den Fallgruppenaufstieg am 30. September 2005 noch nicht erreicht haben, sind zu dem Zeitpunkt, zu dem sie nach bisherigem Recht höhergruppiert worden wären, in die nächsthöhere Entgeltgruppe des TVöD eingruppiert; § 8 Abs. 1 Satz 2 bis 5 gilt entsprechend. [2]Eine Besitzstandszulage für eine Vergütungsgruppenzulage steht nicht zu.

b) [1]Ist ein der Vergütungsgruppenzulage vorausgehender Fallgruppenaufstieg am 30. September 2005 bereits erfolgt, gilt Absatz 2 mit der Maßgabe, dass am 1. Oktober 2005 die Hälfte der Gesamtzeit für den Anspruch auf die Vergütungsgruppenzulage einschließlich der Zeit für den vorausgehenden

Aufstieg zurückgelegt sein muss oder die Vergütungsgruppenzulage bei Fortgeltung des bisherigen Rechts bis zum 31. Dezember 2013 erworben worden wäre. [2]Im Fall des Satzes 1 2. Alternative wird die Vergütungsgruppenzulage auf schriftlichen Antrag gewährt. [3]Die Protokollerklärung zu § 8 Abs. 3 gilt entsprechend.

c) [1]Wäre im Fall des Buchstaben a nach bisherigem Recht der Fallgruppenaufstieg spätestens am 30. September 2007 erreicht worden, gilt Absatz 2 mit der Maßgabe, dass am 1. Oktober 2007 die Hälfte der Gesamtzeit für den Anspruch auf die Vergütungsgruppenzulage einschließlich der Zeit für den vorausgehenden Aufstieg erreicht worden sein muss und die Vergütungsgruppenzulage bei Fortgeltung des bisherigen Rechts bis zum 31. Dezember 2013 erworben worden wäre . [2]Die Protokollerklärung zu § 8 Abs. 3 gilt entsprechend.

(4) [1]Die Besitzstandszulage nach den Absätzen 1, 2 und 3 Buchst. b wird so lange gezahlt, wie die anspruchsbegründende Tätigkeit ununterbrochen ausgeübt wird und die sonstigen Voraussetzungen für die Vergütungsgruppenzulage nach bisherigem Recht weiterhin bestehen. [2]Sie verändert sich bei allgemeinen Entgeltanpassungen um den von den Tarifvertragsparteien für die jeweilige Entgeltgruppe festgelegten Vomhundertsatz. [3]Daneben steht ein weiterer Anspruch auf eine Entgeltgruppenzulage nach dem Tarifvertrag über die Entgeltordnung des Bundes nicht zu.

Protokollerklärung zu Absatz 4 Satz 1:
[1]Unterbrechungen wegen Elternzeit, Wehr- oder Zivildienstes, unbezahlten Sonderurlaubs aufgrund von Familienpflichten im Sinne des § 4 Abs. 2 BGleiG, Sonderurlaubs, bei dem der Arbeitgeber vor Antritt ein dienstliches oder betriebliches Interesse an der Beurlaubung anerkannt hat, Bezuges einer Rente auf Zeit wegen verminderter Erwerbsfähigkeit oder wegen Ablaufs der Krankenbezugsfristen sowie wegen vorübergehender Übertragung einer höherwertigen Tätigkeit sind unschädlich. [2]In den Fällen, in denen eine Unterbrechung aus den in Satz 1 genannten Gründen nach dem 30. September 2005 und vor dem 1. Juli 2008 endet, wird eine Besitzstandszulage nach § 9 Abs. 1, 2 oder 3 Buchst. b oder c vom 1. Juli 2008 an gezahlt, wenn bis zum 30. September 2008 ein entsprechender schriftlicher Antrag (Ausschlussfrist) gestellt worden ist. [3]Ist eine entsprechende Leistung bis zum 31. März 2008 schriftlich geltend gemacht worden, erfolgt die Zahlung vom 1. Juni 2008 an.

Niederschriftserklärung zu § 8 Abs. 1 Satz 2 und Abs. 2 Satz 2 sowie § 9 Abs. 2 bis 4:
Eine missbräuchliche Entziehung der Tätigkeit mit dem ausschließlichen Ziel, eine Höhergruppierung zu verhindern, ist nicht zulässig.

Erläuterungen

Die Vorschrift regelt, inwieweit Vergütungsgruppenzulagen bzw. „Anwartschaftszeiten" auf Vergütungsgruppenzulagen beim Wechsel in die neue Entgeltordnung berücksichtigt werden. Dabei sind unterschiedliche Regelungen vereinbart worden für aus dem BAT/BAT-O übergeleitete Beschäftigte, die am 30. September 2005 bereits eine Vergütungsgruppenzulage erhalten, für Beschäftigte, die nach altem Recht Anspruch auf eine Vergütungsgruppenzulage ohne vorausgehenden Fallgruppenaufstieg hatten, und für Beschäftigte, die nach altem Recht Anspruch auf eine Vergütungsgruppenzulage nach vorausgehenden Fallgruppenaufstieg hatten.

Zu § 9 Abs. 1

Beschäftigte, die am Stichtag bereits eine Vergütungsgruppenzulage erhalten, erhalten in der übergeleiteten Entgeltgruppe eine der bislang gezahlten Vergütungsgruppenzulage entsprechende Besitzstandszulage.

Wegen der Dauer der Zahlung und ihrer Dynamisierung siehe Abs. 4.

Zu § 9 Abs. 2

Beschäftigte, die nach altem Recht Anspruch auf eine Vergütungsgruppenzulage ohne vorausgehenden Fallgruppenaufstieg hatten, erhalten in der übergeleiteten Entgeltgruppe ab dem Zeitpunkt, in dem die Vergütungsgruppenpauschale nach altem Recht zugestanden hätte, eine Besitzstandszulage in Höhe dieser Vergütungsgruppenzulage (Satz 1 und 2), wenn sie am 1. Oktober 2005 die für die Vergütungsgruppenzulage erforderliche Bewährungszeit zur Hälfte zurückgelegt haben und die persönlichen Voraussetzungen für die Zulage erfüllen (Satz 3). Auch diese Zulage ist dynamisch und wird so lange gezahlt, wie die anspruchsbegründende Tätigkeit ununterbrochen ausgeübt wird und die sonstigen Voraussetzungen für eine Vergütungsgruppenzulage weiterhin bestehen (siehe Erläuterungen zu Absatz 4).

Zu § 9 Abs. 2a

Absatz 2a ist in einem ersten Schritt im Zuge des Änderungstarifvertrages Nr. 1 vom 31. März 2008 mit Wirkung vom 1. Januar 2008 eingefügt worden. Die Vorschrift erweiterte den Geltungsbereich der Regelung des Absatzes 2 auch auf die Fälle, die am 1. Oktober 2005 noch nicht die nach Absatz 2 erforderliche „Halbzeit" für die Vergütungsgruppenzulage erfüllt hatten. Auch in diesen Fällen wurde nach der Neuregelung des Absatzes 2a eine Vergütungsgruppenzulage gezahlt, wenn bei Fortgeltung des bisherigen (BAT-)Rechts der

Beginn der Zulagenzahlung in der Zeit vom 1. Januar 2008 bis zum 31. Dezember 2009 gelegen hätte. Die Zahlungsaufnahme setzt einen entsprechenden schriftlichen Antrag der Betroffenen voraus. Im Eckpunktepapier zur Lohnrunde 2008 haben die Tarifpartner schon festgelegt, dass über eine Verlängerung dieser Regelung im Rahmen der Lohnrunde 2010 beraten werden kann. Im Rahmen der Lohnrunde 2010 wurde dann die Verlängerung der Regelung bis zum 29. Februar 2012 vereinbart und mit dem Änderungstarifvertrag Nr. 3 vom 27. Februar 2010 umgesetzt. Im Zusammenhang mit der Einführung der neuen Entgeltordnung wurde die Frist im Zuge des 7. Änderungstarifvertrages vom 5. September 2013 letztmalig bis zum 31. Dezember 2013 verlängert. Die Verlängerung wurde rückwirkend zum 1. März 2012 (und somit im nahtlosen Anschluss) vereinbart. Nach Satz 2 der Vorschrift gilt die Protokollerklärung zu § 8 Absatz 3 entsprechend. Somit ist die Vorschrift des Absatzes 2a auf schriftlichen Antrag auch für solche Vergütungsgruppenzulagen anzuwenden, die in der Zeit vom 1. Oktober 2007 und dem 1. Januar 2008 begonnen hätten. Die erhöhten Beträge stehen dann ab dem 1. Januar 2008 zu.

Zu § 9 Abs. 3

In eine der Entgeltgruppen 3, 5, 6 oder 8 übergeleitete Beschäftigte bei noch nicht erreichtem Fallgruppenaufstieg:

Diese Beschäftigten, für die nach bisherigem Recht zunächst ein Fallgruppenaufstieg und danach eine Vergütungsgruppenzulage vorgesehen war ("doppelter Bewährungsaufstieg"), werden zu dem Zeitpunkt, zu dem sie nach bisherigem Recht höhergruppiert worden wären, in die nächsthöhere Entgeltgruppe eingruppiert (Absatz 3 Buchst. a). Dabei gilt die Vorschrift der Sätze 2 bis 5 des § 8 entsprechend (siehe Erläuterungen zu § 8 Abs. 1).

Eine Besitzstandszulage für eine (verpasste) Vergütungsgruppenzulage steht in diesen Fällen nicht zu.

In andere Entgeltgruppen übergeleitete Beschäftigte bei noch nicht erreichtem Fallgruppenaufstieg:

Dieser Fall ist nicht geregelt. Sofern entsprechende Fallgestaltungen in der Praxis überhaupt auftreten können, wird dann weder – wie in den Fällen der Entgeltgruppen 3, 5, 6 oder 8 – eine Höhergruppierung vollzogen, noch besteht Anspruch auf eine Besitzstandszulage. Die

Besitzstandsregelungen des § 8 Abs. 2 sind aber ggf. zu beachten (siehe Erläuterungen zu § 8 Abs. 2).

Besitzstandszulagen für Vergütungsgruppenzulagen bei bereits erreichtem Fallgruppenaufstieg:

In diesen Fällen gilt gemäß Absatz 3 Buchstabe b die Vorschrift des Absatzes 2 (siehe Erläuterungen zu Absatz 2) mit der Maßgabe, dass am 1. Oktober 2005 die Hälfte der **Gesamtzeit** für den Anspruch auf die Vergütungsgruppenzulage einschließlich der Zeit für den vorausgegangenen Aufstieg zurückgelegt sein muss. Auch diese Vorschrift ist im Zuge des Änderungstarifvertrages Nr. 1 vom 31. März 2008 mit Wirkung vom 1. Januar 2008 modifiziert worden. Nach näherer Maßgabe der neu in den Satz 1 aufgenommenen zweiten Alternative genügt es auch hier, dass der Anspruch auf Vergütungsgruppenzulage nach bisherigem Recht bis zum 31. Dezember 2009 erworben worden wäre (zur Verlängerung dieses Datums im Rahmen der Entgeltrunde 2010 und im Zusammenhang mit der Einführung der Entgeltordnung siehe bei den Erläuterungen zum Absatz 2a). Die Zahlungsaufnahme setzt einen entsprechenden schriftlichen Antrag der Betroffenen voraus. Nach Satz 2 der Vorschrift gilt die Protokollerklärung zu § 8 Absatz 3 entsprechend. Somit ist die Regelung auf schriftlichen Antrag auch für solche Vergütungsgruppenzulagen anzuwenden, die in der Zeit vom 1. Oktober 2007 und dem 1. Januar 2008 begonnen hätten. Die erhöhten Beträge stehen dann ab dem 1. Januar 2008 zu.

Auch diese Zulage ist dynamisch und wird so lange gezahlt, wie die anspruchsbegründende Tätigkeit ununterbrochen ausgeübt wird und die sonstigen Voraussetzungen für eine Vergütungsgruppenzulage weiterhin bestehen (siehe Erläuterungen zu Absatz 4).

Der durch den Änderungstarifvertrag Nr. 1 eingefügte Buchstabe c des Absatzes 3 führt zu einer Ausweitung des für eine Besitzstandszulage in Frage kommenden Personenkreises. Bis dahin hatten die unter Absatz 3 Buchstabe a fallenden Beschäftigten unter den dort genannten Voraussetzungen nur einen Anspruch auf den Aufstieg, nicht aber auf eine sich daran anschließende Vergütungsgruppenzulage. Nach der Neuregelung kommt eine Zulage (nach Aufstieg) auch in den Fällen noch in Betracht, in denen der Aufstieg nach bisherigem Recht spätestens am 30. September 2007 erfolgt wäre, am 1. Oktober 2007 die Gesamtzeit für den Aufstieg und den Anspruch auf Vergütungsgruppenzulage insgesamt zur Hälfte absolviert war und der Anspruch auf Zulage bis zum 31. Dezember 2009 erworben wird. Ist dies der Fall, so steigen die Beschäftigten nicht nur zum individuellen Zeitpunkt auf, sondern erhalten dann zu dem Zeitpunkt, an dem nach altem Recht der Anspruch auf eine Vergütungsgruppenzulage entstanden wäre, eine Besitzstandszulage. Weitere Voraussetzung ist ein schriftlicher Antrag der Betroffenen. Zur Verlängerung des Enddatums 31. Dezember 2009 im Rahmen der Entgeltrunde 2010 und in Zusammenhang mit der Einführung der Entgeltordnung Bund siehe bei den Erläuterungen zum Absatz 2a. Nach Satz 3 der Vorschrift gilt die Protokollerklärung zu § 8 Absatz 3 entsprechend. Somit ist die Regelung auf schriftlichen Antrag auch für solche Vergütungsgruppenzulagen anzuwenden, die in der Zeit vom 1. Oktober 2007 und dem 1. Januar 2008 begonnen hätten. Die erhöhten Beträge stehen dann ab 1. Januar 2008 zu.

Zu § 9 Abs. 4

Die Besitzstandszulage wird nach Absatz 4 solange fortgezahlt, wie die anspruchsbegründende Tätigkeit ununterbrochen ausgeübt wird und die sonstigen Voraussetzungen für eine Vergütungsgruppenzulage weiterhin bestehen.

Unterbrechungen aus den in der Protokollerklärung zu Absatz 4 Satz 1 genannten Gründen (z. B. wegen Elternzeit, Wehrdienst) sind unschädlich. Die Protokollerklärung ist im Zuge der Entgeltrunde 2008 durch den Änderungstarifvertrag Nr. 1 vom 31. März 2008 mit Wirkung vom 1. Juli 2008 eingeführt worden. Für zurückliegende Zeiträume galt diese Regelung nur auf Antrag.

Die Zulage ist dynamisch gestaltet; d. h. sie wird bei Entgeltanpassungen um den gleichen Prozentsatz verändert wie das Entgelt der Entgeltgruppe, in die der Beschäftigte eingruppiert ist (Absatz 4 Satz 2).

Mit dem durch den Änderungstarifvertrag Nr. 7 im Zuge der Einführung der neuen Entgeltordnung mit Wirkung vom 1. Januar 2014 angefügten Satz 3 wird klargestellt, dass der Anspruch auf die Besitzstandszulage den Anspruch auf eine Entgeltgruppenzulage neuen Rechts ausschließt.

Zur Niederschriftserklärung

Siehe hierzu Erläuterungen zu § 8.

§ 10 Fortführung vorübergehend übertragener höherwertiger Tätigkeit

[1]Beschäftigte, denen am 30. September 2005 eine Zulage nach § 24 BAT/BAT-O zusteht, erhalten nach Überleitung in den TVöD eine Besitzstandszulage in Höhe ihrer bisherigen Zulage, solange sie die anspruchsbegründende Tätigkeit weiterhin ausüben und die Zulage nach bisherigem Recht zu zahlen wäre. [2]Wird die anspruchsbegründende Tätigkeit über den 30. September 2007 hinaus beibehalten, finden mit Wirkung ab dem 1. Oktober 2007 die Regelungen des TVöD über die vorübergehende Übertragung einer höherwertigen Tätigkeit Anwendung. [3]Für eine vor dem 1. Oktober 2005 vorübergehend übertragene höherwertige Tätigkeit, für die am 30. September 2005 wegen der zeitlichen Voraussetzungen des § 24 Abs. 1 bzw. 2 BAT/BAT-O noch keine Zulage gezahlt wird, gilt Satz 1 und 2 ab dem Zeitpunkt entsprechend, zu dem nach bisherigem Recht die Zulage zu zahlen gewesen wäre. [4]Sätze 1 bis 3 gelten in den Fällen des § 9 MTArb/MTArb-O entsprechend; bei Vertretung einer Arbeiterin/eines Arbeiters bemisst sich die Zulage nach dem Unterschiedsbetrag zwischen dem Lohn nach § 9 Abs. 2 Buchst. a MTArb/MTArb-O und dem im September 2005 ohne Zulage zustehenden Lohn. [5]Sätze 1 bis 4 gelten bei besonderen tarifvertraglichen Vorschriften über die vorübergehende Übertragung höherwertiger Tätigkeiten entsprechend. [6]Ist Beschäftigten, die eine Besitzstandszulage nach Satz 1 erhalten, die anspruchsbegründende Tätigkeit bis zum 30. September 2007 dauerhaft übertragen worden, erhalten sie eine persönliche Zulage. [7]Die Zulage nach Satz 6 wird für die Dauer der Wahrnehmung dieser Tätigkeit auf einen bis zum 30. September 2008 zu stellenden schriftlichen Antrag (Ausschlussfrist) der/des Beschäftigten vom 1. Juli 2008 an gezahlt. [8]Die Höhe der Zulage bemisst sich nach dem Unterschiedsbetrag zwischen dem am 1. Oktober 2005 nach § 6 oder § 7 zustehenden Tabellenentgelt oder Entgelt nach einer individuellen Zwischen- oder Endstufe einschließlich der Besitzstandszulage nach Satz 1 und dem Tabellenentgelt nach der Höhergruppierung. [9]Allgemeine Entgeltanpassungen, Erhöhungen des Entgelts durch Stufenaufstiege und Höhergruppierungen sowie Zulagen gemäß § 14 Abs. 3 TVöD sind auf die persönliche Zulage in voller Höhe anzurechnen.

Protokollerklärung zu Satz 9:

Die Anrechnung umfasst auch entsprechende Entgeltsteigerungen, die nach dem 30. September 2005 und vor dem 1. Juli 2008 erfolgt sind.

Niederschriftserklärung zu § 10:

Die Tarifvertragsparteien stellen klar, dass die vertretungsweise Übertragung einer höherwertigen Tätigkeit ein Unterfall der vorübergehenden Übertragung einer höherwertigen Tätigkeit ist.

Erläuterungen

Diese Regelung bewirkt im Ergebnis, dass die Vorschriften des § 24 BAT/BAT-O bzw. § 9 MTArb/MTArb-O für die übergeleiteten Beschäftigten, denen am 30. September 2005 vorübergehend (oder vertretungsweise – siehe Niederschriftserklärung zu § 10) höherwertige Tätigkeiten übertragen waren, die sie auch nach dem 1. Oktober 2005 fortführen, bis zum 30. September 2007 weiter gelten. Danach sind die Vorschriften des TVöD anzuwenden.

Mit den im Zuge des 1. Änderungstarifvertrages vom 31. März 2008 mit Wirkung vom 1. Juli 2008 angefügten Sätzen 6 bis 9 haben die Tarifpartner eine besondere Regelung für den Fall getroffen, dass Beschäftigten in der Zeit bis zum 30. September 2007 die anspruchsbegründende Tätigkeit dauerhaft übertragen wird. Zum Ausgleich der in diesen Fällen denkbaren Gehaltsminderung, die daraus resultiert, dass das Vergleichsentgelt zuzüglich der nach bisherigem Recht berechneten Zulage höher ist als der „Beförderungsgewinn", haben die Tarifpartner eine Zulage vereinbart. Sie wird zunächst in Höhe des Differenzbetrages zwischen der Summe aus Vergleichsentgelt bei Überleitung in den TVöD und der nach bisherigem Recht (z. B. § 24 BAT) ermittelten Zulage einerseits und dem Tabellenentgelt nach Höhergruppierung andererseits gezahlt. Die Zulage wird grundsätzlich zwar für die Zeit der Wahrnehmung der dauerhaft übertragenen Tätigkeit gewährt. Sie ist aber aufzehrbar; Entgeltsteigerungen durch allgemeine Entgeltanpassungen, Stufenaufstiege und Höhergruppierungen, sowie Zulagen i. S. des § 14 Absatz 3 TVöD bzw. § 18 Absatz 4 Satz 1 TVÜ sind auf die Differenzzulage voll anzurechnen.

Die Zulagenzahlung ist antragsgebunden und setzt einen schriftlichen Antrag bis zum 30. September 2008[1] voraus. Zahlungsbeginn ist bei rechtzeitiger Antragsstellung der 1. Juli 2008.

---

[1]   Das Bundesministerium des Innern hat die Antragsfrist zuletzt mit Rundschreiben vom 3. Dezember 2008 im Einvernehmen mit dem Bundesministerium der Finanzen übertariflich bis zum 28. Februar 2009 verlängert.

§ 11 Kinderbezogene Entgeltbestandteile

(1) [1]Für im September 2005 zu berücksichtigende Kinder werden die kinderbezogenen Entgeltbestandteile des BAT/BAT-O oder MTArb/MTArb-O in der für September 2005 zustehenden Höhe als Besitzstandszulage fortgezahlt, solange für diese Kinder Kindergeld nach dem Einkommensteuergesetz (EStG) oder nach dem Bundeskindergeldgesetz (BKGG) ununterbrochen gezahlt wird oder ohne Berücksichtigung des § 64 oder § 65 EStG oder des § 3 oder § 4 BKGG gezahlt würde. [2]Die Besitzstandszulage entfällt ab dem Zeitpunkt, zu dem einer anderen Person, die im öffentlichen Dienst steht oder auf Grund einer Tätigkeit im öffentlichen Dienst nach beamtenrechtlichen Grundsätzen oder nach einer Ruhelohnordnung versorgungsberechtigt ist, für ein Kind, für welches die Besitzstandszulage gewährt wird, das Kindergeld gezahlt wird; die Änderung der Kindergeldberechtigung hat die/der Beschäftigte dem Arbeitgeber unverzüglich schriftlich anzuzeigen. [3]Unterbrechungen wegen Ableistung von Grundwehrdienst, Zivildienst oder Wehrübungen sowie die Ableistung eines freiwilligen sozialen oder ökologischen Jahres sind unschädlich; soweit die unschädliche Unterbrechung bereits im Monat September 2005 vorliegt, wird die Besitzstandszulage ab dem Zeitpunkt des Wiederauflebens der Kindergeldzahlung gewährt.

Protokollerklärungen zu Absatz 1:

1. [1]Die Unterbrechung der Entgeltzahlung im September 2005 wegen Elternzeit, Wehr- oder Zivildienstes, unbezahlten Sonderurlaubs aufgrund von Familienpflichten im Sinne des § 4 Abs. 2 BGleiG, Sonderurlaubs, bei dem der Arbeitgeber vor Antritt ein dienstliches oder betriebliches Interesse an der Beurlaubung anerkannt hat, Bezuges einer Rente auf Zeit wegen verminderter Erwerbsfähigkeit oder wegen des Ablaufs der Krankenbezugsfristen ist für das Entstehen des Anspruchs auf die Besitzstandszulage unschädlich. [2]Für die Höhe der Besitzstandszulage nach Satz 1 gilt § 5 Abs. 6 entsprechend.

2. Ist die andere Person im September 2005 aus dem öffentlichen Dienst ausgeschieden und entfiel aus diesem Grund der kinderbezogene Entgeltbestandteil, entsteht der Anspruch auf die Besitzstandszulage bei dem in den TVöD übergeleiteten Beschäftigten.

3. [1]Beschäftigte mit mehr als zwei Kindern, die im September 2005 für das dritte und jedes weitere Kind keinen kinderbezogenen Entgeltanteil erhalten haben, weil sie nicht zum Kindergeldberechtigten bestimmt waren, haben Anspruch auf die Besitzstandszulage für das dritte und jedes weitere Kind, sofern und solange sie für diese Kinder Kindergeld erhalten, wenn sie bis zum 30. September 2008 einen Berechtigtenwechsel beim Kindergeld zu ihren Gunsten vornehmen und der Beschäftigungsumfang der kindergeldberechtigten anderen Person am 30. September 2005 30 Wochenstunden nicht überstieg. [3]Die Höhe der Besitzstandszulage ist so zu bemessen, als hätte die/der Beschäftigte bereits im September 2005 Anspruch auf Kindergeld gehabt.

4. [1]Bei Tod der/des Kindergeldberechtigten wird ein Anspruch nach Absatz 1 für den anderen in den TVöD übergeleiteten Beschäftigten auch nach dem 1. Oktober 2005 begründet. [2]Die Höhe der Besitzstandszulage ist so zu

bemessen, als hätte sie/er bereits im September 2005 Anspruch auf Kindergeld gehabt.

5. ¹Endet eine Unterbrechung aus den in Nr. 1 Satz 1 genannten Gründen vor dem 1. Juli 2008, wird die Besitzstandszulage vom 1. Juli 2008 an gezahlt, wenn bis zum 30. September 2008 ein entsprechender schriftlicher Antrag (Ausschlussfrist) gestellt worden ist. ²Wird die Arbeit nach dem 30. Juni 2008 wieder aufgenommen oder erfolgt die Unterbrechung aus den in Nr. 1 Satz 1 genannten Gründen nach dem 30. Juni 2008, wird die Besitzstandszulage nach Wiederaufnahme der Arbeit auf schriftlichen Antrag gezahlt. ³In den Fällen der Nrn. 2 und 3 wird die Besitzstandszulage auf einen bis zum 30. September 2008 zu stellenden schriftlichen Antrag (Ausschlussfrist) vom 1. Juli 2008 an gezahlt. ⁴Ist eine den Nrn. 1 bis 3 entsprechende Leistung bis zum 31. März 2008 schriftlich geltend gemacht worden, erfolgt die Zahlung vom 1. Juni 2008 an. ⁵In den Fällen der Nr. 4 wird die Besitzstandszulage auf schriftlichen Antrag ab dem ersten Tag des Monats, der dem Sterbemonat folgt, frühestens jedoch ab dem 1. Juli 2008, gezahlt. ⁶Die/der Beschäftigte hat das Vorliegen der Voraussetzungen der Nrn. 1 bis 4 nachzuweisen und Änderungen anzuzeigen.

(2) ¹§ 24 Abs. 2 TVöD ist anzuwenden. ²Die Besitzstandszulage nach Absatz 1 Satz 1 verändert sich bei allgemeinen Entgeltanpassungen um den von den Tarifvertragsparteien für die jeweilige Entgeltgruppe festgelegten Vomhundertsatz. ³Ansprüche nach Absatz 1 können für Kinder ab dem vollendeten 16. Lebensjahr durch Vereinbarung mit der/dem Beschäftigten abgefunden werden.

(3) Die Absätze 1 und 2 gelten entsprechend für

a) **zwischen dem 1. Oktober 2005 und dem 31. Dezember 2005 geborene Kinder der übergeleiteten Beschäftigten,**

b) **die Kinder von bis zum 31. Dezember 2005 in ein Arbeitsverhältnis übernommenen Auszubildenden, Schülerinnen/Schüler in der Gesundheits- und Krankenpflege, Gesundheits- und Kinderkrankenpflege und in der Entbindungspflege sowie Praktikantinnen und Praktikanten aus tarifvertraglich geregelten Beschäftigungsverhältnissen, soweit diese Kinder vor dem 1. Januar 2006 geboren sind.**

Erläuterungen

Fortzahlung der bisherigen kinderbezogenen Entgeltbestandteile (Abs. 1)

Die Fortzahlung der bisherigen kinderbezogenen Entgeltbestandteile (§§ 29 Abschn. B Abs. 3, 4 und 6 BAT/BAT-O, § 41 MTArb/MTArb-O) als Besitzstandszulage ab 1. Oktober 2005 setzt grundsätzlich voraus, dass im September 2005 tatsächlich entsprechende kinderbezogene Entgeltbestandteile zugestanden haben.

Folgende Fallgestaltungen verdienen besondere Betrachtung:

Die Fortzahlung der tariflichen Besitzstandszulage ab dem 1. Oktober 2005 erfolgt nur, solange für die Kinder nach dem Einkommensteuergesetz (EStG) oder Bundeskindergeldgesetz (BKGG) ununterbrochen Kindergeld gezahlt wird oder ohne Berücksichtigung des § 64 oder § 65 EStG oder des § 3 oder § 4 BKGG gezahlt würde. Daher sind Unterbrechungen beim gesetzlichen Kindergeld grundsätzlich schädlich und haben den endgültigen Wegfall der Besitzstandszulage zur Folge.

Ein späteres Wiederaufleben der tariflichen Besitzstandszulage mit der Wiederaufnahme der Kindergeldzahlung im Anschluss an den Wegfall des Unterbrechungsgrundes erfolgt nur in den abschließend genannten Ausnahmefällen: Also bei der Ableistung von Grundwehrdienst, Zivildienst oder Wehrübungen (§ 11 Abs. 1 Satz 3 TVÜ). Soweit eine solche Unterbrechung bereits im September 2005 vorgelegen hat, wird die Besitzstandszulage mit dem Wiederaufleben der Zahlung des gesetzlichen Kindergeldes gewährt. Das Bundesministerium des Innern hat mit Blick auf das Wehrrechtsänderungsgesetz 2011 vom 28. April 2011 (BGBl. I S. 678) im RdSchr. v. 21. September 2015 die Auffassung vertreten, dass für kindergeldrechtlich berücksichtigungsfähige Kinder unter den Voraussetzungen des Urteils des Bundesfinanzhofs vom 3. Juli 2014 – III R 53/13 (BStBl. 2015 II S. 282) auch die Zeit eines freiwilligen Wehrdienstes als Ausbildungszeit bzw. Übergangszeit zwischen zwei Ausbildungsabschnitten gelten kann, so dass für diese Zeiten ein Kindergeldanspruch bestehen kann. Dies hat zur Folge, dass in diesen Fällen auch ein Anspruch auf die Besitzstandszulage nach § 11 TVÜ-Bund für diese Kinder besteht.

Erhält nach der Überleitung eine andere Person, die im öffentlichen Dienst tätig ist, Kindergeld für ein Kind, für das bisher die Besitzstandszulage nach § 11 TVÜ gewährt wird, so entfällt die Besitzstandszulage mit dem Wechsel der Kindergeldzahlung, § 11 Abs. 1 Satz 2 TVÜ. Ein Anwendungsfall des § 11 Abs. 1 Satz 2 TVÜ-Bund liegt nach Auffassung des BAG nur dann vor, wenn mit dem Kindergeldberechtigtenwechsel zugleich ein Anspruch auf kinderbezogene Leistungen der anderen Person verbunden ist. Abweichend vom Wortlaut der Tarifvorschrift, der nur darauf abstellt, ob der anderen Person Kindergeld gezahlt wird, hält das BAG danach einen Wegfall der Besitzstandszulage für nicht gerechtfertigt, wenn sich das Arbeitsverhältnis der anderen Person z. B. nach dem TVöD oder nach dem TV-L richtet, die andere Person aber keinen Anspruch auf kinderbezogene Leistungen aus ihrer Tätigkeit im öffentlichen Dienst hat. Der Bund hat aus diesem Urteil mit RdSchr. vom 24. August 2012 allgemeine Konsequenzen gezogen. Das BAG-Urteil verhindert in diesen Fällen lediglich trotz Kindergeldberechtigtenwechsel den Fortfall des Anspruchs auf Besitzstandszulage. Das erstmalige Entstehen von Ansprüchen nach dem 1. November 2006 ist damit nicht verbunden. Ansonsten führen auch spätere Änderungen der Verhältnisse nicht dazu, dass erstmalig ein Anspruch auf die Besitzstandszulage entsteht. Dies hat das LAG Hamm mit Urteil vom 23. Februar 2012 – 11 Sa 1606/11 – festgestellt. In dem Urteilsfall hatte zunächst der ebenfalls als Arbeitnehmer im öffentlichen Dienst beschäftigte kindergeldberechtigte Ehemann der Klägerin die Besitzstandszulage erhalten. Nach dessen Verrentung begehrte die Klägerin die Besitzstandszulage. Die Klage und die Berufung der Klägerin wurden zurückgewiesen. Das Urteil ist rechtskräftig; die gegen die Nichtzulassung der Revision gerichtete Beschwerde der Klägerin hat das BAG mit Beschluss vom 20. September 2012 – 6 AZN 1053/12 – zurückgewiesen.

Bei sog. Gegenkonkurrenzregelungen (diese gibt es z. B. in den Arbeitsvertragsrichtlinien der Caritas) wurden zu Zeiten des BAT kinderbezogene Entgeltbestandteile nicht gewährt, wenn der andere Anspruchsberechtigte im öffentlichen Dienst tätig war. Die öffentlichen Arbeitgeber haben die Auffassung vertreten, dass es für die Zahlung des Kinderbesitzstandes nach § 11 TVÜ auf den tatsächlichen Kindergeldbezug im Vormonat der Überleitung ankomme. Erhalte der andere Anspruchsberechtigte, für den bisher die Gegenkonkurrenzklausel gegolten hat, tatsächlich das Kindergeld, so stünde dem in den TVöD übergeleiteten Beschäftigten eine Besitzstandszulage nicht zu. Die sog. Gegenkonkurrenzklausel greife mit der Überleitung des Beschäftigten in den TVöD nicht mehr; die andere Person habe Anspruch auf kinderbezogene Leistungen vom Überleitungsmonat an. Dieser Auffassung ist das BAG in seinem Urteil vom 13. August 2009 – 6 AZR 319/08 – nicht gefolgt. Nach Auffassung des BAG hat der bei dem öffentlichen Arbeitgeber beschäftigte Ehepartner selbst dann Anspruch auf eine Besitzstandszulage für den kinderbezogenen Ortszuschlag, wenn der im Geltungsbereich der AVR Caritas beschäftigte Ehepartner aufgrund einer Vereinbarung mit seinem Ehegatten für die gemeinsamen Kinder das Kindergeld bezieht. Ab dem Überleitungsmonat kann er nach Auffassung des BAG von seinem Arbeitgeber eine entsprechende Besitzstandszulage verlangen.

Waren die bisherigen Konkurrenzregelungen aus anderen Gründen, z. B. wegen Elternzeit der anderen Person, im September 2005 nicht einschlägig, leben sie aber nach dem 30. September 2005 wieder auf und erhält die andere Person für das Kind Kindergeld, fällt die Besitzstandszulage ebenfalls weg, § 11 Abs. 1 Satz 2 1. Halbsatz TVÜ. Die Änderung der Kindergeldberechtigung bzw. die Zahlungsaufnahme von kinderbezogenen Entgeltbestandteilen bei einer anderen für das Kind kindergeldberechtigten Person ist von dem Beschäftigten unverzüglich schriftlich anzuzeigen.

Zu den Protokollerklärungen zu Absatz 1

Im Zuge des 1. Änderungstarifvertrages vom 31. März 2008 haben die Tarifpartner mit Wirkung vom 1. Juli 2008 Protokollerklärungen zu Absatz 1 vereinbart. Inhalt dieser Vorschriften sind Regelungen, die Härten bei der Zahlung des Kinderbesitzstandes ausgleichen sollen. Die Regelungen sollten an sich schon unmittelbar nach dem Inkrafttreten des TVöD/TVÜ vereinbart werden und waren in ihrem Kern schon lange Zeit ausgehandelt. Die Tarifpartner haben sie dann aber wegen übergeordneter Meinungsverschiedenheiten (z. B. in der Arbeitszeitfrage) „auf Eis gelegt" und erst im Rahmen der Entgeltrunde 2008 vereinbart.

Die Protokollerklärungen regeln folgende Sonderfälle:

1. Die Entgeltzahlung des in den TVöD übergeleiteten Beschäftigten war im für den Kinderbesitzstand maßgebenden Monat September aus den in Protokollerklärung Nr. 1 abschließend genannten Gründen (z. B. Elternzeit, Wehrdienst, Ablauf der Krankenbezugsfristen) unterbrochen. Ein Anspruch auf die Besitzstandszahlung trat somit nicht ein. Nach Protokollerklärung Nr. 1 a.a.O. wird die Besitzstandszulage grundsätzlich ab Wiederaufnahme der Entgeltzahlung gezahlt. Die Zahlung ist antragsgebunden, der Antrag muss bis zum 30. September 2008 gestellt werden.[1] Zahlungsaufnahme ist dann der 1. Juli 2008, bei bis zum 31. März 2008 gestellten Anträgen der 1. Juni 2008 (siehe Protokollerklärung

---

[1]   Das Bundesministerium des Innern hat die Antragsfrist zuletzt mit Rundschreiben vom 3. Dezember 2008 im Einvernehmen mit dem Bundesministerium der Finanzen übertariflich bis zum 28. Februar 2009 verlängert.

Nr. 5). Auch wenn die Entgeltzahlung aus den genannten Gründen zu einem späteren Zeitpunkt unterbrochen wird, ist dies unschädlich. Der Anspruch auf den Kinderbesitzstand lebt auch in diesem Fall bei Wiederaufnahme der Entgeltzahlung auf (→ dazu Protokollerklärung Nr. 5).

2. Protokollerklärung Nr. 2 regelt die „Septemberfälle". Das sind die Fälle, in denen „die andere Person" im Sinne des § 11 Absatz 1 Satz 2 bereits im September 2005 aus dem öffentlichen Dienst ausgeschieden war. Die kinderbezogenen Entgeltbestandteile können somit bei der anderen Person wegen deren Ausscheiden aus dem öffentlichen Dienst nicht mehr realisiert werden und würden ohne Ausgleich entfallen. Auf Antrag (nach Protokollerklärung Nr. 5 – s. o.) wird der Kinderbesitzstand entgegen dem Wortlaut des Absatzes 1 Satz 2 doch noch gezahlt.

3. Protokollerklärung Nr. 3 räumt Beschäftigten mit mindestens drei Kindern ein, durch einen Wechsel der Kindergeldberechtigung doch noch in den Genuss des Kinderbesitzstandes zu gelangen, der bislang wegen der Kindergeldberechtigung der „anderen. Person" nicht zustand. Voraussetzung ist jedoch, dass der Beschäftigungsumfang der anderen Person am 30. September 2005 30 Wochenstunden nicht überstieg. Der Wechsel ist bis zum 30. September 2008 vorzunehmen; die Zahlungsaufnahme ist antragsgebunden (nach Protokollerklärung Nr. 5 – s. o.).

4. Protokollerklärung Nr. 4 regelt den Härtefall, dass der Kindergeldberechtigte stirbt. Die Tarifpartner haben vereinbart, dass in diesem Fall der Beschäftigte auf Antrag ab dem 1. des auf den Sterbemonat folgenden Monats (frühestens aber ab dem 1. Juli 2008) den Kinderbesitzstand erhalten kann.

5. Protokollerklärung Nr. 5 regelt die Antragsfristen und die frühesten Zahlungstermine für die Leistungen nach den Protokollerklärungen 1 bis 4 (s. o.).

Die Aufzählung der Sonderfälle in den Protokollerklärungen ist abschließend, weitere denkbare Sachverhalte werden nicht berücksichtigt.

Höhe der Besitzstandszulage (Abs. 2)

Ausgangsbetrag für die Besitzstandszulage ist der letztgültige Wert aus dem Vergütungstarifvertrag Nr. 35 BAT: 90,57 Euro. Dieser Betrag ist bei allgemeinen Entgeltanpassungen um den von den Tarifpartnern für die jeweilige Entgeltgruppe festgelegten Vomhundertsatz zu erhöhen und wird im Tarifgebiet Ost noch mit dem Bemessungssatz multipliziert.

Unter Berücksichtigung des Ergebnisses der Lohnrunden 2008, 2010, 2012, 2014 und 2016 ergeben sich die nachstehenden Beträge:

Geltungsbereich	ab 1. 1. 2008		ab 1. 4. 2008	ab 1. 1. 2009	
West	+ 3,1 %	93,38 €		+ 2,8 %	95,99 €
Ost	+ 3,1 %	93,38 €	93,38 €	+ 2,8 %	95,99 €
		(bis EG 9)	(alle Beträge wie West)		
		86,38 €			
		(ab EG 10			
		92,5 %)			

Geltungsbereich	ab 1. 1. 2010		ab 1. 1. 2011		ab 1. 8. 2011	
West/Ost	+ 1,2 %	97,14 €	+ 0,6 %	97,72 €	+ 0,5 %	98,21 €

Geltungsbereich	ab 1. 3. 2012		ab 1. 1. 2013		ab 1. 8. 2013	
West/Ost	+ 3,5 %	101,65 €	+ 1,4 %	103,07 €	+ 1,4 %	104,51 €

Geltungsbereich	ab 1. 3. 2014		ab 1. 3. 2015		ab 1. 3. 2016		ab 1. 2. 2017	
West/Ost	+ 3,0 %	107,65 €	+ 2,4 %	110,23 €	+ 2,4 %	112,88 €	+ 2,35 %	115,53 €

Hinzu kommen die sog. Kindererhöhungsbeträge, die bisherigen Angestellten der VergGrn. X bis VIII BAT/BAT-O und bisherigen Arbeitern der LoGrn. 1 bis 4 im September 2005 zustanden. Die Welterzahlung der sog. Kindererhöhungsbeträge als Besitzstandszulage ist an den Kindergeldanspruch für dieses Kind, nicht aber an weitere Voraussetzungen geknüpft. Ein nach dem 30. September 2005 eintretender Wegfall bei der Anzahl der im Rahmen der Besitzstandszulage berücksichtigten Kinder führt demzufolge nicht zu einer Anpassung oder zum Wegfall des sog. Kindererhöhungsbetrages in der Besitzstandszulage für die weiter berücksichtigungsfähigen Kinder. Auch eine spätere Höhergruppierung des Beschäftigten hat auf die Höhe der Besitzstandszulage einschließlich etwaiger Kindererhöhungsbeträge keine Auswirkungen.

Die Kindererhöhungsbeträge ergeben sich aus der nachstehenden Tabelle für das Tarifgebiet West, die ab dem 1. 1. 2010 uneingeschränkt auch im Tarifgebiet Ost gilt:

Zeitraum ab	Kindererhöhungsbetrag			
	VGr. X–VIII, Kr. I, II, LGr. 1–4	VGr. X, IXb, Kr. I, LGr. 1, 1a, 2	VGr. IXa, Kr. II, LGr. 2a, 3, 3a	VGr. VIII, LGr. 4
	1. Kind	Jedes weitere zu berücksichtigende Kind		
01. 10. 2005	5,11 €	25,56 €	20,45 €	15,34 €
01. 01. 2008				
– allgemein	5,27 €	26,35 €	21,08 €	15,82 €
– *nur BT-K*	*5,19 €*	*25,97 €*	*20,78 €*	*15,59 €*
01. 01. 2009	5,42 €	27,09 €	21,67 €	16,26 €
01. 01. 2010	5,49 €	27,42 €	21,93 €	16,46 €
01. 01. 2011	5,52 €	27,58 €	22,06 €	16,56 €
01. 08. 2011	5,55 €	27,72 €	22,17 €	16,64 €
01. 03. 2012	5,74 €	28,69 €	22,95 €	17,22 €
01. 01. 2013	5,82 €	29,09 €	23,27 €	17,46 €
01. 08. 2013	5,90 €	29,50 €	23,60 €	17,70 €
01. 03. 2014	6,08 €	30,39 €	24,31 €	18,23 €
01. 03. 2015	6,23 €	31,12 €	24,89 €	18,67 €
01. 03. 2016	6,38 €	31,87 €	25,49 €	19,12 €
01. 02. 2017	6,53 €	32,62 €	26,09 €	19,57 €

Teilzeitbeschäftigte erhalten die Besitzstandszulage dann in voller Höhe, wenn ihnen im September 2005 der kinderbezogene Entgeltbestandteil auch in voller Höhe zustand (z. B. auf Grund des § 29 Abschn. B Abs. 6 Satz 3 BAT/BAT-O). Dies ergibt sich aus § 11 Abs. 1 Satz 1 TVÜ. In den übrigen Fällen erhalten Teilzeitbeschäftigte die Besitzstandszulage zeitanteilig.

Bei individuellen Arbeitszeitveränderungen nach dem 30. September 2005 ist die Besitzstandszulage neu zu berechnen. Hier gilt die allgemeine Regelung zur zeitanteiligen Bemessung des Entgelts von Teilzeitbeschäftigten nach § 24 Absatz 2 TVöD. Erhöht sich die Arbeitszeit, so verändert sich die Besitzstandszulage ebenfalls entsprechend § 24 Absatz 2 TVöD.

Beispiel: ────────────────

Eine Beschäftigte war im September 2005 vollzeitbeschäftigt und hat den Kinderanteil für ein Kind bezogen, der ihr ab Oktober 2005 als Besitzstandszulage in voller Höhe zusteht. Ab März 2006 beträgt ihr Arbeitszeitumfang 50 v. H. und ab August 2006 wieder 100 v. H.

> Die Besitzstandszulage steht ihr in den Monaten März bis Juli 2006 in Höhe von 50 v. H. zu und ab August 2006 wieder in Höhe von 100 v. H.

Eine Besonderheit ist in den Fällen zu beachten, in denen die kinderbezogene Besitzstandszulage aufgrund eines Konkurrenzfalls trotz einer Teilzeitbeschäftigung zunächst zu 100 % zustand. Das Bundesarbeitsgericht (BAG) hat für diesen Fall mit Urteil vom 15. November 2012 – 6 AZR 373/11 – im Wege einer einschränkenden Auslegung entschieden, dass bei späteren, unterhalb einer Vollzeitbeschäftigung bleibenden Arbeitszeiterhöhungen entgegen dem Wortlaut des § 11 Abs. 2 Satz 1 TVÜ-Länder i. V. m. § 24 Abs. 2 TV-L eine Verringerung der Besitzstandszulage nach Sinn und Zweck der Tarifnorm nicht eintritt. Das Urteil schlägt auch auf die identischen Vorschriften des Überleitungsrechts zum TVöD durch.

Standen im September 2005 die kinderbezogenen Entgeltbestandteile nur anteilig zu, weil das Arbeitsverhältnis erst im Laufe des Monats September 2005 begründet worden ist, gilt Folgendes: In diesen Fällen ist die Besitzstandszulage gleichwohl in der Höhe zu zahlen, die maßgebend gewesen wäre, wenn die kinderbezogenen Entgeltbestandteile im gesamten Monat September 2005 zugestanden hätten.

Die Besitzstandszulage verändert sich bei allgemeinen Entgeltanpassungen um den von den Tarifvertragsparteien für die jeweilige Entgeltgruppe des Beschäftigten festgelegten Vomhundertsatz.

Eine Nutzung der Möglichkeit zur Abfindung im Sinne des § 11 Abs. 2 Satz 3 TVÜ obliegt der Entscheidung des jeweiligen Arbeitgebers.

§ 12   Strukturausgleich

(1) [1]Aus dem Geltungsbereich des BAT/BAT-O übergeleitete Beschäftigte erhalten ausschließlich in den in Anlage 3 TVÜ-Bund aufgeführten Fällen zusätzlich zu ihrem monatlichen Entgelt einen nicht dynamischen Strukturausgleich. [2]Maßgeblicher Stichtag für die anspruchsbegründenden Voraussetzungen (Vergütungsgruppe, Lebensalterstufe, Ortszuschlag, Aufstiegszeiten) ist der 1. Oktober 2005, sofern in Anlage 3 TVÜ-Bund nicht ausdrücklich etwas anderes geregelt ist.

(2) Die Zahlung des Strukturausgleichs beginnt im Oktober 2007, sofern in Anlage 3 TVÜ-Bund nicht etwas anderes bestimmt ist.

(3) (weggefallen)

(4) [1]Bei Teilzeitbeschäftigung steht der Strukturausgleich anteilig zu (§ 24 Abs. 2 TVöD). [2]§ 5 Abs. 5 Satz 2 gilt entsprechend.

Protokollerklärung zu Absatz 4:
Bei späteren Veränderungen der individuellen regelmäßigen wöchentlichen Arbeitszeit der/des Beschäftigten ändert sich der Strukturausgleich entsprechend.

(5) [1]Bei Höhergruppierungen wird der Unterschiedsbetrag zum bisherigen Entgelt auf den Strukturausgleich angerechnet. [2]Dies gilt auch, wenn eine Höhergruppierung aufgrund der Überleitung in den Tarifvertrag über die Entgeltordnung des Bundes gemäß § 26 erfolgt. [3]Für Beschäftigte in einer der Entgeltgruppen 9a bis 15 wird bei Erreichen der Stufe 6 auch der Unterschiedsbetrag zwischen Stufe 5 und Stufe 6 auf den Strukturausgleich angerechnet; dies gilt auch in den Fällen des § 29.

Protokollerklärung zu Absatz 5:
Eine Überleitung in die Entgeltgruppen 9a, 9b oder 14 gemäß § 27 gilt nicht als Höhergruppierung.

(6) Einzelvertraglich kann der Strukturausgleich abgefunden werden.

Protokollerklärung zu § 12:
Aus dem Geltungsbereich des BAT/BAT-O übergeleitete Lehrkräfte des Bundes erhalten rückwirkend (ab dem 1. Oktober 2007 beziehungsweise den Zeitpunkten der Anlage 3 TVÜ-Bund) entsprechend den Voraussetzungen und Bedingungen des § 12 i. V. m. der Anlage 3 TVÜ-Bund einen Strukturausgleich. Aufgrund des rückwirkenden Überleitungszeitpunkts zum 1. Oktober 2005 kommt es damit für Spalte 2 der Anlage 3 TVÜ-Bund auf den Zeitpunkt des In-Kraft-Tretens des TVÜ-Bund an.

Niederschriftserklärung zu § 12:
1. [1]Die Tarifvertragsparteien sind sich angesichts der Fülle der denkbaren Fallgestaltungen bewusst, dass die Festlegung der Strukturausgleiche je nach individueller Fallgestaltung in Einzelfällen sowohl zu überproportional positiven Folgen als auch zu Härten führen kann. [2]Sie nehmen diese Verwerfungen im Interesse einer für eine Vielzahl von Fallgestaltungen angestrebten Abmilderung von Exspektanzverlusten hin.

2. [1]Die Tarifvertragsparteien erkennen unbeschadet der Niederschriftserklärung Nr. 1 an, dass die Strukturausgleiche in einem Zusammenhang mit der zukünftigen Entgeltordnung stehen. [2] Die Tarifvertragsparteien werden nach einer Vereinbarung der Entgeltordnung zum TVöD, rechtzeitig vor Ablauf des 30. September 2007, prüfen, ob und in welchem Umfang sie neben den bereits verbindlich vereinbarten Fällen, in denen Strukturausgleichsbeträge festgelegt sind, für einen Zeitraum bis längstens Ende 2014 in weiteren Fällen Regelungen, die auch in der Begrenzung der Zuwächse aus Strukturausgleichen bestehen können, vornehmen müssen. [3]Sollten zusätzliche Strukturausgleiche vereinbart werden, sind die sich daraus ergebenden Kostenwirkungen in der Entgeltrunde 2008 zu berücksichtigen.

Erläuterungen

Anders als der Besitzstand dient der Strukturausgleich nicht der Sicherung einer bestehenden Vergütungshöhe, sondern als Ausgleich für fiktive zukünftige Einkommenseinbußen. Grundsätzlich werden nicht mehr realisierte Erwerbsaussichten nach dem alten Recht im TVöD nicht geschützt. Nach Überführung in die neue Tabelle können sich aber bei einzelnen Gruppen von bisherigen Angestellten im Vergleich zu der Einkommensentwicklung, die sie nach BAT gehabt hätten, Differenzen ergeben, die die Tarifvertragsparteien unter Vertrauensschutzgesichtspunkten teilweise ausgleichen wollten.

Dabei sind sich die Tarifvertragsparteien bewusst, dass durch die Strukturausgleiche Verwerfungen entstehen können, weil im Einzelfall Härten oder überproportionale Begünstigungen eintreten können. Sie haben dies im Interesse einer für eine Vielzahl von Fallgestaltungen angestrebten Abmilderung von Expektanzverlusten in Kauf genommen, werden die Regelungen aber vor dem 30. September 2007 überprüfen (siehe Niederschriftserklärung zu § 12).

Mit Rundschreiben vom 28. November 2012 hat das Bundesministerium des Innern im Einvernehmen mit dem Bundesministerium der Finanzen umfassende Hinweise zur Anwendung des § 12 TVÜ gegeben (abgedruckt als Anhang 1).

Zur Protokollerklärung zu § 12:

Durch die mit dem Änderungstarifvertrag Nr. 2 vom 6. Oktober 2008 mit Wirkung vom 1. August 2008 angefügte Protokollerklärung wurden Lehrkräfte in den Geltungsbereich der Regelungen über den Strukturausgleich einbezogen. Mit dem Änderungstarifvertrag Nr. 4 vom 24. Juni 2010 wurde die Tabelle der Strukturausgleiche (Anl. 3) um Ausgleiche für aus der Vergütungsgruppe IIb BAT übergeleitete Beschäftigte (Lehrkräfte) ergänzt. Daraus resultierende Zahlungen können rückwirkend frühestens ab dem 1. Februar 2008 erfolgen.

Änderungen im Zusammenhang mit der Einführung der neuen Entgeltordnung

Im Zuge des 7. Änderungstarifvertrages vom 5. September 2013 wurden im Zusammenhang mit der Einführung der neuen Entgeltordnung Absatz 5 Satz 2 und die Protokollerklärung zu Absatz 5 eingefügt. Damit haben die Tarifpartner dargestellt, dass auch in den Fällen der „Antragshöhergruppierung" aus Anlass der neuen Entgeltordnung, nicht aber bei der Überleitung der Beschäftigten in die Entgeltgruppen 9a und 9b sowie Entgeltgruppe 14 (Beschäftigte der Entgeltgruppe 13 mit Zulage nach § 17 Abs. 8 TVÜ-Bund) nach den Grundsätzen des Absatzes 5 zu verfahren ist.

Änderungen im Zusammenhang mit der Einfügung der Stufe 6 in den Entgeltgruppen 9a bis 15

Im Zuge der Tarifeinigung 2016 wurde vereinbart, dass ab dem 1. März 2016 auch die Entgeltgruppen 9a bis 15 eine Stufe 6 erhalten. Zeitgleich wurde (mit dem 10. Änderungstarifvertrag) geregelt, dass beim Erreichen der Stufe 6 der Unterschiedsbetrag zwischen den Stufen 5 und 6 auf den Strukturausgleich angerechnet wird. Dies gilt auch für diejenigen Beschäftigten, die auf der Grundlage des § 29 unmittelbar zum 1. März 2016 in die Stufe 6 höhergestuft werden.

I

Anhang 1

Hinweise zur Anwendung der Regelungen über Strukturausgleiche gemäß § 12 TVÜ-Bund

Vom 28. November 2012 (RdSchr. d. BMI, D 5 – 220 210 1/12)

Die Durchführungshinweise in meinem Rundschreiben vom 20. April 2011 – D 5 – 220 210 – 1/12 zur Anwendung des § 12 TVÜ-Bund werden aufgehoben und im Einvernehmen mit dem Bundesministerium für Finanzen nachfolgend neu gefasst. Die Neufassung ist angesichts höchstrichterlicher Rechtsprechung zum Fortbestand des Anspruchs auf Strukturausgleich nach Herabgruppierung und Zahlung einer Zulage für die vorübergehende Übertragung einer höherwertigen Tätigkeit gemäß § 14 TVöD erforderlich geworden. So ist die Ziffer 4.1.1 an die neue Rechtsprechung angepasst worden. Die Ziffern 4.3.1 und 4.4.1 wurden geändert. Die ehemalige Ziffer 4.3.2 ist entfallen, die ehemalige Ziffer 4.3.3. ist inhaltlich unverändert jetzt Ziffer 4.3.2. Die Ziffer 4.4.3 ist entfallen. Angefügt wurden die neuen Ziffern 5.1.5 und 5.1.6. Die übrigen Ziffern dieses Rundschreibens haben sich im Vergleich zu dem aufgehobenen Rundschreiben vom 20. April 2011 inhaltlich nicht verändert.

Die neue Rechtsprechung hat zur Folge, dass ein Anspruch auf Strukturausgleich, der am 1. Oktober 2005 bestanden hat, aufgrund der Stichtagsbetrachtung auch nach einer späteren Herabgruppierung oder vorübergehenden Übertragung einer höherwertigen Tätigkeit unverändert bestehen bleibt. Ich bitte dies zukünftig zu beachten.

Beschäftigten mit einem Anspruch auf Strukturausgleich am 1. Oktober 2005, die danach herabgruppiert wurden und bei denen die Zahlung des Strukturausgleichs eingestellt wurde, wird der Strukturausgleich auf Antrag wieder gewährt. Stellen die Beschäftigten einen solchen Antrag, bin ich im Einvernehmen mit dem Bundesministeriums der Finanzen im Interesse einer einheitlichen Verfahrensweise damit einverstanden, dass

– im Falle einer Herabgruppierung und Einstellung der Zahlung des Strukturausgleichs vor dem 28. Februar 2011 die Zahlung rückwirkend ab Februar 2011 wieder aufgenommen wird,

– im Falle einer Herabgruppierung und Einstellung der Zahlung des Strukturausgleichs nach dem 28. Februar 2011 die Wiederauf-

nahme der Zahlung ab dem Monat erfolgt, ab dem der Strukturausgleich nicht mehr gezahlt wurde.

In den Fällen, in denen die Zulage aufgrund der Übertragung einer
höherwertigen Tätigkeit auf die Höhe des Strukturausgleichs angerechnet worden ist und die/der Beschäftigte die volle Höhe der Zulage
geltend macht, bitte ich, die Ausschlussfrist des § 37 TVöD zu
beachten.

Evtl. Personalmehrausgaben sind im jeweiligen Einzelplan zu erwirt-
schaften.

Inhaltsverzeichnis

1. Vorbemerkungen

Einzelne Gruppen der früheren Angestellten, die aus dem Geltungsbereich des BAT/BAT-O in den TVöD übergeleitet worden sind,
erhalten nach § 12 TVÜ-Bund[1]) unter bestimmten Voraussetzungen
zusätzlich zu ihrem monatlichen Entgelt einen Strukturausgleich, der
je nach Fallgestaltung unterschiedlich hoch sein und für unterschiedlich lange Zeit bezogen werden kann. Zum Hintergrund der Regelung
sei auf Folgendes hingewiesen:

Bei der Tabellengestaltung und den Tabellenwerten des TVöD ist das
in den Bewährungs-, Fallgruppen- und Zeitaufstiegen enthaltene
Finanzvolumen ebenso berücksichtigt worden wie das Volumen des
bisherigen Verheiratetenanteils im Ortszuschlag der Angestellten.
Zudem galt es, die Absicht der Tarifvertragsparteien zu verwirklichen,
die Einkommensentwicklung für jüngere Beschäftigte attraktiver zu
gestalten und im Gegenzug die bisherigen Tabellenwerte in den
Endstufen vielfach etwas abzuflachen. Neben einer Angleichung der
Werte von Bund und VKA wurde bei der Gestaltung der neuen
Entgelttabelle auch mitberücksichtigt, dass die früheren Lebensaltersstufen der Angestellten einvernehmlich durch tätigkeitsbezogene

---

[1])   In diesem Rundschreiben zitierte Paragrafenangaben ohne Tarifvertrags-
    bezeichnung sind solche des TVÜ-Bund.

Entwicklungsstufen ersetzt und dabei die bisherige Stufenzahl (bis zu zwölf Stufen der unter die Anlage 1a zum BAT/BAT-O fallenden Angestellten und acht Stufen bei den Arbeitern) verringert werden sollte. Auf Grund dieser strukturellen Unterschiede ist ein individueller Vergleich der früheren Lohn- und Vergütungstabellen mit der Entgelttabelle des TVöD nicht möglich. Gleichwohl haben sich die Tarifvertragsparteien dazu entschlossen, flankierend für eine eng begrenzte Zahl von Fallgestaltungen sog. Strukturausgleiche einzuführen. Die Strukturausgleiche haben nicht die Funktion, Exspektanzen der Beschäftigten, die bei Fortgeltung des BAT/BAT-O ggf. bestanden hätten, im Einzelfall zu sichern oder zu kompensieren. Die Tarifvertragsparteien haben insoweit

- keine einzelfallbezogene, sondern eine typisierte Betrachtung vorgenommen,
- sich auf einige, aus übereinstimmender Sicht regelungsbedürftige Fallgestaltungen beschränkt und
- keine volle Kompensation, sondern einen begrenzten Ausgleich bzw. eine Abmilderung veränderter Perspektiven angestrebt.

Bei der Regelung des § 12 waren sich die Tarifvertragsparteien der damit im Einzelfall unter Umständen verbundenen Härten und Verwerfungen bewusst. Sie haben deshalb in der Niederschriftserklärung Nr. 1 zu § 12 ausdrücklich Folgendes festgehalten:

„Die Tarifvertragsparteien sind sich angesichts der Fülle der denkbaren Fallgestaltungen bewusst, dass die Festlegung der Strukturausgleiche je nach individueller Fallgestaltung in Einzelfällen sowohl zu überproportional positiven Folgen als auch zu Härten führen kann. Sie nehmen diese Verwerfungen im Interesse einer für eine Vielzahl von Fallgestaltungen angestrebten Abmilderung von Exspektanzverlusten hin."

Nicht erfasst sind ehemalige Arbeiterinnen und Arbeiter; bei diesen Beschäftigten bestehen keine vergleichbaren Exspektanzverluste. Zum Strukturausgleich für Pflegekräfte und Ärzte siehe Ziff. 5.2.

2. Aufbau der Regelungen in § 12 und der Anlage 3 TVÜ-Bund

Anspruchsvoraussetzungen (dazu im Folgenden Ziff. 3) und Rechtsfolgen (dazu im Folgenden Ziff. 4) für den Erhalt eines Strukturausgleiches sind im Wesentlichen in § 12 Abs. 1 in Verbindung mit Anlage 3 TVÜ-Bund und der dort aufgeführten Tabelle (nachfolgend kurz: Tabelle) geregelt. Die Tabelle gliedert sich in sieben Spalten.

Dabei listen die Spalten 1 bis 5 die Anspruchsvoraussetzungen auf. In den Spalten 6 und 7 sind die Rechtsfolgen genannt, also Höhe, Zahlungsbeginn und Dauer der Zahlung des Strukturausgleiches. Sind alle Voraussetzungen der Spalten 1 bis 5 einer Zeile der Tabelle erfüllt, ist der Anspruch für den in der jeweiligen Zeile der Tabelle genannten Strukturausgleich grundsätzlich in der dort genannten Höhe und Dauer gegeben.

Spalte 1	Spalte 2	Spalte 3	Spalte 4	Spalte 5	Spalte 6	Spalte 7
Entgelt-gruppe	VergGr	Aufstieg	OZ-Stufe	LASt	Höhe	Dauer

           Anspruchsvoraussetzungen   Rechtsfolgen

Weitere Voraussetzungen und Rechtsfolgen finden sich außerdem in § 12 Abs. 2 bis 5 sowie in den Vorbemerkungen in Anlage 3 TVÜ-Bund (nachfolgend kurz: Vorbemerkungen).

Besteht ein Anspruch auf Strukturausgleich, handelt es sich um einen regelmäßigen, statischen und zusätzlichen Entgeltbestandteil: Strukturausgleiche werden zusätzlich zum monatlichen Entgelt gezahlt (§ 12 Abs. 1 Satz 1). Der Strukturausgleich ist nicht dynamisch (§ 12 Abs. 1 Satz 1), wird also bei linearen Einkommenssteigerungen nicht erhöht. Einkommenssteigerungen werden – mit Ausnahme bei Höhergruppierungen (§ 12 Abs. 5, siehe dazu unten Ziff. 4.3.1) – grundsätzlich nicht auf die Höhe des Strukturausgleiches angerechnet.

Im Einzelnen ist bei der Festsetzung von Strukturausgleichen wie folgt zu verfahren:

3. Anspruchsvoraussetzungen

Einen Anspruch auf Strukturausgleich haben
- aus dem Geltungsbereich von BAT/BAT-O in den TVöD übergeleitete Beschäftigte im Sinne des § 1 Abs. 1 (siehe dazu sogleich Ziff. 3.1),
- die bei In-Kraft-Treten des TVÜ-Bund (dazu Ziff. 3.2)
- in eine der in Spalte 1 genannten Entgeltgruppen übergeleitet wurden (dazu Ziff. 3.3) und
- aus einer der in Spalte 2 bezeichneten Vergütungsgruppen in den TVöD übergeleitet worden sind (dazu Ziff. 3.4.1),
- aus der in Spalte 2 bezeichneten Vergütungsgruppe nach der Anlage 1a zum BAT (Vergütungsordnung) den in Spalte 3 ausgewiesenen Aufstieg gehabt hätten (dazu Ziff. 3.4.2) und

- Anspruch auf den in Spalte 4 ausgewiesenen Ortszuschlag (Ziff. 3.5) gehabt hätten und
- die in Spalte 5 ausgewiesene Lebensaltersstufe (Ziff. 3.6) erreicht hätten,
- sofern kein unter Ziff. 5 beschriebener Sonderfall besteht.

Die Anspruchsvoraussetzungen richten sich also im Wesentlichen nach den ersten fünf Spalten der Tabelle, die alle kumulativ erfüllt sein müssen.

3.1 Überleitung aus BAT/BAT-O in den TVöD (§ 12 Abs. 1)

Ein Anspruch auf Strukturausgleich setzt voraus, dass es sich um übergeleitete ehemalige Angestellte im Sinne des § 1 Abs. 1 handelt. Insoweit wird auf die Ausführungen im Rundschreiben vom 10. Oktober 2005 – D II 2 – 220 210 / 643 – (vgl. dort Ziff. 1.1) verwiesen.

3.2 Stichtag

Stichtag für das Vorliegen der Tatbestandsvoraussetzungen eines Strukturausgleichsanspruchs ist der 1. Oktober 2005 (§ 12 Abs. 1 Satz 2). Dies wirkt sich insbesondere für die Beurteilung von Tatbestandsmerkmalen aus, die sich auf Regelungen des BAT/BAT-O beziehen. Da die Regelungen des BAT/BAT-O mit Ablauf des 30. September 2005 außer Kraft getreten sind, ist bei Veränderungen nach dem 30. September 2005 zu prüfen, welche Rechtsfolgen sich bei fiktiver Weitergeltung von BAT/BAT-O am 1. Oktober 2005 ergeben hätten (vgl. auch Ziff. 3.4 [S. 52] im Rundschreiben vom 10. Oktober 2005 – D II 2 – 220 210 / 643).

Im Regelfall kommt es darauf an, auf Grund welcher Vergütungs-merkmale die/der Beschäftigte nach dem TVÜ-Bund in die Entgelt-tabelle des TVöD übergeleitet worden ist. Durch den Stichtag „1. Oktober 2005" können sich allerdings im Einzelfall – über § 4 Abs. 2 und 3 hinaus – Korrekturen ergeben, etwa bei Heirat am 1. Oktober 2005 oder in den sog. Konkurrenzfällen des § 5 Abs. 2 (siehe Ziff. 3.5). Ein tatsächlicher Bezug von Entgelt am 1. Oktober 2005 ist nicht Voraussetzung. Ebenso wenig erfolgt ein Abgleich mit der Höhe des Vergleichsentgelts bei Überleitung i. S. v. § 5.

Beispiel:

Ein Angestellter in der VergGr VIb Fallgruppe 1a BAT (ohne Aufstiegsmöglichkeit), Lebensaltersstufe 35 und Anspruch auf Ortszuschlag der Stufe 1 ist mit In-Kraft-Treten des TVöD in die Entgeltgruppe 6 übergeleitet worden.

Für die Prüfung eines Anspruchs auf Strukturausgleich ist zu prüfen,

- in welche Entgeltgruppe die Beschäftigten am 1. Oktober 2005 nach § 4 übergeleitet worden sind,
- welche tatsächliche Vergütungsgruppe (mit Fallgruppe) nach Anlage 1a zum BAT der Überleitung in den TVÖD zugrunde lag,
- inwieweit an diese Fallgruppe ein Bewährungs- bzw. Fallgruppenaufstieg anknüpft,
- welche Lebensaltersstufe und welcher Ortszuschlag dem Beschäftigten am 1. Oktober 2005 zugestanden hätte, wenn die Regelungen des BAT/BAT-O am 1. Oktober 2005 noch Anwendung gefunden hätten (fiktive Weitergeltung).

3.3 Spalte 1 – „Entgeltgruppe"

Für die weitere Prüfung des Anspruchs auf Strukturausgleich ist nach Spalte 1 der Tabelle die Entgeltgruppe maßgeblich, in welche die Beschäftigten nach § 4 Abs. 1 bis 3 zum 1. Oktober 2005 übergeleitet worden sind. Soweit Beschäftigte bei der Überleitung übertariflich eingruppiert waren, bestehen im Einvernehmen mit dem Bundesministerium der Finanzen keine Bedenken, wenn der Anspruch auf einen Strukturausgleich für die Dauer der übertariflichen Eingruppierung nach der übertariflichen Entgeltgruppe – sowie der (früheren) übertariflichen Vergütungsgruppe – bestimmt wird.

Entgeltgruppen, in welche die/der Beschäftigte aufgrund von Höher- oder Herabgruppierungen nach der Überleitung – einschließlich solcher im Sinne des § 6 Abs. 2 – eingruppiert ist, begründen keine Ansprüche aus § 12. Höhergruppierungen nach der Überleitung – auch nach § 8 Abs. 1 und Abs. 3 1. Alternative – führen zu einer Anrechnung des Höhergruppierungsgewinns (siehe Ziff. 4.3.1); bei Höhergruppierungen nach § 8 Abs. 3 2. Alternative (siehe Ziff. 4.4.2) entfällt der Anspruch.

3.4 Spalten 2 und 3

3.4.1 Spalte 2 – „Vergütungsgruppe bei In-Kraft-Treten TVÜ"

In Spalte 2 der Tabelle „Vergütungsgruppe bei In-Kraft-Treten TVÜ" ist auf die Vergütungsgruppe abzustellen, in welche die/der ehemalige Angestellte bei In-Kraft-Treten des TVÜ am 1. Oktober 2005 bei Weitergeltung des BAT/BAT-O **tatsächlich** eingruppiert gewesen ist. Es handelt sich also um die Vergütungsgruppe, aus der die/der ehemalige Angestellte nach § 4 in Verbindung mit Anlage 2 TVÜ-Bund in den TVöD übergeleitet worden ist (vgl. Ziff. 3.4 [Seite 53] meines Rundschreibens vom 10. Oktober 2005 – D II 2 – 220 210 7 643). Ausdrücklich aufgegeben wird an dieser Stelle die bisher vertretene Rechtsansicht, dass in Spalte 2 der Tabelle auf die Vergütungsgruppe abzustellen sei, in welche die/der ehemalige Angestellte bei In-Kraft-Treten des TVÜ-Bund originär eingruppiert war. Zu übertariflichen Eingruppierungen wird auf Ziff. 3.3 verwiesen.

3.4.2 Spalte 3 – „Aufstieg"

3.4.2.1 Fälle „ohne" Aufstieg

Soweit in Spalte 3 „Aufstieg" das Wort „ohne" steht, bedeutet dies, dass aus der tatsächlichen Vergütungsgruppe nach Spalte 2, aus der die Überleitung in den TVöD erfolgt ist, gemäß Anlage 1a zum BAT (Vergütungsordnung) kein Aufstieg (Bewährungs- oder Fallgruppenaufstieg) oder auch kein **weiterer** Aufstieg mehr möglich gewesen wäre.

> **Beispiel:** ──────────────────────────
>
> Ein Büroangestellter, Ortszuschlag der Stufe 2, 39. Lebensaltersstufe, war noch vor In-Kraft-Treten des TVöD aus der VergGr. VII Fallgruppe 1a BAT, in die er originär eingruppiert worden ist, nach sechsjähriger Bewährung in VergGr. VIb Fallgruppe 1b BAT aufgestiegen. Am 1. Oktober 2005 ist er mit der durch den Aufstieg erlangten Vergütungsgruppe VIb in die Entgeltgruppe 6 übergeleitet worden.
>
> Für die Prüfung der Anspruchsvoraussetzungen sind diejenige Zeilen der Tabelle maßgeblich, welche in Spalte 1 die Entgeltgruppe 6 und in Spalte 2 die tatsächliche Vergütungsgruppe VIb BAT ausweisen, aus der er in den TVöD übergeleitet worden ist.

Da die Anlage 1a zum BAT (Vergütungsordnung) nach dem Aufstieg aus Vergütungsgruppe VII nach VIb keinen weiteren Aufstieg mehr vorgesehen hat, muss die Spalte 3 der Tabelle in Anlage 3 das Wort „ohne" aufweisen.

Da auch die Voraussetzungen der Spalte 4 sowie der Spalte 5 nach folgender Zeile der Tabelle erfüllt sind, ergibt sich ein Anspruch auf dauerhafte Zahlung eines Strukturausgleichs in Höhe 50 € monatlich:

E	VergGr	Aufstieg	OZ-Stufe	LASt	Höhe	Dauer
6	VIb	ohne	OZ 2	39	50 €	dauerhaft

Anmerkung:
Nach dem Durchführungsrundschreiben vom 10. August 2007 haben aus dieser Zeile der Anlage 3 TVÜ-Bund bereits die Beschäftigten einen Anspruch auf Strukturausgleich erworben, die mit ihrer originären Eingruppierung in die Vergütungsgruppe VI b ohne Aufstiegsmöglichkeit in die Entgeltgruppe 6 übergeleitet worden sind, und die übrigen Voraussetzungen der Spalten 3 und 4 der Tabelle erfüllen. Diese Fälle (Bestandsfälle) erfüllen auch nach der neuen Auslegung der Tabelle die Voraussetzungen auf einen Strukturausgleich. Für diese Bestandsfälle ergeben sich also keine Änderungen.

Klarstellend weise ich darauf hin, wie zu verfahren ist, wenn in Spalte 7 der Tabelle in Anlage 3 TVÜ-Bund als Rechtsfolge keine dauerhafte Zahlung, sondern eine Zahlung erst nach einer bestimmten Anzahl von Jahren oder/und für die Dauer von bestimmten Jahren ausgewiesen wird:

1. Zahlungsbeginn nach einer bestimmten Anzahl von Jahren

Da in den Fällen, in denen in Spalte 3 (Aufstieg) mit dem Eintrag „ohne" in Spalte 7 ein – vom Grundsatz Oktober 2007 abweichender – Zahlungsbeginn (häufig: „nach 4 Jahren") genannt ist, beginnen die Zahlungen nach den genannten Jahren nach Inkrafttreten des TVöD, somit im Falle von „nach 4 Jahren" im Monat Oktober 2009.

2. Zahlungsdauer für eine begrenzte Anzahl an Jahren

Ist die Zahlungsdauer auf eine bestimmte Anzahl von Jahren begrenzt, rechnet der Zahlungsbeginn in diesen Fällen grundsätzlich ab Oktober 2007.

3. Zahlungsbeginn nach einer bestimmten Anzahl von Jahren für eine begrenzte Dauer

Es gelten die beiden Hinweise zu 1. und 2.

3.4.2.2 Fälle mit ausgewiesenem Aufstieg

Die neue Rechtsprechung wirkt sich nicht nur auf die dem BAG vorgetragenen Fälle aus, bei denen in Spalte 3 (Aufstieg) das Wort „ohne" steht, sondern grundsätzlich auch auf alle sonstigen Fälle, also auch auf Bestandsfälle. In Fällen der nachfolgenden Variante A (Aufstieg war zum Zeitpunkt der Überleitung in den TVöD noch nicht vollzogen) haben sich auch bei neuer Auslegung im Ergebnis keine Änderungen für den Strukturausgleich ergeben. Anders bei Variante B, also den Bestandsfällen, bei denen zum Zeitpunkt der Überleitung in den TVöD der Aufstieg bereits vollzogen war. In diesen Fällen ist der Anspruch im Lichte der Rechtsprechung zu überprüfen.

Variante A (Aufstieg stand bei Überleitung noch aus)

Ist in Spalte 3 ein Aufstieg von bestimmter Dauer in die dort genannte höhere Vergütungsgruppe ausgewiesen, bedeutet dies Folgendes: Tarifvertraglich erfasst sind Beschäftigte, bei denen der am Stichtag aus ihrer tatsächlichen Vergütungsgruppe (Spalte 2) nach altem BAT-Recht (Anlage 1a zum BAT – Vergütungsordnung) bestehende Bewährungs- bzw. Fallgruppenaufstieg nach der in Spalte 3 genannten Zeitdauer noch aussteht. Dabei ist für die Zuordnung zur Spalte 3 ohne Bedeutung, ob § 8 den nach der Vergütungsordnung vorgesehenen Aufstieg gesichert hat bzw. sichert.

Beispiel 1:

Ein Angestellter, Ortszuschlag der Stufe 1, ist seit dem Jahr 1999 in VergGr IIa Fallgruppe 1a BAT eingruppiert, aus der sich gemäß Anlage 1a zum BAT nach elfjähriger Bewährung ein Aufstieg in die VergGr Ib Fallgruppe 2 BAT ergibt; er ist mit Lebensaltersstufe 35 am 1. Oktober 2005 in die Entgeltgruppe 14 übergeleitet worden.

Für die Prüfung der Anspruchsvoraussetzungen ist diejenige Zeile der Tabelle Strukturausgleich heranzuziehen, welche in Spalte 1 die Entgeltgruppe 14 und in Spalte 2 die zum Zeitpunkt tatsächliche Vergütungsgruppe IIa BAT des Beschäftigten ausweist. Spalte 3 muss die Zeit des Aufstieges in die VergGr Ib BAT in der konkreten Fallgruppe (hier elf Jahre) enthalten. Die folgenden beiden Spalten bilden die persönlichen Daten des Beschäftigten zutreffend ab, so dass er Anspruch auf Zahlung eines dauerhaften Strukturausgleiches in Höhe von 50 € monatlich für die Dauer von 5 Jahren hat:

E	VergGr	Aufstieg	OZ-Stufe	LASt	Höhe	Dauer
14	IIa	Ib nach 11 Jahren	OZ 1	35	50 €	für 5 Jahre

Auch bei neuer Auslegung haben sich im Ergebnis keine Änderungen für den Strukturausgleich ergeben. In diesen Fällen ist also nichts weiter zu veranlassen.

Variante B (Aufstieg war bei Überleitung bereits erfolgt)

In Ziffer 3.4.2.2 meines vorherigen Durchführungsrundschreibens zum § 12 TVÜ-Bund vom 10. August 2007 hatte ich übertariflich keine Bedenken, dass die Voraussetzungen für einen Strukturausgleich auch angenommen werden können, wenn der in Spalte 3 genannte Aufstieg am Stichtag bereits erfolgt ist. Diese übertarifliche Regelung entfällt, da sie nach der neuen Rechtsprechung keinen Anwendungsbereich mehr hat. Die Bestandsfälle sind im Lichte der neuen Rechtsprechung zu überprüfen. Maßgebliche Änderung bei der Neuprüfung ist, dass nunmehr in Spalte 2 auf die tatsächliche Vergütungsgruppe abzustellen ist (siehe Ziffer 3.4.1). Bei der Neuprüfung dieser Bestandsfälle können sich folgende drei Möglichkeiten ergeben:

1. Strukturausgleich bleibt unverändert

Auch nach erneuter Prüfung der Anspruchsvoraussetzungen für diese Bestandsfälle nach der neuen Auslegung der Spalte 2 (Vergütungsgruppe) und der Spalte 3 (Aufstieg) ergibt sich im Ergebnis keine Änderung der Strukturausgleichszahlung; d. h. sowohl die Höhe der monatlichen Zahlung in Spalte 6 der Tabelle als auch deren Dauer nach Spalte 7 der Tabelle bleiben unverändert.

Beispiel:

Nach der übertariflichen Regelung in Ziffer 3.4.2.2 meines vorherigen Durchführungsrundschreibens zum § 12 TVÜ-Bund vom 10. August 2007 hatten Beschäftigte mit OZ 2 und LASt 37, die mit originärer Eingruppierung in Vergütungsgruppe Vb BAT ihren 2, 3, 4 oder 6jährigen Aufstieg in die Vergütungsgruppe IVb zum Zeitpunkt der Überleitung in den TVöD bereits vollzogen haben, Anspruch auf dauerhafte Zahlung eines Strukturausgleichs in Höhe von 60 € monatlich nach folgender Zeile der Tabelle in Anlage 3 TVÜ-Bund:

E	VergGr	Aufstieg	OZ-Stufe	LASt	Höhe	Dauer
9	Vb	IVb nach 2, 3, 4 oder 6 Jahren	OZ 2	37	60 €	dauerhaft

Im Lichte der Rechtsprechung ist der Anspruch dieses Bestandsfalls erneut zu prüfen. Maßgeblich für die Spalte 2 ist die Vergütungsgruppe, aus welcher der ehemalige Angestellte tatsächlich in den TVöD übergeleitet worden ist (siehe Ziffer 3.4.1). Bei Spalte 3 (Aufstieg) ist demzufolge ein Anspruch nach dem Eintrag „ohne" zu prüfen. Nach erneuter Prüfung ergibt sich für diesen Bestandsfall daher ein Anspruch auf Zahlung eines Strukturausgleichs nach folgender Zeile der Tabelle in Anlage 3 TVÜ-Bund:

E	VergGr	Aufstieg	OZ-Stufe	LASt	Höhe	Dauer
9	IVb	ohne	OZ 2	37	60 €	dauerhaft

Der Anspruch hat sich daher weder in der Höhe noch in der Bezugsdauer verändert.

Nach der Feststellung sowie der Benachrichtigung der/des Beschäftigten, dass sich im Ergebnis die Strukturausgleichszahlung nicht verändert hat, ist nichts weiter zu veranlassen.

2. Strukturausgleich ändert sich

Nach erneuter Prüfung der Anspruchsvoraussetzungen für diese Bestandsfälle nach der neuen Auslegung der Spalten 2 (Vergütungsgruppe) und 3 (Aufstieg) ergeben sich Änderungen bei der Strukturausgleichszahlung; d. h. entweder in der Höhe der monatlichen Zahlung in Spalte 6 der Tabelle und/oder bei deren Dauer nach Spalte 7 der Tabelle.

Beispiel:

Nach der übertariflichen Regelung in Ziffer 3.4.2.2 meines vorherigen Durchführungsrundschreibens zum § 12 TVÜ-Bund vom 10. August 2007 wurde Beschäftigten mit OZ 2 und LASt 35, die mit originärer Eingruppierung in Vergütungsgruppe IIa BAT ihren 11-jährigen Aufstieg in die Vergütungsgruppe Ib zum Zeitpunkt der Überleitung in den TVöD bereits vollzogen haben, ein Strukturausgleich in Höhe von 50 € monatlich für die Dauer von 5 Jahren nach folgender Zeile der Tabelle in Anlage 3 TVÜ-Bund gewährt:

E	VergGr	Aufstieg	OZ-Stufe	LASt	Höhe	Dauer
14	IIa	Ib nach 11 Jahren	OZ 1	35	50 €	für 5 Jahre

Im Lichte der Rechtsprechung sind diese Bestandsfälle erneut zu prüfen. Maßgeblich für die Spalte 2 ist die Vergütungsgruppe, aus welcher die ehemaligen Angestellten in den TVöD übergeleitet worden sind (siehe Ziffer 3.4.1). Bei Spalte 3 (Aufstieg) ist der Eintrag „ohne" maßgeblich. Anders wäre nur dann zu verfahren, wenn die Anlage 1a zum BAT (Vergütungsordnung) nach einem Aufstieg im Ausnahmefall die Möglichkeit eines weiteren (zweiten) Aufstiegs vorsieht. Nach Überprüfung ergibt sich für diesen Bestandsfall daher ein Anspruch auf Zahlung eines Strukturausgleichs nach folgender Zeile der Tabelle in Anlage 3 TVÜ-Bund:

E	VergGr	Aufstieg	OZ-Stufe	LASt	Höhe	Dauer
14	Ib	ohne	OZ 1	35	100 €	für 4 Jahre

Der Anspruch hat sich verändert. Statt des übertariflichen Strukturausgleichs in Höhe von 50 € stehen den Beschäftigten nunmehr 100 € zu, die Zahlungsdauer verkürzt sich von fünf auf vier Jahre.

Den Beschäftigten ist daher der höhere Strukturausgleich in Höhe von 100 € monatlich zu zahlen. Die Ausschlussfrist des § 37 TVöD ist dabei zu berücksichtigen. Da die Dauer der

Zahlung (Spalte 7 der Tabelle) ab dem Oktober 2007 rechnet (siehe Ziffer 3.4.2.1) endet die Zahlung nach vier Jahren mit dem Monat September 2011.

Fallvariante:

Die Überprüfung seines Strukturausgleichs wurde von einem Beschäftigten bereits mit Schreiben vom 15. Oktober 2010 beantragt.

Nach § 37 TVöD (Ausschlussfrist) hat der Beschäftigte Anspruch auf Zahlung des Strukturausgleichs in Höhe von 100 € monatlich bereits ab dem Monat April 2010. Die vierjährige Zahlungsdauer wird hierdurch nicht berührt.

Sollte sich in diesen Bestandsfällen bei Neufeststellung der Ansprüche ein geringerer **Strukturausgleichsbetrag** ergeben, gilt grundsätzlich Folgendes: Tariflich steht nur noch der geringere Strukturausgleichsbetrag zu. Überzahlungen sind zu verrechnen. Ergibt sich in diesen Bestandsfällen bei Neufeststellung der Ansprüche eine Verkürzung der Anspruchsdauer, ist entsprechend zu verfahren.

3. **Strukturausgleich fällt weg**

Nach erneuter Prüfung der Anspruchsvoraussetzungen für diese Bestandsfälle nach der neuen Auslegung der Spalte 2 (Vergütungsgruppe) und der Spalte 3 (Aufstieg) entfällt der Anspruch auf Strukturausgleichszahlung.

Beispiel:

Nach der übertariflichen Regelung in Ziffer 3.4.2.2 meines vorherigen Durchführungsrundschreibens zum § 12 TVÜ-Bund vom 10. August 2007 hatten Beschäftigte mit OZ 2 und LASt 37, die mit originärer Eingruppierung in Vergütungsgruppe IIa BAT ihren 11-jährigen Aufstieg zum Zeitpunkt der Überleitung in den TVöD bereits vollzogen haben, Anspruch auf Zahlung eines dauerhaften Strukturausgleichs in Höhe von 110 € monatlich nach folgender Zeile der Tabelle in Anlage 3 TVÜ-Bund:

E	VergGr	Aufstieg	OZ-Stufe	LASt	Höhe	Dauer
14	IIa	Ib nach 11 Jahren	OZ 2	37	110 €	dauerhaft

Im Lichte der Rechtsprechung ist der Anspruch dieses Bestands-falls erneut zu prüfen. Nach erneuter Prüfung ergibt sich für diesen Bestandsfall nunmehr kein Anspruch mehr auf Zahlung eines Strukturausgleichs. Für diesen Fall wurde in Anlage 3 TVÜ-Bund kein Strukturausgleich vereinbart.

In diesen Fällen besteht kein Anspruch auf einen Strukturausgleichs-betrag, die übertarifliche Maßnahme entfällt mangels Anwendungs-bereich. Die Zahlungen sind schnellstmöglich einzustellen und die unter Vorbehalt geleisteten Zahlungen zurückzufordern.

3.5 Spalte 4 – „Ortszuschlag Stufe 1, 2 bei In-Kraft-Treten TVÜ"

Spalte 4 der Tabelle unterscheidet beim Strukturausgleich nach der Stufe des Ortszuschlags nach altem Recht. Maßgeblich ist nach § 12 Abs. 1 Satz 2 die Stufe des Ortszuschlags, welche die/der Beschäftigte am 1. Oktober 2005 bei Weitergeltung von BAT/BAT-O erhalten hätte. Nicht entscheidend ist, welche Stufe des Ortszuschlags in das Vergleichsentgelt eingeflossen ist. Es kommt vielmehr auf die tatsäch-lichen Verhältnisse des Familienstandes am 1. Oktober 2005 an. Für Fälle, in denen § 29 Abschnitt B Abs. 5 BAT/BAT-O Anwendung finden würde (Konkurrenzregelung), gelten die unter Ziff. 5.1 dargestellten Besonderheiten.

Soweit also noch am 1. Oktober 2005 eine Änderung des Familien-standes eingetreten ist, die nach altem Recht im Monat Oktober 2005 zu einem Anspruch auf Ortszuschlag der Stufe 2 geführt hätte, ist dies beim Strukturausgleich zu berücksichtigen. Änderungen im Familien-stand nach dem 1. Oktober 2005 wirken sich auf den Anspruch auf Strukturausgleich nicht mehr aus. § 29 Abschnitt C Abs. 2 BAT/BAT-O findet keine Anwendung.

Bei einer – bislang nicht bekannten – Änderung des Familienstandes am 1. Oktober 2005 bzw. im September 2005, die im Monat Oktober 2005 zu einem Anspruch auf Ortszuschlag der Stufe 1 statt der bisherigen Stufe 2, z. B. wegen rechtskräftiger Scheidung im Septem-ber 2005, oder zu einem Anspruch auf Ortszuschlag der Stufe 2 statt der Stufe 1 geführt hätte, muss ein daraus folgender Anspruch auf Strukturausgleich von der/dem Beschäftigten nachgewiesen werden. Im Übrigen bestehen keine Bedenken, bei der Feststellung, ob die Konkurrenzregelung des § 29 Abschnitt B Abs. 5 BAT/BAT-O eingreift (vgl. hierzu nachfolgend unter Ziff. 5.1.1), auf die bekannten Verhältnisse am 30. September 2005 abzustellen und nur auf Antrag der/des Beschäftigten den Wegfall der Konkurrenzregelung infolge Ausscheidens des Ehegatten aus dem öffentlichen Dienst spätestens mit Ablauf des 30. September 2005 zu berücksichtigen.

3.6 Spalte 5 – „Lebensaltersstufe bei In-Kraft-Treten TVÜ"

Die Spalte 5 „Lebensaltersstufe" der Tabelle enthält die Stufe, die für die/den in den TVöD übergeleiteten Beschäftigten bei Fortgeltung des BAT/BAT-O am 1. Oktober 2005 gegolten hätte. Bis zur Überleitung vorweggewährte Lebensaltersstufen (§ 27 Abschnitt C BAT/BAT-O) werden berücksichtigt. Da nach § 5 Abs. 4 eine im Oktober 2005 bei Fortgeltung des bisherigen Rechts eingetretene Stufensteigerung beim Vergleichsentgelt ohnehin berücksichtigt worden ist, ist stets die Stufe maßgebend, mit der die Beschäftigten in den TVöD übergeleitet worden sind. Für Beschäftigte, die gemäß § 27 Abschn. A Abs. 8 BAT/BAT-O den Unterschiedsbetrag zwischen der Grundvergütung ihrer bisherigen zur nächsthöheren Stufe im September 2005 nur zur Hälfte erhalten haben, ist für den Strukturausgleich die nächsthöhere Stufe zu Grunde gelegt (vgl. § 5 Abs. 7).

4. Rechtsfolgen

Liegen die unter Ziff. 3 näher bezeichneten Tatbestandsvoraussetzungen vor, besteht dem Grunde nach Anspruch auf Strukturausgleich. Der Inhalt des Anspruchs, insbesondere Beginn, Höhe und Zahlungsdauer, richtet sich nach den Spalten 6 und 7 der Tabelle sowie § 12 Abs. 2 bis 5. Danach besteht der Anspruch auf Strukturausgleich

in der Höhe gemäß Spalte 6 der Tabelle (dazu Ziff. 4.1),

ab dem in § 12 Abs. 2 und Spalte 7 bestimmten Zeitpunkt (dazu Ziff. 4.2.1),

für die Dauer gemäß Spalte 7 der Tabelle (dazu Ziff. 4.2.2, 4.2.3 und 4.4) und

in dem in § 12 Abs. 3 und 4 bestimmten Umfang (dazu Ziff. 4.1.2 und 4.1.3), sofern keine Anrechnung (z. B. nach § 12 Abs. 5) erfolgt (dazu Ziff. 4.3) und

kein unter Ziff. 5. beschriebener Sonderfall besteht.

4.1 Höhe der Ausgleichszahlung

4.1.1 Allgemeines

Beschäftigte erhalten den Strukturausgleich zusätzlich zu ihrem monatlichen Entgelt (§ 12 Abs. 1 Satz 1). Die Zahlung eines Strukturausgleiches setzt daher die Zahlung von Entgelt voraus. Der Begriff des Entgelts umfasst neben dem Tabellenentgelt die sonstigen in Monatsbeträgen festgelegten Entgeltbestandteile.

Die Ausgleichsbeträge sind nicht dynamisch (§ 12 Abs. 1 Satz 1). Sie nehmen daher an allgemeinen Entgeltanpassungen nicht teil, sondern bleiben für die Dauer der Zahlung in der Höhe grundsätzlich unverändert. Andererseits sind allgemeine Entgeltanpassungen auch nicht auf den Strukturausgleich anzurechnen. Die Strukturausgleichsbeträge können sich aber bei einer Änderung der individuellen regelmäßigen Arbeitszeit (siehe Ziff. 4.1.2) oder bei der Anrechnung in Folge von Höhergruppierung (siehe Ziff. 4.3.1) nachträglich ändern bzw. entfallen (siehe Ziff. 4.4.2).

Die Höhe des Ausgleichsbetrages ist der sechsten Spalte der Tabelle zu entnehmen. Dabei sind monatliche Beträge zwischen 20 € und 110 € vereinbart. Die Strukturausgleichsbeträge sind zusatzversorgungspflichtiges Entgelt (§ 15 Abs. 2 Satz 1 ATV); sie fließen als sonstige in Monatsbeträgen festgelegte Entgeltbestandteile in die Bemessungsgrundlage für die Entgeltfortzahlung (§ 21 Satz 1 TVöD) ein.

Besteht nicht für alle Tage eines Kalendermonats ein Anspruch auf Entgelt, wird ein Strukturausgleich nur anteilig für den Zeitraum gezahlt, für den ein Entgeltanspruch besteht (vgl. § 24 Abs. 3 Satz 1 TVöD). Dies gilt sinngemäß bei Änderungen des Teilzeitumfangs im Laufe eines Kalendermonats.

Steht ein Strukturausgleichsbetrag nur anteilig zu (z. B. aufgrund von Teilzeitbeschäftigung), ist die Rundungsregelung des § 24 Abs. 4 TVöD zu berücksichtigen.

4.1.2 Teilzeitbeschäftigung

Teilzeitbeschäftigten steht der Strukturausgleich – mit Ausnahme der unter Ziff. 5.1.4 dargestellten Sonderfälle – zeitanteilig zu (§ 12 Abs. 4

Satz 1 TVÜ-Bund i. V. m. § 24 Abs. 2 TVöD). Bei individuellen Veränderungen des Arbeitszeitumfangs (also Erhöhungen und Reduzierungen) ändert sich der Strukturausgleich entsprechend. Dies gilt sowohl für Arbeitszeitänderungen vor als auch nach Zahlungsbeginn (Protokollerklärung zu § 12 Abs. 4).

Beispiel: _____

Ein vollzeitbeschäftigter Angestellter der VergGr IVa Fallgruppe 1b BAT (ohne Aufstieg), Lebensaltersstufe 43 und mit einem Ortszuschlag der Stufe 2 ist in die Entgeltgruppe 10 übergeleitet worden. Er erhält ab Oktober 2007 dauerhaft einen monatlichen Strukturausgleich in Höhe von 60 € aus folgender Zeile der Tabelle:

E	VergGr	Aufstieg	OZ-Stufe	LASt	Höhe	Dauer
10	IVa	ohne	OZ 2	43	60 €	dauerhaft

Ab 16. April 2008 reduziert er seine wöchentliche Arbeitszeit auf 75 v.H. eines Vollzeitbeschäftigten.

Für April 2008 beträgt der Strukturausgleich 52,50 €; ab Mai 2008 erhält der Beschäftigte 75 v.H. des vollen Strukturausgleiches, somit 45 € monatlich.

Hinsichtlich der Veränderung des Arbeitszeitumfangs von Beschäftigten, deren für Spalte 4 der Tabelle maßgeblicher Ortszuschlag sich nach § 29 Abschnitt B Abs. 5 BAT/BAT-O (Konkurrenzregelung) bemisst, gelten die unter Ziff. 5.1.4 dargestellten Besonderheiten.

4.1.3 Tarifgebiet Ost

Für Beschäftigte, für die nach dem TVöD die Regelungen des Tarifgebiets Ost (§ 38 Abs. 1 TVöD) Anwendung finden, galt bis zur Ost-West-Anpassung zum 1. Januar 2008 (E 1 bis E 9) bzw. 1. April 2008 (E 10 und höher) der jeweilige Bemessungssatz (§ 12 Abs. 3 TVÜ-Bund i. V. m. Protokollerklärung Nr. 1 zu § 15 Abs. 1 TVöD) in der jeweils geltenden Fassung.

4.2 Zahlungsbeginn und -dauer, Unterbrechungen

4.2.1 Zahlungsbeginn

Der Beginn der Zahlung des Strukturausgleichs ist der Monat Oktober 2007 (§ 24 Abs. 1 TVöD), sofern in Spalte 7 der Tabelle nicht etwas anderes bestimmt ist (§ 12 Abs. 2, vgl. auch Absatz 2 Satz 1, 2 der Vorbemerkungen).

> **Beispiel:**
>
> Wird in Spalte 7 als Zahlungsbeginn „nach 4 Jahren" genannt, bedeutet dies einen Zahlungsbeginn nach 4 Jahren, gerechnet von Oktober 2005 an, also im Oktober 2009.

Unterbrechungen der Entgeltzahlung vor dem in Spalte 7 der Tabelle bestimmten Zeitpunkt führen nach Absatz 2 Satz 2 der Vorbemerkungen nicht zu einer Verschiebung des Zahlungsbeginns (vgl. auch Ziff. 4.2.3).

4.2.2 Zahlungsdauer

Die Dauer der Zahlung richtet sich ebenfalls nach den Angaben in Spalte 7 der Tabelle. In der Mehrzahl der Fälle wird der Strukturausgleich dauerhaft zusätzlich zum monatlichen Entgelt gezahlt, d. h. für den gesamten Zeitraum des Arbeitsverhältnisses, sofern Entgelt geschuldet wird (vgl. § 12 Abs. 1 Satz 1 i. V. m. Absatz 2 Satz 3 der Vorbemerkungen). Teilweise ist die Bezugsdauer aber befristet; dabei bezieht sich diese Angabe auf konkrete Kalenderzeiträume, stets gerechnet ab Oktober 2007 (vgl. Absatz 3 Satz 1 der Vorbemerkungen). Die Angabe „für 3 Jahre" bedeutet einen Zahlungsanspruch von Oktober 2007 bis September 2010. Die Angabe „nach 4 Jahren für 7 Jahre" bedeutet Zahlungsbeginn im Oktober 2009 und letzte Zahlung im September 2016. Zu Unterbrechungen vgl. Ziff. 4.2.3.

Sofern in Spalte 7 der Tabelle eine Befristung des Strukturausgleichs auf eine bestimmte Anzahl von Jahren festgelegt ist, muss hinsichtlich der Beendigung folgende – in Absatz 3 Satz 2 der Vorbemerkungen geregelte – Besonderheit beachtet werden: Eine tarifvertragliche Ausnahme zu Gunsten der Beschäftigten besteht dann, wenn das Ende des Zahlungszeitraumes zeitlich nicht mit einem Stufenaufstieg in der jeweiligen Entgeltgruppe zusammenfällt; in diesen Fällen wird der Strukturausgleich bis zum nächsten Stufenaufstieg fortgezahlt. Maßgeblich ist der tatsächliche Zeitpunkt des Stufenaufstiegs, auch im Fall der Verkürzung oder Verlängerung der Stufenlaufzeit nach § 17 Abs. 2 und 3 TVöD. Da durch die Klausel bei Beschäftigten, welche die Endstufe noch nicht erreicht haben, eine Verringerung der monatlichen Bezüge vermieden werden soll, gilt die Ausnahmeregelung nicht, wenn der Stufenaufstieg in die Endstufe erfolgt; in diesen Fällen bleibt es bei der festgelegten Dauer.

Beispiel:

Eine vollzeitbeschäftigte Angestellte ist am 1. Oktober 2005 mit einem Vergleichsentgelt von 3.539,60 € in eine individuelle Zwischenstufe zwischen die Stufen 2 und 3 (Stufe 2+) der Entgeltgruppe 14 übergeleitet worden und hat nach folgender Zeile der Tabelle Strukturausgleiche Anspruch auf einen Ausgleichsbetrag von 50 € monatlich für die Dauer von 5 Jahren:

E	VergGr	Aufstieg	OZ-Stufe	LASt	Höhe	Dauer
14	IIa	Ib nach 11 Jahren	OZ 1	35	50 €	für 5 Jahre

Am 1. Oktober 2007 rückt sie gemäß § 6 Abs. 1 Satz 2 in die nächsthöhere reguläre Stufe 3 auf. Bei durchschnittlicher Leistung rückt sie nach dreijähriger Stufenlaufzeit am 1. Oktober 2010 in die Stufe 4 auf. Im Oktober 2007 erhält sie erstmalig einen monatlichen Strukturausgleich in Höhe von 50 €. Aufgrund der Beschränkung auf 5 Jahre würde die letzte Zahlung im September 2012 erfolgen.

Weil die regelmäßige Stufenlaufzeit zum Erreichen der Stufe 5 – durchschnittliche Leistung wird unterstellt – vier Jahre beträgt, steht der Beschäftigten bis zum Erreichen der nächst höheren Stufe 5, also bis September 2014, der Strukturausgleich zu. Die Bezugsdauer des Strukturausgleiches verlängert sich also um zwei Jahre.

4.2.3 Unterbrechung der Zahlung

Ruht vorübergehend der tarifliche Anspruch auf Entgelt z. B. wegen des Ablaufs der Krankenbezüge, wegen der Inanspruchnahme von

Elternzeit oder wegen Sonderurlaubs (§ 28 TVöD), besteht für diesen Zeitraum auch kein Anspruch auf Zahlung eines Strukturausgleiches (§ 12 Abs. 1 Satz 1 – vgl. Ziff. 4.1.1). Ist in Spalte 7 der Tabelle eine zeitlich begrenzte Bezugsdauer angegeben, wird dieser Kalenderzeitraum nicht um Unterbrechungszeiten verlängert, sondern rechnet unverändert ab dem Monat des Beginns des Strukturausgleichs (vgl. Ziff. 4.2.1).

Beispiel:

Ein Beschäftigter hat ab Oktober 2007 Anspruch auf Zahlung eines Strukturausgleiches für die Dauer von 3 Jahren bis September 2010. Am 10. September 2009 endet seine sechswöchige Bezugsfrist für Entgelt im Krankheitsfall gemäß § 22 Abs. 1 TVöD. Vom 11. September 2009 bis 9. Juni 2010 hat er Anspruch auf Krankengeldzuschuss gemäß § 22 Abs. 2 TVöD. Seine Arbeit nimmt er am 15. Dezember 2010 wieder auf. In der Zeit vom 10. Juni bis 14. Dezember 2010 besteht kein Anspruch auf Entgelt.

Für die Dauer des Erhalts von Entgelt im Krankheitsfall gem. § 22 Abs. 1 TVöD besteht auch Anspruch auf Zahlung des Strukturausgleiches; also bis 10. September 2009 (für September 2009 nur anteilig). Für die Zeit des Anspruchs auf Krankengeldzuschuss gemäß § 22 Abs. 2 TVöD ist der Strukturausgleich in die Berechnung des Krankengeldzuschusses mit einzubeziehen. Ab 10. Juni 2010 und für die weiteren Kalendermonate ohne Entgeltanspruch besteht kein Anspruch auf Zahlung eines Strukturausgleiches. Im September 2010 endet ohnehin der auf einen Kalenderzeitraum von 3 Jahren befristete Strukturausgleich. Eine Verlängerung des im Oktober 2007 beginnenden Bezugszeitraums um Zeiten ohne Anspruch auf Zahlung des Strukturausgleiches, also der Zeit vom 10. Juni bis Ende September 2010 ab der Wiederaufnahme der Arbeit im Dezember 2010, findet nicht statt.

4.3 Anrechnungen

Nach § 12 Abs. 5 wird bei Höhergruppierungen der Unterschiedsbetrag zum bisherigen Entgelt auf den Strukturausgleich angerechnet.

4.3.1 Anrechnung bei Höhergruppierung

Bei Höhergruppierungen nach § 17 Abs. 4 TVöD oder nach § 6 Abs. 2 einschließlich Höhergruppierungen nach § 8 Abs. 1 und Abs. 3 1. Alternative wird der Unterschiedsbetrag zum bisherigen Entgelt nach § 12 Abs. 5 auf den Strukturausgleich angerechnet. Dies gilt für alle Höhergruppierungen, gleich aus welchem Grund.

Angerechnet werden Höhergruppierungsgewinne infolge einer Höhergruppierung vor Beginn der Zahlung des Strukturausgleichs ebenso wie Höhergruppierungsgewinne nach Zahlungsaufnahme des Strukturausgleichs. Anzurechnen ist der Höhergruppierungsgewinn im Zeitpunkt der Höhergruppierung einschließlich eines etwaigen Garantiebetrages nach § 17 Abs. 4 Satz 2 TVöD sowie ggf. nachfolgende Stufensteigerungen (vgl. Ziff. 4.3.2). Allgemeine Entgeltanpassungen führen dagegen nicht zu weiterer Verrechnung.

4.3.2 Höhe des Anrechnungsbetrages

Nach § 12 Abs. 5 wird bei einer Höhergruppierung der Unterschiedsbetrag zum bisherigen Entgelt auf den Strukturausgleich angerechnet. Unterschiedsbetrag ist die Differenz zwischen dem bisherigen Tabellenentgelt, das im Monat vor der Höhergruppierung gezahlt wurde, und dem sich auf Grund der Höhergruppierung ergebenden Entgelt ggf. einschließlich eines Garantiebetrages (vgl. § 17 Abs. 4 TVöD, § 6 Abs. 2 TVÜ-Bund).

Beispiel: ───────────────────────────────

Eine Angestellte ist mit einem fiktiven Vergleichsentgelt von 2.622,58 € in eine individuelle Zwischenstufe zwischen den Stufen 3 und 4 (Stufe 3+) der Entgeltgruppe 9 übergeleitet worden und hat nach folgender Zeile der Tabelle ab Oktober 2007 Anspruch auf einen dauerhaften Ausgleichsbetrag in Höhe von 60 € monatlich:

E	VergGr	Aufstieg	OZ-Stufe	LASt	Höhe	Dauer
9	Vb	IVb nach 2, 3, 4, 6 Jahren	OZ 2	37	60 €	dauerhaft

Am 1. Juli 2007 – drei Monate vor Beginn der Zahlung eines Strukturausgleiches – wird sie in Entgeltgruppe 10 höhergruppiert und erhält nach § 6 Abs. 2 Satz 1 ein monatliches Tabellenentgelt in Höhe von 2.800 €.

Die Differenz zwischen dem bisherigen und dem neuen Tabellenentgelt beträgt 177,42 € monatlich. Diese Steigerung ihres Entgelts überschreitet den Ausgleichsbetrag von 60 € um 117,42 € und zehrt deshalb den Ausgleichsbetrag völlig auf. Der dem Grunde nach bestehende Anspruch auf Zahlung des Strukturausgleiches entfällt daher aufgrund der Höhergruppierung.

Wird der Strukturausgleich durch die Höhergruppierung nicht vollständig aufgezehrt, erfolgt bei anschließenden Stufenaufstiegen eine weitere Anrechnung. Gleiches gilt bei erneuter Höhergruppierung.

4.4 Wegfall

4.4.1 Fallgestaltungen

Während die Einstellung der Entgeltzahlung eine Unterbrechung bewirkt (siehe Ziff. 4.2.3), entfällt der Anspruch auf Strukturausgleich bei Ablauf der festgelegten Dauer (siehe Ziff. 4.2.2),
bei vollständiger Aufzehrung nach Höhergruppierung (siehe Ziff. 4.3.2) sowie
bei Neuberechnung des Vergleichsentgelts nach Abs. 3 (siehe Ziff. 4.4.2).

4.4.2 Neuberechnung des Vergleichsentgelts nach Abs. 3

Ergibt sich nach § 8 Abs. 3 ein höheres Vergleichsentgelt, entfällt der Anspruch auf Strukturausgleich (§ 8 Abs. 2 Satz 3). Übertariflich bin ich im Einvernehmen mit dem Bundesministerium der Finanzen in den Fällen, in denen der Höhergruppierungsgewinn niedriger als der Strukturausgleichsbetrag ist, damit einverstanden, dass der Höhergruppierungszugewinn auf den Strukturausgleichsbetrag lediglich angerechnet wird (siehe auch Ziff. 4.3.1).

5. Sonderfälle

Abweichungen von den unter Ziff. 3. dargestellten Tatbestandsvoraussetzungen wie auch von den unter Ziff. 4. dargestellten Rechtsfolgen ergeben sich in zwei Sonderfällen, nämlich in sogenannten
Konkurrenzfällen des Ortszuschlags (dazu sogleich Ziff. 5.1) und bei
Beschäftigten im Bereich des Bundesministeriums der Verteidigung,
deren Eingruppierung sich am 30. September 2005 nach der
Anlage 1b BAT/BAT-O richtete (dazu Ziff. 5.2).

5.1 Konkurrenzfälle des Ortszuschlags

Der Anspruch auf Strukturausgleich knüpft tatbestandlich an den
Ortszuschlagsanspruch nach altem Recht an. Dabei sind in Spalte 4 der
Tabelle nur Fallgestaltungen des Ortszuschlags 1 und des
Ortszuschlags 2 abgebildet. Für den besonderen Fall, dass sich der
Ortszuschlag zum 1. Oktober 2005 nach § 29 Abschn. B Abs. 5 BAT/
BAT-O bemessen hätte, sind die Sonderregelungen gemäß Absatz 1
der Vorbemerkungen zu beachten.

5.1.1 Anwendungsbereich

Absatz 1 der Vorbemerkungen betrifft Fälle, in denen zum Überleitungsstichtag der Ehegatte einer/eines Beschäftigten als Angestellter, Beamter, Richter oder Soldat im öffentlichen Dienst steht oder
auf Grund einer Tätigkeit im öffentlichen Dienst nach beamtenrechtlichen Grundsätzen versorgungsberechtigt ist und ihm ebenfalls der
Familienzuschlag der Stufe 1 oder der Ortszuschlag der Stufe 2 oder
eine entsprechende Leistung in Höhe von mindestens der Hälfte des
Unterschiedsbetrages zwischen der Stufe 1 und der Stufe 2 des
Ortszuschlages der höchsten Tarifklasse zustünde (vgl. § 29 Abschn. B
Abs. 5 BAT/BAT-O).

Maßgeblich ist, ob § 29 Abschn. B Abs. 5 BAT/BAT-O am Stichtag, also
am 1. Oktober 2005 Anwendung finden würde (vgl. Ziff. 3.2). Die
Regelung findet daher sowohl für Beschäftigte, deren Ehegatte am
Stichtag weiterhin ortszuschlagsberechtigt war, als auch für Beschäftigte, deren Ehegatte zum Stichtag ebenfalls in den TVöD übergeleitet worden ist, Anwendung. Wegen der auf den Stichtag
1. Oktober 2005 bezogenen fiktiven Weitergeltung ist es unerheblich,
welche Stufe des Ortszuschlags in das Vergleichsentgelt nach § 5
eingeflossen ist (§ 12 Abs. 1 Satz 2 verweist ausdrücklich nicht auf § 5).

Beispiel: ———————————————————————

Ein verheirateter Angestellter (OZ Stufe 2) in VergGr Vb BAT mit noch ausstehendem fünfjährigen Aufstieg in VergGr IVb ist am 1. Oktober 2005 in die Entgeltgruppe 9 übergeleitet worden. Weil die Ehefrau des Beschäftigten bei einem öffentlichen Arbeitgeber beschäftigt war, welcher über den 30. September 2005 hinaus den BAT/BAT-O anwendete, ging bei Überleitung in den TVöD die Stufe 1 des Ortszuschlags in das Vergleichsentgelt des Beschäftigten ein (§ 5 Abs. 2 Satz 2).

Bei der Prüfung, ob dem Beschäftigten ein Strukturausgleich zusteht und wenn ja, in welcher Höhe, ist Absatz 1 der Vorbemerkungen anzuwenden. Es sind daher die mit Ortszuschlag der Stufe 2 ausgewiesenen Strukturausgleiche maßgeblich (zur Höhe siehe Ziff. 5.1.3).

Unerheblich ist, ob sich nach dem 1. Oktober 2005 die für den Ortszuschlag relevanten Verhältnisse ändern (siehe Ziff. 3.5).

Beispiel: ———————————————————————

Heirat nach dem 1. Oktober 2005 oder Ausscheiden des Ehegatten aus dem öffentlichen Dienst nach dem 1. Oktober 2005.

5.1.2 Für Konkurrenzfälle maßgebliche OZ-Stufe der Tabelle

In den Fällen der Konkurrenzregelung des § 29 Abschnitt B Abs. 5 BAT/BAT-O sind ausschließlich die mit Ortszuschlag der Stufe 2 ausgewiesenen Strukturausgleiche maßgeblich (siehe Absatz 1 der Vorbemerkungen).

5.1.3 Höhe des Strukturausgleichs

Sofern die übrigen Tatbestandsvoraussetzungen vorliegen (siehe dazu oben Ziff. 3), steht als Strukturausgleich die Hälfte des Strukturausgleichsbetrages zu, welcher für Beschäftigte mit Ortszuschlag der Stufe 2 ausgewiesen ist, also die Hälfte des in Spalte 6 genannten Betrages.

I

Beispiel:

Ein verheirateter vollzeitbeschäftigter Angestellter der VergGr III Fallgruppe 2a BAT mit achtjährigem Aufstieg nach IIa BAT, Lebensaltersstufe 39, ist am 1. Oktober 2005 in die Entgeltgruppe 12 übergeleitet worden. Die Ehefrau des Beschäftigten war zum Stichtag ebenfalls im öffentlichen Dienst tätig.

Der Strukturausgleich bestimmt sich grundsätzlich nach der Stufe 2 in Spalte 4 der Tabelle. Demnach ist folgende Zeile der Tabelle heranzuziehen:

E	VergGr	Aufstieg	OZ-Stufe	LASt	Höhe	Dauer
12	III	IIa nach 8 Jahren	OZ 2	39	100 €	dauerhaft

Nach Absatz 1 der Vorbemerkungen steht dem Beschäftigten als Strukturausgleich die Hälfte des in Spalte 6 ausgewiesenen Betrages, also dauerhaft 50 €/Monat, zu.

5.1.4 Teilzeitarbeit

Nach § 29 Abschn. B Abs. 5 BAT/BAT-O war die Höhe des Ortszuschlages bei Teilzeitarbeit in Konkurrenzfällen, anders als in Fällen ohne Konkurrenz, in bestimmten Fällen nicht zeitratierlich zu bemessen; § 34 Abs. 1 Unterabs. 1 Satz 1 BAT/BAT-O fand auf Grund der Regelung in § 29 Abschn. B Abs. 5 BAT/BAT-O in bestimmten Fällen der Konkurrenz im Ortszuschlag keine Anwendung (§ 29 Abschn. B Abs. 5 Satz 2 BAT/BAT-O). Diese Besonderheiten sind durch die Inbezugnahme von § 29 Abschn. B Abs. 5 BAT/BAT-O in Absatz 1 der Vorbemerkungen auch bei der Ermittlung der Höhe des Strukturausgleichs zu berücksichtigen, werden aber in dieser Vorbemerkung zugleich modifiziert.

Beispiel:

Daraus ergeben sich Besonderheiten in der Bemessung des Strukturausgleichs, die in Fortführung der Kasuistik von § 29 Abschn. B Abs. 5 Satz 2 und § 34 Abs. 1 Unterabs. 1 Satz 1 BAT/BAT-O je nach Teilzeitumfang der/des Beschäftigten und des Ehegatten zu einem hälftigen oder unterhälftigen Strukturausgleichsanspruch führen. Wegen der Bezugnahme auf § 29 Abschn. B Abs. 5 Satz 2 und § 34 Abs. 1 Unterabs. 1 Satz 1 BAT/BAT-O können zukünftige Veränderungen im Teilzeitumfang je nach Fallgestaltung zu Veränderungen der Höhe des Strukturausgleichs führen (Kürzungen des hälftigen Strukturausgleichs oder Aufwachsen bis auf einen maximal hälftigen Strukturausgleichsanspruch).

Im Interesse der Verwaltungsvereinfachung ist in diesen Fällen im Einvernehmen mit dem Bundesministerium für Finanzen wie folgt zu verfahren:

Beschäftigte, für die zum Stichtag § 29 Abschn. B Abs. 5 BAT/BAT-O Anwendung finden würde, erhalten die Hälfte des Strukturausgleichsbetrages, welcher für Beschäftigte mit Ortszuschlag der Stufe 2 ausgewiesen ist, also die Hälfte des in Spalte 6 genannten Betrages.

Veränderungen im Arbeitszeitumfang vor oder nach Aufnahme der Strukturausgleichszahlung bleiben bei diesen Beschäftigten unberücksichtigt. Die Beschäftigten erhalten also unabhängig von Veränderungen im Teilzeitumfang für die in Spalte 7 ausgewiesene Dauer stets die Hälfte des in Spalte 6 genannten Betrages.

5.1.5 Herabgruppierung

Für den Anspruch auf Strukturausgleiche ist die sich nach BAT/BAT-O ergebende Vergütungsgruppe zum Stichtag 1. Oktober 2005 maßgebend. Eine Herabgruppierung nach dem 1. Oktober 2005 entfaltet daher keine Auswirkung auf den Anspruch auf den Strukturausgleich, so dass dieser unverändert fortbesteht.

5.1.6 Vorübergehende Übertragung einer höherwertigen Tätigkeit

Aufgrund des BAG-Urteils vom 26. Juli 2012 ist die Zulage aufgrund einer vorübergehenden Übertragung einer höherwertigen Tätigkeit nicht auf den Strukturausgleich anzurechnen, so dass dieser in unveränderter Höhe fortzuzahlen ist.

5.2 Strukturausgleich für Ärzte und Pflegekräfte

Für Beschäftigte gemäß § 38 Abs. 5 Satz 1 TVöD gelten die Regelungen der §§ 41 bis 52 Tarifvertrag für den öffentlichen Dienst – Besonderer Teil Krankenhäuser – (BT-K) entsprechend (§ 46 Nr. 18

bis 22 TVöD-BT-V). Die Strukturausgleichsbeträge für diese Beschäftigten ergeben sich aus Anlage 2 Abschn. II TVÜ-VKA; im Übrigen gilt § 12 TVÜ-Bund (Nr. 3b Anlage 5 TVÜ-Bund). Ärztinnen und Ärzte sowie Zahnärztinnen und Zahnärzte in Bundeswehrkrankenhäusern haben gemäß § 46 Nr. 22 Abs. 1 TVöD-BT-V i. V. m. § 12 Abs. 6 TVÜ-VKA keinen Anspruch auf Strukturausgleich.

6. Abfindung des Strukturausgleichs

Von der Möglichkeit zur einmaligen Abfindung des Strukturausgleiches (§ 12 Abs. 6) ist gegenwärtig im unmittelbaren Bundesbereich kein Gebrauch zu machen.

§ 13 Entgeltfortzahlung im Krankheitsfall

(1) [1]Bei Beschäftigten, für die bis zum 30. September 2005 § 71 BAT gegolten hat, wird abweichend von § 22 Abs. 2 TVöD für die Dauer des über den 30. September 2005 hinaus ununterbrochen fortbestehenden Arbeitsverhältnisses der Krankengeldzuschuss in Höhe des Unterschiedsbetrages zwischen dem festgesetzten Nettokrankengeld oder der entsprechenden gesetzlichen Nettoleistung und dem Nettoentgelt (§ 22 Abs. 2 Satz 2 und 3 TVöD) gezahlt. [2]Nettokrankengeld ist das um die Arbeitnehmeranteile zur Sozialversicherung reduzierte Krankengeld. [3]Für Beschäftigte, die nicht der Versicherungspflicht in der gesetzlichen Krankenversicherung unterliegen, ist bei der Berechnung des Krankengeldzuschusses der Höchstsatz des Nettokrankengeldes, der bei Pflichtversicherung in der gesetzlichen Krankenversicherung zustünde, zugrunde zu legen.

Protokollerklärung zu § 13:

[1]Soweit Beschäftigte, deren Arbeitsverhältnis mit dem Bund vor dem 1. August 1998 begründet worden ist, Anspruch auf Beihilfe im Krankheitsfall haben, besteht dieser nach den bisher geltenden Regelungen des Bundes zur Gewährung von Beihilfen an Arbeitnehmerinnen und Arbeitnehmer fort. [2]Änderungen der Beihilfevorschriften für die Beamtinnen und Beamten des Bundes kommen zur Anwendung.

Erläuterungen

§ 13 ist eine Besitzstandsregelung für die bei Überleitung in den TVöD unter die Besitzstandsregelung des § 71 BAT fallenden Beschäftigten und sichert diesen weiterhin ein höheres als das an sich tarifvertraglich vorgesehene Entgelt im Krankheitsfall[1]). In der Protokollerklärung zu § 13 ist bestimmt, dass bestimmte Beschäftigte des Bundes weiterhin Anspruch auf Beihilfe haben. Abs. 2 enthielt Übergangsregelungen für über den Überleitungsstichtag (30. September 2005) hinaus fortbestehende Krankheitsfälle. Die Regelung war mittlerweile bedeutungslos und wurde im Zuge des Änderungstarifvertrages Nr. 10 vom 29. April 2016 aufgehoben.

---

[1])   siehe dazu auch die Erläuterungen zu § 22 TVöD; abgedruckt unter **I.1 § 22**

§ 14   Beschäftigungszeit

(1) ¹Für die Dauer des über den 30. September 2005 hinaus fortbestehenden Arbeitsverhältnisses werden die vor dem 1. Oktober 2005 nach Maßgabe der jeweiligen tarifrechtlichen Vorschriften anerkannten Beschäftigungszeiten als Beschäftigungszeit im Sinne des § 34 Abs. 3 TVöD berücksichtigt. ²Abweichend von Satz 1 bleiben bei § 34 Abs. 2 TVöD für Beschäftigte Zeiten, die vor dem 3. Oktober 1990 im Beitrittsgebiet (Art. 3 des Einigungsvertrages vom 31. August 1990) zurückgelegt worden sind, bei der Beschäftigungszeit unberücksichtigt.

(2) Für die Anwendung des § 23 Abs. 2 TVöD werden die bis zum 30. September 2005 zurückgelegten Zeiten, die nach Maßgabe

– des BAT anerkannte Dienstzeit,

– des BAT-O bzw. MTArb-O anerkannte Beschäftigungszeit,

– des MTArb anerkannte Jubiläumszeit

sind, als Beschäftigungszeit im Sinne des § 34 Abs. 3 TVöD berücksichtigt.

Erläuterungen

Zu § 14 Abs. 1

In Absatz 1 der Vorschrift ist festgelegt, dass Vordienstzeiten (für den Eintritt der Unkündbarkeit mit Ausnahme von Zeiten im Beitrittsgebiet vor dem 3. Oktober 1990) als Beschäftigungszeit berücksichtigt werden. Eine Neuberechnung der vor dem 1. Oktober 2005 zurückgelegten Zeit ist nicht vorgesehen. Insbesondere werden nicht die alten Zeiten unter Berücksichtigung der neuen Rechtslage des § 34 Abs. 3 TVöD neu bewertet.

Beispiel: ───────────────────────────

Ein vom BAT in den TVöD wechselnder Arbeitnehmer hat am 1. Oktober 2005 eine Beschäftigungszeit von 10 Jahren absolviert. Weitere drei Jahre sind ihm in der Vergangenheit gestrichen worden, weil er auf eigenen Wunsch aus dem Beschäftigungsverhältnis ausgeschieden war (§ 19 Abs. 1 Unterabs. 2 BAT). Obwohl es eine mit § 19 Abs. 1 Unterabs. 2 BAT vergleichbare Regelung im § 34 Abs. 3 TVöD nicht gibt, bleibt es bei der Nichtberücksichtigung dieser drei Jahre.

Zu § 14 Abs. 2

In Absatz 2 ist bestimmt, dass für die Festsetzung des Jubiläumsgeldes nach den Vorschriften des TVöD nach altem Recht anerkannte Dienst- (BAT), Beschäftigungs-(BAT-O und MTArb-O) bzw. Jubiläumszeiten (MTArb) berücksichtigt werden.

§ 15   Urlaub

(1) und (2) (weggefallen)

(3) § 49 Abs. 1 und 2 MTArb/MTArb-O i.V.m. dem Tarifvertrag über Zusatzurlaub für gesundheitsgefährdende Arbeiten für Arbeiter des Bundes gelten bis zum In-Kraft-Treten eines entsprechenden Tarifvertrags des Bundes fort.

Erläuterungen

Mit dieser Vorschrift haben die Tarifvertragsparteien vom TVöD abweichende Regelungen für das Urlaubsjahr 2005 (und 2006) sowie für bestimmte Beschäftigte getroffen. Die Regelungen sind – mit Ausnahme der in Abs. 3 getroffenen Vereinbarung zur Fortgeltung alten Tarifrechts – bedeutungslos und wurden im Zuge des 10. Änderungstarifvertrages vom 29. April 2016 aufgehoben.

Zu § 15 Abs. 3

Absatz 3 bestimmt, dass die Regelungen des § 49 Abs. 1 und 2 MTArb/MTArb-O i. V. m. dem Tarifvertrag über Zusatzurlaub für gesundheitsgefährdende Arbeiten für Arbeiter des Bundes bis zum Inkrafttreten eines entsprechenden neuen Tarifvertrages des Bundes fortgelten. Der Tarifvertrag ist als Anhang abgedruckt.

Tarifvertrag über Zusatzurlaub für gesundheitsgefährdende Arbeiten für Arbeiter der Länder

Vom 17. Dezember 1959

§ 1

(1) Als gesundheitsgefährdend im Sinne des § 49 Abs. 1 MTArb gelten nachstehende Arbeiten:

1. Arbeiten in Getreidesilos,
2. Arbeiten in Steinbrüchen bei erheblicher Einwirkung von kieselsäurehaltigem Staub,
3. Arbeiten in Splittsilos mit Siebtrommeln oder mechanischer Beschickungsanlage,
4. Dampfkesselreinigen von innen,
5. Drehen, Bohren, Fräsen von Grauguss bei erheblicher Staubentwicklung,
6. Arbeiten mit Sandstrahlgebläsen,
7. E-Schweißen mit ummantelten Elektroden sowie Handreichungen beim E-Schweißen mit ummantelten Elektroden oder beim Löten unter Verwendung von Schweißgeräten, wenn der Arbeiter hierbei der Einwirkung des Rauches unmittelbar ausgesetzt ist,
8. autogenes Schneiden und Schweißen an mit Mennige oder sonstigen gesundheitsgefährdenden Schutzfarben vorgestrichenen Eisenteilen,
9. Schweißen und Arbeiten mit Schneidbrennern im Innern von Kesseln und Behältern,
10. Anstreichen mit Blei-, Nitrofarben oder sonstigen giftigen Stoffen in engen Räumen oder Behältern,
11. Spritzen mit Blei-, Nitrofarben oder sonstigen giftigen Stoffen in geschlossenen Räumen,
12. maschinelles Aufbringen von Teer, Bitumen und Asphalt für die am Gerät tätigen Spritzer,
13. Mischen, Herstellen und Einstreichen der Füllmasse in die Platten (Gitter und Rahmen) von Bleiakkumulatoren, Abbau gebrauchter Bleiakkumulatoren,
14. Grobschmieden bei schweren, großen Stücken oder bei Feuerarbeit an großen Schmiedefeuern oder Öfen,

15. Kesselschmieden,

16. Arbeiten mit stark schlagenden Pressluftwerkzeugen einschl. Gegenhalten beim Nieten,

17. Reinigungsarbeiten an Dükern unter Kanälen und natürlichen Wasserläufen (im Bereich der SR 2 b des Abschnitts B der Anlage 2 MTArb),

18. Arbeiten in Druckluft,

19. Taucherarbeiten,

20. Arbeiten in den Tierkörperbeseitigungsanstalten und in der Konfiskatbeseitigung, wenn eine erhebliche Infektionsgefahr gegeben ist,

21. Arbeiten an offenen Kläranlagen von Krankenanstalten, Sanatorien oder ähnlichen Einrichtungen, die von Hand gereinigt werden müssen und bei denen eine erhebliche Infektionsgefahr gegeben ist,

22. Desinfektionsarbeiten mit Ausnahme von Schädlingsbekämpfung,

23. Arbeiten in Prosekturen und an Verbrennungsöfen in Krankenanstalten, Sanatorien und ähnlichen Einrichtungen, wenn in erheblichem Umfang Infektionsgefahr gegeben ist,

24. (gestrichen)

25. Arbeiten in Brünieranlagen, wenn der Arbeiter der Einwirkung dabei entstehender Gase und Dämpfe ausgesetzt ist,

26. Aufladen offener Batteriezellen in Batterieladestationen,

27. Löten unter Verwendung von Schweißgeräten.

(2) Die Höhe des Zusatzurlaubs beträgt drei Arbeitstage.

Protokollnotiz zu § 1:
Bei Prüfung der Frage, ob ein Arbeiter während des Urlaubsjahres mindestens sechs Monate überwiegend unter erheblicher Gefährdung arbeitet, sind die Zeiträume, in denen verschiedene der im § 1 Abs. 1 bezeichneten Arbeiten verrichtet werden, zusammenzurechnen.

§ 2

(gestrichen)

§ 3

Arbeiter der Freien und Hansestadt Hamburg, die während des Urlaubsjahres mindestens sechs Monate überwiegend mit den nachstehenden Arbeiten beschäftigt sind, erhalten folgenden Zusatzurlaub:

1. Arbeiter in den Betriebsbereichen der Stadtentwässerung   5 Arbeitstage,

2. Arbeiter vor den Verbrennungsöfen und in der Leichenhalle des Krematoriums Ohlsdorf   3 Arbeitstage.

§ 4

(1) Die beim Inkrafttreten dieses Tarifvertrages im Arbeitsverhältnis stehenden Arbeiter des Landes Baden-Württemberg, die nach Abschn. IV Abs. 2 der Urlaubsvorschriften des Landes Baden-Württemberg für das Urlaubsjahr 1958 einen längeren Zusatzurlaub erhalten haben, als ihnen nach diesem Tarifvertrag zustehen würde, erhalten dieses Zusatzurlaub für die Dauer des Arbeitsverhältnisses weiter.

(2) (gestrichen)

(3) Die beim In-Kraft-Treten dieses Tarifvertrages im Arbeitsverhältnis stehenden Arbeiter des Saarlandes, die nach § 5 Abs. 1 Ziff. 5 der Urlaubsordnung für Beamte, Angestellte und Lohnempfänger des öffentlichen Dienstes v. 28. 3. 1955 (ABl. S. 573) für das Urlaubsjahr 1958 einen längeren Zusatzurlaub erhalten haben, als ihnen nach diesem Tarifvertrag zustehen würde, erhalten diesen Zusatzurlaub für die Dauer des Arbeitsverhältnisses weiter.

§ 5

Dieser Tarifvertrag tritt am 1. April 1959 in Kraft. Er kann mit einer Frist von sechs Monaten zum Ende eines Kalendervierteljahres schriftlich gekündigt werden. Unabhängig vom Satz 2 gilt eine Kündigung des MTArb als Kündigung dieses Tarifvertrages.

§ 16 Abgeltung

[1]Durch Vereinbarung mit der/dem Beschäftigten können Entgeltbestandteile aus Besitzständen, ausgenommen für Vergütungsgruppenzulagen, pauschaliert bzw. abgefunden werden. [2]§ 11 Abs. 2 Satz 3 und § 12 Abs. 6 bleiben unberührt.

Protokollerklärung zum 3. Abschnitt: (zum 1. März 2014 aufgehoben)

[1]Einvernehmlich werden die Verhandlungen zur Überleitung der Entgeltsicherung bei Leistungsminderung zurückgestellt. [2]Da damit die fristgerechte Überleitung bei Beschäftigten, die eine Zahlung nach §§ 25, 37 MTArb/MTArb-O bzw. § 56 BAT/BAT-O erhalten, nicht sichergestellt ist, erfolgt am 1. Oktober 2005 eine Fortzahlung der bisherigen Bezüge als zu verrechnender Abschlag auf das Entgelt, das diesen Beschäftigten nach dem noch zu erzielenden künftigen Verhandlungsergebnis zusteht. [3]Bei der Anwendung der nach Satz 2 fortgeltenden Bestimmungen wird § 37 MTArb/MTArb-O auch auf die Zulage für Vorarbeiterinnen und Vorarbeiter sowie Vorhandwerkerinnen und Vorhandwerker nach § 15 Tarifvertrag über die Entgeltordnung des Bundes und die Ausbildungszulage nach § 16 Tarifvertrag über die Entgeltordnung des Bundes angewendet. [4]Die in Satz 2 genannten Bestimmungen – einschließlich etwaiger Sonderregelungen – finden in ihrem jeweiligen Geltungsbereich bis zum In-Kraft-Treten einer Neuregelung weiterhin Anwendung, und zwar auch für Beschäftigte im Sinne des § 1 Abs. 2. [5]§ 55 Abs. 2 Unterabs. 2 Satz 2 BAT bleibt in seinem bisherigen Geltungsbereich unberührt. [6]Sollte das künftige Verhandlungsergebnis geringer als bis dahin gewährte Leistungen ausfallen, ist eine Rückforderung ausgeschlossen.

Erläuterungen

§ 16 eröffnet – neben den Abfindungsmöglichkeiten des § 11 Abs. 2 Satz 3 (siehe Erläuterungen zu § 11) und § 12 Abs. 6 (siehe Erläuterungen zu § 12 Abs. 6) die Möglichkeit, das Entgelt für bestimmte Besitzstände zu pauschalieren oder abzufinden. Ausdrücklich von dieser Möglichkeit ausgenommen sind lediglich Besitzstandszulagen für Vergütungsgruppenzulagen (siehe Erläuterungen zu § 9).

Zur Protokollerklärung zu Abschnitt 3

In einer nach § 16 – also am Ende des dritten Abschnitts des TVÜ – abgedruckten Protokollnotiz hatten die Tarifvertragsparteien die Verhandlungen zur Überleitung der Entgeltsicherung bei Leistungsminderung einvernehmlich zurückgestellt. Bei Beschäftigten, die eine Zahlung auf der Grundlage der §§ 25, 37 MTArb/MTArb-O bzw. § 56 BAT/BAT-O erhielten, wurden die bisherigen Bezüge bis zu einer entsprechenden Regelung als später zu verrechnender Abschlag gezahlt. Sollte das Verhandlungsergebnis später hinter den vorläufigen Zahlungen zurückbleiben, wurde eine Rückforderung ausgeschlossen. Die Regelung des § 55 Abs. 2 Unterabs. 2 Satz 2 BAT

(Ausschluss der Kündigung in bestimmten Fällen der Leistungsminderung) blieb bestehen. Im Zusammenhang mit der Einführung der neuen Entgeltordnung haben die Tarifpartner auch die Vorarbeiterzulage und die Ausbildungszulage in die Regelungen der Protokollerklärung einbezogen. Erst im Zuge der Tarifrunde 2014 haben die Tarifpartner sich auf Regelungen für die leistungsgeminderten Beschäftigten geeinigt und den vorhandenen Schwebezustand mit Wirkung vom 1. März 2014 beendet. Die „Neu-"Regelungen in § 38 Abs. 4 TVöD und § 16a TVÜ-Bund führen letztlich zur Weitergeltung der in § 16a TVÜ-Bund noch einmal besonders genannten Vorschriften des alten Rechts des BAT und MTArb. Gleichzeitig wurde die Protokollerklärung zum 3. Abschnitt des TVÜ-Bund gestrichen.

§ 16a Leistungsgeminderte Beschäftigte

(1) [1]§§ 25 und 37 MTArb/MTArb-O finden auf Beschäftigte, die nach Tätigkeitsmerkmalen eingruppiert sind, welche im Anhang zu Nm. 21, 22 und 23 der Anlage 1 Teil B aufgelistet sind, entsprechend Anwendung, und zwar auch auf Beschäftigte im Sinne des § 1 Abs. 2. [2]Bei der Anwendung der nach Satz 1 fortgeltenden Bestimmungen wird § 37 MTArb/MTArb-O auch auf die Zulage für Vorarbeiterinnen und Vorarbeiter sowie Vorhandwerkerinnen und Vorhandwerker nach § 15 Tarifvertrag über die Entgeltordnung des Bundes und die Ausbildungszulage nach § 16 Tarifvertrag über die Entgeltordnung des Bundes angewendet. [3]§ 56 BAT/BAT-O findet auf Beschäftigte, die nicht nach Tätigkeitsmerkmalen eingruppiert sind, welche im Anhang zu Nm. 21, 22 und 23 der Anlage 1 Teil B aufgelistet sind, entsprechend Anwendung, und zwar auch auf Beschäftigte im Sinne des § 1 Abs. 2. [4]Für die Beschäftigten nach Satz 3, für die die Regelungen des Tarifgebiets West Anwendung finden, bleibt § 55 Abs. 2 Unterabs. 2 Satz 2 BAT in seinem bisherigen Geltungsbereich unberührt.

(2) Die in Absatz 1 genannten Regelungen des MTArb/MTArb-O und BAT/BAT-O ergeben sich aus dem Anhang zu § 16a.

Erläuterungen

Zum Hintergrund und zu den Wirkungen dieser im Zuge der Tarifrunde 2014 mit Wirkung vom 1. März 2014 eingefügten Vorschrift siehe die Erläuterungen zur Protokollerklärung zum 3. Abschnitt des TVÜ-Bund (nach § 16).

I

Die in § 16a in Bezug genommenen Tarifvorschriften lauten wie folgt:

§ 25 MT Arb/MT Arb-O   Nicht voll leistungsfähige Arbeiter

(1) [1]Mit dem Arbeiter, der bei seiner Einstellung nach amtsärztlichem Gutachten mehr als 20 v.H. erwerbsbeschränkt ist und infolgedessen die ihm zu übertragende Arbeit nicht voll auszuführen vermag, kann entsprechend dem Grad seiner Leistungsfähigkeit ein geminderter Lohn vereinbart werden. [2]Der Arbeiter soll aber möglichst auf einem Arbeitsplatz verwendet werden, auf dem er die Leistung eines voll leistungsfähigen Arbeiters erbringen kann.

(2) Ist nach Absatz 1 Satz 1 ein geminderter Lohn vereinbart worden, besteht bei Änderung der Leistungsfähigkeit für den Arbeitgeber und den Arbeiter ein Anspruch auf Neufestsetzung des Lohnes.

(3) Absatz 1 gilt nicht für den Arbeiter, dessen Leistungsfähigkeit durch Ereignisse im Sinne von § 1 des Bundesversorgungsgesetzes oder von § 1 des Bundesgesetzes zur Entschädigung für Opfer der nationalsozialistischen Verfolgung gemindert ist.

§ 37 MT Arb/MT Arb-O   Sicherung des Lohnstandes bei Leistungsminderung

(1) [1]Ist der Arbeiter, der eine mindestens einjährige Beschäftigungszeit zurückgelegt hat, infolge eines Unfalls, den er in Ausübung oder infolge seiner Arbeit ohne Vorsatz oder grobe Fahrlässigkeit erlitten hat, in seiner Lohngruppe nicht mehr voll leistungsfähig und wird er deshalb in einer niedrigeren Lohngruppe weiterbeschäftigt, wird der Unterschiedsbetrag zwischen dem jeweiligen Monatstabellenlohn der bisherigen und der neuen Lohngruppe als persönliche Zulage gewährt. [2]Lohnzuschläge nach § 29, die der Arbeiter bei Eintritt der Leistungsminderung mindestens fünf Jahre für mindestens drei Viertel der regelmäßigen Arbeitszeit bezogen hat, erhält er in der zuletzt bezogenen Höhe weiter. [3]Dies gilt unter den Voraussetzungen des Satzes 2 auch für Lohnzuschläge nach § 29, die in einem Pauschalzuschlag oder in einem Gesamtpauschallohn gemäß § 30 Abs. 6 enthalten sind. [4]Lohnzuschläge nach § 29, die der Arbeiter in der niedrigeren Lohngruppe erhält, werden nur insoweit gezahlt, als sie über die Lohnzuschläge nach Satz 2 hinausgehen.

Das Gleiche gilt bei einer Berufskrankheit im Sinne des § 9 SGB VII nach einer mindestens zweijährigen Beschäftigungszeit[1]).

Protokollnotiz zu Absatz 1 Unterabs. 1 Satz 2:
Ein Lohnzuschlag gilt auch dann als gewährt, wenn der Arbeiter den Lohnzuschlag vorübergehend wegen Arbeitsunfähigkeit, Erholungsurlaubs oder Arbeitsbefreiung nicht erhalten hat.

(2) Absatz 1 gilt entsprechend

a) für Arbeiter nach zehnjähriger Beschäftigungszeit[1]), wenn die Leistungsminderung durch eine Gesundheitsschädigung hervorgerufen wurde, die durch fortwirkende schädliche Einflüsse der Arbeit eingetreten ist,

b) für mindestens 53 Jahre alte Arbeiter nach fünfzehnjähriger Beschäftigungszeit[1]), wenn die Leistungsminderung durch Abnahme der körperlichen Kräfte und Fähigkeiten infolge langjähriger Arbeit verursacht ist,

c) für mindestens 50 Jahre alte Arbeiter nach zwanzigjähriger Beschäftigungszeit[1]), wenn die Leistungsminderung durch Abnahme der körperlichen Kräfte und Fähigkeiten infolge langjähriger Arbeit verursacht ist,

d) für Arbeiter nach fünfundzwanzigjähriger Beschäftigungszeit[1]), wenn die Leistungsminderung durch Abnahme der körperlichen Kräfte und Fähigkeiten infolge langjähriger Arbeit verursacht ist.

Wenn der Arbeiter erst in den letzten zwei Jahren vor Eintritt der Leistungsminderung in seine Lohngruppe aufgerückt war, erhält er den jeweiligen Monatstabellenlohn der Lohngruppe, in der er vorher war.

Protokollnotiz zu Absatz 2 Unterabs. 1:
Ist streitig, ob der erforderliche Ursachenzusammenhang vorliegt, soll auf Verlangen die Stellungnahme eines Arztes des beiderseitigen Vertrauens eingeholt werden. Ist kein anderer Kostenträger zuständig, trägt die Kosten der Arbeitgeber, wenn der Anspruch auf Lohnsicherung endgültig zuerkannt ist; anderenfalls trägt sie der Arbeiter.

---

[1])   Im Bereich des MTArb-O: Beschäftigungszeit (§ 6 – ohne die nach Nr. 3 der Übergangsvorschriften zu § 6 berücksichtigten Zeiten)

§ 56 BAT/BAT-O   Ausgleichszulage bei Arbeitsunfall und Berufskrankheit

[1]Ist der Angestellte infolge eines Unfalls, den er nach mindestens einjähriger ununterbrochener Beschäftigung bei demselben Arbeitgeber in Ausübung oder infolge seiner Arbeit ohne Vorsatz oder grobe Fahrlässigkeit erlitten hat, in seiner bisherigen Vergütungsgruppe nicht mehr voll leistungsfähig und wird er deshalb in einer niedrigeren Vergütungsgruppe weiterbeschäftigt, so erhält er eine Ausgleichszulage in Höhe des Unterschiedsbetrages zwischen der ihm in der neuen Vergütungsgruppe jeweils zustehenden Grundvergütung zuzüglich der allgemeinen Zulage und der Grundvergütung zuzüglich der allgemeinen Zulage, die er in der verlassenen Vergütungsgruppe zuletzt bezogen hat. [2]Das Gleiche gilt bei einer Berufskrankheit im Sinne des § 9 SGB VII nach mindestens dreijähriger ununterbrochener Beschäftigung.

4. Abschnitt
Sonstige vom TVöD abweichende
oder ihn ergänzende Bestimmungen

§ 17   Eingruppierung

(1) bis (6) (weggefallen)

(7) In den Fällen des § 16 (Bund) Abs. 3a TVöD kann die Eingruppierung unter Anwendung der Anlage 2 TVÜ-Bund in der bis zum 31. Dezember 2013 geltenden Fassung in die in dem unmittelbar vorhergehenden Arbeitsverhältnis gemäß § 4 Abs. 1 i. V. m. Anlage 2 TVÜ-Bund in der bis zum 31. Dezember 2013 geltenden Fassung, § 8 Abs. 1 und 3 oder durch vergleichbare Regelungen erworbene Entgeltgruppe erfolgen, sofern das unmittelbar vorhergehende Arbeitsverhältnis vor dem 1. Oktober 2005 begründet worden ist.

Protokollerklärung zu Absatz 7:

Im vorhergehenden Arbeitsverhältnis noch nicht vollzogene Bewährungs-, Tätigkeits- oder Zeitaufstiege werden in dem neuen Arbeitsverhältnis nicht weitergeführt.

Erläuterungen

Am 1. Januar 2014 ist für die Beschäftigten des Bundes die Entgeltordnung zum TVöD in Kraft getreten. Wegen Einzelheiten dazu wird auf die umfassende Darstellung im Beitrag „Die neue Entgeltordnung für die Arbeitnehmer des Bundes" (unter IV.01) hingewiesen.

Die Entgeltordnung beendet für die Beschäftigten des Bundes den seit Inkrafttreten des TVöD am 1. Oktober 2005 bekannten Zustand, dass zur Ermittlung der maßgebenden (vorläufigen) Entgeltgruppe zunächst die nach altem (BAT/MTArb) Recht maßgebende Vergütungs-/Lohngruppe zu ermitteln und diese dann nach der Anlage 4 zum TVÜ-Bund umzuschlüsseln war.

Die entsprechenden Regelungen des § 17 TVÜ-Bund sind von den Tarifpartnern durch den 7. Änderungstarifvertrag zum TVÜ weitgehend zum 1. Januar 2014 aufgehoben worden. Lediglich die Regelungen des § 17 Absatz 7 zur Eingruppierung der von anderen Arbeitgebern des öffentlichen Dienstes übernommenen Beschäftigten wurden beibehalten.

Da der bisherige Tariftext und die Kommentierung für Zeiträume vor 2014 und zum besseren Verständnis der Eingruppierungstechnik der Zeit vom 1. Oktober 2005 bis zum 31. Dezember 2013 weiterhin hilfreich ist, haben wir die Texte in diesem Werk belassen und im Anschluss an den aktuellen Tariftext abgedruckt.

§ 17 Eingruppierung

(1) [1]Bis zum In-Kraft-Treten der Eingruppierungsvorschriften des TVöD (mit Entgeltordnung) gelten die §§ 22, 23 BAT/BAT-O einschließlich der Vergütungsordnung, die §§ 1, 2 Absätze 1 und 2 und § 5 des Tarifvertrages über das Lohngruppenverzeichnis des Bundes zum MTArb (TVLohngrV) einschließlich des Lohngruppenverzeichnisses mit Anlagen 1 und 2 sowie die entsprechenden Regelungen für das Tarifgebiet Ost über den 30. September 2005 hinaus fort. [2]Diese Regelungen finden auf übergeleitete und ab dem 1. Oktober 2005 neu eingestellte Beschäftigte im jeweiligen bisherigen Geltungsbereich nach Maßgabe dieses Tarifvertrages Anwendung. [3]An die Stelle der Begriffe Vergütung und Lohn tritt der Begriff Entgelt.

(2) Abweichend von Absatz 1

– gelten Vergütungsordnung und Lohngruppenverzeichnis nicht für ab dem 1. Oktober 2005 in Entgeltgruppe 1 TVöD neu eingestellte Beschäftigte,

– gilt die Vergütungsgruppe I der Vergütungsordnung zum BAT/BAT-O ab dem 1. Oktober 2005 nicht fort; die Ausgestaltung entsprechender Arbeitsverhältnisse erfolgt außertariflich.

(3) [1]Mit Ausnahme der Eingruppierung in die Entgeltgruppe 1 sind alle zwischen dem 1. Oktober 2005 und dem In-Kraft-Treten der neuen Entgeltordnung stattfindenden Eingruppierungsvorgänge (Neueinstellungen und Umgruppierungen) vorläufig und begründen keinen Vertrauensschutz und keinen Besitzstand. [2]Dies gilt nicht für Aufstiege gemäß § 8 Abs. 1 Satz 1 und 2 und Abs. 3.

(4) [1]Anpassungen der Eingruppierung aufgrund des In-Kraft-Tretens der neuen Entgeltordnung erfolgen mit Wirkung für die Zukunft. [2]Bei Rückgruppierungen, die in diesem Zusammenhang erfolgen, sind finanzielle Nachteile im Wege einer nicht dynamischen Besitzstandszulage auszugleichen, solange die Tätigkeit ausgeübt wird. [3]Die Besitzstandszulage vermindert sich nach dem 30. September 2008 bei jedem Stufenaufstieg um die Hälfte des Unterschiedsbetrages zwischen der bisherigen und der neuen Stufe; bei Neueinstellungen (§ 1 Abs. 2) vermindert sich die Besitzstandszulage jeweils um den vollen Unterschiedsbetrag. [4]Die Grundsätze korrigierender Rückgruppierung bleiben unberührt.

(5) [1]Bewährungs-, Fallgruppen- und Tätigkeitsaufstiege gibt es ab dem 1. Oktober 2005 nicht mehr; §§ 8 und 9 bleiben unberührt. [2]Satz 1 gilt auch für Vergütungsgruppenzulagen, es sei denn, dem Tätigkeitsmerkmal einer Vergütungsgruppe der Allgemeinen Vergütungsordnung (Anlage 1a) ist eine Vergütungsgruppenzulage zugeordnet, die unmittelbar mit Übertragung der Tätigkeit zusteht; bei Übertragung einer entsprechenden Tätigkeit wird diese bis zum In-Kraft-Treten der neuen Entgeltordnung unter den Voraussetzungen des bisherigen Tarifrechts als Besitzstandszulage in der bisherigen Höhe gezahlt; § 9 Abs. 4 gilt entsprechend.

(6) In der Zeit zwischen dem 1. Oktober 2005 und dem In-Kraft-Treten der neuen Entgeltordnung erhalten Beschäftigte, denen ab dem 1. Oktober 2005 eine anspruchsbegründende Tätigkeit übertragen wird, eine persönliche Zulage, die sich betragsmäßig nach der entfallenen Techniker-, Meister- und Programmiererzulage bemisst, soweit die Anspruchsvoraussetzungen nach bisherigem Tarifrecht erfüllt sind.

(7) [1]Für Eingruppierungen zwischen dem 1. Oktober 2005 und dem In-Kraft-Treten der neuen Entgeltordnung werden die Vergütungsgruppen der Allgemeinen Vergütungsordnung (Anlage 1a) und die Lohngruppen des Lohngruppenverzeichnisses gemäß Anlage 4 TVÜ-Bund den Entgeltgruppen des TVöD zugeordnet. [2]In den Fällen des § 16 (Bund) Abs. 3 TVöD kann die Eingruppierung unter Anwendung der Anlage 2 TVÜ-Bund in die in dem unmittelbar vorhergehenden Arbeitsverhältnis gem. § 4 Abs. 1 i. V. m. Anlage 2 TVÜ-Bund, § 8 Abs. 1 und 3 oder durch vergleichbare Regelungen erworbene Entgeltgruppe erfolgen, sofern das unmittelbar vorhergehende Arbeitsverhältnis vor dem 1. Oktober 2005 begründet worden ist. [3]Absatz 1 Satz 2 bleibt unberührt.

Protokollerklärung zu Absatz 7 Satz 2:
Im vorhergehenden Arbeitsverhältnis noch nicht vollzogene Bewährungs-, Tätigkeits- oder Zeitaufstiege werden in dem neuen Arbeitsverhältnis nicht weitergeführt.

(8) [1]Beschäftigte, die zwischen dem 1. Oktober 2005 und dem In-Kraft-Treten der neuen Entgeltordnung in Entgeltgruppe 13 eingruppiert werden und die nach der Allgemeinen Vergütungsordnung (Anlage 1a) in Vergütungsgruppe IIa BAT/BAT-O mit fünf- bzw. sechsjährigem Aufstieg nach Vergütungsgruppe Ib BAT/BAT-O eingruppiert wären, erhalten bis zum In-Kraft-Treten der neuen Entgeltordnung eine persönliche Zulage in Höhe des Unterschiedsbetrages zwischen dem Entgelt ihrer Stufe nach Entgeltgruppe 13 und der entsprechenden Stufe der Entgeltgruppe 14. [2]Von Satz 1 werden auch Fallgruppen der Vergütungsgruppe Ib BAT/BAT-O erfasst, deren Tätigkeitsmerkmale eine bestimmte Tätigkeitsdauer voraussetzen. [3]Die Sätze 1 und 2 gelten auch für Beschäftigte im Sinne des § 1 Abs. 2.

Niederschriftserklärung zu § 17 Abs. 8:
Mit dieser Regelung ist keine Entscheidung über Zuordnung und Fortbestand/Besitzstand der Zulage im Rahmen der neuen Entgeltordnung verbunden.

(9) [1]Bis zum In-Kraft-Treten der Eingruppierungsvorschriften des TVöD gelten die bisherigen Regelungen für Vorarbeiter/innen und für Vorhandwerker/innen im bisherigen Geltungsbereich fort; dies gilt auch für Beschäftigte im Sinne des § 1 Abs. 2. [2]Satz 1 gilt für Lehrgesellen entsprechend. [3]Ist anlässlich der vorübergehenden Übertragung einer höherwertigen Tätigkeit im Sinne des § 14 TVöD zusätzlich eine Tätigkeit auszuüben, für die nach bisherigem Recht ein Anspruch auf Zahlung einer Zulage für Vorarbeiter/innen, Vorhandwerker/innen oder Lehrgesellen besteht, erhält die/der Beschäftigte bis zum In-Kraft-

§ 17 Bund a. F. I.2 TVÜ Eingruppierung (bis 31.12.2013)

Treten der neuen Entgeltordnung abweichend von den Sätzen 1 und 2 sowie von § 14 Abs. 3 TVöD anstelle der Zulage nach § 14 TVöD für die Dauer der Ausübung sowohl der höherwertigen als auch der zulagenberechtigenden Tätigkeit eine persönliche Zulage in Höhe von insgesamt 10 v. H. ihres/seines Tabellenentgelts.

Protokollerklärung zu Absatz 9 Satz 1 und 2:
Die Zulage für Vorarbeiter/innen und Vorhandwerker/innen sowie Lehrgesellen/innen verändert sich bei allgemeinen Entgeltanpassungen nach dem 31. Dezember 2009 um den von den Tarifvertragsparteien für die jeweilige Entgeltgruppe festgelegten Vomhundertsatz.

(10) [1]Beschäftigte mit Tätigkeiten nach Teil II Abschnitt G der Vergütungsordnung (Sozial- und Erziehungsdienst) erhalten bis zum Inkrafttreten der neuen Entgeltordnung für die Dauer der Ausübung ihrer Tätigkeit eine Zulage in Höhe von 130,00 Euro monatlich. [2]§ 24 Abs. 2 TVöD gilt entsprechend. [3]Satz 1 gilt auch für Beschäftigte im Sinne des § 1 Abs. 2.

(11) Die Absätze 1 bis 9 gelten für besondere tarifvertragliche Vorschriften über die Eingruppierungen entsprechend.

Protokollerklärung zu § 17:
Die Tarifvertragsparteien sind sich darin einig, dass in der noch zu verhandelnden Entgeltordnung die bisherigen unterschiedlichen materiellen Wertigkeiten aus Fachhochschulabschlüssen (einschließlich Sozialpädagogen/innen und Ingenieuren/innen) auf das Niveau der vereinbarten Entgeltwerte der Entgeltgruppe 9 ohne Mehrkosten (unter Berücksichtigung der Kosten für den Personenkreis, der nach der Übergangsphase nicht mehr in eine höhere bzw. niedrigere Entgeltgruppe eingruppiert ist) zusammengeführt werden; die Abbildung von Heraushebungsmerkmalen oberhalb der Entgeltgruppe 9 bleibt davon unberührt.

Erläuterungen

Mit den Regelungen des Vierten Abschnitts (das sind die §§ 17 bis 24) tragen die Tarifpartner dem Umstand Rechnung, dass der TVöD im Wesentlichen zum 1. Oktober 2005 in Kraft tritt, die Überleitung des vorhandenen Personals zu diesem Zeitpunkt erfolgt, neu Eingestellte einer Entgeltgruppe zuzuordnen sind, aber die Eingruppierungsvorschriften des TVöD und eine neue Entgeltordnung noch nicht vereinbart worden sind.

Zu § 17 Abs. 1

Nach Absatz 1 gelten die bisherigen Bestimmungen über die Eingruppierung der Angestellten und Einreihung der Arbeiter grundsätzlich fort.

Zu § 17 Abs. 2

Der in Absatz 1 vereinbarte Grundsatz der Weitergeltung des bisherigen Rechts gilt gemäß Absatz 2 der Vorschrift nicht für die ab dem 1. Oktober 2005 in die Entgeltgruppe 1 neu eingestellten Beschäftigten und die ehemaligen Angestellten der Vergütungsgruppe I BAT/BAT-O, die ab dem 1. Oktober 2005 zu außertariflichen Bedingungen weiterbeschäftigt werden (siehe dazu aber Erläuterungen zu § 19 Abs. 2).

Zu § 17 Abs. 3

Abgesehen von den Einstellungen in die neue Entgeltgruppe 1 erfolgen grundsätzlich alle zwischen dem 1. Oktober 2005 und dem Inkrafttreten einer neuen Entgeltordnung stattfindenden Eingruppierungs- und Einreihungsvorgänge – sei es im Wege der Umgruppierung als auch bei Neueinstellungen – vorläufig. Vertrauensschutz bzw. Besitzstände werden dadurch nicht begründet. Lediglich die Höhergruppierungen aufgrund besitzstandsweise vollzogener Bewährungsaufstieg im Sinne des § 8 Abs. 1 Satz 1 und 2 (siehe Erläuterungen zu § 8 Abs. 1) bzw. Abs. 3 erfolgen nicht vorläufig (Satz 2).

Zu § 17 Abs. 4

In Absatz 4 wird klargestellt, dass Anpassungen der Eingruppierung aufgrund einer neuen Entgeltordnung mit Wirkung für die Zukunft – also für den Zeitraum nach deren Inkrafttreten – erfolgen. Das bedeutet, dass Zahlungen für davor liegende Zeiträume nicht mehr aufgegriffen werden. Sofern Rückgruppierungen erfolgen, sind Nachteile durch eine nicht dynamische Besitzstandszulage für den Zeitraum der Ausübung der Tätigkeit abzufangen. Dabei wird unterschieden zwischen den übergeleiteten Beschäftigten (Abbau der Besitzstandszulage bei Stufenaufstiegen nach dem 30. September 2008 in Höhe der Hälfte des jeweiligen Steigerungsbetrages) und nach dem 1. Oktober 2005 neu Eingestellten (statt hälftiger Anrechnung der Stufensteigerung Vollanrechnung des jeweiligen Steigerungsbetrages). Nach Satz 4 der Vorschrift bleiben die Grundsätze korrigierender

Rückgruppierung unberührt. Dieser Fall kann aber nur gegeben sein, wenn die vorläufige Zuordnung zu einer Entgeltgruppe bereits auf der Grundlage des in diesem Zeitpunkt geltenden Rechts fehlerhaft war (also Bearbeitungsfehler vorlagen).

Zu § 17 Abs. 5

Absatz 5 bestimmt, dass es – abgesehen von den in Folge der Besitzstandsregeln der §§ 8 und 9 erfolgten Aufstiege – ab dem 1. Oktober 2005 keine Aufstiege mehr gibt (Satz 1). Vergütungsgruppenzulagen kommen nach Satz 2 ebenfalls nicht mehr in Betracht – es sei denn, die Vergütungsgruppenzulage steht nach den Regeln der Vergütungsordnung bereits unmittelbar bei Übertragung der Tätigkeit (und nicht erst nach Bewährung) zu. In diesem Fall wird die Vergütungsgruppenzulage bis zum Inkrafttreten der neuen Entgeltordnung gezahlt. § 9 Abs. 4 gilt entsprechend; somit ist auch diese Zulage dynamisch und wird so lange gezahlt, wie die anspruchsbegründende Tätigkeit ununterbrochen ausgeübt wird und die sonstigen Voraussetzungen für eine Vergütungsgruppenzulage bestehen (siehe Erläuterungen zu § 9 Abs. 1).

Zu § 17 Abs. 6

Diese Vorschrift korrespondiert mit der Regelung in der Protokollerklärung zu § 5 Abs. 2 Satz 3 (siehe Erläuterungen zu § 5 Abs. 2) und bestimmt, dass auch Beschäftigten, denen nach dem 1. Oktober 2005 eine anspruchsberechtigende Tätigkeit übertragen wird, bis zum Inkrafttreten der neuen Entgeltordnung eine entsprechende Zulage gezahlt wird.

Zu § 17 Abs. 7

Für die Eingruppierungsvorgänge zwischen dem 1. Oktober 2005 und dem Inkrafttreten der neuen Entgeltordnung gilt gemäß Absatz 7 die eigenständige Zuordnungsregelung der Anlage 4 zum TVÜ-Bund. Wegen Ausgleichszahlungen an bestimmte Beschäftigte, die nach dem Inkrafttreten des TVöD auf der Grundlage der Anlage 4 TVÜ/Bund eingruppiert worden sind, siehe die Regelungen des Tarifvertrages über eine Pauschalzahlung.

Mit dem im Zuge des 1. Änderungstarifvertrages vom 31. März 2008 eingefügten neuen Satz 2 haben die Tarifpartner bestimmt, dass in den Fällen des § 16 Absatz 3a (im Zuge des 10. Änderungstarifvertrages vom 29. April 2016 umbenannt in Abs. 3) TVöD die beim vorangegangenen Arbeitgeber im Wege der Überleitung ermittelte Entgeltgruppe beibehalten werden kann. § 16 Absatz 3 TVöD erfasst die Fälle, in denen Beschäftigte im unmittelbaren Anschluss an ein Beschäftigungsverhältnis im öffentlichen Dienst oder bei einem anderen den TVöD anwendenden Arbeitgeber eingestellt werden.

Im Gleichklang zur Regelung des § 16 Absatz 3 TVöD ist auch die Regelung des § 17 Absatz 7 Satz 2 TVÜ als „Kann-Regelung" ausgestaltet, die in das Ermessen des Arbeitgebers gestellt ist.

Zu § 17 Abs. 8

Absatz 8 bestimmt, dass Angestellte der Vergütungsgruppe IIa BAT/BAT-O mit fünf- oder sechsjährigem Aufstieg nach Vergütungsgruppe Ib BAT/BAT-O sowie Angestellte der Vergütungsgruppe Ib BAT/BAT-O, deren Tätigkeitsmerkmale eine bestimmte Tätigkeitsdauer voraussetzen, eine Zulage in Höhe des Unterschiedsbetrages zwischen den Entgeltgruppen 14 und 13 erhalten. Nach der Niederschriftserklärung dazu soll durch diese Regelung keine Entscheidung über die Eingruppierung im Rahmen der neuen Entgeltordnung verbunden sein.

Zu § 17 Abs. 9

Nach Maßgabe des Absatzes 9 gelten die bisherigen Regelungen für Vorarbeiter/-handwerker bis zum Inkrafttreten der neuen Entgeltordnung fort. Maßgebend ist somit § 3 TVLohngrV, dessen Absätze 1 und 2 folgenden Wortlaut haben:

„§ 3
Vorarbeiter und Vorhandwerker

(1) Vorarbeiter erhalten zum Lohn ihrer Lohngruppe eine Zulage von acht vom Hundert des Monatstabellenlohnes der Lohngruppe 1 Lohnstufe 4 bzw. von acht vom Hundert des auf eine Stunde entfallenden Anteils des Monatstabellenlohnes der Lohngruppe 1 Lohnstufe 4.

Vorarbeiter sind Arbeiter, die aufgrund schriftlicher Bestellung einer Arbeitergruppe vorstehen und selbst mitarbeiten. Die Gruppe muss außer dem Vorarbeiter aus mindestens zwei Arbeitern der Lohngruppen 1 bis 3a bestehen.

(2) Vorhandwerker erhalten zum Lohn ihrer Lohngruppe eine Zulage von zwölf vom Hundert des Monatstabellenlohnes der Lohngruppe 4 Lohnstufe 4 bzw. von zwölf vom Hundert des auf eine Stunde

I

entfallenden Anteils des Monatstabellenlohnes der Lohngruppe 4 Lohnstufe 4.

Vorhandwerker sind Arbeiter mit Ausbildung nach Lohngruppe 4 Fallgruppe 1 oder 2 des Allgemeinen Teils der Anlage 1, die aufgrund schriftlicher Bestellung einer Arbeitergruppe vorstehen und selbst mitarbeiten. Die Gruppe muss außer dem Vorhandwerker aus mindestens zwei selbständig tätigen Arbeitern bestehen, von denen mindestens ein Arbeiter eine Ausbildung nach Lohngruppe 4 Fallgruppe 1 oder 2 des Allgemeinen Teils haben muss; Auszubildende nach dem Manteltarifvertrag für Auszubildende vom 6. Dezember 1974 in der jeweils geltenden Fassung können im dritten oder vierten Ausbildungsjahr als Arbeiter der Lohngruppe 4 Fallgruppe 1 des Allgemeinen Teils gerechnet werden.

Die Vorhandwerkerzulage erhalten auch zu Vorarbeitern bestellte Arbeiter der Lohngruppe 4 oder einer höheren Lohngruppe; dies gilt nicht für Arbeiter, die in die Lohngruppe 4 aufgrund eines Bewährungsaufstiegs oder in die Lohngruppe 4a eingereiht sind. Unterabsatz 2 Satz 2 gilt entsprechend."

Wurden vorübergehend höherwertige Tätigkeiten übertragen, die nach altem Recht einen Anspruch auf Zahlung einer Vorarbeiter-, Vorhandwerker- oder Lehrgesellenzulage auslösten, so erhält der Betroffene – abweichend von § 14 TVöD – eine Zulage in Höhe von 10 % seines Tabellenentgelts. Dadurch ist sowohl die höherwertige Tätigkeit als auch die Vorarbeitertätigkeit etc. abgegolten.

Durch die Protokollerklärung haben die Tarifpartner eine Teilhabe der Vorarbeiter-/Handwerkerzulage an Entgelterhöhungen sichergestellt.

Zu § 17 Abs. 10

Absatz 10 ist durch den 5. Änderungstarifvertrag vom 4. März 2011 mit Wirkung vom 1. Januar 2011 eingefügt worden und bewirkt die Erhöhung des Entgelts der Beschäftigten im Sozial- und Erziehungsdienst des Bundes. Die neu geschaffene Zulage für diesen Personenkreis beträgt 130 Euro monatlich; sie steht Teilzeitbeschäftigten anteilig zu. Nach Satz 3 der Vorschrift haben nicht nur übergeleitete Beschäftigte, sondern auch diejenigen im Sozial- und Erziehungsdienst des Bundes tätigen Arbeitnehmer einen Anspruch auf die Zulage, deren Arbeitsverhältnis erst nach dem 1. Oktober 2005 begonnen hat.

Die Zulagenregelung ist bis zum Inkrafttreten einer neuen Entgeltordnung befristet.

Zu § 17 Abs. 11

Gemäß Absatz 11 gelten die Vorschriften der Absätze 1 bis 10 für „besondere tarifvertragliche Vorschriften über die Eingruppierung" entsprechend. Was sie darunter verstehen, haben die Tarifpartner nicht näher beschrieben.

I

Bundes-Angestelltentarifvertrag
(Bund, Länder, Gemeinden)
(BAT)

Vom 23. Februar 1961 (GMBl. S. 137)

Zuletzt geändert durch
78. Tarifvertrag zur Änderung des Bundes-Angestelltentarifvertrages
vom 31. Januar 2003 (GMBl. S. 392)

– Auszug –

Abschnitt VI
Eingruppierung

§ 22 Eingruppierung

(1) Die Eingruppierung der Angestellten richtet sich nach den Tätigkeitsmerkmalen der Vergütungsordnung (Anlagen 1a und 1b). Der Angestellte erhält Vergütung nach der Vergütungsgruppe, in der er eingruppiert ist.

(2) Der Angestellte ist in der Vergütungsgruppe eingruppiert, deren Tätigkeitsmerkmalen die gesamte von ihm nicht nur vorübergehend auszuübende Tätigkeit entspricht.

Die gesamte auszuübende Tätigkeit entspricht den Tätigkeitsmerkmalen einer Vergütungsgruppe, wenn zeitlich mindestens zur Hälfte Arbeitsvorgänge anfallen, die für sich genommen die Anforderungen eines Tätigkeitsmerkmals oder mehrerer Tätigkeitsmerkmale dieser Vergütungsgruppe erfüllen. Kann die Erfüllung einer Anforderung in der Regel erst bei der Betrachtung mehrerer Arbeitsvorgänge festgestellt werden (z. B. vielseitige Fachkenntnisse), sind diese Arbeitsvorgänge für die Feststellung, ob diese Anforderung erfüllt ist, insoweit zusammen zu beurteilen.

Werden in einem Tätigkeitsmerkmal mehrere Anforderungen gestellt, gilt das in Unterabsatz 2 Satz 1 bestimmte Maß, ebenfalls bezogen auf die gesamte auszuübende Tätigkeit für jede Anforderung.

Ist in einem Tätigkeitsmerkmal ein von Unterabsatz 2 oder 3 abweichendes zeitliches Maß bestimmt, gilt dieses.

Ist in einem Tätigkeitsmerkmal als Anforderung eine Voraussetzung in der Person des Angestellten bestimmt, muß auch diese Anforderung erfüllt sein.

Protokollnotizen zu Absatz 2:

1. Arbeitsvorgänge sind Arbeitsleistungen (einschließlich Zusammenhangsarbeiten), die, bezogen auf den Aufgabenkreis des Angestellten, zu einem bei natürlicher Betrachtung abgrenzbaren Arbeitsergebnis führen (z. B. unterschriftsreife Bearbeitung eines Aktenvorgangs, Erstellung eines EKG, Fertigung einer Bauzeichnung, Eintragung in das Grundbuch, Konstruktion einer Brücke oder eines Brückenteils, Bearbeitung eines Antrags auf Wohngeld, Festsetzung einer Leistung nach dem Bundessozialhilfegesetz). Jeder einzelne Arbeitsvorgang ist als solcher zu bewerten und darf dabei hinsichtlich der Anforderungen zeitlich nicht aufgespalten werden.

2. Eine Anforderung im Sinne des Unterabsatzes 2 ist auch das in einem Tätigkeitsmerkmal geforderte Herausheben der Tätigkeit aus einer niedrigeren Vergütungsgruppe.

(3) Die Vergütungsgruppe des Angestellten ist im Arbeitsvertrag anzugeben.

§ 23   Eingruppierung in besonderen Fällen

Ist dem Angestellten eine andere, höherwertige Tätigkeit nicht übertragen worden, hat sich aber die ihm übertragene Tätigkeit (§ 22 Abs. 2 Unterabs. 1) nicht nur vorübergehend derart geändert, daß sie den Tätigkeitsmerkmalen einer höheren als seiner bisherigen Vergütungsgruppe entspricht (§ 22 Abs. 2 Unterabs. 2 bis 5), und hat der Angestellte die höherwertige Tätigkeit ununterbrochen sechs Monate lang ausgeübt, ist er mit Beginn des darauffolgenden Kalendermonats in der höheren Vergütungsgruppe eingruppiert. Für die zurückliegenden sechs Kalendermonate gilt § 24 Abs. 1 sinngemäß.

Ist die Zeit der Ausübung der höherwertigen Tätigkeit durch Urlaub, Arbeitsbefreiung, Arbeitsunfähigkeit, Kur- oder Heilverfahren oder Vorbereitung auf eine Fachprüfung für die Dauer von insgesamt nicht mehr als sechs Wochen unterbrochen worden, wird die Unterbrechungszeit in die Frist von sechs Monaten eingerechnet. Bei einer längeren Unterbrechung oder bei einer Unterbrechung aus anderen Gründen beginnt die Frist nach der Beendigung der Unterbrechung von neuem.

Wird dem Angestellten vor Ablauf der sechs Monate wieder eine Tätigkeit zugewiesen, die den Tätigkeitsmerkmalen seiner bisherigen Vergütungsgruppe entspricht, gilt § 24 Abs. 1 sinngemäß.

§ 18 Vorübergehende Übertragung einer höherwertigen Tätigkeit nach dem 30. September 2005

(1) (weggefallen)

(2) Wird aus dem Geltungsbereich des MTArb/MTArb-O übergeleiteten Beschäftigten nach dem 30. September 2005 erstmalig außerhalb von § 10 eine höherwertige Tätigkeit vorübergehend übertragen, gelten bis zum In-Kraft-Treten eines Tarifvertrages über eine persönliche Zulage die bisherigen Regelungen des MTArb/MTArb-O mit der Maßgabe entsprechend, dass sich die Höhe der Zulage nach dem TVöD richtet.

Niederschriftserklärung zu § 18:

1. Abweichend von der Grundsatzregelung des TVöD über eine persönliche Zulage bei vorübergehender Übertragung einer höherwertigen Tätigkeit ist durch einen Tarifvertrag für den Bund im Rahmen eines Katalogs, der die hierfür in Frage kommenden Tätigkeiten aufführt, zu bestimmen, dass die Voraussetzung für die Zahlung einer persönlichen Zulage bereits erfüllt ist, wenn die vorübergehende übertragene Tätigkeit mindestens drei Arbeitstage angedauert hat und der/die Beschäftigte ab dem ersten Tag der Vertretung in Anspruch genommen ist. Der Tarifvertrag soll spätestens am 1. Juli 2007 in Kraft treten.

2. Die Niederschriftserklärung zu § 10 gilt entsprechend.

Erläuterungen

Diese Vorschrift ergänzt § 10 (siehe Erläuterung dort) und trifft Regelungen für die vorübergehende (oder vertretungsweise – siehe Ziffer 2 der Niederschriftserklärung) Übertragung höherwertiger Tätigkeiten nach dem 1. Oktober 2005 (§ 10 regelt die Fälle vorheriger Übertragung entsprechender Tätigkeiten).

Seine heutige Fassung hat § 18 TVÜ-Bund im Zusammenhang mit der Einführung der Entgeltordnung für die Beschäftigten des Bundes durch den 7. Änderungstarifvertrag zum TVÜ-Bund vom 5. September 2013 erhalten. In diesem Zusammenhang wurden die Absätze 1 und 3 aufgehoben.

Absatz 1 a. F. traf Regelungen für aus dem BAT/BAT-O in den TVöD übergeleitete Beschäftigte (Angestellte im alten Rechtssinn), denen in der Zeit vom 1. Oktober 2005 bis zum 30. September 2007 erstmalig höherwertige Tätigkeiten übertragen worden waren. Die Regelung lief mit Blick auf den Aspekt der „vorübergehenden" Aufgabenübertragung mittlerweile ins Leere und wurde von den Tarifpartnern aufgehoben.

Absatz 3 a. F. legte fest, dass bei der Prüfung der Frage, ob es sich um tariflich höherwertige Tätigkeiten handelte, bis zum Inkrafttreten der neuen Entgeltordnung die Regelungen des § 22 BAT/BAT-O heranzuziehen waren. Diese Übergangsregelung war mit dem Inkrafttreten der Entgeltordnung hinfällig geworden und wurde daher aufgehoben.

Zu § 18 Abs. 2

Absatz 2 bestimmt, dass bei ehemaligen, zum 1. Oktober 2005 in den TVöD übergeleiteten Arbeitern, denen nach dem 1. Oktober 2005 erstmals eine höherwertige Tätigkeit übertragen wird, die bisherigen Regeln des MTArb/MTArb-O anzuwenden sind. Nach näherer Maßgabe des § 9 MTArb/MTArb-O steht die Zulage – abweichend von § 14 TVöD – dann bereits vom ersten Tag an zu, wenn die höherwertige Tätigkeit an mehr als zwei aufeinanderfolgenden Tagen auszuüben ist. Lediglich die Höhe der Zulage bestimmt sich nach den Regeln des TVöD.

Zur Niederschriftserklärung

Die Niederschriftserklärung Nr. 1 enthält den Auftrag, im Bereich des Bundes durch einen spätestens zum 1. Juli 2007 in Kraft tretenden Tarifvertrag zu bestimmen, in welchen zu katalogisierenden Tätigkeiten eine Zulage bereits nach einer Frist von drei Tagen (statt einem Monat) gezahlt wird. Dass die Tarifpartner den selbst gesetzten Auftrag bis heute nicht erfüllt haben, hat keine Konsequenzen.

§ 19   Entgeltgruppen 2 Ü und 15 Ü

(1) Für Beschäftigte, die in die Entgeltgruppe 2 Ü übergeleitet worden sind, oder zwischen dem 1. Oktober 2005 und dem 31. Dezember 2013 in die Lohngruppe 1 mit Aufstieg nach 2 und 2a oder in die Lohngruppe 2 mit Aufstieg nach 2a eingestellt und der Entgeltgruppe 2Ü zugeordnet worden sind, gelten folgende besondere Tabellenwerte, soweit sich aus den Regelungen im 5. Abschnitt nichts anderes ergibt:

gültig ab	Stufe 1	Stufe 2	Stufe 3	Stufe 4	Stufe 5	Stufe 6
1. März 2016	1973,60	2175,71	2248,31	2345,12	2411,66	2461,30
1. Febr. 2017	2019,98	2226,84	2301,15	2400,23	2468,33	2519,14

(2) [1]Übergeleitete Beschäftigte der Vergütungsgruppe I BAT/BAT-O unterliegen dem TVöD. [2]Sie werden in die Entgeltgruppe 15 Ü übergeleitet. [3]Für sie gelten folgende Tabellenwerte:

gültig ab	Stufe 1	Stufe 2	Stufe 3	Stufe 4	Stufe 5
1. März 2016	5390,57	5982,62	6543,48	6917,41	7004,65
1. Febr. 2017	5517,25	6123,21	6697,25	7079,97	7169,26

[4]Die Verweildauer in den Stufen 2 bis 5 beträgt jeweils fünf Jahre. [5]§ 6 Abs. 4 findet keine Anwendung.

(2a) [1]Für übergeleitete und für ab dem 1. Oktober 2005 neu eingestellte Lehrkräfte, die gemäß Nr. 5 der Vorbemerkungen zu allen Vergütungsgruppen nicht unter die Anlage 1a zum BAT/BAT-O fallen, gilt die Entgelttabelle des TVöD (Bund) mit der Maßgabe, dass die Tabellenwerte

– der Entgeltgruppen 5 bis 8 um 64,00 Euro und
– der Entgeltgruppen 9 bis 13 um 72,00 Euro

vermindert werden; die verminderten Tabellenwerte sind auch maßgebend für die Zuordnung der Lehrkräfte in die individuelle Zwischenstufe beziehungsweise individuelle Endstufe am 1. Oktober 2005 und in die individuelle Zwischenstufe beziehungsweise individuelle Endstufe, die sich in Anwendung des § 8 Abs. 3 TVÜ-Bund ergibt. [2]Satz 1 gilt nicht für Lehrkräfte, die die fachlichen und pädagogischen Voraussetzungen für die Einstellung als Studienrat nach der Besoldungsgruppe A 13 BBesG erfüllen, und für übergeleitete Lehrkräfte, die einen arbeitsvertraglichen Anspruch auf Zahlung einer allgemeinen Zulage wie die unter die Anlage 1a zum BAT/BAT-O fallenden Angestellten haben. [3]Die Beträge nach Satz 1 vermindern sich bei jeder nach dem 31. Dezember 2008 wirksam werdenden allgemeinen Tabellenanpassung in

– den Entgeltgruppen 5 bis 8 um 6,40 Euro und
– den Entgeltgruppen 9 bis 13 um 7,20 Euro.

Erläuterungen

Die Vorschrift legt die Tabellenwerte der in der Grundentgelttabelle zum TVöD noch nicht definierten Entgeltgruppen 2 Ü und 15 Ü fest. Für das Tarifgebiet Ost war der jeweilige Bemessungsfaktor zu beachten (Absatz 3 – aufgehoben mit dem Änderungstarifvertrag Nr. 3 vom 27. Februar 2010).

Zu § 19 Abs. 1

Hierunter fallen die unmittelbar in Entgeltgruppe 2 Ü übergeleiteten Beschäftigten sowie die in Lohngruppe 1 mit Aufstieg nach 2 und 2a und Lohngruppe 2 mit Aufstieg nach 2a eingestellten Beschäftigten.

Zu § 19 Abs. 2

Hiervon werden die aus Vergütungsgruppe I BAT/BAT-O übergeleiteten Beschäftigten erfasst. Abweichend von den allgemeinen Grundsätzen beträgt die Verweildauer in den Stufen 1 bis 4 jeweils fünf Jahre. § 6 Abs. 4 (Mindeststufe) findet keine Anwendung.

Zu § 19 Abs. 2a

Mit der Regelung des § 19 Abs. 2a TVÜ-Bund, die durch den Änderungstarifvertrag Nr. 2 vom 6. Oktober 2008 mit Wirkung vom 1. August 2008 eingefügt worden ist, haben die Tarifpartner die nicht von der Vergütungsordnung zum BAT erfassten Lehrkräfte mit in die Entgelttabelle des TVöD einbezogen. Durch eine Minderung der Tabellenwerte haben sie dabei dem Umstand Rechnung getragen, dass eine Vielzahl der Lehrkräfte nach altem Recht eine geringere allgemeine Zulage erhielt als die vergleichbaren übrigen Angestellten.

Nach Satz 1 der Vorschrift gilt die Entgelttabelle zum TVöD auch für die nicht unter die Allgemeine Vergütungsordnung des BAT fallenden Lehrkräfte. Lehrkräfte erhielten nach dem bisherigen Recht in der Regel eine geringere allgemeine Zulage als die vergleichbaren übrigen Angestellten (nämlich gem. § 2 Abs. 3 des Tarifvertrages über Zulagen an Angestellte vom 17. Mai 1982[1]) zuletzt 42,98 EUR statt 114,60 EUR bzw. 107,44 EUR gemäß Abs. 2 Buchst. b bzw. c aaO). Die Tabellenwerte der Entgelttabelle zum TVöD werden entsprechend – aber auf volle Euro gerundet – gekürzt. Dies gilt nach Satz 1 zweiter

[1]   abgedruckt unter **III.2a**

Halbsatz auch für die Zuordnung der Lehrkräfte zu einer individuellen Zwischen- oder Endstufe. Ausgenommen von der Kürzung sind nach Satz 2 der Vorschrift aber die Lehrkräfte, die vergleichbar als Studienrat eingesetzt sind (und eine entsprechende Zulage bekommen) oder die als übergeleitete Lehrkräfte aufgrund arbeitsvertraglicher Vereinbarung einen individualrechtlichen Anspruch auf eine ungekürzte Zulage haben.

Die Regelung des Satzes 3 sieht zum Zweck einer mittelfristigen Angleichung der Tabellenwerte für Lehrer an die Entgelte der vergleichbaren übrigen Beschäftigten einen schrittweisen Abbau der Minderungsbeträge des Satzes 1 im Zuge allgemeiner Lohnerhöhungen vor. Die erste Minderung erfolgt im Zuge der zum 1. Januar 2009 vereinbarten Erhöhung der Tabellenbeträge.

Die im Rahmen des 4. Änderungstarifvertrages eingefügte Niederschriftserklärung stellt sicher, dass die betroffenen Beschäftigten in den Grenzfällen, in denen das individuelle Entgelt der Endstufe „von unten" vom Tabellenentgelt überholt wird, das dann höhere Tabellenentgelt erhalten.

§ 20 (weggefallen)

Erläuterungen

§ 20 enthielt Regelungen über die Jahressonderzahlung 2006 im Bereich des Bundes. Die Regelung ist inzwischen bedeutungslos und wurde im Zuge des Änderungstarifvertrages Nr. 6 vom 31. März 2012 aufgehoben.

§ 21 (weggefallen)

Erläuterungen

Mit dieser Vorschrift haben die Tarifpartner bestimmt, dass die bis zum 30. September 2005 „verdienten" unständigen Bezügebestandteile zu diesem Zeitpunkt nach altem Recht in der Weise abgerechnet werden, als hätte das Beschäftigungsverhältnis zu diesem Zeitpunkt geendet. Die Regelung ist mittlerweile ohne praktische Bedeutung und wurde im Zuge des Änderungstarifvertrages Nr. 6 vom 31. März 2012 aufgehoben.

§ 22 Bereitschaftszeiten

[1]Nr. 3 SR 2r BAT/BAT-O für Hausmeister und entsprechende Tarifregelungen für Beschäftigtengruppen mit Bereitschaftszeiten innerhalb ihrer regelmäßigen Arbeitszeit gelten fort. [2]Dem Anhang zu § 9 TVöD widersprechende Regelungen zur Arbeitszeit sind bis zum 31. Dezember 2005 entsprechend anzupassen.

Erläuterungen

Nach dieser Vorschrift gelten die Nr. 3 SR 2r BAT/BAT-O (Hausmeister) und entsprechende Tarifregelungen für Beschäftigtengruppen, in deren regelmäßiger Arbeitszeit Bereitschaftszeiten fallen, fort. Die entsprechenden Arbeitszeitregelungen sind nach Satz 2 der Vorschrift aber an die Vereinbarungen zu § 9 TVöD anzupassen.

Der Umstand, dass die vereinbarte Anpassungsfrist mittlerweile verstrichen ist, hat keine Auswirkung auf den Fortbestand der Altregelungen.

Die Vorschrift der Nr. 3 SR 2r BAT hatte zuletzt folgenden Wortlaut:

„Nr. 3

Zu § 15 – Regelmäßige Arbeitszeit –

(1) Die regelmäßige Arbeitszeit beträgt durchschnittlich 50 ½ Stunden wöchentlich.

(2) § 15 Abs. 2 und 4 findet keine Anwendung."

Mit Blick auf die Regelungen des Arbeitszeitgesetzes (abgedruckt als Anhang 1 zu § 6 TVöD) dürfte mittlerweile von einer Höchstgrenze von 48 Wochenstunden auszugehen sein (jüngst nochmals EuGH, Urt. v. 25. 11. 2010 – Rs C-429/09 sowie bereits auch das BAG im Urteil vom 14. Oktober 2004 – 6 AZR 564/03). Während das BAG noch die Auffassung vertreten hat, dass auch bei einer rechtswidrigen Arbeitszeit von mehr als 48 Wochenstunden kein Vergütungsanspruch für die übersteigende Zeit besteht, sieht der EuGH hierfür einen Schadensersatzanspruch vor. Der EuGH lässt aber ausdrücklich offen, in welcher Form (Geld, Freizeitausgleich?) und Höhe dieser Schadensersatz zu erbringen ist.

§ 23 Sonderregelungen für besondere Berufsgruppen

Die Überleitungs-, Übergangs- und Besitzstandsregelungen für besondere Berufsgruppen im Bereich des Bundes ergeben sich aus der Anlage 5 TVÜ-Bund.

Erläuterungen

Besonderheiten für bestimmte Berufsgruppen (z. B. für Beschäftigte des ehemaligen Luftfahrtbundesamtes und Mautkontrolleure sind in der Anlage 5 TVÜ-Bund geregelt. Dort ist auch bestimmt, dass Lehrkräfte des Bundes ihre bisherigen Bezüge zunächst als Abschlag weiter erhalten.

5. Abschnitt
Überleitung in den TV EntgO Bund am 1. Januar 2014

§ 24 Grundsatz

[1]Für die in den TVöD übergeleiteten Beschäftigten (§ 1 Abs. 1) sowie für die zwischen dem Inkrafttreten des TVöD und dem 31. Dezember 2013 beim Bund neu eingestellten Beschäftigten (§ 1 Abs. 2), deren Arbeitsverhältnis zum Bund über den 31. Dezember 2013 hinaus fortbesteht und die am 1. Januar 2014 unter den Geltungsbereich des TVöD fallen, gelten ab dem 1. Januar 2014 für Eingruppierungen § 12 (Bund) und § 13 (Bund) TVöD in Verbindung mit dem Tarifvertrag über die Entgeltordnung des Bundes (TV EntgO Bund). [2]Diese Beschäftigten sind zum 1. Januar 2014 gemäß den Regelungen dieses Abschnitts in den TV EntgO Bund übergeleitet.

Erläuterungen

Bei den §§ 24 bis 28 TVÜ-Bund handelt es sich um die zentralen Vorschriften zur Überleitung der Beschäftigten des Bundes in die neue Entgeltordnung. Im Ergebnis wurde eine umfassende Besitzstandsregelung vereinbart, die für die am 31. Dezember 2013/ 1. Januar 2014 in der gleichen Tätigkeit beim selben Arbeitgeber Beschäftigten nur „nach oben" führen kann.

Wegen der umfassenden Darstellung der Überleitungstechnik bzw. der Regeln beim In-Kraft-Setzen der neuen Entgeltordnung wird auf Abschnitt V. des Beitrags unter I.010 hingewiesen.

Zusammengefasst lässt sich die Überleitung wie folgt darstellen:

– Die Entgeltordnung tritt am 1. Januar 2014 in Kraft; alle Eingruppierungsvorgänge un-terliegen ab diesem Zeitpunkt der neuen Entgeltordnung. Zurückgelegte Zeiten werden uneingeschränkt berücksichtigt (siehe § 25 Abs. 2 TVÜ-Bund).

– Für über den 31. Dezember 2013 hinaus beim selben Arbeitgeber weiterhin ausgeübte Tätigkeiten bleibt es bei der bisherigen Eingruppierung; eine Überprüfung findet ebenso wenig statt wie eine Herabgruppierung; die nach Anlage 2 oder 4 zum TVÜ-Bund vorgenommene Eingruppierung gilt als zutreffend und hat weiterhin Bestand (siehe § 25 Abs. 1 TVÜ-Bund und die dazu vereinbarte Protokollerklärung).

– Beschäftigte, die nach der Entgeltordnung höher eingruppiert sind als nach der Anlage 2 oder 4 zum TVÜ-Bund, haben ein Antragsrecht, um die höhere Eingruppierung zu wählen (siehe § 26 Abs. 1 TVÜ-Bund).

– Der Antrag muss, nachdem das ursprüngliche Datum 31. Dezember 2014 im Zuge des 9. Änderungstarifvertrages zum TVÜ-Bund vom 17. Oktober 2014 verlängert wurde, bis zum 30. Juni 2015 (bei ruhendem Arbeitsverhältnis innerhalb eines Jahres nach dem Ende des Ruhens) gestellt werden; er wirkt auf den 1. Januar 2014 zurück.

– Im Falle eines Antrags findet eine „normale" Höhergruppierung nach den Regeln des § 17 Abs. 4 TVöD alter Fassung (nicht § 17 Abs. 5 TVöD!) statt (Ausnahme bei der Stufenzuordnung bei Beschäftigten in der Stufe 1). Achtung: Auch die Anrechnung beim Strukturausgleich findet nach den üblichen Regeln (§ 12 Abs. 5 TVÜ-Bund) statt.

– Beschäftigte der bisherigen Entgeltgruppe 13 mit Zulage nach § 17 Abs. 8 TVÜ-Bund/alt (13 + Z) werden stufengleich ohne besonderen Antrag in die Entgeltgruppe 14 überführt (siehe § 27 Abs. 1 TVÜ-Bund).

– Die Beschäftigten der Entgeltgruppe 9 ohne besondere Stufenregelungen werden ohne besonderen Antrag stufengleich in die Entgeltgruppe 9b übergeleitet (siehe § 27 Abs. 2 TVÜ-Bund).

– Die Beschäftigten der Entgeltgruppe 9 mit besonderen Stufenregelungen („kleine Entgeltgruppe 9") werden ohne besonderen Antrag betragsgleich (nicht: stufengleich!) in die Entgeltgruppe 9a übergeleitet (siehe § 27 Abs. 3 TVÜ-Bund). Für bestimmte Beschäftigte, die in die Stufe 1 oder 2 übergeführt wurden, gelten weiterhin besondere Stufenregeln (s. § 27 Abs. 3 Satz 4).

– Die Absätze 3 bis 5 des § 26 TVÜ-Bund enthalten besondere Regelungen für die Höher-gruppierung von Beschäftigten mit Besitzstandszulagen. Die Zulagen entfallen zwar, wirken sich aber bei der Berechnung des Höhergruppierungsgewinns aus bzw. haben Einfluss auf die Stufenzuordnung und die anzurechnenden Stufenlaufzeiten in der höheren Entgeltgruppe.

– Das für Höhergruppierungen geltende Recht gilt auch im Falle des erstmaligen Anspruchs auf Entgeltgruppenzulage (siehe § 28 TVÜ-Bund).

§ 25 Besitzstandsregelungen

(1) Die Überleitung erfolgt unter Beibehaltung der bisherigen Entgeltgruppe für die Dauer der unverändert auszuübenden Tätigkeit.

Protokollerklärung zu Absatz 1:
[1]Die vorläufige Zuordnung zu der Entgeltgruppe des TVöD nach der Anlage 2 oder 4 TVÜ-Bund in der bis zum 31. Dezember 2013 geltenden Fassung gilt als Eingruppierung. [2]Eine Überprüfung und Neufeststellung der Eingruppierungen findet aufgrund der Überleitung in den TV EntgO Bund nicht statt.

(2) Hängt die Eingruppierung nach § 12 (Bund) und § 13 (Bund) TVöD in Verbindung mit dem TV EntgO Bund von der Zeit einer Tätigkeit oder Berufsausübung ab, wird die vor dem 1. Januar 2014 zurückgelegte Zeit so berücksichtigt, wie sie zu berücksichtigen wäre, wenn § 12 (Bund) und § 13 (Bund) TVöD sowie der TV EntgO Bund bereits seit dem Beginn des Arbeitsverhältnisses gegolten hätten.

(3) Beschäftigte, denen am 31. Dezember 2013 eine persönliche Besitzstandszulage nach der Protokollerklärung zu § 5 Abs. 2 Satz 3 oder eine persönliche Zulage nach § 17 Abs. 6 in der bis zum 31. Dezember 2013 geltenden Fassung (entfallene Techniker-, Meister- oder Programmiererzulage) zugestanden hat, erhalten eine Besitzstandszulage in Höhe ihrer bisherigen Zulage, solange die anspruchsbegründende Tätigkeit unverändert auszuüben ist.

(4) [1]Soweit an die Tätigkeit in der bisherigen Entgeltgruppe besondere Entgeltbestandteile geknüpft waren und diese in dem TV EntgO Bund in geringerer Höhe entsprechend vereinbart sind, wird die hieraus am 1. Januar 2014 bestehende Differenz unter den bisherigen Voraussetzungen als Besitzstandszulage so lange gezahlt, wie die anspruchsbegründende Tätigkeit unverändert auszuüben ist und die sonstigen Voraussetzungen für den besonderen Entgeltbestandteil nach bisherigem Recht weiterhin bestehen. [2]Dies gilt entsprechend, wenn besondere Entgeltbestandteile im TV EntgO Bund nicht mehr vereinbart sind. [3]Die Differenz verändert sich bei allgemeinen Entgeltanpassungen um den von den Tarifvertragsparteien für die jeweilige Entgeltgruppe festgelegten Vomhundertsatz.

Erläuterungen

Siehe dazu die Ausführungen bei § 24 TVÜ Bund.

§ 26 Höhergruppierungen

(1) [1]Ergibt sich nach dem TV EntgO Bund eine höhere Entgeltgruppe, sind die Beschäftigten auf Antrag in der Entgeltgruppe eingruppiert, die sich nach § 12 (Bund) TVöD ergibt. [2]Der Antrag kann nur bis zum 30. Juni 2015 gestellt werden (Ausschlussfrist) und wirkt auf den 1. Januar 2014 zurück; nach dem Inkrafttreten des TV EntgO Bund eingetretene Änderungen der Stufenzuordnung in der bisherigen Entgeltgruppe bleiben bei der Stufenzuordnung nach Absatz 2 bis 5 unberücksichtigt. [3]Ruht das Arbeitsverhältnis am 1. Januar 2014, beginnt die Frist von einem Jahr mit der Wiederaufnahme der Tätigkeit; der Antrag wirkt auf den 1. Januar 2014 zurück.

(2) [1]Die Stufenzuordnung in der höheren Entgeltgruppe richtet sich nach den Regelungen für Höhergruppierungen (§ 17 Abs. 4 TVöD in der bis zum 28. Februar 2014 geltenden Fassung). [2]War die/der Beschäftigte in der bisherigen Entgeltgruppe der Stufe 1 zugeordnet, wird sie/er abweichend von Satz 1 der Stufe 1 der höheren Entgeltgruppe zugeordnet; die bisher in Stufe 1 verbrachte Zeit wird angerechnet.

(3) [1]Sind Beschäftigte, die eine Besitzstandszulage nach § 9 (Vergütungsgruppenzulagen) erhalten, auf Antrag nach Absatz 1 höhergruppiert, entfällt die Besitzstandszulage rückwirkend ab dem 1. Januar 2014. [2]Abweichend von Absatz 2 Satz 1 wird für die Anwendung des § 17 Abs. 4 Satz 1 und 2 TVöD zu dem jeweiligen bisherigen Tabellenentgelt die wegfallende Zulage hinzugerechnet und anschließend der Unterschiedsbetrag ermittelt. [3]§ 25 Abs. 4 findet keine Anwendung.

Niederschriftserklärung zu § 26 Abs. 3 Satz 2:
Die Tarifvertragsparteien sind sich einig, dass im Falle einer Höhergruppierung über mehr als eine Entgeltgruppe die Besitzstandszulage nach § 9 (Vergütungsgruppenzulagen) nur in der Ausgangsentgeltgruppe dem Tabellenentgelt hinzugerechnet wird.

(4) [1]Sind Beschäftigte, die eine Besitzstandszulage nach § 25 Abs. 3 (Techniker-, Meister- oder Programmiererzulage) erhalten, auf Antrag nach Absatz 1 höhergruppiert, entfällt die Besitzstandszulage rückwirkend ab dem 1. Januar 2014. [2]Ergibt sich durch die Höhergruppierung die Zuordnung zu einer niedrigeren Stufe als in der bisherigen Entgeltgruppe, wird abweichend von Absatz 2 Satz 1 die in der bisherigen Stufe zurückgelegte Stufenlaufzeit auf die Stufenlaufzeit in der höheren Entgeltgruppe angerechnet. [3]Ist dadurch am Tag der Höhergruppierung in der höheren Entgeltgruppe die Stufenlaufzeit zum Erreichen der nächsthöheren Stufe erfüllt, beginnt in dieser nächsthöheren Stufe die Stufenlaufzeit von Neuem. [4]§ 25 Abs. 4 findet keine Anwendung.

Niederschriftserklärung zu § 26 Abs. 4 und 5:
Die Tarifvertragsparteien sind sich einig, dass im Falle einer Höhergruppierung über mehr als eine Entgeltgruppe die Mitnahme der Stufenlaufzeit nur bei der ersten dazwischenliegenden Entgeltgruppe nach § 17 Abs. 4 Satz 3 Halbsatz 1 erfolgt.

(5) [1]Sind Beschäftigte, die eine Besitzstandszulage nach § 9 (Vergütungs-gruppenzulagen) und eine Besitzstandszulage nach § 25 Abs. 3 (Techniker-, Meister- oder Programmiererzulage) erhalten, auf Antrag nach Absatz 1 höher-gruppiert, entfallen beide Besitzstandszulagen rückwirkend ab dem 1. Januar 2014. [2]Abweichend von Absatz 2 Satz 1 werden für die Anwendung des § 17 Abs. 4 Satz 1 und 2 TVöD zu dem jeweiligen bisherigen Tabellenentgelt die beiden wegfallenden Besitzstandszulagen hinzugerechnet und anschließend der Unterschiedsbetrag ermittelt. [3]Ergibt sich durch die Höhergruppierung die Zuordnung zu einer niedrigeren Stufe als in der bisherigen Entgeltgruppe, wird abweichend von Absatz 2 Satz 1 die in der bisherigen Stufe zurückgelegte Stufenlaufzeit auf die Stufenlaufzeit in der höheren Entgeltgruppe ange-rechnet. [4]Ist dadurch am Tag der Höhergruppierung in der höheren Entgelt-gruppe die Stufenlaufzeit zum Erreichen der nächsthöheren Stufe erfüllt, beginnt in dieser nächsthöheren Stufe die Stufenlaufzeit von Neuem. [5]§ 25 Abs. 4 findet keine Anwendung.

Niederschriftserklärung zu § 26 Abs. 5 Satz 2:

Die Tarifvertragsparteien sind sich einig, dass im Falle einer Höhergruppierung über mehr als eine Entgeltgruppe die Besitzstandszulagen nach § 9 (Vergütungs-gruppenzulagen) und nach § 25 Abs. 3 (Techniker-, Meister- oder Programmierer-zulage) nur in der Ausgangsentgeltgruppe dem Tabellenentgelt hinzugerechnet werden.

Erläuterungen

Siehe dazu die Ausführungen bei § 24 TVÜ Bund.

§ 27   Besondere Überleitungsregelungen

(1) Beschäftigte mit einem Anspruch auf die bisherige Zulage nach § 17 Abs. 8 in der bis zum 31. Dezember 2013 geltenden Fassung sind stufengleich und unter Beibehaltung der in ihrer Stufe zurückgelegten Stufenlaufzeit in die Entgeltgruppe 14 übergeleitet.

(2) Beschäftigte der Entgeltgruppe 9, für die keine besonderen Stufenregelungen gelten, sind stufengleich und unter Beibehaltung der in ihrer Stufe zurückgelegten Stufenlaufzeit in die Entgeltgruppe 9b übergeleitet.

(3) [1]Beschäftigte der Entgeltgruppe 9, für die gemäß des Anhangs zu § 16 (Bund) TVöD in der bis zum 31. Dezember 2013 geltenden Fassung besondere Stufenregelungen gelten, sind unter Beibehaltung der in ihrer Stufe zurückgelegten Stufenlaufzeit in die Stufe der Entgeltgruppe 9a übergeleitet, deren Betrag dem Betrag ihrer bisherigen Stufe entspricht. [2]Ist dadurch am Tag der Überleitung in die Entgeltgruppe 9a die Stufenlaufzeit zum Erreichen der nächsthöheren Stufe erfüllt, beginnt in dieser nächsthöheren Stufe die Stufenlaufzeit von Neuem. [3]Im Falle der sich aus Satz 2 ergebenden Zuordnung zur der Stufe 3 wird die zwei Jahre übersteigende Stufenlaufzeit auf die Stufenlaufzeit in der Stufe 3 angerechnet. [4]In Stufe 1 oder 2 übergeleitete Beschäftigte, die am 31. Dezember 2013 nach einem Tätigkeitsmerkmal der Lohngruppe 9 des Tarifvertrags über das Lohngruppenverzeichnis des Bundes zum MTArb in Verbindung mit § 17 TVÜ-Bund und der Anlage 4 zum TVÜ-Bund in der bis zum 31. Dezember 2013 geltenden Fassung oder in Verbindung mit § 4 Abs. 1 und der Anlage 2 zum TVÜ-Bund in der bis zum 31. Dezember 2013 geltenden Fassung in Entgeltgruppe 9 TVöD eingruppiert waren und für die gemäß § 16 (Bund) Abs. 4 Satz 2 TVöD in der bis zum 31. Dezember 2013 geltenden Fassung abweichende Stufenlaufzeiten und Endstufen galten, erreichen nach Ablauf der Stufenlaufzeit in Stufe 2 die Stufe 4; die Stufenlaufzeit in Stufe 4 zum Erreichen der Stufe 5 beträgt sieben Jahre. [5]Für die in Entgeltgruppe 9a übergeleiteten Beschäftigten bemessen sich für die Dauer der Eingruppierung in Entgeltgruppe 9a die Zeitzuschläge gemäß § 8 Abs. 1 Satz 2 TVöD nach dem auf eine Stunde entfallenden Anteil des Tabellenentgelts der Stufe 4, und bei Überstunden richtet sich das Entgelt für die tatsächliche Arbeitsleistung abweichend von der Protokollerklärung nach § 8 Abs. 1 Satz 1 TVöD nach der individuellen Stufe, höchstens jedoch nach der Stufe 5.

Protokollerklärung zu Absatz 2 und 3:
Die Zuordnung zu einer individuellen Zwischen- oder Endstufe bleibt unberührt.

(4) Ergibt sich nach dem TV EntgO Bund für Tätigkeitsmerkmale der Entgeltgruppe 2 oder der Entgeltgruppe 3 erstmalig die Stufe 6, ist die/der Beschäftigte auf Antrag der Stufe 6 zugeordnet, wenn die fünfjährige Stufenlaufzeit in der Stufe 5 erfüllt ist.

(5) [1]In Entgeltgruppe 2Ü eingruppierte Beschäftigte mit Zuordnung zur Stufe 6 werden auf Antrag in Entgeltgruppe 2 eingruppiert und der Stufe 6 dieser Entgeltgruppe zugeordnet. [2]Die Eingruppierung in Entgeltgruppe 2 erfolgt

individuell mit Beginn des Monats, in dem der Antrag gestellt worden ist, frühestens aber zum Zeitpunkt des Erreichens der Stufe 6 in der Entgeltgruppe 2Ü.

Erläuterungen

Siehe dazu die Ausführungen bei § 24 TVÜ Bund.

I

§ 28   Entgeltgruppenzulagen

Ergibt sich nach dem TV EntgO Bund erstmalig der Anspruch auf eine Entgelt-gruppenzulage, steht den Beschäftigten auf Antrag die Zulage zu; § 26 Abs. 1 Satz 2 und 3 gilt entsprechend.

Erläuterungen

Siehe dazu die Ausführungen bei § 24 TVÜ Bund.

6. Abschnitt
Weitere Überleitungsregelungen

§ 29   Zuordnung zur Stufe 6 in den Entgeltgruppen 9a bis 15 am 1. März 2016

[1]Am 29. Februar 2016 in eine der Entgeltgruppen 9a bis 15 eingruppierte Beschäftigte mit Zuordnung zur Stufe 5 und einer zu diesem Zeitpunkt in Stufe 5 absolvierten Stufenlaufzeit von mindestens fünf Jahren sind am 1. März 2016 der Stufe 6 ihrer Entgeltgruppe zugeordnet; entsprechendes gilt für Beschäftigte in einer individuellen Endstufe. [2]Ist das Tabellenentgelt der Stufe 6 niedriger als der Betrag der individuellen Endstufe, wird die/der Beschäftigte erneut einer individuellen Endstufe unter Beibehaltung der bisherigen Entgelthöhe zugeordnet. [3]§ 6 Abs. 3 Sätze 2 bis 6 gelten entsprechend. [4]Für Beschäftigte in der Entgeltgruppe 9b wird die vor dem 1. Januar 2014 in der Stufe 5 der Entgeltgruppe 9 absolvierte Stufenlaufzeit angerechnet. [5]Für Beschäftigte in der Entgeltgruppe 9a wird die vor dem 1. Januar 2014 in der Stufe 4 der Entgeltgruppe 9 absolvierte Stufenlaufzeit angerechnet.

Erläuterungen

Im Zuge der Tarifrunde 2016 ist auch für die Entgeltgruppen 9a bis 15 eine Stufe 6 vereinbart worden. Die neue, mit dem 10. Änderungstarifvertrag vom 29. April 2016 mit Wirkung vom 1. März 2016 eingefügte Vorschrift regelt die Überleitung der am 29. Februar 2016 bereits mindestens fünf Jahre der Stufe 5 zugeordneten Beschäftigten in die Stufe sechs und bestimmt, dass die Überleitung ohne Antrag automatisch zum 1. März 2016 erfolgt (Satz 1). Für Beschäftigte, die einer individuellen Endstufe zugeordnet werden, erfolgt erneut eine Zuordnung zu einer individuellen Endstufe („6 +"), wenn das individuelle Entgelt auch oberhalb der neuen Stufe sechs liegt (Satz 2). Durch den Verweis in Satz 3 auf die Regelungen des § 6 Abs. 3 Sätze 2 bis 6 gelten die dortigen Regelungen zum Mindesthöhergruppierungsgewinn bei einer Höhergruppierung aus der individuellen Endstufe sowie zur Dynamisierung der Endstufe bei allgemeinen Entgelterhöhungen. Die Sätze 4 und 5 beinhalten besondere Anrechnungsregelungen für diejenigen Beschäftigten, die im Zuge der Einführung der Entgeltordnung/Bund zum 1. Januar 2014 den neuen Entgeltgruppen 9a und 9b zugeordnet worden sind.

I

7. Abschnitt
Übergangs- und Schlussvorschrift

§ 30 Inkrafttreten, Laufzeit

(1) Dieser Tarifvertrag tritt am 1. Oktober 2005 in Kraft.

(2) [1]Der Tarifvertrag kann ohne Einhaltung einer Frist jederzeit schriftlich gekündigt werden. [2]Die §§ 18 und 19 können ohne Einhaltung einer Frist, jedoch nur insgesamt, schriftlich gekündigt werden; die Nachwirkung dieser Vorschriften wird ausgeschlossen.

Erläuterungen

Der Tarifvertrag trat am 1. Oktober 2005 in Kraft (Absatz 1).

Frühest möglicher Kündigungstermin war nach näherer Maßgabe des Absatzes 2 in seiner Urfassung der 31. Dezember 2007; Kündigungsfristen wurden nicht vereinbart.

Die §§ 18 und 19 können eigenständig gekündigt werden; auch hier muss keine besondere Frist gewahrt werden. Der Ausschluss der tarifvertragsgesetzlichen Nachwirkung führt dazu, dass eine Kündigung auch im Zeitpunkt der Kündigung vorhandene Beschäftigte unmittelbar beträfe.

Anlage 1 TVÜ-Bund Teil A

1. Bundes-Angestelltentarifvertrag (BAT) vom 23. Februar 1961, zuletzt geändert durch den 78. Tarifvertrag zur Änderung des Bundes-Angestelltentarifvertrages vom 31. Januar 2003

2. Tarifvertrag zur Anpassung des Tarifrechts – Manteltarifliche Vorschriften – (BAT-O) vom 10. Dezember 1990, zuletzt geändert durch den Änderungstarifvertrag Nr. 13 vom 31. Januar 2003 zum Tarifvertrag zur Anpassung des Tarifrechts – Manteltarifliche Vorschriften – (BAT-O)

3. Manteltarifvertrag für Arbeiterinnen und Arbeiter des Bundes und der Länder (MTArb) vom 6. Dezember 1995, zuletzt geändert durch den Änderungstarifvertrag Nr. 4 vom 31. Januar 2003 zum Manteltarifvertrag für Arbeiterinnen und Arbeiter des Bundes und der Länder (MTArb)

4. Tarifvertrag zur Anpassung des Tarifrechts für Arbeiter an den MTArb – (MTArb-O) vom 10. Dezember 1990, zuletzt geändert durch den Änderungstarifvertrag Nr. 11 vom 31. Januar 2003 zum Tarifvertrag zur Anpassung des Tarifrechts für Arbeiter an den MTArb – (MTArb-O)

I

Anlage 1 TVÜ-Bund Teil B

Vorbemerkungen:

1. Die nachfolgende Liste ist noch nicht abschließend. Sobald die Verhandlungen der Tarifvertragsparteien zu Anlage 1 TVÜ-Bund Teil B abgeschlossen sind, ersetzt die Neufassung diese Anlage.

2. ¹Die Nrn. 21, 22 und 23 gelten für Beschäftigte, die nach Tätigkeitsmerkmalen eingruppiert sind, welche im Anhang zu Nrn. 21, 22 und 23 aufgelistet sind. ²Die Nrn. 19 und 20 gelten für Beschäftigte, die nicht nach Tätigkeitsmerkmalen eingruppiert sind, welche im Anhang zu Nrn. 21, 22 und 23 aufgelistet sind. ³Die Bestimmung des persönlichen Geltungsbereichs in den Sätzen 1 und 2 gilt weder als eine tarifliche Neuregelung der Erschwerniszuschläge gemäß § 19 TVöD im Sinne der Nrn. 19 bis 23 noch als Inkrafttreten eines entsprechenden Tarifvertrages im Sinne des § 19 Abs. 5 Satz 2 TVöD.

3. ¹Arbeiterinnen und Arbeiter der Wasser- und Schifffahrtsverwaltung des Bundes im Sinne der Anlage 2 Satz 3 Buchstabe a des Tarifvertrags über die betriebliche Altersversorgung der Beschäftigten des öffentlichen Dienstes (Tarifvertrag Altersversorgung – ATV) sind die Beschäftigten der Wasser- und Schifffahrtsverwaltung des Bundes, die nach Tätigkeitsmerkmalen eingruppiert sind, welche im Anhang zu Nrn. 21, 22 und 23 aufgelistet sind; dies gilt nicht für Beschäftigte des Bundesamtes für Seeschifffahrt und Hydrographie. ²Die bei der betrieblichen Altersversorgung im Rahmen der Pflichtversicherung am 31. Dezember 2013 bestehende Zuordnung von Beschäftigten der Wasser- und Schifffahrtsverwaltung des Bundes zu einer Zusatzversorgungseinrichtung des öffentlichen Dienstes bleibt ungeachtet der Veränderung der für sie maßgeblichen Tätigkeitsmerkmale für die Dauer der unverändert auszuübenden Tätigkeit bestehen.

4. Soweit einzelne Tarifvertragsregelungen vorübergehend fortgelten, erstreckt sich die Fortgeltung auch auf Beschäftigte i. S. d. § 1 Abs. 2 TVÜ-Bund.

1. Tarifvertrag zu § 71 BAT betreffend Besitzstandswahrung vom 23. Februar 1961

2. Tarifvertrag über die Regelung der Arbeitsbedingungen der Kapitäne und der Besatzungsmitglieder der Fischereischutzboote und der Fischereiforschungsschiffe des Bundes vom 11. Januar 1972

3. Tarifvertrag über eine Zuwendung für Kapitäne und Besatzungsmitglieder der Fischereischutzboote und Fischereiforschungsschiffe des Bundes vom 31. Januar 1974

4. Tarifvertrag für die Angestellten der Wasser- und Schifffahrtsverwaltung des Bundes auf Laderaumsaugbaggern vom 22. März 1978

5. Tarifvertrag für die Arbeiter der Wasser- und Schifffahrtsverwaltung des Bundes auf Laderaumsaugbaggern vom 22. März 1978

6. Festlegung des Gerichtsstandes bei Arbeitsrechtsstreitigkeiten zwischen dem Bund und den Angestellten des Deutschen Wetterdienstes, Tarifvertrag vom 2. September 1964

7. Vergütungstarifvertrag Nr. 35 zum BAT für den Bereich des Bundes vom 31. Januar 2003

8. Vergütungstarifvertrag Nr. 7 zum BAT-O für den Bereich des Bundes vom 31. Januar 2003, mit Ausnahme des § 3 Abs. 1 der für die Tabellenentgelte der Anlage B – Bund nach § 15 Abs. 2 Satz 2 TVöD i. V. m. der Anlage 2 zu § 4 Abs. 1 und der Anlage 4 zu § 17 Abs. 7 TVÜ-Bund fortgilt

9. Monatslohntarifvertrag Nr. 5 zum MTArb vom 31. Januar 2003

10. Monatslohntarifvertrag Nr. 7 zum MTArb-O vom 31. Januar 2003, mit Ausnahme des § 3 Abs. 1, der für die Tabellenentgelte der Anlage B – Bund nach § 15 Abs. 2 Satz 2 TVöD i. V. m. der Anlage 2 zu § 4 Abs. 1 und der Anlage 4 zu § 17 Abs. 7 TVÜ-Bund fortgilt

11. Tarifvertrag über das Lohngruppenverzeichnis des Bundes zum MTArb (TV LohngrV) vom 11. Juli 1966

12. Tarifvertrag über das Lohngruppenverzeichnis des Bundes zum MTArb-O (TV Lohngruppen-O-Bund) vom 8. Mai 1991

13. Tarifvertrag über die Ausführung von Arbeiten im Leistungslohnverfahren im Bereich der SR 2g des Abschnitts A der Anlage 2 MTArb vom 16. November 1971

I

14. Tarifvertrag zur Überleitung der Arbeiter der Zoll- und Verbrauchssteuerverwaltung und der Bundesvermögensverwaltung der Oberfinanzdirektion Berlin sowie der Bundesmonopolverwaltung für Branntwein in das Tarifrecht des Bundes vom 18. September 1991

15. Tarifvertrag über die Eingruppierung der Angestellten in den Warenfachabteilungen und bei den Außenstellen der Einfuhr- und Vorratsstellen, der Einfuhrstelle für Zucker und der Mühlenstelle vom 8. Dezember 1966

16. Tarifvertrag über Zusatzurlaub für gesundheitsgefährdende Arbeiten für Arbeiter des Bundes vom 26. Juli 1960

17. Tarifvertrag über Zulagen an Angestellte (Bund) vom 17. Mai 1982, mit Ausnahme der §§ 6a, 9 und 10

18. Tarifvertrag über Zulagen an Angestellte (TV Zulagen Ang-O) (Bund) vom 8. Mai 1991, mit Ausnahme
    - des Eingangssatzes des § 1 Abs. 1,
    - des § 1 Abs. 1 Nr. 1, 1. Halbsatz entsprechend Nr. 20,
    - des § 1 Abs. 1 Nr. 2 entsprechend Nr. 17 und
    - des § 1 Abs. 1 Nr. 4, 5 und 7

19. Tarifvertrag über die Gewährung von Zulagen gemäß § 33 Abs. 1 Buchst. c BAT vom 11. Januar 1962
    - Fortgeltung bis zum In-Kraft-Treten einer tariflichen Neuregelung der Erschwerniszuschläge gemäß § 19 TVöD

20. Tarifvertrag über die Gewährung von Zulagen gemäß § 33 Abs. 1 Buchst. c BAT-O (TV Zulagen zu § 33 BAT-O) vom 8. Mai 1991
    - Fortgeltung bis zum In-Kraft-Treten einer tariflichen Neuregelung der Erschwerniszuschläge gemäß § 19 TVöD

21. Tarifvertrag über Lohnzuschläge gemäß § 29 MTArb für Arbeiter des Bundes (LohnzuschlagsTV) vom 9. Mai 1969
    - Fortgeltung bis zum In-Kraft-Treten einer tariflichen Neuregelung der Erschwerniszuschläge gemäß § 19 TVöD

22. Tarifvertrag über Taucherzuschläge für Arbeiter des Bundes vom 13. September 1973
    - Fortgeltung bis zum In-Kraft-Treten einer tariflichen Neuregelung der Erschwerniszuschläge gemäß § 19 TVöD

23. Tarifvertrag über Lohnzuschläge gemäß § 29 MTArb-O und über Taucherzuschläge für Arbeiter des Bundes im Geltungsbereich des MTArb-O (TV Lohnzuschläge-O-Bund) vom 8. Mai 1991
    – Fortgeltung bis zum In-Kraft-Treten einer tariflichen Neuregelung der Erschwerniszuschläge gemäß § 19 TVöD

24. Tarifvertrag über vermögenswirksame Leistungen an Angestellte vom 17. Dezember 1970

25. Tarifvertrag über vermögenswirksame Leistungen an Angestellte (TV VL Ang-O) vom 8. Mai 1991

26. Tarifvertrag über vermögenswirksame Leistungen an Arbeiter (Bund) vom 17. Dezember 1970

27. Tarifvertrag über vermögenswirksame Leistungen an Arbeiter (TV VL Arb-O) vom 8. Mai 1991

28. Tarifvertrag über eine Zuwendung für Angestellte vom 12. Oktober 1973

29. Tarifvertrag über eine Zuwendung für Angestellte (TV Zuwendung Ang-O) vom 10. Dezember 1990

30. Tarifvertrag über eine Zuwendung für Arbeiter des Bundes und der Länder vom 12. Oktober 1973

31. Tarifvertrag über eine Zuwendung für Arbeiter (TV Zuwendung Arb-O) vom 10. Dezember 1990

32. Tarifvertrag über ein Urlaubsgeld für Angestellte vom 16. März 1977

33. Tarifvertrag über ein Urlaubsgeld für Angestellte (TV Urlaubsgeld Ang-O) vom 10. Dezember 1990

34. Tarifvertrag über ein Urlaubsgeld für Arbeiter vom 16. März 1977

35. Tarifvertrag über ein Urlaubsgeld für Arbeiter (TV Urlaubsgeld Arb-O) vom 10. Dezember 1990

36. Beihilfetarifvertrag, TV vom 15. Juni 1959

37. Tarifvertrag über die Gewährung von Beihilfen an Arbeiter, Lehrlinge und Anlernlinge des Bundes vom 15. Juni 1959

38. Tarifvertrag zur Regelung der Rechtsverhältnisse der Ärzte/Ärztinnen im Praktikum vom 10. April 1987

39. Tarifvertrag zur Regelung der Rechtsverhältnisse der Ärzte/Ärztinnen im Praktikum (Mantel-TV AiP-O) vom 5. März 1991

40. Entgelttarifvertrag Nr. 12 für Ärzte/Ärztinnen im Praktikum vom 31. Januar 2003

41. Entgelttarifvertrag Nr. 7 für Ärzte/Ärztinnen im Praktikum (Ost) vom 31. Januar 2003

42. Tarifvertrag über vermögenswirksame Leistungen an Ärzte/Ärztinnen im Praktikum vom 10. April 1987

43. Tarifvertrag über eine Zuwendung für Ärzte/Ärztinnen im Praktikum vom 10. April 1987

44. Tarifvertrag über eine Zuwendung für Ärzte/Ärztinnen im Praktikum (TV Zuwendung AiP-O) vom 5. März 1991

45. Tarifvertrag über ein Urlaubsgeld für Ärzte/Ärztinnen im Praktikum vom 10. April 1987

46. Tarifvertrag über ein Urlaubsgeld für Ärzte/Ärztinnen im Praktikum (TV Urlaubsgeld AiP-O) vom 5. März 1991

47. Tarifvertrag über die Erhöhung der Löhne und Gehälter für Beschäftigte im öffentlichen Dienst vom 4. September 1990

48. Tarifvertrag über die Eingruppierung der Angestellten des Bundesverbandes für den Selbstschutz vom 15. November 1978

49. Tarifvertrag über eine Zulage an Arbeiter bei der Bundesanstalt für Flugsicherung vom 20. September 1990

50. Tarifvertrag über eine Zulage an Arbeiter beim Bundesausfuhramt vom 15. April 1992

51. Tarifvertrag über eine Zulage für Angestellte mit Aufgaben nach dem Asylverfahrensgesetz (TV Zulage Asyl Ang-O) vom 3. Mai 1993

52. Tarifvertrag über eine Zulage an Auszubildende (TV-Zulage Azubi-O) vom 5. März 1991

53. Vereinbarung über die Schaffung zusätzlicher Ausbildungsplätze im öffentlichen Dienst vom 17. Juli 1996

54. Tarifvertrag über die Versorgung der Arbeitnehmer des Bundes und der Länder sowie von Arbeitnehmern kommunaler Verwaltungen und Betriebe (Versorgungs-TV) vom 4. November 1966

Tätigkeitsmerkmale der Entgeltordnung:

1. Teil II
2. Teil III

   Abschnitt 4, Abschnitt 9, Abschnitt 10, Abschnitt 19, Abschnitt 22, Abschnitt 23, Abschnitt 29, Abschnitt 31 Entgeltgruppen 3 und 4, Abschnitt 33, Abschnitt 37, Abschnitt 38, Abschnitt 39, Abschnitt 44, Abschnitt 45 Entgeltgruppe 3, Entgeltgruppe 4, Entgeltgruppe 5 Fallgruppe 2 und Entgeltgruppe 6 Fallgruppe 2, Abschnitt 47, Abschnitt 48 Entgeltgruppe 8.

3. Teil IV

   a) Abschnitt 1 Entgeltgruppen 3 bis 7, Entgeltgruppe 8 Fallgruppen 1 bis 3 und Entgeltgruppe 9a,

   b) Abschnitte 4 bis 6,

   c) Abschnitt 8 Entgeltgruppen 5 und 6,

   d) Abschnitte 12 und 13,

   e) Abschnitt 14 Entgeltgruppe 2 und Entgeltgruppe 3 Fallgruppe 1,

   f) Abschnitte 15 bis 19,

   g) Abschnitte 21 und 22,

   h) Abschnitt 23 Entgeltgruppen 3 und 5, Entgeltgruppe 6 Fallgruppen 2 bis 8, Entgeltgruppe 7 Fallgruppen 4 bis 8, Entgeltgruppe 8 Fallgruppen 4 bis 9,

   i) Abschnitt 26 Entgeltgruppe 9a Fallgruppe 2,

   i) Abschnitt 28,

   k) Abschnitt 30,

   l) Abschnitt 31 Entgeltgruppen 5 bis 8,

   m) Abschnitt 32 Entgeltgruppe 4 und Entgeltgruppe 5 Fallgruppe 2.

4. Teil V

   a) Abschnitt 1

      aa) Unterabschnitt 1 Entgeltgruppen 4 bis 7, Entgeltgruppe 8 Fallgruppen 1, 2 und 5 bis 11 und Entgeltgruppe 9a,

      bb) Unterabschnitt 2 Entgeltgruppen 4 bis 6, Entgeltgruppe 7 Fallgruppe 2 und Entgeltgruppe 8 Fallgruppe 2,

      cc) Unterabschnitt 3 Entgeltgruppe 6 Fallgruppe 2,

b) Abschnitt 2 Unterabschnitt 1 Entgeltgruppen 3 bis 7, Entgeltgruppe 8 Fallgruppen 3 und 5 bis 9 und Entgeltgruppe 9a und Unterabschnitt 2,

c) Abschnitt 3 Entgeltgruppen 3 bis 8 und Entgeltgruppe 9a Fallgruppen 1 und 3,

d) Abschnitt 4 Unterabschnitt 1 Entgeltgruppen 4 bis 7 und Entgeltgruppe 8 Fallgruppen 3 bis 8.

5. Teil VI

Anlage 1
TVÜ-Bund Teil C

Vorbemerkung:

Die in dieser Anlage aufgeführten Tarifverträge sind in der jeweils geltenden Fassung zitiert.

1. Tarifvertrag für Arbeitnehmer des Bundes über die Arbeitsbedingungen bei besonderen Verwendungen im Ausland (AuslandsV-TV) vom 9. November 1993

2. Tarifvertrag zur Regelung der Arbeitsbedingungen der bei Auslandsvertretungen der Bundesrepublik Deutschland beschäftigten nicht entsandten Arbeitnehmer – Tarifvertrag Arbeitnehmer Ausland (TV AN Ausland) vom 30. November 2001

3. (weggefallen)

4. (weggefallen)

5. Tarifvertrag über den Rationalisierungsschutz für Angestellte (RatSchTV Ang) vom 9. Januar 1987

6. Tarifvertrag über den Rationalisierungsschutz für Arbeiter des Bundes und der Länder (RatSchTV Arb) vom 9. Januar 1987

7. Tarifvertrag zur Ergänzung der Lohn- und Vergütungssicherung in bestimmten Bereichen des Bundes vom 9. Januar 1987

8. (weggefallen)

9. Tarifvertrag über sozialverträgliche Begleitmaßnahmen im Zusammenhang mit der Umgestaltung der Bundeswehr vom 18. Juli 2001

10. Tarifvertrag über die Geltung des Tarifvertrages über sozialverträgliche Begleitmaßnahmen im Zusammenhang mit der Umgestaltung der Bundeswehr vom 18. Juli 2001 für die Fernleitungs-Betriebsgesellschaft mbH vom 15. Januar 2002

11. Tarifvertrag über Begleitmaßnahmen im Zusammenhang mit dem Beschluss des deutschen Bundestages vom 20. Juni 1991 zur Vollendung der Einheit Deutschlands (UmzugsTV) vom 24. Juni 1996

12. Tarifvertrag zur Regelung der Altersteilzeitarbeit (TV ATZ) vom 5. Mai 1998

I

13. Tarifvertrag über die betriebliche Altersversorgung der Beschäftigten des öffentlichen Dienstes (Tarifvertrag Altersversorgung – ATV) vom 1. März 2002

14. Tarifvertrag über den Geltungsbereich der für den öffentlichen Dienst in der Bundesrepublik Deutschland bestehenden Tarifverträge vom 1. August 1990

15. Tarifvertrag zur Übernahme von Tarifverträgen vom 12. Mai 1975

16. Tarifvertrag über Zulagen an Angestellte bei obersten Bundesbehörden vom 4. November 1971

17. Tarifvertrag über Zulagen an Arbeiter bei obersten Bundesbehörden oder bei obersten Landesbehörden vom 4. November 1971

18. Tarifvertrag über Zulagen an Angestellte bei den Sicherheitsdiensten des Bundes vom 21. Juni 1977

19. Tarifvertrag über eine Zulage für Angestellte beim Bundesamt für Sicherheit in der Informationstechnik vom 14. Dezember 1990

20. Tarifvertrag über Zulagen an Arbeiter bei den Sicherheitsdiensten des Bundes vom 21. Juni 1977

21. Tarifvertrag über eine Zulage für Arbeiter beim Bundesamt für Sicherheit in der Informationstechnik vom 14. Dezember 1990

22. Tarifvertrag über Zulagen an Arbeiter des Bundes im Geltungsbereich des MTArb-O (TV Zulagen Arb-O-Bund) vom 8. Mai 1991

23. Tarifvertrag über die Ausführung von Arbeiten im Leistungslohnverfahren im Bereich der SR 2a des Abschnitts A der Anlage 2 MTArb (Gedingerichtlinien) vom 1. April 1964

24. (weggefallen)

Hinweis zu den Anlagen 2 und 4:

Am 1. Januar 2014 ist für die Beschäftigten des Bundes die Entgeltordnung zum TVöD in Kraft getreten.

Die Entgeltordnung beendet für die Beschäftigten des Bundes den seit In-Kraft-Treten des TVöD am 1. Oktober 2005 bekannten Zustand, dass zur Ermittlung der maßgebenden (vorläufigen) Entgeltgruppe zunächst die nach altem (BAT/MTArb) Recht maßgebende Vergütungs-/Lohngruppe zu ermitteln und diese dann nach der Anlage 2 bzw. 4 zum TVÜ-Bund umzuschlüsseln war. Die Anlagen 2 und 4 zum TVÜ-Bund wurden im Zusammenhang mit der Einführung der neuen Entgeltordnung durch den 7. Änderungstarifvertrag zum TVÜ-Bund vom 5. September 2013 „unter Beibehaltung der Überschrift aufgehoben".

Da die Anlagen für Zeiträume vor 2014 und zum besseren Verständnis der Eingruppierungstechnik der Zeit bis zum 31. Dezember 2013 weiterhin hilfreich sind, haben wir die Texte in diesem Werk belassen.

**Zuordnung der Vergütungs- und Lohngruppen zu den
Entgeltgruppen für am 30. September / 1. Oktober 2005 vorhandene
Beschäftigte für die Überleitung (Bund)**

Entgelt-gruppe	Vergütungsgruppe	Lohngruppe
15 Ü	I	Keine
15	Keine Stufe 6	Keine
	Ia	
	Ia nach Aufstieg aus Ib	
	Ib mit ausstehendem Aufstieg nach Ia	
14	Keine Stufe 6	Keine
	Ib ohne Aufstieg nach Ia	
	Ib nach Aufstieg aus IIa	
	IIa mit ausstehendem Aufstieg nach Ib	
13	Keine Stufe 6	Keine
	IIa ohne Aufstieg nach Ib	
12	Keine Stufe 6	Keine
	IIa nach Aufstieg aus III	
	III mit ausstehendem Aufstieg nach IIa	
11	Keine Stufe 6	Keine
	IIb ohne Aufstieg nach IIa	
	III ohne Aufstieg nach IIa	
	III nach Aufstieg aus IVa	
	IVa mit ausstehendem Aufstieg nach III	

I

Entgeltgruppe	Vergütungsgruppe	Lohngruppe
10	Keine Stufe 6	Keine
	IVa ohne Aufstieg nach III	
	IVa nach Aufstieg aus IVb	
	IVb mit ausstehendem Aufstieg nach IVa	
	Va in den ersten sechs Monaten der Berufsausübung, wenn danach IVb mit Aufstieg nach IVa (Zuordnung zu Stufe 1)	
	Vb in den ersten 6 Monaten der Einarbeitungszeit, wenn danach IVb mit Aufstieg nach IVa (Zuordnung zur Stufe 1)	
9	IVb ohne Aufstieg nach IVa (keine Stufe 6)	9
	IVb nach Aufstieg aus Va ohne weiteren Aufstieg nach IVa (keine Stufe 6)	(Stufe 4 nach 7 Jahren in Stufe 3, keine Stufen 5 und 6)
	IVb nach Aufstieg aus Vb (keine Stufe 6)	
	Va mit ausstehendem Aufstieg nach IVb ohne weiteren Aufstieg nach IVa (keine Stufe 6)	
	Va ohne Aufstieg nach IVb (Stufe 3 nach 5 Jahren in Stufe 2, Stufe 4 nach 9 Jahren in Stufe 3, keine Stufen 5 und 6)	
	Vb mit ausstehendem Aufstieg nach IVb (keine Stufe 6)	
	Vb ohne Aufstieg nach IVb (Stufe 3 nach 5 Jahren in Stufe 2, Stufe 4 nach 9 Jahren in der Stufe 3, keine Stufen 5 und 6)	
	Vb nach Aufstieg aus Vc (Stufe 3 nach 5 Jahren in Stufe 2, Stufe 4 nach 9 Jahren in Stufe 3, keine Stufen 5 und 6)	
	Vb nach Aufstieg aus VIb (Stufe 3 nach 5 Jahren in Stufe 2, Stufe 4 nach 9 Jahren in Stufe 3, keine Stufe 5)	

Entgelt-gruppe	Vergütungsgruppe	Lohngruppe
8	Vc mit ausstehendem Aufstieg nach Vb Vc ohne Aufstieg nach Vb Vc nach Aufstieg aus VIb	8a 8 mit ausstehendem Aufstieg nach 8a
7	Keine	7a 7 mit ausstehendem Aufstieg nach 7a 7 nach Aufstieg aus 6 6 mit ausstehendem Aufstieg nach 7 und 7a
6	VIb mit ausstehendem Aufstieg nach Vb VIb mit ausstehendem Aufstieg nach Vc VIb ohne Aufstieg nach Vc VIb nach Aufstieg aus VII	6a 6 mit ausstehendem Aufstieg nach 6a 6 nach Aufstieg aus 5 5 mit ausstehendem Aufstieg nach 6 und 6a
5	VII mit ausstehendem Aufstieg nach VIb VII ohne Aufstieg nach VIb VII nach Aufstieg aus VIII	5a 5 mit ausstehendem Aufstieg nach 5a 5 nach Aufstieg aus 4 4 mit ausstehendem Aufstieg nach 5 und 5a
4	Keine	4a 4 mit ausstehendem Aufstieg nach 4a 4 nach Aufstieg aus 3 3 mit ausstehendem Aufstieg nach 4 und 4a

Entgelt-gruppe	Vergütungsgruppe	Lohngruppe
3	Keine Stufe 6	3a
		3 mit ausstehendem Aufstieg nach 3a
	VIII mit ausstehendem Aufstieg nach VII	3 nach Aufstieg aus 2 und 2a mit ausstehendem Aufstieg nach 3a
	VIII ohne Aufstieg nach VII	
	VIII nach Aufstieg aus IXb	3 nach Aufstieg aus 2a mit ausstehendem Aufstieg nach 3a
		3 nach Aufstieg aus 2 und 2a (keine Stufe 6)
		2a nach Aufstieg aus 2 mit ausstehendem Aufstieg nach 3 und 3a
		2a mit ausstehendem Aufstieg nach 3 und 3a
		2a nach Aufstieg aus 2 (keine Stufe 6)
		2 mit ausstehendem Aufstieg nach 2a, 3 und 3a
		2 mit ausstehendem Aufstieg nach 2a und 3 (keine Stufe 6)
2Ü	Keine	2a
		2 mit ausstehendem Aufstieg nach 2a
		2 nach Aufstieg aus 1
		1 mit ausstehendem Aufstieg nach 2 und 2a
2	IXa	1a (keine Stufe 6)
	IXb mit ausstehendem Aufstieg nach VIII	1 mit ausstehendem Aufstieg nach 1a (keine Stufe 6)
	IXb mit ausstehendem Aufstieg nach IXa	
	IXb nach Aufstieg aus X (keine Stufe 6)	
	X (keine Stufe 6)	
1	Keine	Keine

Strukturausgleiche für Angestellte (Bund)

Angestellte, deren Ortszuschlag sich nach § 29 Abschnitt B Abs. 5 BAT / BAT-O bemisst, erhalten den entsprechenden Anteil, in jedem Fall aber die Hälfte des Strukturausgleichs für Verheiratete.

Soweit nicht anders ausgewiesen, beginnt die Zahlung des Strukturausgleichs am 1. Oktober 2007. Die Angabe „nach . . . Jahren" bedeutet, dass die Zahlung nach den genannten Jahren ab dem In-Kraft-Treten des TVöD beginnt; so wird z. B. bei dem Merkmal „nach 4 Jahren" der Zahlungsbeginn auf den 1. Oktober 2009 festgelegt, wobei die Auszahlung eines Strukturausgleichs mit den jeweiligen Monatsbezügen erfolgt. Die Dauer der Zahlung ist ebenfalls angegeben; dabei bedeutet „dauerhaft" die Zahlung während der Zeit des Arbeitsverhältnisses.

Ist die Zahlung „für" eine bestimmte Zahl von Jahren angegeben, ist der Bezug auf diesen Zeitraum begrenzt (z. B. „für 5 Jahre" bedeutet Beginn der Zahlung im Oktober 2007 und Ende der Zahlung mit Ablauf September 2012). Eine Ausnahme besteht dann, wenn das Ende des Zahlungszeitraumes nicht mit einem Stufenaufstieg in der jeweiligen Entgeltgruppe zeitlich zusammenfällt; in diesen Fällen wird der Strukturausgleich bis zum nächsten Stufenaufstieg fortgezahlt. Diese Ausnahmeregelung gilt nicht, wenn der Stufenaufstieg in die Endstufe erfolgt; in diesen Fällen bleibt es bei der festgelegten Dauer.

Entgelt-gruppe	Ver-gütungs-gruppe bei In-Kraft-Treten TVÜ	Aufstieg	Ortszu-schlag Stufe 1, 2 bei In-Kraft-Treten TVÜ	Lebens-altersstufe	Höhe Ausgleichs-betrag	Dauer
2	X	IXb nach 2 Jahren	OZ 2	23	40 €	für 4 Jahre
2	X	IXb nach 2 Jahren	OZ 2	29	30 €	dauerhaft
2	X	IXb nach 2 Jahren	OZ 2	31	30 €	dauerhaft
2	X	IXb nach 2 Jahren	OZ 2	33	30 €	dauerhaft
2	X	IXb nach 2 Jahren	OZ 2	35	20 €	dauerhaft
3	VIII	ohne	OZ 2	25	35 €	nach 4 Jahren dauerhaft
3	VIII	ohne	OZ 2	27	35 €	dauerhaft
3	VIII	ohne	OZ 2	29	35 €	nach 4 Jahren dauerhaft
3	VIII	ohne	OZ 2	31	35 €	dauerhaft
3	VIII	ohne	OZ 2	33	35 €	dauerhaft
3	VIII	ohne	OZ 2	35	35 €	dauerhaft
3	VIII	ohne	OZ 2	37	20 €	dauerhaft
6	VIb	ohne	OZ 2	29	50 €	dauerhaft
6	VIb	ohne	OZ 2	31	50 €	dauerhaft
6	VIb	ohne	OZ 2	33	50 €	dauerhaft
6	VIb	ohne	OZ 2	35	50 €	dauerhaft
6	VIb	ohne	OZ 2	37	50 €	dauerhaft
6	VIb	ohne	OZ 2	39	50 €	dauerhaft
8	Vc	ohne	OZ 2	37	40 €	dauerhaft
8	Vc	ohne	OZ 2	39	40 €	dauerhaft
9	Vb	ohne	OZ 1	29	60 €	für 12 Jahre
9	Vb	ohne	OZ 1	31	60 €	nach 4 Jahren für 7 Jahre
9	Vb	ohne	OZ 1	33	60 €	für 7 Jahre
9	Vb	ohne	OZ 2	27	90 €	nach 4 Jahren für 7 Jahre
9	Vb	ohne	OZ 2	29	90 €	für 7 Jahre
9	Vb	ohne	OZ 2	35	20 €	nach 4 Jahren dauerhaft
9	Vb	ohne	OZ 2	37	40 €	nach 4 Jahren dauerhaft

Entgelt-gruppe	Ver-gütungs-gruppe bei In-Kraft-Treten TVÜ	Aufstieg	Ortszu-schlag Stufe 1, 2 bei In-Kraft-Treten TVÜ	Lebens-altersstufe	Höhe Ausgleichs-betrag	Dauer
9	Vb	ohne	OZ 2	39	40 €	dauerhaft
9	Vb	ohne	OZ 2	41	40 €	dauerhaft
9	Vb	IVb nach 6 Jahren	OZ 1	29	50 €	für 3 Jahre
9	Vb	IVb nach 2, 3, 4, 6 Jahren	OZ 1	35	60 €	für 4 Jahre
9	Vb	IVb nach 2, 3, 4, 6 Jahren	OZ 2	31	50 €	für 4 Jahre
9	Vb	IVb nach 2, 3, 4, 6 Jahren	OZ 2	37	60 €	dauerhaft
9	Vb	IVb nach 2, 3, 4, 6 Jahren	OZ 2	39	60 €	dauerhaft
9	Vb	IVb nach 2, 3, 4, 6 Jahren	OZ 2	41	60 €	dauerhaft
9	IVb	ohne	OZ 1	35	60 €	für 4 Jahre
9	IVb	ohne	OZ 2	31	50 €	für 4 Jahre
9	IVb	ohne	OZ 2	37	60 €	dauerhaft
9	IVb	ohne	OZ 2	39	60 €	dauerhaft
9	IVb	ohne	OZ 2	41	60 €	dauerhaft
10	IVb	IVa nach 2, 4, 6 Jahren	OZ 1	35	40 €	für 4 Jahre
10	IVb	IVa nach 2, 4, 6 Jahren	OZ 1	41	30 €	dauerhaft
10	IVb	IVa nach 2, 4, 6 Jahren	OZ 1	43	30 €	dauerhaft
10	IVb	IVa nach 6 Jahren	OZ 2	29	70 €	für 7 Jahre
10	IVb	IVa nach 2, 4, 6 Jahren	OZ 2	37	60 €	nach 4 Jahren dauerhaft
10	IVb	IVa nach 2, 4, 6 Jahren	OZ 2	39	60 €	dauerhaft
10	IVb	IVa nach 2, 4, 6 Jahren	OZ 2	41	85 €	dauerhaft
10	IVb	IVa nach 2, 4, 6 Jahren	OZ 2	43	60 €	dauerhaft
10	IVa	ohne	OZ 1	35	40 €	für 4 Jahre
10	IVa	ohne	OZ 1	41	30 €	dauerhaft
10	IVa	ohne	OZ 1	43	30 €	dauerhaft

Entgelt-gruppe	Vergütungs-gruppe bei In-Kraft-Treten TVÜ	Aufstieg	Ortszu-schlag Stufe 1, 2 bei In-Kraft-Treten TVÜ	Lebens-altersstufe	Höhe Ausgleichs-betrag	Dauer
10	IVa	ohne	OZ 2	37	60 €	nach 4 Jahren dauerhaft
10	IVa	ohne	OZ 2	39	60 €	dauerhaft
10	IVa	ohne	OZ 2	41	85 €	dauerhaft
10	IVa	ohne	OZ 2	43	60 €	dauerhaft
11	IVa	III nach 4, 6, 8 Jahren	OZ 1	41	40 €	dauerhaft
11	IVa	III nach 4, 6, 8 Jahren	OZ 1	43	40 €	dauerhaft
11	IVa	III nach 4, 6, 8 Jahren	OZ 2	37	70 €	nach 4 Jahren dauerhaft
11	IVa	III nach 4, 6, 8 Jahren	OZ 2	39	70 €	dauerhaft
11	IVa	III nach 4, 6, 8 Jahren	OZ 2	41	85 €	dauerhaft
11	IVa	III nach 4, 6, 8 Jahren	OZ 2	43	70 €	dauerhaft
11	III	ohne	OZ 1	41	40 €	nach 4 Jahren dauerhaft
11	III	ohne	OZ 1	43	40 €	dauerhaft
11	III	ohne	OZ 2	37	70 €	nach 4 Jahren dauerhaft
11	III	ohne	OZ 2	39	70 €	dauerhaft
11	III	ohne	OZ 2	41	85 €	dauerhaft
11	III	ohne	OZ 2	43	70 €	dauerhaft
11	IIb	ohne	OZ 1	31	60 €	nach 4 Jahren für 2 Jahre[1]
11	IIb	ohne	OZ 1	39	60 €	nach 4 Jahren dauerhaft[1]
11	IIb	ohne	OZ 1	41	80 €	dauerhaft[1]
11	IIb	ohne	OZ 2	29	60 €	nach 4 Jahren für 2 Jahre[1]
11	IIb	ohne	OZ 2	35	80 €	nach 4 Jahren dauerhaft[1]

---

[1] Der Strukturausgleich wird rückwirkend, jedoch frühestens ab dem 1. Februar 2008 geleistet.

Entgelt-gruppe	Ver-gütungs-gruppe bei In-Kraft-Treten TVÜ	Aufstieg	Ortszu-schlag Stufe 1, 2 bei In-Kraft-Treten TVÜ	Lebens-altersstufe	Höhe Ausgleichs-betrag	Dauer
11	IIb	ohne	OZ 2	37	100 €	nach 4 Jahren dauerhaft¹)
11	IIb	ohne	OZ 2	39	110 €	dauerhaft¹)
11	IIb	ohne	OZ 2	41	80 €	dauerhaft¹)
12	III	IIa nach 10 Jahren	OZ 1	33	95 €	für 5 Jahre
12	III	IIa nach 10 Jahren	OZ 1	35	95 €	für 4 Jahre
12	III	IIa nach 10 Jahren	OZ 1	39	50 €	nach 4 Jahren dauerhaft
12	III	IIa nach 10 Jahren	OZ 1	41	50 €	dauerhaft
12	III	IIa nach 10 Jahren	OZ 1	43	50 €	dauerhaft
12	III	IIa nach 10 Jahren	OZ 2	33	100 €	für 4 Jahre
12	III	IIa nach 10 Jahren	OZ 2	37	100 €	nach 4 Jahren dauerhaft
12	IIb	IIa nach 10 Jahren	OZ 2	39	100 €	dauerhaft
12	III	IIa nach 10 Jahren	OZ 2	41	100 €	dauerhaft
12	III	IIa nach 10 Jahren	OZ 2	43	85 €	dauerhaft
12	III	IIa nach 8 Jahren	OZ 1	35	95 €	für 4 Jahre
12	III	IIa nach 8 Jahren	OZ 1	39	50 €	nach 4 Jahren dauerhaft
12	III	IIa nach 8 Jahren	OZ 1	41	50 €	dauerhaft
12	III	IIa nach 8 Jahren	OZ 1	43	50 €	dauerhaft
12	III	IIa nach 8 Jahren	OZ 2	31	100 €	für 5 Jahre
12	III	IIa nach 8 Jahren	OZ 2	33	100 €	für 4 Jahre
12	III	IIa nach 8 Jahren	OZ 2	37	100 €	nach 4 Jahren dauerhaft

Entgelt-gruppe	Ver-gütungs-gruppe bei In-Kraft-Treten TVÜ	Aufstieg	Ortszu-schlag Stufe 1, 2 bei In-Kraft-Treten TVÜ	Lebens-altersstufe	Höhe Ausgleichs-betrag	Dauer
12	III	IIa nach 8 Jahren	OZ 2	39	100 €	dauerhaft
12	III	IIa nach 8 Jahren	OZ 2	41	100 €	dauerhaft
12	III	IIa nach 8 Jahren	OZ 2	43	85 €	dauerhaft
12	III	IIa nach 5 Jahren	OZ 1	29	100 €	für 3 Jahre
12	III	IIa nach 5 u. 6 Jahren	OZ 1	35	95 €	für 4 Jahre
12	III	IIa nach 5 u. 6 Jahren	OZ 1	39	50 €	nach 4 Jahren dauerhaft
12	III	IIa nach 5 u. 6 Jahren	OZ 1	41	50 €	dauerhaft
12	III	IIa nach 5 u. 6 Jahren	OZ 1	43	50 €	dauerhaft
12	III	IIa nach 5 u. 6 Jahren	OZ 2	33	100 €	für 4 Jahre
12	III	IIa nach 5 u. 6 Jahren	OZ 2	37	100 €	nach 4 Jahren dauerhaft
12	III	IIa nach 5 u. 6 Jahren	OZ 2	39	100 €	dauerhaft
12	III	IIa nach 5 u. 6 Jahren	OZ 2	41	100 €	dauerhaft
12	III	IIa nach 5 u. 6 Jahren	OZ 2	43	85 €	dauerhaft
13	IIa	ohne	OZ 2	39	60 €	nach 4 Jahren dauerhaft
13	IIa	ohne	OZ 2	41	60 €	dauerhaft
13	IIa	ohne	OZ 2	43	60 €	dauerhaft
14	IIa	Ib nach 15 Jahren	OZ 1	39	80 €	dauerhaft
14	IIa	Ib nach 15 Jahren	OZ 1	41	80 €	dauerhaft
14	IIa	Ib nach 15 Jahren	OZ 1	43	80 €	dauerhaft
14	IIa	Ib nach 15 Jahren	OZ 1	45	60 €	dauerhaft

Entgelt-gruppe	Ver-gütungs-gruppe bei In-Kraft-Treten TVÜ	Aufstieg	Ortszu-schlag Stufe 1, 2 bei In-Kraft-Treten TVÜ	Lebens-altersstufe	Höhe Ausgleichs-betrag	Dauer
14	IIa	Ib nach 15 Jahren	OZ 2	37	110 €	dauerhaft
14	IIa	Ib nach 15 Jahren	OZ 2	39	110 €	dauerhaft
14	IIa	Ib nach 15 Jahren	OZ 2	41	110 €	dauerhaft
14	IIa	Ib nach 15 Jahren	OZ 2	43	110 €	dauerhaft
14	IIa	Ib nach 15 Jahren	OZ 2	45	60 €	dauerhaft
14	IIa	Ib nach 5 u. 6 Jahren	OZ 1	31	100 €	für 3 Jahre
14	IIa	Ib nach 5 u. 6 Jahren	OZ 1	35	100 €	für 4 Jahre
14	IIa	Ib nach 5 u. 6 Jahren	OZ 1	41	80 €	nach 4 Jahren dauerhaft
14	IIa	Ib nach 5 u. 6 Jahren	OZ 1	43	80 €	dauerhaft
14	IIa	Ib nach 5 u. 6 Jahren	OZ 1	45	60 €	dauerhaft
14	IIa	Ib nach 5 u. 6 Jahren	OZ 2	31	110 €	für 7 Jahre
14	IIa	Ib nach 5 u. 6 Jahren	OZ 2	33	50 €	für 4 Jahre
14	IIa	Ib nach 5 u. 6 Jahren	OZ 2	39	110 €	nach 4 Jahren dauerhaft
14	IIa	Ib nach 5 u. 6 Jahren	OZ 2	41	110 €	dauerhaft
14	IIa	Ib nach 5 u. 6 Jahren	OZ 2	43	110 €	dauerhaft
14	IIa	Ib nach 5 u. 6 Jahren	OZ 2	45	60 €	dauerhaft
14	IIa	Ib nach 11 Jahren	OZ 1	33	50 €	nach 4 Jahren für 5 Jahre
14	IIa	Ib nach 11 Jahren	OZ 1	35	50 €	für 5 Jahre
14	IIa	Ib nach 11 Jahren	OZ 1	37	80 €	für 4 Jahre

Entgelt-gruppe	Ver-gütungs-gruppe bei In-Kraft-Treten TVÜ	Aufstieg	Ortszu-schlag Stufe 1, 2 bei In-Kraft-Treten TVÜ	Lebens-altersstufe	Höhe Ausgleichs-betrag	Dauer
14	IIa	Ib nach 11 Jahren	OZ 1	41	80 €	nach 4 Jahren dauerhaft
14	IIa	Ib nach 11 Jahren	OZ 1	43	80 €	dauerhaft
14	IIa	Ib nach 11 Jahren	OZ 1	45	60 €	dauerhaft
14	IIa	Ib nach 11 Jahren	OZ 2	35	110 €	nach 3 Jahren für 3 Jahre
14	IIa	Ib nach 11 Jahren	OZ 2	37	110 €	dauerhaft
14	IIa	Ib nach 11 Jahren	OZ 2	39	110 €	nach 4 Jahren dauerhaft
14	IIa	Ib nach 11 Jahren	OZ 2	41	110 €	dauerhaft
14	IIa	Ib nach 11 Jahren	OZ 2	43	110 €	dauerhaft
14	IIa	Ib nach 11 Jahren	OZ 2	45	60 €	dauerhaft
14	Ib	ohne	OZ 1	35	100 €	für 4 Jahre
14	Ib	ohne	OZ 1	41	80 €	nach 4 Jahren dauerhaft
14	Ib	ohne	OZ 1	43	80 €	dauerhaft
14	Ib	ohne	OZ 1	45	60 €	dauerhaft
14	Ib	ohne	OZ 2	33	50 €	für 4 Jahre
14	Ib	ohne	OZ 2	39	110 €	nach 4 Jahren dauerhaft
14	Ib	ohne	OZ 2	41	110 €	dauerhaft
14	Ib	ohne	OZ 2	43	110 €	dauerhaft
14	Ib	ohne	OZ 2	45	60 €	dauerhaft
15	Ia	ohne	OZ 1	39	110 €	für 4 Jahre
15	Ia	ohne	OZ 1	43	50 €	dauerhaft
15	Ia	ohne	OZ 1	45	50 €	dauerhaft
15	Ia	ohne	OZ 2	37	110 €	für 4 Jahre
15	Ia	ohne	OZ 2	41	50 €	dauerhaft
15	Ia	ohne	OZ 2	43	50 €	dauerhaft
15	Ia	ohne	OZ 2	45	50 €	dauerhaft
15	Ib	Ia nach 8 Jahren	OZ 1	39	110 €	für 4 Jahre

Entgeltgruppe	Vergütungsgruppe bei In-Kraft-Treten TVÜ	Aufstieg	Ortszuschlag Stufe 1, 2	Lebensaltersstufe	Höhe Ausgleichsbetrag	Dauer
			bei In-Kraft-Treten TVÜ			
15	Ib	Ia nach 8 Jahren	OZ 1	43	50 €	dauerhaft
15	Ib	Ia nach 8 Jahren	OZ 1	45	50 €	dauerhaft
15	Ib	Ia nach 8 Jahren	OZ 2	37	110 €	für 4 Jahre
15	Ib	Ia nach 8 Jahren	OZ 2	41	50 €	dauerhaft
15	Ib	Ia nach 8 Jahren	OZ 2	43	50 €	dauerhaft
15	Ib	Ia nach 8 Jahren	OZ 2	45	50 €	dauerhaft
15	Ib	Ia nach 4 Jahren	OZ 1	39	110 €	für 4 Jahre
15	Ib	Ia nach 4 Jahren	OZ 1	43	50 €	dauerhaft
15	Ib	Ia nach 4 Jahren	OZ 1	45	50 €	dauerhaft
15	Ib	Ia nach 4 Jahren	OZ 2	37	110 €	für 4 Jahre
15	Ib	Ia nach 4 Jahren	OZ 2	41	50 €	dauerhaft
15	Ib	Ia nach 4 Jahren	OZ 2	43	50 €	dauerhaft
15	Ib	Ia nach 4 Jahren	OZ 2	45	50 €	dauerhaft
15Ü	I	ohne	OZ 2	43	50 €	dauerhaft
15Ü	I	ohne	OZ 2	45	50 €	dauerhaft

**Vorläufige Zuordnung der Vergütungs- und Lohngruppen
zu den Entgeltgruppen für zwischen dem 1. Oktober 2005
und dem In-Kraft-Treten der neuen Entgeltordnung stattfindende
Eingruppierungsorgänge (Bund)[1])**

Entgeltgruppe	Vergütungsgruppe	Lohngruppe
15	Zwingend Stufe 1, keine Stufe 6 Ia Ib mit Aufstieg nach Ia	–
14	Zwingend Stufe 1, keine Stufe 6 Ib ohne Aufstieg nach Ia	–
13	Zwingend Stufe 1, keine Stufe 6 Beschäftigte mit Tätigkeiten, die eine abgeschlossene wissenschaftliche Hochschulausbildung voraussetzen (IIa mit und ohne Aufstieg nach Ib) [ggf. Zulage nach § 17 Abs. 8 TVÜ] sowie Beschäftigte, die nach der Vergütungsordnung zum BAT/BAT-O originär in IIa (ohne Aufstieg) eingruppiert sind.	–
12	Zwingend Stufe 1, keine Stufe 6 III mit Aufstieg nach IIa	–
11	Zwingend Stufe 1, keine Stufe 6 IIb ohne Aufstieg nach IIa III ohne Aufstieg nach IIa IVa mit Aufstieg nach III	–

---

[1]) Siehe zur Gültigkeit den Hinweis auf S. •••.

Entgeltgruppe	Vergütungsgruppe	Lohngruppe
10	Zwingend Stufe 1, keine Stufe 6 IVa ohne Aufstieg nach III IVb mit Aufstieg nach IVa Va in den ersten sechs Monaten der Berufsausübung, wenn danach IVb mit Aufstieg nach IVa Vb in den ersten 6 Monaten der Einarbeitungszeit, wenn danach IVb mit Aufstieg nach IVa	–
9	IVb ohne Aufstieg nach IVa (zwingend Stufe 1, keine Stufe 6) Va mit Aufstieg nach IVb ohne weiteren Aufstieg nach IVa (zwingend Stufe 1, keine Stufe 6) Va ohne Aufstieg nach IVb (zwingend Stufe 1, Stufe 3 nach 5 Jahren in Stufe 2, Stufe 4 nach 9 Jahren in Stufe 3, keine Stufen 5 und 6) Vb mit Aufstieg nach IVb (zwingend Stufe 1, keine Stufe 6) Vb ohne Aufstieg nach IVb (zwingend Stufe 1, Stufe 3 nach 5 Jahren in Stufe 2, Stufe 4 nach 9 Jahren in Stufe 3, keine Stufen 5 und 6)	9 (zwingend Stufe 1, Stufe 4 nach 7 Jahren in Stufe 3, keine Stufen 5 und 6)
8	Vc mit Aufstieg nach Vb Vc ohne Aufstieg nach Vb	8 mit Aufstieg nach 8a

Entgeltgruppe	Vergütungsgruppe	Lohngruppe
7	Keine	7 mit Aufstieg nach 7a 6 mit Aufstieg nach 7 und 7a
6	VIb mit Aufstieg nach Vb VIb mit Aufstieg nach Vc VIb ohne Aufstieg nach Vc	6 mit Aufstieg nach 6a 5 mit Aufstieg nach 6 und 6a
5	VII mit Aufstieg nach VIb VII ohne Aufstieg nach VIb	5 mit Aufstieg nach 5a 4 mit Aufstieg nach 5 und 5a
4	Keine	4 mit Aufstieg nach 4a 3 mit Aufstieg nach 4 und 4a
3	Keine Stufe 6 VIII mit Aufstieg nach VII VIII ohne Aufstieg nach VII	3 mit Aufstieg nach 3a 2a mit Aufstieg nach 3 und 3a 2 mit Aufstieg nach 2a, 3 und 3a 2 mit Aufstieg nach 2a und 3 (keine Stufe 6)
2Ü	Keine	2 mit Aufstieg nach 2a 1 mit Aufstieg nach 2 und 2a
2	IX b mit Aufstieg nach VIII IX b mit Aufstieg nach IXa X mit Aufstieg nach IXb (keine Stufe 6)	1 mit Aufstieg nach 1a (keine Stufe 6)

Entgeltgruppe	Vergütungsgruppe	Lohngruppe
I 1	Beschäftigte mit einfachsten Tätigkeiten, zum Beispiel	

  – Essens- und Getränkeausgeber/innen
  – Garderobenpersonal
  – Spülen und Gemüseputzen und sonstige Tätigkeiten im Haus- und Küchenbereich
  – Reiniger/innen in Außenbereichen wie Höfe, Wege, Grünanlagen, Parks
  – Wärter/innen von Bedürfnisanstalten
  – Servierer/innen
  – Hausarbeiter/innen
  – Hausgehilfe/Hausgehilfin
  – Bote/Botin (ohne Aufsichtsfunktion)
  Ergänzungen können durch Tarifvertrag auf Bundesebene geregelt werden.
  Hinweis: Diese Zuordnung gilt unabhängig von bisherigen tariflichen Zuordnungen zu Vergütungs-/Lohngruppen.

Anlage 5
zu § 23 TVÜ-Bund

1. Übergangsregelung zu § 45 Nr. 7 TVöD:

   a) [1]Bis zum In-Kraft-Treten eines Tarifvertrags über eine persönliche Zulage nach § 14 gilt die in § 18 Abs. 2 i. V. m. § 9 Abs. 1 MTArb/MTArb-O genannte Frist von 30 Tagen nicht für zu einer Auslandsdienststelle entsandten Beschäftigte, die vor dem 1. Januar 2005 der Rentenversicherung der Arbeiter unterlegen hätten. Diese Beschäftigten sind verpflichtet,

      – während des Heimaturlaubs,

      – in anderen Fällen Beschäftigte oder Beamtinnen/Beamte bis zur Dauer von drei Monaten

      zu vertreten. [2]§ 18 Abs. 2 i. V. m. § 9 Abs. 2 MTArb/MTArb-O finden für diesen Zeitraum keine Anwendung.

   b) [1]Bei Änderungen infolge der Zuordnung zu den neuen Entgeltgruppen bei ins Ausland entsandten Beschäftigten, die unter die Sonderregelungen für Beschäftigte, die zu Auslandsdienstorten des Bundes entsandt sind, fallen bemisst sich die Höhe der Auslandsbezüge bis zur nächsten Versetzung nach der bis zum 30. September 2005 geltenden Rechtslage. [2]Ergeben sich nach altem Recht höhere Auslandsbezüge als nach neuem Recht, erhalten Beschäftigte eine abbaubare persönliche Zulage in Höhe des Unterschiedsbetrags zwischen den Auslandsbezügen, die sich nach dem bis zum 30. September 2005 geltenden Recht ergeben hätten, und dem ab 1. Oktober 2005 zu zahlenden Auslandsentgelt. [3]Die persönliche Zulage entfällt bei einer Höhergruppierung. [4]Allgemeine Entgeltanpassungen werden auf die persönliche Zulage angerechnet.

2. Übergangsregelung für Personen, denen am 30. September 2005 nach den Sonderregelungen für die Angestellten im Bereich des Bundesministeriums der Verteidigung (SR 2e I BAT) sowie nach dem Tarifvertrag über einen sozialverträglichen Personalabbau im Bereich des Bundesministers der Verteidigung vom 30. November 1991 (SOPA) eine Übergangsversorgung zugestanden hat:

   Nr. 9a der SR 2e I BAT gilt weiter.

3. Übergangs- und Überleitungsregelung zu § 46 Sonderregelungen für die Beschäftigten im Bereich des Bundesministeriums der Verteidigung:

   a) Die SR 2b Nr. 10 Abs. 3 MTArb/MTArb-O und SR 2e II Nr. 9 Abs. 1 und 3 BAT/BAT-O gelten bis zum In-Kraft-Treten einer ablösenden tarifvertraglichen Regelung fort.

   b) Für Beschäftigte im Pflegedienst ergeben sich die Strukturausgleichsbeträge aus Anlage 2 Abschnitt II TVÜ-VKA; im Übrigen gilt § 12 TVÜ-Bund.

4. Regelung für Beschäftigte, die unter den Geltungsbereich der ehemaligen SR 2 h BAT fallen:

   [1]Für Beschäftigte des Luftfahrt-Bundesamtes, die auf Grund von § 1 des Gesetzes zur Übernahme der Beamten und Arbeitnehmer bei der Bundesanstalt für Flugsicherung (Artikel 7 des Zehnten Gesetzes zur Änderung des Luftverkehrsgesetzes vom 23. Juli 1992) Aufgaben der Flugsicherung wahrnehmen, gelten die Sonderregelungen 2h BAT für den Bereich des Bundes in der bis zum 31. Dezember 2001 geltenden Fassung für die Dauer des fortbestehenden Arbeitsverhältnisses weiter. [2]Teil III Abschn. C der Anlage 1a zum BAT gilt fort. [3]Diese Beschäftigten werden zum Zwecke der Berechnung ihres Tabellenentgelts so gestellt, als wären sie in den TVöD übergeleitet worden.

5. Übergangsregelung für die Beschäftigten auf Fischereischutzbooten und Fischereiforschungsfahrzeugen einschließlich der Ärzte und Heilgehilfen im Bereich des Bundesministeriums für Verbraucherschutz, Ernährung und Landwirtschaft:

   [1]Beschäftigte auf Fischereischutzbooten und Fischereiforschungsfahrzeugen einschließlich der Ärzte und Heilgehilfen, jedoch ohne die auf diesen Fahrzeugen eingesetzten Beschäftigten des Deutschen Wetterdienstes, werden vom Geltungsbereich des TVöD und TVÜ-Bund vorläufig ausgenommen. [2]Für die Beschäftigten, für die die Regelungen des Tarifgebiets West Anwendung finden, gelten der Tarifvertrag zur Regelung der Arbeitsbedingungen und der Besatzungsmitglieder der Fischereischutzboote und Fischereiforschungsfahrzeuge vom 11. Januar 1972 in der Fassung vom 13. März 1987 und der Tarifvertrag über eine Zuwendung für Kapitäne und Besatzungsmitglieder der Fischereischutzboote und Fischereiforschungsschiffe des Bundes vom 31. Januar 1974 vorläufig weiter. [3]Die Tarifvertragsparteien stimmen darüber ein, dass

die Beschäftigten nach Satz 1 in den TVöD übergeleitet werden sollen. [4]Die Tarifverhandlungen sollen spätestens nach In-Kraft-Treten der Entgeltordnung aufgenommen werden.

6. Übergangsregelung für Beschäftigte im Bereich des Bundesministeriums der Finanzen:

a) Für Arbeiterinnen und Arbeiter des Bundes bei der Bundesmonopolverwaltung für Branntwein, deren dortiges Arbeitsverhältnis über den 30. September 2005 hinaus fortbesteht, und die zum 1. Oktober 2005 unter den Geltungsbereich des TVöD fallen, gelten für die Dauer des ununterbrochen fortbestehenden Arbeitsverhältnisses die tarifvertraglichen Bestimmungen der Nr. 5 und 7 der Sonderregelung 2g MTArb/MTArb-O sowie der Tarifvertrag über die Ausführung von Arbeiten im Leistungslohnverfahren im Bereich der SR 2g des Abschnitts A der Anlage 2 MTArb vom 16. November 1971 weiter.

b) Für Arbeiterinnen und Arbeiter des Bundes im Geltungsbereich des Tarifvertrags zur Überleitung der Arbeiter der Zoll- und Verbrauchsteuerverwaltung und der Bundesvermögensverwaltung der Oberfinanzdirektion Berlin sowie der Bundesmonopolverwaltung für Branntwein in das Tarifrecht des Bundes vom 18. September 1991, deren Arbeitsverhältnis zum Bund über den 30. September 2005 hinaus fortbesteht, und die zum 1. Oktober 2005 unter den Geltungsbereich des TVöD fallen, gelten für die Dauer des ununterbrochen fortbestehenden Arbeitsverhältnisses die tarifvertraglichen Bestimmungen des vorgenannten Überleitungstarifvertrags weiter.

c) Für Beschäftigte der Bundesmonopolverwaltung für Branntwein, für die bis zum 31. Dezember 2013 das Sonderverzeichnis 2g zum TV Lohngruppenverzeichnis Bund gegolten hat und deren dortiges Beschäftigungsverhältnis über den 31. Dezember 2013 hinaus fortbesteht, gelten für die Dauer des ununterbrochen fortbestehenden Beschäftigungsverhältnisses für Eingruppierungen nach dem 31. Dezember 2013 bis zum Ablauf des Bundesmonopoles für Branntwein die folgenden Tätigkeitsmerkmale:

Entgeltgruppe	Fallgruppe	Tätigkeitsmerkmal
3	1	Beschäftigte in Brennspiritus-Abfüll- und -Verpackungslinien.
3	2	Füller.
3	3	Rangierarbeiter.
3	4	Fahrer von nicht zum öffentlichen Verkehr zugelassenen Gabelstaplern.
3	5	Maschinenführer in Brennspiritus-Abfüll- und -Verpackungslinien.
3	6	Beschäftigte als Mitfahrer bei der Brennspiritus-Auslieferung mit Inkassotätigkeiten.
4	1	Beschäftigte bei einer Außenabteilung der Verwertungsstelle, die Personen- und Warenkontrollen an Betriebsein- und -ausgängen durchführen.
4	2	Diesellokführer.
4	3	Fahrer von nicht zum öffentlichen Verkehr zugelassenen Gabelstaplern mit einer Hubkraft ab 1 t, die auch brennbare Flüssigkeiten transportieren.
5	1	Füller mit einschlägiger abgeschlossener dreijähriger Berufsausbildung.
5	2	Maschinenführer in Brennspiritus-Abfüll- und -Verpackungslinien mit einschlägiger dreijähriger Berufsausbildung.
6	1	Rangierer mit Rangierleiterprüfung.
8	1	Beschäftigte mit einschlägiger abgeschlossener dreijähriger Berufsausbildung, die als Apparateführer in einer Reinigungsanstalt tätig sind.
8	2	Beschäftigte mit einschlägiger abgeschlossener dreijähriger Berufsausbildung als Erste Gehilfen des Meisters in einer Reinigungsanstalt oder in einem Lagerbetrieb, denen die Vertretung des Meisters obliegt.

Protokollerklärung:

Für die Vertretung des Meisters wird keine Zulage nach § 14 TVöD gezahlt.

Ent- gelt- grup- pe	Fall- grup- pe	Tätigkeitsmerkmal
9a	1	Beschäftigte mit einschlägiger abgeschlossener dreijähriger Berufsausbildung als Apparateführer in einer Reinigungsanstalt, die Verfahrensanlagen im Druckstufenverbund mit Prozessleitsystem (zentrale Mess-, Steuer- und Regeltechnik) führen, warten, instand halten und die Steuerung der Anlagen den jeweiligen Produktionsvorgaben anpassen.
9a	2	Beschäftigte mit einschlägiger abgeschlossener dreijähriger Berufsausbildung in einer Reinigungsanstalt mit Verfahrensanlagen im Druckstufenverbund und Prozessleitsystem (zentrale Mess-, Steuer- und Regeltechnik), die besonders schwierige Prüf-, Wartungs- und Instandsetzungsarbeiten durchführen sowie Programmfehler feststellen und beseitigen.

7. (weggefallen)
8. (weggefallen)
9. (weggefallen)
10. Für die Eingruppierung der Beschäftigten im Sozial- und Erziehungsdienst im Sinne des § 1 Abs. 1 und 2 gilt Folgendes:
    a) [1]Die Beschäftigten, deren Arbeitsverhältnis zum Bund über den 31. Dezember 2013 hinaus fortbesteht, und die am 1. Januar 2014 unter den Geltungsbereich des TVöD fallen, bleiben für die Dauer der unverändert auszuübenden Tätigkeit in der bisherigen Entgeltgruppe eingruppiert. [2]Die Protokollerklärung zu § 25 Abs. 1 gilt entsprechend. [3]§§ 8 und 9 bleiben unberührt.
    b) Für Eingruppierungen nach dem 31. Dezember 2013 gelten die folgenden Tätigkeitsmerkmale.
    c) [1]Die Beschäftigten erhalten für die Dauer der Ausübung ihrer Tätigkeit eine Zulage in Höhe von 130 Euro monatlich. [2]§ 24 Abs. 2 TVöD gilt entsprechend.

Abschnitt 1: Leiter von Kindertagesstätten

Vorbemerkungen

1. Kindertagesstätten im Sinne der Tätigkeitsmerkmale dieses Unterabschnitts sind Krippen, Kindergärten, Horte, Kinderbetreuungsstuben und Kinderhäuser.

2. Der Ermittlung der Durchschnittsbelegung ist für das jeweilige Kalenderjahr grundsätzlich die Zahl der vom 1. Oktober bis 31. Dezember des vorangegangenen Kalenderjahres vergebenen, je Tag gleichzeitig belegbaren Plätze zugrunde zu legen.

Entgeltgruppe	Fallgruppe	Tätigkeitsmerkmal
11		Leiter von Kindertagesstätten mit einer Durchschnittsbelegung von mindestens 180 Plätzen.
10	1	Leiter von Kindertagesstätten mit einer Durchschnittsbelegung von mindestens 130 Plätzen.
10	2	Beschäftigte, die durch ausdrückliche Anordnung als ständige Vertreter von Leitern von Kindertagesstätten mit einer Durchschnittsbelegung von mindestens 180 Plätzen bestellt sind.
10	3	Leiter von Kindertagesstätten mit einer Durchschnittsbelegung von mindestens 100 Plätzen.
10	4	Beschäftigte, die durch ausdrückliche Anordnung als ständige Vertreter von Leitern von Kindertagesstätten mit einer Durchschnittsbelegung von mindestens 130 Plätzen bestellt sind.
9b	1	Leiter von Kindertagesstätten mit einer Durchschnittsbelegung von mindestens 70 Plätzen.
9b	2	Beschäftigte, die durch ausdrückliche Anordnung als ständige Vertreter von Leitern von Kindertagesstätten mit einer Durchschnittsbelegung von mindestens 100 Plätzen bestellt sind.
9b	3	Leiter von Kindertagesstätten mit einer Durchschnittsbelegung von mindestens 40 Plätzen.
9b	4	Beschäftigte, die durch ausdrückliche Anordnung als ständige Vertreter von Leitern von Kindertagesstätten mit einer Durchschnittsbelegung von mindestens 70 Plätzen bestellt sind.
8	1	Leiter von Kindertagesstätten.

Entgeltgruppe	Fallgruppe	Tätigkeitsmerkmal
8	2	Beschäftigte, die durch ausdrückliche Anordnung als ständige Vertreter von Leitern von Kindertagesstätten mit einer Durchschnittsbelegung von mindestens 40 Plätzen bestellt sind.

Abschnitt 2: Sozialarbeiter/Sozialpädagogen, Heilpädagogen

Entgeltgruppe	Fallgruppe	Tätigkeitsmerkmal
12		Sozialarbeiter/Sozialpädagogen mit staatlicher Anerkennung und entsprechender Tätigkeit sowie sonstige Beschäftigte, die aufgrund gleichwertiger Fähigkeiten und ihrer Erfahrungen entsprechende Tätigkeiten ausüben, deren Tätigkeit sich durch das Maß der damit verbundenen Verantwortung erheblich aus der Entgeltgruppe 11 heraushebt.
11		Sozialarbeiter/Sozialpädagogen mit staatlicher Anerkennung und entsprechender Tätigkeit sowie sonstige Beschäftigte, die aufgrund gleichwertiger Fähigkeiten und ihrer Erfahrungen entsprechende Tätigkeiten ausüben, deren Tätigkeit sich durch besondere Schwierigkeit und Bedeutung aus der Entgeltgruppe 9b Fallgruppe 1 heraushebt.
10		Sozialarbeiter/Sozialpädagogen mit staatlicher Anerkennung und entsprechender Tätigkeit sowie sonstige Beschäftigte, die aufgrund gleichwertiger Fähigkeiten und ihrer Erfahrungen entsprechende Tätigkeiten ausüben, deren Tätigkeit sich mindestens zu einem Drittel durch besondere Schwierigkeit und Bedeutung aus der Entgeltgruppe 9b Fallgruppe 1 heraushebt.
9b	1	Sozialarbeiter/Sozialpädagogen mit staatlicher Anerkennung und entsprechender Tätigkeit sowie sonstige Beschäftigte, die aufgrund gleichwertiger Fähigkeiten und ihrer Erfahrungen entsprechende Tätigkeiten ausüben, mit schwierigen Tätigkeiten. (Hierzu Protokollerklärung)
9b	2	Sozialarbeiter/Sozialpädagogen mit staatlicher Anerkennung und entsprechender Tätigkeit sowie sonstige Beschäftigte, die aufgrund gleichwertiger Fähigkeiten und ihrer Erfahrungen entsprechende Tätigkeiten ausüben.
8		Heilpädagogen mit staatlicher Anerkennung und entsprechender Tätigkeit.
8		Beschäftigte in der Tätigkeit von Sozialarbeitern/Sozialpädagogen mit staatlicher Anerkennung.

Protokollerklärung:

Schwierige Tätigkeiten sind z. B. die

a) Beratung von Suchtmittel-Abhängigen,

b) Beratung von HIV-Infizierten oder an AIDS erkrankten Personen,

c) Koordinierung der Arbeiten mehrerer Beschäftigter mindestens der Entgeltgruppe 9a.

Abschnitt 3: Erzieherinnen, Kinderpflegerinnen

Entgeltgruppe	Fallgruppe	Tätigkeitsmerkmal
9a		Erzieherinnen mit staatlicher Anerkennung und entsprechender Tätigkeit sowie sonstige Beschäftigte, die aufgrund gleichwertiger Fähigkeiten und ihrer Erfahrungen entsprechende Tätigkeiten ausüben, mit fachlich koordinierenden Aufgaben für mindestens drei Beschäftigte mindestens der Entgeltgruppe 8 Fallgruppe 1. (Hierzu Protokollerklärungen Nrn. 1 und 2)
8	1	Erzieherinnen mit staatlicher Anerkennung und entsprechender Tätigkeit sowie sonstige Beschäftigte, die aufgrund gleichwertiger Fähigkeiten und ihrer Erfahrungen entsprechende Tätigkeiten ausüben, mit besonders schwierigen fachlichen Tätigkeiten. (Hierzu Protokollerklärungen Nrn. 1, 2 und 3)
8	2	Erzieherinnen mit staatlicher Anerkennung und entsprechender Tätigkeit sowie sonstige Beschäftigte, die aufgrund gleichwertiger Fähigkeiten und ihrer Erfahrungen entsprechende Tätigkeiten ausüben, in Schulkindergärten, Vorklassen oder Vermittlungsgruppen für nicht schulpflichtige Kinder. (Hierzu Protokollerklärungen Nrn. 2 und 4)
6		Erzieherinnen mit staatlicher Anerkennung und entsprechender Tätigkeit sowie sonstige Beschäftigte, die aufgrund gleichwertiger Fähigkeiten und ihrer Erfahrungen entsprechende Tätigkeiten ausüben. (Hierzu Protokollerklärungen Nrn. 1 und 2)
5	1	Kinderpflegerinnen mit staatlicher Anerkennung oder mit staatlicher Prüfung und entsprechender Tätigkeit sowie sonstige Beschäftigte, die aufgrund gleichwertiger Fähigkeiten und ihrer Erfahrungen entsprechende Tätigkeiten ausüben, mit schwierigen fachlichen Tätigkeiten. (Hierzu Protokollerklärung Nr. 5)
5	2	Beschäftigte in der Tätigkeit von Erzieherinnen mit staatlicher Anerkennung. (Hierzu Protokollerklärung Nr. 1)
3		Kinderpflegerinnen mit staatlicher Anerkennung oder mit staatlicher Prüfung und entsprechender Tätigkeit sowie sonstige Beschäftigte, die aufgrund gleichwertiger Fähigkeiten und ihrer Erfahrungen entsprechende Tätigkeiten ausüben.
2		Beschäftigte in der Tätigkeit von Kinderpflegerinnen mit staatlicher Anerkennung.

Protokollerklärungen:

Nr. 1 Als entsprechende Tätigkeit von Erzieherinnen gilt auch die Betreuung von über 18-jährigen Personen (z. B. in Einrichtungen für behinderte Menschen im Sinne des § 2 SGB IX oder für Obdachlose).

Nr. 2 Nach diesem Tätigkeitsmerkmal eingruppiert sind auch

a) Kindergärtnerinnen und Hortnerinnen mit staatlicher Anerkennung oder staatlicher Prüfung,

b) Gesundheits- und Kinderkrankenpflegerinnen, die in Kinderkrippen tätig sind.

Nr. 3 Besonders schwierige fachliche Tätigkeiten sind z. B. die

a) Tätigkeiten in Integrationsgruppen (Erziehungsgruppen, denen besondere Aufgaben in der gemeinsamen Förderung behinderter und nicht behinderter Kinder zugewiesen sind) mit einem Anteil von mindestens einem Drittel von behinderten Kindern im Sinne des § 2 SGB IX in Einrichtungen der Kindertagesbetreuung,

b) Tätigkeiten in Gruppen von behinderten Menschen im Sinne des § 2 SGB IX oder von Kindern und/oder Jugendlichen mit wesentlichen Erziehungsschwierigkeiten,

c) Tätigkeiten in Jugendzentren/Häusern der offenen Tür,

d) Tätigkeiten in geschlossenen (gesicherten) Gruppen,

e) fachlichen Koordinierungstätigkeiten für mindestens vier Beschäftigte mindestens der Entgeltgruppe 6,

f) Tätigkeiten einer Facherzieherin mit einrichtungsübergreifenden Aufgaben.

Nr. 4 Die Tätigkeit setzt voraus, dass überwiegend Kinder, die im nächsten Schuljahr schulpflichtig werden, nach einem speziellen pädagogischen Konzept gezielt auf die Schule vorbereitet werden.

Nr. 5 Schwierige fachliche Tätigkeiten sind z. B.

a) Tätigkeiten in Einrichtungen für behinderte Menschen im Sinne des § 2 SGB IX und in psychiatrischen Kliniken,

b) allein verantwortliche Betreuung von Gruppen z. B. in Randzeiten,

c) Tätigkeiten in Integrationsgruppen (Erziehungsgruppen, denen besondere Aufgaben in der gemeinsamen Förderung behinderter und nicht behinderter Kinder zugewiesen sind) mit einem Anteil von mindestens einem Drittel von behinderten Kindern im Sinne des § 2 SGB IX in Einrichtungen der Kindertagesbetreuung,

d) Tätigkeiten in Gruppen von behinderten Menschen im Sinne des § 2 SGB IX oder in Gruppen von Kindern und/oder Jugendlichen mit wesentlichen Erziehungsschwierigkeiten,

e) Tätigkeiten in geschlossenen (gesicherten) Gruppen.

11. Übergangsregelung für Beschäftigte mit besonderen körperlich/handwerklich geprägten Tätigkeiten:

Für Beschäftigte im Sinne des § 1 Abs. 1 und 2, die eines der nachstehend aufgeführten Tätigkeitsmerkmale erfüllen, gilt Folgendes:

a) [1]Die Beschäftigten, deren Arbeitsverhältnis zum Bund über den 31. Dezember 2013 hinaus fortbesteht, und die am 1. Januar 2014 unter den Geltungsbereich des TVöD fallen, bleiben für die Dauer der unverändert auszuübenden Tätigkeit in der bisherigen Entgeltgruppe eingruppiert. [2]Die Protokollerklärung zu § 25 Abs. 1 gilt entsprechend.

b) [1]Für Eingruppierungen nach dem 31. Dezember 2013 gelten für Beschäftigte mit körperlich/handwerklich geprägten Tätigkeiten bis zu einer Neuregelung die folgenden Tätigkeitsmerkmale. [2]Die Protokollerklärung zu § 2 Abs. 3 Tarifvertrag über die Entgeltordnung des Bundes gilt entsprechend.

Entgeltgruppe	Fallgruppe	Tätigkeitsmerkmal
9a	1	Beschäftigte mit körperlich/handwerklich geprägten Tätigkeiten mit abgeschlossener einschlägiger Berufsausbildung in einem anerkannten Ausbildungsberuf mit einer Ausbildungsdauer von mindestens dreieinhalb Jahren, die als Bediener von CNC-gesteuerten Maschinen komplizierte Werkstücke aus verschiedenen Materialien herstellen und dafür selbstständig nach Fertigungsunterlagen Arbeitsablaufprogramme ergänzen, Maschinenprogramme eingeben, testen und fahren sowie Programmfehler feststellen und beseitigen.
9a	2	Beschäftigte mit körperlich/handwerklich geprägten Tätigkeiten mit abgeschlossener einschlägiger Berufsausbildung in einem anerkannten Ausbildungsberuf mit einer Ausbildungsdauer von mindestens dreieinhalb Jahren, die bei Einsatz von Laserschneidtechnik und Lasergraviertechnik selbstständig Arbeitsablaufprogramme ergänzen, eingeben, testen und fahren sowie Programmfehler feststellen und beseitigen.
8	1	Beschäftigte der Entgeltgruppe 6 als Werkzeugmacher für die Anfertigung und Unterhaltung komplizierter Werkzeuge.

Entgeltgruppe	Fallgruppe	Tätigkeitsmerkmal
8	2	Bohrwerkdreher mit abgeschlossener einschlägiger Berufsausbildung in einem anerkannten Ausbildungsberuf mit einer Ausbildungsdauer von mindestens drei Jahren an Bohrwerken, die mehrere Arbeitsgänge gleichzeitig erledigen, wenn sie die erforderlichen Werkzeuge selbst einstellen.
7	1	Beschäftigte der Entgeltgruppe 6 als Werkzeugmacher für die Anfertigung und Unterhaltung von Werkzeugen.
7	2	Beschäftigte mit körperlich/handwerklich geprägten Tätigkeiten mit abgeschlossener einschlägiger Berufsausbildung in einem anerkannten Ausbildungsberuf mit einer Ausbildungsdauer von mindestens drei Jahren als Einrichter.
		Protokollerklärung: Einrichter sind Beschäftigte, die Werkzeuge schleifen und Maschinen einzurichten haben.
6		Beschäftigte mit körperlich/handwerklich geprägten Tätigkeiten mit abgeschlossener einschlägiger Berufsausbildung in einem anerkannten Ausbildungsberuf mit einer Ausbildungsdauer von mindestens drei Jahren als Werkzeugmacher.

12. Für Hausmeister des Auswärtigen Amtes, die mit einer Tätigkeit der Lohngruppe 4 Fallgruppe 5.6 des Lohngruppenverzeichnisses des Bundes zum MTArb und mit einer Zuordnung zur Entgeltgruppe 5 gemäß dem fünften Abschnitt in den TV EntgO Bund übergeleitet werden und die der Rotation unterliegen, gilt abweichend von Teil III Abschnitt 23 der Anlage 1 TV EntgO Bund, dass sie bei nach dem 31. Dezember 2013 veranlassten Arbeitsplatzwechseln und erneuter Übertragung der Tätigkeit als Hausmeister in Entgeltgruppe 5 eingruppiert sind, sofern die neu übertragene Tätigkeit bei Fortgeltung des bis zum 31. Dezember 2013 geltenden Eingruppierungsrechts zur Zuordnung zur Entgeltgruppe 5 geführt hätte.

Tarifvertrag
für die Kraftfahrer und Kraftfahrerinnen des Bundes
(KraftfahrerTV Bund)

Vom 13. September 2005 (GMBl. 2006 S. 545)

Zuletzt geändert durch
Änderungstarifvertrag Nr. 5 zumTarifvertrag für die Kraftfahrer und
Kraftfahrerinnen des Bundes (KraftfahrerTV Bund)
vom 29. April 2016[1])

§ 1 Geltungsbereich

Dieser Tarifvertrag gilt für die unter den TVöD fallenden als Kraftfahrer/Kraftfahrerin von Personen- und Lastkraftwagen sowie von Omnibussen beschäftigten Arbeitnehmer des Bundes mit Ausnahme

1. der Kraftfahrer/Kraftfahrerinnen, die zu Auslandsdienststellen entsandt sind (§ 45 TVöD BT-V [Bund]),

2. der Kraftfahrer/Kraftfahrerinnen, die nicht oder nur gelegentlich über die regelmäßige Arbeitszeit (§ 6 Abs. 1 TVöD) hinaus beschäftigt werden.

Protokollerklärung:

Ein Kraftfahrer/eine Kraftfahrerin ist dann nicht nur gelegentlich über die regelmäßige Arbeitszeit hinaus beschäftigt, wenn er/sie im vorangegangenen Kalenderhalbjahr in einem Kalendermonat mindestens 15 Überstunden geleistet hat. Er/Sie bleibt in der Pauschalgruppe, wenn er/sie im Durchschnitt des laufenden Kalenderhalbjahres die für die jeweilige Pauschalgruppe mindestens erforderliche monatliche Arbeitszeit erfüllt. Ist der Kraftfahrer/die Kraftfahrerin im vorangegangenen Kalenderhalbjahr infolge Erkrankung oder Unfalls mindestens 3 Monate arbeitsunfähig gewesen, sind auch die Überstunden zu berücksichtigen, die er/sie ohne Arbeitsunfähigkeit geleistet hätte.

---

[1]   Zum Geltungsbereich enthält § 2 des 5. Änderungsungstarifvertrages folgende Regelung:

„§ 2
Ausnahmen vom Geltungsbereich

[1]Für Beschäftigte, die spätestens mit Ablauf des 28. April 2016 aus dem Arbeitsverhältnis ausgeschieden sind, gilt dieser Tarifvertrag nur, wenn sie dies bis 31. Oktober 2016 schriftlich beantragen. [2]Für Beschäftigte, die spätestens mit Ablauf des 28. April 2016 aufgrund eigenen Verschuldens ausgeschieden sind, gilt dieser Tarifvertrag nicht."

§ 2 Arbeitszeit, höchstzulässige Arbeitszeit

(1) Die Arbeitszeit umfasst reinen Dienst am Steuer, Vor- und Abschlussarbeiten, Wartezeiten, Wagenpflege, Wartungsarbeiten und sonstige Arbeit. Die höchstzulässige Arbeitszeit richtet sich grundsätzlich nach den Vorschriften des Arbeitszeitgesetzes (ArbZG).

(2) [1]Wenn der Kraftfahrer/die Kraftfahrerin schriftlich einwilligt und geeignete Maßnahmen zur Gewährleistung des Gesundheitsschutzes getroffen sind, wie insbesondere das Recht des Kraftfahrers/der Kraftfahrerin zu einer jährlichen, für den Beschäftigten kostenfreien arbeitsmedizinischen Untersuchung bei einem vom Arbeitgeber bestimmten Arzt (unbeschadet der Pflichten aus anderen Rechtsvorschriften) und/oder die Gewährung eines Freizeitausgleichs möglichst durch ganze Tage oder durch zusammenhängende arbeitsfreie Tage zur Regenerationsförderung, kann die höchstzulässige Arbeitszeit im Hinblick auf die in ihr enthaltenen Wartezeiten auf bis zu 15 Stunden täglich ohne Ausgleich verlängert werden (§ 7 Abs. 2a ArbZG); sie darf 268 Stunden im Kalendermonat ohne Ausgleich nicht übersteigen. [2]Gemäß § 7 Abs. 1 Nr. 3 in Verbindung mit Abs. 2a ArbZG wird zugleich die Ruhezeit auf bis zu 9 Stunden verkürzt, wenn die ordnungsgemäße Durchführung des betreffenden Fahrdienstes dies erfordert. [3]Die Kürzung der Ruhezeit ist grundsätzlich bis zum Ende der folgenden Woche auszugleichen.

(3) [1]Muss die höchstzulässige monatliche Arbeitszeit nach Absatz 2 Satz 1 aus zwingenden dienstlichen oder betrieblichen Gründen ausnahmsweise überschritten werden, so sind die über 268 Stunden hinausgehenden Stunden im Laufe des kommenden oder des darauf folgenden Monats durch Erteilung entsprechender Freizeit auszugleichen, ferner ist der Zeitzuschlag für Überstunden nach § 7 Abs. 1 Buchst. a TVöD zu zahlen. [2]Die Zahlung einer geldlichen Entschädigung anstelle der Erteilung entsprechender Freizeit ist aus Gründen des Gesundheitsschutzes (Absatz 2 Satz 1) unzulässig.

(4) Bei der Prüfung, ob die höchstzulässige monatliche Arbeitszeit nach Absatz 2 Satz 1 erreicht ist, sind Ausfallzeiten sowie Zeiten eines Freizeitausgleichs nach § 3 Abs. 3 einzurechnen; für einen Ausfalltag sind höchstens 10 Stunden anzusetzen.

(5) Die Vorschriften über die höchstzulässige Arbeitszeit und über die Folgen ihrer Überschreitung nach Absatz 2 gelten nicht für Zeiten der Teilnahme an Manövern und Übungen (Anhang zu § 46 zum TVöD BT-V [Bund]).

Protokollerklärung:
Die regelmäßige Arbeitszeit des Fahrers/der Fahrerin nach § 6 Abs. 1 TVöD bleibt unberührt. Soweit die höchstzulässige Arbeitszeit nach Absatz 2 Satz 1 zweiter Halbsatz nicht überschritten wird, ist § 6 Abs. 2 TVöD mit der Maßgabe anwendbar, dass bei der Berechnung auf das jeweilige Kalenderhalbjahr abzustellen ist.

§ 3   Monatsarbeitszeit

(1) Die in einem Kalendermonat im Rahmen von § 2 geleistete Arbeitszeit ist die Monatsarbeitszeit.

(2) [1]Für die Ermittlung der Monatsarbeitszeit gilt als tägliche Arbeitszeit die Zeit vom Arbeitsbeginn bis zur Beendigung der Arbeit, gekürzt um die dienstplanmäßigen Pausen. [2]Bei ununterbrochener dienstlicher Abwesenheit des Fahrers/der Fahrerin von der Dienststelle zwischen 12 und 14 Uhr oder bei einer Dienstreise zwischen 6 und 12 Stunden findet keine Kürzung statt, bei einer eintägigen Dienstreise über 12 Stunden wird einheitlich eine Kürzung von 30 Minuten vorgenommen.

(3) Im Falle einer/eines

– Beurlaubung (§§ 26, 27 TVöD),

– Arbeitsunfähigkeit infolge Erkrankung oder Unfalls,

– Freistellung von der Arbeit unter Entgeltfortzahlung (§ 29 TVöD),

– Qualifizierung in überwiegend dienstlichem oder betrieblichem Interesse unter Zahlung des Entgelts,

– Freizeitausgleichs nach § 2 Abs. 3 Satz 1,

– ganz oder teilweisen Ausfalls wegen der Tätigkeit als Mitglied einer Personalvertretung/eines Betriebsrates,

– ganz oder teilweisen Ausfalls infolge eines Wochenfeiertages,

sind für jeden Arbeitstag folgende Stunden pauschal anzusetzen:

a) bei ständiger Verteilung der regelmäßigen wöchentlichen Arbeitszeit auf 5 Werktage oder wechselnd auf 5 Werktage in je drei Wochen je Kalendermonat und im Übrigen auf 6 Werktage für:

Fahrer/Fahrerinnen der Pauschalgruppen I	8,65 Stunden,
Fahrer/Fahrerinnen der Pauschalgruppen II	9,65 Stunden,
Fahrer/Fahrerinnen der Pauschalgruppen III	10,65 Stunden,
Fahrer/Fahrerinnen der Pauschalgruppen IV	11,65 Stunden,
Chefkraftfahrer/Chefkraftfahrerinnen	11,65 Stunden,

b) bei ständiger Verteilung der regelmäßigen wöchentlichen Arbeitszeit auf 6 Werktage oder ständig wechselnd auf 6 bzw. 5 Werktage für:

Fahrer/Fahrerinnen der Pauschalgruppen I	7,65 Stunden,
Fahrer/Fahrerinnen der Pauschalgruppen II	8,65 Stunden,
Fahrer/Fahrerinnen der Pauschalgruppen III	9,65 Stunden,
Fahrer/Fahrerinnen der Pauschalgruppen IV	10,65 Stunden,
Chefkraftfahrer/Chefkraftfahrerinnen	10,65 Stunden.

(4) [1]Jeder Tag einer mehrtägigen Dienstreise oder einer Teilnahme an Manövern und ähnlichen Übungen (Anhang zu § 46 zum TVöD BT-V [Bund]) ist mit 12 Stunden anzusetzen. [2]Für die Berechnung der Zeitzuschläge nach § 4 Abs. 4 ist bei mehrtägigen Dienstreisen wie folgt zu verfahren:

[3]Beginnt die mehrtägige Dienstreise nach 12.00 Uhr, ist für diesen Tag die Zeit von 12.00 bis 24.00 Uhr, endet die mehrtägige Dienstreise vor 12.00 Uhr, ist für diesen Tag die Zeit von 0.00 bis 12.00 Uhr, für alle übrigen Tage die Zeit von 8.00 bis 20.00 Uhr anzusetzen.

(5) Bei Arbeitsbefreiung (§ 29 TVöD) oder Beurlaubung (§ 28 TVöD) ohne Entgeltfortzahlung werden die Stunden angesetzt, die der Fahrer/die Fahrerin ohne diese Ausfallsgründe innerhalb der regelmäßigen Arbeitszeit (§ 6 Abs. 1 TVöD) geleistet hätte.

Protokollerklärung zu den Absätzen 3 und 4:

1. Zur Tätigkeit als Mitglied einer Personalvertretung/eines Betriebsrates gemäß Absatz 3 gehören auch mehrtägige Reisen gemäß § 44 Abs. 1 Satz 2 Bundespersonalvertretungsgesetz/§ 40 Abs. 1 Betriebsverfassungsgesetz, die zur Erfüllung der Personalrats-/Betriebsratsaufgaben notwendig sind.

2. Eine mehrtägige Dienstreise gemäß Absatz 4 liegt vor, wenn sie nach Ablauf des Kalendertages endet, an dem sie begonnen hat. Der Pauschalansatz von 12 Stunden gilt auch für den Kalendertag, an dem eine mehrtägige Dienstreise beginnt oder endet und an dem weitere Arbeit geleistet wird bzw. eine weitere Dienstreise geendet hat oder beginnt.

§ 4 Pauschalentgelt

(1) Für die Kraftfahrer/Kraftfahrerinnen wird ein Pauschalentgelt festgesetzt, mit dem das Tabellenentgelt (§ 15 Abs. 1 TVöD) sowie das Entgelt für Überstunden und Zeitzuschläge für Überstunden (§ 8 Abs. 1 Satz 1 Buchst. a TVöD) abgegolten sind.

(2) [1]Die Höhe des Pauschalentgelts bemisst sich nach der durchschnittlichen Monatsarbeitszeit (§ 3) im vorangegangenen Kalenderhalbjahr

in der jeweiligen Pauschalgruppe (§ 5) der Entgeltgruppe. [2]Bei Fahrern/Fahrerinnen, die zu einer anderen Dienststelle versetzt werden, richtet sich die Höhe des Pauschalentgelts bis zum Schluss des laufenden Kalenderhalbjahres nach der Monatsarbeitszeit (§ 3) im jeweiligen Kalendermonat bei der neuen Dienststelle.

(3) Die Beträge des Pauschalentgelts ergeben sich aus Anlage 1 zu diesem Tarifvertrag.

(4) Neben dem Pauschalentgelt werden für die Inanspruchnahme an Sonntagen, gesetzlichen Wochenfeiertagen, Vorfesttagen, in der Nacht und an Samstagen Zeitzuschläge nach Maßgabe des § 8 Abs. 1 TVöD gezahlt.

(5) [1]Die Pauschalentgelte werden um denselben Vomhundertsatz verändert, um den sich die Tabellenentgelte bei einer allgemeinen Entgelterhöhung verändern. [2]Die Tarifvertragsparteien werden diese Anpassung zum Zeitpunkt des Wirksamwerdens einer allgemeinen Entgelterhöhung ohne Kündigung vereinbaren.

Niederschriftserklärung:
Die Tarifvertragsparteien erklären, dass die Festlegung der Beträge für die Pauschalgruppe der Entgeltgruppe 4 auf der Grundlage der Zuordnung der Fahrer mit Tätigkeiten der derzeitigen Lohngruppe 4 mit Aufstieg nach Lohngruppe 4a und die der Beträge der Pauschalgruppe der Entgeltgruppe 5 auf der Grundlage der Zuordnung der Fahrer mit Tätigkeiten der derzeitigen Lohngruppe 5 mit Aufstieg nach Lohngruppe 5a erfolgt ist (Geschäftsgrundlage).

§ 5 Pauschalgruppen

(1) Entsprechend ihrer Monatsarbeitzeit (§ 3) sind die Kraftfahrer/Kraftfahrerinnen folgenden Pauschalgruppen zugeordnet:

- Pauschalgruppe I
  bei einer Monatsarbeitszeit ab 185 bis 196 Stunden,
- Pauschalgruppe II
  bei einer Monatsarbeitszeit über 196 bis 221 Stunden,
- Pauschalgruppe III
  bei einer Monatsarbeitszeit über 221 bis 244 Stunden,
- Pauschalgruppe IV
  bei einer Monatsarbeitszeit über 244 bis 268 Stunden,
- Chefkraftfahrer/Chefkraftfahrerinnen
  bei einer Monatsarbeitszeit bis 288 Stunden.

(2) Chefkraftfahrer/Chefkraftfahrerin ist ausschließlich der/die persönliche Kraftfahrer/Kraftfahrerin:

a) des Bundespräsidenten/der Bundespräsidentin,

b) des Präsidenten/der Präsidentin des Bundestages und seiner/ihrer Stellvertreter,

c) des Präsidenten/der Präsidentin des Bundesrates,

d) des Bundeskanzlers/der Bundeskanzlerin,

e) der Bundesminister/der Bundesministerinnen,

f) der Staatssekretäre/der Staatssekretärinnen,

g) des Präsidenten/der Präsidentin beim Bundesverfassungsgericht,

h) der Präsidenten/der Präsidentinnen der obersten Gerichtshöfe des Bundes,

i) des Präsidenten/der Präsidentin des Bundesrechnungshofes,

k) des/der Wehrbeauftragten des Bundestages,

l) des Generalinspekteurs/der Generalinspekteurin der Bundeswehr.

(3) [1]Die höchstzulässige Arbeitszeit der Chefkraftfahrer/Chefkraftfahrerinnen soll 288 Stunden im Monat nicht überschreiten. [2]§ 2 Abs. 2 und 3 gilt entsprechend. [3]§ 2 Abs. 4 gilt mit der Maßgabe, dass die Stundensätze der Pauschalgruppe IV zugrunde zu legen sind. [4]Das Pauschalentgelt der Chefkraftfahrer/Chefkraftfahrerinnen wird nur für die Zeit der tatsächlichen Dienstleistung als Chefkraftfahrer/Chefkraftfahrerin gewährt.

(4) [1]Für den Fahrer/die Fahrerin, der einen Chefkraftfahrer/eine Chefkraftfahrerin für mindestens einen vollen Arbeitstag vertritt, erhöht sich sein/ihr Pauschalentgelt für die Dauer der Vertretung um den Unterschiedsbetrag zwischen dem Pauschalentgelt, das er/sie als Fahrer/Fahrerin der Pauschalgruppe IV, und dem Pauschalentgelt, das er/sie als Chefkraftfahrer/Chefkraftfahrerin erhalten würde. [2]§ 6 gilt entsprechend. [3]Bei Vertretung für die Zeit eines vollen Kalendermonats gilt Absatz 3 Sätze 1 und 2 entsprechend. [4]Bei Vertretung für einzelne Arbeitstage erhöht sich die höchstzulässige Arbeitszeit des Kalendermonats (§ 2 Abs. 2) für jeden Arbeitstag um eine Stunde, höchstens jedoch auf 288 Stunden im Kalendermonat; § 2 Abs. 2 und 3 gilt entsprechend.

§ 6 Anteiliges Pauschalentgelt

Endet das Arbeitsverhältnis im Laufe eines Kalendermonats oder steht das Pauschalentgelt aus einem sonstigen Grunde nicht für den ganzen Kalendermonat zu, wird nur der Teil des Pauschalentgelts gezahlt, der auf den Anspruchszeitraum entfällt.

Protokollerklärung:
Ein sonstiger Grund im Sinne dieser Vorschrift ist auch die Teilnahme an Manövern und Übungen (Anhang zu § 46 zum TVöD BT-V [Bund]).

§ 7 Sicherung des Pauschalentgelts

(1) Kraftfahrer/Kraftfahrerinnen mit mindestens fünfjähriger ununterbrochener Beschäftigung nach diesem Tarifvertrag und/oder dem Tarifvertrag für die Kraftfahrer des Bundes vom 5. April 1965 und/oder dem Tarifvertrag für die Kraftfahrer des Bundes im Geltungsbereich des MTArb-O vom 8. Mai 1991, die infolge eines Unfalles, welcher nach In-Kraft-Treten dieses Tarifvertrages in Ausübung oder infolge der Arbeit ohne Vorsatz oder grobe Fahrlässigkeit erlitten wurde, nicht mehr als Kraftfahrer/Kraftfahrerin weiterbeschäftigt werden, erhalten eine persönliche Zulage.

(2) [1]Die Zulage wird in Höhe der Differenz zwischen dem Pauschalentgelt aus der nächst niedrigeren Pauschalgruppe als der, der der Kraftfahrer/die Kraftfahrerin zuletzt in der bisherigen Tätigkeit angehört hat, und dem durchschnittlichen Tabellenentgelt der ersten drei vollen Kalendermonate in der neuen Tätigkeit einschließlich bezahlte Überstunden gewährt, sofern dieses geringer ist. [2]Gehörte der Kraftfahrer/die Kraftfahrerin in den letzten zwei Jahren in der bisherigen Tätigkeit mehr als ein halbes Jahr einer niedrigeren Pauschalgruppe an, tritt an die Stelle der nächst niedrigeren die unmittelbar unter der nächst niedrigeren liegende Pauschalgruppe.

(3) [1]Die Zulage vermindert sich nach Ablauf von jeweils einem Jahr um ein Drittel der ursprünglichen Höhe. [2]War der Kraftfahrer/die Kraftfahrerin mehr als zehn Jahre ununterbrochen als Kraftfahrer/Kraftfahrerin im Sinne dieses Tarifvertrages und/oder des Tarifvertrages für die Kraftfahrer des Bundes vom 5. April 1965 und/oder des Tarifvertrages für die Kraftfahrer des Bundes im Geltungsbereich des MTArb-O vom 8. Mai 1991 beschäftigt, vermindert sich die Zulage um 15 v.H. [3]War er/sie mehr als 20 Jahre ununterbrochen als Kraftfahrer/Kraftfahrerin im Sinne dieses Tarifvertrages, des Tarifvertrages für die Kraftfahrer des Bundes vom 5. April 1965 oder des Tarifvertrages für die Kraftfahrer des Bundes im Geltungsbereich des MTArb-O vom 8. Mai 1991 beschäftigt, wird ein Restbetrag von 30 v.H. des Ausgangsbetrages der Zulage nicht abgebaut. [4]Steht zu einem späteren Zeitpunkt erneut ein Pauschalentgelt nach diesem Tarifvertrag zu, werden die Mehrbeträge auf die Zulage angerechnet.

(4) Die Absätze 1 bis 3 gelten entsprechend

a) für Fahrer/Fahrerinnen nach zehnjähriger ununterbrochener Beschäftigung als Fahrer/Fahrerin bei demselben Arbeitgeber, davon die letzten fünf Jahre als Fahrer/Fahrerin im Sinne dieses Tarifvertrages und/oder des Tarifvertrages für die Kraftfahrer des Bundes vom 5. April 1965 und/oder des Tarifvertrages für die Kraftfahrer des Bundes im Geltungsbereich des MTArb-O vom 8. Mai 1991, wenn die Leistungsminderung durch eine Gesundheitsschädigung hervorgerufen wurde, die durch fortwirkende schädliche Einflüsse der Arbeit eingetreten ist,

b) für mindestens 55 Jahre alte Fahrer/Fahrerinnen nach fünfzehnjähriger ununterbrochener Beschäftigung als Fahrer/Fahrerin bei demselben Arbeitgeber, davon die letzten fünf Jahre als Fahrer/Fahrerin im Sinne dieses Tarifvertrages und/oder des Tarifvertrages für die Kraftfahrer des Bundes vom 5. April 1965 und/oder des Tarifvertrages für die Kraftfahrer des Bundes im Geltungsbereich des MTArb-O vom 8. Mai 1991, wenn die Leistungsminderung der Abnahme der körperlichen Kräfte und Fähigkeiten infolge langjähriger Arbeit verursacht wurde,

c) für Fahrer/Fahrerinnen nach fünfundzwanzigjähriger ununterbrochener Beschäftigung als Fahrer/Fahrerin bei demselben Arbeitgeber, davon die letzten fünf Jahre als Fahrer/Fahrerin im Sinne dieses Tarifvertrages und/oder des Tarifvertrages für die Kraftfahrer des Bundes vom 5. April 1965 und/oder des Tarifvertrages für die Kraftfahrer des Bundes im Geltungsbereich des MTArb-O vom 8. Mai 1991, wenn die Leistungsminderung durch Abnahme der körperlichen Kräfte und Fähigkeiten infolge langjähriger Arbeit verursacht wurde.

§ 8 Übergangsvorschrift für am 30. September 2005/1. Oktober 2005 vorhandene Kraftfahrer/Kraftfahrerinnen

(1) Für die am 30. September 2005 vorhandenen Kraftfahrer/Kraftfahrerinnen, deren Arbeitsverhältnisse zum Bund über den 30. September 2005 hinaus fortbestehen und die am 1. Oktober 2005 unter den Geltungsbereich des TVöD fallen, gelten die nachfolgenden besonderen Regelungen.

(2) ¹Ein Kraftfahrer/eine Kraftfahrerin ist dann nicht nur – im Sinne des § 1 – gelegentlich über die regelmäßige Arbeitszeit hinaus beschäftigt, wenn er/sie im vorangegangenen Kalenderhalbjahr in mehr als 6 Wochen Überstunden geleistet hat. ²Ist der Kraftfahrer/die

Kraftfahrerin im vorangegangenen Kalenderhalbjahr infolge Erkrankung oder Unfalls mindestens 3 Monate arbeitsunfähig gewesen, sind
auch die Überstunden zu berücksichtigen, die er/sie ohne Arbeitsunfähigkeit geleistet hätte.

(3) Die Beträge des Pauschalentgelts ergeben sich aus Anlage 3 zu
diesem Tarifvertrag.

(4) Abweichend von § 5 Abs. 1 beläuft sich die Monatsarbeitszeit (§ 3)
bei Pauschalgruppe I ab 170 bis 196 Stunden.

(5) Für die seit dem 31. Januar 1977 von dem Tarifvertrag für die
Kraftfahrer des Bundes vom 5. April 1965 erfassten Fahrer/Fahre-
rinnen gilt als Besitzstand die Regelung in Anlage A.

Protokollerklärung zu § 8 Abs. 1 bis 4:
Vorhandene Kraftfahrer/Kraftfahrerinnen im Sinne dieser Vorschrift sind alle über
den 30. September 2005 hinaus beim Bund beschäftigten Fahrer/Fahrerinnen,
unabhängig davon, ob sie in den Geltungsbereich des Tarifvertrages für die
Kraftfahrer des Bundes vom 5. April 1965 oder des Tarifvertrages für die Kraftfahrer des Bundes im Geltungsbereich des MTArb-O vom 8. Mai 1991 gefallen sind.

§ 9   Überleitungs- und Besitzstandsregelung

(1) [1]Die Überleitung der Kraftfahrer/Kraftfahrerinnen, die unter den
Geltungsbereich des Tarifvertrages zur Überleitung der Beschäftigten
des Bundes in den TVöD und zur Regelung des Übergangsrechts (TVÜ-
Bund) fallen, am 1. Oktober 2005 bestimmt sich nach dem vor-
genannten Tarifvertrag. [2]Die dem Pauschallohn zu Grunde liegende
Lohngruppe bildet die Grundlage für die Zuordnung nach den §§ 4 ff.
TVÜ.

(2) In die Pauschalentgelttabelle (§ 8 Abs. 3) werden sie am 1. Oktober
2005 auf der Grundlage der am 30. September 2005 zustehenden
Lohngruppe und der erreichten Jahre in den Lohnstufen der jeweiligen Anlage 3 zum Tarifvertrag für die Kraftfahrer des Bundes vom
5. April 1965 bzw. zum Tarifvertrag für die Kraftfahrer des Bundes im
Geltungsbereich des MTArb-O vom 8. Mai 1991 übergeleitet.

§ 10   In-Kraft-Treten

(1) Dieser Tarifvertrag tritt am 1. Oktober 2005 in Kraft und ersetzt
den Tarifvertrag für die Kraftfahrer des Bundes vom 5. April 1965 und
den Tarifvertrag für die Kraftfahrer des Bundes im Geltungsbereich
des MTArb-O vom 8. Mai 1991.

I

(2) Dieser Tarifvertrag kann mit einer Frist von 3 Monaten zum Schluss eines Kalendervierteljahres schriftlich gekündigt werden.

Anlage A

(1) Die am 31. Januar 1977 von § 8 des Tarifvertrages vom 5. April 1965 erfassten Fahrer/Fahrerinnen erhalten mit Wirkung vom 1. Februar 1977 für die Dauer ihres bestehenden Arbeitsverhältnisses, solange sie ununterbrochen unter die Tarifverträge vom 5. April 1965 und unter diesen Tarifvertrag fallen, eine monatlich zu berechnende, nicht zusatzversorgungspflichtige Besitzstandszulage nach folgenden Maßgaben:

Ist die monatliche Summe der Zeitzuschläge nach § 4 Abs. 4 niedriger als

bei einem Fahrer/einer Fahrerin der Entgeltgruppe 4

in Pauschalgruppe I der Betrag in Höhe von	38,35 €,
in Pauschalgruppe II der Betrag in Höhe von	63,91 €,
in den Pauschalgruppen III und IV der Betrag in Höhe von	76,69 €

bei einem Fahrer/einer Fahrerin der Entgeltgruppe 5

in Pauschalgruppe I der Betrag in Höhe von	40,90 €,
in Pauschalgruppe II der Betrag in Höhe von	66,47 €,
in den Pauschalgruppen III und IV der Betrag in Höhe von	79,25 €,
bei einem Chefkraftfahrer/einer Chefkraftfahrerin der Betrag in Höhe von	97,15 €,

wird als Besitzstandszulage der jeweilige Unterschiedsbetrag gezahlt.

Für die Berechnung des Unterschiedsbetrages sind gegenüberzustellen der Betrag der Pauschalgruppe, in der sich der Fahrer/die Fahrerin in dem betreffenden Monat befindet, und die Summe der Zeitzuschläge nach § 4 Abs. 4, die sich nach § 8 Abs. 1 TVöD für diesen Monat ergibt.

(2) Auf die für die Berechnung der Besitzstandszulage nach Absatz 1 maßgebenden festen Beträge ist § 6 entsprechend anzuwenden.

(3) Die Besitzstandszulage nach Absatz 1 ist bei der Fortzahlung des Entgelts nach § 26 Abs. 1 Satz 1 TVöD zu berücksichtigen.

(4) Die Besitzstandszulage nach Absatz 1 ist in die Berechnung der persönlichen Zulage nach § 7 einzubeziehen. Der entsprechende Teilbetrag der persönlichen Zulage ist kein zusatzversorgungspflichtiges Entgelt.

Pauschalentgelt für ab dem 1. Oktober 2005 neu eingestellte Kraftfahrer/Kraftfahrerinnen
gültig vom 1. März 2016 bis 31. Januar 2017

(monatlich in Euro)

Pauschalgruppe I	Stufen	E 4	E 5
	1.–10. Jahr	2671,83	2780,74
Monatliche Arbeitszeit	11.–15. Jahr	2855,76	2976,77
ab 185 bis 196 Stunden	ab 16. Jahr	2934,42	3059,08

Pauschalgruppe II	Stufen	E 4	E 5
	1.–10. Jahr	2925,94	3034,86
Monatliche Arbeitszeit	11.–15. Jahr	3118,35	3249,33
über 196 bis 221 Stunden	ab 16. Jahr	3197,00	3334,06

Pauschalgruppe III	Stufen	E 4	E 5
	1.–10. Jahr	3204,27	3327,83
Monatliche Arbeitszeit	11.–15. Jahr	3416,31	3564,64
über 221 bis 244 Stunden	ab 16. Jahr	3497,35	3648,15

Pauschalgruppe IV	Stufen	E 4	E 5
	1.–10. Jahr	3589,57	3726,67
Monatliche Arbeitszeit	11.–15. Jahr	3812,68	3977,19
über 244 bis 268 Stunden	ab 16. Jahr	3893,67	4061,94

Chefkraftfahrer	Stufen	E 4	E 5
	1.–10. Jahr	4075,64	4250,16
Monatliche Arbeitszeit	11.–15. Jahr	4321,19	4508,14
bis 288 Stunden	ab 16. Jahr	4402,22	4592,90

Pauschalentgelt für ab dem 1. Oktober 2005 neu eingestellte Kraftfahrer/Kraftfahrerinnen

gültig ab 1. Februar 2017

(in Euro)

Pauschalgruppe I	Stufen	E 4	E 5
Monatliche Arbeitszeit ab 185 bis 196 Stunden	1.–10. Jahr	2734,62	2846,09
	11.–15. Jahr	2922,87	3046,72
	ab 16. Jahr	3003,38	3130,97

Pauschalgruppe II	Stufen	E 4	E 5
Monatliche Arbeitszeit über 196 bis 221 Stunden	1.–10. Jahr	2994,70	3106,18
	11.–15. Jahr	3191,63	3325,69
	ab 16. Jahr	3272,13	3412,41

Pauschalgruppe III	Stufen	E 4	E 5
Monatliche Arbeitszeit über 221 bis 244 Stunden	1.–10. Jahr	3279,57	3406,03
	11.–15. Jahr	3496,59	3648,41
	ab 16. Jahr	3579,54	3733,88

Pauschalgruppe IV	Stufen	E 4	E 5
Monatliche Arbeitszeit über 244 bis 268 Stunden	1.–10. Jahr	3673,92	3814,25
	11.–15. Jahr	3902,28	4070,65
	ab 16. Jahr	3985,17	4157,40

Chefkraftfahrer	Stufen	E 4	E 5
Monatliche Arbeitszeit bis 288 Stunden	1.–10. Jahr	4171,42	4350,04
	11.–15. Jahr	4422,74	4614,08
	ab 16. Jahr	4505,67	4700,83

Anlage 3

I

Pauschalentgelt für am 1. Oktober 2005 vorhandene Kraftfahrer/Kraftfahrerinnen[1]
gültig vom 1. März 2016 bis 31. Januar 2017

(in Euro)

Pauschalgruppe I	Stufen	E 4	E 5
	1.–4. Jahr	2727,51	2842,44
Monatliche Arbeitszeit	5.–8. Jahr	2779,54	2896,92
ab 170 bis 196 Stunden	9.–12. Jahr	2855,76	2976,77
	ab 13. Jahr	2934,42	3059,08

Pauschalgruppe II	Stufen	E 4	E 5
	1.–4. Jahr	2990,09	3115,94
Monatliche Arbeitszeit	5.–8. Jahr	3042,12	3170,37
über 196 bis 221 Stunden	9.–12. Jahr	3118,35	3249,33
	ab 13. Jahr	3197,00	3334,06

Pauschalgruppe III	Stufen	E 4	E 5
	1.–4. Jahr	3284,21	3426,29
Monatliche Arbeitszeit	5.–8. Jahr	3337,80	3482,39
über 221 bis 244 Stunden	9.–12. Jahr	3416,31	3564,64
	ab 13. Jahr	3497,35	3648,15

Pauschalgruppe IV	Stufen	E 4	E 5
	1.–4. Jahr	3680,54	3838,83
Monatliche Arbeitszeit	5.–8. Jahr	3734,15	3894,94
über 244 bis 268 Stunden	9.–12. Jahr	3812,68	3977,19
	ab 13. Jahr	3893,67	4061,94

Chefkraftfahrer	Stufen	E 4	E 5
	1.–4. Jahr	4189,08	4369,81
Monatliche Arbeitszeit	5.–8. Jahr	4242,68	4425,89
bis 288 Stunden	9.–12. Jahr	4321,19	4508,14
	ab 13. Jahr	4402,22	4592,90

---

[1] Für die am 30. September 2005 vorhandenen Kraftfahrer/Kraftfahrerinnen, deren Arbeitsverhältnis zum Bund über den 30. September 2005 hinaus fortbesteht und die am 1. Oktober 2005 unter den Geltungsbereich des TVöD fallen.

Anlage 3

Pauschalentgelt für am 1. Oktober 2005 vorhandene Kraftfahrer/Kraftfahrerinnen[1])

gültig ab 1. Februar 2017

(in Euro)

Pauschalgruppe I	Stufen	E 4	E 5
	1.–4. Jahr	2791,61	2909,24
Monatliche Arbeitszeit	5.–8. Jahr	2844,86	2965,00
ab 170 bis 196 Stunden	9.–12. Jahr	2922,87	3046,72
	ab 13. Jahr	3003,38	3130,97

Pauschalgruppe II	Stufen	E 4	E 5
	1.–4. Jahr	3060,36	3189,16
Monatliche Arbeitszeit	5.–8. Jahr	3113,61	3244,87
über 196 bis 221 Stunden	9.–12. Jahr	3191,63	3325,69
	ab 13. Jahr	3272,13	3412,41

Pauschalgruppe III	Stufen	E 4	E 5
	1.–4. Jahr	3361,39	3506,81
Monatliche Arbeitszeit	5.–8. Jahr	3416,24	3564,23
über 221 bis 244 Stunden	9.–12. Jahr	3496,59	3648,41
	ab 13. Jahr	3579,54	3733,88

Pauschalgruppe IV	Stufen	E 4	E 5
	1.–4. Jahr	3767,03	3929,04
Monatliche Arbeitszeit	5.–8. Jahr	3821,90	3986,47
über 244 bis 268 Stunden	9.–12. Jahr	3902,28	4070,65
	ab 13. Jahr	3985,17	4157,40

Chefkraftfahrer	Stufen	E 4	E 5
	1.–4. Jahr	4287,52	4472,50
Monatliche Arbeitszeit	5.–8. Jahr	4342,38	4529,90
bis 288 Stunden	9.–12. Jahr	4422,74	4614,08
	ab 13. Jahr	4505,67	4700,83

---

[1]) Für die am 30. September 2005 vorhandenen Kraftfahrer/Kraftfahrerinnen, deren Arbeitsverhältnis zum Bund über den 30. September 2005 hinaus fortbesteht und die am 1. Oktober 2005 unter den Geltungsbereich des TVöD fallen.

II Auszubildende

II

Tarifvertrag
für Auszubildende des öffentlichen Dienstes (TVAöD)
Vom 13. September 2005

Zuletzt geändert durch
Änderungstarifvertrag Nr. 5
zum Tarifvertrag für Auszubildende des öffentlichen Dienstes
(TVAöD)
– Allgemeiner Teil –
vom 13. September 2005
vom 29. April 2016

§ 1 Geltungsbereich

(1) Dieser Tarifvertrag gilt für

a) Personen, die in Verwaltungen und Betrieben, die unter den Geltungsbereich des TVöD fallen, in einem staatlich anerkannten oder als staatlich anerkannt geltenden Ausbildungsberuf ausgebildet werden,

b) Schülerinnen/Schüler in der Gesundheits- und Krankenpflege, Gesundheits- und Kinderkrankenpflege, Entbindungspflege und Altenpflege, die in Verwaltungen und Betrieben, die unter den Geltungsbereich des TVöD fallen, ausgebildet werden,

c) Auszubildende in Betrieben oder Betriebsteilen, auf deren Arbeitnehmerinnen/Arbeitnehmer der TV-V oder der TV-WW/NW Anwendung findet,

d) Auszubildende in Betrieben oder Betriebsteilen, auf deren Arbeitnehmerinnen/Arbeitnehmer ein TV-N Anwendung findet, soweit und solange nicht eine anderweitige landesbezirkliche Regelung getroffen wurde (Auszubildende).

(2) Dieser Tarifvertrag gilt nicht für

a) Schülerinnen/Schüler in der Krankenpflegehilfe und Altenpflegehilfe sowie Heilerziehungspflegeschüler/innen,

b) Praktikantinnen/Praktikanten und Volontärinnen/Volontäre,

c) Auszubildende, die in Ausbildungsberufen der Landwirtschaft, des Weinbaues oder der Forstwirtschaft ausgebildet werden,

d) körperlich, geistig oder seelisch behinderte Personen, die aufgrund ihrer Behinderung in besonderen Ausbildungswerkstätten,
   Berufsförderungswerkstätten oder in Lebenshilfeeinrichtungen
   ausgebildet werden.

(3) Soweit in diesem Tarifvertrag nichts anderes geregelt ist, gelten
die jeweils einschlägigen gesetzlichen Vorschriften.

Niederschriftserklärung zu § 1:
Ausbildender im Sinne dieses Tarifvertrages ist, wer andere Personen zur Ausbildung einstellt.

§ 1a Geltungsbereich des Besonderen Teils

(In den Besonderen Teilen BBiG bzw. Pflege geregelt)

§ 2 Ausbildungsvertrag, Nebenabreden

(1) Vor Beginn des Ausbildungsverhältnisses ist ein schriftlicher Ausbildungsvertrag zu schließen, der neben der Bezeichnung des Ausbildungsberufs mindestens Angaben enthält über

a) die maßgebliche Ausbildungs- und Prüfungsordnung in der jeweils
   geltenden Fassung sowie Art, sachliche und zeitliche Gliederung
   der Ausbildung,
b) Beginn und Dauer der Ausbildung,
c) Dauer der regelmäßigen täglichen oder wöchentlichen Ausbildungszeit,
d) Dauer der Probezeit,
e) Zahlung und Höhe des Ausbildungsentgelts,
f) Dauer des Urlaubs,
g) Voraussetzungen, unter denen der Ausbildungsvertrag gekündigt
   werden kann,
h) die Geltung des Tarifvertrages für Auszubildende im öffentlichen
   Dienst (TVAöD) sowie einen in allgemeiner Form gehaltenen
   Hinweis auf die auf das Ausbildungsverhältnis anzuwendenden
   Betriebs-/Dienstvereinbarungen.

(2) [1]Nebenabreden sind nur wirksam, wenn sie schriftlich vereinbart
werden. [2]Sie können gesondert gekündigt werden, soweit dies
einzelvertraglich vereinbart ist.

§ 3 Probezeit

(In den Besonderen Teilen BBiG bzw. Pflege geregelt)

§ 4 Ärztliche Untersuchungen

(1) [1]Auszubildende haben auf Verlangen des Ausbildenden vor ihrer Einstellung ihre gesundheitliche Eignung durch das Zeugnis eines Amts- oder Betriebsarztes nachzuweisen. [2]Für Auszubildende, die unter das Jugendarbeitsschutzgesetz fallen, ist ergänzend § 32 Abs. 1 JArbSchG zu beachten.

(2) [1]Der Ausbildende ist bei begründeter Veranlassung berechtigt, Auszubildende zu verpflichten, durch ärztliche Bescheinigung nachzuweisen, dass sie in der Lage sind, die nach dem Ausbildungsvertrag übernommenen Verpflichtungen zu erfüllen. [2]Bei dem beauftragten Arzt kann es sich um einen Betriebsarzt handeln, soweit sich die Betriebsparteien nicht auf einen anderen Arzt geeinigt haben. [3]Die Kosten dieser Untersuchung trägt der Ausbildende.

(3) Auszubildende, die besonderen Ansteckungsgefahren ausgesetzt, mit gesundheitsgefährdenden Tätigkeiten beschäftigt oder mit der Zubereitung von Speisen beauftragt sind, sind in regelmäßigen Zeitabständen oder auf ihren Antrag bei Beendigung des Ausbildungsverhältnisses ärztlich zu untersuchen.

§ 5 Schweigepflicht, Nebentätigkeiten, Schadenshaftung

(1) Auszubildende haben in demselben Umfang Verschwiegenheit zu wahren wie die Beschäftigten des Ausbildenden.

(2) [1]Nebentätigkeiten gegen Entgelt haben Auszubildende ihrem Ausbildenden rechtzeitig vorher schriftlich anzuzeigen. [2]Der Ausbildende kann die Nebentätigkeit untersagen oder mit Auflagen versehen, wenn diese geeignet ist, die nach dem Ausbildungsvertrag übernommenen Verpflichtungen der Auszubildenden oder berechtigte Interessen des Ausbildenden zu beeinträchtigen.

(3) Für die Schadenshaftung der Auszubildenden finden die für die Beschäftigten des Ausbildenden geltenden Bestimmungen des TVöD entsprechende Anwendung.

§ 6 Personalakten

(1) [1]Die Auszubildenden haben ein Recht auf Einsicht in ihre vollständigen Personalakten. [2]Sie können das Recht auf Einsicht durch einen hierzu schriftlich Bevollmächtigten ausüben lassen. [3]Sie können Auszüge oder Kopien aus ihren Personalakten erhalten.

(2) ¹Beurteilungen sind Auszubildenden unverzüglich bekannt zu geben. ²Die Bekanntgabe ist aktenkundig zu machen.

§ 7   Wöchentliche und tägliche Ausbildungszeit
(In den Besonderen Teilen BBiG bzw. Pflege geregelt)

§ 8   Ausbildungsentgelt
(In den Besonderen Teilen BBiG bzw. Pflege geregelt)

§ 8a   Umständige Entgeltbestandteile
Für die Ausbildung an Samstagen, Sonntagen, Feiertagen und Vorfesttagen, für den Bereitschaftsdienst und die Rufbereitschaft, für die Überstunden und für die Zeitzuschläge gelten die für die Beschäftigten des Ausbildenden geltenden Regelungen sinngemäß.

§ 8b   Sonstige Entgeltregelungen
(In den Besonderen Teilen BBiG bzw. Pflege geregelt)

§ 9   Urlaub
(In den Besonderen Teilen geregelt)

§ 10   Ausbildungsmaßnahmen außerhalb der Ausbildungsstätte
(In den Besonderen Teilen BBiG bzw. Pflege geregelt)

§ 10a   Familienheimfahrten
(In den Besonderen Teilen BBiG bzw. Pflege geregelt)

§ 11   Schutzkleidung, Ausbildungsmittel
(In den Besonderen Teilen BBiG bzw. Pflege geregelt)

§ 12   Entgelt im Krankheitsfall
(1) Werden Auszubildende durch Arbeitsunfähigkeit infolge Krankheit ohne ihr Verschulden verhindert, ihre Verpflichtungen aus dem Ausbildungsvertrag zu erfüllen, erhalten sie für die Zeit der Arbeitsunfähigkeit für die Dauer von bis zu sechs Wochen sowie nach Maßgabe der gesetzlichen Bestimmungen bei Wiederholungserkrankungen das Ausbildungsentgelt (§ 8) in entsprechender Anwendung der für die Beschäftigten des Ausbildenden geltenden Regelungen fortgezahlt.

II

(2) Im Übrigen gilt das Entgeltfortzahlungsgesetz.

(3) Bei der jeweils ersten Arbeitsunfähigkeit, die durch einen bei dem Ausbildenden erlittenen Arbeitsunfall oder durch eine bei dem Ausbildenden zugezogene Berufskrankheit verursacht ist, erhalten Auszubildende nach Ablauf des nach Absatz 1 maßgebenden Zeitraums bis zum Ende der 26. Woche seit dem Beginn der Arbeitsunfähigkeit einen Krankengeldzuschuss in Höhe des Unterschiedsbetrages zwischen dem Bruttokrankengeld und dem sich nach Absatz 1 ergebenden Nettoausbildungsentgelt, wenn der zuständige Unfallversicherungsträger den Arbeitsunfall oder die Berufskrankheit anerkennt.

§ 12a Entgeltfortzahlung in anderen Fällen

(1) Auszubildenden ist das Ausbildungsentgelt (§ 8) für insgesamt fünf Ausbildungstage fortzuzahlen, um sich vor den in den Ausbildungsordnungen vorgeschriebenen Abschlussprüfungen ohne Bindung an die planmäßige Ausbildung auf die Prüfung vorbereiten zu können; bei der Sechstagewoche besteht dieser Anspruch für sechs Ausbildungstage.

(2) Der Freistellungsanspruch nach Absatz 1 verkürzt sich um die Zeit, für die Auszubildende zur Vorbereitung auf die Abschlussprüfung besonders zusammengefasst werden; es besteht jedoch mindestens ein Anspruch auf zwei Ausbildungstage.

(3) Im Übrigen gelten die für die Beschäftigten des Ausbildenden maßgebenden Regelungen zur Arbeitsbefreiung entsprechend.

§ 13 Vermögenswirksame Leistungen

(1) [1]Nach Maßgabe des Vermögensbildungsgesetzes in seiner jeweiligen Fassung erhalten Auszubildende eine vermögenswirksame Leistung in Höhe von 13,29 Euro monatlich. [2]Der Anspruch auf vermögenswirksame Leistungen entsteht frühestens für den Kalendermonat, in dem den Ausbildenden die erforderlichen Angaben mitgeteilt werden, und für die beiden vorangegangenen Monate desselben Kalenderjahres.

(2) Die vermögenswirksamen Leistungen sind kein zusatzversorgungspflichtiges Entgelt.

(3) Der in Absatz 1 Satz 1 genannte Betrag gilt nicht für die Auszubildenden der Sparkassen.

§ 14   Jahressonderzahlung

(In den Besonderen Teilen BBiG bzw. Pflege geregelt)

§ 15   Zusätzliche Altersversorgung

Die Versicherung zum Zwecke einer zusätzlichen Altersversorgung wird durch besonderen Tarifvertrag geregelt.

§ 16   Beendigung des Ausbildungsverhältnisses

(1) [1]Das Ausbildungsverhältnis endet mit Ablauf der Ausbildungszeit; abweichende gesetzliche Regelungen bleiben unberührt. [2]Im Falle des Nichtbestehens der Abschlussprüfung verlängert sich das Ausbildungsverhältnis auf Verlangen der Auszubildenden bis zur nächstmöglichen Wiederholungsprüfung, höchstens um ein Jahr.

(2) Können Auszubildende ohne eigenes Verschulden die Abschlussprüfung erst nach beendeter Ausbildungszeit ablegen, gilt Absatz 1 Satz 2 entsprechend.

(3) Beabsichtigt der Ausbildende keine Übernahme in ein befristetes oder unbefristetes Arbeitsverhältnis, hat er dies den Auszubildenden drei Monate vor dem voraussichtlichen Ende der Ausbildungszeit schriftlich mitzuteilen.

(4) Nach der Probezeit (§ 3) kann das Ausbildungsverhältnis unbeschadet der gesetzlichen Kündigungsgründe nur gekündigt werden

a) aus einem sonstigen wichtigen Grund ohne Einhalten einer Kündigungsfrist,

b) von Auszubildenden mit einer Kündigungsfrist von vier Wochen.

(5) Werden Auszubildende im Anschluss an das Ausbildungsverhältnis beschäftigt, ohne dass hierüber ausdrücklich etwas vereinbart worden ist, so gilt ein Arbeitsverhältnis auf unbestimmte Zeit als begründet.

§ 16a   Übernahme von Auszubildenden

[1]Auszubildende werden nach erfolgreich bestandener Abschlussprüfung bei dienstlichem bzw. betrieblichem Bedarf im unmittelbaren Anschluss an das Ausbildungsverhältnis für die Dauer von zwölf Monaten in ein Arbeitsverhältnis übernommen, sofern nicht im Einzelfall personenbedingte, verhaltensbedingte, betriebsbedingte oder gesetzliche Gründe entgegenstehen. [2]Im Anschluss daran werden diese Beschäftigten bei entsprechender Bewährung in ein unbe-

fristetes Arbeitsverhältnis übernommen. [3]Der dienstliche bzw. betriebliche Bedarf muss zum Zeitpunkt der Beendigung der Ausbildung nach Satz 1 vorliegen und setzt zudem eine freie und besetzbare Stelle bzw. einen freien und zu besetzenden Arbeitsplatz voraus, die/der eine ausbildungsadäquate Beschäftigung auf Dauer ermöglicht. [4]Bei einer Auswahlentscheidung sind die Ergebnisse der Abschlussprüfung und die persönliche Eignung zu berücksichtigen. [5]Bestehende Mitbestimmungsrechte bleiben unberührt.

Protokollerklärung zu § 16a:
Besteht kein dienstlicher bzw. betrieblicher Bedarf für eine unbefristete Beschäftigung, ist eine befristete Beschäftigung außerhalb von § 16a möglich.

Die Geltung von § 16a wurde bis zum 28. Februar 2018 verlängert, vgl. § 20 Abs. 6.

§ 17 Abschlussprämie

(1) [1]Bei Beendigung des Ausbildungsverhältnisses aufgrund erfolgreich abgeschlossener Abschlussprüfung bzw. staatlicher Prüfung erhalten Auszubildende eine Abschlussprämie als Einmalzahlung in Höhe von 400 Euro. [2]Die Abschlussprämie ist kein zusatzversorgungspflichtiges Entgelt. [3]Sie ist nach Bestehen der Abschlussprüfung bzw. der staatlichen Prüfung fällig.

(2) [1]Absatz 1 gilt nicht für Auszubildende, die ihre Ausbildung nach erfolgloser Prüfung aufgrund einer Wiederholungsprüfung abschließen. [2]Im Einzelfall kann der Ausbildende von Satz 1 abweichen.

§ 18 Zeugnis

(Im Besonderen Teil BBiG geregelt)

§ 19 Ausschlussfrist

Ansprüche aus dem Ausbildungsverhältnis verfallen, wenn sie nicht innerhalb einer Ausschlussfrist von sechs Monaten nach Fälligkeit von den Auszubildenden oder vom Ausbildenden schriftlich geltend gemacht werden.

§ 20 In-Kraft-Treten, Laufzeit

(1) [1]Dieser Tarifvertrag tritt am 1. Oktober 2005 in Kraft.

(2) Dieser Tarifvertrag kann mit einer Frist von drei Monaten zum Ende eines Kalenderhalbjahres schriftlich gekündigt werden.

(3) Abweichend von Absatz 2 kann § 17 gesondert zum 31. Dezember eines jeden Jahres schriftlich gekündigt werden.

(4) [1]Dieser Tarifvertrag ersetzt für den Bereich des Bundes die in Anlage 2 aufgeführten Tarifverträge. [2]Die Ersetzung erfolgt mit Wirkung vom 1. Oktober 2005, soweit in Anlage 2 kein abweichender Termin bestimmt ist.

(5) Mit In-Kraft-Treten dieses Tarifvertrages finden im Bereich der Mitgliedverbände der VKA die in Anlage 3 aufgeführten Tarifverträge auf die in § 1 Abs. 1 genannten Personen keine Anwendung mehr.

(6) § 16a tritt mit Ablauf des 28. Februar 2018 außer Kraft.

§ 20a In-Kraft-Treten, Laufzeit des Besonderen Teils
(In den Besonderen Teilen BBiG bzw. Pflege geregelt)

Anlage 2 (Bund)
(zu § 20 Abs. 4 – Bund)

1. Manteltarifvertrag für Auszubildende vom 6. Dezember 1974
2. Manteltarifvertrag für Auszubildende (Mantel-TV Azubi-O) vom 5. März 1991
3. Ausbildungsvergütungstarifvertrag Nr. 22 für Auszubildende vom 31. Januar 2003
4. Ausbildungsvergütungstarifvertrag Nr. 7 für Auszubildende (Ost) vom 31. Januar 2003
5. Tarifvertrag über vermögenswirksame Leistungen an Auszubildende vom 17. Dezember 1970
6. Tarifvertrag über vermögenswirksame Leistungen an Auszubildende (TV VL Azubi-O) vom 8. Mai 1991
7. Tarifvertrag über ein Urlaubsgeld für Auszubildende (Bund) vom 16. März 1977, mit Wirkung ab 1. Januar 2006
8. Tarifvertrag über ein Urlaubsgeld für Auszubildende (TV Urlaubsgeld Azubi-O) vom 5. März 1991, mit Wirkung ab 1. Januar 2006
9. Tarifvertrag über eine Zuwendung für Auszubildende (Bund) vom 12. Oktober 1973, mit Wirkung ab 1. Januar 2006
10. Tarifvertrag über eine Zuwendung für Auszubildende (TV Zuwendung Azubi-O) vom 5. März 1991, mit Wirkung ab 1. Januar 2006
11. Tarifvertrag zur Regelung der Rechtsverhältnisse der Schülerinnen/Schüler, die nach Maßgabe des Krankenpflegegesetzes oder des Hebammengesetzes ausgebildet werden, vom 28. Februar 1986
12. Tarifvertrag zur Regelung der Rechtsverhältnisse der Schülerinnen/Schüler, die nach Maßgabe des Krankenpflegegesetzes oder des Hebammengesetzes ausgebildet werden (Mantel-TV Schü-O), vom 5. März 1991
13. Ausbildungsvergütungstarifvertrag Nr. 12 für Schülerinnen/Schüler, die nach Maßgabe des Krankenpflegegesetzes oder des Hebammengesetzes ausgebildet werden, vom 31. Januar 2003
14. Ausbildungsvergütungstarifvertrag Nr. 7 für Schülerinnen/Schüler, die nach Maßgabe des Krankenpflegegesetzes oder des Hebammengesetzes ausgebildet werden (Ost), vom 31. Januar 2003
15. Tarifvertrag über ein Urlaubsgeld für Schülerinnen/Schüler, die nach Maßgabe des Krankenpflegegesetzes in der Krankenpflege

oder in der Kinderkrankenpflege oder nach Maßgabe des Hebammengesetzes ausgebildet werden, vom 21. April 1986, mit Wirkung ab 1. Januar 2006

16. Tarifvertrag über ein Urlaubsgeld für Schülerinnen/Schüler, die nach Maßgabe des Krankenpflegegesetzes in der Krankenpflege oder in der Kinderkrankenpflege oder nach Maßgabe des Hebammengesetzes ausgebildet werden (TV Urlaubsgeld Schü-O), vom 5. März 1991, mit Wirkung ab 1. Januar 2006

17. Tarifvertrag über eine Zuwendung für Schülerinnen/Schüler, die nach Maßgabe des Krankenpflegegesetzes oder des Hebammengesetzes ausgebildet werden, vom 21. April 1986, mit Wirkung ab 1. Januar 2006

18. Tarifvertrag über eine Zuwendung für Schülerinnen/Schüler, die nach Maßgabe des Krankenpflegegesetzes oder des Hebammengesetzes ausgebildet werden (TV Zuwendung Schü-O), vom 5. März 1991, mit Wirkung ab 1. Januar 2006

Anlage 5

Übergangsregelungen für Schülerinnen/Schüler in der Altenpflege

1. Für Schülerinnen/Schüler in der Altenpflege, deren Ausbildungsverhältnis vor dem 1. Oktober 2005 begonnen hat, gelten die jeweils einzelvertraglich vereinbarten Ausbildungsentgelte bis zur Beendigung des Ausbildungsverhältnisses weiter, soweit einzelvertraglich nichts Abweichendes vereinbart wird.

2. Soweit Ausbildende von Schülerinnen/Schülern in der Altenpflege bis zum 30. September 2005 ein Ausbildungsentgelt gezahlt haben, das niedriger ist als die in § 8 Abs. 1 geregelten Ausbildungsentgelte, gelten für die Ausbildungsentgelte bei Ausbildungsverhältnissen, die nach dem 30. September 2005 beginnen, spätestens ab 1. Januar 2008 die in § 8 Abs. 1 geregelten Beträge.

Tarifvertrag für
Auszubildende des öffentlichen Dienstes
– Besonderer Teil BBiG –
(TVAöD – BBiG)
Vom 13. September 2005

Zuletzt geändert durch
Änderungstarifvertrag Nr. 7 zum Tarifvertrag für Auszubildende
des öffentlichen Dienstes (TVAöD) – Besonderer Teil BBiG –
vom 13. September 2005
vom 29. April 2016

§ 1a Geltungsbereich des Besonderen Teils

(1) [1]Dieser Tarifvertrag gilt nur für die in § 1 Abs. 1 des Tarifvertrages für Auszubildende des öffentlichen Dienstes (TVAöD) – Allgemeiner Teil unter Buchst. a, c und d aufgeführten Auszubildenden. [2]Er bildet im Zusammenhang mit dem Allgemeinen Teil des TVAöD den Tarifvertrag für die Auszubildenden des öffentlichen Dienstes nach BBiG (TVAöD – BBiG).

(2) Soweit in den nachfolgenden Bestimmungen auf die §§ 12 und 16 verwiesen wird, handelt es sich um die Regelungen des TVAöD – Allgemeiner Teil –.

§ 3 Probezeit

(1) Die Probezeit beträgt drei Monate.

(2) Während der Probezeit kann das Ausbildungsverhältnis von beiden Seiten jederzeit ohne Einhalten einer Kündigungsfrist gekündigt werden.

§ 7 Wöchentliche und tägliche Ausbildungszeit

(1) [1]Die regelmäßige durchschnittliche wöchentliche Ausbildungszeit und die tägliche Ausbildungszeit der Auszubildenden, die nicht unter das Jugendarbeitsschutzgesetz fallen, richten sich nach den für die Beschäftigten des Ausbildenden maßgebenden Vorschriften über die Arbeitszeit. [2]Für Auszubildende der Mitglieder des Kommunalen Arbeitgeberverbandes Baden-Württemberg im Geltungsbereich des BT-K ist eine abweichende Regelung vereinbart.

(2) Wird das Führen von Berichtsheften (Ausbildungsnachweisen) verlangt, ist den Auszubildenden dazu Gelegenheit während der Ausbildungszeit zu geben.

(3) An Tagen, an denen Auszubildende an einem theoretischen betrieblichen Unterricht von mindestens 270 tatsächlichen Unterrichtsminuten teilnehmen, dürfen sie nicht zur praktischen Ausbildung herangezogen werden.

(4) ¹Unterrichtszeiten einschließlich der Pausen gelten als Ausbildungszeit. ²Dies gilt auch für die notwendige Wegezeit zwischen Unterrichtsort und Ausbildungsstätte, sofern die Ausbildung nach dem Unterricht fortgesetzt wird.

(5) Auszubildende dürfen an Sonn- und Wochenfeiertagen und in der Nacht zur Ausbildung nur herangezogen werden, wenn dies nach dem Ausbildungszweck erforderlich ist.

(6) ¹Auszubildende dürfen nicht über die nach Absatz 1 geregelte Ausbildungszeit hinaus zu Mehrarbeit herangezogen und nicht mit Akkordarbeit beschäftigt werden. ²§§ 21, 23 JArbSchG und § 17 Abs. 3 BBiG bleiben unberührt.

§ 8 Ausbildungsentgelt

(1) Das monatliche Ausbildungsentgelt beträgt:

	ab 1. März 2016	ab 1. Februar 2017
im ersten Ausbildungsjahr	888,26 Euro	918,29 Euro
im zweiten Ausbildungsjahr	938,20 Euro	968,20 Euro
im dritten Ausbildungsjahr	984,02 Euro	1014,02 Euro
im vierten Ausbildungsjahr	1047,59 Euro	1077,59 Euro

(2) Das Ausbildungsentgelt ist zu demselben Zeitpunkt fällig wie das den Beschäftigten des Ausbildenden gezahlte Entgelt.

(3) Im Geltungsbereich des TVöD – Besonderer Teil Sparkassen wird eine von Absatz 1 abweichende Regelung getroffen.

(4) Ist wegen des Besuchs einer weiterführenden oder einer berufsbildenden Schule oder wegen einer Berufsausbildung in einer sonstigen Einrichtung die Ausbildungszeit verkürzt, gilt für die Höhe des Ausbildungsentgelts der Zeitraum, um den die Ausbildungszeit verkürzt wird, als abgeleistete Ausbildungszeit.

(5) Wird die Ausbildungszeit

a) gemäß § 16 Abs. 1 Satz 2 verlängert oder

b) auf Antrag der Auszubildenden nach § 8 Abs. 2 BBiG von der zuständigen Stelle oder nach § 27b Abs. 2 der Handwerksordnung von der Handwerkskammer verlängert, wenn die Verlängerung erforderlich ist, um das Ausbildungsziel zu erreichen,

wird während des Zeitraums der Verlängerung das Ausbildungsentgelt des letzten regelmäßigen Ausbildungsabschnitts gezahlt.

(6) In den Fällen des § 16 Abs. 2 erhalten Auszubildende bis zur Ablegung der Abschlussprüfung das Ausbildungsentgelt des letzten regelmäßigen Ausbildungsabschnitts, bei Bestehen der Prüfung darüber hinaus rückwirkend von dem Zeitpunkt an, an dem das Ausbildungsverhältnis geendet hat, den Unterschiedsbetrag zwischen dem ihnen gezahlten Ausbildungsentgelt und dem für das vierte Ausbildungsjahr maßgebenden Ausbildungsentgelt.

§ 8b Sonstige Entgeltregelungen

(1a) Auszubildenden im Bereich des Bundes können bei Vorliegen der geforderten Voraussetzungen 50 v. H. der Zulagen gewährt werden, die für Beschäftigte im Sinne des § 38 Abs. 5 Satz 1 TVöD gemäß § 19 Abs. 5 TVöD in Verbindung mit § 33 Abs. 1 Buchst. c und Abs. 6 BAT/BAT-O jeweils vereinbart sind.

(1b) Auszubildenden, die in einem Ausbildungsverhältnis zu einem Ausbildenden stehen, der Mitglied eines Mitgliedverbandes der VKA ist, können bei Vorliegen der geforderten Voraussetzungen 50 v. H. der Zulagen gewährt werden, die für Beschäftigte im Sinne des § 38 Abs. 5 Satz 1 TVöD gemäß § 23 Abs. 1 Satz 1 dritter bzw. vierter Spiegelstrich TVÜ-VKA in Verbindung mit § 33 Abs. 1 Buchst. c und Abs. 6 BAT/BAT-O jeweils vereinbart sind.

(2a) Auszubildenden im Bereich des Bundes, die im Rahmen ihrer Ausbildung in erheblichem Umfang mit Arbeiten beschäftigt werden, für die Beschäftigten im Sinne des § 38 Abs. 5 Satz 2 TVöD nach Maßgabe des § 19 Abs. 5 TVöD Erschwerniszuschläge zustehen, kann im zweiten bis vierten Ausbildungsjahr ein monatlicher Pauschalzuschlag in Höhe von 10 Euro gezahlt werden.

(2b) Auszubildenden, die in einem Ausbildungsverhältnis zu einem Ausbildenden stehen, der Mitglied eines Mitgliedverbandes der VKA ist, und die im Rahmen ihrer Ausbildung in erheblichem Umfang mit Arbeiten beschäftigt werden, für die Beschäftigten im Sinne des § 38 Abs. 5 Satz 2 TVöD nach Maßgabe des § 23 Abs. 1 Satz 1 erster bzw. zweiter Spiegelstrich TVÜ-VKA Erschwerniszuschläge zustehen, kann im zweiten bis vierten Ausbildungsjahr ein monatlicher Pauschalzuschlag in Höhe von 10 Euro gezahlt werden.

Niederschriftserklärung zu § 8b TVAöD – Besonderer Teil BBiG:

[1]§ 8b Abs. 1a und 1b gelten für Auszubildende, die in Berufen ausgebildet werden, die vor dem 1. Januar 2005 der Rentenversicherung der Angestellten unterlegen hätten. [2]§ 8b Abs. 2a und 2b gelten für Auszubildende, die in Berufen ausgebildet werden, die vor dem 1. Januar 2005 der Rentenversicherung der Arbeiter unterlegen hätten.

§ 9 Urlaub

(1) Auszubildende erhalten Erholungsurlaub unter Fortzahlung ihres Ausbildungsentgelts (§ 8) in entsprechender Anwendung der für die Beschäftigten des Ausbildenden geltenden Regelungen mit der Maßgabe, dass der Urlaubsanspruch bei Verteilung der wöchentlichen Ausbildungszeit auf fünf Tage in der Kalenderwoche in jedem Kalenderjahr 29 Ausbildungstage beträgt.

(2) Auszubildende in Betrieben oder Betriebsteilen, auf deren Arbeitnehmer der TV-V oder ein TV-N Anwendung findet, erhalten abweichend von Absatz 1 Erholungsurlaub in entsprechender Anwendung der für die Arbeitnehmer des Ausbildenden geltenden Regelungen.

(3) Der Erholungsurlaub ist nach Möglichkeit zusammenhängend während der unterrichtsfreien Zeit zu erteilen und in Anspruch zu nehmen.

§ 10 Ausbildungsmaßnahmen außerhalb der Ausbildungsstätte

(1) Bei Dienstreisen und Reisen zur Ablegung der in den Ausbildungsordnungen vorgeschriebenen Prüfungen erhalten Auszubildende eine Entschädigung in entsprechender Anwendung der für die Beschäftigten des Ausbildenden geltenden Reisekostenbestimmungen in der jeweiligen Fassung.

(2) [1]Bei Reisen zur Teilnahme an überbetrieblichen Ausbildungsmaßnahmen im Sinne des § 5 Abs. 2 Satz 1 Nr. 6 BBiG außerhalb der politischen Gemeindegrenze der Ausbildungsstätte werden die entstandenen notwendigen Fahrtkosten bis zur Höhe der Kosten der Fahrkarte der jeweils niedrigsten Klasse des billigsten regelmäßig verkehrenden Beförderungsmittels (im Bahnverkehr ohne Zuschläge) erstattet; Möglichkeiten zur Erlangung von Fahrpreisermäßigungen (z. B. Schülerfahrkarten, Monatsfahrkarten, BahnCard) sind auszunutzen. [2]Beträgt die Entfernung zwischen den Ausbildungsstätten hier-

bei mehr als 100 km, werden im Bahnverkehr Zuschläge bzw. besondere Fahrpreise (z. B. für ICE) erstattet. [3]Die nachgewiesenen notwendigen Kosten einer Unterkunft am auswärtigen Ort werden, soweit nicht eine unentgeltliche Unterkunft zur Verfügung steht, erstattet. [4]Zu den Auslagen des bei notwendiger auswärtiger Unterbringung entstehenden Verpflegungsmehraufwands wird für volle Kalendertage der Anwesenheit am auswärtigen Ausbildungsort ein Verpflegungszuschuss in Höhe der nach der Sozialversicherungsentgeltverordnung maßgebenden Sachbezugswerte für Frühstück, Mittagessen und Abendessen gewährt. [5]Bei unentgeltlicher Verpflegung wird der jeweilige Sachbezugswert einbehalten. [6]Bei einer über ein Wochenende oder einen Feiertag hinaus andauernden Ausbildungsmaßnahme werden die dadurch entstandenen Mehrkosten für Unterkunft und Verpflegungsmehraufwand nach Maßgabe der Sätze 3 bis 5 erstattet.

(3) [1]Für den Besuch einer auswärtigen Berufsschule werden die notwendigen Fahrtkosten nach Maßgabe von Absatz 2 Satz 1 erstattet, soweit sie monatlich 6 v. H. des Ausbildungsentgelts für das erste Ausbildungsjahr übersteigen. [2]Satz 1 gilt nicht, soweit die Fahrtkosten nach landesrechtlichen Vorschriften von einer Körperschaft des öffentlichen Rechts getragen werden. [3]Die notwendigen Auslagen für Unterkunft und Verpflegungsmehraufwand werden bei Besuch der regulären auswärtigen Berufsschule im Blockunterricht entsprechend Absatz 2 Sätze 3 bis 6 erstattet. [4]Leistungen Dritter sind anzurechnen.

(4) Bei Abordnungen und Zuweisungen werden die Kosten nach Maßgabe des Absatzes 2 erstattet.

§ 10a   Familienheimfahrten

[1]Für Familienheimfahrten vom jeweiligen Ort der Ausbildungsstätte oder vom Ort der auswärtigen Berufsschule, deren Besuch vom Ausbildenden veranlasst wurde, zum Wohnort der Eltern, der Erziehungsberechtigten oder der Ehegattin/dem Ehegatten oder der Lebenspartnerin/des Lebenspartners werden den Auszubildenden monatlich einmal die im Bundesgebiet entstandenen notwendigen Fahrtkosten bis zur Höhe der Kosten der Fahrkarte der jeweils niedrigsten Klasse des billigsten regelmäßig verkehrenden Beförderungsmittels (im Bahnverkehr ohne Zuschläge) erstattet; Möglichkeiten zur Erlangung von Fahrpreisermäßigungen (z. B. Schülerfahrkarten, Monatsfahrkarten, BahnCard) sind auszunutzen. [2]Beträgt die Entfernung mehr

als 300 km, können im Bahnverkehr Zuschläge bzw. besondere Fahrpreise (z. B. für ICE) erstattet werden. [3]Die Sätze 1 und 2 gelten nicht, wenn aufgrund geringer Entfernung eine tägliche Rückkehr möglich und zumutbar ist oder der Aufenthalt am jeweiligen Ort der Ausbildungsstätte oder der auswärtigen Berufsschule weniger als vier Wochen beträgt.

Niederschriftserklärung zu § 10a TVAöD – Besonderer Teil BBiG:
Die Fahrtkosten für Familienheimfahrten umfassen die Kosten für die Hin- und Rückfahrt.

§ 11 Schutzkleidung, Ausbildungsmittel, Lernmittelzuschuss

(1) Soweit das Tragen von Schutzkleidung gesetzlich vorgeschrieben oder angeordnet ist, wird sie unentgeltlich zur Verfügung gestellt und bleibt Eigentum des Ausbildenden.

(2) Der Ausbildende hat den Auszubildenden kostenlos die Ausbildungsmittel zur Verfügung zu stellen, die zur Berufsausbildung und zum Ablegen von Zwischen- und Abschlussprüfungen erforderlich sind.

(3) [1]In jedem Ausbildungsjahr erhalten die Auszubildenden einen Lernmittelzuschuss in Höhe von 50,00 Euro brutto. [2]Absatz 2 bleibt unberührt. [3]Der Lernmittelzuschuss ist möglichst mit dem Ausbildungsentgelt des ersten Monats des jeweiligen Ausbildungsjahres zu zahlen, er ist spätestens im Zahlungsmonat September des betreffenden Ausbildungsjahres fällig.

§ 14 Jahressonderzahlung

(1) [1]Auszubildende, die am 1. Dezember in einem Ausbildungsverhältnis stehen, haben Anspruch auf eine Jahressonderzahlung. [2]Im Bereich des Bundes beträgt diese im

Tarifgebiet West	Tarifgebiet Ost				
	im Kalenderjahr				
	2016	2017	2018	2019	ab 2020
90 v. H.	72 v. H.	76,5 v. H.	81 v. H.	85,5 v. H.	90 v. H.

des den Auszubildenden für November zustehenden Ausbildungsentgelts (§ 8). [3]Im Bereich der VKA beträgt die Jahressonderzahlung bei Auszubildenden, für die die Regelungen des Tarifgebiets West Anwendung finden, und für Auszubildende der ostdeutschen Sparkassen 90 v. H. sowie bei den sonstigen Auszubildenden, für die die Regelungen des Tarifgebiets Ost Anwendung finden, 67,5 v. H. des den Auszubildenden für November zustehenden Ausbildungsentgelts (§ 8). [4]§ 30 Abs. 6 TVÜ-VKA findet auf Auszubildende im Bereich der VKA, die im Abrechnungsverband Ost der Versorgungsanstalt des Bundes und der Länder (VBL) pflichtversichert sind, entsprechende Anwendung.

(2) [1]Der Anspruch ermäßigt sich um ein Zwölftel für jeden Kalendermonat, in dem Auszubildende keinen Anspruch auf Ausbildungsentgelt (§ 8), Fortzahlung des Entgelts während des Erholungsurlaubs (§ 9) oder im Krankheitsfall (§ 12) haben. [2]Die Verminderung unterbleibt für Kalendermonate, für die Auszubildende wegen Beschäftigungsverboten nach § 3 Abs. 2 und § 6 Abs. 1 des Mutterschutzgesetzes kein Ausbildungsentgelt erhalten haben. [3]Die Verminderung unterbleibt ferner für Kalendermonate der Inanspruchnahme der Elternzeit nach dem Bundeselterngeld- und Elternzeitgesetz bis zum Ende des Kalenderjahres, in dem das Kind geboren ist, wenn am Tag vor Antritt der Elternzeit Entgeltanspruch bestanden hat.

Niederschriftserklärung zu § 14 Abs. 2 Satz 1 TVAöD – Besonderer Teil BBiG:
Dem Entgeltanspruch steht der Anspruch auf Zuschuss zum Mutterschaftsgeld gleich.

(3) [1]Die Jahressonderzahlung wird mit dem für November zustehenden Ausbildungsentgelt ausgezahlt. [2]Ein Teilbetrag der Jahressonderzahlung kann zu einem früheren Zeitpunkt ausgezahlt werden.

(4) Auszubildende, die im unmittelbaren Anschluss an die Ausbildung von ihrem Ausbildenden in ein Arbeitsverhältnis übernommen werden und am 1. Dezember noch in diesem Arbeitsverhältnis stehen, erhalten zusammen mit der anteiligen Jahressonderzahlung aus dem Arbeitsverhältnis eine anteilige Jahressonderzahlung aus dem Ausbildungsverhältnis.

> Im Zuge des Änderungstarifvertrages Nr. 4 wurde § 16a TVAöD-BBiG im Besonderen Teil BBiG zuvor gestrichen, es gilt jetzt aber § 16a TVAöD Allgemeiner Teil.

§ 18 Zeugnis

[1]Der Ausbildende hat den Auszubildenden bei Beendigung des Berufsausbildungsverhältnisses ein Zeugnis auszustellen. [2]Das Zeugnis muss Angaben über Art, Dauer und Ziel der Berufsausbildung sowie über die erworbenen Fertigkeiten und Kenntnisse der Auszubilden-

den enthalten. [3]Auf deren Verlangen sind auch Angaben über Führung, Leistung und besondere fachliche Fähigkeiten aufzunehmen.

§ 20a In-Kraft-Treten, Laufzeit des Besonderen Teils

(1) Dieser Tarifvertrag tritt am 1. Oktober 2005 in Kraft.

(2) Er kann mit einer Frist von drei Monaten zum Ende eines Kalenderhalbjahres schriftlich gekündigt werden.

(3) Abweichend von Absatz 2 kann

a) § 8 Abs. 1 mit einer Frist von einem Monat zum Schluss eines Kalendermonats, frühestens jedoch zum 28. Februar 2018,

b) § 14 zum 31. Dezember eines jeden Jahres

gesondert schriftlich gekündigt werden.

Tarifvertrag für Auszubildende des öffentlichen Dienstes – Besonderer Teil Pflege – (TVAöD – Pflege)

Vom 13. September 2005

Zuletzt geändert durch
Änderungstarifvertrag Nr. 8 zum Tarifvertrag für Auszubildende
des öffentlichen Dienstes (TVAöD) – Besonderer Teil Pflege –
vom 13. September 2005
vom 29. April 2016

§ 1a   Geltungsbereich des Besonderen Teils

(1) [1]Dieser Tarifvertrag gilt nur für die in § 1 Abs. 1 des Tarifvertrages für Auszubildende des öffentlichen Dienstes (TVAöD) – Allgemeiner Teil unter Buchst. b aufgeführten Auszubildenden. [2]Er bildet im Zusammenhang mit dem Allgemeinen Teil des TVAöD den Tarifvertrag für die Auszubildenden des öffentlichen Dienstes in Pflegeberufen (TVAöD – Pflege).

(2) Soweit in den nachfolgenden Bestimmungen auf die §§ 8a und 12 verwiesen wird, handelt es sich um die Regelungen des TVAöD – Allgemeiner Teil –.

§ 3   Probezeit

(1) Die Probezeit beträgt sechs Monate.

(2) Während der Probezeit kann das Ausbildungsverhältnis von beiden Seiten jederzeit ohne Einhalten einer Kündigungsfrist gekündigt werden.

§ 7   Wöchentliche und tägliche Ausbildungszeit

(1) [1]Die regelmäßige durchschnittliche wöchentliche Ausbildungszeit und die tägliche Ausbildungszeit der Auszubildenden, die nicht unter das Jugendarbeitsschutzgesetz fallen, richten sich nach den für die Beschäftigten des Ausbildenden maßgebenden Vorschriften über die Arbeitszeit. [2]Für Auszubildende der Mitglieder des Kommunalen Arbeitgeberverbandes Baden-Württemberg im Geltungsbereich des BT-K ist eine abweichende Regelung vereinbart.

(2) Auszubildende dürfen im Rahmen des Ausbildungszwecks auch an Sonntagen und Wochenfeiertagen und in der Nacht ausgebildet werden.

(3) Eine über die durchschnittliche regelmäßige wöchentliche Ausbildungszeit hinausgehende Beschäftigung ist nur ausnahmsweise zulässig.

§ 8 Ausbildungsentgelt

(1) Das monatliche Ausbildungsentgelt beträgt

	ab 1. März 2016	ab 1. Februar 2017
im ersten Ausbildungsjahr	1010,69 Euro	1040,69 Euro
im zweiten Ausbildungsjahr	1072,07 Euro	1102,07 Euro
im dritten Ausbildungsjahr	1173,38 Euro	1203,38 Euro

(2) Das Ausbildungsentgelt ist zu demselben Zeitpunkt fällig wie das den Beschäftigten des Ausbildenden gezahlte Entgelt.

§ 8a (im Besonderen Teil Pflege unbesetzt)

§ 8b Sonstige Entgeltregelungen

(1) [1]§ 8a[1]) findet mit der Maßgabe Anwendung, dass der Zeitzuschlag für Nachtarbeit mindestens 1,28 Euro pro Stunde beträgt. [2]Auszubildende erhalten unter denselben Voraussetzungen wie die beim Ausbildenden Beschäftigten im Sinne des § 38 Abs. 5 Satz 1 TVöD 75 v. H. der Zulagenbeträge gemäß § 8 Abs. 5 und 6 TVöD.

(2) [1]Soweit Beschäftigten des Bundes gemäß Vorbemerkung Nr. 4 des Teils IV Abschnitt 25 der Anlage 1 zum TV EntgO Bund oder gemäß § 19 Abs. 5 Satz 2 TVöD in Verbindung mit § 33 Abs. 1 Buchst. c und Abs. 6 BAT/BAT-O eine Zulage zusteht, erhalten Auszubildende des Bundes unter denselben Voraussetzungen 50 v. H. des entsprechenden Zulagenbetrages. [2]Soweit Beschäftigten im Sinne von § 38 Abs. 5 Satz 1 TVöD im Bereich der VKA gemäß der Protokollerklärung Nr. 1 zu Teil B Abschnitt XI Ziffer 1 der Anlage 1 – Entgeltordnung (VKA) zum TVöD oder gemäß § 19 Abs. 5 Satz 2 TVöD bzw. § 23 Abs. 1 TVÜ-VKA in Verbindung mit § 33 Abs. 1 Buchst. c und Abs. 6 BAT/BAT-O eine Zulage zusteht, erhalten Auszubildende im Bereich der VKA

---

[1] Red. Anm.: Gemeint ist § 8a des Allgemeinen Teils.

unter denselben Voraussetzungen 50 v. H. des entsprechenden Zulagenbetrages.

(3) ¹Falls im Bereich der Mitgliedverbände der VKA im Rahmen des Ausbildungsvertrages eine Vereinbarung über die Gewährung einer Personalunterkunft getroffen wird, ist dies in einer gesondert kündbaren Nebenabrede (§ 2 Abs. 2) festzulegen. ²Der Wert der Personalunterkunft wird im Bereich der Mitgliedverbände der VKA im Tarifgebiet West nach dem Tarifvertrag über die Bewertung der Personalunterkünfte für Angestellte vom 16. März 1974 in der jeweils geltenden Fassung auf das Ausbildungsentgelt mit der Maßgabe angerechnet, dass der nach § 3 Abs. 1 Unterabs. 1 des genannten Tarifvertrages maßgebende Quadratmetersatz um 15 v. H. zu kürzen ist.

§ 9 Urlaub

(1) ¹Auszubildende erhalten Erholungsurlaub unter Fortzahlung ihres Ausbildungsentgelts (§ 8) in entsprechender Anwendung der für die Beschäftigten des Ausbildenden geltenden Regelungen mit der Maßgabe, dass der Urlaubsanspruch bei Verteilung der wöchentlichen Ausbildungszeit auf fünf Tage in der Kalenderwoche in jedem Kalenderjahr 29 Ausbildungstage beträgt. ²Im zweiten und dritten Ausbildungsjahr erhalten Auszubildende im Schichtdienst pauschal jeweils einen Tag Zusatzurlaub.

(2) Der Erholungsurlaub ist nach Möglichkeit zusammenhängend während der unterrichtsfreien Zeit zu erteilen und in Anspruch zu nehmen.

§ 10 Ausbildungsmaßnahmen außerhalb der Ausbildungsstätte

(1) Bei Dienstreisen erhalten die Auszubildenden eine Entschädigung in entsprechender Anwendung der für die Beschäftigten des Ausbildenden geltenden Reisekostenbestimmungen in der jeweiligen Fassung.

(2) Bei Reisen zur vorübergehenden Ausbildung an einer anderen Einrichtung außerhalb der politischen Gemeindegrenze der Ausbildungsstätte sowie zur Teilnahme an Vorträgen, an Arbeitsgemeinschaften oder an Übungen werden die entstandenen notwendigen Fahrtkosten bis zur Höhe der Kosten für die Fahrkarte der jeweils niedrigsten Klasse des billigsten regelmäßig verkehrenden Beförderungsmittels (im Bahnverkehr ohne Zuschläge) erstattet; Möglich-

keiten zur Erlangung von Fahrpreisermäßigungen (z. B. Schülerfahrkarten, Monatsfahrkarten, BahnCard) sind auszunutzen.

§ 10a Familienheimfahrten

[1]Für Familienheimfahrten vom jeweiligen Ort der Ausbildungsstätte zum Wohnort der Eltern, der Erziehungsberechtigten oder der Ehegattin/des Ehegatten oder der Lebenspartnerin/des Lebenspartners werden den Auszubildenden monatlich einmal die im Bundesgebiet entstandenen notwendigen Fahrtkosten bis zur Höhe der Kosten der Fahrkarte der jeweils niedrigsten Klasse des billigsten regelmäßig verkehrenden Beförderungsmittels (im Bahnverkehr ohne Zuschläge) erstattet; Möglichkeiten zur Erlangung von Fahrpreisermäßigungen (z. B. Schülerfahrkarten, Monatsfahrkarten, BahnCard) sind auszunutzen. [2]Satz 1 gilt nicht, wenn aufgrund geringer Entfernung eine tägliche Rückkehr möglich und zumutbar ist oder der Aufenthalt am jeweiligen Ort der Ausbildungsstätte weniger als vier Wochen beträgt.

Niederschriftserklärung zu § 10a TVAöD – Besonderer Teil Pflege:
Die Fahrtkosten für Familienheimfahrten umfassen die Kosten für die Hin- und Rückfahrt.

§ 11 Schutzkleidung, Ausbildungsmittel

(1) Für die Gewährung von Schutzkleidung gelten die für die in dem Beruf beim Ausbildenden tätigen Beschäftigten jeweils maßgebenden Bestimmungen, in dem die Auszubildenden ausgebildet werden.

(2) Der Ausbildende hat den Auszubildenden kostenlos die Ausbildungsmittel zur Verfügung zu stellen, die zur Ausbildung und zum Ablegen der staatlichen Prüfung erforderlich sind.

§ 14 Jahressonderzahlung

(1) [1]Auszubildende, die am 1. Dezember in einem Ausbildungsverhältnis stehen, haben Anspruch auf eine Jahressonderzahlung. [2]Im Bereich des Bundes beträgt diese im

Tarifgebiet West	Tarifgebiet Ost				
	im Kalenderjahr				
	2016	2017	2018	2019	ab 2020
90 v. H.	72 v. H.	76,5 v. H.	81 v. H.	85,5 v. H.	90 v. H.

des den Auszubildenden in den Kalendermonaten August, September und Oktober durchschnittlich gezahlten Entgelts (Ausbildungsentgelt, in Monatsbeträgen gezahlte Zulagen und unständige Entgeltbestandteile gemäß § 8a und § 8b, soweit diese nicht gemäß § 20 (Bund) Abs. 2 Satz 1 TVöD von der Bemessung ausgenommen sind). [3]Im Bereich der VKA beträgt die Jahressonderzahlung bei Auszubildenden, für die die Regelungen des Tarifgebiets West Anwendung finden, 90 v. H., bei Auszubildenden, für die die Regelungen des Tarifgebiets Ost Anwendung finden, 67,5 v. H des den Auszubildenden in den Kalendermonaten August, September und Oktober durchschnittlich gezahlten Entgelts (Ausbildungsentgelt, in Monatsbeträgen gezahlte Zulagen und unständige Entgeltbestandteile gemäß § 8a und § 8b, soweit diese nicht gemäß § 20 (VKA) Abs. 2 Satz 1 TVöD von der Bemessung ausgenommen sind). [4]Für Auszubildende im Bereich der VKA, die im Abrechnungsverband Ost der Versorgungsanstalt des Bundes und der Länder (VBL) pflichtversichert sind, findet § 30 Abs. 6 TVÜ-VKA entsprechende Anwendung. [5]Bei Auszubildenden, deren Ausbildungsverhältnis nach dem 31. Oktober begonnen hat, tritt an die Stelle des Bemessungszeitraums nach Satz 2 bzw. 3 der erste volle Kalendermonat.

(2) [1]Der Anspruch ermäßigt sich um ein Zwölftel für jeden Kalendermonat, in dem Auszubildende keinen Anspruch auf Ausbildungsentgelt (§ 8), Fortzahlung des Entgelts während des Erholungsurlaubs (§ 9) oder im Krankheitsfall (§ 12) haben. [2]Die Verminderung unterbleibt für Kalendermonate, für die Auszubildende wegen Beschäftigungsverboten nach § 3 Abs. 2 und § 6 Abs. 1 des Mutterschutzgesetzes kein Ausbildungsentgelt erhalten haben. [3]Die Verminderung unterbleibt ferner für Kalendermonate der Inanspruchnahme der Elternzeit nach dem Bundeselterngeld- und Elternzeitgesetz bis zum Ende des Kalenderjahres, in dem das Kind geboren ist, wenn am Tag vor Antritt der Elternzeit Entgeltanspruch bestanden hat.

Niederschriftserklärung zu § 14 Abs. 2 Satz 1 TVAöD – Besonderer Teil Pflege:
Dem Entgeltanspruch steht der Anspruch auf Zuschuss zum Mutterschaftsgeld gleich.

(3) [1]Die Jahressonderzahlung wird mit dem für November zustehenden Ausbildungsentgelt ausgezahlt. [2]Ein Teilbetrag der Jahressonderzahlung kann zu einem früheren Zeitpunkt ausgezahlt werden.

(4) Auszubildende, die im unmittelbaren Anschluss an die Ausbildung von ihrem Ausbildenden in ein Arbeitsverhältnis übernommen wer-

den und am 1. Dezember noch in diesem Arbeitsverhältnis stehen, erhalten zusammen mit der anteiligen Jahressonderzahlung aus dem Arbeitsverhältnis eine anteilige Jahressonderzahlung aus dem Ausbildungsverhältnis.

> § 16a Übernahme von Auszubildenden wurde im Zuge des Änderungstarifvertrages Nr. 5 im Besonderen Teil Pflege gestrichen, es gilt jetzt aber § 16a TVAöD Allgemeiner Teil.

§ 20a In-Kraft-Treten, Laufzeit des Besonderen Teils

(1) Dieser Tarifvertrag tritt am 1. Oktober 2005 in Kraft.

(2) Er kann mit einer Frist von drei Monaten zum Ende eines Kalenderhalbjahres schriftlich gekündigt werden.

(3) Abweichend von Absatz 2 kann

a) § 8 Abs. 1 mit einer Frist von einem Monat zum Schluss eines Kalendermonats, frühestens jedoch zum 28. Februar 2018,

b) § 14 zum 31. Dezember eines jeden Jahres

gesondert schriftlich gekündigt werden.

Tarifvertrag für Praktikantinnen/Praktikanten des öffentlichen Dienstes (TVPöD)

Vom 27. Oktober 2009

Zuletzt geändert durch
Änderungstarifvertrag Nr. 6 zum Tarifvertrag
für Praktikantinnen/Praktikanten des öffentlichen Dienstes (TVPöD)
vom 27. Oktober 2009
vom 29. April 2016

§ 1 Geltungsbereich

(1) Dieser Tarifvertrag gilt für Praktikantinnen/Praktikanten für den Beruf

a) der Sozialarbeiterin/des Sozialarbeiters, der Sozialpädagogin/des Sozialpädagogen und der Heilpädagogin/des Heilpädagogen während der praktischen Tätigkeit, die nach Abschluss des Fachhochschulstudiums der staatlichen Anerkennung als Sozialarbeiter/in, Sozialpädagogin/Sozialpädagoge oder Heilpädagogin/Heilpädagoge vorauszugehen hat,

b) der pharmazeutisch-technischen Assistentin/des pharmazeutisch-technischen Assistenten während der praktischen Tätigkeit nach § 6 des Gesetzes über den Beruf des pharmazeutisch-technischen Assistenten in der Neufassung vom 23. September 1997 (BGBl. I S. 2349),

c) der Erzieherin/des Erziehers und der Kinderpflegerin/des Kinderpflegers während der praktischen Tätigkeit, die nach den geltenden Ausbildungsordnungen der staatlichen Anerkennung als Erzieherin/Erzieher oder Kinderpflegerin/Kinderpfleger vorauszugehen hat,

d) der Masseurin und medizinischen Bademeisterin/des Masseurs und medizinischen Bademeisters während der praktischen Tätigkeit nach § 7 des Gesetzes über die Berufe in der Physiotherapie (Masseur- und Physiotherapeutengesetz) vom 26. Mai 1994 (BGBl. I S. 1084),

e) der Rettungsassistentin/des Rettungsassistenten während der praktischen Tätigkeit nach § 7 des Gesetzes über den Beruf der

Rettungsassistentin und des Rettungsassistenten (Rettungsassistentengesetz) vom 10. Juli 1989 (BGBl. I S. 1384),

die in einem Praktikantenverhältnis zu einem Arbeitgeber stehen, dessen Beschäftigte unter den Geltungsbereich des TVöD fallen.

(2) Dieser Tarifvertrag gilt nicht für Praktikantinnen/Praktikanten, deren praktische Tätigkeit in die schulische Ausbildung oder die Hochschulausbildung integriert ist.

§ 2 Praktikantenvertrag, Nebenabreden

(1) Vor Beginn des Praktikantenverhältnisses ist ein schriftlicher Praktikantenvertrag zu schließen.

(2) [1]Nebenabreden sind nur wirksam, wenn sie schriftlich vereinbart werden. [2]Sie können gesondert gekündigt werden, soweit dies einzelvertraglich vereinbart ist.

§ 3 Probezeit

(1) Die Probezeit beträgt drei Monate.

(2) Während der Probezeit kann das Praktikantenverhältnis von beiden Seiten jederzeit ohne Einhalten einer Kündigungsfrist gekündigt werden.

§ 4 Ärztliche Untersuchungen

(1) [1]Der Arbeitgeber ist bei begründeter Veranlassung berechtigt, Praktikantinnen/Praktikanten zu verpflichten, durch ärztliche Bescheinigung nachzuweisen, dass sie in der Lage sind, die nach § 1 Abs. 1 erforderliche praktische Tätigkeit auszuüben. [2]Bei der beauftragten Ärztin/dem beauftragten Arzt kann es sich um eine Betriebsärztin/einen Betriebsarzt handeln, soweit sich die Betriebsparteien nicht auf eine andere Ärztin/einen anderen Arzt geeinigt haben. [3]Die Kosten dieser Untersuchung trägt der Arbeitgeber.

(2) Praktikantinnen/Praktikanten, die besonderen Ansteckungsgefahren ausgesetzt, mit gesundheitsgefährdenden Tätigkeiten beschäftigt oder mit der Zubereitung von Speisen beauftragt sind, sind auf ihren Antrag bei Beendigung des Praktikantenverhältnisses ärztlich zu untersuchen.

§ 5 Schweigepflicht, Nebentätigkeiten, Haftung, Schutzkleidung

(1) Praktikantinnen/Praktikanten haben in demselben Umfang Verschwiegenheit zu wahren wie die Beschäftigten des Arbeitgebers.

(2) [1]Nebentätigkeiten gegen Entgelt haben Praktikantinnen/Praktikanten ihrem Arbeitgeber rechtzeitig vorher schriftlich anzuzeigen. [2]Der Arbeitgeber kann die Nebentätigkeit untersagen oder mit Auflagen versehen, wenn diese geeignet ist, die nach § 1 Abs. 1 erforderliche praktische Tätigkeit der Praktikantinnen/Praktikanten oder berechtigte Interessen des Arbeitgebers zu beeinträchtigen.

(3) Für die Schadenshaftung der Praktikantinnen/Praktikanten finden die für die Beschäftigten des Arbeitgebers geltenden Bestimmungen des TVöD entsprechende Anwendung.

(4) Soweit das Tragen von Schutzkleidung gesetzlich vorgeschrieben oder angeordnet ist, wird sie unentgeltlich zur Verfügung gestellt und bleibt Eigentum des Arbeitgebers.

§ 6 Personalakten

[1]Die Praktikantinnen/Praktikanten haben ein Recht auf Einsicht in ihre vollständigen Personalakten. [2]Sie können das Recht auf Einsicht durch eine/n hierzu schriftlich Bevollmächtigte/n ausüben lassen. [3]Sie können Auszüge oder Kopien aus ihren Personalakten erhalten.

§ 7 Wöchentliche und tägliche Arbeitszeit

Die durchschnittliche regelmäßige wöchentliche Arbeitszeit und die tägliche Arbeitszeit der Praktikantinnen/Praktikanten richten sich nach den Bestimmungen, die für die Arbeitszeit der bei dem Arbeitgeber in dem künftigen Beruf der Praktikantinnen/Praktikanten Beschäftigten gelten; § 44 Abs. 1 Satz 3 BT-K bleibt unberührt.

§ 8 Entgelt

(1) Das monatliche Entgelt beträgt für Praktikantinnen/Praktikanten für den Beruf

– der Sozialarbeiterin/des Sozialarbeiters,
  der Sozialpädagogin/des Sozialpädagogen,
  der Heilpädagogin/des Heilpädagogen
  ab 1. März 2016 1686,58 Euro,
  ab 1. Februar 2017 1726,21 Euro,

- der pharmazeutisch-technischen Assistentin/
  des pharmazeutisch-technischen Assistenten,
  der Erzieherin/des Erziehers
  ab 1. März 2016 1467,53 Euro,
  ab 1. Februar 2017 1502,02 Euro,
- der Kinderpflegerin/des Kinderpflegers,
  der Masseurin und medizinischen Bademeisterin/
  des Masseurs und medizinischen Bademeisters,
  der Rettungsassistentin/des Rettungsassistenten
  ab 1. März 2016 1412,17 Euro,
  ab 1. Februar 2017 1445,36 Euro.

(2) Das Entgelt nach Absatz 1 ist zu demselben Zeitpunkt fällig wie das den Beschäftigten des Arbeitgebers gezahlte Entgelt.

§ 9 Sonstige Entgeltregelungen

(1) [1]Für die praktische Tätigkeit an Samstagen, Sonntagen, Feiertagen und Vorfesttagen, für den Bereitschaftsdienst und die Rufbereitschaft, für die Überstunden und für die Zeitzuschläge gelten die für die Beschäftigten des Arbeitgebers geltenden Regelungen sinngemäß. [2]Der Zeitzuschlag für Nachtarbeit beträgt mindestens 1,28 Euro pro Stunde.

(2) Soweit Beschäftigten im Sinne von § 38 Abs. 5 Satz 1 TVöD gemäß § 19 Abs. 5 Satz 2 TVöD bzw. § 23 Abs. 1 TVÜ-VKA in Verbindung mit § 33 Abs. 1 Buchst. c und Abs. 6 BAT/BAT-O eine Zulage zusteht, erhalten Praktikantinnen und Praktikanten unter denselben Voraussetzungen die entsprechende Zulage in voller Höhe.

(3) Soweit Beschäftigten, die im Heimerziehungsdienst tätig sind, eine Zulage nach Teil B Abschnitt XXIV der Anlage 1 – Entgeltordnung (VKA) zum TVöD zusteht, erhalten Praktikantinnen und Praktikanten unter denselben Voraussetzungen die entsprechende Zulage in voller Höhe.

(4) Soweit Beschäftigten gemäß § 8 Abs. 5 bzw. 6 TVöD eine Wechselschicht- bzw. Schichtzulage zusteht, erhalten Praktikantinnen und Praktikanten unter denselben Voraussetzungen 75 v. H. des entsprechenden Zulagenbetrages.

(5) [1]Falls im Bereich der Mitgliedverbände der VKA im Rahmen des Praktikantenvertrages eine Vereinbarung über die Gewährung einer Personalunterkunft getroffen wird, ist dies in einer gesondert kündbaren Nebenabrede (§ 2 Abs. 2) festzulegen. [2]Der Wert der Personal-

unterkunft wird im Bereich der Mitgliedverbände der VKA im Tarifgebiet West nach dem Tarifvertrag über die Bewertung der Personalunterkünfte für Angestellte vom 16. März 1974 in der jeweils geltenden Fassung auf das Entgelt (§ 8) mit der Maßgabe angerechnet, dass der nach § 3 Abs. 1 Unterabs. 1 des genannten Tarifvertrages maßgebende Quadratmetersatz um 15 v. H. zu kürzen ist.

§ 10 Urlaub

Praktikantinnen/Praktikanten erhalten Erholungsurlaub unter Fortzahlung ihres Entgelts (§ 8 Abs. 1) in entsprechender Anwendung der für die Beschäftigten des Arbeitgebers geltenden Regelungen mit der Maßgabe, dass der Urlaubsanspruch bei Verteilung der wöchentlichen Arbeitszeit auf fünf Tage in der Kalenderwoche in jedem Kalenderjahr 29 Arbeitstage beträgt.

§ 11 Entgelt im Krankheitsfall

(1) Werden Praktikantinnen/Praktikanten durch Arbeitsunfähigkeit infolge Krankheit ohne ihr Verschulden verhindert, die nach § 1 Abs. 1 erforderliche praktische Tätigkeit auszuüben, erhalten sie für die Zeit der Arbeitsunfähigkeit für die Dauer von bis zu sechs Wochen sowie nach Maßgabe der gesetzlichen Bestimmungen bei Wiederholungserkrankungen das Entgelt (§ 8 Abs. 1) in entsprechender Anwendung der für die Beschäftigten des Arbeitgebers geltenden Regelungen fortgezahlt.

(2) Im Übrigen gilt das Entgeltfortzahlungsgesetz.

(3) Bei der jeweils ersten Arbeitsunfähigkeit, die durch einen bei dem Arbeitgeber erlittenen Arbeitsunfall oder durch eine bei dem Arbeitgeber zugezogene Berufskrankheit verursacht ist, erhält die Praktikantin/der Praktikant nach Ablauf des nach Absatz 1 maßgebenden Zeitraums bis zum Ende der 26. Woche seit dem Beginn der Arbeitsunfähigkeit einen Krankengeldzuschuss in Höhe des Unterschiedsbetrages zwischen dem Bruttokrankengeld und dem sich nach Absatz 1 ergebenden Nettoentgelt, wenn der zuständige Unfallversicherungsträger den Arbeitsunfall oder die Berufskrankheit anerkennt.

§ 12 Entgeltfortzahlung in anderen Fällen

Praktikantinnen/Praktikanten haben Anspruch auf Arbeitsbefreiung unter Fortzahlung ihres Entgelts (§ 8 Abs. 1) unter denselben Voraussetzungen wie die Beschäftigten des Arbeitgebers.

§ 13 Vermögenswirksame Leistungen

[1]Nach Maßgabe des Vermögensbildungsgesetzes in seiner jeweiligen Fassung erhalten Praktikantinnen/Praktikanten eine vermögenswirksame Leistung in Höhe von 13,29 Euro monatlich. [2]Der Anspruch auf vermögenswirksame Leistungen entsteht frühestens für den Kalendermonat, in dem dem Arbeitgeber die erforderlichen Angaben mitgeteilt werden, und für die beiden vorangegangenen Monate desselben Kalenderjahres.

§ 14 Jahressonderzahlung

(1) [1]Praktikantinnen/Praktikanten, die am 1. Dezember in einem Praktikantenverhältnis stehen, haben Anspruch auf eine Jahressonderzahlung. [2]Im Bereich des Bundes beträgt diese im

Tarifgebiet West	Tarifgebiet Ost im Kalenderjahr				
	2016	2017	2018	2019	ab 2020
82,14 v. H.	65,71 v. H.	69,82 v. H.	73,93 v. H.	78,04 v. H.	82,14 v. H.

des den Praktikantinnen/Praktikanten für November zustehenden Entgelts (§ 8 Abs. 1). [3]Im Bereich der VKA beträgt die Jahressonderzahlung bei Praktikantinnen/Praktikanten, für die die Regelungen des Tarifgebietes West Anwendung finden, 82,14 v. H. und für Praktikantinnen/Praktikanten, für die die Regelungen des Tarifgebietes Ost Anwendung finden, 61,60 v. H. des den Praktikantinnen/Praktikanten für November zustehenden Entgelts (§ 8 Abs. 1). [4]§ 38 Abs. 1 TVöD gilt entsprechend.

(2) [1]Der Anspruch ermäßigt sich um ein Zwölftel für jeden Kalendermonat, in dem Praktikantinnen/Praktikanten keinen Anspruch auf Entgelt (§ 8 Abs. 1), Fortzahlung des Entgelts während des Erholungsurlaubs (§ 10) oder im Krankheitsfall (§ 11) haben. [2]Die Verminderung unterbleibt für Kalendermonate, für die Praktikantinnen wegen Beschäftigungsverboten nach § 3 Abs. 2 und § 6 Abs. 1 des Mutterschutzgesetzes kein Entgelt erhalten haben, sowie für Kalendermo-

nate der Inanspruchnahme der Elternzeit nach dem Bundeseltern-
geld- und Elternzeitgesetz (BEEG) bis zum Ende des Kalenderjahres, in
dem das Kind geboren ist, wenn am Tag vor Antritt der Elternzeit
Entgeltanspruch bestanden hat.

(3) Die Jahressonderzahlung wird mit dem für November zustehenden Entgelt ausgezahlt.

(4) [1]Praktikantinnen/Praktikanten, die im unmittelbaren Anschluss an
das Praktikantenverhältnis von ihrem Arbeitgeber in ein Arbeitsverhältnis übernommen werden und am 1. Dezember noch in diesem
Arbeitsverhältnis stehen, erhalten zusammen mit der anteiligen
Jahressonderzahlung aus dem Arbeitsverhältnis eine anteilige Jahressonderzahlung aus dem Praktikantenverhältnis. [2]Erfolgt die Übernahme im Laufe eines Kalendermonats, wird für diesen Monat nur die
anteilige Jahressonderzahlung aus dem Arbeitsverhältnis gezahlt.

§ 15 Beendigung des Praktikantenverhältnisses

(1) Das Praktikantenverhältnis endet mit dem im Praktikantenvertrag
vereinbarten Zeitpunkt, ohne dass es einer Kündigung bedarf.

(2) Nach der Probezeit (§ 3) kann das Praktikantenverhältnis unbeschadet der gesetzlichen Kündigungsgründe nur gekündigt werden

a) aus einem sonstigen wichtigen Grund ohne Einhalten einer Kündigungsfrist,

b) von der Praktikantin/dem Praktikanten mit einer Kündigungsfrist
von vier Wochen.

§ 16 Zeugnis

[1]Der Arbeitgeber hat den Praktikantinnen/Praktikanten bei Beendigung des Praktikantenverhältnisses ein Zeugnis auszustellen. [2]Das
Zeugnis muss Angaben über Art, Dauer und Ziel des Praktikums sowie
über die erworbenen Fertigkeiten und Kenntnisse enthalten. [3]Auf
Verlangen der Praktikantinnen/Praktikanten sind auch Angaben über
Führung, Leistung und besondere fachliche Fähigkeiten aufzunehmen.

§ 17 Ausschlussfrist

Ansprüche aus dem Praktikantenverhältnis verfallen, wenn sie nicht
innerhalb einer Ausschlussfrist von sechs Monaten nach Fälligkeit von
der Praktikantin/dem Praktikanten oder vom Arbeitgeber schriftlich
geltend gemacht werden.

§ 18 Inkrafttreten, Laufzeit

(1) Dieser Tarifvertrag tritt am 1. Dezember 2009 in Kraft.

(2) Dieser Tarifvertrag kann mit einer Frist von drei Monaten zum Ende eines Kalenderhalbjahres schriftlich gekündigt werden.

(3) Abweichend von Absatz 2 können

a) § 8 Abs. 1 mit einer Frist von einem Monat zum Schluss eines Kalendermonats, frühestens jedoch zum 28. Februar 2018,

b) § 14 zum 31. Dezember eines jeden Jahres,

schriftlich gekündigt werden.

(4) [1]Dieser Tarifvertrag ersetzt für den Bereich des Bundes mit Wirkung vom 1. Dezember 2009 die in der Anlage aufgeführten Tarifverträge. [2]Im Bereich der Mitgliedsverbände der VKA finden die in der Anlage aufgeführten Tarifverträge mit dem Inkrafttreten dieses Tarifvertrages auf die in § 1 Abs. 1 genannten Personen keine Anwendung mehr.

Anlage
(zu § 18 Abs. 4)

1. Tarifvertrag über die vorläufige Weitergeltung der Regelungen für die Praktikantinnen/Praktikanten vom 13. September 2005 in der Fassung des Änderungstarifvertrages Nr. 1 vom 31. März 2008.

2. Tarifvertrag über die Regelung der Arbeitsbedingungen der Praktikantinnen/Praktikanten (TV Prakt) vom 22. März 1991.

3. Tarifvertrag über die Regelung der Arbeitsbedingungen der Praktikantinnen/Praktikanten (TV Prakt-O) vom 5. März 1991.

4. Tarifvertrag über eine Zuwendung für Praktikantinnen (Praktikanten) vom 12. Oktober 1973.

5. Tarifvertrag über eine Zuwendung für Praktikantinnen/Praktikanten (TV Zuwendung Prakt-O) vom 5. März 1991.

6. Tarifvertrag über vermögenswirksame Leistungen an Auszubildende vom 17. Dezember 1970.

7. Tarifvertrag über vermögenswirksame Leistungen an Auszubildende (TV VL Azubi-O) vom 8. Mai 1991.

Praktikantenrichtlinie Bund
Vom 1. Januar 2015

Präambel

[1]Praktika dienen dazu, unter zielgerichteter Betreuung und fachlicher Anleitung praktische Kenntnisse und Arbeitsplatzerfahrungen zu vermitteln. [2]Praktikantinnen und Praktikanten sollen dabei auf den künftigen Beruf vorbereitet oder bei der Berufswahl unterstützt werden oder ihre Ausbildung durch Praxiserfahrungen vervollständigen können. [3]Erfolgreiche Praktika sind ein Grundstock für das gesamte Berufsleben eines jeden jungen Menschen und sichern den Fachkräftebedarf der Zukunft. [4]Sie dienen dazu, Potentiale zu erschließen und leistungsstarke junge Menschen für eine Ausbildung und einen späteren Berufsweg im öffentlichen Dienst zu gewinnen.

1. Geltungsbereich

Diese Richtlinie gilt für Praktikantinnen und Praktikanten,

a) die ein Praktikum auf Grund einer schulrechtlichen Bestimmung, einer Ausbildungsordnung, einer hochschulrechtlichen Bestimmung oder im Rahmen einer Ausbildung an einer gesetzlich geregelten Berufsakademie leisten (Pflichtpraktikum) oder

b) die ein Praktikum von bis zu drei Monaten zur Orientierung für eine Berufsausbildung oder für die Aufnahme eines Studiums leisten (freiwilliges Praktikum) oder

c) die ein Praktikum von bis zu drei Monaten begleitend zu einer Berufs- oder Hochschulausbildung leisten, wenn nicht zuvor bereits ein solches Praktikumsverhältnis bei einer Bundesbehörde bestanden hat (freiwilliges Praktikum).

2. Dauer von Praktika

Praktika dürfen die Dauer von drei Monaten nicht überschreiten, es sei denn, die einschlägigen Ausbildungsordnungen, schulrechtlichen oder hochschulrechtlichen Bestimmungen sehen eine längere Dauer vor.

3. Aufwandsentschädigung/Vergütung

3.1 Höhe der Aufwandsentschädigung/Vergütung

(1) [1]Praktikantinnen und Praktikanten, die ein Pflichtpraktikum nach Ziffer 1 Buchstabe a absolvieren, kann auf der Grundlage einer vertraglichen Regelung zum Ausgleich einer bestehenden finanziellen Belastung eine steuerpflichtige Aufwandsentschädigung gezahlt werden. [2]Wird eine Aufwandsentschädigung gezahlt, soll diese in der Regel mindestens 300,– Euro monatlich (bei einem Vollzeitpraktikum) betragen.

(2) [1]Praktikantinnen und Praktikanten, die ein freiwilliges Praktikum nach Ziffer 1 Buchstabe b oder c absolvieren, haben Anspruch auf eine angemessene Vergütung nach § 26 i. V. m. § 17 BBiG. [2]Die Vergütung bemisst sich nach Monaten. [3]Bei der Berechnung der Vergütung für einzelne Tage wird der Monat nach § 26 i. V. m. § 18 BBiG zu 30 Tagen gerechnet.

3.2 Fortzahlung der Vergütung/Aufwandsentschädigung

3.2.1 Fortzahlung der Vergütung im Krankheitsfall

[1]Praktikantinnen und Praktikanten, die ein freiwilliges Praktikum nach Ziffer 1 Buchstabe b oder c absolvieren, haben Anspruch auf Fortzahlung der Vergütung bis zur Dauer von sechs Wochen, wenn sie infolge einer unverschuldeten Krankheit das Praktikum nicht durchführen können. [2]Der Anspruch entsteht erst nach vierwöchiger ununterbrochener Dauer des Praktikumsverhältnisses. [3]Gleiches gilt für einen unverschuldeten Unfall, medizinische Vorsorgemaßnahmen und sonstige medizinisch notwendige Eingriffe.

3.2.2 Fortzahlung der Vergütung in sonstigen Fällen

(1) Praktikantinnen und Praktikanten, die ein freiwilliges Praktikum nach Ziffer 1 Buchstabe c oder c absolvieren, haben Anspruch auf Fortzahlung der Vergütung bis zur Dauer von sechs Wochen, wenn sich die Praktikantin oder der Praktikant für das Praktikum bereithält, dieses aber ausfällt.

(2) Ein Anspruch auf Fortzahlung der Vergütung bis zur Dauer von sechs Wochen besteht ebenfalls, wenn die Praktikantin oder der Praktikant aus einem sonstigen, in ihrer oder seiner Person liegendem Grund unverschuldet nicht an der Praktikantenausbildung teilnehmen kann.

3.2.3 Fortzahlung der Aufwandsentschädigung

Erhalten Praktikantinnen und Praktikanten, die ein Pflichtpraktikum nach Ziffer 1 Buchstabe a absolvieren, eine Aufwandsentschädigung, finden Ziffern 3.2.1 und 3.2.2 entsprechend Anwendung.

3.3 Sachbezüge

[1]Besteht für die Praktikantin oder den Praktikanten ein Anspruch auf Vergütung nach § 17 Absatz 1 BBiG, können gewährte Sachbezüge (z. B. freie Unterkunft oder Verpflegung) nach § 17 Absatz 2 BBiG in Höhe der in § 2 Sozialversicherungsentgeltverordnung festgesetzten Sachbezugswerte angerechnet werden, jedoch nicht über 75 Prozent der Bruttovergütung hinaus. [2]Gleiches gilt für die Fälle, in denen die Praktikantenvergütung nach Ziffer 3.2 fortgezahlt wird.

3.4 Andere Geld- und Sachbezüge

Andere als die vorgenannten Geld- und Sachbezüge kommen nicht in Betracht (z. B. Jahressonderzahlung, vermögenswirksame Leistungen).

4. Erstattung von Fahrtkosten und Kosten bei notwendigen Dienstreisen

(1) Für die erstmalige Anreise und letztmalige Abreise zu der Praktikantenstelle kann eine Fahrtkostenerstattung entsprechend der Regelung in § 10 Absatz 2 Satz 1 TVAöD – Besonderer Teil BBiG – gezahlt werden.

(2) Bei notwendigen Dienstreisen, die Praktikantinnen und Praktikanten im Rahmen ihrer Tätigkeit auf Veranlassung der Praktikumsstelle unternehmen, sind die entstandenen Kosten in entsprechender Anwendung des Bundesreisekostengesetzes zu erstatten.

5. Erholungsurlaub

(1) Praktikantinnen und Praktikanten, die ein Pflichtpraktikum nach Ziffer 1 Buchstabe a absolvieren, haben in der Regel keinen Urlaubsanspruch.

(2) [1]Praktikantinnen und Praktikanten, die ein freiwilliges Praktikum nach Ziffer 1 Buchstabe b oder c absolvieren, haben Anspruch auf den gesetzlichen Mindesturlaub nach dem Bundesurlaubsgesetz. [2]Für Praktikantinnen und Praktikanten, die noch nicht 18 Jahre alt sind, gilt das Jugendarbeitsschutzgesetz.

6. Steuerpflicht (Lohnsteuer, Solidaritätszuschlag, Kirchensteuer)

[1]Aufwandsentschädigung, Vergütung sowie Sachbezüge sind von den Praktikantinnen und Praktikanten nach Maßgabe der einschlägigen steuerlichen Bestimmungen gemäß den jeweiligen Lohnsteuerabzugsmerkmalen individuell zu versteuern. [2]Die Pauschalversteuerung von Geld- und Nebenbezügen (§ 37b, §§ 40 bis 40b Einkommensteuergesetz) ist unzulässig.

7. Sozialversicherungspflicht

Die jeweilige Dienststelle ist für die versicherungs- und beitragsrechtliche Beurteilung der Praktikantin oder des Praktikanten verantwortlich.

8. Haftungsregelungen, Haftpflichtversicherung

[1]Für die Haftung von Schäden, die Praktikantinnen oder Praktikanten während des Praktikums verursachen, gelten die von der Rechtsprechung aufgestellten Grundsätze zur Arbeitnehmerhaftung. [2]Bestehen besondere haftungsrelevante Risiken, die sich während des Praktikums realisieren können, gehen eventuelle Schäden in der Regel zu Lasten der Dienststelle.

9. Unfallversicherung

[1]Praktikantinnen und Praktikanten sind während der Dauer des Praktikums gesetzlich unfallversichert. [2]Welcher Unfallversicherungsträger zuständig ist, richtet sich nach der konkreten Ausgestaltung des Praktikumsverhältnisses. [3]Bei Zweifelsfällen über den Unfallversicherungsträger ist Rücksprache mit der Unfallversicherung Bund und Bahn zu halten. [4]Bei Praktika nach Ziffer 1 Buchstabe a besteht i. d. R. Unfallversicherungsschutz über den Unfallversicherungsträger der Schule, Hochschule bzw. den Ausbildungsbetrieb. [5]Bei Praktika nach Ziffer 1 Buchstabe b und c besteht Unfallversicherungsschutz über den für die Dienststelle zuständigen Unfallversicherungsträger; hier ist die jeweilige Dienststelle für die Meldung der Praktikantin oder des Praktikanten an die Unfallversicherung Bund und Bahn zuständig.

10. Praktikantenvertrag, Zeugnis

11.1 Praktikantenvertrag

[1] Mit Praktikantinnen und Praktikanten ist ein schriftlicher Praktikantenvertrag zu schließen. [2]In den Praktikantenvertrag sind mindestens aufzunehmen:

- Name und Anschrift der Vertragsparteien
- Art des Praktikums
- die mit dem Praktikum verfolgten Lern- und Ausbildungsziele
- Beginn und Dauer des Praktikums
- Dauer der regelmäßigen wöchentlichen Praktikumszeit
- Zahlung und Höhe der Vergütung / Aufwandsentschädigung.

[3]Das als Anlage beigefügte Muster kann verwendet werden.

11.2 Praktikumsbescheinigung, Zeugnis

(1) [1]Praktikantinnen und Praktikanten, die ein Pflichtpraktikum nach Ziffer 1 Buchstabe a absolvieren, ist mindestens eine Bescheinigung über das abgeleistete Praktikum zu erteilen. [2]Auf Verlangen ist der Praktikantin oder dem Praktikanten ein Zeugnis auszustellen.

(2) [1]Praktikantinnen und Praktikanten, die ein freiwilliges Praktikum nach Ziffer 1 Buchstabe b oder c absolvieren, haben Anspruch auf Ausstellung eines Zeugnisses. [2]Dieses muss mindestens Angaben über Art und Dauer des Praktikums sowie über die erworbenen Fertigkeiten, Kenntnisse und Fähigkeiten enthalten. [3]Auf Wunsch der Praktikantin oder des Praktikanten können darüber hinaus auch Angaben über Verhalten und Leistung aufgenommen werden.

11. Inkrafttreten

(1) Diese Richtlinie tritt in dieser Fassung am 1. Januar 2015 in Kraft.

(2) Gleichzeitig tritt die Richtlinie in der Fassung vom 1. Dezember 2011 außer Kraft.

(3) Die Richtlinie wird drei Jahre nach Neufassung erneut evaluiert.

Praktikumsvertrag

zwischen der Bundesrepublik Deutschland, vertreten durch

....

(nachfolgend „Dienststelle")

und

Frau/Herrn ....

gesetzlich vertreten durch[1]) ....
(nachfolgend „Praktikantin/Praktikant")

§ 1
Einsatzbereich

(1) Die Praktikantin/der Praktikant[2]) leistet in der Zeit vom ....
bis ....

☐ ein Praktikum auf Grund einer schulrechtlichen Bestimmung, einer Ausbildungsordnung, einer hochschulrechtlichen Bestimmung oder im Rahmen einer Ausbildung an einer gesetzlich geregelten Berufsakademie (Pflichtpraktikum).

☐ ein Praktikum von bis zu drei Monaten zur Orientierung für eine Berufsausbildung oder für die Aufnahme eines Studiums (freiwilliges Praktikum).

☐ ein Praktikum von bis zu drei Monaten begleitend zu einer Berufs- oder Hochschulausbildung, wenn nicht zuvor bereits ein solches Praktikumsverhältnis bei einer Bundesbehörde bestanden hat[3]) (freiwilliges Praktikum).

(2) Die regelmäßige wöchentliche Praktikumszeit beträgt .... Tage/ .... Stunden/Woche.

(3) Praktikumsort ist ....

---

[1]) Ist die Praktikantin oder der Praktikant minderjährig, bedarf sie oder er zum Abschluss des Praktikumsvertrages der Einwilligung ihres/seines gesetzlichen Vertreters. Vertretungsberechtigt sind beide Eltern, soweit nicht die Vertretungsberechtigung nur einem Elternteil zusteht.

[2]) Unzutreffendes streichen

[3]) Die Praktikantin oder der Praktikant hat vor Durchführung eines solchen freiwilligen Praktikums schriftlich zu erklären, dass sie/er nicht bereits ein solches Praktikum nach Ziffer 1 Buchstabe c der Praktikantenrichtlinie Bund bei einer Bundesbehörde durchgeführt hat.

(4) Ausbildungsziel und Ausbildungszweck:

....

....

II

§ 2
Vergütung/Aufwandsentschädigung/Sachbezüge

☐ Die Praktikantin/der Praktikant erhält eine monatliche Vergütung/ Aufwandsentschädigung in Höhe von ....€. Die Vergütung/ Aufwandsentschädigung wird in entsprechender Anwendung des § 24 Absatz 1 Satz 2 und 3 TVöD jeweils am letzten Tag des Monats für den laufenden Kalendermonat gezahlt.

☐ Eine Aufwandsentschädigung wird nicht gezahlt.

☐ Die Praktikantin/der Praktikant erhält folgende Sachbezüge:

....

§ 3
Urlaub

☐ Die Praktikantin/der Praktikant hat während des Pflichtprakti- kums keinen Urlaubsanspruch.

☐ Die Praktikantin/der Praktikant hat nach § 26 i. V. m. § 10 Absatz 2 Berufsbildungsgesetz Anspruch auf gesetzlichen Mindesturlaub; sofern sie/er noch nicht 18 Jahre alt ist, gilt § 19 Jugendarbeits- schutzgesetz. Für die Dauer des freiwilligen Praktikums beträgt der Teilurlaubsanspruch nach § 5 Absatz 1 Buchstabe a und Absatz 2 Bundesurlaubsgesetz .... Arbeitstage. Die Festlegung des Urlaubs erfolgt in Abstimmung mit der Ansprechpartnerin oder dem Ansprechpartner unter Berücksichtigung der berechtig- ten persönlichen Belange der Praktikantin/des Praktikanten.

§ 4
Pflichten der Dienststelle

Die Dienststelle ist verpflichtet,

– die für das Praktikum erforderlichen Kenntnisse zu vermitteln,

– eine/n Ansprechpartnerin/Ansprechpartner zu bestimmen,

– die erforderlichen Arbeitsmittel unentgeltlich zu stellen,

– Kosten für notwendige Dienstreisen in entsprechender Anwen- dung des Bundesreisekostengesetzes zu erstatten,

– die steuer-, versicherungs- und beitragsrechtliche Beurteilung der Praktikantin oder des Praktikanten vorzunehmen,

– der Praktikantin/dem Praktikanten nach Beendigung des Praktikums ein Zeugnis/eine Praktikumsbescheinigung auszustellen, aus dem/der sich die Dauer und Art der Tätigkeiten ergeben [sofern zutreffend] und das/die auf Wunsch der Praktikantin/des Praktikanten auch Angaben zur Erreichung des Praktikumsziels sowie zur Beurteilung von Verhalten und Leistung enthält,

– [sofern zutreffend]

☐ die Praktikantin oder den Praktikanten bei der Unfallversicherung Bund und Bahn zu melden,

☐ die zum Besuch einer ergänzenden externen Bildungsmaßnahme notwendige Freizeit zu gewähren.

§ 5
Pflichten der Praktikantin/des Praktikanten

Die Praktikantin/der Praktikant ist verpflichtet,

– das Praktikum gewissenhaft zu betreiben,

– die Weisungen der Ansprechpartnerin/des Ansprechpartners der Dienststelle zu befolgen,

– die tägliche Praktikumszeit einzuhalten,

– die im Rahmen des Praktikums zugänglichen betrieblichen Arbeitsmittel sowie sonstigen Gegenstände sorgfältig zu behandeln,

– [sofern zutreffend]

☐ die Vorschriften ....[1]) einzuhalten.

§ 6
Verhinderung

Die Praktikantin/der Praktikant ist verpflichtet, der Ansprechpartnerin oder dem Ansprechpartner eine Verhinderung an der Praktikantenausbildung und die voraussichtliche Dauer der Verhinderung unverzüglich mitzuteilen.

---

[1]) Name der jeweiligen Geschäftsordnung der Dienststelle und ggf. weiterer Vorschriften der Dienststelle ergänzen (z. B. Gemeinsame Geschäftsordnung der Bundesministerien).

II

§ 7
Beendigung/Kündigung

(1) Das Praktikantenverhältnis endet nach Ablauf der in § 1 vereinbarten Zeit, ohne dass es einer Kündigung bedarf.

(2) Das Recht zur außerordentlichen Kündigung aus wichtigem Grund bleibt für beide Vertragsteile unberührt. Die Kündigung muss schriftlich erfolgen.

§ 8
Verschwiegenheit

Die Praktikantin/der Praktikant verpflichtet sich, über Angelegenheiten, deren Geheimhaltung durch gesetzliche Vorschriften vorgesehen oder von einer Bundesbehörde angeordnet ist, auch nach ihrem/seinem Ausscheiden Stillschweigen zu bewahren. Bei Beendigung des Praktikantenverhältnisses sind alle dienstlichen Unterlagen sowie etwa angefertigte Abschriften oder Kopien an die Dienststelle herauszugeben.

§ 9
Schriftform

(1) Es wird folgende Nebenabrede vereinbart:

....

(2) Die Nebenabrede kann mit einer Frist

☐ von zwei Wochen zum Monatsschluss

☐ von .... zum ....
   schriftlich gekündigt werden.

(3) Die Vereinbarung von Nebenabreden bedarf der Schriftform (§ 2 Abs. 3 Satz 1 TVöD).

Ort, Datum

für die Bundesrepublik   der/die Praktikant/-in,
Deutschland,
vertreten durch   gesetzlich vertreten durch

....

III   Vergütung, Zulagen

III

Tarifvertrag über das Leistungsentgelt für die Beschäftigten des Bundes (LeistungsTV-Bund)

Vom 25. August 2006

Inhaltsübersicht

Präambel

Präambel

[1]Das Leistungsentgelt soll dazu beitragen, die Effizienz der öffentlichen Verwaltung zu stärken und die öffentlichen Dienstleistungen zu verbessern. [2]Zugleich sollen Motivation, Eigenverantwortung und Führungskompetenz gestärkt werden. [3]Bei Anwendung und Ausfüllung dieses Tarifvertrages sind die Diskriminierungsfreiheit und Transparenz der Bewertungs- und Feststellungsregelungen sicherzustellen. [4]Bei der Gestaltung der Leistungsanforderungen und -bewertungen ist dem Grundsatz der Vereinbarkeit von Familie und Beruf Rechnung zu tragen und das Leitprinzip der Gleichstellung von Frauen und Männern (Gender-Mainstreaming) zu verwirklichen.

III

I. Abschnitt
Allgemeine Vorschriften

§ 1 Geltungsbereich

Dieser Tarifvertrag gilt für alle Beschäftigten des Bundes, die unter den Geltungsbereich des Tarifvertrages für den öffentlichen Dienst (TVöD) fallen.

§ 2 Regelungsstruktur

[1]Dieser Tarifvertrag regelt den Rahmen und legt wesentliche Details für die Gewährung des Leistungsentgelts nach § 18 TVöD fest. [2]Die weitere Ausgestaltung erfolgt durch einvernehmliche Dienstvereinbarung oder durch einvernehmliche Betriebsvereinbarung.

II. Abschnitt
Leistungsfeststellung

§ 3 Instrumente der Leistungsfeststellung

(1) [1]Die Feststellung von Leistungen erfolgt anhand von Zielvereinbarungen (§ 4) oder systematischen Leistungsbewertungen (§ 5). [2]Beide Instrumente können auch miteinander verbunden werden (§ 6). [3]Für die Leistungsfeststellung kann sowohl an die individuelle Leistung als auch an die Leistung einer Gruppe von Beschäftigten (Teamleistung) angeknüpft werden.

(2) [1]Für die Leistungsfeststellung dürfen nur Ziele oder Kriterien herangezogen werden, die auf die auszuübende Tätigkeit der/des Beschäftigten bezogen sind, von der/dem Beschäftigten beeinflusst

und in der regelmäßigen Arbeitszeit erreicht werden können. [2]Voraussetzung der Leistungsfeststellung sind Transparenz und Nachvollziehbarkeit der auf die Tätigkeit bezogenen Leistungskriterien.

(3) [1]Die Leistungsfeststellung erfolgt jährlich. [2]Durch kürzere oder längere Laufzeiten von Zielvereinbarungen dürfen Beschäftigte oder Beschäftigtengruppen nicht von dem Leistungsentgelt ausgenommen werden; § 11 bleibt unberührt. [3]Beginn und Ende des maßgeblichen Leistungs- und Feststellungszeitraums werden in der Dienstvereinbarung geregelt.

(4) [1]Die Leistungsfeststellung erfolgt durch die jeweilige Führungskraft. [2]Der Arbeitgeber bestimmt zu Beginn des Leistungszeitraums die jeweils zuständige Führungsebene.

Protokollerklärung zu § 3:
[1]Bei schwerbehinderten Menschen ist eine durch die Schwerbehinderung bedingte Minderung der Arbeitsleistung angemessen zu berücksichtigen. [2]Die Protokollerklärung Nr. 2 zu § 18 TVöD bleibt unberührt.

§ 4 Zielvereinbarung

(1) [1]Eine Zielvereinbarung ist eine schriftlich niedergelegte, freiwillige und verbindliche Abrede zwischen der Führungskraft und einzelnen Beschäftigten oder Beschäftigtengruppen für einen festgelegten Zeitraum über objektivierbare Leistungsziele und die Bedingungen ihrer Erfüllung. [2]Die Leistungsziele sind eindeutig, konkret und präzise zu bestimmen. [3]Das gilt auch für den Zeitraum bzw. den Zeitpunkt der Zielerreichung. [4]Die Leistungsziele müssen realistisch, messbar und nachvollziehbar sein.

(2) [1]In der Zielvereinbarung sind ein oder mehrere Leistungsziele und die Bedingungen ihrer Erfüllung zu vereinbaren. [2]Für die Zielvereinbarung können bis zu 5 Ziele festgelegt werden; sie können unterschiedlich gewichtet werden. [3]Für jedes Ziel sind bis zu 5 Zielerreichungsgrade festzulegen. [4]Näheres regelt die Dienstvereinbarung.

(3) [1]Erklärt die/der Beschäftigte oder eine Beschäftigtengruppe bzw. die jeweilige Führungskraft ihren Wunsch nach Abschluss einer Zielvereinbarung, ist ein Gespräch zu führen, um die Möglichkeit des Abschlusses einer Zielvereinbarung zu prüfen; ein Anspruch auf Abschluss einer Zielvereinbarung besteht nicht. [2]Kommt eine Zielvereinbarung mit einzelnen Beschäftigten oder Beschäftigtengruppen nicht zu Stande, erfolgt eine Leistungsfeststellung jeder/jedes dieser

Beschäftigten auf Grundlage einer systematischen Leistungsbewertung.

(4) [1]Eine Zielvereinbarung mit einer Beschäftigtengruppe erfolgt in Form einer Abrede zwischen der jeweiligen Führungskraft und jeder/ jedem Beschäftigten der Gruppe. [2]Eine Zielvereinbarung für die Gruppe kommt zustande, wenn sich alle Beschäftigten der Gruppe und die jeweilige Führungskraft für den Abschluss der Gruppenzielvereinbarung entscheiden.

III

(5) [1]Während der Laufzeit von Zielvereinbarungen sollen Gespräche zum Zwischenstand der Zielerreichung zwischen der jeweiligen Führungskraft und der/dem Beschäftigten geführt werden. [2]Bei relevanten Änderungen, die die Zielerreichung gefährden, sind die Gespräche zeitnah zu führen. [3]Ist ein Zielerreichungsgrad zu erwarten, der ein Leistungsentgelt ausschließt, ist ein Gespräch mit der/dem Beschäftigten zu führen, um gemeinsam Wege zur Zielerreichung zu erörtern. [4]Die Initiative für ein Gespräch kann von der/dem Beschäftigten oder der jeweiligen Führungskraft ausgehen.

Protokollerklärung zu Absatz 5 Satz 2:
[1]Eine relevante Änderung ist zum Beispiel ein Arbeitsplatzwechsel. [2]Ein Tätigkeitswechsel, die Reduzierung oder der Wegfall personeller oder materieller Ressourcen können relevante Änderungen sein.

(6) Die Leistungsfeststellung erfolgt nach § 3 Abs. 4 durch den Vergleich der vereinbarten Ziele mit dem Grad der Zielerreichung (Soll-Ist Vergleich).

§ 5 Systematische Leistungsbewertung

(1) Systematische Leistungsbewertung ist die auf einem festgelegten System beruhende Feststellung der erbrachten Leistung nach möglichst messbaren oder anderweitig objektivierbaren Kriterien.

(2) [1]Für die Bewertung ist ein System mit bis zu fünf Bewertungsstufen zu bilden. [2]Die Bewertungsstufen können textlich oder auf andere Weise bezeichnet werden. [3]Die Bewertung erfolgt nach Leistungskriterien, die durch Dienstvereinbarung festgelegt werden. [4]Die Leistungskriterien sind aus den Merkmalen Adressatenorientierung, Arbeitsqualität (einschließlich z. B. Arbeitsweise und Prioritätensetzung), Arbeitsquantität, Führungsverhalten, Wirtschaftlichkeit und Zusammenarbeit in ausfüllenden Dienstvereinbarungen zu konkretisieren. [5]Dabei müssen nicht alle Merkmale abgebildet werden;

die Merkmale und Kriterien können unterschiedlich gewichtet und nach Arbeitsbereichen differenziert werden.

(3) [1]Grundlage einer Leistungsbewertung ist eine Aufgabenbenennung des zurückliegenden Bewertungszeitraums von bis zu 5 Aufgaben, die im Wesentlichen den Arbeitsplatz tragen. [2]Beim Bewertungsgespräch der systematischen Leistungsbewertung sollen die voraussichtlichen Schwerpunkte des künftigen Bewertungszeitraums erörtert werden. [3]Sie ersetzen nicht die für die systematische Leistungsbewertung relevanten Aufgabenbenennungen aus Satz 1. [4]Ist aufgrund der Leistungen der/des Beschäftigten absehbar, dass die Bewertung so ausfallen wird, dass ein Leistungsentgelt nicht zustehen wird, ist mit der/dem Beschäftigten ein Gespräch zu führen, um gemeinsam Wege zur Leistungssteigerung (z. B. Qualifizierungsbedarf, regelmäßige Gespräche als Zwischenschritte zur jährlichen Leistungsbewertung, Veränderungen der Arbeitsabläufe) zu erörtern.

Protokollerklärung zu § 5:
[1]Die systematische Leistungsbewertung entspricht nicht der Regelbeurteilung. [2]Quoten dürfen nicht vereinbart werden.

§ 6 Verbindung der Instrumente
[1]Werden systematische Leistungsbewertung und Zielvereinbarung verbunden (§ 3 Abs. 1 Satz 2), erfolgt die Feststellung der Leistung anhand beider Instrumente (Gesamtleistungsfeststellung). [2]Der Anteil der Zielvereinbarung an der Gesamtleistungsfeststellung wird in der Zielvereinbarung vereinbart. [3]Entsprechendes gilt bei der Verbindung einer Zielvereinbarung, die auf die individuelle Leistung der/des Beschäftigten bezogen ist, mit einer Zielvereinbarung, die auf die Leistungen einer Beschäftigtengruppe bezogen sind.

§ 7 Verhältnis der Instrumente
(1) Der mögliche Höchstauszahlungsbetrag ist unabhängig von der Wahl der Instrumente der Leistungsfeststellung gleich.

(2) [1]Für die Stufen der Leistungsbewertung bzw. die Zielerreichungsgrade sind Punktwerte festzulegen; die Differenz der Punktwerte darf von Stufe zu Stufe nicht höher sein als die Differenz zwischen den ersten beiden Stufen. [2]Näheres regelt die Dienstvereinbarung.

(3) [1]In einem System mit ungerader Stufenanzahl entspricht die volle Erfüllung („Erfüllt die Anforderungen in vollem Umfang") des jeweiligen Leistungsmerkmals oder -kriteriums der systematischen Leis-

tungsbewertung der mittleren Stufe (Normalleistung); es sind gleich viele Stufen unterhalb und oberhalb der Normalleistung zu bilden. [2]Die volle Zielerreichung (100 v. H.) bei der Zielvereinbarung entspricht wertmäßig der mittleren Stufe der systematischen Leistungsbewertung, es sei denn, in der Dienstvereinbarung wird eine andere Zuordnung festgelegt.

(4) [1]In einem System mit gerader Stufenanzahl sind Stufen ober- und unterhalb der Normalleistung zu bilden. [2]Die Normalleistung und die volle Zielerreichung (100 v. H.) entsprechen wertmäßig der gleichen Stufe, es sei denn, in der Dienstvereinbarung wird eine andere Zuordnung festgelegt.

III. Abschnitt
Leistungsentgelt

§ 8   Formen und Auszahlung des Leistungsentgelts

(1) [1]Das Leistungsentgelt wird als Leistungsprämie oder Leistungszulage ausgezahlt. [2]Die Leistungsprämie ist eine einmalige Zahlung. [3]Die Leistungszulage ist eine zeitlich befristete, widerrufliche, in der Regel monatlich wiederkehrende Zahlung.

Niederschriftserklärung zu § 8 Abs. 1 Satz 1:
[1]Die Tarifvertragsparteien sind sich einig, dass das Leistungsentgelt bis auf weiteres als Leistungsprämie ausgezahlt wird. [2]Vor der Einführung einer Leistungszulage werden die Tarifvertragsparteien ergänzende Regelungen zur Auszahlung vereinbaren.

(2) Die Auszahlung des Leistungsentgelts soll spätestens im vierten Monat nach Abschluss der Leistungsfeststellung in der Verwaltung bzw. in dem Verwaltungsteil im Sinne des § 9 Abs. 1 zu dem in § 24 Abs. 1 Satz 2 TVöD bestimmten Zahltag erfolgen.

Niederschriftserklärung zu § 8 Abs. 2:
[1]Die Tarifvertragsparteien sind sich einig, dass Beschwerden (§ 13 Abs. 1) und das Fehlen einzelner Leistungsfeststellungen (z. B. auf Grund von Krankheit) dem Auszahlungsverfahren für die übrigen Beschäftigten nicht entgegen stehen. [2]Bei Beschwerden wird das auf den unstreitigen Teil der Leistungsfeststellung entfallende Leistungsentgelt ausgezahlt.

§ 9   Aufteilung des Entgeltvolumens nach § 18 TVöD

(1) [1]Grundsätzlich steht das Volumen des Leistungsentgelts den Beschäftigten jeder Verwaltung, für die im jeweiligen Einzelplan des

Haushalts ein Kapitel ausgebracht ist, zur Verfügung. [2]Das Volumen entspricht dem Entgeltvolumen der ständigen Monatsentgelte des Vorjahres der Beschäftigten, das sich bei Anwendung des in § 18 Abs. 2 Satz 1 TVöD bestimmten Vomhundertsatzes ergibt. [3]Weitere Aufteilungen auf Teile der Verwaltung nach Satz 1 innerhalb der Kapitel (Verwaltungteile, z. B. auf Behörden oder Dienststellen) erfolgen unter Beteiligung der zuständigen Personalvertretungen nach Maßgabe des Bundespersonalvertretungsgesetzes.

Protokollerklärung zu Absatz 1:

Nr. 1: Soweit kapitelübergreifend Planstellen und Stellen zur Verstärkung herangezogen werden, können durch Dienstvereinbarung die zur Verfügung stehenden Volumina der betroffenen Verwaltungen festgelegt werden; Pauschalierungen (z. B. nach Anzahl der Beschäftigten zu einem bestimmten Stichtag) sind dabei zulässig.

Nr. 2: Absatz 1 gilt entsprechend für Beschäftigte sonstiger Einrichtungen, bei denen das Tarifrecht des Bundes zur Anwendung kommt.

Nr. 3: Durch Dienstvereinbarung kann bestimmt werden, dass – zur vereinfachten Erfassung und Berechnung – die weitere Aufteilung in pauschalierter Form (z. B. nach Anzahl der Beschäftigten zu einem bestimmten Stichtag) erfolgt.

(2) [1]Für die Ermittlung der ständigen Monatsentgelte des Vorjahres (§ 18 Abs. 2 Satz 1 TVöD) wird jeweils der Zeitraum vom 1. Januar bis zum 31. Dezember zu Grunde gelegt. [2]Das Gesamtvolumen nach Absatz 1 Satz 1 ist jeweils bis zum 30. April eines jeden Jahres zu ermitteln.

(3) [1]Wird das Gesamtvolumen der Verwaltung bzw. des Verwaltungsteils nicht ausgeschöpft, so erhöht sich das betreffende Volumen im Folgejahr um die verbleibenden Restanteile. [2]Überschreitungen eines Volumens werden im Folgejahr auf das betreffende Volumen angerechnet.

(4) [1]Der zuständigen Personalvertretung ist das ermittelte Gesamtvolumen nach Absatz 1 (SOLL) sowie das ausgezahlte Volumen (IST) mitzuteilen. [2]Über- oder Unterschreitungen sind auszuweisen und darzulegen.

§ 10 Berechnung des Leistungsentgelts

(1) [1]Die Höhe des individuellen Leistungsentgeltes der/des Beschäftigten ergibt sich aus dem durch Dienstvereinbarung festzulegenden Schlüssel, der das Ergebnis der individuellen Leistungsfeststellung der/des Beschäftigten mit der Höhe des jeweils zur Verfügung stehenden

Gesamtvolumens nach Absatz 2 verknüpft. [2]Durch Dienstvereinbarung kann eine Obergrenze für das individuelle Leistungsentgelt
festgelegt werden.

(2) [1]Das Gesamtvolumen für eine Verwaltung bzw. einen Verwaltungsteil ist grundsätzlich nach Entgeltgruppen getrennt aufzuteilen.
[2]Durch Dienstvereinbarung kann auf eine Trennung nach Entgeltgruppen verzichtet und/oder eine Zusammenfassung von Entgeltgruppen vorgenommen werden; in dieser kann auch eine Aufteilung
nach organisatorischen Gesichtspunkten erfolgen.

III

Protokollerklärung zu Absatz 2:

Nr. 1: Wird das Gesamtvolumen nach Entgeltgruppen aufgeteilt, ist bei der
Bildung der Teilvolumina unter Berücksichtigung der Protokollerklärung
Nr. 4 zu gewährleisten, dass das betreffende Volumen in den einzelnen
Entgeltgruppen verbleibt.

Nr. 2: Wird das Gesamtvolumen nach Gruppen von Entgeltgruppen aufgeteilt, ist
bei der Bildung der Teilvolumina unter Berücksichtigung der Protokollerklärung Nr. 4 zu gewährleisten, dass das betreffende Volumen in den
einzelnen Gruppen von Entgeltgruppen verbleibt.

Nr. 3: [1]Wird das Gesamtvolumen nach organisatorischen Gesichtspunkten aufgeteilt, ist bei der Bildung der Teilvolumina unter Berücksichtigung der
Protokollerklärung Nr. 4 zu gewährleisten, dass das betreffende Volumen
in den einzelnen organisatorischen Bereichen verbleibt. [2]Bei einer Aufteilung nach organisatorischen Gesichtspunkten ist innerhalb des jeweiligen Teilvolumens eine Differenzierung zwischen den Entgeltgruppen im
Sinne von Nr. 1 im Rahmen des Schlüssels sicherzustellen.

Nr. 4: Pauschalierungen und Rundungen sind zulässig (z. B. nach Anzahl der
Beschäftigten zu einem bestimmten Stichtag).

Niederschriftserklärung zu Abschnitt III:
Die Tarifvertragsparteien sind sich einig, spätestens im Jahr 2008 die praktische
Umsetzung der Bestimmung und Aufteilung des Entgeltvolumens zu prüfen und
etwaige notwendige Anpassungen für die Folgezeit im Tarifvertrag vorzunehmen.

IV. Abschnitt
Gemeinsame Vorschriften

§ 11 Unterjährige Veränderungen, besondere Situationen

(1) Eine Leistungsfeststellung findet nicht statt, wenn die/der Beschäftigte während des Leistungszeitraums weniger als 2 Kalendermonate
tätig war.

(2) [1]Beschäftigte, für die gemäß Absatz 1 keine Leistungsfeststellung
erfolgt, erhalten kein Leistungsentgelt. [2]Bestand nicht während des

gesamten Leistungszeitraums ein Entgeltanspruch, wird das Leistungsentgelt der/des Beschäftigten für jeden Kalendermonat, in dem kein Entgeltanspruch bestand, um ein Zwölftel gekürzt.

Protokollerklärung zu Absatz 1 und 2:
Verstirbt die/der Beschäftigte vor einer Leistungsfeststellung, erhöht sich die Zahlung nach § 23 Abs. 3 TVöD um ein pauschales Leistungsentgelt in Höhe des in § 18 Abs. 2 Satz 1 TVöD bestimmten Vomhundertsatzes des jeweiligen Jahrestabellenentgelts.

Niederschriftserklärung zu § 11 Abs. 2 Satz 2:
Die Tarifvertragsparteien sind sich einig, dass ein Entgeltanspruch auch bei Entgeltfortzahlung im Krankheitsfall nach § 22 TVöD besteht.

(3) Ein Leistungsentgelt wird nicht gezahlt, wenn das Arbeitsverhältnis aus einem Grund, den die/der Beschäftigte durch eigenes Verschulden verursacht hat, beendet wurde.

(4) [1]Im Fall eines Arbeitsplatzwechsels oder eines Wechsels der Führungskraft erhält die/der Beschäftigte grundsätzlich ein Zwischenergebnis zur Feststellung der bisherigen Leistungen. [2]Durch Dienstvereinbarung kann bestimmt werden, dass anstelle eines Zwischenergebnisses eine gemeinschaftliche Leistungsfeststellung der früheren und der aktuellen Führungskraft der/des Beschäftigten erfolgt. [3]Näheres regelt die Dienstvereinbarung.

Protokollerklärung zu Absatz 4:
Stichtag für die Zuordnung zu einer Entgeltgruppe bei der Berechnung der Höhe des Leistungsentgelts ist der letzte Tag des Leistungszeitraums.

Niederschriftserklärung zu § 11 Abs. 4:
Die Tarifvertragsparteien sind sich einig, dass ein Arbeitsplatzwechsel auch bei einem Wechsel der/des Beschäftigten zu einer anderen Behörde oder Dienststelle gegeben ist.

(5) [1]Beschäftigte, die nach Bundesgleichstellungsgesetz, Bundespersonalvertretungsgesetz oder Sozialgesetzbuch Neuntes Buch von der Erbringung ihrer Arbeitsleistung zu 75 v. H. und mehr ihrer individuellen durchschnittlichen Arbeitszeit freigestellt worden sind, erhalten ohne Leistungsfeststellung ein Leistungsentgelt in Höhe des Durchschnittsbetrages der Beschäftigten ihrer jeweiligen Entgeltgruppe. [2]Für Beschäftigte, die nach Satz 1 zu 50 v. H. und weniger freigestellt sind, erfolgt eine Leistungsfeststellung auf Grundlage der erbrachten Arbeitsleistungen in den nicht freigestellten Zeiten. [3]Für die Berechnung des Leistungsentgelts ist dieses Ergebnis auf den freigestellten Anteil der Arbeitsleistung zu übertragen. [4]Beschäftigte,

die nach Satz 1 zu weniger als 75 v. H. und mehr als 50 v. H. freigestellt sind, können zwischen der Regelung nach Satz 1 und Satz 2 wählen; das Wahlrecht muss zu Beginn des Leistungszeitraums, bei einer entsprechenden Freistellung während des Leistungszeitraums am ersten Tag dieser Freistellung ausgeübt werden.

Protokollerklärung zu Absatz 5
Bei der Leistungsfeststellung von teilweise freigestellten Beschäftigten ist sicherzustellen, dass diese wegen ihrer Tätigkeit weder benachteiligt noch begünstigt werden.

Niederschriftserklärung zu § 11 Abs. 5 Satz 2:
Die Tarifvertragsparteien werden den TV ATZ entsprechend anpassen.

(6) ¹Bei Teilzeitbeschäftigten beziehen sich die Leistungsanforderungen auf die individuell vereinbarte durchschnittliche Arbeitszeit. ²Für die Höhe des Leistungsentgelts findet § 24 Abs. 2 TVöD Anwendung; Stichtag für den maßgeblichen Arbeitszeitumfang ist der letzte Tag des Leistungszeitraums. ³Bei Beschäftigten, die in Altersteilzeit im Blockmodell beschäftigt sind, bemisst sich das Leistungsentgelt nach der Arbeitszeit, die während der jeweiligen Phase der Altersteilzeit geschuldet wird.

Protokollerklärung zu Absatz 6 Satz 2:
Leistungsentgelt wird neben den Aufstockungsleistungen nach § 5 TV ATZ gezahlt und bleibt bei der Berechnung von Aufstockungsleistungen nach § 5 TV ATZ unberücksichtigt.

§ 12 Dokumentation

(1) Das Ergebnis der individuellen Leistungsfeststellung wird in schriftlicher Form zur Personalakte genommen; eine Kopie ist der/ dem Beschäftigten auszuhändigen.

(2) ¹Die Ergebnisse der Leistungsfeststellung und des Leistungsentgelts sind innerhalb jeder Verwaltung im Sinne von § 9 Abs. 1 Satz 1 statistisch zu erfassen und bekannt zu machen. ²Im Fall einer Aufteilung nach § 9 Abs. 1 Satz 3 erfolgt die Erfassung und Bekanntmachung nach Satz 1 in dem jeweiligen Verwaltungsteil. ³Näheres regelt die Dienstvereinbarung.

§ 13 Konfliktlösung

(1) Jede/jeder Beschäftigte kann das Ergebnis seiner Leistungsfeststellung gegenüber der zuständigen Personalstelle unter Beifügung einer schriftlichen Begründung innerhalb von drei Wochen nach

Eröffnung des Ergebnisses der Leistungsfeststellung beanstanden (Beschwerde).

(2) [1]Wird der Beschwerde nicht abgeholfen, wird sie der paritätischen Kommission (§ 14) zur Beratung zugeleitet. [2]Die Beratung bezieht sich auf die Einhaltung der durch diesen Tarifvertrag und die jeweils maßgeblichen ihn ausfüllenden Dienstvereinbarungen vorgegebenen Verfahren und auf die Einhaltung der sachlichen Grenzen einer Bewertung; die Mitwirkung erfasst nicht die Leistungsbewertung oder die Entscheidung über die Vergabe von Leistungsentgelten im Einzelfall. [3]Der Arbeitgeber entscheidet auf Vorschlag der Kommission, ob und in welchem Umfang der Beschwerde im Einzelfall abgeholfen wird. [4]Folgt der Arbeitgeber dem Vorschlag nicht, hat er seine Gründe darzulegen.

Protokollerklärung zu Absatz 2 Satz 2:
Die Einhaltung der sachlichen Grenzen einer Bewertung umfasst eine Kontrolle hinsichtlich eines Bewertungsausfalls, eines Bewertungsfehlgebrauchs, einer Überschreitung des Bewertungsrahmens und das Zugrundelegen unrichtiger Tatsachen.

Niederschriftserklärung zu § 13 Abs. 2 Satz 4:
Die Gründe werden der/dem Beschäftigten und der Paritätischen Kommission mitgeteilt.

(3) [1]Durch Dienstvereinbarung kann vorgesehen werden, dass nach einer Beschwerde gemäß Absatz 1 zunächst ein gestuftes Verfahren unter Einbeziehung von z. B. der nächst höheren Führungskraft und/oder einem Mitglied der Personalvertretung einsetzt. [2]Erledigt sich die Beschwerde dadurch nicht, steht das Verfahren gemäß Absatz 2 offen.

§ 14 Paritätische Kommission

(1) [1]Die Anzahl der Mitglieder der Paritätische Kommission ist durch Dienstvereinbarung festzulegen; jeweils die Hälfte der Mitglieder wird vom Arbeitgeber und von der Personalvertretung in der Regel aus dessen Mitte benannt; jedes Mitglied der Paritätischen Kommission muss der Verwaltung bzw. dem Verwaltungteil, bei der/dem die Paritätische Kommission gebildet wird, angehören. [2]Die Gleichstellungsbeauftragte und die Vertrauensperson schwerbehinderter Menschen können auf ihren Wunsch an den Beratungen der Kommission teilnehmen; sie haben kein Stimmrecht. [3]Beteiligte i. S. d. § 13 Abs. 1 sind in eigenen Angelegenheiten von der Mitwirkung in der paritätischen Kommission ausgeschlossen. [4]Ein Mitglied der Paritätischen Kommis-

sion kann von der Partei, welche es benannt hat, jederzeit durch Benennung einer anderen Person nach Satz 1 ersetzt werden. [5]Eine Paritätische Kommission ist für jede Verwaltung im Sinne des § 9 Abs. 1 Satz 1 zu bilden. [6]Durch Dienstvereinbarung kann vorgesehen werden, dass im Fall einer Aufteilung nach § 9 Abs. 1 Satz 3 die Paritätische Kommission in dem jeweiligen Verwaltungsteil gebildet wird.

(2) [1]Unabhängig von der Beteiligung nach § 13 wirkt die Paritätische Kommission bei der ständigen Kontrolle des durch Dienstvereinbarung ausgestalteten Systems der Leistungsfeststellung und -bezahlung mit. [2]Sie kann Empfehlungen zur Weiterentwicklung und zu Korrekturen des Systems bzw. von Systembestandteilen geben.

(3) Die Rechte der Personalvertretungen, der Gleichstellungsbeauftragten und der Vertrauenspersonen schwerbehinderter Menschen bleiben unberührt.

§ 15 Dienstvereinbarungen zur Ausgestaltung dieses Tarifvertrages

[1]Das in den Dienststellen anzuwendende System der Leistungsfeststellung und der Gewährung eines Leistungsentgelts wird im Rahmen dieses Tarifvertrages durch Dienstvereinbarungen nach § 2 Satz 2 festgelegt. [2]In diesen Dienstvereinbarungen sollen insbesondere

– der Beginn und das Ende des maßgeblichen Leistungs- und Feststellungszeitraums (§ 3 Abs. 3 Satz 3),

– die Ausgestaltung von und mögliche konkrete Anforderungen an Zielvereinbarungen (§ 4 Abs. 2),

– das Bewertungssystem der systematischen Leistungsbewertung einschließlich der Gewichtung der Kriterien (§ 5 Abs. 2),

– die Punktwerte der Stufen der Leistungsbewertung bzw. der Zielerreichungsgrade (§ 7 Abs. 2),

– die Anzahl der Stufen der systematischen Leistungsbewertung, die Anzahl der Zielerreichungsgrade und die Festlegung, welcher Stufe der systematischen Leistungsbewertung die volle Zielerreichung zugeordnet wird (§ 7 Abs. 3 und 4),

– das Berechnungsverfahren für das jeweilige Leistungsentgelt einschließlich einer etwaigen Obergrenze für das individuelle Leistungsentgelt (§ 10 Abs. 1),

– eine gegebenenfalls von der Aufteilung nach Entgeltgruppen abweichende Aufteilung des Leistungsentgeltvolumens (§ 10 Abs. 2),

- die Leistungsfeststellung im Fall eines Arbeitsplatzwechsels oder eines Wechsels der Führungskraft (§ 11 Abs. 4),
- die statistische Erfassung der Ergebnisse von Leistungsfeststellung und Leistungsentgelt (§ 12 Abs. 2),
- ein etwaiges gestuftes Verfahren vor Eröffnung der Beschwerde zur Paritätischen Kommission (§ 13 Abs. 3),
- die Anzahl der Mitglieder der Paritätischen Kommission (§ 14 Abs. 1),
- gegebenenfalls die Bildung einer Paritätischen Kommission in dem jeweiligen Verwaltungsteil (§ 14 Abs. 1 Satz 6)

geregelt werden.

V. Abschnitt
Schlussvorschriften

§ 16 Einführungs- und Übergangsregelungen

(1) [1]Im Jahr 2007 erhalten alle Beschäftigten mit dem Tabellenentgelt des Monats Juli 2007 ein Leistungsentgelt in Höhe von 6 v. H. des ihnen für den Monat März 2007 jeweils gezahlten Tabellenentgelts. [2]Soweit Beschäftigte im März 2007 kein Tabellenentgelt beziehen, wird auf das zuletzt bezogene Tabellenentgelt abgestellt, es sei denn für die Beschäftigte/den Beschäftigten hätte nach § 11 keine Leistungsfeststellung stattgefunden. [3]Das danach verbleibende Entgeltvolumen für das Jahr 2007 erhöht das Gesamtvolumen der Verwaltung nach § 9 Abs. 1 Satz 1 für das Jahr 2008. [4]Der erste Leistungszeitraum beginnt am 1. Juli 2007 und dauert mindestens sechs, höchstens neun Monate. [5]Der daran anschließende Leistungszeitraum kann abweichend von § 3 Abs. 3 Satz 1 um bis zu drei Monate verlängert werden.

Niederschriftserklärung zu § 16 Abs. 1:

[1]Im Bewusstsein um ihre Verantwortung für den Einführungsprozess haben sich die Tarifvertragsparteien entschlossen, den ersten Leistungszeitraum am 1. Juli 2007 beginnen zu lassen und das Leistungsentgelt für die erste Jahreshälfte 2007 anteilig pauschal auszukehren. [2]Sie haben sich dabei von folgenden Maßgaben leiten lassen:

Nr. 1:   [1]Die Tarifvertragsparteien haben sich seit In-Kraft-Treten des TVöD intensiv mit der Konzeption und Ausgestaltung eines Systems der Leistungsbezahlung auseinandergesetzt. [2]Im Wissen, dass die Beschäftigten die wichtigste Ressource des öffentlichen Dienstes sind, haben sie sich bei den Verhandlungen von dem Ziel leiten lassen, im Interesse der erfolgreichen Einführung des Leistungsentgelts der Qualität den Vorrang vor der Schnelligkeit der Einführung zu geben.

Nr. 2: [1]Die Tarifvertragsparteien sehen die Verantwortung für die erfolgreiche Umsetzung dieses Tarifvertrages auch bei den Parteien der noch abzuschließenden Dienstvereinbarungen. [2]Auch in Anbetracht der mit der EU-Ratspräsidentschaft der Bundesrepublik Deutschland im ersten Halbjahr 2007 verbundenen Mehrbelastung geben sie den Beteiligten mit den Bestimmungen des Absatzes 1 zusätzliche Zeit, um die erfolgreiche Einführung des Leistungsentgelts vorzubereiten.

Nr. 3: Mit Blick auf das Bestreben der Bundesregierung, auch für die Beamtinnen und Beamten des Bundes ein System einer leistungsorientierten Bezahlung einzuführen, wollen die Tarifvertragsparteien mit den Bestimmungen zum ersten Leistungszeitraum die Möglichkeit eröffnen, sowohl für Tarifbeschäftigte als auch für Beamtinnen und Beamte zum gleichen Zeitpunkt ein leistungsorientiertes Bezahlungssystem einzuführen.

(2) [1]Kommt bis zum 30. Juni 2007 keine Dienstvereinbarung nach § 15 zustande, erhalten die Beschäftigten mit dem Tabellenentgelt des Monats April 2008 6 v. H. des für den Monat Dezember 2007 jeweils zustehenden Tabellenentgelts. [2]Das Leistungsentgelt erhöht sich im Folgejahr um den verbleibenden Betrag des Gesamtvolumens der Verwaltung bzw. des Verwaltungsteils. [3]Solange auch in den Folgejahren keine Dienstvereinbarung zustande kommt, gelten Satz 1 und 2 entsprechend.

Protokollerklärung zu Absatz 1 und 2:
Dem Tabellenentgelt stehen Entgelt aus einer individuellen Zwischenstufe oder individuellen Endstufe gleich.

Niederschriftserklärung zu § 16:
Die Tarifvertragsparteien werden die Umsetzung dieses Tarifvertrages im Jahr 2009 analysieren und gegebenenfalls notwendige Folgerungen ziehen.

§ 17 Begriffsbestimmungen

(1) In Betrieben, in denen dieser Tarifvertrag zur Anwendung kommt, erfolgt die Ausgestaltung dieses Tarifvertrages durch Betriebsvereinbarung; an die Stelle der Begriffe „Dienstvereinbarung" und „Personalvertretung" treten in diesem Fall die Begriffe „Betriebsvereinbarung" und „Betriebsrat".

(2) Leistungszeitraum ist der Zeitraum, welcher für die Feststellung der Leistungen der Beschäftigten berücksichtigt wird.

(3) Feststellungszeitraum ist der Zeitraum, in welchem die Leistungen der Beschäftigten festgestellt werden.

(4) Wird in diesem Tarifvertrag auf Regelungen des TVöD Bezug genommen, sind die für den Bund geltenden Vorschriften gemeint.

§ 18 In-Kraft-Treten

(1) Dieser Tarifvertrag tritt am 1. Januar 2007 in Kraft.

(2) Dieser Tarifvertrag kann von jeder Tarifvertragspartei mit einer Frist von drei Monaten zum Schluss eines Kalenderhalbjahres schriftlich gekündigt werden, frühestens jedoch zum 31. Dezember 2009.

Tarifvertrag
über die Gewährung von Zulagen
gem. § 33 Abs. 1 Buchst. c BAT[1])
Vom 11. Januar 1962

... wird gemäß § 33 Abs. 1 Buchst. c und Abs. 6 BAT folgender Tarifvertrag geschlossen:

§ 1 Zulagen in Monatsbeträgen

(1) Zulagen in Monatsbeträgen erhalten:

		Monatsbetrag Euro
1.	Angestellte, die in unterirdischen Anlagen – mit Ausnahme von Kelleranlagen – mit unzureichender Entlüftung oder in fensterlosen überirdischen Betonbunkern mit unzureichender Entlüftung arbeiten	7,67
2.	Angestellte, die Desinfektionsarbeiten – mit Ausnahme der Schädlingsbekämpfung – ausüben	10,23
3.	Angestellte, die bei Arbeiten mit gesundheitsschädigenden, ätzenden oder giftigen Stoffen der Einwirkung dieser Stoffe ausgesetzt sind, wenn sie im Kalendermonat durchschnittlich mindestens 1/4 der regelmäßigen Arbeitszeit in Räumen oder mindestens 1/3 der regelmäßigen Arbeitszeit im Freien dieser Einwirkung ausgesetzt sind	12,78
4.	Angestellte, die Versuchstiere in wissenschaftlichen Anstalten, Lehr-, Versuchs- oder Untersuchungsanstalten pflegen, wenn sie bei der Pflege der Tiere mit diesen in unmittelbare Berührung kommen	12,78
5.	Pflegepersonen in psychiatrischen Krankenhäusern (Heil- und Pflegeanstalten) oder psychiatrischen Kliniken, Abteilungen oder Stationen, Pflegepersonen in neurologischen Kliniken, Abteilungen oder Stationen, die ständig geisteskranke Patienten pflegen,	

---

[1] Zur vorläufigen Weitergeltung dieses Tarifvertrages → Ziffer 19 der Anlage Teil B zum TVÜ-Bund

		Monats- betrag Euro
	Angestellte in psychiatrischen oder neurologischen Kranken- häusern, Kliniken oder Abteilungen, die im EEG-Dienst oder in der Röntgendiagnostik ständig mit geisteskranken Patien- ten Umgang haben, Angestellte der Krankengymnastik, die überwiegend mit geisteskranken Patienten Umgang haben, sonstige Angestellte, die ständig mit geisteskranken Patien- ten zu arbeitstherapeutischen Zwecken zusammenarbeiten oder sie hierbei beaufsichtigen	15,34
6.	Angestellte, die in großen Behandlungsbecken (nicht in Badewannen) Unterwassermassagen ausführen, wenn sie im Kalendermonat durchschnittlich mindestens ¼ der regel- mäßigen Arbeitszeit mit diesen Arbeiten beschäftigt sind	10,23
7.	Angestellte als Sektionsgehilfen in der Human- oder Tierme- dizin	15,34
8.	Angestellte, die in Leichenschauhäusern oder in Einrichtun- gen, die die Aufgaben von Leichenschauhäusern zu erfüllen haben, Leichen versorgen und herrichten	12,78
9.	Angestellte, die in Kühlhäusern, Kühlräumen oder Kühl- wagen im Kalendermonat durchschnittlich arbeitstäglich mindestens zwei Stunden arbeiten sind den Angestellten Arbeiter unterstellt, so richten sich die Voraussetzungen für die Gewährung der Zulage nach den jeweils für die Arbeiter geltenden Vorschriften	12,78
10.	Angestellte, die in Tropenkammern mit einer Temperatur von über 40\G C im Kalendermonat durchschnittlich arbeitstäglich mindestens zwei Stunden arbeiten sind den Angestellten Arbeiter unterstellt, so richten sich die Voraussetzungen für die Gewährung der Zulage nach den jeweils für die Arbeiter geltenden Vorschriften	15,34
11.	Tierpfleger in zoologischen Gärten, die gefährliche Tiere pflegen	12,78
12.	Angestellte, die in unterirdischen Abwässerkanälen im Ka- lendermonat durchschnittlich mindestens ¼ der regelmäßi- gen Arbeitszeit arbeiten	10,23
13.	Angestellte im kommunalen Dienst, die ständig Blitzschutz- anlagen zu überprüfen haben	12,78
14.	Angestellte mit Arbeiten in Prüfständen von Motoren für Kettenfahrzeuge oder Schiffe sowie bei Belastungsproben für Panzermotoren	12,78

		Monats- betrag Euro
15.	Angestellte mit Prüfungs- oder Kontrollarbeiten an Propel- lerflugzeugen oder auf Flugzeugmotorenprüfständen bei laufendem Motor	17,90
16.	Angestellte mit Prüfungs- oder Kontrollarbeiten an Flugzeu- gen oder in Prüfständen bei laufendem Düsentriebwerk	25,26

(2) Voraussetzung für die Gewährung der Zulagen nach den Nrn. 1, 2, 4, 8, 11, 14, 15 und 16 ist, daß die zulageberechtigende Tätigkeit regelmäßig und nicht nur in unerheblichem Umfange ausgeführt wird.

(3) Beginnt die zulageberechtigende Tätigkeit nicht am Ersten, sondern im Laufe eines Kalendermonats, so ist in diesem Monat für jeden Kalendertag ab Beginn dieser Tätigkeit 1/30 des Monatsbetrages zu zahlen.

(4) Die Zulage entfällt mit Ablauf des Kalendermonats, in dem die Voraussetzungen für die Gewährung der Zulage weggefallen sind (§ 33 Abs. 3 BAT).

§ 2 Zulagen in Tagesbeträgen

(1) Zulagen in Tagesbeträgen erhalten:

		Tages- betrag Euro
1.	Angestellte, zu deren regelmäßigen Aufgaben das Besteigen von Masten in Höhe von mindestens 10 m über Dach bzw. mindestens 20 m über dem Erdboden gehört	1,02
2.	Angestellte des Eichdienstes, die Hochtanks in einer Höhe von mindestens 20 m über dem Erdboden ohne feste Einrüstung vermessen	1,02
3.	Angestellte in der Brückenunterhaltung, die Brückenkonstruk- tionen in einer Höhe von mindestens 20 m über dem Erdboden oder der Wasserfläche ohne feste Einrüstung überwachen	1,02
4.	Angestellte, die Schleusentore von mindestens 15 m Höhe ohne ausreichende Sicherungsvorrichtung durch Einsteigen in die Tore überprüfen oder unter Einsteigen den Ein- und Ausbau solcher Tore überwachen	1,02

(2) Die Zulage wird für jeden Tag gewährt, an dem der Angestellte die Tätigkeit ausübt.

§ 3 Sonstige Zulagen

(1) Für Arbeiten am Stromnetz unter Spannung, die nach den einschlägigen Vorschriften zulässig sind, erhalten die Angestellten Zulagen unter den gleichen Voraussetzungen und in der gleichen Höhe, wie sie jeweils die Arbeiter ihres Arbeitgebers erhalten. Soweit ein Arbeitgeber im Zeitpunkt des Inkrafttretens des Tarifvertrages für diese Arbeiten an Angestellte höhere Zulagen zahlt, bleiben diese unberührt.

(2) Die Angestellten im Baggereibetrieb der Bundeswasser- und Schifffahrtsverwaltung erhalten bei Munitionsfunden Zulagen unter den gleichen Voraussetzungen und in der gleichen Höhe, wie sie die Arbeiter der Bundeswasser- und Schifffahrtsverwaltung jeweils erhalten.

(3) Sind in den Fällen der Absätze 1 und 2 die Zulagen für die Arbeiter in Vom-Hundert- Sätzen des Lohnes bemessen, so richten sich die Zulagen der Angestellten nach der bei dem Arbeitgeber jeweils geltenden höchsten Lohngruppe und Dienstzeitzulage.

§ 4 Zusammentreffen von Ansprüchen

(1) Liegen die Voraussetzungen für mehrere Zulagen nach diesem Tarifvertrag vor, so wird jeweils nur die höchste Zulage gezahlt.

(2) Wird für eine Tätigkeit, für die eine Zulage nach diesem Tarifvertrag zusteht, eine Zulage nach § 33 Abs. 1 Buchst. a BAT gezahlt, so wird die Zulage nach diesem Tarifvertrag nur insoweit gewährt, als sie die Zulage nach § 33 Abs. 1 Buchst. a BAT übersteigt.

(3) Neben den Zulagen nach diesem Tarifvertrag werden bei gegebenen Voraussetzungen

a) die Zusatzverpflegung nach § 33 Abs. 4 BAT
b) die Zulagen der Protokollnotizen Nr. 1 zu den Vergütungsgruppen Kr. I bis Kr. VI der Anlage 1b zum BAT

gewährt.

§ 5 Zahlung der Zulagen

Die Zulagen nach diesem Tarifvertrag sind spätestens mit der Vergütung für den übernächsten Monat (§ 36 Abs. 1 BAT) zu zahlen.

§ 6 Besitzstandswahrung

Erhalten Angestellte im Zeitpunkt des Inkrafttretens dieses Tarifvertrages für eine Tätigkeit, für die in den §§ 1 und 2 eine Zulage vereinbart ist, eine höhere Zulage als die nach §§ 1 und 2, so erhalten sie während des zu diesem Zeitpunkt bestehenden Arbeitsverhältnisses die höhere Zulage für die Dauer der Ausübung der Tätigkeit weiter.

§ 7 Inkrafttreten und Laufzeit

(betrifft Inkrafttreten und Kündigungsvorschrift des Tarifvertrages vom 11. Januar 1962)

Tarifvertrag
über Zulagen an Angestellte[1]
Vom 17. Mai 1982

§ 1 Geltungsbereich

Dieser Tarifvertrag gilt für Angestellte, die unter die Anlagen 1a und 1b zum Bundes-Angestelltentarifvertrag (BAT) fallen. Für Lehrkräfte, die nach Nr. 5 der Vorbemerkungen zu allen Vergütungsgruppen nicht unter die Anlage 1a zum BAT fallen, gelten § 2 Abs. 3 und 4 sowie § 7.

§ 2 Allgemeine Zulage[2]

(1) Die Angestellten erhalten eine allgemeine Zulage.

(2) Die allgemeine Zulage beträgt monatlich für die unter die Anlagen 1a und 1b zum BAT fallenden Angestellten in den Vergütungsgruppen

a) X bis IXa sowie VIII (soweit in der Protokollnotiz Nr. 1 aufgeführt), Kr. I und Kr. II   90,97 Euro,

b) VIII (soweit nicht in der Protokollnotiz Nr. 1 aufgeführt) bis Vc sowie Vb (soweit in der Protokollnotiz Nr. 2 aufgeführt), Kr. III bis Kr. VI   107,44 Euro,

c) Vb (soweit nicht in der Protokollnotiz Nr. 2 aufgeführt) bis IIa, Kr. VII bis Kr. XIII   114,60 Euro,

d) Ib bis I   42,98 Euro.

(3) Für die Lehrkräfte, die nach Nr. 5 der Vorbemerkungen zu allen Vergütungsgruppen nicht unter die Anlage 1a zum BAT fallen, beträgt die allgemeine Zulage monatlich 42,98 Euro.

(4) Bei allgemeinen Vergütungs- und Lohnerhöhungen erhöht sich die allgemeine Zulage um den von den Tarifvertragsparteien festgelegten durchschnittlichen Vomhundertsatz der allgemeinen Vergütungs- und Lohnerhöhung.

---

[1] Zur teilweisen Weitergeltung dieses Tarifvertrages → Ziffer 17 der Anlage 1 Teil B zum TVÜ-Bund.

[2] Beträge in der ab dem 1. 5. 2004 geltenden Fassung; die Allg. Zulage ist im Vergleichsentgelt (§ 5 TVÜ-Bund) aufgegangen.

Protokollnotizen

1. Die Zulage nach Absatz 2 Buchst. a erhalten die Angestellten, die nach folgenden Tätigkeitsmerkmalen der Vergütungsgruppe VIII der Anlage 1a zum BAT eingruppiert sind:

Teil II Abschn. L	Unterabschn. III	Fallgruppe 3,
	Unterabschn. IV	Fallgruppe 2,
	Unterabschn. VIII	Fallgruppen 2 und 3,
	Unterabschn. XI	Fallgruppe 2.

2. Die Zulage nach Absatz 2 Buchst. b erhalten die Angestellten, die nach folgenden Tätigkeitsmerkmalen der Vergütungsgruppe Vb der Anlage 1a zum BAT eingruppiert sind:

   I. Im Bereich des Bundes und im Bereich der Tarifgemeinschaft deutscher Länder

   1. Teil I

      1.1 Fallgruppen 1c, 7a, 7b, 25a und 25b,

   2. Teil II

2.1 Abschnitt B	Unterabschnitt III	Fallgruppe 2,
	Unterabschnitt VI	Fallgruppen 2, 3, 5 bis 7
	Unterabschnitt VII	Fallgruppen 2 bis 4,
2.2 Abschnitt E	Unterabschnitt I	alle Fallgruppen,
	Unterabschnitt II	einzige Fallgruppe
2.3 Abschnitt G		Fallgruppen 2, 3, 5 und 6,
2.4 Abschnitt H		Fallgruppen 1 bis 5 und 7 bis 14,
2.5 Abschnitt I		einzige Fallgruppe
2.6 Abschnitt J	Unterabschnitt I	Fallgruppen 1, 2, 4 bis 6, 8 und 10,
	Unterabschnitt II	Fallgruppen 2 bis 5, 7 und 13,
2.7 Abschnitt L	Unterabschnitt I	alle Fallgruppen,
	Unterabschnitt II	Fallgruppe 3,
	Unterabschnitt VI	einzige Fallgruppe,
	Unterabschnitt VII	einzige Fallgruppe,
	Unterabschnitt VIII	einzige Fallgruppe,
	Unterabschnitt IX	Fallgruppe 2,
2.8 Abschnitt Q		alle Fallgruppen,
2.9 Abschnitt R		alle Fallgruppen,
2.10 Abschnitt S		Fallgruppe 2,
2.11 Abschnitt T	Unterabschnitt I	alle Fallgruppen.

III

II. Im Bereich des Bundes

1. Teil II

    1.1 Abschnitt M   Unterabschnitt II   einzige Fallgruppe,
                             Unterabschnitt III   einzige Fallgruppe,

2. Teil III

    2.1 Abschnitt B   Unterabschnitt I   alle Fallgruppen,
                             Unterabschnitt II   alle Fallgruppen,
                             Unterabschnitt III   alle Fallgruppen,
    2.2 Abschnitt C   Unterabschnitt IV   einzige Fallgruppe,
    2.3 Abschnitt F   Unterabschnitt III   einzige Fallgruppe,
    2.4 Abschnitt G   alle Fallgruppen,
    2.5 Abschnitt J   Fallgruppen 2 und 3,
    2.6 Abschnitt K   Fallgruppe 4,
    2.7 Abschnitt L   Unterabschnitt X   alle Fallgruppen,
                             Unterabschnitt XI   alle Fallgruppen.

III. Im Bereich der Tarifgemeinschaft deutscher Länder

1. Teil II

    1.1 Abschnitt M   Unterabschnitt I   einzige Fallgruppe,

2. Teil IV

    2.1 Abschnitt B   Fallgruppen 1, 2 und 10,
    2.2 Abschnitt C   Fallgruppen 1, 2, 5, 6, 8 bis 11,
    2.3 Abschnitt D   alle Fallgruppen,
    2.4 Abschnitt E   Unterabschnitt I   Nr. 1 Fallgruppen 1, 3a und 4
                                                      Nr. 2 alle Fallgruppen.

§ 3 Technikerzulage

(1) Angestellte der Vergütungsgruppen Va bis IIa mit technischer Ausbildung nach Nr. 2 der Vorbemerkungen zu allen Vergütungsgruppen und entsprechender Tätigkeit sowie sonstige Angestellte, die aufgrund gleichwertiger Fähigkeiten und ihrer Erfahrungen entsprechende Tätigkeiten ausüben, erhalten eine Technikerzulage von monatlich 23,01 Euro.

(2) Absatz 1 gilt entsprechend für

a) gartenbau-, landwirtschafts- und weinbautechnische Angestellte aller Fachrichtungen mit abgeschlossener einschlägiger Fachhochschulausbildung mit entsprechender Tätigkeit sowie sonstige Angestellte, die aufgrund gleichwertiger Fähigkeiten und ihrer Erfahrungen entsprechende Tätigkeiten ausüben,

b) in der Protokollnotiz Nr. 11 zu Teil II Abschn. E Unterabschn. I der Anlage 1a zum BAT genannte Angestellte,

c) nautische Angestellte mit Patent AG und für schiffsmaschinen-technische Angestellte mit Patent CT oder CI der Vergütungsgruppen Va bis IIa des Teils III Abschnitte B und G sowie des Teils IV Abschnitte C und D der Anlage 1a zum BAT,

d) in der Protokollnotiz Nr. 31 zu Teil I der Anlage 1a zum BAT genannte Angestellte,

e) Amtliche Landwirtschaftliche Sachverständige in den Steuerverwaltungen der Länder.

§ 4 Programmiererzulage

(1) Angestellte der Vergütungsgruppen Vb (soweit nicht in der Protokollnotiz Nr. 2 zu § 2 aufgeführt) bis IIb sowie IIa (mit Ausnahme der in der Protokollnotiz genannten Angestellten) erhalten für die Zeit ihrer überwiegenden Beschäftigung im Bereich der Ablaufplanung und Programmierung von Arbeitsverfahren unter Einsatz von elektronischen Datenverarbeitungsanlagen und Systemprogrammen eine Programmiererzulage von monatlich 23,01 Euro.

(2) Die Programmiererzulage ist nicht zusatzversorgungspflichtig.

Protokollnotiz:

Angestellte der Vergütungsgruppe IIa mit abgeschlossener wissenschaftlicher Hochschulbildung und entsprechender Tätigkeit sowie sonstige Angestellte, die aufgrund gleichwertiger Fähigkeiten und ihrer Erfahrungen entsprechende Tätigkeiten ausüben, erhalten die Programmiererzulage nicht.

§ 5 Außendienstzulage in der Steuerverwaltung

(1) Angestellte der Vergütungsgruppen VII bis IIa, die unter Teil II Abschn. J der Anlage 1a zum BAT fallen, erhalten für die Zeit ihrer überwiegenden Beschäftigung im Außendienst der Steuerprüfung eine Außendienstzulage.

(2) Die Außendienstzulage beträgt monatlich in den Vergütungsgruppen

a) VII bis Vc sowie Vb (soweit in der Protokollnotiz Nr. 2 zu § 2 aufgeführt)   17,05 Euro,

b) Vb (soweit nicht in der Protokollnotiz Nr. 2 zu § 2
   aufgeführt) bis IIb sowie IIa (mit Ausnahme der in
   der Protokollnotiz genannten Angestellten) 38,35 Euro.

(3) (gestrichen)

Protokollnotiz:

Angestellte, die nach den Tätigkeitsmerkmalen der Vergütungsgruppe IIa Fallgruppen 2 und 3 des Teils II Abschn. J Unterabschn. II der Anlage 1a zum BAT eingruppiert sind, erhalten die Außendienstzulage nicht.

§ 6 Zulage für Angestellte bei Justizvollzugseinrichtungen und bei bestimmten Psychiatrischen Krankenanstalten

(1) Angestellte bei Justizvollzugseinrichtungen, in abgeschlossenen Vorführbereichen der Gerichte sowie in geschlossenen Abteilungen oder Stationen bei Psychiatrischen Krankenanstalten, die ausschließlich dem Vollzug von Maßregeln der Sicherung und Besserung dienen und in Abschiebehafteinrichtungen, erhalten für die Zeit ihrer überwiegenden Beschäftigung in diesen Einrichtungen, Bereichen bzw. Abteilungen oder Stationen eine Vollzugszulage von monatlich 95,53 Euro.

(2) Die Vollzugszulage ist nicht zusatzversorgungspflichtig. Abweichend von Satz 1 ist die Vollzugszulage bei Angestellten, die diese Zulage bereits vor dem 1. Januar 1999 erhalten haben, zusatzversorgungspflichtig nach Ablauf des Kalendermonats, in dem sie sieben Jahre lang bezogen worden ist, längstens jedoch bei Angestellten der Vergütungsgruppen IVb bis I und Kr. IX bis Kr. XIII bis zum 31. Dezember 2004 und bei Angestellten der Vergütungsgruppen X bis Va/b und Kr. I bis Kr. VIII bis zum 31. Dezember 2007. Auf die Mindestzeit werden auch solche Zeiträume angerechnet, während derer die Vollzugszulage nur aufgrund von Konkurrenzvorschriften oder nur wegen Ablaufs der Krankenbezugsfristen nicht zugestanden hat.

§ 6a Zulage für Angestellte als Prüfer für Luftfahrtgerät

Angestellte, die unter Teil III Abschn. L Unterabschn. XI der Anlage 1a zum BAT fallen, erhalten eine Prüferzulage von 10,23 Euro.

§ 6b Zulage für Meister

Angestellte, die nach den Tätigkeitsmerkmalen

a) der Vergütungsgruppen IVb Fallgruppen 1 und 2, Vb Fallgruppen 1 bis 3 und Vc Fallgruppen 1 und 2 des Teils II Abschn. G,

b) der Vergütungsgruppen Vb Fallgruppen 1 bis 5 und 7 bis 14, Vc Fallgruppen 1 bis 5, 7 bis 11 und 13 bis 21, VIb Fallgruppen 2, 4, 9 bis 12, 15, 16 und 18 bis 20 und VII Fallgruppen 9 und 13 des Teils II Abschn. H,

c) der Vergütungsgruppen des Teils II Abschn. Q,

d) der Vergütungsgruppen Vb Fallgruppen 1 bis 3, Vc Fallgruppen 1 bis 3 und VIb Fallgruppe 1 des Teils II Abschn. R,

e) der Vergütungsgruppen Vb Fallgruppen 1, 2 und 7, Vc Fallgruppen 1 bis 3 und VIb Fallgruppen 1 und 2 des Teils IV Abschn. B

der Anlage 1a zum BAT eingruppiert sind, erhalten eine Meisterzulage von monatlich 38,35 Euro.

§ 7 Gemeinsame Vorschriften

(1) Die Zulagen werden nur für Zeiträume gezahlt, für die Bezüge (Vergütung, Urlaubsvergütung, Krankenbezüge) zustehen.

(2) In den Fällen des § 30 BAT stehen die Zulagen in Höhe des nach dieser Vorschrift für den Angestellten maßgebenden Vomhundertsatzes zu.

(3) Die allgemeine Zulage ist bei der Bemessung des Sterbegeldes (§ 41 BAT) und des Übergangsgeldes (§ 63 BAT) zu berücksichtigen.

(4) Zulagen, die nicht zusatzversorgungspflichtig sind, sind auch im Rahmen der Zuwendung nach dem Tarifvertrag über eine Zuwendung für Angestellte nicht zusatzversorgungspflichtig.

§ 8 Anrechnungsvorschriften[1])

(1) Auf die allgemeine Zulage werden die für denselben Zeitraum zustehenden

a) Zulagen nach Nr. 5a und Nr. 6 Abs. 3 SR 2o BAT,

b) Zulagen nach den Protokollnotizen

Nrn. 4 und 7 zu Unterabschnitt I des Teils II Abschn. N

Nrn. 1 und 3 zu Unterabschnitt II des Teils II Abschn. N

Nr. 2 zu Unterabschnitt III des Teils II Abschn. N

Nrn. 2 und 5 zu Unterabschnitt VII des Teils III Abschn. L

Nr. 3 zu Abschnitt O des Teils III

der Anlage 1a zum BAT sowie entsprechende außertarifliche Zulagen (z. B. an Protokollführer),

---

[1]) Beträge ab 1. 5. 2004.

c) Zulagen nach der Fußnote 2 zu Unterabschnitt I des Teils III Abschn. C und der Fußnote 1 zu Unterabschnitt I des Teils III Abschn. F der Anlage 1a zum BAT

in den Fällen des § 2 Abs. 2 Buchst. a und b bis zu einem Betrag von 48 Euro, in den Fällen des § 2 Abs. 2 Buchst. c bis zu einem Betrag von 71,63 Euro angerechnet; § 2 Abs. 4 gilt für die genannten Beträge entsprechend.

Unterabsatz 1 Buchst. a gilt nicht, wenn neben der allgemeinen Zulage die Technikerzulage oder die Programmiererzulage zusteht.

(2)[1] Steht neben der Vollzugszulage für denselben Zeitraum eine Zulage nach § 1 Abs. 1 Nr. 5 des Tarifvertrages über die Gewährung von Zulagen an Angestellte gemäß § 33 Abs. 1 Buchst. c BAT oder nach der jeweiligen Protokollerklärung Nr. 1 zu den Abschnitten A und B der Anlage 1b zum BAT zu, vermindert sich die Vollzugszulage um die Beträge dieser Zulagen, höchstens jedoch um insgesamt 46,02 Euro.

Die Vollzugszulage vermindert sich ferner, wenn daneben für denselben Zeitraum dem Angestellten, der

a) unter die Anlage 1a zum BAT fällt, eine Wechselschicht- oder Schichtzulage nach § 33a Abs. 1 oder 2 BAT zusteht, um die Hälfte dieser Zulage,

b) unter die Anlage 1b zum BAT fällt, eine Wechselschichtzulage nach § 33a Abs. 1 BAT zusteht, um 25,56 Euro.

---

[1] Regelung ab 1. 11. 1991; Unterabsatz 2 in der ab 1. Juli 1995 geltenden Fassung. § 2 des ÄnderungsTV Nr. 14 vom 18. 7. 1995 enthält dazu folgende Regelung zur Besitzstandswahrung:
„§ 2 Besitzstandswahrung
Verringert sich durch das Inkrafttreten dieses Tarifvertrages die Vollzugszulage eines Angestellten, der am 30. Juni 1995 schon und am 1. Juli 1995 noch in einem unter den BAT fallenden Arbeitsverhältnis gestanden hat, erhält er für die Dauer des Fortbestehens dieses Arbeitsverhältnisses den Unterschiedsbetrag zwischen der am 30. Juni und der am 1. Juli 1995 zustehenden Vollzugszulage als persönliche Zulage. Die persönliche Zulage vermindert sich bei allgemeinen Vergütungserhöhungen, die nach dem 30. Juni 1995 wirksam werden, um die Hälfte des Betrages, um den sich die Vergütung (§ 26 BAT) und die allgemeine Zulage (§ 2 des Tarifvertrages über Zulagen an Angestellte) erhöhen. Anhebungen der Vollzugszulage werden voll auf die persönliche Zulage angerechnet."

§ 9   Konkurrenzvorschriften

(1) Die Technikerzulage und die Programmiererzulage stehen neben einer Zulage nach dem

a) Tarifvertrag über Zulagen an Angestellte bei obersten Bundesbehörden oder bei obersten Landesbehörden,

b) Tarifvertrag über Zulagen an Angestellte bei den Sicherheitsdiensten des Bundes,

c) Tarifvertrag über Zulagen an Angestellte bei den Sicherheitsdiensten der Länder,

d) Tarifvertrag über eine Zulage für Angestellte beim Bundesamt für Sicherheit in der Informationstechnik

nicht zu.

(2) Steht nach Absatz 1 die Technikerzulage nicht zu, ist von der Zulage, die nach einem in Absatz 1 Buchstabe a bis e genannten Tarifvertrag zusteht, ein Betrag von 23,01 Euro zusatzversorgungspflichtig; dies gilt nicht mehr von dem Zeitpunkt an, von dem an die nach einem in Absatz 1 Buchst. b bis d genannten Tarifvertrag zustehende Zulage zusatzversorgungspflichtig geworden ist.

(3) Neben der Technikerzulage steht die Programmiererzulage nicht zu.

§ 10   Besitzstandszulage

Angestellte, die bis einschließlich 30. April 1982 aufgrund des Tarifvertrages über Zulagen an Angestellte nach besoldungsrechtlichen Vorschriften vom 28. September 1970 (TdL) in Verbindung mit Nummer 23 Abs. 1 der Vorbemerkungen zu den Bundesbesoldungsordnungen A und B des Bundesbesoldungsgesetzes eine Zulage erhalten haben, erhalten für die Dauer des fortbestehenden Arbeitsverhältnisses eine Besitzstandszulage von 10,23 Euro. Die Besitzstandszulage entfällt, wenn bei Fortgeltung des bisherigen Rechts die Zulage weggefallen wäre.

Die §§ 7, 8 Abs. 1 und § 9 sind entsprechend anzuwenden; dabei gilt die Besitzstandszulage als Technikerzulage.

§§ 11 und 12   (weggefallen)

III

§ 13 Inkrafttreten, Laufzeit

§ 11 tritt mit Wirkung vom 1. Januar 1982, die übrigen Vorschriften mit Wirkung vom 1. Mai 1982 in Kraft. Dieser Tarifvertrag kann mit einer Frist von einem Monat zum Schluss eines Kalendermonats, frühestens zum 31. Dezember 1985 schriftlich gekündigt werden.

Tarifvertrag zur Entgeltumwandlung für die Beschäftigten des Bundes und der Länder (TV-EntgeltU-B/L)

Vom 25. Mai 2011

Präambel

[1]Die Bundesrepublik Deutschland und zahlreiche Bundesländer führen seit über 60 Jahren die Versorgungsanstalt des Bundes und der Länder (VBL) als gemeinsame Anstalt des öffentlichen Rechts fort. [2]Bei der VBL wird dementsprechend die betriebliche Altersversorgung der Beschäftigten des öffentlichen Dienstes des Bundes und der Mehrzahl der in der Tarifgemeinschaft deutscher Länder zusammengeschlossenen Länder durchgeführt. [3]In Anbetracht dessen schließen die Bundesrepublik Deutschland und die Tarifgemeinschaft deutscher Länder diesen Tarifvertrag gemeinsam.

§ 1 Geltungsbereich

Dieser Tarifvertrag gilt für Arbeitnehmerinnen und Arbeitnehmer sowie Auszubildende (Beschäftigte), die unter den Geltungsbereich des

a) Tarifvertrages für den öffentlichen Dienst (TVöD) oder des Tarifvertrages für Auszubildende des öffentlichen Dienstes (TVAöD) bzw. des

b) Tarifvertrages für den öffentlichen Dienst der Länder (TV-L), des Tarifvertrages für Auszubildende der Länder in Ausbildungsberufen nach dem Berufsbildungsgesetz (TVA-L BBiG) oder des Tarifvertrages für Auszubildende der Länder in Pflegeberufen (TVA-L Pflege)

fallen.

§ 2 Grundsatz der Entgeltumwandlung

Dieser Tarifvertrag regelt die Grundsätze zur Umwandlung tarifvertraglicher Entgeltbestandteile zum Zwecke der betrieblichen Altersversorgung.

Protokollerklärung:

Der Klammerzusatz „(einschließlich des Ausschlusses der Entgeltumwandlung und der Verhandlungszusage nach 1.3)" in § 40 Abs. 4 des Tarifvertrages Altersversorgung findet keine Anwendung mehr.

III

§ 3 Anspruchsvoraussetzungen

(1) Beschäftigte haben Anspruch darauf, dass künftige Entgeltansprüche durch Entgeltumwandlung für ihre betriebliche Altersversorgung verwendet werden.

(2) ¹Der Höchstbetrag für die Entgeltumwandlung wird begrenzt auf jährlich bis zu 4 v. H. der jeweiligen Beitragsbemessungsgrenze (West) in der allgemeinen Rentenversicherung zuzüglich 1800 Euro. ²Im beiderseitigen Einvernehmen kann in der Entgeltumwandlungsvereinbarung (§ 5 Abs. 2) vereinbart werden, dass ein über den Höchstbetrag nach Satz 1 hinausgehender Betrag des Entgelts umgewandelt wird.

(3) Der umzuwandelnde Entgeltbetrag für ein Jahr muss mindestens 1/160 der Bezugsgröße nach § 18 Abs. 1 SGB IV erreichen.

§ 4 Umwandelbare Entgeltbestandteile

(1) Beschäftigte können nur künftige Entgeltansprüche umwandeln.

(2) Umwandelbar sind künftige Ansprüche auf die Jahressonderzahlung sowie auf monatliche Entgeltbestandteile.

(3) Vermögenswirksame Leistungen können nicht umgewandelt werden.

§ 5 Geltendmachung des Entgeltumwandlungsanspruchs

(1) Beschäftigte müssen den Anspruch auf Entgeltumwandlung rechtzeitig gegenüber dem Arbeitgeber schriftlich geltend machen.

Niederschriftserklärung zu Absatz 1:
Die Arbeitgeber weisen darauf hin, dass für die Durchführung der Entgeltumwandlung technische Vorarbeiten notwendig sind, die gewisse Vorlaufzeiten erfordern. Die Entgeltumwandlung wird deshalb in der Regel nur für Entgeltbestandteile möglich sein, deren Umwandlung mindestens zwei Monate vor ihrer Fälligkeit beantragt wurde. Die Gewerkschaften nehmen dies zur Kenntnis.

(2) Für die Entgeltumwandlung schließen die/der Beschäftigte und der Arbeitgeber eine schriftliche Vereinbarung (Entgeltumwandlungsvereinbarung).

(3) ¹Die Umwandlung monatlicher Entgeltbestandteile hat mindestens für den Zeitraum eines Jahres zu erfolgen. ²In begründeten Einzelfällen ist ein kürzerer Zeitraum zulässig. ³Der Arbeitgeber kann bei Umwandlung monatlicher Entgeltbestandteile verlangen, dass für

den Zeitraum eines Jahres gleich bleibende monatliche Beträge umgewandelt werden.

(4) Die Absätze 1 bis 3 gelten für die Änderung bestehender Vereinbarungen zur Entgeltumwandlung entsprechend.

§ 6 Durchführungsweg

[1]Für den Durchführungsweg gelten die Vorschriften des Betriebsrentengesetzes. [2]Die Entgeltumwandlung ist bei der VBL durchzuführen; dies gilt nicht für die Beschäftigten des Saarlandes und der Freien und Hansestadt Hamburg.

Protokollerklärung:

Die Tarifvertragsparteien stimmen darin überein, dass die Durchführung der Entgeltumwandlung ausschließlich bei der Versorgungsanstalt des Bundes und der Länder erfolgt, die seit jeher für die betriebliche Altersversorgung der Arbeitnehmerinnen und Arbeitnehmer von Bund und Ländern zuständig ist. Lediglich im Saarland und in der Freien und Hansestadt Hamburg wird die betriebliche Altersversorgung nicht über die VBL durchgeführt; dort gelten für den Durchführungsweg deshalb ausschließlich die Vorschriften des Betriebsrentengesetzes.

§ 7 In-Kraft-Treten

(1) Dieser Tarifvertrag tritt am 1. August 2011 in Kraft.

(2) Dieser Tarifvertrag kann mit einer Frist von drei Monaten zum Ende eines Kalendervierteljahres, frühestens zum 31. Dezember 2011, schriftlich gekündigt werden.

(3) Mit In-Kraft-Treten dieses Tarifvertrages tritt der Tarifvertrag zur Entgeltumwandlung für die Beschäftigten der Länder vom 12. Oktober 2006 (TV-EntgeltU-L) außer Kraft.

(4) Die Rechtswirksamkeit von bereits vor In-Kraft-Treten dieses Tarifvertrages abgeschlossenen Entgeltumwandlungsvereinbarungen bleibt unberührt, ebenso die Möglichkeit nachträglicher Änderungen entsprechend § 5 TV-EntgeltU-L.

IV Eingruppierung

IV

IV

IV

IV

IV

IV

IV

IV

Einführung:
Die neue Entgeltordnung für die Arbeitnehmer des Bundes

Nach sehr langen Verhandlungen mit mehreren Unterbrechungen und erneuten Ansätzen haben sich die Tarifpartner im September 2013 – und damit rund acht Jahre nach Inkrafttreten des TVöD – auf die wesentlichen Punkte einer Entgeltordnung für die Beschäftigten des Bundes geeinigt. Die redaktionelle Umsetzung – also die Übertragung der vereinbarten Eckpunkte in Tariftext – hat dann noch einmal mehrere Monate in Anspruch genommen und die Erfahrungen der Vergangenheit bestätigt, dass insbesondere bei größeren Tarifreformen der Zeitaufwand für „handwerkliche Abschlussarbeiten" nicht zu unterschätzen ist. Doch seit Ende Februar 2014 liegen die abgestimmten Tariftexte endlich vor. Kern ist der Tarifvertrag über die Entgeltordnung des Bundes (TV EntgO Bund) mit der eigentlichen Entgeltordnung des Bundes als Anlage 1. Im Zusammenhang mit der Einführung der Entgeltordnung wurden daneben mit jeweils separaten Änderungs-Tarifverträgen der TVöD, der Besondere Teil Verwaltung des TVöD (BT-V) und der TVÜ-Bund geändert.

Die nachstehende Einführung soll Ihnen den Start in das neue Recht erleichtern und stellt dazu neben den Hintergründen die wesentlichen Grundzüge der neuen Entgeltordnung und des Überleitungsrechts dar.

A. Ausgangslage nach Inkrafttreten des TVöD

Im Verlauf der Verhandlungen zum TVöD und zu dem damit einhergehenden Übergangs- bzw. Überleitungsrecht des TVÜ-Bund bzw. TVÜ-VKA hatten die Tarifpartner die Themen „zentrale Eingruppierungsvorschrift" und „Entgeltordnung" im Interesse der zügigen Einführung eines modernen Tarifrechts zurückgestellt und letztlich den TVöD ohne Neuregelung dieser Themen vereinbart. Ursprünglich war beabsichtigt, die fehlenden Regelungen kurzfristig nachzuholen. Ein konkretes Datum für eine neue Entgeltordnung wurde bei den Verhandlungen zum TVöD nicht vereinbart. In der Rückschau kann man diese Verfahrensweise bzw. die dahinter stehende Einschätzung der Tarifpartner, eine Entgeltordnung werde sich bald finden lassen, nur als erfrischend naiv bezeichnen. Bei etwas pragmatischerer Betrachtung muss man aber zugestehen, dass ohne die Entzerrung von allgemeinem Manteltarifrecht einerseits und Entgeltordnung andererseits der Wechsel vom BAT/MTArb/BMT-G in den TVöD – und damit die größte Tarifreform seit Inkrafttreten des BAT im Jahr 1961 – nicht zu schultern gewesen wäre.

Um die Zeit zwischen dem Inkrafttreten des TVöD am 1. Oktober 2005 und der Vereinbarung eines neuen Eingruppierungsrechts zu überbrücken und in dieser Zeit die Zuordnung von Beschäftigten zu den Entgeltgruppen des TVöD zu gewährleisten, hatten die Tarifpartner den vorübergehenden Fortbestand der alten zentralen Eingruppierungsvorschriften der §§ 22, 23 BAT bzw. der entsprechenden Regelungen für Arbeiter, der Vergütungsordnung zum BAT sowie des für Arbeiter jeweils geltenden Lohngruppenverzeichnisses vereinbart (§ 17 Abs. 1 TVÜ-Bund bzw. TVÜ-VKA). Dabei waren bestimmte Maßgaben zu beachten, wie z. B. der in § 17 Abs. 5 TVÜ-Bund und TVÜ-VKA festgelegte Fortfall von Aufstiegen etc. Die zentrale Vorschrift des § 17 TVÜ-Bund sowie TVÜ-VKA war flankiert von Übergangsregelungen (z. B. für die Vollendung begonnener Aufstiege in § 8 des jeweiligen TVÜ und die Gewährung von Vergütungsgruppenzulagen in § 9 des jeweiligen TVÜ). Daneben konnten bestimmte Vergütungsbestandteile des alten Rechts bis zur Vereinbarung einer neuen Entgeltordnung fortgezahlt oder sogar erstmalig bewilligt werden (z. B. Techniker-, Meister- und Programmiererzulagen nach der Protokollerklärung zu § 5 Abs. 2 Satz 3 des jeweiligen TVÜ sowie § 17 Abs. 6 des jeweiligen TVÜ).

Grundsystematik der Übergangsregelungen zur Eingruppierung war, dass zunächst im alten Recht der Eingruppierung/Einreihung eine tarifgerechte Vergütungs-/Lohngruppe ermittelt und diese dann nach näherer Maßgabe der Anlage 4 zum TVÜ-Bund bzw. Anlage 3 zum TVÜ-VKA in die neue Entgeltgruppe „umgeschlüsselt" wurde. Ausnahmen bestanden nur für Randbereiche (Entgeltgruppe 1 TVöD und Vergütungsgruppe I BAT) sowie für die mittlerweile anderweitig tariflich geregelte Berufsgruppe der Ärzte an kommunalen Krankenhäusern. Den Tarifpartnern war bei Vereinbarung des neuen Rechts klar, dass der Umweg über das alte Recht keine Dauerlösung darstellen konnte. Und dies nicht nur wegen des durch den Umweg über das alte Eingruppierungsrecht verursachten Mehraufwandes, sondern auch wegen als ungerecht empfundener Eingruppierungsergebnisse. Insbesondere der Umstand, dass bei Neueinstellungen und Tätigkeitswechseln nach dem 1. Oktober 2005 für die Beschäftigten der ehemaligen Vergütungsgruppen BAT X bis Vc nach näherer Maßgabe der Anlage 4 zum TVÜ-Bund bzw. Anlage 3 zum TVÜ-VKA oft eine geringere Eingruppierung als für übergeleitete Beschäftigte vorgesehen war, führte in der Praxis zu Unverständnis und Unmut.

Beispiel:

Der Eingruppierungsverlauf Vergütungsgruppe Vc BAT mit Bewährungsaufstieg in die Vergütungsgruppe Vb BAT führte nach näherer Maßgabe der Anlage 4 TVÜ-Bund bzw. Anlage 3 TVÜ-VKA in die Entgeltgruppe 8, in die auch Tätigkeiten der Vergütungsgruppe Vc BAT führten. Beschäftigte, die im Zeitpunkt der Überleitung bereits die Vergütungsgruppe Vb BAT erreicht hatten, wurden in die sogenannte kleine 9 (keine Endstufe; verlängerte Stufenlaufzeiten) übernommen. Die neu eingesetzten Beschäftigten erhielten somit ein um eine Entgeltgruppe niedrigeres Entgelt als ihre Vorgänger auf dieser Stelle.

B. Die neue Entgeltordnung der Länder

Den Tarifpartnern der Länder, die nach Inkrafttreten des Tarifvertrages für den öffentlichen Dienst der Länder (TV-L) zum 1. November 2006 vor einer vergleichbaren Situation standen, hatten in der Tarifrunde 2009 einen neuen Weg zur Schaffung eines Eingruppierungsrechts zum TV-L vereinbart, nachdem zuvor alle (zum Teil eher zaghaften) Versuche zur Reform des Eingruppierungsrechts wegen weit auseinander liegender Vorstellungen und einer nicht einmal ansatzweise einzuhaltenden Kostenneutralität gescheitert waren. Wesentliche Neuerung zu allen vorangegangenen Verhandlungsansätzen war die von den Tarifpartnern verabredete redaktionelle Bereinigung und Überarbeitung des bestehenden Eingruppierungs-/Einreihungssystems. Es wurde also sowohl hinsichtlich der zentralen Eingruppierungsvorschriften als auch hinsichtlich der Tätigkeitsmerkmale auf Bewährtem aufgesetzt, das aber redaktionell bereinigt und „entschlackt" werden sollte. Die Umsetzung machte dann zwar noch mehr als zwei Jahre intensive Verhandlungen notwendig und wich in einigen Details (wie zum Beispiel der Wiederherstellung der Effekte kürzerer Bewährungsaufstieg in den unteren Entgeltgruppen) von dem rein redaktionellen Überarbeitungsansatz ab. Der Wechsel in die neue, am 1. Januar 2012 in Kraft getretene Entgeltordnung zum TV-L ist dann aber – auch wegen der von den Tarifpartnern mit viel Fingerspitzengefühl vereinbarten und mit einer langen Frist versehenen Überleitungsregelung – nahezu reibungslos erfolgt.

C. Die neue Entgeltordnung des Bundes

Die zum 1. Januar 2014 in Kraft getretene neue Entgeltordnung des Bundes baut zwar im Ansatz auf der Entgeltordnung der Länder auf, stellt aber insoweit eine Fortentwicklung dar, als dass die Überarbeitungstiefe erheblich größer ist. Neben einer deutlich weiter gehenden Überarbeitung (Modernisierung) der einzelnen Tätigkeitsmerkmale geht dies auch mit einer konsequenteren Streichung alten Überleitungsrechts des TVÜ-Bundes einher.

Anders als die Entgeltordnung der Länder, die als Anlage an den TV-L angefügt wurde, haben die Tarifpartner im Bereich des Bundes einen eigenständigen Tarifvertrag, den Tarifvertrag über die Entgeltordnung des Bundes (TV EntgO Bund), vereinbart. Dieser Tarifvertrag enthält neben Aussagen zu seinem Geltungsbereich (§ 1) und seinem Inkrafttreten sowie den Kündigungsmöglichkeiten (§ 20) verschiedene Grundsatzregelungen, die im alten Eingruppierungsrecht „verstreut" in den einzelnen Tätigkeitsmerkmalen, in Vorbemerkungen oder Protokollerklärungen enthalten waren. So ist zum Beispiel der auch im alten Recht anzutreffende, dort in den Vorbemerkungen zu allen Vergütungsgruppen der Anlage 1a zum BAT enthaltene Grundsatz vereinbart, dass Spezialmerkmale Vorrang vor den Merkmalen des allgemeinen Teils haben (§ 3 TV EntgO Bund). Auch der Grundsatz, dass Beschäftigte, die Vorbildungs- oder Ausbildungsvoraussetzungen eines bestimmten Merkmales nicht erfüllen, eine Entgeltgruppe niedriger eingruppiert sind, findet sich nun im TV EntgO Bund (jetzt § 12 TV EntgO Bund, zuvor in den Vorbemerkungen zu allen Vergütungsgruppen der Anlage 1a zum BAT). Entsprechendes gilt für die Definition der „ständigen Vertreter" (jetzt § 4 TV EntgO Bund) und die Berücksichtigung von Beamten bei Unterstellungsverhältnissen (§ 5 TV EntgO Bund). Ebenfalls im TV EntgO Bund sind nun Ausbildungsvoraussetzungen definiert (z. B. wissenschaftliche Hochschulbildung; jetzt § 7 TV EntgO Bund, zuvor Protokollnotiz Nr. 1 zum Allgemeinen Teil der Anlage 1a zum BAT). In Abschnitt III (§§ 15 bis 19) sind Zulagenregelungen (Vorarbeiterzulage, Höhe und Dynamisierung der Entgeltgruppenzulagen und Zulagen im Pflegedienst) zusammengefasst. Darin liegt ein echter Komfortgewinn im Vergleich zu dem gewachsenen (bzw. teilweise verwachsenen) Altrecht. Die neue Entgeltordnung des Bundes ist Anlage 1 zum TV EntgO Bund. Flankiert wird der TV EntgO Bund von dem 9. Änderungstarifvertrag zum TVöD, dem 16. Änderungstarifvertrag zum TVöD/Besonderer Teil Verwaltung (BT-V) und dem 7. Änderungstarifvertrag zum TVÜ-Bund. Alle Tarifverträge tragen das Datum 5. September 2013, das ist das Datum der Grundsatzeinigung. Die Tarifpartner haben die redaktionelle Umsetzung der Einigung in Tariftexte aber erst Ende Februar 2014 abschließen können.

I. Zentrale Eingruppierungsvorschriften

1. Neufassung §§ 12 und 13 TVöD Bund

Die zentralen Eingruppierungsvorschriften wurden durch den 9. Änderungstarifvertrag zum TVöD mit Wirkung vom 1. Januar 2014 in den TVöD eingefügt. Sie gelten nur für die Beschäftigten des Bundes, nicht für die der Kommunen. Die Neufassung der §§ 12, 13 TVöD (Bund) wurde aus den §§ 22, 23 BAT entwickelt; sie entspricht in ihrem Regelungsinhalt den §§ 12, 13 TV-L.

Die §§ 12 und 13 TVöD (Bund) haben den folgenden Wortlaut:

§ 12 TVöD (Bund) Eingruppierung

(1) [1]Die Eingruppierung des/der Beschäftigten richtet sich nach dem Tarifvertrag über die Entgeltordnung des Bundes (TV EntgO Bund). [2]Die/DerBeschäftigte erhält Entgelt nach der Entgeltgruppe, in der sie/er eingruppiert ist.

(2) [1]Die/Der Beschäftigte ist in der Entgeltgruppe eingruppiert, deren Tätigkeitsmerkmalen die gesamte von ihr/ihm nicht nur vorübergehend auszuübende Tätigkeit entspricht. [2]Die gesamte auszuübende Tätigkeit entspricht den Tätigkeitsmerkmalen einer Entgeltgruppe, wenn zeitlich mindestens zur Hälfte Arbeitsvorgänge anfallen, die für sich genommen die Anforderungen eines Tätigkeitsmerkmals oder mehrerer Tätigkeitsmerkmale dieser Entgeltgruppe erfüllen. [3]Kann die Erfüllung einer Anforderung in der Regel erst bei der Betrachtung mehrerer Arbeitsvorgänge festgestellt werden (z. B. vielseitige Fachkenntnisse), sind diese Arbeitsvorgänge für die Feststellung, ob diese Anforderung erfüllt ist, insoweit zusammen zu beurteilen. [4]Werden in einem Tätigkeitsmerkmal mehrere Anforderungen gestellt, gilt das in Satz 2 bestimmte Maß, ebenfalls bezogen auf die gesamte auszuübende Tätigkeit, für jede Anforderung. [5]Ist in einem Tätigkeitsmerkmal ein von Satz 2 oder 4 abweichendes zeitliches Maß bestimmt, gilt dieses. [6]Ist in einem

Tätigkeitsmerkmal als Anforderung eine Voraussetzung in der Person des/der Beschäftigten bestimmt, muss auch diese Anforderung erfüllt sein.

Protokollerklärungen zu Absatz 2:

1. [1]Arbeitsvorgänge sind Arbeitsleistungen (einschließlich Zusammenhangsarbeiten), die, bezogen auf den Aufgabenkreis der/des Beschäftigten, zu einem bei natürlicher Betrachtung abgrenzbaren Arbeitsergebnis führen (z. B. unterschriftsreife Bearbeitung eines Aktenvorgangs, eines Widerspruchs oder eines Antrags, Betreuung bzw. Pflege einer Person oder Personengruppe, Fertigung einer Bauzeichnung, Erstellung eines EKG, Durchführung einer Unterhaltungs- bzw. Instandsetzungsarbeit). [2]Jeder einzelne Arbeitsvorgang ist als solcher zu bewerten und darf dabei hinsichtlich der Anforderungen zeitlich nicht aufgespalten werden.

2. Eine Anforderung im Sinne der Sätze 2 und 3 ist auch das in einem Tätigkeitsmerkmal geforderte Herausheben der Tätigkeit aus einer niedrigeren Entgeltgruppe.

(3) Die Entgeltgruppe des/der Beschäftigten ist im Arbeitsvertrag anzugeben.

§ 13 TVöD (Bund) Eingruppierung in besonderen Fällen

(1) [1]Ist der/dem Beschäftigten eine andere, höherwertige Tätigkeit nicht übertragen worden, hat sich aber die ihr/ihm übertragene Tätigkeit (§ 12 Abs. 2 Satz 1) nicht nur vorübergehend derart geändert, dass sie den Tätigkeitsmerkmalen einer höheren als ihrer/ seiner bisherigen Entgeltgruppe entspricht (§ 12 Abs. 2 Sätze 2 bis 6), und hat die/der Beschäftigte die höherwertige Tätigkeit ununterbrochen sechs Monate lang ausgeübt, ist sie/er mit Beginn des darauffolgenden Kalendermonats in der höheren Entgeltgruppe eingruppiert. [2]Für die zurückliegenden sechs Kalendermonate gilt § 14 sinngemäß.

(2) [1]Ist die Zeit der Ausübung der höherwertigen Tätigkeit durch Urlaub, Arbeitsbefreiung, Arbeitsunfähigkeit, Kur- oder Heilverfahren oder Vorbereitung auf eine Fachprüfung für die Dauer von insgesamt nicht mehr als sechs Wochen unterbrochen worden, wird die Unterbrechungszeit in die Frist von sechs Monaten eingerechnet. [2]Bei einer längeren Unterbrechung oder bei einer Unterbrechung aus anderen Gründen beginnt die Frist nach der Beendigung der Unterbrechung von neuem.

(3) Wird der/dem Beschäftigten vor Ablauf der sechs Monate wieder eine Tätigkeit zugewiesen, die den Tätigkeitsmerkmalen seiner bisherigen Entgeltgruppe entspricht, gilt § 14 sinngemäß.

2. Anmerkungen zum Grundkonzept

Die zentralen Eingruppierungsvorschriften enthalten im Vergleich zum bisherigen Recht keine materiellen Veränderungen; sie sind – auch für ehemalige Arbeiter – eng an die Formulierung der §§ 12, 13 BAT angelehnt. Insbesondere die tragenden Gedanken der Tarifautomatik, die Anknüpfung an die auszuübende Tätigkeit, die Bildung von Arbeitsvorgängen, die Notwendigkeit eines eingruppierungsrelevanten Umfangs der Tätigkeit usw. entsprechen dem bisherigen Recht, das sich bewährt hat und für dessen Auslegung auf eine in Jahrzehnten gewachsene Rechtsprechung zurückgegriffen werden kann.

Im Einzelnen ist dazu Folgendes anzumerken:

3. Eingruppierung (§ 12 TVöD Bund)

3.1 Die Eingruppierung der Beschäftigten richtet sich nach der Tätigkeit, die aufgrund des Arbeitsvertrages auf Dauer auszuüben ist. Entscheidend ist also die Gestaltung des Arbeitsvertrages. Die Vereinbarung im Arbeitsvertrag über die auszuübende Tätigkeit begründet einen Anspruch auf Beschäftigung mit entsprechenden Tätigkeiten und ist maßgebend für die Eingruppierung und damit auch für das Entgelt. Im Interesse der Klarheit ist die Entgeltgruppe im Arbeitsvertrag – ggf. als Änderung – anzugeben (§ 12 Abs. 3 TVöD Bund).

Die Eingruppierung selbst erfolgt aufgrund der Tarifautomatik. Sie bedarf keines förmlichen Aktes. Ein solcher hat nur deklaratorischen Charakter.

3.2 § 12 TVöD Bund bestimmt,

- welche Tätigkeit für die Eingruppierung maßgebend ist, nämlich die gesamte auszuübende Tätigkeit, und
- in welchem zeitlichen Umfang die in den Tätigkeitsmerkmalen beschriebene Tätigkeit als Voraussetzung für die Eingruppierung ausgeübt werden muss (grundsätzlich mindestens zur Hälfte).
- Gegenstand der Bewertung ist jeder einzelne Arbeitsvorgang innerhalb der gesamten auszuübenden Tätigkeit.

3.3 § 12 TVöD Bund gilt sowohl für die Eingruppierung bei Neueinstellungen als auch bei Übertragung einer anderen Tätigkeit. Nach § 12 Abs. 2 Satz 1 TVöD Bund sind Beschäftigte in der Entgeltgruppe eingruppiert, deren Tätigkeitsmerkmalen die gesamte von ihnen nicht nur vorübergehend auszuübende Tätigkeit entspricht.

Die Vorschrift enthält mehrere Aussagen:

– Die Worte „Die/Der Beschäftigte ist ... eingruppiert" machen deutlich, dass sich die Eingruppierung als zwingende rechtliche Folge der Tätigkeit ergibt. Damit kommt der Grundsatz der Tarifautomatik klar zum Ausdruck.

– Die **gesamte** Tätigkeit ist maßgebend. Es kommt nicht auf Feststellung und Unterscheidung von Teiltätigkeiten und darauf an, ob und welche Teiltätigkeit überwiegt und ggf. der Bewertung zugrunde zu legen ist oder für die Bewertung außer Betracht zu bleiben hat.

– Es ist nur auf die **auszuübende**, d. h. auf die vom Arbeitgeber im Rahmen des Arbeitsvertrages übertragene Tätigkeit abzustellen. Die mit den im Arbeitsumfeld tätigen Kollegen und gegebenenfalls auch mit dem unmittelbaren Fachvorgesetzten abgestimmte Ausübung einer höherwertigen Tätigkeit durch die Beschäftigten ohne – auch nur stillschweigende – diesbezügliche Zustimmung der für Personalangelegenheiten zuständigen Stelle des Arbeitgebers vermag einen Anspruch der Beschäftigten auf Höhergruppierung nicht zu begründen (BAG, Urt. v. 26. 3. 1997 – 4 AZR 489/95). Die an die auszuübende Tätigkeit anknüpfende Tarifautomatik gilt grundsätzlich auch während der Zeit der **Einarbeitung** auf einem Arbeitsplatz, sofern die Aufgaben des Arbeitsplatzes den Beschäftigten uneingeschränkt übertragen sind, obgleich sie in qualitativer und/oder quantitativer Hinsicht noch keine vollwertigen Arbeitsergebnisse zu erzielen vermögen. Dies gilt nicht, wenn die Beschäftigten zunächst lediglich Teil-Aufgaben (die einer niedrigeren Entgeltgruppe entsprechen) zu erfüllen haben.

3.4 Wann die nach § 12 Abs. 2 Satz 1 TVöD Bund maßgebende Tätigkeit den Tätigkeitsmerkmalen einer Entgeltgruppe entspricht, ergibt sich aus Absatz 2 Sätze 2 ff. und den Protokollerklärungen zu Absatz 2. Nach § 12 Abs. 2 Satz 2 TVöD Bund ist Grundlage der Eingruppierung die Bewertung der einzelnen Arbeitsvorgänge (Protokollerklärung Nr. 1).

3.4.1 Die gesamte auszuübende Tätigkeit eines Beschäftigten setzt sich aus Arbeitsvorgängen zusammen. Die einzelnen Arbeitsvorgänge sind die Elemente für die Bewertung der Tätigkeit. Für jeden Arbeitsvorgang ist das Tätigkeitsmerkmal zu ermitteln, dessen Anforderungen er erfüllt. Die für die einzelnen Arbeitsvorgänge, die derselben Entgeltgruppe zuzuordnen sind, **normalerweise** aufzuwendenden

Zeiten sind zusammenzurechnen. Ergibt sich, dass zeitlich mindestens die Hälfte oder das im Tätigkeitsmerkmal festgelegte sonstige Maß (z. B. ein Drittel oder ein Fünftel) erreicht ist, folgt daraus, dass die gesamte Tätigkeit den Tätigkeitsmerkmalen dieser Entgeltgruppe entspricht und der Beschäftigte in dieser Entgeltgruppe eingruppiert ist.

Beispiel:

Von den im Monatsdurchschnitt insgesamt zu erledigenden Arbeitsvorgängen eines Beschäftigten sind

der Anzahl nach 60 % schwierige Tätigkeiten im Sinne der EntgeltGr. 4 des Teils I; sie nehmen 35 % der gesamten Arbeitszeit in Anspruch,

der Anzahl nach 40 % solche Arbeitsvorgänge, die gründliche Fachkenntnisse im Sinne der EntgeltGr. 5 a. a. O erfordern; sie nehmen 65 % der gesamten Arbeitszeit in Anspruch.

Der Beschäftigte ist in der Entgeltgruppe 5 eingruppiert.

3.4.2 Nach der Protokollerklärung Nr. 2 ist das in einem Tätigkeitsmerkmal geforderte Herausheben der Tätigkeit aus einer niedrigeren Entgeltgruppe ebenfalls eine Anforderung im Sinne des § 12 Abs. 2 Sätze 2 und 3 TVöD Bund.

Beispiel:

Ein Beschäftigter hat Arbeitsvorgänge zu erledigen, von denen – dem zeitlichen Aufwand nach – 70 % besonders verantwortungsvolle Tätigkeiten im Sinne der EntgeltGr. 9b Fallgr. 1 des Teils I darstellen. Ein Teil davon, der 25 % der gesamten Arbeitszeit ausmacht, besteht aus Arbeitsvorgängen, deren Erledigung besonders schwierig und bedeutend im Sinne der Entgeltgruppe 11 bzw. Entgeltgruppe 10 ist. Der Beschäftigte ist nicht in der Entgeltgruppe 11 eingruppiert, da der zeitliche Aufwand für die Erledigung der Arbeitsvorgänge, deren Erledigung besonders schwierig und bedeutend ist, nicht mindestens 50 % beträgt. Er ist auch nicht in die Entgeltgruppe 10 eingruppiert, da auch das dort geforderte Maß der Herausehebung

> *(ein Drittel) nicht erreicht wird. Der Beschäftigte ist somit in*
> *Entgeltgruppe 9b eingruppiert.*

3.4.3 Was ein Arbeitsvorgang ist, wird in der Protokollerklärung Nr. 1 erläutert. Die Tarifvertragsparteien haben mit dem Begriff des Arbeitsvorgangs das Ziel verfolgt, die Bewertung der Tätigkeit anhand des kleinsten bei natürlicher und vernünftiger Betrachtungsweise abgrenzbaren Teils der gesamten Tätigkeit aufzubauen. Die Abgrenzung ergibt sich aus dem jeweiligen konkreten Arbeitsergebnis, zu dem der Arbeitsvorgang führt. Damit ist gewährleistet, dass z. B. sog. Zusammenhangsarbeiten, die als ein- und untergeordnete Teile einer Arbeitsleistung anzusehen sind, nicht gesondert gewertet werden dürfen (z. B. das für die Bearbeitung eines Aktenvorgangs erforderliche Heraussuchen eines Aktenstücks oder die Beiziehung anderer Vorgänge).

Das für die Abgrenzung des Arbeitsvorgangs maßgebende Arbeitsergebnis ist auf den Aufgabenkreis des Beschäftigten bezogen. Bei arbeitsteiliger Erledigung der Aufgaben ist z. B. nicht die Erstellung eines Bauplanes als Arbeitsvorgang anzusehen, sondern der konkrete Beitrag des Beschäftigten hierzu, soweit der Beitrag nicht seinerseits aus mehreren Arbeitsvorgängen besteht.

Der so gebildete einzelne Arbeitsvorgang ist methodisch gesehen der kleinste – selbständige – Gegenstand der tariflichen Bewertung und darf hinsichtlich der Anforderungen zeitlich nicht weiter aufgespalten werden (Protokollerklärung Nr. 1 Satz 2). Daraus folgt: Ein Arbeitsvorgang ist als solcher entweder schwierig – oder er ist es nicht; er erfordert als solcher entweder eine selbständige Leistung – oder er erfordert sie nicht. Ein Arbeitsvorgang, der nur zu einem Drittel schwierig wäre oder nur zu einem Fünftel selbständige Leistungen erfordern würde, ist mit Blick auf die Definition des Arbeitsvorgangs nicht denkbar. Das Verbot der zeitlichen Aufspaltung bedeutet deshalb, dass der zeitliche Anteil, zu dem die tariflichen Tätigkeitsmerkmale einer bestimmten Fallgruppe erfüllt sein müssen, nicht innerhalb des Arbeitsvorgangs, sondern nach dem zeitlichen Anteil der entsprechenden Arbeitsvorgänge innerhalb der gesamten auszuübenden Tätigkeit festgestellt werden müssen. Innerhalb des einzelnen Arbeitsvorgangs sind nämlich die zu verzeichnenden Anforderungen stets jeweils voll erfüllt.

3.4.4 Bestimmte Anforderungen, die in Tätigkeitsmerkmalen erstellt werden, können ihrer Natur nach vielfach nicht in einem einzigen Arbeitsvorgang erfüllt sein. So wird beispielsweise die Anforderung „vielseitige Fachkenntnisse" regelmäßig erst in der Bearbeitung mehrerer Arbeitsvorgänge auf verschiedenartigen Fach- oder Rechtsgebieten erfüllt werden können. Um dieser Besonderheit Rechnung zu tragen, ist in § 12 Abs. 2 Satz 3 TVöD Bund zugelassen, dass für die Prüfung, ob derartige Anforderungen erfüllt sind, entsprechende Arbeitsvorgänge **insoweit** zusammen betrachtet werden.

3.4.5 § 12 Absatz 2 Satz 4 TVöD Bund regelt die Fälle, in denen in einem Tätigkeitsmerkmal mehrere Anforderungen gestellt werden (z. B. gründliche und vielseitige Fachkenntnisse einerseits, selbständige Leistungen andererseits). In diesen Fällen muss jede dieser Anforderungen in dem für die Bewertung der gesamten Tätigkeit geforderten zeitlichen Ausmaß erfüllt sein. Dieses zeitliche Ausmaß beträgt nach § 12 Abs. 2 Satz 2 TVöD Bund die Hälfte; ist in einem Tätigkeitsmerkmal selbst ein anderes zeitliches Maß bestimmt (z. B. „zu einem Drittel selbständige Leistungen"), so gilt dieses Maß (Satz 5 a. a. O).

3.4.6 Eine Besonderheit liegt in den Fällen vor, in denen dieselbe Anforderung in Tätigkeitsmerkmalen mehrerer Entgeltgruppen verwendet wird und lediglich das zeitliche Maß über die Eingruppierung entscheidet. Die eingruppierungsrelevante Zuordnung ergibt sich in diesen Fällen erst nach Feststellung der zeitlichen Inanspruchnahme mit Arbeitsvorgängen, die die Anforderung erfüllen.

Beispiel:

Ein Beschäftigter erledigt:
a) *Arbeitsvorgänge, die schwierige Tätigkeiten im Sinne der EntgeltGr. 4 des Teils I darstellen (Arbeitsvorgänge A),*
b) *Arbeitsvorgänge, die gründliche und vielseitige Fachkenntnisse im Sinne der EntgeltGr. 6 erfordern (Arbeitsvorgänge B),*
c) *Arbeitsvorgänge, die gründliche und vielseitige Fachkenntnisse sowie selbständige Leistungen im Sinne der EntgeltGr. 7, 8 bzw. 9a erfordern (Arbeitsvorgänge C).*

Der Beschäftigte ist in der Entgeltgruppe 4 eingruppiert, wenn die Arbeitsvorgänge A zeitlich überwiegen.

> *Der Beschäftigte ist in Entgeltgruppe 6 eingruppiert, wenn die Arbeitsvorgänge B und C zusammen zeitlich mindestens 50 % ausmachen.*
>
> *Der Beschäftigte ist in der Entgeltgruppe 9a eingruppiert, wenn bei einem mindestens hälftigen Zeitanteil der Arbeitsvorgänge B und C die Arbeitsvorgänge C zeitlich mindestens die Hälfte ausmachen.*
>
> *Der Beschäftigte ist in der Entgeltgruppe 8 eingruppiert, wenn bei einem mindestens hälftigen Zeitanteil der Arbeitsvorgänge B und C die Arbeitsvorgänge C zeitlich mindestens 33 1/3 % ausmachen.*
>
> *Der Beschäftigte ist in der Entgeltgruppe 7 eingruppiert, wenn bei einem mindestens hälftigen Zeitanteil der Arbeitsvorgänge B und C die Arbeitsvorgänge C zeitlich mindestens 20 % ausmachen.*
>
> *Der Beschäftigte ist in der Entgeltgruppe 4 eingruppiert, wenn die Arbeitsvorgänge C zeitlich zwar mehr als 20 %, die Arbeitsvorgänge B und C zusammen jedoch weniger als 50 % ausmachen (s. o.).*

3.4.7 Für die Bewertung der von dem Beschäftigten auszuübenden Tätigkeit ist ein angemessener Zeitraum zugrunde zu legen. Der Zeitraum ist angemessen, wenn gewährleistet ist, dass die in dem Aufgabenkreis des Beschäftigten auf Dauer regelmäßig anfallenden Arbeitsvorgänge sicher erfasst werden. Hierzu hat das Bundesarbeitsgericht mit Urteil vom 26. April 1966 – 1 AZR 458/64 – entschieden, dass, wenn die Tätigkeit des Beschäftigten in ihrem Schwierigkeitsgrad Schwankungen unterworfen ist, die Feststellung, ob der Beschäftigte überwiegend selbständige Leistungen erbringt, über einen längeren (z. B. sechsmonatigen) Zeitraum zu erstrecken sind.

3.4.8 Bei den nach § 12 Absatz 2 Satz 6 TVöD Bund geforderten Anforderungen in der Person des Beschäftigten kann es sich z. B. um eine geforderte Ausbildung, staatliche Anerkennung oder um die Erfüllung der Zeit einer Tätigkeit handeln.

3.5 § 12 TVöD Bund gilt auch für Tätigkeitsmerkmale, in denen eine bestimmte Funktion des Beschäftigten für die Eingruppierung maßgebend ist (z. B. Kassenleiter, ständiger Vertreter des ..., Beschäftigter ... mit x Unterstellten). In diesen Fällen bedarf es nicht der Bewertung der einzelnen Arbeitsvorgänge, da diese bereits im Tätigkeitsmerkmal selbst insgesamt pauschal bewertet sind. Übt ein Beschäftigter daneben eine Tätigkeit aus, die unter ein anderes Tätigkeitsmerkmal fällt, ist bei der Anwendung des § 12 Abs. 2 TVöD Bund die Funktionstätigkeit als Summe gleich zu bewertender Arbeitsvorgänge anzusehen. Es kommt also auf das zeitliche Ausmaß an, in dem die Funktion ausgeübt wird.

3.6 Zum Nachweis der tarifgerechten Eingruppierung sind in der Regel die dem Beschäftigten übertragenen Tätigkeiten und deren Zuordnung zu den Tätigkeitsmerkmalen der Entgeltordnung in einer Arbeitsplatzbeschreibung vollständig und nachprüfbar darzustellen.

3.7 Bei neu eingestellten Beschäftigten, die erst eingearbeitet oder erprobt werden, oder bei Beschäftigten, die auf einem anderen Arbeitsplatz eingearbeitet oder erprobt werden, genügt zunächst eine Tätigkeitsdarstellung und -bewertung mit den Angaben, die für die endgültige Übertragung der Tätigkeiten maßgebend sind. Daneben müssten in einem Vermerk die Gründe festgehalten werden, die einer höheren Eingruppierung derzeit noch entgegenstehen (dass z. B. wegen der Einarbeitung oder Erprobung selbständige Leistungen noch nicht zu erbringen sind oder eine besondere Verantwortung mit der Ausübung der Tätigkeit noch nicht verbunden ist).

3.8 Wird einem Beschäftigten vertretungsweise eine andere, höherwertige Tätigkeit übertragen (§ 14 Abs. 1 TVöD), kann von der Erstellung einer Tätigkeitsdarstellung und -bewertung abgesehen werden, wenn die Tätigkeitsdarstellung und -bewertung des Vertretenen ausreichenden Aufschluss über die vertretungsweise auszuübende Tätigkeit gibt.

3.9 Falls keine spezielle Vereinbarung im Arbeitsvertrag getroffen worden ist, können dem Beschäftigten alle Tätigkeiten übertragen werden, die die Merkmale der für ihn maßgebenden Entgeltgruppe erfüllen – gefestigte Rechtsprechung des Bundesarbeitsgerichts – siehe z. B. Urteil vom 26. 6. 2002 – 6 AZR 50/00. Die Zuweisung der einer niedrigeren Entgeltgruppe zuzurechnenden Tätigkeit scheidet aber selbst dann aus, wenn das bisher gezahlte Entgelt fortgezahlt wird (BAG, Urt. v. 8. 10. 1962 – 2 AZR 550/61).

3.10 Nach dem Urteil des Bundesarbeitsgerichts vom 23. 8. 1995 – 4 AZR 352/94 – bedarf es zur Korrektur der Eingruppierung bei dem Beschäftigten unzutreffend mitgeteilter Entgeltgruppe – unbeschadet der erforderlichen Mitbestimmung der Personalvertretung –

keiner Änderungskündigung, wenn die unzutreffend mitgeteilte Entgeltgruppe auf eine rechtsfehlerhafte Tarifanwendung zurückzuführen ist. Der Mitteilung der Entgeltgruppe durch den Arbeitgeber kommt nach Auffassung des BAG (s. Urt. v. 16. 2. 2000 – 4 AZR 62/99) nur eine deklaratorische Bedeutung zu. Der Arbeitgeber muss aber im Einzelnen vortragen, warum und inwieweit seine bisherige Bewertung der Tätigkeit fehlerhaft war und deshalb die Eingruppierung korrigiert werden muss (BAG, Urt. v. 11. 6. 1997 – 10 AZR 724/95).

4. Eingruppierung in besonderen Fällen (§ 13 TVöD Bund)

4.1 § 13 TVöD Bund regelt nur die Fälle, in denen dem Beschäftigten nicht eine höherwertige Tätigkeit vom Arbeitgeber übertragen wird, sondern sich die Tätigkeit des Beschäftigten aus sich heraus (z. B. durch Änderung von Gesetzen usw.) derart ändert, dass sie den Tätigkeitsmerkmalen einer höheren Entgeltgruppe entspricht. Eine solche Änderung „aus sich heraus" ist ein Sonderfall. Ein verständiger und fürsorglicher Arbeitgeber sollte von Zeit zu Zeit prüfen, ob der Zuschnitt des Arbeitsplatzes noch der Eingruppierungssituation entspricht; er kann dann durch Umverteilungen, Aufgabenverlagerungen etc. steuernd eingreifen.

4.2 Der Beschäftigte ist automatisch in der höheren Entgeltgruppe eingruppiert, wenn er die höherwertige Tätigkeit sechs Monate lang ununterbrochen (wegen unschädlicher bzw. schädlicher Unterbrechungen siehe jedoch Absatz 2 der Vorschrift) ausgeübt hat und zwar mit dem Ersten des nach Ablauf der sechs Monate folgenden Kalendermonats. Dabei wird die Dauerhaftigkeit der Änderung vorausgesetzt; eine nur vorübergehende Änderung der Anforderungen berührt die Eingruppierung nicht. Für die zurückliegenden sechs Kalendermonate erhält der Beschäftigte eine Zulage nach § 14 TVöD.

4.3 Nach Absatz 3 der Vorschrift gilt § 14 TVöD auch sinngemäß bei Entzug der höherwertigen Tätigkeit.

II. Die Regelungsgrundsätze der neuen Entgeltordnung

1. Grundsatz

Wie in den Einleitungssätzen des Abschnitts C dieser Betrachtung dargestellt, baut die Entgeltordnung des Bundes auf der für die Beschäftigten der Länder zum 1. Januar 2012 vereinbarten Entgeltordnung auf. Anders als die Tarifpartner im Bereich der Länder verfolgten die Tarifpartner des Bundes bei der Schaffung der Entgeltordnung zum TVöD aber nicht nur den eher redaktionellen Ansatz der Ländertarifpartner. Schon im Länderbereich durfte der Gedanke der redaktionellen Überarbeitung zwar nicht so verstanden werden, dass die alten Tätigkeitsmerkmale für Arbeiter und Angestellte nur eher milde sprachlich überarbeitet wurden ("Beschäftigte" statt "Arbeiter" und "Angestellte", "Entgeltgruppe 1–15" statt "Lohngruppe 1–9" und "Vergütungsgruppe X bis I" und Streichung unnötig gewordener Aufstiegsmerkmale).

Zur redaktionellen Arbeit gehörte z. B. auch bereits im Länderbereich, dass veraltete Berufsbezeichnungen ersetzt oder gestrichen wurden. Unmittelbarer Ausdruck des eher redaktionellen Auftrags war aber, dass die Überarbeitung grundsätzlich nicht zu einer Verschiebung der in den alten Regelwerken sowie dem Überleitungsrecht des TVÜ-Länder vereinbarten Wertigkeiten der Tätigkeiten führen sollte. Diesen Auftrag haben die Tarifpartner der Länder nicht aus dem Auge verloren, so dass die redaktionelle Überarbeitung letztlich nur in Teilbereichen zu materiellen Veränderungen geführt hat. Sowohl die redaktionelle Tiefe bei der Überarbeitung (ggf. auch Streichung) der Tätigkeitsmerkmale, als auch die materiellen Eingriffe gehen im Bereich des Bundes deutlich weiter als im Länderbereich. Nachstehend sind die aus Sicht des Verfassers wichtigsten materiellen Veränderungen im Vergleich zum früheren, übergangsweise fortgeltenden Eingruppierungs-/Einreihungsrecht des Bundes dargestellt.

2. Wichtige materielle Änderungen

2.1 Kurze Bewährungsaufstiege in den unteren Entgeltgruppen

Über die reine Redaktion hinausgehende materielle Änderungen wurden für bestimmte Merkmale der Entgeltgruppen 3 bis 8 vereinbart. Dort haben die Tarifpartner des Bundes unter weitestgehender Übernahme der im Länderbereich gefundenen Grundsätze eine Neubewertung der auszuübenden Tätigkeiten vorgenommen und die im alten Recht zu Verläufen mit kurzem Aufstieg (bis zu sechs Jahren) führenden Tätigkeiten im Vergleich zum Niveau der Anlage 4 TVÜ-Bund einer höheren Entgeltgruppe zugewiesen. Tragende Überlegung für die Tarifpartner war dabei der Gedanke, dass die früher nach einer kurzen Tätigkeits-/Bewährungszeit erreichbare Vergütungsgruppe die eigentliche Wertigkeit der Tätigkeit widerspiegelt, während es sich bei der ersten, bezogen auf die durchschnittliche Verweildauer oder gar ein Berufsleben eher kurze Tätigkeitsphase faktisch um eine abgesenkte Eingruppierung gehandelt hat.

Beispiele:

1. Das Tätigkeitsmerkmal der Vergütungsgruppe Vc Fallgr. 1a des Allgemeinen Teils der Anlage 1a zum BAT („Beschäftigte im Büro-, Buchhalterei-, sonstigen Innendienst und im Außendienst, deren Tätigkeit gründliche und vielseitige Fachkenntnisse und selbständige Leistungen erfordert") führte nach altem Recht nach 3 Jahren in die Vergütungsgruppe Vb Fallgr. 1c. Seit Inkrafttreten des TVöD wurde nach der Anlage 4 TVÜ-Bund der frühere Bewährungsaufstieg nicht mehr berücksichtigt; eine Eingruppierung in Vc BAT (egal ob mit oder ohne Aufstieg) führte in die Entgeltgruppe 8. Da es sich um einen kurzen Aufstieg handelt, haben die Tarifpartner die Tätigkeit im Ergebnis nun direkt der Entgeltgruppe zugeordnet, die sich bei unmittelbarer Eingruppierung in die ehemalige Aufstiegsvergütungsgruppe Vb ergeben hätte. Dies ist systematisch die im Zuge der Einführung der neuen Entgeltordnung aus der (nun abgeschafften) „kleinen" Entgeltgruppe 9 entwickelte Entgeltgruppe 9a. Das entsprechende Merkmal findet sich nun in Teil I der Entgeltordnung.

2. Das Tätigkeitsmerkmal der Vergütungsgruppe VII Fallgr. 1a des Allgemeinen Teils der Anlage 1a zum BAT („Beschäftigte im Büro-, Buchhalterei-, sonstigen Innendienst und im Außendienst, deren Tätigkeit gründliche und vielseitige Fachkenntnisse erfordert") führte nach altem Recht nach 6 Jahren in die Vergütungsgruppe VIb Fallgr. 1b. Seit Inkrafttreten des TVöD wurde nach der Anlage 4 TVÜ-Bund der frühere Bewährungsaufstieg nicht mehr berücksichtigt; eine Eingruppierung in VII BAT (egal ob mit oder ohne Aufstieg) führte in die Entgeltgruppe 5. Da es sich um einen kurzen Aufstieg handelt, haben die Tarifpartner die Tätigkeit nun direkt der Entgeltgruppe zugeordnet, die sich bei unmittelbarer Eingruppierung in die ehemalige Aufstiegsvergütungsgruppe VIb ergeben hätte. Dies ist die Entgeltgruppe 6. Das entsprechende Merkmal findet sich nun in Teil I der Entgeltordnung.

Die Aufstiegsmerkmale in den Entgeltgruppen 9 und höher konnten gestrichen werden. Die Anlage 4 TVÜ-Bund bildet in diesem Bereich nämlich Verläufe ab, die unabhängig vom Standort in diesem Verlauf jeweils in die gleiche Entgeltgruppe führen. Eine vergleichbare Regelung zur Wiederherstellung von Aufstiegseffekten wie in den unteren Entgeltgruppen war daher in den Entgeltgruppen 9 und höher nicht erforderlich.

Beispiel:

Tätigkeiten der Vergütungsgruppe IVa BAT mit Aufstieg nach III BAT führen nach Anlage 4 zum TVÜ-Bund in die Entgeltgruppe 11, unabhängig davon, wann der Aufstieg nach altem Recht erreicht worden wäre. Die ursprünglichen Aufstiegsmerkmale in III BAT laufen leer und konnten gestrichen werden. Für die Eingruppierung reichen die Anforderungen des Ausgangsmerkmals in IVa BAT aus; nur dieses jeweilige Grundmerkmal wird in die neue Entgeltordnung übernommen.

IV

2.2 Entgeltgruppen 4 und 7 für ehemalige Angestellte

Teilweise werden in der neuen Entgeltordnung ehemalige Angestelltentätigkeiten erstmalig der Entgeltgruppe 4 (einige Verläufe der alten Vergütungsgruppe VIII BAT mit kurzem Aufstieg nach VII BAT) bzw. der Entgeltgruppe 7 (einige Verläufe der alten Vergütungsgruppe VIb BAT mit kurzem Aufstieg nach Vc BAT) zugeordnet. Dadurch ließ sich trotz der im Vergleich zum alten Eingruppierungssystem reduzierten Anzahl der Entgeltgruppen eine gewisse „Feineinstellung" erreichen, die mit Blick auf die eher geringen finanziellen Abstände der unteren Entgeltgruppen voneinander wünschenswert ist. Die Belegung der Entgeltgruppe 7 im Teil I der Entgeltordnung geht nicht auf eine frühere Aufstiegssituation zurück, sondern stellt auch im Vergleich zum alten BAT-Recht eine Verbesserung dar (siehe Beispiel 3).

Beispiele:

1. Das Tätigkeitsmerkmal der Vergütungsgruppe VIII Fallgr. 1b des Allgemeinen Teils der Anlage 1a zum BAT („Beschäftigte im Büro-, Buchhalterei-, sonstigen Innendienst und im Außendienst, deren Tätigkeit sich dadurch aus der Fallgr. 1a heraushebt, dass sie mindestens zu einem Viertel gründliche Fachkenntnisse erfordert") führte nach altem Recht nach 2 Jahren

in die Vergütungsgruppe VII Fallgr. 1c. Seit Inkrafttreten des TVöD wurde nach der Anlage 4 TVÜ-Bund der frühere Bewährungsaufstieg nicht mehr berücksichtigt; eine Eingruppierung in VIII BAT (egal ob mit oder ohne Aufstieg) führte in die Entgeltgruppe 3. Da es sich um einen kurzen Aufstieg handelt, haben die Tarifpartner nun die Effekte des früheren Aufstiegs zumindest teilweise wieder hergestellt und die Tätigkeit der Entgeltgruppe 4 zugewiesen. Das entsprechende Merkmal findet sich nun in Teil I der Entgeltordnung.

2. Das Tätigkeitsmerkmal der Vergütungsgruppe VIb Fallgr. 1 des Teils II Abschnitt L Unterabschn. II (Technische Assistenten) der Anlage 1a zum BAT („Technische Assistenten......, die schwierige Aufgaben erfüllen") führte nach altem Recht nach 2 Jahren in die Vergütungsgruppe Vc Fallgr. 2. Seit Inkrafttreten des TVöD wurde nach der Anlage 4 TVÜ-Bund der frühere Bewährungsaufstieg nicht mehr berücksichtigt; eine Eingruppierung in VIb BAT (egal ob mit oder ohne Aufstieg) führte in die Entgeltgruppe 6. Da es sich um einen kurzen Aufstieg handelt, haben die Tarifpartner nun die Effekte des früheren Aufstiegs zumindest teilweise wieder hergestellt und die Tätigkeit der Entgeltgruppe 7 zugewiesen. Das entsprechende Merkmal findet sich nun in Teil III Abschnitt 42 der Entgeltordnung.

3. Im Teil I der Entgeltordnung wurde in der Entgeltgruppe 7 ein Merkmal für „Beschäftigte der Entgeltgruppe 6 (also mit gründlichen und vielseitigen Fachkenntnissen), deren Tätigkeit mindestens zu einem Fünftel selbständige Leistungen erfordert", geschaffen. Dieses Merkmal fand sich in der Vergütungsordnung zum BAT in Vergütungsgruppe VIb Fallgr. 1a des Allgemeinen Teils. Ein Aufstieg war aus dieser Vergütungsgruppe nicht vorgesehen. In diesem Punkt wurde durch die Zuweisung zur Entgeltgruppe 7 also selbst in Bezug auf die Bewertung zu BAT-Zeiten eine Verbesserung vereinbart.

2.3 Einarbeitungszeiten

Entsprechend der unter 2.1 genannten Langzeitbetrachtung wurden auch kurze Einarbeitungszeiten (bis ein Jahr) bzw. die entsprechenden Merkmale ersatzlos gestrichen. Diese Beschäftigten sind nun unmittelbar entsprechend dem im alten Recht erst nach Einarbeitung erreichten Niveau eingruppiert.

Beispiel:

Bislang waren Beschäftigungstherapeuten (jetzt: Ergotherapeuten) in den ersten sechs Monaten der Berufsausübung nach staatlicher Anerkennung in Vergütungsgruppe VII Fallgr. 12 und danach in Vergütungsgruppe VIb Fallgr. 7 des Teils II Abschnitt D (mediz. Hilfsberufe) der Anlage 1a zum BAT eingruppiert. Nach näherer Maßgabe der Anlage 4 zum TVÜ-Bund hätte dieser Karriereverlauf in die Entgeltgruppe 5 geführt.

Unter Streichung der sechsmonatigen Einarbeitungszeit erfolgt die tarifliche Eingruppierung künftig unmittelbar in Entgeltgruppe 6. Das entsprechende Merkmal findet sich nun in Teil III Abschnitt 21.4 der Entgeltordnung.

2.4 Entgeltgruppe 13 plus Zulage

Diejenigen Merkmale der früheren Vergütungsgruppe IIa BAT mit kürzeren Aufstiegen, die bisher formal zur Eingruppierung in E 13 führten und nach näherer Maßgabe des § 17 Abs. 8 TVÜ-Bund eine Zulage in Höhe des Unterschiedsbetrages zwischen Entgeltgruppe 13 und Entgeltgruppe 14 beinhalteten, werden künftig unmittelbar der Entgeltgruppe 14 zugeordnet.

Beispiel:

Bislang waren Tierärzte in Vergütungsgruppe IIa Fallgr. 6 und nach fünf Jahren in Vergütungsgruppe Ib Fallgr. 18 des Allgemeinen Teils der Anlage 1a zum BAT eingruppiert. Nach näherer Maßgabe des § 17 Abs. 8 TVÜ-Bund erhielten sie eine Zulage in Höhe des Unterschiedsbetrages zwischen dem Entgelt ihrer Entgeltstufe der Entgeltgruppe 13 und der entsprechenden Stufe der Entgeltgruppe 14. Die neue Entgeltordnung weist die Tätigkeit der Tierärzte unmittelbar der Entgeltgruppe 14 zu. Das entsprechende Merkmal findet sich nun in Teil III Abschnitt 43 der Entgeltordnung.

Beschäftigte mit einem Anspruch auf die bisherige Zulage nach § 17 Abs. 8 TVÜ-Bund werden stufengleich und unter Beibehaltung der in ihrer Stufe zurückgelegten Stufenlaufzeit in die Entgeltgruppe 14 übergeleitet (siehe § 27 Abs. 1 TVÜ-Bund). Neben einer höheren Stabilität (die Zulage entfiel bisher bei Umsetzungen in andere, keine Zulage auslösende Tätigkeiten der Entgeltgruppe 13; künftig kann die „echte" Eingruppierung in die Entgeltgruppe 14 nur durch Änderungskündigung oder eine einvernehmliche Vertragsänderung beseitigt werden) ergeben sich dadurch in erster Linie bei Zeitzuschlägen des § 8 TVöD Auswirkungen, weil diese bislang aus dem geringeren Tabellenentgelt der Entgeltgruppe 13 abgeleitet wurden und die Zulage des § 17 Abs. 8 TVÜ-Bund sich auf die Zuschläge nicht auswirkte.

2.5 Entgeltgruppen 9a und 9b

Die Tarifpartner des Bundes haben die bisherige Unterteilung der Entgeltgruppe 9 in eine „kleine" Entgeltgruppe 9 (mit längeren Stufenlaufzeiten und fehlender Stufe 5) und eine uneingeschränkte Entgeltgruppe 9 abgeschafft. An die Stelle der „kleinen" Entgeltgruppe 9 ist nun die Entgeltgruppe 9a getreten. Dabei handelt es sich um eine eigenständige Entgeltgruppe mit regulären Stufenlaufzeiten. Die Tabellenwerte der Stufen 1 und 2 wurden aus der bisherigen Tabelle der Entgeltgruppe 9 übernommen, der Tabellenwert der Stufe 3 ist ein neuer Zwischenwert, der Wert der Stufe 4 entspricht der Stufe 3 der Entgeltgruppe 9, der Wert der Stufe 5 entspricht dem Wert der Stufe 4 der ehemaligen Entgeltgruppe 9. Insgesamt ist mit diesem Neuzuschnitt für die Beschäftigten der „kleinen" Entgeltgruppe 9 ein Gewinn verbunden.

Die Beschäftigten der „kleinen" Entgeltgruppe 9 werden nach näherer Maßgabe des § 27 Abs. 3 TVÜ-Bund unter Beibehaltung ihrer Stufenlaufzeit in die Stufe der Entgeltgruppe 9a übergeleitet, deren Betrag ihrer bisherigen Stufe entspricht. Durch die Anrechnung der Stufenlaufzeiten kann im Einzelfall bei der Überleitung ein Stufenaufstieg erfolgen; wegen der Anrechnung eventueller Restzeiten siehe § 27 Abs. 3 Sätze 2 bis 4 TVÜ-Bund. Die uneingeschränkte Entgeltgruppe 9 wurde ohne betragsmäßige Veränderungen in Entgeltgruppe 9b umbenannt. Die bisherigen Tabellenwerte der Entgeltgruppe 9 finden sich dementsprechend nun unverändert in der Entgeltgruppe 9b. Die Beschäftigten der Entgeltgruppe 9 ohne Einschränkungen werden stufengleich unter Beibehaltung ihrer Stufenlaufzeit in die Entgeltgruppe 9b übergeleitet (siehe § 27 Abs. 2 TVÜ-Bund).

2.6 Technische Beschäftigte, Ingenieure, Meister

Die bisher im Allgemeinen Teil der Anlage 1a zum BAT zu findenden Tätigkeitsmerkmale für technische, vermessungstechnische sowie landkartentechnische Beschäftigte (früher: Angestellte) sind nun dem Teil III Abschnitt 25 (Ingenieure) bzw. 41 (Techniker) der Entgeltordnung zugeordnet. Für die Ingenieure wurden insoweit (über einen redaktionellen Ansatz der neuen Entgeltordnung hinaus) strukturelle Verbesserungen vereinbart, als dass für eine Heraushebung aus Entgeltgruppe 10 (nach 11), Entgeltgruppe 11 (nach 12) und Entgeltgruppe 12 (nach 13) ein Drittel-Umfang der Heraushebung ausreicht (statt dem an sich erforderlichen Hälfte-Umfang). Auch die Eingruppierung der Techniker wurde im Vergleich zur früheren Eingruppierung und der Entgeltordnung für die Beschäftigten der Länder angehoben (z. B. Eingangseingruppierung Entgeltgruppe 8 statt 7). Dafür entfällt künftig die Technikerzulage. Entsprechendes gilt für Meister und die Meisterzulage.

III. Gliederung der neuen Entgeltordnung

Die neue Entgeltordnung fasst – soweit sie nicht entbehrlich geworden sind – die Tätigkeitsmerkmale zusammen, die bislang im Teil I (Allgemeiner Teil) und in den Teilen II (Zusätzliche Tätigkeitsmerkmale) und III (Zusätzliche Tätigkeitsmerkmale Bund) der Anlage 1a zum BAT, der Anlage 1b zum BAT (Pflegedienst) sowie dem Lohngruppenverzeichnis zum MTArb enthalten waren. Die Tarifpartner haben sich bei der Gliederung nur teilweise an das bisherige System der Anlage 1a zum BAT angelehnt.

In Teil I der Entgeltordnung sind die Allgemeinen Tätigkeitsmerkmale für den Verwaltungsdienst (diese sind abgeleitet aus den jeweils ersten Fallgr. des bisherigen Teils I der Anlage 1a zum BAT) aufgenommen worden. Teil II der Entgeltordnung bildet die ehemaligen „allgemeinen" Arbeitermerkmale des Lohngruppenverzeichnisses (also die ehemaligen Oberbegriffe) ab. Teil III der Entgeltordnung enthält besondere Tätigkeitsmerkmale für bestimmte Beschäftigtengruppen (das sind die übrigen Merkmale des Teils I sowie die Merkmale der Teile II und III der Anlage 1a zum BAT sowie die Beispiele und Ferner-Merkmale des Lohngruppenverzeichnisses). Teil IV enthält die besonderen Tätigkeitsmerkmale für die Beschäftigten im Bereich des Bundesministeriums der Verteidigung (einschließlich der Tätigkeitsmerkmale für Pflegekräfte, die zuvor in Anlage 1b zum BAT platziert waren), die Teile V und VI enthalten besondere Tätigkeitsmerkmale für die Beschäftigten im Bereich des Bundesministeriums für Verkehr und digitale Infrastruktur bzw. im Bereich des Bundesministeriums des Innern.

Daraus ergibt sich die nachstehende Gliederung:

Teil I   Allgemeine Tätigkeitsmerkmale für den Verwaltungsdienst

Teil II   Allgemeine Tätigkeitsmerkmale für körperlich/handwerklich geprägte Tätigkeiten

Teil III   Tätigkeitsmerkmale für besondere Beschäftigtengruppen

1. Apothekerinnen und Apotheker
2. Beschäftigte in Archiven, Bibliotheken, Büchereien, Museen und anderen wissenschaftlichen Anstalten
3. Ärztinnen und Ärzte sowie Zahnärztinnen und Zahnärzte
4. Ausbilderinnen und Ausbilder in Betrieben und Werkstätten
5. Fachangestellte für Bäderbetriebe sowie geprüfte Meisterinnen und Meister für Bäderbetriebe
6. Baustellenaufseherinnen und -aufseher sowie Bauaufseherinnen und -aufseher
7. Bauzeichnerinnen und -zeichner sowie technische Systemplanerinnen und -planer
8. Berechnerinnen und Berechner von Amts-, Dienst- und Versorgungsbezügen sowie von Entgelten
9. Botinnen und Boten sowie Pförtnerinnen und Pförtner
10. Fahrerinnen und Fahrer
11. Systemtechnikerinnen und -techniker in der Fernmeldetechnik
12. Beschäftigte in der Forschung
13. Beschäftigte im Forstdienst
14. Fotografinnen und Fotografen
15. Fotolaborantinnen und -laboranten
16. Beschäftigte im Fremdsprachendienst
17. Gartenbau-, landwirtschafts- und weinbautechnische Beschäftigte
18. Geprüfte Gärtnermeisterinnen und -meister

19. Beschäftigte in der Instandhaltung und Bedienung von Gebäude- und Betriebstechnik

20. Geschäftsstellenverwalterinnen und -verwalter, Beschäftigte in Serviceeinheiten sowie Justizhelferinnen und -helfer bei Gerichten und Staatsanwaltschaften

21. Beschäftigte in Gesundheitsberufen

22. Haus- und Hofarbeiterinnen und -arbeiter

23. Hausmeisterinnen und Hausmeister

24. Beschäftigte in der Informationstechnik

25. Ingenieurinnen und Ingenieure

26. Internet- und Rundfunkauswerterinnen und -auswerter im Presse- und Informationsamt der Bundesregierung

27. Beschäftigte im Kassendienst

28. Beschäftigte in der Konservierung, Restaurierung und Grabungstechnik

29. Küchenhilfskräfte und Buffethilfskräfte

30. Laborantinnen und Laboranten sowie Werkstoffprüferinnen und -prüfer

31. Fachkräfte für Lagerlogistik, Fachlageristinnen und -lageristen sowie Magazinwärterinnen und -wärter

32. Geprüfte Meisterinnen und Meister

33. Modellbauerinnen und -bauer sowie Modelltischlerinnen und -tischler

34. Operateurinnen und Operateure, Strahlenschutztechnikerinnen und -techniker sowie Strahlenschutzlaborantinnen und -laboranten in Kernforschungseinrichtungen

35. Redakteurinnen und Redakteure

36. Beschäftigte in Registraturen

37. Reinigerinnen und Reiniger

38. Reproduktionstechnische Beschäftigte

39. Schweißerinnen und Schweißer

40. Beschäftigte in der Steuerverwaltung

41. Technikerinnen und Techniker

42. Technische Assistentinnen und Assistenten

43. Tierärztinnen und -ärzte

44. Tierpflegerinnen und -pfleger

IV

45.   Vermessungstechnikerinnen und -techniker, Geomatikerinnen und Geomatiker sowie Messgehilfinnen und -gehilfen

46.   Vorlesekräfte für Blinde und besondere Hilfskräfte für sonstige schwerbehinderte Menschen

47.   Wächterinnen und Wächter

48.   Weitere Beschäftigte

Teil IV   Besondere Tätigkeitsmerkmale im Bereich des Bundesministeriums der Verteidigung

Teil V   Besondere Tätigkeitsmerkmale im Bereich des Bundesministeriums für Verkehr und digitale Infrastruktur

Teil VI   Besondere Tätigkeitsmerkmale im Bereich des Bundesministeriums des Innern.

IV

Durch die Verschiebung der bisher im Teil I der Anlage 1a zum BAT enthaltenen Merkmale für besondere Berufsgruppen (z. B. Apotheker, Kassendienst, Boten, Tierärzte, Forscher, ...) in den Teil III der Entgeltordnung gestaltet sich die Suche einfacher und die innerhalb des jeweiligen Fachbereichs vereinbarte Differenzierung und Abstufung der Tätigkeiten ist besser ablesbar.

Bei dieser Struktur der Tätigkeitsmerkmale drängt sich die Frage auf, ob und inwieweit die allgemeinen Tätigkeitsmerkmale des Teils I und II der Entgeltordnung eine Auffangfunktion darstellen sollen, was u. U. dazu führen könnte, dass eine höhere Eingruppierung als nach den besonderen Merkmalen des Teils III bis VI möglich wäre.

Letztlich haben es die Tarifpartner bei dem bewährten Abgrenzungssystem der Vorbemerkungen zu allen Vergütungsgruppen der Anlage 1a zum BAT und der dazu bestehenden gefestigten Rechtsprechung des BAG (insbesondere Urteil vom 14. 8. 1985 – 4 AZR 322/84) belassen und den Grundsatz „Spezialmerkmal geht vor Allgemeinem Merkmal" in § 3 TV EntgO Bund und in den dazu vereinbarten Niederschriftserklärungen verankert. Die Auffangfunktion des Allgemeinen Teils beschränkt sich somit auf Tätigkeiten, für die die Teile II bis VI keine Tätigkeitsmerkmale bereithalten; in den Entgeltgruppen 2 bis 12 wird außerdem noch ein Verwaltungsbezug gefordert, um die Merkmale des Teils I anwenden zu können (siehe dazu auch Niederschriftserklärung zu § 3 Abs. 4 TV EntgO Bund).

IV. Struktur der neuen Tätigkeitsmerkmale

1. Allgemeiner Teil

Die Tätigkeitsmerkmale des Allgemeinen Teils (Teil I) der neuen Entgeltordnung sind aus den jeweils ersten Fallgr. des Teils I der Anlage 1a zum BAT abgeleitet worden. Während die Entgelt-gruppen 2 bis 4 weiterhin ohne Ausbildungsbezug unter Heran-ziehung unbestimmter Rechtsbegriffe festgelegt sind, haben die Tarifpartner für die darüber liegenden Entgeltgruppen 5 bis 15 (bezogen auf die Entgeltgruppen 5 bis 12 erstmalig) ein Ausbildungs-erfordernis vereinbart. In den Entgeltgruppen 5 bis 9a wird nun eine abgeschlossene (mindestens) dreijährige Berufsausbildung voraus-gesetzt. Die Eingruppierung in die Entgeltgruppen 9b bis 12 erfordert nun eine abgeschlossene Bachelor- bzw. Fachhochschulausbildung. Die Tätigkeitsmerkmale der Entgeltgruppen 13 bis 15 setzen weiter-hin eine abgeschlossene Hochschulausbildung voraus (zum Sonderfall des sogenannten „sonstigen Beschäftigten" siehe weiter unten in diesem Abschnitt). Das Tätigkeitsmerkmal der im Niveau unterhalb des alten Eingruppierungsrechts liegenden Entgeltgruppe 1 wurde unverändert aus der Anlage 4 zum TVÜ-Bund übernommen.

Dies vorangestellt ergibt sich folgende Struktur (da die Tätigkeits-merkmale bzw. deren Anforderungen aufeinander aufbauen, von unten nach oben):

Entgeltgruppe 1

Beschäftigte mit einfachsten Tätigkeiten.

Das Tätigkeitsmerkmal und der Beispielskatalog dazu (siehe Proto-kollerklärung Nr. 9) wurden unverändert aus der Anlage 4 zum TVÜ-Bund übernommen.

Entgeltgruppe 2

Beschäftigte im Büro-, Buchhalterei-, sonstigen Innendienst und im Außendienst mit einfachen Tätigkeiten.

Abgeleitet aus den Merkmalen der Vergütungsgruppe X Fallgr. 1 mit Aufstieg nach Vergütungsgruppe IXb Fallgr. 2 („...vorwiegend me-chanische Tätigkeit") sowie Vergütungsgruppe IXb Fallgr. 1 mit Aufstieg nach Vergütungsgruppe IXa („...einfachere Arbeiten"). Der in der Anlage 4 zum TVÜ-Bund für Beschäftigte der Vergütungs-gruppe X mit Aufstieg nach Vergütungsgruppe IXb noch enthaltene Zusatz „keine Stufe 6" ist entfallen. Einfache Tätigkeiten sind nach näherer Maßgabe der Protokollerklärung Nr. 8 Tätigkeiten, die weder eine Vor- noch eine Ausbildung, aber eine Einarbeitung erfordern.

Entgeltgruppe 3

Beschäftigte im Büro-, Buchhalterei-, sonstigen Innendienst und im Außendienst mit Tätigkeiten, für die eine eingehende Einarbeitung bzw. eine fachliche Anlernung erforderlich ist, die über eine Einarbeitung im Sinne der Entgeltgruppe 2 hinausgeht.

Das Tätigkeitsmerkmal ist aus dem Merkmal der Vergütungsgruppe VIII Fallgr. 1a mit Aufstieg nach Vergütungsgruppe VII Fallgr. 2 hervorgegangen, das „schwierigere" Tätigkeiten erforderte. Der Entgeltgruppe 3 werden nur die Tätigkeiten zugeordnet, die über die Entgeltgruppe 2 hinausgehen, aber noch nicht als „schwierig" im Sinne der Entgeltgruppe 4 angesehen werden können.

Entgeltgruppe 4

1. Beschäftigte im Büro-, Buchhalterei-, sonstigen Innendienst und im Außendienst mit schwierigen Tätigkeiten.

Schwierige Tätigkeiten sind nach näherer Maßgabe der Protokollerklärung Nr. 7 solche, die über die Tätigkeiten der Entgeltgruppe 3 hinausgehen und z. B. ein höheres Maß an gedanklicher Arbeit erfordern.

2. Beschäftigte der Entgeltgruppe 3, deren Tätigkeit mindestens zu einem Viertel gründliche Fachkenntnisse erfordert.

Das Tätigkeitsmerkmal stellt eine Heraushebung aus der Entgeltgruppe 3 dar. Es ist aus dem Merkmal der Vergütungsgruppe VIII Fallgr. 1b mit Aufstieg nach Vergütungsgruppe VII Fallgr. 1c hervorgegangen. Erforderlich sind gemäß Protokollerklärung Nr. 6 (im Umfang von 25 %) nähere Kenntnisse von Gesetzen, Verwaltungsvorschriften und Tarifbestimmungen usw. des Aufgabenkreises.

Entgeltgruppe 5

1. Beschäftigte im Büro-, Buchhalterei-, sonstigen Innendienst und im Außendienst mit abgeschlossener Berufsausbildung und entsprechender Tätigkeit.

Das Tätigkeitsmerkmal ist neu; es berücksichtigt erstmalig einen Ausbildungsbezug.

2. Beschäftigte im Büro-, Buchhalterei-, sonstigen Innendienst und im Außendienst, deren Tätigkeit gründliche Fachkenntnisse erfordert.

*Das Tätigkeitsmerkmal ist aus dem Merkmal der Vergütungs-
gruppe VII Fallgr. 1b mit Aufstieg nach Vergütungsgruppe VIb
Fallgr. 2 hervorgegangen. Erforderlich sind gemäß Protokollerklärung
Nr. 6 nähere Kenntnisse von Gesetzen, Verwaltungsvorschriften und
Tarifbestimmungen usw. des Aufgabenkreises.*

Entgeltgruppe 6

Beschäftigte der Entgeltgruppe 5 Fallgr. 1 oder 2, deren Tätigkeit
vielseitige Fachkenntnisse erfordert.

*Das Tätigkeitsmerkmal ist ein Heraushebungsmerkmal aus der
Entgeltgruppe 5 Fallgr. 1 bzw. 2 und fordert neben einer abge-
schlossenen Berufsausbildung (Fallgr. 1) bzw. gründlichen Fachkennt-
nissen „vielseitige Fachkenntnisse". Es gilt für die Beschäftigten im
Büro-, Buchhalterei-, sonstigen Innendienst und im Außendienst. Im
Kern ist es aus dem Merkmal der Vergütungsgruppe VII Fallgr. 1a mit
Aufstieg nach Vergütungsgruppe VIb Fallgr. 1b hervorgegangen.
Dieser Verlauf mit „kurzem" (sechs Jahre) Bewährungsaufstieg wird
nun unmittelbar der höheren Entgeltgruppe zugeordnet (siehe dazu
Abschnitt II Nummer 2.1).*

Entgeltgruppe 7

Beschäftigte der Entgeltgruppe 6, deren Tätigkeit mindestens zu
einem Fünftel selbständige Leistungen erfordert.

*Das Tätigkeitsmerkmal ist ein Heraushebungsmerkmal aus der
Entgeltgruppe 6. Zusätzlich zu den Voraussetzungen der Entgeltgruppe 6 (s. o.) erfordert es zu mindestens einem Fünftel selbständige
Leistungen. Selbständige Leistungen erfordern nach der Protokollerklärung Nr. 4 ein den vorausgesetzten Fachkenntnissen entsprechendes selbständiges Erarbeiten eines Ergebnisses unter Entwicklung
einer eigenen geistigen Initiative; eine leichte geistige Arbeit kann
diese Anforderung nicht erfüllen. Das Merkmal ist aus der
Vergütungsgruppe VIb Fallgr. 1a hervorgegangen. Im Gegensatz zur
Entgeltordnung der Länder, die das alte „Fünftel-Merkmal" nicht
mehr abbildet, wurde es in der Entgeltordnung des Bundes der
erstmalig für Angestellte im alten Rechtssinn genutzten Entgeltgruppe 7 zugeordnet (siehe dazu Abschnitt II Nummer 2.2).*

Entgeltgruppe 8

Beschäftigte der Entgeltgruppe 6, deren Tätigkeit mindestens zu
einem Drittel selbständige Leistungen erfordert.

Das Tätigkeitsmerkmal ist aus dem Merkmal der Vergütungsgruppe Vc Fallgr. 1b hervorgegangen. Es unterscheidet sich von dem Merkmal der Entgeltgruppe 7 lediglich durch das Maß der selbständigen Leistungen (ein Drittel statt ein Fünftel).

Entgeltgruppe 9a

Beschäftigte der Entgeltgruppe 6, deren Tätigkeit selbständige Leistungen erfordert.

Das Tätigkeitsmerkmal ist aus dem Merkmal der Vergütungsgruppe Vc Fallgr. 1a mit Aufstieg nach Vergütungsgruppe Vb Fallgr. 1c hervorgegangen. Dieser Verlauf mit „kurzem" (drei Jahre) Bewährungsaufstieg wird nun unmittelbar der höheren Entgeltgruppe zugeordnet (siehe dazu Abschnitt II Nummer 2.1). Dies ist – bezogen auf die bisher nach Anlage 4 zum TVÜ-Bund maßgebende Entgeltgruppe 8 – die Entgeltgruppe 9a. Es unterscheidet sich von den Merkmalen der Entgeltgruppen 7 und 8 lediglich durch das Maß der selbständigen Leistungen (nach dem allgemeinen Eingruppierungsgrundsatz müssen zur Hälfte selbständige Leistungen vorliegen statt zu einem Drittel bzw. einem Fünftel).

Entgeltgruppe 9b

1. Beschäftigte der Fallgr. 2 oder 3 (der Entgeltgruppe 9b), deren Tätigkeit sich dadurch aus Fallgr. 2 oder 3 heraushebt, dass sie besonders verantwortungsvoll ist.

Das Tätigkeitsmerkmal ist aus dem Merkmal der Vergütungsgruppe IVb Fallgr. 1a hervorgegangen. Da bereits die geringeren Anforderungen der Fallgr. 2 oder 3 in die Entgeltgruppe 9b führen, ist das Merkmal der Fallgr. 1 an dieser Stelle an sich überflüssig. Es wird aber als Basis für die weitere Heraushebung in den Entgeltgruppen 10 und 11 benötigt.

2. Beschäftigte im Büro-, Buchhalterei-, sonstigen Innendienst und im Außendienst mit abgeschlossener Hochschulbildung und entsprechender Tätigkeit sowie sonstige Beschäftigte, die aufgrund gleichwertiger Fähigkeiten und ihrer Erfahrungen entsprechende Tätigkeiten ausüben.

Das Tätigkeitsmerkmal ist neu; es berücksichtigt erstmalig einen Ausbildungsbezug. Was sie unter einer „abgeschlossenen Hochschulbildung" verstehen, haben die Tarifpartner in § 8 TV EntgO Bund näher definiert. Es ist auch für die sogenannten „sonstigen Beschäftigten" (siehe dazu weiter unten unter Ziffer 3) geöffnet.

§ 8 TV EntgO Bund hat folgenden Wortlaut:

„§ 8 Hochschulbildung

[1]Eine abgeschlossene Hochschulbildung liegt vor, wenn von einer Hochschule im Sinne des § 1 Hochschulrahmengesetz (HRG) ein Diplomgrad mit dem Zusatz „Fachhochschule" („FH"), ein anderer nach § 18 HRG gleichwertiger Abschlussgrad oder ein Bachelorgrad verliehen wurde. [2]Die Abschlussprüfung muss in einem Studiengang abgelegt worden sein, der seinerseits mindestens das Zeugnis der Hochschulreife (allgemeine Hochschulreife oder einschlägige fachgebundene Hochschulreife) oder eine andere landesrechtliche Hochschulzugangsberechtigung als Zugangsvoraussetzung erfordert, und für den Abschluss eine Regelstudienzeit von mindestens sechs Semestern – ohne etwaige Praxissemester, Prüfungssemester o. Ä. – vorschreibt. [3]Der Bachelorstudiengang muss nach den Regelungen des Akkreditierungsrats akkreditiert sein. [4]Dem gleichgestellt sind Abschlüsse in akkreditierten Bachelorausbildungsgängen an Berufsakademien. [5]§ 7 Abs. 4 gilt entsprechend."

3. Beschäftigte im Büro-, Buchhalterei-, sonstigen Innendienst und im Außendienst, deren Tätigkeit gründliche, umfassende Fachkenntnisse und selbständige Leistungen erfordert.

Das Tätigkeitsmerkmal ist aus dem Merkmal der Vergütungsgruppe Vb Fallgr. 1a mit Aufstieg nach Vergütungsgruppe IVb Fallgr. 2 hervorgegangen. Der Verlauf Vb/IVb ist bereits nach Anlage 4 zum TVÜ-Bund der Entgeltgruppe 9 (im Zuge der neuen Entgeltordnung ist das nun die Entgeltgruppe 9b) zugeordnet gewesen – und zwar unabhängig davon, in welcher der beiden Vergütungsgruppen sich der Beschäftigte befand. In der Protokollerklärung Nr. 3 haben die Tarifpartner definiert, was sie unter „gründlichen, umfassenden Fachkenntnissen" verstehen. Gründliche, umfassende Fachkenntnisse bedeuten demnach gegenüber den in den Entgeltgruppen 6, 7, 8 und 9a geforderten gründlichen und vielseitigen Fachkenntnissen eine Steigerung der Tiefe und der Breite nach.

Entgeltgruppe 10

Beschäftigte der Entgeltgruppe 9b Fallgr. 1, deren Tätigkeit sich mindestens zu einem Drittel durch besondere Schwierigkeit und Bedeutung aus der Entgeltgruppe 9b Fallgr. 1 heraushebt.

Das Tätigkeitsmerkmal gilt ebenfalls für Beschäftigte im Büro-, Buchhalterei-, sonstigen Innendienst und im Außendienst. Es ist ein Heraushebungsmerkmal gegenüber der Entgeltgruppe 9b Fallgr. 1 und verlangt, dass sich die Tätigkeit im Vergleich dazu zu einem Drittel durch besondere Schwierigkeit und Bedeutung heraushebt. Es ist aus dem Merkmal der Vergütungsgruppe IVa Fallgr. 1b hervorgegangen. Die Eingruppierung in IVa ohne Aufstieg ist bereits nach Anlage 4 zum TVÜ-Bund der Entgeltgruppe 10 zugeordnet gewesen.

Entgeltgruppe 11

Beschäftigte der Entgeltgruppe 9b Fallgr. 1, deren Tätigkeit sich durch besondere Schwierigkeit und Bedeutung aus der Entgeltgruppe 9b Fallgr. 1 heraushebt.

Das Tätigkeitsmerkmal gilt ebenfalls für Beschäftigte im Büro-, Buchhalterei-, sonstigen Innendienst und im Außendienst. Es ist aus dem Merkmal der Vergütungsgruppe IVa Fallgr. 1a mit Aufstieg nach Vergütungsgruppe III Fallgr. 1b hervorgegangen. Der Verlauf IVa/III ist bereits nach Anlage 4 zum TVÜ-Bund der Entgeltgruppe 11 zugeordnet gewesen – und zwar unabhängig davon, in welcher der beiden Vergütungsgruppen sich der Beschäftigte befand. Es unterscheidet sich von dem Merkmal der Entgeltgruppe 10 lediglich durch das Maß der besonderen Schwierigkeit und Bedeutung (nach dem allgemeinen Eingruppierungsgrundsatz müssen die Heraushebungsmerkmale zur Hälfte vorliegen statt zu einem Drittel).

Entgeltgruppe 12

Beschäftigte der Entgeltgruppe 11, deren Tätigkeit sich durch das Maß der damit verbundenen Verantwortung erheblich aus der Entgeltgruppe 11 heraushebt.

Das Tätigkeitsmerkmal ist ein Heraushebungsmerkmal aus der Entgeltgruppe 11, die selbst eine Heraushebung aus der Entgeltgruppe 9b Fallgr. 1 darstellt, bei der es sich wiederum um eine Heraushebung aus den Fallgr. 2 oder 3 der Entgeltgruppe 9b handelt. Die Tätigkeit muss somit zunächst die Voraussetzungen der Fallgr. 2 (abgeschlossene Hochschulausbildung) bzw. 3 (gründliche, umfassende Fachkenntnisse und selbständige Leistungen) erfüllen, darüber hinaus besonders verantwortungsvoll sein (Entgeltgruppe 9b Fallgr. 1) und sich dann durch besondere Schwierigkeit und Bedeutung (Entgeltgruppe 11) sowie das Maß der damit verbundenen Verantwortung hervorheben. Das Merkmal gilt ebenfalls für Beschäftigte im Büro-, Buchhalterei-, sonstigen Innendienst und im Außendienst. Es ist aus dem Merkmal der Vergütungsgruppe III Fallgr. 1a mit Aufstieg nach Vergütungsgruppe IIa Fallgr. 10 hervorgegangen. Der Verlauf III/IIIa ist bereits nach Anlage 4 zum TVÜ-Bund der

Entgeltgruppe 12 zugeordnet gewesen – und zwar unabhängig davon, in welcher der beiden Vergütungsgruppen sich der Beschäftigte befand.

Entgeltgruppe 13

Beschäftigte mit abgeschlossener wissenschaftlicher Hochschulbildung und entsprechender Tätigkeit sowie sonstige Beschäftigte, die aufgrund gleichwertiger Fähigkeiten und ihrer Erfahrungen entsprechende Tätigkeiten ausüben.

Das Tätigkeitsmerkmal ist aus dem Merkmal der Vergütungsgruppe IIa Fallgr. 1a mit Aufstieg nach Vergütungsgruppe Ib Fallgr. 2 hervorgegangen. Der Verlauf IIa/Ib ist bereits nach Anlage 4 zum TVÜ-Bund der Entgeltgruppe 13 zugeordnet gewesen – und zwar unabhängig, in welcher der beiden Vergütungsgruppen sich der Beschäftigte befand. Zum Sonderfall des sogenannten „sonstigen Beschäftigten" siehe weiter unten in diesem Abschnitt.

Was sie unter einer „abgeschlossenen wissenschaftlichen Hochschulbildung" verstehen, haben die Tarifpartner in § 7 des TV EntgeltO dargestellt. Diese Vorschrift hat folgenden Wortlaut:

„§ 7 Wissenschaftliche Hochschulbildung

(1) Wissenschaftliche Hochschulen sind Universitäten, Technische Hochschulen sowie andere Hochschulen, die nach Landesrecht als wissenschaftliche Hochschulen anerkannt sind.

(2) ¹Eine abgeschlossene wissenschaftliche Hochschulbildung liegt vor, wenn das Studium mit einer ersten Staatsprüfung oder mit einer Diplomprüfung oder mit einer Masterprüfung beendet worden ist. ²Diesen Prüfungen steht eine Promotion oder die Akademische Abschlussprüfung (Magisterprüfung) einer Philosophischen Fakultät nur in den Fällen gleich, in denen die Ablegung einer ersten Staatsprüfung oder einer Diplomprüfung oder einer Masterprüfung nach den einschlägigen Ausbildungsvorschriften nicht vorgesehen ist. ³Eine abgeschlossene wissenschaftliche Hochschulbildung liegt auch vor, wenn der Master an einer Fachhochschule erlangt wurde und den Zugang zur Laufbahn des höheren Dienstes des Bundes eröffnet.

(3) ¹Eine abgeschlossene wissenschaftliche Hochschulbildung setzt voraus, dass die Abschlussprüfung in einem Studiengang abgelegt wird, der seinerseits mindestens das Zeugnis der Hochschulreife (allgemeine Hochschulreife oder einschlägige fachgebundene Hochschulreife) oder eine andere landesrechtliche Hochschulzugangs-

berechtigung als Zugangsvoraussetzung erfordert, und für den Abschluss eine Regelstudienzeit von mindestens acht Semestern – ohne etwaige Praxissemester, Prüfungssemester o. Ä. – vorschreibt. [2]Ein Bachelorstudiengang erfüllt diese Voraussetzung auch dann nicht, wenn mehr als sechs Semester für den Abschluss vorgeschrieben sind.

(4) Ein Abschluss an einer ausländischen Hochschule gilt als abgeschlossene wissenschaftliche Hochschulbildung, wenn er nach Maßgabe der Empfehlungen der bei der Kultusministerkonferenz eingerichteten Zentralstelle für ausländisches Bildungswesen (ZAB) dem deutschen Hochschulabschluss gleichgestellt ist."

Entgeltgruppe 14

1. Beschäftigte der Entgeltgruppe 13, deren Tätigkeit sich durch besondere Schwierigkeit und Bedeutung aus der Entgeltgruppe 13 heraushebt.

Das Tätigkeitsmerkmal ist ein Heraushebungsmerkmal aus der Entgeltgruppe 13. Es gilt damit für Beschäftigte mit abgeschlossener wissenschaftlicher Hochschulbildung und entsprechender Tätigkeit sowie sonstige Beschäftigte, die aufgrund gleichwertiger Fähigkeiten und ihrer Erfahrungen entsprechende Tätigkeiten ausüben und deren Tätigkeit sich (im Umfang von 50 %) durch besondere Schwierigkeit und Bedeutung aus der Entgeltgruppe 13 heraushebt. Das Tätigkeitsmerkmal hat innerhalb der Entgeltgruppe 14 keine Bedeutung; denn für die Eingruppierung in Entgeltgruppe 14 reicht bereits eine Heraushebung durch besondere Schwierigkeit und Bedeutung im Umfang von einem Drittel (siehe Fallgr. 2). Das Merkmal wird aber für die weitere Heraushebung in Entgeltgruppe 15 Fallgr. 1 benötigt.

2. Beschäftigte der Entgeltgruppe 13, deren Tätigkeit sich mindestens zu einem Drittel durch besondere Schwierigkeit und Bedeutung aus der Entgeltgruppe 13 heraushebt.

Das Tätigkeitsmerkmal ist ein Heraushebungsmerkmal aus der Entgeltgruppe 13. Es gilt damit für Beschäftigte mit abgeschlossener wissenschaftlicher Hochschulbildung und entsprechender Tätigkeit sowie sonstige Beschäftigte, die aufgrund gleichwertiger Fähigkeiten und ihrer Erfahrungen entsprechende Tätigkeiten ausüben und deren Tätigkeit sich (im Umfang von einem Drittel) durch besondere Schwierigkeit und Bedeutung aus der Entgeltgruppe 13 heraushebt. Das Tätigkeitsmerkmal ist aus dem Merkmal der Vergütungsgruppe IIa Fallgr. 1b mit Aufstieg nach Vergütungsgruppe Ib Fallgr. 1c hervorgegangen. Dieser Verlauf war nach Anlage 4 zum TVÜ-Bund der

Entgeltgruppe 13 zugeordnet gewesen und löste darüber hinaus eine Zulage nach § 17 Abs. 8 TVÜ-Bund aus. Die Entgeltgruppe „13 + Z" wurde im Rahmen der neuen Entgeltordnung in die Entgeltgruppe 14 überführt (siehe dazu Abschnitt II Nummer 2.4).

3. Beschäftigte der Entgeltgruppe 13, deren Tätigkeit sich dadurch aus der Entgeltgruppe 13 heraushebt, dass sie mindestens zu einem Drittel hochwertige Leistungen bei besonders schwierigen Aufgaben erfordert.

Das Tätigkeitsmerkmal ist ein Heraushebungsmerkmal aus der Entgeltgruppe 13. Es gilt damit für Beschäftigte mit abgeschlossener wissenschaftlicher Hochschulbildung und entsprechender Tätigkeit sowie sonstige Beschäftigte, die aufgrund gleichwertiger Fähigkeiten und ihrer Erfahrungen entsprechende Tätigkeiten ausüben, deren Tätigkeit sich dadurch aus der Entgeltgruppe 13 heraushebt, dass sie mindestens zu einem Drittel hochwertige Leistungen bei besonders schwierigen Aufgaben erfordert.

Das Tätigkeitsmerkmal ist aus dem Merkmal der Vergütungsgruppe IIa Fallgr. 1c mit Aufstieg nach Vergütungsgruppe Ib Fallgr. 1e hervorgegangen. Dieser Verlauf war nach Anlage 4 zum TVÜ-Bund der Entgeltgruppe 13 zugeordnet gewesen und löste darüber hinaus eine Zulage nach § 17 Abs. 8 TVÜ-Bund aus. Die Entgeltgruppe „13 + Z" wurde im Rahmen der neuen Entgeltordnung in die Entgeltgruppe 14 überführt (siehe dazu Abschnitt II Nummer 2.4).

4. Beschäftigte der Entgeltgruppe 13, denen mindestens drei Beschäftigte mindestens der Entgeltgruppe 13 durch ausdrückliche Anordnung ständig unterstellt sind.

Das Tätigkeitsmerkmal ist ein Heraushebungsmerkmal aus der Entgeltgruppe 13. Es gilt damit für Beschäftigte mit abgeschlossener wissenschaftlicher Hochschulbildung und entsprechender Tätigkeit sowie sonstige Beschäftigte, die aufgrund gleichwertiger Fähigkeiten und ihrer Erfahrungen entsprechende Tätigkeiten ausüben, denen mindestens drei Beschäftigte mindestens der Entgeltgruppe 13 durch ausdrückliche Anordnung ständig unterstellt sind.

Das Tätigkeitsmerkmal ist aus dem Merkmal der Vergütungsgruppe Ib Fallgr. 1b hervorgegangen. Es war bereits nach Anlage 4 zum TVÜ-Bund der Entgeltgruppe 14 zugeordnet. Wegen besonderer Vereinbarungen zu den „Unterstellungsmerkmalen" (z. B. der Berücksichtigung unterstellter Beamter) siehe § 5 TV EntgO Bund.

Entgeltgruppe 15

1. Beschäftigte der Entgeltgruppe 14 Fallgr. 1, deren Tätigkeit sich durch das Maß der damit verbundenen Verantwortung erheblich aus der Entgeltgruppe 14 Fallgr. 1 heraushebt.

Das Tätigkeitsmerkmal ist ein Heraushebungsmerkmal aus der Entgeltgruppe 14 Fallgruppe 1. Es gilt damit für Beschäftigte mit abgeschlossener wissenschaftlicher Hochschulbildung und entsprechender Tätigkeit sowie für sonstige Beschäftigte, die aufgrund gleichwertiger Fähigkeiten und ihrer Erfahrungen entsprechende Tätigkeiten ausüben, deren Tätigkeit sich durch das Maß der damit verbundenen Verantwortung erheblich aus der Entgeltgruppe 14 Fallgr. 1 heraushebt.

Das Tätigkeitsmerkmal ist aus dem Merkmal der Vergütungsgruppe Ia Fallgr. 1a hervorgegangen. Es war bereits nach Anlage 4 zum TVÜ-Bund der Entgeltgruppe 15 zugeordnet.

2. Beschäftigte der Entgeltgruppe 13, denen mindestens fünf Beschäftigte mindestens der Entgeltgruppe 13 durch ausdrückliche Anordnung ständig unterstellt sind.

Das Tätigkeitsmerkmal ist ein Heraushebungsmerkmal aus der Entgeltgruppe 13. Es gilt damit für Beschäftigte mit abgeschlossener wissenschaftlicher Hochschulbildung und entsprechender Tätigkeit sowie sonstige Beschäftigte, die aufgrund gleichwertiger Fähigkeiten und ihrer Erfahrungen entsprechende Tätigkeiten ausüben, denen mindestens fünf Beschäftigte mindestens der Entgeltgruppe 13 durch ausdrückliche Anordnung ständig unterstellt sind.

Das Tätigkeitsmerkmal ist aus dem Merkmal der Vergütungsgruppe Ia Fallgr. 1b hervorgegangen. Es war bereits nach Anlage 4 zum TVÜ-Bund der Entgeltgruppe 15 zugeordnet. Wegen besonderer Vereinbarungen zu den „Unterstellungsmerkmalen" (z. B. der Berücksichtigung unterstellter Beamter) siehe § 5 TV EntgO Bund.

2. Grundsatz „eine Entgeltgruppe niedriger, wenn die ausbildungsmäßigen Voraussetzungen nicht erfüllt sind"

Nach der Vorbemerkung Nr. 1 Unterabs. 3 zu allen Vergütungsgruppen der Anlage 1a zum BAT waren Beschäftigte, die nicht über die im Tätigkeitsmerkmal geforderte Ausbildung verfügen, aber die sonstigen Anforderungen erfüllen, eine Vergütungsgruppe niedriger eingruppiert. Dieser Grundsatz ist nun in § 12 TV EntgO Bund aufgenommen worden. Ausdrücklich klargestellt ist in Absatz 2 der

Vorschrift, dass der Grundsatz auch in Merkmalen mit „sonstigen Beschäftigten" zur Anwendung kommt, wenn die entsprechenden Beschäftigten auch die Voraussetzungen für die Eingruppierung als „sonstiger Beschäftigter" nicht erfüllen. Wie bisher greift der Grundsatz nicht, wenn in dem jeweiligen Abschnitt Tätigkeitsmerkmale für „Beschäftigte in der Tätigkeit von …" vereinbart worden sind (siehe § 12 Abs. 4 TV EntgeltO Bund). Die Vorschrift des § 12 TV EntgeltO Bund hat folgenden Wortlaut:

„§ 12 Eingruppierung bei Nichterfüllung einer Vorbildungs- oder Ausbildungsvoraussetzung

(1) Ist in einem Tätigkeitsmerkmal eine Vorbildung oder Ausbildung als Anforderung bestimmt, ohne dass sonstige Beschäftigte, die aufgrund gleichwertiger Fähigkeiten und ihrer Erfahrungen entsprechende Tätigkeiten ausüben, von ihm miterfasst werden, sind Beschäftigte, die die geforderte Vorbildung oder Ausbildung nicht besitzen, bei Erfüllung der sonstigen Anforderungen des Tätigkeitsmerkmals eine Entgeltgruppe niedriger eingruppiert.

(2) Ist in einem Tätigkeitsmerkmal

a) eine Vorbildung oder Ausbildung als Anforderung bestimmt und

b) werden von ihm sonstige Beschäftigte, die aufgrund gleichwertiger Fähigkeiten und ihrer Erfahrungen entsprechende Tätigkeiten ausüben, miterfasst, sind Beschäftigte, die weder die Voraussetzung nach Buchstabe a noch die nach Buchstabe b erfüllen, bei Erfüllung der sonstigen Anforderungen des Tätigkeitsmerkmals eine Entgeltgruppe niedriger eingruppiert.

(3) Die Absätze 1 und 2 gelten entsprechend für Tätigkeitsmerkmale, die bei Erfüllung qualifizierter Anforderungen eine höhere Eingruppierung vorsehen.

(4) Die Absätze 1 bis 3 gelten nicht, wenn die Entgeltordnung in dem jeweiligen Abschnitt neben einem Tätigkeitsmerkmal mit einer Vorbildungs- oder Ausbildungsvoraussetzung ein besonderes Tätigkeitsmerkmal enthält (z. B. „Beschäftigte in der Tätigkeit von …")."

3. „Sonstige Beschäftigte"

Wie bisher sind viele Tätigkeitsmerkmale auch für „sonstige Beschäftigte, die aufgrund gleichwertiger Fähigkeiten und ihrer Erfahrungen entsprechende Tätigkeiten ausüben", geöffnet. Die Rechtsfigur des „sonstigen Beschäftigten" (früher: „sonstiger Angestellter") ist Gegenstand langjähriger, gefestigter Rechtsprechung. Bei der Prüfung der Frage, ob ein Beschäftigter die Anforderungen erfüllt, um als „sonstiger Beschäftigter" eingruppiert zu werden, sind die folgenden Grundsätze zu beachten:

3.1 Sonstige Beschäftigte sind Beschäftigte, die nicht über die jeweils geforderte Vorbildung oder Ausbildung verfügen. Sie müssen aber alle übrigen in den Tätigkeitsmerkmalen genannten Anforderungen erfüllen, d. h. sie müssen kumulativ über die „Fähigkeiten und Erfahrungen" verfügen, die denen der in den Tätigkeitsmerkmalen genannten ausgebildeten Beschäftigten entsprechen; außerdem muss die auszuübende „entsprechende Tätigkeit" derartige Fähigkeiten und Erfahrungen erfordern und damit den Zuschnitt der Tätigkeit der in den Tätigkeitsmerkmalen genannten ausgebildeten Beschäftigten haben.

a) Die subjektive Anforderung der „gleichwertigen Fähigkeiten" setzt voraus, dass der sonstige Beschäftigte über Fähigkeiten verfügt, die denen, die in der jeweiligen Ausbildung vermittelt werden, gleichwertig sind (vgl. BAG, Urt. v. 26. 7. 1967 – 4 AZR 433/66). Dabei wird nicht das gleiche Wissen und Können, aber eine ähnlich gründliche Beherrschung eines entsprechend umfangreichen Wissensgebietes vorausgesetzt (vgl. BAG, Urt. v. 31. 7. 1963 – 4 AZR 425/62), wobei die Begrenzung auf ein engbegrenztes Teilgebiet nicht ausreicht (vgl. BAG, Urt. v. 10. 10. 1979 – 4 AZR 1029/77, v. 26. 11. 1980 – 4 AZR 809/78, v. 29. 10. 1980 – 4 AZR 750/78, v. 29. 9. 1982 – 4 AZR 1161/79 und v. 24. 10. 1984 – 4 AZR 386/82).

Die weiter geforderte „Erfahrung" muss ebenfalls in der Person des sonstigen Beschäftigten vorliegen. Die Erfahrung kann zwangsläufig nur nach einer längeren Zeit der Ausübung einer einschlägigen Tätigkeit – ggf. auch außerhalb des öffentlichen Dienstes – erworben werden. So ist z. B. ausgeschlossen, dass ein Berufsanfänger als sonstiger Beschäftigter eingruppiert ist.

b) Aufgrund gleichwertiger Fähigkeiten und ihrer Erfahrungen müssen die sonstigen Beschäftigten „entsprechende Tätigkeiten" ausüben. Dies bedeutet, dass sich die auszuübende Tätigkeit auf die konkrete Fachrichtung der jeweiligen Ausbildung beziehen muss und dass sie gerade die durch die Ausbildung erworbenen Fähigkeiten erfordert (vgl. BAG, Urt. v. 23. 5. 1979 – 4 AZR 576/77 und v. 23. 2. 1994 – 4 AZR 217/93).

Eine entsprechende Tätigkeit ist demnach nur dann gegeben, wenn sie objektiv ein Wissen und Können erfordert, das sich im Vergleich zu der in den Tätigkeitsmerkmalen geforderten Ausbildung als ähnlich gründliche Beherrschung eines Wissensgebietes darstellt (vgl. BAG, Urt. v. 25. 10. 1972 – 4 AZR 511/71), d. h. insbesondere die Befähigung, wie ein einschlägig ausgebildeter Mitarbeiter Zusammenhänge zu überschauen und Ergebnisse zu entwickeln (vgl. BAG, Urt. v. 2. 4. 1980 – 4 AZR 306/78, v. 29. 1. 1986 – 4 AZR 465/84 und v. 28. 9. 1994 – 4 AZR 830/93).

3.2 Bei der tarifrechtlichen Prüfung ist wie folgt zu verfahren:

– Grundlage der zu treffenden Feststellungen ist in jedem Fall eine – ggf. zu aktualisierende – Arbeitsplatzbeschreibung und -bewertung.

– Alle tariflichen Voraussetzungen für die Eingruppierung als sonstiger Beschäftigter müssen kumulativ vorliegen (vgl. Nr. 3.1). Der Beschäftigte muss über gleichwertige Fähigkeiten *und Erfahrungen* verfügen wie ein Beschäftigter mit der geforderten Vorbildung oder Ausbildung und er muss eine entsprechende Tätigkeit ausüben.

– *Ein tariflicher Vergütungsanspruch als sonstiger Beschäftigter besteht z. B. dann nicht, wenn der Beschäftigte zwar möglicherweise über Fähigkeiten und Erfahrungen wie ein Akademiker oder Diplom-Ingenieur (FH) verfügt, der auszuübenden Tätigkeit als solcher aber ein akademischer bzw. ingenieurmäßiger Zuschnitt fehlt (vgl. BAG, Urt. v. 17. 5. 1972 – 4 AZR 280/71, v. 18. 5. 1977 – 4 AZR 18/76 und v. 10. 2. 1982 – 4 AZR 393/79).*

– *Beansprucht der Beschäftigte für sich die Eigenschaft eines sonstigen Beschäftigten, trifft ihn hinsichtlich aller Tatsachen die Darlegungs- und Beweispflicht.*

– *Es ist rechtlich möglich, aus der auszuübenden entsprechenden Tätigkeit Rückschlüsse auf die Fähigkeiten und Erfahrungen eines sonstigen Beschäftigten zu ziehen; ist ein solcher Beschäftigter z. B. wie ein ausgebildeter Diplom-Ingenieur (FH) vielfältig einsetzbar, so kann das dafür sprechen, dass er über entsprechende Fähigkeiten und Erfahrungen verfügt; fehlt es an einer derartigen breiten Verwendungsfähigkeit, so kann das gegen gleichwertige Fähigkeiten und Erfahrungen sprechen (vgl. BAG, Urt. v. 13. 12. 1978 – 4 AZR 322/77).*

– Daraus kann aber weder der Rechtssatz noch der allgemeine Erfahrungssatz hergeleitet werden, dass immer dann, wenn ein Beschäftigter eine solche entsprechende Tätigkeit ausübt, dieser auch notwendigerweise über gleichwertige Fähigkeiten und Erfahrungen verfügen müsse. Viele Beschäftigte mit solchen entsprechenden Tätigkeiten sind gleichwohl – anders als z. B. ein ausgebildeter Diplom-Ingenieur (FH) – an anderen Stellen deshalb nicht einsetzbar, weil ihnen dafür notwendige Kenntnisse und Erfahrungen fehlen (vgl. BAG, Urt. v. 26. 11. 1980 – 4 AZR 809/78).

3.3 Werden alle Voraussetzungen als sonstiger Beschäftigter erfüllt, führt dies tarifrechtlich zu einem entsprechenden Vergütungsanspruch. Der Arbeitgeber, der das Vorliegen dieser Voraussetzungen bestätigt, sollte alle dafür ausschlaggebenden Gründe – auch und gerade hinsichtlich der personenbezogenen Anforderungen – vollständig und nachvollziehbar festhalten und zu den Akten nehmen.

3.4 Der Grundsatz „eine Entgeltgruppe niedriger, wenn die ausbildungsmäßigen Voraussetzungen nicht erfüllt sind" (siehe § 12 Abs. 1 TV EntgO Bund) gilt nach der ausdrücklichen Regelung in § 12 Abs. 2 TV EntgO Bund auch für Merkmale, die einen „sonstigen Beschäftigten" beinhalten, und zwar dann, wenn der entsprechende Beschäftigte weder die eigentlich geforderten Voraussetzungen erfüllt, noch die für „sonstige Beschäftigte" geforderten Voraussetzungen erfüllt.

4. Beschäftigte mit körperlich/handwerklich geprägten Tätigkeiten (Teil II EntgO Bund)

Die ehemaligen Regelungen zur dort „Einreihung" genannten Eingruppierung der früheren Arbeiter im Lohngruppenverzeichnis zum MTArb (zur Abgrenzung der ehemaligen Arbeiter von den ehemaligen Angestellten siehe § 38 Abs. 5 TVöD und § 2 Abs. 3 TV EntgO Bund) wurde vermutlich nicht nur vom Verfasser als eher unübersichtlich angesehen. Dies lag nicht zuletzt an der Vielzahl von (aus Verwaltungssicht) eher exotischen Berufsbezeichnungen, für die das Lohngruppenverzeichnis Tätigkeitsmerkmale bereithielt. Der Ansatz der Tarifpartner, das Lohngruppenverzeichnis deutlich zu „entschlacken", ist sehr zu begrüßen; die Verschlankung der Merkmale war längst überfällig.

Dies vorangestellt, ist zu den neuen Tätigkeitsmerkmalen der nach altem Recht als Arbeiter einzustufenden Beschäftigten Folgendes anzumerken:

4.1 Verknüpfung der Tätigkeitsmerkmale für ehemalige Arbeiter mit der übrigen Entgeltordnung

Die Tätigkeitsmerkmale für ehemalige Arbeiter sind – relativ eigenständig – als Teil II der neuen Entgeltordnung aufgenommen worden. Anders als in der Entgeltordnung für die Beschäftigten der Länder sind die Arbeitermerkmale sehr viel enger in die Entgeltordnung integriert. Zwar gilt Teil II nur für die Arbeiter im alten Rechtssinn und nimmt die Oberbegriffe des Lohngruppenverzeichnisses auf. Die besonderen Tätigkeitsmerkmale in den Teilen III bis VI der Entgeltordnung beinhalten aber sowohl Merkmale für Beschäftigte, die im alten Rechtssinn Angestellte gewesen wären, als auch Merkmale für Arbeiter im alten Rechtssinn.

4.2 Struktur der Tätigkeitsmerkmale für ehemalige Arbeiter

Wie oben dargestellt, wurden in Teil II der Entgeltordnung lediglich die jeweiligen Oberbegriffe aus dem Lohngruppenverzeichnis übernommen, während sich die Beispiels- und Ferner-Tätigkeitsmerkmale des Lohngruppenverzeichnisses nun weitestgehend in Teil III finden.

Dies vorangestellt, ergibt sich folgende Struktur der allgemeinen Tätigkeitsmerkmale (ehemalige Oberbegriffe) des Teils II (da die Tätigkeitsmerkmale bzw. deren Anforderungen aufeinander aufbauen, von unten nach oben):

Entgeltgruppe 1

Beschäftigte mit körperlich/handwerklich geprägten Tätigkeiten mit einfachsten Tätigkeiten.

Das Merkmal und der dazu gehörende Beispielskatalog (siehe Protokollerklärung Nr. 5) sind materiell unverändert aus der Anlage 4 zum TVÜ-Bund übernommen worden.

Entgeltgruppe 2

Beschäftigte mit körperlich/handwerklich geprägten Tätigkeiten mit einfachen Tätigkeiten.

Einfache Tätigkeiten sind nach näherer Maßgabe der Protokollerklärung Nr. 4 Tätigkeiten, die keine Vor- und Ausbildung, aber eine Einarbeitung erfordern, die über eine sehr kurze Einweisung oder Anlernphase hinausgeht. Die Einarbeitung dient dem Erwerb derjeni-

gen Kenntnisse und Fertigkeiten, die für die Beherrschung der Arbeitsabläufe als solche erforderlich sind.

Entgeltgruppe 3

1. Beschäftigte mit körperlich/handwerklich geprägten Tätigkeiten, für die eine eingehende Einarbeitung erforderlich ist.

2. Angelernte Beschäftigte mit körperlich/handwerklich geprägten Tätigkeiten

Angelernte Beschäftigte sind gemäß Protokollerklärung Nr. 3 Beschäftigte mit Tätigkeiten, die eine handwerkliche oder fachliche Anlernung erfordern.

3. Beschäftigte mit Tätigkeiten der Entgeltgruppe 2, die die Körperkräfte außerordentlich beanspruchen oder mit besonderer Verantwortung verbunden sind.

Entgeltgruppe 4

Beschäftigte mit körperlich/handwerklich geprägten Tätigkeiten mit abgeschlossener Berufsausbildung mit einer Ausbildungsdauer von weniger als drei Jahren, die in ihrem oder einem diesem verwandten Beruf beschäftigt werden.

Entgeltgruppe 5

Beschäftigte mit körperlich/handwerklich geprägten Tätigkeiten mit abgeschlossener Berufsausbildung, die in ihrem oder einem diesem verwandten Beruf beschäftigt werden.

Entgeltgruppe 6

Beschäftigte der Entgeltgruppe 5, die hochwertige Arbeiten verrichten.

Hochwertige Arbeiten sind nach der Vereinbarung in Protokollerklärung Nr. 2 Arbeiten, die an das Überlegungsvermögen und das fachliche Geschick der Beschäftigten Anforderungen stellen, die über das Maß dessen hinausgehen, das von solchen Beschäftigten üblicherweise verlangt werden kann.

Entgeltgruppe 7

Beschäftigte der Entgeltgruppe 5, die besonders hochwertige Arbeiten verrichten.

Besonders hochwertige Arbeiten sind gemäß Protokollerklärung Nr. 1 Arbeiten, die neben vielseitigem hochwertigem fachlichem Können besondere Umsicht und Zuverlässigkeit erfordern.

5. Beschäftigte im Pflegedienst (Teil IV EntgO Bund)

Die Tätigkeitsmerkmale für Pflegekräfte, die sich im alten Recht aus der Anlage 1b zum BAT ergaben, bleiben von der jetzigen Überarbeitung ebenfalls materiell nicht unberührt; so wurde jetzt beispielsweise auch die Fachweiterbildung in der Onkologie berücksichtigt und führt in die Entgeltgruppe KR 9a Fallgr. 2a) des Abschnitts 25.6 in Teil IV der Entgeltordnung. Ansonsten bleibt es – entsprechend der Regelung im Bereich der Länder – weitgehend bei einer redaktionellen Überarbeitung, die insbesondere zu einer übersichtlicheren Gliederung führt. Außerdem wurden die möglichen Zulagen nun in § 18 TV EntgO Bund zusammengefasst. Daneben wurden die aus der nun in Anlage E (Bund) zum TVöD Besonderer Teil Verwaltung (BT-V) bekannten, im Vergleich zur alten Anlage 1b zum BAT feiner differenzierenden Entgeltgruppenbezeichnungen übernommen (z. B. KR 9a, 9b, 9c, . . .). Insgesamt bleibt das bewährte System der „KR-Entgeltgruppen" aber erhalten. Die nach den Karriereverläufen ermittelte Eingruppierung und das durch Besonderheiten der Tabellenstruktur geprägte Entgelt lassen sich auch künftig aus einer eigenständigen KR-Tabelle ablesen, die auch bereits die Besonderheiten bei der Stufenzuordnung und Laufzeit erfasst und weitere Einzelfallfeststellungen entbehrlich macht.

Die Tätigkeitsmerkmale für Pflegekräfte sind – relativ eigenständig – als Abschnitt 25 im Teil IV der neuen Entgeltordnung (Besondere Tätigkeitsmerkmale im Bereich des Bundesministeriums der Verteidigung) aufgenommen worden. Die Platzierung in diesem Teil der Entgeltordnung ist dem Umstand geschuldet, dass es beim Bund nur im Bereich der Bundeswehr Pflegekräfte gibt.

6. Weitere Beschäftigtengruppen

Folgende weitere Beschäftigtengruppen bedürfen besonderer Erwähnung:

6.1 Lehrer

Die weitestgehende Ausnahme der Lehrkräfte vom Geltungsbereich der Entgeltordnung wurde beibehalten.

Im bisherigen Recht ergab sich der Ausschluss der Lehrkräfte aus Vorbemerkung Nr. 5 zu allen Vergütungsgruppen der Vergütungsordnung. Deren Inhalt wurde sinngleich in § 1 Abs. 2 Buchst. a) TV EntgO Bund übernommen. Diese Vorschrift hat folgenden Wortlaut:

„(2) Dieser Tarifvertrag gilt nicht für

a) Beschäftigte, die als Lehrkräfte – auch wenn sie nicht unter § 49 (Bund) TVöD BT-V fallen – beschäftigt sind, soweit nicht ein besonderes Tätigkeitsmerkmal vereinbart ist,"

Damit sind alle Beschäftigten von der Entgeltordnung ausgenommen, deren Tätigkeit durch die Vermittlung von Fähigkeiten und Kenntnissen im Rahmen eines Schul-, Hochschul- oder vergleichbaren Betriebes (z. B. Ausbildungseinrichtungen der Verwaltung) geprägt wird. Nicht dazu gehören Beschäftigte, die Personen am Arbeitsplatz außerhalb eines Schulbetriebes unterweisen (Ausbilder) – siehe dazu BAG vom 10. 10. 1984 – 4 AZR 411/82. Diese Beschäftigten fallen ebenso unter die Entgeltordnung wie diejenigen Lehrkräfte, für die eigenständige Tätigkeitsmerkmale in der Entgeltordnung ausdrücklich vereinbart wurden (z. B. für Unterrichtsschwestern im Teil IV Abschnitt 25.3).

6.2 Schreibkräfte

Die bereits zum 31. Dezember 1983 gekündigten und inhaltlich völlig überholten Regelungen des alten Teils II Abschnitt N der Anlage 1a zum BAT für Angestellte im Schreibdienst sind nicht mehr neu vereinbart worden. Für neue Eingruppierungsvorgänge kann daher nur noch auf den allgemeinen Teil der neuen Entgeltordnung zurückgegriffen werden.

V. Überleitung vorhandener Beschäftigter in die neue Entgeltordnung

Die Tarifpartner haben die Regelungen zur Überleitung vorhandener Beschäftigter in die neue Entgeltordnung im TVÜ-Bund – und dort im Wesentlichen in den §§ 24 bis 28 – platziert. Die durch die Vereinbarung der Entgeltordnung für die Beschäftigten des Bundes überflüssig gewordenen Übergangsregelungen des TVÜ-Bund wurden mit Wirkung vom 1. Januar 2014 aufgehoben (z. B. § 17 TVÜ-Bund).

Folgende Punkte sind im Zusammenhang mit dem Inkraftsetzen der Entgeltordnung und der Überleitung vorhandener Beschäftigter besonders zu erwähnen:

1. Zeitpunkt

Die neue Entgeltordnung ist wie geplant zum 1. Januar 2014 in Kraft getreten.

2. Überleitungstechnik

2.1 Grundsatz

Beschäftigte sollen für die Dauer der unverändert auszuübenden Tätigkeit in der bisherigen Entgeltgruppe eingruppiert bleiben. Die Überleitung erfolgt deshalb unter Beibehaltung der bisherigen Entgeltgruppe für die Dauer der unverändert auszuübenden Tätigkeit (siehe § 25 Abs. 1 TVÜ-Bund). Die Tarifautomatik des § 12 TVöD Bund greift insoweit nicht. Soweit an die weiterhin auszuübende Tätigkeit Entgeltbestandteile geknüpft waren, werden diese unter den bisherigen Voraussetzungen weiter geleistet (siehe § 25 Abs. 4 TVÜ-Bund). Dies gilt auch für die Techniker-, Meister- und Programmiererzulagen (siehe § 25 Abs. 3 TVÜ-Bund). Die vorläufige Zuordnung der bisherigen Vergütungs-/Lohngruppen nach der Anlage 2 bzw. 4 TVÜ-Bund gilt als Eingruppierung; eine Komplettprüfung aller beim Start der neuen Entgeltordnung vorgefundenen Eingruppierungen auf ihre sachliche Richtigkeit ist nicht vorgesehen (siehe Protokollerklärung zu § 25 Abs. 1 TVÜ-Bund).

Für die Praxis bedeutet dieser Grundsatz, dass keine „flächendeckende Eingruppierungswelle" erfolgen soll. Alle am 31. Dezember 2013 vorgefundenen Eingruppierungen gelten als richtig und bleiben erhalten. In den Fällen, in denen die Beschäftigten von der neuen Entgeltordnung profitieren, eröffnet sich für sie die nachstehend unter 2.2 dargestellte Antragsmöglichkeit.

2.2 Antragsmöglichkeit

Ergibt sich nach der neuen Entgeltordnung für die Dauer der unverändert auszuübenden Tätigkeit eine höhere Entgeltgruppe als nach der bisherigen Eingruppierung, werden die Beschäftigten auf Antrag in die Entgeltgruppe höhergruppiert, die sich nach § 12 TVöD Bund ergibt (siehe § 26 Abs. 1 TVÜ-Bund). Für die „Antragshöhergruppierung" gelten noch die Regelungen des § 17 Abs. 4 TVöD alter Fassung (betragsmäßige Höhergruppierung). Es erfolgt keine stufengleiche Höhergruppierung im Sinne des § 17 Abs. 5 TVöD Bund neuer Fassung (siehe § 26 Abs. 2 TVÜ-Bund).

Potenziell von einer höheren Eingruppierung profitieren können in erster Linie bestimmte Beschäftigte der Entgeltgruppe 2 bis 8, für die nun die Effekte ehemals kurzfristiger (bis max. sechs Jahre) Bewährungsaufstiege in Form einer höheren Eingruppierung wieder hergestellt worden sind (siehe dazu Abschnitt II Ziffer 2.1).

Dass der Kreis der tatsächlich von einer höheren Eingruppierung erfassten Beschäftigten in der Praxis kleiner ist, als auf den ersten Blick anzunehmen, verdeutlicht die nachstehende Betrachtung eines Beschäftigten mit dem früheren Eingruppierungsverlauf Vc mit Aufstieg nach Vb BAT.

IV

Beispiel:

(gewählt, weil mit ehemals sechsjährigem Aufstieg die zeitliche Höchstgrenze für die noch begünstigten Aufstiegsmerkmale erreicht wird):

– Ausgangslage: Bestimmte Bezügerechner waren nach dem Allgemeinen Teil der Anlage 1a zum BAT in die Vergütungsgruppe Vc Fallgr. 15 bzw. 16 eingruppiert. Diese Merkmale führten nach sechs Jahren in die Vergütungsgruppe Vb Fallgr. 7a bzw. 7b des Allgemeinen Teils der Anlage 1a zum BAT. Dieser Verlauf führte nach näherer Maßgabe der Anlage 4 TVÜ-Bund in die Entgeltgruppe 8. Da es sich um einen kurzen Aufstieg handelt, haben die Tarifpartner die Tätigkeit nun direkt der Entgeltgruppe 9a zugeordnet. Die entsprechenden Merkmale finden sich nun in Teil III Abschnitt 8 der Entgeltordnung.

– Folgen für die Beschäftigten:

– Aus der Vergütungsgruppe Vb BAT in den TVöD übergeleitete Beschäftigte: Diese Beschäftigten sind nach näherer Maßgabe der Anlage 2 zum TVÜ-Bund bereits in die „kleine E 9" (nun Entgeltgruppe 9a) übergeleitet worden; die neue Entgeltordnung führt zu keinen Veränderungen; die Überführung in die Entgeltgruppe 9a erfolgt nach näherer Maßgabe des § 27 Abs. 3 TVÜ-Bund automatisch.

– Aus der Vergütungsgruppe Vc BAT in den TVöD übergeleitete Beschäftigte: Diese Beschäftigten sind nach näherer Maßgabe der Anlage 2 zum TVÜ-Bund in die Entgeltgruppe 8 übergeleitet worden. Den am 1. Oktober 2005 bereits begonnenen sechsjährigen Bewährungsaufstieg können sie nach den Regeln des § 8 Abs. 3 i. V. m. § 8 Abs. 1 TVÜ-Bund auf Antrag noch vollenden; die Frist ist im Rahmen der Einführung der neuen Entgeltordnung letztmalig bis zum 31. Dezember 2013 verlängert worden. Die neue Entgeltordnung führt im Ergebnis zu keinen Veränderungen. Da die Zeitdauer vom Inkrafttreten des TVöD (1. Oktober 2005) bis zum Inkrafttreten der neuen Entgeltordnung (1. Januar 2014) mehr als sechs Jahre beträgt, konnten in diesem Zeitfenster alle sechsjährigen Aufstiege der übergeleiteten Bezügerechner noch realisiert werden.

– Ab dem 1. Oktober 2005 neu eingestellte bzw. eingruppierte Beschäftigte: Beschäftigte, die ab dem 1. Oktober 2005 eingruppiert worden sind (sei es als neu Eingestellte oder im Wege des Arbeitsplatzwechsels), sind bei dem Verlauf Vc/Vb BAT nach näherer Maßgabe der Anlage 4 zum TVÜ-Bund in die Entgeltgruppe 8 eingruppiert worden. Die neue Entgeltordnung sieht die Eingruppierung in die Entgeltgruppe 9a vor; diese Beschäftigten können von einem Antrag auf Neu-Eingruppierung nach neuem Recht profitieren und können (unter Abwägung der Nachteile durch evtl. fortfallende Strukturausgleiche und Verluste beim Prozentsatz der Jahressonderzahlung) einen Antrag stellen.

– Fazit: Der Kreis der positiv Betroffenen reduziert sich auf diejenigen, die nach dem 1. Oktober 2005 eingruppiert wurden.

2.3 Antragstellung

Der Antrag ist, nachdem das ursprüngliche Datum 31. Dezember 2014 im Zuge des 9. Änderungstarifvertrages zum TVÜ-Bund vom 17. Oktober 2014 verlängert wurde, bis zum 30. Juni 2015 zu stellen. Es handelt sich um eine Ausschlussfrist, die nicht verlängerbar ist; Ausnahme: Ruht das Arbeitsverhältnis beim Inkrafttreten der Entgeltordnung, beginnt die Frist mit der Wiederaufnahme der Tätigkeit (siehe § 26 Abs. 1 Sätze 2 und 3 TVÜ-Bund). Der Antrag – egal wann er gestellt wird – bezieht sich auf den Zeitpunkt des Inkrafttretens der Entgeltordnung, also den 1. Januar 2014. Nach Inkrafttreten der Entgeltordnung eingetretene Veränderungen, z. B. der Stufenzuordnung in der bisherigen Entgeltgruppe, bleiben somit unberücksichtigt – u. U. mit entsprechenden Folgen bei der Berechnung des Höhergruppierungsgewinns. Die Entscheidung darüber, ob er einen entsprechenden Antrag stellt, obliegt dem Beschäftigten. Er muss insbesondere unter Berücksichtigung seiner individuellen Situation abwägen, ob der zu erwartende Höhergruppierungsgewinn absehbar höher ist als eventuelle Verluste beim Strukturausgleich (siehe unten Ziffer 3.7) sowie bei einer Höhergruppierung von der Entgeltgruppe 8 in die Entgeltgruppe 9a die Einbußen bei der Jahressonderzahlung (80 % statt 90 %). Im Wege der Fürsorgepflicht wird die jeweilige Dienststelle gehalten sein, ihm Daten (insbesondere in Bezug auf die konkrete Eingruppierung) bereitzustellen.

2.4 Folgen einer „Antragshöhergruppierung"

Der aus Anlass der Überleitung auf Antrag erfolgende Wechsel der Entgeltgruppe richtet sich noch nach den allgemeinen Regelungen für Höhergruppierungen gemäß § 17 Abs. 4 TVöD a. F. Maßgebend sind die Verhältnisse zum Zeitpunkt des Inkrafttretens der neuen Entgeltordnung (siehe oben unter 2.3). Die betroffenen Beschäftigten können also nicht noch im Laufe des Jahres 2014 eintretende Stufensteigerungen abwarten, um dadurch u. U. einen größeren Höhergruppierungsgewinn zu realisieren. Bei einer Überleitung aus Stufe 1 der bisherigen Entgeltgruppe erfolgt die Zuordnung in Stufe 1 der höheren Entgeltgruppe; die bisher in Stufe 1 verbrachte Zeit wird angerechnet (siehe § 26 Abs. 2 Satz 2 TVÜ-Bund). Beschäftigte der Entgeltgruppe 13 plus Zulage werden stufengleich unter Beibehaltung ihrer bisherigen Stufenlaufzeit in die Entgeltgruppe 14 höhergruppiert (siehe Abschnitt II Ziffer 2.4 und § 27 Abs. 1 TVÜ-Bund). Beschäftigte der Entgeltgruppe 9 ohne besondere Stufenregelungen werden ohne besonderen Antrag stufengleich unter Beibehaltung ihrer bisherigen Stufenlaufzeit in die Entgeltgruppe 9b übergeleitet (siehe § 27 Abs. 2 TVÜ-Bund). Beschäftigte der Entgeltgruppe 9 mit besonderen Stufenregelungen werden ohne besonderen Antrag betragsgleich (nicht stufengleich!) in die Entgeltgruppe 9a übergeleitet (siehe § 27 Abs. 3 TVÜ-Bund). Werden Beschäftigte, denen bestimmte Besitzstandszulagen (Vergütungsgruppenzulagen, Techniker-, Meister- oder Programmiererzulagen) zustehen, auf ihren Antrag höhergruppiert, entfallen diese Zulagen zwar. Sie werden aber bei der Berechnung des Höhergruppierungsgewinns berücksichtigt bzw. haben Einfluss auf die Stufenzuordnung in der höheren

Entgeltgruppe und die dort anzurechnenden Stufenlaufzeiten (siehe § 26 Abs. 3 bis 5 TVÜ-Bund und die dazu vereinbarten Niederschriftserklärungen).

3. Weitere Änderungen im Zusammenhang mit der Einführung der neuen Entgeltordnung

3.1 Vergütungsgruppenzulagen/Entgeltgruppenzulagen

Vergütungsgruppenzulagen (künftig: Entgeltgruppenzulagen) sind in bestimmten Entgeltgruppen weiterhin vorgesehen. Die betroffenen Beschäftigten erhalten die Entgeltgruppenzulage nach neuem Recht nicht erst nach einem bestimmten Zeitablauf, sondern von Beginn der anspruchsbegründenden Tätigkeit. Der dadurch faktisch eintretenden verlängerten Bezugsdauer tragen die Tarifpartner dadurch Rechnung, dass der monatliche Zulagenbetrag künftig entsprechend reduziert (Arbeitstitel „abgezinst") wird. Die neue Entgeltordnung räumt den Betroffenen durch einen Zusatz zu dem jeweiligen Tätigkeitsmerkmal oder eine entsprechende Regelung in den Vorbemerkungen zu dem jeweiligen Abschnitt einen Anspruch auf eine Entgeltgruppenzulage ein. Die Höhe der Zulage ergibt sich aus § 17 des TV EntgO Bund bzw. für Pflegekräfte aus § 18 TV EntgO Bund. Durch die Zusammenfassung der Zulagenbeträge in den §§ 17 und 18 TV EntgO Bund haben die Tarifpartner erreicht, dass bei Entgelterhöhungen (z. B. im Rahmen einer Tarifrunde – siehe dazu § 19 TV EntgO Bund) keine Änderungen an vielen Stellen der Entgeltordnung notwendig sind, sondern nur die §§ 17 und 18 TV EntgeltO Bund anzupassen. Bereits in der Vergangenheit erworbene Ansprüche auf eine Besitzstandszulage bleiben nach Maßgabe des § 9 Abs. 4 TVÜ-Bund erhalten; eine Absenkung auf das neue Niveau wird also insoweit nicht erfolgen.

Höhergruppierungen aus Entgeltgruppen mit Vergütungs-/Entgeltgruppenzulagen können dazu führen, dass die Beschäftigten „unter dem Strich" Einbußen erleiden, weil der tarifvertraglich vorgesehene Höhergruppierungsgewinn nicht den Verlust durch den Fortfall der Zulage ausgleicht. Bei Höhergruppierungen ist für die Stufenzuordnung nämlich nach dem Wortlaut des § 17 Abs. 4 TVöD alter Fassung und § 17 Abs. 5 TVöD/Bund n. F. allein das Tabellenentgelt maßgebend. Die Tarifpartner haben diesen Effekt nur für Antrags-Höhergruppierungen aus Anlass der Einführung der neuen Entgeltordnung ausgeglichen (siehe § 26 Abs. 3 TVÜ-Bund). Eine dauerhafte Absicherung – wie im Länderbereich in § 17 Abs. 4 Satz 2 zweiter Halbsatz TV-L vereinbart – wurde bislang nicht aufgenommen.

3.2 Verlängerte Übergangsregelungen beim Aufstieg (§ 8 TVÜ-Bund) und bei Vergütungsgruppenzulagen (§ 9 TVÜ-Bund)

Parallel zur Einführung der neuen Entgeltordnung wurden die bereits mehrfach verlängerten Antragsfristen der §§ 8 Abs. 3, 9 Abs. 2a und 3 TVÜ-Bund letztmalig (und „nahtlos") bis zum 31. Dezember 2013 verlängert.

3.3 Meister-, Techniker-, Programmiererzulagen

Die Techniker-, Meister- und Programmiererzulagen werden in bisheriger Höhe auch nach Inkrafttreten der Entgeltordnung als Besitzstandszulagen weitergezahlt, solange die anspruchsbegründende Tätigkeit weiterhin unverändert ausgeübt wird (siehe § 25 Abs. 3 TVÜ-Bund). Für die Zukunft entfallen diese Zulagen und werden durch höhere Eingruppierungen kompensiert.

3.4 Vorarbeiter- und Vorhandwerkerzulage

Die Vorarbeiterzulage sowie die Vorhandwerkerzulage sind künftig als dynamische Zulagen in § 15 (i. V. m. § 19) TV EntgO Bund geregelt. Wie bisher sind die Zulagen von der Eingruppierung der unterstellten Beschäftigten abhängig. Demnach erhalten Vorarbeiter von Beschäftigten der Entgeltgruppen 1 bis 4 eine monatliche Zulage in Höhe von 154,48 € (Stand: 01. 01. 2014) und Vorhandwerker von Beschäftigten mindestens der Entgeltgruppe 5 eine monatliche Zulage in Höhe von 264,45 € (Stand: 01. 01. 2014). Die aktuelle Höhe dieser Zulagen ergibt sich zukünftig aus § 15 des TV EntgO Bund.

3.5 Lehrgesellenzulage/Ausbildungszulage

Die Lehrgesellenzulage wurde als dynamische Ausbildungszulage in § 16 (i. V. m. § 19) TV EntgO Bund vereinbart. Ihre aktuelle (Stand 01. 01. 2014) Höhe beträgt 264,45 €.

3.6 Strukturausgleich

Die Regelungen über Strukturausgleiche (§ 12 TVÜ-Bund i. V. m. Anlage 3 zum TVÜ-Bund) bleiben unberührt. Höhergruppierungen aufgrund der neuen Entgeltordnung gelten als „normale" Höhergruppierung und lösen die üblichen Folgen auf den Strukturausgleich aus (siehe § 12 Abs. 5 TVÜ-Bund). Da somit Höhergruppierungsgewinne auf den Strukturausgleich angerechnet werden, bedarf die Entscheidung, ob sich ein Höhergruppierungsantrag (siehe oben Ziffer 2.3) ggf. auch nach Gegenrechnung eines (Teil-)Verlustes des Strukturausgleichs rechnet, einer gründlichen Abwägung.

Tarifvertrag über die Entgeltordnung des Bundes (TV EntgO Bund)

Vom 5. September 2013

Zuletzt geändert durch
Änderungstarifvertrag Nr. 3 zum Tarifvertrag über die
Entgeltordnung des Bundes (TV EntgO Bund)
vom 29. April 2016[1]

Inhaltsübersicht

IV

---

[1]   Zum Geltungsbereich enthält § 2 des 3. Änderungstarifvertrages folgende Regelung:
„§ 2
Ausnahmen vom Geltungsbereich
[1]Für Beschäftigte, die spätestens mit Ablauf des 28. April 2016 aus dem Arbeitsverhältnis ausgeschieden sind, gilt dieser Tarifvertrag nur, wenn sie dies bis 31. Oktober 2016 schriftlich beantragen. [2]Für Beschäftigte, die spätestens mit Ablauf des 28. April 2016 aufgrund eigenen Verschuldens ausgeschieden sind, gilt dieser Tarifvertrag nicht."

IV

Die Entgeltordnung (Anlage 1 des TV EntgO Bund) ist abgedruckt unter IV.I ff.

Abschnitt I
Allgemeine Vorschriften

§ 1   Geltungsbereich

(1) Dieser Tarifvertrag gilt für alle Beschäftigten des Bundes, die unter den Geltungsbereich des Tarifvertrags für den öffentlichen Dienst (TVöD) fallen.

(2) Dieser Tarifvertrag gilt nicht für

a) Beschäftigte, die als Lehrkräfte – auch wenn sie nicht unter § 49 (Bund) TVöD BT-V fallen – beschäftigt sind, soweit nicht ein besonderes Tätigkeitsmerkmal vereinbart ist,

b) Ärztinnen und Ärzte in Bundeswehrkrankenhäusern und anderen kurativen Einrichtungen der Bundeswehr.

§ 2   Tätigkeitsmerkmale, körperlich/handwerklich geprägte Tätigkeiten

(1) Die Tätigkeitsmerkmale ergeben sich aus der Anlage 1 (Entgeltordnung).

(2) [1]Werden in einem Tätigkeitsmerkmal Beschäftigte einer anderen Entgeltgruppe in Bezug genommen, handelt es sich um Beschäftigte einer Entgeltgruppe derselben jeweils kleinsten Gliederungseinheit (Unterabschnitt, Abschnitt bzw. Teil) der Entgeltordnung, wenn in dem Tätigkeitsmerkmal nichts anderes geregelt ist. [2]Satz 1 gilt nicht, soweit ein Tätigkeitsmerkmal auf unterstellte Beschäftigte abstellt.

Protokollerklärung zu Absatz 2 Satz 1:
[1]Es müssen auch die Anforderungen des in Bezug genommenen Tätigkeitsmerkmals erfüllt sein; bei mehrfachen Verweisungen auch die Anforderungen der weiteren Tätigkeitsmerkmale. [2]Die Erfüllung der Anforderungen des in Bezug nehmenden Tätigkeitsmerkmals setzt keine vorherige Eingruppierung nach dem in Bezug genommenen Tätigkeitsmerkmal voraus.

(3) Körperlich/handwerklich geprägte Tätigkeiten sind solche, die bei Weitergeltung des Tarifvertrages über das Lohngruppenverzeichnis des Bundes zum MTArb von einem Tätigkeitsmerkmal der Anlage 1 des Tarifvertrags über das Lohngruppenverzeichnis des Bundes zum MTArb erfasst würden.

§ 3   Geltung der einzelnen Teile der Entgeltordnung

(1) [1]Die Tätigkeitsmerkmale des Teils IV gelten nur für Tätigkeiten im Bereich des Bundesministeriums der Verteidigung. [2]Die Tätigkeits-

merkmale des Teils V gelten nur für Tätigkeiten im Bereich des Bundesministeriums für Verkehr und digitale Infrastruktur. [3]Die Tätigkeitsmerkmale des Teils VI gelten nur für Tätigkeiten im Bereich des Bundesministeriums des Innern. [4]Erfüllt die Tätigkeit einer/eines Beschäftigten ein Tätigkeitsmerkmal der Teile IV, V oder VI, gilt dieses Tätigkeitsmerkmal. [5]Im Fall des Satzes 4 gelten die Tätigkeitsmerkmale der Teile I, II und III weder in der Entgeltgruppe, in der das Tätigkeitsmerkmal in den Teilen IV, V oder VI aufgeführt ist, noch in einer höheren Entgeltgruppe.

(2) [1]Erfüllt die Tätigkeit einer/eines Beschäftigten kein Tätigkeitsmerkmal der Teile IV, V oder VI, gelten die Tätigkeitsmerkmale des Teils III, wenn ihre/seine Tätigkeit eines der dort aufgeführten Tätigkeitsmerkmale erfüllt. [2]Im Fall des Satzes 1 gelten die Tätigkeitsmerkmale der Teile I und II weder in der Entgeltgruppe, in der das Tätigkeitsmerkmal in Teil III aufgeführt ist, noch in einer höheren Entgeltgruppe.

(3) [1]Erfüllt die Tätigkeit einer/eines Beschäftigten keines der Tätigkeitsmerkmale der Teile III, IV, V oder VI, gelten die Tätigkeitsmerkmale des Teils II, wenn die auszuübende Tätigkeit körperlich/handwerklich geprägt ist. [2]Im Fall des Satzes 1 gelten die Tätigkeitsmerkmale des Teils I weder in der Entgeltgruppe, in der das Tätigkeitsmerkmal in Teil II aufgeführt ist, noch in einer höheren Entgeltgruppe.

(4) [1]Erfüllt die Tätigkeit einer/eines Beschäftigten keines der Tätigkeitsmerkmale der Teile III, IV, V oder VI und handelt es sich nicht um eine körperlich/handwerklich geprägte Tätigkeit, gelten die Tätigkeitsmerkmale des Teils I. [2]Die Tätigkeitsmerkmale der Entgeltgruppen 2 bis 12 des Teils I gelten nur, wenn die auszuübende Tätigkeit einen unmittelbaren Bezug zu den eigentlichen Aufgaben der betreffenden Verwaltungsdienststellen, -behörden oder -institutionen hat. [3]Die Tätigkeitsmerkmale der Entgeltgruppen 13 bis 15 des Teils I gelten für Beschäftigte mit einer abgeschlossenen wissenschaftlichen Hochschulbildung und entsprechender Tätigkeit sowie für sonstige Beschäftigte, die aufgrund gleichwertiger Fähigkeiten und ihrer Erfahrungen entsprechende Tätigkeiten ausüben, es sei denn, dass die Tätigkeit in einem der Tätigkeitsmerkmale der Entgeltgruppen 13 bis 15 der Teile III, IV, V oder VI aufgeführt ist.

Niederschriftserklärung zu § 3 Abs. 4:

Die Tarifvertragsparteien sind sich einig, dass die allgemeinen Tätigkeitsmerkmale für den Verwaltungsdienst (Teil I der Entgeltordnung) eine Auffangfunktion in dem gleichen Umfang besitzen wie – bestätigt durch die ständige Rechtsprechung des BAG – die ersten Fallgruppen des Allgemeinen Teils der Anlage 1a zum BAT.

(5) Das Tätigkeitsmerkmal der Entgeltgruppe 1 der Teile I und II gilt auch für Tätigkeiten der Teile III bis VI.

Protokollerklärung zu § 3:

Die Geltung von Tätigkeitsmerkmalen der einzelnen Teile ist für jeden Arbeitsvorgang (Protokollerklärung Nr. 1 zu § 12 [Bund] Abs. 2 TVöD) gesondert festzustellen.

Niederschriftserklärung zu § 3:

[1]In der Entgeltordnung sind die bisher getrennten Regelwerke für die Eingruppierung von Angestellten sowie von Arbeiterinnen und Arbeitern in einer neuen Struktur zusammengeführt. [2]Die jeweiligen besonderen Tätigkeitsmerkmale sind in den Teilen III bis VI zusammengefasst, während die allgemeinen Tätigkeitsmerkmale der Vergütungsordnung (Fallgruppen 1 des Teils I der Anlage 1a zum BAT) in Teil I und die Oberbegriffe des allgemeinen Teils des Lohngruppenverzeichnisses in Teil II abgebildet sind. [3]Die bisherige Regelungsweise im Lohngruppenverzeichnis in Form von Oberbegriffen, Beispielen und „Ferner"-Merkmalen und ihr Verhältnis zueinander entfällt. [4]§ 3 regelt die Geltung der einzelnen Teile der Entgeltordnung auf der Grundlage der Vorbemerkung Nr. 1 zu allen Vergütungsgruppen der Anlage 1a zum BAT. [5]Die Tarifvertragsparteien sind sich einig, dass es dadurch nicht zu Regelungslücken oder strukturellen Verschlechterungen für die ehemaligen Arbeiterinnen und Arbeiter kommen soll. [6]Vor diesem Hintergrund sollen folgende Beispielsfälle den Regelungsgehalt von § 3 verdeutlichen, wobei durch die Bildung von Beispielen mit ausschließlich auszuübenden Tätigkeiten in den Nummern 1, 2, 3, 4, 6 und 7 § 12 (Bund) Abs. 2 Satz 2 TVöD unberührt bleibt.

1. Verhältnis der Teile IV bis VI zu Teil III der Entgeltordnung

[1]Für die in den besonderen Tätigkeitsmerkmalen der Teile IV, V oder VI geregelten Tätigkeiten ist der jeweilige Teil abschließend. [2]Soweit die Tätigkeit keines der in dem jeweiligen Teil aufgeführten Tätigkeitsmerkmale erfüllt, sind die Teile IV, V und VI nicht abschließend. [3]In diesem Fall ist zunächst zu prüfen, ob ein Tätigkeitsmerkmal des Teils III erfüllt ist. [4]Erfüllt die Tätigkeit eines der Tätigkeitsmerkmale des Teils III, so gilt dieses.

> **Beispiel 1 (Botentätigkeit im Bundesministerium für Verkehr und digitale Infrastruktur [BMVI])**
>
> [1]Einer Beschäftigten im Bereich des BMVI sind ausschließlich Botentätigkeiten übertragen worden. [2]Zwar sind für die Eingruppierung dieser Beschäftigten die im Teil V geregelten Tätigkeitsmerkmale für den Bereich des BMVI vorrangig zu prüfen (§ 3 Abs. 1 Sätze 2, 4 und 5). [3]Da jedoch Teil V keine Tätigkeitsmerkmale für Botentätigkeiten enthält, ist als nächstes Teil III zu prüfen, obwohl es sich um eine Tätigkeit im Bereich des BMVI handelt. [4]Im

Teil III ist in Abschnitt 9 (Botinnen und Boten sowie Pförtnerinnen und Pförtner) in der Entgeltgruppe 3 das Tätigkeitsmerkmal „Botinnen und Boten" vereinbart. [5]Die Beschäftigte ist in Entgeltgruppe 3 eingruppiert.

2. Zur Bedeutung der Untergliederung der Teile III bis VI der Entgeltordnung

[1]Die weitere Untergliederung der Teile III bis VI in Abschnitte und Unterabschnitte, welche aus Gründen der Übersichtlichkeit jeweils mit Überschriften versehen sind, hat nicht zur Folge, dass alle Beschäftigten, deren Tätigkeit im weitesten Sinne von einer Überschrift „erfasst" ist, zwingend nach den Tätigkeitsmerkmalen des entsprechenden Abschnitts oder Unterabschnitts eingruppiert sind. [2]Vielmehr sind die Tätigkeitsmerkmale, die unter bestimmten Überschriften in einzelnen Abschnitten oder Unterabschnitten aufgeführt sind, nur für solche Tätigkeiten abschließend, die unter ein Tätigkeitsmerkmal des jeweiligen Abschnitts oder Unterabschnitts zu subsumieren sind.

IV

Beispiel 2a (Tischlertätigkeit im Bereich Film-Bild-Ton des Bundesministeriums der Verteidigung [BMVg])

[1]Ein Beschäftigter mit einer Berufsausbildung als Tischler ist innerhalb des Bereichs des BMVg im Bereich Film-Bild-Ton tätig. [2]Ihm sind ausschließlich besonders hochwertige Tischlerarbeiten übertragen worden. [3]Da Tischlertätigkeiten jedoch keines der im Teil IV Abschnitt 9 (Beschäftigte im Bereich Film-Bild-Ton) aufgeführten Tätigkeitsmerkmale erfüllt, sind die Tätigkeitsmerkmale dieses Abschnitts für seine Tätigkeit nicht einschlägig. [4]Damit stellt sich die Frage nicht, ob die Tätigkeitsmerkmale des Teils IV Abschnitt 9 abschließend sind (§ 3 Abs. 1 Sätze 1, 4 und 5). [5]Da die Tätigkeit auch keines der Tätigkeitsmerkmale des Teils III erfüllt und es sich um eine körperlich/handwerklich geprägte Tätigkeit handelt, gelten die Tätigkeitsmerkmale des Teils II. [6]Seine Tätigkeit erfüllt dort das Tätigkeitsmerkmal der Entgeltgruppe 7 „Beschäftigte der Entgeltgruppe 5, die besonders hochwertige Arbeiten verrichten." [7]Der Beschäftigte ist in Entgeltgruppe 7 eingruppiert.

Die Tarifvertragsparteien stimmen darin überein, dass eine Überschrift, die einen Geltungsbereich (z. B. Beschäftigte einer bestimmten Behörde) benennt, Beschäftigte außerhalb dieses Geltungsbereichs von den unter der Überschrift genannten Tätigkeitsmerkmalen ausschließt.

Beispiel 2b (Internet- und Rundfunkauswertertätigkeit im Bundesministerium der Finanzen [BMF])

[1]Ein Beschäftigter wertet im BMF Internet- und Rundfunkveröffentlichungen aus. [2]Da der Beschäftigte nicht dem Presse- und Informationsamt der Bundesregierung angehört, gelten für ihn nicht die Tätigkeitsmerkmale des Abschnitts 26 des Teils III. [3]Für den Beschäftigten gelten vielmehr die Tätigkeitsmerkmale des Teils I.

3. Eingruppierung bei Erfüllung eines Tätigkeitsmerkmals der Teile III, IV, V oder VI der Entgeltordnung

[1]Erfüllt die Tätigkeit einer oder eines Beschäftigten ein Tätigkeitsmerkmal der Teile III, IV, V oder VI, so gilt dieses Tätigkeitsmerkmal. [2]Selbst wenn diese Tätigkeit ein Tätigkeitsmerkmal einer höheren Entgeltgruppe in Teil I oder II erfüllen würde,

ist eine Anwendung der Tätigkeitsmerkmale der Teile I oder II und damit eine höhere Eingruppierung ausgeschlossen (§ 3 Abs. 1 Sätze 4 und 5 und Abs. 2 Satz 2).

Beispiel 3 (Diesellokführertätigkeiten)
[1]Einer Beschäftigten im Bereich des BMVg ist ausschließlich die Tätigkeit als Diesellokführerin einer Diesellokomotive mit 300 kW übertragen worden. [2]Die Beschäftigte erfüllt mit ihrer Tätigkeit das Tätigkeitsmerkmal der Entgeltgruppe 6 in Teil IV Abschnitt 5 „Diesellokführerinnen und Diesellokführer, die Diesellokomotiven über 257 kW (349 PS) führen". [3]Das Tätigkeitsmerkmal ist maßgeblich. [4]Die Tätigkeitsmerkmale der Teile I, II und III finden keine Anwendung. [5]Selbst wenn sich bei Anwendung eines der Tätigkeitsmerkmale der Teile I, II oder III eine niedrigere oder höhere Eingruppierung ergäbe, bleibt es bei der Eingruppierung in Entgeltgruppe 6 nach Teil IV Abschnitt 5 (§ 3 Abs. 1 Satz 4 und 5).

4. Eingruppierung nach Funktionsmerkmalen

Für die Eingruppierung nach einem Funktionsmerkmal kommt es nicht auf die Bezeichnung der Tätigkeit oder Funktion der oder des Beschäftigten an, sondern auf die auszuübende Tätigkeit (§ 12 [Bund] Abs. 2 TVöD).

Beispiel 4 (Hausmeistertätigkeiten)
a. [1]Einem Beschäftigten sind ausschließlich Hausmeistertätigkeiten übertragen worden. [2]Er verfügt über eine einschlägige dreijährige Berufsausbildung. [3]Der Beschäftigte erfüllt mit seiner Tätigkeit das Tätigkeitsmerkmal der Entgeltgruppe 5 in Teil III Abschnitt 23 „Hausmeisterinnen und Hausmeister" und ist entsprechend eingruppiert. [4]Die Tätigkeitsmerkmale der Teile I und II gelten nicht (§ 3 Abs. 2).
b. [1]Etwas anderes gilt, wenn der Beschäftigte zwar als Hausmeister bezeichnet wird, aber ausschließlich Tätigkeiten eines Facharbeiters (z. B. Elektroniker, Tischler) auszuüben hat. [2]Für diese Tätigkeiten ist zunächst zu prüfen, ob ein Tätigkeitsmerkmal der Teile IV, V oder VI erfüllt ist. [3]Ist das nicht der Fall, ist zu prüfen, ob ein Tätigkeitsmerkmal des Teils III erfüllt ist. [4]Ist das auch nicht der Fall, gelten die Tätigkeitsmerkmale des Teils II, weil die Tätigkeit eines Facharbeiters körperlich/handwerklich geprägt ist. [5]Der Beschäftigte ist – wenn er über eine entsprechende Berufsausbildung verfügt oder eine verwaltungseigene Prüfung (§ 13) bestanden hat – je nach Anforderung der Tätigkeit in Entgeltgruppe 5, 6 oder 7 eingruppiert.
c. [1]Wird ein Beschäftigter zwar als Hausmeister bezeichnet, hat aber ausschließlich Anlagen der Gebäude- und Betriebstechnik zu bedienen und instand zu halten, für deren Betrieb ein entsprechender Sachkundenachweis Voraussetzung ist, gelten für ihn nicht die Tätigkeitsmerkmale für Hausmeisterinnen und Hausmeister in Teil III Abschnitt 23, sondern die Tätigkeitsmerkmale für Beschäftigte in der Instandhaltung und Bedienung von Gebäude- und Betriebstechnik in Teil III Abschnitt 19. [2]Er ist bei Erfüllung der nach diesen Tätigkeitsmerkmalen geforderten Voraussetzungen in der Person je nach Anforderung der Tätigkeit in Entgeltgruppe 6, 7, 8 oder 9a eingruppiert.

5. Eingruppierung bei mehreren Arbeitsvorgängen

Besteht die auszuübende Tätigkeit aus mehreren Arbeitsvorgängen, erfolgt die Prüfung der Geltung von Tätigkeitsmerkmalen der einzelnen Teile der Entgeltordnung für jeden Arbeitsvorgang gesondert (Protokollerklärung zu § 3).

> **Beispiel 5 (Registratur-, Bürosachbearbeitungs- und Pförtnertätigkeiten im Bundesministerium des Innern [BMI])**
>
> Die Registraturtätigkeiten einer Beschäftigten nehmen 40 Prozent der Tätigkeit ein, die Bürosachbearbeitungstätigkeiten 30 Prozent und die Pförtnertätigkeiten ebenfalls 30 Prozent:
>
> **Arbeitsvorgang 1 Registraturtätigkeiten**
>
> [1]Da im Teil VI (Tätigkeiten im Bereich des BMI) keine Tätigkeitsmerkmale für Registraturtätigkeiten vereinbart sind, finden die Tätigkeitsmerkmale in Teil III Abschnitt 36 (Registraturen) Anwendung. [2]Die Tätigkeitsmerkmale der Teile II und I finden keine Anwendung (§ 3 Abs. 2 Satz 2).
>
> **Arbeitsvorgang 2 Bürosachbearbeitungstätigkeiten**
>
> [1]Weder im Teil VI noch im Teil III sind Tätigkeitsmerkmale für Bürosachbearbeitungstätigkeiten vereinbart. [2]Es handelt sich auch nicht um körperlich/handwerklich geprägte Tätigkeiten (Teil II). [3]Da im Teil I Tätigkeitsmerkmale für den Büro-, Buchhalterei-, sonstigen Innendienst und Außendienst vereinbart sind, gelten für diese Tätigkeiten der Beschäftigten die Tätigkeitsmerkmale des Teils I (§ 3 Abs. 4 Satz 1 und 2).
>
> **Arbeitsvorgang 3 Pförtnertätigkeiten**
>
> [1]Da im Teil VI keine Tätigkeitsmerkmale für Beschäftigte mit Pförtnertätigkeiten vereinbart sind, finden die Tätigkeitsmerkmale in Teil III Abschnitt 9 (Botinnen und Boten sowie Pförtnerinnen und Pförtner) Anwendung. [2]Die Tätigkeitsmerkmale der Teile II und I finden keine Anwendung (§ 3 Abs. 2 Satz 2).

6. Tätigkeitsmerkmale mit Voraussetzungen in der Person in den Teilen III bis VI der Entgeltordnung

[1]Ist einer oder einem Beschäftigten eine Tätigkeit übertragen worden, die unter ein Tätigkeitsmerkmal der Teile III, IV, V oder VI zu subsumieren ist, das eine Voraussetzung in der Person enthält (§ 6), die die bzw. der Beschäftigte nicht erfüllt, finden dennoch die Tätigkeitsmerkmale des jeweiligen Teils und Abschnitts bzw. Unterabschnitts Anwendung, weil diese für die darin geregelten Tätigkeiten abschließend sind. [2]Die Tätigkeitsmerkmale der Teile I und II gelten nicht. [3]Die oder der Beschäftigte ist eine Entgeltgruppe niedriger eingruppiert, als sich nach dem Tätigkeitsmerkmal ergeben würde (§ 12).

> **Beispiel 6 (Bibliotheksdienst)**
>
> [1]Einem Beschäftigen ist ausschließlich die Tätigkeit eines Beschäftigten mit einschlägiger abgeschlossener Hochschulbildung und entsprechender Tätigkeit im Bibliotheksdienst übertragen worden. [2]Der Beschäftigte verfügt aber nicht über die geforderte einschlägige Hochschulbildung und erfüllt auch nicht die Voraussetzungen des „sonstigen Beschäftigten". [3]Dies führt aber nicht dazu, dass deswegen die Tätigkeitsmerkmale für den Bibliotheksdienst keine Anwendung finden würden. [4]Da die Tätigkeit das Tätigkeitsmerkmal der Entgeltgruppe 9b des Teils III Abschnitt 2 (Beschäftigte in Archiven,

Bibliotheken, Büchereien, Museen und anderen wissenschaftlichen Anstalten) erfüllt, sind die Tätigkeitsmerkmale dieses Abschnitts für ihn abschließend. [5]Denn nach § 3 kommt es nur darauf an, dass die Tätigkeit des Beschäftigten ein Tätigkeitsmerkmal erfüllt. [6]Der Beschäftigte ist mangels Erfüllung der geforderten Voraussetzungen in der Person gemäß § 12 Abs. 2 eine Entgelt-gruppe niedriger und somit in der Entgeltgruppe 9a eingruppiert. [7]Die Tätigkeitsmerkmale der Teile I und II gelten nicht (§ 3 Abs. 2). [8]Selbst wenn die Tätigkeit das Tätigkeitsmerkmal der Entgeltgruppe 9b Fallgruppe 2 des Teils I erfüllen würde (gründliche, umfassende Fachkenntnisse und selbstän-dige Leistungen ohne das Erfordernis einer abgeschlossenen einschlägigen Hochschulbildung), bliebe es bei der Eingruppierung in Entgeltgruppe 9a nach Teil III Abschnitt 2 (§ 3 Abs. 2 Satz 2).

7. Hilfstätigkeiten

[1]Sind in einem Abschnitt oder Unterabschnitt der Teile III, IV, V oder VI nur Tätigkeitsmerkmale für Beschäftigte mit abgeschlossener Berufsausbildung und entsprechender Tätigkeit vereinbart (in der Regel in Entgeltgruppe 5 und höheren Entgeltgruppen), finden diese Tätigkeitsmerkmale für Tätigkeiten, die diese Anforderungen nicht erfüllen, keine Anwendung. [2]Es finden die Tätigkeitsmerk-male der Entgeltgruppe 1 bis 4 der Teile I oder II Anwendung.

Beispiel 7a (Zeichner)
[1]Einer Beschäftigten ist ausschließlich eine zeichnerische Tätigkeit übertragen worden, bei der es sich nicht um eine der Ausbildung als Bauzeichnerin oder als technische Systemplanerin entsprechende Tätigkeit handelt. [2]Die Tätigkeit erfüllt damit keines der Tätigkeitsmerkmale des Teils III Abschnitt 7 (Bauzeich-nerinnen und Bauzeichner sowie technische Systemplanerinnen und System-planer). [3]Der Abschnitt ist daher für diese Fälle auch nicht „abschließend". [4]Vielmehr ist die Geltung der Tätigkeitsmerkmale der Teile I und II eröffnet, weil die Voraussetzungen von § 3 Abs. 2 Satz 1 nicht vorliegen. [5]Die Beschäftigte ist – je nachdem, wie die übertragene Tätigkeit im Einzelnen ausgestaltet ist – nach den Tätigkeitsmerkmalen des Teils I in Entgeltgruppe 1, 2, 3 oder 4 eingruppiert, wenn es sich bei der auszuübenden Tätigkeit nicht um eine körperlich/handwerklich geprägte Tätigkeit handelt und wenn ihre Tätigkeit einen unmittelbaren Bezug zu den eigentlichen Aufgaben der betreffenden Verwaltungsdienststelle, -behörde oder -institution hat (§ 3 Abs. 4 Satz 2).

Beispiel 7b (Bedienung und Instandhaltung von Gebäude- und Betriebs-technik)
[1]Einem Beschäftigten, der über keine abgeschlossene Berufsausbildung ver-fügt, ist ausschließlich das Ablesen von Zählerständen von Anlagen der Gebäude- und Betriebstechnik im Sinne der Vorbemerkung Nr. 1 zum Teil III Abschnitt 19 (Beschäftigte in der Instandhaltung und Bedienung von Gebäude und Betriebstechnik) übertragen worden. [2]Da der Beschäftigte durch das Ablesen von Zählerständen nicht Anlagen der Gebäude- und Betriebstechnik bedient und instand hält, erfüllt die ihm übertragene Tätigkeit keines der in Teil III Abschnitt 19 aufgeführten Tätigkeitsmerkmale. [3]Damit gelten für seine Tätigkeit nicht die besonderen Tätigkeitsmerkmale des Teils III Abschnitt 19.

[4]Vielmehr ist die Geltung der Tätigkeitsmerkmale der Teile I und II eröffnet, weil die Voraussetzungen von § 3 Abs. 2 Satz 1 nicht vorliegen. [5]Der Beschäftigte ist – je nachdem wie die übertragene Tätigkeit im Einzelnen ausgestaltet ist – nach den Tätigkeitsmerkmalen des Teils II in Entgeltgruppe 1, 2 oder 3 eingruppiert, wenn es sich bei der auszuübenden Tätigkeit um eine körperlich/handwerklich geprägte Tätigkeit handelt.

§ 4 Ständige Vertreterinnen und Vertreter

Ständige Vertreterinnen und Vertreter sind nicht die Vertreterinnen und Vertreter in Urlaubs- und sonstigen Abwesenheitsfällen.

§ 5 Unterstellungsverhältnisse

IV

[1]Soweit die Eingruppierung von der Zahl der unterstellten Beschäftigten abhängig ist, rechnen hierzu auch Beamtinnen und Beamte sowie Soldatinnen und Soldaten der vergleichbaren Besoldungsgruppen. [2]Für diesen Zweck ist vergleichbar:

der Entgeltgruppe	die Besoldungsgruppe
2	A 2
3	A 3
4	A 4
5	A 5
6	A 6
7	A 7
8	A 8
9a und 9b	A 9
10	A 10
11	A 11
12	A 12
13	A 13
14	A 14
15	A 15

[3]Bei der Zahl der unterstellten bzw. beaufsichtigten oder der in dem betreffenden Bereich beschäftigten Personen zählen Teilzeitbeschäftigte entsprechend dem Verhältnis der mit ihnen im Arbeitsvertrag vereinbarten Arbeitszeit zur regelmäßigen Arbeitszeit einer/eines Vollzeitbeschäftigten. [4]Für die Eingruppierung ist es unschädlich, wenn im Organisations- und Stellenplan zur Besetzung ausgewiesene Stellen nicht besetzt sind.

IV

Abschnitt II
Voraussetzungen in der Person

§ 6 Voraussetzungen in der Person

Dieser Abschnitt enthält Regelungen zu Voraussetzungen in der Person gemäß § 12 (Bund) Abs. 2 Satz 6 TVöD.

§ 7 Wissenschaftliche Hochschulbildung

(1) Wissenschaftliche Hochschulen sind Universitäten, Technische Hochschulen sowie andere Hochschulen, die nach Landesrecht als wissenschaftliche Hochschulen anerkannt sind.

(2) [1]Eine abgeschlossene wissenschaftliche Hochschulbildung liegt vor, wenn das Studium mit einer ersten Staatsprüfung oder mit einer Diplomprüfung oder mit einer Masterprüfung beendet worden ist. [2]Diesen Prüfungen steht eine Promotion oder die Akademische Abschlussprüfung (Magisterprüfung) einer Philosophischen Fakultät nur in den Fällen gleich, in denen die Ablegung einer ersten Staatsprüfung oder einer Diplomprüfung oder einer Masterprüfung nach den einschlägigen Ausbildungsvorschriften nicht vorgesehen ist. [3]Eine abgeschlossene wissenschaftliche Hochschulbildung liegt auch vor, wenn der Master an einer Fachhochschule erlangt wurde und den Zugang zur Laufbahn des höheren Dienstes des Bundes eröffnet.

(3) [1]Eine abgeschlossene wissenschaftliche Hochschulbildung setzt voraus, dass die Abschlussprüfung in einem Studiengang abgelegt wird, der seinerseits mindestens das Zeugnis der Hochschulreife (allgemeine Hochschulreife oder einschlägige fachgebundene Hochschulreife) oder eine andere landesrechtliche Hochschulzugangsberechtigung als Zugangsvoraussetzung erfordert, und für den Abschluss eine Regelstudienzeit von mindestens acht Semestern – ohne etwaige Praxissemester, Prüfungssemester o. Ä. – vorschreibt. [2]Ein Bachelorstudiengang erfüllt diese Voraussetzung auch dann nicht, wenn mehr als sechs Semester für den Abschluss vorgeschrieben sind.

(4) Ein Abschluss an einer ausländischen Hochschule gilt als abgeschlossene wissenschaftliche Hochschulbildung, wenn er nach Maßgabe der Empfehlungen der bei der Kultusministerkonferenz eingerichteten Zentralstelle für ausländisches Bildungswesen (ZAB) dem deutschen Hochschulabschluss gleichgestellt ist.

§ 8 Hochschulbildung

[1]Eine abgeschlossene Hochschulbildung liegt vor, wenn von einer Hochschule im Sinne des § 1 Hochschulrahmengesetz (HRG) ein Diplomgrad mit dem Zusatz „Fachhochschule" („FH"), ein anderer nach § 18 HRG gleichwertiger Abschlussgrad oder ein Bachelorgrad verliehen wurde. [2]Die Abschlussprüfung muss in einem Studiengang abgelegt worden sein, der seinerseits mindestens das Zeugnis der Hochschulreife (allgemeine Hochschulreife oder einschlägige fachgebundene Hochschulreife) oder eine andere landesrechtliche Hochschulzugangsberechtigung als Zugangsvoraussetzung erfordert, und für den Abschluss eine Regelstudienzeit von mindestens sechs Semestern – ohne etwaige Praxissemester, Prüfungssemester o. Ä. – vorschreibt. [3]Der Bachelorstudiengang muss nach den Regelungen des Akkreditierungsrats akkreditiert sein. [4]Dem gleichgestellt sind Abschlüsse in akkreditierten Bachelorausbildungsgängen an Berufsakademien. [5]§ 7 Abs. 4 gilt entsprechend.

§ 9 Technische Hochschulbildung

[1]Eine abgeschlossene technische Hochschulbildung liegt vor, wenn ein Bachelor- bzw. entsprechender Hochschulabschluss an einer Hochschule im Sinne des § 1 HRG erlangt wurde, der den Zugang zur Laufbahn des gehobenen technischen Dienstes des Bundes eröffnet. [2]§ 7 Abs. 4 gilt entsprechend.

§ 10 Geprüfte Meisterinnen und Meister sowie staatlich geprüfte Technikerinnen und Techniker

(1) Geprüfte Meisterinnen und Meister sind Beschäftigte, die eine Meisterprüfung auf Grundlage der Handwerksordnung oder des Berufsbildungsgesetzes bestanden haben.

(2) Staatlich geprüfte Technikerinnen und Techniker sind Beschäftigte, die nach dem Berufsordnungsrecht berechtigt sind, diese Berufsbezeichnung zu führen.

§ 11 Berufsausbildung

[1]Eine abgeschlossene Berufsausbildung liegt vor, wenn eine Abschlussprüfung in einem nach dem Berufsbildungsgesetz staatlich anerkannten oder als staatlich anerkannt geltenden Ausbildungsberuf mit einer Ausbildungsdauer von mindestens drei Jahren erfolgreich bestanden wurde. [2]In Tätigkeitsmerkmalen genannte Ausbil-

dungsberufe umfassen auch die entsprechenden früheren Ausbildungsberufe.

Niederschriftserklärung zu § 11 Satz 2:
Die Tarifvertragsparteien sind sich einig, dass die Abschlussprüfungen, die nach Teil II Abschnitt L Unterabschnitte III, IV, X und XI der Anlage 1a zum BAT in den Tätigkeitsmerkmalen für Laboranten, Zeichner, Fotografen und Fotolaboranten als „Abschlussprüfung" anerkannt waren, als entsprechende frühere Ausbildungsberufe gelten und damit auch in der Zukunft als „abgeschlossene Berufsausbildung" anerkannt sind.

§ 12 Eingruppierung bei Nichterfüllung einer Vorbildungs- oder Ausbildungsvoraussetzung

(1) Ist in einem Tätigkeitsmerkmal eine Vorbildung oder Ausbildung als Anforderung bestimmt, ohne dass sonstige Beschäftigte, die aufgrund gleichwertiger Fähigkeiten und ihrer Erfahrungen entsprechende Tätigkeiten ausüben, von ihm miterfasst werden, sind Beschäftigte, die die geforderte Vorbildung oder Ausbildung nicht besitzen, bei Erfüllung der sonstigen Anforderungen des Tätigkeitsmerkmals eine Entgeltgruppe niedriger eingruppiert.

(2) Ist in einem Tätigkeitsmerkmal

a) eine Vorbildung oder Ausbildung als Anforderung bestimmt und

b) werden von ihm sonstige Beschäftigte, die aufgrund gleichwertiger Fähigkeiten und ihrer Erfahrungen entsprechende Tätigkeiten ausüben, miterfasst,

sind Beschäftigte, die weder die Voraussetzung nach Buchstabe a noch die nach Buchstabe b erfüllen, bei Erfüllung der sonstigen Anforderungen des Tätigkeitsmerkmals eine Entgeltgruppe niedriger eingruppiert.

(3) Die Absätze 1 und 2 gelten entsprechend für Tätigkeitsmerkmale, die bei Erfüllung qualifizierter Anforderungen eine höhere Eingruppierung vorsehen.

(4) Die Absätze 1 bis 3 gelten nicht, wenn die Entgeltordnung in dem jeweiligen Abschnitt neben einem Tätigkeitsmerkmal mit einer Vorbildungs- oder Ausbildungsvoraussetzung ein besonderes Tätigkeitsmerkmal enthält (z. B. „Beschäftigte in der Tätigkeit von . . .").

§ 13 Verwaltungseigene Prüfungen

[1]Für die Eingruppierung von Beschäftigten mit körperlich/handwerklich geprägten Tätigkeiten nach Tätigkeitsmerkmalen, welche im

Anhang zur Anlage 2 aufgelistet sind, steht eine bestandene verwaltungseigene Prüfung einer abgeschlossenen Berufsausbildung im Sinne von § 11 gleich. [2]Die verwaltungseigene Prüfung ist in Anlage 2 geregelt.

§ 14 Übergangsregelungen DDR-Abschlüsse

(1) [1]Aufgrund des Artikels 37 des Einigungsvertrages und der Vorschriften hierzu als gleichwertig festgestellte Abschlüsse, Prüfungen und Befähigungsnachweise stehen ab dem Zeitpunkt ihres Erwerbs den in den Tätigkeitsmerkmalen geforderten entsprechenden Anforderungen gleich. [2]Ist die Gleichwertigkeit erst nach Erfüllung zusätzlicher Erfordernisse festgestellt worden, gilt die Gleichstellung ab der Feststellung.

(2) Facharbeiterinnen und Facharbeiter mit einem im Beitrittsgebiet erworbenen Facharbeiterzeugnis, das nach Artikel 37 des Einigungsvertrages und den Vorschriften hierzu dem Prüfungszeugnis in einem anerkannten Ausbildungsberuf mit einer Ausbildungsdauer von mindestens drei Jahren bzw. einer kürzeren Ausbildungsdauer gleichgestellt ist, sind bei entsprechender Tätigkeit wie Beschäftigte mit erfolgreich abgeschlossener Ausbildung in einem solchen Ausbildungsberuf eingruppiert.

Abschnitt III
Zulagen

§ 15 Zulage für Vorarbeiterinnen und Vorarbeiter sowie Vorhandwerkerinnen und Vorhandwerker

(1) § 15 gilt nur für Beschäftigte, die nach einem Tätigkeitsmerkmal eingruppiert sind, welches im Anhang zu § 15 aufgelistet ist.

(2) [1]Vorarbeiterinnen und Vorarbeiter erhalten zum Tabellenentgelt eine Zulage. [2]Die Zulage beträgt vom 1. März 2016 bis 31. Januar 2017 monatlich 166,84 Euro und ab 1. Februar 2017 monatlich 170,76 Euro. [3]Vorarbeiterinnen und Vorarbeiter sind Beschäftigte, die aufgrund schriftlicher Bestellung einer Arbeitsgruppe vorstehen und selbst mitarbeiten. [4]Die Gruppe muss außer der Vorarbeiterin oder dem Vorarbeiter aus mindestens zwei Beschäftigten der Entgeltgruppen 1 bis 4 bestehen.

(3) [1]Vorhandwerkerinnen und Vorhandwerker erhalten zum Tabellenentgelt eine Zulage. [2]Die Zulage beträgt vom 1. März 2016 bis

31. Januar 2017 monatlich 285,61 Euro und ab 1. Februar 2017 monatlich 292,32 Euro. [3]Vorhandwerkerinnen und Vorhandwerker sind Beschäftigte mit einer Berufsausbildung nach § 11, die aufgrund schriftlicher Bestellung einer Arbeitsgruppe vorstehen und selbst mitarbeiten. [4]Die Gruppe muss außer der Vorhandwerkerin oder dem Vorhandwerker aus mindestens zwei selbständig tätigen Beschäftigten bestehen, von denen mindestens eine Beschäftigte oder ein Beschäftigter eine Berufsausbildung nach § 11 haben muss. [5]Auszubildende nach dem Tarifvertrag für Auszubildende des öffentlichen Dienstes vom 13. September 2005 in der jeweils geltenden Fassung können im dritten oder vierten Ausbildungsjahr als Beschäftigte mit Berufsausbildung nach § 11 gerechnet werden. [6]Die Zulage für Vorhandwerkerinnen und Vorhandwerker erhalten auch zu Vorarbeiterinnen oder Vorarbeitern bestellte Beschäftigte der Entgeltgruppe 5 oder einer höheren Entgeltgruppe; Satz 4 gilt entsprechend.

(4) Im Bereich des Bundesministeriums der Verteidigung und im Bereich der Bundespolizei gilt § 5 entsprechend.

(5) Wird die Bestellung zur Vorarbeiterin oder zum Vorarbeiter oder zur Vorhandwerkerin oder zum Vorhandwerker widerrufen, so ist die Zulage für Vorarbeiterinnen und Vorarbeiter bzw. für Vorhandwerkerinnen und Vorhandwerker für die Dauer von vier Wochen weiterzuzahlen, es sei denn, dass die Bestellung von vornherein für eine bestimmte Zeit erfolgt ist.

(6) Die Absätze 2 bis 5 gelten nicht für Beschäftigte im Wachdienst sowie Wächterinnen und Wächter der Entgeltgruppen 4 und 5, Besatzungen von Schiffen und schwimmenden Geräten – mit Ausnahme der Führerinnen und Führer von Schwimmrammen –, Schleusendecksleute, Oberköchinnen und Oberköche sowie Feuerwehrleute.

§ 16 Ausbildungszulage

(1) [1]Beschäftigte, die nach einem Tätigkeitsmerkmal des Teils III Abschnitt 4 der Entgeltordnung eingruppiert sind, erhalten für die Dauer der Ausübung der Ausbildungstätigkeit als solche eine monatliche Zulage. [2]Daneben wird die Zulage nach § 15 nicht gezahlt.

(2) [1]Sofern ein Anspruch auf die Ausbildungszulage nicht für alle Tage eines Kalendermonats besteht, gilt § 24 Abs. 3 TVöD. [2]Die Ausbildungszulage wird bei Unterbrechung der Ausübung der Ausbildungstätigkeit für die Dauer von vier Wochen weitergezahlt.

(3) Die Zulage nach Absatz 1 beträgt vom 1. März 2016 bis 31. Januar 2017 monatlich 285,61 Euro und ab 1. Februar 2017 monatlich 292,32 Euro.

§ 17 Entgeltgruppenzulagen

Die in der Entgeltordnung ausgebrachten Entgeltgruppenzulagen betragen:

Nr. der Entgelt-gruppenzulage	Betrag vom 1. März 2016 bis 31. Januar 2017	Betrag ab 1. Februar 2017
	Euro je Monat	Euro je Monat
1	60,23	61,65
2	82,14	84,07
3	92,01	94,17
4	104,04	106,48
5	114,98	117,68
6	122,66	125,54
7	132,51	135,62
8	150,67	154,21

§ 18 Zulagen für Beschäftigte im Pflegedienst

Die Zulagen für Beschäftigte im Pflegedienst gemäß
a) Vorbemerkung Nr. 4 Abs. 4 zu Abschnitt 25,
b) Vorbemerkung Nr. 2 zu Abschnitt 25 Unterabschnitt 1

des Teils IV der Entgeltordnung betragen:

Nr. der Zulage	Betrag vom 1. März 2016 bis 31. Januar 2017		Betrag ab 1. Februar 2017	
	Euro je Monat	Euro je Stunde	Euro je Monat	Euro je Stunde
1		1,42		1,45
2	486,21		497,64	
3	451,15		461,75	
4	418,38		428,21	
5	387,96		397,08	
6	359,97		368,43	
7	334,06		341,91	

§ 19 Dynamisierung der Zulagen

[1]Die Zulagen nach §§ 15 bis 18 verändern sich bei allgemeinen Entgeltanpassungen um den von den Tarifvertragsparteien für die jeweilige Entgeltgruppe festgelegten Vomhundertsatz. [2]Sockelbeträge, Mindestbeträge und vergleichbare nichtlineare Steigerungen bleiben unberücksichtigt.

Abschnitt IV
Schlussvorschriften

§ 20 Inkrafttreten, Laufzeit

IV

(1) Dieser Tarifvertrag tritt am 1. Januar 2014 in Kraft.

(2) Der Tarifvertrag einschließlich Anlagen kann ohne Einhaltung einer Frist, jedoch nur insgesamt, jederzeit schriftlich gekündigt werden, frühestens jedoch zum 31. Dezember 2016; die Nachwirkung dieser Vorschriften wird ausgeschlossen.

Zulage für Vorarbeiterinnen und Vorarbeiter sowie Vorhandwerkerinnen und Vorhandwerker

Tätigkeitsmerkmale der Entgeltordnung (Anlage 1)

1. Teil II

2. Teil III

    Abschnitt 4, Abschnitt 9, Abschnitt 10, Abschnitt 19, Abschnitt 22, Abschnitt 23, Abschnitt 29, Abschnitt 31 Entgeltgruppen 3 und 4, Abschnitt 33, Abschnitt 37, Abschnitt 38, Abschnitt 39, Abschnitt 44, Abschnitt 45 Entgeltgruppe 3, Entgeltgruppe 4, Entgeltgruppe 5 Fallgruppe 2 und Entgeltgruppe 6 Fallgruppe 2, Abschnitt 48 Entgeltgruppe 8.

3. Teil IV

    a) Abschnitt 1 Entgeltgruppen 3 bis 7, Entgeltgruppe 8 Fallgruppen 1 bis 3 und Entgeltgruppe 9a,

    b) Abschnitte 4 bis 6,

    c) Abschnitte 12 und 13,

    d) Abschnitt 14 Entgeltgruppe 2 und Entgeltgruppe 3 Fallgruppe 1,

    e) Abschnitte 15 und 16,

    f) Abschnitt 17 Entgeltgruppe 3, Entgeltgruppe 5 und Entgeltgruppe 6 Fallgruppe 1, Fallgruppe 2 erste Alternative und Fallgruppe 3,

    g) Abschnitte 18 und 19,

    h) Abschnitte 21 und 22,

    i) Abschnitt 26 Entgeltgruppe 9a Fallgruppe 2,

    j) Abschnitt 28,

    k) Abschnitt 30,

    l) Abschnitt 31 Entgeltgruppen 5 bis 8.

4. Teil V

    a) Abschnitt 1 Unterabschnitt 2 Entgeltgruppe 6, Entgeltgruppe 7 Fallgruppe 2 und Entgeltgruppe 8 Fallgruppe 2,

    b) Abschnitt 2 Unterabschnitt 2,

    c) Abschnitt 3 Entgeltgruppen 3 bis 8 und Entgeltgruppe 9a Fallgruppen 1 und 3.

IV

5. Teil VI

 a) Abschnitt 1 Unterabschnitt 1,

 b) Abschnitt 1 Unterabschnitt 2 Entgeltgruppen 3 und 5 sowie Entgeltgruppe 6 Fallgruppe 1,

 c) Abschnitt 1 Unterabschnitte 3 und 4.

Richtlinien für verwaltungseigene Prüfungen
Vom 5. September 2013[1]

Abschnitt I
Allgemeine Regelungen
§ 1 Geltungsbereich

(1) [1]Diese Richtlinien gelten für Beschäftigte, die Tätigkeiten in einem anerkannten Ausbildungsberuf mit einer Ausbildungsdauer von mindestens drei Jahren ausüben, die von einem der im Anhang aufgelisteten Tätigkeitsmerkmale erfasst werden, ohne über die im Tätigkeitsmerkmal geforderte abgeschlossene Berufsausbildung zu verfügen, und eine verwaltungseigene Prüfung (§ 13) ablegen wollen. [2]Für die verwaltungseigenen Prüfungen von Messgehilfinnen und Messgehilfen gelten die Sonderregelungen des Abschnitts II, für die verwaltungseigenen Prüfungen von Beschäftigten im Munitionsfachdienst gelten die Sonderregelungen des Abschnitts III.

(2) Verwaltungseigene Prüfungen können nur für die Tätigkeiten abgelegt werden, die in dem Bereich der Verwaltung, bei der die oder der Beschäftigte beschäftigt ist, vorkommen und für die ein anerkannter Ausbildungsberuf die Grundlage bildet; das gilt nicht für die Abschnitte II und III.

(3) [1]Die abgelegte Prüfung gilt für den gesamten Bereich des Bundes. [2]Eine verwaltungseigene Prüfung, die bei einem anderen Arbeitgeber im Bereich des öffentlichen Dienstes abgelegt worden ist, kann anerkannt werden.

§ 2 Zulassungsantrag

(1) [1]Den Antrag auf Zulassung zur Prüfung hat die oder der Beschäftigte bei der zuständigen Dienststelle schriftlich einzureichen. [2]Die Dienststelle entscheidet über die Zulassung.

(2) Dem Antrag soll stattgegeben werden, wenn die oder der Beschäftigte in Zukunft voraussichtlich überwiegend mit Tätigkeiten beschäftigt wird, die sonst nur von Beschäftigten mit abgeschlossener mindestens dreijähriger Berufsausbildung ausgeführt werden.

---

[1] Die Richtlinien sind als Anlage 2 des TV EntgO Bund (**IV.10**) vereinbart worden.

§ 3 Zulassungsvoraussetzungen

(1) [1]Für die Zulassung zur Prüfung muss eine mindestens dreijährige Beschäftigung beim Bund mit einschlägigen Tätigkeiten des Ausbildungsberufs vorliegen, in dem die Prüfung abgelegt werden soll. [2]Für die Feststellung der dreijährigen Tätigkeit sollen unterbrochene Beschäftigungen zusammengerechnet werden; Unterbrechungen von weniger als zwei Jahren sind unschädlich.

(2) Außerhalb des Bundes erworbene vorherige Zeiten mit einschlägigen Tätigkeiten können auf die dreijährige Beschäftigung angerechnet werden, wenn nach der Beendigung dieser Tätigkeiten in dem vorherigen Arbeitsverhältnis und der Fortsetzung der Tätigkeit beim Bund nicht mehr als drei Monate vergangen sind.

(3) [1]Zeiten als Wehrpflichtiger oder freiwilligen Wehrdienst Leistende oder Leistender, in denen überwiegend einschlägige Tätigkeiten im Sinne des Absatzes 1 ausgeübt worden sind, werden auf die dreijährige Beschäftigung angerechnet. [2]Das gilt auch für entsprechende Zeiten als Soldatin oder Soldat auf Zeit oder als Berufssoldatin oder Berufssoldat.

§ 4 Prüfungsausschuss

(1) [1]Die Prüfung ist vor einem Prüfungsausschuss abzulegen. [2]Er setzt sich zusammen aus einer Vorsitzenden oder einem Vorsitzendem und zwei Beisitzenden.

(2) [1]Den Vorsitz hat eine sachverständige Beamtin oder ein sachverständiger Beamter oder eine sachverständige Arbeitnehmerin oder ein sachverständiger Arbeitnehmer. [2]Im Bereich des Bundesministeriums der Verteidigung können auch entsprechend vorgebildete Offizierinnen oder Offiziere Vorsitzende sein.

(3) Beisitzende sind

a) eine geprüfte Meisterin oder ein geprüfter Meister des betreffenden Ausbildungsberufs; im Bereich des Bundesministeriums der Verteidigung kann dies auch eine Soldatin oder ein Soldat in Meisterfunktion des betreffenden Ausbildungsberufs sein, und

b) eine Arbeitnehmerin oder ein Arbeitnehmer, die bzw. der in dem zu prüfenden Berufszweig über eine abgeschlossene Berufsausbildung verfügt.

(4) Die Prüfung kann auch vor dem Prüfungsausschuss einer anderen Verwaltung oder eines anderen Betriebes des Arbeitgebers abgelegt werden.

§ 5   Prüfungsanforderungen

(1) [1]Die Prüfung hat den Nachweis zu erbringen, dass die oder der Beschäftigte die in dem betreffenden Ausbildungsberuf gebräuchlichen Handgriffe und Fertigkeiten mit genügender Sicherheit ausübt und die notwendigen Fachkenntnisse besitzt. [2]Diese Kenntnisse und Fertigkeiten müssen den an durchschnittliche Beschäftigte zu stellenden fachlichen Anforderungen entsprechen.

(2) [1]Die Prüfung soll von den Gegebenheiten der Betriebspraxis ausgehen. [2]Sie besteht aus einem praktischen und einem mündlichen Teil. [3]Das Hauptgewicht ist auf den praktischen Teil zu legen, in dem die Beschäftigten durch eine geeignete Arbeitsprobe ihr praktisches Können nachzuweisen haben.

IV

§ 6   Durchführung der Prüfung

(1) Der Prüfungstermin und der Prüfungsort werden von der oder dem Vorsitzenden des Prüfungsausschusses festgesetzt und den Beteiligten rechtzeitig bekannt gegeben.

(2) [1]Über den Hergang der Prüfung ist eine Niederschrift aufzunehmen, die außer dem Gesamtergebnis auch die Bewertung des praktischen und mündlichen Prüfungsteils enthalten soll. [2]Die Niederschrift ist von allen Mitgliedern des Prüfungsausschusses zu unterschreiben.

(3) Nach beendeter Prüfung entscheidet der Prüfungsausschuss auf Grund des Ergebnisses der praktischen und mündlichen Prüfung, ob die oder der Beschäftigte bestanden hat, und teilt das Ergebnis der bzw. dem Beschäftigten sofort mit.

(4) [1]Die oder der Vorsitzende des Prüfungsausschusses gibt die Prüfungsunterlagen mit der Niederschrift über das Ergebnis der Prüfung an die zuständige Dienststelle. [2]Hat die oder der Beschäftigte die Prüfung bestanden, so stellt die zuständige Dienststelle hierüber ein Zeugnis aus. [3]In dem Zeugnis ist anzugeben, in welchem Ausbildungsberuf die Prüfung abgelegt worden ist; dies gilt nicht für die Prüfungen nach Abschnitt II und III.

(5) Prüfungsgebühren werden nicht erhoben.

§ 7   Wiederholung der Prüfung

(1) [1]Hat die oder der Beschäftigte die Prüfung nicht bestanden, so kann sie nach einer vom Prüfungsausschuss zu bestimmenden Frist wiederholt werden. [2]Die Frist soll mindestens sechs Monate betragen.

[3]Sie ist in der Prüfungsniederschrift festzulegen. [4]Die Prüfung ist in allen Teilen zu wiederholen.

(2) Eine weitere Wiederholung der Prüfung ist nicht zulässig.

§ 8 Arbeitsbefreiung, Entgeltfortzahlung

Die oder der Beschäftigte wird zum Ablegen der Prüfung für die Dauer der unumgänglich notwendigen Abwesenheit unter Fortzahlung des Entgelts nach § 21 TVöD von der Arbeit freigestellt.

§ 9 Reisekosten

Für die Erstattung der aus Anlass der Vorbereitung und Durchführung der Prüfung entstehenden Reisekosten findet § 44 TVöD-BT-V entsprechende Anwendung.

Abschnitt II
Sonderregelungen für verwaltungseigene Prüfungen
von Messgehilfinnen und -gehilfen

Zu § 1 Geltungsbereich

Dieser Abschnitt gilt für verwaltungseigene Prüfungen von Messgehilfinnen und -gehilfen (Teil III Abschnitt 45 Entgeltgruppe 5 Fallgruppe 2 und Entgeltgruppe 6 Fallgruppe 2 der Anlage 1).

Zu § 3 Zulassungsvoraussetzungen

[1]Für die Zulassung zur Prüfung muss eine mindestens dreijährige Tätigkeit als Messgehilfin oder -gehilfe im Dienste einer behördlichen Vermessungsstelle oder bei einer öffentlich bestellten Vermessungsingenieurin oder einem öffentlich bestellten Vermessungsingenieur vorliegen. [2]Gleichartige Tätigkeiten bei anderen Stellen sollen angerechnet werden.

Zu § 4 Prüfungsausschuss

(1) [1]Der Ausschuss setzt sich zusammen aus

a) einer Beamtin oder einem Beamten des vermessungstechnischen Dienstes oder einer oder einem vermessungstechnischen Beschäftigten als Vorsitzender bzw. Vorsitzenden,

b) einer Beamtin oder einem Beamten des vermessungstechnischen Dienstes oder einer oder einem vermessungstechnischen Beschäftigten als Beisitzerin bzw. Beisitzer und

c) einer geprüften Messgehilfin oder einem geprüften Messgehilfen als Beisitzerin bzw. Beisitzer.

[2]Solange Beisitzende nach Satz 1 Buchstabe c nicht zur Verfügung stehen, ist hierfür eine weitere Beisitzerin oder ein weiterer Beisitzer nach Satz 1 Buchstabe b zu bestellen.

(2) Im Bereich des Bundesministeriums der Verteidigung kann an die Stelle der Beamtin oder des Beamten des vermessungstechnischen Dienstes oder der oder des vermessungstechnischen Beschäftigten auch eine entsprechend vorgebildete Offizierin oder ein entsprechend vorgebildeter Offizier als Vorsitzende bzw. Vorsitzender und eine entsprechend vorgebildete Unteroffizierin oder ein entsprechend vorgebildeter Unteroffizier als Beisitzerin bzw. Beisitzer treten.

Zu § 5 Prüfungsanforderungen

(1) Zu den Prüfungsanforderungen gehören insbesondere:

a) Aufsuchen von Grenz- und Vermessungspunkten nach Weisung, Skizzen und einfachen Rissangaben,

b) Einfluchten von Vermessungslinien ohne Vermessungsinstrumente, Absetzen von Parallelen in einfachen Fällen, Bestimmung von Linienschnittpunkten,

c) Streckenmessung,

d) Aufnahme und Absetzen rechter Winkel mit Winkelprisma,

e) Handhabung von Tachymeter- und Nivellierlatten und Gefällmessern und Plattensuchern,

f) Handhabung von Vermessungsinstrumenten und Zubehör,

g) einfache Aufschreibungen und Skizzen,

h) Setzen von Grenz- und Vermessungsmarken mit und ohne Sicherungen,

i) Signalisierung von Vermessungspunkten,

j) Pflege der Vermessungsgeräte einschließlich Zubehör und Ausführung kleinerer Reparaturen.

(2) Die praktische Prüfung besteht in der Mithilfe bei einer Vermessung, in der die Messgehilfin oder der Messgehilfe ihr bzw. sein praktisches Können bei den in Absatz 1 bezeichneten Arbeiten nachzuweisen hat.

(3) [1]In der mündlichen Prüfung hat die Messgehilfin oder der Messgehilfe ihre bzw. seine Fachkenntnisse auch auf folgenden Gebieten nachzuweisen:

a) Allgemeine Materialkunde über Vermessungsgeräte und Abmarkungsmaterial,

b) Absicherung einer Vermessungsstelle, Erste Hilfe, Unfallver-
hütung,

c) Verhalten beim Betreten fremder Grundstücke und im Umgang
mit den Beteiligten, Vermeiden von Schäden an Bauwerken,
Anlagen und unterirdischen Leitungen,

d) geometrische Grundbegriffe, einfache Aufgaben in den Grund-
rechenarten, Grundkenntnisse der Messverfahren.

[2]Die Beantwortung der bei der praktischen Prüfung gestellten Fragen
kann als Teil der mündlichen Prüfung gewertet werden.

(4) Der praktische Teil der Prüfung soll etwa drei Stunden, der
mündliche Teil der Prüfung soll etwa eine halbe Stunde dauern.

Abschnitt III
Sonderregelungen für verwaltungseigene Prüfungen
von Beschäftigten im Munitionsfachdienst

Zu § 1   Geltungsbereich

Dieser Abschnitt gilt für verwaltungseigene Prüfungen von Beschäftigten im Munitionsfachdienst (Teil IV Abschnitt 22 der Anlage 1).

Zu § 3   Zulassungsvoraussetzungen

(1) [1]Für die Zulassung zur Prüfung soll eine mindestens dreijährige
Beschäftigung in den einschlägigen Tätigkeiten von Beschäftigten im
Munitionsfachdienst vorliegen. [2]Die dreijährige Beschäftigung soll in
der Verwaltung oder dem Betrieb, in dem die oder der Beschäftigte
beschäftigt ist, verbracht sein.

(2) [1]Bei der Übernahme von Beschäftigten, die bei den Stationierungsstreitkräften beschäftigt waren, können Zeiten mit einschlägigen Tätigkeiten auf die dreijährige Beschäftigung angerechnet werden, wenn die bei den Stationierungsstreitkräften ausgeübte Tätigkeit innerhalb von drei Monaten nach dem Ausscheiden bei der
Bundeswehr fortgesetzt wurde. [2]Dies gilt entsprechend auch bei der
Übernahme von Beschäftigten anderer Verwaltungen.

(3) Bei Beschäftigten, die als Wehrpflichtige, freiwilligen Wehrdienst
Leistende, Soldatin oder Soldat auf Zeit oder als Berufssoldatin oder
Berufssoldat Wehrdienst in der Bundeswehr geleistet haben, werden
Zeiten, in denen sie überwiegend mit einschlägigen Tätigkeiten
beschäftigt waren, auf die dreijährige Beschäftigung angerechnet.

(4) Zeiten, in denen Beschäftigte überwiegend mit artverwandten Tätigkeiten des Munitionsfachdienstes beschäftigt waren, können bis zu einer Dauer von zwölf Monaten auf die dreijährige Beschäftigung angerechnet werden.

(5) Als einschlägige Tätigkeit gilt eine solche, die die in der Protokollerklärung zu Absatz 1 der Sonderregelung zu § 5 aufgeführten Fertigkeiten und Kenntnisse der entsprechenden Spezialtätigkeit des Munitionsfachdienstes zum überwiegenden Teil umfasst.

(6) Als artverwandt gelten Tätigkeiten mit Fertigkeiten und Kenntnissen in der Metallbearbeitung, im Ablauf mechanischer und chemischer Arbeitsgänge sowie im Kennzeichnen, Lagern und Versandfertigmachen von Waren.

IV

Zu § 4   Prüfungsausschuss

Der Ausschuss setzt sich zusammen aus

a) einer sachverständigen Beamtin, Offizierin oder Arbeitnehmerin oder einem sachverständigen Beamten, Offizier oder Arbeitnehmer der entsprechenden Fachrichtung als Vorsitzender bzw. Vorsitzenden,

b) einer Beamtin, Arbeitnehmerin oder Soldatin oder einem Beamten, Arbeitnehmer oder Soldaten in Meisterfunktion in der betreffenden Spezialtätigkeit als Beisitzerin bzw. Beisitzer und

c) einer Arbeiterernehmerin oder einem Arbeiterernehmer mit Prüfungszeugnis nach diesen Richtlinien.

Zu § 5   Prüfungsanforderungen

(1) [1]In der Fertigkeitsprüfung soll die oder der Beschäftigte durch geeignete Arbeitsproben nachweisen, dass sie bzw. er die wichtigsten und notwendigen Fertigkeiten des Munitionsfachdienstes beherrscht. [2]Die Arbeitszeit für Arbeitsproben soll drei Stunden nicht überschreiten.

Protokollerklärung zu Absatz 1:

[1]Die Fertigkeitsprüfung soll umfassen:

a) Handhaben der einschlägigen Werkzeuge, Maschinen, Messvorrichtungen und sonstigen Geräte sowie das Überprüfen auf ihre Verwendungsfähigkeit an Hand der Bedienungs-und Prüfanleitungen,

b) Arbeiten an der Munition, wie Prüfen, Zerlegen, Zusammensetzen, Auswechseln von Teilen der Munition,

c) Kennzeichnen und Beschriften von Munition und ihrer Verpackung an Hand von Zeichnungen,

d) Verpacken und Palettieren von Munition,

e) Stapeln von Munition in Stapeln und Packgefäßen, Be- und Entladen von Fahrzeugen,

f) Vernichten von Munition und Explosivstoffen als Gehilfin oder Gehilfe der Sprengmeisterin oder des Sprengmeisters.

[2]Die oder der Beschäftigte muss die Prüfungsarbeit unter Beachtung der einschlägigen Bestimmungen ausführen. [3]Es ist besonders darauf zu achten, ob das richtige Arbeitsverfahren angewandt wird, die Arbeit planmäßig aufgebaut wird, die vorauszusetzenden Bestimmungen bekannt sind und die Arbeiten mit der erforderlichen Sorgfalt ausgeführt werden.

IV

(2) [1]In der schriftlichen Kenntnisprüfung werden der oder dem Beschäftigten 15 Fragen aus dem Gebiet der Fachkunde und fünf Fachrechenaufgaben gestellt. [2]Die oder der Beschäftigte hat hierbei nachzuweisen, dass sie bzw. er neben den fachlichen Kenntnissen auch die notwendigen schreib- und rechentechnischen Fertigkeiten beherrscht. [3]Die schriftliche Prüfung soll die Zeit von drei Stunden nicht überschreiten.

(3) [1]Die mündliche Kenntnisprüfung soll von praktischen betrieblichen Situationen ausgehen und in Form eines freien Prüfungsgesprächs durchgeführt werden. [2]Sie soll eine Leistungsbeurteilung der oder des Beschäftigten unter Berücksichtigung ihres bzw. seines persönlichen Eindrucks ermöglichen. [3]Auf jeden Prüfling soll in der mündlichen Prüfung eine tatsächliche Prüfungszeit von 15 bis 20 Minuten entfallen.

Protokollerklärung zu Absatz 2 und 3:
Die Kenntnisprüfung soll umfassen:

1. Fachkundeprüfung

a) Grundbegriffe auf dem Munitions- und Explosivstoffgebiet,

b) Wesen und Wirkung der Explosivstoffe und sonstigen gefährlichen Stoffe in der Munition,

c) Behandlung, Verwendung und Verpackung der gefährlichen Stoffe,

d) Eigenschaften der gefährlichen Stoffe, sofern sie für den unfallsicheren Umgang von Bedeutung sind,

e) Aufbau, Wirkungsweise und Verpackung der gebräuchlichsten Munitionsarten,

f) Gefahren und Schutzmaßnahmen beim Umgang mit Munition und Explosivstoffen.

Darüber hinaus ist die Kenntnis der einschlägigen Dienstvorschriften zu prüfen, insbesondere die Kenntnis der Bestimmungen für das Handhaben, Lagern, Sichten, Sortieren, Untersuchen, Prüfen, Bearbeiten (Zusammensetzen, Zerlegen, Instandsetzen, Ändern), Versenden und Vernichten von Munition und Explosivstoffen und der einschlägigen Unfallschutzbestimmungen.

2. Fachzeichnen

Die Fertigkeit, Zeichnungen zu lesen, ist zu prüfen, entweder am Skizzieren eines einfachen Munitionsteiles, am Herstellen einer einfachen Ergänzungszeichnung oder am Herausziehen (Zeichnen) von Einzelheiten aus einer Zusammenstellungszeichnung.

3. Fachrechnen

Es sind einfache, auf das Fachgebiet abgestellte Aufgaben in Anwendung der Grundrechnungsarten zu lösen.

Tätigkeitsmerkmale der Entgeltordnung

1. Teil II

2. Teil III

   Abschnitt 4, Abschnitt 19, Abschnitt 23, Abschnitt 33, Abschnitt 38, Abschnitt 39, Abschnitt 44, Abschnitt 45 Entgeltgruppe 5 Fallgruppe 2 und Entgeltgruppe 6 Fallgruppe 2, Abschnitt 48 Entgeltgruppe 8.

3. Teil IV

   Abschnitt 1 Entgeltgruppen 6 bis 7, Entgeltgruppe 8 Fallgruppen 1 bis 3 und Entgeltgruppe 9a, Abschnitt 4, Abschnitt 8, Abschnitte 12 und 13, Abschnitte 15 bis 17, Abschnitt 19, Abschnitte 21 bis 23, Abschnitt 28, Abschnitt 31.

4. Teil V

   a) Abschnitt 1 Unterabschnitt 1 und Unterabschnitt 2,

   b) Abschnitt 2 Unterabschnitt 1 und Unterabschnitt 2,

   c) Abschnitt 3,

   d) Abschnitt 4 Unterabschnitt 1.

5. Teil VI.

Entgeltordnung des Bundes
Vom 5. September 2013[1])

Inhaltsverzeichnis

---

[1]) Die Entgeltordnung ist als Anlage 1 Teil des Tarifvertrags über die Entgeltordnung des Bundes (TV EntgO, abgedruckt unter **IV.10**) vom 5. September 2013 vereinbart worden. Die redaktionelle Umsetzung der zuvor vereinbarten Gundsätze durch die Tarifparteien war erst im Februar 2014 abgeschlossen worden und gilt rückwirkend ab 1. Januar 2014.

IV

IV

IV

IV

Niederschriftserklärung zur Entgeltordnung

Niederschriftserklärung:

a) [1]In einzelnen Abschnitten des bisherigen Rechts unterschiedlich gefasste Tätigkeitsmerkmale, insbesondere Tätigkeitsmerkmale mit „sonstigen Beschäftigten" und tätigkeitsbezogenen Heraushebungen, werden in der Entgeltordnung in einem nunmehr einheitlichen Aufbau aufgeführt. [2]Die Tarifvertragsparteien sind sich darin einig, dass durch diese Vereinheitlichung keine materiellen Änderungen beabsichtigt sind.

b) [1]In der Entgeltordnung werden aufeinander aufbauende Tätigkeitsmerkmale

    aa) in den Entgeltgruppen 2 bis 9a einheitlich nach der im Lohngruppenverzeichnis und der mehrheitlich in den unteren Vergütungsgruppen der Anlage 1a zum BAT verwendeten Form und

    bb) in den Entgeltgruppen 9b bis 15 einheitlich nach der mehrheitlich in den oberen Vergütungsgruppen der Anlage 1a zum BAT verwendeten Form

formuliert. [2]Die Tarifvertragsparteien sind sich darin einig, dass nur durch die Art dieser Vereinheitlichung keine materiellen Änderungen beabsichtigt sind.

Beispiel:

Anstatt der in Vergütungsgruppe VIII Fallgruppe 1b des Teils I der Anlage 1a zum BAT verwendeten Formulierung „(...), deren Tätigkeit sich dadurch aus (...) heraushebt, dass sie mindestens zu einem Viertel gründliche Fachkenntnisse erfordert.", wird in Entgeltgruppe 4 Fallgruppe 2 des Teils I der Entgeltordnung formuliert: „(...), deren Tätigkeit mindestens zu einem Viertel gründliche Fachkenntnisse erfordert."

Teil I
Allgemeine Tätigkeitsmerkmale für den Verwaltungsdienst

Entgeltgruppe 15

1. Beschäftigte der Entgeltgruppe 14 Fallgruppe 1,
   deren Tätigkeit sich durch das Maß der damit verbundenen Verantwortung erheblich aus der Entgeltgruppe 14 Fallgruppe 1 heraushebt.

2. Beschäftigte der Entgeltgruppe 13,
   denen mindestens fünf Beschäftigte mindestens der Entgeltgruppe 13 durch ausdrückliche Anordnung ständig unterstellt sind.
   (Hierzu Protokollerklärung Nr. 1)

Entgeltgruppe 14

1. Beschäftigte der Entgeltgruppe 13,
   deren Tätigkeit sich durch besondere Schwierigkeit und Bedeutung aus der Entgeltgruppe 13 heraushebt.

2. Beschäftigte der Entgeltgruppe 13,
   deren Tätigkeit sich mindestens zu einem Drittel durch besondere Schwierigkeit und Bedeutung aus der Entgeltgruppe 13 heraushebt.

3. Beschäftigte der Entgeltgruppe 13,
   deren Tätigkeit sich dadurch aus der Entgeltgruppe 13 heraushebt, dass sie mindestens zu einem Drittel hochwertige Leistungen bei besonders schwierigen Aufgaben erfordert.

4. Beschäftigte der Entgeltgruppe 13,
   denen mindestens drei Beschäftigte mindestens der Entgeltgruppe 13 durch ausdrückliche Anordnung ständig unterstellt sind.
   (Hierzu Protokollerklärung Nr. 1)

Entgeltgruppe 13

Beschäftigte mit abgeschlossener wissenschaftlicher Hochschulbildung und entsprechender Tätigkeit sowie sonstige Beschäftigte, die aufgrund gleichwertiger Fähigkeiten und ihrer Erfahrungen entsprechende Tätigkeiten ausüben.

Entgeltgruppe 12

Beschäftigte der Entgeltgruppe 11,
deren Tätigkeit sich durch das Maß der damit verbundenen Verantwortung erheblich aus der Entgeltgruppe 11 heraushebt.

Entgeltgruppe 11

Beschäftigte der Entgeltgruppe 9b Fallgruppe 1,

IV

deren Tätigkeit sich durch besondere Schwierigkeit und Bedeutung aus der Entgeltgruppe 9b Fallgruppe 1 heraushebt.

Entgeltgruppe 10

Beschäftigte der Entgeltgruppe 9b Fallgruppe 1,

deren Tätigkeit sich mindestens zu einem Drittel durch besondere Schwierigkeit und Bedeutung aus der Entgeltgruppe 9b Fallgruppe 1 heraushebt.

Entgeltgruppe 9b

1. Beschäftigte der Fallgruppe 2 oder 3, deren Tätigkeit sich dadurch aus der Fallgruppe 2 oder 3 heraushebt, dass sie besonders verantwortungsvoll ist.

2. Beschäftigte im Büro-, Buchhalterei-, sonstigen Innendienst und im Außendienst mit abgeschlossener Hochschulbildung und entsprechender Tätigkeit sowie sonstige Beschäftigte, die aufgrund gleichwertiger Fähigkeiten und ihrer Erfahrungen entsprechende Tätigkeiten ausüben.

   (Hierzu Protokollerklärung Nr. 2)

3. Beschäftigte im Büro-, Buchhalterei-, sonstigen Innendienst und im Außendienst,

   deren Tätigkeit gründliche, umfassende Fachkenntnisse und selbständige Leistungen erfordert.

   (Hierzu Protokollerklärungen Nrn. 2, 3 und 4)

Entgeltgruppe 9a

Beschäftigte der Entgeltgruppe 6,

deren Tätigkeit selbständige Leistungen erfordert.

(Hierzu Protokollerklärung Nr. 4)

Entgeltgruppe 8

Beschäftigte der Entgeltgruppe 6,

deren Tätigkeit mindestens zu einem Drittel selbständige Leistungen erfordert.

(Hierzu Protokollerklärung Nr. 4)

Entgeltgruppe 7

Beschäftigte der Entgeltgruppe 6,

deren Tätigkeit mindestens zu einem Fünftel selbständige Leistungen erfordert.

(Hierzu Protokollerklärung Nr. 4)

Entgeltgruppe 6

Beschäftigte der Entgeltgruppe 5 Fallgruppe 1 oder 2,
deren Tätigkeit vielseitige Fachkenntnisse erfordert.
(Hierzu Protokollerklärung Nr. 5)

Entgeltgruppe 5

1. Beschäftigte im Büro-, Buchhalterei-, sonstigen Innendienst und im
Außendienst mit abgeschlossener Berufsausbildung und entspre-
chender Tätigkeit.
(Hierzu Protokollerklärung Nr. 2)

2. Beschäftigte im Büro-, Buchhalterei-, sonstigen Innendienst und im
Außendienst,
deren Tätigkeit gründliche Fachkenntnisse erfordert.
(Hierzu Protokollerklärungen Nrn. 2 und 6)

Entgeltgruppe 4

1. Beschäftigte im Büro-, Buchhalterei-, sonstigen Innendienst und im
Außendienst
mit schwierigen Tätigkeiten.
(Hierzu Protokollerklärungen Nrn. 2 und 7)

Niederschriftserklärung zu Teil I Entgeltgruppe 4 Fallgruppe 1:
[1]Die Tarifvertragsparteien haben sich in der Entgeltgruppe 4 Fallgruppe 1 des
Teils I auf das neue Heraushebungsmerkmal „schwierige Tätigkeiten" verständigt. [2]Im Hinblick auf die Neustrukturierung der Tätigkeitsmerkmale in den
Entgeltgruppen 3 und 4 des Teils I waren sie sich darüber einig, dass die bisher
unter das Heraushebungsmerkmal „schwierigere Tätigkeiten" (Vergütungsgruppe VIII Fallgruppe 1a des Teils I der Anlage 1a zum BAT und Beispielkatalog hierzu) fallenden Tätigkeiten in Abhängigkeit ihrer jeweiligen konkreten
Anforderungen der Entgeltgruppe 3 oder der Entgeltgruppe 4 zugeordnet
werden sollen.
[3]Unter Bezugnahme auf den o. g. Beispielkatalog werden die Tätigkeiten
„Mitwirkung bei der Bearbeitung laufender oder gleichartiger Geschäfte nach
Anleitung", „Entwerfen von dabei zu erledigenden Schreiben nach skizzierten
Angaben", „Erledigung ständig wiederkehrender Arbeiten in Anlehnung an
ähnliche Vorgänge – auch ohne Anleitung –" der Entgeltgruppe 3 zugeordnet.
[4]Die Tätigkeiten „Führung von Karteien oder elektronischen Dateien, die nach
technischen oder wissenschaftlichen Merkmalen geordnet sind oder deren
Führung die Kenntnis fremder Sprachen voraussetzt" werden der Entgeltgruppe 4 zugeordnet.

2. Beschäftigte der Entgeltgruppe 3,
deren Tätigkeit mindestens zu einem Viertel gründliche Fachkenntnisse erfordert.
(Hierzu Protokollerklärung Nr. 6)

IV

Entgeltgruppe 3

Beschäftigte im Büro-, Buchhalterei-, sonstigen Innendienst und im Außendienst

mit Tätigkeiten, für die eine eingehende Einarbeitung bzw. eine fachliche Anlernung erforderlich ist, die über eine Einarbeitung im Sinne der Entgeltgruppe 2 hinausgeht.

(Hierzu Protokollerklärung Nr. 2)

Entgeltgruppe 2

Beschäftigte im Büro-, Buchhalterei-, sonstigen Innendienst und im Außendienst

mit einfachen Tätigkeiten.

(Hierzu Protokollerklärungen Nrn. 2 und 8)

Entgeltgruppe 1

Beschäftigte mit einfachsten Tätigkeiten.

(Hierzu Protokollerklärung Nr. 9)

Protokollerklärungen:

Nr. 1 Bei der Zahl der Unterstellten zählen nicht mit:

    a) Beschäftigte, die nach Teil III Abschnitt 17, 24 oder 25 eingruppiert sind,

    b) Beamtinnen und Beamte der Besoldungsgruppe A 13, soweit sie der Laufbahn des gehobenen Dienstes angehören.

Nr. 2 Buchhaltereidienst im Sinne dieses Tätigkeitsmerkmals bezieht sich nur auf Tätigkeiten von Beschäftigten, die mit kaufmännischer Buchführung beschäftigt sind.

Nr. 3 Gründliche, umfassende Fachkenntnisse bedeuten gegenüber den in den Entgeltgruppen 6, 7, 8 und 9a geforderten gründlichen und vielseitigen Fachkenntnissen eine Steigerung der Tiefe und der Breite nach.

Nr. 4 Selbständige Leistungen erfordern ein den vorausgesetzten Fachkenntnissen entsprechendes selbständiges Erarbeiten eines Ergebnisses unter Entwicklung einer eigenen geistigen Initiative; eine leichte geistige Arbeit kann diese Anforderung nicht erfüllen.

Nr. 5 ¹Die gründlichen und vielseitigen Fachkenntnisse brauchen sich nicht auf das gesamte Gebiet der Verwaltung/des Betriebes, in der/dem die/der Beschäftigte tätig ist, zu beziehen. ²Der Aufgabenkreis der/des Beschäftigten muss aber so gestaltet sein, dass er nur beim Vorhandensein gründlicher und vielseitiger Fachkenntnisse ordnungsgemäß bearbeitet werden kann.

Nr. 6 Erforderlich sind nähere Kenntnisse von Gesetzen, Verwaltungsvorschriften und Tarifbestimmungen usw. des Aufgabenkreises.

Nr. 7 Schwierige Tätigkeiten sind solche, die mehr als eine eingehende Einarbeitung bzw. mehr als eine fachliche Anlernung i. S. der Entgeltgruppe 3 erfordern, z. B. durch einen höheren Aufwand an gedanklicher Arbeit.

Nr. 8 [1]Einfache Tätigkeiten sind Tätigkeiten, die weder eine Vor- noch eine Ausbildung, aber eine Einarbeitung erfordern, die über eine sehr kurze Einweisung oder Anlernphase hinausgeht. [2]Die Einarbeitung dient dem Erwerb derjenigen Kenntnisse und Fertigkeiten, die für die Beherrschung der Arbeitsabläufe als solche erforderlich sind.

Nr. 9 Einfachste Tätigkeiten üben z. B. aus

  a) Beschäftigte, die Essen und Getränke ausgeben,

  b) Garderobenpersonal,

  c) Beschäftigte, die spülen, Gemüse putzen oder sonstige Tätigkeiten im Haus- und Küchenbereich ausüben,

  d) Reinigerinnen und Reiniger in Außenbereichen wie Höfen, Wegen, Grünanlagen, Parks,

  e) Wärterinnen und Wärter von Bedürfnisanstalten,

  f) Serviererinnen und Servierer,

  g) Hausarbeiterinnen und -arbeiter sowie

  h) Hausgehilfinnen und -gehilfen.

IV

Teil II
Allgemeine Tätigkeitsmerkmale für körperlich/handwerklich geprägte Tätigkeiten

Entgeltgruppe 7

Beschäftigte der Entgeltgruppe 5,

die besonders hochwertige Arbeiten verrichten.

(Hierzu Protokollerklärung Nr. 1)

Entgeltgruppe 6

Beschäftigte der Entgeltgruppe 5,

die hochwertige Arbeiten verrichten.

(Hierzu Protokollerklärung Nr. 2)

Entgeltgruppe 5

Beschäftigte mit körperlich/handwerklich geprägten Tätigkeiten mit abgeschlossener Berufsausbildung, die in ihrem oder einem diesem verwandten Beruf beschäftigt werden.

Entgeltgruppe 4

Beschäftigte mit körperlich/handwerklich geprägten Tätigkeiten mit abgeschlossener Berufsausbildung mit einer Ausbildungsdauer von weniger als drei Jahren, die in ihrem oder einem diesem verwandten Beruf beschäftigt werden.

Entgeltgruppe 3

1. Beschäftigte mit körperlich/handwerklich geprägten Tätigkeiten, für die eine eingehende Einarbeitung erforderlich ist.
2. Angelernte Beschäftigte mit körperlich/handwerklich geprägten Tätigkeiten.

   (Hierzu Protokollerklärung Nr. 3)
3. Beschäftigte der Entgeltgruppe 2 mit Tätigkeiten, die die Körperkräfte außerordentlich beanspruchen oder mit besonderer Verantwortung verbunden sind.

Entgeltgruppe 2

Beschäftigte mit körperlich/handwerklich geprägten Tätigkeiten mit einfachen Tätigkeiten.

(Hierzu Protokollerklärung Nr. 4)

Entgeltgruppe 1

Beschäftigte mit körperlich/handwerklich geprägten Tätigkeiten mit einfachsten Tätigkeiten.

(Hierzu Protokollerklärung Nr. 5)

Protokollerklärungen:

Nr. 1 Besonders hochwertige Arbeiten sind Arbeiten, die neben vielseitigem hochwertigem fachlichen Können besondere Umsicht und Zuverlässigkeit erfordern.

Nr. 2 Hochwertige Arbeiten sind Arbeiten, die an das Überlegungsvermögen und das fachliche Geschick der Beschäftigten Anforderungen stellen, die über das Maß dessen hinausgehen, das von solchen Beschäftigten üblicherweise verlangt werden kann.

Nr. 3 Angelernte Beschäftigte sind Beschäftigte mit Tätigkeiten, die eine handwerkliche oder fachliche Anlernung erfordern.

Nr. 4 [1]Einfache Tätigkeiten sind Tätigkeiten, die weder eine Vor- noch eine Ausbildung, aber eine Einarbeitung erfordern, die über eine sehr kurze Einweisung oder Anlernphase hinausgeht. [2]Die Einarbeitung dient dem Erwerb derjenigen Kenntnisse und Fertigkeiten, die für die Beherrschung der Arbeitsabläufe als solche erforderlich sind.

Nr. 5 Einfachste Tätigkeiten üben z. B. aus

a) Beschäftigte, die Essen und Getränke ausgeben,

b) Garderobenpersonal,

c) Beschäftigte, die spülen, Gemüse putzen oder sonstige Tätigkeiten im Haus- und Küchenbereich ausüben,

d) Reinigerinnen und Reiniger in Außenbereichen wie Höfen, Wegen, Grünanlagen, Parks,

e) Wärterinnen und Wärter von Bedürfnisanstalten,

f) Serviererinnen und Servierer,

g) Hausarbeiterinnen und -arbeiter sowie

h) Hausgehilfinnen und -gehilfen.

IV

Teil III
Tätigkeitsmerkmale für besondere Beschäftigtengruppen

1. Apothekerinnen und Apotheker

Entgeltgruppe 15

Apothekerinnen und Apotheker als Leiterinnen oder Leiter von Apotheken,

denen mindestens vier Apothekerinnen oder Apotheker durch ausdrückliche Anordnung ständig unterstellt sind.

(Hierzu Protokollerklärung)

Entgeltgruppe 14

Apothekerinnen und Apotheker mit entsprechender Tätigkeit.

Protokollerklärung:

Gegen Stundenentgelt tätige Apothekerinnen und Apotheker, die im Jahresdurchschnitt nicht mehr als 18 Stunden wöchentlich zur Arbeitsleistung herangezogen werden, zählen nicht mit.

2. Beschäftigte in Archiven, Bibliotheken, Büchereien, Museen und anderen wissenschaftlichen Anstalten

Entgeltgruppe 12

Beschäftigte der Entgeltgruppe 11,

deren Tätigkeit sich durch das Maß der damit verbundenen Verantwortung erheblich aus der Entgeltgruppe 11 heraushebt.

Entgeltgruppe 11

Beschäftigte der Entgeltgruppe 9b Fallgruppe 1,

deren Tätigkeit sich durch besondere Schwierigkeit und Bedeutung aus der Entgeltgruppe 9b Fallgruppe 1 heraushebt.

Entgeltgruppe 10

Beschäftigte der Entgeltgruppe 9b Fallgruppe 1,

deren Tätigkeit sich mindestens zu einem Drittel durch besondere Schwierigkeit und Bedeutung aus der Entgeltgruppe 9b Fallgruppe 1 heraushebt.

Entgeltgruppe 9b

1. Beschäftigte der Fallgruppe 2, deren Tätigkeit sich dadurch aus der Fallgruppe 2 heraushebt, dass sie besonders verantwortungsvoll ist.
2. Beschäftigte im Fachdienst in Archiven, Bibliotheken, Büchereien, Museen oder in anderen wissenschaftlichen Anstalten mit einschlägiger abgeschlossener Hochschulbildung und entsprechender Tätigkeit sowie sonstige Beschäftigte, die aufgrund gleichwertiger Fähigkeiten und ihrer Erfahrungen entsprechende Tätigkeiten ausüben.

Entgeltgruppe 8

Beschäftigte der Entgeltgruppe 5 Fallgruppe 1 oder 2,

deren Tätigkeit vielseitige Fachkenntnisse und selbständige Leistungen erfordert.

(Hierzu Protokollerklärungen Nrn. 1 und 2)

Entgeltgruppe 6

Beschäftigte der Entgeltgruppe 5 Fallgruppe 1 oder 2,

deren Tätigkeit vielseitige Fachkenntnisse und zu einem Viertel selbständige Leistungen erfordert.

(Hierzu Protokollerklärungen Nrn. 1 und 2)

Entgeltgruppe 5

1. Beschäftigte im Fachdienst in Archiven, Bibliotheken oder Büchereien mit einschlägiger abgeschlossener Berufsausbildung und entsprechender Tätigkeit.

2. Beschäftigte im Fachdienst in Archiven, Bibliotheken oder Büchereien,

   deren Tätigkeit gründliche Fachkenntnisse erfordert.

   (Hierzu Protokollerklärung Nr. 3)

3. Beschäftigte im Fachdienst in Museen oder anderen wissenschaftlichen Anstalten,

   deren Tätigkeit gründliche Fachkenntnisse erfordert.

   (Hierzu Protokollerklärung Nr. 3)

Entgeltgruppe 4

Beschäftigte im Fachdienst in Archiven, Bibliotheken, Büchereien, Museen oder anderen wissenschaftlichen Anstalten

mit schwierigen Tätigkeiten.

(Hierzu Protokollerklärung Nr. 4)

Entgeltgruppe 3

Beschäftigte im Fachdienst in Archiven, Bibliotheken, Büchereien, Museen oder anderen wissenschaftlichen Anstalten

mit Tätigkeiten, für die eine eingehende Einarbeitung bzw. eine fachliche Anlernung erforderlich ist, die über eine Einarbeitung im Sinne der Entgeltgruppe 2 hinausgeht.

Entgeltgruppe 2

Beschäftigte im Fachdienst in Archiven, Bibliotheken, Büchereien, Museen oder anderen wissenschaftlichen Anstalten

mit einfachen Tätigkeiten.

(Hierzu Protokollerklärung Nr. 5)

Protokollerklärungen:

Nr. 1 Selbständige Leistungen erfordern ein den vorausgesetzten Fachkenntnissen entsprechendes selbständiges Erarbeiten eines Ergebnisses unter Entwicklung einer eigenen geistigen Initiative; eine leichte geistige Arbeit kann diese Anforderung nicht erfüllen.

Nr. 2 [1]Die gründlichen und vielseitigen Fachkenntnisse brauchen sich nicht auf das gesamte Gebiet der Verwaltung/des Betriebes, in der/dem die/der Beschäftigte tätig ist, zu beziehen. [2]Der Aufgabenkreis der/des Beschäftigten muss aber so gestaltet sein, dass er nur beim Vorhandensein gründlicher und vielseitiger Fachkenntnisse ordnungsgemäß bearbeitet werden kann.

Nr. 3 Erforderlich sind nähere Kenntnisse von Gesetzen, Verwaltungsvorschriften und Tarifbestimmungen usw. des Aufgabenkreises.

Nr. 4 Schwierige Tätigkeiten sind solche, die mehr als eine eingehende Einarbeitung bzw. mehr als eine fachliche Anlernung i. S. der Entgeltgruppe 3 erfordern, z. B. durch einen höheren Aufwand an gedanklicher Arbeit.

Nr. 5 [1]Einfache Tätigkeiten sind Tätigkeiten, die weder eine Vornoch eine Ausbildung, aber eine Einarbeitung erfordern, die über eine sehr kurze Einweisung oder Anlernphase hinausgeht. [2]Die Einarbeitung dient dem Erwerb derjenigen Kenntnisse und Fertigkeiten, die für die Beherrschung der Arbeitsabläufe als solche erforderlich sind.

IV

IV

3. Ärztinnen und Ärzte sowie Zahnärztinnen und Zahnärzte

Entgeltgruppe 15

1. Ärztinnen und Ärzte als Leiterinnen oder Leiter des Blutspendedienstes außerhalb von Krankenhäusern.
2. Ärztinnen und Ärzte,
   denen mindestens fünf Ärztinnen oder Ärzte oder Zahnärztinnen oder Zahnärzte durch ausdrückliche Anordnung ständig unterstellt sind.
   (Hierzu Protokollerklärung)
3. Zahnärztinnen und Zahnärzte,
   denen mindestens fünf Zahnärztinnen oder Zahnärzte durch ausdrückliche Anordnung ständig unterstellt sind.
   (Hierzu Protokollerklärung)
4. Fachärztinnen und Fachärzte mit entsprechender Tätigkeit.
5. Fachzahnärztinnen und Fachzahnärzte mit entsprechender Tätigkeit.

Entgeltgruppe 14

1. Ärztinnen und Ärzte mit entsprechender Tätigkeit.
2. Zahnärztinnen und Zahnärzte mit entsprechender Tätigkeit.

Protokollerklärung:

Gegen Stundenentgelt tätige Ärztinnen und Ärzte sowie Zahnärztinnen und Zahnärzte, die im Jahresdurchschnitt nicht mehr als 18 Stunden wöchentlich zur Arbeitsleistung herangezogen werden, zählen nicht mit.

Niederschriftserklärung zu Teil III Abschnitt 3:

Die Tarifvertragsparteien sind sich einig, dass sie bei nicht unwesentlichen Änderungen im Bereich der Ärztinnen und Ärzte im Gesundheitswesen Gespräche über die fachlich-inhaltliche Anpassung der Entgeltordnung führen werden.

4. Ausbilderinnen und Ausbilder in Betrieben und Werkstätten

Entgeltgruppe 9a

1. Beschäftigte mit körperlich/handwerklich geprägten Tätigkeiten mit abgeschlossener Berufsausbildung, die ein Tätigkeitsmerkmal der Entgeltgruppen 8 oder 9a der Teile III, IV, V oder VI erfüllen und dazu bestellt sind, neben ihrer handwerksmäßigen Tätigkeit Auszubildenden nach dem Tarifvertrag für Auszubildende des öffentlichen Dienstes vom 13. September 2005 in der jeweils geltenden Fassung in Betrieben oder Werkstätten Unterweisungen zu erteilen.

2. Beschäftigte mit körperlich/handwerklich geprägten Tätigkeiten mit abgeschlossener Berufsausbildung, die in Ausbildungswerkstätten bei der Erteilung des theoretischen Unterrichts oder mit der Unterweisung beim praktischen Unterricht beschäftigt werden.

IV

Entgeltgruppe 7

Beschäftigte mit körperlich/handwerklich geprägten Tätigkeiten mit abgeschlossener Berufsausbildung, die dazu bestellt sind, neben ihrer handwerksmäßigen Tätigkeit Auszubildenden nach dem Tarifvertrag für Auszubildende des öffentlichen Dienstes vom 13. September 2005 in der jeweils geltenden Fassung in Betrieben oder Werkstätten Unterweisungen zu erteilen.

5. Fachangestellte für Bäderbetriebe sowie geprüfte Meisterinnen und Meister für Bäderbetriebe

Entgeltgruppe 9a

1. Geprüfte Meisterinnen und Meister für Bäderbetriebe als Betriebsleiterinnen oder Betriebsleiter,

   denen die Aufsicht über mindestens 18 Beschäftigte, davon mindestens fünf Fachangestellte für Bäderbetriebe bzw. Beschäftigte in der Tätigkeit von Fachangestellten für Bäderbetriebe, durch ausdrückliche Anordnung ständig übertragen ist.

   (Beschäftigte in dieser Fallgruppe erhalten eine Entgeltgruppenzulage gemäß § 17 Nr. 8.)

   (Hierzu Protokollerklärungen Nrn. 1 und 2)

2. Geprüfte Meisterinnen und Meister für Bäderbetriebe als Betriebsleiterinnen oder Betriebsleiter,

   denen die Aufsicht über mindestens zehn Beschäftigte, davon mindestens drei Fachangestellte für Bäderbetriebe bzw. Beschäftigte in der Tätigkeit von Fachangestellten für Bäderbetriebe, durch ausdrückliche Anordnung ständig übertragen ist.

   (Hierzu Protokollerklärungen Nrn. 1 und 2)

3. Geprüfte Meisterinnen und Meister für Bäderbetriebe,

   die durch ausdrückliche Anordnung als ständige Vertreterinnen oder Vertreter der in Fallgruppe 1 eingruppierten Betriebsleiterinnen oder Betriebsleiter bestellt sind.

   (Hierzu Protokollerklärung Nr. 3)

Entgeltgruppe 8

Geprüfte Meisterinnen und Meister für Bäderbetriebe mit entsprechender Tätigkeit.

Entgeltgruppe 6

Beschäftigte der Entgeltgruppe 5,

denen als Schichtführerinnen oder Schichtführer die Aufsicht über mindestens vier Beschäftigte oder über mindestens zwei Fachangestellte für Bäderbetriebe bzw. Beschäftigte in der Tätigkeit von Fachangestellten für Bäderbetriebe durch ausdrückliche Anordnung ständig übertragen ist.

(Hierzu Protokollerklärung Nr. 1)

Entgeltgruppe 5

Fachangestellte für Bäderbetriebe mit entsprechender Tätigkeit.

Protokollerklärungen:

Nr. 1 Anstelle einer Beschäftigten oder eines Beschäftigten in der Tätigkeit von Fachangestellten für Bäderbetriebe kann auch eine Aufsichtskraft mit Rettungsschwimmernachweis treten.

Nr. 2 (1) Zu den Aufgaben der Betriebsleiterinnen und Betriebsleiter gehören die Aufgaben der Badebetriebsleitung, d. h. im Wesentlichen

    a) Überwachung des Badebetriebes und Einhaltung der Haus- und Badeordnung,

    b) Einsatz, Beaufsichtigung und Überwachung des Badepersonals,

    c) Überwachung der Badeeinrichtungen und

    d) Beaufsichtigung der Reinigungsarbeiten.

(2) [1]Zusätzlich bestehen die Aufgaben der Betriebsleiterinnen und Betriebsleiter im Folgenden:

    a) Haushalts- und Kassenangelegenheiten

    Mitwirkung bei der Aufstellung des Haushaltsplanes, Bewirtschaftung der Haushaltsmittel, Auswertung der ermittelten Betriebsergebnisse, Prüfung der Tages- und Monatsabrechnungen.

    b) Personalangelegenheiten

    Erstellung der Dienstpläne bzw. Mitwirkung bei der Erstellung der Dienstpläne, Prüfung der Stundennachweise, Bearbeitung von Urlaubs- und Krankheitsfällen, Aufsicht über das Verwaltungs- und das betriebstechnische Personal.

    c) Allgemeine Verwaltungsangelegenheiten

    Aufnahme von Diebstählen und Unfällen, Führen von Statistiken, Fertigen von Berichten, Materialverwaltung.

[2]Es ist unschädlich, wenn der Betriebsleiterin oder dem Betriebsleiter einzelne in den Buchstaben a bis c genannte Aufgaben nicht übertragen sind.

Nr. 3 [1]Die vertretene Person kann auch im Beamten- oder Soldatenverhältnis stehen. [2]In diesem Falle ist auf das Tätigkeitsmerkmal abzustellen, nach dem die vertretene Person eingruppiert wäre, wenn sie unter diesen Abschnitt fiele.

6. Baustellenaufseherinnen und -aufseher sowie Bauaufseherinnen und -aufseher

Entgeltgruppe 6

Beschäftigte der Entgeltgruppe 4,

die schwierige Kontrollarbeiten verrichten.

(Hierzu Protokollerklärung Nr. 1)

Entgeltgruppe 4

Baustellenaufseherinnen und -aufseher sowie Bauaufseherinnen und -aufseher.

(Hierzu Protokollerklärung Nr. 2)

IV **Entgeltgruppe 3**

Beschäftigte in der Baustellen- bzw. Bauaufsicht

mit Tätigkeiten, für die eine eingehende Einarbeitung bzw. eine fachliche Anlernung erforderlich ist, die über eine sehr kurze Einweisung oder Anlernphase hinausgeht.

(Hierzu Protokollerklärung Nr. 3)

Protokollerklärungen:

Nr. 1 Schwierige Kontrollarbeiten sind z. B.:

   a) Festhalten von Zwischenaufmaßen, die während der Bauausführung erforderlich werden;

   b) Fertigen von einfacheren Aufmaßskizzen sowie einfacheren Flächen- und Massenberechnungen;

   c) Überwachen von Erdarbeiten in schwierigem Gelände;

   d) Kontrolle des Gefälles bei Gräben und Rohrleitungen;

   e) Kontrolle der Materialeinbringung für Stahlbetonarbeiten;

   f) Überwachen der Arbeiten zahlreicher Baugewerke auf größeren Baustellen.

Nr. 2 Baustellenaufseherinnen und -aufseher sowie Bauaufseherinnen und -aufseher sind Beschäftigte, die die vorgeschriebene Ausführung von Bauarbeiten und das Baumaterial nach Menge und Güte kontrollieren.

Nr. 3 Die Einarbeitung dient dem Erwerb derjenigen Kenntnisse und Fertigkeiten, die für die Beherrschung der Arbeitsabläufe als solche erforderlich sind.

7. Bauzeichnerinnen und -zeichner sowie technische Systemplanerinnen und -planer

Entgeltgruppe 6

Beschäftigte der Entgeltgruppe 5,

deren Tätigkeit besondere Leistungen erfordert.

(Hierzu Protokollerklärung)

Entgeltgruppe 5

Bauzeichnerinnen und -zeichner sowie technische Systemplanerinnen und -planer mit abgeschlossener Berufsausbildung und entsprechender Tätigkeit sowie sonstige Beschäftigte, die aufgrund gleichwertiger Fähigkeiten und ihrer Erfahrungen entsprechende Tätigkeiten ausüben.

Protokollerklärung:

Besondere Leistungen sind z. B.: Anfertigung schwieriger Zeichnungen und Pläne nach nur groben Angaben oder nach Unterlagen ohne Anleitung sowie Erstellung der sich daraus ergebenden Detailzeichnungen, Ausführung der hiermit zusammenhängenden technischen Berechnungen wie Massenermittlungen bzw. Aufstellung von Stücklisten, selbständige Ermittlung technischer Daten und Werte und ihre Auswertung bei der Anfertigung von Plänen.

8. Berechnerinnen und Berechner von Amts-, Dienst- und Versorgungsbezügen sowie von Entgelten

Entgeltgruppe 9b

Beschäftigte, denen mindestens drei Beschäftigte dieses Abschnitts mindestens der Entgeltgruppe 6 durch ausdrückliche Anordnung ständig unterstellt sind.

Entgeltgruppe 9a

1. Beschäftigte der Entgeltgruppe 6 Fallgruppe 1,

   die aufgrund der angegebenen tatsächlichen Verhältnisse Entgelte einschließlich der Krankenbezüge und Urlaubsentgelte selbständig errechnen und die damit zusammenhängenden Arbeiten (z. B. Feststellen der Versicherungspflicht in der Sozialversicherung und der Zusatzversicherung, Bearbeiten von Abtretungen und Pfändungen) selbständig ausführen sowie den damit zusammenhängenden Schriftwechsel selbständig führen.

   (Hierzu Protokollerklärungen Nrn. 1 und 2)

2. Beschäftigte der Entgeltgruppe 6 Fallgruppe 2,

   die aufgrund der angegebenen tatsächlichen Verhältnisse die für die programmgestützte Errechnung und Zahlbarmachung der Entgelte einschließlich der Krankenbezüge und Urlaubsentgelte notwendigen Merkmale und die sonstigen Anspruchsvoraussetzungen feststellen, die erforderlichen Arbeiten (z. B. Feststellen der Versicherungspflicht in der Sozialversicherung und der Zusatzversicherung, Bearbeiten von Abtretungen und Pfändungen) und Kontrollen verantwortlich vornehmen sowie den damit zusammenhängenden Schriftwechsel selbständig führen.

   (Hierzu Protokollerklärungen Nrn. 1 und 2)

Entgeltgruppe 8

Beschäftigte der Entgeltgruppe 6 Fallgruppe 2,

die aufgrund der angegebenen tatsächlichen Verhältnisse die für die programmgestützte Errechnung und Zahlbarmachung der Amts-, Dienst- oder Versorgungsbezüge notwendigen Merkmale und die sonstigen Anspruchsvoraussetzungen feststellen, die erforderlichen Arbeiten (z. B. Bearbeiten von Abtretungen und Pfändungen) und Kontrollen verantwortlich vornehmen sowie den damit zusammenhängenden Schriftwechsel selbständig führen.

(Hierzu Protokollerklärungen Nrn. 2 und 3)

Entgeltgruppe 6

1. Beschäftigte der Entgeltgruppe 5,
   die aufgrund der angegebenen Merkmale Amts-, Dienst- oder Versorgungsbezüge sowie Entgelte einschließlich der Krankenbezüge und Urlaubsentgelte selbständig errechnen.
   (Hierzu Protokollerklärung Nr. 2)

2. Beschäftigte, die aufgrund der angegebenen Merkmale die für die programmgestützte Errechnung und Zahlbarmachung der Amts-, Dienst- oder Versorgungsbezüge sowie der Entgelte einschließlich der Krankenbezüge und Urlaubsentgelte erforderlichen Arbeiten und Kontrollen verantwortlich vornehmen.
   (Hierzu Protokollerklärung Nr. 2)

Entgeltgruppe 5

Berechnerinnen und Berechner von Amts-, Dienst- oder Versorgungsbezügen sowie von Entgelten einschließlich der Krankenbezüge oder Urlaubsentgelte,

deren Tätigkeit gründliche Fachkenntnisse erfordert.

(Hierzu Protokollerklärungen Nrn. 2 und 4)

Protokollerklärungen:

Nr. 1 Das Tätigkeitsmerkmal ist auch erfüllt, wenn die oder der Beschäftigte die Beschäftigungszeit sowie das Tabellenentgelt nach §§ 15 und 16 TVöD bei der Einstellung nicht festzusetzen und Abtretungen und Pfändungen nicht zu bearbeiten hat.

Nr. 2 Zu den Dienst- und Versorgungsbezügen bzw. den Entgelten im Sinne dieses Tätigkeitsmerkmals gehören gegebenenfalls auch sonstige Leistungen, z. B. Beitragszuschuss nach § 257 SGB V oder vermögenswirksame Leistungen.

Nr. 3 Das Tätigkeitsmerkmal ist auch erfüllt, wenn die oder der Beschäftigte

   a) die Erfahrungszeit oder die ruhegehaltfähigen Dienstbezüge nicht erstmals festzusetzen hat,

   b) die ruhegehaltfähige Dienstzeit bei der Einstellung nicht festzustellen hat,

   c) keine Widerspruchsbescheide zu erteilen hat oder

   d) Abtretungen und Pfändungen nicht zu bearbeiten hat.

Nr. 4 Erforderlich sind nähere Kenntnisse von Gesetzen, Verwaltungsvorschriften und Tarifbestimmungen usw. des Aufgabenkreises.

9. Botinnen und Boten sowie Pförtnerinnen und Pförtner

Entgeltgruppe 3

1. Botinnen und Boten.
2. Pförtnerinnen und Pförtner.

IV

10. Fahrerinnen und Fahrer

Entgeltgruppe 5

1. Fahrerinnen und Fahrer von überschweren Kraftfahrzeugen, gepanzerten Rad- und Kettenfahrzeugen, Baugeräten oder sonstigen Spezialfahrzeugen, z. B. Lastkraftwagen – ggf. mit Anhänger – mit mehr als 5 t Tragfähigkeit, Sattelschleppern, Planierraupen, Straßenhobeln, Baggern.

2. Fahrerinnen und Fahrer von Kraftfahrzeugen mit mehr als acht Fahrgastsitzplätzen.

3. Fahrerinnen und Fahrer von sondergeschützten (voll gepanzerten) Kraftfahrzeugen für die Dauer dieser Tätigkeit.
   (Hierzu Protokollerklärung)

4. Kraftfahrerinnen und Kraftfahrer, die im ständigen Wechsel und in einem Umfang von mindestens einem Viertel auch in den Fallgruppen 1, 2 oder 3 aufgeführte Kraftfahrzeuge fahren.

Entgeltgruppe 4

1. Kraftfahrerinnen und Kraftfahrer.

2. Fahrerinnen und Fahrer von zum öffentlichen Verkehr zugelassenen Flurförderzeugen.

3. Fahrerinnen und Fahrer von landwirtschaftlichen Ein- oder Mehrachsschleppern.

Entgeltgruppe 3

Fahrerinnen und Fahrer von nicht zum öffentlichen Verkehr zugelassenen Flurförderzeugen, landwirtschaftlichen Einachsschleppern, Elektrofahrzeugen oder Elektrokarren.

Protokollerklärung:

Abweichend von § 17 Abs. 5 Satz 2 TVöD wird bei Höhergruppierungen in diese Entgeltgruppe die in der bisherigen Stufe zurückgelegte Stufenlaufzeit auf die Stufenlaufzeit angerechnet.

IV

11. Systemtechnikerinnen und -techniker in der Fernmeldetechnik

Vorbemerkungen

1. Systemtechnikerinnen und -techniker sind Beschäftigte mit einschlägiger abgeschlossener Berufsausbildung mit Tätigkeiten, die die Fähigkeit voraussetzen, digitale Telekommunikationssysteme zu konfigurieren (Vermittlungsanlagen und Übertragungssysteme) sowie Funktionen und Schaltungsabläufe von Fernmeldeanlagen verschiedener Systeme (bau- und systemtechnische Anlagen) anhand technischer Unterlagen (z. B. Stromlaufplänen, Montageplänen, Zeitdiagrammen, Datenflussplänen) zu erkennen, um in der Lage zu sein, solche Fernmeldeanlagen selbständig instand zu halten und instand zu setzen.

2. Beschäftigte im Bereich des Bundesministeriums der Verteidigung, denen die ATN-Stufe 7 in einem einschlägigen Ausbildungsberuf zuerkannt worden ist, sind bei der Eingruppierung den Beschäftigten mit einschlägiger abgeschlossener Berufsausbildung gleichgestellt.

Entgeltgruppe 9a

Beschäftigte der Entgeltgruppe 5,

denen mindestens vier Systemtechnikerinnen oder -techniker durch ausdrückliche Anordnung ständig unterstellt sind.

Entgeltgruppe 8

1. Beschäftigte der Entgeltgruppe 5

mit besonders schwierigen Tätigkeiten.

(Hierzu Protokollerklärung Nr. 1)

2. Beschäftigte der Entgeltgruppe 6,

die an elektronischen Systemen selbständig Funktionsprüfungen durchführen und Fehler beseitigen, wenn dabei schwierige Messungen vorzunehmen sind.

(Hierzu Protokollerklärung Nr. 2)

3. Beschäftigte der Entgeltgruppe 6,

die an Telekommunikationssystemen besonderer Bauart selbständig Funktionsprüfungen durchführen und Fehler beseitigen, wenn dazu besonderes Fachwissen erforderlich ist.

4. Beschäftigte der Entgeltgruppe 5,

denen mindestens eine Systemtechnikerin oder ein Systemtechniker durch ausdrückliche Anordnung ständig unterstellt ist.

Entgeltgruppe 7

Beschäftigte der Entgeltgruppe 6 nach dreijähriger Tätigkeit in der Entgeltgruppe 6,
denen das Überprüfen und Überwachen des technischen Zustandes der telekommunikationstechnischen Anlagen gemäß den VDE-Vorschriften übertragen ist.

Entgeltgruppe 6

Beschäftigte der Entgeltgruppe 5
mit schwierigen Tätigkeiten.

Entgeltgruppe 5

Systemtechnikerinnen und -techniker in der Fernmeldetechnik.

Protokollerklärungen:

Nr. 1 Besonders schwierige Tätigkeiten sind z. B. Funktionskontrollen einschließlich Eingrenzen und Beseitigen von Fehlern in Knotenvermittlungsanlagen oder an digitalen Fernübertragungssystemen.

Nr. 2 Elektronische Systeme sind z. B.:
   a) digitale Übertragungssysteme (z. B. multiplexe Übertragungstechnik, Richtfunksysteme),
   b) Kommunikationssysteme (z. B. Fernmeldeanlagen, Kabelanlagen, Mobilfunk),
   c) Funkanlagen (z. B. nautischer Informationsfunk),
   d) Videoüberwachungsanlagen,
   e) hydrologische Messstellen/Umwelttechnik (z. B. digitale Pegelmessanlagen, Radioaktivitätsmessstellen).

12. Beschäftigte in der Forschung

Vorbemerkung

[1]Eine Tätigkeit in der Forschung ist die Wahrnehmung von Forschungsaufgaben. [2]Forschungsaufgaben sind Aufgaben, die dazu bestimmt sind, den wissenschaftlichen Kenntnisstand zu erweitern, neue wissenschaftliche Methoden zu entwickeln oder wissenschaftliche Kenntnisse und wissenschaftliche Methoden auf bisher nicht beurteilbare Sachverhalte anzuwenden. [3]Die Tätigkeitsmerkmale für Beschäftigte mit Forschungsaufgaben gelten auch für Ärztinnen und Ärzte, Apothekerinnen und Apotheker, Tierärztinnen und Tierärzte sowie Zahnärztinnen und Zahnärzte mit Forschungsaufgaben.

Entgeltgruppe 15

Beschäftigte der Entgeltgruppe 14 Fallgruppe 1,

deren Tätigkeit sich dadurch, dass sie bei schwierigen Forschungsaufgaben hochwertige Leistungen erfordert, aus der Entgeltgruppe 14 Fallgruppe 1 heraushebt.

Entgeltgruppe 14

1. Beschäftigte der Entgeltgruppe 13,

   deren Tätigkeit sich dadurch aus der Entgeltgruppe 13 heraushebt, dass schwierige Forschungsaufgaben zur selbständigen und verantwortlichen Bearbeitung übertragen sind.

2. Beschäftigte der Entgeltgruppe 13,

   deren Tätigkeit sich dadurch aus der Entgeltgruppe 13 heraushebt, dass mindestens zu einem Drittel schwierige Forschungsaufgaben zur selbständigen und verantwortlichen Bearbeitung übertragen sind.

Entgeltgruppe 13

Beschäftigte mit abgeschlossener wissenschaftlicher Hochschulbildung und entsprechender Tätigkeit in der Forschung sowie sonstige Beschäftigte, die aufgrund gleichwertiger Fähigkeiten und ihrer Erfahrungen entsprechende Tätigkeiten ausüben.

13. Beschäftigte im Forstdienst

Entgeltgruppe 12

Beschäftigte der Entgeltgruppe 11,

deren Tätigkeit sich durch das Maß der damit verbundenen Verantwortung erheblich aus der Entgeltgruppe 11 heraushebt.

Entgeltgruppe 11

Beschäftigte der Entgeltgruppe 9b Fallgruppe 1,

deren Tätigkeit sich durch besondere Schwierigkeit und Bedeutung aus der Entgeltgruppe 9b Fallgruppe 1 heraushebt.

Entgeltgruppe 10

Beschäftigte der Entgeltgruppe 9b Fallgruppe 1,

deren Tätigkeit sich mindestens zu einem Drittel durch besondere Schwierigkeit und Bedeutung aus der Entgeltgruppe 9b Fallgruppe 1 heraushebt.

Entgeltgruppe 9b

1. Beschäftigte der Fallgruppe 2, deren Tätigkeit sich dadurch aus der Fallgruppe 2 heraushebt, dass sie besonders verantwortungsvoll ist.

2. Beschäftigte im forstlichen Innen- oder Außendienst mit abgeschlossener forstlicher Hochschulbildung und entsprechender Tätigkeit sowie sonstige Beschäftigte, die aufgrund gleichwertiger Fähigkeiten und ihrer Erfahrungen entsprechende Tätigkeiten ausüben.

IV

IV

14. Fotografinnen und Fotografen

Entgeltgruppe 9b

Beschäftigte der Entgeltgruppe 9a Fallgruppe 3,
die mindestens zu einem Viertel selbständig neue Arbeitsverfahren zu entwickeln und zu erproben haben.

Entgeltgruppe 9a

1. Beschäftigte der Entgeltgruppe 5,
denen mindestens acht Beschäftigte dieses Abschnitts durch ausdrückliche Anordnung ständig unterstellt sind.

2. Beschäftigte der Entgeltgruppe 5,
denen mindestens vier Beschäftigte dieses Abschnitts mindestens der Entgeltgruppe 8 durch ausdrückliche Anordnung ständig unterstellt sind.

3. Beschäftigte der Entgeltgruppe 8 Fallgruppe 1,
die in Forschungseinrichtungen Arbeitsergebnisse zu erbringen haben, die hohen wissenschaftlichen Ansprüchen genügen.

Entgeltgruppe 8

1. Beschäftigte der Entgeltgruppe 5
mit besonders schwierigen Tätigkeiten.
(Hierzu Protokollerklärung Nr. 1)

2. Beschäftigte der Entgeltgruppe 5,
denen mindestens vier Beschäftigte dieses Abschnitts durch ausdrückliche Anordnung ständig unterstellt sind.

Entgeltgruppe 6

Beschäftigte der Entgeltgruppe 5
mit schwierigen Tätigkeiten.
(Hierzu Protokollerklärung Nr. 2)

Entgeltgruppe 5

Fotografinnen und Fotografen mit abgeschlossener Berufsausbildung und entsprechender Tätigkeit sowie sonstige Beschäftigte, die aufgrund gleichwertiger Fähigkeiten und ihrer Erfahrungen entsprechende Tätigkeiten ausüben.

Protokollerklärungen:

Nr. 1 Besonders schwierige Tätigkeit ist das selbständige Herstellen objektgerechter fotografischer Aufnahmen unter Berücksichtigung der jeweiligen fachlichen Anforderungen bei besonders erschwerten fototechnischen Aufnahmebedingungen, z. B.

a) Aufnahmen von schlecht sichtbaren Spuren im Polizeidienst;

b) Intraoralaufnahmen, Aufnahme eines Lehrfilms bei einer Shuntoperation im medizinischen Bereich;

c) Aufnahmen, die die besondere Herausarbeitung bestimmter für die wissenschaftliche Bearbeitung notwendiger Merkmale erfordern, in der Forschung und in der Materialprüfung;

d) Aufnahmen in schwer zugänglichem Gelände, für die umfangreiche alpine Kenntnisse wie z. B. alpines Skifahren, Klettern bis mindestens Schwierigkeitsgrad 5 mit Akia oder behelfsmäßiger Ausrüstung notwendig sind.

Nr. 2 Schwierige Tätigkeit ist das selbständige Herstellen objektgerechter fotografischer Aufnahmen unter Berücksichtigung der jeweiligen fachlichen Anforderungen, z. B.

a) Aufnahmen zur Beweissicherung an Tat- und Unfallorten im Polizeidienst;

b) Operationsaufnahmen im medizinischen Bereich;

c) Aufnahmen bei der Durchführung von Forschungsaufgaben, für Lehrzwecke oder bei Versuchen zur Materialprüfung in den Bereichen der Forschung, der wissenschaftlichen Lehre und der Materialprüfung.

IV

15. Fotolaborantinnen und -laboranten

Entgeltgruppe 6

Beschäftigte der Entgeltgruppe 4,

die bei Colorentwicklungsarbeiten selbständig Filterbestimmungen zur Erzielung höchster Farbgenauigkeit oder besonderer Farbdarstellung vornehmen.

Entgeltgruppe 4

Fotolaborantinnen und -laboranten mit abgeschlossener Berufsausbildung und entsprechender Tätigkeit.

Entgeltgruppe 3

Beschäftigte in der Tätigkeit von Fotolaborantinnen und -laboranten mit abgeschlossener Berufsausbildung.

16. Beschäftigte im Fremdsprachendienst

16.1 Fremdsprachenassistentinnen und -assistenten (Fremdsprachensekretärinnen und -sekretäre)

Vorbemerkungen

1. [1]Beschäftigte, die im Rahmen ihrer Tätigkeit Tastaturen mit nicht-lateinischen Schriftzeichen bedienen und hierbei vollwertige Leistungen erbringen, erhalten für die Dauer dieser Tätigkeit eine Entgeltgruppenzulage:

   Beschäftigte der Entgeltgruppe 8   gemäß § 17 Nr. 5,

   Beschäftigte der Entgeltgruppen 9a   gemäß § 17 Nr. 6.
   und 9b

   [2]Der Umfang dieser Schreibleistungen muss mindestens ein Drittel der unter diesen Unterabschnitt fallenden Tätigkeit ausmachen. [3]Die Entgeltgruppenzulage gilt bei der Bemessung des Sterbegeldes (§ 23 Abs. 3 TVöD) als Bestandteil des Tabellenentgelts.

2. [1]Ein einsprachiger Einsatz liegt vor, wenn der schriftliche Einsatz in der fremden Sprache mindestens 10 v. H. der gesamten Arbeitszeit der oder des Beschäftigten ausmacht. [2]Ein zweisprachiger Einsatz liegt vor, wenn der schriftliche Einsatz in der zweiten fremden Sprache mindestens 5 v. H. der gesamten Arbeitszeit der oder des Beschäftigten ausmacht. [3]Ein mehr als zweisprachiger Einsatz liegt vor, wenn der schriftliche Einsatz in einer dritten fremden Sprache ebenfalls mindestens 5 v. H. der gesamten Arbeitszeit der oder des Beschäftigten ausmacht.

Entgeltgruppe 9b

Fremdsprachenassistentinnen und -assistenten (Fremdsprachensekretärinnen und -sekretäre), die in mehr als zwei fremden Sprachen Sekretariats- und Bürotätigkeiten geläufig ausüben.

(Hierzu Protokollerklärung Nr. 1)

Entgeltgruppe 9a

Fremdsprachenassistentinnen und -assistenten (Fremdsprachensekretärinnen und -sekretäre), die in zwei fremden Sprachen Sekretariats- und Bürotätigkeiten geläufig ausüben.

(Hierzu Protokollerklärungen Nrn. 1 und 3)

Entgeltgruppe 8

Fremdsprachenassistentinnen und -assistenten (Fremdsprachensekretärinnen und -sekretäre), die in einer fremden Sprache Sekretariats- und Bürotätigkeiten geläufig ausüben.

(Hierzu Protokollerklärungen Nrn. 1 und 3)

Entgeltgruppe 7

Beschäftigte, die mit Rücksicht auf die beabsichtigte Beschäftigung als Fremdsprachenassistentin oder -assistent (Fremdsprachensekretärin oder -sekretär) bei der Einstellung den Nachweis erbringen, dass sie in zwei fremden Sprachen schriftlich und mündlich Sekretariats- und Bürotätigkeiten geläufig ausüben können.

(Hierzu Protokollerklärung Nr. 2)

Entgeltgruppe 6

Beschäftigte, die mit Rücksicht auf die beabsichtigte Beschäftigung als Fremdsprachenassistentin oder -assistent (Fremdsprachensekretärin oder -sekretär) bei der Einstellung den Nachweis erbringen, dass sie in einer fremden Sprache schriftlich und mündlich Sekretariats- und Bürotätigkeiten geläufig ausüben können.

(Hierzu Protokollerklärung Nr. 2)

Protokollerklärungen:

Nr. 1 [1]Schriftliche fremdsprachliche Sekretariats- und Bürotätigkeiten sind insbesondere Übersetzungen von Texten, deren Verständnis in der Ausgangssprache weder inhaltlich noch sprachlich Schwierigkeiten bietet sowie von Texten, deren adäquate Wiedergabe in der Zielsprache keine besonderen Anforderungen an das Formulierungsvermögen stellt. [2]Die Übertragung einfacher Texte schließt auch die Erledigung der fremdsprachigen Routinekorrespondenz, die Anfertigung von Gesprächsprotokollen, die sprachliche Mitgestaltung des Internetauftritts sowie die Erstellung von Einladungen und Programmen ein. [3]Hierzu gehört auch die Aufbereitung von Texten für computerunterstütztes Übersetzen und die computerunterstützte Sprachausbildung. [4]Unter mündliche fremdsprachliche Sekretariats- und Bürotätigkeiten fallen insbesondere fremdsprachliche Telefongespräche, Gespräche im Rahmen des Besucher- und Kundenverkehrs, sowie die dienstliche Kommunikation mit anderen Beschäftigten der Dienststellen im Ausland, die der deutschen Sprache nicht hinreichend mächtig sind. [5]Die dienstliche Kommunikation beinhaltet, Ausführungen bis zur Dauer von einer Minute inhaltlich richtig aus einer fremden Sprache ins Deutsche und umgekehrt mündlich zu übertragen.

Nr. 2 Der Anspruch auf Eingruppierung nach den Entgeltgruppen 6 und 7 erlischt, wenn nicht spätestens nach Ablauf von drei Jahren nach der Einstellung die endgültige Beschäftigung als Fremdsprachenassistentin oder -assistent (Fremdsprachensekretärin oder -sekretär) erfolgt und während dieser Frist nicht durch alljährlich von der beschäftigenden Behörde anzuordnende Überprüfungen die erforderlichen sprachlichen Kenntnisse und Fähigkeiten nachgewiesen werden.

Nr. 3 Werden einer oder einem nach diesem Unterabschnitt in den Entgeltgruppen 8 oder 9a eingruppierten Beschäftigten im Rahmen der im Auswärtigen Dienst üblichen Rotation aus zwingenden dienstlichen Gründen Tätigkeiten einer niedrigeren Entgeltgruppe übertragen, bleibt die bisherige Eingruppierung für die Dauer der aus zwingenden dienstlichen Gründen wahrgenommenen Tätigkeit der niedrigeren Entgeltgruppe unberührt (ohne zeitliche Befristung).

16.2 Fremdsprachliche Internet- und Rundfunkauswerterinnen und -auswerter im Presse- und Informationsamt der Bundesregierung

Entgeltgruppe 15

Beschäftigte mit einschlägiger abgeschlossener wissenschaftlicher Hochschulbildung oder mit mindestens dreijähriger Berufserfahrung als fremdsprachliche Internet- und Rundfunkauswerterinnen oder -auswerter, die in mindestens vier fremden Sprachen selbständig und alleinverantwortlich auswerten und denen regelmäßig Sonderaufgaben übertragen werden, wenn sie die Auswertung nach den Erfordernissen der Unterrichtung verantwortlich koordinieren.

(Hierzu Protokollerklärungen Nrn. 1 und 2)

Entgeltgruppe 14

Beschäftigte mit einschlägiger abgeschlossener wissenschaftlicher Hochschulbildung oder mindestens dreijähriger Berufserfahrung als fremdsprachliche Internet- und Rundfunkauswerterinnen oder -auswerter, die in mindestens drei fremden Sprachen selbständig und alleinverantwortlich auswerten und denen regelmäßig mindestens zu einem Viertel Sonderaufgaben übertragen werden.

(Hierzu Protokollerklärungen Nrn. 1 und 2)

Entgeltgruppe 13

1. Beschäftigte mit einschlägiger abgeschlossener wissenschaftlicher Hochschulbildung oder mindestens dreijähriger Berufserfahrung als fremdsprachliche Internet- und Rundfunkauswerterinnen oder -auswerter, die in zwei fremden Sprachen selbständig und alleinverantwortlich auswerten und denen regelmäßig mindestens zu einem Viertel Sonderaufgaben übertragen werden.

(Hierzu Protokollerklärungen Nrn. 1 und 2)

2. Beschäftigte mit einschlägiger abgeschlossener wissenschaftlicher Hochschulbildung oder mindestens dreijähriger Berufserfahrung als fremdsprachliche Internet- und Rundfunkauswerterinnen oder -auswerter, die in mindestens drei fremden Sprachen selbständig und alleinverantwortlich auswerten.

(Hierzu Protokollerklärung Nr. 1)

Entgeltgruppe 12

Beschäftigte mit einschlägiger abgeschlossener wissenschaftlicher Hochschulbildung, die während einer Einarbeitungszeit von bis zu zwei Jahren in zwei fremden Sprachen selbständig und alleinverantwortlich auswerten und denen regelmäßig mindestens zu einem Viertel Sonderaufgaben übertragen werden.

(Hierzu Protokollerklärungen Nrn. 1, 2 und 3)

Entgeltgruppe 11

1. Fremdsprachliche Internet- und Rundfunkauswerterinnen und -auswerter, die in mindestens dreijähriger Tätigkeit den Nachweis erbracht haben, dass sie in zwei fremden Sprachen selbständig und alleinverantwortlich auswerten.

(Hierzu Protokollerklärung Nr. 1)

2. Fremdsprachliche Internet- und Rundfunkauswerterinnen und -auswerter,

deren Tätigkeit sich dadurch aus der Entgeltgruppe 10 Fallgruppe 1 heraushebt, dass sie mindestens zu einem Viertel Sonderaufgaben umfasst.

(Hierzu Protokollerklärung Nr. 2)

Entgeltgruppe 10

1. Fremdsprachliche Internet- und Rundfunkauswerterinnen und -auswerter, die in mindestens dreijähriger Tätigkeit den Nachweis erbracht haben, dass sie in einer fremden Sprache selbständig und alleinverantwortlich auswerten.
   (Hierzu Protokollerklärung Nr. 1)
2. Fremdsprachliche Internet- und Rundfunkauswerterinnen und -auswerter, die in zwei fremden Sprachen auswerten.

Entgeltgruppe 9b

Fremdsprachliche Internet- und Rundfunkauswerterinnen und -auswerter, die in einer fremden Sprache auswerten.

Protokollerklärungen:

Nr. 1 Die Beschäftigten werten selbständig und alleinverantwortlich aus, wenn ihre Arbeitsergebnisse ohne Überprüfung verwertet werden.

Nr. 2 Den Beschäftigten sind Sonderaufgaben übertragen, wenn sie neben ihrer allgemeinen Auswertungstätigkeit Informationsmaterial von herausragender politischer Bedeutung, z. B. wichtige Reden, Pressekonferenzen oder Interviews bedeutender Staatsfrauen oder Staatsmänner oder Politikerinnen oder Politiker, selbständig und alleinverantwortlich auszuwerten haben.

Nr. 3 Das Tätigkeitsmerkmal ist auch erfüllt, wenn den Beschäftigten im Hinblick auf die Einarbeitungszeit die selbständige und alleinverantwortliche Auswertung und die Sonderaufgaben noch nicht in dem geforderten Umfang übertragen werden.

16.3 Konferenzdolmetscherinnen und -dolmetscher

Vorbemerkungen

1. [1]Voraussetzung für die Eingruppierung nach den Tätigkeitsmerkmalen dieses Unterabschnitts ist, dass die Beschäftigten die Fähigkeit besitzen, konsekutiv und simultan zu dolmetschen.
   [2]Beschäftigte dolmetschen konsekutiv, wenn sie Ausführungen in einer Sprache unmittelbar anschließend inhaltlich richtig und sprachlich einwandfrei in eine andere Sprache mündlich übertragen. [3]Sie müssen zusammenhängende Ausführungen von etwa 10 Minuten Dauer übertragen können.
   [4]Beschäftigte dolmetschen simultan, wenn sie über eine technische Anlage Ausführungen einer Rednerin oder eines Redners hören

und die Ausführungen gleichzeitig inhaltlich richtig und sprachlich einwandfrei in eine andere Sprache mündlich übertragen.

[5]Dolmetschen Beschäftigte nur konsekutiv oder nur simultan, so erfüllen sie ebenfalls die Voraussetzung für die Eingruppierung nach den Tätigkeitsmerkmalen dieses Unterabschnitts.

2. Auf die mindestens dreijährige Berufserfahrung als Dolmetscherin oder Dolmetscher werden Zeiten gleicher Tätigkeit außerhalb des Geltungsbereichs dieses Tarifvertrages angerechnet.

Entgeltgruppe 15

1. Beschäftigte mit einschlägiger abgeschlossener wissenschaftlicher Hochschulbildung oder mindestens dreijähriger Berufserfahrung als Dolmetscherinnen oder Dolmetscher, die aus mindestens einer fremden Sprache ins Deutsche und umgekehrt dolmetschen und aufgrund ihrer sprachlichen und fachlichen Kenntnisse allseitig verwendet werden.

   (Hierzu Protokollerklärung Nr. 1)

2. Beschäftigte mit einschlägiger abgeschlossener wissenschaftlicher Hochschulbildung oder mindestens dreijähriger Berufserfahrung als Dolmetscherinnen oder Dolmetscher, die aus mindestens zwei fremden Sprachen ins Deutsche und umgekehrt dolmetschen und aufgrund ihrer sprachlichen und fachlichen Kenntnisse vielseitig verwendet werden.

   (Hierzu Protokollerklärung Nr. 2)

3. Beschäftigte mit einschlägiger abgeschlossener wissenschaftlicher Hochschulbildung oder mindestens dreijähriger Berufserfahrung als Dolmetscherinnen oder Dolmetscher, die einen Sprachendienst oder, im Falle einer größeren gegliederten Arbeitseinheit, einen seiner Fachbereiche leiten.

   (Hierzu Protokollerklärung Nr. 3)

Entgeltgruppe 14

1. Beschäftigte mit einschlägiger abgeschlossener wissenschaftlicher Hochschulbildung oder mindestens dreijähriger Berufserfahrung als Dolmetscherinnen oder Dolmetscher, die aus mindestens einer fremden Sprache ins Deutsche und umgekehrt dolmetschen und die gleichzeitig entweder aufgrund ihrer sprachlichen und fachlichen Kenntnisse vielseitig verwendet werden oder denen dauerhaft über ihren Aufgabenbereich hinausgehende fachliche oder

sprachliche Planungs- und Koordinierungsaufgaben schriftlich übertragen wurden.

(Hierzu Protokollerklärungen Nrn. 2 und 4)

2. Beschäftigte mit einschlägiger abgeschlossener wissenschaftlicher Hochschulbildung oder mindestens dreijähriger Berufserfahrung als Dolmetscherinnen oder Dolmetscher, die aus mindestens zwei fremden Sprachen ins Deutsche und umgekehrt dolmetschen.

Entgeltgruppe 13

Beschäftigte mit einschlägiger abgeschlossener wissenschaftlicher Hochschulbildung oder mindestens dreijähriger Berufserfahrung als Dolmetscherinnen oder Dolmetscher, die aus einer fremden Sprache ins Deutsche und umgekehrt dolmetschen.

Protokollerklärungen:

Nr. 1 Die allseitige Verwendung erfordert die Fähigkeit, ohne Rücksicht auf die Zahl der Teilnehmerinnen und Teilnehmer in Konferenzen oder bei Besprechungen zwischen führenden Persönlichkeiten auf den wesentlichen Fachgebieten des Ressorts und ggf. auch auf einzelnen ressortfremden Fachgebieten zu dolmetschen.

Nr. 2 Die vielseitige Verwendung erfordert die Fähigkeit, auf mehreren Fachgebieten des Ressorts zu dolmetschen.

Nr. 3 [1]Ein Sprachendienst in Form einer größeren gegliederten Arbeitseinheit ist mehrzügig organisiert und besteht aus mehreren Fachbereichen. [2]Der Leitung eines Fachbereichs sind mindestens drei Beschäftigte dieses Unterabschnitts unterstellt.

Nr. 4 [1]Zu den fachlichen oder sprachlichen Planungs- und Koordinierungsaufgaben zählen die Rekrutierung und Koordination von Dolmetscherteams bei internationalen Konferenzen, die Planung und Durchführung von Fortbildungsmaßnahmen oder die Leitung einer aus mindestens vier Beschäftigten der Unterabschnitte 3 und 4 bestehenden Sprachgruppe. [2]Die genannten Tätigkeiten müssen mindestens 10 v. H. der Gesamttätigkeit ausmachen. [3]Pro Sprache darf nur eine Person mit der Sprachgruppenleitung beauftragt sein.

IV

16.4 Überprüferinnen und Überprüfer, Übersetzerinnen und Übersetzer, Terminologinnen und Terminologen sowie Lexikografinnen und Lexikografen

Vorbemerkung

Werden Überprüferinnen oder Überprüfer oder Übersetzerinnen oder Übersetzer neben ihrer Tätigkeit als solche nicht nur gelegentlich als Konferenzdolmetscherinnen oder -dolmetscher beschäftigt, so sind sie nach den dafür in Betracht kommenden Tätigkeitsmerkmalen der Konferenzdolmetscherinnen und -dolmetscher einzugruppieren, sofern es für sie günstiger ist.

Entgeltgruppe 15

1. Beschäftigte mit einschlägiger abgeschlossener wissenschaftlicher Hochschulbildung oder mindestens dreijähriger Berufserfahrung als Überprüferinnen oder Überprüfer oder als Übersetzerinnen oder Übersetzer,

   die Übersetzungen in mindestens drei Sprachrichtungen verantwortlich überprüfen und in druckreife Form bringen.

   (Hierzu Protokollerklärungen Nrn. 1, 2 und 3)

2. Beschäftigte mit einschlägiger abgeschlossener wissenschaftlicher Hochschulbildung oder mindestens dreijähriger Berufserfahrung als Überprüferinnen oder Überprüfer oder als Übersetzerinnen oder Übersetzer,

   die in mindestens zwei Sprachrichtungen entweder Übersetzungen verantwortlich überprüfen oder schwierige Texte qualifiziert übersetzen und die jeweils aufgrund ihrer sprachlichen und fachlichen Kenntnisse allseitig verwendet werden.

   (Hierzu Protokollerklärungen Nrn. 1, 3, 4, 5 und 6)

3. Beschäftigte mit einschlägiger abgeschlossener wissenschaftlicher Hochschulbildung oder mindestens dreijähriger Berufserfahrung als Überprüferinnen oder Überprüfer, als Übersetzerinnen oder Übersetzer oder als Terminologinnen oder Terminologen,

   die einen Sprachendienst oder, im Falle einer größeren gegliederten Arbeitseinheit, einen seiner Fachbereiche leiten.

   (Hierzu Protokollerklärungen Nrn. 3 und 7)

Entgeltgruppe 14

1. Beschäftigte mit einschlägiger abgeschlossener wissenschaftlicher Hochschulbildung oder mindestens dreijähriger Berufserfahrung als Überprüferinnen oder Überprüfer oder als Übersetzerinnen oder Übersetzer,

die Übersetzungen in mindestens einer Sprachrichtung verantwortlich überprüfen und in druckreife Form bringen.

(Hierzu Protokollerklärungen Nrn. 1, 2, und 3)

2. Beschäftigte mit einschlägiger abgeschlossener wissenschaftlicher Hochschulbildung oder mindestens dreijähriger Berufserfahrung als Überprüferinnen oder Überprüfer oder als Übersetzerinnen oder Übersetzer,

   die in mindestens zwei Sprachrichtungen entweder Übersetzungen verantwortlich überprüfen oder schwierige Texte qualifiziert übersetzen und

   a) die aufgrund ihrer sprachlichen und fachlichen Kenntnisse vielseitig verwendet werden oder

   b) denen mindestens zu einem Zehntel über ihren Aufgabenbereich hinausgehende fachliche oder sprachliche Planungs- und Koordinierungsaufgaben schriftlich übertragen wurden.

   (Hierzu Protokollerklärungen Nrn. 1, 3, 4, 5, 8 und 9)

3. Beschäftigte mit einschlägiger abgeschlossener wissenschaftlicher Hochschulbildung oder mindestens dreijähriger Berufserfahrung als Terminologinnen oder Terminologen, als Überprüferinnen oder Überprüfer oder als Übersetzerinnen oder Übersetzer,

   die redaktionell bearbeitete Wortgutbestände überprüfen und grundsätzliche und verbindliche lexikografische und terminologische Entscheidungen herbeiführen.

   (Hierzu Protokollerklärung Nr. 3)

Entgeltgruppe 13

1. Beschäftigte mit einschlägiger abgeschlossener wissenschaftlicher Hochschulbildung oder mindestens dreijähriger Berufserfahrung als Überprüferinnen oder Überprüfer oder als Übersetzerinnen oder Übersetzer,

   die Übersetzungen in mindestens zwei Sprachrichtungen verantwortlich überprüfen.

   (Hierzu Protokollerklärungen Nrn. 1 und 3)

2. Beschäftigte mit einschlägiger abgeschlossener wissenschaftlicher Hochschulbildung oder mindestens dreijähriger Berufserfahrung als Überprüferinnen oder Überprüfer oder als Übersetzerinnen oder Übersetzer, die

   a) Übersetzungen in einer Sprachrichtung verantwortlich überprüfen und

b) aufgrund ihrer sprachlichen und fachlichen Kenntnisse vielseitig verwendet werden.

(Hierzu Protokollerklärungen Nrn. 1, 3 und 8)

3. Beschäftigte mit einschlägiger abgeschlossener wissenschaftlicher Hochschulbildung,

   die schwierige Texte in mindestens zwei Sprachrichtungen qualifiziert übersetzen.

   (Hierzu Protokollerklärungen Nrn. 4 und 5)

4. Beschäftigte mit mindestens dreijähriger Berufserfahrung als Übersetzerinnen oder Übersetzer, die

   a) schwierige Texte in mindestens zwei Sprachrichtungen übersetzen und

   b) in der Sprachrichtung, in der sie überwiegend eingesetzt sind, nachweislich Leistungen erbringen, die denen von Beschäftigten der Entgeltgruppe 13 Fallgruppe 3 entsprechen.

   (Hierzu Protokollerklärungen Nrn. 3, 5 und 10)

5. Beschäftigte mit einschlägiger abgeschlossener wissenschaftlicher Hochschulbildung oder mindestens dreijähriger Berufserfahrung als Terminologinnen oder Terminologen, als Überprüferinnen oder Überprüfer oder als Übersetzerinnen oder Übersetzer,

   die lexikografische Arbeiten und terminologische Auswertungen verantwortlich überprüfen.

   (Hierzu Protokollerklärung Nr. 3)

Entgeltgruppe 12

1. Beschäftigte mit einschlägiger abgeschlossener Hochschulbildung und entsprechender Tätigkeit sowie sonstige Beschäftigte, die aufgrund gleichwertiger Fähigkeiten und ihrer Erfahrungen entsprechende Tätigkeiten ausüben, die

   a) schwierige Texte in zwei Sprachrichtungen übersetzen und dabei gründliche Kenntnisse auf mindestens einem Fachgebiet des Ressorts oder auf einem wissenschaftlichen oder wissenschaftlich-technischen Fachgebiet zur Geltung bringen sowie

   b) bei Besprechungen kürzere zusammenhängende Ausführungen inhaltlich und sprachlich richtig in eine fremde Sprache und umgekehrt mündlich übertragen.

   (Hierzu Protokollerklärungen Nrn. 5, 11 und 12)

2. Beschäftigte mit einschlägiger abgeschlossener Hochschulbildung und entsprechender Tätigkeit sowie sonstige Beschäftigte, die

aufgrund gleichwertiger Fähigkeiten und ihrer Erfahrungen entsprechende Tätigkeiten ausüben, die

a) schwierige Texte in mindestens drei Sprachrichtungen übersetzen und

b) dabei gründliche Kenntnisse auf mindestens einem Fachgebiet des Ressorts oder auf einem wissenschaftlichen oder wissenschaftlich-technischen Fachgebiet zur Geltung bringen.

(Hierzu Protokollerklärungen Nrn. 5 und 12)

3. Beschäftigte mit einschlägiger abgeschlossener Hochschulbildung und entsprechender Tätigkeit sowie sonstige Beschäftigte, die aufgrund gleichwertiger Fähigkeiten und ihrer Erfahrungen entsprechende Tätigkeiten ausüben, die

a) schwierige Texte in mindestens drei Sprachrichtungen übersetzen und

b) bei Besprechungen kürzere zusammenhängende Ausführungen inhaltlich und sprachlich richtig in eine fremde Sprache und umgekehrt mündlich übertragen.

(Hierzu Protokollerklärungen Nrn. 5 und 11)

4. Beschäftigte mit einschlägiger abgeschlossener Hochschulbildung und entsprechender Tätigkeit sowie sonstige Beschäftigte, die aufgrund gleichwertiger Fähigkeiten und ihrer Erfahrungen entsprechende Tätigkeiten ausüben,

die Grundlagen für die Übersetzertätigkeit erarbeiten und bereits seit mindestens zwei Jahren schwierige Texte in mindestens zwei Sprachrichtungen übersetzen und

a) dabei gründliche Kenntnisse auf mindestens einem Fachgebiet des Ressorts oder auf einem wissenschaftlichen oder wissenschaftlich-technischen Fachgebiet zur Geltung bringen, oder

b) bei Besprechungen kürzere zusammenhängende Ausführungen inhaltlich und sprachlich richtig in eine fremde Sprache und umgekehrt mündlich übertragen.

(Hierzu Protokollerklärungen Nrn. 5, 11 und 12)

5. Beschäftigte mit einschlägiger abgeschlossener Hochschulbildung und entsprechender Tätigkeit sowie sonstige Beschäftigte, die aufgrund gleichwertiger Fähigkeiten und ihrer Erfahrungen entsprechende Tätigkeiten ausüben, die

a) fremdsprachig/deutsches und deutsch/fremdsprachiges Wortgut in mindestens zwei fremden Sprachen lexikografisch bearbeiten sowie

IV

b) fremdsprachiges und deutsches Schrifttum in diesen Sprachen vergleichend terminologisch auswerten und Wortgutbestände redaktionell bearbeiten.

(Hierzu Protokollerklärungen Nrn. 13 und 14)

Entgeltgruppe 11

1. Beschäftigte mit einschlägiger abgeschlossener Hochschulbildung und entsprechender Tätigkeit sowie sonstige Beschäftigte, die aufgrund gleichwertiger Fähigkeiten und ihrer Erfahrungen entsprechende Tätigkeiten ausüben, die

   a) schwierige Texte in zwei Sprachrichtungen übersetzen und

   b) dabei gründliche Kenntnisse auf mindestens einem Fachgebiet des Ressorts oder auf einem wissenschaftlichen oder wissenschaftlich-technischen Fachgebiet zur Geltung bringen.

   (Hierzu Protokollerklärungen Nrn. 5 und 12)

2. Beschäftigte mit einschlägiger abgeschlossener Hochschulbildung und entsprechender Tätigkeit sowie sonstige Beschäftigte, die aufgrund gleichwertiger Fähigkeiten und ihrer Erfahrungen entsprechende Tätigkeiten ausüben, die

   a) schwierige Texte in zwei Sprachrichtungen übersetzen und

   b) bei Besprechungen kürzere zusammenhängende Ausführungen inhaltlich und sprachlich richtig in eine fremde Sprache und umgekehrt mündlich übertragen.

   (Hierzu Protokollerklärungen Nrn. 5 und 11)

3. Beschäftigte mit einschlägiger abgeschlossener Hochschulbildung und entsprechender Tätigkeit sowie sonstige Beschäftigte, die aufgrund gleichwertiger Fähigkeiten und ihrer Erfahrungen entsprechende Tätigkeiten ausüben, die

   a) schwierige Texte in einer Sprachrichtung übersetzen und dabei gründliche Kenntnisse auf mindestens einem Fachgebiet des Ressorts oder auf einem wissenschaftlichen oder wissenschaftlich-technischen Fachgebiet zur Geltung bringen sowie

   b) bei Besprechungen kürzere zusammenhängende Ausführungen inhaltlich und sprachlich richtig in eine fremde Sprache und umgekehrt mündlich übertragen.

   (Hierzu Protokollerklärungen Nrn. 5, 11 und 12)

4. Beschäftigte mit einschlägiger abgeschlossener Hochschulbildung und entsprechender Tätigkeit sowie sonstige Beschäftigte, die aufgrund gleichwertiger Fähigkeiten und ihrer Erfahrungen entsprechende Tätigkeiten ausüben,

die schwierige Texte in mindestens drei Sprachrichtungen übersetzen.

(Hierzu Protokollerklärung Nr. 5)

5. Beschäftigte mit einschlägiger abgeschlossener Hochschulbildung und entsprechender Tätigkeit sowie sonstige Beschäftigte, die aufgrund gleichwertiger Fähigkeiten und ihrer Erfahrungen entsprechende Tätigkeiten ausüben, die

   a) fremdsprachig/deutsches und deutsch/fremdsprachiges Wortgut in mindestens einer fremden Sprache lexikografisch bearbeiten sowie

   b) fremdsprachiges und deutsches Schrifttum in dieser Sprache vergleichend terminologisch auswerten und Wortgutbestände redaktionell bearbeiten.

   (Hierzu Protokollerklärungen Nrn. 13 und 14)

6. Beschäftigte mit einschlägiger abgeschlossener Hochschulbildung und entsprechender Tätigkeit sowie sonstige Beschäftigte, die aufgrund gleichwertiger Fähigkeiten und ihrer Erfahrungen entsprechende Tätigkeiten ausüben, die

   a) fremdsprachig/deutsches und deutsch/fremdsprachiges Wortgut in mindestens zwei fremden Sprachen lexikografisch bearbeiten sowie

   b) fremdsprachiges und deutsches Schrifttum in diesen Sprachen vergleichend terminologisch auswerten.

   (Hierzu Protokollerklärungen Nrn. 13 und 14)

Entgeltgruppe 10

1. Beschäftigte mit einschlägiger abgeschlossener Hochschulbildung und entsprechender Tätigkeit sowie sonstige Beschäftigte, die aufgrund gleichwertiger Fähigkeiten und ihrer Erfahrungen entsprechende Tätigkeiten ausüben,

   die schwierige Texte in zwei Sprachrichtungen übersetzen.

   (Hierzu Protokollerklärung Nr. 5)

2. Beschäftigte mit einschlägiger abgeschlossener Hochschulbildung und entsprechender Tätigkeit sowie sonstige Beschäftigte, die aufgrund gleichwertiger Fähigkeiten und ihrer Erfahrungen entsprechende Tätigkeiten ausüben, die

   a) schwierige Texte in einer Sprachrichtung übersetzen und

b) dabei gründliche Kenntnisse auf mindestens einem Fachgebiet des Ressorts oder auf einem wissenschaftlichen oder wissenschaftlich-technischen Fachgebiet zur Geltung bringen.

(Hierzu Protokollerklärungen Nrn. 5 und 12)

3. Beschäftigte mit einschlägiger abgeschlossener Hochschulbildung und entsprechender Tätigkeit sowie sonstige Beschäftigte, die aufgrund gleichwertiger Fähigkeiten und ihrer Erfahrungen entsprechende Tätigkeiten ausüben, die

a) schwierige Texte in einer Sprachrichtung übersetzen und

b) bei Besprechungen kürzere zusammenhängende Ausführungen inhaltlich und sprachlich richtig in eine fremde Sprache und umgekehrt mündlich übertragen.

(Hierzu Protokollerklärungen Nrn. 5 und 11)

4. Beschäftigte mit einschlägiger abgeschlossener Hochschulbildung und entsprechender Tätigkeit sowie sonstige Beschäftigte, die aufgrund gleichwertiger Fähigkeiten und ihrer Erfahrungen entsprechende Tätigkeiten ausüben, die

a) fremdsprachig/deutsches und deutsch/fremdsprachiges Wortgut in mindestens einer fremden Sprache lexikografisch bearbeiten sowie

b) fremdsprachiges und deutsches Schrifttum vergleichend terminologisch auswerten.

(Hierzu Protokollerklärungen Nrn. 13 und 14)

5. Beschäftigte mit einschlägiger abgeschlossener Hochschulbildung und entsprechender Tätigkeit sowie sonstige Beschäftigte, die aufgrund gleichwertiger Fähigkeiten und ihrer Erfahrungen entsprechende Tätigkeiten ausüben,

die fremdsprachig/deutsches und deutsch/fremdsprachiges Wortgut in mindestens zwei fremden Sprachen lexikografisch bearbeiten.

(Hierzu Protokollerklärung Nr. 14)

Entgeltgruppe 9b

1. Beschäftigte mit einschlägiger abgeschlossener Hochschulbildung und entsprechender Tätigkeit sowie sonstige Beschäftigte, die aufgrund gleichwertiger Fähigkeiten und ihrer Erfahrungen entsprechende Tätigkeiten ausüben,

die schwierige Texte in mindestens einer Sprachrichtung übersetzen.

(Hierzu Protokollerklärung Nr. 5)

2. Beschäftigte mit einschlägiger abgeschlossener Hochschulbildung und entsprechender Tätigkeit sowie sonstige Beschäftigte, die aufgrund gleichwertiger Fähigkeiten und ihrer Erfahrungen entsprechende Tätigkeiten ausüben,

   die fremdsprachig/deutsches und deutsch/fremdsprachiges Wortgut lexikografisch bearbeiten.

(Hierzu Protokollerklärung Nr. 14)

Protokollerklärungen:

Nr. 1 [1]Überprüfen heißt Vergleichen von Übersetzungen mit dem Originaltext auf Vollständigkeit, auf sprachliche, sachliche und terminologische Richtigkeit, ferner soweit erforderlich das stilistische Ausfeilen der Übersetzung unter Wahrung der Stilebene des Originaltextes. [2]Die Übersetzungen dürfen nur von Übersetzerinnen oder Übersetzern oder anderen Beschäftigten, nicht aber von der oder dem Überprüfenden angefertigt worden sein. [3]Beschäftigte überprüfen verantwortlich, wenn die überprüfte Übersetzung keiner weiteren Kontrolle mehr unterliegt.

Nr. 2 [1]Eine Übersetzung ist dann in druckreife Form zu bringen, wenn sie unter Wahrung der Stilebene des Originaltextes stilistisch ausgefeilt werden und den für die Abfassung von Gesetzen, Verträgen, Vorschriften, anderen amtlichen Veröffentlichungen oder wissenschaftlichen Arbeiten geltenden Grundsätzen der sprachlichen Gestaltung vollständig entsprechen und höchsten Anforderungen genügen muss. [2]Ob die druckreife Form erforderlich ist, ergibt sich aus dem Verwendungszweck der Übersetzung oder aus einer ausdrücklichen Anordnung im Einzelfall.

Nr. 3 Auf die mindestens dreijährige Berufserfahrung als Übersetzerin oder Übersetzer, als Überprüferin oder Überprüfer oder als Terminologin oder Terminologe werden Zeiten gleicher Tätigkeit außerhalb des Geltungsbereiches dieses Tarifvertrages angerechnet.

Nr. 4 Beschäftigte übersetzen qualifiziert, wenn die Übersetzung besonderen qualitativen Anforderungen entspricht, weil sie in druckreife Form zu bringen ist oder keiner weiteren Kontrolle mehr unterliegt.

Nr. 5 Ein Text ist dann als schwierig zu bezeichnen, wenn

a) zu seinem sprachlich und inhaltlich richtigen Verständnis eine eingehende Textanalyse sowie ein entsprechendes Einfühlungs- und Vorstellungsvermögen auf den einschlägigen wissenschaftlichen oder technischen Fachgebieten erforderlich ist und

b) seine originalgetreue, sinnwahrende, inhaltlich und formal adäquate Übertragung die erforderliche Vertrautheit mit den Ausdrucksmitteln der Zielsprache voraussetzt.

Nr. 6 Die allseitige Verwendung erfordert die Fähigkeit, auf den wesentlichen Fachgebieten des Ressorts und ggf. auch auf einzelnen ressortfremden Fachgebieten qualifiziert zu übersetzen bzw. verantwortlich zu überprüfen.

Nr. 7 [1]Ein Sprachendienst in Form einer größeren gegliederten Arbeitseinheit ist mehrzügig organisiert und besteht aus mehreren Fachbereichen. [2]Der Leitung eines Fachbereichs sind mindestens drei Beschäftigte mindestens der Entgeltgruppe 13 dieses Abschnitts oder mindestens fünf Beschäftigte dieses Unterabschnitts unterstellt.

Nr. 8 Die vielseitige Verwendung erfordert die Fähigkeit, auf mehreren Fachgebieten des Ressorts qualifiziert zu übersetzen bzw. verantwortlich zu überprüfen.

Nr. 9 [1]Zu den fachlichen oder sprachlichen Planungs- und Koordinierungsaufgaben zählen die Rekrutierung und Koordination von Übersetzerteams bei internationalen Konferenzen, die Planung und Durchführung von Fortbildungsmaßnahmen oder die Leitung einer aus mindestens vier Beschäftigten der Unterabschnitte 3 und 4 bestehenden Sprachgruppe. [2]Pro Sprache darf nur eine Person mit der Sprachgruppenleitung beauftragt sein.

Nr. 10 [1]Die oder der Beschäftigte hat nachzuweisen, dass ihre oder seine Leistungen denen von Beschäftigten der Entgeltgruppe 13 Fallgruppe 3 entsprechen. [2]Dieser Nachweis ist geführt, wenn die oder der Beschäftigte erfolgreich die Prüfung vor der Prüfungskommission nach Maßgabe der im Anhang enthaltenen Prüfungsordnung erbracht hat. [3]Besteht die oder der Beschäftigte die Prüfung, so wird sie oder er mit Ablauf der geforderten Tätigkeitsdauer höhergruppiert, wenn sie oder er den Antrag auf Zulassung zur Prüfung vor Ablauf der geforderten Tätigkeitsdauer gestellt und die Prüfung in dem auf die Antragstellung folgenden Prüfungstermin bestanden hat. [4]In allen anderen Fällen erfolgt die Höhergruppierung mit Wirkung vom Ersten des Monats, in dem die Prüfung bestanden wird.

Nr. 11 Die Eingruppierung in diese Fallgruppe setzt den Nachweis voraus, dass die oder der Beschäftigte zusammenhängende Ausführungen von etwa drei Minuten Dauer übertragen kann.

Nr. 12 [1]Gründliche Kenntnisse auf mindestens einem Fachgebiet liegen vor, wenn die oder der Beschäftigte befähigt ist, die wesentlichen fachlichen Zusammenhänge aus dem zugewiesenen Fachgebiet zu erfassen und Übersetzungen in der zugehörigen Fachsprache abzufassen. [2]Bei den geforderten Kenntnissen handelt es sich nicht um Kenntnisse, die von Beschäftigten mit abgeschlossener wissenschaftlicher Hochschulbildung gefordert werden.

Nr. 13 Die vergleichende terminologische Auswertung umfasst im Wesentlichen die Erkennung und Erfassung von äquivalentem Wortgut aus originaler Fachliteratur eines oder mehrerer Sprachenpaare und seine kritische Beurteilung unter Berücksichtigung der Quellenlage und der Qualität der Quellen sowie den Vergleich des Befundes in mehreren Quellen; ferner die Erkennung und Registrierung von Synonymen und Neologismen.

Nr. 14 Die lexikografische Bearbeitung von Wortgut umfasst im Wesentlichen die Auswahl von Wortgut aus gegebenen Wortgutsammlungen, die thematische und qualitative Klassifizierung, inhaltliche Erläuterung und sonstige lexikografische Aufbereitung des ausgewählten Wortguts im Hinblick auf seine weitere Verarbeitung; ferner die Ermittlung von Definitionen und Anwendungsbeispielen aus anderen Quellen, Erfassung von Schreibweisevarianten u. ä.

IV

Anhang zu Unterabschnitt 4
Prüfungsordnung

A. Vorschriften über die Ablegung der Prüfung

I. Prüfungskommission

1. Der Prüfungskommission gehören an:

   a) Die Leiterin oder der Leiter des Sprachendienstes des Auswärtigen Amts oder ihre oder seine Vertretung als Vorsitzende oder Vorsitzender;

   b) die Leiterin oder der Leiter des Sprachendienstes der Bundesbehörde, in deren Bereich die Eingruppierung erfolgen soll, oder ihre oder seine Vertretung als erste Beisitzerin oder erster Beisitzer. Ist eine solche Person nicht vorhanden, so tritt an deren Stelle die Leiterin oder der Leiter des Sprachendienstes des Bundesministeriums der Finanzen. Gehört die Prüfungskandidatin oder der Prüfungskandidat dem Sprachendienst des Auswärtigen Amts an, so werden die Aufgaben der ersten Beisitzerin oder des ersten Beisitzers von der Leiterin oder dem Leiter des Sprachendienstes des Bundesministeriums der Finanzen wahrgenommen. Handelt es sich um eine Übersetzerin oder einen Übersetzer, die oder der bei einer Auslandsvertretung des Auswärtigen Amts beschäftigt ist, so wird die erste Beisitzerin oder der erste Beisitzer von der Personalabteilung des Auswärtigen Amts bestimmt;

   c) eine von der oder dem Vorsitzenden der Prüfungskommission im Einvernehmen mit der ersten Beisitzerin oder dem ersten Beisitzer von Fall zu Fall zu benennende zweite Beisitzerin oder ein zu benennender zweiter Beisitzer; diese oder dieser muss im Fremdsprachendienst der Bundesverwaltung tätig sein und regelmäßig Übersetzungen in die Prüfungssprache der Prüfungskandidatin oder des Prüfungskandidaten überprüfen;

   d) eine von den vertragsschließenden Gewerkschaften von Fall zu Fall zu benennende Angehörige oder ein zu benennender Angehöriger des Fremdsprachendienstes der Bundesverwaltung, die oder der mindestens in Entgeltgruppe 13 eingruppiert sein muss und zu deren oder dessen Arbeitssprachen die Prüfungssprache der Kandidatin oder des Kandidaten gehört, als dritte Beisitzerin oder dritter Beisitzer.

2. Erweist es sich bei Prüfungssprachen, die weniger geläufig sind, als unmöglich, eine zweite oder dritte Beisitzerin oder einen zweiten

oder dritten Beisitzer zu benennen, die oder der die Voraussetzungen der Nr. 1 Buchst. c oder d erfüllt, so

a) benennt die oder der Vorsitzende eine Beamtin oder einen Beamten oder eine Beschäftigte oder einen Beschäftigten des Auswärtigen Dienstes oder eine sonstige anerkannte Sachverständige oder einen sonstigen anerkannten Sachverständigen, die oder der die Prüfungssprache beherrscht, als zweite Beisitzerin oder als zweiten Beisitzer,

b) benennen die vertragsschließenden Gewerkschaften eine Angehörige oder einen Angehörigen des Fremdsprachendienstes der Bundesverwaltung, die oder der die Voraussetzungen der Nr. 1 Buchst. d erfüllt, oder eine anerkannte Sachverständige oder einen anerkannten Sachverständigen, die oder der die Prüfungssprache beherrscht, als dritte Beisitzerin oder dritten Beisitzer.

3. Die Geschäfte des Sekretariats der Prüfungskommission werden von einer Verwaltungsbeamtin oder einem Verwaltungsbeamten des Sprachendienstes des Auswärtigen Amts wahrgenommen.

II. Prüfungstermin

Prüfungen finden jeweils in der zweiten Woche der Monate Mai und November eines jeden Jahres statt, wenn mindestens eine Meldung zur Prüfung bei der oder dem Vorsitzenden der Prüfungskommission eingereicht worden ist.

III. Meldung zur Prüfung

1. Wer die Prüfung abzulegen wünscht, hat über ihre oder seine personalbearbeitende Dienststelle/Behörde einen schriftlichen Antrag auf Zulassung zur Prüfung beim Sekretariat der Prüfungskommission einzureichen. Aus dem Antrag muss hervorgehen, in welcher Sprachrichtung sie oder er als Übersetzerin oder Übersetzer überwiegend eingesetzt wird.

2. Der Antrag muss spätestens jeweils bis zum 1. März oder 1. September gestellt sein. Erfüllt die Kandidatin oder der Kandidat die Voraussetzungen für die Zulassung zur Prüfung gemäß Entgeltgruppe 13 Fallgruppe 4, so leitet die personalbearbeitende Dienststelle/Behörde den Antrag über die jeweilige oberste Bundesbehörde unverzüglich an die Vorsitzende oder den Vorsitzenden der Prüfungskommission weiter, so dass er dort spätestens einen Monat vor der Prüfungswoche vorliegt.

Erfüllt die Kandidatin oder der Kandidat die Voraussetzungen nicht, so unterrichtet die personalbearbeitende Dienststelle/Behörde sie oder ihn hiervon unverzüglich.

Ist bei der Dienststelle/Behörde der Kandidatin oder des Kandidaten keine Sprachendienstleitung vorhanden, so kann die Kandidatin oder der Kandidat im Falle der Nichtweiterleitung ihres oder seines Antrags die Prüfungskommission unmittelbar um Entscheidung bitten, ob sie oder er schwierige Texte im Sinne der Protokollerklärung Nr. 5 zu übersetzen hat. Die Prüfungskommission entscheidet unverzüglich, ob die Kandidatin oder der Kandidat die Voraussetzungen für die Zulassung zur Prüfung erfüllt.

3. Ein nicht fristgerecht gestellter Antrag gilt als Meldung für den nächsten Prüfungstermin.

IV. Prüfungsaufgaben

1. Die Prüfungskandidatinnen und -kandidaten haben folgende Leistungen zur erbringen:

   Übersetzen von zwei schwierigen Texten (ein Text aus dem einschlägigen Fachgebiet und ein allgemeinsprachlicher Text) von je 1500 Zeichen (ohne Leerstellen) in der Sprachrichtung, in der sie oder er überwiegend eingesetzt wird, unter Verwendung nicht elektronischer Nachschlagewerke nach Wahl der Kandidatin oder des Kandidaten (Zeit je 90 Minuten). Bei Übersetzungen aus einer Fremdsprache mit Silbenschrift wird ein Ausgangstext gewählt, dessen deutsche Übersetzung etwa 1500 Zeichen beträgt.

2. Nach Aufforderung der oder des Vorsitzenden übersendet die Sprachendienstleiterin oder der Sprachendienstleiter der obersten Bundesbehörde, deren Bereich die Kandidatin oder der Kandidat angehört, dem Sekretariat der Prüfungskommission unverzüglich unter Verschluss jeweils zwei Sätze der in Frage kommenden Arbeiten als Prüfungstexte zur Auswahl durch die Prüfungskommission. Hat die oberste Bundesbehörde der Kandidatin oder des Kandidaten keine Sprachendienstleitung, so beschafft die oder der Vorsitzende die erforderlichen Prüfungstexte.

3. Die Übersetzungen werden in Klausur angefertigt. Auf Wunsch wird der Kandidatin oder dem Kandidaten ein Computer zur Verfügung gestellt. Die Kandidatin oder der Kandidat hat diesen Wunsch in ihrem oder seinem Antrag auf Zulassung zur Prüfung zum Ausdruck zu bringen.

V. Feststellung und Bekanntgabe des Prüfungsergebnisses

1. Die Prüfungskommission beauftragt mit Stimmenmehrheit eines ihrer Mitglieder, die Prüfungsarbeiten unverzüglich unter Beachtung der Korrekturrichtlinien zu korrigieren oder korrigieren zu lassen und anschließend dem Sekretariat der Prüfungskommission zuzuleiten. Den Mitgliedern der Prüfungskommission wird je eine Ablichtung der korrigierten Prüfungsarbeiten zugesandt. Die oder der Vorsitzende beruft sodann die Prüfungskommission zur mündlichen Verhandlung ein, bei der das Prüfungsergebnis von den Kommissionsmitgliedern festgestellt wird.

2. Die Kommission kann mit Stimmenmehrheit beschließen, die von der Korrektorin oder dem Korrektor vorgenommene Fehlerbewertung zu ändern. Änderungen sind mit den entsprechenden Korrekturzeichen in grüner dokumentenechter Farbe auf dem Prüfungsoriginal vorzunehmen; entsprechende rote Korrekturzeichen sind dabei zu streichen oder zu ändern. Die dann ermittelte Fehlerzahl wird in ein Korrekturgitter (Stempelaufdruck) eingetragen. Für die Bewertung der Gesamtfehlerzahl gelten folgende Richtlinien:

„Sehr gut"	ist eine Arbeit, die keine Fehler aufweist.
„Gut"	ist eine Arbeit, die höchstens drei Fehler, aber keinen Doppelfehler aufweist.
„Befriedigend"	ist eine Arbeit, die höchstens sieben Fehler, davon höchstens einen Doppelfehler, aufweist.
„Ausreichend"	ist eine Arbeit, die höchstens zehn Fehler, davon höchstens zwei Doppelfehler, aufweist.
„Mangelhaft"	ist eine Arbeit, die höchstens 15 Fehler, davon höchstens drei Doppelfehler, aufweist.
„Ungenügend"	ist eine Arbeit mit mehr als 15 Fehlern oder mehr als drei Doppelfehlern.

3. Die Prüfungskommission kann mit Stimmenmehrheit das Prädikat einer Prüfungsarbeit um eine Note anheben, wenn das Gesamtbild der Arbeit erkennen lässt, dass der Prüfling den Text im Wesentlichen richtig wiedergegeben hat, und sich die Gesamtfehlerzahl überwiegend aus halben Fehlern zusammensetzt. In diesem Falle ist die Prüfungsarbeit mit einer entsprechenden Begründung zu versehen.

4. Nach dieser Verfahrensfolge stellt die Prüfungskommission das Prüfungsergebnis fest. Die Feststellung lautet auf „bestanden", wenn beide Prüfungsarbeiten mindestens mit „ausreichend" bewertet worden sind; andernfalls lautet sie auf „nicht bestanden". Die Feststellung ist endgültig.

5. Über die Verhandlung wird eine Niederschrift aufgenommen, die von den Mitgliedern der Prüfungskommission zu unterzeichnen ist.

6. Das Prüfungsergebnis wird der Kandidatin oder dem Kandidaten sowie der obersten Bundesbehörde, der sie oder er angehört, von der oder dem Vorsitzenden der Prüfungskommission schriftlich mitgeteilt.

VI. Wiederholung von Prüfungen

Lautet das Prüfungsergebnis auf „nicht bestanden", so kann die Prüfung frühestens am nächstfolgenden Prüfungstermin wiederholt werden. Weitere Wiederholungen sind nicht zulässig.

B. Korrekturrichtlinien

Für die Korrektur schriftlicher Prüfungsarbeiten gelten die nachstehenden Richtlinien:

1. Jede Prüfungsarbeit wird von einer Korrektorin oder einem Korrektor geprüft.

2. Die Korrektur der Prüfungsarbeit besteht in der Kennzeichnung der sprachlichen und sachlichen Verstöße, jedoch nicht in der Festsetzung der Prädikate.

3. Die Korrektur ist in roter dokumentenechter Farbe vorzunehmen.

4. Sprachliche und sachliche Verstöße sind im Text zu unterstreichen und auf dem Korrekturrand durch Korrekturzeichen (siehe Nr. 5) kenntlich zu machen. Gleiche Fehler sind jedes Mal nur im Text (nicht auf dem Korrekturrand) zu kennzeichnen.

5. Jedes Korrekturzeichen besteht aus der Angabe der
   a) Art,
   b) Schwere des Fehlers,
   Dabei bedeuten:
   a) G = Grammatik
   V = Vokabular
   A = Ausdruck bzw. Stil
   T = Texttreue

O = Orthographie

I = Interpunktion

b) + = Doppelfehler

/ = ganzer Fehler

- = halber Fehler

6. Die Prüfungsarbeiten sind von der Korrektorin oder dem Korrektor mit Namen, Amtsbezeichnung und Datum abzuzeichnen.

7. Als Grammatikfehler (G) gilt ein Verstoß gegen Formen- oder Satzlehre.

a) Als Doppelfehler (G+) zählt ein sehr grober oder sinnentstellender Verstoß.

b) Als ganzer Fehler (G/) zählt ein grober Verstoß.

c) Als halber Fehler (G-) zählt ein geringfügiger Verstoß.

8. Als Vokabelfehler (V) gilt falsche Wortwahl.

a) Als Doppelfehler (V+) zählt ein sehr grober Verstoß mit schwerwiegender Sinnentstellung.

b) Als ganzer Fehler (V/) zählt ein grober Verstoß ohne schwerwiegende Sinnentstellung.

c) Als halber Fehler (V-) zählt ein geringfügiger Verstoß ohne Sinnentstellung.

9. Als Ausdrucks- bzw. Stilfehler (A) gilt eine mangelhafte Formulierung, die jedoch dem Sachverhalt bzw. Vorstellungsinhalt entspricht und die Verständlichkeit nicht beeinträchtigt. Ein Ausdrucks- bzw. Stilfehler zählt als halber Fehler (A-).

10. Als Verstoß gegen die Texttreue (T) gelten missverstandene Sätze oder Satzteile, allzu freie Übersetzung, Auslassungen oder Hinzufügungen. Bei Auslassungen ist das Zeichen // an die betr. Stelle im Text zu setzen.

a) Als Doppelfehler (T+) zählt ein sehr grober, sinnentstellender Verstoß.

b) Als ganzer Fehler (T/) zählt ein grober, jedoch nicht stark sinnentstellender Verstoß.

c) Als halber Fehler (T-) zählt ein geringfügiger Verstoß (z. B. zu freie, aber sinnerhaltende Übersetzung).

Bei Auslassungen ganzer Sätze oder Satzglieder wird für jeden fehlenden Satz bzw. jedes fehlende Satzglied je nach Länge der Auslassung ein Doppelfehler (T+) oder ein ganzer Fehler (T/) angerechnet. Bei Hinzufügungen ist sinngemäß zu verfahren.

11. Als Orthographiefehler (0) gilt ein Verstoß gegen die Regeln der Rechtschreibung.

    a) Als ganzer Fehler (0/) zählt ein grober Verstoß.

    b) Als halber Fehler (0-) zählt ein geringfügiger Verstoß.

    Sofern für eine Sprache in ihren verschiedenen Sprachgebieten unterschiedliche Regeln der Rechtschreibung gelten (z. B. brit. und amerik. Englisch) ist darauf zu achten, dass die Rechtschreibung jeweils einheitlich den Regeln eines Systems folgt. Verstöße hiergegen gelten als halbe Fehler.

12. Als Interpunktionsfehler (I) gilt falsche Zeichensetzung.

    a) Als ganzer Fehler (I/) zählt ein grober, sinnentstellender Verstoß.

    b) Als halber Fehler (I-) zählt ein Verstoß gegen Grundregeln.

    Im Übrigen sind Interpunktionsfehler nicht zu bewerten.

13. Bei mehreren Fehlern in einem Wort wird nur der schwerste angerechnet; mehrere halbe Fehler in einem Wort werden als ein ganzer Fehler angerechnet.

16.5 Sprachlehrerinnen und Sprachlehrer

Vorbemerkung

Als Tätigkeit der Sprachlehrerinnen und Sprachlehrer der Entgeltgruppen 10 bis 13 gilt auch das Erarbeiten von Lehr-, Lern- oder Prüfmaterial für den Sprachunterricht.

Entgeltgruppe 15

1. Beschäftigte der Entgeltgruppe 13 Fallgruppe 1 oder 2,

   die die zentrale Lehrkräfteschulung im Bundessprachenamt verantwortlich leiten.

2. Beschäftigte der Entgeltgruppe 13 Fallgruppe 1 oder 2,

   die wissenschaftliche Grundlagen für die Entwicklung fremdsprachlichen Lehr-, Lern- und Prüfmaterials verantwortlich erarbeiten und das erstellte Material verantwortlich überprüfen.

3. Beschäftigte der Entgeltgruppe 13 Fallgruppe 1 oder 2,

   denen mindestens zehn Sprachlehrerinnen oder Sprachlehrer, davon mindestens drei mindestens der Entgeltgruppe 13 Fallgruppe 1 oder 2, ständig fachlich unterstellt sind.

4. Beschäftigte der Entgeltgruppe 13 Fallgruppe 1 oder 2,

   die die Sprachausbildung in der Akademie Auswärtiger Dienst verantwortlich leiten.

Entgeltgruppe 14

1. Beschäftigte der Entgeltgruppe 13 Fallgruppe 1 oder 2,

   denen mindestens vier Sprachlehrerinnen oder Sprachlehrer mindestens der Entgeltgruppe 12 ständig fachlich unterstellt sind.

2. Beschäftigte der Entgeltgruppe 13 Fallgruppe 1 oder 2,

   die in der zentralen Lehrkräfteschulung des Bundessprachenamts unterrichten.

3. Beschäftigte der Entgeltgruppe 13 Fallgruppe 1 oder 2,

   die zur allgemeinen Verwendung bestimmtes fremdsprachliches Lehr-, Lern- oder Prüfmaterial erarbeiten.

4. Beschäftigte der Entgeltgruppe 13 Fallgruppe 1 oder 2,

   deren Tätigkeit sich dadurch aus der Entgeltgruppe 13 Fallgruppe 1 oder 2 heraushebt, dass sie besondere Leistungen erfordert.

   (Hierzu Protokollerklärung Nr. 1)

Entgeltgruppe 13

1. Sprachlehrerinnen und Sprachlehrer mit einschlägiger abgeschlossener wissenschaftlicher Hochschulbildung und entsprechender Tätigkeit.

2. Beschäftigte der Entgeltgruppe 10,

   die durch entsprechenden Leistungsnachweis die Einarbeitungszeit beendet und Tätigkeiten der Fallgruppe 1 auszuüben haben.

   (Hierzu Protokollerklärung Nr. 2)

3. Beschäftigte der Entgeltgruppe 10,

   denen mindestens acht Sprachlehrerinnen oder Sprachlehrer ständig fachlich unterstellt sind.

Entgeltgruppe 12

1. Beschäftigte der Entgeltgruppe 10

   mit Tätigkeiten der Entgeltgruppe 13 Fallgruppe 1 während einer längstens zweijährigen Einarbeitungszeit.

   (Hierzu Protokollerklärung Nr. 2)

2. Beschäftigte der Entgeltgruppe 11 Fallgruppe 3

   mit mindestens dreijähriger Berufserfahrung,

   die vielseitig verwendbar sind.

   (Hierzu Protokollerklärung Nr. 3)

IV

Entgeltgruppe 11

1. Beschäftigte der Entgeltgruppe 10,

   denen mindestens drei Sprachlehrerinnen oder Sprachlehrer ständig fachlich unterstellt sind.

2. Beschäftigte der Entgeltgruppe 10 mit mindestens dreijähriger Berufserfahrung in der Entgeltgruppe 10, die vielseitig verwendbar sind und

   deren Tätigkeit sich dadurch aus der Entgeltgruppe 10 heraushebt, dass sie die Lehrziele in einem standardisierten Ausbildungssystem in selbständiger Unterrichtsgestaltung erreichen.

   (Hierzu Protokollerklärungen Nrn. 3 und 4)

3. Beschäftigte der Entgeltgruppe 10,

   deren Tätigkeit sich dadurch aus der Entgeltgruppe 10 heraushebt, dass sie besondere fachsprachliche Kenntnisse oder besondere Kenntnisse in der Landeskunde vermitteln oder regelmäßig Sprachunterricht auch in einer zweiten Sprache erteilen oder für die Erstellung von Lehr-, Lern- oder Prüfmaterial unter wissenschaftlicher Anleitung eingesetzt werden.

   (Hierzu Protokollerklärung Nr. 5)

Entgeltgruppe 10

Sprachlehrerinnen und Sprachlehrer mit einschlägiger abgeschlossener Hochschulbildung sowie sonstige Beschäftigte, die aufgrund gleichwertiger Kenntnisse und ihrer Erfahrungen entsprechende Tätigkeiten ausüben.

Protokollerklärungen:

Nr. 1 Beschäftigte erbringen besondere Leistungen, wenn

   a) ihnen regelmäßig Sprachlehrerinnen oder Sprachlehrer zur fachlichen Einarbeitung oder Weiterbildung zugewiesen sind,

   b) sie zur allgemeinen Verwendung geeignete Unterrichtsgrundlagen entwickeln,

   c) sie regelmäßig Sprachunterricht auch in einer zweiten Sprache zu erteilen haben,

   d) sie regelmäßig fremdsprachliche Seminare für Statement- und Redetraining für ausländische Diplomatinnen oder Diplomaten durchführen oder

    e) sie regelmäßig die fremdsprachlichen Bestandteile von Auswahlverfahren, Laufbahnprüfungen und Diplomarbeiten für den Auswärtigen Dienst verantwortlich betreuen.

Nr. 2 Auf die Einarbeitungszeit werden Zeiten entsprechender Lehrtätigkeit außerhalb des Geltungsbereiches dieses Tarifvertrages angerechnet.

Nr. 3 Vielseitige Verwendung erfordert die Fähigkeit, Sprachunterricht auf mehreren Fachgebieten des Ressorts zu erteilen.

Nr. 4 Ein standardisiertes Sprachausbildungssystem umfasst eine festgelegte Methodik und Didaktik zur Erlangung einer verwendungs- und fertigkeitsbezogenen Kommunikationsfähigkeit auf der Grundlage von einheitlichen Leistungsstufendefinitionen für die einzelnen Sprachfertigkeiten.

Nr. 5 Besondere fachsprachliche Kenntnisse oder besondere Kenntnisse in der Landeskunde sind solche, die über die bei allen Lehrkräften vorausgesetzten Kenntnisse erheblich hinausgehen.

IV

17. Gartenbau-, landwirtschafts- und weinbautechnische Beschäftigte

Entgeltgruppe 13

Beschäftigte der Entgeltgruppe 12,

deren Tätigkeit sich durch das Maß der Verantwortung erheblich aus der Entgeltgruppe 12 heraushebt.

(Hierzu Protokollerklärungen Nrn. 1, 2 und 3)

Entgeltgruppe 12

Beschäftigte der Entgeltgruppe 11

mit mindestens dreijähriger praktischer Erfahrung,

deren Tätigkeit sich durch besondere Schwierigkeit und Bedeutung oder durch künstlerische oder Spezialaufgaben aus der Entgeltgruppe 11 heraushebt.

(Hierzu Protokollerklärungen Nrn. 1, 2 und 4)

Entgeltgruppe 11

Beschäftigte der Entgeltgruppe 10,

deren Tätigkeit sich durch besondere Leistungen aus der Entgeltgruppe 10 heraushebt.

(Hierzu Protokollerklärungen Nrn. 1, 2 und 5)

Entgeltgruppe 10

Gartenbau-, landwirtschafts- und weinbautechnische Beschäftigte aller Fachrichtungen mit einschlägiger abgeschlossener Hochschulbildung und entsprechender Tätigkeit sowie sonstige Beschäftigte, die aufgrund gleichwertiger Fähigkeiten und ihrer Erfahrungen entsprechende Tätigkeiten ausüben.

(Hierzu Protokollerklärungen Nrn. 1, 2 und 6)

Entgeltgruppe 9a

1. Beschäftigte der Entgeltgruppe 7 Fallgruppe 1,

   deren Tätigkeit sich durch den Umfang und die Bedeutung des Aufgabengebietes und große Selbständigkeit wesentlich aus der Entgeltgruppe 7 Fallgruppe 1 heraushebt.

   (Hierzu Protokollerklärungen Nrn. 7 und 8)

2. Beschäftigte der Entgeltgruppe 7 Fallgruppe 2,

   deren Tätigkeit sich durch den Umfang und die Bedeutung des Aufgabengebietes und große Selbständigkeit wesentlich aus der Entgeltgruppe 7 Fallgruppe 2 heraushebt.

   (Hierzu Protokollerklärungen Nrn. 7 und 8)

Entgeltgruppe 7

1. Beschäftigte der Entgeltgruppe 6 Fallgruppe 1
   mit Tätigkeiten, die vielseitige Fachkenntnisse und mindestens zu
   einem Viertel selbständige Leistungen erfordern.
   (Hierzu Protokollerklärungen Nrn. 7, 9 und 10)

2. Beschäftigte der Entgeltgruppe 6 Fallgruppe 2,
   deren Tätigkeit vielseitige Fachkenntnisse und mindestens zu
   einem Viertel selbständige Leistungen erfordert.
   (Hierzu Protokollerklärungen Nrn. 7, 9 und 10)

Entgeltgruppe 6

1. Staatlich geprüfte Agrarbetriebswirtinnen und -wirte sowie Beschäftigte mit abgeschlossener gleichwertiger Ausbildung mit entsprechender Tätigkeit sowie sonstige Beschäftigte, die aufgrund
   gleichwertiger Fähigkeiten und ihrer Erfahrungen entsprechende
   Tätigkeiten ausüben.
   (Hierzu Protokollerklärung Nr. 7)

2. Beschäftigte der Entgeltgruppe 5,
   die auf ihrem Fachgebiet in der technischen Beratung einfacherer
   Art oder bei der Durchführung von Versuchen und sonstigen
   Arbeiten mit entsprechendem Schwierigkeitsgrad tätig sind.
   (Hierzu Protokollerklärungen Nrn. 7 und 11)

Entgeltgruppe 5

Gartenbau-, landwirtschafts- und weinbautechnische Beschäftigte
aller Fachrichtungen mit einschlägiger abgeschlossener Berufsausbildung und entsprechender Tätigkeit sowie sonstige Beschäftigte,
die aufgrund gleichwertiger Fähigkeiten und ihrer Erfahrungen
entsprechende Tätigkeiten ausüben.
(Hierzu Protokollerklärung Nr. 7)

Protokollerklärungen:

Nr. 1 Als Fachrichtungen der gartenbau-, landwirtschafts- und weinbautechnischen Beschäftigten mit einschlägiger abgeschlossener Hochschulbildung gelten Gartenbau, Landbau, Weinbau
und ländliche Hauswirtschaft mit allen jeweiligen Fachgebieten
und Untergebieten, z. B.:

In der Fachrichtung Gartenbau die Fachgebiete

Baumschulen, Blumen- und Zierpflanzenbau, Garten- und
Landschaftsgestaltung, Obst- und Gemüsebau, Obst- und
Gemüseverwertung, Pflanzenschutz, Samenbau u. a. oder

in der Fachrichtung Landbau die Fachgebiete:

> Betriebswirtschaft, Obstbau, Pflanzenbau, Pflanzenschutz, Tierhaltung und -fütterung, Tierzucht u. a.

> mit den Untergebieten z. B. in der Betriebswirtschaft:

> > Arbeitswirtschaft, Betriebsabrechnungswesen, Kreditwesen, Landesplanung, Landtechnik, Marktwirtschaft, Raumordnung u. a.

Nr. 2 Unter dieses Tätigkeitsmerkmal fallen auch Beschäftigte, die am 31. Dezember 1990 in einem Arbeitsverhältnis gestanden haben, das am 1. Januar 1991 zu demselben Arbeitgeber fortbestanden hat, und die vor dem 1. Januar 1991 die Abschlussprüfung einer sechssemestrigen höheren Fachschule abgelegt haben oder die die Abschlussprüfung einer sechssemestrigen höheren Landfrauenschule abgelegt haben und dieser Abschlussprüfung entsprechende Tätigkeiten ausüben.

Nr. 3 Tätigkeiten im Sinne der Entgeltgruppe 13 sind z. B.:

a) Entwickeln arbeitstechnischer Verfahren in der Produktion und in der Aufbereitung der Erzeugnisse;

b) Erarbeiten von Leitbildern für die Arbeitswirtschaft und für die Mechanisierung von Betrieben oder als Muster für die Bauausführung;

c) Beratung aufgrund eigener Auswertung von Arbeitstagebüchern für schwierige Betriebsumstellungen;

d) Fortbildung oder Spezialberatung von Beratungskräften der Entgeltgruppen 9 bis 12 mehrerer Dienststellen oder vergleichbarer Beratungskräfte außerhalb des öffentlichen Dienstes oder selbständiges Ausarbeiten von Richtlinien für Einzelaufgaben dieser Beratungskräfte;

e) Ausarbeiten von Gutachten über Anträge für Förderungsmaßnahmen für schwierige umfassende Betriebsumstellungen;

f) Ausarbeiten von Vorschlägen für regionale Strukturprogramme aufgrund selbständiger Auswertung der Strukturdaten;

g) Selbständiges Bestimmen der optimalen Produktionsverfahren der verschiedenen Produktionszweige im Einzelbetrieb;

h) Ausarbeiten von allgemeinen Grundsätzen und Tabellen für die Bewertung von Wirtschaftsgütern (Werttaxen);

i) Ausarbeiten von landeskulturellen Plänen und gutachtlichen landesplanerischen und raumordnerischen Stellungnahmen größeren Umfangs;

j) Spezialtätigkeit mit besonderer Bedeutung und besonderer Schwierigkeit als Hilfskraft bei wissenschaftlichen Aufgaben;

k) Entwickeln von Leitbildern und Planungsgrundsätzen für Raum- und Einrichtungsprogramme, die als Grundlage für übergebietliche Programme dienen;

l) Leitung größerer Sachgebiete (Ämter, Abteilungen, Abschnitte oder Referate) in Gartenbauverwaltungen, wenn mindestens vier Beschäftigte mit Tätigkeiten mindestens

> der Entgeltgruppe 10 des Abschnitts 25 oder
>
> der Entgeltgruppe 9b des Teils I und

mindestens drei Beschäftigte mit Tätigkeiten mindestens

> der Entgeltgruppe 8 der Abschnitte 18 oder 41,
>
> der Entgeltgruppe 6 des Teils I oder
>
> der Entgeltgruppe 7 dieses Abschnitts

durch ausdrückliche Anordnung ständig unterstellt sind;

m) Ausarbeiten besonders schwieriger und umfangreicher Programme und Folgepläne im Rahmen städtebaulicher und landschaftspflegerischer Planungen, z. B. als Grundlage für Flächennutzungspläne und Bebauungspläne;

n) Selbständiges Planen und Leiten von Pflanzenschutzaktionen in Gebieten mit vielfältigen Kulturen unter schwierigen geografischen Bedingungen.

Nr. 4 Tätigkeiten im Sinne der Entgeltgruppe 12 sind z. B.:

a) Entwickeln von besonderen Methoden für die praktische Durchführung von Versuchen;

b) Erproben neuer arbeitstechnischer Verfahren in der Produktion und in der Aufbereitung der Erzeugnisse;

c) Selbständige Beratung auf besonders schwierigen Gebieten, z. B. Beratung in Umschulungsfragen, Beratung von Siedlungsträgern oder von Fertigbauherstellern über den hauswirtschaftlichen Raumbedarf oder die Raumausstattung (Einflussnahme auf die Entwicklung neuer Bautypen mit Variationsmöglichkeiten), übergebietliche (Regierungsbezirk oder Kammerbereich) Spezialberatung;

d) Umfassende Planung und Beratung eines ländlichen Haushalts aufgrund einer Haushaltsanalyse (Stufenplan für mindestens zehn Jahre, geld- und arbeitswirtschaftliche Voranschläge);

e) Beratung aufgrund eigener Auswertung von Arbeitstagebüchern;

f) Beurteilen von Erfolgsrechnungen (Jahresabschlüssen) und Analysieren von Ergebnissen der Betriebs- bzw. Haushaltsrechnungen anhand von errechneten Kenndaten;

g) Erarbeiten von Arbeitsvoranschlägen;

h) Ausarbeiten von Vorschlägen für umfassende Förderungsmaßnahmen zur Schwerpunktbildung im Einzelbetrieb aufgrund eines Betriebsumstellungs- oder Entwicklungsplanes;

i) Selbständiges Auswerten von Strukturdaten;

j) Ausarbeiten von Vorschlägen für Strukturmaßnahmen, z. B. Beurteilung der topografischen Verhältnisse, Vorschläge für Gehöftstandorte;

k) Ermitteln der Werte von Pflanzenbeständen und des Wertes des lebenden und toten Inventars eines Gartenbau-, Landwirtschafts- oder Weinbaubetriebes;

l) Selbständiges Planen und Leiten von Pflanzenschutzaktionen;

m) Besonders schwierige Tätigkeiten als Hilfskraft bei wissenschaftlichen Aufgaben;

n) Ausarbeiten von Programmen und Folgeplänen im Rahmen städtebaulicher oder landschaftspflegerischer Planungen, z. B. als Grundlage für Flächennutzungspläne und Bebauungspläne;

o) Leitung des Abschnitts für Planungs- oder Neubau- oder Pflege- und Ordnungsmaßnahmen im Grünflächenwesen oder in der Landschaftspflege, wenn der Abschnittsleitung

p) mindestens eine Beschäftigte oder ein Beschäftigter mit Tätigkeiten mindestens der Entgeltgruppe 9b des Teils I und

q) mindestens zwei Beschäftigte mit Tätigkeiten mindestens

r) der Entgeltgruppe 8 der Abschnitte 18 oder 41 oder

s) der Entgeltgruppe 6 des Teils I

t) durch ausdrückliche Anordnung ständig unterstellt sind;

u) Aufstellen oder Prüfen von Entwürfen besonders schwieriger Art (z. B. für Bezirkssportanlagen, Ausstellungsparks) einschließlich Massen- und Kostenberechnungen und von Verdingungsunterlagen, deren Bearbeitung besondere Fachkenntnisse und besondere praktische Erfahrung oder künstlerische Begabung voraussetzt;

v) Selbständige Beratung im Pflanzenschutzdienst von Spezialbetrieben, die eine betriebsbezogene Arbeitsplanung zur Durchführung des integrierten Pflanzenschutzes erfordert.

Nr. 5 Tätigkeiten im Sinne der Entgeltgruppe 11 sind z. B.:

a) Selbständiges Planen und Auswerten von Versuchen und Wertprüfungen mit besonderer Schwierigkeit, z. B. mit gleichzeitig mehreren Fragestellungen (Komplexversuche) oder für landtechnische Verfahren der Innen- und Außenwirtschaft;

b) Durchführen von Versuchen und Wertprüfungen in größerem Ausmaß, wenn der oder dem Beschäftigten mehrere gartenbau-, landwirtschafts- und weinbautechnische Beschäftigte mindestens in Tätigkeiten der Entgeltgruppe 7 Fallgruppe 1 oder 2 durch ausdrückliche Anordnung ständig unterstellt sind;

c) Feststellen der Wirkung von Pflanzenschutzmitteln für das Julius-Kühn-Institut – Bundesforschungsinstitut für Kulturpflanzen (JKI);

d) Selbständige Beratung in schwierigen Bereichen des Fachgebiets der Beschäftigten, die besondere Fachkenntnisse und besondere praktische Erfahrung voraussetzt, z. B. Ausarbeiten schwieriger Wirtschaftlichkeitsrechnungen oder schwieriger Finanzierungspläne, Ausarbeiten von Arbeitsvoranschlägen nach der vereinfachten Methode;

e) Selbständige Beratung über einfachere Gemeinschaftsmaßnahmen im Rahmen der Verbesserung der Agrar-, Erzeugungs- oder Marktstruktur;

f) Beratung über Maßnahmen für den Fremdenverkehr als Betriebszweig auf dem Bauernhof;

g) Gruppenberatung durch schwierige Fachvorträge;

h) Durchführen von Erwachsenenfortbildungslehrgängen über Rationalisierung im landwirtschaftlichen Haushalt;

i) Ausarbeiten von Vorschlägen zur Durchführung einzelner Maßnahmen im Rahmen von Betriebsumstellungen;

j) Ausarbeiten von Vorschlägen für Baumaßnahmen, z. B. zur Grundrissgestaltung (Raumzuordnung und Einrichtung) für grundlegende technische Einrichtungen, z. B. zentrale Heizungs- und Warmwasserbereitungsanlagen mit Berechnungen der notwendigen Nennheizleistungen, der Wärmedämmung oder des Heizmaterialbedarfs;

k) Selbständige schwierige Erhebungen und Berechnungen für Teilaufgaben bei der Vorplanung von Flurbereinigungen oder sonstigen Maßnahmen zur Verbesserung der Agrarstruktur, z. B. Feststellen der künftigen Acker-, Grünland- und Sonderkulturflächen aufgrund der natürlichen Voraussetzungen, Feststellen von Grenzertragsböden;

l) Selbständiges Erarbeiten der betriebswirtschaftlichen Unterlagen für die Kalkulation von Produktionsverfahren;

m) Ermitteln der Werte von Wirtschaftserschwernissen bei Flächenverlusten;

n) Nachzuchtbeurteilungen für Zuchtwertschätzungen von Vatertieren, z. B. Beurteilung von Jungtieren der Besamungsbullen;

o) Selbständiges Vorbereiten von Entscheidungen im Saatenanerkennungsverfahren bei Vorstufen und Hybridsorten, bei denen verschiedene Zuchtkomponenten zu berücksichtigen sind;

p) Selbständige Planung und Organisation von Pflanzenschutz- oder Schädlingsbekämpfungsmaßnahmen, die sich auf das Gebiet einer oder mehrerer Gemeinden erstrecken, und das Überwachen ihrer Auswirkungen;

q) Herausgabe von Warnmeldungen im Pflanzenschutzdienst für den Beratungsbezirk aufgrund eigener Feststellungen, soweit das Ermitteln der biologischen Daten schwierige Methoden erfordert;

r) Tätigkeit als Hilfskraft bei wissenschaftlichen Aufgaben mit einem besonderen Maß von Verantwortlichkeit;

s) Aufstellen oder Prüfen von Entwürfen einschließlich Massen- und Kostenberechnungen oder Verdingungsunterlagen, deren Bearbeitung besondere Fachkenntnisse und besondere praktische Erfahrungen oder künstlerische Begabung voraussetzt;

t) Beaufsichtigen von Schätzerinnen oder Schätzern oder verantwortliches Schätzen der Pflanzenbestände und des Inventarbestandes von Kleingartenanlagen oder Kleinsiedlungen in schwierigen Fällen;

u) Örtliche Leitung schwieriger Gartenbau-, Landschaftsbau-, Obstbau-, Pflanzenbau-, Pflanzenschutz- oder Weinbaumaßnahmen und deren Abrechnung;

v) Selbständige Beratung über die Bekämpfung von Schädlingen, Krankheiten und Schadpflanzen im Pflanzenschutzdienst einschließlich der selbständigen Beratung über die Anwendung von Pflanzenschutzmitteln und -geräten für hochwertige Spezialkulturen.

IV

Nr. 6 Tätigkeiten im Sinne der Entgeltgruppe 10 sind z. B.:

a) Selbständiges Planen von Versuchen nach vorgegebener Aufgabenstellung und Auswerten der Versuche nach variationsstatistischen Methoden;

b) Überwachen von mehreren gartenbau-, landwirtschafts- oder weinbautechnischen Beschäftigten in Tätigkeiten der Entgeltgruppen 5 bis 8 bei der Durchführung von Versuchen;

c) Anlage und Auswertung von Wertprüfungen;

d) Selbständige produktionstechnische Beratung auf dem Fachgebiet der oder des Beschäftigten, z. B. Ausarbeiten von Wirtschaftlichkeitsberechnungen, schwierigen Einzelplänen und Geldvoranschlägen; Beratung über einzelne Folgemaßnahmen nach Flurbereinigungen und landkulturellen Maßnahmen oder nach Betriebsumstellungen;

e) Tierzuchttechnische Beratung, z. B. Auswahl weiblicher Zuchttiere im Einzelbetrieb;

f) Gruppenberatung durch schwierige Fachvorträge auf dem Gebiet der oder des Beschäftigten;

g) Beratung in der ländlichen Hauswirtschaft, insbesondere in der Haushaltsführung, z. B. Ausarbeiten schwieriger Einzelpläne für Organisationspläne, von Plänen für Haushaltseinrichtungen einschließlich technischer Anlagen, Beratung über Vorratshaltung durch Gefrieren und Kühlen;

h) Selbständige Beratung in Gesundheits- und Ernährungsfragen;

IV

i) Aufstellen und Prüfen von Entwürfen nicht nur einfacher Art einschließlich Massen- und Kostenberechnungen oder von Verdingungsunterlagen, Bearbeiten der damit zusammenhängenden technischen Angelegenheiten – auch im technischen Rechnungswesen;

j) Örtliche Leitung oder Mitwirken bei der Leitung von nicht nur einfachen Gartenbau-, Landschaftsbau-, Obstbau-, Pflanzenbau-, Pflanzenschutz- oder Weinbaumaßnahmen und deren Abrechnung;

k) Mitwirken bei der Vorplanung von Flurbereinigungen oder von sonstigen Maßnahmen zur Verbesserung der Agrarstruktur, z. B. Erheben und Berechnen von Daten, Beurteilung des Ist-Zustandes;

l) Selbständiges Bearbeiten von Kreditfällen, die innerhalb der Beleihungsgrenze liegen, bei landwirtschaftlichen Förderungsmaßnahmen;

m) Feststellen von betriebswirtschaftlichen Daten für die Kalkulation von Produktionsverfahren;

n) Mitwirken bei Strukturanalysen;

o) Ermitteln von Pachtpreisen für gartenbaulich, landwirtschaftlich oder weinbaulich genutzte Grundstücke;

p) Schätzen des Wertes von Pflanzenbeständen;

q) Selbständiges Vorbereiten von Entscheidungen für die Saatenanerkennung oder für die Körung von Tieren oder für die Ankörung von Obstmuttergehölzen;

r) Selbständige Beratung über die Bekämpfung von Schädlingen, Krankheiten und Schadpflanzen im Pflanzenschutzdienst einschließlich der selbständigen Beratung über die Anwendung von Pflanzenschutzmitteln und -geräten;

s) Herausgabe von Warndienstmeldungen im Pflanzenschutzdienst für den Beratungsbezirk aufgrund eigener Feststellungen, soweit das Ermitteln der biologischen Daten keine schwierigen Methoden erfordert;

t) Tätigkeit als Hilfskraft bei wissenschaftlichen Aufgaben;

u) Überwachung der Einhaltung von Vermarktungs- bzw. Qualitätsnormen verschiedener ein- und auszuführender Produkte in den Fachgebieten

    aa) Obst, Zitrus- und Südfrüchte, Gemüse, sonstige pflanzliche Erzeugnisse des Landbaus, für die andere als EG-

oder deutsche Handelsklassenvorschriften bestehen, Kartoffeln sowie Schnittblumen und Blattwerk oder

bb) Vieh und Fleisch sowie Eier und Geflügel.

Nr. 7 [1]Als Fachrichtung der gartenbau-, landwirtschafts- und weinbautechnischen Beschäftigten mit abgeschlossener einschlägiger Berufsausbildung gelten Gartenbau, Landbau, Weinbau, ländliche Hauswirtschaft mit den jeweiligen Fachgebieten und Untergebieten, z. B.:

In der Fachrichtung Gartenbau die Fachgebiete:

Baumschulen, Blumen- und Zierpflanzenbau, Landschaftsgärtnerei, Obst- und Gemüsebau, Obst- und Gemüseverwertung, Pflanzenschutz, Samenbau u. a. oder

in der Fachrichtung Landbau die Fachgebiete:

Obstbau, Pflanzenbau, Pflanzenschutz, Tierhaltung und -fütterung, Tierzucht u. a.

mit den Untergebieten z. B. in der Tierzucht:

Geflügelzucht, Pferdezucht, Rinderzucht, Schafzucht, Schweinezucht, Ziegenzucht u. a.

[2]Der einschlägigen abgeschlossenen Berufsausbildung steht eine einschlägige Gehilfenprüfung mit durchlaufener einjähriger einschlägiger Fachschule gleich.

Nr. 8 Tätigkeiten im Sinne der Entgeltgruppe 9a sind z. B.:

a) Durchführen und Auswerten schwieriger Versuche und Gegenüberstellen der Ergebnisse;

b) Überwachen der Leistungsprüfungen an Prüfstationen;

c) Durchführen von Versuchen zur Feststellung von Sorten, die zu Gefrierverfahren geeignet sind;

d) Produktionstechnische Beratung, z. B. in Spezialbetriebszweigen beim Aufbau von Erzeugerringen, Erzeugergemeinschaften oder Anbaugemeinschaften; Ausarbeiten von Einzelplänen wie Anbauplänen, Düngungsplänen, Fruchtfolgeplänen, Fütterungsplänen, Spritzplänen;

e) Mitwirken bei Gruppen- und Massenberatungen durch Fachvorträge;

f) Beratung bei der Planung von Gemeinschaftseinrichtungen für hauswirtschaftliche Zwecke;

g) Beratung bei der Einrichtung von einzelnen Wohn- und Wirtschaftsräumen;

h) Beratung in der Organisation der Vatertierhaltung;

i)   Mitwirken bei Fachlehrgängen der landwirtschaftlichen Berufsausbildung und -fortbildung;

j)   Selbständiges Durchführen von Feldbegehungen unter produktionstechnischen Gesichtspunkten;

k)   Mitwirken bei Anerkennungsentscheidungen nach Feldbeständen bei der Saatenanerkennung;

l)   Arbeitszeitfeststellungen in der ländlichen Hauswirtschaft;

m) Selbständige pflanzenbauliche Beurteilungen und Schätzungen, z. B. Bonitierungen, Schadensfeststellungen oder Identifizierungen von Sorten.

Nr. 9   Tätigkeiten im Sinne der Entgeltgruppe 7 sind z. B.:

a)   Durchführen und Auswerten von einfachen Versuchen nach statistischen Methoden und Gegenüberstellen der Ergebnisse;

b)   Durchführen von landtechnischen Versuchen mit Datenermittlung, z. B. Schlupf- und Zugwiderstandsmessungen, Feststellen von Ladeleistungen;

c)   Durchführen von schwierigen Leistungsprüfungen, z. B. Zugleistungsprüfungen bei Pferden einschließlich Auswerten der Messdiagramme, Ultraschallmessungen bei Schweinen, Messungen am Schlachtkörper;

d)   Einfache produktionstechnische oder verwertungstechnische Beratung oder Absatzberatung auf dem Fachgebiet der oder des Beschäftigten;

e)   Aufnehmen des Betriebszustandes und Prüfen der Betriebsverhältnisse für die produktionstechnische Beratung;

f)   Laufende Prüfung der Betriebsvorgänge einschließlich Erstellen der Betriebsberechnung;

g)   Einfachere Produktionswertberechnungen;

h)   Einfache Beratung in der Technik der ländlichen Hauswirtschaft;

i)   Herstellen von Beratungs- und Anschauungsmaterial nach Weisung;

j)   Mitwirken bei der landwirtschaftlichen Berufsausbildung und -fortbildung;

k)   Mitwirken bei pflanzenbaulichen Beurteilungen und Schätzungen, z. B. Bonitierungen, Schadensfeststellungen und Identifizierung von Sorten;

l) Sortenfeststellung und Güteprüfung nach äußeren Merkmalen bei der Saatgutverkehrskontrolle;

m) Handbonitierung von Qualitätsproben nach Bewertungsschlüsseln;

n) Durchführen von Qualitätsprüfungen;

o) Mitwirken bei amtlichen Überwachungen und Anerkennungen, z. B. bei Saatgutanerkennungen oder Körungen;

p) Mitwirken beim Vollzug staatlicher Förderungsmaßnahmen;

q) Mitwirken bei der Erzeugungs- und Marktberichterstattung;

r) Ernteermittlungen;

s) Durchführen der Blattlauskontrolle in virusgefährdeten Kulturen.

Nr. 10 Die selbständigen Leistungen müssen sich auf die Tätigkeit, die der Gesamttätigkeit das Gepräge gibt, beziehen.

Nr. 11 [1]Technische Beratungen einfacherer Art sind Empfehlungen und Hinweise in produktionstechnischen Fragen nach allgemeinen Richtlinien und dazugehörige technische Berechnungen.

[2]Zur Durchführung von Versuchen und sonstigen Arbeiten mit entsprechendem Schwierigkeitsgrad gehören z. B. folgende Tätigkeiten:

a) Feststellen von Produktionsvorgängen oder Entwicklungsabläufen bei der Durchführung von einfacheren Versuchen aller Art nach Plan;

b) Beaufsichtigen oder Leiten von Arbeitsgruppen oder Arbeitskolonnen bei Versuchen nach Weisung;

c) Fachtechnische Arbeiten für Ausstellungen, Schauen, Vorführungen oder Wettbewerbe;

d) Mitwirken bei Feldbegehungen und Besichtigungsfahrten.

Niederschriftserklärung zu Teil III Abschnitt 17:

Die Tarifvertragsparteien sind sich einig, dass staatlich geprüfte Technikerinnen und Techniker der Fachrichtung Weinbau und Kellerwirtschaft nach den Tätigkeitsmerkmalen des Teils III Abschnitt 41 (staatlich geprüfte Technikerinnen und Techniker) eingruppiert sind.

18. Geprüfte Gärtnermeisterinnen und -meister

Vorbemerkung

Geprüfte Gärtnermeisterinnen und -meister sind Beschäftigte mit einschlägiger Meisterprüfung, die eine Tätigkeit in folgenden Fachgebieten ausüben: Blumen- und Zierpflanzenbau, Obstbau, gärtnerischer Gemüsebau, Baumschulen, gärtnerischer Samenbau, Landschaftsgärtnerei, Friedhofsgärtnerei.

Entgeltgruppe 9b

1. Beschäftigte der Entgeltgruppe 8,
   a) denen mehrere geprüfte Gärtnermeisterinnen oder -meister, davon mindestens eine oder einer mit Tätigkeiten mindestens der Entgeltgruppe 8, durch ausdrückliche Anordnung ständig unterstellt sind oder
   b) die regelmäßig vergleichbare Arbeitskräfte von Unternehmern einzusetzen und zu beaufsichtigen haben.
2. Beschäftigte der Entgeltgruppe 9a Fallgruppe 1,
   deren Tätigkeit sich
   a) dadurch, dass sie in einem besonders bedeutenden Arbeitsbereich mit einem höheren Maß von Verantwortlichkeit beschäftigt sind und
   b) durch den Umfang und die Bedeutung des Aufgabengebietes und große Selbständigkeit wesentlich
   aus der Entgeltgruppe 9a Fallgruppe 1 heraushebt.
   (Hierzu Protokollerklärung Nr. 1)
3. Beschäftigte der Entgeltgruppe 9a Fallgruppe 2,
   deren Tätigkeit sich durch den Umfang und die Bedeutung des Aufgabengebietes und große Selbständigkeit wesentlich
   aus der Entgeltgruppe 9a Fallgruppe 2 heraushebt.

Entgeltgruppe 9a

1. Beschäftigte der Entgeltgruppe 8,
   die besonders schwierige Arbeitsbereiche zu beaufsichtigen haben, in denen Gärtnerinnen oder Gärtner mit abgeschlossener Berufsausbildung beschäftigt werden.
   (Hierzu Protokollerklärungen Nrn. 1 und 2)
2. Beschäftigte der Entgeltgruppe 8,
   die in einem besonders bedeutenden Arbeitsbereich mit einem höheren Maß von Verantwortlichkeit beschäftigt sind.
   (Hierzu Protokollerklärung Nr. 1)

Entgeltgruppe 8

Geprüfte Gärtnermeisterinnen und -meister mit entsprechender Tätigkeit.

Protokollerklärungen:

Nr. 1 Arbeitsbereiche im Sinne dieses Tätigkeitsmerkmals sind z. B. Betriebsstätten.

Nr. 2 Besonders schwierige Arbeitsbereiche im Sinne dieses Tätigkeitsmerkmals sind solche, die erheblich über den normalen Schwierigkeitsgrad hinausgehen.

19. Beschäftigte in der Instandhaltung und Bedienung von Gebäude- und Betriebstechnik

Vorbemerkungen

1. Anlagen der Gebäude- und Betriebstechnik sind z. B. Abwasser-, Wasser-, Gas-, Kälte-, Wärmeversorgungsanlagen, Lufttechnische Anlagen, Nieder- und Mittelspannungsanlagen und sicherheitstechnische Anlagen.

2. Das Instandhalten von Anlagen umfasst die Wartung, Inspektion und Instandsetzung.

Entgeltgruppe 9a

1. Beschäftigte der Entgeltgruppe 8 Fallgruppe 1 mit einer zusätzlichen fachlichen Fortbildung in der Mess-, Steuer- und Regelungstechnik,

   die bei Bedarf die Regelungstechnik programmieren.

   (Hierzu Protokollerklärungen Nrn. 1 und 2)

2. Beschäftigte der Entgeltgruppe 8 Fallgruppe 3 mit einer zusätzlichen fachlichen Fortbildung,

   die in großen Arbeitsstätten mit zentraler Gebäude- und Betriebstechnik komplizierte Anlagen instand halten, die Betriebsbereitschaft gewährleisten und in der Lage sind, die Regelung und Steuerung der Anlagen technischen Änderungen anzupassen.

   (Hierzu Protokollerklärungen Nrn. 2 und 3)

Entgeltgruppe 8

1. Beschäftigte der Entgeltgruppe 7 Fallgruppe 1 oder 2,

   die Anlagen der zentralen Gebäude- und Betriebstechnik bedienen und instand halten und bei Bedarf die Regelungstechnik IT-gestützt parametrieren.

   (Hierzu Protokollerklärungen Nrn. 1 und 3)

2. Beschäftigte der Entgeltgruppe 7 Fallgruppe 1 oder 2 mit einer zusätzlichen fachlichen Fortbildung in der Mess-, Steuer- und Regelungstechnik,

   die Anlagen der Gebäude- und Betriebstechnik bedienen und instand halten und bei Bedarf die Regelungstechnik programmieren.

   (Hierzu Protokollerklärung Nr. 1)

3. Beschäftigte der Entgeltgruppe 7 Fallgruppe 2,

   die neben der Beaufsichtigung oder Wartung von Regelanlagen zur Steuerung angeschlossener Unterzentralen besonders schwierige Instandsetzungen durchführen.

Entgeltgruppe 7

1. Beschäftigte der Entgeltgruppe 6,

   die bei Bedarf die Regelungstechnik parametrieren (auch IT-gestützt).

   (Hierzu Protokollerklärung Nr. 1)

2. Beschäftigte der Entgeltgruppe 6,

   die an umfangreichen Anlagen der Gebäude- und Betriebstechnik schwierige Instandsetzungen selbständig durchführen.

Entgeltgruppe 6

Beschäftigte mit einschlägiger abgeschlossener Berufsausbildung und anlagenspezifischem Sachkundenachweis,

die Anlagen der Gebäude- und Betriebstechnik bedienen und instand halten, für deren Betrieb ein entsprechender Sachkundenachweis Voraussetzung ist.

Protokollerklärungen:

Nr. 1 Das Parametrieren oder Programmieren setzt voraus, dass in die Regelungstechnik eingegriffen wird. Dabei sind mit einer bestehenden Software regelungstechnische Anpassungen und Erweiterungen durchzuführen.

Nr. 2 Die zusätzliche fachliche Fortbildung wird auch durch einen Meisterbrief erfüllt.

Nr. 3 Zentrale Gebäude- und Betriebstechnik ist eine Vernetzung verschiedener Anlagen der Gebäude- und Betriebstechnik, die durch eine zentrale Gebäudeautomation (Gebäudeleittechnik) gesteuert werden.

IV

20. Geschäftsstellenverwalterinnen und -verwalter, Beschäftigte in Serviceeinheiten sowie Justizhelferinnen und -helfer bei Gerichten und Staatsanwaltschaften

Entgeltgruppe 9a

1. Beschäftigte der Entgeltgruppe 5
   mit schwierigen Tätigkeiten.
   (Hierzu Protokollerklärung Nr. 1)

2. Beschäftigte der Entgeltgruppe 6 Fallgruppe 3
   mit schwierigen Tätigkeiten.
   (Hierzu Protokollerklärung Nr. 1)

Entgeltgruppe 8

1. Beschäftigte der Entgeltgruppe 5
   mit mindestens zu einem Drittel schwierigen Tätigkeiten.
   (Hierzu Protokollerklärung Nr. 1)

2. Beschäftigte der Entgeltgruppe 6 Fallgruppe 3
   mit mindestens zu einem Drittel schwierigen Tätigkeiten.
   (Hierzu Protokollerklärung Nr. 1)

Entgeltgruppe 6

1. Beschäftigte der Entgeltgruppe 5
   mit mindestens zu einem Fünftel schwierigen Tätigkeiten.
   (Beschäftigte in dieser Fallgruppe erhalten eine Entgeltgruppenzulage gemäß § 17 Nr. 1.)
   (Hierzu Protokollerklärungen Nrn. 1 und 2)

2. Beschäftigte der Fallgruppe 3
   mit mindestens zu einem Fünftel schwierigen Tätigkeiten.
   (Beschäftigte in dieser Fallgruppe erhalten eine Entgeltgruppenzulage gemäß § 17 Nr. 1.)
   (Hierzu Protokollerklärungen Nrn. 1 und 2)

3. Beschäftigte in Serviceeinheiten bei Gerichten oder Staatsanwaltschaften.
   (Hierzu Protokollerklärung Nr. 3)

Entgeltgruppe 5

Geschäftsstellenverwalterinnen und -verwalter bei Gerichten oder Staatsanwaltschaften.
(Hierzu Protokollerklärung Nr. 4)

Entgeltgruppe 3

Justizhelferinnen und -helfer.

(Hierzu Protokollerklärung Nr. 5)

Protokollerklärungen:

Nr. 1 Schwierige Tätigkeiten im Sinne dieses Tätigkeitsmerkmals sind z. B.:

a) die Anordnung von Zustellungen, die Ladung von Amts wegen, die Heranziehung und die Vermittlung von Zustellungen im Parteibetrieb, die Heranziehung und die Ladung der ehrenamtlichen Richterinnen und Richter, die Besorgung der öffentlichen Zustellung und Ladung;

b) die Erteilung von Rechtskraft- und Notfristzeugnissen sowie die Erteilung von Vollstreckungsklauseln, die Vollstreckbarkeitsbescheinigung in Strafsachen;

c) die Aufgaben nach den Anordnungen über die Erhebung von statistischen Daten und der Mitteilung an das Bundeszentralregister, das Gewerbezentralregister und das Kraftfahrtbundesamt;

d) die Aufgaben der Kostenbeamtin oder des Kostenbeamten, die Aufgaben der Geschäftsstelle bei der Bewilligung von Prozesskostenbeihilfe mit Zahlungsbestimmung, die Festsetzung und Anweisung der den Zeuginnen und Zeugen, Sachverständigen und ehrenamtlichen Richterinnen und Richtern sowie den Beteiligten zu gewährenden Entschädigungen (einschl. etwaiger Vorschüsse);

e) die Aufgaben als Urkundsbeamtin oder Urkundsbeamter der Geschäftsstellen bei den obersten Gerichtshöfen des Bundes und beim Generalbundesanwalt;

f) die unterschriftsreife Vorbereitung von Beschlüssen und Verfügungen sowie die Anordnungen für Richterinnen und Richter, Staatsanwältinnen und Staatsanwälte sowie Rechtspflegerinnen und Rechtspfleger, die Vorprüfung von Klagen und Anschuldigungsschriften, Anträgen sowie Rechtsmitteln und Rechtsbehelfen in Gerichtsverfahren (z. B Spruchkörperzuständigkeit, Ermittlung des Berichterstatters, Fristwahrung, Beweisangebote in patentgerichtlichen Verfahren), die Überprüfung fristgebundener Gebührenzahlungen in patentgerichtlichen Verfahren;

g) die Beantwortung von Sachstandsanfragen und Auskunftsersuchen formeller Art sowie die Überwachung von Akten-
einsichten in patentgerichtlichen Verfahren.

Nr. 2 Das Tätigkeitsmerkmal ist auch erfüllt, wenn die schwierigen
Tätigkeiten zusammen mit der selbständigen Fertigung von
Inhaltsprotokollen in Strafsachen mindestens 35 v. H. der
Gesamttätigkeit ausmachen.

Nr. 3 Beschäftigte in Serviceeinheiten bei Gerichten oder Staatsanwaltschaften sind Beschäftigte, die die Ausbildung nach der
Verordnung über die Berufsausbildung zum Justizfachange-
stellten/zur Justizfachangestellten vom 26. Januar 1998 (BGBl. I
S. 195) erfolgreich abgeschlossen haben und Aufgaben des
mittleren Justizdienstes bzw. der entsprechenden Qualifikati-
onsebene und der Justizfachangestellten (z. B. Geschäftsstellen-
tätigkeit, Protokollführung, Assistenztätigkeiten) ganzheitlich
bearbeiten, sowie sonstige Beschäftigte, die aufgrund gleichwertiger Fähigkeiten und ihrer Erfahrungen entsprechende
Tätigkeiten in Serviceeinheiten ausüben.

Nr. 4 Geschäftsstellenverwalterinnen und -verwalter sind Beschäftigte, die Schriftgut verwalten und mindestens zu einem Drittel
ihrer Gesamttätigkeit die sonstigen, in den Geschäftsordnun-
gen für die Gerichte und Staatsanwaltschaften für ihr Arbeits-
gebiet dem mittleren Dienst bzw. der entsprechenden Qualifi-
kationsebene zugewiesenen Tätigkeiten wahrnehmen.

Nr. 5 Justizhelferinnen und -helfer sind Beschäftigte bei den Gerichten und Staatsanwaltschaften, die die Aufgaben einer Justiz-
wachtmeisterin oder eines Justizwachtmeisters erfüllen (insbesondere auch Sitzungs- und Vorführdienst).

21. Beschäftigte in Gesundheitsberufen

Vorbemerkung

Die Bezeichnungen	umfassen auch
Audiologie-Assistentinnen und -Assistenten	Audiometristinnen und Audiometristen
Ergotherapeutinnen und -therapeuten	Beschäftigungstherapeutinnen und -therapeuten
Masseurinnen und medizinische Bademeisterinnen und Masseure und medizinische Bademeister	Masseurinnen und Masseure
Medizinische Fachangestellte	Arzthelferinnen und Arzthelfer
Pharmazeutisch-kaufmännische Angestellte	Apothekenhelferinnen und -helfer
Physiotherapeutinnen und -therapeuten	Krankengymnastinnen und Krankengymnasten
Präparationstechnische Assistentinnen und Assistenten	Dermoplastikerinnen und Dermoplastiker, Moulageurinnen und Moulageure, Biologiemodellmacherinnen und -modellmacher
Zahnmedizinische Fachangestellte	Zahnärztliche Helferinnen und Helfer

21.1 Audiologie-Assistentinnen und -Assistenten

Entgeltgruppe 9b

Beschäftigte der Entgeltgruppe 6,

die als Hilfskräfte bei wissenschaftlichen Forschungsaufgaben mit einem besonders hohen Maß von Verantwortlichkeit tätig sind.

Entgeltgruppe 9a

Beschäftigte der Entgeltgruppe 6,

die schwierige Aufgaben erfüllen.

(Hierzu Protokollerklärung)

Entgeltgruppe 8

Beschäftigte der Entgeltgruppe 6,

die mindestens zu einem Viertel schwierige Aufgaben erfüllen.

(Hierzu Protokollerklärung)

Entgeltgruppe 6

Audiologie-Assistentinnen und -Assistenten mit staatlicher Anerkennung oder mit mindestens zweijähriger Fachausbildung an Universitätskliniken oder medizinischen Akademien und entsprechender Tätigkeit.

Entgeltgruppe 4

Beschäftigte in der Tätigkeit von Audiologie-Assistentinnen und -Assistenten.

Protokollerklärung:

Schwierige Aufgaben sind z. B. Fertigung von Sprach-, Spiel- und Reflexaudiogrammen, Gehörprüfung bei Kleinkindern oder geistig behinderten Patientinnen oder Patienten sowie Gehörgeräteanpassung und Gehörerziehung – Hörtraining – bei Kleinkindern.

21.2 Desinfektorinnen und Desinfektoren sowie Gesundheitsaufseherinnen und -aufseher

Entgeltgruppe 9a

1. Beschäftigte der Entgeltgruppe 4

   als Leiterinnen oder Leiter des technischen Betriebes von Desinfektionsanstalten,

   denen mindestens 18 Desinfektorinnen oder Desinfektoren mit Prüfung durch ausdrückliche Anordnung ständig unterstellt sind.

   (Hierzu Protokollerklärung Nr. 1)

2. Beschäftigte der Entgeltgruppe 6 Fallgruppe 4,

   denen mindestens fünf Gesundheitsaufseherinnen oder -aufseher oder Beschäftigte in der Tätigkeit von Gesundheitsaufseherinnen oder -aufsehern durch ausdrückliche Anordnung ständig unterstellt sind.

   (Hierzu Protokollerklärung Nr. 2)

3. Beschäftigte der Entgeltgruppe 6 Fallgruppe 4,

   die schwierige Aufgaben erfüllen.

   (Hierzu Protokollerklärungen Nrn. 2 und 3)

Entgeltgruppe 8

1. Beschäftigte der Entgeltgruppe 4

   als Leiterinnen oder Leiter des technischen Betriebes von Desinfektionsanstalten,

   denen mindestens neun Desinfektorinnen oder Desinfektoren mit Prüfung durch ausdrückliche Anordnung ständig unterstellt sind.

   (Hierzu Protokollerklärung Nr. 1)

2. Beschäftigte der Entgeltgruppe 4

   als ausdrücklich bestellte ständige Vertreterinnen oder Vertreter von Leiterinnen oder Leitern des technischen Betriebes von Desinfektionsanstalten, denen mindestens 18 Desinfektorinnen oder Desinfektoren mit Prüfung durch ausdrückliche Anordnung ständig unterstellt sind.

(Hierzu Protokollerklärung Nr. 1)

3. Beschäftigte der Entgeltgruppe 6 Fallgruppe 4,

    denen mindestens zwei Gesundheitsaufseherinnen oder -aufseher oder Beschäftigte in der Tätigkeit von Gesundheitsaufseherinnen oder -aufsehern durch ausdrückliche Anordnung ständig unterstellt sind.

    (Hierzu Protokollerklärung Nr. 2)

4. Beschäftigte der Entgeltgruppe 6 Fallgruppe 4,

    die in nicht unerheblichem Umfange schwierige Aufgaben im gesamten Aufgabenbereich einer Gesundheitsaufseherin oder eines Gesundheitsaufsehers erfüllen.

    (Hierzu Protokollerklärungen Nrn. 2 und 3)

Entgeltgruppe 6

1. Beschäftigte der Entgeltgruppe 4

    als ausdrücklich bestellte ständige Vertreterinnen und Vertreter von Leiterinnen und Leitern des technischen Betriebes von Desinfektionsanstalten,

    denen mindestens neun Desinfektorinnen oder Desinfektoren mit Prüfung durch ausdrückliche Anordnung ständig unterstellt sind.

    (Hierzu Protokollerklärung Nr. 1)

2. Beschäftigte der Entgeltgruppe 4,

    denen mindestens vier Desinfektorinnen oder Desinfektoren mit Prüfung durch ausdrückliche Anordnung ständig unterstellt sind.

3. Beschäftigte der Entgeltgruppe 4,

    die mindestens zu einem Viertel Aufsichtstätigkeit bei Begasungen mit hochgiftigen Stoffen auf Schiffen, schwimmenden Geräten oder an Land in Gebäuden, Silos, Containern oder Waggons ausüben.

4. Gesundheitsaufseherinnen und -aufseher mit Prüfung und entsprechender Tätigkeit.

    (Hierzu Protokollerklärung Nr. 2)

Entgeltgruppe 5

Beschäftigte der Entgeltgruppe 4,

denen mindestens zwei Desinfektorinnen oder Desinfektoren mit Prüfung durch ausdrückliche Anordnung ständig unterstellt sind.

Entgeltgruppe 4

Desinfektorinnen und Desinfektoren mit Prüfung und entsprechender Tätigkeit.

Entgeltgruppe 3

1. Desinfektionshelferinnen und -helfer.
2. Beschäftigte in der Tätigkeit von Gesundheitsaufseherinnen und -aufsehern.

   (Hierzu Protokollerklärung Nr. 2)

Protokollerklärungen:

Nr. 1 Zu den Desinfektionsanstalten rechnen auch entsprechende Einrichtungen mit anderer Bezeichnung.

Nr. 2 Beschäftigte, die die Tätigkeit einer Gesundheitsaufseherin oder eines -aufsehers ausüben und die Prüfung als Gesundheitsaufseherin oder -aufseher deshalb nicht abgelegt haben, weil in dem betreffenden Land eine Prüfungsmöglichkeit für Gesundheitsaufseherinnen und -aufseher nicht besteht, sind nach den Tätigkeitsmerkmalen für Gesundheitsaufseherinnen und -aufseher mit Prüfung eingruppiert.

Nr. 3 [1]Schwierige Aufgaben sind z. B. die Begutachtung von Flächennutzungsplänen und die Begutachtung von großen Bauvorhaben mit noch nicht gesicherter Wasserversorgung und Abwässerbeseitigung. [2]Zur Erfüllung der schwierigen Aufgaben gehört auch, dass die Gesundheitsaufseherin oder der Gesundheitsaufseher den Sachverhalt bewertet, daraus die notwendigen Folgerungen zieht und die hiermit zusammenhängenden Berichte, Gutachten und sonstigen Schreiben entwirft.

21.3 Diätassistentinnen und -assistenten

Entgeltgruppe 9b

1. Beschäftigte der Entgeltgruppe 7

   als Leiterinnen oder Leiter von Diätküchen, die für die Versorgung von durchschnittlich täglich mindestens 400 Personen mit Diätverpflegung verantwortlich sind.

   (Hierzu Protokollerklärung Nr. 1)

2. Beschäftigte der Entgeltgruppe 7 mit zusätzlicher Ausbildung als Ernährungsberaterin oder -berater und entsprechender Tätigkeit.

Entgeltgruppe 9a

1. Beschäftigte der Entgeltgruppe 7
   als Leiterinnen oder Leiter von Diätküchen, die für die Versorgung von durchschnittlich täglich mindestens 200 Personen mit Diätverpflegung verantwortlich sind.
   (Hierzu Protokollerklärung Nr. 1)

2. Beschäftigte der Entgeltgruppe 7
   als durch ausdrückliche Anordnung bestellte ständige Vertreterinnen oder Vertreter von Leiterinnen oder Leitern von Diätküchen, die für die Versorgung von durchschnittlich täglich mindestens 400 Personen mit Diätverpflegung verantwortlich sind.
   (Hierzu Protokollerklärung Nr. 1)

3. Beschäftigte der Entgeltgruppe 7,
   die schwierige Aufgaben erfüllen.
   (Hierzu Protokollerklärung Nr. 2)

Entgeltgruppe 8

1. Beschäftigte der Entgeltgruppe 7,
   als durch ausdrückliche Anordnung bestellte ständige Vertreterinnen oder Vertreter von Leiterinnen oder Leitern von Diätküchen, die für die Versorgung von durchschnittlich täglich mindestens 200 Personen mit Diätverpflegung verantwortlich sind.
   (Hierzu Protokollerklärung Nr. 1)

2. Beschäftigte der Entgeltgruppe 7
   als Diätküchenleiterin oder -leiter.
   (Hierzu Protokollerklärungen Nrn. 1 und 3)

3. Beschäftigte der Entgeltgruppe 7,
   die mindestens zu einem Viertel schwierige Aufgaben erfüllen.
   (Hierzu Protokollerklärung Nr. 2)

Entgeltgruppe 7

 Diätassistentinnen und -assistenten mit entsprechender Tätigkeit.

Entgeltgruppe 4

 Beschäftigte in der Tätigkeit von Diätassistentinnen und -assistenten.

Protokollerklärungen:

Nr. 1 [1]Diätküchen können auch unselbständige Teile einer Großküche sein. [2]Zu den Diätküchen zählen auch die Diätmilchküchen. [3]Schonkost ist keine Diätkost.

Nr. 2 Schwierige Aufgaben sind z. B.:

    a) Diätberatung von einzelnen Patientinnen oder Patienten,

    b) selbständige Durchführung von Ernährungserhebungen,

    c) Mitarbeit bei Grundlagenforschung im Fachbereich klinische Ernährungslehre,

    d) Herstellung und Berechnung spezifischer Diätformen bei dekompensierten Leberzirrhosen, Niereninsuffizienz, Hyperlipidämien,

    e) Stoffwechsel-Bilanz-Studien,

    f) Maldigestion und Malabsorption nach Shunt-Operationen,

    g) Kalzium-Test-Diäten,

    h) spezielle Anfertigung von Sondenernährung für Patientinnen oder Patienten auf Intensiv- und Wachstationen.

Nr. 3 In den Ländern, in denen eine staatliche Anerkennung als Diätküchenleiterin oder Diätküchenleiter nicht erfolgt, gilt das Tätigkeitsmerkmal als erfüllt, wenn sich die Diätassistentin oder der Diätassistent drei Jahre als Diätküchenleiterin oder -leiter bewährt hat.

21.4 Ergotherapeutinnen und -therapeuten

Entgeltgruppe 9b

Beschäftigte der Entgeltgruppe 6,

denen mindestens zwei Beschäftigte dieses Unterabschnitts durch ausdrückliche Anordnung ständig unterstellt sind.

Entgeltgruppe 9a

Beschäftigte der Entgeltgruppe 6,

die schwierige Aufgaben erfüllen.

(Hierzu Protokollerklärung)

Entgeltgruppe 8

Beschäftigte der Entgeltgruppe 6,

die mindestens zu einem Viertel schwierige Aufgaben erfüllen.

(Hierzu Protokollerklärung)

Entgeltgruppe 6

Ergotherapeutinnen und -therapeuten mit entsprechender Tätigkeit.

Entgeltgruppe 4

Beschäftigte in der Tätigkeit von Ergotherapeutinnen und -therapeuten.

Protokollerklärung:

Schwierige Aufgaben sind z. B. Beschäftigungstherapie bei Querschnittslähmungen, in Kinderlähmungsfällen, mit spastisch Gelähmten, in Fällen von Dysmelien, in der Psychiatrie oder Geriatrie.

21.5 Lehrkräfte in Gesundheitsberufen

Entgeltgruppe 10

Beschäftigte der Entgeltgruppe 9b Fallgruppe 1

als Erste Lehrkräfte.

(Hierzu Protokollerklärung)

Entgeltgruppe 9b

1. Audiologie-Assistentinnen und -Assistenten, Diätassistentinnen und -assistenten, Ergotherapeutinnen und -therapeuten, Logopädinnen und Logopäden, Medizinisch-technische Assistentinnen und Assistenten, Orthoptistinnen und Orthoptisten, Pharmazeutisch-technische Assistentinnen und Assistenten, Physiotherapeutinnen und -therapeuten,

   die als Lehrkräfte an entsprechenden Schulen eingesetzt sind.

2. Beschäftigte der Entgeltgruppe 9a

   als Erste Lehrkräfte.

   (Hierzu Protokollerklärung)

Entgeltgruppe 9a

Masseurinnen und medizinische Bademeisterinnen und Masseure und medizinische Bademeister sowie Physiotherapeutinnen und -therapeuten,

die als Lehrkräfte an Schulen für Masseurinnen und medizinische Bademeisterinnen und Masseure und medizinische Bademeister eingesetzt sind.

Protokollerklärung:

Erste Lehrkräfte sind Lehrkräfte, denen auch die Leitungsaufgaben der Schule unter der Verantwortung der Leiterin oder des Leiters der Schule durch ausdrückliche Anordnung übertragen sind.

21.6 Logopädinnen und Logopäden

Entgeltgruppe 9b

Beschäftigte der Entgeltgruppe 6,

die als Hilfskräfte bei wissenschaftlichen Forschungsaufgaben mit einem besonders hohen Maß von Verantwortlichkeit tätig sind.

Entgeltgruppe 9a

Beschäftigte der Entgeltgruppe 6,

die schwierige Aufgaben erfüllen.

(Hierzu Protokollerklärung)

Entgeltgruppe 8

Beschäftigte der Entgeltgruppe 6,

die mindestens zu einem Viertel schwierige Aufgaben erfüllen.

(Hierzu Protokollerklärung)

Entgeltgruppe 6

Logopädinnen und Logopäden mit entsprechender Tätigkeit.

Entgeltgruppe 4

Beschäftigte in der Tätigkeit von Logopädinnen und Logopäden.

Protokollerklärung:

Schwierige Aufgaben sind z. B. die Behandlung von Kehlkopflosen, von Patientinnen oder Patienten nach Schlaganfällen oder Gehirnoperationen, von Patientinnen oder Patienten mit Intelligenzminderungen, von Aphasiepatientinnen oder -patienten, von Patientinnen oder Patienten mit spastischen Lähmungen im Bereich des Sprachapparates.

21.7 Masseurinnen und medizinische Bademeisterinnen und Masseure und medizinische Bademeister

Entgeltgruppe 9a

Beschäftigte der Entgeltgruppe 4,

denen mindestens acht Beschäftigte dieses Unterabschnitts durch ausdrückliche Anordnung ständig unterstellt sind.

Entgeltgruppe 8

1. Beschäftigte der Entgeltgruppe 4,

denen mindestens vier Beschäftigte dieses Unterabschnitts durch ausdrückliche Anordnung ständig unterstellt sind.

2. Beschäftigte der Entgeltgruppe 6 Fallgruppe 1,
   die schwierige Aufgaben erfüllen.
   (Hierzu Protokollerklärung)

Entgeltgruppe 6

1. Beschäftigte der Entgeltgruppe 4,
   denen mindestens zwei Beschäftigte dieses Unterabschnitts durch
   ausdrückliche Anordnung ständig unterstellt sind.
2. Beschäftigte der Entgeltgruppe 4,
   die schwierige Aufgaben erfüllen.
   (Hierzu Protokollerklärung)

Entgeltgruppe 4

Masseurinnen und medizinische Bademeisterinnen und Masseure
und medizinische Bademeister mit entsprechender Tätigkeit.

Entgeltgruppe 3

Beschäftigte in der Tätigkeit von Masseurinnen und medizinischen
Bademeisterinnen und Masseuren und medizinischen Bademeistern.

Protokollerklärung:

Schwierige Aufgaben sind z. B. Verabreichung von Kohlensäure-
oder Sauerstoffbädern bei Herz- und Kreislaufbeschwerden, Mas-
sage- oder Bäderbehandlung nach Schlaganfällen oder bei Kinder-
lähmung, Massagebehandlung von Frischoperierten.

**21.8 Medizinische Fachangestellte und zahnmedizinische
Fachangestellte**

Entgeltgruppe 8

Beschäftigte der Entgeltgruppe 5 Fallgruppe 2,
denen mindestens zehn Beschäftigte der Entgeltgruppe 3 Fallgruppe 2 oder Entgeltgruppe 5 Fallgruppe 2 dieses Unterabschnitts durch ausdrückliche Anordnung ständig unterstellt sind.

Entgeltgruppe 6

1. Beschäftigte der Entgeltgruppe 5 Fallgruppe 1,
   die schwierige Aufgaben erfüllen.
   (Hierzu Protokollerklärung)
2. Beschäftigte der Entgeltgruppe 5 Fallgruppe 2,
   denen mindestens fünf Beschäftigte der Entgeltgruppe 3 Fallgruppe 2 oder Entgeltgruppe 5 Fallgruppe 2 dieses Unterabschnitts
   durch ausdrückliche Anordnung ständig unterstellt sind.

Entgeltgruppe 5

1. Medizinische Fachangestellte mit entsprechender Tätigkeit.
2. Zahnmedizinische Fachangestellte mit entsprechender Tätigkeit.

Entgeltgruppe 3

1. Beschäftigte in der Tätigkeit von medizinischen Fachangestellten.
2. Beschäftigte in der Tätigkeit von zahnmedizinischen Fachangestellten.

Protokollerklärung:

Schwierige Aufgaben sind z. B. Patientenabrechnungen im stationären und ambulanten Bereich, Durchführung von Elektro-Kardiogrammen mit allen Ableitungen, Einfärben von cytologischen Präparaten oder gleich schwierige Einfärbungen.

21.9 Medizinisch-technische Assistentinnen und Assistenten sowie medizinisch-technische Gehilfinnen und Gehilfen

Entgeltgruppe 10

Leitende medizinisch-technische Assistentinnen und Assistenten, denen mindestens 16 Beschäftigte dieses Unterabschnitts durch ausdrückliche Anordnung ständig unterstellt sind.

(Hierzu Protokollerklärung Nr. 1)

Entgeltgruppe 9b

1. Beschäftigte der Entgeltgruppe 7,

   denen mindestens zwei Beschäftigte dieses Unterabschnitts durch ausdrückliche Anordnung ständig unterstellt sind.

2. Beschäftigte der Entgeltgruppe 7,

   die als Hilfskräfte bei wissenschaftlichen Forschungsaufgaben mit einem besonders hohen Maß von Verantwortlichkeit tätig sind.

   (Hierzu Protokollerklärung Nr. 2)

Entgeltgruppe 9a

Beschäftigte der Entgeltgruppe 7,

die mindestens zu einem Viertel eine oder mehrere der folgenden Aufgaben erfüllen:

a) Wartung und Justierung von hochwertigen und schwierig zu bedienenden Messgeräten (z. B. Autoanalyzern) und Anlage der hierzu gehörenden Eichkurven, Bedienung eines Elektronenmikroskops sowie Vorbereitung der Präparate für Elektronenmikroskopie;

b) Quantitative Bestimmung von Kupfer und Eisen, Bestimmung der Eisenbindungskapazität, schwierige Hormonbestimmungen, schwierige Fermentaktivitätsbestimmungen, schwierige gerinnungsphysiologische Untersuchungen;

c) Virusisolierungen oder ähnliche schwierige mikrobiologische Verfahren, Gewebezüchtungen, schwierige Antikörperbestimmungen (z. B. Coombs-Test, Blutgruppen-Serologie);

d) Vorbereitung und Durchführung von röntgenologischen Gefäßuntersuchungen in der Schädel-, Brust- oder Bauchhöhle;

e) Mitwirkung bei Herzkatheterisierungen, Schichtaufnahmen in den drei Dimensionen mit Spezialgeräten, Enzephalografien, Ventrikulografien, schwierigen intraoperativen Röntgenaufnahmen.

IV

Entgeltgruppe 8

Beschäftigte der Entgeltgruppe 7,

die mindestens zu einem Viertel schwierige Aufgaben erfüllen.

(Hierzu Protokollerklärung Nr. 3)

Entgeltgruppe 7

Medizinisch-technische Assistentinnen und Assistenten mit entsprechender Tätigkeit.

Entgeltgruppe 6

Beschäftigte der Entgeltgruppe 4,

die mindestens zu einem Viertel schwierige Aufgaben erfüllen, soweit diese nicht den medizinisch-technischen Assistentinnen und Assistenten vorbehalten sind.

(Hierzu Protokollerklärungen Nr. 3)

Entgeltgruppe 4

Medizinisch-technische Gehilfinnen und Gehilfen mit staatlicher Prüfung nach zweisemestriger Ausbildung und mit entsprechender Tätigkeit sowie sonstige Beschäftigte, die aufgrund gleichwertiger Fähigkeiten und ihrer Erfahrungen entsprechende Tätigkeiten ausüben.

Protokollerklärungen:

Nr. 1 Leitende medizinisch-technische Assistentinnen und Assistenten im Sinne dieses Tätigkeitsmerkmals sind Assistentinnen und Assistenten, denen unter der Verantwortung einer Ärztin oder eines Arztes für eine Laboratoriumsabteilung oder für eine radiologische Abteilung insbesondere die Arbeitseinteilung, die Überwachung des Arbeitsablaufs und der Arbeitsausführung durch ausdrückliche Anordnung übertragen sind.

Nr. 2 Medizinisch-technische Assistentinnen und Assistenten, die im Rahmen ihrer Tätigkeit als Hilfskräfte bei wissenschaftlichen Forschungsaufgaben mit einem besonders hohen Maß von Verantwortlichkeit tätig sind, sind auch dann als solche eingruppiert, wenn sie im Rahmen dieser Tätigkeit Aufgaben erfüllen, die im Tätigkeitsmerkmal der Entgeltgruppe 9a genannt sind.

Nr. 3 Schwierige Aufgaben sind z. B. der Diagnostik vorausgehende technische Arbeiten bei überwiegend selbständiger Verfahrenswahl auf histologischem, mikrobiologischem, serologischem und quantitativ klinisch-chemischem Gebiet; ferner schwierige röntgenologische Untersuchungsverfahren, insbesondere zur röntgenologischen Funktionsdiagnostik, messtechnische Aufgaben und Hilfeleistung bei der Verwendung von radioaktiven Stoffen sowie schwierige medizinisch-fotografische Verfahren.

21.10 Orthoptistinnen und Orthoptisten

Entgeltgruppe 9b

1. Beschäftigte der Entgeltgruppe 6,

   denen mindestens zwei Beschäftigte dieses Unterabschnitts durch ausdrückliche Anordnung ständig unterstellt sind.

2. Beschäftigte der Entgeltgruppe 6,

   die als Hilfskräfte bei wissenschaftlichen Forschungsaufgaben mit einem besonders hohen Maß von Verantwortlichkeit tätig sind.

Entgeltgruppe 9a

Beschäftigte der Entgeltgruppe 6,

die schwierige Aufgaben erfüllen.

(Hierzu Protokollerklärung)

Entgeltgruppe 8

Beschäftigte der Entgeltgruppe 6,

die mindestens zu einem Viertel schwierige Aufgaben erfüllen.

(Hierzu Protokollerklärung)

Entgeltgruppe 6

Orthoptistinnen und Orthoptisten mit entsprechender Tätigkeit.

Entgeltgruppe 4

Beschäftigte in der Tätigkeit von Orthoptistinnen und Orthoptisten.

Protokollerklärung:

Schwierige Aufgaben sind z. B. die Behandlung eingefahrener beidäugiger Anomalien, exzentrischer Fixationen und Kleinstanomalien.

21.11 Pharmazeutisch-kaufmännische Angestellte

Entgeltgruppe 6

1. Beschäftigte der Entgeltgruppe 5

   in Arzneimittelausgabestellen,

   denen mindestens drei Beschäftigte dieses Unterabschnitts durch ausdrückliche Anordnung ständig unterstellt sind.

   (Hierzu Protokollerklärung Nr. 1)

2. Beschäftigte der Entgeltgruppe 5,

   die schwierige Aufgaben erfüllen.

   (Hierzu Protokollerklärung Nr. 2)

Entgeltgruppe 5

Pharmazeutisch-kaufmännische Angestellte mit entsprechender Tätigkeit.

(Hierzu Protokollerklärung Nr. 3)

Entgeltgruppe 3

Beschäftigte in der Tätigkeit von pharmazeutisch-kaufmännischen Angestellten.

Protokollerklärungen:

Nr. 1 Apotheken sind keine Arzneimittelausgabestellen im Sinne dieses Tätigkeitsmerkmals.

Nr. 2 Schwierige Aufgaben sind z. B. Taxieren, Mitwirkung bei der Herstellung von sterilen Lösungen oder sonstigen Arzneimitteln unter Verantwortung einer Apothekerin oder eines Apothekers.

Nr. 3 Den pharmazeutisch-kaufmännischen Angestellten stehen Drogistinnen und Drogisten gleich.

IV

21.12 Pharmazeutisch-technische Assistentinnen und Assistenten

Entgeltgruppe 9b

1. Beschäftigte der Entgeltgruppe 6,

   denen mindestens zwei pharmazeutisch-technische Assistentinnen oder Assistenten oder pharmazeutisch-kaufmännische Angestellte mit Tätigkeiten mindestens der Entgeltgruppe 6 durch ausdrückliche Anordnung ständig unterstellt sind.

   (Hierzu Protokollerklärung Nr. 1)

2. Beschäftigte der Entgeltgruppe 6,

   die als Hilfskräfte bei wissenschaftlichen Forschungsaufgaben mit einem besonders hohen Maß von Verantwortlichkeit tätig sind.

Entgeltgruppe 8

Beschäftigte der Entgeltgruppe 6,

die mindestens zu einem Viertel schwierige Aufgaben erfüllen.

(Hierzu Protokollerklärung Nr. 2)

Entgeltgruppe 6

Pharmazeutisch-technische Assistentinnen und Assistenten mit entsprechender Tätigkeit.

Protokollerklärungen:

Nr. 1 Den pharmazeutisch-kaufmännischen Angestellten stehen Drogistinnen und Drogisten gleich.

Nr. 2 Schwierige Aufgaben sind z. B.:

   a) in der chemisch-physikalischen Analyse: gravimetrische, titrimetrische und fotometrische Bestimmungen einschl. Komplexometrie, Leitfähigkeitsmessungen und chromatografische Analysen;

   b) in der Pflanzenanalyse: Anfertigung mikroskopischer Schnitte, schwierige Identitäts- und Reinheitsprüfungen nach dem Deutschen Arzneibuch (Chemikalien, Drogen);

   c) Herstellung und Kontrolle steriler Lösungen der verschiedensten Zusammensetzungen in größerem Umfang unter Verwendung moderner Apparaturen;

   d) Herstellung von sonstigen Arzneimitteln in größerem Umfang unter Verwendung moderner in der Galenik gebräuchlicher Apparaturen (Suppositorien, Salben, Pulvergemische, Ampullen, Tabletten u. a.);

   e) Herstellung von Arzneizubereitungen nach Rezept oder Einzelvorschrift.

21.13 Physiotherapeutinnen und -therapeuten

Entgeltgruppe 10

Leitende Physiotherapeutinnen und -therapeuten,

denen mindestens 16 Beschäftigte dieses Unterabschnitts durch ausdrückliche Anordnung ständig unterstellt sind.

(Hierzu Protokollerklärung Nr. 1)

Entgeltgruppe 9b

Beschäftigte der Entgeltgruppe 6,

denen mindestens zwei Beschäftigte dieses Unterabschnitts durch ausdrückliche Anordnung ständig unterstellt sind.

Entgeltgruppe 9a

Beschäftigte der Entgeltgruppe 6,

die schwierige Aufgaben erfüllen.

(Hierzu Protokollerklärung Nr. 2)

Entgeltgruppe 8

Beschäftigte der Entgeltgruppe 6,

die mindestens zu einem Viertel schwierige Aufgaben erfüllen.

(Hierzu Protokollerklärung Nr. 2)

Entgeltgruppe 6

Physiotherapeutinnen und -therapeuten mit entsprechender Tätigkeit.

Entgeltgruppe 4

Beschäftigte in der Tätigkeit von Physiotherapeutinnen und -therapeuten.

Protokollerklärungen:

Nr. 1 Leitende Physiotherapeutinnen und -therapeuten sind Physiotherapeutinnen oder -therapeuten, denen unter der Verantwortung einer Ärztin oder eines Arztes für eine physiotherapeutische Abteilung insbesondere die Arbeitseinteilung, die Überwachung des Arbeitsablaufs und der Arbeitsausführung durch ausdrückliche Anordnung übertragen sind.

Nr. 2 Schwierige Aufgaben sind z. B. Krankengymnastik nach Lungen- oder Herzoperationen, nach Herzinfarkten, bei Querschnittslähmungen, in Kinderlähmungsfällen, mit spastisch Gelähmten, in Fällen von Dysmelien, nach Verbrennungen, in der Psychiatrie oder Geriatrie, nach Einsatz von Endoprothesen.

21.14 Präparationstechnische Assistentinnen und Assistenten sowie Sektionsgehilfinnen und -gehilfen

Entgeltgruppe 9a

1. Beschäftigte der Entgeltgruppe 7,

   denen mindestens zwei Beschäftigte der Entgeltgruppe 7 dieses Unterabschnitts, davon mindestens eine oder einer mit Tätigkeiten der Entgeltgruppe 8 Fallgruppe 2, durch ausdrückliche Anordnung ständig unterstellt sind.

2. Beschäftigte der Entgeltgruppe 8 Fallgruppe 2,

   die mindestens zu einem Drittel ihrer Gesamttätigkeit selbständig Demonstrationen im Hörsaal vorbereiten und bei der Durchführung mitwirken.

Entgeltgruppe 8

1. Beschäftigte der Entgeltgruppe 7,

   denen mindestens zwei Beschäftigte mindestens der Entgeltgruppe 7 dieses Unterabschnitts durch ausdrückliche Anordnung ständig unterstellt sind.

2. Beschäftigte der Entgeltgruppe 7,

   die mindestens zu einem Viertel schwierige Aufgaben erfüllen.

   (Hierzu Protokollerklärung)

Entgeltgruppe 7

Präparationstechnische Assistentinnen und Assistenten mit entsprechender Tätigkeit.

Entgeltgruppe 6

Beschäftigte der Entgeltgruppe 3,

die mindestens zu einem Viertel auch Tätigkeiten von präparationstechnischen Assistentinnen und Assistenten ausüben und

denen mindestens zwei Beschäftigte dieses Unterabschnitts durch ausdrückliche Anordnung ständig unterstellt sind.

Entgeltgruppe 3

Sektionsgehilfinnen und -gehilfen.

Protokollerklärung:

Schwierige Aufgaben sind z. B. Herstellung von Korrosionspräparaten, Darstellung feinerer Gefäße und Nerven.

21.15 Psychologisch-technische Assistentinnen und Assistenten

Entgeltgruppe 8

Beschäftigte der Entgeltgruppe 6,

die besonders schwierige Aufgaben erfüllen.

(Hierzu Protokollerklärung Nr. 1)

Entgeltgruppe 7

Beschäftigte der Entgeltgruppe 6,

die schwierige Aufgaben erfüllen.

(Hierzu Protokollerklärung Nr. 2)

Entgeltgruppe 6

Beschäftigte mit einschlägiger abgeschlossener Berufsausbildung und einer Weiterbildung zur psychologisch-technischen Assistentin oder zum psychologisch-technischen Assistenten mit entsprechender Tätigkeit.

Protokollerklärungen:

Nr. 1 Besonders schwierige Aufgaben sind:

 a) eigenverantwortliche Einsteuerung der Bewerberinnen und Bewerber in Stationen der psychologischen Eignungsfeststellung, insbesondere Steuerung und Organisation der computergestützten Testverfahren in Abstimmung mit anderen Stationen der Eignungsfeststellung;

 b) Aufsichtsfunktion;

 c) Standardisierung der Testleitertätigkeiten;

 d) Ausbildung und Einweisung neuer Testleiterinnen und Testleiter oder Karriereberaterinnen und Karriereberater.

Nr. 2 Schwierige Aufgaben sind z. B.:

 a) Durchführung komplexer eignungsdiagnostischer Verfahren, die sich aus der Vielzahl und Vielseitigkeit der untersuchten zivil/militärischen Verwendungen und Laufbahnen ergeben; hierfür sind besondere Kenntnisse der Anforderungen der Verwendungen und Laufbahnen sowie Kenntnisse zu den Testverfahren/Normgruppen erforderlich;

 b) Durchführung komplexer eignungsdiagnostischer Verfahren für Spezialpersonal (z. B. KSK, Pilotinnen und Piloten) die Kenntnisse zu den spezifischen Anforderungen der Verwendung voraussetzen;

c) Durchführung komplexer eignungsdiagnostischer Verfahren, die die nachgewiesene Fähigkeit zur Gesprächsführung und Verhaltensbeobachtung/-bewertung erfordern;

d) Arbeit mit psychisch belasteten/psychisch erkrankten Probandinnen und Probanden im Bereich der klinischen Psychologie, die besondere Kenntnisse und Fähigkeiten für den Umgang mit den betreffenden Personen erfordert.

21.16 Zahntechnikerinnen und -techniker

Entgeltgruppe 10

Beschäftigte der Entgeltgruppe 8 Fallgruppe 1,

denen mindestens 16 Beschäftigte dieses Unterabschnitts durch ausdrückliche Anordnung ständig unterstellt sind.

Entgeltgruppe 9b

1. Beschäftigte der Entgeltgruppe 8 Fallgruppe 1 oder der Entgeltgruppe 6,

   denen mindestens zwei Beschäftigte dieses Unterabschnitts mit Tätigkeiten mindestens der Entgeltgruppe 8 Fallgruppe 3 durch ausdrückliche Anordnung ständig unterstellt sind.

2. Beschäftigte der Entgeltgruppe 8 Fallgruppe 1 oder der Entgeltgruppe 6,

   die als Hilfskräfte bei wissenschaftlichen Forschungsaufgaben mit einem besonders hohen Maß von Verantwortlichkeit tätig sind.

Entgeltgruppe 9a

1. Beschäftigte der Entgeltgruppe 8 Fallgruppe 1

   mit Tätigkeiten, die Kenntnisse in der kieferchirurgischen Prothetik erfordern, oder die Epithesen herstellen.

2. Beschäftigte der Entgeltgruppe 8 Fallgruppe 1,

   denen an Universitätskliniken die handwerkliche Unterweisung von Studentinnen oder Studenten in zahntechnischen Arbeiten obliegt.

Entgeltgruppe 8

1. Geprüfte Zahntechnikermeisterinnen und -meister mit entsprechender Tätigkeit.

2. Beschäftigte der Entgeltgruppe 6

   mit Tätigkeiten, die Kenntnisse in der kieferchirurgischen Prothetik erfordern, oder die Epithesen herstellen.

3. Beschäftigte der Entgeltgruppe 6,
   die schwierige Aufgaben erfüllen.
   (Hierzu Protokollerklärung)

Entgeltgruppe 6

Zahntechnikerinnen und -techniker mit entsprechender Tätigkeit.

Protokollerklärung:

Schwierige Aufgaben sind z. B. Tätigkeiten in der zahnärztlichen Keramik, in der Kiefer-Orthopädie, in der Parallelometertechnik, in der Vermessungstechnik für Einstückgussprothesen, in der Geschiebetechnik.

Niederschriftserklärung zu Teil III Abschnitt 21:

Die Tarifvertragsparteien sind sich einig, dass sie über berufsbildungsrechtliche Entwicklungen im Bereich der Gesundheitsberufe Gespräche führen werden.

IV

22. Haus- und Hofarbeiterinnen und -arbeiter

Entgeltgruppe 2

Haus- und Hofarbeiterinnen und -arbeiter, soweit nicht in Entgeltgruppe 1 eingruppiert.

23. Hausmeisterinnen und Hausmeister

Entgeltgruppe 5

Hausmeisterinnen und Hausmeister mit einschlägiger abgeschlossener Berufsausbildung.

Entgeltgruppe 4

Hausmeisterinnen und Hausmeister.

24. Beschäftigte in der Informationstechnik

Vorbemerkung

[1]Nach diesem Abschnitt sind Beschäftigte eingruppiert, die sich mit Systemen der Informationstechnik befassen ohne Rücksicht auf ihre organisatorische Eingliederung. [2]Zu diesen Systemen zählen insbesondere informationstechnische Hard- und Softwaresysteme, Anwendungsprogramme, Datenbanken, Komponenten der Kommunikationstechnik in lokalen IT- und IT-Weitverkehrsnetzen sowie Produkte und Services, die mit diesen Systemen erstellt werden. [3]Dabei werden Tätigkeiten im gesamten Lebenszyklus eines solchen IT-Systems erfasst, also dessen Planung, Spezifikation, Entwurf, Design, Erstellung, Implementierung, Test, Integration in die operative Umgebung, Produktion, Optimierung und Tuning, Pflege, Fehlerbeseitigung und Qualitätssicherung. [4]Auch Tätigkeiten zur Sicherstellung der Informationssicherheit fallen unter die nachfolgenden Merkmale. [5]Da mit den informationstechnischen Systemen in der Regel Produkte oder Services erstellt werden, gelten die nachfolgenden Merkmale auch für die Beschäftigten in der Produktionssteuerung und im IT-Servicemanagement.

[6]Nicht unter diesen Abschnitt fallen Beschäftigte, die lediglich IT-Systeme anwenden oder Beschäftigte, die lediglich die Rahmenbedingungen für die Informationstechnik schaffen und sich die informationstechnischen Spezifikationen von den IT-Fachleuten zuarbeiten lassen (z. B. Beschäftigte in der Personalwirtschaft und -entwicklung, auch wenn es dabei um die Betreuung von IT-Personal geht oder Beschäftigte in der Beschaffung, auch wenn IT-Systeme beschafft werden).

Entgeltgruppe 13

1. Beschäftigte der Entgeltgruppe 12 Fallgruppe 1,

   deren Tätigkeit sich mindestens zu einem Drittel durch das Maß der Verantwortung erheblich aus der Entgeltgruppe 12 Fallgruppe 1 heraushebt.

2. Beschäftigte der Entgeltgruppe 10

   mit mindestens dreijähriger praktischer Erfahrung,

   die durch ausdrückliche Anordnung als Leiterin oder Leiter einer IT-Gruppe bestellt sind und denen mindestens

   a) zwei Beschäftigte dieses Abschnitts mindestens der Entgeltgruppe 12 oder

b) drei Beschäftigte dieses Abschnitts mindestens der Entgeltgruppe 11

durch ausdrückliche Anordnung ständig unterstellt sind.

Entgeltgruppe 12

1. Beschäftigte der Entgeltgruppe 11 Fallgruppe 1

   mit mindestens dreijähriger praktischer Erfahrung, deren Tätigkeit sich

   durch besondere Schwierigkeit und Bedeutung oder durch Spezialaufgaben

   aus der Entgeltgruppe 11 Fallgruppe 1 heraushebt.

2. Beschäftigte der Entgeltgruppe 11 Fallgruppe 1

   mit mindestens dreijähriger praktischer Erfahrung, deren Tätigkeit sich

   mindestens zu einem Drittel durch besondere Schwierigkeit und Bedeutung oder durch Spezialaufgaben

   aus der Entgeltgruppe 11 Fallgruppe 1 heraushebt.

3. Beschäftigte der Entgeltgruppe 10

   mit mindestens dreijähriger praktischer Erfahrung,

   die durch ausdrückliche Anordnung als Leiterin oder Leiter einer IT-Gruppe bestellt sind und denen mindestens

   a) zwei Beschäftigte dieses Abschnitts mindestens der Entgeltgruppe 11 oder

   b) drei Beschäftigte dieses Abschnitts mindestens der Entgeltgruppe 10

   durch ausdrückliche Anordnung ständig unterstellt sind.

Entgeltgruppe 11

1. Beschäftigte der Entgeltgruppe 10,

   deren Tätigkeit sich durch besondere Leistungen aus der Entgeltgruppe 10 heraushebt.

   (Hierzu Protokollerklärung Nr. 1)

2. Beschäftigte der Entgeltgruppe 10,

   deren Tätigkeit sich mindestens zu einem Drittel durch besondere Leistungen aus der Entgeltgruppe 10 heraushebt.

   (Hierzu Protokollerklärung Nr. 1)

Entgeltgruppe 10

Beschäftigte mit einschlägiger abgeschlossener Hochschulbildung (z. B. in der Fachrichtung Informatik) und entsprechender Tätigkeit sowie sonstige Beschäftigte, die aufgrund gleichwertiger Fähigkeiten und ihrer Erfahrungen entsprechende Tätigkeiten ausüben.

Niederschriftserklärung zu Teil III Abschnitt 24 Entgeltgruppen 10 bis 13:
Die Tarifvertragsparteien sind sich einig, dass Beschäftigte, die bis zum 31. Dezember 2013 die Voraussetzungen der Protokollnotizen Nrn. 1 Buchstaben a zu Teil II Abschnitt B Unterabschnitte I, II, III oder VI der Anlage 1a zum BAT erfüllt haben, den Beschäftigten mit einschlägiger abgeschlossener Hochschulbildung (z. B. in der Fachrichtung Informatik) gleichgestellt sind.

Entgeltgruppe 9b

Beschäftigte der Entgeltgruppe 9a,

deren Tätigkeit umfassende Fachkenntnisse erfordert.

(Hierzu Protokollerklärung Nr. 2)

Entgeltgruppe 9a

Beschäftigte der Entgeltgruppe 8,

deren Tätigkeit zusätzliche Fachkenntnisse erfordert.

Entgeltgruppe 8

Beschäftigte der Entgeltgruppe 7,

deren Tätigkeit über die Standardfälle hinaus Gestaltungsspielraum erfordert.

Entgeltgruppe 7

Beschäftigte der Entgeltgruppe 6,

die ohne Anleitung tätig sind.

Entgeltgruppe 6

Beschäftigte mit einschlägiger abgeschlossener Berufsausbildung (z. B. Fachinformatikerinnen und -informatiker der Fachrichtungen Anwendungsentwicklung oder Systemintegration, Technische Systeminformatikerinnen und -informatiker, IT-System-Kaufleute oder IT-Systemelektronikerinnen und -elektroniker) und entsprechender Tätigkeit sowie sonstige Beschäftigte, die aufgrund gleichwertiger Fähigkeiten und ihrer Erfahrungen entsprechende Tätigkeiten ausüben.

Protokollerklärungen:

Nr. 1 Besondere Leistungen sind Tätigkeiten, deren Bearbeitung besondere Fachkenntnisse und besondere praktische Erfahrung voraussetzt oder die eine fachliche Weisungsbefugnis beinhalten.

Nr. 2 Umfassende Fachkenntnisse bedeuten gegenüber den in der Entgeltgruppe 9a geforderten Fachkenntnissen eine Steigerung der Tiefe und der Breite nach.

IV

25. Ingenieurinnen und Ingenieure

Entgeltgruppe 13

1. Beschäftigte der Entgeltgruppe 12 Fallgruppe 1,

   deren Tätigkeit sich mindestens zu einem Drittel durch das Maß der Verantwortung erheblich aus der Entgeltgruppe 12 Fallgruppe 1 heraushebt.

2. Beschäftigte der Entgeltgruppe 12 Fallgruppe 3

   deren Tätigkeit sich mindestens zu einem Drittel durch das Maß der Verantwortung erheblich aus der Entgeltgruppe 12 Fallgruppe 3 heraushebt.

Entgeltgruppe 12

1. Beschäftigte der Entgeltgruppe 11 Fallgruppe 1

   mit mindestens dreijähriger praktischer Erfahrung, deren Tätigkeit sich

   durch besondere Schwierigkeit und Bedeutung oder durch künstlerische oder Spezialaufgaben

   aus der Entgeltgruppe 11 Fallgruppe 1 heraushebt.

2. Beschäftigte der Entgeltgruppe 11 Fallgruppe 1

   mit mindestens dreijähriger praktischer Erfahrung, deren Tätigkeit sich

   mindestens zu einem Drittel durch besondere Schwierigkeit und Bedeutung oder durch künstlerische oder Spezialaufgaben

   aus der Entgeltgruppe 11 Fallgruppe 1 heraushebt.

3. Beschäftigte der Entgeltgruppe 11 Fallgruppe 3

   mit mindestens dreijähriger praktischer Erfahrung, deren Tätigkeit sich

   durch besondere Schwierigkeit und Bedeutung oder durch schöpferische oder Spezialaufgaben

   aus der Entgeltgruppe 11 Fallgruppe 3 heraushebt.

   (Hierzu Protokollerklärung Nr. 1)

4. Beschäftigte der Entgeltgruppe 11 Fallgruppe 3

   mit mindestens dreijähriger praktischer Erfahrung, deren Tätigkeit sich

   mindestens zu einem Drittel durch besondere Schwierigkeit und Bedeutung oder durch schöpferische oder Spezialaufgaben

   aus der Entgeltgruppe 11 Fallgruppe 3 heraushebt.

   (Hierzu Protokollerklärung Nr. 1)

Entgeltgruppe 11

1. Beschäftigte der Entgeltgruppe 10 Fallgruppe 1,

   deren Tätigkeit sich durch besondere Leistungen aus der Entgeltgruppe 10 Fallgruppe 1 heraushebt.

   (Hierzu Protokollerklärung Nr. 2)

2. Beschäftigte der Entgeltgruppe 10 Fallgruppe 1,

   deren Tätigkeit sich mindestens zu einem Drittel durch besondere Leistungen aus der Entgeltgruppe 10 Fallgruppe 1 heraushebt.

   (Hierzu Protokollerklärung Nr. 2)

3. Beschäftigte der Entgeltgruppe 10 Fallgruppe 2,

   deren Tätigkeit sich durch besondere Leistungen aus der Entgeltgruppe 10 Fallgruppe 2 heraushebt.

4. Beschäftigte der Entgeltgruppe 10 Fallgruppe 2,

   deren Tätigkeit sich mindestens zu einem Drittel durch besondere Leistungen aus der Entgeltgruppe 10 Fallgruppe 2 heraushebt.

Entgeltgruppe 10

1. Technische Beschäftigte mit abgeschlossener technischer Hochschulbildung und entsprechender Tätigkeit sowie sonstige Beschäftigte, die aufgrund gleichwertiger Fähigkeiten und ihrer Erfahrungen entsprechende Tätigkeiten ausüben.

   (Hierzu Protokollerklärung Nr. 3)

2. Beschäftigte in der Vermessungstechnik und Geomatik mit abgeschlossener technischer Hochschulbildung und entsprechender Tätigkeit sowie sonstige Beschäftigte, die aufgrund gleichwertiger Fähigkeiten und ihrer Erfahrungen entsprechende Tätigkeiten ausüben.

   (Hierzu Protokollerklärungen Nrn. 4 und 5)

Protokollerklärungen:

Nr. 1 Besonders schwierige Tätigkeiten und bedeutende Aufgaben im Sinne dieses Tätigkeitsmerkmals sind z. B.:

   a) Ausführung von umfangreichen Vermessungen zur Fortführung oder Neueinrichtung des Liegenschaftskatasters (Katastervermessungen) mit widersprüchlichen Unterlagen oder von umfangreichen Katastervermessungen mit gleichem Schwierigkeitsgrad (z. B. in Grubensenkungsgebieten);

   b) Absteckungen für umfangreiche Ingenieurbauten, z. B. für Brücken-, Straßen, Bahnen, Schleusen, Wehre, Tunnel oder andere vergleichbare Ingenieurbauten wie z. B. Hochhäuser, Hallen etc., ggf. einschließlich der Vor- und Folgearbeiten;

c) Lagefestpunktvermessungen (Erkundung bzw. Erkundung und Messung) in engbebauten Gebieten oder unter gleich schwierigen Verhältnissen, z. B. Baustellen, Gewässer, Senkungsgebiete (Lagefestpunkte sind trigonometrische Polygon- und gleichwertige Punkte);

d) Ausführung oder Auswertung von Präzisionsvermessungen in übergeordneten Netzen des Lage- oder Höhenfestpunktfeldes;

e) Aufsichts- und Prüftätigkeit bei der Auswertung von Vermessungen mit widersprüchlichen Unterlagen oder bei kartografischen, nivellitischen, fotogrammetrischen, typografischen oder trigonometrischen Arbeiten oder bei Verfahren mit gleichem Schwierigkeitsgrad. (Das Fehlen der Aufsichtstätigkeit ist unerheblich, wenn dem Beschäftigten besondere schwierige Prüfungen übertragen sind, z. B. Prüftätigkeit zur Übernahme von Vermessungsunterlagen bei umfangreichen Fortführungs- oder Neuvermessungen);

f) Aufsichts- und Prüftätigkeit bei der Prüfung fertiger Arbeitsergebnisse der Flurbereinigung, ggf. einschließlich der Herstellung der Unterlagen für die Berichtigung des Grundbuches und der vermessungstechnischen Unterlagen für die Berichtigung des Liegenschaftskatasters, oder beim Ausbau der gemeinschaftlichen Anlagen;

g) vermessungstechnische Auswertung von Bauleitplänen unter besonderen technischen Schwierigkeiten;

h) vermessungstechnische Auswertung von schwierigen Vermessungen im Innendienst (umfangreiche Fortführungs-, Bau- und Sondervermessungen wie z. B. hydrographische Vermessungen);

i) vermessungstechnische Auswertung zur Karten- oder Planherstellung und -fortführung durch technische Verfahren wie Luftbildvermessung, Laserscan, Radar, Sonar.

Nr. 2 Besondere Leistungen sind z. B.: Aufstellung oder Prüfung von Entwürfen, deren Bearbeitung besondere Fachkenntnisse und besondere praktische Erfahrung oder künstlerische Begabung voraussetzt, sowie örtliche Leitung bzw. Mitwirkung bei der

Leitung von schwierigen Bauten und Bauabschnitten sowie deren Abrechnung.

Nr. 3 Entsprechende Tätigkeiten sind z. B.:

a) Aufstellung oder Prüfung von Entwürfen nicht nur einfacher Art einschließlich Massen-, Kosten- und statischen Berechnungen und Verdingungsunterlagen, Bearbeitung der damit zusammenhängenden laufenden technischen Angelegenheiten – auch im technischen Rechnungswesen –, örtliche Leitung oder Mitwirkung bei der Leitung von Bauten und Bauabschnitten sowie deren Abrechnung;

b) Ausführung besonders schwieriger Analysen, Schiedsanalysen oder selbständige Erledigung neuartiger Versuche nach kurzer Weisung in Versuchslaboratorien, Versuchsanstalten und Versuchswerkstätten.

Nr. 4 (1) [1]Beschäftigte in der Vermessungstechnik und Geomatik, die vor dem 1. Juli 1972 eine der technischen Hochschulbildung gleichwertige behördliche Prüfung abgelegt haben, sind den Beschäftigten in der Vermessungstechnik und Geomatik mit abgeschlossener technischer Hochschulbildung gleichgestellt. [2]Das gleiche gilt, wenn die behördliche Prüfung nach dem 30. Juni 1972 abgelegt worden ist, die Ausbildung jedoch vor dem 1. Juli 1972 begonnen hat.

(2) [1]Den Beschäftigten in der Vermessungstechnik und Geomatik mit einer vor dem 1. Juli 1972 abgelegten gleichwertigen behördlichen Prüfung stehen die behördlich geprüften Kulturbautechnikerinnen und -techniker gleich, die vor dem 1. Juli 1972 die behördliche Prüfung nach der hessischen Ausbildungs- und Prüfungsordnung für kulturbautechnische Angestellte der Wasserwirtschaftsverwaltung vom 21. Januar 1958 (Staats-Anzeiger für das Land Hessen S. 134) erfolgreich abgelegt haben. [2]Absatz 1 Satz 2 gilt entsprechend.

Nr. 5 Entsprechende Tätigkeiten sind z. B.:

a) Ausführung oder Auswertung von trigonometrischen oder topografischen Messungen nach Lage und Höhe nicht nur einfacher Art, von Katastermessungen oder von bautechnischen Messungen nicht nur einfacher Art; fotogrammetrische Auswertungen und Entzerrungen;

b) kartografische Entwurfs- und Fortführungsarbeiten.

26. Internet- und Rundfunkauswerterinnen und -auswerter im Presse- und Informationsamt der Bundesregierung

Entgeltgruppe 10

Beschäftigte der Entgeltgruppe 9b,

deren Tätigkeit sich dadurch aus der Entgeltgruppe 9b heraus-hebt, dass sie mindestens zu einem Viertel Sonderaufgaben umfasst.

(Hierzu Protokollerklärung Nr. 1)

Entgeltgruppe 9b

Beschäftigte der Entgeltgruppe 9a,

die in mindestens dreijähriger Tätigkeit den Nachweis erbracht haben, dass sie selbständig und alleinverantwortlich auswerten.

(Hierzu Protokollerklärung Nr. 2)

Entgeltgruppe 9a

Internet- und Rundfunkauswerterinnen und -auswerter.

Protokollerklärungen:

Nr. 1 Sonderaufgaben sind Auswertungen während der Hauptsende-zeit oder selbständig und alleinverantwortliche Auswertungen von Informationsmaterial von herausragender politischer Be-deutung, z. B. wichtiger Reden, Pressekonferenzen oder Inter-views bedeutender Staatsfrauen und Staatsmänner oder Politi-kerinnen und Politiker oder die Wahrnehmung von Aufgaben der Schichtleitung.

Nr. 2 Die Beschäftigten werten selbständig und alleinverantwortlich aus, wenn ihre Arbeitsergebnisse ohne Überprüfung verwertet werden.

27. Beschäftigte im Kassendienst

Vorbemerkung

Unter diesen Abschnitt fallen Beschäftigte in der Kassen- oder Kontenverwaltung in der Zentralkasse des Bundes, den Bundeskassen und Zahlstellen.

Entgeltgruppe 9b

1. Beschäftigte der Entgeltgruppe 6 Fallgruppe 5,

   die das Ergebnis mehrerer Kassiererinnen oder Kassierer zusammenfassen.

2. Beschäftigte der Entgeltgruppe 8 Fallgruppe 1,

   deren Tätigkeit sich dadurch aus der Entgeltgruppe 8 Fallgruppe 1 heraushebt, dass sie besonders verantwortungsvoll ist.

3. Beschäftigte der Entgeltgruppe 6 Fallgruppe 4,

   denen mindestens drei Beschäftigte der Entgeltgruppe 8 Fallgruppe 3 oder der Entgeltgruppe 6 Fallgruppe 4 dieses Abschnitts mit buchhalterischen Tätigkeiten ständig unterstellt sind.

4. Beschäftigte der Entgeltgruppe 6 Fallgruppe 4 mit besonders schwierigen Tätigkeiten.

   (Hierzu Protokollerklärung Nr. 1)

Entgeltgruppe 8

1. Beschäftigte der Entgeltgruppe 5 Fallgruppe 1,

   die schwierige buchhalterische Tätigkeiten ausüben.

   (Hierzu Protokollerklärung Nr. 2)

2. Beschäftigte im Kassendienst,

   denen mindestens drei Beschäftigte mindestens der Entgeltgruppe 5 mit buchhalterischen Tätigkeiten ständig unterstellt sind.

3. Beschäftigte der Entgeltgruppe 6 Fallgruppe 4,

   die schwierige buchhalterische Tätigkeiten ausüben.

   (Hierzu Protokollerklärung Nr. 2)

4. Beschäftigte der Entgeltgruppe 6 Fallgruppe 6,

   denen mindestens drei Beschäftigte ständig unterstellt sind.

5. Leiterinnen und Leitern von Kassen mit mindestens drei Beschäftigten dieses Abschnitts mindestens der Entgeltgruppe 4.

Entgeltgruppe 6

1. Beschäftigte der Entgeltgruppe 5 Fallgruppe 1,

   die mindestens zu einem Viertel schwierige buchhalterische Tätigkeiten ausüben

   (Hierzu Protokollerklärung Nr. 2)

2. Beschäftigte der Entgeltgruppe 5 Fallgruppe 3,

   deren Tätigkeit besondere Zuverlässigkeit erfordert.

   (Hierzu Protokollerklärung Nr. 3)

3. Beschäftigte im Kassendienst,

   denen mindestens drei Beschäftigte mindestens der Entgeltgruppe 4 mit buchhalterischen Tätigkeiten ständig unterstellt sind.

4. Beschäftigte in der Zentralkasse des Bundes, die verantwortlich Personen- oder Sachkonten führen oder verwalten.

   (Hierzu Protokollerklärung Nr. 4)

5. Kassiererinnen und Kassierer in Kassen, soweit nicht anderweitig eingruppiert.

   (Hierzu Protokollerklärung Nr. 5)

6. Verwalterinnen und Verwalter von Zahlstellen, in denen ständig nach Art und Umfang besonders schwierige Zahlungsgeschäfte anfallen.

7. Leiterinnen und Leiter von Kassen mit mindestens einer oder einem Kassenbeschäftigten mindestens der Entgeltgruppe 4.

Entgeltgruppe 5

1. Beschäftigte, die verantwortlich Personen- oder Sachkonten führen oder verwalten.

   (Hierzu Protokollerklärung Nr. 4)

2. Beschäftigte im Kassendienst, deren Tätigkeit gründliche Fachkenntnisse erfordert.

   (Hierzu Protokollerklärung Nr. 6)

3. Kassiererinnen und Kassierer in kleineren Kassen.

   (Hierzu Protokollerklärung Nr. 5)

4. Zahlstellenverwalterinnen und -verwalter größerer Zahlstellen.

5. Verwalterinnen und Verwalter von Einmannkassen.

Entgeltgruppe 4

   Beschäftigte im Kassendienst mit schwierigen Tätigkeiten.

   (Hierzu Protokollerklärung Nr. 7)

Entgeltgruppe 3

Beschäftigte im Kassendienst

mit Tätigkeiten, für die eine eingehende Einarbeitung bzw. eine fachliche Anlernung erforderlich ist, die über eine Einarbeitung im Sinne der Entgeltgruppe 2 hinausgeht.

Entgeltgruppe 2

Beschäftigte im Kassendienst

mit einfachen Tätigkeiten.

(Hierzu Protokollerklärung Nr. 8)

Protokollerklärungen:

Nr. 1 Besonders schwierige Tätigkeiten sind z. B. Zahlungsverkehr; Nachweis der zentralen Kredite, Rücklagen, Geldanlagen; Gesamtrechnungslegung.

Nr. 2 Schwierige buchhalterische Tätigkeiten sind z. B.:

    a) selbständiger Verkehr mit den bewirtschafteten Stellen;

    b) Bearbeiten schwierig aufzuklärender Verwahrposten;

    c) Führen oder Verwalten von Sachkonten für Haushaltsausgaben, wenn damit das Überwachen zahlreicher Zahlungen mit Kontrollnummern verbunden ist;

    d) Führen oder Verwalten von Konten für den Abrechnungsverkehr mit Kassen oder Zahlstellen;

    e) Führen oder Verwalten schwieriger Konten der Vermögensrechnung;

    f) Führen oder Verwalten von Sachkonten mit zahlreichen Buchungen von Verpflichtungsermächtigungen und damit verbundenen Festlegungen.

Nr. 3 Besondere Zuverlässigkeit liegt vor, wenn die fachliche Aufsicht auf ein Mindestmaß beschränkt werden kann.

Nr. 4 Beschäftigte führen oder verwalten verantwortlich Personen- oder Sachkonten, wenn sie die Belege (auch Anordnungen oder Anweisungen, die durch elektronische Schnittstellen übermittelt und freigegeben werden) vor der Buchung auf ihre Ordnungsmäßigkeit nach den Kassenvorschriften zu prüfen und für die Richtigkeit der Buchungen die Verantwortung zu tragen haben.

Nr. 5 Unter dieses Tätigkeitsmerkmal fallen auch Kassiererinnen und Kassierer sowie Beschäftigte für unbaren Zahlungsverkehr.

Nr. 6 Erforderlich sind nähere Kenntnisse von Gesetzen, Verwaltungsvorschriften und Tarifbestimmungen usw. des Aufgabenkreises.

Nr. 7 Schwierige Tätigkeiten sind solche, die mehr als eine eingehende Einarbeitung bzw. mehr als eine fachliche Anlernung i. S. der Entgeltgruppe 3 erfordern, z. B. durch einen höheren Aufwand an gedanklicher Arbeit.

Nr. 8 [1]Einfache Tätigkeiten sind Tätigkeiten, die weder eine Vor- noch eine Ausbildung, aber eine Einarbeitung erfordern, die über eine sehr kurze Einweisung oder Anlernphase hinausgeht. [2]Die Einarbeitung dient dem Erwerb derjenigen Kenntnisse und Fertigkeiten, die für die Beherrschung der Arbeitsabläufe als solche erforderlich sind.

28. Beschäftigte in der Konservierung, Restaurierung und Grabungstechnik

28.1 Beschäftigte in der Konservierung und Restaurierung

Vorbemerkungen

1. Dieser Unterabschnitt gilt für Beschäftigte im Bereich der Konservierung und Restaurierung an kunstgeschichtlichen, kulturgeschichtlichen und naturkundlichen Sammlungen und Forschungseinrichtungen, an Archiven, Bibliotheken und in der Denkmalpflege.

2. (1) Konservierung und Restaurierung im Sinne dieses Unterabschnitts sind sämtliche Tätigkeiten, die zum Ziel haben, Objekte bzw. audiovisuelle Aufzeichnungen von künstlerischer, kulturhistorischer, wissenschaftlicher oder dokumentarischer Bedeutung oder von didaktischem Wert ohne Rücksicht auf ihren materiellen oder kommerziellen Wert langfristig zu erhalten sowie wiederherzustellen, und sie damit u. a. für die wissenschaftliche als auch allgemeine Nutzung zu sichern und zu bewahren.

(2) [1]Eine Restaurierung kann auch die Nachbildung bzw. Rekonstruktion als Ergänzung fehlender Teile des Originals einschließen. [2]Fallweise ist es auch notwendig, die im Rahmen der restauratorischen Untersuchung am Objekt festgestellten Materialzusammensetzungen oder auch Schadensbilder an Modellen künstlich zu erzeugen, um z. B. neue, adäquate Restaurierungsmethoden zu entwickeln bzw. kunsttechnologische Befunde anhand von Rekonstruktionen zu überprüfen.

(3) Zur Konservierung und Restaurierung gehören auch Tätigkeiten wie z. B.:

a) Sammlungsbetreuung und Schadensprävention etwa durch konservatorisch richtige Lagerung der Sammlungsobjekte, Erstellen von Vorgaben zur Klimatisierung und Ausstattung der Ausstellungs- und Depoträume, Beratung zu Ausstellungs- und Depotflächen bei Neu- und Umbau;

b) technologisch-materielle Untersuchung und Erforschung der Objekte;

c) Tätigkeiten im Zusammenhang mit Leihverkehr und Ausstellung, z. B. Beurteilung der Leihfähigkeit aus restauratorischer Sicht, Definieren der Transport- und Ausstellungsbedingungen, Erstellen von Zustandsprotokollen, Überwachen sowohl des

IV.III.28 Konservierung/Restaurierung usw.   Teil III EntgO Bund

IV

Ein- und Auspackens sowie des Transports und der Montierung der Sammlungsobjekte vor Ort;

d) Bestandserhaltungsmanagement, wie Planung und Koordination inklusive Vergabewesen;

e) Forschungstätigkeit sowie Verfassen wissenschaftlicher Publikationen und Öffentlichkeitsarbeit;

f) beratende und gutachterliche Tätigkeiten.

Entgeltgruppe 15

1. Beschäftigte der Entgeltgruppe 14 Fallgruppe 1,

   deren Tätigkeit sich durch das Maß der damit verbundenen Verantwortung erheblich aus der Entgeltgruppe 14 Fallgruppe 1 heraushebt.

2. Beschäftigte der Entgeltgruppe 13,

   denen mindestens fünf Beschäftigte mindestens der Entgeltgruppe 13 durch ausdrückliche Anordnung ständig unterstellt sind.

Entgeltgruppe 14

1. Beschäftigte der Entgeltgruppe 13,

   deren Tätigkeit sich durch besondere Schwierigkeit und Bedeutung aus der Entgeltgruppe 13 heraushebt.

2. Beschäftigte der Entgeltgruppe 13,

   denen mindestens drei Beschäftigte mindestens der Entgeltgruppe 13 durch ausdrückliche Anordnung ständig unterstellt sind.

Entgeltgruppe 13

Beschäftigte mit einschlägiger abgeschlossener wissenschaftlicher Hochschulbildung und entsprechender Tätigkeit sowie sonstige Beschäftigte, die aufgrund gleichwertiger Fähigkeiten und ihrer Erfahrungen entsprechende Tätigkeiten ausüben.

(Hierzu Protokollerklärung Nr. 1)

Entgeltgruppe 12

Beschäftigte der Entgeltgruppe 11,

deren Tätigkeit sich durch das Maß der Verantwortung aus der Entgeltgruppe 11 heraushebt.

(Hierzu Protokollerklärung Nr. 2)

Entgeltgruppe 11

Beschäftigte der Entgeltgruppe 10,

deren Tätigkeit sich durch besondere Leistungen aus der Entgeltgruppe 10 heraushebt.

(Hierzu Protokollerklärung Nr. 3)

Entgeltgruppe 10

1. Beschäftigte der Entgeltgruppe 9b

   mit mindestens dreijähriger Erfahrung in Tätigkeiten der Entgeltgruppe 9b,

   deren Tätigkeit sich dadurch aus der Entgeltgruppe 9b heraushebt, dass sie besondere Fachkenntnisse erfordert.

   (Hierzu Protokollerklärung Nr. 4)

2. Beschäftigte der Entgeltgruppe 9b,

   denen mindestens drei Beschäftigte dieses Abschnitts durch ausdrückliche Anordnung ständig unterstellt sind, davon mindestens eine oder einer mindestens der Entgeltgruppe 9b.

Entgeltgruppe 9b

1. Beschäftigte mit einschlägiger abgeschlossener Hochschulbildung und entsprechender Tätigkeit sowie sonstige Beschäftigte, die aufgrund gleichwertiger Fähigkeiten und ihrer Erfahrungen entsprechende Tätigkeiten ausüben.

   (Hierzu Protokollerklärung Nr. 5)

2. Beschäftigte mit Tätigkeiten im Bereich der Konservierung und Restaurierung,

   denen mindestens sieben Beschäftigte, davon mindestens zwei mindestens der Entgeltgruppe 6 Fallgruppe 1 dieses Unterabschnitts, durch ausdrückliche Anordnung ständig unterstellt sind.

Entgeltgruppe 8

Beschäftigte mit Tätigkeiten im Bereich der Konservierung und Restaurierung,

denen mindestens zwei Beschäftigte, davon mindestens eine oder einer mindestens der Entgeltgruppe 6 Fallgruppe 1 dieses Unterabschnitts, durch ausdrückliche Anordnung ständig unterstellt sind.

Entgeltgruppe 6

1. Beschäftigte mit schwierigen Tätigkeiten im Bereich der Konservierung und Restaurierung.

   (Hierzu Protokollerklärung Nr. 6)

2. Beschäftigte mit Tätigkeiten im Bereich der Konservierung und Restaurierung,
denen mindestens zwei Beschäftigte dieses Unterabschnitts durch ausdrückliche Anordnung ständig unterstellt sind.

Entgeltgruppe 5

Beschäftigte mit nicht mehr einfachen Tätigkeiten im Bereich der Konservierung und Restaurierung.

(Hierzu Protokollerklärung Nr. 7)

Entgeltgruppe 4

Beschäftigte mit einfachen Tätigkeiten im Bereich der Konservierung und Restaurierung.

(Hierzu Protokollerklärung Nr. 8)

Protokollerklärungen:

Nr. 1 Entsprechende Tätigkeiten sind z. B.:

a) Durchführen von konservatorischen und restauratorischen Maßnahmen an bedeutenden oder sehr empfindlichen Objekten mit einem sehr komplexen Schadensbild; insbesondere Durchführen besonders schwieriger, z. B. sensibler und risikoreicher Maßnahmen;

b) Durchführen kunst- und materialtechnologischer Untersuchungen auf wissenschaftlicher Grundlage;

c) wissenschaftliches Auswerten von Ergebnissen naturwissenschaftlicher Analysen oder bildgebender Untersuchungsverfahren, auch zur Echtheitsbestimmung;

d) Erkennen von Degradationsprozessen auf Grundlage naturwissenschaftlicher Kenntnisse, Abschätzen des damit verbundenen Schadenspotenzials und Konzipieren des weiteren Vorgehens;

e) Erstellen von Konzepten für konservatorische und restauratorische Maßnahmen an Objekten, die aufgrund ihrer sehr komplexen Beschaffenheit und Herstellungstechnik oder ihres Schadensbildes sehr empfindlich oder besonders bedeutend sind;

f) Konzepterstellung im Bereich der präventiven Konservierung, wenn neben sammlungs- oder materialspezifischen auch übergreifende Gesichtspunkte zu berücksichtigen sind;

g) Betreuung und Koordinierung von externen Vergabeverfahren einschließlich der Erstellung des Restaurierungskonzepts, der Kostenkalkulation und der Kontrolle sowie Endabnahme;

h) Beurteilen der Leihfähigkeit von empfindlichen oder bedeutenden Objekten;

i) Entwickeln oder Leiten eines wissenschaftlichen Forschungsvorhabens einschließlich Entwickeln neuartiger Restaurierungsverfahren;

j) Erstellen von Gutachten und Beraten zu umfassenden restauratorischen, konservatorischen oder kunsttechnologischen Fragestellungen, z. B. bei Echtheitsprüfungen, Neuerwerbungen oder Bauvorhaben.

Nr. 2 Eine Heraushebung durch das Maß der Verantwortung liegt z. B. vor bei:

a) Durchführen von konservatorischen und restauratorischen Maßnahmen an sehr empfindlichen Objekten mit einem komplexen Schadensbild;

b) Erstellen von Konzepten für konservatorische und restauratorische Maßnahmen für Sammlungskonvolute mit heterogenem Zustand und Schadensbild;

c) Erstellen von Konzepten im Bereich der präventiven Konservierung für ganze Sammlungen unter Berücksichtigung sammlungs- oder materialspezifischer Gesichtspunkte.

Nr. 3 Eine Heraushebung durch besondere Leistungen liegt vor, wenn spezielle Kenntnisse und Erfahrungen erforderlich sind, z. B. bei:

a) Durchführen von konservatorischen und restauratorischen Maßnahmen an empfindlichen Objekten mit einem weniger komplexen Schadensbild;

b) Erstellen von Konzepten für konservatorische und restauratorische Maßnahmen für empfindliche Objekte mit einem weniger komplexen Schadensbild;

c) Erfassen und Kartieren weniger komplexer Schadensbilder;

d) Durchführen schwieriger materialtechnologischer Untersuchungen;

e) Erstellen von detaillierten Zustandsprotokollen für den Leihverkehr und Kurierbegleitung bei empfindlichen Objekten einschließlich deren Installierung vor Ort.

Nr. 4 Besondere Fachkenntnisse erfordert z. B.:

a) das Durchführen von konservatorischen und restauratorischen Maßnahmen an Objekten, die aufgrund ihrer Empfindlichkeit und ihres Schadensbildes fortgeschrittene Fähig- und Fertigkeiten sowie besondere Umsicht und Sorgfalt erfordern;

b) das Durchführen nicht mehr einfacher materialtechnologischer Untersuchungen;

c) Erfassen und Kartieren nicht mehr einfacher Schadensbilder.

Nr. 5 Eine entsprechende Tätigkeit liegt z. B. vor bei:

a) Durchführen konservatorischer und restauratorischer Maßnahmen an wenig empfindlichen Objekten mit einem nicht mehr einfachen Schadensbild;

b) Maßnahmen zur Schadensprophylaxe, wie die Erfassung möglicher Umgebungseinflüsse (z. B. Klima oder Licht) auf das Kulturgut sowie Kontrolle und Umsetzung von Verbesserungsmaßnahmen;

c) Erstellen von detaillierten Zustandsprotokollen für den Leihverkehr und Kurierbegleitung bei weniger empfindlichen Objekten einschließlich deren Installierung vor Ort;

d) schriftlichem und fotografischem Dokumentieren und Kartieren von Befunden und Maßnahmen;

e) Erfassen und Kartieren einfacherer Schadensbilder;

f) Durchführen einfacher materialtechnologischer Untersuchungen;

g) abschließendem Prüfen neu hergestellter audiovisueller Archivalien auf Erreichen des Ziels der konservatorischen oder restauratorischen Maßnahme und Fehlerfreiheit, gegebenenfalls Formulieren von Reklamationsansprüchen;

h) schwierigem analogen oder digitalen Restaurieren an schad- und fehlerhaften Bild- oder Tonaufzeichnungen wie z. B. Farbkorrektur starker Bildausbleichung, Reduzieren breitbandigen Tonrauschens, Ausfiltern oberwellenhaltiger Tonstörungen.

Nr. 6 Schwierige Tätigkeiten im Bereich der Konservierung und Restaurierung liegen z. B. vor bei:

1. Reinigen:
Die Reinigung umfasst die Trockenreinigung (Absaugen, Entstauben o. ä. mittels Pinsel oder Mikrofasertuch) ohne

Verwendung von chemischen Behandlungsmitteln bzw. die Anwendung mechanischer und abrasiver Behandlungsmethoden (z. B. schlecht erhaltener Ledergegenstände oder vergleichbar empfindlicher organischer Materialien).

2. Aufbau von Ausstellungen und Betreuen von zeitgenössischen Kunstobjekten („Art-Handling"):

   a) Unterstützen beim Aufbau von Kunstobjekten, wie Installationen aus großen, unempfindlichen Elementen, die zum Kunstwerk gehören, bei denen Geräte wie z. B. Kran oder Steiger bedient werden müssen;

   b) Unterstützen bei der Hängung/Montage von komplizierten, mehrteiligen Objekten oder Objekten ohne Schutzrahmen;

   c) Bedienen von komplizierten technischen Geräten, die zum Kunstwerk gehören und eine sensible Handhabung erfordern, z. B. Einlegen von ungeschütztem Filmmaterial;

   d) Austauschen von Ersatzteilen an kinetischen, elektrischen oder elektronischen Kunstwerken einschließlich Auswechseln von zum Kunstobjekt gehörenden Leuchtmitteln.

3. Tätigkeiten im Rahmen von Konservierungs- und Restaurierungsmaßnahmen:

   a) Zusammensetzen und Ergänzen von Gebrauchskeramik, -porzellan und -gläsern;

   b) einfaches Zusammensetzen empfindlicher Skulpturen;

   c) einfaches Montieren von Wandmalereifragmenten und Mosaiken mit einfachen Bruchflächen;

   d) Vorbereiten des Freilegens durch Abnehmen schwer entfernbarer Übertünchungen auf stabilen, mehrschichtig übermalten Wandmalereien und Mosaiken und schwer entfernbarer Sinterschichten auf stabilen Mosaiken;

   e) standardisierte Behandlungsbäder ungefasster Steingegenstände;

   f) Behandeln von Wasserrändern und Stockflecken an weniger empfindlichen Archivalien sowie anschließendes Glätten solcher Blätter;

g) Schließen von Rissen und Fehlstellen an empfindlichen Archivalien mittels Japanpapier und Buchblättern im Massenverfahren;

h) Lösen zusammengeklebter unempfindlicher Archivalien und Buchblätter in schwierigen Fällen;

i) Heften unempfindlicher Lagen unter Verwendung historischer Techniken;

j) Herstellen von handgestochenen Kapitalen für Bucheinbände nach historischen Vorlagen;

k) Herstellen von Buchbeschlägen komplizierter Art;

l) Herstellen von schwierigen Bucheinbänden in schwierigen Fällen (z. B. aus Gewebe, Papier, Leder oder Pergament);

m) vorbereitende Arbeiten für das Ergänzen reich ornamentaler oder reich intarsierter Möbel oder an Gemälderahmen;

n) Nacharbeiten fehlender Außenteile und entsprechend schwierige Arbeiten an Musikinstrumenten zur äußeren Wiederherstellung;

o) Herstellen von Galvanoplastiken nach Originalen;

p) originalgetreues Nachformen von Originalen komplizierter Form;

q) originalgetreues Kolorieren von Nachbildungen;

r) Herstellen schwieriger Modelle von Sammlungsgegenständen und sonstigen Objekten von wissenschaftlichem Interesse nach skizzenhaften Angaben;

s) schwierige zeichnerische Rekonstruktion von Sammlungsgegenständen und sonstigen Objekten von wissenschaftlichem Interesse;

t) Retuschen an beschädigten fotografischen Archivalien.

4. Tätigkeiten im Rahmen der präventiven Konservierung:

a) Auflegen empfindlicher, gut erhaltener Textilien auf stützende Unterlagen sowie Unterlegen von Fehlstellen;

b) Absaugen/Entstauben von empfindlichen Bucheinbänden inhomogener Buchbestände (z. B. Trockenreinigung mittels Saugen oder Pinsel).

5. Anfertigen von individuell, an das jeweilige Objekt anzupassenden Aufbewahrungs-, Präsentations- oder Transport-

behältnissen, die eine Handhabung des Originals erfordern, z. B.:

a) Anfertigen von an das Objekt angepassten Schutzhüllen, z. B. für einen barocken Stuhl mit gepolsterter Arm- und Rückenlehne;

b) Anfertigen von dreidimensionalen Buchstützen ohne erhabene Beschläge oder Sonderformen/Verformungen;

c) Anfertigen von Passepartouts für gebrochene Glasnegative;

d) Anfertigen von Präsentationshilfen aus verschiedenen Materialien inkl. Anpassen und Umkleiden eines Stützkerns mit schadstofffreien Materialien und Standkonstruktionen für Objekte komplizierter Form, auch aus Kompositmaterialien, wie z. B. für Federhauben oder Dudelsäcke;

e) Anfertigen von aufwändigeren Transport- und Depotverpackungen;

f) Herstellen von Unterkonstruktionen zur Präsentation kompletter historischer Raumausstattungen;

g) Fertigen von Figurinen für Kostüme nach vorgegebenen Modellen;

h) fadengerechtes Spannen von Stoffen zur Unterlage und dauerhaften Montierung von historischen Textilien.

6. Schwieriges Verpacken und Umlagern von schwer handhabbaren oder empfindlichen Objekten, z. B.:

a) Verlagern von fertig palettierten oder in Lagergestellen befindlichen Großbildwerken und monumentalen Denkmälern mit hohen Eigengewichten und komplizierten Formen, bei denen geeignete Transportmittel zu bedienen und statische Erfordernisse zu bewerten sind;

b) Aufrichten von Einhausungen, Abdeckungen und Schutzwänden um monumentale Bildwerke, z. B. aus Stein oder Metall, wobei die Gefährdung der Objekte zu berücksichtigen ist;

c) Entfernen von schädigenden Diarahmen von ungeschütztem Filmmaterial.

Nr. 7 Nicht mehr einfache Tätigkeiten im Bereich der Konservierung und Restaurierung liegen z. B. vor bei:

1. Reinigen:
   a) der Oberfläche von:
      - empfindlichen und ungefassten Steinfragmenten;
      - empfindlichem und gebranntem Ton, Keramik, Porzellan oder Glas;
      - empfindlichen Mosaiken;
   b) ungefasster Skulpturen;
   c) gut erhaltener Ledergegenstände oder vergleichbar empfindlichen Materials;
   d) empfindlicher Siegel;
   e) empfindlicher Teile und Mechaniken von Musikinstrumenten;
   f) unempfindlicher Bucheinbände inhomogener Buchbestände.

   Die Reinigung umfasst die Trockenreinigung (Absaugen, Entstauben o. ä. mittels Pinsel oder Mikrofasertuch) ohne die Verwendung von chemischen Behandlungsmitteln bzw. die Anwendung mechanischer und abrasiver Behandlungsmethoden.

2. Aufbau von Ausstellungen und Betreuen von zeitgenössischen Kunstobjekten („Art-Handling"):
   a) Ein- und Ausrahmen von unempfindlichen Gemälden;
   b) Bedienen von technischen Geräten, die zum Kunstwerk gehören und eine besonders sorgfältige Handhabung erfordern, z. B. Handhaben von nur teilweise geschütztem Filmmaterial.

3. Tätigkeiten im Rahmen von Konservierungs- und Restaurierungsmaßnahmen:
   a) einfaches Zusammensetzen unempfindlicher Skulpturen;
   b) mechanisches Abnehmen leicht entfernbarer Übertünchungen auf stabilen Wandmalereien und Mosaiken mit guter Oberflächenerhaltung und fester Haftung an ihrem Untergrund;
   c) Vorbereiten und Durchführen von Behandlungsbädern an Archivalien und Büchern in Massenverfahren;
   d) klebstofffreies Montieren empfindlicher grafischer Blätter und Archivalien;

e) Schließen von Rissen an leicht beschädigten Archivalien mittels Japanpapier;

f) Lösen zusammengeklebter unempfindlicher Archivalienblätter und Buchblätter;

g) Nachleimen von Papieren in Massenverfahren im Bereich der Archivalienrestaurierung;

h) Herstellen von Bucheinbänden (z. B. aus Gewebe, Papier, Leder oder Pergament);

i) Heften unempfindlicher Lagen bei regelmäßigem Fadenverlauf;

j) Rekonstruieren von komplizierten Holzdeckeln für Bucheinbände;

k) vorbereitende Arbeiten für das Ergänzen ornamentaler Holz- und Metallteile an Möbeln oder Gemälderahmen (z. B. Schnitzen einer Rocaille);

l) Stimmen von Cembali mithilfe eines Stimmgeräts;

m) Herstellen von Negativformen von unempfindlichen und ungefassten Objekten komplizierter Form und Herstellen der Abgüsse;

n) einfache zeichnerische Rekonstruktion von Sammlungsgegenständen und sonstigen Objekten von wissenschaftlichem Interesse;

o) Herstellen schwieriger Modelle von Sammlungsgegenständen und sonstigen Objekten von wissenschaftlichem Interesse nach Vorlagen;

p) Manuelles oder maschinelles Behandeln mechanisch, chemisch oder biologisch geschädigter fotografischer oder audiovisueller Archivalien;

q) Herstellen von Reproduktionen beschädigter fotografischer Archivalien einschließlich Retuschen;

r) Herstellen von Reproduktionen beschädigter audiovisueller Archivalien;

s) Vergleichen und Kennzeichnen von audiovisuellen Archivalien zur Herstellung möglichst vollständiger und qualitativ hochwertiger Kopien;

t) Prüfen von fotografischen und audiovisuellen Archivalien auf Chemikalienrückstände;

u) nicht mehr einfache Reparatur- und Ausbesserungsarbeiten an audiovisuellen Archivalien wie z. B. komplizierte durchgehende Risse oder völlig fehlende Perforation;

v) nicht mehr einfache analoge oder digitale Reparatur- und Ausbesserungsarbeiten an schad- und fehlerhaften Bild- oder Tonaufzeichnungen wie z. B. automatische Korrektur von Dichteschwankungen nach Referenzbild, automatische Beseitigung von Klickgeräuschen;

4. Tätigkeiten im Rahmen der präventiven Konservierung:

a) Oberflächenbehandlung von gut erhaltenen Metallgegenständen;

b) Auflegen empfindlicher und gut erhaltener Textilien.

5. Anfertigen von objektbezogenen, passgerechten Hilfsmitteln und Behältnissen für die Aufbewahrung, Präsentation oder den Transport, z. B.:

a) mehrschichtig aufgebaute und bespannte Wabenplatten für Textilobjekte;

b) Vorbereiten und Verarbeiten von Materialien mit komplizierten Formen für Konservierung, Aufbewahrung und Präsentation, z. B. Anfertigen von Podesten, Einhausungen, Abdeckungen und Schutzwänden für monumentale Bildwerke (z. B. aus Stein oder Metall);

c) Fertigen und Ausstatten von mehrschichtigen, aus verschiedenen Materialien gefertigten Transportbehältnissen.

6. Sortieren, Verpacken und Umlagern von weniger stabilen und empfindlicheren, aber gut handhabbaren Objekten, z. B.:

a) Tonscherben, Steinobjekte aus empfindlicherem, aber nicht vorgeschädigtem Gestein (z. B. Kalkstein, Alabaster und Mineralien);

b) Einlegen empfindlicherer grafischer Blätter und Archivalien in Mappen.

Nr. 8 Einfache Tätigkeiten im Bereich der Konservierung und Restaurierung liegen z. B. vor bei:

1. Reinigen:

a) der Oberfläche von:

– unempfindlichen und ungefassten Steinen;

– unempfindlichem und gebranntem Ton, Keramik, Porzellan oder Glas;

– stabilen Wandmalereien oder Mosaiken;

b) unempfindlicher Siegel;

c) unempfindlicher Teile von Musikinstrumenten;

d) von unempfindlichen Bucheinbänden aus Leder bei homogenen Buchbeständen.

Die Reinigung umfasst die Trockenreinigung (Absaugen, Entstauben o. ä. mittels Pinsel oder Mikrofasertuch) ohne die Verwendung von chemischen Behandlungsmitteln bzw. die Anwendung mechanischer und abrasiver Behandlungsmethoden.

2. Aufbau von Ausstellungen und Betreuung von zeitgenössischen Kunstobjekten („Art-Handling"):

einfache Montage unempfindlicher Exponate und Ausstellungshilfsmittel.

3. Tätigkeiten im Rahmen von Konservierungs- und Restaurierungsmaßnahmen:

a) Durchführen und Überwachung von standardisierten Waschverfahren unempfindlicher, ungefasster Keramikfragmente;

b) klebstofffreies Montieren unempfindlicher grafischer Blätter und Archivalien;

c) Schließen von Rissen an leicht beschädigten Archivalien in Massenverfahren;

d) Rekonstruieren von einfachen Holzdeckeln für Bucheinbände;

e) Heften einfacher Art bei stabiler Lage (z. B. Aktenstich);

f) einfache analoge oder digitale Reparatur- und Ausbesserungsarbeiten an audiovisuellen Archivalien, z. B. an schad- und fehlerhaften Bild- oder Tonaufzeichnungen (z. B. manuelle Bildretusche und Ausführung einfacher Tonschnitte);

g) Synchronlegen von getrennt vorliegenden analogen oder digitalen Bild- oder Tonaufzeichnungen mit Startzeichen bei audiovisuellen Archivalien;

h) Herstellen von Negativformen von unempfindlichen und ungefassten Originalen einfacher Form und Herstellen der Abgüsse;

i) Herstellen einfacher Modelle von Sammlungsgegenständen und sonstigen Objekten von wissenschaftlichem Interesse nach Vorlagen.

4. Tätigkeiten im Rahmen der präventiven Konservierung:
   a) punktuelles Erfassen und Dokumentieren der vorgegebenen Klimawerte (Temperatur, relative Feuchte, Lux/UV) einschließlich Bedienen der analogen/digitalen Klimaaufzeichnungsgeräte;
   b) Auflegen unempfindlicher und gut erhaltener Textilien.

5. Anfertigen bzw. Vorbereiten von Hilfsmitteln für die Konservierung, Aufbewahrung oder Präsentation, z. B.:
   a) Falten und Aufrichten von einfachen, vorgestanzten Kartonagen und Aufbewahrungsbehältnissen für die Deponierung;
   b) Anfertigen von Hilfsmitteln, wie z. B. Zulagen jeglicher Art, Keile, Gewichte oder einfachere Objektbefestigungen;
   c) Nähen von Staub- und Lichtschutztüchern, z. B. Hülle in rechteckiger Form mit einer offenen Seite;
   d) Vorbereiten der Materialien zum Schutz von Objekten wie das Zuschneiden von Stoffen, Pappen, Folien, Glas oder anderen Materialien in einfacherer Form.

6. Sortieren und Umverpacken von stabilen, unempfindlichen und gut handhabbaren Objekten, z. B.:
   a) Einlegen unempfindlicher Blätter und Archivalien in Mappen;
   b) Umschläge nach Bedarf zuschneiden, falzen und unempfindliche Bücher und Archivalien einlegen („rehousing");
   c) Verpacken, Verlagern und Sortieren von Objekten aus ungefasstem, unempfindlichem und nicht vorgeschädigtem Gestein, z. B. Granit, Marmor oder Basalt oder Keramik.

28.2 Beschäftigte in der Grabungstechnik

Vorbemerkungen

1. ¹Dieser Unterabschnitt kommt für Beschäftigte zum Tragen, die in der Bodendenkmalpflege, archäologischen Forschung und Entwicklung sowie mit der Dokumentation von archäologischen Kulturgütern beschäftigt bzw. betraut sind. ²Bei diesen Tätig-

keiten spielt die Verbindung einer wissenschaftlich-fundierten Arbeitsweise mit ingenieurtechnischen bzw. methodischen Arbeitsansätzen eine zentrale Rolle. [3]Je nach Einsatzaufgaben sind unterschiedliche Kenntnisse bzw. Berufsabschlüsse denkbar.

2. [1]Zu den Aufgaben in der Grabungstechnik gehört die technische Leitung archäologischer Ausgrabungen oder Kontrolle der Arbeit von Grabungsfirmen. [2]Die Beschäftigten entscheiden vor Ort selbständig über Grabungs-, Bergungs- und Dokumentationsmethoden, leiten die Beschäftigten an und treffen Absprachen mit Investoren, Bauherren und Baubetrieben und vertreten damit öffentliche Institutionen vor Ort. [3]Durch Aufgaben bei der Erfassung und Pflege von Bodendenkmalen tragen sie in erheblichem Maße zum Schutz und Erhalt von archäologischem Kulturgut bei. [4]Zu den Tätigkeiten von Grabungstechnikerinnen und Grabungstechnikern zählen weiterhin die Vermittlung von Grabungsergebnissen durch Öffentlichkeitsarbeit und Publikationen. [5]Um archäologische Quellen bestmöglich zu erschließen und für die Zukunft zu bewahren, entwickeln sie unter Anwendung moderner Technologien neue Methoden und wissenschaftliche Konzepte. [6]Sie betreuen die Ausbildung und führen Fortbildungsveranstaltungen durch.

IV

Entgeltgruppe 13

Beschäftigte mit einschlägiger abgeschlossener wissenschaftlicher Hochschulbildung (z. B. Diplom-Ausgrabungsingenieurin und Diplom-Ausgrabungsingenieur, Master Geo- oder Feldarchäologie, Master Landschaftsarchäologie) und entsprechender Tätigkeit sowie sonstige Beschäftigte, die aufgrund gleichwertiger Fähigkeiten und ihrer Erfahrungen entsprechende Tätigkeiten ausüben.

(Hierzu Protokollerklärung Nr. 1)

Entgeltgruppe 12

Beschäftigte der Entgeltgruppe 11

deren Tätigkeit sich durch das Maß der Verantwortung aus der Entgeltgruppe 11 heraushebt.

(Hierzu Protokollerklärung Nr. 2)

Entgeltgruppe 11

Beschäftigte der Entgeltgruppe 10,

deren Tätigkeit sich durch besondere Leistungen aus der Entgeltgruppe 10 heraushebt.

(Hierzu Protokollerklärung Nr. 3)

IV.III.28 Konservierung/Restaurierung usw.   Teil III EntgO Bund

IV

Entgeltgruppe 10

Beschäftigte der Entgeltgruppe 9b mit mindestens dreijähriger Erfahrung in Tätigkeiten der Entgeltgruppe 9b,

deren Tätigkeit sich dadurch aus der Entgeltgruppe 9b heraushebt, dass sie besondere Fachkenntnisse erfordert.

(Hierzu Protokollerklärung Nr. 4)

Entgeltgruppe 9b

Beschäftige mit einschlägiger abgeschlossener Hochschulbildung und entsprechender Tätigkeit sowie sonstige Beschäftigte, die aufgrund gleichwertiger Fähigkeiten und ihrer Erfahrungen entsprechende Tätigkeiten ausüben.

(Hierzu Protokollerklärung Nr. 5)

Entgeltgruppe 8

Beschäftigte mit besonders schwierigen Tätigkeiten im Bereich der Grabungstechnik.

(Hierzu Protokollerklärung Nr. 6)

Entgeltgruppe 6

Beschäftigte mit schwierigen Tätigkeiten im Bereich der Grabungstechnik.

(Hierzu Protokollerklärung Nr. 7)

Entgeltgruppe 5

Beschäftigte mit nicht mehr einfachen Tätigkeiten im Bereich der Grabungstechnik.

(Hierzu Protokollerklärung Nr. 8)

Entgeltgruppe 4

Beschäftigte mit einfachen Tätigkeiten im Bereich der Grabungstechnik.

(Hierzu Protokollerklärung Nr. 9)

Protokollerklärungen:

Nr. 1 Entsprechende Tätigkeiten sind z. B.:

   a) die technische Leitung von herausragend schwierigen Grabungen, z. B. Grabungen im Bereich der Landschaftsarchäologie, der Unterwasser- oder Feuchtbodenarchäologie sowie der Höhlen- bzw. Montanarchäologie, einschließlich dem Ausarbeiten der publikationsreifen Grabungsberichte;

b) die wissenschaftliche Weiterentwicklung und Erprobung von Methoden zur Bearbeitung und Erhebung von Daten in der Bodendenkmalpflege.

Nr. 2 Eine Heraushebung durch das Maß der Verantwortung liegt z. B. vor:

a) bei der technischen Leitung mehrerer oder einer besonders schwierigen Grabung (wie z. B. komplizierte Kirchen-, Burgen- oder Stadtkerngrabungen, sowie bei Ausgrabungen an Grabhügeln und komplizierten mehrphasigen Siedlungsgrabungen) einschließlich des Ausarbeitens der publikationsreifen Grabungsberichte;

bei der Vorbereitung und technischen Leitung von mehreren Grabungen oder Prospektionen;

b) (Es ist von mehreren Grabungen/Prospektionen auszugehen, wenn die einzelnen Bodeneingriffe bzw. Personaleinsatzgebiete weiter als 100 Meter voneinander entfernt sind oder durch naturräumliche Gegebenheiten bzw. eine differierende Zeitstellung die methodische Grabungsweise in den einzelnen Bereichen der Ausgrabung wesentlich voneinander abweichen.

c) Mit dem Begriff Prospektion werden alle Untersuchungen in der archäologischen Forschung oder Denkmalpflege bezeichnet, die zur Auffindung, Bestimmung, räumlichen Eingrenzung, etc. von Fundstellen dienen. Bei einer Prospektion werden ohne aufwendige Erdarbeiten relevante Daten über ein Gebiet bzw. Denkmal ermittelt. Bodeneingriffe werden nur in begrenztem Maße mit Bohrungen oder kleinen Sondagen hinzugerechnet.)

bei der Vorbereitung und technischen Leitung einer Grabung oder Prospektion im außereuropäischen Ausland.

Nr. 3 Eine Heraushebung durch besondere Leistungen liegt z. B. vor bei:

a) sehr schwierigen Vermessungen (z. B. bei Grabungen in noch stehenden Gebäuden oder Gebäudeteilen, in Tunneln bzw. Höhlengrabungen, Geoprofilen oder in vermessungstechnisch noch nicht erfassten Gebieten) inklusive der Aufbereitung der entstandenen Daten;

b) (Vermessungstechnisch noch nicht erfasste Gebiete sind solche Gebiete, in der kein für die Ausgrabung verwendungsfähiges Lagebezugssystem anzutreffen ist, sondern von den Beschäftigten erst geplant, erstellt und in ein übliches Landes- bzw. Weltbezugssystem überführt werden muss.)

c) der selbständigen Umsetzung und Anpassung geeigneter Schutzmaßnahmen für gefährdete Denkmale;

d) bei der Vorbereitung und technischen Leitung einer komplexen Grabung oder Prospektion.

e) (Eine komplexe Grabung oder Prospektion liegt vor, wenn bei der Tätigkeit naturwissenschaftliche Methoden [z. B. C14-Datierung, Dendrochronologie, Phosphatanalysen, Thermoluminiszens, Geomagnetik, Geoelektrik, Bodenradar, etc.] zur Anwendung kommen, die eine wichtige Rolle zur Klärung der zentralen wissenschaftlichen Fragestellung spielen. Aufgaben des Beschäftigten bei der Vorbereitung und technischen Leitung einer komplexen Grabung oder Prospektion sind z. B. die Koordination des Einsatzes der verschiedenen Methoden, die Vorbereitung der Bodeneingriffe für eine naturwissenschaftliche Bestimmung oder die korrekte Entnahme von Probenmaterial bzw. die Durchführung der Methode.)

Nr. 4 Besondere Fachkenntnisse erfordern z. B.:

a) topografische Vermessungen, die besondere Fertigkeiten erfordern, z. B. Burgwälle, Grabhügel und andere komplizierte Geländedenkmäler, einschließlich der Aufbereitung der entstandenen Daten (z. B. Höhenschichtplänen);

b) die technische Leitung von einer Grabung oder einer Prospektion inklusive der Erstellung eines Grabungsberichts;

c) die Beratung in Fragen der Arbeitssicherheit, der Erarbeitung von Gefährdungsanalysen und der Ermittlung von Lösungsvorschlägen im Rahmen von schwierigen Grabungsvorhaben;

d) die Erstellung von Grabungsrichtlinien, Leistungsverzeichnissen und Standards für Ausgrabungen in der Bodendenkmalpflege;

e) die denkmalfachliche Beratung sowie Betreuung von Maßnahmenpartnern externer archäologischer Ausgrabungen;

f) die Darstellung und öffentliche Präsentation von Grabungen und ihren Ergebnissen.

Nr. 5 Entsprechende Tätigkeiten sind z. B.:

    a) die Durchführung schwieriger Grabungen unter wissenschaftlicher oder technischer Anleitung. Dazu gehören z. B. Planen und Vermessen von Probeschnitten, Anfertigen schwieriger Grabungszeichnungen und Grabungs- oder Fundberichte sowie fotografische Dokumentation;

    b) die Erkennung und Bewertung archäologischer Bodendenkmäler (Feldbegehung) sowie deren Lagebestimmung.

Nr. 6 [1]Eine besonders schwierige Tätigkeit ist z. B. die Durchführung einfacherer Teilgrabungen. [2]Dazu gehören z. B.:

    a) Vermessungstätigkeiten nach einfachen Methoden;

    b) fotografische Dokumentation;

    c) Fundfreilegung von empfindlichen Objekten auf dem Grabungsgelände;

    d) Anfertigen einfacher maßstäblicher Grabungszeichnungen und einfacher Grabungs- oder Fundberichte;

    e) Beaufsichtigung von mindestens zwei Grabungsarbeiterinnen oder -arbeitern.

[3]Eine Teilgrabung liegt vor, wenn die oder der Beschäftigte die Aufsicht über einen von mehreren Bodeneingriffen bzw. Personaleinsatzgebieten im Bereich einer Grabung übertragen bekommt. [4]Diese Tätigkeit wird häufig als „Schnittleiter" bezeichnet. [5]Dabei muss die Grabung durch eine technische oder wissenschaftliche Leiterin oder einen technischen oder wissenschaftlichen Leiter geführt werden, unter deren oder dessen Anleitung die oder der Beschäftigte ihre oder seine Teilgrabung beaufsichtigt.

Nr. 7 Schwierige Tätigkeiten sind z. B.:

    a) das Anfertigen schwieriger Grabungszeichnungen und unterstützende Tätigkeiten bei der Grabungsvermessung;

    b) das Anleiten und Überwachen von einfachen Tätigkeiten in der Fundregistrierung.

Nr. 8 Nicht mehr einfache Tätigkeiten sind z. B.:

    a) das Freilegen und Bergen von Bodenfunden;

    b) das Herrichten von Erdprofilen und Grabungsflächen zum Zeichnen und Messen;

    c) das Anfertigen von Grabungsskizzen oder einfachen maßstäblichen Grabungszeichnungen;

IV

d) das Begehen von Gebieten (meist „Feldbegehung" bezeichnet) nach archäologischem Fundmaterial unter wissenschaftlicher oder technischer Anleitung.

Nr. 9 Einfache Tätigkeiten sind z. B.:

a) das Freilegen wenig empfindlicher Bodenfunde oder Strukturen;

b) die Fundregistrierung bei Grabungen.

29. Küchenhilfskräfte und Buffethilfskräfte

Entgeltgruppe 3

1. Beschäftigte der Entgeltgruppe 2, die nicht nur gelegentlich kassieren.
2. Beschäftigte der Entgeltgruppe 2, die Kaltverpflegung zubereiten, Maschinen bedienen oder nicht nur gelegentlich mit schweren körperlichen Arbeiten beschäftigt werden.

Entgeltgruppe 2

Küchenhilfskräfte und Buffethilfskräfte, soweit nicht in Entgeltgruppe 1 eingruppiert.

IV

30. Laborantinnen und Laboranten sowie Werkstoffprüferinnen und -prüfer

Entgeltgruppe 9a

Laborantinnen und Laboranten mit abgeschlossener Berufsausbildung,

die schwierige Aufgaben erfüllen und mindestens zu einem Viertel verantwortlichere Tätigkeiten verrichten.

Entgeltgruppe 7

Beschäftigte der Entgeltgruppe 6,

die sich in Entgeltgruppe 6 besonders bewährt haben, deren Tätigkeit selbständige Leistungen erfordert.

Entgeltgruppe 6

Beschäftigte der Entgeltgruppe 5

mit Tätigkeiten, die besondere Leistungen erfordern.

Entgeltgruppe 5

Laborantinnen und Laboranten sowie Werkstoffprüferinnen und -prüfer mit abgeschlossener Berufsausbildung und entsprechender Tätigkeit.

Entgeltgruppe 4

Beschäftigte der Entgeltgruppe 3

mit schwierigen Tätigkeiten.

Entgeltgruppe 3

Beschäftigte in der Tätigkeit von Laborantinnen und Laboranten sowie Werkstoffprüferinnen und -prüfern.

31. **Fachkräfte für Lagerlogistik, Fachlageristinnen und -lageristen sowie Magazinwärterinnen und -wärter**

Entgeltgruppe 8

Beschäftigte der Entgeltgruppe 7,

bei denen die Leitung mit besonderer Verantwortung verbunden ist.

(Hierzu Protokollerklärung Nr. 1)

Entgeltgruppe 7

Beschäftigte der Entgeltgruppe 5

als Leiterinnen oder Leiter eines Lagers oder Magazins.

(Hierzu Protokollerklärung Nr. 2)

Entgeltgruppe 6

Beschäftigte der Entgeltgruppe 5

mit besonders verantwortlichen Tätigkeiten.

(Hierzu Protokollerklärung Nr. 1)

Entgeltgruppe 5

Fachkräfte für Lagerlogistik mit abgeschlossener Berufsausbildung und entsprechender Tätigkeit.

Entgeltgruppe 4

1. Fachlageristinnen und -lageristen mit abgeschlossener zweijähriger Berufsausbildung und entsprechender Tätigkeit.
2. Magazinwärterinnen und -wärter.

   (Hierzu Protokollerklärung Nr. 2)

Entgeltgruppe 3

Helferinnen und Helfer in einem Magazin oder in einem Lager.

(Hierzu Protokollerklärung Nr. 2)

Protokollerklärungen:

Nr. 1 Eine besondere Verantwortung liegt z. B. vor bei der Lagerung von besonders wertvollen oder gefährlichen Gütern oder von Gütern, an deren Lagerung und Umgang besondere Anforderungen gestellt werden.

Nr. 2 Magazin ist eine Stelle für die Einnahme und Ausgabe von Werkzeugen oder Materialien bei Instandsetzungs- oder Ausbildungseinrichtungen.

32. Geprüfte Meisterinnen und Meister

Vorbemerkung

Aufgabenspezifische Sonderausbildungen sind Ausbildungen von Handwerkerinnen und Handwerkern oder Facharbeiterinnen und Facharbeitern im militärfachlichen Meisterlehrgang der Bundeswehr in der Materialerhaltung von Luftfahrtgerät sowie Ausbildungen in gleichwertigen Ausbildungsgängen für Handwerkerinnen und Handwerker oder Facharbeiterinnen und Facharbeiter.

Entgeltgruppe 9b

Beschäftigte der Entgeltgruppe 9a Fallgruppe 1 oder 2,

deren Tätigkeit sich durch den Umfang und die Bedeutung des Aufgabengebietes und große Selbständigkeit wesentlich aus der Entgeltgruppe 9a Fallgruppe 1 oder 2 heraushebt.

Entgeltgruppe 9a

1. Beschäftigte der Entgeltgruppe 8,

   die große Arbeitsstätten (Bereiche, Werkstätten, Abteilungen oder Betriebe) zu beaufsichtigen haben, in denen Handwerkerinnen und Handwerker oder Facharbeiterinnen und Facharbeiter beschäftigt sind.

2. Beschäftigte der Entgeltgruppe 8,

   die an einer besonders wichtigen Arbeitsstätte mit einem höheren Maß von Verantwortlichkeit beschäftigt sind.

Entgeltgruppe 8

Geprüfte Meisterinnen und Meister mit entsprechender Tätigkeit sowie Meisterinnen und Meister mit erfolgreich abgeschlossener aufgabenspezifischer Sonderausbildung und entsprechender Tätigkeit.

Niederschriftserklärung zu Teil III Abschnitt 32:

[1]Der Bund beabsichtigt zukünftig Meistertätigkeiten nur noch Beschäftigten zu übertragen, die die in den Tätigkeitsmerkmalen des Teil III Abschnitt 32 geforderten Voraussetzungen in der Person erfüllen. [2]Tätigkeiten im Sinne der bisherigen Tätigkeitsmerkmale für Maschinenmeister beabsichtigt er nicht mehr zu übertragen.

33. Modellbauerinnen und -bauer sowie Modelltischlerinnen und -tischler

Entgeltgruppe 8

Beschäftigte der Entgeltgruppe 7,

die selbständig nach Entwurfsunterlagen besonders schwierige Modelle anfertigen (z. B. Anfertigen von Kernkästen, Zahnradmodellen).

Entgeltgruppe 7

Modellbauerinnen und -bauer sowie Modelltischlerinnen und -tischler mit einschlägiger abgeschlossener Berufsausbildung.

IV

34. Operateurinnen und Operateure, Strahlenschutztechnikerinnen und -techniker sowie Strahlenschutzlaborantinnen und -laboranten in Kernforschungseinrichtungen

Vorbemerkungen

1. Kernforschungseinrichtungen sind Reaktoren sowie Hochenergiebeschleuniger- und Plasmaforschungsanlagen und ihre hiermit räumlich oder funktionell verbundenen Institute und Einrichtungen.

2. Hochenergiebeschleunigeranlagen im Sinne dieser Regelung sind solche, deren Endenergie bei der Beschleunigung von Elektronen 100 Mill. Elektronenvolt (MeV), bei Protonen, Deuteronen und sonstigen schweren Teilchen 20 MeV überschreitet.

3. Plasmaforschungsanlagen im Sinne dieser Regelung sind solche Anlagen, deren Energiespeicher mindestens 1 Million Joule aufnimmt und mindestens 1 Million VA als Impulsleistung abgibt oder die für länger als 1 msec mit Magnetfeldern von mindestens 50 000 Gauß arbeiten und in denen eine kontrollierte Kernfusion angestrebt wird.

Entgeltgruppe 9b

Beschäftigte der Entgeltgruppe 8,

deren Tätigkeit aufgrund schwieriger Arbeitsabläufe besonders hohe Anforderungen stellt.

Entgeltgruppe 9a

Beschäftigte der Entgeltgruppe 7,

deren Tätigkeit ein hohes Maß an Verantwortung erfordert oder die schwierige Aufgaben erfüllen.

Entgeltgruppe 8

Beschäftigte der Entgeltgruppe 6,

deren Tätigkeit besondere Zuverlässigkeit erfordert.

Entgeltgruppe 7

Beschäftigte im Strahlenschutz, die Kontrollbereiche selbständig überwachen oder Abschirmungs- und Dosisberechnungen durchführen (Strahlenschutztechnikerinnen und -techniker).

Entgeltgruppe 6

Operateurinnen und Operateure.

(Hierzu Protokollerklärung)

Entgeltgruppe 5

1. Beschäftigte während der Ausbildungszeit zur Operateurin oder zum Operateur.
   (Hierzu Protokollerklärung)
2. Beschäftigte, die einfache Operateuraufgaben selbständig erledigen.
3. Beschäftigte der Entgeltgruppe 3,
   die Strahlungsmessungen beurteilen und Empfehlungen für strahlenschutzgerechtes Verhalten geben.

Entgeltgruppe 3

Beschäftigte, die Strahlungsmessungen durchführen und protokollieren (Strahlenschutzlaborantinnen und -laboranten).

Protokollerklärung:

Operateurinnen und Operateure sind Beschäftigte an Reaktoren, Beschleunigeranlagen, Tieftemperaturanlagen, heißen Zellen oder vergleichbaren Experimentieranlagen, die eine oder mehrere der nachstehenden Aufgaben erfüllen:

a) Bedienung des Steuerpults eines Reaktors oder Beschleunigers und der Betriebskreisläufe,
b) Kontrolle und Bedienung von Experimentieranlagen und -kreisläufen,
c) Kontrolle und Bedienung der zu den in den Buchstaben a und b genannten Anlagen gehörenden Maschinenanlagen und Behebung von Störungen.

IV

IV

35. Redakteurinnen und Redakteure

Entgeltgruppe 15

1. Beschäftigte der Entgeltgruppe 14 Fallgruppe 1,

   deren Tätigkeit sich durch das Maß der damit verbundenen Verantwortung erheblich aus der Entgeltgruppe 14 Fallgruppe 1 heraushebt.

2. Beschäftigte der Entgeltgruppe 13,

   die Unterrichtungsprodukte der damit befassten Abteilung des Presse- und Informationsamtes der Bundesregierung zum Zwecke der Unterrichtung der Bundesregierung selbständig und alleinverantwortlich erstellen, mit vielseitiger Verwendbarkeit.

   (Hierzu Protokollerklärungen Nrn. 1 und 2)

Entgeltgruppe 14

1. Beschäftigte der Entgeltgruppe 13,

   deren Tätigkeit sich

   a) durch die besondere Schwierigkeit und Bedeutung ihres Aufgabenkreises oder

   b) durch hochwertige Leistungen in einem besonders schwierigen Aufgabenkreis

   aus der Entgeltgruppe 13 heraushebt.

2. Beschäftigte der Entgeltgruppe 13,

   denen mindestens drei Beschäftigte mindestens der Entgeltgruppe 13 ständig unterstellt sind.

Entgeltgruppe 13

Redakteurinnen und Redakteure mit abgeschlossener wissenschaftlicher Hochschulbildung und entsprechender Tätigkeit sowie sonstige Beschäftigte, die aufgrund gleichwertiger Fähigkeiten und ihrer Erfahrungen entsprechende Tätigkeiten ausüben.

(Hierzu Protokollerklärungen Nrn. 3 und 4)

Protokollerklärungen:

Nr. 1 Die selbständige und alleinverantwortliche Erstellung von Unterrichtungsprodukten erfüllt das Merkmal, wenn die Arbeitsergebnisse ohne Überprüfung herausgegeben werden.

Nr. 2 Die Anforderung der vielseitigen Verwendbarkeit ist erfüllt, wenn die Redakteurin oder der Redakteur im Lagezentrum oder in mindestens zwei Redaktionen der damit befassten Abteilung des Presse- und Informationsamtes der Bundesregierung als Redakteurin oder Redakteur verwendbar ist.

Nr. 3 Das Tätigkeitsmerkmal der Redakteurinnen und Redakteure mit abgeschlossener wissenschaftlicher Hochschulbildung ist erfüllt, wenn die Erledigung der übertragenen Aufgaben

    a) zur Unterrichtung von Verfassungsorganen, obersten Bundesbehörden oder Auslandsmissionen: Sammeln, Sichten, Ordnen sowie Bearbeiten von Informationsmaterial zum Zwecke der allgemeinen Unterrichtung;

    b) zur Information der Öffentlichkeit: Planung und Bestimmung der Themen, Gestaltung und Erarbeitung des zu veröffentlichenden Materials, Auswahl und fachliche Beratung anderer Autorinnen oder Autoren sowie Überarbeitung des von diesen gelieferten Materials

ein Wissen und Können erfordert, wie es im Regelfall durch eine abgeschlossene wissenschaftliche Hochschulbildung vermittelt wird.

(Die Anforderung in Buchstabe b kann im Einzelfall auch dann erfüllt sein, wenn die Redakteurin oder der Redakteur nicht alle aufgeführten Tätigkeiten ausübt.)

Nr. 4 Unter dieses Tätigkeitsmerkmal fallen auch Beschäftigte mit abgeschlossener wissenschaftlicher Hochschulbildung, die in der damit befassten Abteilung des Presse- und Informationsamtes der Bundesregierung das deutsche und fremdsprachige Nachrichtenmaterial sammeln, sichten und für die endgültige Verarbeitung vorbereiten, sowie sonstige Beschäftigte, die aufgrund gleichwertiger Fähigkeiten und ihrer Erfahrungen entsprechende Tätigkeiten ausüben.

IV

36. Beschäftigte in Registraturen

Vorbemerkung

Die Registraturtätigkeiten umfassen auch solche der elektronischen Schriftgutverwaltung.

Entgeltgruppe 9b

Leiterinnen und Leiter von Registraturen,

deren Tätigkeit sich durch die besondere Bedeutung der Registratur aus der Entgeltgruppe 8 Fallgruppe 1 oder 2 heraushebt.

Entgeltgruppe 9a

1. Leiterinnen und Leiter einer nach Sachgesichtspunkten vielfach gegliederten Registratur,

   denen mindestens fünf Registraturbeschäftigte, davon zwei mindestens der Entgeltgruppe 6 Fallgruppe 3, ständig unterstellt sind.

   (Hierzu Protokollerklärungen Nrn. 1, 2, und 3)

2. Leiterinnen und Leiter einer nach Sachgesichtspunkten vielfach gegliederten Registratur in obersten Bundesbehörden,

   denen mindestens drei Registraturbeschäftigte, davon zwei mindestens der Entgeltgruppe 6 Fallgruppe 3, ständig unterstellt sind.

   (Hierzu Protokollerklärungen Nrn. 1, 2, und 3)

Entgeltgruppe 8

1. Leiterinnen und Leiter einer nach Sachgesichtspunkten vielfach gegliederten Registratur,

   denen mindestens drei Registraturbeschäftigte, davon eine oder einer mindestens der Entgeltgruppe 6 Fallgruppe 3, ständig unterstellt sind.

   (Hierzu Protokollerklärungen Nrn. 1, 2 und 3)

2. Leiterinnen und Leiter einer nach Sachgesichtspunkten vielfach gegliederten Registratur in obersten Bundesbehörden,

   denen mehrere Registraturbeschäftigte, davon eine oder einer mindestens der Entgeltgruppe 6 Fallgruppe 3, ständig unterstellt sind.

   (Hierzu Protokollerklärungen Nrn. 1, 2 und 3)

3. Leiterinnen und Leiter von Registraturen,

   denen mindestens vier Registraturbeschäftigte, davon drei mindestens der Entgeltgruppe 5 Fallgruppe 1, ständig unterstellt sind.

   (Hierzu Protokollerklärungen Nrn. 2 und 3)

4. Leiterinnen und Leiter von Registraturen,

   denen mindestens acht Registraturbeschäftigte ständig unterstellt sind.

   (Hierzu Protokollerklärungen Nrn. 2 und 3)

Entgeltgruppe 7

1. Beschäftigte der Entgeltgruppe 6 Fallgruppe 3,

   die aufgrund des Verständnisses der fremdsprachlichen Fachtermini fremdsprachliche Dokumente verwalten.

2. Beschäftigte der Entgeltgruppe 6 Fallgruppe 3,

   die in einer Verschlusssachen-Registratur tätig sind.

   (Hierzu Protokollerklärung Nr. 4)

Entgeltgruppe 6

1. Leiterinnen und Leiter von Registraturen,

   denen mindestens zwei Registraturbeschäftigte, davon mindestens eine oder einer mindestens der Entgeltgruppe 5 Fallgruppe 1 ständig unterstellt sind.

   (Hierzu Protokollerklärungen Nrn. 2 und 3)

2. Leiterinnen und Leiter von Registraturen,

   denen mindestens fünf Registraturbeschäftigte ständig unterstellt sind.

   (Hierzu Protokollerklärungen Nrn. 2 und 3)

3. Registraturbeschäftigte in einer nach Sachgesichtspunkten vielfach gegliederten Registratur,

   deren Tätigkeiten gründliche, umfangreiche Fachkenntnisse des Registraturwesens und eingehende Kenntnisse des verwalteten Schriftgutes erfordern.

   (Hierzu Protokollerklärung Nr. 1)

Entgeltgruppe 5

1. Registraturbeschäftigte, deren Tätigkeiten gründliche Fachkenntnisse erfordern.

   (Hierzu Protokollerklärung Nr. 5)

2. Leiterinnen und Leiter von Registraturen.

Entgeltgruppe 4

Registraturbeschäftigte mit schwierigen Tätigkeiten.

(Hierzu Protokollerklärung Nr. 6)

Entgeltgruppe 3

Registraturbeschäftigte
mit Tätigkeiten, für die eine eingehende Einarbeitung bzw. eine fachliche Anlernung erforderlich ist, die über eine Einarbeitung im Sinne der Entgeltgruppe 2 hinausgeht.

Entgeltgruppe 2

Registraturbeschäftigte mit einfachen Tätigkeiten.
(Hierzu Protokollerklärung Nr. 7)

Protokollerklärungen:

Nr. 1 Eine nach Sachgesichtspunkten vielfach gegliederte Registratur liegt vor, wenn das Schriftgut auf der Grundlage eines eingehenden, systematisch nach Sachgebieten, Oberbegriffen, Untergruppen und Stichworten weit gefächerten Aktenplans unterzubringen ist; nur in alphabetischer oder numerischer Reihenfolge geordnetes Schriftgut erfüllt diese Voraussetzungen nicht.

Nr. 2 Leiterinnen und Leiter von Registraturen, denen weniger Registraturbeschäftigte als im Tätigkeitsmerkmal gefordert ständig unterstellt sind, sind nach den Tätigkeitsmerkmalen für Registraturbeschäftigte eingruppiert, wenn dies für sie günstiger ist.

Nr. 3 Zu den Registraturbeschäftigten im Sinne dieses Tätigkeitsmerkmals gehören auch die Beschäftigten im Registraturdienst der Entgeltgruppen 2 bis 4.

Nr. 4 Eine Verschlusssachen-Registratur ist eine Registratur, in der Verschlusssachen mit der Einstufung VS-vertraulich, geheim oder streng geheim verwaltet werden.

Nr. 5 Erforderlich sind eingehende Kenntnisse im Geschäftsbereich, in der Weiterführung und im Ausbau einer Registratur.

Nr. 6 Schwierige Tätigkeiten sind solche, die mehr als eine eingehende Einarbeitung bzw. mehr als eine fachliche Anlernung i. S. der Entgeltgruppe 3 erfordern, z. B. durch einen höheren Aufwand an gedanklicher Arbeit.

Nr. 7 [1]Einfache Tätigkeiten sind Tätigkeiten, die weder eine Vornoch eine Ausbildung, aber eine Einarbeitung erfordern, die über eine sehr kurze Einweisung oder Anlernphase hinausgeht. [2]Die Einarbeitung dient dem Erwerb derjenigen Kenntnisse und Fertigkeiten, die für die Beherrschung der Arbeitsabläufe als solche erforderlich sind.

IV

37. Reinigerinnen und Reiniger

Entgeltgruppe 3

Reinigerinnen und Reiniger von Werkstätten oder Maschinenhallen.

Entgeltgruppe 2

Reinigerinnen und Reiniger, soweit nicht in Entgeltgruppe 1 eingruppiert.

38. Reproduktionstechnische Beschäftigte

Entgeltgruppe 9a

Beschäftigte der Entgeltgruppe 6,

die schwierige Aufgaben besonderer Art erfüllen.

(Hierzu Protokollerklärungen Nrn. 1 und 2)

Entgeltgruppe 8

Beschäftigte der Entgeltgruppe 6,

die schwierige Aufgaben erfüllen.

(Hierzu Protokollerklärungen Nrn. 1 und 3)

Entgeltgruppe 7

Beschäftigte der Entgeltgruppe 6,

die mindestens zu einem Viertel schwierige Aufgaben erfüllen.

(Hierzu Protokollerklärungen Nrn. 1 und 3)

Entgeltgruppe 6

Beschäftigte der Entgeltgruppe 5,

deren Tätigkeit besondere Leistungen erfordert.

(Hierzu Protokollerklärung Nr. 1)

Entgeltgruppe 5

Beschäftigte mit abgeschlossener Berufsausbildung in einem reproduktionstechnischen Beruf und entsprechender Tätigkeit sowie sonstige Beschäftigte, die aufgrund gleichwertiger Fähigkeiten und ihrer Erfahrungen entsprechende Tätigkeiten ausüben.

(Hierzu Protokollerklärung Nr. 1)

Entgeltgruppe 4

1. Beschäftigte an Büroffsetmaschinen.
2. Beschäftigte in Druckereien
   a) als Maschinenhelferinnen und -helfer im Buch- oder Flachdruck,
   b) als Anlegerinnen und Anleger für großformatigen Mehrfarbendruck oder
   c) als Anlegerinnen und Anleger beim Druck mehrfarbiger Landkarten.

Entgeltgruppe 3

Beschäftigte

a) an Bürovervielfältigungs- oder Druckmaschinen oder

b) in der Mikroverfilmung.

Entgeltgruppe 2

Beschäftigte
mit einfachen reproduktionstechnischen Tätigkeiten.
(Hierzu Protokollerklärungen Nrn. 1 und 4)

Protokollerklärungen:

Nr. 1 Reproduktionstechnische Berufe sind:
   a) Fotografin und Fotograf,
   b) Mediengestalterin und Mediengestalter Digital und Print,
   c) Medientechnologin und Medientechnologe Druck und
   d) Medientechnologin und Medientechnologe Druckverarbeitung.

Nr. 2 Schwierige Aufgaben besonderer Art sind z. B.:
   a) schwieriges Einpassen von Kartenteilen;
   b) besonders schwierige Montagen bei inhaltsreichen Karten im Maßstab 1 : 25 000 und kleiner.

Nr. 3 Schwierige Aufgaben sind z. B.:
   a) Strichaufnahmen oder Halbtonaufnahmen nach Sollmaß und jeden Formats; Maßausgleich auf gegebenes Sollmaß; Herstellen von Rasterfilmen ein- und mehrfarbig, von Schummerungsvorlagen über Halbtonaufnahmen; selbständige Versuchs- und Entwicklungsarbeiten bei der Einführung neuer technischer Verfahren;
   b) Zusammenkopie von einzelnen Kartenteilen mit Kartenrahmen bei der Neuherstellung sowie Einkopierung von Fortführungen in vorhandene Originale auf Folie und Glas mit kartografischer Passgenauigkeit.

Nr. 4 [1]Einfache Tätigkeiten sind Tätigkeiten, die weder eine Vor- noch eine Ausbildung, aber eine Einarbeitung erfordern, die über eine sehr kurze Einweisung oder Anlernphase hinausgeht. [2]Die Einarbeitung dient dem Erwerb derjenigen Kenntnisse und Fertigkeiten, die für die Beherrschung der Arbeitsabläufe als solche erforderlich sind.

IV

39. Schweißerinnen und Schweißer

Entgeltgruppe 8

Beschäftigte der Entgeltgruppe 6 mit Schweißfachmannprüfung und entsprechender Tätigkeit in einem Schweißfachbetrieb.

Entgeltgruppe 7

Beschäftigte der Entgeltgruppe 6 mit Schweißwerkmeisterprüfung und entsprechender Tätigkeit.

Entgeltgruppe 6

Beschäftigte der Entgeltgruppe 4 mit abgeschlossener Berufsausbildung im technischen Bereich.

IV

Entgeltgruppe 4

Schweißerinnen und Schweißer mit Schweißberechtigung.

40. Beschäftigte in der Steuerverwaltung

Vorbemerkung

[1]Nach diesem Abschnitt sind Beschäftigte bei der Zollverwaltung eingruppiert, die nach § 12 Abs. 2 des Finanzverwaltungsgesetzes bei der Verwaltung der Kraftfahrzeugsteuer mitwirken. [2]Dazu gehören nicht die Beschäftigten mit allgemeinen Verwaltungsaufgaben, die Beschäftigten in den Kassen und Zahlstellen sowie die Beschäftigten im Außendienst mit Ausnahme der Steuerermittlerinnen und -ermittler sowie Fahndungshelferinnen und -helfer.

Entgeltgruppe 12

Leiterinnen und Leiter von Sachgebieten.

(Hierzu Protokollerklärung Nr. 1)

IV

Entgeltgruppe 11

Beschäftigte der Entgeltgruppe 9b Fallgruppe 1,

deren Tätigkeit sich durch besondere Schwierigkeit und Bedeutung aus der Entgeltgruppe 9b Fallgruppe 1 heraushebt.

Entgeltgruppe 10

Beschäftigte der Entgeltgruppe 9b Fallgruppe 1,

deren Tätigkeit sich mindestens zu einem Drittel durch besondere Schwierigkeit und Bedeutung aus der Entgeltgruppe 9b Fallgruppe 1 heraushebt.

Entgeltgruppe 9b

1. Beschäftigte der Fallgruppe 2, deren Tätigkeit sich dadurch aus der Fallgruppe 2 heraushebt, dass sie besonders verantwortungsvoll ist.

2. Sachbearbeiterinnen und Sachbearbeiter

Entgeltgruppe 9a

Beschäftigte der Entgeltgruppe 6, die einfachere Veranlagungen durchführen oder gleichwertige Tätigkeiten ausüben.

(Hierzu Protokollerklärungen Nrn. 2 und 3)

Entgeltgruppe 8

Beschäftigte der Entgeltgruppe 6, die mindestens zu einem Drittel einfachere Veranlagungen durchführen oder gleichwertige Tätigkeiten ausüben.

(Hierzu Protokollerklärungen Nrn. 2 und 3)

IV

Entgeltgruppe 7

> Beschäftigte der Entgeltgruppe 6, die mindestens zu einem Fünftel einfachere Veranlagungen durchführen oder gleichwertige Tätigkeiten ausüben.
>
> (Hierzu Protokollerklärung Nrn. 2 und 3)

Entgeltgruppe 6

> Beschäftigte der Entgeltgruppe 5 Fallgruppe 1 oder 2, deren Tätigkeit vielseitige Fachkenntnisse erfordert.

Entgeltgruppe 5

1. Beschäftigte in der Kraftfahrzeugsteuerverwaltung mit einschlägiger abgeschlossener Berufsausbildung und entsprechender Tätigkeit.
2. Beschäftigte in der Kraftfahrzeugsteuerverwaltung, deren Tätigkeit gründliche Fachkenntnisse erfordert.

> (Hierzu Protokollerklärung Nr. 4)

Protokollerklärungen:

Nr. 1 Ist für die Tätigkeit einer Sachgebietsleiterin oder eines Sachgebietsleiters eine abgeschlossene wissenschaftliche Hochschulbildung erforderlich, gilt § 3 Abs. 4 Satz 3.

Nr. 2 Einfachere Veranlagungen zur Kraftfahrzeugsteuer umfassen insbesondere die

   a) Ermittlung der Besteuerungsgrundlagen, soweit diese nicht maschinell erfolgt ist,

   b) Prüfung der Voraussetzungen für Steuerbefreiungen und Steuerermäßigungen und

   c) Festsetzung (Neufestsetzung oder Änderung) der Höhe der Steuer.

Nr. 3 Gleichwertige Tätigkeiten sind z. B. die Bearbeitung von

   a) Stundungs- und Erlassanträgen oder

   b) Anträgen auf Aussetzung der Vollziehung.

Nr. 4 Erforderlich sind nähere Kenntnisse von Gesetzen, Verwaltungsvorschriften und Tarifbestimmungen usw. des Aufgabenkreises.

41. Technikerinnen und Techniker

Vorbemerkungen

1. Die Tätigkeitsmerkmale dieses Abschnitts gelten auch für Kern-, Reaktor-, Rechenmaschinen-, Synchrotron-, Tieftemperatur- sowie Vakuumtechnikerinnen und -techniker in Kernforschungseinrichtungen im Sinne des Abschnitts 34.

2. Die Tätigkeitsmerkmale dieses Abschnitts gelten auch für Beschäftigte, die diese Tätigkeiten unter der Bezeichnung „Baustellenaufseherin" oder „Baustellenaufseher", „Bauaufseherin" oder „Bauaufseher" oder „Zeichnerin" oder „Zeichner" ausüben.

3. Für Beschäftigte mit einer Ausbildung als Chemotechniker im Sinne der Rahmenordnung der staatlichen Prüfung für Chemotechniker vom 14./15. Mai 1964 bzw. vom 31. Juli 1970 gelten die Tätigkeitsmerkmale des Abschnitts 42 (Technische Assistentinnen und Assistenten).

IV

Entgeltgruppe 9b

Beschäftigte der Entgeltgruppe 9a,
die schwierige Aufgaben erfüllen.
(Hierzu Protokollerklärung Nr. 1)

Entgeltgruppe 9a

Beschäftigte der Entgeltgruppe 8,
die selbständig tätig sind.
(Hierzu Protokollerklärung Nr. 2)

Entgeltgruppe 8

Staatlich geprüfte Technikerinnen und Techniker mit entsprechender Tätigkeit sowie sonstige Beschäftigte, die aufgrund gleichwertiger Fähigkeiten und ihrer Erfahrungen entsprechende Tätigkeiten ausüben.

Protokollerklärungen:

Nr. 1 Schwierige Aufgaben sind Aufgaben, die in dem betreffenden Fachgebiet im oberen Bereich der Schwierigkeitsskala liegen oder die in konkreten Einzelfällen wegen der Besonderheiten Leistungen erfordern, die über das im Regelfall erforderliche Maß an Kenntnissen und Fähigkeiten wesentlich hinausgehen, z. B. durch die Breite des geforderten fachlichen Wissens und Könnens, die geforderten Spezialkenntnisse, außergewöhnliche Erfahrungen oder sonstige Qualifizierungen vergleichbarer Wertigkeit.

Nr. 2 [1]Technikerinnen und Techniker sind selbständig tätig, wenn sie bei technischen Arbeitsabläufen in Ausführung technischer, mehr routinemäßiger Entwurfs-, Leitungs- und Planungsarbeiten eigene technische Entscheidungen zu treffen haben. [2]Dass das Arbeitsergebnis einer Kontrolle, einer fachlichen Anleitung und Überwachung durch Vorgesetzte unterworfen wird, berührt die Selbständigkeit der Tätigkeit nicht. [3]Aufgrund der nach der Ausbildung vorauszusetzenden Kenntnisse sind der zur Erfüllung der Aufgabe einzuschlagende Weg und die anzuwendende Methode zu finden.

IV

42. Technische Assistentinnen und Assistenten

Vorbemerkung

Technische Assistentinnen und Assistenten mit staatlicher Anerkennung im Sinne der Tätigkeitsmerkmale dieses Abschnitts sind z. B. chemisch-technische Assistentinnen und Assistenten, physikalisch-technische Assistentinnen und Assistenten oder landwirtschaftlich-technische Assistentinnen und Assistenten jeweils mit staatlicher Anerkennung.

Entgeltgruppe 9b

Beschäftigte der Entgeltgruppe 7,

deren Tätigkeit ein besonders hohes Maß an Verantwortlichkeit erfordert.

Entgeltgruppe 9a

Beschäftigte der Entgeltgruppe 7,

die mindestens zu einem Viertel verantwortlichere Tätigkeiten verrichten.

Entgeltgruppe 7

Beschäftigte der Entgeltgruppe 6,

die schwierige Aufgaben erfüllen.

Entgeltgruppe 6

Technische Assistentinnen und Assistenten mit staatlicher Anerkennung und entsprechender Tätigkeit sowie sonstige Beschäftigte, die aufgrund gleichwertiger Fähigkeiten und ihrer Erfahrungen entsprechende Tätigkeiten ausüben.

Niederschriftserklärung zu Teil III Abschnitt 42:

[1]Die Tarifvertragsparteien halten eine Neuvereinbarung der Vorbemerkung Nr. 4 zu allen Vergütungsgruppen der Anlage 1a zum BAT für entbehrlich. [2]Es besteht Einvernehmen, dass – wie bisher – unter „technischen Assistentinnen und technischen Assistenten mit staatlicher Anerkennung" diejenigen Personen zu verstehen sind, die nach dem Berufsordnungsrecht berechtigt sind, diese Berufsbezeichnung zu führen.

43. Tierärztinnen und -ärzte

Entgeltgruppe 15

1. Beschäftigte der Entgeltgruppe 14,
   denen mindestens fünf Tierärztinnen oder -ärzte durch ausdrückliche Anordnung ständig unterstellt sind.
   (Hierzu Protokollerklärung)
2. Fachtierärztinnen und -ärzte mit entsprechender Tätigkeit.

Entgeltgruppe 14

Tierärztinnen und -ärzte mit entsprechender Tätigkeit.

Protokollerklärung:

Gegen Stundenentgelt tätige Tierärztinnen und -ärzte, die im Jahresdurchschnitt nicht mehr als 18 Stunden wöchentlich zur Arbeitsleistung herangezogen werden, und gegen Stückvergütung tätige Tierärztinnen und -ärzte zählen nicht mit.

44. Tierpflegerinnen und -pfleger

Entgeltgruppe 8

Beschäftigte der Entgeltgruppe 7 Fallgruppe 1 oder 2
mit besonders verantwortlicher Tätigkeit.
(Hierzu Protokollerklärung Nr. 1)

Entgeltgruppe 7

1. Beschäftigte der Entgeltgruppe 6 Fallgruppe 1 oder 2,
   die Tierversuche nach § 8 Tierschutzgesetz durchführen und überwachen.
2. Beschäftigte der Entgeltgruppe 5,
   die besonders hochwertige Arbeiten verrichten.
   (Hierzu Protokollerklärung Nr. 2)

Entgeltgruppe 6

1. Beschäftigte der Entgeltgruppe 5,
   die die Versuchsnachbereitung nach § 7 Tierschutzgesetz einschließlich § 4 Tierschutzgesetz durchführen.
2. Beschäftigte der Entgeltgruppe 5,
   die hochwertige Arbeiten verrichten.
   (Hierzu Protokollerklärung Nr. 3)

Entgeltgruppe 5

Tierpflegerinnen und -pfleger mit abgeschlossener Berufsausbildung und entsprechender Tätigkeit.

Entgeltgruppe 4

Helferinnen und Helfer in der Tierpflege mit schwierigen Tätigkeiten.

Entgeltgruppe 3

Helferinnen und Helfer in der Tierpflege (Tierwärterinnen und -wärter).

Protokollerklärungen:

Nr. 1 Besonders verantwortliche Tätigkeiten liegen bei gesteigerten Anforderungen an die zu betreuenden Tiere vor, z. B. wenn von den Tieren eine große Gefährdung ausgeht, oder wenn deren Pflege außerordentliche hygienische Maßnahmen erfordern oder wenn es sich um Tiere mit besonders hohem Wert handelt.

Nr. 2 Besonders hochwertige Arbeiten sind z. B. die Leitung eines Bereichs, in dem Tiere mit unterschiedlichen Belastungen durch

IV

verschiedene Krankheitserreger oder mindestens zehn verschiedene Tierarten zu betreuen sind.

Nr. 3 Hochwertige Arbeiten sind z. B. die Mitwirkung bei der Planung und Einrichtung neuartiger Haltungssysteme, das Erkennen und die Beschreibung von Verhaltensanomalien und sonstigen klinischen Anzeichen, oder die Vornahme von schwierigen Inokulationen beispielsweise in das Gehirn oder in das Muskelgewebe.

45. Vermessungstechnikerinnen und -techniker, Geomatikerinnen und Geomatiker sowie Messgehilfinnen und -gehilfen

Vorbemerkung

Den Vermessungstechnikerinnen und -technikern mit abgeschlossener Berufsausbildung sind die nach der hessischen Ausbildungs- und Prüfungsordnung für kulturbautechnische Angestellte der Wasserwirtschaftsverwaltung vom 21. Januar 1958 (Staats-Anzeiger für das Land Hessen S. 134) ausgebildeten Kulturbautechnikerinnen und -techniker mit verwaltungseigener Lehrabschlussprüfung gleichgestellt.

Entgeltgruppe 9a

Beschäftigte der Entgeltgruppe 6 Fallgruppe 1,

die schwierige Aufgaben erfüllen.

(Hierzu Protokollerklärung)

Entgeltgruppe 8

Beschäftigte der Entgeltgruppe 6 Fallgruppe 1,

die mindestens zu einem Drittel schwierige Aufgaben erfüllen.

(Hierzu Protokollerklärung)

Entgeltgruppe 7

Beschäftigte der Entgeltgruppe 6 Fallgruppe 1,

die mindestens zu einem Viertel schwierige Aufgaben erfüllen.

(Hierzu Protokollerklärung)

Entgeltgruppe 6

1. Beschäftigte der Entgeltgruppe 5 Fallgruppe 1,

   deren Tätigkeit besondere Leistungen erfordert.

2. Beschäftigte mit abgeschlossener Berufsausbildung und mit verwaltungseigener Prüfung zur Messgehilfin oder zum Messgehilfen und entsprechender Tätigkeit.

Entgeltgruppe 5

1. Vermessungstechnikerinnen und -techniker sowie Geomatikerinnen und Geomatiker mit abgeschlossener Berufsausbildung und entsprechender Tätigkeit sowie sonstige Beschäftigte, die aufgrund gleichwertiger Fähigkeiten und ihrer Erfahrungen entsprechende Tätigkeiten ausüben,

2. Messgehilfinnen und -gehilfen mit verwaltungseigener Prüfung und entsprechender Tätigkeit.

Entgeltgruppe 4

Beschäftigte der Entgeltgruppe 3, die auch Dienstfahrzeuge führen.

Entgeltgruppe 3

Messgehilfinnen und -gehilfen.

Protokollerklärung

Schwierige Aufgaben sind z. B.:

a) schwierige Einmessungen von Nutzungs-, Schätzungs-, und Bodenwertgrenzen;

b) Gebäudeeinmessungen oder Lageplanvermessungen in bebauten Ortslagen, wenn die Messung behindert ist, oder bei gleich schwierigen Verhältnissen;

c) einfachere Lagepasspunktbestimmungen;

d) Messungen in Sondergebieten (Bergbau, See, Gewässer etc.) unter Einsatz spezieller Hard- oder Software;

e) Bearbeiten von schwierigeren Vermessungen im Innendienst (wie Bau-, Sondervermessungen oder hydrographische Vermessungen oder Bearbeiten von Fortführungsvermessungen bei einer größeren Zahl von Nachweisen);

f) in der Luftbildvermessung:
Vorbereiten der Kartenunterlagen für den Bildflug; Passpunktbestimmung; schwierige Einpassungen von Luftbildern in Grundrisse unter gleichzeitiger topografischer Auswertung; selbständige fotogrammetrische Auswertungen einfacher Art; Entzerrungen einfacher Art;

g) schwierige Neuherstellung und Fortführung von Karten- oder Grundrissdaten in Geoinformationssystemen (z. B. in Altstadtgebieten, von schwierigen Straßen- und Wasserlaufvermessungen); schwieriges Einpassen von Kartenteilen;

h) Generalisierung von Situation (ohne Ortsteile) und Gelände (Höhenlinien);

i) besonders schwierige Herstellung und Fortführung von Karten- oder Geodatenoriginalen nach Entwurfsvorlagen – einschließlich Randbearbeitung und Ausführung von Korrekturen – in der Kartografie;

j) besonders schwierige Montagen oder Übertragungen in inhaltsreichen Karten- oder Geodatensystemen;

k) schwierige Übertragung und Generalisierung von Fachplanungen für das Raumordnungskataster (z. B. Neueintragung von Fachplanungen mit Maßstabsumstellung und Neudarstellung);

l) Nachweis und Führung von Nutzungsrechten, Lasten und Beschränkungen, rechtlichen Einschränkungen, Jagd- und Fischereirechten in Sonderkarten- und Geoinformationssystemen.

IV

46. Vorlesekräfte für Blinde und besondere Hilfskräfte für sonstige schwerbehinderte Menschen

Entgeltgruppe 6

Beschäftigte der Entgeltgruppe 5 mit schwieriger Tätigkeit.

Entgeltgruppe 5

Vorlesekräfte für Blinde und besondere Hilfskräfte für sonstige schwerbehinderte Menschen.

47. Wächterinnen und Wächter

Entgeltgruppe 5

Leiterinnen und Leiter einer Wachgruppe, denen mindestens fünf Wachleute ständig unterstellt sind.

Entgeltgruppe 3

Beschäftigte der Entgeltgruppe 2 mit Dienstwaffe, Begleithund oder im Freien.

Entgeltgruppe 2

Wächterinnen und Wächter.

48. Weitere Beschäftigte

Entgeltgruppe 9b

Technische Beschäftigte mit besonders verantwortungsvoller Tätigkeit

a) als Schichtführerinnen oder Schichtführer in großen thermischen Kraftwerken, großen Heizkraftwerken oder großen Müllverbrennungsanlagen, die außerhalb der regulären Tagesarbeitszeit für den gesamten Betrieb allein verantwortlich sind,

b) in großen E-Lastverteileranlagen, die in der Schicht für die Netzbetriebsführung allein verantwortlich sind,

c) als Leiterinnen oder Leiter von großen und vielschichtig strukturierten Instandsetzungsbereichen

sowie

sonstige technische Beschäftigte mit vergleichbarer Tätigkeit, die wegen der Schwierigkeit der Aufgaben und der Größe der Verantwortung ebenso zu bewerten ist, wie die Tätigkeiten nach Buchstaben a bis c.

(Beschäftigte in dieser Fallgruppe erhalten eine Entgeltgruppenzulage gemäß § 17 Nr. 8.)

(Hierzu Protokollerklärungen Nrn. 1 und 2)

Entgeltgruppe 8

1. Beschäftigte mit abgeschlossener Berufsausbildung im technischen Bereich, die überwiegend nach Entwurfsunterlagen oder sonstigen technischen Angaben hochwertige Versuchsgeräte oder Instrumente unter eigener Verantwortung zusammenbauen und justieren.

2. Beschäftigte mit abgeschlossener Berufsausbildung im technischen Bereich, die besonders schwierige Instandsetzungen an elektrisch oder mechanisch komplizierten Funk- oder sonstigen Spezialgeräten ausführen, wobei sie Fehler durch eigene hochfrequenztechnische oder gleich schwierige Messungen selbst eingrenzen.

3. Beschäftigte mit abgeschlossener Berufsausbildung im technischen Bereich, die besonders schwierige Instandsetzungen und Spezialarbeiten an hoch empfindlichen und komplizierten Geräten selbständig ausführen.

4. Beschäftigte mit abgeschlossener Berufsausbildung im elektrotechnischen Bereich, die bei Kabelfehlern an Hoch,- Mittel,- und Niederspannungsanlagen selbständig und eigenverantwortlich die

Ortung vorbereiten und Ortungen mit schwierigen Hochleistungs-messgeräten wie Messbrücken oder Impulsmessgeräten ausführen.

Protokollerklärungen:

Nr. 1 [1]Ein vielschichtig strukturierter Bereich liegt vor, wenn in diesem Bereich die Arbeit von mindestens drei Gewerken zu koordinieren ist und mindestens drei Gewerken jeweils geprüfte Meisterinnen oder Meister vorstehen. [2]Gewerke sind Fachrichtungen im Sinne anerkannter Ausbildungsberufe, in denen die Meisterprüfung abgelegt werden kann. [3]Im Mehrschichtbetrieb ist es unschädlich, wenn in den mindestens drei Gewerken nicht in allen Schichten jeweils Meisterinnen oder Meister im Sinne des Satzes 1 eingesetzt sind.

Nr. 2 Dieses Tätigkeitsmerkmal gilt nicht für den Bereich des Bundes-ministeriums der Verteidigung.

IV

Teil IV
Besondere Tätigkeitsmerkmale
im Bereich des Bundesministeriums der Verteidigung

1. Besondere Tätigkeitsmerkmale

Entgeltgruppe 9b

Technische Beschäftigte

a) im Technischen Betriebsdienst

denen mindestens drei geprüfte Meisterinnen oder Meister oder Meisterinnen oder Meister mit erfolgreich abgeschlossener aufgabenspezifischer Sonderausbildung durch ausdrückliche Anordnung ständig unterstellt sind, wenn keine Beschäftigten mit abgeschlossener technischer Hochschulbildung eingesetzt sind,

b) in Luftverteidigungsanlagen

als Leiterinnen oder Leiter der Koordination oder als Schichtführerinnen oder Schichtführer,

c) in der Flugzeuginstandsetzung

aa) als Leiterinnen oder Leiter von Instandsetzungsbereichen, denen mindestens fünf geprüfte Meisterinnen oder Meister oder Meisterinnen oder Meister mit erfolgreich abgeschlossener aufgabenspezifischer Sonderausbildung durch ausdrückliche Anordnung ständig unterstellt sind,

bb) als Leiterinnen oder Leiter der Kraftstoffgeräteinstandsetzung,

cc) als Leiterinnen oder Leiter der Instandsetzung von Chassis elektronischer Bauteile oder von Avionikgeräten mit Hilfe rechnergesteuerter Prüfgeräte,

dd) als Leiterinnen oder Leiter der Triebwerksabnahme an stationären Prüfständen oder

ee) als Leiterinnen oder Leiter anderer besonders wichtiger Arbeitsbereiche, die nach ihrer Größe und Bedeutung sowie nach dem Umfang der Verantwortung der Beschäftigten den vorstehend genannten entsprechen,

d) in der Instandsetzung von Schiffen,

aa) die als Leiterinnen oder Leiter von Instandsetzungsgruppen Mess-, Prüf-, Justier- und Abgleicharbeiten an komplexen Ortungs- oder Navigationsanlagen, sofern diese über ein automatisiertes Datenaufbereitungssystem zusammengeschaltet sind, selbstverantwortlich vorzunehmen haben oder

bb) als Leiterinnen oder Leiter anderer besonders wichtiger Arbeitsbereiche, die nach ihrer Größe und Bedeutung sowie nach dem Umfang der Verantwortung der Beschäftigten den vorstehend genannten entsprechen.

(Beschäftigte in dieser Fallgruppe erhalten eine Entgeltgruppenzulage gemäß § 17 Nr. 8.)

Entgeltgruppe 9a

1. Beschäftigte mit einschlägiger abgeschlossener Berufsausbildung, die in Hauptquartieren und Schulen der Bundeswehr komplexe rechnergestützte Informationsdarstellungs- und -verarbeitungssysteme (Großlagedarstellungen) warten und besonders schwierige Instandsetzungen selbständig durchführen.

2. Beschäftigte mit einschlägiger abgeschlossener Berufsausbildung, die im Kalibrierungszentrum der Bundeswehr nach Durchführung von Eingangsprüfungen oder Fehlerdiagnosen hochempfindliche und komplizierte lichttechnische servopneumatische oder prozessorgesteuerte Mess- und Prüfgeräte instand setzen und eigenverantwortlich kalibrieren.

3. Beschäftigte mit einschlägiger abgeschlossener Berufsausbildung, die in Heeresinstandsetzungswerken oder vergleichbaren Einrichtungen schwierige Prüfarbeiten an elektronischem Gerät mit automatisierten Prüfstationen durchführen und die hierfür erforderlichen Prüfprogramme erarbeiten, anwenden, optimieren und pflegen.

4. Beschäftigte mit einschlägiger abgeschlossener Berufsausbildung, die in Heeresinstandsetzungswerken, Luftwaffenwerften, im Marinearsenal oder in vergleichbaren Einrichtungen besonders schwierige Instandsetzungen an hochempfindlichen und komplexen Waffen oder Teilsystemen (z. B. rechnergestützten Waffenleit- oder Ortungsanlagen, Anlagen der elektronischen Kampfführung, Flugkörperwaffenanlagen) durchführen und hierfür fachübergreifende Kenntnisse benötigen.

Entgeltgruppe 8

1. Beschäftigte mit abgeschlossener Berufsausbildung im technischen Bereich, die in den Lehrmittelwerkstätten Lehr-, Ausbildungs- und Versuchsgeräte nach Entwurfsunterlagen oder sonstigen tech-

nischen Angaben unter Eigenverantwortung fertigen, zusammenbauen oder justieren.

2. Beschäftigte mit abgeschlossener Berufsausbildung im technischen Bereich, die als Arbeitsprüfer in Eingangs- oder Ausgangsinspektionen (keine Baugruppen) beschäftigt werden.

3. Beschäftigte mit abgeschlossener Berufsausbildung im technischen Bereich, die besonders schwierige Instandsetzungen oder Spezialarbeiten an hoch empfindlichen und komplizierten Waffen oder Geräten oder Schiffsantriebsanlagen selbständig durchführen.

4. Beschäftigte, die an Simulatoren eingesetzt sind und dabei Simulationsabläufe nach Vorgaben konfigurieren, erstellen oder ausführen.

Entgeltgruppe 7

1. Beschäftigte der Entgeltgruppe 6 Fallgruppe 1 oder 2,
   die besonders hochwertige Arbeiten verrichten.
   (Hierzu Protokollerklärungen Nrn. 1 und 2)

2. Beschäftigte mit abgeschlossener Berufsausbildung als Kraftfahrzeugmechatronikerin oder -mechatroniker, Kraftfahrzeugschlosserin oder -schlosser, Kraftfahrzeugmechanikerin oder -mechaniker, Kraftfahrzeugelektrikerin oder -elektriker oder in einem verwandten Beruf, die schwierige Instandsetzungen an verschiedenen in der Entgeltgruppe 5 Fallgruppen 1, 2, 3 oder 4 oder in der Entgeltgruppe 6 Fallgruppe 1 des Abschnitts 6 genannten Spezialfahrzeugen in Instandsetzungseinrichtungen und Werkstätten durchführen.

Entgeltgruppe 6

1. Beschäftigte mit abgeschlossener Berufsausbildung und aufgabenspezifischer Fortbildung oder Einweisung und entsprechender Tätigkeit.
   (Hierzu Protokollerklärungen Nrn. 2 und 3)

2. Beschäftigte mit abgeschlossener Berufsausbildung und entsprechender Tätigkeit,
   die zu mindestens einem Drittel mit Arbeiten beschäftigt werden, die an die Eignung und selbständige Überlegung besondere Anforderungen stellen.
   (Hierzu Protokollerklärungen Nrn. 2 und 4)

3. Motorenwärterinnen und -wärter mit einschlägiger abgeschlossener Berufsausbildung oder mit entsprechender Befähigung im Marinearsenal oder in Wehrtechnischen Dienststellen.

Entgeltgruppe 5

1. Fallschirmlegerinnen und -leger.
2. Bremsschirmlegerinnen und -leger.

Entgeltgruppe 4

Akkumulatorenwärterinnen und -wärter, die Torpedohochleistungsbatterien oder vergleichbare Hochleistungsbatterien aufbereiten und hierbei auch Platten und Separatoren ein- und ausbauen.

Entgeltgruppe 3

1. Helferinnen und Helfer in Nachschub- oder Versorgungseinrichtungen, Vorschriften- und Kartenstellen oder in Waffen-, Geräte- oder Bekleidungskammern.
2. Museumsaufseherinnen und -aufseher.
3. Wärterinnen und Wärter von Zug- oder Tragtieren.
   (Hierzu Protokollerklärung Nr. 5)

Protokollerklärungen:

Nr. 1 Besonders hochwertige Arbeiten sind Arbeiten, die neben vielseitigem hochwertigem fachlichen Können besondere Umsicht und Zuverlässigkeit erfordern.

Nr. 2 Das Tätigkeitsmerkmal gilt nur für körperlich/handwerklich geprägte Tätigkeiten und nur, sofern keine spezielleren Tätigkeitsmerkmale des Teils III einschlägig sind.

Nr. 3 Hierunter fallen zum Beispiel Beschäftigte als Mechanikerinnen oder Mechaniker, Mechatronikerinnen oder Mechatroniker, Elektrikerinnen oder Elektriker sowie Elektronikerinnen oder Elektroniker für Luft-, Wasser oder Bodenfahrzeuge, oder anderes bundeswehrspezifisches Gerät, Waffen oder Material, Büchsenmacherinnen oder -macher, Flugzeugsattlerinnen oder -sattler, Schlosserinnen oder Schlosser oder Tischlerinnen oder Tischler in Lehrmittelwerkstätten.

Nr. 4 [1]Derartige Arbeiten sind zum Beispiel:

a) schwierige Instandsetzungen von Kraft- oder Arbeitsmaschinen einschließlich der Stark- oder Schwachstromanlagen oder von Kälteaggregaten, Aufzugsanlagen, Heizungsanlagen oder Klimaanlagen,

b) Einstellen, Instandsetzen oder Prüfen komplizierter Apparate wie Zünd-, Licht- oder Anlassmaschinen sowie Kraftstoffeinspritzvorrichtungen an Kraftfahrzeugen,

IV

c) sonstige handwerkliche Arbeiten, die im Allgemeinen nur aufgrund besonderer Erfahrungen geleistet werden können, sofern bei der Ausführung der Arbeiten an das Überlegungsvermögen und handwerksmäßige Geschick Anforderungen gestellt werden, die über das Maß dessen hinausgehen, was von Beschäftigten der Entgeltgruppe 5 des Teils II verlangt werden kann.

[2]Handwerkliche Arbeiten, die im Allgemeinen nur aufgrund besonderer Erfahrungen geleistet werden können, liegen auch vor, wenn Handwerkerinnen und Handwerker ständig neben den Arbeiten im erlernten Handwerk auch handwerkliche Arbeiten in anderen Berufen zu leisten haben und auch in diesen Berufen vollwertige Leistungen erbringen.

Nr. 5 Unter dieses Tätigkeitsmerkmal fallen auch Wärterinnen und Wärter von Zug- oder Tragtieren, die auch die Tiere führen.

2. Beschäftigte in der Arbeitsvorbereitung oder in der Betriebsorganisation

Entgeltgruppe 13

Beschäftigte mit abgeschlossener technischer Hochschulbildung und abgeschlossener REFA-Grundausbildung sowie mit einer REFA-Sonderausbildung auf dem Gebiet der Arbeitsvorbereitung sowie sonstige Beschäftigte mit abgeschlossener REFA-Fachausbildung oder MTM-Praktikerausbildung, die aufgrund gleichwertiger Fähigkeiten und ihrer Erfahrungen entsprechende Tätigkeiten ausüben,

als Leiterinnen oder Leiter der gesamten Arbeitsvorbereitung in Dienststellen mit über 300 Beschäftigten.

(Hierzu Protokollerklärung Nr. 1)

Entgeltgruppe 12

Beschäftigte mit abgeschlossener technischer Hochschulbildung und abgeschlossener REFA-Grundausbildung sowie mit einer REFA-Sonderausbildung auf dem Gebiet der Arbeitsvorbereitung sowie sonstige Beschäftigte mit abgeschlossener REFA-Fachausbildung oder MTM-Praktikerausbildung, die aufgrund gleichwertiger Fähigkeiten und ihrer Erfahrungen entsprechende Tätigkeiten ausüben,

als Leiterinnen oder Leiter der gesamten Arbeitsvorbereitung.

Entgeltgruppe 11

Beschäftigte mit abgeschlossener technischer Hochschulbildung und abgeschlossener REFA-Grundausbildung sowie sonstige Beschäftigte mit abgeschlossener REFA-Fachausbildung oder MTM-Praktikerausbildung, die aufgrund gleichwertiger Fähigkeiten und ihrer Erfahrungen entsprechende Tätigkeiten ausüben,

als Leiterinnen oder Leiter der Auftragsvorbereitung, Auftragsplanung, Koordinierung, Kapazitätsplanung, Kalkulation, Arbeitsplanung oder Arbeitsaufnahme.

Entgeltgruppe 10

1. Beschäftigte mit abgeschlossener technischer Hochschulbildung sowie sonstige Beschäftigte mit abgeschlossener REFA-Fachausbildung oder MTM-Praktikerausbildung, die aufgrund gleichwertiger Fähigkeiten und ihrer Erfahrungen entsprechende Tätigkeiten ausüben,

IV

als Arbeitsplanerinnen oder -planer, Fachleute für Zeitstudien oder Kalkulatorinnen oder Kalkulatoren.

(Hierzu Protokollerklärungen Nrn. 2 und 3)

2. Beschäftigte mit abgeschlossener technischer Hochschulbildung sowie sonstige Beschäftigte mit abgeschlossener REFA-Fachausbildung oder MTM-Praktikerausbildung, die aufgrund gleichwertiger Fähigkeiten und ihrer Erfahrungen entsprechende Tätigkeiten ausüben,

als Arbeitsgruppenleiterinnen oder -leiter in der Auftragsvorbereitung, Auftragsplanung, Koordinierung, Kapazitätsplanung, Kalkulation, Arbeitsplanung, Arbeitsaufnahme oder Werkstattkalkulation.

3. Beschäftigte mit abgeschlossener technischer Hochschulbildung sowie sonstige Beschäftigte mit abgeschlossener REFA-Fachausbildung oder MTM-Praktikerausbildung, die aufgrund gleichwertiger Fähigkeiten und ihrer Erfahrungen entsprechende Tätigkeiten ausüben,

die als Betriebsplanerinnen oder -planer oder Steuerinnen oder Steuerer die Eigen- und Fremdleistungen, Ersatzteil- und Gerätebeistellungen bei großen Projekten (z. B. bei umfangreichen Instandsetzungen, Umbauten oder Überholungen von Schiffen) koordinieren.

Entgeltgruppe 9b

1. Beschäftigte mit abgeschlossener REFA-Fachausbildung und MTM-Praktikerausbildung, die als Arbeitsplanerinnen oder -planer oder Fachleute für Zeitstudien Arbeitsstudien für überbetriebliche Datensysteme durchführen.

2. Beschäftigte mit abgeschlossener REFA-Grundausbildung, die als Arbeitsvorbereiterinnen oder -vorbereiter für die gesamte Arbeitsvorbereitung in Mechatronikzentren oder in Dienststellen mit vergleichbarem Aufgabenumfang bei der Arbeitsvorbereitung verantwortlich sind.

3. Beschäftigte mit abgeschlossener REFA-Grundausbildung, als Arbeitsplanerinnen oder -planer, Fachleute für Zeitstudien oder Kalkulatorinnen oder Kalkulatoren

für schwierige Arbeitsgebiete (z. B. Motoren, Getriebe, Bremsanlagen, Funkgeräte, Fernschreiber, Elektroanlagen).

(Hierzu Protokollerklärung Nr. 4)

4. Beschäftigte mit abgeschlossener REFA-Grundausbildung, die als Terminbearbeiterinnen oder -bearbeiter für komplexe Geräte schwierige Koordinierungstätigkeiten zwischen Dienststellen, Werkstätten, Industrie- oder Handwerksbetrieben ausüben.

   (Hierzu Protokollerklärung Nr. 5)

5. Beschäftigte mit abgeschlossener REFA-Grundausbildung, die als Betriebsplanerinnen oder -planer oder Steurerinnen oder Steurer für komplexe Geräte nicht programmierte Arbeitsaufträge unter Berücksichtigung der Kapazität einplanen oder steuern.

   (Hierzu Protokollerklärung Nr. 5)

Entgeltgruppe 9a

1. Beschäftigte mit abgeschlossener REFA-Grundausbildung als Arbeitsvorbereiterinnen oder -vorbereiter, Arbeitsplanerinnen oder -planer, Arbeitsaufnehmerinnen oder -aufnehmer, Werkstattkalkulatorinnen oder -kalkulatoren, Terminbearbeiterinnen oder -bearbeiter, Betriebsplanerinnen oder -planer oder Steurerinnen oder Steurer.

2. Materialdisponentinnen und -disponenten mit abgeschlossener REFA-Grundausbildung mit schwieriger Tätigkeit,

   denen mindestens vier Materialdisponentinnen oder -disponenten, davon mindestens zwei der Entgeltgruppe 8 Fallgruppe 4, durch ausdrückliche Anordnung ständig unterstellt sind.

Entgeltgruppe 8

1. Terminbearbeiterinnen und -bearbeiter, die den Arbeitsablauf zwischen den Zubringer- und Hauptwerkstätten abstimmen und im Arbeitsablauf auftretende Störungen beseitigen.

2. Betriebsplanerinnen und -planer sowie Steurerinnen und Steurer, die eingehende Arbeitsaufträge in den Arbeitsablauf einplanen oder steuern.

3. Kostenrechnerinnen und -rechner, die in der Auftragsabrechnung Aufträge in ihrer Gesamtheit zum Zwecke der Kostenermittlung bearbeiten.

4. Beschäftigte der Entgeltgruppe 6

   mit schwieriger Tätigkeit.

   (Hierzu Protokollerklärung Nr. 6)

Entgeltgruppe 6

Materialdisponentinnen und -disponenten, die auftragsgebundenes Material, Gerät oder Leistungsbeistellungen anfordern.

Protokollerklärungen:

Nr. 1 Für die Ermittlung der Beschäftigtenzahl gilt § 5 entsprechend.

Nr. 2 Entsprechende Tätigkeiten sind z. B.: Arbeitsplanung oder Kalkulation bei der Instandsetzung von hochwertigen Sende- und Empfangsanlagen, wie Mehrkanalfernwählgeräten von Sprechsendern oder DmW-Sprechsendern und -empfängern, automatischen Sichtpeilanlagen, HF-Steueranlagen, Infrarot-Geräten, Sonaranlagen, elektronischen Messgeräten, elektromechanischen Feuerleitgeräten und Feuerleitrechengeräten, kompletten Flak- und Seezielgeräten, selbstzielsuchender Munition; Projektkalkulationen mit hohem Schwierigkeitsgrad, wie Havariekalkulationen.

Nr. 3 Nach diesem Tätigkeitsmerkmal sind auch Beschäftigte mit abgeschlossener technischer Hochschulbildung eingruppiert, die Angemessenheitsbeurteilungen von Angeboten und Rechnungen vornehmen, sowie sonstige Beschäftigte mit abgeschlossener REFA-Fachausbildung oder MTM-Praktikerausbildung, die aufgrund gleichwertiger Fähigkeiten und ihrer Erfahrungen entsprechende Tätigkeiten ausüben.

Nr. 4 Nach diesem Tätigkeitsmerkmal sind auch die Projektkalkulatorinnen und -kalkulatoren eingruppiert.

Nr. 5 Komplexe Geräte sind solche, in denen mehrere Teilgeräte oder Baugruppen, die verschiedenen Fachgebieten mindestens einer Ingenieurfachrichtung (z. B. Maschinenbau) zuzuordnen sind, funktionell zusammenwirken.

Nr. 6 Schwierige Tätigkeiten sind z. B. die Ermittlung oder Auswahl von gleichwertigem Material, Gerät oder gleichwertigen Ersatzteilen.

3. Beschäftigte im Bereich des Bundesamtes für Ausrüstung, Informationstechnik und Nutzung der Bundeswehr

3.1 Beschäftigte im Beschaffungs- oder Vertragswesen sowie in der Vertrags- und Instandsetzungsabrechnung

Entgeltgruppe 11

1. Beschäftigte der Entgeltgruppe 10 Fallgruppe 1, denen mindestens zwei Beschäftigte dieses Unterabschnitts mindestens der Entgeltgruppe 9b ständig unterstellt sind.

2. Beschäftigte in der Vertrags- und Instandsetzungsabrechnung, denen mindestens

   a) vier Beschäftigte in der Vertrags- und Instandsetzungsabrechnung mindestens der Entgeltgruppe 8, davon mindestens zwei Beschäftigte mindestens der Entgeltgruppe 9b,

   oder

   b) drei Beschäftigte in der Vertrags- und Instandsetzungsabrechnung mindestens der Entgeltgruppe 9b

   ständig unterstellt sind.

Entgeltgruppe 10

1. Sachbearbeiterinnen und Sachbearbeiter im Beschaffungs- oder Vertragswesen, die selbständig besonders schwierige Verträge vorbereiten und abwickeln.

   (Hierzu Protokollerklärungen Nrn. 1 und 2)

2. Sachbearbeiterinnen und Sachbearbeiter in der Vertrags- und Instandsetzungsabrechnung,

   a) die besonders schwierige Abrechnungsvorgänge rechnerisch oder wirtschaftlich abwickeln und

   b) denen mindestens zwei Beschäftigte in der Vertrags- und Instandsetzungsabrechnung mindestens der Entgeltgruppe 6 ständig unterstellt sind.

   (Hierzu Protokollerklärung Nr. 3)

Entgeltgruppe 9b

1. Sachbearbeiterinnen und Sachbearbeiter in der Vertrags- und Instandsetzungsabrechnung, die schwierige Abrechnungsvorgänge rechnerisch oder wirtschaftlich verantwortlich abwickeln.

   (Hierzu Protokollerklärung Nr. 4)

2. Sachbearbeiterinnen und Sachbearbeiter im Beschaffungs- oder Vertragswesen, die selbständig Verträge vorbereiten und abwickeln.

(Hierzu Protokollerklärung Nr. 1)

3. Sachbearbeiterinnen und Sachbearbeiter in der Vertrags- und Instandsetzungsabrechnung, die schwierigere Abrechnungsvorgänge rechnerisch oder wirtschaftlich verantwortlich abwickeln.

(Hierzu Protokollerklärung Nr. 5)

Entgeltgruppe 8

Beschäftigte in der Vertrags- und Instandsetzungsabrechnung, die einfachere Abrechnungsvorgänge rechnerisch verantwortlich abwickeln.

Protokollerklärungen:

Nr. 1 Verträge im Sinne dieses Tätigkeitsmerkmals sind im Wesentlichen:

a) Beschaffungsverträge,

b) Entwicklungsverträge,

c) Dienstleistungsverträge.

Nr. 2 Tätigkeiten im Sinne dieses Tätigkeitsmerkmals sind z. B. die Vorbereitung und Abwicklung internationaler Entwicklungsverträge einfacherer Art, die Bearbeitung von Gewährleistungsfällen oder von Haftungsfragen.

Nr. 3 Tätigkeiten im Sinne dieses Tätigkeitsmerkmals sind z. B.

a) die Abrechnung von Verträgen mit verschiedenen Preistypen (Fest-, Richt- und Erstattungspreise), Mischpreisen, Preisgleitklauseln,

b) die Abrechnung von bi- und multilateralen, teils fremdsprachlichen Verträgen aus internationalen Gemeinschaftsprogrammen mit teils verschiedenen Buchführungsarten sowie Devisenhilfen.

Nr. 4 Tätigkeiten im Sinne dieses Tätigkeitsmerkmals sind insbesondere:

a) die Bearbeitung von Abrechnungsvorgängen und Unterlagen, die schwierige Abrechnungsarbeiten erfordern, die insbesondere von den gewöhnlichen Zahlungs- und Abrechnungsbedingungen stark abweichen, z. B. prozentual festgelegte Ratenzahlungen im Schiffbau, Voraus- und Abschlagszahlungen, Verwahr- und Sonderkonten;

b) Abrechnungsarbeiten, die aufweisen: Bürgschaftsleistungen und -entlassungen, Prämienrückvergütungen, Forderungsabtretungen, Kostenverbuchung bei mehreren Haushaltstiteln (insbesondere bei Fremdwährung);

c) Bearbeitung von Forderungen des Bundes, Zahlungsverboten und Pfändungs- und Überweisungsbeschlüssen;

d) Verfolgen von Ansprüchen in Insolvenz- und Vergleichsverfahren.

Nr. 5 Tätigkeiten im Sinne dieses Tätigkeitsmerkmals sind insbesondere die Bearbeitung von Abrechnungsvorgängen, für die nicht nur die üblichen Zahlungs- und Abrechnungsbedingungen vereinbart sind, einschließlich des Entwurfs von Vermerken und Schreiben bei einfacherem Sachverhalt; diese umfassen ggf. auch die Verrechnung von Kosten im Rahmen der Gemeinschaftsprogramme.

3.2 Beschäftigte in der Preisverhandlung und in der Preisprüfung

Entgeltgruppe 11

1. Beschäftigte der Entgeltgruppe 10 Fallgruppe 1,

   deren Tätigkeit sich dadurch aus der Entgeltgruppe 10 Fallgruppe 1 heraushebt, dass sie

   a) über vorkalkulatorisch ermittelte Preise mit Klein- und Mittelbetrieben oder

   b) mit Großbetrieben

      aa) über einfache vorkalkulatorisch ermittelte Preise oder

      bb) über nachkalkulatorisch ermittelte Preise

   selbständig verhandeln.

   (Hierzu Protokollerklärungen Nrn. 1 und 2)

2. Beschäftigte der Entgeltgruppe 10 Fallgruppe 2,

   deren Tätigkeit sich dadurch aus der Entgeltgruppe 10 Fallgruppe 2 heraushebt, dass sie besonders schwierig und verantwortungsvoll ist.

   (Hierzu Protokollerklärung Nr. 3)

Entgeltgruppe 10

1. Preisverhandlerinnen und -verhandler mit gründlichen und umfassenden Fachkenntnissen des industriellen Rechnungswesens, die

   a) schwierige Preiskalkulationen und schwierige Prüfungsberichte auswerten oder

    b) über nachkalkulatorisch ermittelte Preise mit Klein- und Mittelbetrieben oder über Marktpreise selbständig verhandeln.

(Hierzu Protokollerklärungen Nrn. 1, 2 und 4)

2. Preisprüferinnen und -prüfer mit gründlichen und umfassenden Fachkenntnissen des industriellen Rechnungswesens, die
   a) schwierige Preiskalkulationen oder einfache Preiskalkulationen mit tiefer Gliederung der Kostenrechnung prüfen oder
   b) größere Teilprüfungsaufgaben innerhalb einer Prüfungsgruppe selbständig durchführen.

   (Hierzu Protokollerklärung Nr. 5)

IV Entgeltgruppe 9b

1. Preisverhandlerinnen und -verhandler mit gründlichen und umfassenden Fachkenntnissen der industriellen Kostenrechnung, die
   a) Preiskalkulationen oder Prüfungsberichte auswerten oder
   b) bei der Vereinbarung von Marktpreisen oder nachkalkulatorisch ermittelten Preisen mit Klein- und Mittelbetrieben mitwirken.

   (Hierzu Protokollerklärungen Nrn. 1 und 2)

2. Preisprüferinnen und -prüfer mit gründlichen und umfassenden Fachkenntnissen der industriellen Kostenrechnung, die
   a) Preiskalkulationen ohne tiefe Gliederung der Kostenrechnung anhand schlüssiger Unterlagen der Betriebsabrechnung prüfen oder
   b) Teilprüfungsaufgaben innerhalb einer Prüfungsgruppe durchführen.

Protokollerklärungen:

Nr. 1 Nachkalkulatorisch ermittelte Preise sind Selbstkostenerstattungspreise nach § 7 der Verordnung Preisrecht 30/53.

Nr. 2 Kleinbetriebe sind Betriebe mit bis zu 100 Beschäftigten, Mittelbetriebe sind Betriebe mit mehr als 100 bis 500 Beschäftigten.

Nr. 3 Besonders schwierige und verantwortungsvolle Tätigkeiten liegen z. B. vor, wenn – ggf. unter Hinzuziehung technischer Kostenprüferinnen oder -prüfer – Nachkalkulationen ohne Begrenzung der Auftragswerte und Fertigungszeiten oder finanziell bedeutsame Vorkalkulationen erheblicher Schwierigkeitsgrade überprüft oder schwierige Teilprüfungsaufgaben innerhalb einer Prüfungsgruppe selbständig durchgeführt werden.

Nr. 4 Schwierige Preiskalkulationen oder schwierige Prüfungsberichte liegen vor, wenn kalkulatorische Kostenbereiche, z. B.
Fertigungswagnisse, kalkulatorische Abschreibungen, kalkula-
torischer Unternehmerlohn, beurteilt werden müssen.

Nr. 5 Schwierige Preiskalkulationen liegen z. B. vor, wenn sie einen
komplexen Aufbau oder Nebenkalkulationen aufweisen.

IV

4. Brückenwärterinnen und -wärter

Entgeltgruppe 7

Brückenwärterinnen und -wärter mit einschlägiger abgeschlossener Berufsausbildung, die an der Jachmannbrücke in Wilhelmshaven die Aufsicht verantwortlich führen.

Entgeltgruppe 4

Brückenwärterinnen und -wärter in den Standortbereichen Borkum und Wilhelmshaven.

IV

5. Diesellokführerinnen und -lokführer sowie Rangiererinnen und Rangierer

Entgeltgruppe 6

Diesellokführerinnen und -lokführer, die Diesellokomotiven über 257 kW (349 PS) führen.

Entgeltgruppe 5

Diesellokführerinnen und -lokführer.

Entgeltgruppe 4

Rangiererinnen und Rangierer mit Rangierleiterprüfung der Deutsche Bahn AG.

(Hierzu Protokollerklärung)

Protokollerklärung:

Die entsprechenden Prüfungen der Deutschen Bundesbahn und der Deutschen Reichsbahn sind gleichgestellt.

6. Fahrerinnen und Fahrer sowie Wagenpflegerinnen und -pfleger

Entgeltgruppe 8

Fahrerinnen und Fahrer von Hebefahrzeugen mit mindestens 40 t Tragfähigkeit.

Entgeltgruppe 6

1. Fahrerinnen und Fahrer von Panzern.
   (Hierzu Protokollerklärung Nr. 1)
2. Fahrerinnen und Fahrer von Feldumschlaggerät für Container.
3. Fahrerinnen und Fahrer von Hebefahrzeugen mit mindestens 10 t Tragfähigkeit.
4. Fahrerinnen und Fahrer von Schwerlasttransportern mit mehr als 40 t Tragfähigkeit, die auch die Zusatzgeräte dieser Fahrzeuge bedienen.
   (Hierzu Protokollerklärung Nr. 2)
5. Fahrerinnen und Fahrer solcher Spezialfahrzeuge, die in der Entgeltgruppe 5 Fallgruppen 1, 2, 3 oder 4 ausdrücklich erwähnt sind, wenn sie als Einfahrerinnen oder Einfahrer oder beim Unterweisen tätig sind, sowie Fahrerinnen und Fahrer bei Erprobungsaufgaben für Kraftfahrzeuge in den Wehrtechnischen Dienststellen.

Entgeltgruppe 5

1. Fahrerinnen und Fahrer von überschweren Kraftfahrzeugen, Baugeräten oder sonstigen Spezialfahrzeugen (z. B. Lastkraftwagen – ggf. mit Anhänger – mit mehr als 5 t Tragfähigkeit, Sattelschleppern, Röntgenschirmbildfahrzeugen, Planierraupen, Straßenhobeln, Baggern, Schwenkladern, von zum öffentlichen Verkehr zugelassenen Gabelstaplern mit einer Hubkraft ab 5 t oder von Spezialfahrzeugen der Bundeswehrfeuerwehr).
2. Fahrerinnen und Fahrer von Kraftomnibussen oder Mannschaftstransportwagen mit jeweils mindestens 14 Fahrgastsitzplätzen sowie von geländegängigen Mannschaftstransportwagen.
3. Fahrerinnen und Fahrer von Krankentransportwagen.
4. Fahrerinnen und Fahrer von sondergeschützten (voll gepanzerten) Kraftfahrzeugen für die Dauer dieser Tätigkeit.
   (Hierzu Protokollerklärung Nr. 3)
5. Fahrerinnen und Fahrer von zum öffentlichen Verkehr zugelassenen Mehrzweckfahrzeugen (Unimog und vergleichbare Fahrzeuge) bei regelmäßiger Verwendung verschiedener Anbaugeräte.

6. Kraftfahrerinnen und Kraftfahrer der Entgeltgruppe 4 Fallgruppe 1, die im ständigen Wechsel und zu mindestens einem Viertel auch in der Fallgruppe 1 aufgeführte Spezialfahrzeuge fahren.

Entgeltgruppe 4

1. Kraftfahrerinnen und Kraftfahrer.
2. Fahrerinnen und Fahrer von Gabelstaplern, die nicht zum öffentlichen Verkehr zugelassen sind, mit einer Hubkraft
   a) ab 2 t oder
   b) ab 1 t im Verpflegungsamt der Bundeswehr, in der Bekleidungswirtschaft für die Bundeswehr einschließlich der von der Bundeswehr beauftragten Bekleidungseinrichtungen (mit den Aufgaben der ehemaligen Wehrbereichsbekleidungsämter), Depots oder ähnlichen Versorgungseinrichtungen.
3. Fahrerinnen und Fahrer von Elektrofahrzeugen, Gabelstaplern oder Mehrachsschleppern, wenn die Fahrzeuge zum öffentlichen Verkehr zugelassen sind.

Entgeltgruppe 3

1. Wagenpflegerinnen und -pfleger.
2. Beschäftigte, die motorgetriebene Gartenbau- und Landmaschinen (mit Ausnahme von einfachen Rasenmähern) führen.
3. Fahrerinnen und Fahrer, die landwirtschaftliche Einachsschlepper bedienen, für die ein Führerschein erforderlich ist.
4. Fahrerinnen und Fahrer von nicht zum öffentlichen Verkehr zugelassenen Gabelstaplern oder Lagerhausschleppern.

Protokollerklärungen:

Nr. 1 Hierunter fallen auch Fahrerinnen und Fahrer von Bergepanzern, Brückenlegepanzern oder Fahrerinnen und Fahrer von Panzern bei Erprobungsaufgaben.

Nr. 2 Dieses Tätigkeitsmerkmal gilt auch, wenn das Fahrzeug von zwei Fahrerinnen oder Fahrern einer Besatzung abwechselnd gefahren wird.

Nr. 3 Abweichend von § 17 Abs. 5 Satz 2 TVöD wird bei Höhergruppierungen in diese Entgeltgruppe die in der bisherigen Stufe zurückgelegte Stufenlaufzeit auf die Stufenlaufzeit angerechnet.

7. Fernsprecherinnen und -sprecher

Vorbemerkung

[1]Fernsprecherin oder -sprecher ist, wer einen entsprechenden Befähigungsnachweis oder eine vergleichbare Prüfung erfolgreich abgelegt hat. [2]Zu den Tätigkeiten gehören z. B.: Abwickeln des Fernsprechverkehrs (Gesprächsannahme und -vermittlung) im öffentlichen Fernsprechnetz (Inland), im Bundeswehr-Fernsprechnetz (Inland) und in Bundeswehr-Sondernetzen unter Berücksichtigung der einschlägigen Vorschriften.

Entgeltgruppe 8

Beschäftigte der Entgeltgruppe 4, die die Aufsicht über mindestens 18 weitere Beschäftigte dieses Abschnitts führen.

Entgeltgruppe 6

1. Beschäftigte der Entgeltgruppe 4, die die Aufsicht über neun weitere Beschäftigte dieses Abschnitts führen.
2. Beschäftigte der Entgeltgruppe 4, die fremdsprachlichen Fernsprechverkehr abwickeln.

Entgeltgruppe 5

1. Beschäftigte der Entgeltgruppe 4, die zu mindestens einem Viertel fremdsprachlichen Fernsprechverkehr abwickeln.

(Die Beschäftigten in dieser Fallgruppe erhalten für die Dauer der ihnen übertragenen Tätigkeit als Schichtführerin oder Schichtführer eine Entgeltgruppenzulage gemäß § 17 Nr. 4, wenn neben ihnen mindestens eine weitere Fernsprecherin oder ein weiterer Fernsprecher in dieser Schicht tätig ist und sie für den ordnungsgemäßen Ablauf ihrer Schicht verantwortlich sind.)

2. Beschäftigte der Entgeltgruppe 4 an Auskunftsplätzen.

Entgeltgruppe 4

Fernsprecherinnen und -sprecher.

(Die Beschäftigten erhalten für die Dauer der ihnen übertragenen Tätigkeit als Schichtführerin oder Schichtführer eine Entgeltgruppenzulage gemäß § 17 Nr. 3, wenn neben ihnen mindestens eine weitere Fernsprecherin oder ein weiterer Fernsprecher in dieser Schicht tätig ist und sie für den ordnungsgemäßen Ablauf ihrer Schicht verantwortlich sind.)

8. Beschäftigte im feuerwehrtechnischen Dienst der Bundeswehrfeuerwehr

Vorbemerkung

Eine einschlägige Berufsausbildung im Sinne dieses Abschnitts ist diejenige, die üblicherweise von den Berufsfeuerwehren als einschlägig anerkannt wird.

Entgeltgruppe 9b

1. Beschäftigte im feuerwehrtechnischen Dienst mit einschlägiger abgeschlossener Berufsausbildung und erfolgreich abgeschlossenem B3-Lehrgang als Leiterinnen oder Leiter einer Bundeswehrfeuerwehr

   a) auf Flugplätzen, denen mindestens 60 Beschäftigte ständig unterstellt sind oder

   b) auf den Flugplätzen Büchel, Nörvenich und Fürstenfeldbruck.

   (Die Beschäftigten in dieser Fallgruppe erhalten eine Entgeltgruppenzulage gemäß § 17 Nr. 1.)

2. Beschäftigte im feuerwehrtechnischen Dienst mit einschlägiger abgeschlossener Berufsausbildung und erfolgreich abgeschlossenem B3-Lehrgang

   als Leiterinnen oder Leiter einer Bundeswehrfeuerwehr auf Flugplätzen, in Depots oder Untertageanlagen.

Entgeltgruppe 9a

Beschäftigte im feuerwehrtechnischen Dienst mit einschlägiger abgeschlossener Berufsausbildung und erfolgreich abgeschlossenem B3-Lehrgang

als Leiterinnen oder Leiter einer Bundeswehrfeuerwehr (Hauptbrandmeisterinnen und -meister).

Entgeltgruppe 8

Beschäftigte im feuerwehrtechnischen Dienst mit einschlägiger abgeschlossener Berufsausbildung und erfolgreich abgeschlossenem B3-Lehrgang

a) als ständige Vertreterinnen oder Vertreter der Leiterinnen oder Leiter der Bundeswehrfeuerwehr (Wachabteilungsleiterinnen und -leiter) oder

b) als ständige Vertreterinnen oder Vertreter der Wachabteilungsleiterinnen oder -leiter (Einsatzleiterinnen und -leiter im Außendienst).

Entgeltgruppe 7

Beschäftigte im feuerwehrtechnischen Dienst mit einschlägiger abgeschlossener Berufsausbildung und erfolgreich abgeschlossenem B3-Lehrgang (Oberbrandmeisterinnen und -meister) als Staffelführerinnen oder Staffelführer, Truppführerinnen oder Truppführer oder Disponentinnen oder Disponenten.

Entgeltgruppe 6

Beschäftigte im feuerwehrtechnischen Dienst mit einschlägiger abgeschlossener Berufsausbildung und Zusatzprüfung für den feuerwehrtechnischen Dienst als Truppfrauen oder -männer (Brandmeisterinnen und -meister).

9. Beschäftigte im Bereich Film-Bild-Ton

Entgeltgruppe 15

1. Chefredakteurinnen und -redakteure AV/TV mit abgeschlossener wissenschaftlicher Hochschulbildung.

2. Dramaturginnen und Dramaturgen mit

   a) abgeschlossener wissenschaftlicher Hochschulbildung oder

   b) künstlerischer Ausbildung und mindestens dreijähriger Berufs-erfahrung

   mit entsprechender Tätigkeit, die auch Drehbücher für Eigen-produktionen verfassen.

Entgeltgruppe 14

1. Dramaturginnen und Dramaturgen mit

   a) abgeschlossener wissenschaftlicher Hochschulbildung oder

   b) künstlerischer Ausbildung und mindestens dreijähriger Berufs-erfahrung

   mit entsprechender Tätigkeit.

2. Leiterinnen und Leiter des Hörfunk-Dienstes, die die Arbeiten von Programm-, Musik- und Wortredaktionen, Archiven und Studios koordinieren, Produktionsvorbereitungen und Sendungen verant-wortlich leiten und denen das gesamte Personal des Hörfunk-Dienstes durch ausdrückliche Anordnung ständig unterstellt ist (Sendeleiterinnen und Sendeleiter).

3. Leiterinnen und Leiter der Abteilung Technik (Film-TV-Hörfunk) mit abgeschlossener wissenschaftlicher Hochschulbildung mit ent-sprechender Tätigkeit, denen die selbständige Planung der tech-nischen Ausrüstung der Dienststelle sowie die Durchführung der Truppenversuche übertragen und das gesamte Produktionsper-sonal durch ausdrückliche Anordnung ständig fachlich unterstellt ist.

4. Produktionsleiterinnen und -leiter (Film-TV-Hörfunk), die die Ar-beiten von Programmredaktion, Dramaturgie, Regie, Produktions-betrieb, Musikproduktion und Archiv koordinieren, Produktionen verantwortlich leiten und denen das Personal der Produktions-leitung durch ausdrückliche Anordnung ständig fachlich unter-stellt ist.

Entgeltgruppe 13

1. Regisseurinnen und Regisseure.

2. Erste Produktionsleiterinnen und -leiter (Film-TV-Hörfunk), die Film-TV-Hörfunkproduktionen sowie Dokumentation und Ankauf von Archivmaterial verantwortlich in organisatorischer, technischer und künstlerischer Hinsicht überwachen und finanziell abwickeln.

3. Erste Bildproduktionsleiterinnen und -leiter, die die Auftrags- und Eigenproduktion von Bildreihen in organisatorischer, technischer und künstlerischer Hinsicht überwachen und finanziell abwickeln.

4. Leiterinnen und Leiter HF- und NF-Technik mit abgeschlossener technischer Hochschulbildung sowie sonstige Beschäftigte, die auf Grund gleichwertiger Fähigkeiten und ihrer Erfahrungen entsprechende Tätigkeiten ausüben,

   denen das technische Personal dieses Bereichs durch ausdrückliche Anordnung ständig fachlich unterstellt ist.

Entgeltgruppe 11

1. Chefkameraleute, die selbständig Bildregie führen und denen mindestens zwei Kameraleute durch ausdrückliche Anordnung ständig fachlich unterstellt sind.

2. Chefschnittmeisterinnen und -meister sowie Cutterinnen und Cutter, denen mindestens zwei Filmschnittmeisterinnen oder -meister durch ausdrückliche Anordnung ständig fachlich unterstellt sind, und die selbständig ohne Anweisung der Regisseurin oder des Regisseurs die Zusammenstellung des vorhandenen Filmmaterials und den Ablauf der Mischungen nach künstlerischen und technischen Gesichtspunkten vornehmen.

3. Tonmeisterinnen und -meister, die nach künstlerischen und technischen Gesichtspunkten Tonmischungen durchführen.

4. Filmproduktionsleiterinnen und -leiter (Film-TV), denen die selbständige Leitung der Synchronisation übertragen ist (Eigenproduktion).

5. Chefsprecherinnen und -sprecher, die verantwortlich redaktionelle Beiträge bearbeiten, schwierige und besonders wichtige Texte sprechen und für die Aus- und Weiterbildung von Sprecherinnen und Sprechern verantwortlich sind.

6. Programmingenieurinnen und -ingenieure in der Bildtechnik sowie Beschäftigte der Entgeltgruppe 9b Fallgruppe 5,

deren Tätigkeit sich durch besondere Schwierigkeit und Bedeutung ihres Aufgabengebietes oder durch künstlerische oder Spezialtätigkeit heraushebt.

(Hierzu Protokollerklärung)

7. Leiterinnen und Leiter des Film-Bild-Ton Archivs/der Mediendatenbank mit abgeschlossener technischer Hochschulbildung sowie sonstige Beschäftigte, die aufgrund gleichwertiger Fähigkeiten und ihrer Erfahrungen entsprechende Tätigkeiten ausüben, denen das gesamte Personal der Mediendatenbank durch ausdrückliche Anordnung ständig unterstellt ist.

Entgeltgruppe 10

1. Leiterinnen und Leiter der Filmstelle einer Wehrtechnischen Dienststelle, denen mindestens zwei Kameraleute durch ausdrückliche Anordnung ständig unterstellt sind.

2. Kameraleute, die Aufnahmen selbständig nach künstlerischen und technischen Gesichtspunkten herstellen und Bildregie führen.

3. Zweite Produktionsleiterinnen und -leiter, denen die Überwachung der einzelnen Produktionen und der Disposition, die Vorprüfung der Kalkulation und der Organisation der Vorhaben übertragen ist.

4. Programmingenieurinnen und -ingenieure in der Bildtechnik sowie Beschäftigte der Entgeltgruppe 9b Fallgruppe 5,

   deren Tätigkeit sich dadurch heraushebt, dass sie besondere Leistungen erfordert.

5. Landeskundlerinnen und -kundler bei der PSV.

6. Aufnahmeleiterinnen und -leiter, die verantwortlich die Eigenherstellung von Film-, Fernseh- oder Hörfunkproduktionen vorbereiten und begleiten.

7. Medieninformatikerinnen und -informatiker mit abgeschlossener technischer Hochschulbildung in der AV-/Fernsehproduktion sowie sonstige Beschäftigte, die auf Grund gleichwertiger Fähigkeiten und ihrer Erfahrungen entsprechende Tätigkeiten ausüben,

   die die Medieninformations- und -produktionssysteme und entsprechende Netzwerke aller Art selbständig installieren, verwalten und pflegen sowie Softwaretools anpassen und entsprechend der Produktionsaufgaben entwickeln.

8. Grafikdesignerinnen und -designer mit abgeschlossener Hochschulbildung und mindestens dreijähriger Berufserfahrung sowie

sonstige Beschäftigte, die auf Grund gleichwertiger Fähigkeiten und ihrer Erfahrungen entsprechende Tätigkeiten ausüben,

die im Bereich Film- und TV-Produktion sowie Printmedien auf digitaler Basis Grafiken, Animationen, Senderlayouts, Formate, reale und virtuelle Kulissen sowie Grundlagengestaltung entwerfen und umsetzen.

9. Chefschnittmeisterinnen und -meister, denen mindestens zwei Filmschnittmeisterinnen oder -meister durch ausdrückliche Anordnung ständig fachlich unterstellt sind.

Entgeltgruppe 9b

1. Leiterinnen und Leiter der Teileinheit Filmdokumentation einer Wehrtechnischen Dienststelle oder des Marinearsenals, denen mindestens sechs Beschäftigte dieses Abschnitts durch ausdrückliche Anordnung ständig fachlich unterstellt sind.

2. Kameraleute, die Aufnahmen selbständig nach künstlerischen und technischen Gesichtspunkten durchführen.

3. Filmschnittmeisterinnen und -meister sowie Cutterinnen und Cutter, die Filmschnitt- und Filmvertonungsarbeiten nach künstlerischen und technischen Gesichtspunkten selbständig durchführen.

4. Rundfunksprecherinnen und -sprecher, die Nachrichten und Kommentare sprechen.

5. Bild-, Mess-, Sender- oder Toningenieurinnen und -ingenieure mit abgeschlossener technischer Hochschulbildung und entsprechender Tätigkeit, sowie sonstige Beschäftigte, die auf Grund gleichwertiger Fähigkeiten und ihrer Erfahrungen entsprechende Tätigkeiten ausüben.

6. Grafikdesignerinnen und -designer mit abgeschlossener Hochschulbildung sowie sonstige Beschäftigte, die aufgrund gleichwertiger Fähigkeiten und ihrer Erfahrungen entsprechende Tätigkeiten ausüben,

die im Bereich Film- und TV-Produktion sowie Printmedien auf digitaler Basis Grafiken, Animationen, Senderlayouts, Formate, reale und virtuelle Kulissen nach Vorgaben einer Beschäftigten oder eines Beschäftigten nach Entgeltgruppe 10 Fallgruppe 8 kreativ und selbständig umsetzen.

7. Bildmischerinnen und -mischer, die nach Regieanweisung oder selbständig nach Regiebuch die Bildgeschehnisse von Kameras, Diagebern, Filmgebern oder magnetischen Bildaufzeichnungs-

anlagen nach künstlerischen und technischen Gesichtspunkten sowie nach der Aktualität im Bild-Mischpult mischen.

8. Programmgestalterinnen und -gestalter, die im Rahmen des Programmauftrages Teile des Gesamtprogramms selbständig gestalten.

9. Leiterinnen und Leiter des Verleihwesens, denen die selbständige Abwicklung des Verteilungs- und Verleihwesens von Filmen und Bildvorhaben für die Bundeswehr im In- und Ausland übertragen ist.

10. Leiterinnen und Leiter der Film- und Bildstelle einer Wehrtechnischen Dienststelle, in der Stehbilder und Filme vorführfertig hergestellt werden.

11. Leiterinnen und Leiter der Teileinheit Fotodokumentation einer Wehrtechnischen Dienststelle oder eines Marinearsenals,

denen mindestens vier Beschäftigte, davon mindestens zwei Beschäftigte mindestens der Entgeltgruppe 6 dieses Abschnitts, durch ausdrückliche Anordnung ständig fachlich unterstellt sind.

12. Beschäftigte, die das Filmentwicklungs- und -kopierwerk einer Wehrtechnischen Dienststelle leiten und schwierige Licht- und Farbfilterbestimmungen ausführen.

Entgeltgruppe 8

1. Beschäftigte der Entgeltgruppe 6 Fallgruppe 1, die mindestens zu einem Drittel selbständig einfachere Aufnahmen drehen.

2. Beschäftigte der Entgeltgruppe 6 Fallgruppe 1, die mindestens zu einem Drittel selbständig Tonaufnahmen durchführen.

3. Beschäftigte der Entgeltgruppe 6 Fallgruppe 2, die schwierige Aufgaben erfüllen und selbständig tätig sind.

4. Beschäftigte der Entgeltgruppe 6 Fallgruppe 6, die mindestens zu einem Drittel selbständig Regieanweisungen nach vorliegendem künstlerischem Entwurf (Drehbuch) geben.

5. Leiterinnen und Leiter der Teileinheit Fotodokumentation einer Wehrtechnischen Dienststelle oder eines Marinearsenals, denen mindestens zwei Beschäftigte, davon mindestens eine oder einer mindestens der Entgeltgruppe 6 dieses Abschnitts, durch ausdrückliche Anordnung ständig fachlich unterstellt sind.

6. Aufnahmetruppführerinnen und -truppführer für Stehbildaufnahmen in den Wehrtechnischen Dienststellen, denen mindestens zwei Beschäftigte, davon mindestens eine oder einer mindestens

der Entgeltgruppe 6 dieses Abschnitts, durch ausdrückliche Anordnung ständig fachlich unterstellt sind.

7. Beschäftigte, die in Wehrtechnischen Dienststellen Filmschnitte für Bewegungsanalysen selbständig herstellen.

Entgeltgruppe 6

1. Filmschnitt-, Kamera- oder Tonassistentinnen und -assistenten.
2. Bild-, Mess-, Sender- oder Tontechnikerinnen und -techniker.
3. Assistentinnen und Assistenten in der Dramaturgie, Film- oder Bildproduktion, Synchronisation oder Redaktion.
4. Mediengestalterinnen und -gestalter, die Schrift und Grafiken nach Vorgabe einer Grafikdesignerin oder eines Grafikdesigners für TV-Produktionen herstellen.
5. Beschäftigte, die selbständig Dispositionen des zentralen Verleihs aller Film-Bild-Ton-Ausbildungshilfen an militärische und zivile Stellen durchführen (Verleihdisponentinnen und -disponenten).
6. Regieassistentinnen und -assistenten.
7. Leiterinnen und Leiter der Teileinheit Film-, Bilddokumentation einer Wehrtechnischen Dienststelle oder eines Marinearsenals.

Entgeltgruppe 3

Medienhelferinnen und -helfer.

Protokollerklärung:

Solche Tätigkeiten sind z. B.:

a) verantwortliche bildtechnische Abwicklung schwieriger elektronischer Studioproduktionen;

b) verantwortliche messtechnische Überprüfung der gesamten Sender-, Studio- und Fernsehtechnik;

c) selbständige Leitung und Bedienung eines mobilen Rundfunksenders;

d) verantwortliche Studioleitung zur Durchführung der Programmproduktion und der technischen Betriebsabwicklung nach Programmplan;

e) verantwortliche Her- oder Sicherstellung technisch schwieriger Mischungen in mobilen Einrichtungen.

10. Beraterinnen und Berater im Flugsicherheitsdienst

Entgeltgruppe 10

Beschäftigte der Entgeltgruppe 9b,

denen mindestens drei Beschäftigte der Entgeltgruppe 9b dieses Abschnitts ständig unterstellt sind.

Entgeltgruppe 9b

Beschäftigte der Entgeltgruppe 9a nach erfolgreich abgeschlossenem Lehrgang für die militärische Flugberatung (Teil 1 und Teil 2).

(Die Beschäftigten in dieser Fallgruppe erhalten Entgeltgruppenzulagen gemäß § 17 Nrn. 2 und 4.)

Entgeltgruppe 9a

Beraterinnen und Berater im Flugsicherheitsdienst nach erfolgreich abgeschlossenem Grundlagenlehrgang für die militärische Flugberatung.

(Die Beschäftigten in dieser Fallgruppe erhalten eine Entgeltgruppenzulage gemäß § 17 Nr. 4 sowie zusätzlich nach § 17 Nr. 2, wenn sie in Flugsicherungssektoren sowie in zentralen Stellen der Flugdatenbearbeitung eingesetzt sind.)

IV

11. Geprüfte Meisterinnen und Meister sowie staatlich geprüfte Technikerinnen und Techniker in der Flugsicherungstechnik

Vorbemerkung

Eine aufgabenspezifische Sonderausbildung im Sinne dieses Abschnitts ist die Ausbildung von Handwerkerinnen und Handwerkern sowie Facharbeiterinnen und -arbeitern im militärfachlichen Meisterlehrgang der Bundeswehr in der Flugsicherungstechnik oder eine Ausbildung in gleichwertigen Ausbildungsgängen für Handwerkerinnen und Handwerker sowie Facharbeiterinnen und -arbeiter.

Entgeltgruppe 11

Geprüfte Meisterinnen und Meister sowie Meisterinnen und Meister mit erfolgreich abgeschlossener aufgabenspezifischer Sonderausbildung sowie staatlich geprüfte Technikerinnen und Techniker in der Flugsicherungstechnik,

die aufgrund entsprechender fachlicher Befähigung und bundeswehrspezifischer Zusatzausbildung für Radar selbständig Wartungs- und Instandsetzungsarbeiten, Störungssuche sowie die Überwachung an Flugsicherheitsanlagen vornehmen.

Entgeltgruppe 10

Geprüfte Meisterinnen und Meister sowie Meisterinnen und Meister mit erfolgreich abgeschlossener aufgabenspezifischer Sonderausbildung sowie staatlich geprüfte Technikerinnen und Techniker in der Flugsicherungstechnik,

die aufgrund entsprechender fachlicher Befähigung und bundeswehrspezifischer Zusatzausbildung für Funkgerätemechanik selbständig Wartungs- und Instandsetzungsarbeiten, Störungssuche sowie die Überwachung an Flugsicherheitsanlagen vornehmen.

12. Beschäftigte in der Forschung und Materialprüfung

Entgeltgruppe 8

Beschäftigte der Entgeltgruppe 6 mit mindestens dreijähriger Berufserfahrung in Forschungs- oder Materialprüfungsstätten oder in wehrwissenschaftlichen oder wehrtechnischen Dienststellen,

die überdurchschnittliche Kenntnisse der Werkstoffe und deren Verarbeitung besitzen und bei Materialprüf- und -versuchsarbeiten selbständig und gestaltend mitwirken.

Entgeltgruppe 6

Beschäftigte der Entgeltgruppe 5 mit Tätigkeiten, für die neben vielseitigem hochwertigem fachlichen Können besondere Umsicht und Zuverlässigkeit erforderlich sind.

Entgeltgruppe 5

Beschäftigte mit abgeschlossener Berufsausbildung im technischen Bereich, die die für die Forschung, wissenschaftliche Lehre und Materialprüfung benötigten Apparaturen, Hilfsgeräte oder Prüfkörper anfertigen, instand setzen oder bedienen und instand setzen.

IV

13. **Festmacherinnen und Festmacher, Taklerinnen und Takler, Bootswartinnen und -warte, Maschinistinnen und Maschinisten sowie Elektrotechnikerinnen und -techniker in Landanschlusszentralen**

Entgeltgruppe 8

1. Beschäftigte mit abgeschlossener Berufsausbildung im technischen Bereich oder mit nationalem schiffsmaschinentechnischen Befähigungszeugnis als Maschinistin oder Maschinist an Dampf- oder Motorenantriebsschulanlagen der technischen Marineschulen.

2. Beschäftigte mit abgeschlossener elektrotechnischer Berufsausbildung in den Landanschlusszentralen für schwimmende Einheiten der Bundesmarine.

Entgeltgruppe 6

Taklerinnen und Takler mit abgeschlossener Berufsausbildung als Schiffsmechanikerin oder -mechaniker, Matrosin oder Matrose oder Binnenschifferin oder -schiffer.

Entgeltgruppe 5

1. Bootswartinnen und -warte mit abgeschlossener Berufsausbildung als Schiffsmechanikerin oder -mechaniker, Matrosin oder Matrose oder Binnenschifferin oder -schiffer.

2. Festmacherinnen und Festmacher mit abgeschlossener Berufsausbildung als Schiffsmechanikerin oder -mechaniker, Matrosin oder Matrose oder Binnenschifferin oder -schiffer.

3. Taklerinnen und Takler.

Entgeltgruppe 3

Festmacherinnen und Festmacher.

14. Helferinnen und Helfer und Stationshilfen in Bundeswehrkrankenhäusern oder anderen kurativen Einrichtungen der Bundeswehr

Entgeltgruppe 3

1. Desinfektionshelferinnen und -helfer.
2. Helferinnen und Helfer in Bundeswehrkrankenhäusern oder anderen kurativen Einrichtungen der Bundeswehr.

Entgeltgruppe 2

Stationshilfen in Bundeswehrkrankenhäusern oder anderen kurativen Einrichtungen der Bundeswehr.

IV

15. Beschäftigte mit speziellen Instandsetzungs- oder Wartungstätigkeiten an Luftfahrzeugen

Entgeltgruppe 9a

1. Beschäftigte mit einschlägiger abgeschlossener Berufsausbildung, die in Luftwaffenwerften oder vergleichbaren Einrichtungen tätig sind und besonders schwierige Instandsetzungen oder schwierige Spezialarbeiten

   a) an ausgebauten hoch empfindlichen und komplizierten Luftfahrzeuginstrumenten (z. B. kodierter oder servopneumatischer Höhenmesser),

   b) an ausgebauten hoch empfindlichen und komplizierten Luftfahrzeughydraulikbauteilen (z. B. Höhenruderkraftsteuergerät),

   c) an komplexen Komponenten der Luftfahrzeugavionik, Luftfahrzeugelektronik oder Luftfahrzeugoptronik oder

   d) an automatischen Prüfgeräten für Luftfahrzeugkomponenten

   selbständig durchführen oder Abnahmeprüfungen an den o. a. Instrumenten, Bauteilen oder Komponenten verantwortlich durchführen.

2. Beschäftigte mit einschlägiger abgeschlossener Berufsausbildung und zusätzlicher militärischer Meisterprüfung für das jeweilige Baumuster, die

   a) komplexe Systeme (z. B. Hydraulik, Mechanik, Triebwerk, Navigations-/Avionikgeräte) an Luftfahrzeugen der Bundeswehr selbständig überprüfen, warten und instand setzen,

   b) im Rahmen von periodischen Inspektionen komplexe Systeme (Hydraulik, Mechanik, Triebwerk) selbständig überprüfen und instand setzen sowie nicht planbare Instandsetzungen selbständig durchführen oder

   c) besonders schwierige Instandsetzungen oder schwierige Spezialarbeiten an ausgebauten hochempfindlichen und komplizierten Luftfahrzeuginstrumenten oder an komplexen Komponenten der Luftfahrzeugelektronik/-optronik selbständig durchführen.

3. Beschäftigte mit einschlägiger abgeschlossener Berufsausbildung bei Wehrtechnischen Dienststellen, die

   a) Arbeiten aller Materialerhaltungsstufen an unterschiedlichen Flugzeugbaumustern durchführen und hierfür mindestens drei Berechtigungsscheine benötigen oder

b) besonders schwierige Erprobungseinbauten und -umbauten an unterschiedlichen Flugzeugbaumustern selbständig durchführen.

Entgeltgruppe 8

1. Beschäftigte mit abgeschlossener Berufsausbildung im technischen Bereich, die besonders schwierige Instandsetzungen oder Spezialarbeiten an ausgebauten hoch empfindlichen und komplizierten Instrumenten (z. B. kodierter oder servopneumatischer Höhenmesser) oder Hydraulikbauteilen (z. B. Höhenruderkraftsteuergerät) von Flugzeugen oder Hubschraubern in Instandsetzungseinheiten selbständig durchführen.

2. Flugzeug- oder Hubschrauberwartinnen und -warte in Wartungs- oder Sicherungsstaffeln sowie Flugzeug- oder Hubschrauberwartinnen und -warte im Cross-Servicing mit Berechtigungsscheinen für mehrere Luftfahrzeugtypen, die überwiegend Vor-, Zwischen- und Nachflugkontrollen durchführen und Störungen beheben.

IV

16. Kasernenwärterinnen und -wärter, Gebirgshüttenwartinnen und -warte sowie Helferinnen und Helfer in Unterkünften und Liegenschaften

Entgeltgruppe 5

Beschäftigte der Entgeltgruppe 4 Fallgruppe 2 mit einschlägiger abgeschlossener Berufsausbildung.

Entgeltgruppe 4

Gebirgshüttenwartinnen und -warte, die mit der Wartung und Instandhaltung sowie kleineren Reparaturen an der Hütte, den Aggregaten und des Pionier- und Unterkunftsgeräts beauftragt sind.

Kasernenwärterinnen und -wärter.

Entgeltgruppe 3

Helferinnen und Helfer in Unterkünften oder Liegenschaften.

17. Köchinnen und Köche, Kochsmaaten, Stewardessen und Stewards sowie Bedienungskräfte

Entgeltgruppe 8

Beschäftigte der Entgeltgruppe 5 Fallgruppe 1 als Erste Köchin oder Erster Koch auf Schiffen oder schwimmenden Geräten, denen mindestens eine weitere Köchin oder ein weiterer Koch unterstellt ist.

Entgeltgruppe 6

1. Beschäftigte der Entgeltgruppe 5 Fallgruppe 1,

   die Arbeiten verrichten, die an das Überlegungsvermögen und das fachliche Geschick Anforderungen stellen, die über das Maß dessen hinausgehen, das von solchen Beschäftigten üblicherweise verlangt werden kann.

2. Beschäftigte der Entgeltgruppe 5 Fallgruppe 2

   als Erste Stewardess oder Erster Steward, denen mindestens eine weitere Beschäftigte oder ein weiterer Beschäftigter mindestens der Entgeltgruppe 5 Fallgruppe 2 dieses Abschnitts unterstellt ist.

Entgeltgruppe 5

1. Köchinnen und Köche mit abgeschlossener Berufsausbildung als Köchin oder Koch, Fleischerin oder Fleischer, Bäckerin oder Bäcker oder Konditorin oder Konditor oder mit abgeschlossener Ausbildung als Feldköchin oder -koch.

2. Stewardessen und Stewards mit abgeschlossener Berufsausbildung als Kellnerin oder Kellner, Restaurantfachfrau oder -fachmann, Hotelfachfrau oder -fachmann oder Köchin oder Koch.

Entgeltgruppe 3

1. Bedienungskräfte in Kasinos oder vergleichbaren Einrichtungen.

2. Kochsmaate.

3. Stewardessen und Stewards.

Niederschriftserklärung zu Teil IV Abschnitt 17:

Es besteht Einvernehmen zwischen den Tarifvertragsparteien, dass Tätigkeiten von Küchenmeistern (nach Lohngruppe 8 Fallgruppe 16 und Lohngruppe 5 Fallgruppe 5.13 des Sonderverzeichnisses 2a des Lohngruppenverzeichnisses des Bundes) Tätigkeiten für geprüfte Meisterinnen und Meister des Teils III Abschnitt 32 entsprechen.

18. **Konserviererinnen und Konservierer, Verpackerinnen und Verpacker, Packerinnen und Packer, Präserviererinnen und Präservierer sowie Warenauszeichnerinnen und -auszeichner**

Entgeltgruppe 4

Konserviererinnen und Konservierer sowie Verpackerinnen und Verpacker in Konservierungs- und Verpackungsanlagen.

Entgeltgruppe 3

1. Packerinnen und Packer sowie Warenauszeichnerinnen und -auszeichner in Depoteinrichtungen oder Lagern für Bundeswehrgerät und Material.

2. Präserviererinnen und Präservierer sowie Entpräserviererinnen und Entpräservierer von Waffen, Geräten, Fahrzeugen oder Motoren, auch soweit bei dieser Tätigkeit ein Zerlegen oder Zusammensetzen notwendig ist.

19. Kranführerinnen und Kranführer sowie Anschlägerinnen und Anschläger

Entgeltgruppe 8

1. Beschäftigte der Entgeltgruppe 5 Fallgruppe 1 auf Kränen ab 80 t Tragkraft.
2. Beschäftigte der Entgeltgruppe 5 Fallgruppe 1 auf Schwimmkränen ab 80 t Tragfähigkeit.

Entgeltgruppe 7

1. Beschäftigte der Entgeltgruppe 5 Fallgruppe 1 auf überschweren Kränen ab 25 t Tragkraft, Portaldrehwippkränen oder Verladebrücken.
2. Beschäftigte der Entgeltgruppe 5 Fallgruppe 1 auf Schwimmkränen.

Entgeltgruppe 6

1. Beschäftigte der Entgeltgruppe 5 Fallgruppe 1,
   die Geräte führen, für deren Bedienung und Unterhaltung ein amtlich anerkanntes oder vergleichbares Befähigungszeugnis erforderlich ist.
2. Führerinnen und Führer von Portaldrehwippkränen oder Verladebrücken.
3. Anschlägerinnen und Anschläger auf Schwimmkränen.

Entgeltgruppe 5

1. Kranführerinnen und Kranführer mit einschlägiger abgeschlossener Berufsausbildung.
2. Anschlägerinnen und Anschläger an Portaldrehwippkränen, Verladebrücken oder überschweren Portalkränen ab 50 t Tragfähigkeit.

Entgeltgruppe 4

Anschlägerinnen und Anschläger an Portaldrehwippkränen, Verladebrücken oder überschweren Portalkränen ab 25 t Tragfähigkeit.

Entgeltgruppe 3

Kranführerinnen und Kranführer.

20. Küchenbuchhalterinnen und -buchhalter

Vorbemerkung

Küchenbuchhalterinnen und -buchhalter sind Beschäftigte, die bei der Bereitstellung von Verpflegungsmitteln den Bedarf für die Ausschreibung errechnen, Verpflegungsmittel abrufen und nach Menge und Qualität abnehmen, Rechnungen überprüfen und rechnerisch feststellen, den Verpflegungsmittelbestands- und Wertabschluss aufstellen sowie die damit zusammenhängenden Arbeiten erledigen.

Entgeltgruppe 8

Beschäftigte der Entgeltgruppe 6, die Verpflegungsmittel im Rahmen der freihändigen Vergabe selbständig beschaffen und an der Aufstellung des Verpflegungsplans verantwortlich beteiligt sind, wenn diese Tätigkeiten zusammen mit der Abnahme der Verpflegungsmittel nach Qualität überwiegen.

Entgeltgruppe 6

Küchenbuchhalterinnen und -buchhalter.

21. Maschinistinnen und Maschinisten an besonderen Anlagen

Entgeltgruppe 8

Maschinistinnen und Maschinisten mit einschlägiger abgeschlossener Berufsausbildung

in Kraftwerken in Luftraumüberwachungseinrichtungen.

Entgeltgruppe 7

1. Maschinistinnen und Maschinisten mit einschlägiger abgeschlossener Berufsausbildung

   in kombinierten Versorgungsanlagen.

2. Maschinistinnen und Maschinisten mit einschlägiger abgeschlossener Berufsausbildung

   an Stromerzeugungsanlagen mit mindestens insgesamt 588 kW (800 PS).

IV

22. Beschäftigte im Munitionsfachdienst

Entgeltgruppe 8

Beschäftigte der Entgeltgruppe 6,
die besonders schwierige Instandsetzungen oder Spezialarbeiten an hoch empfindlicher und komplizierter oder unbekannter Munition durchführen.

Entgeltgruppe 7

Beschäftigte der Entgeltgruppe 6,
die schwierige Spezialarbeiten verrichten.

Entgeltgruppe 6

1. Beschäftigte der Entgeltgruppe 5,
   die Munition untersuchen und dabei Messungen unter Verwendung von nicht einfachen Messgeräten ausführen oder Gewichte mit Präzisionswaagen ermitteln.
2. Beschäftigte der Entgeltgruppe 5,
   die zurückgelieferte, vorbelastete, abgeänderte oder beschädigte Munition untersuchen, klassifizieren oder laborieren.

Entgeltgruppe 5

Beschäftigte im Munitionsfachdienst mit verwaltungseigener Prüfung.

23. Nautische Beschäftigte und Beschäftigte im Schiffs- und Seedienst

Vorbemerkung

Hinsichtlich Gültigkeit, Gleichwertigkeit und Umfang der nautischen und technischen Befähigungszeugnisse wird zwischen folgenden Bereichen und Berufsgruppen unterschieden:

1. Nautische Beschäftigte auf Schiffen und schwimmenden Geräten

   [1]Die Einteilung der internationalen und nationalen Befähigungszeugnisse richtet sich nach der Verordnung über die Befähigungen der Seeleute in der Seeschifffahrt (Seeleute-Befähigungsverordnung – See-BV) in der jeweils geltenden Fassung. [2]Beschäftigte auf Schiffen und schwimmenden Geräten, von denen ein nautisches oder technisches Befähigungszeugnis verlangt wird, müssen über ein gültiges Befähigungszeugnis nach der See-BV verfügen.

2. Nautische Beschäftigte an Land

   [1]Die Einteilung der internationalen und nationalen Befähigungszeugnisse richtet sich nach der Verordnung über die Befähigungen der Seeleute in der Seeschifffahrt (Seeleute-Befähigungsverordnung – See-BV) in der jeweils geltenden Fassung. [2]Beschäftigte, die an Land eingesetzt werden, und von denen ein nautisches oder technisches Befähigungszeugnis verlangt wird, müssen über ein Befähigungszeugnis nach der See-BV verfügen, dessen Gültigkeit mindestens einmal vorgelegen haben muss.

3. Die Gleichwertigkeit der Befähigungszeugnisse, die vor dem 1. Juni 2014 ausgestellt worden sind, zu den in den Ziffern 1 und 2 geforderten Befähigungszeugnissen ergibt sich wie folgt:

See-BV ab 1. 6. 2014	Befähigungszeugnisse nach SchOffAusbV vor dem 1. 6. 2014	Patente bis 2002	Bundesrepublik Deutschland bis 1970	Ehemalige DDR ab 1. 4. 1972	Ehemalige DDR vor dem 1. 4. 1972
Internationales nautisches Befähigungszeugnis NK, NEO, NWO, BG, BGW, BK, BKW	Internationales nautisches Befähigungszeugnis BG, BGW, BK, BKW	AG, AGW AM, AMW AK, AKW	A6 A5, B5 A4, A3, A2 B4, B3	A6, A5 A4, A3, B6, B5 A2, A1 B2, B1	A6, A5 A3, A2, B6, B5, B3, B2 A1 B1

See-BV ab 1. 6. 2014	Befähigungszeugnisse nach SchOffAusbV vor dem 1. 6. 2014	Patente bis 2002	Bundesrepublik Deutschland bis 1970	Ehemalige DDR ab 1. 4. 1972	Ehemalige DDR vor dem 1. 4. 1972
Nationales nautisches Befähigungszeugnis NK 500; NWO 500, NSF, BKü	Nationales nautisches Befähigungszeugnis BKü	AN AKü	A1, B2, B1		
Internationales schiffsmaschinentechnisches Befähigungszeugnis TLM, TZO, TWO	Internationales schiffsmaschinentechnisches Befähigungszeugnis	CI CIW CT CTW CMa CMaW	C6 C5 C4, C3	C6, C5 C4, C3 C2, C1	C6 C5 C4, C3
Schiffsmaschinentechnisches Befähigungszeugnis zum Schiffsmaschinisten für Schiffe mit einer Antriebsleistung bis 750 kW TSM	Schiffsmaschinentechnisches Befähigungszeugnis zum Schiffsmaschinisten für Schiffe mit einer Antriebsleistung bis 750 kW	CKü, CMot, Maschinistenprüfung	C2		

Entgeltgruppe 13

    Beschäftigte der Entgeltgruppe 9b Fallgruppe 4 auf Betriebsstofftransportern mit einer Ladekapazität über 10 000 t, die in der Seeversorgung eingesetzt werden, oder auf dem Wehrforschungsschiff „Planet".

Entgeltgruppe 12

1. Beschäftigte der Entgeltgruppe 9b Fallgruppe 4 auf Betriebsstofftransportern, die in der Seeversorgung eingesetzt werden, oder auf Bergungsschleppern.

2. Erste nautische Offizierinnen und Offiziere mit internationalem nautischen Befähigungszeugnis auf Betriebsstofftransportern mit einer Ladekapazität über 10 000 t, die in der Seeversorgung eingesetzt werden, oder auf dem Wehrforschungsschiff „Planet".

3. Beschäftigte der Entgeltgruppe 8 Fallgruppe 2 auf Betriebsstofftransportern mit einer Ladekapazität über 10 000 t, die in der

Seeversorgung eingesetzt werden, oder auf dem Wehrforschungsschiff „Planet".

Entgeltgruppe 11

1. Beschäftigte der Entgeltgruppe 9b Fallgruppe 4 auf Seeschleppern, Mehrzweckbooten (mittel), Taucherschulbooten oder auf seegängigen 100-t-Schwimmkränen.

2. Erste nautische Offizierinnen und Offiziere mit internationalem nautischen Befähigungszeugnis auf Betriebsstofftransportern, die in der Seeversorgung eingesetzt werden, oder auf Bergungsschleppern.

3. Beschäftigte der Entgeltgruppe 8 Fallgruppe 2 auf Betriebsstofftransportern, die in der Seeversorgung eingesetzt werden, oder auf Bergungsschleppern.

Entgeltgruppe 10

1. Erste nautische Offizierinnen und Offiziere mit internationalem nautischen Befähigungszeugnis auf Seeschleppern, Mehrzweckbooten (mittel) oder auf Taucherschulbooten.

2. Zweite nautische Offizierinnen und Offiziere mit internationalem nautischen Befähigungszeugnis auf Betriebsstofftransportern mit einer Ladekapazität über 10 000 t, die in der Seeversorgung eingesetzt werden, oder auf dem Wehrforschungsschiff „Planet".

3. Beschäftigte der Entgeltgruppe 8 Fallgruppe 2 auf Taucherschulbooten.

4. Zweite technische Offizierinnen und Offiziere mit internationalem schiffsmaschinentechnischen Befähigungszeugnis auf Betriebsstofftransportern mit einer Ladekapazität über 10 000 t, die in der Seeversorgung eingesetzt werden.

Entgeltgruppe 9b

1. Beschäftigte der Entgeltgruppe 8 Fallgruppe 2 auf Seeschleppern oder Mehrzweckbooten (mittel).

2. Zweite technische Offizierinnen und Offiziere mit internationalem schiffsmaschinentechnischen Befähigungszeugnis auf Bergungsschleppern oder auf dem Wehrforschungsschiff „Planet".

3. Dritte technische Offizierinnen und Offiziere mit internationalem schiffsmaschinentechnischen Befähigungszeugnis auf Betriebsstofftransportern mit einer Ladekapazität über 10 000 t, die in der Seeversorgung eingesetzt werden.

4. Kapitäninnen und Kapitäne mit internationalem nautischen Befähigungszeugnis und entsprechender Tätigkeit.

5. Beschäftigte der Entgeltgruppe 8 Fallgruppe 1 auf seegängigen 100-t-Schwimmkränen.

6. Zweite und Dritte nautische Offizierinnen und Offiziere mit internationalem nautischen Befähigungszeugnis auf Betriebsstofftransportern, die in der Seeversorgung eingesetzt werden, auf Seeschleppern oder auf Bergungsschleppern.

7. Beschäftigte der Entgeltgruppe 9a Fallgruppe 5 auf Betriebsstofftransportern mit einer Ladekapazität über 10 000 t, die in der Seeversorgung eingesetzt werden, oder auf dem Wehrforschungsschiff „Planet".

8. Beschäftigte der Entgeltgruppe 9a Fallgruppe 6 auf Schiffen mit dieselelektrischem Antrieb oder auf dem Wehrforschungsschiff „Planet".

Entgeltgruppe 9a

1. Nautische Beschäftigte mit internationalem nautischen Befähigungszeugnis, dessen Gültigkeit mindestens einmal vorgelegen haben muss, die als Kreuzkartenberichtigerinnen oder -berichtiger Seekarten unter eigener Verantwortung zu berichtigen haben.

2. Kapitäninnen und Kapitäne mit nationalem nautischen Befähigungszeugnis.

3. Beschäftigte der Entgeltgruppe 8 Fallgruppe 2 oder 3 auf Mehrzweckbooten (klein) oder auf seegängigen 100-t-Schwimmkränen.

4. Beschäftigte der Entgeltgruppe 8 Fallgruppe 4 auf dem Wehrforschungsschiff „Planet".

5. Erste Funkoffizierinnen und -offiziere sowie Alleinfunkoffizierinnen und -offiziere, mit allgemeinem Betriebszeugnis für Funker (General Operator´s Certificate, GOC) und Zusatzausbildung im Seefunkdienst der Bundeswehr

als Krypto-Bearbeiterinnen oder -Bearbeiter.

6. Geprüfte Elektromeisterinnen und -meister auf Schiffen.

7. Dockmeisterinnen und -meister mit internationalem nautischen oder schiffsmaschinentechnischen Befähigungszeugnis oder geprüfte Meisterinnen und Meister in einschlägiger Fachrichtung auf Schwimm- oder Hebedocks.

Entgeltgruppe 8

1. Nautische Wachoffizierinnen und -offiziere mit internationalem nautischen Befähigungszeugnis.

(Die Beschäftigten in dieser Fallgruppe erhalten eine Entgeltgruppenzulage gemäß § 17 Nr. 1.)

2. Leiterinnen und Leiter der Maschinenanlage mit internationalem schiffsmaschinentechnischen Befähigungszeugnis.

   (Die Beschäftigten in dieser Fallgruppe erhalten eine Entgeltgruppenzulage gemäß § 17 Nr. 1.)

3. Technische Alleinoffizierinnen und -offiziere mit internationalem schiffsmaschinentechnischen Befähigungszeugnis.

   (Die Beschäftigten in dieser Fallgruppe erhalten eine Entgeltgruppenzulage gemäß § 17 Nr. 1.)

4. Technische Wachoffizierinnen und -offiziere mit internationalem schiffsmaschinentechnischen Befähigungszeugnis.

   (Die Beschäftigten in dieser Fallgruppe erhalten eine Entgeltgruppenzulage gemäß § 17 Nr. 1.)

5. Beschäftigte der Entgeltgruppe 6 Fallgruppe 1 mit Zusatzausbildung im Seefunkdienst der Bundeswehr und entsprechender Tätigkeit.

   (Die Beschäftigten in dieser Fallgruppe erhalten eine Entgeltgruppenzulage gemäß § 17 Nr. 1.)

6. Bootsführerinnen und Bootsführer mit nationalem nautischen Befähigungszeugnis und entsprechender Tätigkeit.

7. Bootsleute.

8. Beschäftigte der Entgeltgruppe 6 Fallgruppe 6

   a) auf Erprobungs- oder Forschungsschiffen mit umfangreicher elektrotechnischer Ausrüstung (z. B. Kontrollanlagen für die Schiffsführung, elektrische Steuerungsanlagen, elektrische Ausrüstung für Waffenerprobung),

   b) auf Diesel-Elektroschiffen oder

   c) auf Schwimmdocks des Marinearsenals.

9. Beschäftigte der Entgeltgruppe 6 Fallgruppe 2 mit nationalem nautischen oder schiffsmaschinentechnischen Befähigungszeugnis und entsprechender Tätigkeit.

10. Beschäftigte der Entgeltgruppe 5 als Maschinistinnen oder Maschinisten mit internationalem schiffsmaschinentechnischen Befähigungszeugnis und entsprechender Tätigkeit.

11. Steuerleute mit nautischem Patent.

Entgeltgruppe 7

1. Nautische Beschäftigte mit internationalem nautischen Befähigungszeugnis, die als Seekartenberichtigerinnen oder -berichtiger eingesetzt werden.

2. Nautische Wachoffizierinnen und -offiziere mit nationalem nautischen Befähigungszeugnis.

3. Dockmaschinistinnen und -maschinisten mit nationalem schiffsmaschinentechnischen Befähigungszeugnis auf Schwimm- oder Hebedocks.

4. Beschäftigte der Entgeltgruppe 6 Fallgruppe 6,
   die Spezialanlagen instand halten, instand setzen und etwaige Fehler selbständig beseitigen.

5. Beschäftigte der Entgeltgruppe 6 Fallgruppe 7
   a) auf Motorbooten über 65 kW (89 PS),
   b) auf Motorbooten, die im Fahrgastverkehr eingesetzt sind oder
   c) auf Schleppschiffen (Schleppbooten) oder auf sonstigen Schiffen, die mindestens zu einem Drittel im Schleppdienst eingesetzt sind.

6. Beschäftigte der Entgeltgruppe 5 als Signalmatrosinnen oder -matrosen.

7. Beschäftigte der Entgeltgruppe 5,
   die besonders hochwertige Arbeiten verrichten.

8. Pumpenfrauen und -männer auf Tankschiffen.

Entgeltgruppe 6

1. Funkoffizierinnen und -offiziere mit allgemeinem Betriebszeugnis für Funker (General Operator's Certificate, GOC).

2. Geräteführerinnen und Geräteführer.

3. Lagerhalterinnen und -halter auf Betriebsstofftransportern.

4. Beschäftigte der Entgeltgruppe 5 als Maschinistinnen oder Maschinisten.

5. Beschäftigte der Entgeltgruppe 5, die sich besondere Fachkenntnisse und Fertigkeiten in der Handhabung und Bedienung ozeanographischer oder sonstiger Spezialgeräte angeeignet haben und deren Tätigkeit herausgehobene Leistungen erfordert.

6. Beschäftigte mit abgeschlossener Berufsausbildung als Elektromechanikerin oder Elektromechaniker oder Mechatronikerin oder Mechatroniker der Fachrichtung Elektrotechnik oder Mechanik oder in einem vergleichbaren Ausbildungsberuf mit entsprechender Tätigkeit.

7. Bootsführerinnen und Bootsführer.

8. Beschäftigte der Entgeltgruppe 5 auf Sicherungs-, Versuchs-, Minenwurf- und Licht-, Taucher- oder Mehrzweckbooten bei der

Wehrtechnischen Dienststelle für Schiffe und Marinewaffen, maritime Technologie und Forschung, Taucherschulbooten, Bergungs- oder Seeschleppern, Erprobungsschiffen, Forschungsschiffen, Betriebsstofftransportern oder Ölauffangschiffen.

Entgeltgruppe 5

Schiffsmechanikerinnen und -mechaniker mit abgeschlossener Berufsausbildung.

(Hierzu Protokollerklärung)

Entgeltgruppe 3

Schiffs-, Geräte- oder Bootspersonal (Decksleute).

Protokollerklärung:

Unter dieses Tätigkeitsmerkmal fallen auch Matrosinnen und Matrosen sowie Motorenwärterinnen und -wärter, die ihre Ausbildung vor Inkrafttreten der Entgeltordnung abgeschlossen haben.

IV

24. Pfarrhelferinnen und -helfer

Entgeltgruppe 8

Beschäftigte der Entgeltgruppe 6 mit mindestens einjähriger Erfahrung in Tätigkeiten der Entgeltgruppe 6,

die diakonische oder vergleichbare seelsorgliche Tätigkeiten ausüben.

(Hierzu Protokollerklärung Nr. 1)

Entgeltgruppe 6

Beschäftigte der Entgeltgruppe 5 mit abgeschlossener mindestens eineinhalbjähriger diakonischer oder theologischer Ausbildung im kirchlichen Bereich.

(Hierzu Protokollerklärung Nr. 2)

Entgeltgruppe 5

Pfarrhelferinnen und -helfer.

Protokollerklärungen:

Nr. 1 Eine einjährige Erfahrung in Tätigkeiten der Entgeltgruppe 6 wird durch ein Abschlusszertifikat nachgewiesen.

Nr. 2 Die Ausbildung muss entsprechen

    a) im evangelischen Zweig der Militärseelsorge einer eineinhalbjährigen diakonischen Ausbildung,

    b) im katholischen Zweig der Militärseelsorge dem erfolgreichen Abschluss des Grundkurses „Theologie im Fernkurs" gemäß Rahmenprüfungsordnung der Katholischen Akademie Domschule Würzburg,

jeweils nachgewiesen durch ein Abschlusszertifikat.

25. Beschäftigte im Pflegedienst

Vorbemerkungen

1. (1) Die Bezeichnung „Gesundheits- und Krankenpflegerin und -pfleger" umfasst auch die Bezeichnung „Gesundheits- und Kinderkrankenpflegerin und -pfleger".

   (2) Die Bezeichnung „Gesundheits- und Krankenpflegehelferin und -pflegehelfer" umfasst auch vergleichbare landesrechtlich geregelte Ausbildungen in der Gesundheits- und Krankenpflegehilfe.

2. (1) Gesundheits- und Kinderkrankenpflegerinnen und -pfleger, die Tätigkeiten von Gesundheits- und Krankenpflegerinnen und -pflegern ausüben, sind als Gesundheits- und Krankenpflegerinnen und -pfleger eingruppiert.

   (2) Altenpflegerinnen und -pfleger, die Tätigkeiten von Gesundheits- und Krankenpflegerinnen und -pflegern ausüben, sind als Gesundheits- und Krankenpflegerinnen und -pfleger eingruppiert.

3. § 5 gilt mit folgenden Maßgaben:

   a) Personen, die zu einem Teil ihrer Arbeitszeit unterstellt oder zu einem Teil ihrer Arbeitszeit in einem Bereich beschäftigt sind, zählen entsprechend dem Verhältnis dieses Anteils an der regelmäßigen Arbeitszeit einer oder eines entsprechenden Vollbeschäftigten.

   b) [1]Schülerinnen und Schüler in der Gesundheits- und Krankenpflege, Gesundheits- und Kinderkrankenpflege, Gesundheits- und Krankenpflegehilfe sowie Personen, die sich in einer Ausbildung in der Altenpflege befinden, bleiben außer Betracht. [2]Für die Berücksichtigung von Stellen, auf die Schülerinnen und Schüler angerechnet werden, gilt § 5 Satz 4 entsprechend.

4. (1) [1]Pflegepersonen der Entgeltgruppen KR 3a bis KR 9c, die die Grund- und Behandlungspflege zeitlich überwiegend bei

   a) an schweren Infektionskrankheiten erkrankten Patientinnen oder Patienten (z. B. bei Tuberkulose), die wegen der Ansteckungsgefahr in besonderen Infektionsabteilungen oder Infektionsstationen untergebracht sind,

   b) Kranken in geschlossenen oder halb geschlossenen (Open-door-system) psychiatrischen Abteilungen oder Stationen,

   c) Kranken in geriatrischen Abteilungen oder Stationen,

   d) gelähmten oder an multipler Sklerose erkrankten Patientinnen oder Patienten,

e) Patientinnen oder Patienten nach Transplantationen innerer Organe oder von Knochenmark,

f) an AIDS (Vollbild) erkrankten Patientinnen oder Patienten oder

g) Patientinnen oder Patienten, bei denen Chemotherapien durchgeführt oder die mit Strahlen oder mit inkorporierten radioaktiven Stoffen behandelt werden,

ausüben, erhalten für die Dauer dieser Tätigkeit eine monatliche Zulage. [2]Sie beträgt 90,00 Euro. [3]Die Zulage steht auch bei Erfüllung mehrerer Tatbestände nur einmal zu.

(2) [1]Pflegepersonen der Entgeltgruppen KR 3a bis KR 9c, die zeitlich überwiegend in Einheiten für Intensivmedizin Patientinnen oder Patienten pflegen, erhalten für die Dauer dieser Tätigkeit eine monatliche Zulage von 90,00 Euro. [2]Die Zulage steht nicht neben einer Zulage nach Absatz 1 zu.

(3) [1]Gesundheits- und Krankenpflegerinnen und -pfleger sowie Altenpflegerinnen und -pfleger der Entgeltgruppen KR 8a bis KR 9c, die als

a) Stationsleiterinnen oder -leiter, Stationspflegerinnen oder -pfleger oder

b) Gesundheits- oder Krankenpflegerinnen oder -pfleger oder Altenpflegerinnen oder -pfleger in anderen Tätigkeiten mit unterstellten Pflegepersonen

eingesetzt sind, erhalten die Zulage nach Absatz 1 oder 2, wenn alle ihnen durch ausdrückliche Anordnung ständig unterstellten Pflegepersonen Anspruch auf eine Zulage nach Absatz 1 oder 2 haben. [2]Die Zulage steht auch Gesundheits- und Krankenpflegerinnen und -pflegern sowie Altenpflegerinnen und -pflegern zu, die durch ausdrückliche Anordnung als ständige Vertreterinnen oder Vertreter der in Satz 1 genannten Anspruchsberechtigten bestellt sind.

(4) [1]Pflegepersonen der Entgeltgruppen KR 3a bis KR 9c, welche die Grund- und Behandlungspflege bei schwer brandverletzten Patientinnen oder Patienten ausüben in Einheiten für schwer Brandverletzte, denen durch die Zentrale Anlaufstelle für die Vermittlung von Betten für Schwerbrandverletzte in der Bundesrepublik Deutschland bei der Einsatzzentrale/Rettungsleitstelle der Feuerwehr Hamburg Schwerbrandverletzte vermittelt werden, erhalten eine Zulage gemäß § 18 Nr. 1 für jede volle Arbeitsstunde dieser Pflegetätigkeit. [2]Eine nach Absatz 1, 2 oder 3 zustehende

Zulage vermindert sich um den Betrag, der in demselben Kalendermonat nach Satz 1 zusteht.

25.1 Leitende Gesundheits- und Krankenpflegerinnen und -pfleger

Vorbemerkungen

1. [1]Leitende Gesundheits- und Krankenpflegerinnen und -pfleger sind Gesundheits- und Krankenpflegerinnen und -pfleger, die die Gesamtverantwortung für den Pflegedienst des Krankenhauses bzw. des zugeteilten Pflegebereiches haben. [2]Dies setzt voraus, dass ihnen gegenüber keine weitere Leitende Gesundheits- und Krankenpflegeperson hinsichtlich des Pflegedienstes weisungsbefugt ist.

2. (1) Leitende Gesundheits- und Krankenpflegerinnen und -pfleger, die durch ausdrückliche schriftliche Anordnung zu Mitgliedern der Krankenhausbetriebsleitung bestellt worden sind, erhalten für die Dauer dieser Tätigkeit eine Zulage

in Entgeltgruppe	gemäß § 18
KR 12a	Nr. 2
KR 11b	Nr. 3
KR 11a	Nr. 4
KR 10a	Nr. 5
KR 9d	Nr. 6
KR 9c	Nr. 7

(2) [1]Die Zulage wird nur für die Zeiträume gezahlt, in denen Beschäftigte einen Anspruch auf Entgelt oder auf Entgeltfortzahlung nach § 21 TVöD haben. [2]Sie ist bei der Bemessung des Sterbegeldes (§ 23 Abs. 3 TVöD) zu berücksichtigen.

Entgeltgruppe KR 12a

Leitende Gesundheits- und Krankenpflegerinnen und -pfleger

in Krankenhäusern bzw. Pflegebereichen, in denen mindestens 900 Pflegepersonen beschäftigt sind.

(Stufe 4 nach 2 Jahren in Stufe 3, Stufe 5 nach 3 Jahren in Stufe 4)

Entgeltgruppe KR 11b

1. Leitende Gesundheits- und Krankenpflegerinnen und -pfleger

   in Krankenhäusern bzw. Pflegebereichen, in denen mindestens 600 Pflegepersonen beschäftigt sind.

2. Gesundheits- und Krankenpflegerinnen und -pfleger, die durch ausdrückliche Anordnung als ständige Vertreterinnen oder Ver-

treter von Leitenden Gesundheits- und Krankenpflegerinnen oder -pflegern bestellt sind

in Krankenhäusern bzw. Pflegebereichen, in denen mindestens 900 Pflegepersonen beschäftigt sind.

Entgeltgruppe KR 11a

1. Leitende Gesundheits- und Krankenpflegerinnen und -pfleger

   in Krankenhäusern bzw. Pflegebereichen, in denen mindestens 300 Pflegepersonen beschäftigt sind.

   (Stufe 4 nach 2 Jahren in Stufe 3, Stufe 5 nach 5 Jahren in Stufe 4)

2. Gesundheits- und Krankenpflegerinnen und -pfleger, die durch ausdrückliche Anordnung als ständige Vertreterinnen oder Vertreter von Leitenden Gesundheits- und Krankenpflegerinnen oder -pflegern bestellt sind

   in Krankenhäusern bzw. Pflegebereichen, in denen mindestens 600 Pflegepersonen beschäftigt sind.

   (Stufe 4 nach 2 Jahren in Stufe 3, Stufe 5 nach 5 Jahren in Stufe 4)

Entgeltgruppe KR 10a

1. Leitende Gesundheits- und Krankenpflegerinnen und -pfleger

   in Krankenhäusern bzw. Pflegebereichen, in denen mindestens 150 Pflegepersonen beschäftigt sind.

   (Stufe 4 nach 2 Jahren in Stufe 3, Stufe 5 nach 3 Jahren in Stufe 4)

2. Gesundheits- und Krankenpflegerinnen und -pfleger, die durch ausdrückliche Anordnung als ständige Vertreterinnen oder Vertreter von Leitenden Gesundheits- und Krankenpflegerinnen oder -pflegern bestellt sind

   in Krankenhäusern bzw. Pflegebereichen, in denen mindestens 300 Pflegepersonen beschäftigt sind.

   (Stufe 4 nach 2 Jahren in Stufe 3, Stufe 5 nach 3 Jahren in Stufe 4)

Entgeltgruppe KR 9d

1. Leitende Gesundheits- und Krankenpflegerinnen und -pfleger

   in Krankenhäusern bzw. Pflegebereichen, in denen mindestens 75 Pflegepersonen beschäftigt sind.

   (Stufe 4 nach 4 Jahren in Stufe 3, Stufe 5 nach 2 Jahren in Stufe 4)

2. Gesundheits- und Krankenpflegerinnen und -pfleger, die durch ausdrückliche Anordnung als ständige Vertreterinnen oder Vertreter von Leitenden Gesundheits- und Krankenpflegerinnen oder -pflegern bestellt sind,

in Krankenhäusern bzw. Pflegebereichen, in denen mindestens 150 Pflegepersonen beschäftigt sind.

(Stufe 4 nach 4 Jahren in Stufe 3, Stufe 5 nach 2 Jahren in Stufe 4)

Entgeltgruppe KR 9c

1. Leitende Gesundheits- und Krankenpflegerinnen und -pfleger.

   (Stufe 4 nach 5 Jahren in Stufe 3, Stufe 5 nach 5 Jahren in Stufe 4)

2. Gesundheits- und Krankenpflegerinnen und -pfleger, die durch ausdrückliche Anordnung als ständige Vertreterinnen oder Vertreter von Leitenden Gesundheits- und Krankenpflegerinnen oder -pflegern bestellt sind,

   in Krankenhäusern bzw. Pflegebereichen, in denen mindestens 75 Pflegepersonen beschäftigt sind.

   (Stufe 4 nach 5 Jahren in Stufe 3, Stufe 5 nach 5 Jahren in Stufe 4)

Entgeltgruppe KR 9b

Gesundheits- und Krankenpflegerinnen und -pfleger, die durch ausdrückliche Anordnung als ständige Vertreterinnen oder Vertreter von Leitenden Gesundheits- und Krankenpflegerinnen oder -pflegern bestellt sind.

(Stufe 4 nach 5 Jahren in Stufe 3, Stufe 5 nach 5 Jahren in Stufe 4)

25.2 Gesundheits- und Krankenpflegerinnen und -pfleger als Bereichs- oder Stationsleiterinnen oder -leiter

Vorbemerkung

Wenn in den Funktionsbereichen außer Pflegepersonen auch sonstige Beschäftigte unterstellt sind, werden sie bei der Zahl der unterstellten Pflegekräfte berücksichtigt.

Entgeltgruppe KR 11a

Gesundheits- und Krankenpflegerinnen und -pfleger,

denen durch ausdrückliche Anordnung mehrere Stationen oder abgegrenzte Funktionsbereiche mit insgesamt mindestens 192 Pflegepersonen ständig unterstellt sind (Bereichsleiterinnen und -leiter).

(Stufe 4 nach 2 Jahren in Stufe 3, Stufe 5 nach 5 Jahren in Stufe 4)

Entgeltgruppe KR 10a

Gesundheits- und Krankenpflegerinnen und -pfleger,

denen durch ausdrückliche Anordnung mehrere Stationen oder abgegrenzte Funktionsbereiche mit insgesamt mindestens

IV

96 Pflegepersonen ständig unterstellt sind (Bereichsleiterinnen und -leiter).

(Stufe 4 nach 2 Jahren in Stufe 3, Stufe 5 nach 3 Jahren in Stufe 4)

Entgeltgruppe KR 9d

Gesundheits- und Krankenpflegerinnen und -pfleger,

denen durch ausdrückliche Anordnung mehrere Stationen oder abgegrenzte Funktionsbereiche mit insgesamt mindestens 48 Pflegepersonen ständig unterstellt sind (Bereichsleiterinnen und -leiter).

(Stufe 4 nach 4 Jahren in Stufe 3, Stufe 5 nach 2 Jahren in Stufe 4)

Entgeltgruppe KR 9c

1. Gesundheits- und Krankenpflegerinnen und -pfleger,

   denen durch ausdrückliche Anordnung mehrere Stationen oder abgegrenzte Funktionsbereiche mit insgesamt mindestens 24 Pflegepersonen ständig unterstellt sind (Bereichsleiterinnen und -leiter).

   (Stufe 4 nach 5 Jahren in Stufe 3, Stufe 5 nach 5 Jahren in Stufe 4)

2. Gesundheits- und Krankenpflegerinnen und -pfleger

   als Stationsleiterinnen oder -leiter, denen durch ausdrückliche Anordnung mindestens zwölf Pflegepersonen ständig unterstellt sind.

   (Stufe 4 nach 5 Jahren in Stufe 3, Stufe 5 nach 5 Jahren in Stufe 4)

   (Hierzu Protokollerklärung)

Entgeltgruppe KR 9b

1. Gesundheits- und Krankenpflegerinnen und -pfleger,

   denen durch ausdrückliche Anordnung mehrere Stationen oder abgegrenzte Funktionsbereiche mit insgesamt mindestens zwölf Pflegepersonen ständig unterstellt sind.

   (Stufe 4 nach 5 Jahren in Stufe 3, Stufe 5 nach 5 Jahren in Stufe 4)

2. Gesundheits- und Krankenpflegerinnen und -pfleger als Stations-leiterinnen oder -leiter,

   denen durch ausdrückliche Anordnung mindestens fünf Pflege-personen ständig unterstellt sind.

   (Stufe 4 nach 5 Jahren in Stufe 3, Stufe 5 nach 5 Jahren in Stufe 4)

   (Hierzu Protokollerklärung)

3. Gesundheits- und Krankenpflegerinnen und -pfleger,

   die durch ausdrückliche Anordnung als ständige Vertreterinnen oder Vertreter von Stationsleiterinnen oder -leitern bestellt sind,

denen durch ausdrückliche Anordnung mindestens zwölf Pflegepersonen ständig unterstellt sind.

(Stufe 4 nach 5 Jahren in Stufe 3, Stufe 5 nach 5 Jahren in Stufe 4)

(Hierzu Protokollerklärung)

Entgeltgruppe KR 8a

1. Gesundheits- und Krankenpflegerinnen und -pfleger,

   die durch ausdrückliche Anordnung als Stationsleiterinnen oder
   -leiter bestellt sind.

   (keine Stufe 1)

   (Hierzu Protokollerklärung)

2. Gesundheits- und Krankenpflegerinnen und -pfleger,

   die durch ausdrückliche Anordnung als ständige Vertreterinnen
   oder Vertreter von Stationsleiterinnen oder -leitern bestellt sind,
   denen durch ausdrückliche Anordnung mindestens fünf Pflegepersonen ständig unterstellt sind.

   (keine Stufe 1)

   (Hierzu Protokollerklärung)

Protokollerklärung:

[1]Unter Stationsleiterinnen und -leitern sind Pflegepersonen zu
verstehen, die dem Pflegedienst auf der Station vorstehen. [2]Es
handelt sich um das sachliche Vorstehen.

25.3 Lehrkräfte für Gesundheits- und Krankenpflege

Entgeltgruppe KR 11a

Gesundheits- und Krankenpflegerinnen und -pfleger

mit erfolgreich abgeschlossener mindestens einjähriger Fachausbildung an Schulen für Lehrkräfte in der Gesundheits- und Krankenpflege, die als Leitende Lehrkräfte an Krankenpflegeschulen
oder Schulen für Krankenpflegehilfe

mit durchschnittlich mindestens 160 Lehrgangsteilnehmerinnen
oder -teilnehmern tätig sind.

(Stufe 4 nach 2 Jahren in Stufe 3, Stufe 5 nach 5 Jahren in Stufe 4)

(Hierzu Protokollerklärung)

Entgeltgruppe KR 10a

1. Gesundheits- und Krankenpflegerinnen und -pfleger

   mit erfolgreich abgeschlossener mindestens einjähriger Fachausbildung an Schulen für Lehrkräfte in der Gesundheits- und Krankenpflege,

die als Leitende Lehrkräfte an Krankenpflegeschulen oder Schulen für Krankenpflegehilfe mit durchschnittlich mindestens 80 Lehrgangsteilnehmerinnen oder -teilnehmern tätig sind.

(Stufe 4 nach 2 Jahren in Stufe 3, Stufe 5 nach 3 Jahren in Stufe 4)

(Hierzu Protokollerklärung)

2. Gesundheits- und Krankenpflegerinnen und -pfleger

mit erfolgreich abgeschlossener mindestens einjähriger Fachausbildung an Schulen für Lehrkräfte in der Gesundheits- und Krankenpflege,

die als Lehrkräfte an Krankenpflegeschulen oder Schulen für Krankenpflegehilfe mit durchschnittlich mindestens 160 Lehrgangsteilnehmerinnen oder -teilnehmern tätig sind und

durch ausdrückliche Anordnung als ständige Vertreterinnen oder Vertreter von Leitenden Lehrkräften bestellt sind.

(Stufe 4 nach 2 Jahren in Stufe 3, Stufe 5 nach 3 Jahren in Stufe 4)

(Hierzu Protokollerklärung)

Entgeltgruppe KR 9d

1. Gesundheits- und Krankenpflegerinnen und -pfleger

mit erfolgreich abgeschlossener mindestens einjähriger Fachausbildung an Schulen für Lehrkräfte in der Gesundheits- und Krankenpflege,

die als Lehrkräfte an Fortbildungsstätten für Leitende Gesundheits- und Krankenpflegerinnen und -pfleger, Lehrkräfte in der Gesundheits- und Krankenpflege sowie Stationspflegerinnen und -pfleger tätig sind.

(Stufe 4 nach 4 Jahren in Stufe 3, Stufe 5 nach 2 Jahren in Stufe 4)

2. Gesundheits- und Krankenpflegerinnen und -pfleger

mit erfolgreich abgeschlossener mindestens einjähriger Fachausbildung an Schulen für Lehrkräfte in der Gesundheits- und Krankenpflege,

die als Leitende Lehrkräfte an Krankenpflegeschulen oder Schulen für Krankenpflegehilfe mit durchschnittlich mindestens 40 Lehrgangsteilnehmerinnen oder -teilnehmern tätig sind.

(Stufe 4 nach 4 Jahren in Stufe 3, Stufe 5 nach 2 Jahren in Stufe 4)

(Hierzu Protokollerklärung)

3. Gesundheits- und Krankenpflegerinnen und -pfleger

mit erfolgreich abgeschlossener mindestens einjähriger Fachausbildung an Schulen für Lehrkräfte in der Gesundheits- und Krankenpflege,

die als Lehrkräfte an Krankenpflegeschulen oder Schulen für Krankenpflegehilfe mit durchschnittlich mindestens 80 Lehrgangsteilnehmerinnen oder -teilnehmern tätig sind und

durch ausdrückliche Anordnung als ständige Vertreterinnen oder Vertreter von Leitenden Lehrkräften bestellt sind.

(Stufe 4 nach 4 Jahren in Stufe 3, Stufe 5 nach 2 Jahren in Stufe 4)

IV

Entgeltgruppe KR 9c

Gesundheits- und Krankenpflegerinnen und -pfleger

mit erfolgreich abgeschlossener mindestens einjähriger Fachausbildung an Schulen für Lehrkräfte in der Gesundheits- und Krankenpflege,

die als Lehrkräfte an Krankenpflegeschulen oder Schulen für Krankenpflegehilfe tätig sind.

(Stufe 4 nach 5 Jahren in Stufe 3, Stufe 5 nach 5 Jahren in Stufe 4)

Entgeltgruppe KR 9b

Gesundheits- und Krankenpflegerinnen und -pfleger

die als Lehrkräfte an Krankenpflegeschulen oder Schulen für Krankenpflegehilfe tätig sind.

(Stufe 4 nach 5 Jahren in Stufe 3, Stufe 5 nach 5 Jahren in Stufe 4)

Protokollerklärung:

Leitende Lehrkräfte an Krankenpflegeschulen oder Schulen für Krankenpflegehilfe sind Lehrkräfte an Krankenpflegeschulen oder Schulen für Krankenpflegehilfe, die eine Krankenpflegeschule oder Schule für Krankenpflegehilfe allein oder gemeinsam mit einer Ärztin oder einem Arzt oder einer Leitenden Gesundheits- und Krankenpflegerin oder einem Leitenden Gesundheits- und Krankenpfleger leiten.

25.4 Gesundheits- und Krankenpflegerinnen und -pfleger, die dem Operations- oder Anästhesiedienst, Dialyseeinheiten, Einheiten für Intensivmedizin, der Notaufnahme (IAS) oder zentralen Sterilisationsdiensten vorstehen

Entgeltgruppe KR 10a

Gesundheits- und Krankenpflegerinnen und -pfleger,

a) die dem Operationsdienst oder Anästhesiedienst vorstehen und denen durch ausdrückliche Anordnung mindestens 40 Pflegepersonen ständig unterstellt sind, oder

b) die einer Einheit für Intensivmedizin vorstehen und denen durch ausdrückliche Anordnung mindestens 48 Pflegepersonen ständig unterstellt sind.

(Stufe 4 nach 2 Jahren in Stufe 3, Stufe 5 nach 3 Jahren in Stufe 4)

(Hierzu Protokollerklärung Nr. 1)

Entgeltgruppe KR 9d

1. Gesundheits- und Krankenpflegerinnen und -pfleger,

a) die dem Operationsdienst oder Anästhesiedienst vorstehen und denen durch ausdrückliche Anordnung mindestens 20 Pflegepersonen ständig unterstellt sind oder

b) die einer Einheit für Intensivmedizin vorstehen und denen durch ausdrückliche Anordnung mindestens 24 Pflegepersonen ständig unterstellt sind.

(Stufe 4 nach 4 Jahren in Stufe 3, Stufe 5 nach 2 Jahren in Stufe 4)

(Hierzu Protokollerklärung Nr. 1)

2. Gesundheits- und Krankenpflegerinnen und -pfleger,

die durch ausdrückliche Anordnung als ständige Vertreterinnen oder Vertreter von Gesundheits- und Krankenpflegerinnen oder -pflegern bestellt sind,

a) die dem Operationsdienst oder Anästhesiedienst vorstehen und denen durch ausdrückliche Anordnung mindestens 40 Pflegepersonen ständig unterstellt sind, oder

b) die einer Einheit für Intensivmedizin vorstehen und denen durch ausdrückliche Anordnung mindestens 48 Pflegepersonen ständig unterstellt sind.

(Stufe 4 nach 4 Jahren in Stufe 3, Stufe 5 nach 2 Jahren in Stufe 4)

(Hierzu Protokollerklärung Nr. 1)

Entgeltgruppe KR 9c

1. Gesundheits- und Krankenpflegerinnen und -pfleger,
   a) die dem Operationsdienst oder Anästhesiedienst vorstehen und denen durch ausdrückliche Anordnung mindestens zehn Pflegepersonen ständig unterstellt sind oder
   b) die einer Einheit für Intensivmedizin vorstehen und denen durch ausdrückliche Anordnung mindestens zwölf Pflegepersonen ständig unterstellt sind.

   (Stufe 4 nach 5 Jahren in Stufe 3, Stufe 5 nach 5 Jahren in Stufe 4)
   (Hierzu Protokollerklärung Nr. 1)

2. Gesundheits- und Krankenpflegerinnen und -pfleger,
   die einer Dialyseeinheit vorstehen und denen durch ausdrückliche Anordnung mindestens 48 Pflegepersonen ständig unterstellt sind.

   (Stufe 4 nach 5 Jahren in Stufe 3, Stufe 5 nach 5 Jahren in Stufe 4)

3. Gesundheits- und Krankenpflegerinnen und -pfleger,
   die durch ausdrückliche Anordnung als ständige Vertreterinnen oder Vertreter von Gesundheits- und Krankenpflegerinnen oder -pflegern bestellt sind,
   a) die dem Operationsdienst oder Anästhesiedienst vorstehen und denen durch ausdrückliche Anordnung mindestens 20 Pflegepersonen ständig unterstellt sind, oder
   b) die einer Einheit für Intensivmedizin vorstehen und denen durch ausdrückliche Anordnung mindestens 24 Pflegepersonen ständig unterstellt sind.

   (Stufe 4 nach 5 Jahren in Stufe 3, Stufe 5 nach 5 Jahren in Stufe 4)
   (Hierzu Protokollerklärung Nr. 1)

Entgeltgruppe KR 9b

1. Gesundheits- und Krankenpflegerinnen und -pfleger,
   a) die dem Operationsdienst oder Anästhesiedienst vorstehen und denen durch ausdrückliche Anordnung mindestens vier Pflegepersonen ständig unterstellt sind oder
   b) die in der Intensivpflege/-medizin einer Einheit für Intensivmedizin vorstehen.

   (Stufe 4 nach 5 Jahren in Stufe 3, Stufe 5 nach 5 Jahren in Stufe 4)
   (Hierzu Protokollerklärung Nr. 1)

2. Gesundheits- und Krankenpflegerinnen und -pfleger,
   die einer Dialyseeinheit vorstehen und denen durch ausdrückliche Anordnung mindestens 24 Pflegepersonen ständig unterstellt sind.

(Stufe 4 nach 5 Jahren in Stufe 3, Stufe 5 nach 5 Jahren in Stufe 4)

3. Gesundheits- und Krankenpflegerinnen und -pfleger,

   die dem zentralen Sterilisationsdienst vorstehen und denen durch ausdrückliche Anordnung mindestens 36 Beschäftigte ständig unterstellt sind.

   (Stufe 4 nach 5 Jahren in Stufe 3, Stufe 5 nach 5 Jahren in Stufe 4)

4. Gesundheits- und Krankenpflegerinnen und -pfleger,

   die durch ausdrückliche Anordnung als ständige Vertreterinnen oder Vertreter von Gesundheits- und Krankenpflegerinnen oder -pflegern bestellt sind

   a) die dem Operationsdienst oder Anästhesiedienst vorstehen und denen durch ausdrückliche Anordnung mindestens zehn Pflegepersonen ständig unterstellt sind, oder

   b) die einer Einheit für Intensivmedizin vorstehen und denen durch ausdrückliche Anordnung mindestens zwölf Pflegepersonen ständig unterstellt sind.

   (Stufe 4 nach 5 Jahren in Stufe 3, Stufe 5 nach 5 Jahren in Stufe 4)

   (Hierzu Protokollerklärung Nr. 1)

Entgeltgruppe KR 9a

Gesundheits- und Krankenpflegerinnen und -pfleger,

die dem zentralen Sterilisationsdienst vorstehen und denen durch ausdrückliche Anordnung mindestens acht Beschäftigte ständig unterstellt sind.

(Stufe 4 nach 5 Jahren in Stufe 3, Stufe 5 nach 5 Jahren in Stufe 4)

Entgeltgruppe KR 8a

Gesundheits- und Krankenpflegerinnen und -pfleger,

die einer Dialyseeinheit vorstehen und denen durch ausdrückliche Anordnung mindestens zwölf Pflegepersonen ständig unterstellt sind.

(keine Stufe 1)

Entgeltgruppe KR 7a

1. Gesundheits- und Krankenpflegerinnen und -pfleger,

   die dem zentralen Sterilisationsdienst vorstehen.

   (keine Stufe 1)

   (Hierzu Protokollerklärung Nr. 2)

2. Gesundheits- und Krankenpflegerinnen und -pfleger,

   die durch ausdrückliche Anordnung als ständige Vertreterinnen oder Vertreter von Gesundheits- und Krankenpflegerinnen oder -pflegern bestellt sind,

   a) die dem zentralen Sterilisationsdienst vorstehen und

   b) denen durch ausdrückliche Anordnung mindestens 36 Beschäftigte ständig unterstellt sind.

   (keine Stufe 1)

Protokollerklärungen:

Nr. 1 [1]Einheiten für Intensivmedizin sind Stationen für Intensivbehandlung und Intensivüberwachung. [2]Dazu gehören auch Wachstationen, die für Intensivbehandlung und Intensivüberwachung eingerichtet sind.

Nr. 2 Dieses Tätigkeitsmerkmal setzt nicht voraus, dass den vorstehenden Gesundheits- und Krankenpflegerinnen und -pflegern weitere Personen unterstellt sind.

25.5 Gesundheits- und Krankenpflegerinnen und -pfleger, denen Beschäftigte unterstellt sind

Entgeltgruppe KR 9b

1. Gesundheits- und Krankenpflegerinnen und -pfleger

   in fachärztlichen Untersuchungsstellen oder Notaufnahmen/Rettungsstellen,

   denen durch ausdrückliche Anordnung mindestens 20 Pflegepersonen ständig unterstellt sind.

   (Stufe 4 nach 5 Jahren in Stufe 3, Stufe 5 nach 5 Jahren in Stufe 4)

2. Gesundheits- und Krankenpflegerinnen und -pfleger,

   denen durch ausdrückliche Anordnung mindestens 30 im Krankentransportdienst tätige Pflegepersonen ständig unterstellt sind.

   (Stufe 4 nach 5 Jahren in Stufe 3, Stufe 5 nach 5 Jahren in Stufe 4)

Entgeltgruppe KR 9a

1. Gesundheits- und Krankenpflegerinnen und -pfleger,

   a) die die Herz-Lungen-Maschine vorbereiten und während der Operation zur Bedienung der Maschine herangezogen werden und

   b) denen durch ausdrückliche Anordnung mindestens vier Beschäftigte ständig unterstellt sind.

   (Stufe 4 nach 5 Jahren in Stufe 3, Stufe 5 nach 5 Jahren in Stufe 4)

2. Gesundheits- und Krankenpflegerinnen und -pfleger,

   a) die in besonderen Behandlungs- und Untersuchungsräumen in mindestens zwei Teilgebieten der Endoskopie tätig sind und

   b) denen durch ausdrückliche Anordnung mindestens vier Pflege-personen ständig unterstellt sind.

   (Stufe 4 nach 5 Jahren in Stufe 3, Stufe 5 nach 5 Jahren in Stufe 4)

3. Gesundheits- und Krankenpflegerinnen und -pfleger
   in Polikliniken (Ambulanzbereichen) oder Ambulanzen,
   denen durch ausdrückliche Anordnung mindestens sechs Pflege-personen ständig unterstellt sind.

   (Stufe 4 nach 5 Jahren in Stufe 3, Stufe 5 nach 5 Jahren in Stufe 4)

4. Gesundheits- und Krankenpflegerinnen und -pfleger,
   denen durch ausdrückliche Anordnung mindestens zehn im Kran-kentransportdienst tätige Pflegepersonen ständig unterstellt sind.

   (Stufe 4 nach 5 Jahren in Stufe 3, Stufe 5 nach 5 Jahren in Stufe 4)

Entgeltgruppe KR 7a

Gesundheits- und Krankenpflegerinnen und -pfleger,
denen durch ausdrückliche Anordnung mindestens fünf im Kran-kentransportdienst tätige Pflegepersonen ständig unterstellt sind.
(keine Stufe 1)

25.6 Gesundheits- und Krankenpflegerinnen und -pfleger, Gesundheits- und Krankenpflegehelferinnen und -helfer sowie Pflegehelferinnen und -helfer

Entgeltgruppe KR 9a

1. Gesundheits- und Krankenpflegerinnen und -pfleger
   mit erfolgreich abgeschlossener Weiterbildung für den Operati-onsdienst bzw. für den Anästhesiedienst,
   die im Operationsdienst als Operationskrankenpflegerinnen oder -pfleger oder als Anästhesiekrankenpflegerinnen oder -pfleger tätig sind.

   (Stufe 4 nach 5 Jahren in Stufe 3, Stufe 5 nach 5 Jahren in Stufe 4)
   (Hierzu Protokollerklärung Nr. 1)

2. Gesundheits- und Krankenpflegerinnen und -pfleger

   a) mit erfolgreich abgeschlossener Weiterbildung in der Intensiv-pflege/-medizin in Einheiten für Intensivmedizin,

   b) mit erfolgreich abgeschlossener Weiterbildung in der Psychia-trie oder Onkologie oder

c) mit erfolgreich abgeschlossener sozialpsychiatrischer Zusatzausbildung

mit entsprechender Tätigkeit.

(Stufe 4 nach 5 Jahren in Stufe 3, Stufe 5 nach 5 Jahren in Stufe 4)

(Hierzu Protokollerklärungen Nrn. 1, 2 und 3)

Entgeltgruppe KR 8a

1. Gesundheits- und Krankenpflegerinnen und -pfleger,

    a) die im Operationsdienst als Operationskrankenpflegerinnen
    oder -pfleger oder als Anästhesiekrankenpflegerinnen oder
    -pfleger tätig sind,

    b) die die Herz-Lungen-Maschine vorbereiten und während der
    Operation zur Bedienung der Maschine herangezogen werden,

    c) die in Einheiten für Intensivmedizin tätig sind oder

    d) die der Ärztin oder dem Arzt in erheblichem Umfang bei
    Herzkatheterisierungen, Dilatationen oder Angiografien un-
    mittelbar assistieren.

    (keine Stufe 1)

    (Hierzu Protokollerklärung Nr. 3)

2. Gesundheits- und Krankenpflegerinnen und -pfleger

    mit erfolgreich abgeschlossener Fortbildung in der Krankenhaus-
    hygiene mit entsprechender Tätigkeit,

    die stationsübergreifend und verantwortlich eingesetzt sind.

    (keine Stufe 1)

Entgeltgruppe KR 7a

1. Gesundheits- und Krankenpflegerinnen und -pfleger mit entsprechender Tätigkeit

    a) in fachärztlichen Untersuchungsstellen oder Notaufnahmen/
    Rettungsstellen oder

    b) in besonderen Behandlungs- und Untersuchungsräumen in
    mindestens zwei Teilgebieten der Endoskopie.

    (keine Stufe 1)

2. Gesundheits- und Krankenpflegerinnen und -pfleger,

    a) die in Dialyseeinheiten Kranke pflegen sowie die Geräte bedie-
    nen und überwachen oder

    b) die im EEG-Dienst tätig sind.

    (keine Stufe 1)

3. Gesundheits- und Krankenpflegerinnen und -pfleger,

   a) die Pflegeaufgaben an Patientinnen oder Patienten von psychiatrischen oder neurologischen Krankenhäusern, die nicht in diesen Krankenhäusern untergebracht sind, erfüllen oder

   b) die in psychiatrischen oder neurologischen Krankenhäusern psychisch kranke Patientinnen oder Patienten bei der Arbeitstherapie betreuen.

   (keine Stufe 1)

4. Gesundheits- und Krankenpflegerinnen und -pfleger mit entsprechender Tätigkeit.

Entgeltgruppe KR 4a

1. Gesundheits- und Krankenpflegehelferinnen und -helfer mit entsprechender Tätigkeit

   a) im Anästhesiedienst,

   b) in Dialyseeinheiten,

   c) in mindestens zwei Teilgebieten der Endoskopie,

   d) in Einheiten für Intensivmedizin,

   e) an der Herz-Lungen-Maschine,

   f) im Operationsdienst oder

   g) in fachärztlichen Untersuchungsstellen oder Notaufnahmen/ Rettungsstellen.

   (keine Stufe 1)

   (Hierzu Protokollerklärung Nr. 3)

2. Gesundheits- und Krankenpflegehelferinnen und -helfer mit entsprechender Tätigkeit.

Entgeltgruppe KR 3a

Pflegehelferinnen und -helfer mit entsprechender Tätigkeit.

Protokollerklärungen:

Nr. 1 Die Weiterbildung setzt voraus, dass mindestens 720 Stunden zu mindestens je 45 Unterrichtsminuten theoretischer und praktischer Unterricht bei Vollzeitausbildung innerhalb eines Jahres und bei berufsbegleitender Ausbildung innerhalb von zwei Jahren vermittelt werden.

Nr. 2 Eine Zusatzausbildung im Sinne dieses Tätigkeitsmerkmals liegt nur dann vor, wenn sie durch einen mindestens einjährigen Lehrgang oder in mindestens zwei Jahren berufsbegleitend vermittelt wird.

Nr. 3 [1]Einheiten für Intensivmedizin sind Stationen für Intensivbehandlung und Intensivüberwachung. [2]Dazu gehören auch Wachstationen, die für Intensivbehandlung und Intensivüberwachung eingerichtet sind.

26. Prüferinnen und Prüfer von Luftfahrtgerät

Vorbemerkungen

[1]Prüferinnen und Prüfer von Luftfahrtgerät, die die Nachprüferlaubnis nach der ZDv 19/1 besitzen, erhalten eine Zulage von 40,90 Euro monatlich; die Zulage wird nicht gewährt, wenn eine andere Prüferlaubnis die Nachprüferlaubnis lediglich einschließt. [2]Die Zulage gilt bei der Bemessung des Sterbegeldes (§ 23 Abs. 3 TVöD) als Bestandteil des Tabellenentgeltes. [3]Die Zulage ist – auch im Rahmen der Jahressonderzahlung – nicht zusatzversorgungspflichtig.

Entgeltgruppe 11

Geprüfte Meisterinnen und Meister sowie Meisterinnen und Meister mit erfolgreich abgeschlossenem Meisterlehrgang der Bundeswehr in einschlägiger Fachrichtung

als Leiterinnen oder Leiter einer Prüfgruppe.

Entgeltgruppe 10

Geprüfte Meisterinnen und Meister sowie Meisterinnen und Meister mit erfolgreich abgeschlossenem Meisterlehrgang der Bundeswehr in einschlägiger Fachrichtung

als Systemprüferinnen oder -prüfer.

Entgeltgruppe 9b

Geprüfte Meisterinnen und Meister sowie Meisterinnen und Meister mit erfolgreich abgeschlossenem Meisterlehrgang der Bundeswehr in einschlägiger Fachrichtung mit einer Prüferlaubnis oder Freigabeberechtigung in mehr als einer einschlägigen Fachrichtung oder für mindestens drei Baumuster

als luftfahrzeugtechnisches Prüfpersonal oder Freigabeberechtigte am Luftfahrzeug.

(Die Beschäftigten in dieser Fallgruppe erhalten eine Entgeltgruppenzulage gemäß § 17 Nr. 7.)

Entgeltgruppe 9a

1. Geprüfte Meisterinnen und Meister sowie Meisterinnen und Meister mit erfolgreich abgeschlossenem Meisterlehrgang der Bundeswehr in einschlägiger Fachrichtung mit einer Prüferlaubnis in einer einschlägigen Fachrichtung

als luftfahrzeugtechnisches Prüfpersonal oder Freigabeberechtigte am Luftfahrzeug.

(Die Beschäftigten in dieser Fallgruppe erhalten eine Entgeltgruppenzulage gemäß § 17 Nr. 5.)

2. Geprüfte Meisterinnen und Meister sowie Meisterinnen und Meister mit erfolgreich abgeschlossenem Meisterlehrgang der Bundeswehr in einschlägiger Fachrichtung

als Prüferinnen oder Prüfer für das jeweilige Baumuster, die komplexe Systeme (z. B. Hydraulik, Triebwerk, Navigations-/Avionikgeräte) von Kampfflugzeugen selbständig überprüfen, warten und instand setzen, bis zur Erlangung der Prüferlaubnis.

IV

27. Rechnungsführerinnen und Rechnungsführer

Entgeltgruppe 8

Beschäftigte der Entgeltgruppe 6,

die mindestens zu einem Drittel Trennungsgeld, Fahrkosten-zuschuss, Reisekostenvergütung oder Umzugskostenvergütung berechnen.

Entgeltgruppe 6

Rechnungsführerinnen und Rechnungsführer (z. B. für Wehrsold oder Verpflegung).

IV

28. Beschäftigte im Schieß- und Erprobungsbetrieb

Entgeltgruppe 7

Schießleiterinnen und -leiter mit abgeschlossener Berufsausbildung als Elektrikerin oder Elektriker, Elektronikerin oder Elektroniker oder Mechatronikerin oder Mechatroniker oder in einem metallverarbeitenden Ausbildungsberuf und dem Nachweis der Befähigung für den Umgang mit Munition und Explosivstoffen – mindestens der Stufe B –, die Schieß- und Versuchsvorhaben mit

a) eingeführter oder nicht eingeführter Waffe oder eingeführtem oder nicht eingeführtem Waffensystem,

b) nicht eingeführter oder eingeführter oder belasteter Munition oder

c) veränderter Waffe oder Munition oder verändertem Waffensystem

gemäß der Betriebsschutzweisung für das Schießen bei Erprobungen, Versuchen und sonstigen Überprüfungen von Waffen und Munition durchführen und überwachen.

Entgeltgruppe 6

Beschäftigte mit abgeschlossener Berufsausbildung als Elektrikerin oder Elektriker, Elektronikerin oder Elektroniker, Mechatronikerin oder Mechatroniker oder in einem metallverarbeitenden Ausbildungsberuf, die in Sicherheitsleitstellen den Erprobungsbetrieb koordinieren und überwachen.

Entgeltgruppe 5

1. Beschäftigte mit einschlägiger abgeschlossener Berufsausbildung, die an Scheibenzuganlagen die Anlage und deren Aggregate auch warten oder instand setzen.

2. Schießstandwartinnen und -warte sowie Pioniergeräte- oder Schießstandgerätewartinnen und -warte mit einschlägiger abgeschlossener Berufsausbildung.

3. Schießbahnwartinnen und -warte mit einschlägiger abgeschlossener Berufsausbildung, die auf Truppenübungsplätzen tätig sind.

4. Beschäftigte mit abgeschlossener Berufsausbildung in einem elektrotechnischen Ausbildungsberuf, die im Zielbau auf Truppenübungsplätzen tätig sind und die Zielbaugeräte und Scheibenzuganlagen mit elektrischen oder elektronischen Baugruppen aufbauen, überprüfen, bedienen, warten oder instand setzen.

Entgeltgruppe 4

1. Schießbahnwartinnen und -warte.
2. Beschäftigte an Scheibenzuganlagen.

Entgeltgruppe 3

1. Beschäftigte im Zielbau.
2. Schießstandwartinnen und -warte.
3. Schießstandgerätewartinnen und -warte.
4. Fernmeldeleitungsbauerinnen und -bauer auf Schießplätzen oder Truppenübungsplätzen.
5. Helferinnen und Helfer auf Schießplätzen.
6. Helferinnen und Helfer bei Erprobungen in Wehrtechnischen oder Wehrwissenschaftlichen Dienststellen oder im Marinearsenal.

29. Sportlehrerinnen und -lehrer

Entgeltgruppe 15

Sportlehrerinnen und -lehrer mit einschlägiger abgeschlossener wissenschaftlicher Hochschulbildung als Leiterinnen oder Leiter des Dezernats Sport beim Kommando Streitkräftebasis.

Entgeltgruppe 14

Sportlehrerinnen und -lehrer mit einschlägiger abgeschlossener wissenschaftlicher Hochschulbildung als Sportreferentinnen oder -referenten oder Sportdezernentinnen oder -dezernenten in Kommandobehörden.

Entgeltgruppe 13

Beschäftigte der Entgeltgruppe 11 Fallgruppe 2, die als Leitende Sportlehrerinnen oder -lehrer an einer Ausbildungseinrichtung oder in einem Kommando tätig sind.

Entgeltgruppe 12

Beschäftigte der Entgeltgruppe 11 Fallgruppe 2, die

a) in der Ausbildung von Übungsleiterinnen oder -leitern der Bundeswehr oder Trainerinnen oder Trainern (Truppenfachlehrerin oder -lehrer) an der Sportschule der Bundeswehr oder an den Offiziersschulen,

b) in spezifischer Lehrtätigkeit in der Abteilung Flugphysiologie (FlugMedInst) oder

c) in der wissenschaftlichen Grundlagenarbeit an der Sportschule der Bundeswehr

tätig sind.

Entgeltgruppe 11

1. Sportlehrerinnen und -lehrer der Entgeltgruppe 9b, die

a) in der Ausbildung von Fachsportleiterinnen oder -leitern, in Sonderlehrgängen oder im Rahmen von Truppenversuchen an der Sportschule der Bundeswehr,

b) in der Weiterbildung von Übungsleiterinnen oder -leitern der Bundeswehr oder Fachsportleiterinnen oder -leitern,

c) in spezifischer Lehrtätigkeit (z. B. Ausbildung von Rettungsschwimmerinnen oder -schwimmern),

d) in der Beratung von Kommandeurinnen oder Kommandeuren, Dienststellenleiterinnen oder -leitern und Sportverantwortlichen (Sportlehrerin oder -lehrer Truppe) oder

e) als Sportlehrerinnen oder -lehrer bei speziellen Einsatzkräften (z. B. KSK, SEK M)

tätig sind.

2. Diplom-Sportlehrerinnen und -lehrer mit abgeschlossener Hochschulbildung und entsprechender Tätigkeit.

Entgeltgruppe 10

Sportlehrerinnen und -lehrer der Entgeltgruppe 9b, die an Sportzentren der Universitäten der Bundeswehr, an der Führungsakademie der Bundeswehr oder an Unteroffiziersschulen der Bundeswehr tätig sind.

Entgeltgruppe 9b

Staatlich geprüfte Sportlehrerinnen und -lehrer sowie staatlich geprüfte Fachsportlehrerinnen und -lehrer mit entsprechender Tätigkeit.

30. Strahlgerätebedienerinnen und -bediener

Entgeltgruppe 4

Beschäftigte der Entgeltgruppe 3,
deren Tätigkeit an das fachliche Geschick besondere Anforderungen stellt.

Entgeltgruppe 3

Beschäftigte, die Strahlgeräte für feste Strahlmittel bedienen.

31. Taucherinnen und Taucher sowie Taucherarztgehilfinnen und -gehilfen

Entgeltgruppe 9b

Tauchermeisterinnen und -meister mit Tauchermeisterprüfung als Tauchereinsatzleiterinnen oder -einsatzleiter.

Entgeltgruppe 8

1. Beschäftigte der Entgeltgruppe 7, die Erprobungsaufgaben durchführen.
2. Taucherarztgehilfinnen und -gehilfen, die mit Erfolg an einem Taucherarztgehilfen-Lehrgang der Bundeswehr teilgenommen haben.

Entgeltgruppe 7

Taucherinnen und Taucher mit einschlägiger abgeschlossener Berufsausbildung.

Entgeltgruppe 6

1. Taucherinnen und Taucher.
2. Signalfrauen und -männer mit einschlägiger abgeschlossener Berufsausbildung.

Entgeltgruppe 5

Signalfrauen und -männer.

32. Beschäftigte im Wachdienst

Entgeltgruppe 6

Wachleiterinnen und Wachleiter.

Entgeltgruppe 5

1. Wachschichtführerinnen und Wachschichtführer, die die Aufsicht führen und die selbst nicht regelmäßig Wache gehen.
2. Beschäftigte der Entgeltgruppe 4, die zugleich den Dienst als Aufsichtshabende wahrnehmen.

Entgeltgruppe 4

Beschäftigte im Wachdienst, die mit militärischen Aufgaben im Sinne des § 1 Abs. 2 des Gesetzes über die Anwendung unmittelbaren Zwanges und die Ausübung besonderer Befugnisse durch Soldaten der Bundeswehr und verbündeter Streitkräfte sowie zivile Wachpersonen (UZwGBw) beauftragt sind.

IV

**Teil V
Besondere Tätigkeitsmerkmale
im Bereich des Bundesministeriums
für Verkehr und digitale Infrastruktur**

1. Für die Gültigkeit, die Gleichwertigkeit und den Umfang der nautischen und schiffsmaschinentechnischen Befähigungszeugnisse wird zwischen folgenden Bereichen und Berufsgruppen unterschieden:

(1) Beschäftigte auf Schiffen und schwimmenden Geräten sowie an Land im Bereich der Seeschifffahrtsstraßen und See:

a) [1]Die Unterscheidung zwischen den internationalen und nationalen Befähigungszeugnissen richtet sich für die Beschäftigten auf den Schiffen und schwimmenden Geräten sowie an Land im Bereich der Seeschifffahrtsstraßen und See nach der Verordnung über die Befähigungen der Seeleute in der Seeschifffahrt (Seeleute-Befähigungsverordnung – See-BV) in der jeweils geltenden Fassung. [2]Die Befähigungszeugnisse des Kapitäns in der küstennahen Fahrt bis 500 BRZ und des nautischen Wachoffiziers in der küstennahen Fahrt bis 500 BRZ gelten weiterhin als nationale Befähigungszeugnisse.

b) Beschäftigte auf Schiffen und schwimmenden Geräten, von denen ein nautisches oder schiffsmaschinentechnisches Befähigungszeugnis verlangt wird, müssen über ein Befähigungszeugnis nach der See-BV verfügen, dessen Gültigkeit mindestens einmal vorgelegen haben muss.

c) Beschäftigte, die an Land eingesetzt werden und von denen ein nautisches oder schiffsmaschinentechnisches Befähigungszeugnis verlangt wird, müssen über ein Befähigungszeugnis nach der See-BV verfügen, dessen Gültigkeit mindestens einmal vorgelegen haben muss.

d) Die Gleichwertigkeit der Befähigungszeugnisse, die vor dem 1. Juni 2014 ausgestellt worden sind, zu den in Buchstaben b und c geforderten Befähigungszeugnissen ergibt sich wie folgt:

See-BV ab 1. 6. 2014	Befähigungszeugnisse nach SchOffAusbV vor dem 1. 6. 2014	Patente bis 2002	Bundesrepublik Deutschland bis 1970	Ehemalige DDR ab 1. 4. 1972	Ehemalige DDR vor dem 1. 4. 1972
Internationales nautisches Befähigungszeugnis NK, NEO, NWO, BG, BGW, BK, BKW	Internationales nautisches Befähigungszeugnis BG, BGW, BK, BKW	AG, AGW AM, AMW AK, AKW	A6 A5, B5 A4, A3, A2, B4, B3	A6, A5 A4, A3, B6, B5 A2, A1, B2, B1	A6, A5 A3, A2, B6, B5, B3, B2 A1 B1
Nationales nautisches Befähigungszeugnis NK 500; NWO 500, NSF, BKü	Nationales nautisches Befähigungszeugnis BKü	AN AKü	A1, B2, B1		
Internationales schiffsmaschinentechnisches Befähigungszeugnis TLM, TZO, TWO	Internationales schiffsmaschinentechnisches Befähigungszeugnis	CI CIW CT CTW CMa CMaW	C6 C5 C4, C3	C6, C5 C4, C3 C2, C1	C6 C5 C4, C3
Schiffsmaschinentechnisches Befähigungszeugnis zum Schiffsmaschinisten für Schiffe mit einer Antriebsleistung bis 750 kW TSM	Schiffsmaschinentechnisches Befähigungszeugnis zum Schiffsmaschinisten für Schiffe mit einer Antriebsleistung bis 750 kW	CKü, CMot, Maschinistenprüfung	C2		

IV

(2) ¹Beschäftigte auf Schiffen und schwimmenden Geräten sowie an Land im Bereich der Binnenschifffahrtsstraßen (Bundeswasserstraßen Rhein, Mosel und Donau sowie diejenigen Bundeswasserstraßen, auf denen die Binnenschifffahrtsstraßen-Ordnung gilt):

²Die Zuordnung der entsprechenden nautischen Befähigungszeugnisse richtet sich für die Beschäftigten auf Schiffen und schwimmenden Geräten sowie an Land im Bereich der Binnenschifffahrtsstraßen nach der Verordnung über Befähigungszeugnisse in der Binnenschifffahrt (Binnenschifferpatentverordnung – BinSchPatentV) in der jeweils geltenden Fassung und im Bereich des Rheins nach der Verordnung über das Schiffspersonal auf dem

Rhein (Schiffspersonalverordnung-Rhein – RheinSchPersV) in der jeweils geltenden Fassung.

[3]Hierbei wird zwischen einem Befähigungszeugnis ohne Einschränkungen (Großes Patent nach RheinSchPersV und Schifferpatent A oder B nach BinSchPatentV) und einem Befähigungszeugnis mit Einschränkungen entsprechend der RheinSchPersV und der BinSchPatentV unterschieden. [4]Nachweise über erforderliche Streckenkunde bleiben davon unberührt.

2. Für Beschäftigte auf Schiffen und schwimmenden Geräten, die sowohl im Küsten- als auch im Binnenbereich eingesetzt sind (z. B. auf dem Nord-Ostsee-Kanal), findet je nach Anforderung an das Befähigungszeugnis entweder Unterabschnitt 1.1 (Küstenbereich) oder Unterabschnitt 2.1 (Binnenbereich) Anwendung.

3. Die Zuordnung der Wasserfahrzeugtypen richtet sich nach der Verwaltungsvorschrift der Wasser- und Schifffahrtsverwaltung des Bundes – Objektkatalog (ObKat) VV-WSV 1102 in der Fassung vom 31. Januar 2005.

1. Beschäftigte bei der Wasser- und Schifffahrtsverwaltung – Küstenbereich

1.1 Besatzungen von Schiffen und schwimmenden Geräten

Vorbemerkungen

1. Dieser Unterabschnitt gilt für Besatzungen von Schiffen und schwimmenden Geräten auf Wasserstraßen, die unter die Seeschifffahrtsstraßen-Ordnung (SeeSchStrO) fallen.
2. Der Begriff Schiffsführerinnen und Schiffsführer umfasst auch Bootsführerinnen und Bootsführer.

Entgeltgruppe 12

1. Schiffsführerinnen und Schiffsführer mit abgeschlossener technischer Hochschulbildung, durch die ein internationales nautisches Befähigungszeugnis erworben wird, auf einem Gewässerschutzschiff.
2. Geräteführerinnen und Geräteführer mit abgeschlossener technischer Hochschulbildung, durch die ein internationales nautisches Befähigungszeugnis erworben wird, auf einem Laderaumsaugbagger.

Entgeltgruppe 11

1. Schiffsführerinnen und Schiffsführer mit abgeschlossener technischer Hochschulbildung, durch die ein internationales nautisches Befähigungszeugnis erworben wird, und entsprechender Tätigkeit.
2. Leiterinnen und Leiter der Maschinenanlage mit abgeschlossener technischer Hochschulbildung, durch die ein internationales schiffsmaschinentechnisches Befähigungszeugnis erworben wird, und entsprechender Tätigkeit.

Entgeltgruppe 10

Schiffsführerinnen und Schiffsführer mit internationalem nautischen Befähigungszeugnis und Zusatzqualifikation zur Seevermessungstechnikerin oder zum Seevermessungstechniker und entsprechender Tätigkeit.

Entgeltgruppe 9b

1. Schiffsführerinnen und Schiffsführer mit internationalem nautischen Befähigungszeugnis und entsprechender Tätigkeit.
2. Geräteführerinnen und Geräteführer mit internationalem nautischen Befähigungszeugnis und entsprechender Tätigkeit.

3. Steuerleute mit internationalem nautischen Befähigungszeugnis und entsprechender Tätigkeit auf einem Gewässerschutzschiff oder auf einem Laderaumsaugbagger.

4. Steuerleute mit internationalem nautischen Befähigungszeugnis und Zusatzqualifikation zur Seevermessungstechnikerin oder zum Seevermessungstechniker und entsprechender Tätigkeit.

5. Leiterinnen und Leiter der Maschinenanlage mit internationalem schiffsmaschinentechnischen Befähigungszeugnis und entsprechender Tätigkeit.

6. Maschinistinnen und Maschinisten mit internationalem schiffsmaschinentechnischen Befähigungszeugnis und entsprechender Tätigkeit auf einem Gewässerschutzschiff oder auf einem Laderaumsaugbagger.

7. Staatlich geprüfte Technikerinnen und Techniker der Fachrichtung Elektronik sowie sonstige Beschäftigte, die aufgrund gleichwertiger Fähigkeiten und ihrer Erfahrungen entsprechende Tätigkeiten ausüben, als Operatorin oder als Operator auf einem Gewässerschutzschiff.

Entgeltgruppe 9a

Schiffsführerinnen und Schiffsführer mit nationalem nautischen Befähigungszeugnis und Zusatzqualifikation zur Seevermessungstechnikerin oder zum Seevermessungstechniker und entsprechender Tätigkeit.

Entgeltgruppe 8

1. Schiffsführerinnen und Schiffsführer mit nationalem nautischen Befähigungszeugnis.

2. Geräteführerinnen und Geräteführer mit nationalem nautischen Befähigungszeugnis und entsprechender Tätigkeit.

3. Steuerleute mit internationalem nautischen Befähigungszeugnis und entsprechender Tätigkeit.

4. Maschinistinnen und Maschinisten mit internationalem schiffsmaschinentechnischen Befähigungszeugnis zum technischen Wachoffizier und entsprechender Tätigkeit.

5. Beschäftigte der Entgeltgruppe 5 Fallgruppe 1

mit Zusatzqualifikation zur Seevermessungstechnikerin oder zum Seevermessungstechniker und entsprechender Tätigkeit.

(Hierzu Protokollerklärung Nr. 1)

6. Steuerleute mit nationalem nautischen Befähigungszeugnis und Zusatzqualifikation zur Seevermessungstechnikerin oder zum Seevermessungstechniker und entsprechender Tätigkeit.

7. Bordhandwerkerinnen und Bordhandwerker mit abgeschlossener Berufsausbildung im metalltechnischen Bereich, die auf einem Laderaumsaugbagger selbständig besonders schwierige Arbeiten durchführen, z. B. Fehlersuche, Schadensfeststellung und Instandsetzung von baggertechnischen und hydraulischen Systemen.

8. Beschäftigte der Entgeltgruppe 5 Fallgruppe 2,

die Spezialanlagen auf einem Gewässerschutzschiff oder auf einem Laderaumsaugbagger warten, instand setzen und Fehler selbständig beseitigen.

9. Bootsleute mit einschlägiger abgeschlossener Berufsausbildung, denen mindestens zwei Beschäftigte dieses Unterabschnitts mindestens der Entgeltgruppe 5 Fallgruppe 1 oder 2 unterstellt sind.

(Hierzu Protokollerklärung Nr. 1)

10. Rohrführerinnen und Rohrführer mit nationalem nautischen Befähigungszeugnis auf einem Laderaumsaugbagger.

11. Fährschiffsführerinnen und Fährschiffsführer mit nationalem nautischen Befähigungszeugnis auf dem Nord-Ostsee-Kanal.

Entgeltgruppe 7

1. Steuerleute mit nationalem nautischen Befähigungszeugnis.

2. Geräteführerinnen und Geräteführer mit schiffsmaschinentechnischem Befähigungszeugnis zum Schiffsmaschinisten.

3. Maschinistinnen und Maschinisten mit schiffsmaschinentechnischem Befähigungszeugnis zum Schiffsmaschinisten.

4. Fährmaschinistinnen und Fährmaschinisten mit abgeschlossener Berufsausbildung im elektro- oder metalltechnischen Bereich auf einer Schwebefähre.

5. Beschäftigte der Entgeltgruppe 5 Fallgruppe 1 oder 2,

die auf einem Laderaumsaugbagger schwierige Spezialarbeiten verrichten.

(Hierzu Protokollerklärung Nr. 1)

6. Kranführerinnen und Kranführer mit einschlägiger abgeschlossener Berufsausbildung auf einem Gewässerschutzschiff oder einem Tonnenleger.

(Hierzu Protokollerklärung Nr. 1)

IV

7. Erste Seezeichenmatrosinnen und -matrosen mit einschlägiger abgeschlossener Berufsausbildung auf einem Tonnenleger oder einem Gewässerschutzschiff.
(Hierzu Protokollerklärung Nr. 1)

8. Erste Matrosinnen und Matrosen mit einschlägiger abgeschlossener Berufsausbildung auf einem Laderaumsaugbagger.
(Hierzu Protokollerklärung Nr. 1)

9. Beschäftigte der Entgeltgruppe 5 Fallgruppe 2,
die Spezialanlagen warten, instand setzen und Fehler selbständig beseitigen.

Entgeltgruppe 6

1. Kranführerinnen und Kranführer sowie Erdbaugeräteführerinnen und Erdbaugeräteführer mit einschlägiger abgeschlossener Berufsausbildung auf Schiffen oder schwimmenden Geräten.
(Hierzu Protokollerklärung Nr. 1)

2. Beschäftigte der Entgeltgruppe 5 Fallgruppe 1 oder 2,
die zugleich als Köchin oder Koch eingesetzt sind.
(Hierzu Protokollerklärung Nr. 1)

3. Köchinnen und Köche mit einschlägiger abgeschlossener Berufsausbildung.

4. Beschäftigte der Entgeltgruppe 5 Fallgruppe 1 oder 2,
die hochwertige Arbeiten verrichten.
(Hierzu Protokollerklärungen Nrn. 1 und 2)

Entgeltgruppe 5

1. Beschäftigte mit einschlägiger abgeschlossener Berufsausbildung und entsprechender Tätigkeit.
(Hierzu Protokollerklärung Nr. 1)

2. Beschäftigte mit abgeschlossener Berufsausbildung im elektro- oder metalltechnischen Bereich und entsprechender Tätigkeit.

3. Stewardessen und Stewards mit abgeschlossener Berufsausbildung als Restaurantfachkraft, Hotelfachkraft oder als Köchin oder Koch.

Entgeltgruppe 4

Beschäftigte auf Schiffen oder schwimmenden Geräten.

Protokollerklärungen:

Nr. 1 Einschlägige Berufsausbildungen sind z. B. die Ausbildung als Schiffsmechanikerin und Schiffsmechaniker oder die frühere Ausbildung als Matrosin und Matrose.

Nr. 2 Hochwertige Arbeiten sind z. B. Tätigkeiten als Erste Matrosin oder Erster Matrose oder im maschinentechnischen oder elektromechanischen Betrieb.

1.2 Beschäftigte an Seeschleusen

Entgeltgruppe 9a

Wachleitende Schleusenmeisterinnen und -meister sowie Betriebsstellenleiterinnen und -leiter mit internationalem nautischen Befähigungszeugnis und entsprechender Tätigkeit.

Entgeltgruppe 8

1. Wachleitende Schleusenmeisterinnen und -meister mit nationalem nautischen Befähigungszeugnis.

2. Schleusenmaschinistinnen und -maschinisten mit abgeschlossener Berufsausbildung im metall- oder elektrotechnischen Bereich,

   die auf der Seeschleuse Wilhelmshaven schichtweise die Verantwortung für den technischen Betrieb tragen.

Entgeltgruppe 7

1. Schleusenmeisterinnen und -meister mit nationalem nautischen Befähigungszeugnis oder mit nautischem Befähigungszeugnis des Binnenbereiches.

2. Beschäftigte der Entgeltgruppe 6 Fallgruppe 1,

   die selbständig Instandsetzungsarbeiten ausführen.

Entgeltgruppe 6

1. Schleusen- oder Pumpwerksmaschinistinnen und -maschinisten mit abgeschlossener Berufsausbildung im metall- oder elektrotechnischen Bereich.

2. Beschäftigte der Entgeltgruppe 5 als Schleusengehilfinnen oder -gehilfen.

Entgeltgruppe 5

Schleusendecksleute mit abgeschlossener Berufsausbildung als Schiffsmechanikerin oder -mechaniker, Matrosin oder Matrose oder Binnenschifferin oder Binnenschiffer.

Entgeltgruppe 4

Schleusendecksleute.

IV

1.3 Beschäftigte an Land im nautischen Bereich

Vorbemerkung

Dieser Unterabschnitt gilt auch für Beschäftigte an Land im nautischen Bereich der Bundesstelle für Seeunfalluntersuchung.

Entgeltgruppe 15

Beschäftigte der Entgeltgruppe 14 Fallgruppe 1,

deren Tätigkeit sich durch das Maß der damit verbundenen Verantwortung erheblich aus der Entgeltgruppe 14 Fallgruppe 1 heraushebt.

Entgeltgruppe 14

1. Beschäftigte der Entgeltgruppe 13 Fallgruppe 1,

   deren Tätigkeit sich durch besondere Schwierigkeit und Bedeutung aus der Entgeltgruppe 13 Fallgruppe 1 heraushebt.

2. Beschäftigte der Entgeltgruppe 13 Fallgruppe 1,

   deren Tätigkeit sich mindestens zu einem Drittel durch besondere Schwierigkeit und Bedeutung aus der Entgeltgruppe 13 Fallgruppe 1 heraushebt.

3. Untersuchungsführerinnen und Untersuchungsführer bei Seeunfalluntersuchungen mit einer wissenschaftlichen Hochschulbildung im Bereich Schiffsführung- oder Schiffsbetriebstechnik, durch die ein internationales Befähigungszeugnis erworben wird.

4. Untersuchungsführerinnen und Untersuchungsführer bei Seeunfalluntersuchungen mit einer wissenschaftlichen Hochschulbildung im Bereich Schiffsbau.

Entgeltgruppe 13

1. Beschäftigte der Entgeltgruppe 10 Fallgruppe 1 mit darauf aufbauender abgeschlossener wissenschaftlicher Hochschulbildung und entsprechender Tätigkeit.

2. Beschäftigte der Entgeltgruppe 12 Fallgruppe 1,

   deren Tätigkeit sich mindestens zu einem Drittel durch das Maß der Verantwortung erheblich aus der Entgeltgruppe 12 Fallgruppe 1 heraushebt.

Entgeltgruppe 12

1. Beschäftigte der Entgeltgruppe 11 Fallgruppe 1

   mit mindestens dreijähriger praktischer Erfahrung, deren Tätigkeit sich durch besondere Schwierigkeit und Bedeutung oder Spezialaufgaben

aus der Entgeltgruppe 11 Fallgruppe 1 heraushebt.

2. Beschäftigte der Entgeltgruppe 11 Fallgruppe 1

mit mindestens dreijähriger praktischer Erfahrung, deren Tätigkeit sich

mindestens zu einem Drittel durch besondere Schwierigkeit und Bedeutung oder Spezialaufgaben

aus der Entgeltgruppe 11 Fallgruppe 1 heraushebt.

3. Leiterinnen und Leiter einer Verkehrszentrale mit abgeschlossener technischer Hochschulbildung, durch die ein internationales nautisches Befähigungszeugnis erworben wird.

4. Untersuchungskräfte bei Seeunfalluntersuchungen mit abgeschlossener technischer Hochschulbildung, durch die ein internationales nautisches Befähigungszeugnis erworben wird.

Entgeltgruppe 11

1. Beschäftigte der Entgeltgruppe 10 Fallgruppe 1,

deren Tätigkeit sich durch besondere Leistungen aus der Entgeltgruppe 10 Fallgruppe 1 heraushebt.

2. Beschäftigte der Entgeltgruppe 10 Fallgruppe 1,

deren Tätigkeit sich mindestens zu einem Drittel durch besondere Leistungen aus der Entgeltgruppe 10 Fallgruppe 1 heraushebt.

3. Beschäftigte der Entgeltgruppe 10 Fallgruppe 2 mit Zusatzqualifikation zum Nautiker vom Dienst und entsprechender Tätigkeit in einer Verkehrszentrale.

Entgeltgruppe 10

1. Beschäftigte mit abgeschlossener technischer Hochschulbildung, durch die ein internationales nautisches Befähigungszeugnis erworben wird, und entsprechender Tätigkeit.

2. Beschäftigte mit abgeschlossener technischer Hochschulbildung, durch die ein internationales nautisches Befähigungszeugnis erworben wird, und entsprechender Tätigkeit in einer Verkehrszentrale.

Entgeltgruppe 9a

1. Beschäftigte der Entgeltgruppe 7,

deren Tätigkeit selbständige Leistungen erfordert.

2. Nautische Beschäftigte mit internationalem nautischen Befähigungszeugnis, die die dadurch erworbenen Fähigkeiten und Kenntnisse in der Bauaufsicht anwenden.

3. Nautische Beschäftigte mit internationalem nautischen Befähigungszeugnis und entsprechender Tätigkeit in einer Verkehrszentrale.

Entgeltgruppe 8

1. Beschäftigte der Entgeltgruppe 7,
   deren Tätigkeit mindestens zu einem Drittel selbständige Leistungen erfordert.

2. Nautische Beschäftigte mit nationalem nautischen Befähigungszeugnis und entsprechender Tätigkeit in einer Verkehrszentrale.
   (Beschäftigte in dieser Fallgruppe erhalten eine Entgeltgruppenzulage gemäß § 17 Nr. 1.)

   Niederschriftserklärung zu Teil V Unterabschnitt 1.3 Entgeltgruppe 8 Fallgruppe 2:
   Es besteht Einvernehmen zwischen den Tarifvertragsparteien, dass die nautischen Beschäftigten ohne nautisches Befähigungszeugnis, die am 31. Mai 1993 in den Verkehrszentralen in einem Arbeitsverhältnis gestanden haben und am 1. Januar 2014 noch in diesem Arbeitsverhältnis stehen, für die Dauer dieser Tätigkeit wie nautische Beschäftigte mit nationalem nautischen Befähigungszeugnis behandelt werden.

3. Hafenmeisterinnen und -meister mit internationalem nautischen Befähigungszeugnis.

Entgeltgruppe 7

Nautische Beschäftigte mit internationalem nautischen Befähigungszeugnis und entsprechender Tätigkeit.

Entgeltgruppe 6

1. Nautische Beschäftigte mit nationalem nautischen Befähigungszeugnis und entsprechender Tätigkeit.
   (Beschäftigte in dieser Fallgruppe erhalten eine Entgeltgruppenzulage gemäß § 17 Nr. 1.)

2. Hafenaufseherinnen und -aufseher mit nationalem nautischen Befähigungszeugnis.

2. Beschäftigte bei der Wasser- und Schifffahrtsverwaltung – Binnenbereich

2.1 Besatzungen von Schiffen und schwimmenden Geräten

Vorbemerkungen

1. Dieser Unterabschnitt gilt für Besatzungen von Schiffen und schwimmenden Geräten auf Binnenschifffahrtsstraßen (Bundeswasserstraßen Rhein, Mosel und Donau sowie diejenigen Bundeswasserstraßen, auf denen die Binnenschifffahrtsstraßen-Ordnung gilt).

2. Der Begriff Schiffsführerinnen und Schiffsführer umfasst auch Bootsführerinnen und Bootsführer.

Entgeltgruppe 9a

1. Geräteführerinnen und Geräteführer mit nautischem Befähigungszeugnis mit Einschränkung auf einem selbstfahrenden Löffelschwimmbagger, selbstfahrenden Hebebock oder selbstfahrenden Taucherschacht.

2. Einsatzleiterinnen und -leiter mit nautischem Befähigungszeugnis ohne Einschränkung auf einem Taucherschacht.

Entgeltgruppe 8

1. Schiffsführerinnen und Schiffsführer mit nautischem Befähigungszeugnis mit Einschränkungen auf einem Peilschiff, hydrologischen Messschiff oder Eisbrecher.

2. Schiffsführerinnen und Schiffsführer sowie Geräteführerinnen und Geräteführer mit nautischem Befähigungszeugnis mit Einschränkungen, denen kein Schiff oder schwimmendes Gerät fest zugewiesen ist.

3. Schiffsführerinnen und Schiffsführer mit nautischem Befähigungszeugnis ohne Einschränkungen und entsprechender Tätigkeit.

4. Geräteführerinnen und Geräteführer mit nautischem Befähigungszeugnis ohne Einschränkungen und entsprechender Tätigkeit.

5. Geräteführerinnen und Geräteführer auf einem Hebebock oder Taucherschacht.

6. Beschäftigte der Entgeltgruppe 5 Fallgruppe 1 oder 2 mit verwaltungsinterner vermessungstechnischer Fortbildung, die Vermessungstätigkeiten ausüben.

7. Beschäftigte der Entgeltgruppe 7 Fallgruppe 2, die auf einem Taucherschacht oder Hebebock tätig sind.

8. Beschäftigte der Entgeltgruppe 7 Fallgruppe 2,
   die zugleich als Geräteführerinnen oder Geräteführer tätig sind.
9. Fährschiffsführerinnen und Fährschiffsführer mit nautischem Befähigungszeugnis auf dem Nord-Ostsee-Kanal.

Entgeltgruppe 7

1. Schiffsführerinnen und Schiffsführer sowie Geräteführerinnen und Geräteführer mit nautischem Befähigungszeugnis mit Einschränkungen.
2. Beschäftigte mit abgeschlossener Berufsausbildung im technischen Bereich (z. B. Binnenschifferinnen und Binnenschiffer oder Metallbauerinnen und Metallbauer) und Zusatzqualifikation zur Maschinistin oder zum Maschinisten und entsprechender Tätigkeit.
3. Beschäftigte der Entgeltgruppe 6 Fallgruppe 1,
   die auf einem Spezialschiff oder auf einem schwimmenden Gerät mit eigenem Antrieb oder auf einem Hebebock tätig sind, für die jeweils weder eine Maschinistin noch ein Maschinist vorgesehen ist.

Entgeltgruppe 6

1. Beschäftigte der Entgeltgruppe 5 Fallgruppe 1 oder 2,
   die als Matrosenmotorenwärterinnen oder -wärter tätig sind.
2. Beschäftigte der Entgeltgruppe 5 Fallgruppe 1 oder 2,
   die hochwertige Arbeiten verrichten.
   (Hierzu Protokollerklärung)
3. Köchinnen und Köche mit einschlägiger abgeschlossener Berufsausbildung.
4. Beschäftigte der Entgeltgruppe 5 Fallgruppe 1 oder 2,
   die zugleich als Köchin oder Koch eingesetzt sind.

Entgeltgruppe 5

1. Beschäftigte der Entgeltgruppe 4 mit abgeschlossener Berufsausbildung zur Binnenschifferin und zum Binnenschiffer und entsprechender Tätigkeit.
2. Beschäftigte mit einer abgeschlossenen Berufsausbildung und den erforderlichen Fahrzeiten im Schifferdienstbuch, die zur Tätigkeit als Matrosin oder Matrose berechtigen, und entsprechender Tätigkeit.
3. Beschäftigte der Entgeltgruppe 4 mit der Qualifikation zur Matrosenmotorenwärterin oder zum Matrosenmotorenwärter und entsprechender Tätigkeit.

Entgeltgruppe 4

Matrosinnen und Matrosen.

Entgeltgruppe 3

Bordarbeiterinnen und Bordarbeiter
(ungelerntes Boots-, Geräte- und Schiffspersonal).

Protokollerklärung:

Hochwertige Arbeiten sind z. B. Tätigkeiten als Kran- oder Erdbaugeräteführerin oder Kran- oder Erdbaugeräteführer oder Peil- und Messarbeiten.

IV

2.2 Beschäftigte an Schleusen an Binnenschifffahrtsstraßen

Vorbemerkung

Bootsschleusen sind Schiffsschleusen für den Verkehr mit kleinen Schiffen, besonders Sportbooten gemäß DIN 4054 in Verbindung mit der Verwaltungsvorschrift der WSV des Bundes (VV-WSV 2302) „Schleusenbetrieb an Binnenschifffahrtsstraßen".

Entgeltgruppe 9a

Betriebsstellenleiterinnen und -leiter mit einer abgeschlossenen Berufsausbildung und Zusatzqualifikation zur Schichtleiterin oder zum Schichtleiter

a) in einer Leitzentrale für Schleusenanlagen,

b) an den Schleusen Iffezheim oder Geesthacht oder

c) in der Betriebszentrale Gösselthalmühle.

(Hierzu Protokollerklärung Nr. 1)

Niederschriftserklärung zu Teil V Unterabschnitt 2.2 Entgeltgruppe 9a und Entgeltgruppe 8 Fallgruppe 1:
Die Tarifvertragsparteien gehen davon aus, dass der Umbau von Einzelschleusen an Wasserstraßen der Klasse IV zu Leitzentralen bis zum 31. Dezember 2022 abgeschlossen sein wird. Falls dieser Umbau bis zum 31. Dezember 2022 nicht abgeschlossen sein sollte, werden die Tarifvertragsparteien Gespräche über Lösungsmöglichkeiten führen.

Entgeltgruppe 8

1. Schichtleiterinnen und -leiter mit einer abgeschlossenen Berufsausbildung und Zusatzqualifikation zur Schichtleiterin oder zum Schichtleiter

a) in einer Leitzentrale für Schleusenanlagen,

b) an den Schleusen Iffezheim oder Geesthacht oder

c) in der Betriebszentrale Gösselthalmühle.

(Hierzu Protokollerklärung Nr. 2)

Niederschriftserklärung zu Teil V Unterabschnitt 2.2 Entgeltgruppe 9a und Entgeltgruppe 8 Fallgruppe 1:

Die Tarifvertragsparteien gehen davon aus, dass der Umbau von Einzelschleusen an Wasserstraßen der Klasse IV zu Leitzentralen bis zum 31. Dezember 2022 abgeschlossen sein wird. Falls dieser Umbau bis zum 31. Dezember 2022 nicht abgeschlossen sein sollte, werden die Tarifvertragsparteien Gespräche über Lösungsmöglichkeiten führen.

2. Betriebsstellenleiterin und -leiter mit einer abgeschlossenen Berufsausbildung und Zusatzqualifikation zur Schichtleiterin oder zum Schichtleiter

   an einer Schleusenanlage.

3. Wasserbewirtschafterinnen und -bewirtschafter mit einschlägiger abgeschlossener Berufsausbildung in der Fernsteuerzentrale Datteln sowie in den Zentralen für Wasserbewirtschaftung Minden, Magdeburg – Rothensee und Gösselthalmühle.

Entgeltgruppe 7

Schichtleiterinnen und -leiter mit einer abgeschlossenen Berufsausbildung und entsprechender Zusatzqualifikation

an einer Schleusenanlage.

Entgeltgruppe 6

1. Betriebsstellenleiterinnen und -leiter mit einer abgeschlossenen Berufsausbildung und Zusatzqualifikation zur Schichtleiterin oder zum Schichtleiter

   an einer Bootsschleuse mit dazugehörigen Wehren.

2. Schichtleiterinnen und -leiter mit einer abgeschlossenen Berufsausbildung und entsprechender Zusatzqualifikation

   an einer Bootsschleuse mit dazugehörigen Wehren.

3. Beschäftigte mit einer abgeschlossenen Berufsausbildung in einer Leitzentrale und entsprechender Tätigkeit.

4. Schaltwärterinnen und Schaltwärter mit einer abgeschlossenen Berufsausbildung.

Entgeltgruppe 5

Schleusen- und Wehrgehilfinnen und -gehilfen mit einer abgeschlossenen Berufsausbildung.

Entgeltgruppe 4

Beschäftigte der Entgeltgruppe 3,

denen mindestens schichtweise die Betriebsabwicklung an einer Bootsschleuse und den dazugehörigen Wehren obliegt.

Entgeltgruppe 3

Beschäftigte an einer Schleusen- oder Wehranlage.

Protokollerklärungen:

Nr. 1 Bei Übertragung einer entsprechenden Tätigkeit bis zum 31. Dezember 2022 sind Betriebsstellenleiterinnen und -leiter im Mehrschichtbetrieb an einer Schleusenanlage, die für den Schiffsverkehr auf Wasserstraßen der Klasse IV und höher eingerichtet ist, in Entgeltgruppe 9a eingruppiert.

Nr. 2 Bei Übertragung einer entsprechenden Tätigkeit bis zum 31. Dezember 2022 sind Schichtleiterinnen und -leiter im Mehrschichtbetrieb an einer Schleusenanlage, die für den Schiffsverkehr auf Wasserstraßen der Klasse IV und höher eingerichtet ist, in Entgeltgruppe 8 eingruppiert.

IV

2.3 Beschäftigte an Land im nautischen Bereich

Entgeltgruppe 11

Beschäftigte der Entgeltgruppe 9b Fallgruppe 1, deren Tätigkeit sich

durch besondere Schwierigkeit und Bedeutung aus der Entgeltgruppe 9b Fallgruppe 1 heraushebt.

Entgeltgruppe 10

Beschäftigte der Entgeltgruppe 9b Fallgruppe 1, deren Tätigkeit sich

mindestens zu einem Drittel durch besondere Schwierigkeit und Bedeutung aus der Entgeltgruppe 9b Fallgruppe 1 heraushebt.

Entgeltgruppe 9b

1. Beschäftigte der Fallgruppe 2, deren Tätigkeit sich dadurch aus der Fallgruppe 2 heraushebt, dass sie besonders verantwortungsvoll ist.

2. Nautische Beschäftigte mit nautischem Befähigungszeugnis und entsprechender Tätigkeit,

deren Tätigkeit gründliche, umfassende Fachkenntnisse und selbständige Leistungen erfordert.

3. Nautische Sachverständige mit nautischem Befähigungszeugnis in einer Schiffsuntersuchungskommission.

4. Leiterinnen und Leiter einer Revierzentrale mit nautischem Befähigungszeugnis.

Entgeltgruppe 8

Nautische Beschäftigte mit nautischem Befähigungszeugnis und entsprechender Tätigkeit in einer Revierzentrale.

3. Beschäftigte mit WSV-spezifischen Tätigkeiten an Land

Vorbemerkung

Dieser Abschnitt gilt sowohl für den Küsten- als auch für den Binnenbereich.

Entgeltgruppe 9b

Geprüfte Wasserbaumeisterinnen und -meister als Erste Wasserbaumeisterinnen oder -meister im Leitungsbereich eines Außenbezirks.

Entgeltgruppe 9a

1. Geprüfte Wasserbaumeisterinnen und -meister als Zweite Wasserbaumeisterinnen oder -meister im Leitungsbereich eines Außenbezirks.

2. Beschäftigte mit einschlägiger abgeschlossener Berufsausbildung und Unterweisung im Schiffseichdienst und entsprechender Tätigkeit.

3. Beschäftigte der Entgeltgruppe 8 Fallgruppe 3,

   die bei Entwicklungs- und Versuchsarbeiten an Modellen oder bei der Erstellung von Modellen selbständig und gestaltend mitwirken, wenn diese Tätigkeiten überdurchschnittliche Kenntnisse der Werkstoffe und deren Verarbeitung erfordern.

Entgeltgruppe 8

1. Geprüfte Wasserbaumeisterinnen und -meister mit entsprechender Tätigkeit in einem Außenbezirk.

2. Tauchermeisterinnen und -meister mit entsprechender Tätigkeit.

3. Beschäftigte mit einschlägiger abgeschlossener Berufsausbildung, die besonders schwierige Instandsetzungen oder besonders schwierige Spezialarbeiten an Seezeichen oder an Modellen selbständig durchführen.

4. Beschäftigte mit einschlägiger abgeschlossener Berufsausbildung als Maschinistinnen und Maschinisten auf Schleusen, Pumpwerken oder Hubbrücken.

5. Beschäftigte mit abgeschlossener Berufsausbildung im metalltechnischen Bereich, die

   a) selbständig besonders schwierige Einbauten von Schiffsantriebsanlagen durchführen,

   b) auf Prüfständen Motoren einstellen, einregulieren und abbremsen oder

   c) Dieselmotoren überholen und einstellen.

6. Beschäftigte mit abgeschlossener Berufsausbildung im elektrotechnischen Bereich, die besonders schwierige Instandsetzungen oder Spezialarbeiten an komplizierten elektrischen Anlagen oder Geräten selbständig ausführen.

7. Beschäftigte mit einschlägiger abgeschlossener Berufsausbildung, die selbständig besonders schwierige Arbeiten an Antrieben oder Steuerungen ausführen.

8. Maschinistinnen und Maschinisten in der Leitstelle und den Maschinenanlagen des Fahrzeug- und Fußgängertunnels Rendsburg sowie der Klappbrücke (früher Herrenbrücke) in Lübeck.

Entgeltgruppe 7

1. Bauaufseherinnen und -aufseher mit einer abgeschlossenen Berufsausbildung, die die von Unternehmern auszuführenden Bauarbeiten beaufsichtigen, z. B. an Schleusen, Wehren oder Brücken.

2. Taucherinnen und Taucher mit einschlägiger abgeschlossener Berufsausbildung.

3. Beschäftigte mit einschlägiger abgeschlossener Berufsausbildung, die schwierige Spezialarbeiten an Seezeichen oder an Modellen verrichten.

4. Beschäftigte mit abgeschlossener Berufsausbildung sowie mit Zusatzqualifikation zur Vergabefachkraft und entsprechender Tätigkeit, z. B. selbständiges Erstellen von Leistungsverzeichnissen.

Entgeltgruppe 6

1. Dammbeobachterinnen und -beobachter mit einer abgeschlossenen Berufsausbildung.

2. Elektronikerinnen und Elektroniker mit abgeschlossener Berufsausbildung und entsprechender Tätigkeit.

3. Kranführerinnen und Kranführer, Erdbaugeräteführerinnen und Erdbaugeräteführer sowie Radladerfahrerinnen und -fahrer mit einer abgeschlossenen Berufsausbildung.

4. Köchinnen und Köche mit abgeschlossener Berufsausbildung in einem Berufsbildungszentrum.

5. Wahrschauerinnen und Wahrschauer mit einer abgeschlossenen Berufsausbildung im Wahrschaudienst.

6. Beschäftigte mit einer abgeschlossenen Berufsausbildung, die an der Erstellung von Modellen mitwirken.

7. Taucherinnen und Taucher.

8. Signalfrauen und -männer mit einschlägiger abgeschlossener Berufsausbildung.

Entgeltgruppe 5

1. Hafenaufseherinnen und -aufseher.
2. Signalfrauen und -männer.

Entgeltgruppe 4

1. Fahrerinnen und Fahrer von Flurförderzeugen mit einer Hubkraft ab 2000 Kilogramm.
2. Kranführerinnen und Kranführer.

Entgeltgruppe 3

Helferinnen und Helfer in der Streckenunterhaltung oder in einem Bauhof.

4. Beschäftigte beim Bundesamt für Seeschifffahrt und Hydrographie

4.1 Besatzungen der Schiffe

Entgeltgruppe 13

1. Kapitäninnen und Kapitäne
   a) mit abgeschlossener technischer Hochschulbildung, durch die ein internationales nautisches Befähigungszeugnis erworben wird, und
   b) mit abgeschlossener technischen Hochschulbildung der Fachrichtung Vermessungstechnik und Geomatik sowie sonstige Beschäftigte, die auf Grund gleichwertiger Fähigkeiten und ihrer Erfahrungen entsprechende Tätigkeiten ausüben,

   die zugleich als Leiterin oder Leiter der Vermessung tätig sind.

   (Beschäftigte in dieser Fallgruppe erhalten eine Entgeltgruppenzulage gemäß § 17 Nr. 8.)

2. Erste nautische Offizierinnen und Offiziere
   a) mit abgeschlossener technischer Hochschulbildung, durch die ein internationales nautisches Befähigungszeugnis erworben wird, und
   b) mit abgeschlossener technischer Hochschulbildung der Fachrichtung Vermessungstechnik und Geomatik sowie sonstige Beschäftigte, die auf Grund gleichwertiger Fähigkeiten und ihrer Erfahrungen entsprechende Tätigkeiten ausüben,

   die zugleich als Erste Vermessungsgruppenleiterin oder -leiter tätig sind.

Entgeltgruppe 12

1. Erste nautische Offizierinnen und Offiziere
   a) mit internationalem nautischen Befähigungszeugnis und
   b) mit abgeschlossener technischer Hochschulbildung der Fachrichtung Vermessungstechnik und Geomatik sowie sonstige Beschäftigte, die auf Grund gleichwertiger Fähigkeiten und ihrer Erfahrungen entsprechende Tätigkeiten ausüben,

   die zugleich als Erste Vermessungsgruppenleiterin oder -leiter tätig sind.

2. Nautische Offizierinnen und Offiziere
   a) mit abgeschlossener technischer Hochschulbildung, durch die ein internationales nautisches Befähigungszeugnis erworben wird, und

b) mit abgeschlossener technischer Hochschulbildung der Fachrichtung Vermessungstechnik und Geomatik sowie sonstige Beschäftigte, die auf Grund gleichwertiger Fähigkeiten und ihrer Erfahrungen entsprechende Tätigkeiten ausüben,

die zugleich als Vermessungsgruppenleiterin oder -leiter tätig sind.

Entgeltgruppe 11

1. Nautische Offizierinnen und Offiziere

a) mit internationalem nautischen Befähigungszeugnis und

b) mit abgeschlossener technischer Hochschulbildung der Fachrichtung Vermessungstechnik und Geomatik sowie sonstige Beschäftigte, die auf Grund gleichwertiger Fähigkeiten und ihrer Erfahrungen entsprechende Tätigkeiten ausüben,

die zugleich als Vermessungsgruppenleiterin oder -leiter tätig sind.

2. Leiterinnen und Leiter der Maschinenanlage mit abgeschlossener technischer Hochschulbildung, durch die ein internationales schiffsmaschinentechnisches Befähigungszeugnis erworben wird, und entsprechender Tätigkeit sowie

sonstige Beschäftigte mit internationalem schiffsmaschinentechnischen Befähigungszeugnis, die auf Grund gleichwertiger Fähigkeiten und ihrer Erfahrungen entsprechende Tätigkeiten ausüben.

Entgeltgruppe 10

Nautische Offizierinnen und Offiziere mit abgeschlossener technischer Hochschulbildung, durch die ein internationales nautisches Befähigungszeugnis erworben wird, und entsprechender Tätigkeit.

Entgeltgruppe 9b

1. Nautische Offizierinnen und Offiziere mit internationalem nautischen Befähigungszeugnis und Zusatzqualifikation zur Seevermessungstechnikerin oder zum Seevermessungstechniker und entsprechender Tätigkeit.

2. Leiterinnen und Leiter der Maschinenanlage als Alleinmaschinistinnen oder -maschinisten mit internationalem schiffsmaschinentechnischen Befähigungszeugnis.

3. Technische Offizierinnen und Offiziere mit internationalem schiffsmaschinentechnischen Befähigungszeugnis zur Zweiten technischen Offizierin oder zum Zweiten technischen Offizier und entsprechender Tätigkeit.

Entgeltgruppe 8

1. Nautische Offizierinnen und Offiziere mit internationalem nautischen Befähigungszeugnis und entsprechender Tätigkeit.

2. Technische Offizierinnen und Offiziere mit internationalem schiffsmaschinentechnischen Befähigungszeugnis zur technischen Wachoffizierin oder zum technischen Wachoffizier und entsprechender Tätigkeit.

3. Tauchermeisterinnen und -meister sowie gleichwertige Taucheraufseherinnen und Taucheraufseher,

   denen mindestens eine Taucherin oder ein Taucher dieses Unterabschnitts unterstellt ist.

4. Bootsführerinnen und Bootsführer mit nationalem nautischen Befähigungszeugnis und entsprechender Tätigkeit.

5. Beschäftigte der Entgeltgruppe 5 Fallgruppe 1

   als Bootsleute, denen mindestens zwei Beschäftigte dieses Unterabschnitts mindestens der Entgeltgruppe 5 unterstellt sind.

6. Beschäftigte der Entgeltgruppe 5 Fallgruppe 1

   mit Zusatzqualifikation zur Seevermessungstechnikerin oder zum Seevermessungstechniker und entsprechender Tätigkeit.

7. Beschäftigte der Entgeltgruppe 7 mit nationalem nautischen Befähigungszeugnis,

   die zugleich als Bootsführerin oder Bootsführer eingesetzt werden.

8. Beschäftigte der Entgeltgruppe 7 mit Zusatzqualifikation zur Seevermessungstechnikerin und zum Seevermessungstechniker,

   die zugleich als Seevermessungstechnikerin oder -techniker eingesetzt werden.

Entgeltgruppe 7

Taucherinnen und Taucher mit einschlägiger abgeschlossener Berufsausbildung.

Entgeltgruppe 6

1. Beschäftigte der Entgeltgruppe 5 Fallgruppe 1,

   die hochwertige Arbeiten verrichten.

   (Hierzu Protokollerklärung Nr. 1)

2. Köchinnen und Köche mit einschlägiger abgeschlossener Berufsausbildung.

3. Taucherinnen und Taucher.

4. Signalfrauen und -männer mit einschlägiger abgeschlossener Berufsausbildung.

Entgeltgruppe 5

1. Beschäftigte mit abgeschlossener Berufsausbildung im technischen Bereich und entsprechender Tätigkeit.

   (Hierzu Protokollerklärung Nr. 2)

2. Stewardessen und Stewards mit abgeschlossener Berufsausbildung als Restaurantfachkraft, Hotelfachkraft oder als Köchin oder Koch.

3. Signalfrauen und -männer.

Entgeltgruppe 4

Stewardessen und Stewards als Servierkräfte.

Protokollerklärungen:

Nr. 1 Hochwertige Arbeiten sind z. B. die Bedienung ozeanographischer Geräte oder sonstiger Spezialgeräte, die Durchführung von Vermessungsarbeiten oder Arbeiten im maschinentechnischen Bereich.

Nr. 2 Abgeschlossene Berufsausbildungen im technischen Bereich sind z. B. Berufsausbildungen zur Schiffsmechanikerin oder zum Schiffsmechaniker, zur Matrosin oder zum Matrosen oder zur Metallbauerin oder zum Metallbauer.

4.2 Beschäftigte an Land im nautischen Bereich

Entgeltgruppe 15

Beschäftigte der Entgeltgruppe 14 Fallgruppe 1,

deren Tätigkeit sich durch das Maß der damit verbundenen Verantwortung erheblich aus der Entgeltgruppe 14 Fallgruppe 1 heraushebt.

Entgeltgruppe 14

1. Beschäftigte der Entgeltgruppe 13 Fallgruppe 1,

   deren Tätigkeit sich durch besondere Schwierigkeit und Bedeutung aus der Entgeltgruppe 13 Fallgruppe 1 heraushebt.

2. Beschäftigte der Entgeltgruppe 13 Fallgruppe 1,

   deren Tätigkeit sich mindestens zu einem Drittel durch besondere Schwierigkeit und Bedeutung aus der Entgeltgruppe 13 Fallgruppe 1 heraushebt.

Entgeltgruppe 13

1. Beschäftigte der Entgeltgruppe 10 mit darauf aufbauender abgeschlossener wissenschaftlicher Hochschulbildung und entsprechender Tätigkeit.

2. Leiterinnen und Leiter einer Organisationseinheit mit abgeschlossener technischer Hochschulbildung, durch die ein internationales nautisches oder ein internationales schiffsmaschinentechnisches Befähigungszeugnis erworben wird,

   denen mindestens drei Beschäftigte dieses Unterabschnitts mit internationalem nautischen oder internationalem technischen Befähigungszeugnis ständig unterstellt sind.

3. Beschäftigte der Entgeltgruppe 12 Fallgruppe 1,

   deren Tätigkeit sich mindestens zu einem Drittel durch das Maß der Verantwortung erheblich aus der Entgeltgruppe 12 Fallgruppe 1 heraushebt.

Entgeltgruppe 12

1. Beschäftigte der Entgeltgruppe 11 Fallgruppe 1

   mit mindestens dreijähriger praktischer Erfahrung, deren Tätigkeit sich

   durch besondere Schwierigkeit und Bedeutung oder Spezialaufgaben

   aus der Entgeltgruppe 11 Fallgruppe 1 heraushebt.

2. Beschäftigte der Entgeltgruppe 11 Fallgruppe 1

   mit mindestens dreijähriger praktischer Erfahrung, deren Tätigkeit sich

   mindestens zu einem Drittel durch besondere Schwierigkeit und Bedeutung oder Spezialaufgaben

   aus der Entgeltgruppe 11 Fallgruppe 1 heraushebt.

3. Beschäftigte der Entgeltgruppe 10,

   deren Tätigkeit sich dadurch aus der Entgeltgruppe 11 Fallgruppe 3 heraushebt, dass ihnen die Überprüfung der Leistungen von Beschäftigten mit internationalen nautischen Befähigungszeugnissen bei der Bearbeitung nautischer Veröffentlichungen übertragen ist.

Entgeltgruppe 11

1. Beschäftigte der Entgeltgruppe 10,

   deren Tätigkeit sich durch besondere Leistungen aus der Entgeltgruppe 10 heraushebt.

2. Beschäftigte der Entgeltgruppe 10,
   deren Tätigkeit sich mindestens zu einem Drittel durch besondere Leistungen aus der Entgeltgruppe 10 heraushebt.

3. Beschäftigte der Entgeltgruppe 10,
   deren Tätigkeit sich dadurch aus der Entgeltgruppe 10 heraushebt, dass sie nautische Veröffentlichungen bearbeiten, die fachliche Fremdsprachenkenntnisse erfordern.

4. Beschäftigte der Entgeltgruppe 10,
   deren Tätigkeit sich dadurch aus der Entgeltgruppe 10 heraushebt, dass sie selbständig Prüf-, Genehmigungs-, Anerkennungs- oder Anmeldeverfahren durchführen.

Entgeltgruppe 10

Technische Beschäftigte mit abgeschlossener technischer Hochschulbildung, durch die ein internationales nautisches oder ein internationales schiffsmaschinentechnisches Befähigungszeugnis erworben wird, und entsprechender Tätigkeit.

IV

Entgeltgruppe 9a

Beschäftigte mit abgeschlossener einschlägiger Berufsausbildung und Unterweisung im Schiffseichdienst und entsprechender Tätigkeit.

5. Beschäftigte im Kontrolldienst beim Bundesamt für Güterverkehr

Entgeltgruppe 12

1. Beschäftigte der Entgeltgruppe 11,

   deren Tätigkeit sich dadurch aus der Entgeltgruppe 11 heraushebt, dass ihnen übergeordnete Konzeptions- und Koordinierungsaufgaben sowie übergreifende Aufgaben der Qualitätssicherung übertragen sind.

   (Hierzu Protokollerklärung Nr. 1)

2. Beschäftigte der Entgeltgruppe 10 Fallgruppe 1 oder 2,

   deren Tätigkeit sich dadurch aus der Entgeltgruppe 10 Fallgruppe 1 oder 2 heraushebt, dass ihnen übergeordnete Konzeptions- und Koordinierungsaufgaben sowie übergreifende Aufgaben der Qualitätssicherung übertragen sind.

   (Hierzu Protokollerklärung Nr. 1)

Entgeltgruppe 11

   Leiterinnen und Leiter einer Kontrolleinheit mit Beschäftigten der Entgeltgruppe 9b Fallgruppen 1 oder 2 oder der Entgeltgruppe 10 Fallgruppe 1 dieses Abschnitts.

Entgeltgruppe 10

1. Beschäftigte mit abgeschlossener technischer Hochschulbildung sowie Beschäftigte mit verwaltungsinterner technischer Prüfung,

   die aufgrund ausdrücklicher Tätigkeitsübertragung Kraftfahrzeuge auf dem Gebiet der technischen Unterwegskontrolle auf der Straße kontrollieren und bei Zuwiderhandlungen die vorgesehenen Maßnahmen ergreifen.

2. Leiterinnen und Leiter einer Kontrolleinheit mit Beschäftigten der Entgeltgruppen 8 oder 9a dieses Abschnitts.

Entgeltgruppe 9b

1. Beschäftigte der Fallgruppe 2 mit verwaltungsinterner Prüfung in speziellen Rechtsgebieten,

   deren Tätigkeit sich aus der Fallgruppe 2 dadurch heraushebt, dass sie aufgrund ausdrücklicher Tätigkeitsübertragung Kraftfahrzeuge in speziellen Rechtsgebieten kontrollieren und bei Zuwiderhandlungen die vorgesehenen Maßnahmen ergreifen.

   (Beschäftigte in dieser Fallgruppe erhalten eine Entgeltgruppenzulage gemäß § 17 Nr. 8.)

   (Hierzu Protokollerklärung Nr. 2)

2. Straßenkontrolleurinnen und -kontrolleure.
   (Hierzu Protokollerklärung Nr. 3)

3. Beschäftigte, die Einrichtungen zur Erhebung von Mautgebühren (Mautstellen) auf vergütungsrelevante Tatbestände, Systemsicherheit und kassentechnische Zuverlässigkeit prüfen und bei festgestellten Mängeln die dafür vorgesehenen Maßnahmen veranlassen.

Entgeltgruppe 9a

Beschäftigte der Entgeltgruppe 8 Fallgruppe 2,

die mindestens zu einem Drittel Aufgaben von Straßenkontrolleurinnen und -kontrolleuren nach einzelnen Regelungsbereichen des Güterkraftverkehrsgesetzes (GüKG) auf der Straße durchführen.

(Beschäftigte in dieser Fallgruppe erhalten eine Entgeltgruppenzulage gemäß § 17 Nr. 1.)

(Hierzu Protokollerklärung Nr. 4)

Entgeltgruppe 8

1. Beschäftigte der Fallgruppe 2,

   die auch Aufgaben von Straßenkontrolleurinnen und -kontrolleuren nach einzelnen Regelungsbereichen des Güterkraftverkehrsgesetzes (GüKG) auf der Straße durchführen.

   (Beschäftigte in dieser Fallgruppe erhalten eine Entgeltgruppenzulage gemäß § 17 Nr. 4.)

   (Hierzu Protokollerklärung Nr. 4)

2. Mautkontrolleurinnen und -kontrolleure.

   (Hierzu Protokollerklärung Nr. 5)

Protokollerklärungen:

Nr. 1 Übergeordnete Konzeptions- und Koordinierungsaufgaben sind z. B. die Umsetzung von nationalem und internationalem Recht.

Nr. 2 Spezielle Rechtsgebiete sind z. B. Gefahrgutrecht, Abfallrecht und Ladungssicherung.

Nr. 3 [1]Straßenkontrolleurinnen und -kontrolleure sind Beschäftigte, die zur Überwachung des Güter- und Personenverkehrs auf der Straße Kontrollen von Kraftfahrzeugen nach den Regelungen des Güterkraftverkehrsgesetzes (GüKG) durchführen und bei Zuwiderhandlungen die vorgesehenen Maßnahmen ergreifen. [2]Unter diese Fallgruppe fallen nicht Spezialkontrollen und besondere Kontrollen z. B. der Einhaltung des Gefahrgutrechts, Abfallrechts, der Ladungssicherungsvorschriften oder die technische Unterwegskontrolle, die von Beschäftigten der Entgeltgruppe 9b Fallgruppe 1 oder der Entgeltgruppe 10 Fallgruppe 1 durchgeführt werden.

Nr. 4 Einzelne Regelungsbereiche nach dem GüKG sind z. B. die Regelungen zu Maßen und Gewichten, technischen Untersuchungsterminen und zum Kraftfahrzeugsteuerrecht.

Nr. 5 Mautkontrolleurinnen und -kontrolleure sind Beschäftigte, die die Einhaltung einer gesetzlichen Gebührenpflicht bei Kraftfahrzeugen auf der Straße kontrollieren und bei Zuwiderhandlungen die vorgesehenen Maßnahmen ergreifen.

Niederschriftserklärung zu Teil V Abschnitt 5:

[1]Zwischen den Tarifvertragsparteien besteht Einvernehmen, zeitnah Verhandlungen aufzunehmen, wenn Dienstposten für sogenannte Einheitskontrolleurinnen und Einheitskontrolleure eingerichtet werden sollen und die organisatorischen und technischen Voraussetzungen hierfür gegeben sind.

[2]Es besteht ferner Einvernehmen, dass die Übertragung von Tätigkeiten der Entgeltgruppe 8 Fallgruppe 1 oder Entgeltgruppe 9a erst erfolgt, wenn die formalen (z. B. haushaltsrechtlichen) und technischen (z. B. Um- bzw. Nachrüstung der Kontrollfahrzeuge) Voraussetzungen hierfür vorliegen.

6. Beschäftigte im Wetterfachdienst beim Deutschen Wetterdienst

Entgeltgruppe 12

1. Leiterinnen und Leiter einer Luftfahrtberatungszentrale.
2. Leiterinnen und Leiter einer Regionalen Messnetzgruppe.

Entgeltgruppe 11

1. Wetterberaterinnen und Wetterberater mit abgeschlossener Hochschulbildung in der Fachrichtung Meteorologie und einer Wetterberaterlizenz.
2. Lehrkräfte mit abgeschlossener Hochschulbildung in der Fachrichtung Meteorologie an dem Bildungs- und Tagungszentrum für den Wetterfachdienst.

Entgeltgruppe 9a

1. Leiterinnen und Leiter von Wetterwarten mit anerkannter wetterfachlicher Ausbildung.

   (Beschäftigte in dieser Fallgruppe erhalten eine Entgeltgruppenzulage gemäß § 17 Nr. 1.)

   (Hierzu Protokollerklärung)

2. Beschäftigte mit anerkannter wetterfachlicher Ausbildung und entsprechender Tätigkeit,

   denen die Betriebsaufsicht über Organisationseinheiten übertragen ist.

   (Beschäftigte in dieser Fallgruppe erhalten eine Entgeltgruppenzulage gemäß § 17 Nr. 1.)

   (Hierzu Protokollerklärung)

Entgeltgruppe 8

1. Bürosachbearbeiterinnen und -sachbearbeiter mit anerkannter wetterfachlicher Ausbildung und entsprechender Tätigkeit.

   (Beschäftigte in dieser Fallgruppe erhalten eine Entgeltgruppenzulage gemäß § 17 Nr. 6.)

   (Hierzu Protokollerklärung)

2. Wetterbeobachterinnen und -beobachter sowie Wetterfachkräfte mit anerkannter wetterfachlicher Ausbildung.

   (Hierzu Protokollerklärung)

Protokollerklärung:

Eine wetterfachliche Ausbildung ist anzuerkennen, wenn sie dem Niveau und dem Inhalt der Laufbahnausbildung im mittleren naturwissenschaftlichen Dienst des Bundes mit Abschluss als meteorologisch-technische Assistentin oder meteorologisch-technischer Assistent entspricht.

**Teil VI
Besondere Tätigkeitsmerkmale
im Bereich des Bundesministeriums des Innern**

1. Besondere Tätigkeitsmerkmale im Bereich der Bundespolizei

Entgeltgruppe 9a

1. Beschäftigte mit einschlägiger abgeschlossener Berufsausbildung und mit mindestens zwei Lizenzen der Bundespolizei-Fliegergruppe für unterschiedliche Hubschraubermuster zur Durchführung von Instandhaltungsarbeiten aller Schwierigkeitsgrade bis zur Grundüberholung,

   die an Hubschraubern verschiedener Muster im Rahmen von periodischen Inspektionen komplexe Systeme (Hydraulik, Mechanik, Triebwerk) fachübergreifend selbständig überprüfen und instand setzen sowie nicht planbare Instandsetzungen fachübergreifend selbständig durchführen.

2. Beschäftigte mit einschlägiger abgeschlossener Berufsausbildung und mit mindestens zwei Lizenzen der Bundespolizei-Fliegergruppe für unterschiedliche Hubschraubermuster zur Durchführung von Instandhaltungsarbeiten aller Schwierigkeitsgrade bis zur Grundüberholung,

   die an Hubschraubern verschiedener Muster besonders schwierige Instandsetzungen oder schwierige Spezialarbeiten an eingebauten oder ausgebauten hochempfindlichen und komplizierten Luftfahrzeuginstrumenten oder an komplexen Komponenten und Systemen der Luftfahrzeugelektronik- oder -optronik selbständig durchführen.

3. Geprüfte Meisterinnen und Meister des Kraftfahrzeughandwerks, die verantwortlich Kraftfahrzeuge nach § 29 Straßenverkehrszulassungsordnung (StVZO) abnehmen.

Entgeltgruppe 8

1. Beschäftigte mit einschlägiger abgeschlossener Berufsausbildung, die besonders schwierige Instandsetzungen oder Spezialarbeiten an hoch empfindlichen und komplizierten Waffen oder Geräten, oder an Hubschraubern oder Hubschraubergruppen oder an Schiffsantriebsanlagen selbständig durchführen.

2. Beschäftigte mit einschlägiger abgeschlossener Berufsausbildung, die besonders schwierige Instandsetzungen oder Spezialarbeiten an eingebauten oder ausgebauten hochempfindlichen und komplizierten Instrumenten oder Bauteilen der Avionik (z. B. kodierter

oder servopneumatischer Höhenmesser) oder an Bauteilen der Flugregelanlage (z. B. Steuerungsteil des Autopiloten) von Luftfahrzeugen selbständig durchführen.

3. Beschäftigte mit einschlägiger abgeschlossener Berufsausbildung, die in Werkstätten überwiegend nach Entwurfsunterlagen oder sonstigen technischen Angaben hochwertige Geräte oder Instrumente unter Eigenverantwortung zusammenbauen und justieren.

Entgeltgruppe 7

1. Beschäftigte der Entgeltgruppe 6 Fallgruppe 1 oder 2, die besonders hochwertige Arbeiten verrichten.

   (Hierzu Protokollerklärung Nr. 1)

2. Kraftfahrzeugmechatronikerinnen und -mechatroniker, Kraftfahrzeugschlosserinnen und -schlosser, Kraftfahrzeugmechanikerinnen und -mechaniker oder Kraftfahrzeugelektrikerinnen und -elektriker sowie Karosseriebauerinnen und Karosseriebauer oder Beschäftigte mit abgeschlossener Berufsausbildung in einem verwandten Beruf, die in Werkstätten schwierige Instandsetzungen an verschiedenen Spezialfahrzeugen durchführen.

   (Hierzu Protokollerklärung Nr. 2)

3. Beschäftigte mit einschlägiger abgeschlossener Berufsausbildung, die Instandsetzungen an elektrisch oder mechanisch komplizierten Funk- oder sonstigen Spezialgeräten ausführen, wobei sie Fehler durch eigene schwierige Messungen selbst eingrenzen.

Entgeltgruppe 6

1. Beschäftigte mit abgeschlossener Berufsausbildung im technischen Bereich, die

   a) als Mechanikerin oder Mechaniker, Mechatronikerin oder Mechatroniker, Elektrikerin oder Elektriker oder Elektronikerin oder Elektroniker an Luft-, Wasser- oder Bodenfahrzeugen oder anderem spezifischem Gerät, Waffen oder Material der Bundespolizei,

   b) als Büchsenmacherin oder Büchsenmacher oder

   c) als Schlosserin oder Schlosser oder Tischlerin oder Tischler in Lehrmittelwerkstätten

   hochwertige Arbeiten verrichten.

   (Hierzu Protokollerklärung Nr. 3)

2. Beschäftigte mit abgeschlossener Berufsausbildung im technischen Bereich,

    die mindestens zu einem Drittel hochwertige Arbeiten verrichten, welche an die Eignung und selbständige Überlegung besondere Anforderungen stellen.

    (Hierzu Protokollerklärungen Nrn. 4 und 5)

Entgeltgruppe 3

Helferinnen und Helfer sowie Packerinnen und Packer in Versorgungseinrichtungen (Lager für Waffen, Gerät oder Material) oder in Waffen-, Geräte- oder Bekleidungskammern.

Protokollerklärungen:

Nr. 1 Besonders hochwertige Arbeiten sind Arbeiten, die neben vielseitigem hochwertigem fachlichen Können besondere Umsicht und Zuverlässigkeit erfordern.

Nr. 2 Spezialfahrzeuge sind z. B.:

a) besonders ausgestattete LKW und ihre Anhänger (z. B. schwere Zugmaschinen mit Ladekran, Wechselpritschen-LKW mit Überladekran zum Anhänger, Taucherbasisfahrzeuge, Wasserwerfer),

b) Spezialfahrzeuge der technischen Einsatzeinheit (TEE) oder des technischen Einsatzdienstes (TED), z. B. Planierraupen, Baugeräte, Mehrzweck-Arbeitsgeräte mit vielen Anbaugeräten, Dekontaminationsanhänger,

c) Kraftomnibusse mit polizeitypischen Einbauten,

d) Krankenkraftfahrzeuge,

e) gepanzerte oder sondergeschützte Kraftfahrzeuge (z. B. Sonderwagen, geschützte Kraftfahrzeuge für Verwendungen in Krisengebieten),

f) sonstige Spezialfahrzeuge (z. B. Observationskraftfahrzeuge mit verdeckt verbauten Observationsmitteln, Funkpeilfahrzeuge, Messfahrzeuge für Funk, Wärmebildkraftfahrzeuge).

Nr. 3 Hochwertige Arbeiten sind Arbeiten, die an das Überlegungsvermögen und das fachliche Geschick der Beschäftigten Anforderungen stellen, die über das Maß dessen hinausgehen, das von solchen Beschäftigten üblicherweise verlangt werden kann.

Nr. 4 Das Tätigkeitsmerkmal gilt nur für körperlich/handwerklich geprägte Tätigkeiten und nur, sofern keine spezielleren Tätigkeitsmerkmale des Teils III einschlägig sind.

IV

Nr. 5 Hochwertige Arbeiten, welche an die Eignung und selbständige Überlegung besondere Anforderungen stellen, sind z. B.:

a) das Einstellen, Instandsetzen oder Prüfen komplizierter Einrichtungen an Kraftfahrzeugen wie polizeispezifische Sondereinbauten, verdeckt verbaute Sondereinbauten, Funkanlagen oder Observationstechnik;

b) schwierige Instandsetzungen an Kraft- oder Arbeitsmaschinen einschließlich der Stark- oder Schwachstromanlagen oder von Kälteaggregaten, Aufzugsanlagen, Heizungsanlagen oder Klimaanlagen;

c) das Einstellen, Instandsetzen oder Prüfen komplizierter Apparate wie Zünd-, Licht- oder Anlassmaschinen sowie Kraftstoffeinspritzvorrichtungen an Kraftfahrzeugen;

d) sonstige handwerkliche Arbeiten, die im Allgemeinen nur aufgrund besonderer Erfahrungen geleistet werden können, sofern bei der Ausführung der Arbeiten an das Überlegungsvermögen und fachliche Geschick Anforderungen gestellt werden, die über das Maß dessen hinausgehen, was von Beschäftigten der Entgeltgruppe 5 üblicherweise verlangt werden kann.

IV

2. Köchinnen und Köche sowie Bedienungskräfte bei der Bundespolizei

Entgeltgruppe 6

1. Beschäftigte der Entgeltgruppe 5 in Truppenküchen oder in vergleichbaren Einrichtungen,

   die fachlich selbständig Küchen vorstehen.

2. Beschäftigte der Entgeltgruppe 5 in Truppenküchen oder in vergleichbaren Einrichtungen,

   denen mindestens zwei Köchinnen oder Köche unterstellt sind.

Entgeltgruppe 5

Köchinnen und Köche

mit abgeschlossener Berufsausbildung als Köchin oder Koch, Fleischerin oder Fleischer, Bäckerin oder Bäcker, Konditorin oder Konditor.

Entgeltgruppe 3

Bedienungskräfte in Kasinos oder vergleichbaren Einrichtungen.

3. Beschäftigte im Schießbetrieb der Bundespolizei

Entgeltgruppe 5

Beschäftigte der Entgeltgruppe 3 mit einschlägiger abgeschlossener Berufsausbildung.

Entgeltgruppe 3

Schießstandwartinnen und -warte sowie Wartinnen und Warte für Raumschießanlagen.

4. Unterkunftswärterinnen und -wärter, Gebirgshüttenwartinnen und -warte sowie Helferinnen und Helfer in Unterkünften und Liegenschaften im Bereich der Bundespolizei

Entgeltgruppe 5

Beschäftigte der Entgeltgruppe 4 Fallgruppe 2 mit einschlägiger abgeschlossener Berufsausbildung.

Entgeltgruppe 4

1. Gebirgshüttenwartinnen und -warte auf Hütten der Bundespolizei, die mit der Wartung und Instandhaltung sowie kleineren Reparaturen an der Hütte, den Aggregaten und dem Pionier- und Unterkunftsgerät beauftragt sind.

2. Unterkunftswärterinnen und -wärter.

Entgeltgruppe 3

Helferinnen und Helfer in Unterkünften oder Liegenschaften.

IV

V Alters- und Hinterbliebenenversorgung, Altersteilzeit

V

Tarifvertrag
über die betriebliche Altersversorgung der Beschäftigten des öffentlichen Dienstes (Tarifvertrag Altersversorgung – ATV)[1]

Vom 1. März 2002

Zuletzt geändert durch
Änderungstarifvertrag Nr. 9 zum Tarifvertrag über die betriebliche
Altersversorgung der Beschäftigten des öffentlichen Dienstes
(Tarifvertrag Altersversorgung – ATV)
vom 29. April 2016

V

Inhaltsübersicht

---

[1]   Zur Weitergeltung dieses Tarifvertrages siehe
–   für den Anwendungsbereich TVöD: Nr. 13 der Anlage 1 Teil C zum TVÜ-Bund
–   für den Anwendungsbereich TV-L: Nr. 6 der Anlage 1 Teil C zum TVÜ-Länder

V

V

Präambel

Die Tarifvertragsparteien haben sich – auch in Ausfüllung des Beschlusses des Bundesverfassungsgerichts vom 22. März 2000 (1 BvR 1136/96) – am 13. November 2001 auf eine grundlegende Reform der Zusatzversorgung des öffentlichen Dienstes geeinigt, um deren Zukunftsfähigkeit zu sichern; der Altersvorsorgeplan 2001 vom 13. November 2001 ist zugleich Geschäftsgrundlage dieses Tarifvertrages.

Das bisherige Gesamtversorgungssystem wird mit Ablauf des 31. Dezember 2000 geschlossen und durch ein Punktemodell ersetzt, in dem entsprechend den nachfolgenden Regelungen diejenigen Leistungen zugesagt werden, die sich ergeben würden, wenn eine Gesamt-Beitragsleistung von vier v. H. des zusatzversorgungspflichtigen Entgelts vollständig in ein kapitalgedecktes System eingezahlt würde. Das Jahr 2001 wird im Rahmen des Übergangsrechts berücksichtigt.

Bei den Zusatzversorgungseinrichtungen kann als Leistung der betrieblichen Altersversorgung auch eine zusätzliche kapitalgedeckte Altersvorsorge durch eigene Beiträge unter Inanspruchnahme der steuerlichen Förderung durchgeführt werden.

Erster Teil
Punktemodell
Abschnitt I
Geltungsbereich

§ 1 Geltungsbereich

Dieser Tarifvertrag gilt für die Arbeitnehmerinnen/Arbeitnehmer und Auszubildende (Beschäftigte), die unter den Geltungsbereich der in der Anlage 1 aufgeführten Tarifverträge des öffentlichen Dienstes fallen und deren Arbeitgeber bei der Versorgungsanstalt des Bundes und der Länder (VBL) Beteiligter oder bei der Ruhegehalts- und Zusatzversorgungskasse des Saarlandes (ZVK-Saar) Mitglied ist.

Abschnitt II
Versicherung bei der Zusatzversorgungseinrichtung

§ 2 Pflichtversicherung

(1) Die Beschäftigten sind vorbehaltlich der Absätze 2 und 3 zu versichern, wenn sie

a) das 17. Lebensjahr vollendet haben und

b) die Wartezeit (§ 6) erfüllen können.

Die Wartezeit muss bis zum Ablauf des Monats, in dem die/der Beschäftigte das gesetzlich festgelegte Alter zum Erreichen einer abschlagsfreien Regelaltersrente vollendet, erfüllt werden können; frühere Versicherungszeiten, die auf die Wartezeit angerechnet werden, sind zu berücksichtigen.

Die Pflicht zur Versicherung setzt mit dem Beginn des Beschäftigungsverhältnisses bei der öffentlichen Zusatzversorgungseinrichtung, bei der der Arbeitgeber Mitglied/Beteiligter ist, ein.

Die Pflicht zur Versicherung endet mit der Beendigung des Beschäftigungsverhältnisses.

(2) Beschäftigte mit einer wissenschaftlichen Tätigkeit an Hochschulen oder Forschungseinrichtungen, die für ein befristetes Arbeitsverhältnis eingestellt werden, in dem sie wegen der Dauer der Befristung die Wartezeit nach § 6 Abs. 1 nicht erfüllen können, und die bisher keine Pflichtversicherungszeiten in der Zusatzversorgung haben, sind auf ihren schriftlichen Antrag vom Arbeitgeber von der Pflicht zur Versicherung zu befreien. Der Antrag ist innerhalb von zwei Monaten nach Beginn des Arbeitsverhältnisses zu stellen. Zugunsten der nach Satz 1 von der Pflichtversicherung befreiten Beschäftigten werden Versorgungsanwartschaften auf eine freiwillige Versicherung (entsprechend § 26 Abs. 3 Satz 1) mit Beiträgen in Höhe der auf den Arbeitgeber entfallenden Aufwendungen für die Pflichtversicherung, einschließlich eines eventuellen Arbeitnehmerbeitrags nach § 37a Abs. 2, höchstens jedoch mit vier v. H. des zusatzversorgungspflichtigen Entgelts begründet. Wird das Arbeitsverhältnis im Sinne des Satzes 1 verlängert oder fortgesetzt, beginnt die Pflichtversicherung anstelle der freiwilligen Versicherung mit dem Ersten des Monats, in dem die Verlängerung oder Fortsetzung des Arbeitsverhältnisses über fünf Jahre hinaus vereinbart wurde. Eine rückwirkende Pflichtversicherung von Beginn des Arbeitsverhältnisses an ist ausgeschlossen.

(3) Von der Pflicht zur Versicherung ausgenommen sind die von der Anlage 2 erfassten Beschäftigten.

(4) Der Anspruch der/des Beschäftigten nach § 1 Abs. 2 Nr. 4, zweiter Halbsatz in Verbindung mit § 1a Abs. 4 BetrAVG auf Fortführung der Versicherung mit eigenen Beiträgen in entgeltlosen Zeiten während

eines bestehenden Beschäftigungsverhältnisses ist für die Pflichtversicherung ausgeschlossen.

§ 3 Beitragsfreie Versicherung

(1) Die Versicherung bleibt als beitragsfreie Versicherung bestehen, wenn das Beschäftigungsverhältnis endet.

(2) Die beitragsfreie Versicherung endet bei Eintritt des Versicherungsfalles, Überleitung der Versicherung auf eine andere Zusatzversorgungseinrichtung, Tod, Erlöschen der Anwartschaft oder bei Beginn einer erneuten Pflichtversicherung.

§ 4 Überleitung der Versicherung

(1) Die Beschäftigten, die bei einer anderen Zusatzversorgungseinrichtung versichert sind, von der die Versicherung übergeleitet wird, sind verpflichtet, die Überleitung der Versicherung auf die für ihren Arbeitgeber zuständige Zusatzversorgungseinrichtung zu beantragen, es sei denn, dass bei der anderen Zusatzversorgungseinrichtung Pflicht zur Versicherung besteht oder auch bei Überleitung der Versicherung keine Pflicht zur Versicherung bei der für ihren Arbeitgeber zuständigen Zusatzversorgungseinrichtung entstünde. Das Gleiche gilt für die Beschäftigten, die gegen eine in Satz 1 genannte Zusatzversorgungseinrichtung Anspruch auf Rente haben, und zwar auch dann, wenn diese Zusatzversorgungseinrichtung die Rente weiter gewährt.

(2) Werden Beschäftigte als Arbeiterinnen/Arbeiter der Wasser- und Schifffahrtsverwaltung des Bundes oder bei der Häfen- und Schifffahrtsverwaltung des Landes Niedersachsen oder bei der Wasserwirtschaftsverwaltung eines Landes eingestellt und bei der Bahnversicherungsanstalt Abteilung B versicherungspflichtig, sind sie verpflichtet, die Überleitung der Versicherung von der für ihren bisherigen Arbeitgeber zuständigen Zusatzversorgungseinrichtung auf die Bahnversicherungsanstalt Abteilung B zu beantragen, wenn ein entsprechendes Überleitungsabkommen besteht.

Abschnitt III
Betriebsrente

§ 5   Versicherungsfall und Rentenbeginn

Der Versicherungsfall tritt am Ersten des Monats ein, von dem an der Anspruch auf gesetzliche Rente wegen Alters als Vollrente bzw. wegen teilweiser oder voller Erwerbsminderung besteht. Der Anspruch ist durch Bescheid des Trägers der gesetzlichen Rentenversicherung nachzuweisen.

Den in der gesetzlichen Rentenversicherung Pflichtversicherten, bei denen der Versicherungsfall nach Satz 1 eingetreten ist und die die Wartezeit nach § 6 erfüllt haben, wird auf ihren schriftlichen Antrag von der Zusatzversorgungseinrichtung eine Betriebsrente gezahlt. Die Betriebsrente beginnt – vorbehaltlich des § 12 – mit dem Beginn der Rente aus der gesetzlichen Rentenversicherung.

V

§ 6   Wartezeit

(1) Betriebsrenten werden erst nach Erfüllung der Wartezeit von 60 Kalendermonaten gewährt. Dabei wird jeder Kalendermonat berücksichtigt, für den mindestens für einen Tag Aufwendungen für die Pflichtversicherung nach §§ 16, 18 erbracht wurden. Bis zum 31. Dezember 2000 nach dem bisherigen Recht der Zusatzversorgung als Umlagemonate zu berücksichtigende Zeiten zählen für die Erfüllung der Wartezeit. Für die Erfüllung der Wartezeit werden Versicherungsverhältnisse bei Zusatzversorgungseinrichtungen nach § 2 Abs. 1 zusammengerechnet.

(2) Die Wartezeit gilt als erfüllt, wenn der Versicherungsfall durch einen Arbeitsunfall eingetreten ist, der im Zusammenhang mit dem die Pflicht zur Versicherung begründenden Arbeitsverhältnis steht oder wenn die/der Versicherte infolge eines solchen Arbeitsunfalls gestorben ist. Ob ein Arbeitsunfall vorgelegen hat, ist durch Bescheid des Trägers der gesetzlichen Unfallversicherung nachzuweisen.

(3) In den Fällen des § 7 Abs. 5 des Gesetzes über die Rechtsverhältnisse der Mitglieder des Deutschen Bundestages und entsprechender gesetzlicher Vorschriften werden Zeiten einer nach dem Beginn der Pflichtversicherung liegenden Mitgliedschaft im Deutschen Bundestag, im Europäischen Parlament oder in dem Parlament eines Landes auf die Wartezeit angerechnet.

§ 7 Höhe der Betriebsrente

(1) Die monatliche Betriebsrente errechnet sich aus der Summe der bis zum Beginn der Betriebsrente (§ 5 Satz 4) erworbenen Versorgungspunkte (§ 8), multipliziert mit dem Messbetrag von vier Euro.

(2) Die Betriebsrente wegen teilweiser Erwerbsminderung beträgt die Hälfte der Betriebsrente, die sich nach Absatz 1 bei voller Erwerbsminderung ergeben würde.

(3) Die Betriebsrente mindert sich für jeden Monat, für den der Zugangsfaktor nach § 77 SGB VI herabgesetzt ist, um 0,3 v. H., höchstens jedoch um insgesamt 10,8 v. H.

§ 8 Versorgungspunkte

(1) Versorgungspunkte ergeben sich

a) für das zusatzversorgungspflichtige Entgelt (§ 15),

b) für soziale Komponenten (§ 9) und

c) als Bonuspunkte (§ 19).

Die Versorgungspunkte nach Satz 1 Buchst. a und b werden jeweils zum Ende des Kalenderjahres bzw. zum Zeitpunkt der Beendigung des Arbeitsverhältnisses festgestellt und dem Versorgungskonto gutgeschrieben; die Feststellung und Gutschrift der Bonuspunkte erfolgt zum Ende des folgenden Kalenderjahres. Versorgungspunkte werden jeweils auf zwei Nachkommastellen unter gemeinüblicher Rundung berechnet.

(2) Die Anzahl der Versorgungspunkte für ein Kalenderjahr nach Absatz 1 Satz 1 Buchst. a ergibt sich aus dem Verhältnis eines Zwölftels des zusatzversorgungspflichtigen Jahresentgelts zum Referenzentgelt von 1000 Euro, multipliziert mit dem Altersfaktor (Absatz 3); dies entspricht einer Beitragsleistung von vier v. H. des zusatzversorgungspflichtigen Entgelts. Bei einer vor dem 1. Januar 2003 vereinbarten Altersteilzeit auf der Grundlage des Altersteilzeitgesetzes werden die Versorgungspunkte nach Satz 1 mit dem 1,8-fachen berücksichtigt, soweit sie nicht auf Entgelten beruhen, die in voller Höhe zustehen.

Protokollnotiz zu Absatz 2 Satz 2:

Wird aufgrund einer Einzelregelung ein Beitrag an die gesetzliche Rentenversicherung gezahlt, der den Mindestbeitrag nach § 3 Abs. 1 Nr. 1 Buchst. b des Altersteilzeitgesetzes übersteigt, ist das zusatzversorgungspflichtige Entgelt so zu erhöhen, dass sich nach Anwendung von Absatz 2 Satz 2 so viele Versorgungspunkte ergeben, wie dies dem über den gesetzlichen Mindestbeitrag erhöhten Beitrag zur gesetzlichen Rentenversicherung entspricht.

(3) Der Altersfaktor beinhaltet eine jährliche Verzinsung von 3,25 v. H. während der Anwartschaftsphase und von 5,25 v. H. während des Rentenbezuges und richtet sich nach der folgenden Tabelle; dabei gilt als Alter die Differenz zwischen dem jeweiligen Kalenderjahr und dem Geburtsjahr:

Alter	Alters-faktor	Alter	Alters-faktor	Alter	Alters-faktor
17	3,1	33	1,9	49	1,2
18	3,0	34	1,8	50	1,1
19	2,9	35	1,7	51	1,1
20	2,8	36	1,7	52	1,1
21	2,7	37	1,6	53	1,0
22	2,6	38	1,6	54	1,0
23	2,5	39	1,6	55	1,0
24	2,4	40	1,5	56	1,0
25	2,4	41	1,5	57	0,9
26	2,3	42	1,4	58	0,9
27	2,2	43	1,4	59	0,9
28	2,2	44	1,3	60	0,9
29	2,1	45	1,3	61	0,9
30	2,0	46	1,3	62	0,8
31	2,0	47	1,2	63	0,8
32	1,9	48	1,2	64 + älter	0,8

V

§ 9   Soziale Komponenten

(1) [1]Für jeden vollen Kalendermonat, in dem das Arbeitsverhältnis wegen einer Elternzeit nach § 15 des Bundeserziehungsgeldgesetzes ruht, werden für jedes Kind, für das ein Anspruch auf Elternzeit besteht, die Versorgungspunkte berücksichtigt, die sich bei einem zusatzversorgungspflichtigen Entgelt von 500 Euro in diesem Monat ergeben würden. [2]Es werden je Kind höchstens 36 Kalendermonate berücksichtigt. [3]Bestehen mehrere zusatzversorgungspflichtige Arbeitsverhältnisse im Sinne des Satzes 1, bestimmt die/der Pflichtversicherte, für welches Arbeitsverhältnis die Versorgungspunkte nach Satz 1 berücksichtigt werden.

[4]Für die Zeit, in der das Arbeitsverhältnis wegen der Schutzfristen nach § 3 Abs. 2 und § 6 Abs. 1 MuSchG ruht, werden die Versorgungs-

punkte berücksichtigt, die sich ergeben würden, wenn in dieser Zeit das fiktive Entgelt nach § 21 TVöD/§ 21 TV-L bzw. entsprechenden tarifvertraglichen Regelungen gezahlt worden wäre. [5]Diese Zeiten werden als Umlage-/Beitragsmonate für die Erfüllung der Wartezeiten berücksichtigt.

(2) [1]Bei Eintritt des Versicherungsfalles wegen teilweiser oder voller Erwerbsminderung vor Vollendung des 60. Lebensjahres werden Pflichtversicherten für jeweils zwölf volle, bis zur Vollendung des 60. Lebensjahres fehlende Kalendermonate so viele Versorgungspunkte hinzugerechnet, wie dies dem Verhältnis von durchschnittlichem monatlichem zusatzversorgungspflichtigem Entgelt der letzten drei Kalenderjahre vor Eintritt des Versicherungsfalles zum Referenzentgelt entspricht; bei Berechnung des durchschnittlichen Entgelts werden Monate ohne zusatzversorgungspflichtiges Entgelt nicht berücksichtigt. [2]Ist in diesem Zeitraum kein zusatzversorgungspflichtiges Entgelt angefallen, ist für die Berechnung nach Satz 1 das Entgelt zugrunde zu legen, das sich als durchschnittliches monatliches zusatzversorgungspflichtiges Entgelt im Kalenderjahr vor dem Rentenbeginn ergeben hätte.

(3) [1]Bei Beschäftigten, die am 1. Januar 2002 bereits 20 Jahre pflichtversichert sind, werden für jedes volle Kalenderjahr der Pflichtversicherung bis zum 31. Dezember 2001 mindestens 1,84 Versorgungspunkte berücksichtigt. [2]Bei Beschäftigten, deren Gesamtbeschäftigungsquotient am 31. Dezember 2001 kleiner als 1,0 ist, gilt Satz 1 entsprechend mit der Maßgabe, dass der Faktor 1,84 mit dem am 31. Dezember 2001 maßgebenden Gesamtbeschäftigungsquotienten multipliziert wird.

§ 10 Betriebsrente für Hinterbliebene

(1) Stirbt eine Versicherte/ein Versicherter, die/der die Wartezeit (§ 6) erfüllt hat, oder eine Betriebsrentenberechtigte/ein Betriebsrentenberechtigter, hat die hinterbliebene Ehegattin/der hinterbliebene Ehegatte Anspruch auf eine kleine oder große Betriebsrente für Witwen/Witwer, wenn und solange ein Anspruch auf Witwen-/Witwerrente aus der gesetzlichen Rentenversicherung besteht oder bestehen würde, sofern kein Rentensplitting unter Ehegatten durchgeführt worden wäre. Art (kleine/große Betriebsrenten für Witwen/Witwer), Höhe (der nach Ablauf des Sterbevierteljahres maßgebende Rentenartfaktor nach § 67 Nrn. 5 und 6 und § 255 Abs. 1 SGB VI) und

Dauer des Anspruchs richten sich – soweit keine abweichenden Regelungen getroffen sind – nach den entsprechenden Bestimmungen der gesetzlichen Rentenversicherung. Bemessungsgrundlage der Betriebsrenten für Hinterbliebene ist jeweils die Betriebsrente, die die Verstorbene/der Verstorbene bezogen hat oder hätte beanspruchen können, wenn sie/er im Zeitpunkt ihres/seines Todes wegen voller Erwerbsminderung ausgeschieden wäre. Die Kinder der/des Verstorbenen haben entsprechend den Sätzen 1 bis 3 Anspruch auf Betriebsrente für Voll- oder Halbwaisen. Als Kinder im Sinne des Satzes 4 gelten nur die Kinder, die nach § 32 Abs. 3 und 4 Satz 1 Nr. 1 bis 3 EStG berücksichtigungsfähig sind. Der Anspruch ist durch Bescheid des Trägers der gesetzlichen Rentenversicherung nachzuweisen.

(2) Anspruch auf Betriebsrente für Witwen/Witwer besteht nicht, wenn die Ehe mit der/dem Verstorbenen weniger als zwölf Monate gedauert hat, es sei denn, dass nach den besonderen Umständen des Falles die Annahme nicht gerechtfertigt ist, dass es der alleinige oder überwiegende Zweck der Heirat war, der Witwe/dem Witwer eine Betriebsrente zu verschaffen.

(3) Betriebsrenten für Witwen/Witwer und Waisen dürfen zusammen den Betrag der ihrer Berechnung zugrunde liegenden Betriebsrente nicht übersteigen. Ergeben die Hinterbliebenenrenten in der Summe einen höheren Betrag, werden sie anteilig gekürzt. Erlischt eine der anteilig gekürzten Hinterbliebenenrenten, erhöhen sich die verbleibenden Hinterbliebenenrenten vom Beginn des folgenden Monats entsprechend, jedoch höchstens bis zum vollen Betrag der Betriebsrente der/des Verstorbenen.

(4) Für einen Anspruch auf Betriebsrente für Witwen/Witwer gelten als Heirat auch die Begründung einer Lebenspartnerschaft, als Ehe auch eine Lebenspartnerschaft, als Witwe und Witwer auch ein/e überlebende/r Lebenspartner/in und als Ehegatte auch ein/e Lebenspartner/in jeweils im Sinne des Lebenspartnerschaftsgesetzes.

§ 11 Anpassung und Neuberechnung

(1) Die Betriebsrenten werden, beginnend ab dem Jahr 2002, zum 1. Juli eines jeden Jahres um 1,0 v. H. dynamisiert.

(2) Die Betriebsrente ist neu zu berechnen, wenn bei einer/einem Betriebsrentenberechtigten ein neuer Versicherungsfall eintritt und seit der Festsetzung der Betriebsrente aufgrund des früheren Ver-

sicherungsfalles zusätzliche Versorgungspunkte zu berücksichtigen sind.

Durch die Neuberechnung wird die bisherige Betriebsrente um den Betrag erhöht, der sich als Betriebsrente aufgrund der neu zu berücksichtigenden Versorgungspunkte ergibt; für diese zusätzlichen Versorgungspunkte wird der Abschlagfaktor nach § 7 Abs. 3 gesondert festgestellt.

Wird aus einer Betriebsrente wegen teilweiser Erwerbsminderung eine Betriebsrente wegen voller Erwerbsminderung oder wegen Alters, wird die bisher nach § 7 Abs. 2 zur Hälfte gezahlte Betriebsrente voll gezahlt. Wird aus einer Betriebsrente wegen voller Erwerbsminderung eine Betriebsrente wegen teilweiser Erwerbsminderung, wird die bisher gezahlte Betriebsrente entsprechend § 7 Abs. 2 zur Hälfte gezahlt. Die Sätze 1 und 2 sind entsprechend anzuwenden, wenn zusätzliche Versorgungspunkte zu berücksichtigen sind.

Bei Neuberechnung der Betriebsrente sind Versorgungspunkte nach § 9 Abs. 2, die aufgrund des früheren Versicherungsfalls berücksichtigt wurden, nur noch insoweit anzurechnen, als sie die zusätzlichen Versorgungspunkte – ohne Bonuspunkte nach § 19 – aus einer Pflichtversicherung übersteigen oder soweit in dem nach § 9 Abs. 2 maßgebenden Zeitraum keine Pflichtversicherung mehr bestanden hat.

Für Hinterbliebene gelten die Sätze 3 und 4 entsprechend.

§ 12 Nichtzahlung und Ruhen

(1) Die Betriebsrente wird von dem Zeitpunkt an nicht gezahlt, von dem an die Rente wegen Alters aus der gesetzlichen Rentenversicherung nach § 100 Abs. 3 Satz 1 in Verbindung mit § 34 Abs. 2 SGB VI endet. Die Betriebsrente ist auf Antrag vom Ersten des Monats an wieder zu zahlen, für den der/dem Rentenberechtigten die Rente wegen Alters aus der gesetzlichen Rentenversicherung wieder geleistet wird.

Wird die Altersrente der gesetzlichen Rentenversicherung nach Eintritt des Versicherungsfalls (§ 5) als Teilrente gezahlt, wird die Betriebsrente nur in Höhe eines entsprechenden Anteils gezahlt.

(2) Ist der Versicherungsfall wegen voller oder teilweiser Erwerbsminderung eingetreten und wird die Rente aus der gesetzlichen Rentenversicherung wegen Hinzuverdienstes nicht oder nur zu einem

Anteil gezahlt, wird auch die Betriebsrente nicht oder nur in Höhe eines entsprechenden Anteils gezahlt.

(3) Die Betriebsrente ruht, solange die Rente aus der gesetzlichen Rentenversicherung ganz oder teilweise versagt wird.

(4) Die Betriebsrente ruht ferner, solange die/der Berechtigte ihren/seinen Wohnsitz oder dauernden Aufenthalt außerhalb eines Mitgliedstaates der Europäischen Union hat und trotz Aufforderung der Zusatzversorgungseinrichtung keine Empfangsbevollmächtigte/keinen Empfangsbevollmächtigten im Inland bestellt.

(5) Die Betriebsrente ruht ferner in Höhe des Betrages des für die Zeit nach dem Beginn der Betriebsrente gezahlten Krankengeldes aus der gesetzlichen Krankenversicherung, soweit dieses nicht nach § 96a Abs. 3 SGB VI auf eine Rente wegen teilweiser Erwerbsminderung anzurechnen oder bei einer Rente wegen voller Erwerbsminderung bzw. wegen Alters als Vollrente dem Träger der Krankenversicherung zu erstatten ist.

(6) Für Hinterbliebene gelten die Vorschriften der gesetzlichen Rentenversicherung über das Zusammentreffen von Rente und Einkommen entsprechend mit folgenden Maßgaben:

a) Eventuelle Freibeträge sowie das Einkommen, das auf die Rente aus der gesetzlichen Rentenversicherung angerechnet wird, bleiben unberücksichtigt.

b) Der/Dem Hinterbliebenen werden mindestens 35 v.H. der ihr/ihm nach § 10 zustehenden Betriebsrente gezahlt.

§ 13 Erlöschen

(1) Der Anspruch auf Betriebsrente erlischt mit dem Ablauf des Monats,

a) in dem die/der Betriebsrentenberechtigte gestorben ist oder

b) für den Rente nach § 43 bzw. § 240 SGB VI letztmals gezahlt worden ist oder

c) der dem Monat vorangeht, von dessen Beginn an die Zusatzversorgungseinrichtung, zu der die Versicherung übergeleitet worden ist, zur Zahlung der Betriebsrente verpflichtet ist.

(2) ¹Der Anspruch auf Betriebsrente für Witwen/Witwer sowie Lebenspartner/innen im Sinne des Lebenspartnerschaftsgesetzes erlischt im Übrigen mit dem Ablauf des Monats, in dem die Witwe/der Witwer oder der/die hinterbliebene eingetragene Lebenspartner/in gehei-

ratet oder eine Lebenspartnerschaft begründet hat. [2]Für das Wiederaufleben der Betriebsrenten für Witwen/Witwer sowie Lebenspartner/innen im Sinne des Lebenspartnerschaftsgesetzes gilt § 46 Abs. 3 SGB VI entsprechend.

(3) [1]Der Anspruch auf Betriebsrente erlischt ferner unbeschadet des Satzes 2 mit Ablauf des Monats, in dem die Entscheidung eines deutschen Gerichts rechtskräftig geworden ist, durch die die/der Betriebsrentenberechtigte

a) wegen einer vorsätzlichen Tat zu einer Freiheitsstrafe von mindestens zwei Jahren oder

b) wegen einer vorsätzlichen Tat, die nach den Vorschriften über Friedensverrat, Hochverrat, Gefährdung des demokratischen Rechtsstaates oder Landesverrat und Gefährdung der äußeren Sicherheit strafbar ist, zu einer Freiheitsstrafe von mindestens sechs Monaten

verurteilt worden ist. [2]Es ist eine Beitragserstattung nach § 24 durchzuführen.

Protokollnotiz zu Abschnitt III:

[1]Die Anpassungen an die veränderten Rahmenbedingungen bzgl. Biometrie und Zins durch den Änderungstarifvertrag Nr. 9 vom 29. April 2016 erfolgen ausschließlich auf der Finanzierungsseite, die zusätzlichen Finanzierungsmittel nach § 16 Abs. 1 Satz 5 und 6, § 37 Abs. 1 Satz 2 und 4 und § 37a Abs. 1 Satz 2 und 4 führen nicht zu zusätzlichen Leistungen. [2]Die bisherigen und die künftigen Ansprüche (Startgutschriften, Anwartschaften aus dem Punktemodell, Anwartschaftsdynamik und Renten) bleiben der Höhe nach unverändert, es ergeben sich keine Verschlechterungen und keine Verbesserungen; insbesondere werden die künftigen Anwartschaften und Überschüsse weiterhin entsprechend der Altersfaktorentabelle nach § 8 Abs. 3 und auf der Basis eines Beitrags von 4,0 v. H. berechnet, ungeachtet des zugrundeliegenden Finanzierungsverfahrens (Umlagefinanzierung, Kapitaldeckung, Mischfinanzierung) und ungeachtet der tatsächlichen Umlage-/Beitragshöhe.

Abschnitt IV
Beschäftigte, die in der gesetzlichen Rentenversicherung nicht versichert sind

§ 14 Sonderregelungen für Beschäftigte, die in der gesetzlichen Rentenversicherung nicht versichert sind

Für Beschäftigte, die in der gesetzlichen Rentenversicherung nicht versichert sind, gelten die §§ 2 bis 13 entsprechend. Soweit auf Regelungen des Rechts der gesetzlichen Rentenversicherung Bezug genommen wird, ist die jeweilige Regelung so entsprechend anzuwenden, wie dies bei unterstellter Versicherung in der gesetzlichen Rentenversicherung der Fall wäre. Bei Anwendung des § 5 sind dabei anstelle der Versicherungszeiten in der gesetzlichen Rentenversicherung die Pflichtversicherungszeiten in der Zusatzversorgung zu berücksichtigen.

Die teilweise oder volle Erwerbsminderung ist durch einen von der Zusatzversorgungseinrichtung zu bestimmenden Facharzt nachzuweisen. Die Betriebsrente ruht, solange sich die Betriebsrentenberechtigten trotz Verlangens der Zusatzversorgungseinrichtung innerhalb einer von dieser zu setzenden Frist nicht fachärztlich untersuchen lassen oder das Ergebnis der Untersuchung der Zusatzversorgungseinrichtung nicht vorlegen. Der Anspruch auf Betriebsrente erlischt mit Ablauf des Monats, der auf den Monat folgt, in dem der/dem Berechtigten die Entscheidung der Zusatzversorgungseinrichtung über das Erlöschen des Anspruchs wegen Wegfalls der Erwerbsminderung zugegangen ist.

V

Abschnitt V
Finanzierung

§ 15 Finanzierungsgrundsätze und zusatzversorgungspflichtiges Entgelt

(1) Die Finanzierung der Pflichtversicherung wird von den Zusatzversorgungseinrichtungen eigenständig geregelt. Nach den Möglichkeiten der einzelnen Zusatzversorgungseinrichtungen kann die Umlagefinanzierung schrittweise durch eine kapitalgedeckte Finanzierung abgelöst werden (Kombinationsmodell).

(2) Zusatzversorgungspflichtiges Entgelt ist, soweit sich aus Anlage 3 nichts anderes ergibt, der steuerpflichtige Arbeitslohn. Wird Altersteilzeit nach dem 31. Dezember 2002 vereinbart, ist – unter Berücksichtigung des Satzes 1 – zusatzversorgungspflichtiges Entgelt während des Altersteilzeitarbeitsverhältnisses das 1,8fache der zur Hälfte zustehenden Bezüge nach § 4 TV ATZ zuzüglich derjenigen Bezüge, die in voller Höhe zustehen.

Protokollnotiz zu Absatz 2 Satz 2:
Wird aufgrund einer Einzelregelung ein Beitrag an die gesetzliche Rentenversicherung gezahlt, der den Mindestbeitrag nach § 3 Abs. 1 Nr. 1 Buchst. b des Altersteilzeitgesetzes übersteigt, ist das zusatzversorgungspflichtige Entgelt nach Absatz 2 Satz 2 entsprechend zu erhöhen.

(3) Durch landesbezirklichen Tarifvertrag kann für Mitglieder/Beteiligte einer Zusatzversorgungseinrichtung, die sich in einer wirtschaftlichen Notlage befinden, für die Pflichtversicherung geregelt werden, dass für die Zusage von Leistungen für die Dauer von bis zu drei Jahren bis zu einer Mindesthöhe von zwei v. H. von der nach § 8 Abs. 2 zugesagten Leistung abgewichen werden kann. Entsprechend der Verminderung der Leistungszusage für die bei dem Mitglied/Beteiligten beschäftigten Pflichtversicherten reduziert sich für die Mitglieder/Beteiligten insoweit die zu tragende Umlagebelastung bzw. der zu zahlende Beitrag an die Zusatzversorgungseinrichtung. Die Feststellung der wirtschaftlichen Notlage wird durch eine paritätisch besetzte Kommission der betroffenen Tarifvertragsparteien getroffen. Die Regelung kann durch landesbezirklichen Tarifvertrag über die in Satz 1 genannte Dauer verlängert werden.

§ 16 Umlagen

(1) Von der Zusatzversorgungseinrichtung festgesetzte monatliche Umlagen in Höhe eines bestimmten Vomhundertsatzes des zusatzversorgungspflichtigen Entgelts der Beschäftigten (Umlagesatz) führt der Arbeitgeber – ggf. einschließlich des von der/dem Beschäftigten zu tragenden Umlage-Beitrags – an die Zusatzversorgungseinrichtung ab. Die Umlage-Beiträge der Beschäftigten behält der Arbeitgeber von deren Arbeitsentgelt ein. Bei Pflichtversicherten bleiben die am 1. November 2001 geltenden Vomhundertsätze für die Erhebung der Umlage-Beiträge bei der jeweiligen Zusatzversorgungseinrichtung maßgebend, soweit sich nicht aus § 37 oder § 37a etwas anderes ergibt. Der Umlage-Beitrag für die Beschäftigten des Saarlandes beträgt abweichend von Satz 3 ab 1. Januar 2007 1,41 v. H. [5]Neben dem Umlage-Beitrag nach Satz 3 bzw. 4 wird von den bei der ZVK-Saar pflichtversicherten Beschäftigten entsprechend § 37 Abs. 1 Satz 2 und 3 ein zusätzlicher Arbeitnehmerbeitrag zur Umlage in Höhe von 0,4 v. H. des zusatzversorgungspflichtigen Entgelts erhoben; abweichend davon beträgt der zusätzliche Arbeitnehmerbeitrag zur Umlage für

a) die Beschäftigten des Saarlandes in der Zeit vom 1. Juli 2016 bis 30. Juni 2017 0,3 v. H. des zusatzversorgungspflichtigen Entgelts;

b) die Beschäftigten der Mitglieder des Kommunalen Arbeitgeberverbandes Saar
   - in der Zeit vom 1. Juli 2016 bis 30. Juni 2017 0,2 v. H. des zusatzversorgungspflichtigen Entgelts und

– in der Zeit vom 1. Juli 2017 bis 30. Juni 2018 0,3 v. H. des zusatzversorgungspflichtigen Entgelts.

[6]Ergeben sich für das Saarland und die Mitglieder des Kommunalen Arbeitgeberverbandes Saar bei der ZVK-Saar künftig Mehrkosten aufgrund der veränderten biometrischen Risikoverhältnisse, werden diese paritätisch je zur Hälfte vom Arbeitgeber und durch eine entsprechende Entnahme aus dem mit dem zusätzlichen Arbeitnehmerbeitrag gebildeten Vermögen getragen.

(2) Der Arbeitgeber hat die auf ihn entfallende Umlage bis zu einem Betrag von monatlich 89,48 Euro pauschal zu versteuern, solange die Pauschalversteuerung rechtlich möglich ist und soweit sich aus § 37 nicht etwas anderes ergibt.

(3) Die auf die Umlage entfallenden Pflichtversicherungszeiten und die daraus erworbenen Versorgungspunkte sind von der Zusatzversorgungseinrichtung auf einem personenbezogenen Versorgungskonto zu führen (Versorgungskonto I); umfasst sind auch Aufwendungen und Auszahlungen. Das Weitere regelt die Satzung der Zusatzversorgungseinrichtung.

Protokollnotiz:
Für den Fall, dass die pauschal versteuerte Umlage über den am 1. Januar 2001 geltenden Umfang hinaus in der Sozialversicherung beitragspflichtig werden sollte, werden die Tarifvertragsparteien unverzüglich Verhandlungen aufnehmen mit dem Ziel, ein dem Zweck der Pauschalversteuerung entsprechendes Ergebnis zu erreichen.

§ 17 Sanierungsgelder

(1) Zur Deckung des infolge der Schließung des Gesamtversorgungssystems und des Wechsels vom Gesamtversorgungssystem zum Punktemodell zusätzlichen Finanzbedarfs, der über die am 1. November 2001 jeweils geltende Umlage hinausgeht, erhebt die Zusatzversorgungseinrichtung vom Arbeitgeber Sanierungsgelder. Diese Sanierungsgelder sind kein steuerpflichtiger Arbeitslohn.

(2) Sanierungsgelder kommen nicht in Betracht, wenn der am 1. November 2001 jeweils gültige Umlagesatz weniger als vier v. H. des zusatzversorgungspflichtigen Entgelts betragen hat.

§ 18 Beiträge im Kapitaldeckungsverfahren

(1) Soweit die Zusatzversorgungseinrichtung für die Pflichtversicherung Beiträge im Kapitaldeckungsverfahren von höchstens vier v. H.

des zusatzversorgungspflichtigen Entgelts erhebt, trägt diese der Arbeitgeber, soweit sich aus § 37a nichts anderes ergibt.

(2) Die Beiträge im Sinne des Absatzes 1 einschließlich der darauf entfallenden Erträge sind von der Zusatzversorgungseinrichtung auf einem gesonderten personenbezogenen Versorgungskonto getrennt von den sonstigen Einnahmen zu führen (Versorgungskonto II).

(3) Die Einnahmen und Ausgaben einschließlich der Kapitalanlagen sind gesondert zu führen und zu verwalten.

§ 19 Bonuspunkte

(1) Die Zusatzversorgungseinrichtung stellt jährlich bis zum Jahresende für das vorangegangene Geschäftsjahr fest, in welchem Umfang aus verbleibenden Überschüssen (Absatz 2) Bonuspunkte (§ 8 Abs. 1 Satz 1 Buchst. c) vergeben werden können. Bonuspunkte nach Satz 1 kommen in Betracht für die am Ende des laufenden Geschäftsjahres Pflichtversicherten sowie für die zum gleichen Zeitpunkt beitragsfrei Versicherten, die eine Wartezeit von 120 Umlage-/Beitragsmonaten erfüllt haben. Über die Vergabe von Bonuspunkten entscheidet das zuständige Gremium der Zusatzversorgungseinrichtung auf Vorschlag des Verantwortlichen Aktuars der Zusatzversorgungseinrichtung. Grundlage für die Feststellung und Entscheidung ist eine auf anerkannten versicherungsmathematischen Grundsätzen (Anlage 4) beruhende und durch den Verantwortlichen Aktuar erstellte fiktive versicherungstechnische Bilanz für die Verpflichtungen gegenüber den Pflichtversicherten und den beitragsfrei Versicherten mit erfüllter Wartezeit von 120 Umlage-/Beitragsmonaten. [5]Soweit eine Kapitaldeckung vorhanden ist, werden dabei das Vermögen und die tatsächlich erzielten Kapitalerträge nur veranschlagt, soweit sie auf Beitragsleistungen von bis zu 4,0 v. H. der zusatzversorgungspflichtigen Entgelte entfallen. Soweit keine Kapitaldeckung vorhanden ist, wird die durchschnittliche laufende Verzinsung der zehn nach der Bilanzsumme größten Pensionskassen gemäß dem zum Zeitpunkt der Fertigstellung der Bilanz nach Satz 4 jeweils aktuellen Geschäftsbericht des Bundesaufsichtsamtes für das Versicherungswesen bzw. der Nachfolgebehörde zugrunde gelegt. Beschäftigte, deren Arbeitsverhältnis in Folge von Witterungseinflüssen oder wegen anderer Naturereignisse nach besonderen tarifvertraglichen Vorschriften geendet hat und die bei Wiederaufnahme der Arbeit Anspruch auf Wiedereinstellung haben, sowie Saisonbeschäftigte, die bei Beginn

der nächsten Saison voraussichtlich wieder eingestellt werden, gelten als Pflichtversicherte im Sinne des Satzes 2.

(2) Ergibt die fiktive versicherungstechnische Bilanz einen Überschuss, wird dieser Überschuss um den Aufwand für soziale Komponenten nach § 9 und um die Verwaltungskosten der Zusatzversorgungseinrichtung vermindert und nach Maßgabe des Absatzes 1 verwendet; soweit keine Kapitaldeckung vorhanden ist, werden für die fiktive Verzinsung nach Absatz 1 Satz 6 als Verwaltungskosten zwei v. H. dieser fiktiven Zinserträge berücksichtigt. Ergibt die versicherungstechnische Bilanz eine Unterdeckung, wird diese vorgetragen. Einzelheiten werden in den Ausführungsbestimmungen zur Satzung der Zusatzversorgungseinrichtung geregelt.

Protokollnotiz:
Die Tarifvertragsparteien gehen davon aus, dass wegen der unverändert hohen Mindestverzinsung zumindest mittelfristig weiterhin keine Ausschüttung von Bonuspunkten für die seit 2001 im Punktemodell erworbenen Anwartschaften und die Startgutschriften erfolgen wird.

V

Abschnitt VI
Verfahren

§ 20   Pflichten der Versicherten und der Betriebsrentenberechtigten

(1) Der Zusatzversorgungseinrichtung sind alle für die Prüfung des Anspruchs auf Betriebsrente notwendigen Angaben zu machen und die erforderlichen Nachweise beizubringen.

(2) Kommen Betriebsrentenberechtigte der Verpflichtung nach Absatz 1 nicht nach, kann die Betriebsrente zurückbehalten werden.

(3) Vereinbarungen mit Dritten über die Abtretung, Verpfändung oder Beleihung eines Anspruchs auf Betriebsrente sind vorbehaltlich zwingender gesetzlicher Vorschriften gegenüber dem Arbeitgeber und der Zusatzversorgungseinrichtung unwirksam.

(4) Ist der Versicherungsfall durch ein Verhalten Dritter verursacht worden, sind Schadensersatzansprüche, soweit rechtlich zulässig, bis zur Höhe des Brutto-Betrages der Betriebsrente an die Zusatzversorgungseinrichtung abzutreten; soweit die Abtretung nicht erfolgt oder die zur Durchsetzung des Anspruchs erforderlichen Nachweise nicht vorgelegt werden, kann die Betriebsrente zurückbehalten werden.

(5) Ohne Rechtsgrund gezahlte Betriebsrenten sind in Höhe ihrer Brutto-Beträge zurückzuzahlen. Haben Versicherte oder Betriebsrentenberechtigte ihre Pflichten nach Absatz 1 verletzt, können sie sich nicht auf den Wegfall der Bereicherung berufen.

§ 21 Versicherungsnachweise

(1) Pflichtversicherte erhalten jeweils nach Ablauf des Kalenderjahres bzw. bei Beendigung der Pflichtversicherung einen Nachweis über ihre bisher insgesamt erworbene Anwartschaft auf Betriebsrente wegen Alters nach § 7. Dabei ist neben der Anwartschaft auch die Zahl der Versorgungspunkte und der Messbetrag anzugeben. Im Falle der Kapitaldeckung sind zusätzlich die steuerrechtlich vorgeschriebenen Angaben zu beachten. Der Nachweis ist mit einem Hinweis auf die Ausschlussfrist nach Absatz 2 zu versehen. Wird der Nachweis im Zusammenhang mit der Beendigung der Pflichtversicherung erbracht, ist er um den Hinweis zu ergänzen, dass die aufgrund der Pflichtversicherung erworbene Anwartschaft bis zum erneuten Beginn der Pflichtversicherung bzw. bis zum Eintritt des Versicherungsfalles nicht dynamisiert wird, wenn die Wartezeit von 120 Umlage-/Beitragsmonaten nicht erfüllt ist. Das Weitere regelt die Satzung der Zusatzversorgungseinrichtung.

(2) Die Beschäftigten können nur innerhalb einer Ausschlussfrist von sechs Monaten nach Zugang des Nachweises nach Absatz 1 gegenüber ihrem Arbeitgeber schriftlich beanstanden, dass die vom Arbeitgeber zu entrichtenden Beiträge oder die zu meldenden Entgelte nicht oder nicht vollständig an die Zusatzversorgungseinrichtung abgeführt oder gemeldet wurden. Beanstandungen in Bezug auf die ausgewiesenen Bonuspunkte sind innerhalb der Ausschlussfrist des Satzes 1 schriftlich unmittelbar gegenüber der Zusatzversorgungseinrichtung zu erheben.

§ 22 Zahlung und Abfindung

(1) Die Betriebsrenten werden monatlich im Voraus auf ein Girokonto der Betriebsrentenberechtigten innerhalb eines Mitgliedstaates der Europäischen Union überwiesen. Die Kosten der Überweisung auf ein Konto im Inland, mit Ausnahme der Kosten für die Gutschrift, trägt die Zusatzversorgungseinrichtung.

Besteht der Betriebsrentenanspruch nicht für einen vollen Kalendermonat, wird der Teil gezahlt, der auf den Anspruchszeitraum entfällt.

(2) Die Satzung der Zusatzversorgungseinrichtung kann vorsehen, dass Betriebsrenten, die einen Monatsbetrag von bis zu 30 Euro nicht überschreiten, abgefunden werden. Darüber hinaus kann die Abfindung der Betriebsrente ermöglicht werden, wenn die Kosten der Übermittlung der Beriebsrenten unverhältnismäßig hoch sind.

§ 23 Ausschlussfristen

Der Anspruch auf Betriebsrente für einen Zeitraum, der mehr als zwei Jahre vor dem Ersten des Monats liegt, in dem der Antrag bei der Zusatzversorgungseinrichtung eingegangen ist, kann nicht mehr geltend gemacht werden (Ausschlussfrist). Dem Antrag steht eine Mitteilung der/des Berechtigten gleich, die zu einem höheren Anspruch führt. Die Beanstandung, die mitgeteilte laufende monatliche Betriebsrente, eine Rentennachzahlung, eine Abfindung, eine Beitragserstattung oder eine Rückzahlung sei nicht oder nicht in der mitgeteilten Höhe ausgezahlt worden, ist nur schriftlich und innerhalb einer Ausschlussfrist von einem Jahr zulässig; die Frist beginnt bei laufenden Betriebsrenten mit dem Ersten des Monats, für den die Betriebsrente zu zahlen ist, im Übrigen mit dem Zugang der Mitteilung über die entsprechende Leistung.

Auf die Ausschlussfrist ist in der Mitteilung über die Leistung hinzuweisen.

§ 24 Beitragserstattung

(1) Die beitragsfrei Versicherten, die die Wartezeit (§ 6) nicht erfüllt haben, können bis zur Vollendung ihres 69. Lebensjahres die Erstattung der von ihnen getragenen Beiträge beantragen. Der Antrag auf Beitragserstattung gilt für alle von den Versicherten selbst getragenen Beiträge und kann nicht widerrufen werden. Rechte aus der Versicherung für Zeiten, für die Beiträge erstattet werden, erlöschen mit der Antragstellung. Die Beiträge werden ohne Zinsen erstattet.

(2) Sterben Versicherte nach Antragstellung, aber vor Beitragserstattung, gehen die Ansprüche auf die Hinterbliebenen über, die betriebsrentenberechtigt sind. Mit der Zahlung an einen der Hinterbliebenen erlischt der Anspruch der übrigen Berechtigten gegen die Zusatzversorgungseinrichtung.

(3) Beiträge im Sinne dieser Vorschrift sind

a) die für die Zeit vor dem 1. Januar 1978 entrichteten Pflichtbeiträge einschließlich der Beschäftigtenanteile an den Erhöhungsbeträgen,

b) die für die Zeit nach dem 31. Dezember 1977 entrichteten Beschäftigtenanteile an den Erhöhungsbeträgen,

c) die für die Zeit nach dem 31. Dezember 1998 entrichteten Umlage-Beiträge der Beschäftigten.

Abschnitt VII
Zuschüsse des Arbeitgebers zu anderen Zukunftssicherungssystemen

§ 25 Zuschüsse des Arbeitgebers zu anderen Zukunftssicherungssystemen

(1) Für Beschäftigte, die als Mitglieder einer berufsständischen Versicherung von der Versicherung in der gesetzlichen Rentenversicherung befreit sind, richtet sich die Beteiligung des Arbeitgebers am Beitrag zur berufsständischen Versorgungseinrichtung nach § 172 Abs. 2 SGB VI.

Pflichtversicherte, die nach § 231 Abs. 1 oder § 231a SGB VI von der Versicherungspflicht in der gesetzlichen Rentenversicherung befreit und freiwillig in der gesetzlichen Rentenversicherung versichert sind oder die für sich und ihre Hinterbliebenen eine (befreiende) Lebensversicherung abgeschlossen haben oder die freiwillig im Versorgungswerk der Presse versichert sind, erhalten von ihrem Arbeitgeber auf schriftlichen Antrag für jeden Kalendermonat, für den ihnen Entgelt, Urlaubsentgelt oder Entgelt im Krankheitsfall zustehen, einen Zuschuss in Höhe der Hälfte des Betrages, der zu zahlen wäre, wenn sie in der gesetzlichen Rentenversicherung versichert wären, höchstens jedoch die Hälfte des Beitrages.

Beschäftigte, die freiwilliges Mitglied des Versorgungswerkes der Presse sind und die antragsgemäß (Anlage 2 Satz 2) von der Pflicht zur Versicherung in einer Zusatzversorgungseinrichtung befreit wurden, erhalten auf ihren Antrag für die Zeit, für die ohne die Befreiung die Pflicht zur Versicherung bestünde und für die ihnen Entgelt, Urlaubsentgelt oder Entgelt im Krankheitsfall zustehen, einen zweckgebundenen Zuschuss zu ihren Beiträgen zur Versicherung im Versorgungswerk der Presse. Der Zuschuss beträgt die Hälfte des Beitrages, höchstens jedoch vier v. H. des zusatzversorgungspflichtigen Entgelts.

Die Zuschüsse nach den Sätzen 1 und 2 dürfen insgesamt den Betrag nicht übersteigen, den der Arbeitgeber zu zahlen hätte, wenn die Beschäftigten in der gesetzlichen Rentenversicherung pflichtversichert wären.

(2) Im Falle der freiwilligen Versicherung in der gesetzlichen Rentenversicherung behält der Arbeitgeber den von den Beschäftigten zu tragenden Teil des Beitrages von deren Bezügen ein und führt den Beitrag nach der Verordnung über die Zahlung von Beiträgen zur gesetzlichen Rentenversicherung ab.

(3) Verfügen die Beschäftigten ohne vorherige Zustimmung des Arbeitgebers durch Abtretung und Verpfändung über ihre Lebensversicherung oder über die sich aus dem Zuschuss nach Absatz 1 Satz 3 ergebende Anwartschaft, wird der Zuschuss nach Absatz 1 Satz 2 bzw. Satz 3 nicht gewährt. Der Zuschuss wird bis zu der in Absatz 1 bestimmten Höhe auch gewährt, wenn im Beitrag Mehrbeträge für Versicherungsleistungen bei Eintritt der vollen oder teilweisen Erwerbsminderung enthalten sind.

Zweiter Teil
Freiwillige Versicherung

§ 26 Freiwillige Versicherung

(1) Den Pflichtversicherten wird die Möglichkeit eröffnet, durch Entrichtung eigener Beiträge unter Inanspruchnahme der steuerlichen Förderung (Sonderausgabenabzug, Zulage) bei der Zusatzversorgungseinrichtung nach deren Satzungsvorschriften eine zusätzliche kapitalgedeckte Altersvorsorge im Rahmen der betrieblichen Altersversorgung aufzubauen. Nach Beendigung der Pflichtversicherung kann die freiwillige Versicherung – unabhängig davon, ob eine steuerliche Förderung möglich ist – längstens bis zum Eintritt des Versicherungsfalles (§ 5) fortgesetzt werden. Die Fortsetzung ist innerhalb einer Ausschlussfrist von drei Monaten nach Beendigung der Pflichtversicherung zu beantragen.

Protokollnotiz zu Absatz 1:
Arbeiterinnen/Arbeiter, die nach Satz 3 der Anlage 2 bei der Bahnversicherungsanstalt Abteilung B versichert bleiben und die sonst bei der VBL pflichtversichert

wären, können die freiwillige Versicherung bei der VBL entsprechend § 26 durchführen.

(2) Die eigenen Beiträge der Pflichtversicherten zur freiwilligen Versicherung werden entsprechend deren schriftlicher Ermächtigung vom Arbeitgeber aus dem Arbeitsentgelt an die Zusatzversorgungseinrichtung abgeführt. Der Arbeitgeber schuldet auch in Anbetracht von Absatz 5 keine eigenen Beiträge.

(3) Die freiwillige Versicherung kann in Anlehnung an das Punktemodell erfolgen. Wahlweise kann sie auch durch fondsgebundene Rentenversicherung erfolgen, sofern die Zusatzversorgungseinrichtung Entsprechendes anbietet. Unbeschadet etwaiger von der Zusatzversorgungseinrichtung übernommener Zinsgarantien, haftet der Arbeitgeber nach § 1 Abs. 2 Nr. 2 BetrAVG nur für den Erhalt der eingezahlten Beiträge, soweit sie nicht rechnungsmäßig für einen biometrischen Risikoausgleich verbraucht wurden.

Das Nähere regelt die Satzung der Zusatzversorgungseinrichtung.

(4) Die Beschäftigten behalten ihre Anwartschaft, wenn ihr Arbeitsverhältnis vor Eintritt des Versicherungsfalles (§ 5) endet. Eine Abfindung von Anwartschaften ist nur dann möglich, wenn der Beschäftigte die freiwillige Versicherung kündigt. Im Rahmen dieser Abfindung erhält der Beschäftigte seine eingezahlten Beiträge abzüglich der durch die Satzung und die Allgemeinen Versicherungsbedingungen der freiwilligen Versicherung der Zusatzversorgungseinrichtung näher beschriebenen Abschläge zurück. Die Beschäftigten können jedoch verlangen, dass der Barwert ihrer Anwartschaft auf eine andere Zusatzversorgungseinrichtung, auf die die bisherige Pflichtversicherung nach § 4 übergeleitet wird, oder auf ein Versorgungssystem einer überstaatlichen Einrichtung, mit der ein entsprechendes Abkommen besteht, zu übertragen ist, wenn die Versorgungszusage des neuen Arbeitgebers eine dem übertragenen Barwert wertmäßig entsprechende Zusage auf lebenslange Altersvorsorge umfasst. Besteht bei einem Arbeitgeberwechsel die Pflichtversicherung bei der Zusatzversorgungseinrichtung fort, kann verlangt werden, dass die Versorgungszusage des neuen Arbeitgebers eine dem Barwert der bisherigen Anwartschaften wertmäßig entsprechende Zusage auf lebenslange Altersvorsorge umfasst. Das Verlangen ist nur innerhalb einer Ausschlussfrist von sechs Monaten nach Beendigung des Arbeitsverhältnisses möglich. Mit der Versorgungs-

zusage durch den neuen Arbeitgeber erlischt die Verpflichtung des früheren Arbeitgebers.

(5) Der Arbeitgeber kann zu einer freiwilligen Versicherung der Beschäftigten eigene Beiträge außerhalb einer Entgeltumwandlung leisten; Absätze 2 bis 4 gelten entsprechend.

§ 27 Verfahren

(1) Die Zusatzversorgungseinrichtung hat die Beiträge, die im Rahmen der freiwilligen Versicherung entrichtet werden, einschließlich der Erträge auf einem gesonderten personenbezogenen Versicherungskonto getrennt von den sonstigen Einnahmen zu führen; umfasst sind auch Aufwendungen und Auszahlungen.

(2) Die freiwillige Versicherung wird in einem eigenen Abrechnungsverband geführt. Die Einnahmen und Ausgaben einschließlich der Kapitalanlagen sind gesondert zu führen und zu verwalten.

(3) Die freiwillig Versicherten erhalten jeweils nach Ablauf des Kalenderjahres sowie bei Beendigung der freiwilligen Versicherung einen Nachweis mit den steuerlich vorgeschriebenen Angaben bzw. soweit keine steuerliche Förderung möglich ist, über die Höhe der geleisteten Beiträge sowie über Art und Umfang der bisher erworbenen Anwartschaften. Eine unterbliebene oder nicht vollständige Abführung der Beiträge an die Zusatzversorgungseinrichtung kann nur innerhalb einer Ausschlussfrist von sechs Monaten nach Zugang des Nachweises beanstandet werden. Im Übrigen gelten die §§ 20, 21 und 22 Abs. 1 entsprechend.

Dritter Teil
Übergangs- und Schlussvorschriften

Abschnitt I
Übergangsregelungen zur Versicherungspflicht

§ 28 Höherversicherte

Die Beschäftigten, deren zusätzliche Alters- und Hinterbliebenenversorgung im Wege der Höherversicherung bis 31. Dezember 1997 durchgeführt wurde, sind weiterhin nicht zu versichern. Der Arbeitgeber zahlt einen Zuschuss zur Verwendung für eine zusätzliche Alters- und Hinterbliebenenversorgung von 66,47 Euro monatlich.

§ 29 Von der Pflichtversicherung Befreite

(1) Beschäftigte, die am 31. Dezember 1966 im Arbeitsverhältnis gestanden haben, nach der zwischen ihrem Arbeitgeber und der Zusatzversorgungseinrichtung bestehenden Mitgliedschafts-/Beteiligungsvereinbarung nicht zu versichern waren und die keinen Antrag auf Versicherung bei dem Arbeitgeber gestellt haben, bleiben weiterhin von der Pflicht zur Versicherung befreit.

(2) Beschäftigte, deren zusätzliche Alters- und Hinterbliebenenversorgung im Wege der Versicherung bei einem Lebensversicherungsunternehmen durchgeführt worden ist und die keinen Antrag auf Versicherung nach einem der in § 40 Abs. 3 aufgeführten Tarifverträge gestellt haben, sind – entsprechend den bis zum In-Kraft-Treten dieses Tarifvertrages geltenden Regelungen – weiterhin nicht bei der Zusatzversorgungseinrichtung zu versichern.

Abschnitt II
Übergangsregelungen für die Rentenberechtigten

§ 30 Am 31. Dezember 2001 Versorgungsrentenberechtigte

(1) Die Versorgungsrenten, die sich ohne Berücksichtigung von Nichtzahlungs- und Ruhensregelungen ergeben, und die Ausgleichsbeträge nach dem bis zum 31. Dezember 2000 geltenden Zusatzversorgungsrecht werden für die am 31. Dezember 2001 Versorgungsrentenberechtigten und versorgungsrentenberechtigten Hinterbliebenen zum 31. Dezember 2001 festgestellt.

(2) Die nach Absatz 1 festgestellten Versorgungsrenten werden vorbehaltlich des Satzes 3 als Besitzstandsrenten weitergezahlt und entsprechend § 11 Abs. 1 dynamisiert. Die abbaubaren Ausgleichsbeträge werden jeweils in Höhe des Dynamisierungsgewinns abgebaut; die nicht abbaubaren Ausgleichsbeträge werden nicht dynamisiert. Die am Tag vor In-Kraft-Treten dieses Tarifvertrages geltenden Regelungen über die Nichtzahlung und das Ruhen sind entsprechend anzuwenden.

(3) Es gelten folgende Maßgaben:

a) Neuberechnungen werden nur unter den Voraussetzungen des § 11 Abs. 2 durchgeführt; zusätzliche Versorgungspunkte nach Satz 2 sind dabei zu berücksichtigen. Soweit noch Zeiten vor dem 1. Januar 2002 zu berücksichtigen sind, wird eine Startgutschrift entsprechend den §§ 32 bis 34 berechnet; übersteigt der hiernach festgestellte Betrag den Betrag, der sich als Versorgungsrente am 31. Dezember 2001 ergeben hat bzw. ohne Nichtzahlungs- und Ruhensregelungen ergeben hätte, wird die Differenz durch den Messbetrag geteilt und dem Versorgungskonto (§ 8 Abs. 1) als Startgutschrift gutgeschrieben.

b) § 10 Abs. 3 und die §§ 12 bis 14 sowie 20 bis 23 gelten entsprechend.

c) Hat die Versorgungsrente vor dem 1. Januar 2002 geendet und besteht die Möglichkeit einer erneuten Rentengewährung, ist die Versorgungsrente, die sich unter Außerachtlassung von Nichtzahlungs- und Ruhensregelungen und ohne Berücksichtigung eines Ausgleichsbetrages (Absatz 1) am 31. Dezember 2001 ergeben hätte, durch den Messbetrag zu teilen und als Startgutschrift auf dem Versorgungskonto (§ 8 Abs. 1) gutzuschreiben; im Übrigen gelten in diesen Fällen die Vorschriften des Punktemodells. Satz 1 gilt entsprechend, wenn der Versicherungsfall vor dem 1. Januar 2002 eingetreten ist, die Versorgungsrente jedoch erst nach dem 1. Januar 2002 beginnen würde.

V

(4) Stirbt eine unter Absatz 1 fallende Versorgungsrentenberechtigte/ ein unter Absatz 1 fallender Versorgungsrentenberechtigter, gelten die Vorschriften des Punktemodells für Hinterbliebene entsprechend.

(5) Die Absätze 1 bis 4 gelten für Rentenberechtigte entsprechend, deren Rente aus der Zusatzversorgung am 1. Januar 2002 beginnt.

Zur Vorschrift des § 30 Abs. 3 Buchstabe a Satz 1 haben die Tarifpartner im Rahmen des Änderungstarifvertrages Nr. 4 folgende Protokollnotiz vereinbart:

„Sind in Fällen, die den mit Urteilen des BGH vom 14. Juni 2006 – Az. IV ZR 54/05 und IV ZR 55/07 – entschiedenen Fällen vergleichbar sind, bereits vor dem 22. Juni 2007 Ansprüche aufgrund der vor Vereinbarung des 4. Änderungstarifvertrags geltenden Formulierung des § 30 Abs. 3 ATV geltend gemacht worden, verbleibt es für diese Fälle beim bisherigen Wortlaut."

§ 31 Am 31. Dezember 2001 Versicherungsrentenberechtigte

(1) Für Versicherungsrentenberechtigte und versicherungsrentenberechtigte Hinterbliebene, deren Versicherungsrente spätestens am 31. Dezember 2001 begonnen hat, wird die am 31. Dezember 2001 maßgebende Versicherungsrente festgestellt.

(2) Die nach Absatz 1 festgestellten Versicherungsrenten werden als Besitzstandsrenten weitergezahlt und entsprechend § 11 Abs. 1 dynamisiert.

(3) § 30 Abs. 3 bis 5 gilt entsprechend.

(4) Die Absätze 1 bis 3 gelten für Leistungen nach der am Tag vor In-Kraft-Treten dieses Tarifvertrages geltenden Sonderregelung für Arbeitnehmer im Beitrittsgebiet (§ 105b VBL-Satzung) und für Betriebsrenten nach § 18 BetrAVG, die spätestens am 31. Dezember 2001 begonnen haben, entsprechend.

Abschnitt III
Übergangsregelungen für Anwartschaften der Versicherten

§ 32 Grundsätze

(1) [1]Für die Versicherten werden die Anwartschaften (Startgutschriften) nach dem am 31. Dezember 2000 geltenden Recht der Zusatzversorgung entsprechend den §§ 33 und 34 ermittelt. [2]Die Anwartschaften nach Satz 1 werden ohne Berücksichtigung der Altersfaktoren in Versorgungspunkte umgerechnet, indem der Anwartschaftsbetrag durch den Messbetrag von vier Euro geteilt wird; sie werden dem Versorgungskonto (§ 8 Abs. 1) ebenfalls gutgeschrieben. [3]Eine Verzinsung findet vorbehaltlich des § 19 Abs. 1 nicht statt.

(2) [1]Das Jahr 2001 wird entsprechend dem Altersvorsorgeplan 2001 berücksichtigt; dies gilt auch für im Jahr 2001 eingetretene Rentenfälle. [2]Ist der Versicherungsfall der teilweisen oder vollen Erwerbsminderung im Jahr 2001 eingetreten, gilt Satz 1 mit der Maßgabe, dass die zusatzversorgungsrechtliche Umsetzung der Neuregelungen im gesetzlichen Erwerbsminderungsrecht aus der 39. Änderung der Satzung der VBL vom 19. Oktober 2001 oder der Änderung der Satzung der ZVK-Saar vom 10. Dezember 2001 zu berücksichtigen ist.

(3) Soweit in den §§ 33, 34 und 39 auf Vorschriften des bis zum 31. Dezember 2000 geltenden Satzungsrechts verwiesen wird, erfolgt dies durch Benennung der bisherigen Regelung in der VBL-Satzung mit dem Zusatz „a. F."; für den Bereich der ZVK-Saar gelten die entsprechenden Vorschriften ihrer Satzung in der bis zum 31. Dezember 2000 geltenden Fassung.

(4) [1]Für die Berechnung der Anwartschaften sind, soweit jeweils erforderlich, die Rechengrößen (Entgelt, Gesamtbeschäftigungsquotient, Steuertabelle, Sozialversicherungsbeiträge, Familienstand u. a.)

vom 31. Dezember 2001 maßgebend; soweit gesamtversorgungsfähiges Entgelt zu berücksichtigen ist, ergibt sich dieses aus den entsprechenden Kalenderjahren vor dem 1. Januar 2002, dabei bleibt die Dynamisierung zum 1. Januar 2002 unberücksichtigt. [2]Für die Rentenberechnung nach § 18 Abs. 2 BetrAVG ist das am 31. Dezember 2001 geltende Rentenrecht maßgebend (Anlage 4 Nr. 5 Satz 2).

(5) [1]Beanstandungen gegen die mitgeteilte Startgutschrift sind innerhalb einer Ausschlussfrist von sechs Monaten nach Zugang des Nachweises der Zusatzversorgungseinrichtung schriftlich unmittelbar gegenüber der Zusatzversorgungseinrichtung zu erheben. [2]Auf die Ausschlussfrist ist in dem Nachweis hinzuweisen.

(6) [1]Ergibt sich nach § 33 Abs. 1a ein Zuschlag zur Anwartschaft, bildet die Summe aus der Startgutschrift nach § 33 Abs. 1 und dem Zuschlag die neue Startgutschrift; die Zusatzversorgungseinrichtung teilt dem Versicherten den Zuschlag und die sich daraus ergebende neue Startgutschrift im Rahmen der Jahresmitteilung nach § 21 mit. [2]Ergibt sich nach § 33 Abs. 1a kein Zuschlag, verbleibt es bei der bisherigen Startgutschrift; sofern in diesen Fällen eine Beanstandung nach Absatz 5 vorliegt oder die Zusatzversorgungseinrichtung auf die Beanstandung der Startgutschriften verzichtet hat, teilt die Zusatzversorgungseinrichtung den Versicherten im Rahmen der Jahresmitteilung nach § 21 mit, dass es bei der bisherigen Startgutschrift verbleibt. [3]Einer gesonderten Mitteilung an die Versicherten bedarf es nicht.

§ 33   Höhe der Anwartschaften für am 31. Dezember 2001 schon und am 1. Januar 2002 noch Pflichtversicherte

(1) [1]Die Anwartschaften der am 31. Dezember 2001 schon und am 1. Januar 2002 noch Pflichtversicherten berechnen sich nach § 18 Abs. 2 BetrAVG, soweit sich aus Absatz 2 nichts anderes ergibt. [2]Satz 1 gilt entsprechend für Beschäftigte, die nach den am 31. Dezember 2000 geltenden Vorschriften der Zusatzversorgungseinrichtung als pflichtversichert gelten.

(1a) [1]Bei Beschäftigten, deren Anwartschaft nach Absatz 1 (rentenferne Jahrgänge) berechnet wurde, wird auch ermittelt, welche Anwartschaft sich bei einer Berechnung nach § 18 Abs. 2 BetrAVG unter Berücksichtigung folgender Maßgaben ergeben würde:
1. [1]Anstelle des Vomhundertsatzes nach § 18 Abs. 2 Nr. 1 Satz 1 BetrAVG wird ein Unverfallbarkeitsfaktor entsprechend § 2 Abs. 1

Satz 1 BetrAVG errechnet. [2]Dieser wird ermittelt aus dem Verhältnis der Pflichtversicherungszeit vom Beginn der Pflichtversicherung bis zum 31. Dezember 2001 zu der Zeit vom Beginn der Pflichtversicherung bis zum Ablauf des Monats, in dem das 65. Lebensjahr vollendet wird. [3]Der sich danach ergebende Vomhundertsatz wird auf zwei Stellen nach dem Komma gemeinüblich gerundet und um 7,5 Prozentpunkte vermindert.

2. [1]Ist der nach Nummer 1 Satz 3 ermittelte Vomhundertsatz höher als der bisherige Vomhundertsatz nach § 18 Abs. 2 Nr. 1 Satz 1 BetrAVG, wird für die Voll-Leistung nach § 18 Abs. 2 BetrAVG ein individueller Brutto- und Nettoversorgungssatz nach § 41 Abs. 2 und 2b VBL-Satzung a. F. ermittelt. [2]Als gesamtversorgungsfähige Zeit werden dabei berücksichtigt

a) die bis zum 31. Dezember 2001 erreichten Pflichtversicherungsmonate zuzüglich der Monate vom 1. Januar 2002 bis zum Ablauf des Monats, in dem das 65. Lebensjahr vollendet wird, und

b) die Monate ab Vollendung des 17. Lebensjahres bis zum 31. Dezember 2001 abzüglich der Pflichtversicherungsmonate bis zum 31. Dezember 2001 zur Hälfte.

[3]Für Beschäftigte, für die der Umlagesatz des Abrechnungsverbandes Ost maßgebend war und die nur Pflichtversicherungszeiten in der Zusatzversorgung nach dem 31. Dezember 1996 haben, gilt Satz 2 Buchst. b mit der Maßgabe, dass für die Zeit vor dem 1. Januar 1997 höchstens 75 Monate zur Hälfte berücksichtigt werden.

[4]Bei Anwendung des § 41 Abs. 2 Satz 5 VBL-Satzung a. F. gilt als Eintritt des Versicherungsfalls der Erste des Kalendermonats nach Vollendung des 65. Lebensjahres; als gesamtversorgungsfähige Zeit im Sinne des § 42 Abs. 1 VBL-Satzung a. F. sind die Zeiten nach Satz 2 Buchst. a zu berücksichtigen.

[2]Ist die unter Berücksichtigung der Maßgaben nach den Nummern 1 und 2 berechnete Anwartschaft höher als die Anwartschaft nach Absatz 1, wird der Unterschiedsbetrag zwischen diesen beiden Anwartschaften ermittelt und als Zuschlag zur Anwartschaft nach Absatz 1 berücksichtigt. [3]Der Zuschlag vermindert sich um den Betrag, der bereits nach Absatz 3a als zusätzliche Startgutschrift ermittelt wurde.

Protokollnotiz zu Absatz 1 und Absatz 1a:
Zur Ermittlung der Anwartschaften nach den Absätzen 1 und 1a wird bei Berechnung der Voll-Leistung nach § 18 Abs. 2 Nr. 1 BetrAVG ausschließlich das sogenannte Näherungsverfahren entsprechend § 18 Abs. 2 Nr. 1 Satz 2 Buchst. f BetrAVG berücksichtigt.

(2) [1]Für Beschäftigte im Tarifgebiet West bzw. für bei der VBL versicherte Beschäftigte, für die der Umlagesatz des Abrechnungsverbandes West maßgeblich ist (§ 76 Abs. 4 Satz 3 VBL-Satzung a. F.) oder die Pflichtversicherungszeiten in der Zusatzversorgung vor dem 1. Januar 1997 haben, und die am 1. Januar 2002 das 55. Lebensjahr vollendet haben (rentennahe Jahrgänge), ist Ausgangswert für die bis zum 31. Dezember 2001 in der Zusatzversorgung (Gesamtversorgung) erworbene Anwartschaft die Versorgungsrente, die sich unter Beachtung der Maßgaben des § 32, insbesondere unter Berücksichtigung der Mindestgesamtversorgung (§ 41 Abs. 4 VBL-Satzung a. F.) und des § 44a VBL-Satzung a. F., für die Berechtigte/den Berechtigten bei Eintritt des Versicherungsfalles am 31. Dezember 2001, frühestens jedoch zum Zeitpunkt der Vollendung des 63. Lebensjahres ergeben würde. [2]Von diesem Ausgangswert ist der Betrag abzuziehen, den die Versicherten aus dem Punktemodell bis zur Vollendung des 63. Lebensjahres vor Berücksichtigung des Abschlages noch erwerben könnten, wenn für sie zusatzversorgungspflichtige Entgelte in Höhe des gesamtversorgungsfähigen Entgelts gezahlt würden. [3]Sind am 31. Dezember 2001 die Voraussetzungen für die Berücksichtigung des § 98 Abs. 5 VBL-Satzung a. F. erfüllt, berechnet sich der Versorgungsvomhundertsatz nach dieser Vorschrift mit der Maßgabe, dass nach § 98 Abs. 5 Satz 2 VBL-Satzung a. F. abzuziehende Monate die Monate sind, die zwischen dem 31. Dezember 1991 und dem Ersten des Monats liegen, der auf die Vollendung des 63. Lebensjahres folgt. [4]Die Sätze 1 bis 3 gelten für Beschäftigte, die am 31. Dezember 2001 das 52. Lebensjahr vollendet haben und eine Rente für schwerbehinderte Menschen beanspruchen könnten, wenn sie zu diesem Zeitpunkt bereits das 60. Lebensjahr vollendet hätten, entsprechend mit der Maßgabe, dass an die Stelle des 63. Lebensjahres das entsprechende, für sie individuell frühestmögliche Eintrittsalter in die abschlagsfreie Rente für schwerbehinderte Menschen maßgeblich ist. [5]Werden in den Fällen des Satzes 4 die Voraussetzungen für die Mindestgesamtversorgung zwischen dem Zeitpunkt der Hochrechnung nach Satz 4 und der Vollendung des 63. Lebensjahres erfüllt, erfolgt die Berechnung der Anwartschaft abweichend von Satz 4

bezogen auf den Zeitpunkt, zu dem die Voraussetzungen der Mindestgesamtversorgung erfüllt wären.

(3) Für Beschäftigte im Tarifgebiet West bzw. für bei der VBL versicherte Beschäftigte, für die der Umlagesatz des Abrechnungsverbandes West maßgeblich ist (§ 76 Abs. 4 Satz 3 VBL-Satzung a. F.) oder die Pflichtversicherungszeiten in der Zusatzversorgung vor dem 1. Januar 1997 haben, und die vor dem 14. November 2001 Altersteilzeit oder einen Vorruhestand vereinbart haben, gilt Absatz 2 mit folgenden Maßgaben:

a) An die Stelle des 63. Lebensjahres tritt das vereinbarte Ende des Altersteilzeitarbeitsverhältnisses bzw. in den Fällen des Vorruhestandes das Alter, zu dem nach der Vorruhestandsvereinbarung die Rente beginnen würde.

b) Der anzurechnende Bezug nach Absatz 4 wird in den Fällen, in denen die Mindestgesamtversorgung nach dem bis zum 31. Dezember 2000 geltenden Zusatzversorgungsrecht maßgeblich gewesen wäre, um die Abschläge vermindert, die sich zu dem Zeitpunkt, auf den die Startgutschrift hochgerechnet wird, voraussichtlich ergeben werden; diese Abschläge sind der Zusatzversorgungseinrichtung vom Beschäftigten in geeigneter Weise nachzuweisen. Die Startgutschrift ist in den Fällen des Satzes 1 um den Betrag der sich im Zeitpunkt der Hochrechnung nach Satz 1 voraussichtlich ergebenden Abschläge gemäß § 7 Abs. 3 zu erhöhen.

(3a) [1]Pflichtversicherte, bei denen der Versicherungsfall der vollen Erwerbsminderung vor dem 1. Januar 2007 eingetreten ist, deren Startgutschrift nach Absatz 1 berechnet wurde und die am 31. Dezember 2001

a) das 47. Lebensjahr vollendet sowie

b) mindestens 120 Umlagemonate zurückgelegt hatten,

erhalten in Abweichung von dem üblichen Verfahren eine zusätzliche Startgutschrift in Höhe des Betrages, um den die Startgutschrift nach Absatz 2 die Startgutschrift nach Absatz 1 übersteigt; bei Berechnung der Startgutschrift nach Absatz 2 sind die Maßgaben der Sätze 2 und 3 zu beachten. [2]Die Berechnung erfolgt bezogen auf die Vollendung des 63. Lebensjahres. [3]Als anzurechnender Bezug wird die tatsächliche, entsprechend Absatz 5 auf das vollendete 63. Lebensjahr hochgerechnete gesetzliche Rente zugrunde gelegt. [4]Die sich nach den Sätzen 1 bis 3 ergebende zusätzliche Startgutschrift gilt bei Anwendung des § 19 als soziale Komponente im Sinne des § 9.

(4) [1]Für die Berechnung der Startgutschrift nach Absatz 2 ist die Rentenauskunft des gesetzlichen Rentenversicherungsträgers zum Stichtag 31. Dezember 2001 nach Durchführung einer Kontenklärung maßgebend. [2]Die Pflichtversicherten haben, sofern sie nicht bereits über eine Rentenauskunft aus dem Jahr 2001 verfügen, bis zum 30. September 2002 eine Rentenauskunft zu beantragen und diese unverzüglich der zuständigen Zusatzversorgungseinrichtung zu übersenden. [3]Sofern die Rentenauskunft aus von den Pflichtversicherten zu vertretenden Gründen bis zum 31. Dezember 2003 nicht beigebracht wird, wird die Startgutschrift nach Absatz 1 berechnet. [4]Bei Vorliegen besonderer Gründe kann die Zusatzversorgungseinrichtung eine angemessene Fristverlängerung gewähren. [5]Soweit bis zum 31. Dezember 2002 bereits ein bestands- oder rechtskräftiger Rentenbescheid der gesetzlichen Rentenversicherung vorliegt, ist – abweichend von Satz 1 – dieser Grundlage für die Berechnung nach Absatz 2.

(5) [1]Für die Zeit bis zur Vollendung des 63. Lebensjahres werden Entgeltpunkte in Höhe des jährlichen Durchschnitts der in dem Zeitraum vom 1. Januar 1999 bis 31. Dezember 2001 tatsächlich aus Beitragszeiten erworbenen Entgeltpunkte in Ansatz gebracht. [2]Bei Pflichtversicherten, die nicht in der gesetzlichen Rentenversicherung versichert sind, wird der anzurechnende Bezug nach der bisher geltenden Regelung berücksichtigt; Zuschüsse werden in Höhe des jährlichen Durchschnitts der in der Zeit vom 1. Januar 1999 bis 31. Dezember 2001 tatsächlich gemeldeten Zuschüsse in Ansatz gebracht. [3]Ist in den Jahren 1999 bis 2001 kein zusatzversorgungspflichtiges Entgelt bezogen worden, ist gesamtversorgungsfähiges Entgelt das zusatzversorgungspflichtige Entgelt, das sich ergeben hätte, wenn für den gesamten Monat Dezember 2001 eine Beschäftigung vorgelegen hätte. [4]Sind in den Jahren 1999 bis 2001 keine Entgeltpunkte erworben worden, ist für die Ermittlung der Entgeltpunkte das rentenversicherungspflichtige Entgelt maßgebend, das im Monat Dezember 2001 bezogen worden wäre, wenn während des gesamten Monats eine Beschäftigung vorgelegen hätte; für die Ermittlung der Zuschüsse gilt dies entsprechend.

(6) [1]Für die Berechnung der Startgutschrift nach Absatz 1 und 2 haben die Pflichtversicherten bis zum 31. Dezember 2002 ihrem Arbeitgeber

den Familienstand am 31. Dezember 2001 (§ 41 Abs. 2c Satz 1 Buchst. a und b VBL-Satzung a. F.) mitzuteilen. [2]Der Arbeitgeber hat die Daten an die Zusatzversorgungseinrichtung zu melden.

(7) [1]Für die Dynamisierung der Anwartschaften gilt § 19. [2]Auf den Zuschlag zur Anwartschaft nach Absatz 1a werden für die Jahre 2001 bis 2010 keine Bonuspunkte (§ 19) gewährt.

Protokollnotiz zu Absatz 7:
Die Tarifvertragsparteien gehen davon aus, dass wegen der unverändert hohen Mindestverzinsung zumindest mittelfristig weiterhin keine Ausschüttung von Bonuspunkten für die seit 2001 im Punktemodell erworbenen Anwartschaften und die Startgutschriften erfolgen wird.

§ 34 Höhe der Anwartschaften für am 1. Januar 2002 beitragsfrei Versicherte

(1) [1]Die Startgutschriften der am 1. Januar 2002 beitragsfrei Versicherten werden nach der am 31. Dezember 2001 geltenden Versicherungsrentenberechnung ermittelt. [2]Auf einen gesetzlichen Anspruch nach § 18 Abs. 2 BetrAVG ist § 33 Abs. 1a entsprechend anzuwenden. [3]Für die Dynamisierung der Anwartschaften gilt § 19. [4]Auf den Zuschlag nach Satz 2 werden für die Jahre 2001 bis 2010 keine Bonuspunkte (§ 19) gewährt.

(2) [1]Für Beschäftigte, für die § 105b VBL-Satzung a. F. gilt, findet Absatz 1 mit der Maßgabe Anwendung, dass die Startgutschriften nur nach § 44 VBL-Satzung a. F. berechnet werden und dass der Berechnung das Entgelt zugrunde zu legen ist, das bei Pflichtversicherung in den letzten fünf Jahren vor Beendigung des Arbeitsverhältnisses zusatzversorgungspflichtig gewesen wäre. [2]Für Beschäftigte nach Satz 1 gilt die Wartezeit als erfüllt.

(3) Für die freiwillig Weiterversicherten gilt Absatz 1 entsprechend.

Abschnitt IV
Schlussvorschriften

§ 35 Sterbegeld

Sterbegeld wird bei Fortgeltung des bisherigen Rechts Anspruchsberechtigten unter Berücksichtigung des am 31. Dezember 2001 maßgebenden Gesamtbeschäftigungsquotienten in folgender Höhe gezahlt für Sterbefälle

im Jahr 2002	1535 Euro,
im Jahr 2003	1500 Euro,
im Jahr 2004	1200 Euro,
im Jahr 2005	900 Euro,
im Jahr 2006	600 Euro,
im Jahr 2007	300 Euro.

Ab dem Jahr 2008 entfällt das Sterbegeld.

§ 36 Sonderregelungen für die Jahre 2001/2002

(1) Anstelle von § 2 Abs. 2 und des Satzes 1 der Anlage 2 finden bis zum 31. Dezember 2002 der § 5 Abs. 3 und § 6 Abs. 1 bis 3 Versorgungs-TV sowie § 4 Abs. 1 und § 5 Abs. 1 bis 3 VersTV-Saar weiterhin Anwendung.

(2) Soweit bis zum 31. Dezember 2002 zusatzversorgungspflichtiges Entgelt entsprechend § 8 Versorgungs-TV oder § 7 VersTV-Saar gemeldet wurde, hat es dabei sein Bewenden.

(3) Soweit bis zum 31. Dezember 2002 Beiträge im Sinne des § 25 entsprechend den Vorschriften des Versorgungs-TV oder des VersTV-Saar gezahlt wurden, hat es dabei sein Bewenden.

§ 36a Übergangsregelungen

(1) Ist die/der Versicherte oder die/der Betriebsrentenberechtigte vor dem 1. Juli 2007 verstorben, findet § 10 Abs. 1 Satz 5 keine Anwendung; dies gilt nicht für Neuzusagen, die nach dem 31. Dezember 2006 erteilt wurden.

(2) [1]Für Mutterschutzzeiten nach § 3 Abs. 2 und § 6 Abs. 1 MuSchG, die in der Zeit vom 1. Januar 2002 bis zum 31. Dezember 2011 liegen, gilt § 9 Abs. 1 Satz 4 und 5 mit folgenden Maßgaben:

a) [1]Die Mutterschutzzeiten werden auf schriftlichen Antrag der Beschäftigten berücksichtigt. [2]Geeignete Nachweise zum Beginn und Ende der Mutterschutzfristen sind vorzulegen. [3]Der Antrag und die Nachweise sind bei der Zusatzversorgungseinrichtung einzureichen, bei der die Pflichtversicherung während der Mutterschutzzeit bestanden hat.

b) [1]Das für die Mutterschutzzeit anzusetzende zusatzversorgungspflichtige Entgelt wird errechnet aus dem durchschnittlichen kalendertäglichen zusatzversorgungspflichtigen Entgelt des Kalenderjahres, das dem Jahr vorangeht, in dem die Mutterschutzfrist begonnen hat. [2]Bei der Berechnung des durchschnittlichen Entgelts werden Kalendermonate ohne zusatzversorgungspflichtiges Entgelt nicht berücksichtigt. [3]Ist in diesem Zeitraum kein zusatzversorgungspflichtiges Entgelt angefallen, ist für die Berechnung das Entgelt zugrunde zu legen, das sich als durchschnittliches zusatzversorgungspflichtiges Entgelt im Kalenderjahr vor Beginn der Mutterschutzzeit ergeben hätte.

c) Das zusatzversorgungspflichtige Entgelt nach Buchstabe b vermindert sich um das zusatzversorgungspflichtige Entgelt, das nach § 9 Abs. 1 in der Fassung des Änderungstarifvertrages Nr. 2 vom 12. März 2003 für Kalendermonate berücksichtigt worden ist, in denen das Arbeitsverhältnis ganz oder teilweise nach § 6 Abs. 1 MuSchG geruht hat.

[2]Für Mutterschutzzeiten vor dem 1. Januar 2002 gilt Satz 1 bei entsprechendem Antrag der Versicherten bzw. der Rentenberechtigten sinngemäß für die Berechnung ihrer Startgutschriften. [3]Am 31. Dezember 2001 Rentenberechtigte mit Mutterschutzzeiten vor dem 1. Januar 2002 erhalten auf Antrag einen Zuschlag zu ihrer Besitzstandsrente, der sich ergibt, wenn auf der Grundlage der Entgelte gemäß Satz 1 Buchst. b entsprechend § 8 Versorgungspunkte gutgeschrieben würden.

§ 37 Sonderregelungen für die VBL

(1) [1]Zu § 16 Abs. 1: Bei Pflichtversicherten, für die der Umlagesatz des Abrechnungsverbandes West der VBL maßgebend ist, beträgt der Umlage-Beitrag 1,41 v. H. des zusatzversorgungspflichtigen Entgelts. [2]Neben dem Umlage-Beitrag nach Satz 1 wird ein zusätzlicher Arbeitnehmerbeitrag zur Umlage in Höhe von 0,4 v. H. des zusatzversorgungspflichtigen Entgelts erhoben; abweichend davon beträgt der zusätzliche Arbeitnehmerbeitrag zur Umlage bei

a) den Beschäftigten eines Mitglieds der TdL oder eines Mitglieds eines Mitgliedsverbandes der TdL, die bei der VBL pflichtversichert sind, in der Zeit vom 1. Juli 2016 bis 30. Juni 2017 0,3 v. H. des zusatzversorgungspflichtigen Entgelts;

b) den Beschäftigten des Bundes und den Beschäftigten eines Mitglieds eines Mitgliedsverbandes der VKA, die bei der VBL pflichtversichert sind,

– in der Zeit vom 1. Juli 2016 bis 30. Juni 2017 0,2 v. H. des zusatzversorgungspflichtigen Entgelts und

– in der Zeit vom 1. Juli 2017 bis 30. Juni 2018 0,3 v. H. des zusatzversorgungspflichtigen Entgelts.

[3]Der zusätzliche Arbeitnehmerbeitrag zur Umlage nach Satz 2 dient der Finanzierung von Mehrkosten aufgrund der Veränderung der biometrischen Risiken (Richttafeln Heubeck 1998, derzeit VBL 2010G); er wird zunächst in einem Sondervermögen des Abrechnungsverbandes West der VBL angespart.

[4]Die Arbeitgeber im Abrechnungsverband West der VBL tragen entsprechend dem periodischen Bedarf im Umlageverfahren eine Umlage von 6,45 v. H. bis zu 6,85 v. H. der zusatzversorgungspflichtigen Entgelte.

[5]Für die Finanzierung der sich aufgrund der veränderten biometrischen Risikoverhältnisse im Abrechnungsverband West der VBL ergebenden Mehrkosten gilt folgendes Verfahren:

a) Die Mehrkosten aufgrund der veränderten biometrischen Risikoverhältnisse im Sinne von Satz 3 werden für den jeweiligen Deckungsabschnitt pauschal ermittelt, indem auf die sich für die einzelnen Kalenderjahre des Deckungsabschnitts ergebenden Rentenausgaben der sich aus der Anlage 6 jeweils ergebende Vomhundertsatz angewandt wird.

b) Die Hälfte der sich nach Buchstabe a ergebenden Mehrkosten in dem jeweiligen Deckungsabschnitt wird durch eine Entnahme aus dem Sondervermögen nach Satz 3 finanziert; die aus dem Sondervermögen hierzu entnommenen Mittel sind dem jeweiligen Arbeitgeber bzw. seiner Arbeitgebergruppe in dem Verhältnis zuzurechnen, in dem das Sondervermögen von deren Beschäftigten aufgebaut wurde.

c) Die andere Hälfte der sich nach Buchstabe a ergebenden Mehrkosten, höchstens jedoch 0,4 v. H. der zusatzversorgungspflichtigen Entgelte, wird von den Arbeitgebern im Rahmen der Festsetzung des Finanzierungsaufwandes für den jeweiligen Deckungsabschnitt getragen.

d) Die Anwendung der Buchstaben a bis c im jeweiligen Deckungsabschnitt setzt einen Umlagesatz in diesem Deckungsabschnitt von mindestens 7,86 v. H. voraus.

Protokollnotizen zu Absatz 1:

1. Eine Entnahme aus dem Sondervermögen erfolgt erst ab 2023.

2. Über die Frage der Finanzierung der durch die neuen Startgutschriften entstehenden Mehrkosten werden die Tarifvertragsparteien entscheiden, wenn

das derzeitige von den Arbeitgebern zu tragende Finanzierungsvolumen (Umlage/Sanierungsgeldsätze) bei der VBL (Abrechnungsverband West) nicht ausreichen sollte.

(2) Zu § 16 Abs. 2: Bei Pflichtversicherten, deren zusatzversorgungspflichtiges Entgelt sich nach für das Tarifgebiet West geltenden Tarifvertragsregelungen bemisst und für die der Umlagesatz des Abrechnungsverbandes West maßgebend ist, gilt anstelle des in § 16 Abs. 2 genannten Betrages ein Betrag von 92,03 Euro.

(3) Zu § 17: Die Sanierungsgelder nach § 17 werden im Abrechnungsverband West nach dem Verhältnis der Entgeltsumme aller Pflichtversicherten zuzüglich der neunfachen Rentensumme aller Renten zu den entsprechenden Werten, die einem Arbeitgeberverband oder einem Arbeitgeber zurechenbar sind, erhoben. Die Satzung regelt die Grundsätze der Zuordnung von Beteiligten zu den jeweiligen Arbeitgebergruppen entsprechend dem Altersvorsorgeplan 2001 und dem Beschluss des Verwaltungsrates vom 1. Februar 2002.

(4) Zu § 26 Abs. 3: Die VBL hat die für die sonstigen Pensionskassen geltenden Regelungen des § 54 Abs. 2 und 3 VAG in Verbindung mit der Anlageverordnung, der §§ 54b, 66 VAG einschließlich der nach § 65 VAG erlassenen Deckungsrückstellungsverordnung zu beachten, soweit sich aufsichtsrechtlich nichts anderes ergibt.

(5) Zu § 34 Abs. 1: § 34 Abs. 1 Satz 2 gilt in folgender Fassung:

„[2]Soweit die Startgutschrift nach § 18 Abs. 2 BetrAVG berechnet wurde, sind § 32 Abs. 6 und § 33 Abs. 1a entsprechend anzuwenden."

(6) Zu § 36a Abs. 2: Anstelle von § 36a Abs. 2 Sätze 2 und 3 gilt folgender Satz 2:

„[2]Für Mutterschutzzeiten vor dem 1. Januar 2002 gilt Satz 1 bei entsprechendem Antrag der Versicherten bzw. Rentenberechtigten sinngemäß für die Berechnung ihrer bis zum 31. Dezember 2001 erworbenen Anwartschaften."

§ 37a Sonderregelungen für das Tarifgebiet Ost

(1) [1]Bei Pflichtversicherten, für die der Umlagesatz des Abrechnungsverbandes Ost der VBL maßgebend ist, beträgt der Arbeitnehmerbeitrag zur Pflichtversicherung 2,0 v. H. des zusatzversorgungspflichtigen Entgelts. [2]Dieser Arbeitnehmerbeitrag zur Kapitaldeckung erhöht sich auf 4,25 v. H. des zusatzversorgungspflichtigen Entgelts;

abweichend davon beträgt der Arbeitnehmerbeitrag zur Kapitaldeckung bei

a) den Beschäftigten eines Mitglieds der TdL oder eines Mitglieds eines Mitgliedsverbandes der TdL, die bei der VBL pflichtversichert sind, in der Zeit vom 1. Juli 2016 bis 30. Juni 2017 3,5 v. H. des zusatzversorgungspflichtigen Entgelts;

b) den Beschäftigten des Bundes und den Beschäftigten eines Mitglieds eines Mitgliedsverbandes der VKA, die bei der VBL pflichtversichert sind,

   – in der Zeit vom 1. Juli 2016 bis 30. Juni 2017 2,75 v. H. des zusatzversorgungspflichtigen Entgelts und

   – in der Zeit vom 1. Juli 2017 bis 30. Juni 2018 3,5 v. H. des zusatzversorgungspflichtigen Entgelts.

[3]Der Arbeitgeberbeitrag im Kapitaldeckungsverfahren der VBL-Ost beträgt 2,0 v. H. der zusatzversorgungspflichtigen Entgelte. [4]Im Umlageverfahren tragen die Arbeitgeber im Abrechnungsverband Ost der VBL entsprechend dem periodischen Bedarf eine Umlage von 1,0 v. H. bis zu 3,25 v. H. der zusatzversorgungspflichtigen Entgelte. [5]Mit dieser Umlage werden auch die Leistungen aus der Kapitaldeckung finanziert, soweit die Entnahmen aus der Kapitaldeckung dazu nicht ausreichen (Mischfinanzierung).

Protokollnotiz zu Absatz 1:
Solange wegen der aktuellen Niedrigzinsphase tatsächlich ein Beitrag von über 8,0 v. H. des zusatzversorgungspflichtigen Entgelts zur Finanzierung der Leistungen des Punktemodells im Rahmen der Kapitaldeckung erforderlich ist, wirkt sich der zusätzliche Arbeitnehmerbeitrag nach Absatz 1 Satz 2 nicht auf den sofort unverfallbaren Teil der Anwartschaften aus.

(2) In den Fällen der freiwilligen Versicherung aufgrund von § 2 Abs. 2 wird ein entsprechender Arbeitnehmerbeitrag zur freiwilligen Versicherung erhoben; § 16 Abs. 1 Satz 2 gilt entsprechend.

(3) Der Zuschuss nach § 25 Abs. 1 Satz 4 wird für Beschäftigte im Tarifgebiet Ost um den Betrag gemindert, der sich ohne die Befreiung von der Pflichtversicherung als Arbeitnehmerbeitrag nach Absatz 1 ergeben würde.

Protokollnotiz zu den Absätzen 2 und 3:
In den Fällen der Absätze 2 und 3 wird als Arbeitnehmerbeitrag ein Beitrag von 2,0 v. H. des zusatzversorgungspflichtigen Entgelts zugrunde gelegt.

§ 37b Rechtsfolgen des Ausscheidens eines Beteiligten aus der VBL

[1]Mit dem Ausscheiden eines Beteiligten aus der VBL enden die Pflichtversicherungen der bei ihm im Arbeitsverhältnis stehenden Beschäftigten. [2]Die Versicherungen bleiben bei der VBL als beitragsfreie Versicherungen bis zum Beginn einer erneuten Pflichtversicherung bzw. bis zum Eintritt des Versicherungsfalls ebenso bestehen wie die dort erworbenen Anwartschaften und Leistungsansprüche der aktiven und ehemaligen Beschäftigten des ausgeschiedenen Beteiligten. [3]Diese dürfen nicht abweichend von Anwartschaften und Leistungsansprüchen solcher Beschäftigten geregelt werden, deren Arbeitgeber weiterhin Beteiligter der VBL ist.

Gemeinsame Niederschriftserklärungen zu §§ 37b bis 37e ATV

1. Um wieder zu einer einheitlichen Nummerierung der ATV-Änderungstarifverträge zurückzukehren, erhält dieser Tarifvertrag die Ordnungszahl „8". Der Änderungstarifvertrag vom 28. März 2015 zum ATV ist faktisch der Änderungstarifvertrag Nr. 7; formal wird ihm die Ordnungszahl „7" jedoch nicht zugewiesen, so dass es bei der bisherigen Bezeichnung bleibt.

2. Die aktuellen biometrischen Rechnungsgrundlagen der VBL (§ 37c Absatz 1 Satz 2 Buchst. d ATV) sind derzeit (7. Januar 2016) die Richttafeln VBL 2010G.

3. Zu § 37d ATV: Das für die Jahre 2013 bis 2015 zurückzuzahlende Sanierungsgeld einschließlich hierauf gezahlter Nutzungsentschädigungen stellen kein Vermögen im Sinne von § 37d ATV dar.

4. Zu den Kosten, die von ausgeschiedenen Beteiligten nicht selbst getragen werden (§ 37e Satz 3 Buchst. e ATV), gehören die Kosten aufgrund von Insolvenzen, Liquidationen und zu niedrig bemessener Gegenwerte. Das Nähere regelt die VBL-Satzung.

5. Die Tarifvertragsparteien wirken auf die Vertreter in den Gremien der VBL hin,
   a) den Abrechnungsverband Gegenwerte aufzulösen und ihn in die entsprechenden Abrechnungsverbände der VBL (Umlage-West bzw. Umlage-Ost) zu integrieren,
   b) durch Satzungsänderung vorzusehen, dass die Aufnahme insolvenzfähiger Arbeitgeber von Sicherheiten abhängig gemacht werden kann, wenn und solange konkrete Anhaltspunkte dafür bestehen, dass der Arbeitgeber keinen dauerhaften Bestand haben wird; eine darüberhinausgehende Insolvenzsicherungspflicht bei der Vereinbarung neuer Beteiligungen unterbleibt.

§ 37c Zahlung eines Gegenwertes

(1) [1]Zur Sicherung der Umlage- und Solidargemeinschaft zahlt ein Beteiligter, der aus der VBL ausscheidet, einen Gegenwert an die VBL für die dort verbleibenden Leistungsansprüche und unverfallbaren Anwartschaften, die ihm zuzurechnen sind. [2]Bei der Berechnung des Gegenwertes sind folgende Grundsätze zu berücksichtigten:

a) Der ausgeschiedene Beteiligte hat neben den Leistungsansprüchen und Anwartschaften, die seine aktiven und ehemaligen Beschäftigten und deren Hinterbliebene bei der VBL während seiner Beteiligung erworben haben, auch die bis zu seinem Ausscheiden entstandenen Leistungsansprüche und Anwartschaften auszufinanzieren, die ihm nach der Satzung der VBL in den bis zum 31. Dezember 2015 gültigen Fassungen bzw. aufgrund Verpflichtungserklärung ausdrücklich zugeordnet worden sind und die nicht bereits vor dem Zeitpunkt des Ausscheidens kapitalgedeckt finanziert waren.

b) Die Höhe des Gegenwertes ist nach den anerkannten Regeln der Versicherungsmathematik unter Heranziehung von zum Ausscheidenszeitpunkt bestehenden und unter Verwendung der in den nachfolgenden Buchstaben c bis e näher bezeichneten Rechnungsgrundlagen zu berechnen.

c) Als Rechnungszins wird der zum Ausscheidenszeitpunkt jeweils gültige Höchstzinssatz nach § 2 Abs. 1 der Verordnung über Rechnungsgrundlagen für die Deckungsrückstellungen (Deckungsrückstellungsverordnung) zu Grunde gelegt, mindestens jedoch 2 v. H. und höchstens 4 v. H.

d) Hinsichtlich der biometrischen Risiken sind die jeweils aktuellen Sterbetafeln der VBL für die Pflichtversicherung zu berücksichtigen

e) Die Verwaltungskosten werden pauschal mit 2 v. H. des Gegenwertes berechnet.

Protokollnotiz zu Absatz 1 Satz 2 Buchstabe c:
Im Fall des Wegfalls des Zinssatzes der Deckungsrückstellungsverordnung wird die Anknüpfung an einen anderen angemessenen Zinssatz durch die Tarifvertragsparteien vereinbart.

(2) Zum Ausgleich des Risikos, dass der nach Absatz 1 ermittelte Gegenwert aufgrund sich verändernder Rechnungsgrundlagen zu hoch oder zu niedrig ist, gilt Folgendes:

a) [1]Die VBL wiederholt die Gegenwertberechnung nach Absatz 1 alle zehn Jahre. [2]Die Kosten hierfür trägt die Umlagegemeinschaft. [3]Auf Veranlassung der VBL oder des ausgeschiedenen Beteiligten kann eine Neuberechnung auch bereits nach Ablauf von fünf Jahren seit der letzten Berechnung erneut durchgeführt werden. [4]In diesem Fall werden die Kosten durch den Veranlasser getragen.

b) [1]Übersteigt nach der Neuberechnung der bisher berechnete Gegenwert die bestehenden Verpflichtungen (Überschuss), werden dem ausgeschiedenen Beteiligten für jeweils fünf volle Jahre seit dem Ausscheiden 6,25 v. H. dieses Überschusses ausgezahlt. [2]Nach Ablauf von 80 Jahren seit dem Ausscheiden, spätestens mit dem Versterben des letzten Leistungsempfängers werden 100 v. H. des zu diesem Zeitpunkt festgestellten Überschusses ausgezahlt.

c) [1]Decken die zum Zeitpunkt der Neuberechnung aus dem bisherigen Gegenwert noch vorhandenen Mittel nicht alle bestehenden Verpflichtungen, besteht eine Nachschusspflicht des ausgeschiedenen Beteiligten. [2]Für die Nachschusspflicht gelten die in Buchstabe b aufgeführten Regelungen entsprechend.

d) [1]Auf Antrag des ausgeschiedenen Beteiligten unterbleibt die Neuberechnung nach Buchstaben a bis c, wenn der ausgeschiedene Beteiligte einen Zuschlag von 10 v. H. der Gegenwertsumme innerhalb von sechs Monaten nach seinem Ausscheiden zahlt. [2]Reichen Zuschlag und Gegenwert nicht aus, um die dem ausgeschiedenen Beteiligten zuzurechnenden Leistungsansprüche und Anwartschaften zu finanzieren, tragen dieses Risiko die Solidargemeinschaft der verbliebenen Beteiligten sowie diejenigen Beteiligten, die sich für das Erstattungsmodell nach § 37e entschieden haben, entsprechend dem periodischen Bedarf im Umlageverfahren.

§ 37d Vermögensanrechnung

[1]Ergab sich bei Ende des letzten Deckungsabschnitts vor dem Ausscheiden des Beteiligten ein überschüssiges Vermögen, verringert sich der Gegenwert nach § 37c um den Anteil, der dem ausgeschiedenen Beteiligten nach Satz 3 zuzurechnen ist. [2]Als überschüssiges Vermögen gilt der Betrag, der aufgrund eines Überschusses am Ende des vorangegangenen Deckungsabschnitts als sonstige Einnahme bei der Kalkulation des Finanzierungsaufwandes im laufenden Deckungsabschnitt berücksichtigt wurde. [3]Der Anteil des ausgeschiedenen Beteiligten berechnet sich wie folgt:

a) Der Anteil des ausscheidenden Beteiligten an dem überschüssigen Vermögen wird nach der Summe der zusatzversorgungspflichtigen Entgelte der über ihn Pflichtversicherten bei Ende der Beteiligung im Verhältnis zur Summe der zusatzversorgungspflichtigen Entgelte aller zu diesem Zeitpunkt Pflichtversicherten ermittelt.

b) Der ausgeschiedene Beteiligte erhält von dem Vermögensanteil nach Buchstabe a 30 v. H. sowie für jedes vollendete Kalenderjahr, das nach dem Ende der Beteiligung bis zum Ende des laufenden Deckungsabschnitts folgt,

- bei einem fünfjährigen Deckungsabschnitt weitere 10,0 v. H. und

- bei einem siebenjährigen Deckungsabschnitt weitere 6,67 v. H., höchstens insgesamt 70 v. H.

[4]Ergab sich bei Ende des letzten Deckungsabschnitts vor dem Ausscheiden des Beteiligten eine Unterfinanzierung, die im Zuge der Kalkulation für den Finanzierungsaufwand des laufenden Deckungsabschnitts in diesem ausgeglichen wird, erhöht sich der Gegenwert nach § 37c um den Anteil, der dem ausgeschiedenen Beteiligten in entsprechender Anwendung von Satz 3 zuzurechnen ist. [5]Die Anrechnung des überschüssigen Vermögens nach Satz 1 oder der Ausgleich einer Unterdeckung nach Satz 4 erfolgt nur einmalig bei Beendigung der Beteiligung. [6]Eine über die Sätze 1 bis 4 hinausgehende Vermögensbeteiligung bzw. Beteiligung an einer Unterdeckung erfolgt nicht.

§ 37e Erstattungsmodell

[1]Der ausgeschiedene Beteiligte ist berechtigt, anstelle der Zahlung eines Gegenwertes nach § 37c die Aufwendungen der VBL für die ihm nach § 37c Abs. 1 Satz 2 Buchst. a zuzurechnenden Leistungsansprüche zuzüglich anteiliger Verwaltungskosten in Höhe von 2 v. H. des jeweiligen Erstattungsbetrages fortlaufend zu erstatten (Erstattungsmodell). [2]Er kann – auch nachträglich – den Erstattungszeitraum verkürzen, indem er einen Deckungsstock zur Ausfinanzierung verbleibender Ansprüche nach § 37c Abs. 1 Satz 2 Buchst. b bis c aufbaut oder zukünftig einen Gegenwert zur Ausfinanzierung solcher verbleibenden Ansprüche zahlt. [3]Dabei sind folgende Grundsätze zu berücksichtigen:

a) Beim Erstattungsmodell kann der ausscheidende Beteiligte zwischen reiner Erstattung, verkürzter Erstattung mit Deckungsstock und verkürzter Erstattung mit verbleibendem Gegenwert wählen.

b) [1]Das Ende des zu vereinbarenden Erstattungszeitraums kann der ausscheidende Beteiligte festlegen. [2]Wählt er das reine Erstattungsmodell, endet der Erstattungszeitraum mit der letzten ihm zuzurechnenden Rentenzahlung.

c) ¹Aufbau und Höhe eines vom ausscheidenden Beteiligten gewählten Deckungsstocks bestimmen sich nach dem von ihm festgelegten Ende des Erstattungszeitraums und den dann noch vorhandenen Leistungsansprüchen und Anwartschaften; die Einzelheiten sind unter entsprechender Berücksichtigung der Maßgaben nach § 37c Abs. 1 Satz 2 Buchst. b bis e durch die VBL festzulegen. ²Ist der Deckungsstock am Ende des gewählten Erstattungszeitraums höher als die noch vorhandenen Leistungsansprüche, erhält der ausgeschiedene Beteiligte den Überschuss.

d) ¹Wählt der ausscheidende Beteiligte die Zahlung eines verbleibenden Gegenwertes für die bei Ende des von ihm festgelegten Erstattungszeitraums noch vorhandenen Leistungsansprüche und Anwartschaften, so gelten für den Gegenwert § 37c Abs. 1 und 2 entsprechend. ²Dies gilt auch bei einem gebildeten Deckungsstock.

e) ¹Ausgeschiedene Beteiligte, die statt der Zahlung eines Gegenwertes nach § 37c Abs. 1 das Erstattungsmodell wählen, werden für die Dauer der Erstattungen – wie bei einer fortbestehenden Beteiligung – an den Kosten von vergangenen bzw. zukünftigen Beendigungen von Beteiligungen beteiligt, soweit diese von den ausgeschiedenen Beteiligten nicht selbst getragen werden. ²Der ausgeschiedene Beteiligte hat keine Ausfallsicherung beizubringen.

f) § 37d gilt entsprechend.

§ 37f Rechtsfolgen von Personalübertragungen

(1) ¹Werden kraft Rechtsvorschrift (Gesetz, Verordnung, Satzung) oder aufgrund einer Vereinbarung (einschließlich Betriebsübergang und Fusion) zwischen einem an der VBL Beteiligten und einem nicht beteiligten Arbeitgeber Arbeitsverhältnisse mit Pflichtversicherten auf Letzteren übertragen (Personalübertragungen) und scheidet dadurch ein wesentlicher Teil von Pflichtversicherten des Beteiligten aus der VBL aus, ist dieser verpflichtet, hierfür einen anteiligen Gegenwert zu zahlen. ²Dabei sind folgende Grundsätze zu berücksichtigen.

a) ¹Ein wesentlicher Teil von Pflichtversicherten ist gegeben, wenn in den vergangenen zehn Jahren (jeweils Stand Jahresende) zehn v. H. der Pflichtversicherten des Beteiligten oder 500 Pflichtversicherten übertragen worden sind. ²Der zehnjährige Betrachtungszeitraum beginnt neu, wenn ein Gegenwert geschuldet wird. ³Hat ein beteiligter Arbeitgeber im Betrachtungszeitraum im

Wege einer Personalübertragung von nicht beteiligten Arbeitgebern zusätzliche Pflichtversicherte übernommen, wird der Umfang zugunsten des Beteiligten berücksichtigt.

b) [1]Mit dem anteiligen Gegenwert sind unverfallbare Anwartschaften der Versicherten zu finanzieren, deren Pflichtversicherungen wegen der Personalübertragungen während des Betrachtungszeitraums enden. [2]Zusätzlich sind Anwartschaften von beitragsfreien Versicherungen sowie Leistungsansprüche von Betriebsrentenberechtigten und Hinterbliebenen in dem Anteil zu finanzieren, der dem Verhältnis des übertragenen Pflichtversichertenbestandes zu dem Pflichtversichertenbestand des Beteiligten vor der Personalübertragung entspricht.

c) Im Übrigen gelten die Grundsätze nach § 37c und § 37d entsprechend.

d) [1]Anstelle eines anteiligen Gegenwertes kann der Beteiligte die Aufwendungen der VBL für die ihm im Zusammenhang mit den Personalübertragungen nach Buchstabe b zuzurechnenden Leistungsansprüche entsprechend § 37e erstatten. [2]§ 37d gilt entsprechend.

(2) Die Personalübertragungen nach Absatz 1 stellen für sich genommen keinen Grund zur fristlosen Kündigung der Beteiligung dar.

(3) Die Einzelheiten zu Absatz 1 regelt die VBL eigenständig.

§ 38 Sonderregelung für die VKA

Zu § 29 Abs. 2: Beschäftigte, deren zusätzliche Altersvorsorge bei einem Lebensversicherungsunternehmen durchgeführt worden ist, sind auf ihren schriftlichen Antrag beim Vorliegen der sonstigen Voraussetzungen bei der Zusatzversorgungseinrichtung zu versichern. Der Antrag kann nur bis zum Ablauf von sechs Monaten nach dem Beginn der Mitgliedschaft des Arbeitgebers bei einem Mitgliedverband der Vereinigung der kommunalen Arbeitgeberverbände gestellt werden. Beschäftigte, die den Antrag nach Satz 1 nicht stellen, haben die Lebensversicherung mindestens zu den bisherigen Bedingungen fortzuführen. Der Arbeitgeber hat sich nach den am Tage vor dem Beitritt des Arbeitgebers zu einem Mitgliedverband der Vereinigung der kommunalen Arbeitgeberverbände bestehenden Vereinbarungen an den Beiträgen zur Lebensversicherung zu beteiligen. Daneben hat der Arbeitgeber für die Zeit, für die die Beschäftigten Arbeitsentgelt erhalten, einen zusätzlichen Beitragsanteil in

Höhe von 1,5 v. H. des der Beitragsberechnung in der gesetzlichen Rentenversicherung zugrunde liegenden Arbeitsentgelts zu entrichten; dabei bleibt die Beitragsbemessungsgrenze unberücksichtigt. Die Beitragsanteile des Arbeitgebers dürfen den insgesamt zu zahlenden Beitrag nicht übersteigen.

§ 39 Sonderregelungen für das zusatzversorgungspflichtige Entgelt

(1) Bei Bund und TdL gilt für pflichtversicherte Beschäftigte und für freiwillig versicherte Beschäftigte mit wissenschaftlicher Tätigkeit (§ 2 Absatz 2) Folgendes: Soweit das monatliche zusatzversorgungspflichtige Entgelt den Grenzbetrag nach Satz 2 übersteigt, hat der Arbeitgeber ab 1. Januar 2002 im Rahmen der freiwilligen Versicherung nach § 26 Abs. 3 Satz 1 einen Beitrag von acht v. H. des übersteigenden Betrages an die Zusatzversorgungseinrichtung zu zahlen. Grenzbetrag ist das 1,181-fache des Betrages der Entgeltgruppe 15 Stufe 5 TVöD/Bund Tarifgebiet West bzw. Tarifgebiet Ost – jährlich einmal einschließlich der Jahressonderzahlung, wenn die/der Beschäftigte eine zusatzversorgungspflichtige Jahressonderzahlung erhält. Die Sätze 1 und 2 gelten nur für Beschäftigte, für die keine zusätzliche Umlage nach Absatz 2 zu entrichten ist.

(2) Für Beschäftigte, für die für Dezember 2001 schon und für Januar 2002 noch eine zusätzliche Umlage nach § 29 Abs. 4 VBL-Satzung a. F. gezahlt wurde, gilt Folgendes: Soweit das monatliche zusatzversorgungspflichtige Entgelt den Grenzbetrag nach Satz 3 übersteigt, ist in diesem Arbeitsverhältnis zusätzlich eine Umlage von neun v.H. des übersteigenden Betrages zu zahlen. Die sich daraus ergebenden Versorgungspunkte sind zu verdreifachen. Grenzbetrag ist das 1,133-fache des Betrages der Entgeltgruppe 15 Stufe 6 TVöD/VKA Tarifgebiet West bzw. Tarifgebiet Ost – jährlich einmal einschließlich der Jahressonderzahlung, wenn die/der Beschäftigte eine zusatzversorgungspflichtige Jahressonderzahlung erhält.

Protokollnotiz:

Bei Beschäftigten im Tarifgebiet Ost, für die der Umlagesatz des Abrechnungsverbandes West der VBL maßgeblich ist, sind bei Erhebung des Beitrags nach Absatz 1 und der zusätzlichen Umlage nach Absatz 2 die jeweiligen Beträge für das Tarifgebiet West zu berücksichtigen.

§ 40 In-Kraft-Treten

(1) Dieser Tarifvertrag tritt mit Wirkung vom 1. Januar 2001 in Kraft. Abweichend von Satz 1 tritt § 2 Abs. 2 am 1. Januar 2003 mit der

Maßgabe in Kraft, dass er nur für nach dem 31. Dezember 2002 begründete Arbeitsverhältnisse Anwendung findet.

(2) [1]Dieser Tarifvertrag kann jederzeit schriftlich mit einer Frist von drei Monaten zum Monatsende gekündigt werden, frühestens jedoch zum 30. Juni 2026. [2]Abweichend von Satz 1 kann dieser Tarifvertrag von und gegenüber der TdL mit einer Frist von drei Monaten zum Monatsende gekündigt werden, frühestens jedoch zum 31. Dezember 2024.

(3) Mit dem In-Kraft-Treten dieses Tarifvertrages treten – unbeschadet des § 36 – außer Kraft der

a) Tarifvertrag über die Versorgung der Arbeitnehmer des Bundes und der Länder sowie von Arbeitnehmern kommunaler Verwaltungen und Betriebe (Versorgungs-TV) vom 4. November 1966,

b) Tarifvertrag über die Versorgung der Arbeitnehmer des Saarlandes und der Mitglieder des Kommunalen Arbeitgeberverbandes e. V. Saar (VersTV-Saar) vom 15. November 1966.

(4) Soweit vorstehend keine Regelung getroffen ist, findet der als Anlage 5 beigefügte Altersvorsorgeplan 2001 vom 13. November 2001 mit seinen Anlagen Anwendung (einschließlich des Ausschlusses der Entgeltumwandlung und der Verhandlungszusage nach 1.3).

Niederschriftserklärung

Im Zusammenhang mit dem Änderungstarifvertrag Nr. 2 vom 12. März 2003 zum ATV haben die Tarifvertragsparteien folgende Niederschriftserklärung abgegeben:

„1. Im Zusammenhang mit den Änderungen zu § 33 sind weitere Fallkonstellationen umfassend erörtert worden. Die Tarifvertragsparteien sind sich einig, dass kein weiterer Änderungsbedarf besteht.

2. Für die Waldarbeiter wird eine dem § 19 Abs. 1 Satz 7 ATV/ATV-K entsprechende Regelung im ATV-W angestrebt.

3. Die Abfindung nach § 22 Abs. 2 ATV/ATV-K ist während des Bezugs einer Erwerbsminderungsrente nur auf Antrag der/des Rentenberechtigten zulässig.

4. Soweit eine Nachversicherung sog. unterhälftig Teilzeitbeschäftigter bisher nicht erfolgt ist, soll diese nunmehr zeitnah nachgeholt werden.

5. Die Zusatzversorgungseinrichtungen haben nach § 26 Abs. 3 Satz 1 ATV/ATV-K eine freiwillige Versicherung in Anlehnung an das Punktemodell anzubieten.

6. Bei Berechnung der Startgutschriften erfolgt eine ausschließlich stichtagsbezogene Berücksichtigung des Familienstandes zum 31. Dezember 2001, auf deren Basis eine Differenzierung nach Steuerklasse III/0 bzw. I/0 erfolgt; ein späterer Wechsel der berücksichtigten Steuerklasse ist ausgeschlossen.

7. In den Fällen des § 33 Abs. 1 ATV/ATV-K erfolgt bei Berechnung des anzurechnenden Bezuges eine Rechtskreistrennung (Ost/West) bei der Frage der zu berücksichtigenden Beitragsbemessungsgrenze. Dies gilt auch für die Berechnung des fiktiven Nettoarbeitsentgelts (§ 41 Abs. 2c VBL-Satzung a. F.).

8. Die noch erreichbare Betriebsrente nach § 33 Abs. 2 Satz 2 ATV/ATV-K ist unter Berücksichtigung der sich nach § 38 ATV-K, § 39 Abs. 1 bzw. 2 ATV ggf. noch ergebenden Betriebsrente zu berechnen.

9. Auch in den Fällen des Vorruhestandes erfolgt die Hochrechnung der Anwartschaft entsprechend § 33 Abs. 3 ATV/ATV-K nicht auf das vollendete 63. Lebensjahr, sondern auf den voraussichtlichen Rentenbeginn.

10. Die Tarifvertragsparteien gehen weiterhin davon aus, dass die im Altersvorsorgeplan 2001 bzw. ATV/ATV-K gefundenen Regelungen zur Ermittlung der Startgutschrift inklusive der Übergangsregelungen zur Anwendung des § 44a VBL-Satzung a. F. (ausschließlich im § 33 Abs. 2, 3 und 3a) rechtmäßig sind."

V

Geltungsbereich

Tarifverträge im Sinne des § 1 sind der

1. Tarifvertrag für den öffentlichen Dienst (TVöD),
2. Tarifvertrag für den öffentlichen Dienst der Länder (TV-L),
3. Tarifvertrag für die Auszubildenden des öffentlichen Dienstes (TVAöD),
4. Tarifvertrag für Auszubildende der Länder in Ausbildungsberufen nach dem Berufsbildungsgesetz (TVA-L BBiG),
5. Tarifvertrag für Auszubildende der Länder in Pflegeberufen (TVA-L Pflege),
6. Tarifvertrag über die Regelung der Rechtsverhältnisse der nicht vollbeschäftigten amtlichen Tierärzte und Fleischkontrolleure in öffentlichen Schlachthöfen und in Einfuhruntersuchungsstellen (TV Ang iöS),
7. Tarifvertrag über die Regelung der Rechtsverhältnisse der nicht vollbeschäftigten amtlichen Tierärzte und Fleischkontrolleure in öffentlichen Schlachthöfen und in Einfuhruntersuchungsstellen (TV Ang-O iöS),
8. Tarifvertrag Versorgungsbetriebe (TV-V),
9. Spartentarifvertrag Nahverkehrsbetriebe eines Arbeitgeberverbandes, der der Vereinigung der kommunalen Arbeitgeberverbände angehört, soweit die Anwendung des öffentlichen Zusatzversorgungsrechts dort geregelt ist,
10. Tarifvertrag für die Arbeitnehmer/Innen der Wasserwirtschaft in Nordrhein-Westfalen (TV-WW/NW).

Protokollnotiz zu Satz 1:

Soweit in Satz 1 der Anlage 1 in der Fassung des 3. Änderungstarifvertrags aufgeführte Tarifverträge noch nicht durch einen der in Satz 1 der Anlage 1 aufgeführten Tarifverträge abgelöst sind, verbleibt es bis zur Ablösung beim bisherigen Geltungsbereich.

Dieser Tarifvertrag gilt nicht für die Beschäftigten

a) des Landes und der Stadtgemeinde Bremen bzw. der Mitglieder des kommunalen Arbeitgeberverbandes Bremen e.V., die unter den Geltungsbereich des Bremischen Ruhelohngesetzes vom 22. Dezember 1998 fallen,
b) der Freien und Hansestadt Hamburg,
c) der Mitglieder der Arbeitsrechtlichen Vereinigung Hamburg e. V.

Ausnahmen von der Versicherungspflicht

Von der Pflicht zur Versicherung sind Beschäftigte ausgenommen, die

1. nach einer aufgrund einer im Zeitpunkt des Beginns der Mitgliedschaft/Beteiligung bestehenden Ruhelohnordnung oder einer entsprechenden Bestimmung eine Anwartschaft oder einen Anspruch auf Ruhelohn haben und denen Hinterbliebenenversorgung gewährleistet ist,

2. eine Anwartschaft oder einen Anspruch auf lebenslängliche Versorgung nach beamten- oder soldatenrechtlichen Vorschriften oder Grundsätzen oder entsprechenden kirchenrechtlichen Regelungen mindestens in Höhe der beamtenrechtlichen Mindestversorgungsbezüge haben und denen Hinterbliebenenversorgung gewährleistet ist,

3. aufgrund Tarifvertrages, Arbeitsvertrages, der Satzung der Zusatzversorgungseinrichtung oder der Satzung einer Zusatzversorgungseinrichtung, von der Versicherungen übergeleitet werden, von der Versicherungspflicht befreit worden sind,

4. für das bei dem Beteiligten bestehende Arbeitsverhältnis aufgrund gesetzlicher, tariflicher oder vertraglicher Vorschrift einer anderen Zusatzversorgungseinrichtung (Versorgungsanstalt der deutschen Bühnen, Versorgungsanstalt der deutschen Kulturorchester, Bahnversicherungsanstalt Abteilung B oder eine gleichartige Versorgungseinrichtung) angehören müssen,

5. bei der Versorgungsanstalt der deutschen Bühnen oder der Versorgungsanstalt der deutschen Kulturorchester freiwillig weiterversichert sind, und zwar auch dann, wenn diese freiwilligen Weiterversicherungen später als drei Monate nach dem Beginn des Arbeitsverhältnisses enden,

6. Rente wegen Alters nach §§ 35 bis 40 bzw. §§ 235 bis 238 SGB VI als Vollrente erhalten oder erhalten haben oder wenn der Versicherungsfall der Betriebsrente wegen Alters (§ 5) bei einer Zusatzversorgungseinrichtung, von der Überleitungen (§ 4) erfolgen, eingetreten ist,

7. eine Übergangszahlung nach § 46 Nummer 4 TVöD BT-V (VKA) oder § 47 Nummer 3 TV-L beziehungsweise eine Übergangsversorgung nach den tariflichen Vorgängerregelungen erhalten oder

8. im Sinne des § 8 Abs. 1 Nr. 2 SGB IV geringfügig beschäftigt sind.

Auf ihren beim Arbeitgeber schriftlich zu stellenden Antrag sind Beschäftigte, solange sie freiwilliges Mitglied des Versorgungswerks der Presse sind, nicht zu versichern; wird der Antrag spätestens zwölf Monate nach Beginn der Pflicht zur Versicherung gestellt, gilt die Pflichtversicherung als nicht entstanden.

Zwischen den Tarifvertragsparteien besteht Einvernehmen, dass die Arbeiterinnen und Arbeiter

a) der Wasser- und Schifffahrtsverwaltung des Bundes,

b) der Häfen- und Schifffahrtsverwaltung des Landes Niedersachsen und der Wasserwirtschaftsverwaltungen der Länder

weiterhin bei der Bahnversicherungsanstalt Abteilung B versichert bleiben, soweit die Bahnversicherungsanstalt Abteilung B als Versicherungsträger bestimmt ist.

V

Ausnahmen vom und Sonderregelungen zum zusatzversorgungspflichtigen Entgelt

Kein zusatzversorgungspflichtiges Entgelt im Sinne des § 15 Abs. 2 sind

1. Bestandteile des Arbeitsentgelts, die durch Tarifvertrag auf Bundes-, Landes- oder landesbezirklicher Ebene ausdrücklich als nicht zusatzversorgungspflichtig bezeichnet sind sowie über- und außertarifliche Bestandteile des Arbeitsentgelts, soweit sie durch Betriebsvereinbarung oder Arbeitsvertrag ausdrücklich als nicht zusatzversorgungspflichtig bezeichnet sind,

   Protokollnotiz zu Nr. 1:

   Für am 30. Juni 2007 bestehende Vereinbarungen in Tarifverträgen, Betriebsvereinbarungen oder Arbeitsverträgen über die Ausnahme von Bestandteilen des Arbeitsentgelts aus der Zusatzversorgung gilt Anlage 3 Satz 1 Nr. 1 in der bis zum 1. Januar 2007 geltenden Fassung.

2. Bestandteile des Arbeitsentgelts, die auf einer Verweisung auf beamtenrechtliche Vorschriften beruhen, soweit die beamtenrechtlichen Bezüge nicht ruhegehaltfähig sind,

3. Aufwandsentschädigungen; reisekostenähnliche Entschädigungen (z. B. Ausbleibezulage, Auswärtszulage),

4. geldliche Nebenleistungen wie Ersatz von Werbungskosten (z. B. Aufwendungen für Werkzeuge, Berufskleidung, Fortbildung) sowie Zuschüsse z. B. zu Fahr-, Heizungs-, Wohnungs-, Essens-, Kontoführungskosten, Schul- und Sprachenbeihilfen, Mietbeiträge, Kassenverlustentschädigungen (Mankogelder, Fehlgeldentschädigungen),

5. Leistungszulagen, Leistungsprämien sowie erfolgsabhängige Entgelte (z. B. Tantiemen, Provisionen, Abschlussprämien und entsprechende Leistungen, Prämien für Verbesserungsvorschläge, Erfindervergütungen),

6. einmalige und sonstige nicht laufend monatlich gezahlte über- oder außertarifliche Leistungen,

7. Entgelte aus Nebentätigkeiten einschließlich Einkünfte, die aus ärztlichen Liquidationserlösen zufließen,

8. Krankengeldzuschüsse,

9. Jubiläumsgelder,

10. Aufwendungen des Arbeitgebers für eine Zukunftssicherung der Beschäftigten,

11. geldwerte Vorteile/Sachbezüge, soweit derartige Leistungen nicht anstelle von Entgelt für Zeiträume gezahlt werden, für die laufendes zusatzversorgungspflichtiges Entgelt zusteht,

12. Zuschläge für Sonntags-, Feiertags- und Nachtarbeit,

13. einmalige Zahlungen (z. B. Urlaubsabgeltungen, Abfindungen), die aus Anlass der Beendigung, des Eintritts des Ruhens oder nach der Beendigung des Arbeitsverhältnisses gezahlt werden,

14. einmalige Zahlungen (z. B. Zuwendungen) insoweit, als bei ihrer Berechnung Zeiten berücksichtigt sind, für die keine Umlagen für laufendes zusatzversorgungspflichtiges Entgelt zu entrichten sind,

15. einmalige Unfallentschädigungen,

16. bei einer Verwendung im Ausland diejenigen Bestandteile des Arbeitsentgelts, die wegen dieser Verwendung über das für eine gleichwertige Tätigkeit im Inland zustehende Arbeitsentgelt hinaus gezahlt werden.

Kein zusatzversorgungspflichtiges Entgelt ist ferner der Teil des steuerpflichtigen Arbeitsentgelts, der nach Anwendung des Satzes 1 den 2,5fachen Wert der monatlichen Beitragsbemessungsgrenze in der gesetzlichen Rentenversicherung (West bzw. Ost) übersteigt; wenn eine zusatzversorgungspflichtige Jahressonderzahlung gezahlt wird, ist der vorgenannte Wert jährlich einmal im Monat der Jahressonderzahlung zu verdoppeln.

Als zusatzversorgungspflichtiges Entgelt gilt für Kalendermonate, in denen Beschäftigte für mindestens einen Tag Anspruch auf Krankengeldzuschuss haben – auch wenn dieser wegen der Höhe der Barleistungen des Sozialversicherungsträgers nicht gezahlt wird –, das fiktive Entgelt nach § 21 TVöD/§ 21 TV-L bzw. entsprechenden tarifvertraglichen Regelungen, das für die Tage, für die tatsächlich Anspruch auf Entgelt, Entgeltfortzahlung oder Krankengeldzuschuss bestand, im Falle eines entsprechenden Entgeltfortzahlungsanspruchs gezahlt worden wäre.

In diesen Kalendermonaten geleistete einmalige Zahlungen sind neben dem fiktiven Entgelt nach § 21 TVöD/§ 21 TV-L bzw. entsprechenden tarifvertraglichen Regelungen nach Maßgabe der Sätze 1 und 2 zusatzversorgungspflichtiges Entgelt.

Für Beschäftigte, die zur Übernahme von Aufgaben der Entwicklungshilfe im Sinne des § 1 Entwicklungshelfergesetz vom 18. Juni 1969 in der jeweils geltenden Fassung ohne Arbeitsentgelt beurlaubt sind, hat der Arbeitgeber für die Zeit der Beurlaubung Umlagen an die Zusatzversorgungseinrichtung abzuführen, wenn der Träger der Entwicklungshilfe die Umlagen erstattet. Für die Bemessung der Umlagen gilt als zusatzversorgungspflichtiges Entgelt das Entgelt, von dem nach § 166 Abs. 1 Nr. 4 SGB VI die Beiträge für die gesetzliche Rentenversicherung zu berechnen sind.

Für Beschäftigte, die eine Ausgleichszahlung nach Maßgabe des § 11 des Tarifvertrages über sozialverträgliche Begleitmaßnahmen im Zusammenhang mit der Umgestaltung der Bundeswehr vom 18. Juli 2001 erhalten, ist zusatzversorgungspflichtiges Entgelt das der Bemessung dieser Ausgleichszahlung zugrunde liegende unverminderte Einkommen im Sinne des vorgenannten Tarifvertrages.

**Versicherungsmathematische Grundsätze
für die Bewertung der Verpflichtungen
im Rahmen der versicherungstechnischen Bilanz**

1. Bewertungsgegenstand

Bewertet werden die Verpflichtungen nach dem Stande vom Bilanz-stichtag (= Inventurstichtag). Bereits feststehende allgemeine Leis-tungsveränderungen, die erst nach dem Stichtag wirksam werden, bleiben unberücksichtigt.

2. Bewertungsmethode

Es wird der versicherungsmathematische Barwert der Verpflichtungen nach dem Grundsatz der Einzelbewertung ermittelt.

3. Rechnungsgrundlagen

Als biometrischen Rechnungsgrundlagen dienen die Richttafeln 1998 von Klaus Heubeck. Als Altersgrenze ist die Vollendung des 65. Lebensjahres in Ansatz zu bringen.

Der Rechnungszins beträgt 3,25 % in der Zeit bis zum Eintritt eines Versorgungsfalles und 5,25 % nach Eintritt eines Versorgungsfalles.

4. Verwaltungskostenrückstellung

Eine Verwaltungskostenrückstellung wird nicht gebildet.

5. Sonstiges

Solange die den Besitzstand abbildenden Versorgungspunkte noch nicht ermittelt sind, werden die anzurechnenden Sozialversicherungs-renten nach dem steuerlichen Näherungsverfahren in Ansatz ge-bracht. Der in diesem Verfahren anzusetzende Korrekturfaktor wird einheitlich für alle Berechtigten auf 0,9086 festgesetzt, Entgelt und Beitragsbemessungsgrenze sind nach dem Stande vom 31. 12. 2001 zu berücksichtigen.

Ein nach Feststellung der den Besitzstand abbildenden Versorgungs-punkte ermittelter Unterschiedsbetrag gegenüber dem vorläufigen Bewertungsansatz bleibt bei der Ermittlung des Überschusses unbe-rücksichtigt.

Altersvorsorgeplan 2001

Dieser Tarifvertrag gilt einheitlich für die Tarifgebiete Ost und West

1. **Ablösung des Gesamtversorgungssystems**

1.1 Das bisherige Gesamtversorgungssystem wird mit Ablauf des 31. 12. 2000 geschlossen und durch das Punktemodell ersetzt. Zur juristischen Bewertung vgl. Anlage 1.

1.2 Auf ein Zurückfallen der Renten und Anwartschaften auf den Stand des Jahres 2000 wird verzichtet.

1.3 Durch den Systemwechsel erhalten die Arbeitnehmer die Möglichkeit, eine zusätzliche kapitalgedeckte Altersversorgung durch eigene Beiträge unter Inanspruchnahme der steuerlichen Förderung aufzubauen (Riester-Rente). Diese Möglichkeit soll auch bei den Zusatzversorgungskassen eröffnet werden.

Die Möglichkeit der Entgeltumwandlung besteht derzeit – einheitlich für alle Arbeitnehmer – nicht; die Tarifvertragsparteien geben sich eine Verhandlungszusage für eine tarifvertragliche Regelung zur Entgeltumwandlung.

1.4 Die Umlagefinanzierung wird auch nach Systemwechsel beibehalten. Sie kann schrittweise nach den Möglichkeiten der einzelnen Zusatzversorgungskassen durch Kapitaldeckung abgelöst werden (Kombinationsmodell).

2. **Punktemodell**

2.1 Die Leistungsbemessung erfolgt nach dem Punktemodell. Es werden diejenigen Leistungen zugesagt, die sich ergeben würden, wenn eine Gesamt-Beitragsleistung von 4 v. H. vollständig in ein kapitalgedecktes System eingezahlt würde.

2.2 Soweit eine Kapitaldeckung vorhanden ist, werden die tatsächlich erzielten Kapitalerträge veranschlagt.

Soweit keine Kapitaldeckung vorhanden ist, wird jährlich die laufende Verzinsung der zehn größten Pensionskassen gemäß jeweils aktuellem Geschäftsbericht des Bundesaufsichtsamtes für das Versicherungswesen (bzw. Nachfolgeeinrichtung) zugrunde gelegt.

Überschüsse werden wie bei einer Pensionskasse festgestellt. Von diesen Überschüssen werden nach Abzug der Verwaltungskosten (soweit fiktiv: 2 v. H.) vorrangig die sozialen Komponenten und dann Bonuspunkte finanziert.

Soziale Komponenten sind:

a) Zurechnungszeiten bei Erwerbsminderungs- und Hinterbliebenenrenten (vgl. Textziffer 2.5)

b) Kindererziehungszeiten

Berücksichtigung eines Beitrages von 20 Euro pro Monat pro Kind für die Dauer der gesetzlichen Erziehungszeit (ohne Beschäftigung).

c) Übergangsregelung für alle Versicherten mit einer Mindestpflichtversicherungszeit von 20 Jahren die monatlich weniger als 3600 DM brutto verdienen. Ihre erworbenen Anwartschaften werden festgestellt und ggf. auf mindestens 0,8 Versorgungspunkte für jedes volle Kalenderjahr der Pflichtversicherung angehoben (Einbeziehung des Beschäftigungsquotienten).

2.3 Die als Anlage beigefügte Tabelle kommt zur Anwendung. Diese Tabelle basiert auf folgenden Parametern:

Ein Zinssatz entsprechend § 2 der Deckungsrückstellungsverordnung von derzeit 3,25 v. H. vor Eintritt des Versorgungsfalls wird zugrunde gelegt. Nach Eintritt des Versorgungsfalls gilt ein Zinssatz von 5,25 v. H. Bei Änderungen des Verordnungs-Zinssatzes gilt dieser bis zum Wirksamwerden einer entsprechenden tarifvertraglichen Anpassung fort. Die versicherungsmathematischen Berechnungen basieren auf den Richttafeln 1998 von Klaus Heubeck.

2.4 Die Versicherungsfälle entsprechen denen in der gesetzlichen Rentenversicherung (Altersrenten, Erwerbsminderungsrenten, Hinterbliebenenrenten). Bei teilweiser Erwerbsminderung wird die Hälfte des Betrages gezahlt, der bei voller Erwerbsminderung zustünde.

Abschläge werden für jeden Monat der vorzeitigen Inanspruchnahme der Rente (wie gesetzliche Rentenversicherung) in Höhe von 0,3 v. H. erhoben; höchstens jedoch insgesamt 10,8 v. H.

2.5 Bei Erwerbsminderungs- und Hinterbliebenenrenten vor Vollendung des 60. Lebensjahres werden Versorgungspunkte hinzugerechnet. Für ein Referenzentgelt wird für jedes Kalenderjahr vor Vollendung des 60. Lebensjahres je ein Versorgungspunkt hinzugerechnet.

2.6 Von den Verpflichtungen zur Beitragszahlung in der Textziffer 2.1 dieses Tarifvertrages kann bis zu einer Mindesthöhe von zwei v. H. für die Dauer von bis zu drei Jahren im Rahmen eines landesbezirklichen Tarifvertrages abgewichen werden, wenn sich der Betrieb in einer wirtschaftlichen Notlage befindet. Die Feststellung der wirtschaftlichen Notlage wird durch eine paritätisch besetzte Kommission der Tarifvertragsparteien getroffen.

Die Regelung kann verlängert werden.

2.7 Entgelte aus Altersteilzeit werden in Höhe des vereinbarten Entgelts mindestens jedoch mit 90 v. H. des vor Beginn der Altersteilzeit maßgebenden Wertes berücksichtigt (wie nach bisherigem Recht). Fälle des Vorruhestandes werden wie nach altem Recht behandelt.

3. Übergangsrecht

3.1 Die Höhe der laufenden Renten und der Ausgleichsbeträge wird zum 31. 12. 2001 festgestellt.

3.2 Die laufenden Renten werden als Besitzstandsrenten weitergezahlt. Die abbaubaren Ausgleichsbeträge werden in Höhe des Dynamisierungsgewinns abgebaut.

3.3 Die Besitzstandsrenten und die Neurenten werden beginnend mit dem Jahr 2002 jeweils zum 1. 7. eines Jahres bis 2007 mit 1 v. H. jährlich dynamisiert.

3.4 Die Anwartschaften der am 31. 12. 2001 schon und am 1. 1. 2002 noch pflichtversicherten Arbeitnehmer werden wie folgt berechnet:

3.4.1 Es gelten die Berechnungsvorgaben des § 18 Abs. 2 BetrAVG. Der danach festgestellte Betrag wird in Versorgungspunkte unter Berücksichtigung eines Zinssatzes von 3,25 umgerechnet und in das Punktemodell transferiert. Die transferierten Versorgungspunkte nehmen an der Dynamisierung nach Ziffer 2.2 teil.

3.4.2 Für Arbeitnehmer im Tarifgebiet West, die am 1. 1. 2002 das 55. Lebensjahr vollendet haben (rentennahe Jahrgänge), gilt folgende Besitzstandsregelung: Auf der Grundlage des am 31. 12. 2000 geltenden Rechts der Zusatzversorgung ist Ausgangswert für die Bemessung des in das Punktemodell zu transferierenden Betrages die individuell bestimmte Versorgungsrente im Alter von 63 (bei Behinderten Alter entsprechend gesetzlicher Rentenversicherung) unter Berücksichtigung der Mindestgesamtversorgung und des § 44a VBL-Satzung bzw.

entsprechende Versorgungsregelung; die gesetzliche Rente ist nach persönlichen Daten anzurechnen; von diesem nach den Bemessungsgrößen per 31. 12. 2001 einmalig ermittelten Ausgangswert ist die aus dem Punktemodell noch zu erwerbende Betriebsrente abzuziehen; die Differenz ist die Besitzstandsrente; sie wird in Versorgungspunkte umgerechnet und in das Punktemodell transferiert.

3.4.3 Textziffer 3.4.2 gilt entsprechend für solche Arbeitnehmer, die im Jahre 2001 das 55. Lebensjahr vollendet und vor Inkrafttreten des Tarifvertrages Altersteilzeit bzw. Vorruhestand vereinbart haben.

3.5 Die im bisherigen Versorgungssystem erworbenen Anwartschaften von Arbeitnehmern, die am 1. 1. 2002 nicht mehr pflichtversichert sind und die eine unverfallbare Anwartschaft haben, werden entsprechend der bisherigen Versicherungsrentenberechnung festgestellt, transferiert und nicht dynamisiert.

4. Finanzierung

4.1 Jede Kasse regelt ihre Finanzierung selbst.

Zusätzlicher Finanzbedarf über die tatsächliche Umlage des Jahres 2001 hinaus (Stichtag 1. 11. 2001) – mindestens jedoch ab Umlagesatz von 4 v. H. – wird durch steuerfreie, pauschale Sanierungsgelder gedeckt.

Im Tarifgebiet West verbleibt es bei den von den Arbeitnehmern bei Zusatzversorgungskassen geleisteten Beiträgen.

4.2 Für die VBL-West gilt:

Ab 2002 betragen die Belastungen der Arbeitgeber 8,45 v. H. Dies teilt sich auf in eine steuerpflichtige, mit 180 DM/Monat pauschal versteuerte Umlage von 6,45 v. H. und steuerfreie pauschale Sanierungsgelder von 2,0 v. H., die zur Deckung eines Fehlbetrages im Zeitpunkt der Schließung dienen sollen.

Ab 2002 beträgt der aus versteuertem Einkommen zu entrichtende Umlagebeitrag der Arbeitnehmer 1,41 v. H.

4.3 Die Verteilung der Sanierungsgelder auf Arbeitgeberseite bestimmt sich nach dem Verhältnis der Entgeltsumme aller Pflichtversicherten zuzüglich der neunfachen Rentensumme aller Renten zu den entsprechenden Werten, die einem Arbeitgeberverband bzw. bei Verbandsfreien, dem einzelnen Arbeitgeber zuzurechnen sind; ist ein verbandsfreier Arbeitgeber einer Gebietskörperschaft mittelbar oder haushaltsmäßig im Wesentlichen zuzuordnen, wird dieser bei der Gebietskörperschaft einbezogen.

Arbeitgebern, die seit dem 1. November 2001 durch Ausgliederung entstanden sind, sind zur Feststellung der Verteilung der Sanierungszuschüsse Renten in dem Verhältnis zuzurechnen, das dem Verhältnis der Zahl der Pflichtversicherten des Ausgegliederten zu der Zahl der Pflichtversicherten des Ausgliedernden zum 1. 11. 2001 entspricht.

4.4 Bei abnehmendem Finanzierungsbedarf für die laufenden Ausgaben werden die übersteigenden Einnahmen – getrennt und individualisierbar – zum Aufbau einer Kapitaldeckung eingesetzt.

5. Die Tarifvertragsparteien gehen davon aus, dass mit diesem Tarifvertrag das Abwandern von Betrieben oder Betriebsteilen aus den Zusatzversorgungseinrichtungen des öffentlichen Dienstes verhindert wird.

Während der Laufzeit des Tarifvertrages überprüfen die Tarifvertragsparteien, ob es zu signifikanten Abwanderungen aus einzelnen Zusatzversorgungseinrichtungen gekommen ist. Sie beauftragen einen Gutachter, die Gründe für eventuelle Abwanderungen darzustellen. Dies gilt auch für den Tarifvertrag über sozialverträgliche Begleitmaßnahmen im Zusammenhang mit der Umgestaltung der Bundeswehr.

6. Laufzeit des Tarifvertrages bis zum 31. 12. 2007.

Zu Anlage 5: Anlage 1

Juristische Zulässigkeit des rückwirkenden Systemwechsels zum 31. 12. 2000 (Arbeitskreis 2)

Die Tarifvertragsparteien gehen davon aus, dass der rückwirkende Wechsel vom Gesamtversorgungssystem in ein Punktemodell zum 1. 1. 2001 verfassungsrechtlich zulässig ist. Dies gilt auch für den Transfer der am 31. 12. 2000 bestehenden Anwartschaften.

Für das Jahr 2001 ist aus verwaltungstechnischen Gründen eine Einführungsphase für das neue System vorgesehen, in der sich Anwartschaften technisch weiterhin nach den Berechnungsmethoden des alten Systems fortentwickeln. Diese für die Betroffenen günstige Übergangsregelung liegt in der Normsetzungsbefugnis der Tarifvertragsparteien.

Seit dem Ergebnis der Tarifrunde 2000 konnte niemand auf den Fortbestand des bisherigen Versorgungssystems vertrauen und deshalb davon ausgehen, dass dieses unverändert bestehen bleiben würde.

Sollte ein Bundesgericht abschließend feststellen, dass Arbeitnehmern oder Versorgungsempfängern mit Vordienstzeiten (Beschäftigungen außerhalb des öffentlichen Dienstes) im neuen System im Hinblick auf den Beschluss des Bundesverfassungsgerichts vom 22. 3. 2000 (1 BvR 1136/96) höhere als die überführten Ansprüche zustehen, werden den Berechtigten diese Ansprüche auch dann rückwirkend erfüllt, wenn sie sie nicht vor der neuen Entscheidung geltend gemacht haben.

V

Rentenformel im Punktemodell
ohne Zwischenschaltung eines Regelbeitrages und bei Überschuss-
anteilen in Form von beitragslosen Versorgungspunkten

Die Rentenhöhe ist abhängig von der gesamten Erwerbsbiografie im öffentlichen Dienst. In jedem Beschäftigungsjahr t werden Versorgungspunkte VPt erworben. Die Höhe der Versorgungspunkte ergibt sich aus der Formel:

$$VP_t = E_t\ /\ RE \times Tab_x$$

Ggf. wird VPt aus Überschüssen erhöht.

Darin bedeuten

VP_t Versorgungspunkt für das Jahr t
E_t Entgelt des Versicherten im Jahr t
RE   Referenzentgelt
Tab_x Tabellenwert für das Alter X des Versicherten im Jahr t

Im Versorgungsfall ergibt sich die Rente nach der Formel

Rente = [Summe aller VPt] × Messbetrag

Der Messbetrag beträgt 0,4 % des Referenzentgeltes.

X	Tab_x	X	Tab_x	X	Tab_x
17	3,1	34	1,8	51	1,1
18	3,0	35	1,7	52	1,1
19	2,9	36	1,7	53	1,0
20	2,8	37	1,6	54	1,0
21	2,7	38	1,6	55	1,0
22	2,6	39	1,6	56	1,0
23	2,5	40	1,5	57	0,9
24	2,4	41	1,5	58	0,9
25	2,4	42	1,4	59	0,9
26	2,3	43	1,4	60	0,9
27	2,2	44	1,3	61	0,9
28	2,2	45	1,3	62	0,8
29	2,1	46	1,3	63	0,8
30	2,0	47	1,2	64 + älter	0,8
31	2,0	48	1,2		
32	1,9	49	1,2		
33	1,9	50	1,1		

Ermittlung der biometriebedingten Mehrkosten

Auf der Grundlage der Berechnungen von AONHewitt im Schreiben vom 7. Januar 2015 werden die Mehrkosten aufgrund der veränderten biometrischen Verhältnisse pauschal ermittelt, indem jeweils folgender Vomhundertsatz auf die Rentenausgaben angewandt wird, die sich in dem Kalenderjahr unter Berücksichtigung der tatsächlichen biometrischen Risikoverhältnisse voraussichtlich ergeben werden:

Kalender-jahr	Anteil der Mehrkosten aufgrund der veränderten biometrischen Verhältnisse an den voraussichtlichen tatsächlichen Rentenausgaben in v. H.
2023	4,77
2024	5,34
2025	5,93
2026	6,51
2027	7,06
2028	7,63
2029	8,16
2030	8,67
2031	9,17
2032	9,63
2033	10,10
2034	10,57
2035	11,08
2036	11,59
2037	12,14
2038	12,67
2039	13,12
2040	13,62
2041	14,06
2042	14,47
2043	14,86
2044	15,21
2045	15,49
2046	15,75
2047	15,99
2048	16,17
2049	16,30
2050	16,42
2051	16,48
2052	16,52

V

Kalender-jahr	Anteil der Mehrkosten aufgrund der veränderten biometrischen Verhältnisse an den voraussichtlichen tatsächlichen Rentenausgaben in v. H.
2053	16,59
ab 2054	16,60

Tarifvertrag zur Regelung der Altersteilzeitarbeit (TV ATZ)

Vom 5. Mai 1998[1])

Zuletzt geändert durch
Änderungs-TV Nr. 2
vom 30. Juni 2000

Präambel

Die Tarifvertragsparteien wollen mit Hilfe dieses Tarifvertrages älteren Beschäftigten einen gleitenden Übergang vom Erwerbsleben in den Ruhestand ermöglichen und dadurch vorrangig Auszubildenden und Arbeitslosen Beschäftigungsmöglichkeiten eröffnen.

§ 1 Geltungsbereich

Dieser Tarifvertrag gilt für die Arbeitnehmer (Angestellte, Arbeiter und Arbeiterinnen), die unter den Geltungsbereich des

a) Bundes-Angestelltentarifvertrages (BAT),
b) Tarifvertrages zur Anpassung des Tarifrechts – Manteltarifliche Vorschriften – (BAT-O),
c) Tarifvertrages zur Anpassung des Tarifrechts – Manteltarifliche Vorschriften – (BAT-Ostdeutsche Sparkassen),
d) Manteltarifvertrages für Arbeiterinnen und Arbeiter des Bundes und der Länder (MTArb),
e) Bundesmanteltarifvertrages für Arbeiter gemeindlicher Verwaltungen und Betriebe – BMT-G II –,
f) Tarifvertrages zur Anpassung des Tarifrechts für Arbeiter an den MTArb (MTArb-O),
g) Tarifvertrages zur Anpassung des Tarifrechts – Manteltarifliche Vorschriften für Arbeiter gemeindlicher Verwaltungen und Betriebe – (BMT-G-O),
h) Tarifvertrages über die Anwendung von Tarifverträgen auf Arbeiter (TV Arbeiter-Ostdeutsche Sparkassen)

fallen.

---

[1] Zur Weitergeltung siehe Nr. 12 der Anlage 1 Teil C zum TVÜ-Bund

§ 2   Voraussetzungen der Altersteilzeitarbeit

(1) Der Arbeitgeber kann mit Arbeitnehmern, die

a) das 55. Lebensjahr vollendet haben,

b) eine Beschäftigungszeit (z. B. § 19 BAT/BAT-O) von fünf Jahren vollendet haben und

c) innerhalb der letzten fünf Jahre vor Beginn der Altersteilzeitarbeit mindestens 1 080 Kalendertage in einer versicherungspflichtigen Beschäftigung nach dem Dritten Buch Sozialgesetzbuch gestanden haben,

die Änderung des Arbeitsverhältnisses in ein Altersteilzeitarbeitsverhältnis auf der Grundlage des Altersteilzeitgesetzes vereinbaren; das Altersteilzeitarbeitsverhältnis muss ein versicherungspflichtiges Beschäftigungsverhältnis im Sinne des Dritten Buches Sozialgesetzbuch sein.

(2) Arbeitnehmer, die das 60. Lebensjahr vollendet haben und die übrigen Voraussetzungen des Absatzes 1 erfüllen, haben Anspruch auf Vereinbarung eines Altersteilzeitarbeitsverhältnisses. Der Arbeitnehmer hat den Arbeitgeber drei Monate vor dem geplanten Beginn des Altersteilzeitarbeitsverhältnisses über die Geltendmachung des Anspruchs zu informieren; von dem Fristerfordernis kann einvernehmlich abgewichen werden.

(3) Der Arbeitgeber kann die Vereinbarung eines Altersteilzeitarbeitsverhältnisses ablehnen, soweit dringende dienstliche bzw. betriebliche Gründe entgegenstehen.

(4) Das Altersteilzeitarbeitsverhältnis soll mindestens für die Dauer von zwei Jahren vereinbart werden. Es muss vor dem 1. Januar 2010 beginnen.

§ 3   Reduzierung und Verteilung der Arbeitszeit

(1) Die durchschnittliche wöchentliche Arbeitszeit während des Altersteilzeitarbeitsverhältnisses beträgt die Hälfte der bisherigen wöchentlichen Arbeitszeit.

Als bisherige wöchentliche Arbeitszeit ist die wöchentliche Arbeitszeit zugrunde zu legen, die mit dem Arbeitnehmer vor dem Übergang in die Altersteilzeitarbeit vereinbart war. Zugrunde zu legen ist höchstens die Arbeitszeit, die im Durchschnitt der letzten 24 Monate vor dem Übergang in die Altersteilzeitarbeit vereinbart war. Bei der Ermittlung der durchschnittlichen Arbeitszeit nach Satz 2 dieses

Unterabsatzes bleiben Arbeitszeiten, die die tarifliche regelmäßige wöchentliche Arbeitszeit überschritten haben, außer Betracht. Die ermittelte durchschnittliche Arbeitszeit kann auf die nächste volle Stunde gerundet werden.

Protokollerklärungen zu Absatz 1:

1. Für die unter die Pauschallohn-Tarifverträge des Bundes und der Länder fallenden Kraftfahrer gilt für die Anwendung dieses Tarifvertrages die den Pauschalgruppen zugrunde liegende Arbeitszeit als regelmäßige Arbeitszeit. Im Bereich der Vereinigung der kommunalen Arbeitgeberverbände gilt Satz 1 für tarifvertragliche Regelungen für Kraftfahrer entsprechend.

2. Für Arbeitnehmer mit verlängerter regelmäßiger Arbeitszeit nach Nr. 5 Abs. 5 SR 2e I BAT/BAT-O und Nr. 7 Abs. 3 SR 2a des Abschnitts A der Anlage 2 MTArb/ Nr. 8 Abs. 4 SR 2a des Abschnitts A der Anlage 2 MTArb-O und entsprechenden Sonderregelungen gilt für die Anwendung dieses Tarifvertrages die dienstplanmäßig zu leistende Arbeitszeit als regelmäßige Arbeitszeit.

(2) Die während der Gesamtdauer des Altersteilzeitarbeitsverhältnisses zu leistende Arbeit kann so verteilt werden, dass sie

a) in der ersten Hälfte des Altersteilzeitarbeitsverhältnisses geleistet und der Arbeitnehmer anschließend von der Arbeit unter Fortzahlung der Bezüge nach Maßgabe der §§ 4 und 5 freigestellt wird (Blockmodell) oder

b) durchgehend geleistet wird (Teilzeitmodell).

Protokollerklärung zu Absatz 2:

Für Arbeitnehmer mit verlängerter regelmäßiger Arbeitszeit und für Kraftfahrer im Sinne der Pauschallohn-Tarifverträge des Bundes und der Länder ist Altersteilzeitarbeit nur im Blockmodell möglich. Im Bereich der Vereinigung der kommunalen Arbeitgeberverbände gilt Satz 1 für tarifvertragliche Regelungen für Kraftfahrer entsprechend.

(3) Der Arbeitnehmer kann vom Arbeitgeber verlangen, dass sein Wunsch nach einer bestimmten Verteilung der Arbeitszeit mit dem Ziel einer einvernehmlichen Regelung erörtert wird.

§ 4 Höhe der Bezüge

(1) Der Arbeitnehmer erhält als Bezüge die sich für entsprechende Teilzeitkräfte bei Anwendung der tariflichen Vorschriften (z. B. § 34 BAT/BAT-O) ergebenden Beträge mit der Maßgabe, dass die Bezügebestandteile, die üblicherweise in die Berechnung des Aufschlags zur Urlaubsvergütung/Zuschlags zum Urlaubslohn einfließen, sowie Wechselschicht- und Schichtzulagen entsprechend dem Umfang der tatsächlich geleisteten Tätigkeit berücksichtigt werden.

Protokollerklärung zu Absatz 1:
Die im Blockmodell über die regelmäßige wöchentliche Arbeitszeit hinaus geleisteten Arbeitsstunden gelten bei Vorliegen der übrigen tariflichen Voraussetzungen als Überstunden.

(2) Als Bezüge im Sinne des Absatzes 1 gelten auch Einmalzahlungen (z. B. Zuwendung, Urlaubsgeld, Jubiläumszuwendung) und vermögenswirksame Leistungen.

§ 5 Aufstockungsleistungen

(1) Die dem Arbeitnehmer nach § 4 zustehenden Bezüge zuzüglich des darauf entfallenden sozialversicherungspflichtigen Teils der vom Arbeitgeber zu tragenden Umlage zur Zusatzversorgungseinrichtung werden um 20 v. H. dieser Bezüge aufgestockt (Aufstockungsbetrag). Bei der Berechnung des Aufstockungsbetrages bleiben steuerfreie Bezügebestandteile, Entgelte für Mehrarbeits- und Überstunden, Bereitschaftsdienste und Rufbereitschaft sowie für Arbeitsbereitschaften (§ 18 Abs. 1 Unterabs. 2 MTArb/MTArb-O bzw. § 67 Nr. 10 BMT-G/BMT-G-O) unberücksichtigt; diese werden, soweit sie nicht unter Absatz 2 Unterabs. 2 und 3 fallen, neben dem Aufstockungsbetrag gezahlt.

(2) Der Aufstockungsbetrag muss so hoch sein, dass der Arbeitnehmer 83 v. H. des Nettobetrages des bisherigen Arbeitsentgelts erhält (Mindestnettobetrag). Als bisheriges Arbeitsentgelt ist anzusetzen das gesamte, dem Grunde nach beitragspflichtige Arbeitsentgelt, das der Arbeitnehmer für eine Arbeitsleistung bei bisheriger wöchentlicher Arbeitszeit (§ 3 Abs. 1 Unterabs. 2) zu beanspruchen hätte; der sozialversicherungspflichtige Teil der vom Arbeitgeber zu tragenden Umlage zur Zusatzversorgungseinrichtung bleibt unberücksichtigt.

Dem bisherigen Arbeitsentgelt nach Unterabsatz 1 Satz 2 zuzurechnen sind Entgelte für Bereitschaftsdienst und Rufbereitschaft – letztere jedoch ohne Entgelte für angefallene Arbeit einschließlich einer etwaigen Wegezeit –, die ohne Reduzierung der Arbeitszeit zugestanden hätten; in diesen Fällen sind die tatsächlich zustehenden Entgelte abweichend von Absatz 1 Satz 2 letzter Halbsatz in die Berechnung des aufzustockenden Nettobetrages einzubeziehen. Die Regelungen zu Bereitschaftsdienst und Rufbereitschaft in Satz 1 dieses Unterabsatzes gelten bei Arbeitern für die Arbeitsbereitschaft nach § 18 Abs. 1 Unterabs. 2 MTArb/MTArb-O bzw. § 67 Nr. 10 BMT-G/BMT-G-O entsprechend.

Haben dem Arbeitnehmer, der die Altersteilzeitarbeit im Blockmodell leistet, seit mindestens zwei Jahren vor Beginn des Altersteilzeitarbeitsverhältnisses ununterbrochen Pauschalen für Überstunden (z. B. nach § 35 Abs. 4 BAT/BAT-O) zugestanden, werden diese der Bemessungsgrundlage nach Unterabsatz 1 Satz 2 in der Höhe zugerechnet, die ohne die Reduzierung der Arbeitszeit maßgebend gewesen wäre; in diesem Fall sind in der Arbeitsphase die tatsächlich zustehenden Pauschalen abweichend von Absatz 1 Satz 2 letzter Halbsatz in die Berechnung des aufzustockenden Nettobetrages einzubeziehen.

Bei Kraftfahrern, die unter die Pauschallohn-Tarifverträge des Bundes und der Länder fallen, ist als bisheriges Arbeitsentgelt im Sinne des Unterabsatzes 1 Satz 2 in der Freistellungsphase der Lohn aus der Pauschalgruppe anzusetzen, die mindestens während der Hälfte der Dauer der Arbeitsphase maßgebend war. Im Bereich der Vereinigung der kommunalen Arbeitgeberverbände gilt Satz 1 für tarifvertragliche Regelungen für Kraftfahrer entsprechend.

Für Arbeitnehmer mit verlängerter regelmäßiger Arbeitszeit nach Nr. 5 Abs. 5 SR 2e I BAT/BAT-O und Nr. 7 Abs. 3 SR 2a des Abschnitts A der Anlage 2 MTArb/Nr. 8 Abs. 4 SR 2a des Abschnitts A der Anlage 2 MTArb-O und entsprechenden Sonderregelungen ist als bisheriges Arbeitsentgelt im Sinne des Unterabsatzes 1 Satz 2 in der Freizeitphase die Vergütung bzw. der Lohn aus derjenigen Stundenzahl anzusetzen, die während der Arbeitsphase, längstens während der letzten 48 Kalendermonate, als dienstplanmäßige Arbeitszeit durchschnittlich geleistet wurde.

Protokollerklärung zu Absatz 2:
Beim Blockmodell können in der Freistellungsphase die in die Bemessungsgrundlage nach Absatz 2 eingehenden, nicht regelmäßig zustehenden Bezügebestandteile (z. B. Erschwerniszuschläge) mit dem für die Arbeitsphase errechneten Durchschnittsbetrag angesetzt werden; dabei werden Krankheits- und Urlaubszeiten nicht berücksichtigt. Allgemeine Bezügeerhöhungen sind zu berücksichtigen, soweit die zugrunde liegenden Bezügebestandteile ebenfalls an allgemeinen Bezügeerhöhungen teilnehmen.

(3) Für die Berechnung des Mindestnettobetrages nach Absatz 2 ist die Rechtsverordnung nach § 15 Satz 1 Nr. 1 des Altersteilzeitgesetzes zugrunde zu legen. Sofern das bei bisheriger Arbeitszeit zustehende Arbeitsentgelt nach Absatz 2 Unterabs. 1 Satz 2 das höchste in dieser Rechtsverordnung ausgewiesene Arbeitsentgelt übersteigt, sind für die Berechnung des Mindestnettobetrages diejenigen gesetzlichen

Abzüge anzusetzen, die bei Arbeitnehmern gewöhnlich anfallen (§ 3 Abs. 1 Nr. 1 Buchst. a des Altersteilzeitgesetzes).

(4) Neben den vom Arbeitgeber zu tragenden Sozialversicherungsbeiträgen für die nach § 4 zustehenden Bezüge entrichtet der Arbeitgeber gemäß § 3 Abs. 1 Nr. 1 Buchst. b des Altersteilzeitgesetzes zusätzliche Beiträge zur gesetzlichen Rentenversicherung für den Unterschiedsbetrag zwischen den nach § 4 zustehenden Bezügen einerseits und 90 v. H. des Arbeitsentgelts im Sinne des Absatzes 2 zuzüglich des sozialversicherungspflichtigen Teils der vom Arbeitgeber zu tragenden Umlage zur Zusatzversorgungseinrichtung, höchstens aber der Beitragsbemessungsgrenze, andererseits.

(5) Ist der Angestellte von der Versicherungspflicht in der gesetzlichen Rentenversicherung befreit, erhöht sich der Zuschuss des Arbeitgebers zu einer anderen Zukunftssicherung um den Betrag, den der Arbeitgeber nach Absatz 4 bei Versicherungspflicht in der gesetzlichen Rentenversicherung zu entrichten hätte.

(6) Die Regelungen der Absätze 1 bis 5 gelten auch in den Fällen, in denen eine aufgrund dieses Tarifvertrages geschlossene Vereinbarung eine Verteilung der Arbeitsleistung (§ 3 Abs. 2) vorsieht, die sich auf einen Zeitraum von mehr als sechs Jahren erstreckt.

(7) Arbeitnehmer, die nach Inanspruchnahme der Altersteilzeit eine Rentenkürzung wegen einer vorzeitigen Inanspruchnahme der Rente zu erwarten haben, erhalten für je 0,3 v. H. Rentenminderung eine Abfindung in Höhe von 5 v. H. der Vergütung (§ 26 BAT/BAT-O/BAT-Ostdeutsche Sparkassen) und der in Monatsbeträgen festgelegten Zulagen bzw. des Monatsregellohnes (§ 21 Abs. 4 MTArb/MTArb-O) ggf. zuzüglich des Sozialzuschlags bzw. des Monatsgrundlohnes (§ 67 Nr. 26b BMT-G/BMT-G-O) und der ständigen Lohnzuschläge, die bzw. der dem Arbeitnehmer im letzten Monat vor dem Ende des Altersteilzeitarbeitsverhältnisses zugestanden hätte, wenn er mit der bisherigen wöchentlichen Arbeitszeit (§ 3 Abs. 1 Unterabs. 2) beschäftigt gewesen wäre. Die Abfindung wird zum Ende des Altersteilzeitarbeitsverhältnisses gezahlt.

§ 6 Nebentätigkeit

Der Arbeitnehmer darf während des Altersteilzeitarbeitsverhältnisses keine Beschäftigungen oder selbständigen Tätigkeiten ausüben, die die Geringfügigkeitsgrenze des § 8 SGB IV überschreiten, es sei denn, diese Beschäftigungen oder selbständigen Tätigkeiten sind bereits innerhalb der letzten fünf Jahre vor Beginn des Altersteilzeitarbeitsverhältnisses ständig ausgeübt worden. Bestehende tarifliche Regelungen über Nebentätigkeiten bleiben unberührt.

§ 7 Urlaub

Für den Arbeitnehmer, der im Rahmen der Altersteilzeit im Blockmodell (§ 3 Abs. 2 Buchst. a) beschäftigt wird, besteht kein Urlaubsanspruch für die Zeit der Freistellung von der Arbeit. Im Kalenderjahr des Übergangs von der Beschäftigung zur Freistellung hat der Arbeitnehmer für jeden vollen Beschäftigungsmonat Anspruch auf ein Zwölftel des Jahresurlaubs.

§ 8 Nichtbestehen bzw. Ruhen der Aufstockungsleistungen

(1) In den Fällen krankheitsbedingter Arbeitsunfähigkeit besteht der Anspruch auf die Aufstockungsleistungen (§ 5) längstens für die Dauer der Entgeltfortzahlung (z. B. § 37 Abs. 2 BAT/BAT-O), der Anspruch auf die Aufstockungsleistungen nach § 5 Abs. 1 und 2 darüber hinaus längstens bis zum Ablauf der Fristen für die Zahlung von Krankenbezügen (Entgeltfortzahlung und Krankengeldzuschuss). Für die Zeit nach Ablauf der Entgeltfortzahlung wird der Aufstockungsbetrag in Höhe des kalendertäglichen Durchschnitts des nach § 5 Abs. 1 und 2 in den letzten drei abgerechneten Kalendermonaten maßgebenden Aufstockungsbetrages gezahlt; Einmalzahlungen bleiben unberücksichtigt.

Im Falle des Bezugs von Krankengeld (§§ 44 ff. SGB V), Versorgungskrankengeld (§§ 16 ff. BVG), Verletztengeld (§§ 45 ff. SGB VII), Übergangsgeld (§§ 49 ff. SGB VII) oder Krankentagegeld von einem privaten Krankenversicherungsunternehmen tritt der Arbeitnehmer für den nach Unterabsatz 1 maßgebenden Zeitraum seine gegen die Bundesanstalt für Arbeit bestehenden Ansprüche auf Altersteilzeitleistungen (§ 10 Abs. 2 des Altersteilzeitgesetzes) an den Arbeitgeber ab.

(2) Ist der Arbeitnehmer, der die Altersteilzeitarbeit im Blockmodell ableistet, während der Arbeitsphase über den Zeitraum der Entgeltfortzahlung (z. B. § 37 Abs. 2 BAT/BAT-O) hinaus arbeitsunfähig erkrankt, verlängert sich die Arbeitsphase um die Hälfte des den Entgeltfortzahlungszeitraum übersteigenden Zeitraums der Arbeitsunfähigkeit; in dem gleichen Umfang verkürzt sich die Freistellungsphase.

(3) Der Anspruch auf die Aufstockungsleistungen ruht während der Zeit, in der der Arbeitnehmer eine unzulässige Beschäftigung oder selbständige Tätigkeit im Sinne des § 6 ausübt oder über die Altersteilzeitarbeit hinaus Mehrarbeit und Überstunden leistet, die den Umfang der Geringfügigkeitsgrenze des § 8 SGB IV überschreiten. Hat der Anspruch auf die Aufstockungsleistungen mindestens 150 Tage geruht, erlischt er; mehrere Ruhenszeiträume werden zusammengerechnet.

Protokollerklärung:

Wenn der Arbeitnehmer infolge Krankheit den Anspruch auf eine Rente nach Altersteilzeitarbeit nicht zum arbeitsvertraglich festgelegten Zeitpunkt erreicht, verhandeln die Arbeitsvertragsparteien über eine interessengerechte Vertragsanpassung.

§ 9 Ende des Altersteilzeitarbeitsverhältnisses

(1) Das Arbeitsverhältnis endet zu dem in der Altersteilzeitvereinbarung festgelegten Zeitpunkt.

(2) Das Arbeitsverhältnis endet unbeschadet der sonstigen tariflichen Beendigungstatbestände (z. B. §§ 53 bis 60 BAT/BAT-O)

a) mit Ablauf des Kalendermonats vor dem Kalendermonat, für den der Arbeitnehmer eine Rente wegen Alters oder, wenn er von der Versicherungspflicht in der gesetzlichen Rentenversicherung befreit ist, eine vergleichbare Leistung einer Versicherungs- oder Versorgungseinrichtung oder eines Versicherungsunternehmens beanspruchen kann; dies gilt nicht für Renten, die vor dem für den Versicherten maßgebenden Rentenalter in Anspruch genommen werden können oder

b) mit Beginn des Kalendermonats, für den der Arbeitnehmer eine Rente wegen Alters, eine Knappschaftsausgleichsleistung, eine ähnliche Leistung öffentlich-rechtlicher Art oder, wenn er von der Versicherungspflicht in der gesetzlichen Rentenversicherung befreit ist, eine vergleichbare Leistung einer Versicherungs- oder Versorgungseinrichtung oder eines Versicherungsunternehmens bezieht.

Protokollerklärung zu Absatz 2 Buchst. a:

Das Arbeitsverhältnis einer Arbeitnehmerin endet nicht, solange die Inanspruchnahme einer Leistung im Sinne des Absatzes 2 Buchst. a zum Ruhen der Versorgungsrente nach § 41 Abs. 7 VersTV-G, § 65 Abs. 7 VBL-Satzung führen würde.

(3) Endet bei einem Arbeitnehmer, der im Rahmen der Altersteilzeit nach dem Blockmodell (§ 3 Abs. 2 Buchst. a) beschäftigt wird, das Arbeitsverhältnis vorzeitig, hat er Anspruch auf eine etwaige Differenz zwischen den nach den §§ 4 und 5 erhaltenen Bezügen und Aufstockungsleistungen und den Bezügen für den Zeitraum seiner tatsächlichen Beschäftigung, die er ohne Eintritt in die Altersteilzeit erzielt hätte. Bei Tod des Arbeitnehmers steht dieser Anspruch seinen Erben zu.

§ 10 Mitwirkungspflicht

(1) Der Arbeitnehmer hat Änderungen der ihn betreffenden Verhältnisse, die für den Anspruch auf Aufstockungsleistungen erheblich sind, dem Arbeitgeber unverzüglich mitzuteilen.

(2) Der Arbeitnehmer hat dem Arbeitgeber zu Unrecht gezahlte Leistungen, die die im Altersteilzeitgesetz vorgesehenen Leistungen übersteigen, zu erstatten, wenn er die unrechtmäßige Zahlung dadurch bewirkt hat, dass er Mitwirkungspflichten nach Absatz 1 verletzt hat.

V

§ 11 Inkrafttreten, Geltungsdauer

Dieser Tarifvertrag tritt mit Wirkung vom 1. Mai 1998 in Kraft. Vor dem 26. Juni 1997 abgeschlossene Vereinbarungen über den Eintritt in ein Altersteilzeitarbeitsverhältnis bleiben unberührt.

Tarifvertrag
zur Regelung flexibler Arbeitszeiten
für ältere Beschäftigte
Vom 27. Februar 2010

Zuletzt geändert durch
Änderungstarifvertrag Nr. 1
zum Tarifvertrag
zur Regelung flexibler Arbeitszeiten für ältere Beschäftigte
vom 27. Februar 2010
vom 29. April 2016

V

Inhaltsübersicht

V

Abschnitt I
Geltungsbereich

§ 1 Geltungsbereich

Dieser Tarifvertrag gilt für Beschäftigte, die unter den Geltungsbereich des Tarifvertrages für den öffentlichen Dienst (TVöD) fallen.

Protokollerklärung zu § 1:
[1]Dieser Tarifvertrag gilt für Beschäftigte, die bis zum 31. Dezember 2018 die
jeweiligen tariflichen Voraussetzungen erfüllen und deren Arbeitsverhältnis nach
den Abschnitten II oder III vor dem 1. Januar 2019 begonnen hat. [2]Auf Altersteilzeitarbeitsverhältnisse, die vor dem 1. Januar 2010 begonnen haben, findet dieser
Tarifvertrag keine Anwendung.

Abschnitt II
Regelungen zur Altersteilzeit

V

§ 2 Möglichkeiten der Altersteilzeit

Auf der Grundlage des Altersteilzeitgesetzes (AltTZG) vom 23. Juli
1996 in der jeweils geltenden Fassung ist die Änderung des Arbeitsverhältnisses in ein Altersteilzeitarbeitsverhältnis in Restrukturie-
rungs- und Stellenabbaubereichen (§ 3) und im Übrigen im Rahmen
einer Quote (§ 4) möglich.

§ 3 Altersteilzeit in Restrukturierungs- und Stellenabbaubereichen

(1) Altersteilzeit im Sinne des Altersteilzeitgesetzes kann, ohne dass
darauf ein Rechtsanspruch besteht, in Restrukturierungs- und Stellenabbaubereichen bei dienstlichem oder betrieblichem Bedarf vereinbart werden, wenn die persönlichen Voraussetzungen nach § 5 vorliegen.

(2) Die Festlegung der in Absatz 1 genannten Bereiche und die
Entscheidung, ob, in welchem Umfang und für welchen Personenkreis
dort Altersteilzeit zugelassen wird, erfolgt durch den Arbeitgeber.

Niederschriftserklärung zu § 3 Abs. 2:
[1]Der Bund erklärt: Die Festlegung der Restrukturierungs- und Stellenabbaubereich-
che erfolgt durch die jeweils zuständige oberste Bundesbehörde im Einvernehmen
mit dem Bundesministerium der Finanzen, das seinerseits zuvor den Haushalts-
ausschuss (Rechnungsprüfungsausschuss) des Deutschen Bundestages um dessen
Einvernehmen ersucht. [2]Das Bundesministerium des Inner kann, im Einvernehmen
mit dem Bundesministerium der Finanzen, das seinerseits zuvor den Haushalts-
ausschuss (Rechnungsprüfungsausschuss) des Deutschen Bundestages um dessen
Einvernehmen ersucht hat, die obersten Bundesbehörden ermächtigen, in ihrem

Geschäftsbereich eigenständig weitere Bereiche als Stellenabbaubereiche festzulegen, soweit dort haushaltsgesetzliche Stelleneinsparungen zu erbringen sind.

§ 4 Altersteilzeit im Übrigen

(1) Beschäftigte haben im Rahmen der Quote nach Absatz 2 Anspruch auf Vereinbarung eines Altersteilzeitarbeitsverhältnisses im Sinne des Altersteilzeitgesetzes, wenn die persönlichen Voraussetzungen nach § 5 vorliegen.

(2) [1]Der Anspruch auf Vereinbarung eines Altersteilzeitarbeitsverhältnisses nach Absatz 1 ist ausgeschlossen, wenn und solange 2,5 v. H. der Beschäftigten des Arbeitgebers im Sinne des § 1 von einer Altersteilzeitregelung im Sinne des Altersteilzeitgesetzes Gebrauch machen. [2]Maßgeblich für die Berechnung der Quote ist die Anzahl der Beschäftigten sowie die Anzahl der Altersteilzeitarbeitsverhältnisse jeweils zum Stichtag 30. Juni des Vorjahres; sofern der Arbeitgeber zur Meldung an das Statistische Bundesamt verpflichtet ist, gilt die dort gemeldete Zahl.

(3) Der Arbeitgeber kann ausnahmsweise die Vereinbarung eines Altersteilzeitarbeitsverhältnisses ablehnen, wenn dienstliche oder betriebliche Gründe entgegenstehen.

Protokollerklärungen zu § 4:

1. Die Quote von 2,5 v. H. wird jeweils für die obersten Bundesbehörden (einschließlich ihrer nachgeordneten Bereiche) berechnet, wobei jeweils eine weitere Aufteilung auf Teile der Verwaltung innerhalb ihres Geschäftsbereichs (Verwaltungsteile, z. B. auf Behörden oder Dienststellen) möglich ist.

2. [1]In die Quote werden alle zum jeweiligen Stichtag bestehenden Altersteilzeitarbeitsverhältnisse einschließlich solcher nach § 3 dieses Tarifvertrages einbezogen. [2]Die so errechnete Quote gilt für das gesamte Kalenderjahr; unterjährige Veränderungen bleiben unberücksichtigt. [3]Die Quote wird jährlich überprüft.

§ 5 Persönliche Voraussetzungen für Altersteilzeit

(1) Altersteilzeit nach diesem Tarifvertrag setzt voraus, dass die Beschäftigten

a) das 60. Lebensjahr vollendet haben und

b) innerhalb der letzten fünf Jahre vor Beginn der Altersteilzeitarbeit mindestens 1080 Kalendertage in einer versicherungspflichtigen Beschäftigung nach dem Dritten Buch Sozialgesetzbuch gestanden haben.

(2) Das Altersteilzeitarbeitsverhältnis muss sich zumindest auf die Zeit erstrecken, bis eine Rente wegen Alters beansprucht werden kann.

(3) [1]Die Beschäftigten haben die Vereinbarung von Altersteilzeit mit einer Frist von drei Monaten vor dem geplanten Beginn des Altersteilzeitarbeitsverhältnisses schriftlich zu beantragen; von dem Fristerfordernis kann einvernehmlich abgewichen werden. [2]Der Antrag kann wirksam frühestens ein Jahr vor Erfüllung der Voraussetzungen nach Absatz 1 gestellt werden.

§ 6 Vereinbarung eines Altersteilzeitarbeitsverhältnisses

(1) Das Altersteilzeitarbeitsverhältnis muss ein versicherungspflichtiges Beschäftigungsverhältnis im Sinne des Dritten Buches Sozialgesetzbuch sein, darf die Dauer von fünf Jahren nicht überschreiten und muss vor dem 1. Januar 2019 beginnen.

(2) [1]Die durchschnittliche wöchentliche Arbeitszeit während des Altersteilzeitarbeitsverhältnisses beträgt die Hälfte der bisherigen wöchentlichen Arbeitszeit. [2]Für die Berechnung der bisherigen wöchentlichen Arbeitszeit gilt § 6 Abs. 2 AltTZG. [3]Dabei bleiben Arbeitszeiten außer Betracht, die die tarifliche regelmäßige wöchentliche Arbeitszeit überschritten haben.

Protokollerklärung zu Absatz 2:
Für die unter den KraftfahrerTV Bund fallenden Beschäftigten gilt für die Anwendung dieses Tarifvertrages die den Pauschalgruppen zugrunde liegende Arbeitszeit als regelmäßige Arbeitszeit.

(3) Die während der Dauer des Altersteilzeitarbeitsverhältnisses zu leistende Arbeit kann so verteilt werden, dass sie

a) in der ersten Hälfte des Altersteilzeitarbeitsverhältnisses geleistet und die Beschäftigten anschließend von der Arbeit unter Fortzahlung der Leistungen nach Maßgabe des § 7 freigestellt werden (Blockmodell) oder

b) durchgehend erbracht wird (Teilzeitmodell).

Protokollerklärung zu Absatz 3:
Für die unter den KraftfahrerTV Bund fallenden Beschäftigten ist Altersteilzeit nur im Blockmodell möglich.

(4) Die Beschäftigten können vom Arbeitgeber verlangen, dass ihr Wunsch nach einer bestimmten Verteilung der Arbeitszeit mit dem Ziel einer einvernehmlichen Regelung erörtert wird.

§ 7 Leistungen des Arbeitgebers

(1) [1]Beschäftigte erhalten während der Gesamtdauer des Altersteilzeitarbeitsverhältnisses das Tabellenentgelt und alle sonstigen Entgeltbestandteile in Höhe der sich für entsprechende Teilzeitbeschäftigte nach § 24 Abs. 2 TVöD ergebenden Beträge mit der Maßgabe, dass die nicht in Monatsbeträgen festgelegten Entgeltbestandteile (§ 21 Satz 2 TVöD) entsprechend dem Umfang der tatsächlich geleisteten Tätigkeit berücksichtigt werden. [2]Maßgebend ist die nach § 6 Abs. 2 vereinbarte durchschnittliche wöchentliche Arbeitszeit.

(2) [1]Die den Beschäftigten nach Absatz 1 zustehenden Entgelte zuzüglich des darauf entfallenden sozialversicherungspflichtigen Teils der vom Arbeitgeber zu tragenden Umlage zur Zusatzversorgungseinrichtung (Regelarbeitsentgelt) werden um 20 v. H. aufgestockt. [2]Steuerfreie Entgeltbestandteile und Entgelte, die einmalig (z. B. Jahressonderzahlung nach § 20 (Bund) TVöD) oder die nicht für die vereinbarte Arbeitszeit (z. B. Überstunden- oder Mehrarbeitsentgelt) gezahlt werden, gehören nicht zum Regelarbeitsentgelt und bleiben bei der Aufstockung unberücksichtigt. [3]Entgeltbestandteile, die für den Zeitraum der vereinbarten Altersteilzeit nicht vermindert worden sind, bleiben bei der Aufstockung außer Betracht.

Protokollerklärung zu Absatz 2:
Bei Beschäftigten, die unter den KraftfahrerTV Bund fallen, ist beim Regelarbeitsentgelt in der Freistellungsphase das Entgelt aus der Pauschalgruppe anzusetzen, die mindestens während der Hälfte der Dauer der Arbeitsphase maßgebend war.

(3) [1]Neben den vom Arbeitgeber zu tragenden Sozialversicherungsbeiträgen für die nach Absatz 1 zustehenden Entgelte entrichtet der Arbeitgeber für die Beschäftigten zusätzliche Beiträge zur gesetzlichen Rentenversicherung in Höhe des Beitrags, der auf 80 v. H. des Regelarbeitsentgelts für die Altersteilzeit, begrenzt auf den Unterschiedsbetrag zwischen 90 v. H. der monatlichen Beitragsbemessungsgrenze und dem Regelarbeitsentgelt, entfällt, höchstens bis zur Beitragsbemessungsgrenze (§ 3 Abs. 1 Nr. 1b i. V. m. § 6 Abs. 1 AltTZG). [2]Für von der Versicherungspflicht befreite Beschäftigte im Sinne von § 4 Abs. 2 AltTZG gilt Satz 1 entsprechend.

(4) [1]In Fällen krankheitsbedingter Arbeitsunfähigkeit besteht ein Anspruch auf Leistungen nach Absatz 2 längstens in den Grenzen des § 22 TVöD. [2]Die Leistungen nach Absatz 3 werden längstens für die Dauer nach § 22 Abs. 1 TVöD gezahlt.

Protokollerklärung zu Absatz 4:
Der Aufstockungsbetrag nach Absatz 2 wird für die Zeit der Zahlung des Krankengeldzuschusses (§ 22 Abs. 2 bis 4 TVöD), längstens bis zum Ende der 26. Krankheitswoche, in Höhe des kalendertäglichen Durchschnitts des in den letzten drei abgerechneten Kalendermonaten maßgebenden Aufstockungsbetrages gezahlt; Einmalzahlungen bleiben unberücksichtigt.

(5) ¹Sind Beschäftigte bei Altersteilzeit im Blockmodell während der Arbeitsphase über den Zeitraum der Entgeltfortzahlung hinaus arbeitsunfähig erkrankt, verlängert sich die Arbeitsphase um die Hälfte des den Entgeltfortzahlungszeitraum übersteigenden Zeitraums der Arbeitsunfähigkeit. ²Die Dauer der Freistellungsphase verkürzt sich entsprechend.

Niederschriftserklärung zu § 7:
Die Tarifvertragsparteien wirken darauf hin, den ATV dahingehend anzupassen, dass als zusatzversorgungspflichtiges Entgelt im Sinne des § 15 Abs. 2 ATV das 1,6fache des Entgelts nach § 7 Abs. 1 gilt.

§ 8 Ende des Altersteilzeitarbeitsverhältnisses

(1) Das Altersteilzeitarbeitsverhältnis endet zu dem in der Altersteilzeitvereinbarung festgelegten Zeitpunkt.

(2) Das Altersteilzeitarbeitsverhältnis endet unbeschadet der sonstigen tariflichen Beendigungstatbestände

a) mit Ablauf des Kalendermonats vor dem Monat, von dem an die oder der Beschäftigte eine abschlagsfreie Rente wegen Alters beanspruchen kann,
oder

b) mit Beginn des Kalendermonats, für den die oder der Beschäftigte eine Rente wegen Alters tatsächlich bezieht.

(3) ¹Endet das Altersteilzeitarbeitsverhältnis bei Vereinbarung eines Blockmodells vorzeitig, so erhalten Beschäftigte die etwaige Differenz zwischen dem nach § 7 Abs. 1 gezahltem tariflichen Entgelt einschließlich der Aufstockungsleistung nach § 7 Abs. 2 und dem Entgelt für den Zeitraum ihrer tatsächlichen Beschäftigung, das sie ohne Eintritt in die Altersteilzeit erzielt hätten. ²Bei Tod steht der Anspruch den Erben zu.

§ 9 Nebentätigkeiten

(1) ¹Beschäftigte dürfen während des Altersteilzeitarbeitsverhältnisses keine Beschäftigungen oder selbstständigen Tätigkeiten ausüben,

die die Geringfügigkeitsgrenze des § 8 des Vierten Buches Sozialgesetzbuch überschreiten, es sei denn, diese Beschäftigungen oder selbständigen Tätigkeiten sind bereits innerhalb der letzten 5 Jahre vor Beginn des Altersteilzeitarbeitsverhältnisses ständig ausgeübt worden. [2]Bestehende tarifliche Regelungen über Nebentätigkeiten bleiben unberührt.

(2) [1]Der Anspruch auf die Aufstockungsleistungen ruht während der Zeit, in der Beschäftigte eine unzulässige Beschäftigung oder selbständige Tätigkeit im Sinne des Absatzes 1 ausüben oder über die Altersteilzeitarbeit hinaus Mehrarbeit oder Überstunden leisten, die den Umfang der Geringfügigkeitsgrenze des § 8 des Vierten Buches Sozialgesetzbuch übersteigen. [2]Hat der Anspruch auf die Aufstockungsleistungen mindestens 150 Tage geruht, erlischt er; mehrere Ruhenszeiträume werden zusammengerechnet.

§ 10   Urlaub

[1]Für Beschäftigte, die Altersteilzeit im Blockmodell leisten, besteht kein Urlaubsanspruch für die Zeit der Freistellung von der Arbeit. [2]Im Kalenderjahr des Übergangs von der Beschäftigung zur Freistellung haben die Beschäftigten für jeden vollen Beschäftigungsmonat Anspruch auf ein Zwölftel ihres Jahresurlaubs.

Abschnitt III
Regelungen zum flexiblen Übergang in den Ruhestand (FALTER)

§ 11   Begriffsbestimmung

[1]FALTER ist ein Arbeitszeitmodell, das einen gleitenden Übergang in den Ruhestand bei gleichzeitig längerer Teilhabe am Berufsleben ermöglichen soll. [2]Es verbindet eine Teilzeitbeschäftigung (§ 11 TVöD) mit dem gleichzeitigen Bezug einer Teilrente. [3]FALTER beginnt vor Erreichen des maßgebenden Alters für eine abschlagsfreie Altersrente und wird für die gleiche Dauer über diesen Zeitpunkt hinaus fortgesetzt.

§ 12   Voraussetzungen für die Inanspruchnahme des FALTER-Arbeitszeitmodells

(1) Beschäftigte und Arbeitgeber können bei dienstlichem oder betrieblichem Bedarf und ohne dass ein Rechtsanspruch besteht,

einen flexiblen Übergang in den Ruhestand bei gleichzeitig längerer Lebensarbeitszeit vereinbaren.

(2) [1]Das Arbeitszeitmodell beginnt frühestens zwei Jahre vor Erreichen des Kalendermonats, für den die Beschäftigten eine abschlagsfreie Rente wegen Alters in Anspruch nehmen können, und endet spätestens zwei Jahre nach Erreichen dieser Altersgrenze. [2]Die Zeiträume vor und nach Erreichen dieser Altersgrenze müssen von gleicher Dauer sein.

(3) [1]Der Beginn des Arbeitszeitmodells setzt den Beginn einer hälftigen Teilrente voraus. [2]§ 5 Abs. 3 gilt entsprechend.

§ 13 Vereinbarung des FALTER-Arbeitszeitmodells

(1) [1]Die Arbeit nach dem Arbeitszeitmodell darf die Dauer von vier Jahren nicht überschreiten und muss vor dem 1. Januar 2019 beginnen. [2]In den Fällen der Vereinbarung des Arbeitszeitmodells wird der Beendigungszeitpunkt nach § 33 Abs. 1 Buchst. a TVöD um bis zu zwei Jahre hinausgeschoben.

(2) Die Vereinbarung des Arbeitszeitmodells erfordert Regelungen über eine reduzierte Arbeitszeit nach Absatz 3 sowie über den Beendigungszeitpunkt nach Absatz 1 Satz 2.

(3) [1]Die durchschnittliche wöchentliche Arbeitszeit während der Dauer des Arbeitszeitmodells beträgt die Hälfte der regelmäßigen wöchentlichen Arbeitszeit nach § 6 Abs. 1 TVöD. [2]Eine geringere Arbeitszeit kann vereinbart werden.

(4) Die zu leistende Arbeit ist gleichmäßig über die Gesamtdauer des Arbeitszeitmodells zu verteilen.

§ 14 Ende des Arbeitsverhältnisses

(1) Abweichend von § 33 Abs. 1 Buchst. a TVöD endet das Arbeitsverhältnis, ohne dass es einer Kündigung bedarf, zu dem nach § 13 Abs. 2 vertraglich festgelegten Zeitpunkt.

(2) Unabhängig davon endet das Arbeitsverhältnis, ohne dass es einer Kündigung bedarf, bei Inanspruchnahme einer mehr als hälftigen Teilrente oder einer Vollrente.

Abschnitt IV
Sonstige Regelungen

§ 15 Mitteilungspflichten

Beschäftigte haben während der Dauer des gesamten Altersteilzeitarbeitsverhältnisses oder FALTER-Arbeitszeitmodells dem Arbeitgeber
solche Umstände unverzüglich mitzuteilen, die für die Leistungen
nach § 7 Abs. 2 bis 4 oder für den Bestand des Arbeitszeitmodells nach
§ 14 Abs. 2 erheblich sind.

§ 16 Qualifizierungen

Der Arbeitgeber bietet bei Bedarf Maßnahmen zur Qualifizierung im
Sinne von § 5 TVöD an, die die Beschäftigten befähigen, auch über die
Regelaltersgrenze hinaus arbeiten zu können.

§ 17 Inkrafttreten

Dieser Tarifvertrag tritt mit Wirkung vom 1. Januar 2010 in Kraft.

V

Neuregelung der Altersteilzeit und des FALTER-Arbeitszeitmodells des Bundes ab dem 1. Januar 2010

– Durchführungshinweise –

Rundschreiben des BMI
vom 31. August 2010

Inhaltsübersicht

V

Anlage 1

(hier nicht aufgenommen)

Anlage 2

Muster für Änderungsverträge über die Vereinbarung eines
Altersteilzeitverhältnisses

Anlage 3

Muster für Änderungsverträge über die Vereinbarung eines
FALTER-Arbeitszeitmodells

A Allgemeines

Mit dem Tarifvertrag zur Regelung flexibler Arbeitszeiten für ältere Beschäftigte vom 27. Februar 2010 sollen die besonderen Belange älterer Beschäftigter mit den dienstlichen und betrieblichen Interessen der öffentlichen Arbeitgeber in Einklang gebracht werden.

Der Tarifvertrag sieht vor, älteren Beschäftigten im Rahmen der dienstlichen Gegebenheiten einen flexiblen Übergang in den Ruhestand zu ermöglichen. Neben der Möglichkeit, im Rahmen der Altersteilzeit vorzeitig aus der aktiven Phase des Berufslebens auszuscheiden, kann erstmals auch vereinbart werden, dass Beschäftigte länger am Berufsleben teilhaben können. Dazu können sie bereits vor Erreichen der Altersgrenze für eine abschlagsfreie Altersrente für langjährig Versicherte mit dem Arbeitgeber das FALTER-Arbeitszeitmodell vereinbaren. Dieses sieht eine Reduzierung der Arbeitszeit bei gleichzeitiger Inanspruchnahme einer Teilrente vor. Dieses Arbeitszeitmodell wird über den Zeitpunkt des Erreichens des maßgebenden Alters für eine abschlagsfreie Altersrente für langjährig Versicherte (und damit über die Regelaltersgrenze) hinaus für einen bestimmten Zeitraum fortgesetzt.

Der Tarifvertrag ist in vier Abschnitte untergliedert: Im ersten Abschnitt wird der Geltungsbereich des Tarifvertrages festgelegt, Abschnitt zwei trifft Regelungen zur Altersteilzeit, Abschnitt drei enthält die Regelungen zum FALTER-Arbeitszeitmodell und Abschnitt vier greift sonstige regelungsbedürftige Sachverhalte auf.

Mit diesem Tarifvertrag wird nicht der bisherige Tarifvertrag zur Regelung der Altersteilzeitarbeit (TV ATZ) vom 5. Mai 1998 ersetzt. Er tritt neben den TV ATZ, der übergangsweise noch für die vor dem 1. Januar 2010 begonnenen Altersteilzeitarbeitsverhältnisse fortgilt.

1. Geltungsbereich, § 1

Der Tarifvertrag gilt für Tarifbeschäftigte des Bundes nach Maßgabe des § 1 TVöD. Für die Beschäftigten von kommunalen Einrichtungen existiert ein eigenständiger Tarifvertrag, der teilweise abweichende Regelungen enthält.

Unter den Tarifvertrag fallen nicht diejenigen Altersteilzeitarbeitsverhältnisse, die vor dem 1. Januar 2010 begonnen haben. Für diese Arbeitsverhältnisse findet unverändert der TV ATZ Anwendung.

2. Anwendung des Altersteilzeitgesetzes, § 2

Für ab dem 1. Januar 2010 abzuschließende Altersteilzeitarbeitsverhältnisse wird grundsätzlich das Altersteilzeitgesetz (AltTZG) in seiner jeweils geltenden Fassung zugrunde gelegt. Damit wird sichergestellt, dass bei Altersteilzeit im Blockmodell auch während der Freistellungsphase die Sozialversicherungspflicht besteht und die Aufstockungsleistungen des Arbeitgebers nach § 3 Nr. 28 des Einkommenssteuergesetzes (EStG) steuerfrei und damit auch beitragsfrei in der Sozialversicherung bleiben (Näheres dazu s. u. Teil B Ziffer 6.7).

Künftige gesetzliche Änderungen gelten damit unmittelbar und bedürfen keiner weiteren tarifvertraglichen Umsetzung.

B Regelungen zur Altersteilzeit

V

1. Allgemeines

Altersteilzeit i. S. dieses Tarifvertrages ist ab Vollendung des 60. Lebensjahres entweder im Rahmen einer Quote oder in Restrukturierungs- und Stellenabbaubereichen möglich.

Ein Anspruch auf Vereinbarung von Altersteilzeit besteht, solange die tariflich festgelegte Altersteilzeitquote nicht erreicht ist und dienstliche oder betriebliche Gründe nicht entgegenstehen (s. u. Ziffer 2).

In Restrukturierungs- und Stellenabbaubereichen hat der Arbeitgeber bei dienstlichem oder betrieblichem Bedarf die Möglichkeit, Altersteilzeit zu vereinbaren (s. u. Ziffer 3). Ein Rechtsanspruch hierauf besteht jedoch nicht.

Eine individuelle Vereinbarung von Altersteilzeit, die nicht diesem Tarifvertrag entspricht, ist nicht zulässig.

2. Anspruch auf Altersteilzeit im Rahmen der Quote, § 4

Ein Anspruch auf Vereinbarung von Altersteilzeit besteht nur, wenn und solange weniger als 2,5 v. H. der Tarifbeschäftigten des Arbeitgebers von einer Altersteilzeitregelung Gebrauch machen. Die weitergehende Überforderungsschutzklausel des § 3 Abs. 1 Nr. 3 AltTZG findet keine Anwendung.

2.1 Anzahl der Beschäftigten

Als Beschäftigte im Sinne von § 4 zählen alle Tarifbeschäftigten. Maßgebend ist der rechtliche Bestand des Arbeitsverhältnisses, so dass insbesondere folgende Personen im Rahmen der Quote mitzuzählen sind:

- Tarifbeschäftigte, die krankheitsbedingt arbeitsunfähig sind,
- Tarifbeschäftigte, die sich im Mutterschutz und/oder Elternzeit befinden,
- Tarifbeschäftigte, die sich im Sonderurlaub nach § 28 TVöD befinden.

Nicht zu den Beschäftigten, die im Rahmen der Quote berücksichtigt werden müssen, zählen solche im Sinne des § 1 Abs. 2 TVöD, also insbesondere nicht

- geringfügig Beschäftigte (§ 1 Abs. 2 Buchst. m TVöD),
- außertariflich Beschäftigte (§ 1 Abs. 2 Buchst. b TVöD),
- Auszubildende (§ 1 Abs. 2 Buchst. h TVöD),
- Praktikanten und Volontäre (§ 1 Abs. 2 Buchst. h TVöD) sowie
- abgeordnete oder gestellte Beschäftigte eines anderen Arbeitgebers.

In die Berechnung nicht einbezogen werden ferner Beamte, Richter und Soldaten.

Die Anzahl der Tarifbeschäftigten bemisst sich nach der tatsächlichen Personenzahl, so dass Vollzeit- und Teilzeitbeschäftigte unabhängig von deren Arbeitsumfang mitzuzählen sind.

2.2 Anzahl der Altersteilzeitarbeitsverhältnisse, Protokollerklärung zu § 4

Zu den für die Berechnung der Quote zählenden Altersteilzeitarbeitsverhältnissen zählen kumulativ alle bestehenden Arbeitsverhältnisse, die unter den TV ATZ und diesen Tarifvertrag fallen, auch soweit sich Beschäftigte in der Freistellungsphase befinden. Nicht in die Berechnung der Quote fließen zum Stichtag (s. u. Ziffer 2.3) verbindlich vereinbarte, aber noch nicht begonnene sowie bereits beendete Altersteilzeitarbeitsverhältnisse ein.

2.3 Stichtag für die Ermittlung der Quote, § 4 Abs. 2 und Protokollerklärung Nr. 2 zu § 4

Stichtag für die Ermittlung der Quote ist jeweils der 30. Juni des Vorjahres. Maßgebend sind die Zahlen des Statistischen Bundesamtes für die Personalstandsstatistik. Diesen Zahlen liegen die abschließenden Meldungen der Arbeitgeber zugrunde. Das Statistische Bundesamt stellt den obersten Bundesbehörden jährlich eine Aufstellung der

Daten zur Verfügung, die zur Ermittlung der Quote erforderlich sind. Die Aufstellung wird den obersten Bundesbehörden im ersten Halbjahr des Folgejahres nach dem Stichtag für die Quote übermittelt.

Hinweis: —————————————————————————

Beschäftigte, die sich in Elternzeit oder im Sonderurlaub nach § 28 TVöD befinden, können vom Statistischen Bundesamt nicht ausgewiesen werden. Die Zahl dieser Beschäftigten ist von den obersten Bundesbehörden eigenständig zu ermitteln und bei der Berechnung der Quote zu berücksichtigen.

Bis zur Übermittlung der Zahlen durch das Statistische Bundesamt wird die Quote für das laufende Kalenderjahr durch die obersten Bundesbehörden wie folgt ermittelt: Zugrunde gelegt wird die Beschäftigtenzahl aus der bereits vorliegenden Statistik. Die Altersteilzeitarbeitsverhältnisse zum Stichtag 30. Juni des Vorjahres werden von den obersten Bundesbehörden festgestellt.

V

Beispiel: —————————————————————————

Ressort A möchte im Dezember 2010 für das Jahr 2011 ermitteln, ob Altersteilzeit aufgrund der Quote möglich ist. Es liegt eine aktuelle Personalstandsstatistik aus dem Jahr 2009 vor. Danach beträgt die Zahl der zu berücksichtigenden Tarifbeschäftigten 529. Diese Statistik weist zudem 35 Tarifbeschäftigte auf, die sich in Altersteilzeit befinden. Das Ressort A ermittelt anhand ihrer Personaldaten, dass sich zum 30. Juni 2010 nur noch 33 Tarifbeschäftigte in einem Altersteilzeitarbeitsverhältnis befanden. Das Ressort errechnet nun anhand dieser Daten (33 Altersteilzeitfälle auf 529 berücksichtigungsfähige Tarifbeschäftigte) eine Ressortquote von 6,2 v. H. Im Jahr 2011 können damit keine neuen Altersteilzeitarbeitsverhältnisse begründet werden.

Sobald der jeweiligen obersten Bundesbehörde die aktuellen Zahlen des Statistischen Bundesamtes für das Vorjahr vorliegen, gilt diese Quote für das gesamte Kalenderjahr. Die rückwirkende Vereinbarung von Altersteilzeit ist nicht zulässig (s. u. Ziffer 5.1).

Beispiel:

Im obigen Beispiel erhält das Ressort A im Juni 2011 die Daten des Statistischen Bundesamtes zum Stichtag 30. Juni 2010 übermittelt. Danach waren zum Stichtag 523 Tarifbeschäftigte und 33 Altersteilzeitarbeitsverhältnisse für die Quote zu berücksichtigen. Die Quote beträgt damit für das Jahr 2011 6,3 v. H. Diese Quote ist die maßgebende Quote für das gesamte Kalenderjahr 2011 für das Ressort A.

Hinweis:

Für das Jahr 2010 liegen die amtlichen Zahlen des Statistischen Bundesamtes bereits vor.

Ändert sich die Quote im laufenden Kalenderjahr, wird dies erst im Folgejahr berücksichtigt.

Beispiel:

Das Ressort XY hat zum Stichtag 30. Juni 2010 eine Altersteilzeitquote von 2,8 v. H. Für das Jahr 2011 können damit keine neuen Altersteilzeitarbeitsverhältnisse i. S. des § 4 vereinbart werden. Auch wenn im Jahr 2011 mehrere Altersteilzeitarbeitsverhältnisse enden und die Quote bereits im Mai 2011 unter die 2,5 v. H. fällt, gilt die im Vorjahr ermittelte Quote weiter und es können keine neuen Altersteilzeitarbeitsverhältnisse vereinbart werden. Erst für das Jahr 2012 können nach einer Neuberechnung der Quote zum Stichtag 30. Juni 2011 neue Altersteilzeitarbeitsverhältnisse begründet werden.

2.4 Ermittlung der Quote, Protokollerklärung Nr. 1 zu § 4

Die Quote wird jeweils für die obersten Bundesbehörden einschließlich ihrer nachgeordneten Bereiche ermittelt (Ressortquote).

Ist die tariflich vereinbarte Quote nicht erreicht, legt die oberste Bundesbehörde jeweils für das betreffende Jahr im Voraus die Anzahl der möglichen Altersteilzeitarbeitsverhältnisse fest. Für die Reihenfolge der Bewilligung von Altersteilzeit gilt Ziffer 2.5.

Beispiel:

Die Ressortquote für das Ressort X liegt bei 1,4 v. H. Bis zum Erreichen der 2,5 v. H. können 35 neue Altersteilzeitarbeitsverhältnisse im nächsten Jahr begründet werden. Das Ressort X entscheidet über die Bewilligung von Altersteilzeit bis zum Erreichen der Quote.

Beispiel:

Die Ressortquote für das Ressort Z liegt bei 6,8 v. H. Im nächsten Jahr haben die Beschäftigten keinen Anspruch auf Altersteilzeit nach § 4 des Tarifvertrages.

V

Ergibt sich bei der Berechnung der Anzahl der möglichen Altersteilzeitarbeitsverhältnisse ein Bruchteil, wird auf volle Stellen abgerundet.

Beispiel:

Die Quote im Ressort A liegt bei 2,1 v. H. Bis zum Erreichen der Quote könnten 4,6 Altersteilzeitarbeitsverhältnisse begründet werden. Da nur ganze Stellen in die Berechnung einfließen und die Quote nicht überschritten werden darf, dürfen nur vier Altersteilzeitarbeitsverhältnisse begründet werden.

Die oberste Bundesbehörde kann jedoch auch anstelle einer Ressortquote die Quoten der einzelnen Behörden (Behördenquote) im nachgeordneten Bereich als maßgebliche Quote für einen Anspruch auf Bewilligung von Altersteilzeit festlegen (Protokollerklärung Nr. 1 zu § 4). In diesem Fall entscheidet die nachgeordnete Behörde im Rahmen der tariflichen Quote, die sich für die betreffende Behörde ergibt, über die Bewilligung von Altersteilzeit. Die Entscheidung, dass die Behördenquote maßgebend ist, hat das Ressort für das betreffende Jahr im Voraus zu treffen.

Beispiel:

Das Ressort M legt fest, dass für einen Anspruch nach § 4 des Tarifvertrages die Quoten der einzelnen nachgeordneten Behörden maßgebend sein sollen. Behörde A hat danach eine Quote von 2,7 v. H., Behörde B von 1,1 v. H. und Behörde C von 4,5 v. H. Nur in der Behörde B entsteht ein Anspruch auf Altersteilzeit. Unerheblich ist in diesem Fall, ob die Ressortquote 2,5 v. H. über- oder unterschreitet.

2.5 Reihenfolge der Berücksichtigung der Anträge

Liegen mehr Anträge auf Vereinbarung eines Altersteilzeitarbeitsverhältnisses vor als vereinbart werden können, muss die personalverwaltende Stelle über die Reihenfolge der Berücksichtigung der Anträge entscheiden. Nach der Rechtsprechung des BAG zur Altersteilzeit ist für die Reihenfolge der Zeitpunkt des Erfüllens der persönlichen Voraussetzungen und hilfsweise der Eingang des Antrags maßgebend.

2.6 Ablehnungsgründe, § 4 Abs. 3

Die Vereinbarung eines Altersteilzeitarbeitsverhältnisses kann ausnahmsweise bei einem Anspruch nach § 4 Abs. 1 abgelehnt werden, wenn dienstliche oder betriebliche Gründe entgegenstehen. Das können z. B. organisatorische, personalwirtschaftliche sowie finanzielle oder haushaltsmäßige Gründe sein. Bei der Entscheidung über den Antrag sind einzelfallbezogen die Grundsätze des billigen Ermessens i. S. von § 315 Abs. 1 BGB zu berücksichtigen.

Die mit Rundschreiben vom 22. November 2005 (GMBl S. 1346) – D II 2 – 220 770-1/18 – (Einschränkungen bei der Bewilligung von Altersteilzeit der Altersgruppe 55 bis 59; Bewilligung von Altersteilzeit ab 60. Lebensjahr nur unter dem Vorbehalt, dass keine dringenden dienstlichen oder betrieblichen Gründe vorliegen) und 8. März 2006 (GMBl S. 442) – D II 2 – 220 770 -1/18 – (Einschränkung der Bewilligung von Altersteilzeit im Blockmodell) bekannt gegebenen Einschränkungen bei der Bewilligung von Altersteilzeit finden auf diesen Tarifvertrag keine Anwendung.

3. Altersteilzeit in Restrukturierungs- und Stellenabbaubereichen, § 3

Altersteilzeit kann in Restrukturierungs- und Stellenabbaubereichen vereinbart werden. Dies ist unabhängig vom Erreichen der Quote im Sinne von § 4. Ein Anspruch hierauf besteht jedoch nicht (s. u. Ziffer 3.2). Die Vereinbarung von Altersteilzeit in diesen Bereichen dient vor allem dem sozialverträglichen Abbau von Stellen.

3.1 Restrukturierungs- und Stellenabbaubereiche, § 3 Abs. 1

Restrukturierungs- und Stellenabbaubereiche sind insbesondere Bereiche, in denen z. B. infolge der Umorganisation, der Auflösung von Behörden, Behördenteilen oder Funktionsbereichen oder bei der Verlegung von Standorten oder ohne solche organisatorischen Maßnahmen Stellen sozialverträglich abgebaut werden sollen.

Die Vereinbarung von Altersteilzeitarbeitsverhältnissen in Restrukturierungs- und Stellenabbaubereichen setzt grundsätzlich voraus, dass keine Ersatz(plan)stellen zur Beschäftigung von Ersatzkräften ausgebracht werden und die Stellen der Altersteilzeitbeschäftigten nach Beendigung der Altersteilzeitarbeitsverhältnisse ersatzlos wegfallen. Ausnahmen hiervon können – vorbehaltlich der Zustimmung des Haushaltsausschusses (Rechnungsprüfungsausschuss) des Deutschen Bundestages – in Restrukturierungsbereichen im Rahmen eines mit dem Bundesministerium der Finanzen abgestimmten Konzepts vorgesehen werden.

Die Festlegung der Restrukturierungs- und Stellenabbaubereiche erfolgt durch die jeweils zuständige oberste Bundesbehörde im Einvernehmen mit dem Bundesministerium der Finanzen unter Beteiligung des Haushaltsausschusses (Rechnungsprüfungsausschuss) des Deutschen Bundestages.

3.2 Dienstlicher Bedarf als Grundvoraussetzung, § 3 Abs. 2

Für die Vereinbarung von Altersteilzeit in besonders festgelegten Restrukturierungs- und Stellenabbaubereichen ist auch im Einzelfall ein dienstlicher oder betrieblicher Bedarf erforderlich (§ 3 Abs. 1). Dies unterliegt der alleinigen und uneingeschränkten Entscheidung der jeweiligen personalverwaltenden Stelle. Gleiches gilt für die Entscheidung, ob in welchem Umfang und für welchen Personenkreis Altersteilzeit in Restrukturierungs- und Stellenabbaubereichen zugelassen wird (§ 3 Abs. 2). Sachliche Gründe für die Feststellung eines dienstlichen Bedarfs können namentlich konkrete organisatorische, personalwirtschaftliche sowie finanzielle oder haushaltsmäßige Erwägungen sein.

4. Voraussetzungen der Altersteilzeit, § 5

4.1 Persönliche Voraussetzungen, § 5 Abs. 1

Die Regelung des § 5 zu den persönlichen Voraussetzungen betrifft beide Möglichkeiten der Vereinbarung von Altersteilzeit, also sowohl nach § 3 als auch nach § 4. Altersteilzeit kann erst ab Vollendung des 60. Lebensjahres bewilligt werden. Diese Altersgrenze gilt für alle Beschäftigten gleichermaßen, auch für solche, die die Möglichkeit zum Bezug einer vorzeitigen Altersrente haben (z. B. schwerbehinderte Menschen).

Wie bisher müssen Beschäftigte vor Inanspruchnahme der Altersteilzeit innerhalb der letzten fünf Jahre mindestens 1080 Kalendertage in einer versicherungspflichtigen Beschäftigung i. S. d. SGB III gestanden haben.

Nicht erforderlich als Voraussetzung für die Vereinbarung von Altersteilzeit nach diesem Tarifvertrag ist das Erreichen einer Beschäftigungszeit von fünf Jahren (Voraussetzung nach dem TV ATZ).

4.2 Dauer des Altersteilzeitarbeitsverhältnisses, § 5 Abs. 2, § 6 Abs. 1

Das Altersteilzeitarbeitsverhältnis muss sich mindestens auf den Zeitraum erstrecken, bis eine Rente wegen Alters in Anspruch genommen werden kann. Diese Voraussetzung ist auch erfüllt, wenn die Rente mit Abschlägen in Anspruch genommen werden kann.

> **Beispiel für eine Rente mit Abschlägen:**
>
> Ein Beschäftigter Jahrgang 1952 möchte eine Altersrente für langjährig Versicherte bereits ab dem 63. Lebensjahr unter Inkaufnahme von Rentenabschlägen in Anspruch nehmen. Im Änderungsvertrag kann vereinbart werden, dass das Altersteilzeitarbeitsverhältnis bereits ab Vollendung des 63. Lebensjahres endet.

Das Altersteilzeitarbeitsverhältnis darf die Höchstdauer von fünf Jahren nicht überschreiten. Eine bestimmte Mindestdauer für die

Vereinbarung von Altersteilzeit ist nicht vorgesehen. Im Zusammenhang mit der schrittweisen Anhebung des Renteneintrittsalters ist zu beachten, dass ein Altersteilzeitarbeitsverhältnis dann u. U. bereits vor dem Anspruch auf eine abschlagsfreie Rente endet.

Beispiel: ─────────────────────────────────

Ein Beschäftigter ist am 3. Mai 1952 geboren und möchte ab 1. Juni 2012 Altersteilzeit vereinbaren. Das Altersteilzeitarbeitsverhältnis endet damit spätestens am 31. Mai 2017. Der Rentenversicherungsträger hat mitgeteilt, dass er als langjährig Versicherter mit Abschlägen bereits mit einem Alter von 63 Jahren zum 1. Juni 2015 eine Altersrente erhalten kann. Eine abschlagsfreie Rente erreicht der Beschäftigte allerdings erst mit 65 Jahren und 6 Monaten zum 1. Dezember 2017. Bei Abschluss des Altersteilzeitarbeitsverhältnisses zum 1. Juni 2012 sind die persönlichen Voraussetzungen (Vollendung des 60. Lebensjahres, Mindestdauer der versicherungspflichtigen Beschäftigung in den letzten fünf Jahren) erfüllt, das Altersteilzeitarbeitsverhältnis dauert auch mindestens bis zu dem Zeitpunkt, ab dem eine Rente wegen Alters in Anspruch genommen werden kann (1. Juni 2015).

Bei Beginn des Altersteilzeitarbeitsverhältnisses am 1. Juni 2012 endet dieses spätestens am 31. Mai 2017. Will der Beschäftigte jedoch erst am 1. Dezember 2017 abschlagsfrei in Rente gehen, kann das Altersteilzeitarbeitsverhältnis frühestens zum 1. Dezember 2012 beginnen.

V

Wird ein Altersteilzeitarbeitsverhältnis antragsgemäß so vereinbart, dass es vor Beginn einer abschlagsfreien Rente wegen Alters endet, hat der Beschäftigte entsprechende Rentenabschläge in Kauf zu nehmen.

4.3 Frist und Formerfordernisse, § 5 Abs. 3

Der Antrag auf Vereinbarung von Altersteilzeit ist spätestens drei Monate vor dem geplanten Beginn schriftlich zu stellen. Ein Abweichen von der Frist ist einvernehmlich möglich (siehe aber hierzu auch unten Ziffer 5.1). Es wird jedoch empfohlen, von dieser Abweichungsmöglichkeit nur restriktiv Gebrauch zu machen.

Frühester Zeitpunkt für eine wirksame Antragstellung ist ein Jahr vor Erfüllen der persönlichen Voraussetzungen für die Altersteilzeit (s. o. Ziffer 4.1). Anträge, die vor diesem Zeitpunkt beim Arbeitgeber eingehen, entfalten keine Rechtswirkung.

Der Nachweis über die Erfüllung der persönlichen Voraussetzungen ist von den Beschäftigten zu erbringen und vorzulegen (s. u. Ziffer 5.2).

5. Vereinbarung eines Altersteilzeitarbeitsverhältnisses, § 6

Altersteilzeit nach diesem Tarifvertrag muss vor dem 1. Januar 2017 beginnen.

5.1 Umgang mit Anträgen, die ab dem 1. Januar 2010 gestellt wurden

Anträge auf Vereinbarung von Altersteilzeit nach diesem Tarifvertrag können erst ab dem 30. April 2010 wirksam gestellt werden (siehe auch mein Rundschreiben vom 3. Mai 2010 (GMBl S. 836) – D 5 – 220 232 – 1/5 –). Erst mit diesem Zeitpunkt stand der Inhalt des Tarifvertrages mit Bindungswirkung für die Tarifvertragsparteien fest.

Wegen des Fristerfordernisses von drei Monaten (s. o. Ziffer 4.3) kann Altersteilzeit nach diesem Tarifvertrag frühestens zum 1. August 2010 beginnen.

Die rückwirkende Vereinbarung von Altersteilzeit, z. B. zum 1. Januar 2010, ist nicht möglich (Urteil des BAG vom 23. Januar 2007 – 9 AZR 393/06 –).

5.2 Einholen von Auskünften vor Vereinbarung eines Altersteilzeitarbeitsverhältnisses

Eine Entscheidung über den Antrag setzt voraus, dass die Beschäftigten eine aktuelle Bescheinigung bzw. Rentenauskunft ihres Rentenversicherungsträgers vorlegen, aus der hervorgeht, ab welchem Zeitpunkt eine Altersrente bezogen werden kann (frühester Zeitpunkt und Zeitpunkt der Inanspruchnahme einer abschlagsfreien Rente). Diese Bescheinigung bzw. Rentenauskunft ist wichtig für die Festlegung der Dauer des Altersteilzeitarbeitsverhältnisses.

Bevor Beschäftigte den Antrag auf Abschluss eines Altersteilzeitarbeitsverhältnisses stellen, ist es ratsam, dass sie bei den zuständigen Sozialversicherungsträgern (Rentenversicherungsträger, Krankenkassen) und beim Finanzamt Informationen zu den Auswirkungen nach Veränderung ihres Arbeitsverhältnisses einholen (s. u. Ziffer 6.7). Bei entsprechenden Anfragen sind Antragsteller an die vorgenannten Stellen zu verweisen. Aufgrund der Komplexität des Rechts der betrieblichen Altersversorgung sollten die Beschäftigten zu den diesbezüglichen einzelfallbezogenen Auswirkungen an die Versorgungsanstalt des Bundes und der Länder – VBL (Postfach 6553, 76128 Karlsruhe bzw. E-Mail-Adresse: info@vbl.de) verwiesen werden.

5.3 Inhalt des Antrags auf Vereinbarung eines Altersteilzeitarbeitsverhältnisses

Der Antrag auf Änderung des bestehenden Arbeitsverhältnisses in ein Altersteilzeitarbeitsverhältnis muss nach § 6 des Tarifvertrages folgende vertragswesentlichen Bestandteile enthalten:

– Antrag auf Umwandlung des bisherigen Arbeitsverhältnisses in ein Altersteilzeitarbeitsverhältnis im Sinne dieses Tarifvertrages,

– Beginn der Altersteilzeit,

– Dauer bzw. Zeitpunkt der Beendigung des Arbeitsverhältnisses,

– Verteilung der Arbeitszeit.

5.4 Umfang und Berechnung der Arbeitszeit, § 6 Abs. 2

Altersteilzeitbeschäftigte müssen eine versicherungspflichtige Beschäftigung im Sinne des Dritten Buchs Sozialgesetzbuch (SGB III) ausüben. Um versicherungspflichtig in diesem Sinne zu sein, muss die Beschäftigung mehr als geringfügig im Sinne des § 8 Viertes Buch Sozialgesetzbuch (SGB IV) sein. Damit wird gewährleistet, dass im Falle einer vorzeitigen Beendigung der Altersteilzeit (sog. Störfall) der Schutz der Arbeitslosenversicherung gegeben ist.

Die durchschnittliche wöchentliche Arbeitszeit während der Altersteilzeit beträgt die Hälfte der bisherigen wöchentlichen Arbeitszeit. Nach § 6 Abs. 2 Satz 1 AltTZG ist die bisherige wöchentliche Arbeitszeit zunächst die zuletzt vertraglich vereinbarte Arbeitszeit, jedoch keine höhere als die im Durchschnitt der letzten 24 Monate vor Übergang in die Altersteilzeitarbeit vereinbarte Arbeitszeit (§ 6 Abs. 2 Satz 2 AltTZG). Ist die zuletzt vereinbarte Arbeitszeit niedriger als der errechnete Durchschnittswert der letzten 24 Monate, ist die zuletzt vereinbarte Arbeitszeit Basis für die Berechnung der Arbeitszeit. Denn die Regelung zur Errechnung des Durchschnittswerts der letzten 24 Monate gibt lediglich eine Höchstgrenze vor, die sich selbst nicht erhöhend auswirkt. Mehrarbeit und Überstunden bleiben bei der Berechnung außer Betracht.

Bei Kraftfahrern nach dem KraftfahrerTV Bund gilt die den Pauschalgruppen zugrunde liegende Arbeitszeit als die regelmäßige Arbeitszeit.

Die bei Abschluss des Altersteilzeitarbeitsvertrages geltende Stundenzahl ist für die Gesamtdauer der Altersteilzeitarbeit maßgebend. Eine nachträgliche allgemeine Erhöhung der tariflichen regelmäßigen wöchentlichen Arbeitszeit darf während der laufenden Altersteilzeitarbeit nicht durch eine Änderung im Arbeitsvertrag nachvollzogen werden (siehe Rundschreiben vom 13. Oktober 2006 (GMBl S. 1125) – D II 2 – 220 770-1/18 –).

5.5 Wahl des Modells, § 6 Abs. 3 und 4

§ 6 Abs. 3 nennt ausdrücklich die beiden möglichen Modelle der Verteilung der Arbeitszeit während des Altersteilzeitarbeitsverhältnisses: das Blockmodell und das Teilzeitmodell.

Einen Rechtsanspruch auf die Vereinbarung eines bestimmten der beiden Modelle haben Beschäftigte nicht. Dies folgt aus § 6 Abs. 4, der lediglich einen Erörterungsanspruch gegenüber dem Arbeitgeber über den Wunsch nach einer bestimmten Arbeitszeitverteilung vorsieht.

Für die unter den KraftfahrerTV Bund fallenden Beschäftigten ist Altersteilzeit nur im Blockmodell möglich (Protokollerklärung zu § 6 Abs. 3).

5.6 Änderungsvertrag

Für die Vereinbarung von Altersteilzeit ist der Abschluss eines Änderungsvertrages zum bisherigen Arbeitsvertrag erforderlich, d. h. das bestehende Arbeitsverhältnis wird als Teilzeitarbeitsverhältnis fortgeführt (zur Befristungsabrede siehe Ziffer 8.1). Ein Muster ist als Anlage 2 zu diesem Rundschreiben beigefügt.

6. Leistungen des Arbeitgebers, § 7

Während der Gesamtdauer des Altersteilzeitarbeitsverhältnisses erhalten Beschäftigte neben dem ihnen nach § 7 Abs. 1 zustehenden (Teilzeit-)Entgelt (s. u. Ziffer 6.1) vom Arbeitgeber zusätzlich Aufstockungsleistungen. Die Entgeltaufstockung regelt § 7 Abs. 2 (s. u.

Ziffer 6.2) und die zusätzlichen Beiträge zur gesetzlichen Rentenversicherung regelt § 7 Abs. 3 (s. u. Ziffer 6.5).

6.1 Berechnung des anteiligen Tabellenentgelts und der Entgeltbestandteile, § 7 Abs. 1

6.1.1 Grundsatz der Entgeltberechnung (sog. Halbierungsgrundsatz)

§ 7 Abs. 1 entspricht der bisherigen Regelung in § 4 Abs. 1 TV ATZ. Altersteilzeitbeschäftigte erhalten regelmäßig zeitanteilig nach § 24 Abs. 2 TVöD die sich für entsprechende Teilzeitbeschäftigte mit der Hälfte der bisherigen wöchentlichen Arbeitszeit ergebenden Beträge (sog. Halbierungsgrundsatz nach § 7 Abs. 1 Satz 1 erste Alternative).

Zu dem zeitanteilig zu zahlenden Entgelt gehören das Tabellenentgelt (§ 15 TVöD) und die sonstigen in Monatsbeträgen festgelegten Entgeltbestandteile (z. B. monatliche Zulagen).

6.1.2 Ausnahmen vom sog. Halbierungsgrundsatz

Die nicht in Monatsbeträgen festgelegten Entgeltbestandteile (sog. unständige Entgeltbestandteile) werden entsprechend dem Umfang der tatsächlich geleisteten Tätigkeit berücksichtigt (§ 7 Abs. 1 Satz 1 zweite Alternative). Dies sind in der Regel Entgeltbestandteile, die bei der Bemessungsgrundlage für die Entgeltfortzahlung in die Berechnung des Tagesdurchschnitts einfließen (siehe Klammerzusatz in § 7 Abs. 1 Satz 1 mit Hinweis auf § 21 Satz 2 TVöD). Die nachstehende Aufzählung ist nicht abschließend:

- Überstundenentgelte (Zeitzuschlag nach § 8 Abs. 1 Satz 2 Buchst. a TVöD und Stundenentgelt nach § 43 Abs. 1 Satz 2 TVöD-BT-V),
- Zeitzuschläge (§ 8 Abs. 1 Satz 2 TVöD),
- Entgelte für Rufbereitschaft und Bereitschaftsdienste (§ 8 Abs. 3 und 4 TVöD),
- Zulagen für nicht ständige Wechselschicht-/Schichtarbeit (§ 8 Abs. 5 und 6 TVöD) oder
- Erschwerniszuschläge (§ 19 TVöD).

Diese Ausnahme ist bei Altersteilzeitarbeit in Form des Blockmodells von Bedeutung, weil hier die gesamte während der Dauer des Altersteilzeitarbeitsverhältnisses zu leistende Arbeit schon in der ersten Hälfte erbracht wird und anschließend in der zweiten Hälfte nach Maßgabe des § 7 eine bezahlte Freistellung erfolgt (siehe § 6 Abs. 3 Buchst. a). Demzufolge werden diese Entgeltbestandteile bei Altersteilzeitarbeitsverhältnissen im Blockmodell nicht halbiert, sondern in der Arbeitsphase in der vollen, erarbeiteten Höhe ausgezahlt; für die Freistellungsphase bleibt folglich kein derartiger Zahlbetrag mehr übrig.

6.1.3 Einmalzahlungen

Altersteilzeitbeschäftigte erhalten auch Einmalzahlungen in Höhe der sich für entsprechende Teilzeitbeschäftigte ergebenden Beträge.

Soweit tarifvertraglich nicht ausdrücklich etwas anderes geregelt ist, sind die Beträge der Einmalzahlungen zeitanteilig nach § 24 Abs. 2 TVöD umzurechnen. Dies gilt z. B. für die Einmalzahlung nach dem Tarifvertrag über die einmalige Sonderzahlung vom 27. Februar 2010.

Spezielle Regelungen zur Bemessung von Einmalzahlungen bei Teilzeitbeschäftigung enthalten u. a. folgende Tarifvorschriften:

- Jahressonderzahlung (§ 20 TVöD). Hier spiegelt sich der Beschäftigungsumfang unmittelbar im innerhalb des Bemessungszeitraums durchschnittlich gezahlten monatlichen Entgelt wider, so dass Altersteilzeit in den Kalendermonaten Juli, August und September die Höhe der Bemessungsgrundlage verringert (siehe Ziffer 2.2.2.3 des Rundschreibens vom 11. April 2007 (GMBl S. 532) – D II 2 – 220 210-2/20 –).
- Jubiläumsgeld (§ 23 Abs. 2 Satz 2 TVöD). Teilzeitbeschäftigte erhalten das Jubiläumsgeld danach in voller Höhe.
- Leistungsprämie nach § 18 (Bund) TVöD. Nach § 11 Abs. 6 Satz 3 LeistungsTV-Bund erfolgt die Zahlung im Blockmodell nur in der Arbeitsphase.

6.1.4 Entgelterhöhungen, Stufensteigerungen

Allgemeine Entgelterhöhungen, das Erreichen der nächsten Stufe der Entgelttabelle (§ 16 Abs. 4 TVöD) sowie Höher- oder Herabgruppierungen sind während der Gesamtdauer des Altersteilzeitarbeitsverhältnisses zu berücksichtigen. Beim Blockmodell gilt dies auch für die Freistellungsphase, soweit es sich nicht um Höher- oder Herabgruppierungen handelt.

6.2 Entgeltaufstockung, § 7 Abs. 2

Der Tarifvertrag sieht wie das Altersteilzeitgesetz für Altersteilzeitarbeit, die nach dem 30. Juni 2004 begonnen wurde – nur noch eine Form der Entgeltaufstockung vor. Die Entgeltaufstockung nach § 7 Abs. 2 Satz 1 ist bruttobezogen und somit steuerklassenunabhängig;

sie entspricht § 5 Abs. 1 Satz 1 TV ATZ. Die im TV ATZ darüber hinaus noch enthaltenen komplexen Regelungen über eine Zusatzaufstockung bis zum Erreichen eines pauschalierten, steuerklassenabhängigen Mindestnettobetrags (siehe § 5 Abs. 2 TV ATZ) sind hingegen entfallen.

6.2.1 Regelarbeitsentgelt

Der Tarifvertrag enthält in § 7 Abs. 2 Satz 1 eine eigenständige Begriffsdefinition des Regelarbeitsentgelts. Zum Regelarbeitsentgelt zählt danach das nach § 7 Abs. 1 tariflich zustehende Entgelt zuzüglich des darauf entfallenden sozialversicherungspflichtigen Teils der vom Arbeitgeber zu tragenden Umlage zur Zusatzversorgungseinrichtung (= beitragspflichtiges Arbeitsentgelt).

Die Aufstockung des Regelarbeitsentgelts um 20 v. H., die sich an § 3 Abs. 1 Nr. 1a AltTZG anlehnt, erfolgt somit in zwei Schritten:

1. Schritt: Anknüpfend an den Entgeltbegriff des TVöD werden alle nach § 7 Abs. 1 zustehenden Entgelte um 20 v. H. aufgestockt, soweit sie nicht nach § 7 Abs. 2 und 3 ausgenommen sind (s. u. Ziffer 6.2.2) oder soweit in anderen Tarifverträgen nicht ausdrücklich etwas anderes geregelt ist. Daher gehen grundsätzlich auch die nicht in Monatsbeträgen festgelegten Entgeltbestandteile in die Bemessungsgrundlage für die Aufstockung ein.

2. Schritt: Anschließend ist das beitragspflichtige Arbeitsentgelt festzustellen. Dabei ist zu beachten, dass bis zum Erreichen der monatlichen Beitragsbemessungsgrenze in der Arbeitslosenversicherung (Kalenderjahr 2010: West 5500 € und Ost 4650 €) – wie bisher nach § 5 Abs. 1 Satz 1 TV ATZ – das sog. sozialversicherungspflichtige Arbeitsentgelt maßgebend ist. Die Besonderheiten der betrieblichen Altersversorgung nach § 14 SGB IV i. V. m. der Sozialversicherungsentgeltverordnung sind zu berücksichtigen. Sofern das nach § 7 Abs. 1 zustehende Entgelt die monatliche Beitragsbemessungsgrenze in der Arbeitslosenversicherung übersteigt, erfolgt jedoch wie bisher nach § 5 Abs. 1 TV ATZ keine Deckelung. In diesen Fällen bildet das nach § 7 Abs. 1 zustehende Entgelt unmittelbar die Bemessungsgrundlage für die Entgeltaufstockung.

Hinweis:

Die Ausführungen im gemeinsamen Rundschreiben der Spitzenverbände der Sozialversicherungträger vom 9. März 2004 finden keine Anwendung, da der Begriff des Regelarbeitsentgelts nach diesem Tarifvertrag eigenständig definiert ist.

6.2.2 Ausnahmen vom Regelarbeitsentgelt

Nicht zum Regelarbeitsentgelt und somit von der Aufstockung ausgenommen sind folgende in § 7 Abs. 2 Satz 2 genannten Entgeltbestandteile:

- Steuerfreie Entgeltbestandteile,

- Entgelte, die einmalig gezahlt werden (z. B. Jahressonderzahlung § 20 TVöD) und

- Entgelte, die nicht für die vereinbarte Arbeitszeit gezahlt werden (z. B. Überstunden- und Mehrarbeitsentgelt).

Bei der Aufstockung außer Betracht bleiben zudem Entgeltbestandteile, die für den Zeitraum der vereinbarten Altersteilzeit nicht vermindert werden (§ 7 Abs. 2 Satz 3).

6.2.3 Ungeminderte Leistungen, § 7 Abs. 2 Satz 3

Nach § 7 Abs. 2 Satz 3 bleiben Entgeltbestandteile, die für den Zeitraum der vereinbarten Altersteilzeitarbeit nicht vermindert worden sind (sog. 100 v. H.-Leistungen), bei der Entgeltaufstockung außer Betracht. Dabei handelt es sich nur um Entgeltbestandteile, auf die während der gesamten Dauer des Altersteilzeitarbeitsverhältnisses Anspruch in voller Höhe besteht. Die Entgeltbestandteile müssen also beim Blockmodell auch während der Freistellungsphase zu 100 v. H. gezahlt werden; fallen Entgeltbestandteile in der Freistellungsphase nicht mehr an, liegt insoweit keine 100 v. H.-Leistung vor. Folglich findet die Regelung des § 7 Abs. 2 Satz 3 keine Anwendung auf unständige Entgeltbestandteile, die der Ausnahme vom Halbierungsgrundsatz nach § 7 Abs. 1 Satz 1 zweite Alternative unterfallen und somit lediglich in der Arbeitsphase des Blockmodells bereits in voller Höhe ausbezahlt werden (s. o. Ziffer 6.1.2). Zu den zusätzlichen Rentenversicherungsbeiträgen s. u. Ziffer 6.5.

6.3 Besonderheiten der Entgeltzahlung im Blockmodell (Spiegelbildprinzip)

6.3.1 Grundsatz der Spiegelung

Im Blockmodell nach § 6 Abs. 3 Buchst. a treten Altersteilzeitbeschäftigte während der Arbeitsphase mit ihrer vollen Arbeitsleistung im Hinblick auf die sich anschließende Freistellungsphase in Vorleistung. Insoweit findet das vom Bundesarbeitsgericht entwickelte Spiegelbildprinzip Anwendung (u. a. Urteil des BAG vom 4. Oktober 2005 – 9 AZR 449/04). Danach haben Altersteilzeitbeschäftigte während der Freistellungsphase Anspruch auf die durch ihre Vorleistung in der Arbeitsphase erworbenen Entgeltansprüche. Die zweite Hälfte des Entgelts wird als Wertguthaben angespart und gelangt in der Phase der Freistellung zur Auszahlung (Entsparung).

In das Wertguthaben fließen alle Entgeltbestandteile, die während der Gesamtdauer des Altersteilzeitarbeitsverhältnisses nach dem Halbierungsgrundsatz (s. o. Ziffer 6.1.1) lediglich zeitanteilig nach § 24 Abs. 2 TVöD entsprechend der verringerten Arbeitszeit nach § 6 Abs. 2 gezahlt werden. Neben laufenden Zahlungen (Tabellenentgelt und sonstige in Monatsbeträgen festgelegten Entgeltbestandteile) sind beim Wertguthaben somit auch zeitanteilig verminderte Einmalzahlungen zu berücksichtigen.

Keinen Eingang in das Wertguthaben finden Entgeltbestandteile, die bereits in der Arbeitsphase in der vollen, erarbeiteten Höhe ausgezahlt wurden (s. o. Ziffer 6.1.2). Sie können in der Freistellungsphase nicht nochmals zur Auszahlung kommen, weil insoweit kein Wertguthaben angespart wurde.

Das Wertguthaben betrifft also grundsätzlich nur die zeitanteilig gezahlten (Altersteilzeit-)Entgelte nach § 7 Abs. 1 Satz 1 erste Alternative. Auf die Entgeltaufstockung nach § 7 Abs. 2 wirkt sich die Spiegelung hingegen nur mittelbar aus, weil insoweit als Bemessungsgrundlage für die Aufstockung um 20 v. H. auf die (Altersteilzeit-)Entgelte nach § 7 Abs. 1 zurückgegriffen wird.

6.3.2 Führung und Verwaltung der Wertguthaben

Hinweis:

Die nachstehenden Ausführungen beschränken sich auf das arbeitsrechtliche Wertguthaben (Arbeitsentgelte als Entgeltguthaben). Das Wertguthaben im Sinne des Sozialversicherungsrechts zur sozialrechtlichen Absicherung flexibler Arbeitszeitregelungen (Summenfelder-Modell) ist nicht Gegenstand dieses Rundschreibens; insoweit wird auf die Gemeinsamen Rundschreiben der Spitzenorganisationen der Sozialversicherung in der jeweils geltenden Fassung verwiesen (aktuell vom 31. März 2009 sowie speziell für die Altersteilzeit vom 9. März 2004).

Ob für die Führung und Verwaltung der Wertguthaben besondere Aufzeichnungen erforderlich sind (Darstellung von Zu- und Abgängen in den Entgeltunterlagen), hängt davon ab, welche Verfahrensweise bei der Auszahlung der Wertguthaben in der Freistellungsphase zum Tragen kommt:

– Soweit wie möglich, werden die Entgelte in der Freistellungsphase mit den für den jeweiligen Zahlungsmonat aktuellen Beträgen weitergezahlt (Regelfall). Dies erfolgt programmgestützt auf Basis der in den Bezügezahlungsverfahren vorhandenen Daten, so dass keine besonderen Aufzeichnungen erforderlich sind.

– Nur sofern eine Weiterzahlung des Entgelts anhand der zum Zeitpunkt des Übergangs in der Freistellungsphase vorhandenen Daten zu sachwidrigen Ergebnissen führen würde, sind die Wertguthaben mittels besonderer Aufzeichnungen zu führen (Ausnahmefall). Die Auszahlung der Wertguthaben in der Freistellungsphase erfolgt dann ratierlich im Wege einer Durchschnittsberechnung auf der Grundlage dieser besonderen Aufzeichnungen. Dadurch soll der erhebliche Verwaltungsaufwand, der mit einer monatsgenauen Spiegelung verbunden wäre, vermieden werden. Zu den Einzelheiten der Durchschnittsberechnung s. u. Ziffer 6.3.2.3.

Im Folgenden wird erläutert, welche der beiden vorgenannten Verfahrensweisen für die Führung der jeweiligen Wertguthaben maßgebend ist.

6.3.2.1 Laufende Entgelte

a) Tabellenentgelt

Für die Umsetzung der Spiegelung sind hier grundsätzlich keine besonderen Aufzeichnungen erforderlich. Beschäftigte erhalten ab Beginn der Freistellungsphase das Tabellenentgelt nach der Entgeltgruppe, in die sie eingruppiert sind, und nach der für sie geltenden Stufe.

Eine besondere Aufzeichnung ist erforderlich, wenn nach einer Herabgruppierung keine oder eine abbaubare Ausgleichs-/Besitzstandszulage gezahlt wird (z. B. nach einer tarifwidrigen Eingruppierung), da eine Weiterzahlung des Entgelts anhand der zum Zeitpunkt des Übergangs in die Freistellungsphase maßgebenden niedrigeren Entgeltgruppe ggf. zuzüglich einer teilweise bereits abgebauten Ausgleichs-/Besitzstandszulage zu sachwidrigen Ergebnissen führen würde.

– Wird nach einer Herabgruppierung keine Ausgleichs-/Besitzstandszulage gezahlt, fließt die hälftige Differenz zwischen dem Entgelt in der neuen Entgeltgruppe und dem Entgelt der höheren Entgeltgruppe für die Monate der Arbeitsphase, in denen die höhere Entgeltgruppe galt, in das dynamische Wertguthaben (s. u. Ziffer 6.3.2.3).

– Wird nach einer Herabgruppierung eine abbaubare Ausgleichs-/Besitzstandszulage gezahlt, fließt die hälftige Differenz der um den abgebauten Betrag reduzierten Ausgleichs-/Besitzstandszulage und der davor gültigen Ausgleichs-/Besitzstandszulage für die Monate der Arbeitsphase, in denen die jeweils höhere Ausgleichs-/Besitzstandszulage galt, in das statische Wertguthaben (s. u. Ziffer 6.3.2.3).

b) Sonstige Entgeltbestandteile, die in Monatsbeträgen festgelegt sind

Auch hier sind für die Umsetzung der Spiegelung grundsätzlich keine besonderen Aufzeichnungen erforderlich. In der Regel können sonstige Entgeltbestandteile, die in Monatsbeträgen festgelegt sind, während der Freistellungsphase weitergezahlt werden. Dies gilt beispielsweise für Garantiebeträge (§ 17 Abs. 4 Satz 2 TVöD), vermögenswirksame Leistungen (§ 23 Abs. 1 TVöD), Vergütungsgruppenzulagen (§ 9 TVÜ-Bund), Funktionszulagen (§ 17 Abs. 1 TVÜ-Bund) oder persönliche Besitzstandszulagen anstelle der Techniker-, Meister- und Programmiererzulage (PE zu § 5 Abs. 2 Satz 3 und § 17 Abs. 6 TVÜ-Bund).

Nur in Ausnahmefällen sind hier für die Umsetzung der Spiegelung besondere Aufzeichnungen erforderlich. Hat in der Arbeitsphase der Anspruch auf sonstige Entgeltbestandteile, die in Monatsbeträgen festgelegt sind, lediglich zeitlich begrenzt bestanden, führte es nämlich zu sachwidrigen Ergebnissen, wenn das Entgelt in der Freistellungsphase nur anhand der zum Zeitpunkt des Übergangs in die

Freistellungsphase vorhandenen Daten einfach weitergezahlt würde. Beispiele für monatliche Zulagen, die zeitlich befristet sind, sind u. a. persönliche Zulagen bei vorübergehender Übertragung einer höherwertigen Tätigkeit nach § 14 TVöD, Besitzstandszulagen für Kinder nach § 11 TVÜ-Bund oder Strukturausgleiche nach § 12 TVÜ-Bund). Entsprechendes gilt, wenn eine Zulagenberechtigung nicht durchgehend besteht, etwa weil sie von der Einteilung in einem Schichtplan (z. B. Zulagen für ständige Wechselschichtarbeit nach § 8 Abs. 5 Satz 1 TVöD bzw. ständige Schichtarbeit nach § 8 Abs. 6 Satz 1 TVöD) oder von einer sonstigen Organisationsentscheidung des Arbeitgebers (z. B. Vorhandwerkerzulage nach § 17 Abs. 9 TVÜ-Bund) abhängt.

Die Auszahlung des Wertguthabens in der Freistellungsphase erfolgt dann im Wege einer Durchschnittsberechnung auf der Grundlage dieser besonderen Aufschreibungen.

V

6.3.2.2 Einmalzahlungen

Auch Einmalzahlungen gehen nur dann in das Wertguthaben ein, sofern sie in der Arbeitsphase trotz Vollarbeit lediglich zeitanteilig gezahlt werden.

a) Wiederkehrende Einmalzahlungen

Bei Einmalzahlungen, die jährlich wiederkehren, sind für die Umsetzung der Spiegelung grundsätzlich keine besonderen Aufzeichnungen erforderlich, da diese auch in der Freistellungsphase gemäß den tariflichen Vorschriften weitergezahlt werden (z. B. Jahressonderzahlung nach § 20 TVöD).

Eine Ausnahme gilt lediglich für den Fall, dass der Übergang von der Arbeitsphase in die Freistellungsphase so vereinbart wird, dass eine wiederkehrende Einmalzahlung in der Arbeitsphase einmal mehr gezahlt wird als in der Freistellungsphase. Dann ist durch gesonderte Aufzeichnung festzuhalten, dass dieser „überzählige" Anspruch in das dynamische Wertguthaben eingeht (s. u. Ziffer 6.3.2.3). Die Auszahlung des Wertguthabens für die wiederkehrenden Einmalzahlungen erfolgt nur insoweit im Wege einer Durchschnittsberechnung, als das Wertguthaben auf dem „überzähligen" Anspruch beruht.

b) Nicht wiederkehrende Einmalzahlungen

Bei nicht wiederkehrenden Einmalzahlungen (z. B. einmalige Sonderzahlung nach TV Sonderzahlung 2011) ist für die Umsetzung der Spiegelung durch besondere Aufzeichnungen festzuhalten, dass die

„zweite Hälfte" in das statische Wertguthaben einfließt (s. u. Ziffer 6.3.2.3). Die Auszahlung des entsprechenden Wertguthabens in der Freistellungsphase erfolgt dann im Wege einer Durchschnittsberechnung auf der Grundlage dieser besonderen Aufzeichnungen.

Siehe dazu auch unten die Beispiele 1 und 2.

6.3.2.3 Durchschnittsberechnung

Soweit die Auszahlung der Wertguthaben in der Freistellungsphase im Wege einer Durchschnittsberechnung erfolgt (s. o. Ziffer 6.3.2.1 und 6.3.2.2), sind die Wertguthaben einschließlich deren Änderungen durch Zu- und Abgänge in den Entgeltunterlagen darzustellen. Dabei sind der Abrechnungsmonat, in dem die erste Gutschrift erfolgt, sowie alle weiteren Abrechnungsmonate, in denen Änderungen der Wertguthaben erfolgen, anzugeben. Maßgebend sind insoweit die Daten der jeweiligen Lohnkonten. Sofern die Entgeltzahlung durch das BADV erfolgt, kann für diese Zwecke die Liste 2300 (Lohnkonto Vorjahr) verwendet werden, die jährlich im Monat März erstellt wird. Es bestehen keine Bedenken, wenn die für die Durchschnittsberechnung erforderlichen besonderen Aufzeichnungen erst zum Ende der Arbeitsphase anlassbezogen auf der Grundlage der vorgenannten Hilfsmittel gefertigt werden.

Es sind zwei Wertguthaben getrennt zu führen und zu verwalten:

- Ein statisches Wertguthaben, das aus statischen Entgeltbestandteilen erzielt wurde, und
- ein dynamisches Wertguthaben, in das die dynamischen Entgeltbestandteile einfließen.

Alle Entgeltbestandteile, die in die Durchschnittsberechnung eingehen, sind in Abhängigkeit von ihrem jeweiligen Charakter einem dieser beiden getrennten Wertguthaben zuzuordnen. Zum Ende der Arbeitsphase sind dann auf dieser Grundlage ein statischer und ein dynamischer Durchschnittsbetrag zu berechnen. Dazu sind die in dem jeweiligen Wertguthaben dargestellten Zugänge aufzuaddieren. Die so ermittelte Summe ist anschließend durch die Anzahl der Monate der Freistellungsphase zu teilen (Durchschnittsberechnung). Der Rückfluss des Wertguthabens erfolgt dann in Form des statischen und des dynamischen Monatsdurchschnittsbetrages, die für jeden Abrechnungsmonat der Freistellungsphase ausgezahlt werden.

Bemessungszeitraum für die Berechnung und Auszahlung des Entgelts bleibt insoweit der Kalendermonat (§ 24 Abs. 1 Satz 1 TVöD).

Daraus folgt, dass der ermittelte Monatsdurchschnitt entsprechend § 24 Abs. 3 Satz 1 TVöD in Teilmonatsbeträge umzurechnen ist, wenn die Freistellungsphase im Laufe eines Kalendermonats beginnt oder endet.

Siehe dazu auch unten Beispiel 2.

6.3.2.4 Entwicklung der Wertguthaben bei allgemeinen Entgeltanpassungen

Die Wertguthaben sind nicht zu verzinsen, darin eingeflossene dynamische Entgeltbestandteile nehmen jedoch an allgemeinen Entgeltanpassungen teil. Die Verfahrensweise bei der Auszahlung der Wertguthaben in der Freistellungsphase ist auch für die Art der Dynamisierung maßgebend.

c) Wertguthaben, das ohne gesonderte Aufzeichnung geführt wird (Regelfall)

Werden dynamische Entgelte in der Freistellungsphase **weitergezahlt** (z. B. Tabellenentgelt oder Garantiebetrag), ist durch die Berücksichtigung der für den jeweiligen Zahlungsmonat aktuellen Beträge sichergestellt, dass die Beschäftigten an allgemeinen Entgeltanpassungen teilhaben.

d) Wertguthaben, das mittels gesonderter Aufzeichnung geführt wird (Ausnahmefall)

Das mittels **besonderer Aufzeichnungen** geführte und verwaltete dynamische Wertguthaben ist hingegen manuell anzupassen. Es ist sicherzustellen, dass die Beschäftigten in der Freistellungsphase zum Zeitpunkt der ratierlichen Auszahlung an den zwischenzeitlichen allgemeinen Entgeltanpassungen teilhaben.

– Allgemeine Entgeltanpassungen während der Arbeitsphase

   Die Beträge der in das dynamische Wertguthaben eingeflossenen Entgeltbestandteile sind auf die Höhe der im ersten Auszahlungsmonat der Freistellungsphase geltenden aktuellen Werte anzuheben,

– Allgemeine Entgeltanpassungen während der Freistellungsphase

   Sofern allgemeine Entgeltanpassungen erst nach Ablauf der Arbeitsphase wirksam werden, ist nur noch das infolge der ratierlichen Auszahlung in der Freistellungsphase verbliebene (Rest-)Wertguthaben entsprechend zu berichtigen. Im Fall einer linearen Tariferhöhung reicht es aus, wenn der bisherige Monatsdurchschnittsbetrag durch Multiplikation mit einem der prozentualen Entgelterhöhung entsprechenden Faktor berichtigt wird. Siehe dazu auch unten Beispiel 3.

6.3.3 Ausnahmen von der Spiegelung

Das Spiegelbildprinzip gilt nicht für Entgeltbestandteile, die bereits in der Arbeitsphase in vollem Umfang entsprechend der geleisteten Vorarbeit ausgezahlt werden. Diese können in der Freistellungsphase nicht nochmals zur Auszahlung kommen, weil insoweit kein Wertguthaben angespart wurde. Keinen Eingang in das Wertguthaben finden somit folgende Entgeltbestandteile.

a) Entgeltbestandteile, die nicht in Monatsbeträgen festgelegt sind

Entgeltbestandteile, die nicht in Monatsbeträgen festgelegt sind (sog. unständige Entgeltbestandteile), sind nach § 7 Abs. 1 Satz 1 zweite Alternative vom sog. Halbierungsgrundsatz ausgenommen. Sie werden bereits in der Arbeitsphase in der vollen, erarbeiteten Höhe ausgezahlt, da sie entsprechend dem Umfang der tatsächlich geleisteten Tätigkeit zu berücksichtigen sind (s. o. Ziffer 6.1.2). Dies betrifft insbesondere:

- Zeitzuschläge (§ 8 Abs. 1 TVöD),
- Überstundenentgelte (PE zu § 8 Abs. 1 TVöD i. V. m. § 43 TVöD BT-V),
- Entgelte nach § 8 Abs. 2 TVöD,
- Entgelte für Bereitschaftsdienst (§ 8 Abs. 3 TVöD),
- Entgelte für Rufbereitschaft (§ 8 Abs. 4 TVöD),
- Zulagen für nicht ständige Wechselschicht- und Schichtarbeit (§ 8 Abs. 5 Satz 2 und Abs. 6 Satz 2 TVöD), die jeweils pro Stunde gezahlt werden,
- Erschwerniszuschläge (§ 19 Abs. 5 Satz 2 TVöD).

Erfolgt die Zahlung in Form von Monatspauschalen, sind diese wie unständige Entgeltbestandteile zu behandeln. Dies hat zur Folge, dass solche Monatspauschalen in der Freistellungsphase des Blockmodells nicht mehr zustehen.

b) Ungeminderte Leistungen (sog. 100 v. H.-Leistungen)

Laufende Entgeltbestandteile, auf die während der gesamten Dauer des Altersteilzeitarbeitsverhältnisses Anspruch in voller Höhe besteht, die beim Blockmodell also auch während der Freistellungsphase zu 100 v. H. gezahlt werden (vgl. zur Entgeltaufstockung Ziffer 6.2.3), sind vom Halbierungsgrundsatz ausgenommen. Dies ist etwa bei

geldwerten Vorteilen der Fall, wenn diese während der Freistellungsphase anfallen (etwa eine Dienstwohnung oder ein zinsverbilligtes
Darlehen).

c) Ungeminderte Einmalzahlungen

Einmalzahlungen, die nach speziellen tarifvertraglichen Regelungen
während der Altersteilzeit in vollem Umfang gezahlt werden (z. B.
Jubiläumsgeld nach § 23 Abs. 2 Satz 2 TVöD oder Leistungsprämie
nach § 18 [Bund] TVöD i. V. m. § 11 Abs. 6 Satz 3 LeistungsTV-Bund),
sind vom Halbierungsgrundsatz ausgenommen.

Beispiele zum Spiegelbildprinzip:

Beispiel 1 **Zu 6.3.2.2 „Einmalzahlungen"**

Zu a) **Wiederkehrende Einmalzahlungen**

Variante 1
(gleiche Anzahl von Einmalzahlungen)
Altersteilzeit im Blockmodell über eine Gesamtdauer von
48 Monaten (Arbeitsphase vom 01. 01. 2011 bis 31. 12. 2012
und Freistellungsphase vom 01. 01. 2013 bis 31. 12. 2014). In die
Arbeits- und Freistellungsphase fallen jeweils zwei Jahressonderzahlungen nach § 20 TVöD (Arbeitsphase 11/2011 und 11/
2012 und Freistellungsphase 11/2013 und 11/2014). Der durch
die Vorleistung in der Arbeitsphase erarbeitete Anspruch auf die
„zweite Hälfte" des Arbeitsentgelts kommt in der Freistellungsphase zur Auszahlung. Für die Umsetzung der Spiegelung sind
hier keine besonderen Aufzeichnungen erforderlich. Die zeitanteilige Jahressonderzahlung wird in der Freistellungsphase
gemäß den tariflichen Vorschriften des § 20 TVöD einfach
weitergezahlt.

Variante 2
(„überzählige" Einmalzahlung in Freistellungsphase)
Altersteilzeit im Blockmodell über eine Gesamtdauer von
60 Monaten (Arbeitsphase vom 01. 01. 2011 bis 30. 06. 2013
und Freistellungsphase vom 01. 07. 2013 bis 31. 12. 2015). In die
Arbeitsphase fallen nur zwei Jahressonderzahlungen nach § 20
TVöD (11/2011 und 11/2012), in die Freistellungsphase hingegen
drei (11/2013, 11/2014 und 11/2015). Bei der Spiegelung geht es
um den Ausgleich des Anspruchs auf die „zweite Hälfte" des
Arbeitsentgelts, das durch die Vorleistung bereits in der Arbeits-

phase erarbeitet wurde. Soweit in der Freistellungsphase mindestens die gleiche Anzahl an Jahressonderzahlungen zusteht wie in der vorangegangenen Arbeitsphase, sind für die Umsetzung der Spiegelung keine besonderen Aufzeichnungen erforderlich. Auch hier kann die zeitanteilige Jahressonderzahlung in der Freistellungsphase einfach gemäß den tariflichen Vorschriften des § 20 TVöD weitergezahlt werden.

Variante 3

("überzählige" Einmalzahlung in Arbeitsphase)

Altersteilzeit im Blockmodell über eine Gesamtdauer von 60 Monaten (Arbeitsphase 1. Juli 2011 bis 31. Dezember 2013 und Freistellungsphase vom 1. Januar 2014 bis 30. Juni 2016). In die Arbeitsphase fallen drei Jahressonderzahlungen nach § 20 TVöD (11/2011, 11/2012 und 11/2013), in die Freistellungsphase hingegen nur zwei (11/2014 und 11/2015). Für die Umsetzung der Spiegelung sind hier gesonderte Aufzeichnungen erforderlich, jedoch nur in Bezug auf die "überzählige" dritte Jahressonderzahlung in der Arbeitsphase. Diese wurde in der Arbeitsphase trotz Vollarbeit lediglich zeitanteilig vermindert gezahlt. Die "zweite Hälfte" der Jahressonderzahlung 11/2013 fließt daher in das dynamische Wertguthaben und somit die Durchschnittsberechnung ein (s. o. Ziffer 6.3.2.3). Die Auszahlung des Wertguthabens in der Freistellungsphase erfolgt dann ratierlich als Monatsdurchschnittsbetrag. Die ersten beiden Jahressonderzahlungen aus der Arbeitsphase hingegen sind durch die beiden regulären Jahressonderzahlungen in der Freistellungsphase abgedeckt, so dass insoweit keine besonderen Aufzeichnungen erforderlich sind.

Zu b) Nicht wiederkehrende Einmalzahlungen

Siehe Beispiel 2 zu 6.3.2.3 "Durchschnittsberechnung".

Beispiel 2 Zu 6.3.2.3 "Durchschnittsberechnung"

Hinweis

Das folgende Beispiel für die Durchschnittsberechnung berücksichtigt nur den heute bereits bekannten 3. Schritt der allgemeinen Entgeltanpassung aus der Tarifrunde 2010/2011, der 08/2011 erfolgen wird. Sofern nach dem 29. 02. 2012 (= Ende der Laufzeit der Tarifeinigung vom 27. Februar

2010) allgemeine Entgeltanpassungen vereinbart werden, wären die dynamischen Entgelte entsprechend fortzuentwickeln (zum dynamischen Wertguthaben s. o. Ziffer 6.3.2.4).

A. Sachverhalt

Altersteilzeit im Blockmodell über eine Gesamtdauer von 60 Monaten (Arbeitsphase 01. 07. 2011 bis 31. 12. 2013 und Freistellungsphase vom 01. 01. 2014 bis 30. 06. 2016).

I. Laufende Entgelte

	ab 01. 01. 2011		ab 01. 08. 2011	
	bisher	ATZ	bisher	ATZ
Tabellenentgelt (E 10 Stufe 5)	3701,04 €	1850,52 €	3719,55 €	1859,78 €
Technikerzulage	23,01 €	11,51 €	unverändert	
Vermögenswirksame Leistung	6,65 €	3,33 €	unverändert	

Für die letzten drei Kalendermonate der Arbeitsphase besteht Anspruch auf eine persönliche Zulage bei vorübergehender Übertragung einer höherwertigen Tätigkeit nach § 14 TVöD. Vom 01. 10. 2013 bis 31. 12. 2013 werden daher **insgesamt 414,78 €** (= 138,28 € × 3 Monate) gezahlt.

In den ersten 24 Kalendermonaten der Arbeitsphase wird die/der Beschäftigte nach einem Schichtplan eingesetzt, der die Voraussetzungen der Schichtarbeit nach § 7 Abs. 2 TVöD erfüllt. Vom 01. 07. 2011 bis 30. 06. 2013 werden daher ständige Schichtzulagen nach § 8 Abs. 6 Satz 1 TVöD in Höhe von **insgesamt 480,00 €** (= 20 € × 24 Monate) gezahlt.

II. Einmalzahlungen

a) Jährlich wiederkehrende Einmalzahlungen

In die Arbeitsphase fallen drei Jahressonderzahlungen nach § 20 TVÖD:

– 11/2011 in Höhe von 1515,62 €,
– 11/2012 in Höhe von 1513,03 € und
– 11/2013 in Höhe von 1497,03 €.

In der Freistellungsphase fallen hingegen nur zwei Einmalzahlungen an (11/2014 und 11/2015).

Die während der Gesamtdauer des Altersteilzeitarbeitsverhältnisses auf die Hälfte der bisherigen wöchentlichen Arbeitszeit verringerte Arbeitszeit nach § 6 Abs. 2 spiegelt sich unmittelbar in dem im Bemessungszeitraum für die Jahressonderzahlung nach § 20 Abs. 2 Satz 1 TVöD (jeweils Juli, August, September) durchschnittlich gezahlten monatlichen Entgelt wieder.

b) Nicht wiederkehrende Einmalzahlungen

01/2011 wird eine **einmalige Sonderzahlung** in Höhe von **120 €** nach dem Tarifvertrag über eine einmalige Sonderzahlung 2011 vom 27. Februar 2010 (künftig TV Sonderzahlung) gezahlt. Der vorgenannte Betrag ist gem. § 2 Abs. 2 Satz 1 TV Sonderzahlung bereits zeitanteilig vermindert.

B. Lösung

I. Weiterzahlung (s. o. Ziffer 6.3.2.1)

V

Folgende Entgeltbestandteile werden in der Freistellungsphase weitergezahlt, ohne dass es insoweit für die Umsetzung der Spiegelung besonderer Aufzeichnungen bedarf:

– Tabellenentgelt (§ 15 TVöD)

Weiterzahlung auf Basis der Entgeltgruppe und Stufe sowie der Tabellenwerte, die im Auszahlungsmonat maßgebend sind. Unterstellt, es würde beim dritten Schritt der zum 01. 08. 2011 erfolgten allgemeinen Entgeltanpassung aus der Tarifrunde 2010/2011 verbleiben, wären somit **monatlich 1859,78 €** weiterzuzahlen.

– Technikerzulage (PE zu § 5 Abs. 2 Satz 3 und § 17 Abs. 6 TVÜ-Bund)

Da es sich um eine statische Zulage handelt, die nicht nur zeitlich begrenzt anfällt, sind anhand der zum Zeitpunkt des Übergangs in die Freistellungsphase vorhandenen Daten **monatlich 11,51 €** weiterzuzahlen.

– Vermögenswirksame Leistungen – VL (§ 23 Abs. 1 TVöD)

Da es sich um eine statische Zulage handelt, die nicht nur zeitlich begrenzt anfällt, sind anhand der zum Zeitpunkt des Übergangs in die Freistellungsphase vorhandenen Daten **monatlich 3,33 €** weiterzuzahlen.

– Jahressonderzahlung (§ 20 TVöD)

Während der Freistellungsphase wird die Jahressonderzahlung entsprechend der Tarifvorschrift des § 20 TVöD mit dem

Tabellenentgelt für 11/2014 und 11/2015 ausgezahlt. Bemessungsgrundlage bilden dabei die im dreimonatigen Bemessungszeitraum (Juli, August und September) gezahlten Entgelte (§ 20 Abs. 2 Satz 1 TVöD).

II. Durchschnittsberechnung (s. o. Ziffer 6.3.2.3)

Bei folgenden Entgeltbestandteilen erfolgt die Auszahlung des Wertguthabens in der Freistellungsphase im Wege einer Durchschnittsberechnung. Je nachdem, ob es sich um dynamische oder statische Entgeltbestandteile handelt, sind zwei getrennte Wertguthaben zu führen, in denen die Zu- und Abgänge dargestellt werden.

1. Ansparen der Wertguthaben

a) Dynamisches Wertguthaben:

In das dynamische Wertguthaben fließen folgende Entgeltbestandteile ein:

– Persönliche Zulage bei vorübergehender Übertragung höherwertiger Tätigkeiten (§ 14 TVöD)

Die Zulage ist dynamisch. Sie bemisst sich entweder nach dem Unterschiedsbetrag zwischen dem individuellen Tabellenentgelt und dem Tabellenentgelt, das sich bei dauerhafter Übertragung ergeben hätte (Entgeltgruppen 9 bis 14) oder prozentual vom individuellen Tabellenentgelt (Entgeltgruppen 1 bis 8). Eine Weiterzahlung anhand der zum Zeitpunkt des Übergangs in die Freistellungsphase vorhandenen Daten würde zu sachwidrigen Ergebnissen führen, da insoweit während der Arbeitsphase nur ein zeitlich befristeter Anspruch bestand (hier die letzten drei Monate der Arbeitsphase von 10/2013 bis 12/2013). Die in Höhe von **414,78 €** insgesamt gezahlten Beträge fließen daher in das dynamische Wertguthaben ein.

– „Überzählige" Jahressonderzahlung (§ 20 TVöD)

Die Jahressonderzahlung bemisst sich aus dem durchschnittlich in den Monaten Juli, August und September gezahlten monatlichen Entgelt und ist daher dynamisch. Die „überzählige" letzte Jahressonderzahlung aus der Arbeitsphase (11/2013) fließt daher in Höhe von **1497,03 €** ebenfalls in das dynamische Wertguthaben und die Durchschnittsberechnung ein. Dadurch wird sichergestellt, dass in der Freistellungsphase neben den beiden regulären Jahressonderzahlungen (11/2014 und 11/2015) zusätzlich die aufgrund der Vorarbeit in der Arbeitsphase erarbeitete „zweite Hälfte" der „überzähligen" Jahressonderzahlung zur Auszahlung kommt.

Das dynamische Wertguthaben zum Ende der Arbeitsphase beträgt somit 1911,81 €.

b) Statisches Wertguthaben

– Ständige Schichtzulage (§ 8 Abs. 6 Satz 1 TVöD)

Bei der ständigen Wechselschichtzulage handelt es sich um eine statische Zulage. Eine Weiterzahlung anhand der zum Zeitpunkt des Übergangs in die Freistellungsphase vorhandenen Daten würde zu sachwidrigen Ergebnissen führen, da insoweit während der Arbeitsphase nur ein zeitlich befristeter Anspruch bestand (hier in den ersten 24 Monaten der Arbeitsphase von 07/2011 bis 06/2013). Die in Höhe von **insgesamt 480,00 €** gezahlten Beträge fließen daher in das statische Wertguthaben ein.

– Einmalige Sonderzahlung 2011 (TV Sonderzahlung)

Bei der 01/2011 gezahlten einmaligen Sonderzahlung 2011 in Höhe von **120 €** handelt es sich um eine „nicht wiederkehrende Einmalzahlung". Derartige einmalige Leistungen können zwangsläufig nicht dynamisch sein und fließen daher im Rahmen der Spiegelung in das statische Wertguthaben ein.

Das statische Wertguthaben zum Ende der Arbeitsphase beträgt somit 600,00 €.

2. Auszahlung der beiden getrennten Wertguthaben

Die Auszahlung der getrennten dynamischen und des statischen Wertguthabens erfolgt jeweils ratierlich in Form von Monatsdurchschnittsbeträgen. Dazu ist die bis zum Ende der Arbeitsphase jeweils angesparte Summe durch die Anzahl der Monate in der Freistellungsphase zu teilen.

a) Dynamisches Wertguthaben:

Die Auszahlung des dynamischen Wertguthabens erfolgt während der Freistellungsphase ratierlich mit einem Monatsdurchschnittsbetrag in Höhe 63,73 € (1911,81 € : 30 Monate = 63,727, aufgerundet gem. § 24 Abs. 4 TVöD auf 63,73 €).

b) Statisches Wertguthaben:

Die Auszahlung des statischen Wertguthabens erfolgt während der Freistellungsphase ratierlich mit einem Monatsdurchschnittsbetrag in Höhe 20,00 € (= 600,00 € : 30 Monate).

Beispiel 3 Zu 6.3.2.4 „Entwicklung der Wertguthaben bei allgemeinen Entgeltanpassungen"

Altersteilzeit im Blockmodell über 24 Monate (Arbeitsphase 01. 08. 2010 bis 31. 07. 2011; Freistellungsphase vom 01. 08. 2011 bis 31. 07. 2012). In der Arbeitsphase wurde für drei Monate (10/2010, 11/2010 und 12/2010) eine persönliche Zulage bei vorübergehender Übertragung einer höherwertigen Tätigkeit nach § 14 TVöD in Höhe des Unterschiedsbetrags zwischen Entgeltgruppe 10 Stufe 5 und Entgeltgruppe 11 Stufe 5 gezahlt. Lineare Tariferhöhung zum 01. 01. 2011 um 0,6 v. H. sowie zum 01. 08. 2011 um weitere 0,5 v. H.

	ab 01. 01. 2010		ab 01. 01. 2011		ab 01. 08. 2011	
	bisher	ATZ	bisher	ATZ	bisher	ATZ
E 11 Stufe 5	3952,49€	1976,25€	3976,20€	1988,10€	3996,08€	1998,04 €
E 10 Stufe 5	3678,97€	1839,49€	3701,04€	1850,52€	3719,55€	1859,78 €
Differenz	273,52€	136,76€	275,16€	137,58€	276,53€	138,26 €

In den Abrechnungsmonaten, in denen die Gutschriften zum dynamischen Wertguthaben erfolgen (10/2010, 11/2010 und 12/2010), beträgt die persönliche Zulage monatlich 136,76 €. Das dynamische Wertguthaben enthält somit insgesamt Zugänge in Höhe von 410,28 € (136,76 € × 3 Monate).

Aufgrund der während der Arbeitsphase zum 01. 01. 2011 wirksam werdenden linearen Tariferhöhung in Höhe von 0,6 v. H. ist das dynamische Wertguthaben auf 412,74 € (137,58 € × 3 Monate) anzuheben. Im ersten Auszahlungsmonat der Freistellungsphase (hier 08/2011) beträgt der ratierlich auszuzahlende Monatsdurchschnittsbetrag somit 34,40 € (412,74 €: 12 Monate = 34,395; aufgerundet gem. § 24 Abs. 4 TVöD auf 34,40 €).

Infolge der während der Freistellungsphase zum 01. 08. 2011 wirksam werdenden weiteren linearen Tariferhöhung in Höhe von 0,5 v. H. ist der bisherige Monatsdurchschnittsbetrag von

34,40 € mit dem Faktor 1,005 anzupassen. Der neue Monats-durchschnittsbetrag ab 01. 08. 2011 beträgt für die Monate der Freistellungsphase somit 34,57 € (34,40 € × 1,005 = 34,572; abgerundet gem. § 24 Abs. 4 TVöD auf 34,57 €).

6.4 Rentenversicherung

In der gesetzlichen Rentenversicherung gibt es hinsichtlich der sozial-versicherungsrechtlichen Beurteilung keinerlei Besonderheiten. Für die Dauer der vereinbarten Altersteilzeitarbeit besteht grundsätzlich Rentenversicherungspflicht nach § 1 Satz 1 Nr. 1 SGB VI. Maßgebend für die Berechnung des jeweils zur Hälfte von Arbeitgeber und Arbeitneh-mer zu zahlenden Beitrags zur Rentenversicherung ist das für Alters-teilzeitarbeit jeweils fällige beitragspflichtige (Teilzeit-)Entgelt i. S. des § 7 Abs. 1.

6.5 Zusätzliche Rentenversicherungsbeiträge, § 7 Abs. 3

Der Arbeitgeber hat für Altersteilzeitbeschäftigte zusätzliche Renten-versicherungsbeiträge gem. § 3 Abs. 1 Buchst. b AltTZG zu entrichten. Nach dieser Regelung hat der Arbeitgeber für 80 v. H. des Regelarbeits-entgelts (siehe § 7 Abs. 2 Satz 1) die vollen Beiträge zur gesetzlichen Rentenversicherung (2010: 19,9 v. H.) zu zahlen. Dabei dürfen die 80 v. H. des Regelarbeitsentgelts nicht höher sein als die Differenz von 90 v. H. der monatlichen Beitragsbemessungsgrenze in der Renten-versicherung (2010: West 5500 €, Ost: 4650 €) und dem Regelarbeits-entgelt. Diesen zusätzlichen Betrag trägt der Arbeitgeber allein (§ 168 Abs. 1 Nr. 6 SGB VI). Vereinfacht ausgedrückt werden Altersteilzeit-beschäftigte im wirtschaftlichen Ergebnis so gestellt, als ob sie während der Gesamtdauer des Altersteilzeitarbeitsverhältnisses mit 90 v. H. ihrer bisherigen wöchentlichen Arbeitszeit gearbeitet hätten.

Beispiel

(in vereinfachter Form) zur Anwendung des § 7 Abs. 3:

Beitragssatz gesetzliche Rentenversicherung 2010: 19,9 v. H. Bei-tragsbemessungsgrenze (BBG) 2010: 5500 € (West), 4650 € (Ost)

	Inhalt	Berechnung
	Vollzeitentgelt	5000 €
A	Regelarbeitsentgelt	2500 €
B	80 v. H. von A	80 v. H. von 2500 € = 2000 €

	Inhalt	Berechnung
C	19,9 v. H. von B	19,9 v. H. von 2000 € = 398 €
D	BBG	5500 € (West)
E	90 v. H. der BBG	4950 €
F	Differenz von E und A	4950 € – 2500 € = 2450 €
G	Vergleich F und B	2450 € > 2000 €
H	19,9 v. H. von B	19,9 v. H. von 2000 € = 398 €

Nur laufend gezahlte Entgeltbestandteile sind bei dem zusätzlichen Rentenversicherungsbeitrag zu berücksichtigen. Das hat zur Folge, dass einmalig gezahltes Entgelt bei der Berechnung der zusätzlichen Rentenversicherungsbeträge nach § 3 Abs. 1 Nr. 1 Buchst. b AltTZG generell nicht zu berücksichtigen ist.

Regelmäßige Bestandteile des Regelarbeitsentgelts (i. S. von Ziffer 6.2.3), die nicht vermindert worden sind (sog. 100 v. H.-Leistungen), sind bei der Ermittlung des zusätzlichen Rentenversicherungsbeitrags zu berücksichtigen.

Sind Altersteilzeitbeschäftigte von der Versicherungspflicht in der gesetzlichen Rentenversicherung befreit, werden entsprechende Zahlungen zu vergleichbaren Aufwendungen der Altersteilzeitbeschäftigten bei ihren Versorgungseinrichtungen gewährt.

6.6 Zusatzversorgungspflichtiges Entgelt, Niederschriftserklärung zu § 7

Im Einvernehmen mit dem Bundesministerium der Finanzen gilt bis zu einer Änderung des Tarifvertrages Altersversorgung (ATV) für die Bemessung des zusatzversorgungspflichtigen Entgelts § 15 Abs. 2 ATV entsprechend. An Stelle der dortigen Verweisung auf § 4 TV ATZ ist nunmehr § 7 Abs. 1 des Tarifvertrags maßgebend.

6.7 Steuer- und sozialversicherungsrechtliche Behandlung der Aufstockungsleistungen des Arbeitgebers

Die Aufstockungsbeträge nach § 7 Abs. 2 und die zusätzlichen Beiträge zur gesetzlichen Rentenversicherung nach § 7 Abs. 3 sowie entsprechende Aufwendungen für Beschäftigte, die von der Versicherungspflicht in der gesetzlichen Rentenversicherung befreit sind, sind nach Maßgabe des EStG steuerfrei (vgl. § 3 Nr. 28 EStG) und damit nach Maßgabe des SGB IV in der Sozialversicherung nicht beitragspflichtig (vgl. § 14 SGB IV i. V. m. der Sozialversicherungsentgeltverordnung). Die erhöhte Aufstockung nach § 7 Abs. 3 ist unbeschadet ihrer Steuerfreiheit nach Maßgabe des § 163 Abs. 5 Sechstes Buch Sozialgesetzbuch (SGB VI) als beitragspflichtige Einnahme zu berücksichtigen. Die steuerfreien Aufstockungsbeträge nach § 7 Abs. 2 werden aber im Rahmen der Einkommensteuerveranlagung bei der Ermittlung des Steuersatzes berücksichtigt, dem das übrige steuerpflichtige Einkommen unterliegt (Progressionsvorbehalt gem. § 32b Abs. 1 Nr. 1 Buchstabe g EStG). Die Aufstockungsbeträge sind daher entsprechend den Eintragungen des Arbeitgebers in der Lohnsteuerbescheinigung unter Vorlage der vom Arbeitgeber nach Ablauf des maßgeblichen Kalenderjahres erstellten Bescheinigung in der Einkommensteuererklärung anzugeben (vgl. § 32b Abs. 3 EStG). Hierdurch kann es bei der Veranlagung durch das Finanzamt zu Steuernachforderungen kommen.

V

7. Entgeltfortzahlung im Krankheitsfall, § 7 Abs. 4

7.1 Entgeltaufstockung bei Krankheit

Bei Altersteilzeitarbeit ist im Falle von Arbeitsunfähigkeit infolge Krankheit bei der Zahlungsdauer zwischen der Aufstockungsleistung nach § 7 Abs. 2 und dem zusätzlichen Rentenversicherungsbeitrag nach § 7 Abs. 3 zu unterscheiden.

Die 20 v. H. – Aufstockungsleistung auf das Regelarbeitsentgelt während der Altersteilzeit (§ 7 Abs. 2) wird längstens bis zum Ablauf der 26. Woche der Arbeitsunfähigkeit gezahlt. In Fällen, in denen Altersteilzeitbeschäftigte nach sechs Wochen Krankheit keine Entgeltfortzahlung mehr erhalten (nur Krankengeld und Krankengeldzuschuss, Versorgungskrankengeld, Verletztengeld oder Übergangsgeld usw.), liegt kein Regelarbeitsentgelt mehr vor. Deshalb ist von der siebten bis zum Ende der 26. Woche der Krankheit der Aufstockungsbetrag auf das Regelarbeitsentgelt in Höhe des kalendertäglichen Durchschnitts des in den letzten drei abgerechneten Kalendermonaten maßgebenden Aufstockungsbetrages zu zahlen. Einmalzahlungen bleiben bei der Durchschnittsberechnung unberücksichtigt.

Beispiel:

(in vereinfachter Form) zur Berechnung des kalendertäglichen Durchschnitts

arbeitsunfähig erkrankt:	3. Mai bis 9. Dezember
Entgeltfortzahlung	bis 13. Juni (Ablauf sechste Woche)
Krankengeldzuschuss	14. Juni bis 31. Oktober (Ablauf 26. Woche)
vor Beginn des Krankengeld-zuschusses abgerechnete Kalendermonate:	Höhe der Aufstockungsleistungen:
März:	550 €
April:	560 €
Mai:	510 €
	1620 € : 92 Kalendertage
Summe der ab 14. Juni zustehenden Aufstockungsbeträge:	=17,61 €
Aufstockungsbeträge ab 14. Juni bis 31. Oktober:	17 Tage × 17,61 € = 299,37 €
Juni	31 Tage × 17,61 € = 545,91 €
Juli	31 Tage x 17,61 € = 545,91 €
August	30 Tage × 17,61 € = 528,30 €
September	31 Tage × 17,61 € = 545,91 €
Oktober	

Die zusätzlichen Beiträge zur Rentenversicherung (§ 7 Abs. 3) entrichtet der Arbeitgeber nur bis zum Ablauf der sechs Wochen Entgeltfortzahlung. Die Regelungen des § 22 TVöD zur Zahlung des Krankengeldzuschusses bleiben unberührt.

7.2 Nacharbeit nach Arbeitsunfähigkeit, § 7 Abs. 5

Die Regelung des § 7 Abs. 5 zur Nacharbeit bei Arbeitsunfähigkeit gelten – wie bei Altersteilzeit nach TV ATZ – nur für Altersteilzeitbeschäftigte, die ihre Altersteilzeitarbeit im Blockmodell leisten.

Danach verlängert sich die Arbeitsphase im Blockmodell bei einer über die Entgeltfortzahlungsfrist hinausgehenden Erkrankung des Altersteilzeitbeschäftigten. Die Arbeitsphase verlängert sich in diesem Fall um die Hälfte des den Entgeltfortzahlungszeitraum übersteigenden Zeitraums. Die anschließende Freistellungsphase verkürzt sich entsprechend.

Die bisherige Regelung im TV ATZ, wonach für den Fall, dass Beschäftigte infolge krankheitsbedingter Arbeitsunfähigkeit das Altersteilzeitarbeitsverhältnis nicht zum arbeitsvertraglich festgelegten Zeitpunkt beenden können, die Arbeitsvertragsparteien über eine interessengerechte Vertragsanpassung verhandeln, ist auf Wunsch der Gewerkschaften entfallen.

8. Ende des Altersteilzeitarbeitsverhältnisses, § 8

8.1 Beendigungstatbestände, § 8 Abs. 1 und 2

8.1.1 Bei Vertragsschluss bestehende Beendigungstatbestände

Grundsätzlich endet das Altersteilzeitarbeitsverhältnis zu dem von den Arbeitsvertragsparteien in der Altersteilzeitvereinbarung festgelegten Zeitpunkt (§ 8 Abs. 1, siehe auch Mustervertrag § 1). Da die Altersteilzeit den gleitenden Übergang vom Erwerbsleben in die Altersrente ermöglichen soll (vgl. § 2 des Tarifvertrags i. V. m. § 1 Abs. 1 AltTZG), wird dies in der Regel der bei Vertragsabschluss bestehende frühestmögliche Zeitpunkt für eine abschlagsfreie Altersrente sein (vgl. § 8 Abs. 2 Buchst. a). Sofern Beschäftigte einen früheren Beendigungszeitpunkt und somit eine (vorzeitige) Altersrente unter Inkaufnahme von Rentenabschlägen anstreben, kann dieser Zeitpunkt vereinbart werden (vgl. § 8 Abs. 2 Buchst. b).

Für die Feststellung dieses Zeitpunktes kommt es auf die in Betracht kommende Art der Altersrente sowie den Geburtsmonat und das Geburtsjahr der Altersteilzeitbeschäftigten oder des Altersteilzeitbeschäftigten an.

Zu den verschiedenen Arten der Altersrenten und deren Voraussetzungen sowie zur stufenweisen Anhebung des Renteneintrittsalters sollten sich Beschäftigte beim jeweiligen Rentenversicherungsträger informieren (s. o. Ziffer 5.2).

8.1.2 Vorzeitige Beendigungstatbestände

Die Beendigung des Altersteilzeitarbeitsverhältnisses ist nicht vom Fortbestand der zum Zeitpunkt des Vertragsabschlusses geltenden bzw. individuell maßgebenden rentenrechtlichen Voraussetzungen abhängig. Die weiteren Beendigungstatbestände des § 8 Abs. 2 knüpfen ausdrücklich an die jeweiligen Rententatbestände des Sechsten Buches Sozialgesetzbuch (SGB VI) an. Sofern sich später tatsächliche oder rechtliche Änderungen gegenüber dem in der Altersteilzeitvereinbarung nach § 8 Abs. 1 festgelegten Beendigungszeitpunkt ergeben, endet das Altersteilzeitarbeitsverhältnis somit vorzeitig automatisch zu dem Zeitpunkt, in dem die Altersteilzeitbeschäftigte oder der Altersteilzeitbeschäftigte

– die frühestmögliche Altersrente ohne Inkaufnahme von Rentenabschlägen beanspruchen kann (§ 8 Abs. 2 Buchst. a) oder

– eine Altersrente (mit oder ohne Rentenabschlägen) tatsächlich bezieht (§ 8 Abs. 2 Buchst. b).

Dies bedeutet Folgendes: Sofern im Laufe des Altersteilzeitarbeitsverhältnisses die Voraussetzungen für die Inanspruchnahme einer abschlagsfreien vorzeitigen Altersrente erfüllt werden (z. B. Altersrente für schwerbehinderte Menschen), endet das Arbeitsverhältnis vorzeitig vor Ablauf der vereinbarten Zeitbefristung.

V

8.2 Nachzahlung bei vorzeitiger Beendigung des Arbeitsverhältnisses bei Altersteilzeitarbeit im Blockmodell, § 8 Abs. 3

§ 8 Abs. 3 regelt die arbeitsrechtlichen Folgen einer vorzeitigen Beendigung des Altersteilzeitarbeitsverhältnisses (sog. Störfall). Danach besteht ein Anspruch der Altersteilzeitbeschäftigten bzw. ihrer Erben auf eine etwaige Differenz zwischen dem Entgelt (§ 7 Abs. 1) und dem Aufstockungsbetrag zum Regelarbeitsentgelt (§ 7 Abs. 2), das sie erhalten haben und dem Entgelt, das sie für den Zeitraum ihrer tatsächlichen Beschäftigung erhalten hätten, wenn kein Altersteilzeitarbeitsverhältnis begründet worden wäre. Die vom Arbeitgeber gezahlten zusätzlichen Beträge zur gesetzlichen Rentenversicherung nach § 7 Abs. 3 sind in die Berechnung der Differenz nicht einzubeziehen. Hierzu und zum Eintritt des sog. Störfalls in der Freistellungsphase der Altersteilzeitarbeit siehe Ausführungen zum Urteil des BAG vom 14. Oktober 2003 – 9 AZR 146/03 – und 18. November 2004 – 9 AZR 270/03 – im Rundschreiben vom 1. Juli 2004 (GMBl S. 782) – D II 2 – 220 770-1/18 –.

9. Nebentätigkeiten, § 9

Hinsichtlich der Nebentätigkeiten ergeben sich keine Änderungen zur bisherigen Regelung im TV ATZ. Danach sind Beschäftigte nach § 9 Abs. 1 verpflichtet, auf die Ausübung einer Beschäftigung oder selbstständigen Tätigkeit während des Altersteilzeitarbeitsverhältnisses, die die Geringfügigkeitsgrenze des § 8 SGB IV überschreitet, zu verzichten. Eine Ausnahme gilt nur, wenn diese Beschäftigung oder selbstständige Tätigkeit bereits innerhalb der letzten fünf Jahre vor Beginn des Altersteilzeitarbeitsverhältnisses ausgeübt wurde. Üben Beschäftigte während der Altersteilzeit eine unzulässige Beschäftigung oder selbstständige Tätigkeit aus, ruht der Anspruch auf Aufstockungsleistungen (§ 9 Abs. 2 Satz 1). Unter den Voraussetzungen des § 9 Abs. 2 Satz 2 erlischt der Anspruch. Insoweit wird auf die Durchführungshinweise in Teil II Ziffer 7 des Rundschreibens vom 9. September 1998 (GMBl S. 638) – D II 4 – 220 770-1/18 – und in Ziffer 2 des Rundschreibens vom 7. Februar 2003 (GMBl S. 397) – D II 2 – 220 770-1/18 – verwiesen.

Bei Kraftfahrern ist nach Protokollerklärung zu § 6 Abs. 2 zu beachten, dass diese keine Mehrarbeit über die Altersteilzeitarbeit hinaus leisten. Bei diesen ist die zu leistende Arbeit als regelmäßige Arbeitszeit zu qualifizieren. Das gilt auch im Rahmen des § 9 Abs. 2.

V

10. Urlaub, § 10

Für Beschäftigte, die sich im Blockmodell befinden, besteht in der Freistellungsphase kein Anspruch auf Urlaub. Zum Urlaubsanspruch im Jahr des Übergangs wird auf das Rundschreiben vom 15. September 2005 – D II 2 – 220 770-1/18 – verwiesen.

11. Sozialrechtliche Fragen

Beschäftigten wird empfohlen, vor Abschluss eines Altersteilzeitarbeitsverhältnisses bei der zuständigen Krankenkasse Auskünfte zu den Auswirkungen nach Veränderung des Arbeitsverhältnisses einzuholen.

Soweit nach der Protokollerklärung zu § 13 TVÜ-Bund ein Anspruch auf Gewährung von Beihilfe besteht, erhalten Altersteilzeitbeschäftigte, wie auch alle nicht vollbeschäftigten beihilfeberechtigten Tarifbeschäftigten, nur die Hälfte der Beihilfeleistungen, die ihnen bei bisheriger Arbeitszeit betragsmäßig zuständen.

Bemessungsgrundlage für die Berechnung der Sozialversicherungsbeiträge ist das Arbeitsentgelt der Beschäftigten aus der versicherungspflichtigen Beschäftigung. Der hälftige Arbeitgeberanteil (ebenso wie der hälftige Arbeitnehmeranteil) zur Kranken-, Pflege-, Renten- und Arbeitslosenversicherung richtet sich nach der Höhe des nach § 7 Abs. 1 Satz 1 zustehenden beitragspflichtigen Entgelts.

Bei Unterschreiten der Jahresarbeitsentgeltgrenze zur Krankenversicherung (2010: 49 950 €) im Laufe eines Kalenderjahres aufgrund des durch Altersteilzeitarbeit reduzierten Entgelts endet die Versicherungsfreiheit nach § 6 Abs. 1 Nr. 1 Fünftes Buch Sozialgesetzbuch (SGB V) unmittelbar und nicht erst zum Ende des Kalenderjahres. Dabei ist jedoch besonders die Regelung für Beschäftigte nach Vollendung des 55. Lebensjahres zu beachten. Nach § 6 Abs. 3a SGB V besteht für diesen Personenkreis der Zugang zur gesetzlichen Krankenversicherung nicht mehr, wenn unmittelbar zuvor kein ausreichender Bezug zur gesetzlichen Krankenversicherung nachweisbar ist. Zu Auswirkungen dieser gesetzlichen Regelung auf den Abschluss von Altersteilzeitvereinbarungen siehe Rundschreiben vom 25. Februar 2000 (GMBl S. 287) – D II 2 – 220 770-1/18 –.

Mit der Versicherungspflicht in der Krankenversicherung setzt auch die Versicherungspflicht in der sozialen Pflegeversicherung ein.

C Regelungen zum FALTER-Arbeitszeitmodell

1. Beschreibung des Arbeitszeitmodells, § 11

Das FALTER-Arbeitszeitmodell ermöglicht einen gleitenden Übergang in den Ruhestand. Anders als bei der Altersteilzeit wird die aktive Arbeitsphase jedoch verlängert. Mit Beginn des Modells nehmen Beschäftigte zudem bereits eine Teilrente in Anspruch. Das Modell basiert damit auf den finanziellen Säulen Arbeitsentgelt und Rente.

Das FALTER-Arbeitszeitmodell kann z. B. wie folgt gestaltet werden:

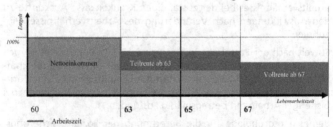

Zum obigen Modell: Ein Beschäftigter will für die Dauer von vier Jahren das FALTER-Arbeitszeitmodell vereinbaren. Die Altersgrenze für die abschlagsfreie Altersrente für langjährig Versicherte liegt für ihn bei 65 Jahren, das Modell beginnt daher nach Vollendung des 63. Lebensjahres und dauert bis zur Vollendung des 67. Lebensjahres.

Mit Beginn des Modells erhält der Beschäftigte bei hälftiger Arbeitszeit sein hälftiges Entgelt. Daneben erhält er eine hälftige Teilrente. Nach Beendigung des Modells bezieht er seine bisherige Altersrente als Vollrente.

Eine weitere Gestaltungsmöglichkeit zeigt das nachfolgende Modell auf:

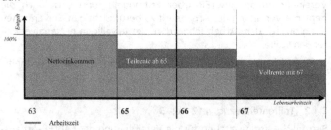

Zum obigen Modell: Eine Beschäftigte will für die Dauer von zwei Jahren das FALTER-Arbeitszeitmodell vereinbaren. Die Altersgrenze für eine abschlagsfreie Altersrente für langjährig Versicherte liegt für sie bei 66 Jahren, das Modell beginnt daher nach Vollendung des 65. Lebensjahres und dauert bis zur Vollendung des 67. Lebensjahres. Mit Beginn des Modells erhält die Beschäftigte bei hälftiger Arbeitszeit ihr hälftiges Entgelt. Daneben erhält sie eine hälftige Teilrente. Nach Beendigung des Modells bezieht sie ihre bisherige Altersrente als Vollrente.

Die Altersgrenze für die abschlagsfreie Altersrente für langjährig Versicherte und die frühestmögliche Inanspruchnahme einer Altersrente als Teilrente sind von verschiedenen Faktoren abhängig. Hierüber, und über die Höhe der Teil- und späteren Vollrente kann nur der jeweilige Rentenversicherungsträger Auskunft erteilen. Bei Nachfrage sollte Beschäftigten empfohlen werden, sich rechtzeitig vor Beginn des FALTER-Arbeitszeitmodells bei dem für sie zuständigen Rentenversicherungsträger zu erkundigen.

2. Vereinbarung des Arbeitszeitmodells

2.1 Voraussetzungen, § 12

2.1.1 Freiwillige Vereinbarung, § 12 Abs. 1

Das FALTER-Arbeitszeitmodell kann nur auf Antrag der Beschäftigten vereinbart werden.

Voraussetzung für die Vereinbarung des FALTER-Arbeitszeitmodells ist ein dienstlicher oder betrieblicher Bedarf. Die Entscheidung darüber ist in jedem Einzelfall gesondert zu treffen, und zwar insbesondere unter Berücksichtigung organisatorischer, personalwirtschaftlicher und/oder haushaltsmäßiger Gesichtspunkte. Bei der Entscheidung, ob dienstliche Gründe zu einer Ablehnung des Antrags auf Vereinbarung des FALTER-Arbeitszeitmodells führen, ist auch die geplante Verteilung der Arbeitszeit zu berücksichtigen. Die Entscheidung obliegt dem Arbeitgeber, d. h. der jeweiligen personalverwaltenden Stelle.

Ein individueller Anspruch auf Vereinbarung des FALTER-Arbeitszeitmodells besteht nicht.

2.1.2 Teilrentenbezug, § 12 Abs. 3

Persönliche Voraussetzung für die Vereinbarung des FALTER-Arbeitszeitmodells ist eine Teilrente, die zum Zeitpunkt des Beginns dieses Arbeitszeitmodells bezogen werden bzw. beginnen muss. Das Modell kann nur dann vereinbart werden, wenn rentenversicherungsrechtlich ein Anspruch auf die vorzeitige Inanspruchnahme einer Teilrente besteht.

Als Altersrenten, die als Teilrenten in Anspruch genommen werden können, kommen für das FALTER-Arbeitszeitmodell derzeit in Betracht:

- Altersrente für langjährig Versicherte,
- Altersrente für Frauen (Jahrgänge vor 1952),
- Altersrente für schwerbehinderte Menschen.

Für die Altersrente wegen Arbeitslosigkeit oder nach Altersteilzeitarbeit dürften regelmäßig die Voraussetzungen „Arbeitslosigkeit" oder „Altersteilzeitarbeit" bei Beginn des Modells nicht vorliegen. Diese Altersrente kommt für das FALTER-Arbeitszeitmodell daher in der Regel nicht in Betracht.

Keine zulässigen Altersrenten nach dem FALTER-Arbeitszeitmodell sind:

- Regelaltersrente, weil sie nicht vorzeitig als Teilrente in Anspruch genommen werden kann,
- Altersrente für besonders langjährig Versicherte, weil sie nicht vorzeitig als Teilrente in Anspruch genommen werden kann.

Für die Vereinbarung des FALTER-Arbeitszeitmodells bedarf es tarif-vertraglich einer hälftigen Teilrente. § 12 Abs. 3 ist dahingehend auszulegen, dass bei Beginn des Arbeitszeitmodells in jedem Fall eine Teilrente bezogen werden muss, die jedoch maximal eine hälftige Teilrente sein darf. Beschäftigte können daher auch eine Teilrente von einem Drittel bei Beginn des Arbeitszeitmodells in Anspruch nehmen. Die Vereinbarung scheidet folglich aus, wenn eine Teilrente zu 2/3 in Anspruch genommen wird (s. u. Ziffer 2.3).

2.1.3 Beginn des Arbeitszeitmodells, § 12 Abs. 2

Das FALTER-Arbeitszeitmodell darf frühestens zwei Jahre vor Errei-chen des Kalendermonats für die Inanspruchnahme einer abschlags-freien Altersrente für langjährig Versicherte beginnen. Ab diesem Zeitpunkt können neben dem FALTER-Arbeitszeitmodell die Alters-rente für langjährig Versicherte, die Altersrente für schwerbehinderte Menschen oder die Altersrente für Frauen als Teilrente bezogen werden, sofern die jeweiligen rentenrechtlichen Voraussetzungen vorliegen.

Möchten schwerbehinderte Beschäftigte bereits vor dem vorstehend genannten Zeitpunkt eine Teilzeitbeschäftigung neben einer Alters-teilrente für schwerbehinderte Menschen ausüben, so besteht diese Möglichkeit außerhalb des FALTER-Arbeitszeitmodells im Rahmen von § 11 Abs. 2 TVöD.

Beschäftigte, die das FALTER-Arbeitszeitmodell in Anspruch nehmen wollen, haben eine aktuelle Rentenauskunft des Rentenversicherungs-trägers vorzulegen. Aus dieser ergibt sich der frühestmögliche Beginn einer abschlagsfreien Altersrente für langjährig Versicherte. Weiterhin kann der Rentenauskunft entnommen werden, ob die rentenrecht-lichen Voraussetzungen für eine der oben genannten Altersrenten erfüllt sind.

Beispiel:

Beschäftigte, geboren 15. 1. 1950, Altersgrenze für die ab-schlagsfreie Altersrente für langjährig Versicherte): 65 Jahre 4 Monate, Beginn der abschlagsfreien Altersrente für langjährig Versicherte: 1. 6. 2015; frühestmöglicher Beginn dieser Alters-rente (= frühestmöglicher Beginn dieser Altersrente als Teilren-te): 1. 2. 2013

Das FALTER-Arbeitszeitmodell darf in diesem Fall nicht vor dem 1. 6. 2013 beginnen: Ab 1. 2. 2013 könnte zwar bereits eine Teilrente bezogen werden, das FALTER-Arbeitszeitmodell darf aber frühestens zwei Jahre vor Erreichen des Kalendermonats beginnen, ab dem die Altersrente für langjährig Versicherte abschlagsfrei beginnen könnte. Ab dem 1. 6. 2013 könnte sich die Beschäftigte – sofern die rentenrechtlichen Voraussetzungen vorliegen – auch für die Altersrente für Frauen oder die Altersrente für schwerbehinderte Menschen als Teilrente entscheiden.

2.1.4 Hinzuverdienstgrenzen

Bei Inanspruchnahme von Teilrenten vor Erreichen der Regelaltersgrenze bestehen Hinzuverdienstgrenzen. Die Höhe der Hinzuverdienstgrenze ist abhängig vom bisherigen Einkommen und von der Höhe der Teilrente.

In aller Regel wird die Hinzuverdienstgrenze bei Inanspruchnahme einer hälftigen Teilrente und bei hälftigem Arbeitsentgelt nicht überschritten. Wegen der genauen Höhe der Hinzuverdienstgrenze und der Konsequenzen bei Überschreitung dieser Grenze (Rentenkürzung von einer $1/2$-Rente auf eine $1/3$-Rente oder vollständiger Wegfall der Rente) sollten die Beschäftigten vor Vereinbarung des FALTER-Arbeitszeitmodells den Rentenversicherungträger um Auskunft bitten.

Nach Erreichen der Regelaltersgrenze bestehen keine Hinzuverdienstgrenzen mehr.

2.1.5 Sozialversicherungsrechtliche Auswirkungen

Höhe der Rente

Für jeden Monat, den eine Altersrente vor Erreichen der für die abschlagsfreie Altersrente maßgebenden Altersgrenze in Anspruch genommen wird, vermindert sich die monatliche Rente um 0,3 v. H. (Abschlag von 3,6 v. H. pro Jahr).

Ein Abschlag kann sich nur für die bezogene Teilrente ergeben. Dieser Abschlag bleibt dauerhaft erhalten. Für den anderen Teil der Rente, der nicht in Anspruch genommen wird, ergibt sich im Ergebnis kein Abschlag. Ob und in welcher Höhe beim FALTER-Arbeitszeitmodell ein Abschlag anfällt, ist von der Rentenart abhängig.

Für die als Teilrente bezogene Altersrente für langjährig Versicherte bzw. Altersrente für Frauen ergibt sich beim FALTER-Arbeitszeitmodell immer ein Abschlag. Er beträgt maximal 7,2 v. H.

Für die als Teilrente bezogene Altersrente für schwerbehinderte Menschen ergibt sich beim FALTER-Arbeitszeitmodell kein Abschlag.

Für jeden Monat, den eine Altersrente nach Erreichen der Regelaltersgrenze nicht in Anspruch genommen wird, erhöht sich die monatliche Rente um 0,5 v. H (Zuschlag von 6 v. H. pro Jahr).

Ein solcher Zuschlag ergibt sich nur für den nicht in Anspruch genommenen anderen Teil der Rente. Für die ab der Regelaltersgrenze nicht bezogene Teilrente ergibt sich damit maximal ein Zuschlag von 12 v. H.

Aus dem FALTER-Arbeitszeitmodell werden außerdem zusätzliche Entgeltpunkte erwirtschaftet, die die Rente erhöhen.

Die spätere Vollrente errechnet sich vereinfacht wie folgt:

Vollrente = (bezogene Teilrente, ggf. mit Abschlag) + (bisher nicht bezogene Teilrente + Zuschlag + zusätzliche Entgeltpunkte aus der Weiterbeschäftigung).

Die personalverwaltende Stelle sollte von rentenrechtlichen Auskünften absehen und Beschäftigten bei Interesse an dem FALTER-Arbeitszeitmodell empfehlen, Auskünfte bei dem jeweiligen Rentenversicherungsträger einzuholen.

Sozialversicherungspflicht

Das Arbeitsentgelt während des FALTER-Arbeitszeitmodells ist sozialversicherungspflichtig (Arbeitslosen-, Renten-, Kranken- und Pflegeversicherung). Zu den sonstigen sozialrechtlichen Auswirkungen bei Reduzierung der Arbeitszeit s. o. Teil B Ziffer 11.

Ab Erreichen der Regelaltersgrenze entfällt der Beitrag zur Arbeitslosenversicherung.

Zusatzversorgung

Die Pflichtversicherung in der Zusatzversorgung besteht bei Vereinbarung des FALTER-Arbeitszeitmodells fort. Es werden während der Gesamtdauer des Modells weitere Anwartschaften für die Zusatzversorgung erworben. Die Zahlung einer Teilrente führt jedoch nicht zur Zahlung einer Teilbetriebsrente. In der Zusatzversorgung tritt der Versicherungsfall nur dann ein, wenn eine Altersrente als Vollrente gezahlt wird. Ein Zuschlag bei der gesetzlichen Rente nach Erreichen

V

der Regelaltersgrenze führt bei der Betriebsrente der VBLklassik (Pflichtversicherung) hingegen nicht zu entsprechenden Zuschlägen.

Krankenversicherung

Bei bisher privat versicherten Beschäftigten ist für die Beurteilung der Jahresentgeltgrenze ausschließlich das erzielte Entgelt aus der Beschäftigung maßgebend. Die Verbeitragung der Teilrente erfolgt davon unabhängig. Bei der Frage, ob sofort eine gesetzliche Versicherungspflicht eintritt, sind aber darüber hinaus die besonderen Voraussetzungen für privat versicherungspflichtige Beschäftigte, die das 55. Lebensjahr überschritten haben, nach dem SGB V zu beachten. In der Regel dürfte bei langjährig privat versicherten Beschäftigten daher keine gesetzliche Versicherungspflicht eintreten.

Soweit nach der Protokollerklärung zu § 13 TVÜ-Bund ein Anspruch auf Gewährung von Beihilfe besteht, erhalten Beschäftigte nach dem FALTER-Arbeitszeitmodell Beihilfe nur anteilig entsprechend der im Einzelfall vereinbarten wöchentlichen Arbeitszeit. Die Gewährung von Beihilfe erfolgt während der gesamten Dauer des FALTER-Arbeitszeitmodells (auch über die Regelaltersgrenze hinaus).

2.1.6 Antrag, § 12 Abs. 3 Satz 2

Für Form und Frist des Antrags gelten die gleichen Vorgaben wie bei Altersteilzeit (s. o. Teil B Ziffer 4.3).

2.2 Vereinbarung und Dauer des Arbeitszeitmodells, §§ 13, 14 Abs. 1

Mit der Vereinbarung des FALTER-Arbeitszeitmodells wird das fortbestehende Arbeitsverhältnis in ein Teilzeitarbeitsverhältnis geändert. Das Arbeitszeitmodell kann jederzeit vereinbart werden, wenn die Voraussetzungen des § 12 vorliegen. Es muss vor dem 1. Januar 2017 beginnen.

2.2.1 Änderungsvertrag, § 13 Abs. 2

Für die Vereinbarung des FALTER-Arbeitszeitmodells ist der Abschluss eines Änderungsvertrages zum bisherigen Arbeitsvertrag erforderlich. Ein Muster ist als Anlage 3 zu diesem Rundschreiben beigefügt.

2.2.2 Dauer und Ende des Arbeitszeitmodells, § 13 Abs. 1

Das Modell darf insgesamt für vier Jahre vereinbart werden. Es muss sich immer auf einen Zeitraum vor Erreichen der Altersgrenze für eine abschlagsfreie Altersrente für langjährig Versicherte und einen Zeitraum danach erstrecken. Die Zeiträume müssen von gleicher Dauer sein.

Beispiel: ────────────────────────────────

Altersgrenze für die abschlagsfreie Altersrente für langjährig Versicherte: 65 Jahre, 6 Monate. Das Arbeitszeitmodell beginnt 1 Jahr und 6 Monate vor Erreichen dieser Altersgrenze, also mit 64 Jahren und muss dann bis zum 67. Lebensjahr andauern. Nicht zulässig: Beginn mit 64 Jahren und Ende mit 66 Jahren (Zeitraum davor: 1 Jahr und 6 Monate, Zeitraum danach: 6 Monate).

Beispiel: ────────────────────────────────

Altersgrenze für die abschlagsfreie Altersrente für langjährig Versicherte: 65 Jahre. Das Arbeitszeitmodell beginnt frühestens mit Beginn des 63. Lebensjahres und dauert bis max. zur Vollendung des 67. Lebensjahres an. Nicht zulässig: Beginn mit 63 Jahren, Ende mit 65 Jahren und 10 Monaten (Zeitraum davor: 2 Jahre, Zeitraum danach: 10 Monate).

In dem Änderungsvertrag müssen Beginn und Ende des Arbeitszeitmodells festgelegt werden. Mit dem Ende des Arbeitszeitmodells endet – abweichend von § 33 Abs. 1 Buchst. a TVöD – auch das Arbeitsverhältnis, ohne dass es einer Kündigung bedarf.

Demzufolge endet das Arbeitsverhältnis bei Vereinbarung des FALTER-Arbeitszeitmodells nicht automatisch bei Erreichen der Regelaltersgrenze; vielmehr wird der in § 33 Abs. 1 Buchst. a TVöD genannte Beendigungszeitpunkt durch die Vereinbarung des FALTER-Arbeitszeitmodells um maximal zwei Jahre hinausgeschoben. Auch § 33 Abs. 5 TVöD findet damit keine Anwendung.

2.2.3 Änderung des bisherigen Arbeitsverhältnisses in ein Teilzeitarbeitsverhältnis, § 13 Abs. 2 und 3

Bei dem FALTER-Arbeitszeitmodell wird – anders als bei der Altersteilzeit – die wöchentliche Arbeitszeit auf die Hälfte der regelmäßigen wöchentlichen Arbeitszeit reduziert.

Beispiele:

Eine Beschäftigte arbeitet mit der regelmäßigen wöchentlichen Arbeitszeit (derzeit 39 Stunden). Die Arbeitszeit wird beim FALTER-Arbeitszeitmodell auf 19,5 Stunden reduziert.

Ein Beschäftigter arbeitet in Teilzeit 30 Stunden wöchentlich. Die Arbeitszeit beim FALTER-Arbeitszeitmodell beträgt für ihn die Hälfte der regelmäßigen wöchentlichen Arbeitszeit (derzeit 39 Stunden), also 19,5 Stunden.

Eine geringere wöchentliche Arbeitszeit ist ausnahmsweise im Einzelfall möglich, wenn dafür wichtige Gründe bestehen. Das ist z. B. der Fall, wenn schon vor Beginn des FALTER-Arbeitszeitmodells eine Teilzeitbeschäftigung mit geringerer Arbeitszeit als der hälftigen Arbeitszeit vereinbart war oder wenn bei Vereinbarung der hälftigen Arbeitszeit die Hinzuverdienstgrenze für die Inanspruchnahme einer hälftigen Teilrente überschritten würde (s. o. Ziffer 2.1.4).

Beispiele:

Eine Beschäftigte arbeitet in Teilzeit mit 18 Stunden wöchentlich. Die Arbeitszeit beim FALTER-Arbeitszeitmodell kann auf Antrag mit 18 Stunden wöchentlich fortgeführt werden.

Ein Beschäftigter würde beim FALTER-Arbeitszeitmodell mit reduzierter Arbeitszeit die für ihn maßgebenden Hinzuverdienstgrenzen überschreiten. Die Arbeitszeit kann daher entsprechend reduziert werden, bis die Hinzuverdienstgrenze unterschritten wird.

Dagegen ist die Vereinbarung einer längeren als der hälftigen regelmäßigen wöchentlichen Arbeitszeit nicht möglich (vgl. § 13 Abs. 3 Satz 2).

2.2.4 Arbeitszeitmodell, § 13 Abs. 4

Das FALTER-Arbeitszeitmodell kann nur als Teilzeitmodell erbracht werden. Eine blockweise Verteilung der Arbeitszeit mit Arbeitsphase und Freistellungsphase ist nicht möglich.

2.3 Vorzeitiges Ende des Arbeitszeitmodells, § 14 Abs. 2

Das FALTER-Arbeitszeitmodell endet grundsätzlich mit Ablauf des vertraglich festgelegten Zeitpunktes, ohne dass es einer Kündigung bedarf.

Allerdings tritt eine vorzeitige Beendigung des Arbeitszeitmodells und damit auch des gesamten Arbeitsverhältnisses ein, wenn Beschäftigte eine mehr als hälftige Teilrente in Anspruch nehmen. Grundsätzlich steht es den Beschäftigten frei, nach Wegfall der Hinzuverdienstgrenzen mit dem Erreichen der Regelaltersgrenze eine Vollrente in Anspruch zu nehmen. Dieses Recht kann tarifvertraglich nicht ausgeschlossen werden. Die Tarifvertragsparteien haben jedoch mit der Regelung des § 14 Abs. 2 das Arbeitsverhältnis zugleich unter die auflösende Bedingung gestellt, dass sich Beschäftigte während der Dauer des FALTER-Arbeitszeitmodells für eine Zwei-Drittel-Rente oder Vollrente entscheiden.

Eine vorzeitige Beendigung des FALTER-Arbeitszeitmodells tritt ferner auch durch Kündigung der Beschäftigten oder durch Aufhebungsvertrag ein.

3. Nebentätigkeiten, Urlaub

Nebentätigkeiten und Urlaub richten sich nach den Regelungen des TVöD.

D Qualifizierungsmaßnahmen für ältere Beschäftigte, § 16

1. Hintergrund und Ziele

Um den besonderen Belangen lebensälterer Beschäftigter Rechnung zu tragen, sollen die Arbeitgeber bei Bedarf Maßnahmen anbieten, die die Beschäftigten befähigen, auch über die Regelaltersgrenze hinaus arbeiten zu können. Die Maßnahmen stellen freiwillige Angebote des Arbeitgebers gegenüber den Beschäftigten dar.

2. Maßnahmen

Als Qualifizierung kommen die in § 5 TVöD aufgeführten Maßnahmen in Betracht. Darüber hinaus bleibt es den Arbeitgebern überlassen, weitere Angebote, z. B. zur Gesundheitsvorsorge etc., zur Verfügung zu stellen.

V

E Sonstige Regelungen

Mitteilungspflichten, § 15

Nach § 15 haben Beschäftigte, die Altersteilzeit oder das FALTER-Arbeitszeitmodell in Anspruch nehmen, die Pflicht, alle Umstände, die sich auf die Leistung des Arbeitgebers auswirken können, unverzüglich mitzuteilen. Hierzu gehört auch die Inanspruchnahme einer Zwei-Drittel- oder einer Vollrente bei Vereinbarung des FALTER-Arbeitszeitmodells.

Anlage 1

(hier nicht aufgenommen)

V

Muster für Änderungsverträge
über die Vereinbarung eines Altersteilzeitarbeitsverhältnisses
nach dem Tarifvertrag zur Regelung flexibler Arbeitszeiten
für ältere Beschäftigte vom 27. Februar 2010

Zwischen

der Bundesrepublik Deutschland

vertreten durch .... (Arbeitgeber)

und

Frau/Herrn ....

wohnhaft in ....

geboren am: .... (Beschäftigte/Beschäftigter)

wird in Abänderung des Arbeitsvertrages vom

☐ in der Fassung des Änderungsvertrages vom ....[1])
auf der Grundlage

a) des Altersteilzeitgesetzes vom 23. Juli 1996 (BGBl. I S. 1078)

b) des Tarifvertrages zur Regelung flexibler Arbeitszeiten für ältere
Beschäftigte vom 27. Februar 2010 (im Folgenden „Tarifvertrag")

in der jeweils geltenden Fassung folgender

Änderungsvertrag

geschlossen:

§ 1

(1) Das Arbeitsverhältnis wird nach Maßgabe der folgenden Vereinbarung ab .... als Altersteilzeitarbeitsverhältnis fortgeführt.[2])

(2) Das Arbeitsverhältnis endet unbeschadet der vorzeitigen Beendigungstatbestände[2]) des § 8 Abs. 2 des Tarifvertrages
am ....

§ 2

Die durchschnittliche wöchentliche Arbeitszeit während des Altersteilzeitarbeitsverhältnisses beträgt .... Stunden (Hälfte

---

[1]) Zutreffendes bitte ankreuzen

[2]) Einzelheiten siehe Hinweis am Ende

der bisherigen wöchentlichen Arbeitszeit gem. § 6 Abs. 2 des Tarif-vertrages). Sie wird geleistet

☐   im Blockmodell[1])

        Arbeitsphase   vom ....   bis ....

        Freistellungsphase   vom ....   bis ....

☐   im Teilzeitmodell[1]).

§ 3

Für die Anwendung dieses Änderungsvertrages gilt der Tarifvertrag in seiner jeweils geltenden Fassung.

§ 4

Änderungen und Ergänzungen dieses Änderungsvertrages einschließ-lich der Vereinbarung von Nebenabreden sind nur wirksam, wenn sie schriftlich vereinbart werden.

§ 5

Dieser Änderungsvertrag tritt ☐ am ....[1]) / ☐ mit Wirkung vom ....[1]) in Kraft.

(Ort/Datum) ....

(Arbeitgeber) ....   (Beschäftigte/Beschäftigter)

Hinweise zum Änderungsvertrag

Zu den Auswirkungen einer Vertragsänderung (§ 1 Abs. 1)

Der Arbeitgeber hat der/dem Beschäftigten nahe gelegt, sich vor Vertragsabschluss wegen der sozialversicherungs- und steuerrecht-lichen Auswirkungen sowie wegen der Auswirkungen in der betrieb-lichen Altersversorgung mit den jeweils zuständigen Stellen in Ver-bindung zu setzen:

–   Sozialversicherung: Rentenversicherungsträger,

                                  Krankenkassen.

–   Steuer: Finanzämter.

---

[1])   Zutreffendes bitte ankreuzen

– Betriebliche Altersversorgung: Versorgungsanstalt des Bundes und der Länder (VBL) oder sonstige zuständige Zusatzversorgungseinrichtung.

Zur Befristungsabrede (§ 1 Abs. 2)

Mit dem Abschluss des vorliegenden Änderungsvertrags über die Vereinbarung eines Altersteilzeitarbeitsverhältnisses nach dem Tarifvertrag zur Regelung flexibler Arbeitszeiten für ältere Beschäftigte vom 27. Februar 2010 (im Folgenden „Tarifvertrag") wird das bestehende Arbeitsverhältnis als Teilzeitarbeitsverhältnis fortgeführt und zugleich eine Befristungsabrede getroffen.

Die Altersteilzeit soll den gleitenden Übergang vom Erwerbsleben in die Altersrente ermöglichen (vgl. § 2 Tarifvertrag i. V. m. § 1 Abs. 1 Altersteilzeitgesetz). Aus diesem Grund ist das Altersteilzeitarbeitsverhältnis so zu gestalten, dass es bis an den Rentenbezugszeitraum heranreicht. Die Laufzeit für das Altersteilzeitarbeitsverhältnis kann längstens bis zum Erreichen des frühestmöglichen Bezugszeitpunkts für eine (beliebige) ungekürzte Altersrente (d. h. ohne Inkaufnahme von Abschlägen) vereinbart werden. Der entsprechende Beendigungszeitpunkt des Altersteilzeitarbeitsverhältnisses ist bereits bei der Vereinbarung von Altersteilzeit festzulegen (siehe § 1 Abs. 2 des Änderungsvertrags). **Das Altersteilzeitarbeitsverhältnis endet spätestens mit Ablauf dieser vereinbarten Zeitbefristung.**

Darüber hinaus sind die vorzeitigen Beendigungstatbestände nach § 8 Abs. 2 Tarifvertrag zu beachten. Diese tarifliche Regelung knüpft ausdrücklich an die jeweiligen Rententatbestände des Sechsten Buches Sozialgesetzbuch (SGB VI) an. Dadurch ist die Beendigung des Altersteilzeitarbeitsverhältnisses nicht vom Fortbestand der zum Zeitpunkt des Vertragsabschlusses geltenden bzw. individuell maßgebenden rentenrechtlichen Voraussetzungen abhängig. Sofern sich später tatsächliche oder rechtliche Änderungen gegenüber dem in der Altersteilzeitvereinbarung festgelegten Beendigungszeitpunkt ergeben, endet das Altersteilzeitarbeitsverhältnis danach automatisch zu dem Zeitpunkt, in dem die/der Altersteilzeitbeschäftigte

– die frühestmögliche ungekürzte Altersrente (d. h. ohne Inkaufnahme von Rentenabschlägen) beanspruchen kann (§ 8 Abs. 2 Buchst. a Tarifvertrag)

  oder

– eine Altersrente – gleich ob mit oder ohne Rentenabschläge tatsächlich bezieht (§ 8 Abs. 2 Buchst. b Tarifvertrag).

Unter den vorgenannten Voraussetzungen tritt also eine vorzeitige Beendigung des Altersteilzeitarbeitsverhältnisses ein, d. h. noch vor Ablauf des in § 1 Abs. 2 des Änderungsvertrags genannten Beendigungszeitpunkts.

Beispiel:

In der Altersteilzeitvereinbarung wird als Beendigungszeitpunkt der Bezugsbeginn der Regelaltersrente vereinbart (= 65. Lebensjahr). Im Laufe des Altersteilzeitarbeitsverhältnisses werden die Voraussetzungen für die Inanspruchnahme einer vorzeitigen Altersrente für schwerbehinderte Menschen erfüllt (= 63. Lebensjahr). Das Altersteilzeitarbeitsverhältnis endet somit vorzeitig mit Ablauf des Kalendermonats vor dem Kalendermonat, von dem an die vorgezogene Altersrente ungekürzt in Anspruch genommen werden kann. Maßgebend ist allein, ob der Anspruch dem Grunde nach besteht, so dass die ungekürzte Altersrente in Anspruch genommen werden könnte. Die Beendigung des Altersteilzeitverhältnisses tritt also auch ein, sofern kein entsprechender Rentenantrag gestellt wird.

Muster für Änderungsverträge
über die Vereinbarung eines FALTER-Arbeitszeitmodells
nach dem Tarifvertrag zur Regelung flexibler Arbeitszeiten
für ältere Beschäftigte vom 27. Februar 2010

Zwischen

der Bundesrepublik Deutschland

vertreten durch .... (Arbeitgeber)

und

Frau/Herrn ....

wohnhaft in ....

geboren am: .... (Beschäftigte/Beschäftigter)

wird in Abänderung des Arbeitsvertrages vom

☐ in der Fassung des Änderungsvertrages vom ....[1]
auf der Grundlage

des Tarifvertrages zur Regelung flexibler Arbeitszeiten für ältere Beschäftigte vom 27. Februar 2010 (im Folgenden „Tarifvertrag") in der jeweils geltenden Fassung folgender

Änderungsvertrag

geschlossen:

§ 1

(1) Das Arbeitsverhältnis wird nach Maßgabe der folgenden Vereinbarung ab .... als FALTER-Arbeitszeitmodell fortgeführt. [2]

(2) Das Arbeitsverhältnis endet abweichend von § 33 Abs. 1 Buchst. a TVöD am .... Unabhängig davon endet das Arbeitsverhältnis, ohne dass es einer Kündigung bedarf, bei Inanspruchnahme einer mehr als hälftigen Teilrente oder einer Vollrente (§ 14 Abs. 2 des Tarifvertrages).

§ 2

Die durchschnittliche wöchentliche Arbeitszeit während des FALTER-Arbeitszeitmodells beträgt

---

[1] Zutreffendes bitte ankreuzen

[2] Einzelheiten siehe Hinweis am Ende

.... Stunden (Hälfte der regelmäßigen wöchentlichen Arbeitszeit gem. § 13 Abs. 3 Satz 1 des Tarifvertrages).

.... Stunden (weniger als die Hälfte der regelmäßigen wöchentlichen Arbeitszeit gem. § 13 Abs. 3 Satz 2 des Tarifvertrages).

§ 3

Für die Anwendung dieses Änderungsvertrages gilt der Tarifvertrag in seiner jeweils geltenden Fassung.

§ 4

Änderungen und Ergänzungen dieses Änderungsvertrages einschließlich der Vereinbarung von Nebenabreden sind nur wirksam, wenn sie schriftlich vereinbart werden.

§ 5

Dieser Änderungsvertrag tritt ☐ am[1]) /☐ mit Wirkung vom[1]) in Kraft.

(Ort/Datum) ....

(Arbeitgeber) ....   (Beschäftigte/Beschäftigter)

V

Hinweise zum Änderungsvertrag

Zu den Auswirkungen einer Vertragsänderung (§ 1 Abs. 1)

Der Arbeitgeber hat der/dem Beschäftigten nahe gelegt, sich vor Vertragsabschluss wegen der sozialversicherungsrechtlichen Auswirkungen sowie wegen der Auswirkungen in der betrieblichen Altersversorgung mit den jeweils zuständigen Stellen in Verbindung zu setzen:

– Sozialversicherung:	Rentenversicherungsträger, Krankenkassen
– Betriebliche Altersversorgung:	Versorgungsanstalt des Bundes und der Länder (VBL) oder sonstige zuständige Zusatzversorgungseinrichtung.

---

[1]) Zutreffendes bitte ankreuzen

Stichwortverzeichnis

Der besseren Übersichtlichkeit wegen sind in diesem Stichwortverzeichnis die Stichworte aufgeführt, die das neue Recht (TVöD, TVAöD, TVÜ usw.) und die von der Tarifreform nicht berührten Tarifverträge (Altersteilzeitarbeit, Altersversorgung, Zulagen) betreffen.

Findex

Findex

Findex

Findex

Findex

Findex